D1662025

Datawarehousing mit SAP® BW 7

Christian Mehrwald ist Senior Consultant beim Business-Intelligence-Spezialist quadox. Sein Schwerpunkt liegt in der Planung und Implementierung von Large-Scale-Architekturen für unternehmensweites Datawarehousing mit dem SAP® Business Information Warehouse.

Christian Mehrwald

Datawarehousing mit SAP® BW 7

BI in SAP NetWeaver 2004s

Architektur, Konzeption, Implementierung

5., korrigierte Auflage

Christian Mehrwald
Christian.Mehrwald@quadox.de

Lektorat: Michael Barabas
Copy-Editing: Annette Schwarz, Ditzingen
Herstellung: Birgit Bäuerlein
Umschlaggestaltung: Helmut Kraus, www.exclam.de
Druck und Bindung: Media-Print Informationstechnologie, Paderborn

Bibliografische Information Der Deutschen Bibliothek
Die Deutsche Bibliothek verzeichnet diese Publikation in der Deutschen Nationalbibliografie;
detaillierte bibliografische Daten sind im Internet über <http://dnb.ddb.de> abrufbar.

ISBN 978-3-89864-664-2

5., korrigierte Auflage 2010

Ringstraße 19b
69115 Heidelberg

5 4 3 2 1 0

Vorwort

Gehören Sie zu den Menschen, die glauben, dass der Flügelschlag eines Schmetterlings in Brasilien einen Tornado in Texas auslösen kann? Als Anhänger der Chaosforschung werden Sie vermutlich zustimmend nicken, und wenn Sie in diesem Buch erfahren, welche turbulenten Änderungen sich zusammen mit dem kleinen »s« in das neue SAP NetWeaver 2004s eingeschlichen haben, dann werden Sie vermutlich auch dem Flügelschlag des Schmetterlings einiges zutrauen.

Eigentlich soll der Zusatz »s« lediglich ausdrücken, dass das bekannte NetWeaver 2004 »service enabled« ist, ansonsten aber nur ein paar kleinere Änderungen mit sich bringt. Die Entwickler des BI-Teils im NetWeaver haben sich diese Vorgabe offensichtlich nicht allzu sehr zu Herzen genommen und mit dem »BI in NetWeaver 2004s« (so die offizielle Abkürzung) ein wahres Feuerwerk an Neuerungen gezündet. So drücken denn die inoffiziellen Produktbezeichnungen BW 7 bzw. BW 3.x (für das alte Release) den Sprung viel deutlicher aus als die offizielle Abkürzung, selbst wenn die SAP die Begriffe BW und BI für »outdated« erklärt hat.

Überhaupt geht es wie in den letzten Auflagen auch diesmal nicht darum, die umfangreiche Liste an Schlagworten abzuarbeiten oder Ideen der SAP wiederzukäuen. Dieses Buch verfolgt vielmehr das Ziel, das BW auf einer konzeptionellen Ebene zu beschreiben, ein Verständnis für die Funktionen und ihre Abhängigkeiten zu schaffen und in strukturiert aufbereiteter und praxisorientierter Form diejenigen Informationen zu liefern, die zur Konzeption, zur Implementierung und zum Betrieb eines BW-Systems oder eines Systemverbunds erforderlich sind.

Dabei stellte der Umfang, den das SAP BW inzwischen angenommen hat, eines der größten Probleme beim Ausarbeiten dieser Auflage dar. Konnte ich bei der ersten Auflage noch den Anspruch erheben, das SAP BW in Gänze zu behandeln, so musste ich mit der letzten Auflage bereits die Beschreibung der analytischen Werkzeuge ausklammern und mich auf das Datawarehousing beschränken. Diese Auflage[1] geht noch einen Schritt weiter und behandelt das BW 7 ausschließlich aus einer Sichtweise, wie man sie bei einer Neuimplementierung an den Tag legen würde.

Alte Technologien, die aus Gründen der Kompatibilität im System verblieben sind, werden nicht behandelt. Dieser Entscheidung fiel vor allem die Beschreibung des alten Staging mit Übertragungsregeln und Fortschreibungsregeln zum Opfer, die komplett durch das neue Staging mit Transformation und Datentransferprozessen ersetzt wurde. Nachdem ich diesen Weg anfangs sehr zaghaft gegangen bin, habe ich doch im Laufe der Arbeit gemerkt, dass dies der Struktur des Buches ungemein gut getan hat. Der ursprüngliche Versuch, alte und neue Technologien möglichst in einer gemeinsamen Struktur zu erläutern, konnte weder der einen noch der anderen Technologie gerecht werden und wich schließlich einer durchgehend einheitlichen Struktur, die – so hoffe ich – einiges zum Verständnis des SAP BW 7 beiträgt.

Vor allem diejenigen unter Ihnen, die bereits Erfahrungen mit den BW-Versionen bis 3.x haben, werden bemerken, dass sich an zahlreichen Stellen ein ungemein deutlicher Schnitt zwischen dem alten und neuen Release zieht. Bestehende Funktionen wurden oftmals nicht angepasst, sondern konkurrieren jetzt mit neu entwickelten Funktionen. Damit ist der SAP insbesondere mit dem neuen Staging und dem BI Accelerator konzeptionell ein großer Wurf gelungen. Allerdings sollte nicht verschwiegen werden, dass jede neue Technologie ihre Kinderkrankheiten hat und sich zahlreiche neue Funktionen (noch) nicht wie eine Version 7 verhalten.

Besonders auffällig am BW 7 ist die Tatsache, dass das System sein konzeptionelles Korsett abgeworfen hat, das insbesondere beim Staging Grundelemente vorgegeben, dadurch aber auch unterstützt hat. Das Staging im BW 7 ist weitgehend frei zu gestalten und wird aufgrund der Vielzahl an Möglichkeiten mitunter Gegenstand der persönlichen Interpretation des Datawarehousing. Dieses Buch versucht, Sie durch Vorgabe einer Referenzarchitektur auch darin zu unterstützen, sich eine persönliche Interpretation des BW anzueignen. Dabei soll auch das Thema Enterprise Datawarehousing nicht zu kurz kommen, das die SAP seit einiger Zeit propagiert und dem nicht zuletzt durch die neue Staging-Architektur Rechnung getragen wird.

---

1. Die vorliegende 5. Auflage wurde korrigiert und in einigen Passagen aktualisiert und ergänzt.

Außerdem bringt das neue BW zahlreiche weitere Neuerungen, zum Beispiel im Bereich der Parallelisierung oder der Fehlerbehandlung, die jede für sich mehr als interessant sind. Lassen Sie sich überraschen!

Danksagung

Bei der Arbeit an diesem Buch habe ich von einigen Seiten wertvolle Unterstützung erfahren, denen ich an dieser Stelle meinen herzlichen Dank aussprechen möchte.

Dies ist zunächst mein Arbeitgeber, die quadox AG, der das Entstehen des Buchs so engagiert unterstützt und gefördert hat.

Ferner habe ich von zahlreichen Menschen auf die unterschiedlichste Weise Unterstützung erfahren, sei es durch Anregungen und Tipps, aber auch durch die Anfrage von Lesern nach dem Erscheinen dieser Neuauflage, aus der ich einige Motivation zum Schreiben gezogen habe.

Einen besonderen Dank möchte ich wieder einmal meinem Kollegen Andreas Jüttner aussprechen, der mich seit der ersten Auflage dieses Buches durch seine Korrekturlesungen unterstützt und der sich dieses Mal den gesamten Komplex von Extraktion und Staging vorgenommen hat.

Ebenso danke ich Helen Corell (DekaBank), die ich inzwischen ebenfalls zum Stammpersonal für Korrekturlesungen zählen darf und die sich dieses Mal der Ausführungen zur Analytical Engine und zum Produktivbetrieb angenommen hat.

Doch der größte Dank von allen gebührt wieder einmal meiner Familie, die mit mir zusammen den immensen Berg an Arbeit ertragen, erlitten und bewältigt hat.

Christian Mehrwald

Barsinghausen, im März 2010

Christian.Mehrwald@quadox.de

Übersicht

Inhalt

1 Einleitung

Datawarehousing hat sich in den letzten Jahren zu einem der zentralen Themen der Informationstechnologie entwickelt. Es wird als strategisches Werkzeug zur Bereitstellung von Informationen für Kontroll- und Entscheidungsprozesse genutzt. Darüber hinaus bildet es die Basis für andere Technologien, zum Beispiel in den Bereichen strategische Unternehmensführung, Kundenmanagement oder Prozessanalyse.

Der Bedarf an Systemen zur Bereitstellung und Analyse von Informationen ist so alt wie die Informationstechnologie selbst. Die Datenanalyse wurde jedoch anfangs nur als Appendix operativer Systeme verstanden. Mitte der 90er-Jahre setzte sich der Begriff des Data Warehouse durch, formte seine speziellen Konzepte und wurde zu einem eigenen Bereich in der Informationstechnologie. Denn Data-Warehouse-Systeme schaffen Möglichkeiten, um unternehmensweit auch große Datenmengen zu analysieren und den Aufwand für die Bereitstellung von Daten erheblich zu verkürzen.

Der Begriff ***Data Warehouse*** bezeichnet ein System zur zentralen Bereitstellung von Informationen für Kontroll- und Entscheidungsprozesse. Dies bringt technische und funktionale Besonderheiten mit sich, durch die sich ein Data-Warehouse-System von anderen Systemen unterscheidet.

Zur Charakterisierung von Data-Warehouse-Systemen kann die Menge aller Anwendungssysteme in zwei Kategorien unterteilt werden:

- betriebswirtschaftlich administrative Systeme
- entscheidungsunterstützende Systeme

Betriebswirtschaftlich administrative Systeme

Die Kategorie der ***betriebswirtschaftlich administrativen Systeme*** (auch als *operative Systeme* bezeichnet) stellt Funktionen zur Verfügung, mit deren Hilfe die geschäftlichen Transaktionen eines Unternehmens verwaltet und durchgeführt werden können. Typische Aufgaben für administrativ betriebswirtschaftliche Systeme liegen in der

Auftragserfassung, Rechnungsstellung, Lagerverwaltung, Personalverwaltung, Lohnbuchhaltung etc. Im Falle der sogenannten Enterprise-Resource-Planning-Systeme (ERP) unterstützen diese Systeme nicht nur einzelne Bereiche, sondern alle Funktionen der betriebswirtschaftlichen Wertschöpfungskette. Als ERP-System gilt zum Beispiel das SAP ECC bzw. dessen Vorgänger, das SAP R/3, die nachfolgend nur unter dem Begriff SAP ERP subsummiert werden.

Da sich betriebswirtschaftlich administrative Systeme aus technischer Sicht vor allem dadurch charakterisieren, dass ihre Funktionen auf einzelnen Transaktionen (Aufträge, Buchungssätze etc.) basieren, werden sie auch als ***O**nL**ine-**T**ransaction-**P**rocessing-Systeme (OLTP-Systeme) bezeichnet.

Entscheidungsunterstützende Systeme

Administrativ betriebswirtschaftliche Systeme sind aufgrund ihrer Ausrichtung auf einzelne Transaktionen nicht dafür geeignet, als Grundlage komplexer betriebswirtschaftlicher Entscheidungen eingesetzt zu werden. Aus diesem Grund existieren als Gegenpart die ***entscheidungsunterstützenden Systeme*** (Decision-Support-Systeme, DSS).

Als DSS gelten das klassische Berichtswesen, die interaktive Datenanalyse (***O**nL**ine **A**nalytical **P**rocessing, OLAP) sowie Systeme zur Suche nach komplexen Zusammenhängen und unbekannten Datenmustern (Data Mining).

Abb. 1–1
Entscheidungsunterstützende Systeme

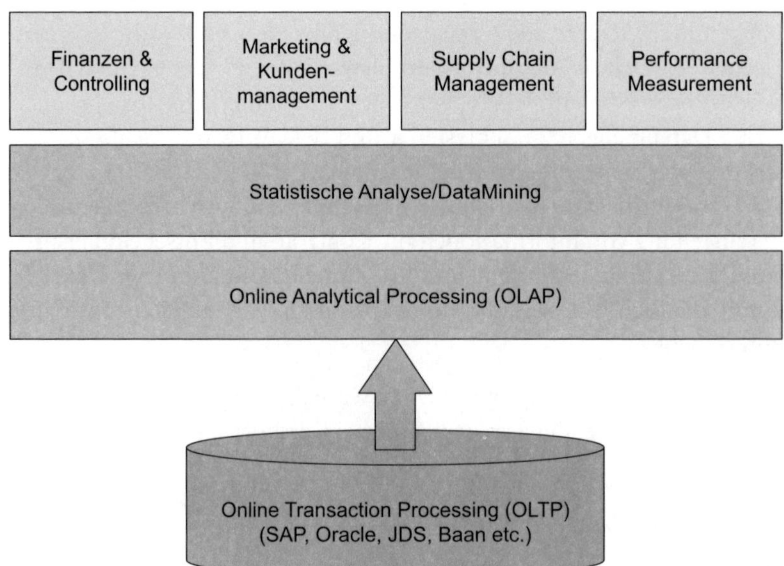

Neben diesen Tools, die allgemeine Funktionen zur Datenanalyse bereitstellen, existieren prozessorientierte Tools, die auf die Analyse bestimmter Prozessdaten spezialisiert sind. Typische Einsatzgebiete dieser Tools liegen in den Bereichen Finanzen & Controlling, Marketing & Kundenmanagement, Supply Chain Management und Performance Measurement (siehe Abb. 1–1).

Data-Warehouse-Systeme

Alle entscheidungsunterstützenden Systeme benötigen eine Datenbasis als Grundlage ihrer analytischen Funktionen. Da OLTP-Systeme aufgrund ihrer Funktionen und insbesondere aufgrund ihrer Datenstrukturen als Datenbasis nicht geeignet sind und DSS in der Regel über keine eigene Datenhaltung verfügen, werden Data-Warehouse-Systeme als gemeinsame Datenbasis aller Decision-Support-Systeme eingesetzt.

Diese sind vor allem durch ihr Datenmanagement charakterisiert, das die analytische Betrachtung des Datenbestandes besonders unterstützt. Der Datenbestand eines Data Warehouse wird aus den Daten der OLTP-Systeme übernommen (extrahiert), im BW in Datenmodelle überführt, die für die Analyse großer Datenbestände optimiert sind, und dort redundant zu den Daten der Quellsysteme vorgehalten.

Ein Data Warehouse stellt damit nicht per se ein vollständiges Decision-Support-System dar, sondern ist lediglich die Grundlage eines solchen und stellt entsprechende Schnittstellen zur Verfügung. In der Regel werden Data-Warehouse-Systeme aber bereits durch den Hersteller zumindest mit einem OLAP-Tool gekoppelt. Aus dieser Gewohnheit heraus werden Data-Warehouse-Systeme oftmals auch als OLAP-Systeme bezeichnet, was jedoch nicht richtig ist, sondern lediglich die Verkaufsgewohnheiten der Anbieter beschreibt.

Im Falle des SAP BW wird mit den Tools des Business Explorers gleich eine ganze Produktsuite an entscheidungsunterstützenden Systemen an das Data Warehouse gekoppelt, die teilweise sogar Bestandteil der BW-Implementierung sind (z.B. die Data Mining Workbench und große Teile der integrierten Planung).

Inhalt

Wie der Titel bereits ausdrückt, beschäftigt sich dieses Buch mit dem SAP BW als Data Warehouse, lässt also die mit dem BW ausgelieferten entscheidungsunterstützenden Werkzeuge so weit außen vor, wie dies möglich ist. Nicht etwa, weil diese Werkzeuge nicht von Bedeutung wären, doch würde eine angemessene Beschreibung einiger dieser Werkzeuge bereits ein eigenes Buch füllen und den hier zur Verfügung stehenden Rahmen sprengen.

Das Buch ist in fünf aufeinander aufbauende Abschnitte unterteilt:

- Architektur
- Datenmodell
- Analytical Engine
- Extraktion & Staging
- BW-Design
- BW im Produktivbetrieb

Im Rahmen der ***Architektur*** werden die an einer BW-Installation beteiligten Komponenten, ihre Funktionen und ihr Zusammenwirken konzeptionell erläutert. Dabei werden neben dem Metadaten-Repository vor allem auch die Applikationsplattformen des Basissystems und ihre Kommunikationstechnologien umrissen.

Im Anschluss daran wird zunächst auf die spezifischen Datenmodelle im Data Warehousing im Allgemeinen eingegangen, um daraus die spezifische Implementierung des ***Datenmodells*** im SAP BW abzuleiten und zu erklären. Dabei wird insbesondere auf die für die Performance relevanten Gesichtspunkte der Datenmodellierung eingegangen und praxisnahe Grundregeln zur Modellierung gegeben.

Zwischen den entscheidungsunterstützenden Werkzeugen und den Datenbeständen des BW steht die sogenannte ***Analytical Engine***, die mit den an sie gerichteten Abfragen den Datenbestand des BW liest, auf die individuelle Datenmodellierung des BW eingeht und dabei auch Statusinformationen aus Extraktion und Staging berücksichtigt. In dem Abschnitt zur Analytical Engine werden die Arbeitsweise und das Tuning bzw. Monitoring der Engine behandelt.

Der Abschnitt über ***Extraktion & Staging*** beschreibt, wie sich der Datenfluss von den Quellsystemen bis ins BW definieren lässt. Die Beschreibung orientiert sich an einer Referenzarchitektur, die den Fluss der Daten in logische Ebenen untergliedert, in denen sie validiert, transformiert, fehlerbereinigt und integriert werden. Des Weiteren werden die Themen Datenqualität und Performance-Tuning aus Sicht des Staging betrachtet.

In einem eigenen Abschnitt über das ***BW-Design*** werden typische Abwandlungen der Referenzarchitektur erläutert, die im vorangegangenen Abschnitt entwickelt wurde. Dabei wird insbesondere auf Partitionierungstechniken und Large-Scale-Architekturen eingegangen.

Im Anschluss an die vorangehenden Abschnitte, die das BW in einer statischen Betrachtung erläutern, wird im Rahmen des ***Regelbetriebs*** eine Zusammenstellung aller regelmäßig auszuführenden Prozesse gegeben und aus organisatorischen wie auch aus technischen Gesichtspunkten erläutert, wie die Automatisierung und das Monitoring dieser Prozesse zu realisieren sind.

Den Abschluss des Buchs bildet ein umfangreicher ***Anhang***, der Spezialthemen wie z.B. Währungsumrechnung, Transportwesen und Übernahme und Entwicklung von Metadaten-Content behandelt.

I Architektur

Eine Data-Warehouse-Architektur beschreibt im Allgemeinen die an und mit dem Data Warehouse verbundenen Komponenten, ihre Funktionen und ihr Zusammenwirken auf einer konzeptionell zusammenfassenden Ebene. Dabei ist ein Data Warehouse nicht isoliert zu betrachten, sondern ist in eine Systemlandschaft integriert, deren Komponenten nicht an den Grenzen des SAP BW zu ziehen sind. In Kapitel 2 werden die ***Architektur-Komponenten*** des SAP BW anhand eines Drei-Schichten-Modells erläutert; dabei werden zwar insbesondere die Eigenarten der BW-Architektur in den Vordergrund gestellt, aber auch die Komponenten der verbundenen Systeme berücksichtigt.

Voraussetzung für den Aufbau einer Data-Warehouse-Architektur mit Hilfe des SAP BW ist das grundlegende Verständnis der dem BW zugrunde liegenden Applikationsplattformen und ihrer Kommunikationsschnittstellen, die in Kapitel 3 mit der Erläuterung der ***SAP NetWeaver Application Platform*** umrissen werden.

Eine besondere Bedeutung nimmt nicht nur die Speicherung, sondern auch die Verwaltung von Daten und Datenstrukturen im BW ein, die in Form des ***Metadaten-Repositories*** abschließend in Kapitel 4 erläutert wird.

2 Architektur-Komponenten

Das BW wird als Data Warehouse immer in Kombination mit anderen Systemkomponenten eingesetzt, die spezifische Funktionen im Bereich Extraktion und Decision Support wahrnehmen. In der Kombination aller Funktionsbereiche des BW sowie der verbundenen Systeme stellt sich das BW als Architektur mit drei Schichten dar:

- Extraktionsschicht
- Data Warehouse
- Decision-Support-Schicht

Die drei Schichten sind im Faltblatt des Buchrückens mitsamt ihrer Komponenten skizziert und werden nachfolgend beschrieben und in einen Zusammenhang gestellt.

2.1 Extraktionsschicht

Die Extraktionsschicht beschreibt die unterschiedlichen operativen Systeme, aus denen das SAP BW Daten bezieht (extrahiert), sowie die dafür verwendeten Extraktionsverfahren.

Die Extraktion analyserelevanter Daten aus Vorsystemen ist in jedem Data-Warehouse-Projekt ein zentrales Thema. Komplexe Datenstrukturen, große Datenvolumina und die Volatilität der Quellsystemdaten (zum Beispiel die nachträgliche Änderung bereits gelieferter Daten) können die Extraktion zu einem aufwändigen Teil eines BW-Projektes machen, den Sie nicht unterschätzen sollten.

Das BW verfügt mit seinen Kommunikationsschnittstellen (siehe Kapitel 3.1) über eine Reihe eigener leistungsfähiger Werkzeuge zum Zugriff auf die Daten der Quellsysteme, wobei die Art des Quellsystems die jeweils einzusetzende Schnittstelle vorgibt.

Bei den Quellsystemen, auf die das BW dank der eigenen Kommunikationsschnittstellen zugreifen kann, handelt es sich um

- SAP ERP
- SAP-BW-Systeme
- File-Systeme
- Datenbanksysteme
- XML-Dokumente (in SOAP-Nachrichten)
- Quellsysteme mit JDBC-, ODBO- oder XML/A-Schnittstelle

Genügen die Extraktionsmöglichkeiten, die das BW mitbringt, nicht den Anforderungen, so können Extraktionswerkzeuge anderer Hersteller (nachfolgend als *3rd party ETL-Tools* bezeichnet) zu Hilfe genommen werden[1].

Für 3rd party ETL-Tools bietet das BW eine eigene Schnittstelle, über die das BW das jeweils eingesetzte 3rd party ETL-Tool als Quellsystem betrachtet. Diese Tools verwenden – je nach Quellsystemtyp – unterschiedlichste auf das Quellsystem abgestimmte Extraktionsmethoden. In diesem Zusammenhang ist auf alle Fälle zu beachten, dass die Extraktionsmöglichkeiten des BW in den letzten Versionen erheblich erweitert wurden und der Einsatz von 3rd party ETL-Tools nahezu überflüssig geworden ist.

Der Zugriff auf die benannten Quellsystemtypen wird nachfolgend charakterisiert. Detaillierte Erläuterungen über die Einrichtung der Extraktion in den Quellsystemen bzw. im BW werden in Kapitel 14 bzw. Kapitel 15 gegeben.

SAP-ERP-Systeme

In der Praxis stellen SAP-ERP-Systeme den bedeutendsten Quellsystemtypen in der Extraktionsschicht des BW dar, worin die umfangreichen Extraktionsmöglichkeiten zu begründen sind, die die SAP für ebendiese Quellsysteme geschaffen hat. Die Extraktion erfolgt durch sogenannte ***Extraktoren***, die in Form von Plug-ins in SAP-ERP-Systeme ab der Version 3.0D installiert werden können.

Extraktoren bieten nicht nur die notwendigen Schnittstellen und Extraktionsprogramme, um die Extraktion technisch zu ermöglichen, sondern auch vorgefertigte Extraktionsszenarios für die unterschiedlichen Module (den sogenannten BI Content, der im Anhang E beschrieben ist).

Auch die Anpassung der vorgefertigten Extraktionsszenarios sowie die Entwicklung eigener Extraktionsmechanismen ist möglich. Die technischen Hintergründe zur Extraktion werden in Kapitel 14.2 erläutert.

---

1. Die aktuelle Liste der zertifizierten Drittanbieter ist dem Service-Marketplace der SAP zu entnehmen.

Beim Aufbau von Large-Scale-Architekturen (siehe Kapitel 27) spielt die Extraktion von Daten aus BW-Systemen eine besondere Rolle. Aus technischer Sicht ist die Extraktion aus BW-Systemen sehr ähnlich zur Extraktion aus SAP-ERP-Systemen; auch im BW existieren Extraktoren, welche die technischen Voraussetzungen bieten, um Daten aus dem BW zu extrahieren und an andere BW-Systeme weiterzugeben.

BW-Systeme

Die Kommunikation zwischen dem BW und einem Quellsystem ist immer an das Vorhandensein einer gemeinsamen Kommunikationsschnittstelle gebunden. Als Rahmenbedingung muss leider auch organisatorisches und technisches »Herrschaftsdenken« über die Steuerung der Schnittstelle akzeptiert werden.

Filesystem

Den kleinsten gemeinsamen Nenner für den Austausch von Daten zwischen heterogenen Systemen bildet daher oftmals nur die Bereitstellung von Daten in Form von ASCII-Dateien auf einem Fileserver. Zwar sind mit diesem Verfahren diverse Nachteile verbunden – insbesondere was den Austausch von Metadaten und gemeinsamer Steuerungsinformationen betrifft. Es ist jedoch die für das Quellsystem oftmals einfachste Möglichkeit, Daten in Form einer Datei bereitzustellen.

Das BW verfügt seit den ersten Versionen über eine entsprechende File-Schnittstelle, die auch für den Austausch großer Datenmengen gut geeignet ist. Die einzige Voraussetzung für eine »BW-geeignete« Datei ist der flache Aufbau der Dateistruktur, d.h., jeder Satz der Datei muss denselben Aufbau besitzen, womit z.B. das Einlesen hierarchischer Dateistrukturen nicht mit den Standardmöglichkeiten des BW möglich ist.

Für eine Auswahl spezieller Datenbanksysteme bietet das BW die Möglichkeit eines direkten Zugriffs auf Tabellen und Views der Datenbanken. Die entsprechende Schnittstelle wird als ***DB Connect*** bezeichnet. Der Zugriff erfolgt dabei nicht über JDBC oder vergleichbare Schnittstellen; stattdessen greift das BW als Datenbank-Client auf die Datenbanksysteme zu, was zu einem äußerst performanten Zugriff führt.

Datenbanksysteme

Der Einsatz des DB Connect setzt das Vorhandensein entsprechender Bibliotheken und Clients voraus, die nur für diejenigen Datenbanksysteme existieren, die das BW auch zur Speicherung der eigenen Daten verwenden kann. Doch auch innerhalb dieser Auswahl kann ein Datenbanksystem nicht in jeder Konstellation extrahiert werden; insbesondere wenn das BW auf Unix-Plattformen betrieben wird, sind für zahlreiche Datenbanksysteme keine entsprechenden Bibliotheken und Clients verfügbar.

Bevor mit dem Einsatz des DB Connect geplant wird, sollte daher unbedingt geprüft werden, ob dieser für die vorliegende Kombination aus Systemplattform des BW und dem zu extrahierenden Datenbanksystem überhaupt eingesetzt werden kann.

XML

Zur Unterstützung sogenannter »offener Standards« verfügt das BW über einen Webservice, den SOAP-Service, über den das BW mit XML-Dokumenten beliefert werden kann. Die Belieferung dieses Webservices mit SOAP-Nachrichten stellt sich jedoch derart spezifisch dar, dass der SOAP-Service nur sehr bedingt als offene Schnittstelle bezeichnet werden kann.

Vielmehr ist das Protokoll des SOAP-Service maßgeschneidert für die SAP-eigene XI-Technologie, die zum Datenaustausch zwischen heterogenen Systemen geschaffen wurde. XML-Dokumente sind also nur dann sinnvoll zur Extraktion einzusetzen, wenn zwischen den eigentlichen Quellsystemen und dem SOAP-Service ein XI-System geschaltet wird. Zwar ist es möglich, XML-Daten auch ohne XI-System an das BW zu übergeben. Der Aufwand, um die Vorgaben des Protokolls einzuhalten, ist dabei allerdings so hoch, dass der Einsatz der Schnittstelle sehr fraglich wird.

In jedem Fall ist zu beachten, dass der SOAP-Service die (mit Abstand!) langsamste aller Schnittstellen ist und bestenfalls für den Austausch von Einzelsätzen eingesetzt werden sollte.

JDBC, ODBO, XML/A

Das Konglomerat der sehr unterschiedlichen Schnittstellen JDBC, ODBO und XML/A gemeinsam zu beschreiben, mag zunächst etwas befremdlich anmuten. Es begründet sich im Wesentlichen in dem Architekturwechsel, den die SAP mit der neuen Applikationsplattform, dem J2EE Server, eingeleitet hat und in dessen Connection Framework der Zugriff auf diese Schnittstellen in Form des ***Universal Data Connect*** (UDC)[2] enthalten ist.

So stellt der Zugriff auf JDBC, ODBO und XML/A eher den Zugriff auf das Connection Framework des J2EE Servers dar, als den eigentlichen Zugriff auf die Quellsysteme, der Bestandteil der Konfiguration der J2EE Engine ist.

Der J2EE Server stellt eigentlich einen vollwertigen Applikationsserver dar, der neben den benannten Schnittstellen auch Komponenten wie z.B. Portal, Content Management oder TREX besitzen kann und über eine eigene Administrationsumgebung, den J2EE Visual Administrator, verfügt. Auf den J2EE Server wird bei der Beschreibung der J2EE Connector Architecture in Kapitel 3.1.3 genauer eingegangen.

Da der J2EE Server aus dem Blickwinkel des BW jedoch in Form seiner UDI-Java-Komponenten in Erscheinung tritt, wird er an dieser

2. Der Sprachgebrauch ist nicht einheitlich. Mal ist vom Universal Data Connect (UDC), mal vom Universal Data Interchange (UDI) die Rede. In den folgenden Ausführungen wird der gebräuchlichere Begriff Universal Data Connect oder auch UD Connect verwendet, sofern die Bezeichnung UDI nicht spezifisch für einen Begriff ist (wie z.B. bei den UDI-Java-Komponenten).

Stelle – ebenso wie in den folgenden Ausführungen – immer nur als Teil der Extraktionsschicht betrachtet.

2.2 Data Warehouse

Die Data-Warehouse-Schicht stellt den Kern des BW dar und umfasst im Wesentlichen den Data Manager und die Staging Engine.

Data Manager

Der Bereich des Data Managers umfasst die Verwaltung der spezifischen Datenstrukturen des SAP BW, das Management von Dateninhalten sowie die Bereitstellung von Zugriffsmöglichkeiten auf Datenbestände.

Die ***Definition von Datenstrukturen*** erfolgt im BW auf abstrakter Ebene in Form von Objektdefinitionen für Stamm- und Bewegungsdaten (z.B. InfoObjekte und InfoCubes). Aus diesen Objektdefinitionen werden letztlich die Datenstrukturen des Datenbanksystems abgeleitet, in denen die Daten gespeichert werden.

Der Data Manager tritt somit als Mittler zwischen der Definition von BW-Objekten in den Metadaten und der technischen Speicherung der Daten in dem verwendeten Datenbanksystem auf.

Das ***Management von Dateninhalten*** zielt auf den physischen Zugriff auf die Datenbestände ab und stellt sich in erster Linie BW-intern als Mittler zwischen den diversen BW-Funktionen und dem Datenbankzugriff dar. Insbesondere muss der Data Manager dabei mit spezifischen Datenstrukturen des BW umgehen können.

Auch datenbankspezifische Definitionen und Operationen fallen in den Aufgabenbereich des Data Managers, wie z.B. das Anlegen/Löschen von Indizes, die Konfiguration der Partitionierung, der Umgang mit Stored Procedures u.v.m.

Auch die ***Bereitstellung von Zugriffsmöglichkeiten*** nach außen fällt damit in den Aufgabenbereich des Data Managers, denn wenn dieser BW-intern für den Zugriff auf Datenbestände genutzt wird, so ist dies erst recht seine Aufgabe, wenn Analyse-Tools auf das BW-System zugreifen.

Der Zugriff erfolgt dabei über eine zentrale Schnittstelle in Form der sogenannten Analytical Engine, deren Aufgabe es ist, ankommende Abfragen in ein BW-internes Format zu transformieren, zu optimieren und Ergebnismengen zurückzuliefern, wobei auch der Verarbeitungs- und Qualitätsstatus der Datenbestände sowie ggf. eingeschränkte Berechtigungen berücksichtigt werden müssen.

Staging Engine

Bevor sich der Data Manager um Daten kümmern kann, müssen diese von den Extraktoren der unterschiedlichen Quellsysteme empfangen und aufbereitet werden. Die Aufbereitung ist notwendig, da

Quellsysteme häufig nicht identischen Konventionen bei der Speicherung von Daten folgen (zum Beispiel unterschiedliche Verwendung von Groß- und Kleinschreibung, Umgang mit führenden Nullen, unterschiedliche Schlüssel für dieselben Daten) oder Daten nicht in der Form geliefert werden, wie sie das BW den Anwendern zur Verfügung stellen soll (zum Beispiel Berechnung von Kennzahlen).

Der Anstoß der Extraktion auf den Quellsystemen und die anschließende Steuerung und Überwachung der Datenströme wird durch das Staging vorgenommen. Zur Durchführung von Extraktion und Weiterverarbeitung nutzt das Staging Datenstrukturen, die in der Regel temporärer Natur sind, aber auch persistent zum Zweck der Qualitätssicherung abgelegt werden können.

Data-Warehouse-Administration

Sämtliche Einstellungen zur Definition, Steuerung und Überwachung von Data Manager und Staging Engine werden in einem zentralen Metadaten-Repository abgelegt, dessen Strukturen in Kapitel 4 ausführlich erläutert werden.

Gewissermaßen als User Interface zum Metadaten-Repository dient beim SAP BW das Easy-Access-Menü, das unmittelbar nach der Anmeldung am SAP Graphical User Interface (SAPGUI) aufgerufen wird[3] (siehe Abb. 2–1).

Das Easy-Access-Menü als Schnittstelle zum Metadaten-Repository zu bezeichnen ist – nicht nur streng genommen – eigentlich falsch, denn das Easy-Access-Menü ist zunächst erst einmal nur eine strukturierte Ansammlung von Menüpunkten, die in weitere Transaktionen des BW verzweigen; darunter sind zahlreiche Transaktionen zur Steuerung und zum Monitoring des Systems, aber eben *auch* die Transaktionen zur Pflege der Metadaten-Objekte im BW.

Die Transaktionen können entweder über die Menüpunkte des Easy-Access-Menüs oder, wie in Abbildung 2–1 dargestellt, durch die direkte Angabe der Transaktion über das entsprechende Eingabefeld (oben links) aufgerufen werden.

3. Beim Easy-Access-Menü handelt es sich um das Bereichsmenü RS00, das mit Hilfe der Transaktion SSM2 systemweit eingestellt werden kann.

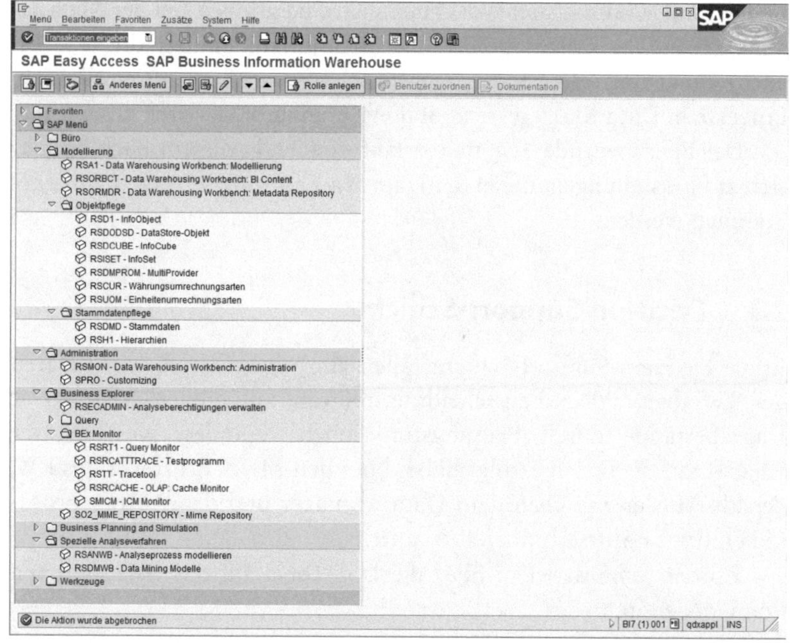

Abb. 2–1

SAP Easy-Access-Menü

Data Warehousing Workbench

Der zentrale Dreh- und Angelpunkt des BW ist die *Data Warehousing Workbench* (DWWB), die aus dem Easy-Access-Menü (alternativ durch die Transaktion RSA1) zu erreichen ist (siehe Abb. 2–2).

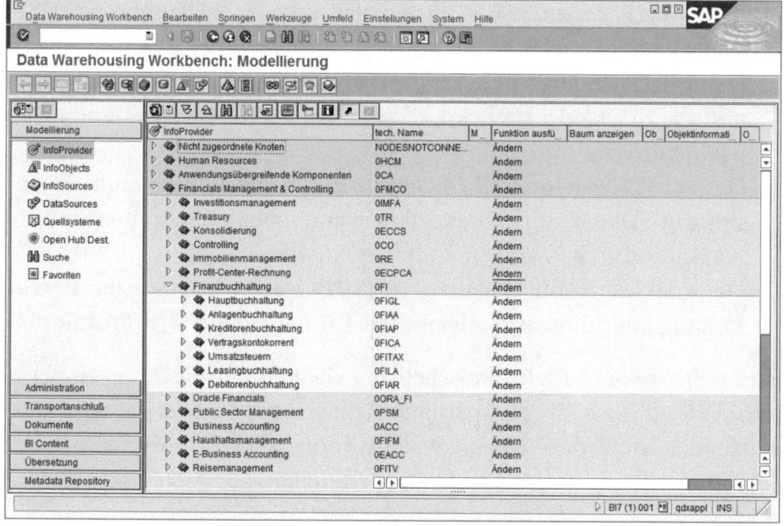

Abb. 2–2

Data Warehousing Workbench

In der Data Warehousing Workbench wird der größte Teil der Metadaten zu BW-Objekten definiert. Darüber hinaus enthält die DWWB auch Funktionen zur Steuerung und Überwachung administrativer Prozesse in Data Manager und Staging Engine.

Der überwiegende Teil aller Erläuterungen in diesem Buch bezieht sich auf Einstellungen, die in der Data Warehousing Workbench vorgenommen werden.

2.3 Decision-Support-Schicht

In die Decision-Support-Schicht fallen alle Systeme, mit denen Daten des BW abgefragt und entscheidungsrelevant aufbereitet werden oder Datenbestände durch Planungsfunktionen verändert werden. Der Zugriff auf die Daten erfolgt dabei über den MDX-Prozessor des BW, der als Mittler zwischen dem Data Manager und den Abfrageprotokollen der Zugriffsschnittstellen auftritt.

Schnittstellen

Zu den Schnittstellen, über die DSS-Tools auf das BW zugreifen können, gehören:

- Das SAP-spezifische ***Business Application Programming Interface*** (BAPI), das bis zur Version 2 des BW die einzige offengelegte Schnittstelle für DSS-Systeme gebildet hat und in der Praxis daher die meistverwendete Schnittstelle darstellt. Auch die SAP-eigenen DSS-Tools nutzen die BAPI-Schnittstelle, wobei jedoch auch an den BAPIs vorbei auf das BW zugegriffen wird, was den übrigen DSS-Tools nicht gestattet ist.
- Der HTTP-basierte BEx-Service zur Bereitstellung von Webseiten mit HTML-Code und Java-Script für ***Web Queries*** und ***Web Applications***.
- Der HTTP-basierte ***XML/A-Service*** zur Bereitstellung multidimensionaler Daten über das plattformunabhängig standardisierte XML-Protokoll XML/A (XML for Analysis).
- Die von Microsoft spezifizierte ***ODBO-Schnittstelle***[4] zur Bereitstellung multidimensionaler Daten auf Basis des COM-Protokolls.

Zusätzlich zu der Möglichkeit, beliebige DSS-Tools mit Daten zu beliefern, verfügt die SAP AG über eine Reihe eigener entscheidungsunterstützender Tools, die – ebenso wie die Tools von Drittanbietern – über Schnittstellen von außen auf das BW zugreifen.

---

4. ODBO = OLE DB for OLAP (Object Linking and Embedding Database for Online Analytical Processing)

Business Explorer

»Traditionell« wird mit dem BW die Produktsuite der *Business Explorer* (BEx)-Tools ausgeliefert. Dazu gehören Tools zur Web- und Excel-basierten OLAP-Analyse, zum Erstellen und Versenden formatierter Berichte, zum Entwickeln webbasierter analytischer Anwendungen, zum Data Mining sowie zur Durchführung von Planungsanwendungen.

Die Tools des Business Explorer waren bis zur Version 3.x des BW größtenteils eigenständig zu nutzen, sind jedoch in der Version 7 teilweise nur noch in Kombination mit dem Portal des NetWeaver 2004s zu nutzen, beispielsweise im Falle des Broadcasting oder beim Deployment von Ad-hoc-Auswertungen im Web.

SAP Business Objects

Mit dem Kauf von Business Objects im Jahre 2007 hat die SAP AG das Portfolio ihrer Decision-Support-Systeme stark vergrößert. So bereichern u.a. die Front-End-Tools Crystal Reports, SAP BusinessObjects Web Intelligence, SAP BusinessObjects Voyager und Xcelsius das Angebot der SAP[5].

Die Integration dieser zugekauften BO-Produkte ist bislang nur in Teilen abgeschlossen. So sind unter den SAP-Business-Objects-Projekten auch Werkzeuge zur Administration von Datenquellen, Integrationswerkzeuge u.v.m. enthalten, die nicht unbedingt zum SAP BW passen und dennoch eingesetzt werden müssen, wenn die ehemaligen Business-Objects-Produkte genutzt werden sollen.

Allen Lesern, die weitere Informationen über die Tools des BEx und die SAP-Business-Objects-Produkte benötigen, sei das Buch »Leitfaden SAP BW7« aus dem dpunkt.verlag empfohlen.

5. Business Objects hat neben den genannten Werkzeugen weitaus mehr Business-Intelligence-Produkte im Einsatz. Dazu zählen Desktop Intelligence (DeskI), Dashboard Builder, Intelligent Search, Set Analysis oder Predictive Workbench. Diese haben aus SAP-BW-Sicht keine Bedeutung.

3 SAP NetWeaver Application Platform

Das BW und zahlreiche andere SAP-Produkte wie bspw. das ECC basieren auf der sogenannten ***SAP NetWeaver Application Platform***, die nachfolgend auch als Basissystem bezeichnet wird. Dabei handelt es sich um eine dreistufige Client-/Server-Plattform, bestehend aus Applikationsserver, Datenbankschicht und Clients.

Applikationsserver

Beim Applikationsserver handelt es sich um den ***SAP Web Application Server***, nachfolgend auch als Web AS bezeichnet. Dieser ist gleichzeitig *Entwicklungs- und Laufzeitumgebung* für das SAP BW und verfügt über alle Komponenten eines typischen Applikationsservers, wie z.B. Datenbank- und Kommunikationsschnittstellen, Sperrverwaltung, Job- und Prozesssteuerung oder Tools zur Systemadministration.

Die Ausführung sämtlicher Prozesse im SAP BW basiert auf der Laufzeitumgebung des Web AS, auf dem das BW auch entwickelt wurde und durch die integrierte Entwicklungsumgebung bei Bedarf um eigene Entwicklungen erweitert werden kann.

Zur Skalierung und Lastverteilung ist es möglich, nicht nur einen, sondern mehrere Applikationsserver einzusetzen, um Dialog- und Hintergrundprozesse jeweils auf den Applikationsserver zu lenken, der zur Startzeit des Prozesses die geringste Belastung aufweist.

Der Einsatz mehrerer Applikationsserver zum Zweck der Lastverteilung ist ein wirksames Mittel zur Skalierung operativer Systeme wie SAP ERP. Bei Systemen wie dem SAP BW, bei denen i.d.R. nicht der Applikationsserver, sondern der Datenbankserver zum Flaschenhals wird, verfehlt der Einsatz mehrerer Applikationsserver beim Tuning der Performance oftmals (aber nicht immer) seine Wirkung.

Bis hierhin ähnelt der Web AS anderen Applikationsservern; als Besonderheit verfügt der Web AS seit der Version 6.40[1] jedoch nicht nur über eine Entwicklungs- und Laufzeitumgebung, sondern über derer gleich zwei, nämlich eine für ABAP-[2] und eine für Java-Programme.

Bei jedem dieser beiden Web-AS-Teile handelt es sich um einen eigenständigen Applikationsserver, der technisch auch isoliert vom jeweils anderen eingesetzt werden kann. Beide Web-AS-Teile sind damit für sich genommen vollständige Applikationsserver, die sowohl auf identischer als auch auf unterschiedlicher physischer Hardware betrieben werden können.

Web AS ABAP

Der sogenannte Web AS ABAP stellt die eigentliche Plattform des SAP BW dar. Es handelt sich dabei um ein weiterentwickeltes Basissystem, vergleichbar mit dem »alten« SAP R/3. Der Web AS ABAP bildet damit die einheitliche Plattform für das Gros der Produkte aus dem Hause SAP.

Wie auch in den Versionen vor 3.5 basieren die Data-Warehouse-Funktionen des BW vollständig auf dem Web AS ABAP, d.h., für den Betrieb eines BW 3.5 muss der Web-AS-ABAP-Teil installiert sein, während sein Gegenstück, der Web AS Java, nur ein optionaler Bestandteil einer BW-Installation ist.

Web AS Java

Der Web AS Java stellt seit der BW-Version 3.5 einen neuen Bestandteil des BW-Basissystems dar. Dabei handelt es sich weniger um eine Weiterentwicklung des Web AS an sich, sondern um eine vollständig neue Laufzeitumgebung bzw. Plattform, die in Koexistenz zum bestehenden Web AS ABAP genutzt wird.

Grundlage dieser Plattform ist eine J2EE Engine, die konform zu JMX 1.3 ist und auf deren Basis sich Enterprise JavaBeans, Servlets, JSPs, JNDI, JMS und Java Mail entsprechend der festgelegten Standards implementieren lassen.

Datenbankschicht

Der Zugriff auf Dateninhalte wird bei beiden Plattformen durch eine Persistenzschicht gekapselt, über die alle Zugriffe auf den Datenbestand erfolgen.

Im Falle des Web AS ABAP handelt es sich bei der Persistenzschicht um das *ABAP Dictionary*, auf das mittels des SQL-Dialekts Open SQL zugegriffen wird. Aufgrund seiner besonderen Bedeutung für das SAP BW wird das ABAP Dictionary bei der Betrachtung des Metadaten-Repository in Kapitel 4.2 näher erläutert.

Das entsprechende Pendant bei Web AS Java ist das *Java Database Dictionary*, auf das mit Hilfe von Open-SQL-APIs zugegriffen wird,

---

1. Die Versionsnummern des SAP BW und des zugrunde liegenden Basissystems sind unterschiedlich. Der Web AS in der Version 6.40 kommt beim SAP BW erstmals in der BW-Version 3.5 zum Einsatz.
2. ABAP bezieht sich in diesem Rahmen sowohl auf die Programmiersprachen ABAP/4 als auch ABAP Objects.

dessen Kenntnis jedoch für die Entwicklung von Data-Warehouse-Anwendungen auf Basis des SAP BW 3.5. keine Bedeutung hat.

Für die eigentliche Datenhaltung wird in beiden Fällen eines der gängigen relationalen Datenbanksysteme wie zum Beispiel Oracle, MS-SQL-Server, DB2, Informix und MAX DB (ehemals SAP DB bzw. ADABAS D) eingesetzt. Der Web AS selbst übernimmt damit nur die Speicherung von Programmen und Datenstrukturen, nicht jedoch die Speicherung von Dateninhalten.

Da für Web AS ABAP und Web AS Java kein übergreifender Sperr-Mechanismus existiert und individuelle Speicherformate genutzt werden, wird für beide Plattformen keine gemeinsame Datenbasis verwendet. Stattdessen erhält jeder Applikationsserver ein eigenes Datenbankschema, so dass die Trennung zwischen Web AS ABAP und Web AS Java technologisch durchgängig ist.

Anders als die Applikationsschicht kann die Datenbankschicht nicht auf mehrere Server verteilt werden[3], so dass die Datenbank insbesondere bei hohen Anforderungen an das Datenvolumen am ehesten den Flaschenhals des BW-Systems darstellt. Bei der Auswahl der Hardware sollte daher insbesondere dem Datenbankserver für den Web AS ABAP größte Aufmerksamkeit geschenkt werden.

Wer macht was?

Im »Doppelherz« Web AS schlagen also zwei Applikationsserver, die zwar koexistieren, aber streng genommen nicht viel miteinander zu tun haben, denn sie verwenden unterschiedliche Programmiersprachen und können nicht einmal ihre Datenbasis teilen. Eine Verteilung ähnlicher Aufgaben auf beide Server ist damit ausgeschlossen – was auch eine schrittweise Portierung von Funktionalitäten von dem einen Teil des Web AS zum anderen in weite Ferne rücken lässt.

Die bestehende Data-Warehouse-Funktionalität des SAP BW – ebenso wie Weiterentwicklungen – verbleiben damit zwangsläufig im Aufgabenbereich des Web AS ABAP. Für den Web AS Java bleiben nur neue Aufgaben, die ihren Schwerpunkt typischerweise im Datenaustausch mit anderen Systemen setzen; schließlich soll sich der Web AS durch die J2EE Engine den sogenannten »Standards« öffnen.

Dabei handelt es sich um Produkte wie beispielsweise das SAP Enterprise Portal, die SAP Mobile Infrastructure, das Knowledge Management oder die SAP Exchange Infrastructure (SAP XI). Alle Produkte, die auf Basis des Web AS Java entwickelt wurden, sind mit dem SAP BW in einem gemeinsamen Produktportfolio gebündelt und werden in Form der Integrationsplattform ***NetWeaver*** am Markt positioniert.

3. Die Ausnahme bildet der Einsatz des Real Application Clusters (RAC) bei Oracle-Datenbanken. Doch auch in diesem Fall übernimmt nicht der Web AS, sondern die Datenbank selbst die Lastverteilung auf mehrere physikalische Server.

Die J2EE Engine innerhalb des Web AS erfüllt aus Sicht des SAP BW im Wesentlichen zwei Aufgaben: Zum einen steuert sie das Portal, das für zahlreiche Entwicklungstätigkeiten im Bereich der Datenanalyse, z.B. für das Ad-hoc-Reporting oder den Information Broadcaster, zwingend erforderlich ist. Zum anderen kann sie (optional) den Universal Data Connect (UD Connect) steuern, mit dessen Hilfe Daten aus JDBC-, ODBO- und XML/A-Quellen extrahiert und ab das BW übergeben werden können (vgl. Kapitel 2.1).

Abbildung 3–1 stellt die Architektur der SAP NetWeaver Application Platform dar.

Abb. 3–1 *Architektur der SAP NetWeaver Application Platform*

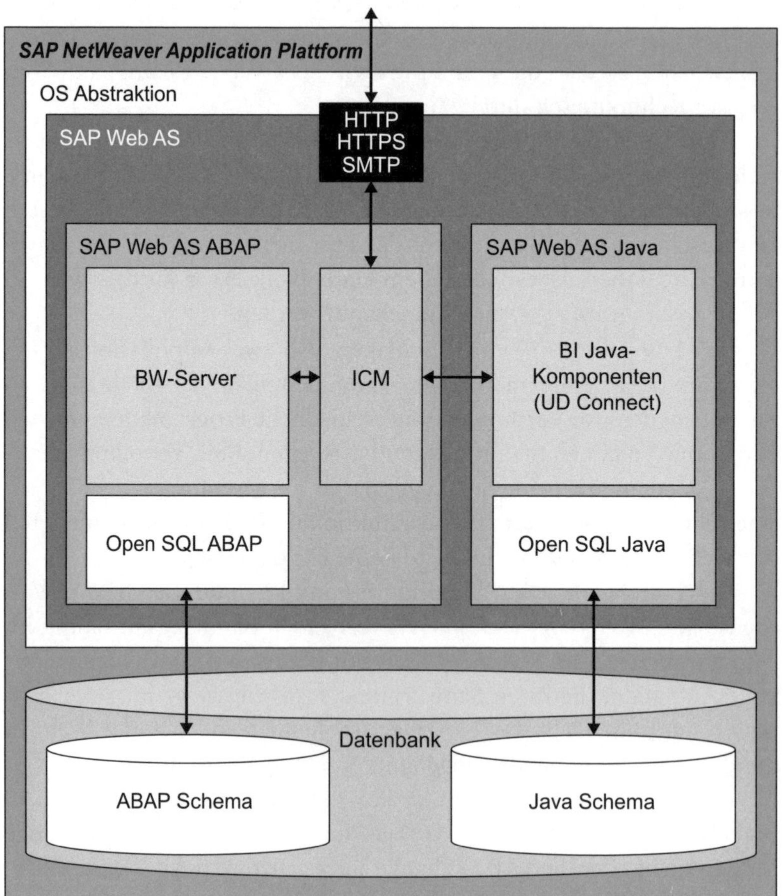

Bei der Beschreibung von Web AS ABAP und Web AS Java wurde herausgearbeitet, dass es sich bei diesen beiden Web-AS-Teilen um technologisch eigenständige Systemplattformen handelt. Als isoliert kann man sie hingegen nicht bezeichnen – ganz im Gegenteil!

Die Kommunikationsschnittstellen, denen im SAP BW eine besondere Bedeutung zukommt, werden im nachfolgenden Kapitel gesondert erläutert.

3.1 Kommunikationsschnittstellen

Um Daten mit Quellsystemen oder entscheidungsunterstützenden Systemen auszutauschen, verfügt das BW über eine Reihe von Kommunikationsschnittstellen. Und obwohl der Web AS Java eigentlich den Schwerpunkt auf Kommunikation und Integration legen soll, verfügt auch der Web AS ABAP über Kommunikationsschnittstellen, denen – durch die Produkthistorie bedingt – in der Praxis die wesentlich größere Bedeutung zukommt. Darüber hinaus kommunizieren Web AS ABAP und Web AS Java nicht nur mit anderen Systemen, sondern natürlich auch untereinander.

Die Grundlagen der Kommunikationstechnologie werden nachfolgend beschrieben. Eine detaillierte Erläuterung kann im Rahmen dieses Buchs jedoch nicht gegeben werden. Für den BW-Neuling wird die Betrachtung der Kommunikationsschnittstellen an dieser Stelle u.U. noch nicht von Bedeutung sein und kann auch zu einem späteren Zeitpunkt zum Nachschlagen verwendet werden.

Bei den grundlegenden Kommunikationstechnologien des Web AS handelt es sich um:

- die ***File-Schnittstelle*** des Web AS ABAP zur Kommunikation mit heterogenen Systemen sowie das ***Business Application Programming Interface*** (BAPI) zur Kommunikation mit SAP-konformen Systemen
- das ***Internet Communication Framework*** zur Bereitstellung von Webservices innerhalb des Web AS ABAP
- die ***J2EE Connector Architecture*** zur Entwicklung Java-basierter Schnittstellen im Web AS Java

Die Verbindung zu den Data-Warehouse-Funktionen des BW wird an dieser Stelle noch nicht geschlagen. Hier soll zunächst nur Grundlagenwissen geschaffen werden, auf das in späteren Kapiteln aufgebaut werden kann.

3.1.1 File und BAPI

Bei der File-Schnittstelle und dem Business Application Programming Interface (BAPI) handelt es sich um Technologien, die bereits im SAP R/3 zur Kommunikation mit anderen Systemen zum Einsatz kamen.

File-Schnittstelle

Die File-Schnittstelle kommt im Falle des BW vor allem beim Austausch von Daten mit Nicht-SAP-Systemen zum Einsatz, z.B. bei der Extraktion aus Quellsystemen oder bei der Weitergabe aufbereiteter Analysedaten im Rahmen von Hub-and-Spoke-Architekturen (vgl. Kapitel 27).

Die File-Schnittstelle bildet in heterogenen Systemwelten oftmals den kleinsten gemeinsamen Nenner aller Systeme und auch SAP-R/3-Systeme vor dem Release 3 konnten nur über Filesysteme miteinander kommunizieren.

BAPI

Für Systeme, die sich bei der Kommunikation mit SAP-BW- und SAP-ERP-Systemen SAP-konform verhalten, hat die SAP das Business Application Programming Interface (BAPI) geschaffen. Dabei handelt es sich um eine Reihe von Schnittstellen, die sowohl von der SAP selbst als auch von Drittherstellern zum Zugriff auf SAP-Systeme genutzt werden können. Die Schnittstellen sind auf Anwendungsebene[4] definiert und offengelegt, bleiben also auch bei der Weiterentwicklung des BW durch die SAP stabil bestehen.

Remote Function Call (RFC)

Technisch gesehen handelt es sich beim Aufruf eines BAPI um einen sogenannten Remote Function Call (RFC). Der Remote Function Call ist eine Möglichkeit, einen Funktionsbaustein auf einem fremden SAP Web AS ABAP aufzurufen. Dies kann aus einem SAP-ERP- beziehungsweise -BW-System erfolgen oder aus selbstentwickelten Programmen. Die Daten werden dabei über TCP/IP oder X.400 als Bytestrom übergeben.

Der Aufruf von BAPIs stellt zwar technisch einen Remote Function Call dar, doch ist der Remote Function Call als Mittel zum Datenaustausch nicht auf die offengelegten Bausteine der BAPI-Schnittstelle angewiesen. Durch den RFC können vielmehr auch undokumentierte, nicht offengelegte Funktionsbausteine aufgerufen werden, was die Extraktoren des BW ebenso wie die DSS-Tools des BEx mitunter auch machen. Systeme, die beim Zugriff auf ein BW-System (allein schon aus Gründen der Zertifizierung) auf BAPIs angewiesen sind, haben damit immer einen Nachteil gegenüber den proprietären Werkzeugen der SAP, die die BAPIs bei Bedarf auch umgehen können.

RFC-Aufruf aus SAP-ERP-Systemen

Bevor RFCs ausgeführt werden können, muss im Falle von Web-AS-ABAP- bzw. SAP-ERP-Systemen zunächst das Zielsystem definiert werden, mit dem kommuniziert werden soll. Diese Definition erfolgt einmalig und ist systemweit gültig. Sie umfasst Informationen über den

4. Das heißt, BAPIs beschreiben nicht die technische Ebene der Kommunikation auf Protokollebene, sondern stellen Funktionen z.B. zum Anlegen einer Faktura zur Verfügung.

Anmeldevorgang, IP-Adresse des Zielsystems und Ähnliches und wird über die Transaktion SM59 vorgenommen.

Der RFC ist eine Erweiterung des ABAP-Befehls CALL FUNCTION. Durch den Zusatz des Zielsystems, das zuvor definiert wurde, wird der Funktionsbaustein nicht im Web-AS-ABAP- bzw. im SAP-ERP-System aufgerufen, in dem auch der Befehl CALL FUNCTION ausgeführt wird, sondern im angegebenen Zielsystem (siehe Abb. 3–2).

Abb. 3–2
Funktionsaufrufe über RFC

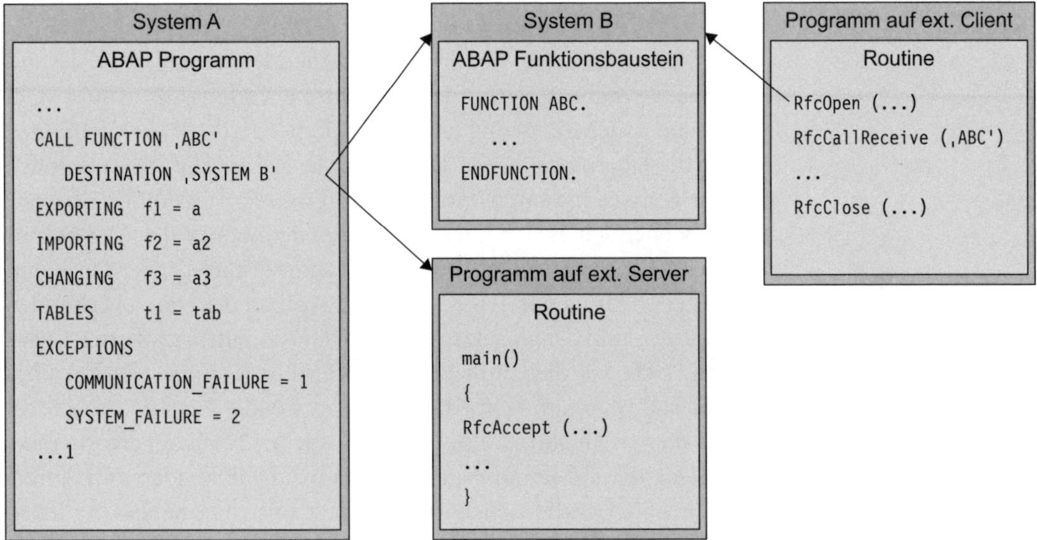

RFC-Aufruf aus eigenen Programmen

Soll ein RFC von einem selbstentwickelten System (oder dem Tool eines Drittanbieters) ausgeführt werden, so kann eine RFC-Bibliothek (RFC API) verwendet werden, die die SAP für OS/2, Windows, Windows NT und alle für den ERP-Betrieb freigegebenen UNIX-Derivate zur Verfügung stellt.

Verbindungsarten beim RFC

Der RFC kann sowohl synchron wie auch asynchron aufgerufen werden, gleichgültig ob das aufrufende System ein SAP-System oder ein selbstentwickeltes Programm ist.

Synchron besagt dabei, dass der Aufruf des RFC-Bausteins für das aufrufende System erst beendet ist, wenn die Remote-Funktion ausgeführt und mit einem Statuscode terminiert ist. Bei asynchronen Aufrufen wird der Status nicht unmittelbar an das aufrufende Programm zurückgegeben, d.h., der Aufruf ist technisch abgeschlossen, sobald die Daten »sendebereit« vorliegen. Ist das aufrufende System zu diesem Zeitpunkt nicht verfügbar, so übernimmt im Falle des SAP BW das Basissystem die Steuerung wiederholter Sendeversuche.

Im Falle eines asynchronen Aufrufs spricht man von einem TRFC (transaktionaler RFC)[5], ansonsten bleibt man bei der Bezeichnung RFC.

Übertragungs-Tools

Die Nutzung von File- und BAPI-Schnittstelle gestaltet sich aus Sicht der Programmierung (sowohl für die SAP als auch für Kunden) aufwändig, sofern die Programme alle möglichen Optionen der Kommunikation (synchron, asynchron, File, BAPI) nutzen sollen.

Aus diesem Grund wurde eine Art »Toolset« geschaffen, das umfangreiche Werkzeuge bereitstellt und dessen Nutzung aus Sicht der Programmierung mit wenig Aufwand verbunden ist. Es handelt sich dabei um das *Application Link Enabling* (ALE).

ALE unterstützt für die unterschiedlichen Kommunikationstechniken sowohl synchrone wie auch asynchrone Verbindungen und stellt Funktionen zum Monitoring und zur Fehlerbehandlung zur Verfügung.

Für die Übertragung von Daten werden dabei alle Informationen in Form von sogenannten *Intermediate Documents* (IDOC) übertragen. Dabei handelt es sich um eine Art Datencontainer, dessen Struktur individuell für die jeweilige Kommunikation festgelegt werden kann. Da mit der Nutzung von IDOC ein fester Aufbau der Daten verbunden ist (Kopfsatz und Datensatz), bringen IDOCs einen größeren Overhead mit sich, als dies zum Beispiel bei einer Kommunikation über RFC der Fall ist, wenn kein ALE/IDOC verwendet wird.

Aus diesem Grund ist die Nutzung von IDOCs aus Performancesicht nachteilig und kommt im BW nur noch beim Senden von Anforderungen und Quittierungen zum Einsatz (also bei Sendevorgängen mit geringem Datenvolumen).

Aufgrund der einfachen Programmierbarkeit wurde in frühen Versionen des BW das IDOC auch zur Extraktion von Massendaten verwendet. Inzwischen wurde das IDOC an Performance-kritischen Stellen durch RFCs ersetzt, jedoch ist das IDOC vereinzelt noch optional verwendbar. Da dies nur dem Zweck der Abwärtskompatibilität dient, gibt es für Sie keinen Grund mehr, bei neuen Entwicklungen das IDOC anstelle eines RFC zu verwenden.

3.1.2 Internet Communication Framework

Sowohl für Web AS ABAP als auch Web AS Java existiert eine zentrale Infrastruktur, die die Kommunikation über das HTTP-, HTTPS- und SMTP-Protokoll ermöglicht: das Internet Communication Framework (ICF) bzw. der Internet Communication Manager (ICM).

Dabei kann das BW zum einen als Server auftreten und HTTP-Services anbieten. Clients können dabei HTTP-Requests an das BW schi-

5. Der TRFC hieß zuerst asynchroner RFC. Er wurde aber in transaktionaler RFC umbenannt, da der asynchrone RFC im R/3 eine andere Bedeutung hat.

cken, die durch den ICM an die Anwendung weitergereicht werden und umgekehrt über den ICM von der Anwendung als Antwort an den Client zurückgesendet werden. Dies ist beispielsweise beim Web Reporting der Fall.

Umgekehrt kann das BW auch als Client auftreten und seinerseits Servern, die HTTP-Services bereitstellen, Requests schicken, um auf deren Antwort zu warten.

HTTP-Services können bei Bedarf selbst entwickelt werden, was jedoch in der Praxis nur selten erforderlich ist, da mit dem BW bereits eine Vielzahl von Services ausgeliefert werden, die sowohl im Bereich der Extraktion als auch im Bereich der entscheidungsunterstützenden Systeme eingesetzt werden können. Dabei handelt es sich z.B. um HTTP-Services

- für den Zugriff auf Query-Daten im HTML-Format über den Web Analyzer
- für den Zugriff auf Query-Daten im XML/A-Format über das Open Analysis Interface
- zur Bereitstellung von Extraktionsdaten im XML-Format über den SOAP-Service (vgl. Kapitel 2.1)
- zur Kommunikation von Web Pages mit selbstentwickelten Applikationen auf Basis von Business Server Pages (BSP)
- zum Austausch von Metadaten zwischen verschiedenen Systemen im XMI-Format (siehe Anhang D.3)
- zum Anzeigen von Metadaten zu BW-Objekten im HTML-Format
- zur Anzeige benutzerdefinierter Dokumentationen zu BW-Objekten

Welche Services genau angeboten werden und ob die Services aktiv sind, ist in der Pflege der Services in der Transaktion `SICF` zu sehen (siehe Abb. 3–3).

Die Behandlung eines Requests durch das ICF erfolgt technisch durch einen Prozess innerhalb des Web AS ABAP. Hinter jedem Service steht dabei eine eigene ABAP-Klasse, die in der Terminologie des ICF als *ICF-Handler* bzw. *HTTP-Request-Handler* bezeichnet wird.

ICF-Handler

Der Name des ICF-Handlers ist dem Kontextmenü des jeweiligen Services in der Transaktion `SCIF` über den Menüpunkt *Service anzeigen→Handler-Liste* zu entnehmen. Im Falle des HTTP-Service für den Web Analyzer wäre dies z.B. die ABAP-Klasse (=ICF-Handler) `CL_RSR_WWW_HTTP` (siehe Abb. 3–4).

Aufruf eines HTTP-Service

Der Aufruf eines HTTP-Service erfordert eine URL, die neben dem Server auch den ICF-Handler identifiziert und ggf. Daten an den Handler übergibt, die innerhalb der URL als sogenannter Query String kodiert sind.

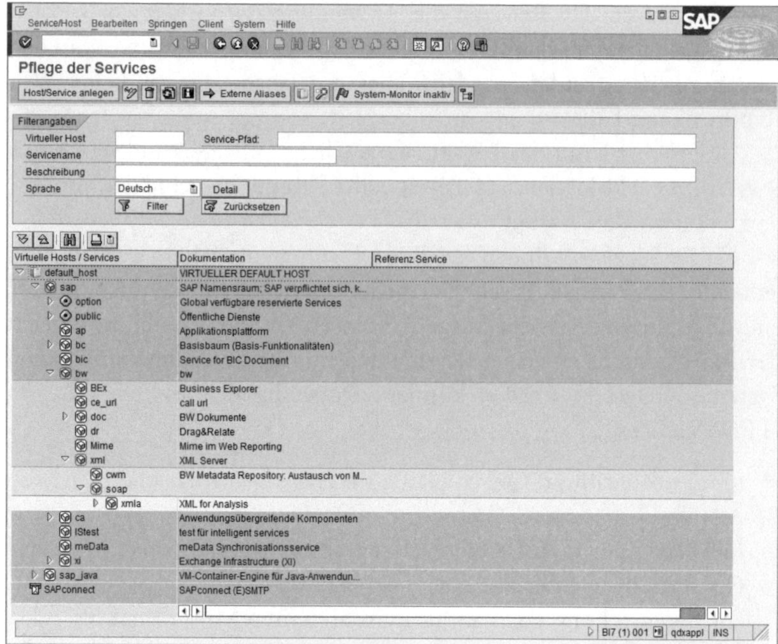

© SAP AG

Abb. 3–3

Services des Internet Connection Frameworks

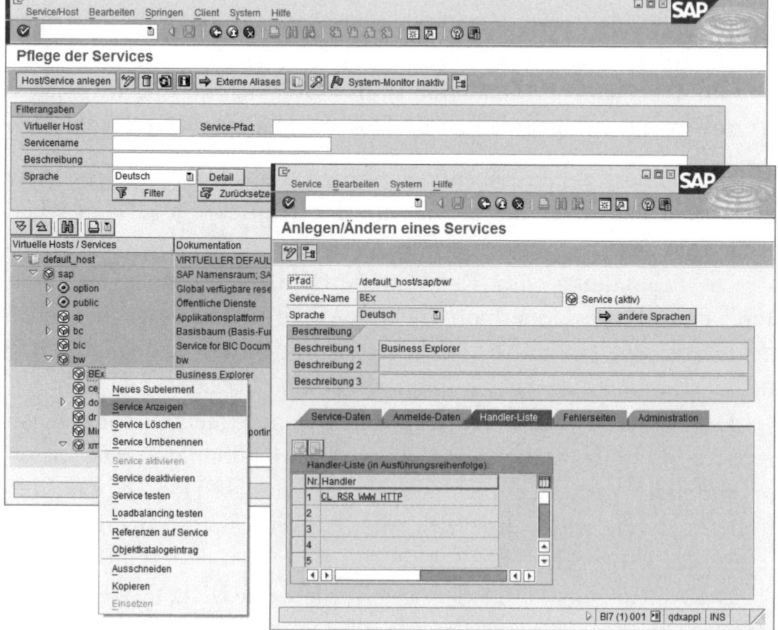

© SAP AG

Abb. 3–4

Handler von ICF-Services

Die URL des HTTP-Service ist dabei immer nach folgendem Schema aufgebaut, sofern es sich um einen von der SAP ausgelieferten Service des BW handelt:

```
<Protokoll>://<Server>:<Port>/sap/bw/<Service>
```

Das entsprechende URL-Präfix kann mit Hilfe des Funktionsbausteins `RSBB_URL_PREFIX_GET` in Erfahrung gebracht werden, der auch manuell in der Transaktion `SE37` aufgerufen werden kann (siehe Abb. 3–5 am Beispiel der URL-Präfix für den ICF-Handler `CL_RSR_WW_HTTP`).

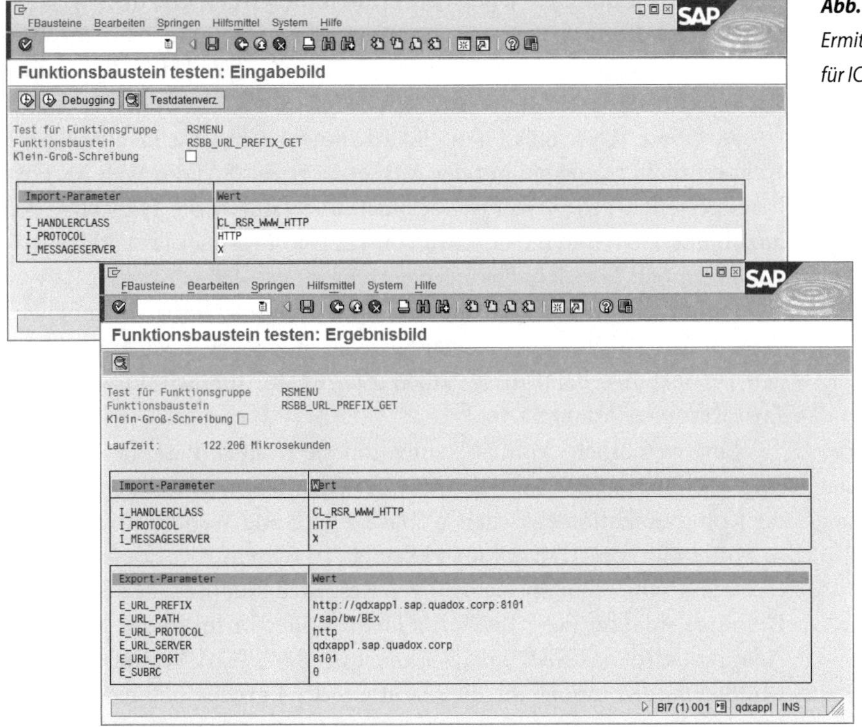

Abb. 3–5
Ermittlung des URL-Präfix für ICF-Services

Als Parameter ist dabei neben dem ICF-Handler (`I_HANDLER`) auch eines der Protokolle HTTP bzw. HTTPS (`I_PROTOCOL`) anzugeben und zu bestimmen, ob der Name des Messageservers (Parameter `X`) oder des Applikationsservers (kein Parameterwert) bzw. deren Alias-Name in der URL kodiert werden soll (`I_MESSAGESERVER`).

Beim Ausführen des Funktionsbausteins (Menüpunkt *Funktionsbaustein→Testen→Einzeltest* in der Transaktion `SE37`) muss der entsprechende ICF-Service aktiv sein.

3.1.3 J2EE Connector Architecture

Die J2EE Connector Architecture bildet die Grundlage der Kommunikationsschnittstellen des Web AS Java. Dabei handelt es sich um ein Connector Framework, das die Anbindung heterogener Systeme an die J2EE-Plattform einerseits durch sogenannte ***Java-Konnektoren***, andererseits durch sogenannte ***Java Resource Adapter*** ermöglicht.

Java-Konnektoren

Java-Konnektoren stellen die – teils plattformabhängige – Middleware-Komponente einer Schnittstelle dar, in der die Kommunikation mit dem jeweiligen Anwendungssystem implementiert ist.

Java Resource Adapter

Die Verbindung zwischen den Java-Konnektoren und dem Web AS Java bilden die Java Resource Adapter, deren Schnittstellen zum Web AS Java konform zu den Standard-Schnittstellen der J2EE-Connector-Architektur sind.

Auf diese Weise müssen die Java-Konnektoren bzw. Java Resource Adapter nicht zwingend mit der Auslieferung des SAP im Web AS Java bereitgestellt werden, sondern können auch durch die Hersteller der anzubindenden Systeme in Form von J2EE-konformen Java-Resource-Adaptern und Java-Konnektoren entwickelt werden.

Durch die J2EE-konforme Standard-Schnittstelle ist es möglich, den Zugriff auf die heterogenen Systeme in eigenen Java-Anwendungen zu nutzen – denn diese haben Zugriff auf die Schnittstellen des Java Resource Adapters.

Kommunikation zwischen Web AS ABAP und Web AS Java

Eine wesentliche Voraussetzung, um die Konnektivität des Web AS Java auch für das BW (also den Web AS ABAP) nutzen zu können, stellt die Kommunikation zwischen Web AS ABAP und Web AS Java dar.

Innerhalb des Web AS Java existiert zu diesem Zweck – wie sollte es anders sein – ein spezieller Java Resource Adapter: der SAP Java Resource Adapter (SAP JRA). Als Java Connector für diesen Resource Adapter wird der SAP Java Connector (SAP JCo) verwendet, eine Middleware-Komponente, die schon vor der Entwicklung des Web AS Java die Kommunikation zwischen Java-Anwendungen und dem Web AS ABAP ermöglicht hat.

Der SAP JCo unterstützt die Kommunikation mit dem Web AS ABAP in beiden Richtungen (inbound, outbound), d.h., der Web AS Java kann über eine API ABAP-Funktionen aufrufen, und umgekehrt kann der Web AS ABAP über eine RFC-Verbindung Java-Funktionen aufrufen. Dabei ist allerdings zu beachten, dass der SAP JRA ausschließlich RFC-Calls (über TCP/IP), nicht aber TRFC-Calls, IDocs und Zertifikate entgegennehmen kann.

SAP JCo und SAP JRA sind eigenständige Software-Komponenten, die auch als Standalone-Komponente installiert werden können. Allerdings wird der SAP JRA als Add-on des SAP JCo immer mit diesem zusammen installiert, während der SAP JCo automatisch mit dem Web AS Java installiert wird.

Grundsätzlich gehört nicht zu jedem Web AS ABAP genau ein Web AS Java. Das heißt, dass jeder Web AS ABAP grundsätzlich mit mehreren (oder auch keinem) Web AS Java kommunizieren kann und umgekehrt. Um die Kommunikation zwischen beiden Applikationsplattformen zu konfigurieren, müssen auf Seite des Web AS Java ein ***JCo RFC-Provider*** und auf Seite des Web AS ABAP eine ***RFC-Destination*** eingerichtet werden (für das BW stellt die J2EE Engine also ein System mit einer SAP-konformen Schnittstelle dar).

Einrichten des JCo RFC-Providers

Die Einrichtung des JCo RFC-Providers erfolgt im Visual Administrator der J2EE Engine in der Registerkarte *Cluster →Services →JCo RFC-Provider* (siehe Abb. 3–6).

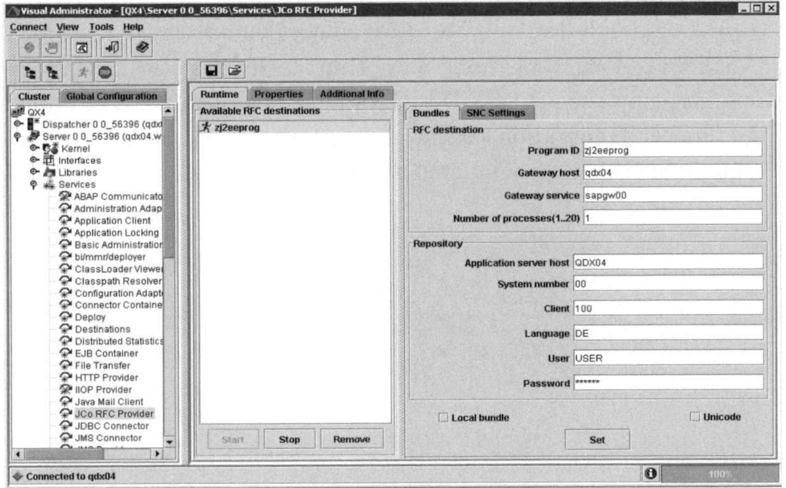

Abb. 3–6
Einrichten des JCo RFC-Providers

Bei der Einrichtung des JCo RFC-Providers sind eine Reihe von Parametern einzugeben. Im Falle der *RFC-Destination*, die durch den J2EE Server bereitgestellt werden soll, sind dies folgende Einstellungen:

- **Program ID**: Eine frei wählbare, aber eindeutige ID, durch die die RFC-Destination, die der Jco RFC-Provider bereitstellt (also das RFC-Serverprogramm), eindeutig identifiziert wird. Die hier angegebene Program ID wird später bei der Einrichtung der RFC-Verbindung im Web AS ABAP verwendet, um den JCo RFC-Provider zu adressieren.
- **Gateway host:** Der Gateway-Server, der die Anfragen an bzw. vom Web AS ABAP weiterreicht. Existiert kein dedizierter Gateway-Server, so ist dies der Web AS ABAP selbst.

- **Gateway service:** Der Gateway-Service auf dem Gateway-Server.
- **Number of processes:** Die maximale Anzahl an laufenden Prozessen, die parallel durch diese RFC-Verbindung bedient werden.

Unter den Angaben für das *Repository* sind die Anmeldeinformationen zu hinterlegen, die der J2EE Server verwendet, um sich an das BW anzumelden. Dies sind die üblichen Anmeldeinformationen, bestehend aus dem Applikationsserver (Application server host), der Nummer der ERP-Instanz (System number), dem Mandant (Client), der Anmeldesprache (Language) sowie der zu verwendende Benutzer samt Passwort.

Beim Anlegen des JCo RFC-Providers durch den Button Set werden die Angaben zur RFC-Destination implizit überprüft. Kann der angegebene Host durch den Gateway-Service erreicht werden, so erscheint der JCo RFC-Provider in der Liste der verfügbaren RFC-Destinationen und kann gestartet werden. Ab dem Zeitpunkt des Starts kann die RFC-Destination durch den Web AS ABAP aufgerufen werden.

RFC-Destination zur J2EE- Engine einrichten

Seitens des Web AS ABAP muss zum Aufruf des JCo RFC-Providers die entsprechende RFC-Destination gepflegt werden. Dies erfolgt mit Hilfe der Transaktion `SM59`, in der die Destination als neue TCP/IP-Verbindung (Typ `T`) zu definieren ist (siehe Abb. 3–7).

Abb. 3–7
RFC-Destination zur J2EE Engine einrichten

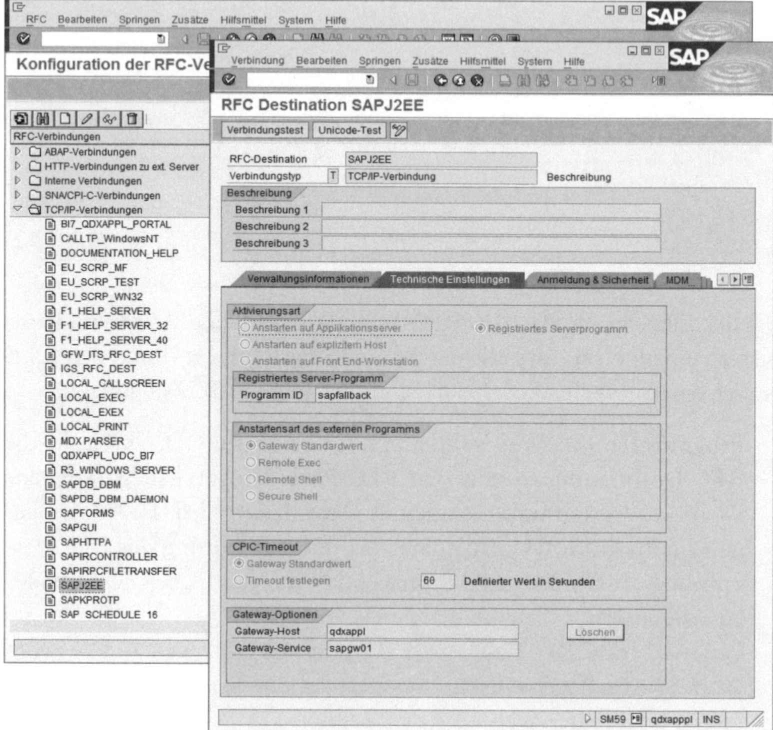

Als Aktivierungsart ist dabei das registrierte Serverprogramm zu wählen, wobei als Programm-ID des Serverprogramms die Programm-ID anzugeben ist, unter der der JCo RFC-Provider innerhalb der J2EE Engine definiert wurde.

Gateway-Host und -Service sind analog zu den Angaben des JCo-Providers zu wählen.

4 Metadaten-Repository

Data-Warehouse-Systeme geraten schnell zu einer »Black Box«[1], wenn die verwendeten Datenstrukturen und Datenflüsse nicht transparent gestaltet sind. Die Fehlerbeseitigung oder gar Anpassungen sind bei einem solchen System unverhältnismäßig aufwändiger und fehleranfälliger als bei einem transparent gestalteten System.

Diesem Problem begegnet das BW mit einem Metadaten-Repository, in dem sämtliche Objekte – sei es im Bereich der Staging Engine, des Data Managers oder auch im Bereich der BW-eigenen Decision-Support-Tools – zentral abgelegt werden.

Das Metadaten-Repository umfasst in der Regel die Definitionen zu Objekten und den unmittelbar mit diesen Objekten verbundenen Einstellungen. Zahlreiche Einstellungen, die in diesem Buch beschrieben werden, gehören nicht zu spezifischen Objekt-Definitionen und sind damit kein Bestandteil des Metadaten-Repository. Gehen Sie bei Ihrer Suche nach Informationen daher nicht davon aus, grundsätzlich immer im Metadaten-Repository fündig zu werden.

Die Objekte, die im Metadaten-Repository abgelegt werden, erfüllen unterschiedliche technische oder betriebswirtschaftliche Funktionen und lassen sich in drei Schichten gliedern:

- Datenbank
- ABAP Dictionary (ehemals als Data Dictionary bezeichnet)
- Applikation (BW-Objekte)

Abbildung 4–1 stellt die drei Schichten mit einer exemplarischen Auswahl typischer Objekte dar.

1. Gemeint ist ein System, das in nicht nachvollziehbarer Weise Daten weiterverarbeitet und speichert und somit einem schwarzen Kasten gleichkommt, dessen Innenleben nicht erkennbar und damit unverständlich ist.

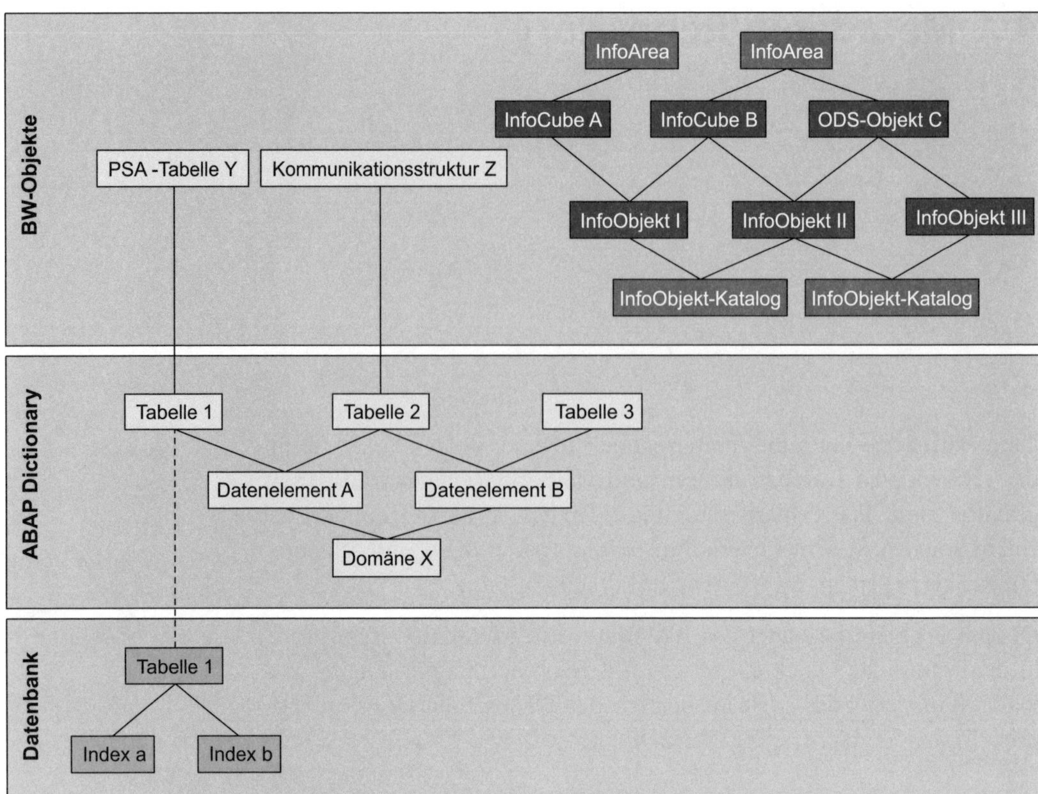

Abb. 4-1
Objektschichten im BW

Das Verständnis der einzelnen Objektschichten ist für die Arbeit mit dem BW von wesentlicher Bedeutung. In den nachfolgenden Kapiteln werden die Schichten daher charakterisiert und ihre Funktion innerhalb des Metadaten-Repositorys erläutert.

Dabei ist zu beachten, dass die drei Schichten nicht in einem gemeinsamen Metadaten-Repository, sondern jeweils in eigenen Repositories verwaltet werden.

4.1 Objekte der Datenbank

Die physische Speicherung von Daten erfolgt durch das Datenbanksystem. Dort werden Daten mit Hilfe von Datenbankobjekten (Tabellen, Indizes) abgelegt.

Die gespeicherten Daten können sowohl von temporärer als auch von persistenter Natur sein und unterschiedlichste Aufgaben wahrnehmen. Das Datenbanksystem verfügt zwar über eigene Metadaten zu den abgelegten Strukturen, hat jedoch im Falle des SAP BW keine Kenntnisse über die Semantik oder die betriebswirtschaftlichen Zusammenhänge der Daten.

Der direkte Zugriff auf die Objekte des Datenbanksystems durch BW-Programme bringt zwei wesentliche Nachteile mit sich:

- Ein direkter Zugriff auf die Objekte der Datenbank setzt voraus, dass die Applikationen ihren Zugriff abhängig von dem jeweils eingesetzten Datenbanksystem gestalten. Dies ist aus Sicht der Administrierbarkeit nicht sinnvoll. Außerdem würde dies umfangreiche datenbankspezifische Kenntnisse der Anwendungsentwickler voraussetzen.
- Die Datenbank liefert keine semantischen Informationen über die Datenstrukturen und ist somit aus Sicht der Anwendungsentwicklung zu unübersichtlich.

Aufgrund dieser Nachteile sind die Objekte der Datenbank vom direkten Zugriff durch BW-Programme isoliert. BW-Programme müssen stattdessen auf die Objekte des ABAP Dictionary zugreifen.

4.2 Objekte des ABAP Dictionary

Das ABAP Dictionary stellt eine Art Metadaten-Repository für die Datenstrukturen des BW-Basissystems dar, die systemweit allen Anwendungen zur Verfügung stehen. Bei den für das BW relevanten Grundelementen handelt es sich um:

- Domänen
- Datenelemente
- Tabellen

Sofern diese Elemente auch auf der Datenbank durch Tabellen dargestellt werden, können BW-Programme mit Hilfe eines standardisierten SQL-Dialekts, *Open SQL*, auf das ABAP Dictionary zugreifen. Beim Zugriff auf das ABAP Dictionary übersetzt das Basissystem die Open-SQL-Kommandos in datenbankspezifische Kommandos. Alle Applikationen, die auf dem Basissystem aufbauen (das heißt alle BW-Programme), sind damit datenbankunabhängig[2].

Die Elemente des ABAP Dictionary müssen nicht zwingend auch auf der Datenbank abgebildet werden. Dies ist dann der Fall, wenn es sich bei den Elementen des ABAP Dictionary um Metadaten handelt, die keine Dateninhalte aufweisen (zum Beispiel Feldstrukturen).

2. In einigen Bereichen werden vom BW spezielle Features einzelner Datenbanksysteme genutzt, was innerhalb der ABAP-Programme plattformabhängige Sonderbehandlungen erfordert. Auf diese Fälle wird im Laufe des Buches bei Bedarf gesondert hingewiesen.

Die Elemente des ABAP Dictionary können mit Hilfe der Transaktion `SE11` angesehen, bearbeitet und selbst angelegt werden (siehe Abb. 4–2).

Abb. 4–2 Einstieg in das ABAP Dictionary

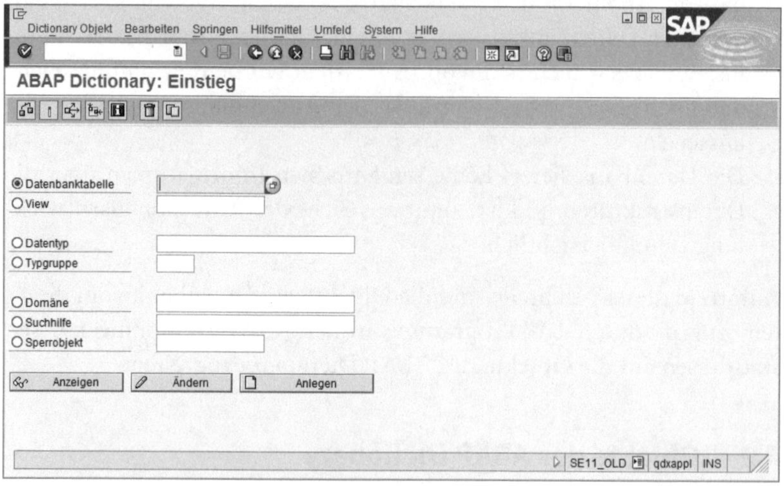

Nachfolgend werden die Grundelemente des ABAP Dictionary erläutert. Zusätzlich wird das Konzept der Entwicklungsnamensräume in Kapitel 4.2.4 erläutert.

4.2.1 Domänen

Domänen definieren die betriebswirtschaftlichen Grundelemente des ABAP Dictionary (zum Beispiel Kundennummer, Materialtext, Absatzkennzahl) mittels eines Datentyps und einer Datenlänge.

Eine Kundennummer wird zum Beispiel durch die Domäne `/BIO/OICUSTOMER` mit dem Datentyp `CHAR` der Länge 10 als ein zehnstelliges alphanumerisches Feld definiert. Alle weiteren ABAP Dictionary-Elemente basieren auf Domänen.

Eine Besonderheit bei der Definition von Domänen stellt die Möglichkeit dar, zu einer Domäne einen Verweis auf eine Prüftabelle zu hinterlegen. Dabei handelt es sich typischerweise um eine Stammdatentabelle, in der alle Werte hinterlegt sind, welche die Domäne in der Stammdatentabelle abbildet.

Prüftabellen sind besonders dann hilfreich, wenn Eingaben auf Gültigkeit überprüft werden oder dem Anwender eine Werteauswahl vorgeschlagen werden soll. Abbildung 4–3 stellt die Definition der Domäne `/BIO/OCUSTOMER` (Kundennummer) als `CHAR` mit Länge `10` und der Wertetabelle `/BIO/MCUSTOMER` dar.

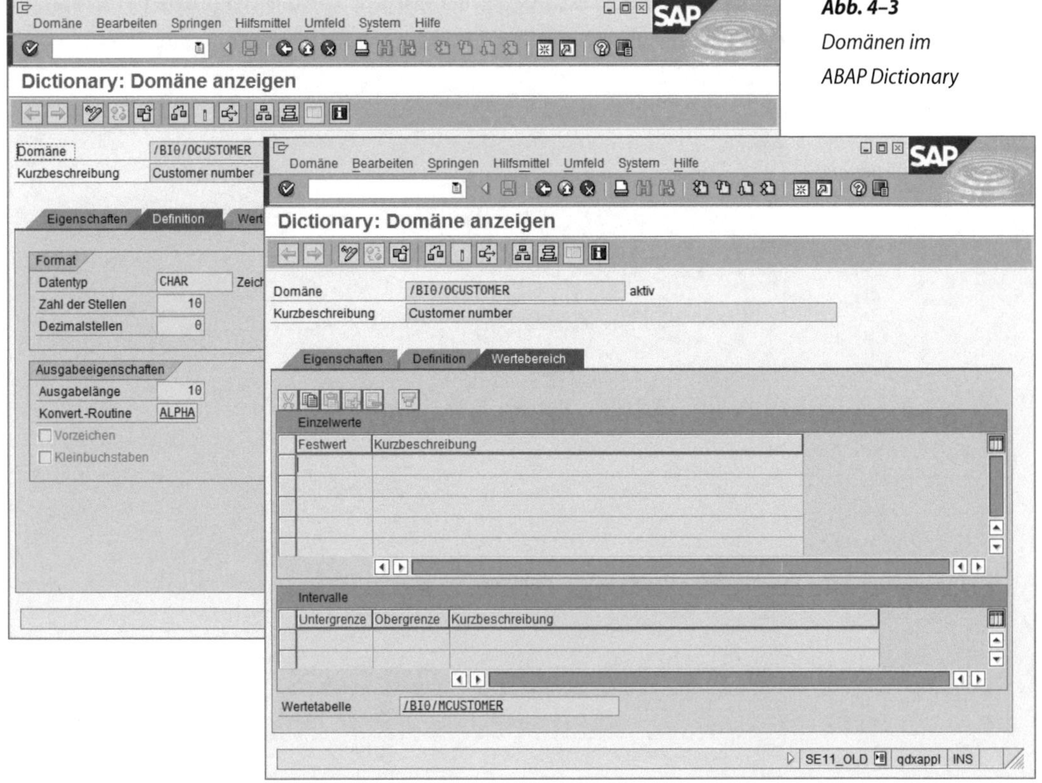

Abb. 4-3 *Domänen im ABAP Dictionary*

4.2.2 Datenelemente

Datenelemente stellen die beschreibende Schicht über den Domänen dar. Jedes Datenelement verweist genau auf eine Domäne, jede Domäne kann von mehreren Datenelementen verwendet werden.

Ein Datenelement enthält beschreibende Daten, die zum Beispiel als Überschriften bei der Ausgabe eines Feldinhaltes genutzt werden können. Datenelemente dienen dazu, aus der allgemeinen Definition eines betriebswirtschaftlichen Grundelements (der Domäne) eine Beschreibung zu gestalten, die der jeweiligen Verwendung der Domäne gerecht wird.

Ein Beispiel dafür stellt die Domäne *Kundennummer* dar. Die Kundennummer wird im Vertrieb niemals als Kundennummer verwendet, sondern immer in Form einer der Partnerrollen *Auftraggeber*, *Regulierer* oder des *Lieferanten*. Um dieser Verwendung der Domäne gerecht zu werden, können drei Datenelemente (Auftraggeber, Regulierer, Lieferant) definiert werden, die jeweils auf die Domäne *Kundennummer* verweisen.

Abbildung 4–4 stellt die Definition eines Auftraggebers als Datenelement, basierend auf der Domäne *Kundennummer*, dar.

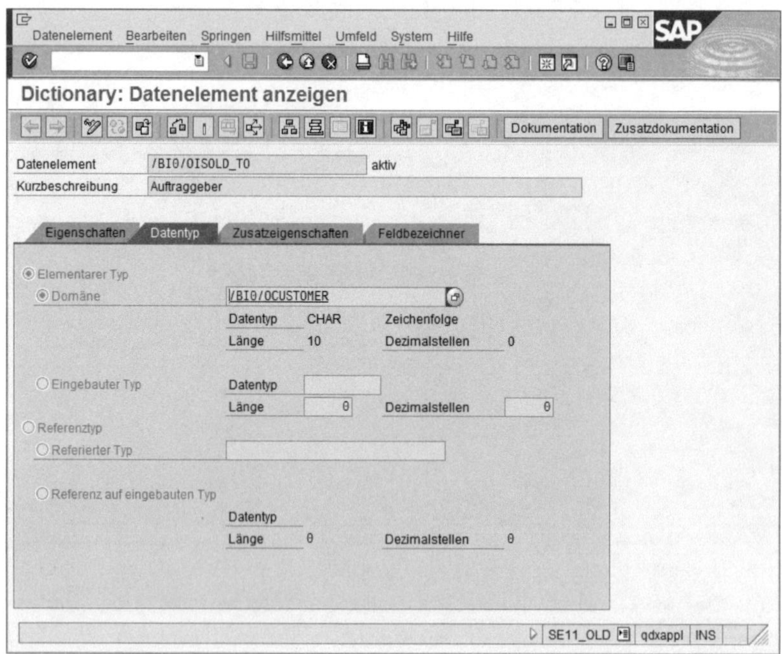

Abb. 4–4 *Datenelemente im ABAP Dictionary*

4.2.3 Tabellen

Durch eine Tabelle wird im ABAP Dictionary eine Struktur mehrerer Felder definiert. Alle Felder der Struktur müssen durch ein Datenelement definiert werden. Lediglich der Feldname wird in der Tabelle definiert. Innerhalb einer Tabelle muss der Feldname eindeutig sein. Ein Datenelement kann innerhalb einer Tabelle mehrfach verwendet werden.

Eine Tabelle dient dazu, komplexere betriebswirtschaftliche Informationen in einen Zusammenhang zu bringen. Ein Beispiel ist die Definition einer Tabelle zur Darstellung von Kundenstammdaten durch die Kombination von Kundennummer, Name, Telefonnummer etc.

Es wird im ABAP Dictionary zwischen zwei Tabellentypen unterschieden:

- Transparente Tabellen
- Strukturen

Transparente Tabellen

Transparente Tabellen werden sowohl im ABAP Dictionary als auch auf der Datenbank angelegt (dies macht das Basissystem automatisch bei der Pflege der Tabelle). Dadurch bieten transparente Tabellen die Möglichkeit zur Speicherung von Daten im Datenbanksystem.

Alle Daten, die durch die BW-Anwendungen gespeichert werden, werden in Datenbanktabellen abgelegt, die im ABAP Dictionary als transparente Tabellen definiert sind.

Strukturen

Strukturen sind, ähnlich wie Datenelemente und Domänen, ein Element des ABAP Dictionary. Strukturen lassen sich in Programmen als vorgefertigte Typdeklaration wiederverwenden. Das BW macht intensiven Gebrauch von Strukturen im Rahmen der Datenflussdefinition.

Der Vorteil von Strukturen liegt darin, dass an einer zentralen Stelle, dem ABAP Dictionary, eine Struktur gepflegt wird und alle Programme, in denen diese Struktur verwendet wird, alle Änderungen an der Struktur erfahren und nutzen können.

4.2.4 Entwicklungsnamensräume

Um zu vermeiden, dass Namenskonflikte zwischen eigenen und von der SAP ausgelieferten ABAP Dictionary-Objekten auftreten, stehen für alle ABAP Dictionary-Objekte spezielle ***Entwicklungsnamensräume*** bereit. Den daraus abzuleitenden Namenskonventionen haben alle Kunden- und SAP-eigenen Objekte zu folgen.

SAP-Namensraum

Demnach fangen alle durch die SAP ausgelieferten Objekte mit den Buchstaben `A` bis `X` an.

Für diejenigen ABAP Dictionary-Elemente, die nicht durch die SAP ausgeliefert, sondern durch die SAP-Standardprogramme generiert werden, ist der Namensraum `/Bxx/` reserviert, wobei `x` jeweils für die Buchstaben `A-Z` steht.

Im Falle des SAP BW sind vor allem die Namensräume `/BI0/` und `/BIC/` von Bedeutung, die durch die Metadaten-Pflege für BW-Content-Objekte bzw. kundeneigene Objekte angelegt werden (siehe Kapitel 4.3). Damit sind auch die zu kundeneigenen BW-Objekten gehörigen ABAP Dictionary-Objekte im Namensraum der SAP abgelegt.

Standard-Kundennamensraum

Alle kundeneigenen ABAP Dictionary-Objekte fangen mit `Y` oder `Z` an, wobei dies ausschließlich für Objekte gilt, die direkt im ABAP Dictionary angelegt werden.

ABAP Dictionary-Objekte, die durch das BW auf Grundlage der Metadatenschicht der BW-Objekte generiert werden, werden nicht im Kundennamensraum abgelegt, selbst wenn es sich bei dem entsprechenden BW-Objekt um eine Eigenentwicklung handelt.

Eigener Kundennamensraum

Durch die Definition von SAP- und Kundennamensraum ist sichergestellt, dass sich Eigenentwicklungen von SAP-Anwendern nicht mit den ausgelieferten Standardprogrammen der SAP überschneiden.

Innerhalb des Kundennamensraums ist es Aufgabe jedes einzelnen Kunden, organisatorisch abzustimmen, wie dieser Namensraum für einzelne Entwicklungen verwendet wird.

Diese Abstimmung ist organisatorisch spätestens dann nicht mehr zu leisten, wenn Systemhäuser in die Betrachtung einfließen, die ihren Kunden Entwicklungen zur Verfügung stellen und dafür weder den SAP-Namensraum (dann kämen sie der SAP in die Quere) noch den Kundennamensraum (dann kämen sie ihren Kunden in die Quere) nutzen können.

Aber auch Unternehmen stehen vor diesem Problem, wenn Entwicklungen sowohl zentral als auch dezentral erfolgen, z.B. zentrale Entwicklungen in der Konzernzentrale und länderspezifische Erweiterung auf weltweit verteilten Entwicklungssystemen.

Zu diesem Zweck können Objekte des ABAP Dictionary in einem sogenannten Kunden- und Partner-Namensraum abgelegt werden, der von der SAP vergeben wird[3]. Dieser kennzeichnet sich durch das Präfix `/xxxxx/`, wobei `xxxxx` für eine mindestens 5-stellige, maximal 10-stellige alphanumerische Zeichenfolge steht, die einen erkennbaren Bezug zum reservierenden Unternehmen haben sollte (z.B. `/QUADOX/`) und mit einem Buchstaben beginnt.

Ein solcher Kunden-/Partner-Namensraum wird speziell für ausgewählte Installationen beantragt, so dass sichergestellt ist, dass ein von der SAP bereitgestellter Namensraum weltweit ausschließlich auf den dazu bestimmten Systemen bei der Entwicklung verwendet werden kann.

4.3 BW-Objekte

Während die Repository-Elemente des ABAP Dictionary bereits einfache semantische Informationen über gespeicherte Daten und Datenstrukturen liefern, existieren im BW andere Objekte, die vom Datenmodell über den Datenfluss bis zum Monitoring alle Anwendungsfunktionen definieren und zu diesem Zweck weitergehende semantische Informationen erfordern. Beispiele für BW-Objekte sind:

- *InfoObjekte* zur Definition betriebswirtschaftlicher Merkmale und Kennzahlen
- *BasisCubes* zur Aufnahme analyserelevanter Bewegungsdaten

3. Entwicklungsnamensräume sind bei der SAP kostenfrei zu beantragen. Details zur Beantragung und Einrichtung von Namensräumen sind auf dem SAP Service-Marketplace in der Hinweisnummer 84282 zu finden.

- *InfoAreas* zur Gruppierung von InfoObjekten und BasisCubes
- *Transformationsregeln* zur Definition des Datenflusses
- *Queries* zur Ausführung von Analysen

Die einzelnen BW-Objekte werden in den weiteren Abschnitten dieses Buches ausführlich erläutert. Um die Aufgabe von BW-Objekten besser zu verdeutlichen, werden BW-Objekte am Beispiel eines sogenannten Stammdaten-InfoObjekts dargestellt, das zur Repräsentation betriebswirtschaftlicher Bezugsgrößen (z.B. Kunden, Produkten) eingesetzt wird. Das InfoObjekt verfügt daher über Stammdaten, die in mehreren Datenbanktabellen abgelegt werden müssen.

Darüber hinaus werden zu dem InfoObjekt Informationen darüber abgelegt, wie es sich im Reporting darstellt. Dabei geht es nicht nur um beschreibende Informationen (dafür würde ein Datenelement genügen), sondern um Informationen über das Aggregationsverhalten, Geokodierung etc. Diese Informationen werden ebenfalls in Tabellen im Datenbanksystem abgelegt.

BW-Objekte sind damit komplexe Strukturen, die auf Ebene der Data Warehousing Workbench mit individuellen Eigenschaften angelegt werden und aus denen in den meisten Fällen eine ganze Reihe von Objekten im ABAP Dictionary generiert werden.

Um die Entwicklung von BW-Objekten zu erleichtern und transparenter zu gestalten, werden die Metadaten zu jedem BW-Objekt in unterschiedlichen Versionen abgelegt: als aktive, überarbeitete oder ausgelieferte Version.

A-Version[4]

Die A-Version der Metadaten über BW-Objekte entspricht den für das BW-Objekt generierten Objekten im ABAP Dictionary und stellt die aktiv genutzte Form der Metadaten dar.

M-Version[5]

Bei der Neuentwicklung oder Veränderung von BW-Objekten werden alle Änderungen (z.B. Hinzufügen von Feldern zu Stammdaten) nicht sofort in die generierten Objekte im ABAP Dictionary und in die Programme übernommen, sondern zunächst als Metadaten in einer M-Version abgelegt. Diese Version existiert zusätzlich zur A-Version.

Erst beim Aktivieren der Metadaten bei der Modellierung der BW-Objekte werden die Änderungen von der M-Version auf die A-Version übertragen und alle Objekte des ABAP Dictionary und die Programme aus den Definitionen der Metadaten generiert.

D-Version[6]

Alle BW-Objekte, die durch ein Content-System[7] ausgeliefert werden, werden mit der Auslieferung noch nicht als aktive Version in den Metadaten und dem ABAP Dictionary angelegt. Stattdessen werden

4. A = Active (aktive Version)
5. M = Modified (bearbeitete Version)
6. D = Delivered (ausgelieferte Version des BI Content)

die Metadaten dieser Objekte zunächst nur in einer D-Version abgelegt. Erst durch die Übernahme der BW-Objekte des Metadaten-Content (siehe Abschnitt D.1.5) werden die Inhalte der D-Version in die A-Version übernommen und entsprechende Objekte im ABAP Dictionary und Programme daraus generiert.

Die D-Version wird nach der Übernahme nicht gelöscht, so dass sie weitere Male übernommen werden kann und übernommene BW-Objekte verändert oder gelöscht werden können, ohne dass dies Auswirkungen auf die D-Version hat.

Metadaten-Recherche

Wie bereits bei der Erläuterung der Architektur-Komponenten beschrieben, steht die Data Warehousing Workbench im BW als zentrales Tool zur Definition von Metadaten zur Verfügung. Darüber hinaus bietet die Data Warehousing Workbench auch Recherchemöglichkeiten für das Metadaten-Repository (siehe Abb. 4–5).

Abb. 4–5
Metadata Repository

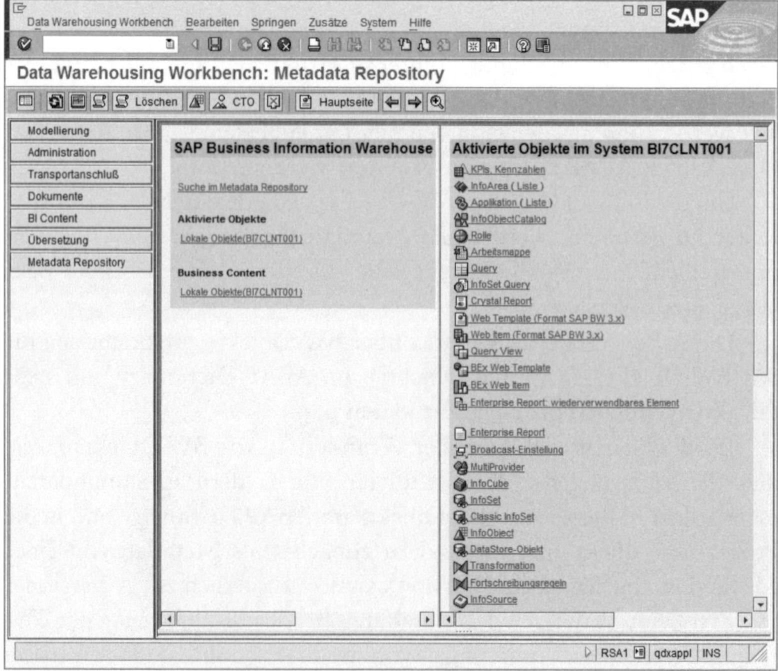

Ausgeschlossen von der Recherchefunktion sind Metadatenobjekte des ABAP Dictionarys sowie Metadaten des Datenbanksystems. Ferner werden auch die objektunabhängigen Einstellungen nicht von den

7. Gemeint ist der BI Content der SAP ebenso wie der Kunden-/Partner-Content, der durch kundeneigene Content-Systeme bereitgestellt wurde. Genauere Informationen zur Content-Entwicklung werden in Abschnitt D.2 gegeben.

Recherchefunktionen berücksichtigt. Das sogenannte »Metadata Repository« der Data Warehousing Workbench ist daher in vielen Fällen eher ungeeignet, um einen vollständigen Überblick über die Arbeitsweise des Systems zu erhalten.

4.3.1 BW-Namensräume

BW-Objekte werden auf Anwendungsebene definiert, so dass nicht die Entwicklungsnamensräume des ABAP Dictionary gelten (vgl. Kapitel 4.2.4), sondern vielmehr eigene BW-Namensräume.

BW-Default-Namensraum

Dabei handelt es sich zum einen um die ***BW-Default-Namensräume***, die in erster Linie darauf abzielen, Konflikte zwischen BW-Objekten der SAP (z.B. BI Content) und kundendefinierten BW-Objekten zu vermeiden.

Sämtliche BW-Objekte der SAP sind im BW-Default-Namensraum mit dem Präfix 0 bis 9 versehen, d.h., jedes von der SAP ausgelieferte oder durch das System generierte BW-Objekt beginnt mit den Ziffern `0` bis `9`. Sämtliche kundendefinierte BW-Objekte sind mit dem Präfix `A` bis `Z` versehen.

Für Objekte des ABAP Dictionary, die aus den Metadaten der BW-Objekte generiert werden, existieren ***Generierungsnamensräume***, die den jeweiligen BW-Default-Namensräumen zugeordnet sind. Dabei handelt es sich um den Generierungsnamensraum `/BIO/` für BW-Objekte der SAP und `/BIC/` für kundendefinierte BW-Objekte.

Das bedeutet, dass z.B. das InfoObjekt `0CUSTOMER` aus dem BI Content eine Stammdatentabelle im ABAP Dictionary mit dem Namen `/BIO/PCUSTOMER` generiert. Das kundendefinierte InfoObjekt `ZCUSTOMER` hingegen würde im ABAP Dictionary eine Stammdatentabelle mit dem Namen `/BIC/PZCUSTOMER` generieren.

BW Partner-Namensraum

Ähnlich wie bei den Entwicklungsnamensräumen im ABAP Dictionary können Systemhäuser und Kunden mit zentralen Entwicklungssystemen auch bei der Definition von BW-Objekten auf eigene Kunden-/Partnernamensräume zurückgreifen.

Eigene Kunden-/Partnernamensräume sind im Wesentlichen für Systemhäuser interessant und sogar bei Großkonzernen mit einer weltweit verteilten IT-Landschaft nur in Ausnahmefällen von Bedeutung. Machen Sie sich daher keine Sorgen, wenn Sie keine Notwendigkeit eines eigenen Partnernamensraums für Ihr Unternehmen sehen, und entwickeln Sie ohne Bedenken in den BW-Default-Namensräumen.

Zu diesem Zweck ist sowohl ein Entwicklungsnamensraum für BW-Objekte als auch ein Generierungsnamensraum bei der SAP zu beantragen und im System einzurichten (vgl. Kapitel 4.2.4).

Während der Entwicklungsnamensraum für BW-Objekte den Konventionen eines herkömmlichen Entwicklungsnamensraums folgt, gelten für den Generierungsnamensraum andere Regeln. So muss der Name durch Schrägstriche (»/«) eingeschlossen sein und darf (incl. der Schrägstriche) maximal sieben Stellen haben. Außerdem muss der Namensraum mit einem `B` beginnen und darf ansonsten nur aus Ziffern bestehen. Ein gültiger Generierungsnamensraum wäre beispielsweise `/B10/`.

Der Generierungsnamensraum wird dem BW-Partnernamensraum in der Transaktion `RSNSPACE` zugeordnet (siehe Abb. 4–6) und gilt für die Objekte im ABAP Dictionary, die aus den Metadaten der BW-Objekte abgeleitet werden.

Abb. 4–6 *Pflege von BW-Namensräumen*

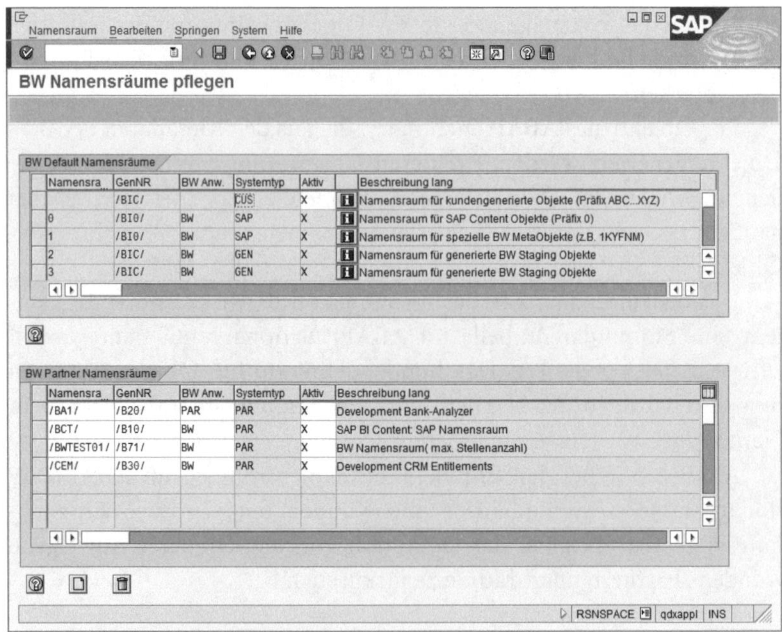

Nach den in der Abbildung definierten Namensräumen würde z.B. aus dem InfoObjekt `/BQDX/CUST` eine Stammdatentabelle im ABAP Dictionary mit dem Namen `/B10/PCUST` generiert werden.

II Datenmodell

Das Datenmodell ist das zentrale Thema bei der Speicherung von Daten in einem Data-Warehouse-System. Es basiert auf den fachlichen Anforderungen, die aus Sicht der Anwender an das System gestellt werden.

Dieses Kapitel geht zunächst allgemein auf Datenmodelle ein und schafft ein Grundverständnis für die unterschiedlichen Modelle, die in Data-Warehouse-Systemen zum Einsatz kommen (Kapitel 5).

Anschließend werden die im BW verwendeten Datenmodelle detailliert erläutert. Das Verständnis dieser Datenmodelle ist für den Aufbau eines BW-Systems unbedingt erforderlich (Kapitel 6).

Des Weiteren werden die für die Performance relevanten Gesichtspunkte der Datenmodellierung aufgezeigt. Die hier beschriebenen Möglichkeiten können in vielen Fällen nur mit sehr großem Aufwand nachträglich im Datenmodell realisiert werden, so dass sie bereits in den ersten Entwürfen der Modellierung berücksichtigt werden sollten (Kapitel 7).

Die Erläuterung des BW-Datenmodells wird ergänzt durch eine Reihe von Beispielen und Lösungsansätzen, die typische Anforderungen aus der Praxis reflektieren.

Den Abschluss des Kapitels bildet eine Beschreibung, wie Datenmodelle des BW in der Data Warehousing Workbench organisiert sind und bearbeitet werden können (Kapitel 8).

5 Allgemeine Datenmodelle

Ziel der Datenmodellierung ist immer, ein Abbild der Realität in einer datentechnisch darstellbaren Form zu schaffen. Die einzelnen Formen der Abbildung unterscheiden sich hinsichtlich Realitätsnähe, Einfachheit und Performance. Diese Ziele sind einander entgegengesetzt, so dass die unterschiedlichen Modelle eine unterschiedlich starke Fokussierung auf die einzelnen Zielrichtungen legen und es nicht »das beste Datenmodell« geben kann. Jedes Modell verfügt über spezifische Vorzüge, so dass der Aufbau eines Datenmodells nur in Abhängigkeit von den betrieblichen Anforderungen erfolgen kann.

Nachfolgend wird zunächst auf die Grundlagen zur Entwicklung von Datenmodellen eingegangen. Anschließend werden die gängigsten Modelle erläutert, die bei der Modellierung von Data-Warehouse-Systemen zum Einsatz kommen. Dies sind

- transaktionale Strukturen
- flache Strukturen
- Star-Schema
- Snowflake-Schema

5.1 Grundlagen der Datenmodellierung

Das Ziel jedes Datenmodells ist die Abbildung eines bestimmten Ausschnittes der Realität. Die klare Definition dieses Ausschnittes charakterisiert jedes Data Warehouse und grenzt es von anderen Systemen wie zum Beispiel Dokumenten-Management-Systemen oder Web-Content-Systemen ab.

Dabei handelt es sich um nicht volatile (nicht veränderliche) Daten, die ab dem Zeitpunkt der Übernahme ins Data Warehouse nicht (oder nur geringfügig) verändert werden und zur Analyse und Entscheidungsfindung verwendet werden sollen, also nicht für den operativen Geschäftsbetrieb.

Bestandteil der Datenmodellierung sind Fakten, die sich in Form quantifizierbarer Größen (Kennzahlen) ausdrücken lassen und in eine Beziehung zu gruppierenden Größen (Merkmale, Attribute) gestellt werden können.

5.1.1 Merkmale

Merkmale sind Bezugsgrößen mit betriebswirtschaftlicher Bedeutung (zum Beispiel Kunde, Produkte, Werke oder Sachkonten), nach denen eine sinnvolle Gruppierung von Kennzahlen möglich ist (Umsatz pro Kunde, Produktionskosten der Produkte A bis G, durchschnittliche Lieferzeit aller Werke und so weiter).

5.1.2 Attribute

Bei Attributen handelt es sich um Merkmale, die von anderen Merkmalen abhängig sind. Dies ist zum Beispiel bei der Postleitzahl (Abhängigkeit vom Kunden) oder bei Produkteigenschaften (Abhängigkeit vom Material) der Fall.

Die Abhängigkeit der Attribute von Merkmalen wird immer dann gestört, wenn sie sich im Zeitverlauf ändern. Dies wäre zum Beispiel der Fall, wenn sich die Adresse eines Kunden ändert oder Produkteigenschaften verändert werden.

Während OLTP-Systeme zwingend auf aktuelle Attribute angewiesen sind, stellt sich beim Data Warehousing die Situation anders dar, da auch andere Möglichkeiten sinnvoll sein können, um derartige Veränderungen von Attributen im Zeitverlauf darzustellen.

Diese *Historisierung von Attributen* kann im Datenmodell auf drei unterschiedlichen Wegen nachvollzogen werden:

- **Aktuelle Darstellung:** Attribute werden immer so ausgeprägt, wie sie sich zum Zeitpunkt des Reportings darstellen. Dabei ist es unabhängig, ob Daten des aktuellen Monats oder Vorjahresdaten analysiert werden.
- **Stichtagsbezogene Darstellung:** Alle Attribute werden im Reporting so dargestellt, wie sie sich zu einem festgelegten Stichtag dargestellt haben. Diesen Stichtag legt der Benutzer in der Regel selbst vor der Ausführung der Analyse fest.
- **Historisierte Darstellung:** Attribute werden immer so dargestellt, wie sie sich zum Bezugszeitraum des Reportings dargestellt haben. So werden Daten des Vorjahres mit den Attributen dargestellt, die im Vorjahr aktuell waren, während Daten des Vormonats im gleichen Bericht mit den Attributen dargestellt werden, die im Vormonat aktuell waren.

Diese drei Möglichkeiten zur Historisierung von Attributen stellen sehr unterschiedliche Anforderungen an ein Datenmodell. Je nach Datenmodell werden unterschiedliche Historisierungen von Stammdaten unterstützt.

5.1.3 Kennzahlen

Kennzahlen sind quantifizierende Größen, mit denen mathematische Operationen möglich sind. Kennzahlen sind nur dann sinnvoll zu benutzen, wenn ihnen entsprechende Bezugsgrößen (Merkmale) zugeordnet werden. So erfordert die Angabe eines Umsatzes zum Beispiel immer die Angabe eines Zeitraumes, eines Kunden, eines Produktes o.Ä.

Im Rahmen der Datenanalyse werden Kennzahlen entweder mit Hilfe arithmetischer Operationen zusammengefasst (Summierung, Durchschnittsbildung, MIN/MAX-Werte etc.) oder sie dienen zur Berechnung weiterer Kennzahlen (zum Beispiel prozentuale Veränderungen, Differenzen etc.).

Bei Analysen im BW werden Kennzahlen immer in Verbindung mit Merkmalen verwendet und umgekehrt. Die Verwendung von Kennzahlen ohne Merkmale oder umgekehrt ist in der Betrachtungsweise eines Data Warehouse nicht sinnvoll.

5.1.4 Status Tracking

Status Tracking beschreibt die Abbildung belegnaher Informationen in einem Datenmodell, zum Beispiel die Speicherung von Auftragsdaten. Ebenso wie bei der Historisierung von Attributen erhält die Aktualisierung auftragsbezogener Daten eine besondere Bedeutung.

Ändert sich im OLTP-System zum Beispiel der Auftragsstatus (dieser ist im Datenmodell abhängig von der Auftragsnummer), so muss sich auch der Auftragsstatus im Datenmodell des Data Warehouse ändern. Im Unterschied zu Kennzahlen können die Informationen jedoch nicht auf einer aggregierten Ebene abgelegt werden, sondern müssen auf derselben Detailebene gespeichert werden wie im OLTP-System.

5.2 Transaktionale Strukturen

Transaktionale Strukturen dienen dazu, Daten eines OLTP-Systems in einer relationalen Datenbank zu speichern. Diese Strukturen werden dabei vor allem für die Speicherung von Daten auf einer atomaren Ebene[1], zur Vermeidung von Redundanzen[2] und für den schnellen Zugriff auf einzelne Transaktionsdaten benötigt.

Abb. 5–1 Transaktionales Datenmodell

Zu diesem Zweck werden die Daten in der Regel in der dritten Normalform abgelegt, welche diese Anforderungen erfüllt (siehe Abb. 5–1).

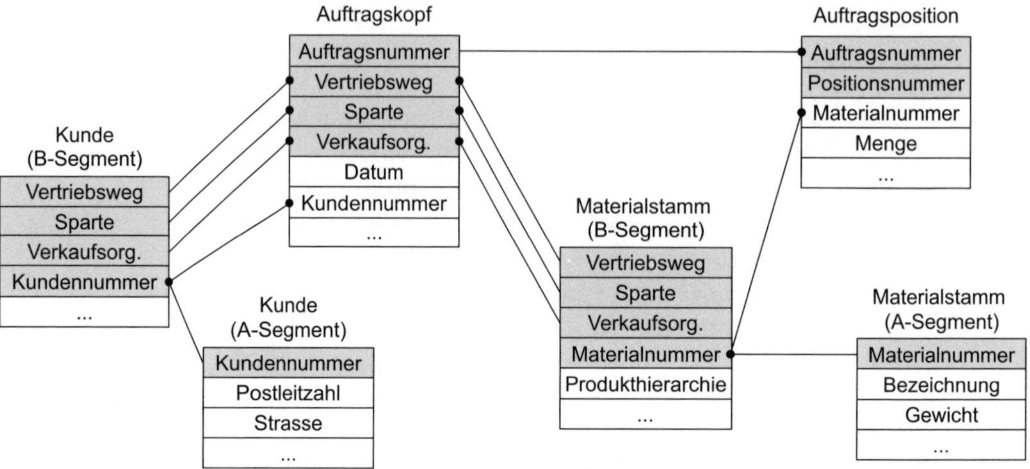

Frühe OLAP-Tools haben für die Analyse direkt auf die Transaktionsdaten in OLTP-Systemen zurückgegriffen, da ihnen keine andere Datenbasis zur Verfügung stand. Dies bringt jedoch zwei gravierende Nachteile mit sich: schlechte Performance und eingeschränkte betriebswirtschaftliche Analysemöglichkeiten.

Die schlechte Performance transaktionaler Strukturen ist dadurch bedingt, dass analytische Anwendungen in der Regel keinen Nutzen aus einzelnen Transaktionen gewinnen können, sondern eine übergreifende Information zu mehreren Transaktionen benötigen.

In einem transaktionalen Datenmodell würde jedoch eine Abfrage, welchen Umsatz ein Unternehmen in den letzten zwei Jahren erbracht hat, das Lesen sämtlicher Transaktionen der letzten zwei Jahre mit sich bringen, was mitunter mehrere Stunden, Tage oder gar Wochen dauern könnte – und das, obwohl diese genaue Detaillierungstiefe gar nicht benötigt wird.

Des Weiteren würden die OLTP-Systeme mit Analysen belastet werden, für die sie ursprünglich nicht entworfen wurden.

Neben den Performanceproblemen haben transaktionale Strukturen den Nachteil, dass sie ausschließlich die aktuelle Darstellung von Attributen unterstützen.

---

1. Die atomare Ebene beschreibt die Speicherung von Informationen auf dem Detaillierungsgrad einzelner Transaktionen (zum Beispiel einer Auftragsposition).
2. Zum Beispiel durch einmaliges Vorhalten von Stammdaten in der aktuellsten Form.

Aus diesen Gründen werden die Daten der OLTP-Systeme in modernen Data-Warehouse-Systemen nur noch genutzt, um Informationen einmalig auszulesen und in spezielle Datenmodelle zu transformieren, die eher für analytische Anwendungen geeignet sind (flache Strukturen, Star-Schema, Snowflake-Schema).

5.3 Flache Strukturen

Flache Tabellenstrukturen sind die »Urform« der OLAP-spezifischen Datenmodelle. Sie stellen den ersten Ansatz dar, analytische Daten von operativen (transaktionalen) Daten zu trennen, und bieten damit die Möglichkeit, Daten in einer aggregierten Form zu speichern, so dass Analysen je nach Aggregationsstufe auf eine stark verkleinerte[3] Datenbasis zugreifen können. Abbildung 5–2 verdeutlicht dies.

Flache Analysetabelle
Kundennummer
Materialnummer
Datum
Verkaufsorg.
Postleitzahl
Menge
...

Abb. 5–2
Flaches Datenmodell

Während transaktionale Strukturen normalisiert sind (zum Teil bis zur dritten Normalform), werden flache Strukturen bewusst denormalisiert, um die Datenbasis auf einer höheren Aggregationsstufe und in einer einfacheren Form abzubilden. Dies stellt aus analytischer Sicht bereits eine Verbesserung gegenüber transaktionalen Strukturen dar, jedoch werden sie aufgrund einiger Nachteile in der Regel nicht mehr als Datenbasis für OLAP-Anwendungen genutzt:

- Sämtliche Merkmale müssen als Tabellenschlüssel abgelegt werden. Mit den so entstehenden sehr langen Schlüsseln ergeben sich bei relationalen Datenbanksystemen häufig Performancenachteile.
- Die Anzahl der Felder in Tabellen werden durch das Datenbanksystem begrenzt, so dass unter Umständen nicht alle Anforderungen erfüllt werden können.

3. Bitte beachten Sie immer: Die Summe aller Kennzahlen bleibt auch nach der Aggregation gleich, vermindert wird lediglich die Detaillierungstiefe!

- Es ist ausschließlich eine historisierte Darstellung von Attributen möglich.
- Änderungen am Datenmodell erfordern einen aufwändigen Neuaufbau der gesamten Tabelle.

Flache Strukturen werden in Data-Warehouse-Systemen heute vor allem noch zum Austausch von Daten zwischen Systemen und im Bereich des Staging eingesetzt. Gerade beim Datenaustausch kommt der Vorteil der flachen Strukturen zum Tragen, dass sie nicht auf relationale Datenbanken angewiesen sind und ebensogut auch als (Text-) Dateien abgelegt werden können.

Im BW werden flache Strukturen in allen Bereichen verwendet, die für einen Datenaustausch zuständig sind (Extraktion von Daten aus Quellsystemen, Staging), da diese Form des Datenaustauschs am einfachsten und performantesten zu realisieren ist. Dabei werden die Daten bei Bedarf auch aus ihren jeweiligen Datenmodellen in flache Strukturen transformiert.

Eine besondere Betrachtung verdienen die Kennzahlen, die in einer flachen Struktur abgelegt werden sollen. Hier ist zwischen zwei grundsätzlichen Modellen zu unterscheiden: dem ***Kennzahlenmodell*** und dem ***Kontenmodell***.

Kontenmodell und Kennzahlenmodell lassen sich am Beispiel flacher Strukturen am deutlichsten aufzeigen. Beachten Sie jedoch, dass jegliche Strukturen, also auch die nachfolgend beschriebenen Modelle des Star- und Snowflake-Schema, mit einem dieser beiden Modelle versehen werden müssen.

Kennzahlenmodell

Im Falle des Kennzahlenmodells ist in der Struktur der flachen Tabelle ein eigenes Feld für jede Kennzahl vorgesehen. In den Datensätzen werden somit alle Kennzahlen, die zu einer Schlüsselkombination der flachen Tabelle gehören, in ebendiesem Datensatz abgelegt.

Als Voraussetzung für die Anwendung des Kennzahlenmodells muss die Struktur der abzubildenden Kennzahlen für jeden Datensatz im Wesentlichen identisch sein. Werden aus einer großen Anzahl an Kennzahlen in jedem Datensatz nur wenige gefüllt, so ist die Ausnutzung des Speichers ineffizient und führt zu einem unnötig hohen Ressourcenverbrauch.

Kontenmodell

Abhilfe schafft in diesem Fall die Verwendung des Kontenmodells, das grundsätzlich nur eine Kennzahl pro Einheitentyp (Währung, Menge) vorsieht und die Semantik der jeweiligen Kennzahl in einem Schlüsselfeld der Tabelle verankert. Ein Datensatz des Kennzahlenmodells, der beispielsweise vier Kennzahlen beschreibt, würde somit im Kontenmodell zu vier Datensätzen führen.

Das Kontenmodell erzeugt im Vergleich zum Kennzahlenmodell ein Vielfaches an Datensätzen, punktet jedoch durch seine Flexibilität und durch die optimale Ausnutzung der definierten Datenstruktur.

Das Kontenmodell ist in der Praxis vor allem für den Bereich des Controllings geeignet, wo ein Geschäft mit einer Vielzahl unterschiedlicher Kennzahlen bewertet werden kann, die in anderen Geschäften unter Umständen nahezu gar nicht verwendet werden.

Abbildung 5–3 verdeutlich die Unterschiede zwischen Kennzahlen- und Kontenmodell anhand eines Beispiels, in dem die Kennzahlen *Umsatz* und *Preis* immer, die Kennzahl *Rabatt* aber nur in Ausnahmefällen gefüllt ist.

Kennzahlenmodell

Material	Monat	Umsatz	Preis	Rabatt
4711	01.2002	1000,00	2,00	20,00
4711	02.2002	500,00	2,50	
4711	03.2002	675,00	2,25	
4711	04.2002	1250,00	2,00	25,00
4711	05.2002	650,00	2,50	

Kontenmodell

Material	Monat	Semantik	Kennzahl
4711	01.2002	Umsatz	1000,00
4711	01.2002	Preis	2,00
4711	01.2002	Rabatt	20,00
4711	02.2002	Umsatz	500,00
4711	02.2002	Preis	2,50
4711	03.2002	Umsatz	675,00
4711	03.2002	Preis	2,25
4711	04.2002	Umsatz	1250,00
4711	04.2002	Preis	2,00
4711	04.2002	Rabatt	25,00
4711	05.2002	Umsatz	650,00
4711	05.2002	Preis	2,50

Abb. 5–3
Kennzahlenmodell vs. Kontenmodell

5.4 Star-Schema

Das Star-Schema bietet aus analytischer Sicht dieselben Leistungsmerkmale wie flache Strukturen, das heißt eine historisierte Darstellung von Attributen. Allerdings hat das Star-Schema nicht die Nachteile flacher Strukturen bezüglich der Performance, da es speziell auf die Leistungsmerkmale relationaler Datenbanken abgestimmt ist und die Daten auf mehrere Tabellen aufteilt. Dabei bleibt das Datenmodell denormalisiert wie in der flachen Struktur.

Das Star-Schema setzt sich aus einer *zentralen Faktentabelle* und mehreren damit relational verbundenen *Dimensionstabellen* zusammen. Die relationale Verbindung zwischen Faktentabelle und Dimensionstabellen wird mittels *künstlicher Schlüssel (Surrogate Keys)* abgebildet.

Bei entsprechender grafischer Darstellung erinnert das Datenmodell an einen Stern, was den Namen dieses Modells erklärt (siehe Abb. 5–4).

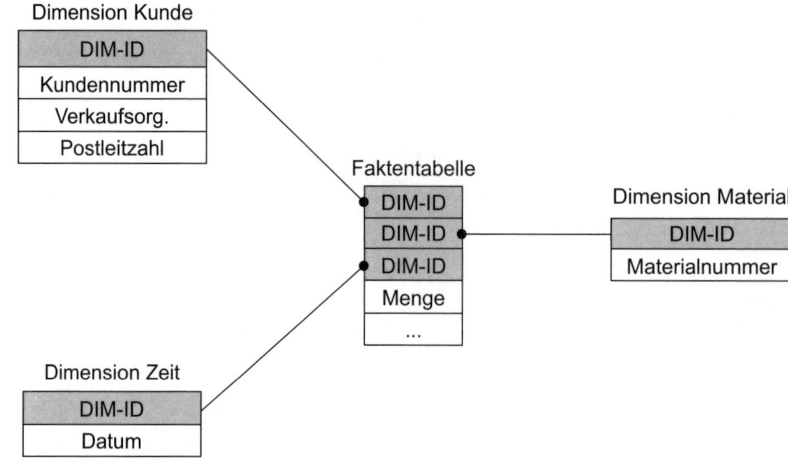

Abb. 5–4
Star-Schema

Faktentabelle

Die Faktentabelle nimmt ausschließlich Kennzahlen und die Schlüsselfelder für die Dimensionen auf. Dabei wird es möglich, Schlüssel mit möglichst wenigen und kurzen Feldern (in der Regel 4 Byte) einzusetzen, was eine bessere Performance für die Datenbank ermöglicht.

Zugriffe auf die Faktentabelle erfolgen normalerweise immer in Verbindung mit einer oder mehreren Dimensionstabellen, deren Schlüsselfelder den Zugriffsschlüssel für die Faktentabelle bilden.

Dimensionstabellen

Die Dimensionstabellen bilden die Enden des »Sterns«. In ihnen werden Merkmale und Attribute zu den jeweiligen Datensätzen der Faktentabelle gespeichert. Auch Textinformationen (»Müller« für Kunde 4711) wird bei einem reinen Star-Schema in den Dimensionen gespeichert.

Die Verknüpfung der Dimensionstabellen mit der Faktentabelle wird über eindeutige, künstliche Schlüssel (siehe unten) realisiert. Jeder dieser Schlüssel kennzeichnet eine Zeile in der Dimensionstabelle und eine oder mehrere Zeilen in der Faktentabelle. Der Schlüssel aller Dimensionstabellen zusammen identifiziert jeweils eine Zeile in der Faktentabelle.

Dimensionstabellen sind denormalisiert (wie flache Strukturen) und werden nach technischen Gesichtspunkten gebildet. Wie die Bildung von Dimensionen in einem Star-Schema erfolgt, wird am Beispiel des erweiterten Star-Schemas des BW in Kapitel 8.1 ausführlich erläutert.

In der Praxis werden Dimensionen oft durch organisatorische Oberbegriffe (Kundendimension, Materialdimension etc.) benannt. Dabei entsteht in vielen Fällen der Eindruck, die Auswahl von Dimensionen sollte sich nach fachlichen Kriterien richten. Dies ist falsch! Die Entscheidung, welche Dimensionen angelegt werden und wie die Merkmale auf die Dimensionen verteilt werden, richtet sich ausschließlich nach technischen Gesichtspunkten. Entspricht das Ergebnis den technisch ausgerichteten Überlegungen der organisatorischen Anordnungen der Dimensionen, so ist dies ein Zufallsprodukt.

Künstliche Schlüssel

Die Verbindung der Dimensionstabellen mit der Faktentabelle wird über eindeutige Schlüssel realisiert. Dabei wird als Schlüssel nicht der Merkmalswert einer Dimension, sondern ein künstlicher Schlüssel gewählt.

Dies vereinfacht die Modellierung in der Form, dass Merkmale und Attribute frei in den Dimensionen verteilt werden können und auch n:m-Relationen innerhalb einer Dimension möglich sind. Dies ist die Grundvoraussetzung für die historisierte Darstellung von Attributen. Solche Dimensionen werden auch als *Slowly Changing Dimensions* bezeichnet; hier werden unterschiedliche Kombinationen von Merkmalen/Attributen in einer Dimension abgelegt.

5.5 Snowflake-Schema

Das Snowflake-Schema ist eine Erweiterung des Star-Schemas. Es erweitert das Star-Schema um Stammdatentabellen, die es ermöglichen, Attribute nicht nur historisiert, sondern auch aktuell darzustellen. Dabei wird das Grundmodell des Star-Schemas beibehalten. Hinzu kommt jedoch die Option, Attribute nicht in Dimensionen, sondern in Stammdatentabellen abzulegen, die relational mit Merkmalen in den Dimensionen verbunden sind.

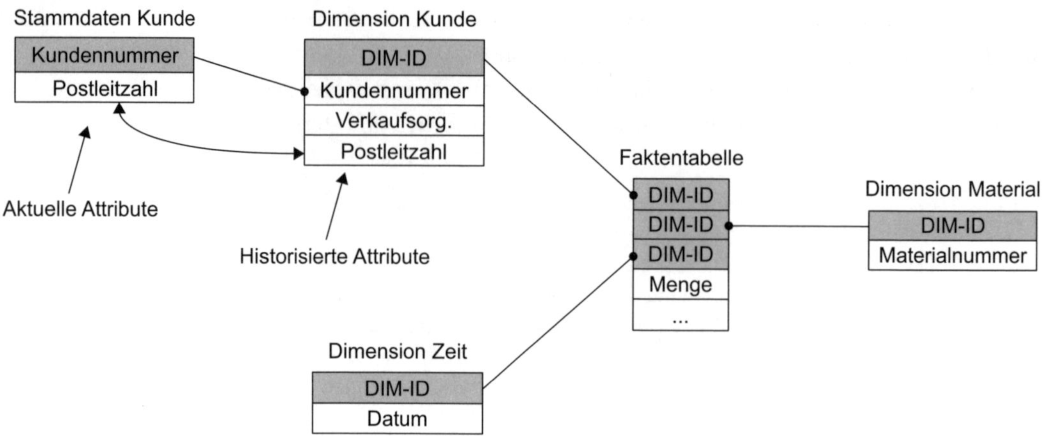

Abb. 5–5
Snowflake-Schema

In Abbildung 5–5 ist dies am Beispiel der Postleitzahl dargestellt. Diese kann entweder in der Kundendimension (historische Darstellung) oder in den Kundenstammdaten (aktuelle Darstellung) aufgenommen werden.

Ebenso ist es möglich, die Postleitzahl in beiden Tabellen aufzunehmen, so dass der Anwender bei der Datenanalyse zwischen beiden Alternativen wählen kann. Dadurch wird das Snowflake-Schema jedoch wesentlich komplexer. Die Administration ist aufwändiger, und für das Datenbankmanagementsystem ist es schwieriger, das Modell performant zu lesen.

Für Anwender ist die wahlweise historische oder aktuelle Darstellung von Attributen teilweise verwirrend. Setzen Sie daher die Möglichkeiten des Snowflake-Schemas sehr bewusst ein, um spätere Verwirrung oder gar die Ablehnung des Systems zu vermeiden.

5.6 Zusammenfassung

Die folgende Übersicht fasst noch einmal die wichtigsten Eigenschaften der beschriebenen Datenmodelle zusammen.

Modell	Transaktional	Flach	Star	Snowflake
Performance	schlecht	gut	sehr gut	sehr gut
Komplexität	hoch	gering	mittel	hoch
Historisiert	–	✓	✓	✓
Aktuell	✓	–	–	✓
Stichtag	–	–	–	–

Tab. 5–1
Überblick über allgemeine Datenmodelle

In der Praxis werden die vorgestellten Datenmodelle mit zahlreichen Abwandlungen und Erweiterungen eingesetzt. Auch das BW verwendet Datenmodelle, die speziellen Anforderungen angepasst wurden.

Über die hier vorgestellten Datenmodelle hinaus gibt es zahlreiche weitere Möglichkeiten, um Daten so zu speichern, dass sie in einer für die Analyse optimierten Form bereitstehen. In der Praxis stößt man in diesem Zusammenhang oft auf den Begriff der MOLAP-Modelle, also Modelle, die OLAP-Daten nicht relational (ROLAP), sondern multidimensional ablegen.

In der Implementierung führen MOLAP-Modelle zu unterschiedlichsten Formen der Speicherung, die kaum miteinander vergleichbar sind, jedoch die Besonderheit miteinander teilen, besonders schnell Ergebnisse für OLAP-Abfragen liefern zu können, aber Änderungen am Datenbestand mit aufwändigen Neuberechnungen im Datenbestand zu verbinden. Die SAP liefert ein solches Modell mit dem BI Accelerator, der im Rahmen des Performance-Tunings in Kapitel 7.4 behandelt wird.

6 Das BW-Datenmodell

Im vorangegangenen Kapitel wurden die maßgeblichen Datenmodelle in ihrer Reinform beschrieben. Dieses Kapitel erläutert das Datenmodell des BW. Dabei handelt es sich um eine Vielzahl unterschiedlicher BW-Objekte (vgl. Kapitel 4.3), welche für unterschiedliche Aufgaben eingesetzt werden können und zu diesem Zweck unterschiedliche Datenmodelle nutzen, kombinieren oder abwandeln. Dabei handelt es sich um:

- InfoObjekte und deren Master-Data-Konzept
- DataStore-Objekte
- BasisCubes

Als Oberbegriff dieser BW-Objekte wird die Bezeichnung *Datenziel* verwendet, da dies die BW-Objekte sind, die zur physischen Aufnahme analyserelevanter Daten eingesetzt werden. Den Schwerpunkt dieses Kapitels bildet die Erläuterung dieser Datenziele.

Den Abschluss dieses Kapitels bildet ein Hinweis darauf, wie Daten der Datenziele mit Bezug auf bzw. mit Abhängigkeit zu einem Quellsystem abgelegt werden können.

6.1 InfoObjekte

InfoObjekte bilden die Basis für die Definitionen aller anderen Datenziele. Alle Datenziele definieren sich vollständig über InfoObjekte und können nur dann angelegt werden, wenn die erforderlichen InfoObjekte existieren.

InfoObjekte sind durch einen systemweit eindeutigen technischen Namen (zum Beispiel `0CUSTOMER`) definiert, der durch eine Bezeichnung ergänzt ist (zum Beispiel »Kundennummer« für das InfoObjekt `0CUSTOMER`).

Neben dem technischen Namen und der Bezeichnung wird für jedes InfoObjekt ein Datentyp (zum Beispiel `CHAR` für einen alphanumerischen Datentyp) und die Datenlänge festgelegt. Diese Einstellungen werden in den allgemeinen Einstellungen jedes InfoObjektes vorgenommen (siehe Abb. 6–1).

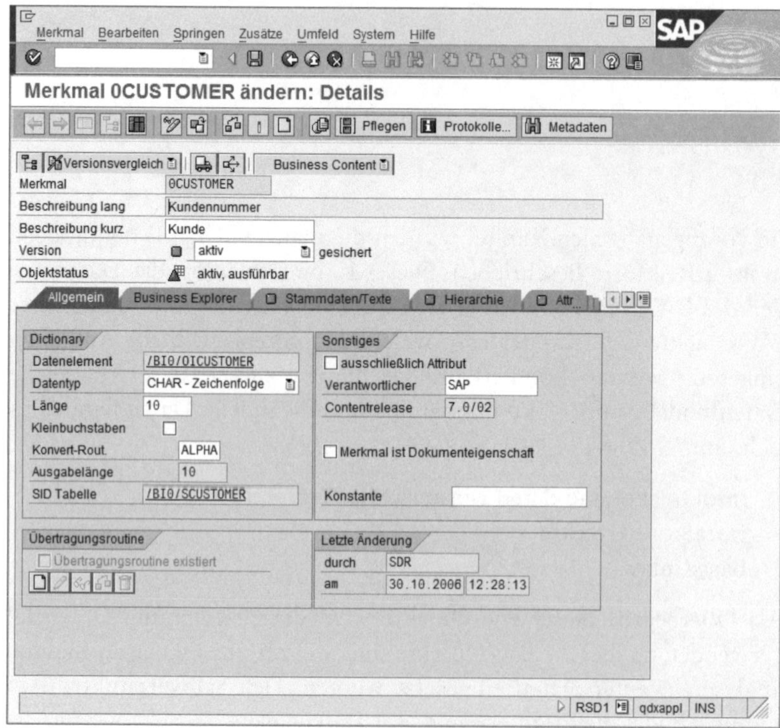

Abb. 6–1
Allgemeine Einstellungen von InfoObjekten

Da alle Datenmodelle, in denen ein InfoObjekt verwendet wird, technisch in Form einer oder mehrerer transparenter Tabellen im ABAP Dictionary definiert werden (vgl. Kapitel 4.2.3), muss für jedes InfoObjekt im ABAP Dictionary ein entsprechendes Datenelement mit zugehöriger Domäne definiert sein. Unter diesem Datenelement wird das InfoObjekt in Elementen des ABAP Dictionary verwendet.

Das entsprechende Datenelement mit der dazugehörigen Domäne leitet sich aus dem Datentyp und der Datenlänge des InfoObjektes ab und folgt einer Namenskonvention (siehe unten), die den technischen Namen des InfoObjektes berücksichtigt (zum Beispiel das Datenelement `/BIO/OICUSTOMER` und die Domäne `/BIO/OCUSTOMER` für das InfoObjekt `0CUSTOMER`).

Beim Aktivieren der Metadaten eines InfoObjektes legt das BW Datenelement und Domäne automatisch im ABAP Dictionary an. Abbildung 6–2 stellt den Zusammenhang zwischen InfoObjekt und Datenelement beispielhaft am InfoObjekt `0CUSTOMER` dar.

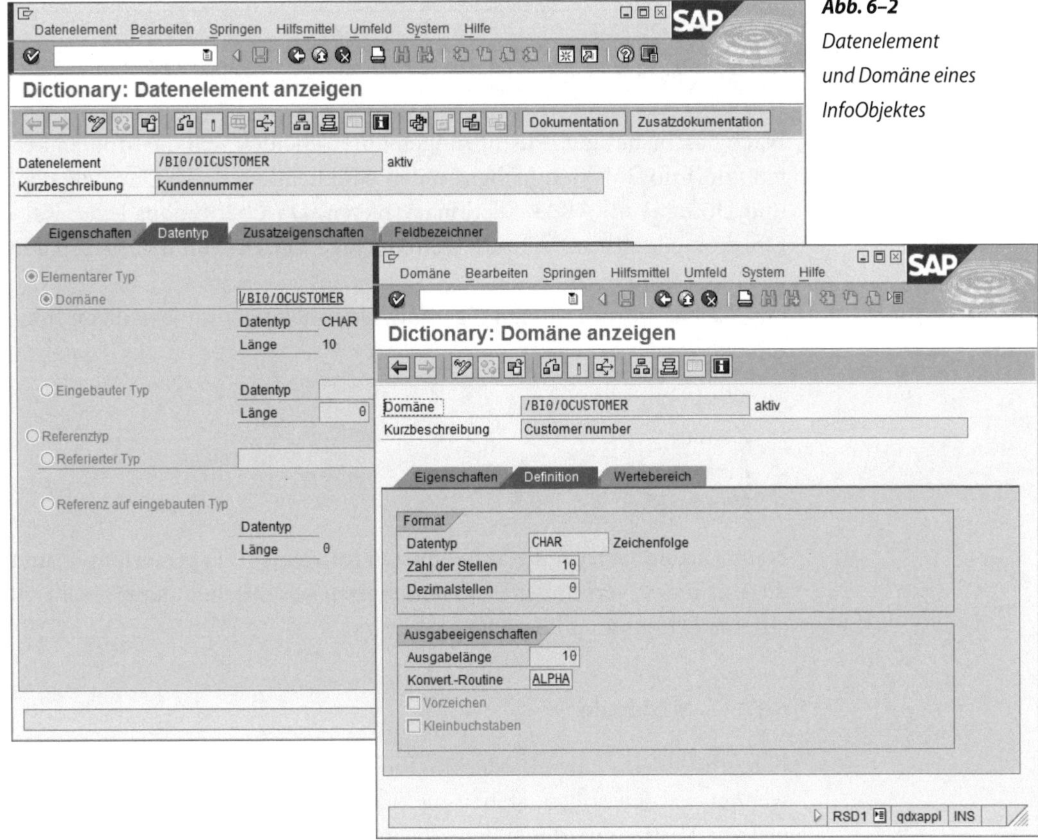

Abb. 6–2 *Datenelement und Domäne eines InfoObjektes*

Wird der Datentyp oder die Datenlänge eines InfoObjektes verändert, so wird die zugrunde liegende Domäne im ABAP Dictionary ebenfalls automatisch angepasst. Existieren bereits transparente Tabellen im ABAP Dictionary, die mit Daten gefüllt sind, so werden die Tabellen entsprechend der neuen Einstellungen auf der Datenbank angepasst. Dies ist nicht möglich, wenn die Anpassung (zum Beispiel bei einer Verkürzung der Datenlänge) mit einem Informationsverlust verbunden wäre.

Namenskonvention

Die nachfolgende Tabelle zeigt auf, welchen Namenskonventionen InfoObjekt-Namen, Datenelemente und Domänen folgen.

	Standard-InfoObjekt	Eigendefiniertes InfoObjekt
Name des InfoObjektes	`Ottttttttt`	`{A-Z}ttttttt`
Name des Datenelements	`/BIO/OItttttttttt`	`/BIC/OI{A-Z}ttttttt`
Name der Domäne	`/BIO/Ottttttttttt`	`/BIC/O{A-Z}tttttttt`
Beschreibung kurz	max. 20 Stellen	max. 20 Stellen
Beschreibung lang	max. 60 Stellen	max. 60 Stellen

InfoObjekt-Typen

Nach den bisherigen Ausführungen unterscheiden sich die Möglichkeiten von InfoObjekten nicht von den Möglichkeiten, die Datenelement und Domäne im ABAP Dictionary bieten. Darüber hinaus legen InfoObjekte jedoch eine Vielzahl weiterer Eigenschaften in den Metadaten des InfoObjektes ab.

Welche Informationen dies sind, ist abhängig vom jeweiligen InfoObjekt-Typ:

- Merkmale
- Zeiten
- Einheiten
- Kennzahlen

Nachfolgend werden die aufgeführten InfoObjekt-Typen erläutert und die mit ihnen verbundenen Eigenschaften beschrieben, sofern sie sich auf das Datenmodell beziehen.

6.1.1 Merkmale

Für InfoObjekte, die als Merkmal in den Datenmodellen des BW verwendet werden sollen, stehen die nachfolgend aufgeführten Datentypen zur Verfügung, die in den allgemeinen Einstellungen zum InfoObjekt festgelegt werden müssen:

Datentyp	Beschreibung	Zulässige Länge
`CHAR`	Ziffern und Buchstaben	Zeichenlänge 1 – 60
`NUMC`	nur Ziffern	Zeichenlänge 1 – 60
`DATS`	Datum	Zeichenlänge 8
`TIMS`	Zeit	Zeichenlänge 6

Darüber hinaus sind folgende Angaben des InfoObjektes für das Datenmodell von Bedeutung:

- Zulässigkeit von Kleinbuchstaben
- Konvertierungsroutine und Ausgabelänge
- SID-Tabelle

Diese Angaben werden nachfolgend erläutert.

Zulässigkeit von Zeichen

Im Falle von Merkmalen des Type `CHAR` existiert eine Reihe möglicher Stolperfallen, die aus der Verwendung unterschiedlicher nationaler Zeichensätze und Kleinbuchstaben resultieren.

Um derartigen Problemen möglichst vollständig zu entgehen, sind im BW per Default ausschließlich Zeichen mit den Hexadezimalwerten `HEX21` bis `HEX5A` zugelassen; dies sind die Zeichen:

```
!"%&'()*+,-./:;<=>?_0123456789
ABCDEFGHIJKLMNOPQRSTUVWXYZ
```

Technisch unabdingbar ist ein Verbot von:

- Zeichen mit den Hexadezimalwerten `HEX00` bis `HEX1F`.
- Zeichenfolgen, die mit einem `!` beginnen (`!` ist ein Steuercode für die Eingabe von Werten in SAP-Systemen und löscht den Eingabewert).
- Zeichenfolgen, die nur das Zeichen `#` enthalten (analog zum Steuercode `!` definiert das `#` eine Initialeingabe).

Alle weiteren Zeichen können im BW nach Bedarf explizit zugelassen werden. Hierfür existiert ein zweistufiges Konzept, das zum einen die *Zulässigkeit nationaler Zusatzzeichen* und zum anderen das *Zulassen aller weiteren Zeichen* ermöglicht.

Nationale Zusatzzeichen

In der ersten Stufe können nationale Zusatzzeichen[1] zugelassen werden, sofern es sich dabei um Großbuchstaben handelt. Die Einschränkung auf Großbuchstaben reflektiert die besonderen Probleme, die die Verwendung von Kleinbuchstaben mit sich bringen kann (s.u.).

Eben dadurch gestaltet sich jedoch das Zulassen nationaler Zusatzzeichen relativ komplex, sofern das System nicht als Unicode-System betrieben wird, sondern mit Codepages arbeitet: Ob ein bestimmter Zeichencode einen Großbuchstaben abbildet, ist in diesem Fall nämlich nicht durch den Zeichencode selbst, sondern durch den Zeichencode in Kombination mit der jeweils verwendeten Codepage definiert.

Um das Problem zu verdeutlichen, kann das große deutsche »Ö« als Beispiel herangezogen werden. Dieses scheint auf den ersten Blick

1. beispielsweise die deutschen Umlaute Ä, Ö oder Ü, aber auch das ß oder – für Dänemarkliebhaber – auch das Ø

eindeutig ein Großbuchstabe zu sein, jedoch stellt ebendieser Zeichencode in einer russischen Codepage ein kleines »sch« dar (um nur eines der vielen Beispiele zu nennen).

Welche Codepage verwendet wird, hängt von der jeweiligen Anmeldesprache eines Anwenders ab. Dadurch entsteht die Gefahr, dass beispielsweise unter der Verwendung einer deutschen Anmeldesprache (= deutsche Codepage) ein »Ö« als Merkmalswert gespeichert wird, das von einem Anwender mit russischer Anmeldesprache (= russische Codepage) als kleines »sch« wahrgenommen wird.

Um dies zu verhindern, dürfen nur diejenigen nationalen Zusatzzeichen genutzt werden, die in *allen installierten Codepages* einen Großbuchstaben darstellen. In der Praxis werden nur eine geringe Menge an Codepages[2] verwendet, so dass eine größere Anzahl an Großbuchstaben möglich wäre, ohne dass sich die entsprechenden Bitfolgen mit Kleinbuchstaben anderer Codepages überschneiden.

Werden nachträglich Sprachen installiert, so kann es sein, dass bereits Daten geladen wurden, die nach der Installation der Sprachen nicht mehr zulässig sind. Ein inkonsistenter Datenbestand ist die Folge. Gehen Sie daher mit der Erweiterung zulässiger Zeichen äußerst vorsichtig um und vermeiden Sie die Erweiterung nach Möglichkeit ganz, sofern Sie nicht über ein Unicode-System verfügen.

Diese zusätzlich möglichen Zeichen können mit Hilfe der Transaktion **RSKC** (systemweit) als Großbuchstaben zugelassen werden (siehe Abb. 6–3).

Abb. 6–3
Zulassen von Sonderzeichen als Großbuchstaben

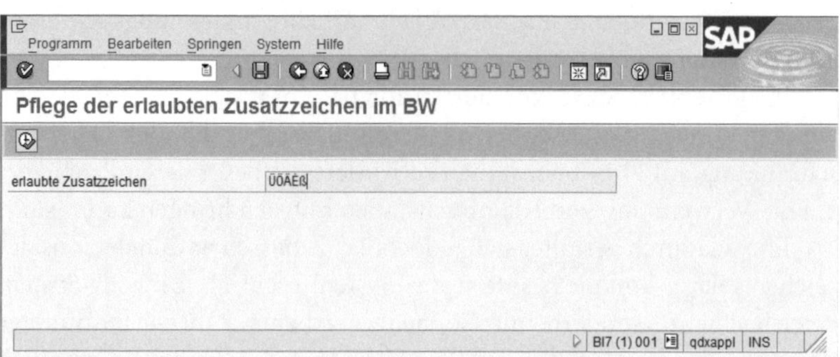

2. Die Zeichen der englischen Sprache sind in allen Codepages enthalten. Die Zeichen der deutschen Sprache sind in Codepage 1100 (entspricht ISO 8859 bzw. Latin-1) enthalten. Da die Sprachen Deutsch und Englisch fest installiert sind, ist in jedem SAP-System zumindest Codepage 1100 installiert. Werden keine weiteren Sprachen genutzt, so muss auch keine weitere Codepage installiert sein.

Dieses Verfahren ist beispielsweise bei den üblichen europäischen Codepages angemessen, gerät bei Zeichensätzen mit außerordentlich vielen Zusatzzeichen[3] jedoch schnell zur Farce.

Alternativ zum Einpflegen jedes erlaubten Zuatzzeichens besteht daher die Möglichkeit, grundsätzlich alle Zeichen zu erlauben, die in der Anmeldesprache des ladenden Users[4] Großbuchstaben in der Codepage sind. Dies geschieht, indem anstelle der einzelnen Zusatzzeichen die Zeichenkette **ALL_CAPITAL** in der Transaktion **RSKC** eingetragen wird.

Die Zeichenfolge **ALL_CAPITAL** muss ohne weitere Ergänzungen in den Zusatzzeichen eingetragen werden. Versuchen Sie nicht, **ALL_CAPITAL** durch weitere Zeichen zu ergänzen, da es sonst bedeutungslos wird. Meldet das BW ein Zeichen trotz **ALL_CAPITAL** als ungültig, so ist durch eine Veränderung der zulässigen Zusatzzeichen keine Besserung zu erreichen. Überprüfen Sie stattdessen die Anmeldesprache des ladenden Users oder lassen Sie Kleinbuchstaben zu.

Speziell bei Unicode-Systemen werden alle Zeichen aller Sprachen durch eindeutige Bitfolgen mit variabler Länge repräsentiert. Das große deutsche »Ö« wird damit durch eine Bitfolge repräsentiert, die mit dem kleinen russischen »sch« nichts mehr zu tun hat.

Zwar gelten auch in Unicode-Systemen nur die per Default zulässigen Zeichen (s.o.), jedoch können durch die Eindeutigkeit der Bitfolgen Zusatzzeichen erlaubt werden, ohne Rücksicht auf andere Sprachen zu nehmen. Auch in diesem Fall können jedoch ausschließlich Großbuchstaben zugelassen werden.

Das BW prüft Zeichen in der Regel erst dann auf ihre Gültigkeit, wenn sie in die SID-Tabelle eines InfoObjekts geschrieben werden sollen. Falls Sie in der Definition des Datenflusses selbst die Gültigkeit einer Zeichenkette überprüfen wollen, so steht Ihnen hierfür der Funktionsbaustein **RSKC_CHAVL_CHECK** zur Verfügung.

Zulassen aller weiteren Zeichen

Der restriktive Umgang mit *Kleinbuchstaben* im Schlüssel von InfoObjekten ist darin begründet, dass sie den Umgang mit entsprechenden Werten aus Sicht der Datenanalyse beträchtlich erschweren können.

Beispielsweise könnte zur Selektion einer Kundennummer bei der Datananalyse der String **18HB27F** oder auch **18hb27F** eingegeben werden. Hierbei ist zu klären, ob damit identische oder unterschiedliche Kunden beschrieben werden sollen.

Im Normalfall soll nicht zwischen Groß- und Kleinbuchstaben unterschieden werden. Hieraus resultiert die Default-Einstellung des

3. bspw. asiatische Zeichensätze
4. In der Regel wird dies der Hintergrund-User sein (siehe Abschnitt 15.1.1).

BW, dass alle Merkmalsschlüssel nur mit Großbuchstaben versehen sein dürfen.

Sollen Kleinbuchstaben jedoch zugelassen werden, so kann dies für jedes InfoObjekt individuell festgelegt werden (siehe Abb. 6–4).

Abb. 6–4 *Zulässigkeit von Kleinbuchstaben*

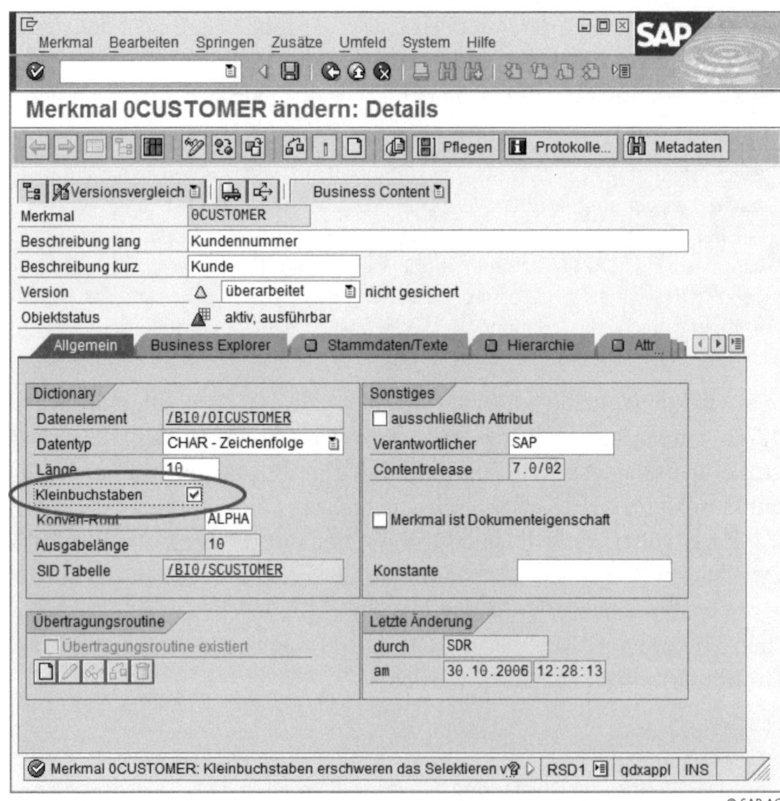

Im Ergebnis sind alle Zusatzzeichen für das InfoObjekt erlaubt, es wird jedoch bei der Datenanalyse ebenfalls zwischen Klein- und Großbuchstaben unterschieden[5].

In jedem Fall ist zu beachten, dass die genannten Restriktionen und Probleme sich nur auf die Verwendung von Kleinbuchstaben im Schlüsselwert eines Merkmals beziehen und nicht für die beschreibenden Texte eines Merkmals gelten (z.B. »Müller & Smørebrød GmbH«). Für derartige Texte sind Kleinbuchstaben und Sonderzeichen jeglicher Art in jedem Fall zugelassen (siehe Kapitel 6.2.1).

5. Sonst werden Buchstaben bei der Eingabe von Selektionen automatisch in Großbuchstaben konvertiert.

Konvertierungsroutine und Ausgabelänge

Für die interne Verarbeitung und Speicherung von Daten nutzt das BW-Basissystem eine ***interne Darstellung***. Diese gibt beispielsweise vor, dass Uhrzeiten immer im Format JJJJMMTT oder eine Kostenstelle immer mit führenden Nullen gespeichert wird.

In der ***externen Darstellung***, d.h. bei der Ein- und Ausgabe von Daten, werden häufig abweichende Formate verwendet, so dass eine Konvertierung der externen in die interne Darstellung und umgekehrt stattfinden muss. So ist z.B. bei der Eingabe der Kostenstelle 1000 eine Konvertierung in den entsprechenden 10-stelligen Wert 0000001000 durchzuführen.

Um eine konsistente Konvertierung zu gewährleisten, existieren im BW sogenannte Konvertierungsroutinen, die bei der Definition von InfoObjekten zu hinterlegen sind. Abbildung 6–1auf Seite 60 stellt das InfoObjekt 0CUSTOMER dar, bei dem die Konvertierungsroutine ALPHA anzutreffen ist.

Ist keine Konvertierungsroutine zu einem InfoObjekt definiert, so wird die externe Darstellung unverändert in der internen Verarbeitung verwendet, so dass beispielsweise die Kostenstellen 0000001000 und 01000 als zwei unterschiedliche Merkmalsausprägungen betrachtet werden würden.

Durch den Einsatz von Konvertierungroutinen wird insbesondere dem Anwender die Arbeit erleichtert, weil dieser ein Datum bspw. ebenso im Format "001.2008" wie im Format "012008" eingeben kann, und beide Eingaben gleichermaßen in das interne Format 2008001 konvertiert werden, wenn die Konvertierungroutine **PERI7** im InfoObjekt hinterlegt ist[6].

Für jede Konvertierungsroutine existieren zwei Funktionsbausteine:

- ein INPUT-Baustein für die Konvertierung des externen Formats in das interne Format
- ein OUTPUT-Baustein für die Konvertierung des internen Formats in das externe Format

Die Funktionsbausteine sind unter dem Namen CONVERSION_EXIT_xxxxx_INPUT beziehungsweise CONVERSION_EXIT_xxxxx_OUTPUT zu finden, wobei xxxxx jeweils durch den Namen der Konvertierungsroutine zu ersetzen ist.

6. Dies ist bspw. beim InfoObjekt 0FISCPER (Geschäftsjahr/Periode) der Fall.

Sollen die Konvertierungsroutinen ALPHA, NUMCV und GJAHR nachträglich bei einem InfoObjekt hinterlegt werden, obwohl bereits Stammdaten zu diesem InfoObjekt gespeichert sind, so muss das interne Format dieser Daten nachträglich in das Format der neuen Konvertierungsroutine umgewandelt werden. Für diese Umwandlung stand bis zum Release 3.x des SAP BW die Transaktion RSMDEXITON zur Verfügung. Mit dem Release 7.0 wurde diese Transaktion jedoch deaktiviert. Ein (nicht annähernd zufriedenstellender) Ersatz ist lediglich das Austauschen des InfoObjekts bspw. im Rahmen der Re-Modellierung (siehe Abschnitt 9.2).

Konvertierungsroutinen ALPHA, NUMC und GJAHR

Eine besondere Beachtung verlangen Konvertierungsroutinen, wenn sie bestimmte interne Werte nicht in externe Werte umwandeln können, es also interne Werte gibt, die in der Definition der Konvertierungsroutine unzulässig sind. Zuvorderst zu nennen sind hier die Konvertierungsroutinen ALPHA, NUMCV und GJAHR

Als Beispiel kann der Wert 1000 in einem 5-stelligen InfoObjekt genannt werden, das vom Typ CHAR ist und über die Konvertierungsroutine ALPHA verfügt. In diesem Fall kann nie ein externer Wert den internen Wert 1000 ergeben – vielmehr ergibt sowohl die Eingabe von 01000 als auch von 1000 den internen Wert 01000.

Dieser Umstand kommt vor allem bei der Durchführung von Ladevorgängen zum Tragen. Hierbei ist die Anwendung einer Konvertierungsroutine nicht zwingend, d.h. Werte können auch als interne Werte gekennzeichnet und ohne Prüfung »durchgereicht werden«. Ob ein Merkmalswert als interner Wert betrachtet und durchgereicht oder vorher eine Konvertierungsroutine durchlaufen soll, wird in Inflow Layer durch die Einstellung der sogenannten Input-Konvertierung definiert (siehe Kapitel 15.2.3).

Konvertierungsroutine MATN1

Als Exot unter den Konvertierungsroutinen ist die Routine MATN1 zu nennen, die im Content-InfoObjekt 0MATERIAL Einsatz findet (siehe Anhang D.2). Die Arbeitsweise dieser Routine ist nicht statisch definiert, sondern wird vielmehr im Customizing durch die Transaktion OMSL festgelegt.

Probleme bereitet dieser Exot vor allem dann, wenn Daten aus anderen SAP-Systemen extrahiert werden, in denen die Konvertierungsroutine MATN1 anders definiert ist, und die interne Darstellung einer Materialnummer sich im BW und im SAP-Quellsystem unterscheiden. Denn trotz Unterschieden geht das BW bei der Durchführung von Ladevorgängen standardmäßig davon aus, dass Materialnummern im internen Format ungeprüft durchgereicht werden können. In der Folge treten Fehler z.B. bei der Verbuchung derartiger Daten in BasisCubes auf.

Sofern keine Anpassung des Customizing an der Transaktion `OMSL` möglich ist, besteht die Lösung auch an dieser Stelle in der Anwendung der Input-Konvertierung.

SID-Tabelle

Bei der Beschreibung des Star-Schemas wurde aufgezeigt, dass Dimensionen durch einen Dimensionsschlüssel (im BW als DIM ID bezeichnet) identifiziert werden und in der Dimension die Merkmalswerte abgelegt werden. Merkmale benötigten damit keine weitere Identifikation, sondern stellten sich lediglich durch ihren Wert dar.

Dieses Konzept wurde nicht ins BW übernommen. Stattdessen werden im BW alle Merkmalswerte durch eine *S*tammdaten-*Id*entifikationsnummer (SID) identifiziert.

Damit ergeben sich gegenüber dem normalen Star-Schema Änderungen für das gesamte Datenmodell, da die echte Merkmalsausprägung nicht mehr in den Dimensionstabellen zu finden ist, sondern in den damit verknüpften SID-Tabellen der InfoObjekte (siehe Abb. 6–5).

Abb. 6–5
SID-Tabelle

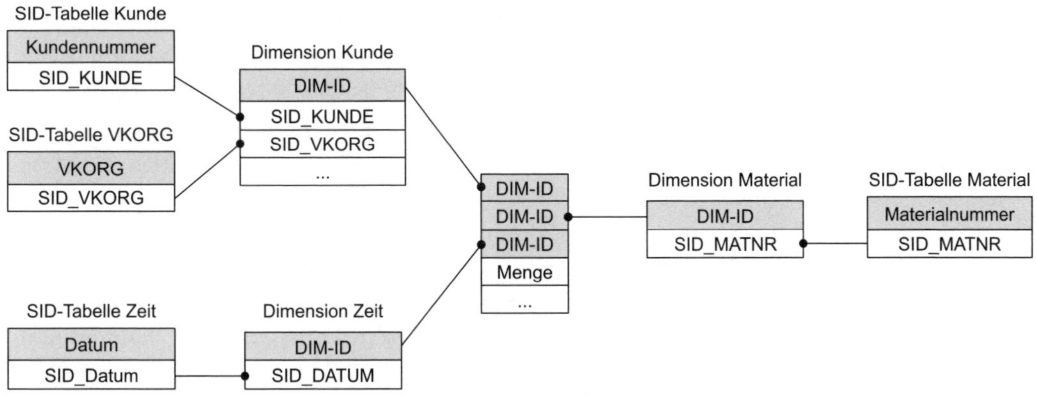

Kapselung des InfoObjektes

Durch die Einführung der SID-Tabellen beziehungsweise der SID werden im BW Merkmale vollständig von den BW-Objekten abgekapselt, welche die Merkmale nutzen. Damit ist es möglich, dieselbe SID-Tabelle eines Merkmales aus mehreren BW-Objekten zu referenzieren (siehe Abb. 6–6). Dazu gehören:

- InfoCubes
- Hierarchien
- Master Data

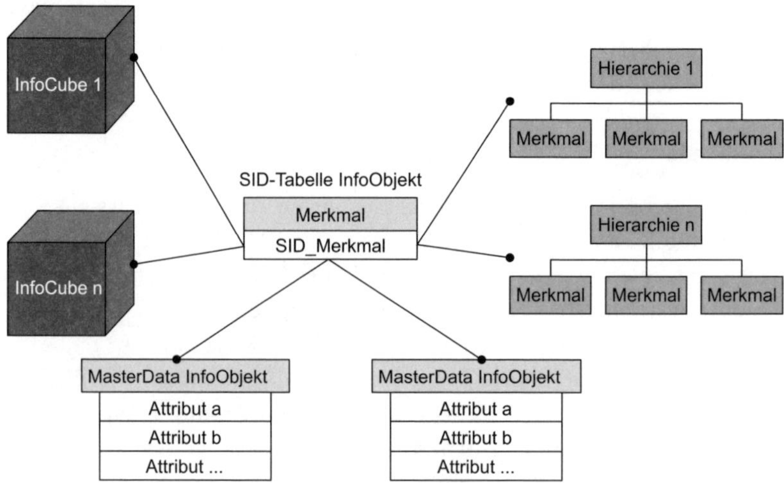

Abb. 6–6
SID-Tabelle: Nutzung in BW-Objekten

Diese Objekttypen werden in den nächsten Kapiteln detailliert beschrieben.

Die Tatsache, dass die SID immer vom Typ Integer (4 Byte Länge) ist, kann unter Umständen sogar trotz des aufwändigeren Datenmodells positiv für die Performance sein, da zum Beispiel eine 18-stellige Materialnummer nur noch als 4-Byte-Integerwert gespeichert wird.

Darüber hinaus bietet die SID die Möglichkeit, Merkmale mit einem zusammengesetzten Primärschlüssel zu verwalten.

InfoObjekte mit zusammengesetztem Primärschlüssel (Klammerung)

Ein solcher Fall liegt zum Beispiel bei den Verkaufsdaten des Materialstammes im SAP ERP vor (Tabelle `MVKE`). Diese Daten werden nicht auf Ebene der Materialnummer abgelegt, sondern bilden sich aus der Kombination der Verkaufsorganisation, des Vertriebsweges und der Materialnummer. Diese bilden den Primärschlüssel der Tabelle `MVKE` im SAP ERP. Im Sprachgebrauch des BW heißt dies, dass die Materialnummer an die Verkaufsorganisation und den Vertriebsweg ***geklammert*** ist.

Ein derartiger Primärschlüssel kann in der SID-Tabelle berücksichtigt werden, ohne das Prinzip der SID zu verletzen. Dadurch vereinfacht sich aus Sicht der BW-Objekte, die ein InfoObjekt nutzen, der Zugriff auf dieses InfoObjekt, da in jedem Fall nur auf die SID-Tabelle des InfoObjektes zugegriffen werden muss.

Die Klammerung von InfoObjekten kann sich negativ auf die Performance bei der Datenaufbereitung sowie auch beim Reporting auswirken. Dies ist insbesondere dann der Fall, wenn mehrere InfoObjekte Teil der Klammerung sind. Setzen Sie daher die Klammerung nur dann ein, wenn dies durch das Datenmodell gerechtfertigt ist. Für alle weiteren Zwecke (Darstellung von Attributen, Hierarchien...) gibt es andere Funktionen im BW, die in den nachfolgenden Abschnitten beschrieben werden.

Die nachfolgende Tabelle stellt die SID-Tabelle für das InfoObjekt 0MAT_SALES dar, das die Stammdaten des Materialstammes der Tabelle MVKE im BW abbildet.

Feldname	Datenelement	Erläuterung
SALESORG	/BI0/0ISALESORG	Verkaufsorganisation
DISTR_CHAN	/BI0/0IDISTR_CHAN	Vertriebsweg
MAT_SALES	/BI0/0IMAT_SALES	Materialnummer an Verkauf geklammert
SID	RSSID	Stammdaten-ID
CHCKFL	RSDCHCKFL	Flag: Wert in Prüftabelle
DATAFL	RSDDATAFL	Flag: Wert in Dimension oder als Attribut vorhanden
INCFL	RSDINCFL	Flag: Wert ist in allen Inklusionstabellen eingebaut

Verwendungsnachweis von SID

Da ein InfoObjekt in mehreren anderen BW-Objekten zum Einsatz kommen kann, ist das Löschen von Einträgen der Master-Data-Tabellen (siehe unten) oder der SID-Tabelle dann kritisch, wenn aus BW-Objekten noch auf diese Einträge verwiesen wird. In diesen Fällen ist ein Löschen der Stammdaten nicht zulässig.

Damit das BW-System informiert ist, ob Einträge der SID-Tabelle in Benutzung sind, werden in allen SID-Tabellen zwei entsprechende Flags protokolliert:

- DATAFL: Die SID wird in der Dimension eines InfoCubes oder als Attribut in den Master Data eines anderen InfoObjektes verwendet.
- INCLFL: Die SID wird in den Inklusionstabellen einer externen Hierarchie genutzt.

Sobald eine SID in einem InfoCube, den Master Data eines anderen InfoObjektes oder einer Hierarchie genutzt wird, wird das entsprechende Flag gesetzt (Wert »X«), und es ist nicht mehr möglich, die Stammdaten zu dieser SID zu löschen.

Der Nachteil dieses Konzepts liegt darin, dass die Flags zwar gesetzt werden, wenn eine SID verwendet wird, sie aber nicht wieder gelöscht werden, wenn die SID nicht mehr in Benutzung ist. Dies bedeutet, dass einmal verwendete Stammdaten nur mit zeitaufwändigen Prüfungen gelöscht werden können.

Namenskonvention

Der Name der SID-Tabelle wird durch das BW in Abhängigkeit vom InfoObjekt-Namen bestimmt. Die nachfolgende Tabelle zeigt die dabei verwendete Namenskonvention.

	Standard-InfoObjekt	Eigendefiniertes InfoObjekt
Name des InfoObjektes	0ttttttttt	{A-Z}ttttttt
Name der SID-Tabelle	/BIO/Sttttttttt	/BIC/S{A-Z}tttttttt

6.1.2 Zeiten

Neben Merkmalen sind für die Beschreibung betriebswirtschaftlicher Ordnungsgrößen auch *Zeiten* von Bedeutung. Grundsätzlich kommt sogenannten Zeitmerkmalen dieselbe Aufgabe zu wie Merkmalen. Dennoch sind im BW Zeiten als eigene InfoObjekt-Typen realisiert.

Auf diese Weise können beim Aufbau von Star-Schema-Modellen bereits Vorbelegungen für Zeitdimensionen vorgenommen, die Modelldefinition validiert und Konvertierungsroutinen (vgl. Kapitel 6.1.1) für die Definition des Staging bereitgestellt werden.

Während bei allen anderen InfoObjekt-Typen eigene InfoObjekte definiert werden können, können ausschließlich diejenigen Zeitmerkmale verwendet werden, die das BW mit dem BI Content ausliefert.

Die nachfolgende Tabelle zeigt die Zeitmerkmale des BI Content.

InfoObjekt	Beschreibung	Typ	Länge	Format
0CALDAY	Kalendertag	DATS	8	JJJJMMTT
0CALMONTH	Kalenderjahr/Monat	NUMC	6	JJJJMM
0CALMONTH2	Kalendermonat	NUMC	2	MM
0CALQUART1	Quartal	NUMC	1	Q
0CAL_QUARTER	Kalenderjahr/Quartal	NUMC	5	JJJJQ
0CALWEEK	Kalenderjahr/Woche	NUMC	6	JJJJWW
0CALYEAR	Kalenderjahr	NUMC	4	JJJJ
0FISCPER	Geschäftsjahr/Geschäftsmonat	NUMC	7	JJJJMMM
0FISCPER3	Geschäftsmonat	NUMC	3	MMM
0FISCVARNT	Geschäftsjahresvariante	CHAR	2	XX
0FISCYEAR	Geschäftsjahr	NUMC	4	JJJJ
0HALFYEAR1	Halbjahr	NUMC	1	H
0WEEKDAY1	Wochentag	NUMC	1	N

Wenn diese vorgegebenen Zeitmerkmale grundsätzlich den Anforderungen entsprechen, jedoch die Bezeichnung nicht gefällt, so sollte diese in der InfoObjekt-Pflege geändert werden. Das Umbenennen der Zeitmerkmale des BI Content stellt dabei weder im laufenden System noch in Bezug auf künftige Releasewechsel ein Problem dar.

Wenn grundsätzlich neue Zeitmerkmale angelegt werden sollen, so können normale Merkmale angelegt und diese als Zeitmerkmale verwendet werden. Aus inhaltlichen Gesichtspunkten stellt dies kein Problem dar, allerdings können die Vorteile echter Zeitmerkmale (Partitionierung der komprimierten Faktentabelle, Validierung auf gültige Werte und Typkonvertierung im Staging) nicht wahrgenommen werden.

Die Partitionierung der komprimierten Faktentabelle (siehe Kapitel 7.1) erfolgt nur anhand echter Zeitmerkmale aus dem BI Content. Vermeiden Sie es daher unbedingt, ausschließlich eigene Zeitmerkmale zu verwenden, da mit dem Verlust der Partitionierungsmöglichkeiten erhebliche Performanceprobleme verbunden sein können.

6.1.3 Kennzahlen

Ebenso wie bei Merkmalen/Zeitmerkmalen gilt die Definition des Datentyps als Grundeinstellung der Kennzahl. Da es sich bei Kennzahlen jedoch nicht um Ordnungsgrößen, sondern um Fluss- beziehungsweise Bestandsgrößen handelt, sind auch die Einstellungen grundsätzlich anders (siehe Abb. 6–7).

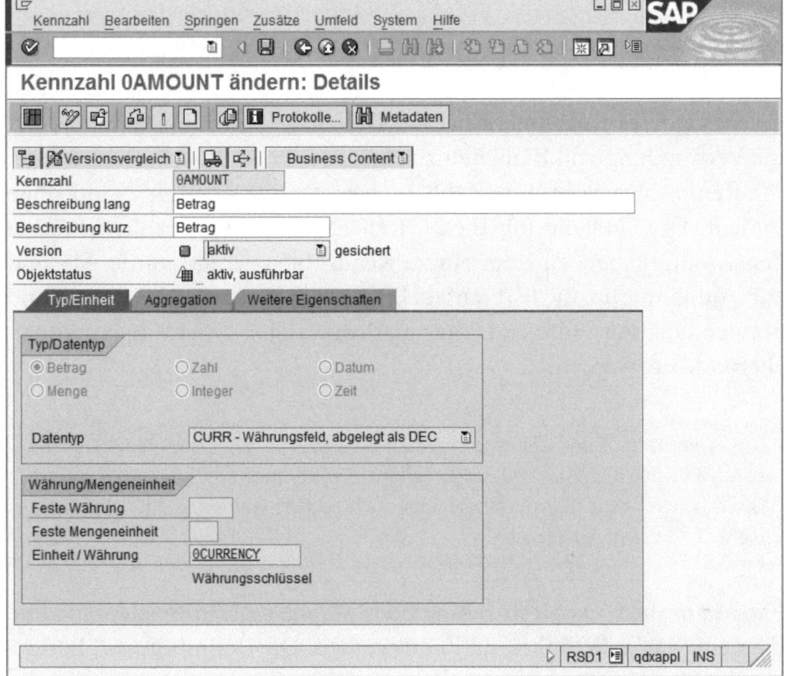

Abb. 6–7
Kennzahldefinition: Typ/Einheit

Die nachfolgende Tabelle zeigt die zur Verfügung stehenden Datentypen.

Typ	Datentyp	mit Einheit	Beschreibung
Betrag	CURR	✓	Währungsfeld abgelegt als DEC
	FLTP	✓	Gleitpunktzahl mit 8 Byte Genauigkeit
Menge	QUAN	✓	Mengenfeld, zeigt auf Einheitenfeld mit Format UNIT
	FLTP	✓	Gleitpunktzahl mit 8 Byte Genauigkeit
Zahl	DEC		Rechen- oder Betragsfeld mit Komma und Vorzeichen
	FLTP		Gleitpunktzahl mit 8 Byte Genauigkeit
Integer	INT4		4-Byte-Integer, ganze Zahl mit Vorzeichen
Datum	DEC		Rechen- oder Betragsfeld mit Komma und Vorzeichen
	DATS		Datumsfeld (JJJJMMTT), abgelegt als CHAR (8)
Zeit	DEC		Rechen- oder Betragsfeld mit Komma und Vorzeichen
	TIMS		Zeitfeld (hhmmss), abgelegt als CHAR (6)

Kennzahlen vom Typ DATS und TIMS werden im Datenbanksystem als Character-Feld abgelegt und eignen sich damit nicht für arithmetische Operationen. Aus diesem Grund müssen diese Kennzahlen bereits bei der Definition des InfoObjekts immer mit der Standardaggregation MAXIMUM oder MINIMUM angelegt werden (siehe Kapitel 6.1.3).

Ein besonderes Augenmerk bei der Definition von Kennzahlen ist auf die Verwendung von Einheiten zu legen.

Kennzahlen ohne Einheit

Kennzahlen vom Typ *Zahl*, *Integer*, *Datum* oder *Zeit* sind ohne Einheit. Der Umgang mit diesen Kennzahlen entspricht dem, was in den vorangegangenen Kapiteln zu Kennzahlen gesagt wurde. Sie sind zur Aufnahme in die Faktentabelle des Star-Schemas bestimmt und können dort mit Hilfe einfacher mathematischer Operationen gespeichert/addiert werden.

Die Typen *Datum* und *Zeit* sind nicht zu verwechseln mit Zeitmerkmalen! Hier handelt es sich nicht um Ordnungsmerkmale, sondern lediglich um Kennzahlen. Diese können dort übernommen oder auch addiert werden, eignen sich aber nicht als Ordnungsmerkmal.

Kennzahlen mit fixer Einheit

Für Kennzahlen vom Typ Betrag oder Menge muss entweder eine fixe oder eine variable Einheit definiert werden. Die Definition von Einheiten gewinnt im Bereich Extraktion und Staging beziehungsweise der Datenanalyse an Bedeutung, wenn die abgespeicherten Kennzahlenwerte in Bezug zu einer Einheit gesetzt oder (im Fall von Währungseinheiten) in andere Einheiten umgerechnet werden sollen (zum Beispiel Umrechnung alter DM-Daten in EUR).

Soll die Einheit einer solchen Kennzahl fest vorgegeben werden (zum Beispiel EUR, USD...), so kann dies bei der Pflege der Kennzahl erfolgen (siehe Abb. 6–8).

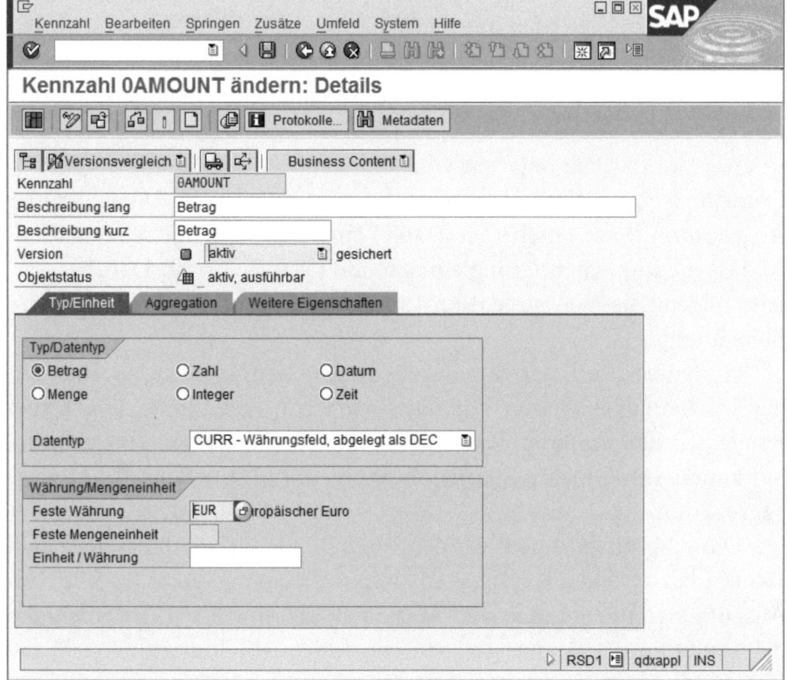

Abb. 6–8
Kennzahlen mit fixer Einheit

Durch die feste Vorgabe einer Einheit muss die Einheit später im Datenmodell nicht mehr explizit gespeichert werden, da sie der Definition der Kennzahl entnommen werden kann.

Die Verwendung von Kennzahlen mit fixer Einheit setzt voraus, dass ggf. beim Speichern der Daten eine Umrechnung stattfindet, wenn die gelieferten Daten nicht ebenfalls mit derselben festen Einheit arbeiten. Diese Umrechnung ist möglich und wird in Kapitel 19.3.7 näher erläutert.

Kennzahlen mit variabler Einheit

Soll eine Kennzahl mit unterschiedlichen Einheiten im Datenmodell gespeichert werden, so muss bei der Definition der Kennzahl ein weiteres InfoObjekt angegeben werden, welches überall dort, wo die Kennzahl abgelegt wird, zusätzlich die dazugehörige Einheit ablegt. Zu diesem Zweck kann ein Einheiten-InfoObjekt (zum Beispiel 0CURRENCY) angegeben werden (vgl. Abb. 6–7 auf Seite 73).

Verwenden mehrere Kennzahlen gleichzeitig dasselbe Einheiten-InfoObjekt, so werden die Kennzahlen im Datenmodell immer dann in unterschiedlichen Datensätzen abgelegt, wenn sie andere Einheiten aufweisen. Dies hat Auswirkungen auf das Datenvolumen, jedoch sind die Daten in jedem Fall korrekt abgelegt.

Aggregationsverhalten von Kennzahlen

Bewegungsdaten werden auf dem Weg von den OLTP-Systemen über die BasisCubes bis zur Datenanalyse mehrmals verdichtet. Dabei werden die Kennzahlen auf eine höher verdichtete Detaillierungsstufe aggregiert.

Standardaggregation

Als Standardaggregation wird eine einfache Summation oder die Ermittlung von Minimal-/Maximalwerten verwendet. Diese Art der Aggregation kann bereits auf Datenbankebene durchgeführt werden, so dass die Implementierung einfach und performant ist. Darüber hinaus bilden diese Aggregationsformen die Grundlage für weitere Berechnungen.

Aufbauend auf der Standardaggregationen können im Rahmen der Datenanalyse weitere Aggregationen von Bedeutung sein. Dabei handelt es sich um komplexe Aggregationsverfahren mit einem Bezug auf andere InfoObjekte (Ausnahmeaggregation) sowie um Währungsaggregation.

Diese Aggregationen werden speziell für die Datenanalyse bei BasisCubes (siehe Kapitel 6.3) zur Verfügung gestellt und im Anschluss an die Standardaggregationen, aber noch vor der Übergabe der Daten an das Analysetool durchgeführt. Abbildung 6–9 stellt die Stufen des Aggregationsverhaltens dar.

Abb. 6–9 *Stufen des Aggregationsverhaltens*

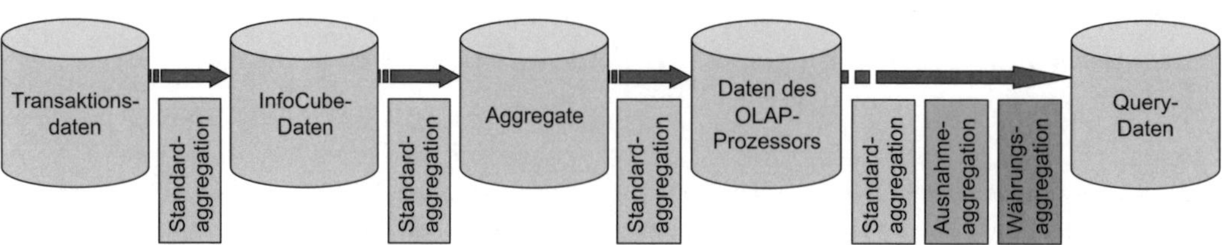

Bei anderen Datenzielen als den BasisCubes wird ausschließlich die Standardaggregation durchgeführt. Dies ist darin begründet, dass BasisCubes konzeptionell als Grundlage für das Reporting vorgesehen sind, andere Datenziele aber nur zweitrangig der Datenanalyse dienen.

Nachfolgend werden die Möglichkeiten beschrieben, die mit Ausnahmeaggregation und Währungsaggregation zur Verfügung stehen.

Ausnahmeaggregation

Mit Hilfe der Ausnahmeaggregation kann eine komplexere Aggregation von Kennzahlen ausgeführt werden. Typische Beispiele für eine Ausnahmeaggregation ist die Berechnung

- des durchschnittlichen Lagerbestands pro Monat
- des durchschnittlichen Umsatzes pro Kunde
- der Anzahl an Aufträgen pro Monat

Derartige Operationen sind nur unter der Angabe eines anderen InfoObjektes sinnvoll, das als Bezugsgröße verwendet wird. Als Bezugsgrößen können sowohl normale InfoObjekte (sachliche Aggregation) als auch Zeitmerkmale (zeitliche Aggregation) verwendet werden.

Die Ausnahmeaggregation wird pro Kennzahl in der InfoObjekt-Pflege definiert (siehe Abb. 6–10).

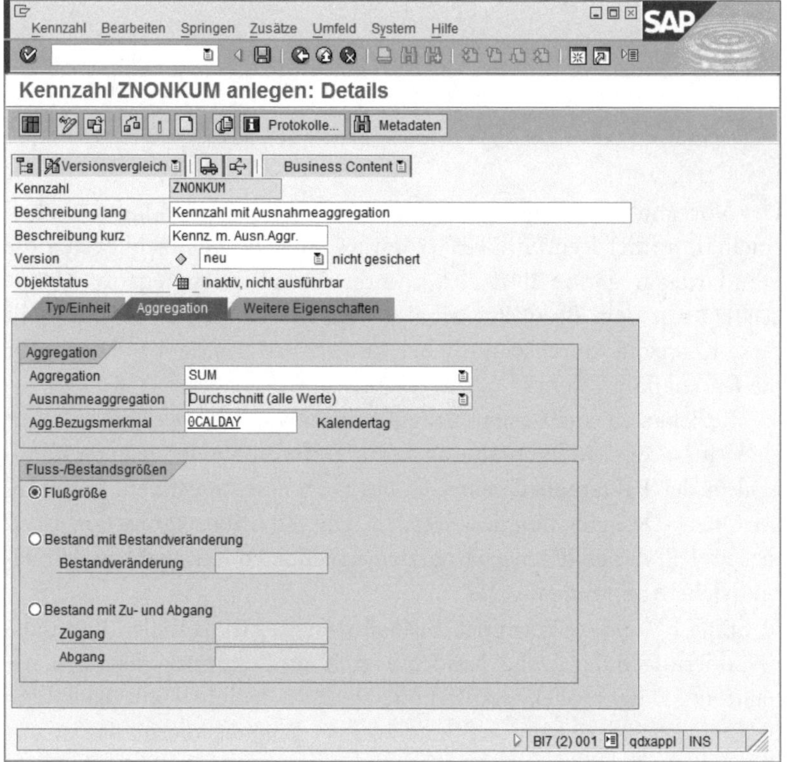

Abb. 6–10
Kennzahlen mit Ausnahmeaggregation

Bei der Anwendung der Ausnahmeaggregation führt die Analytical Engine zuerst die Standardaggregation und erst im Anschluss die Ausnahmeaggregation für das jeweilige Bezugsmerkmal durch.

Abb. 6–11
Aggregationsstufen der Analytical Engine

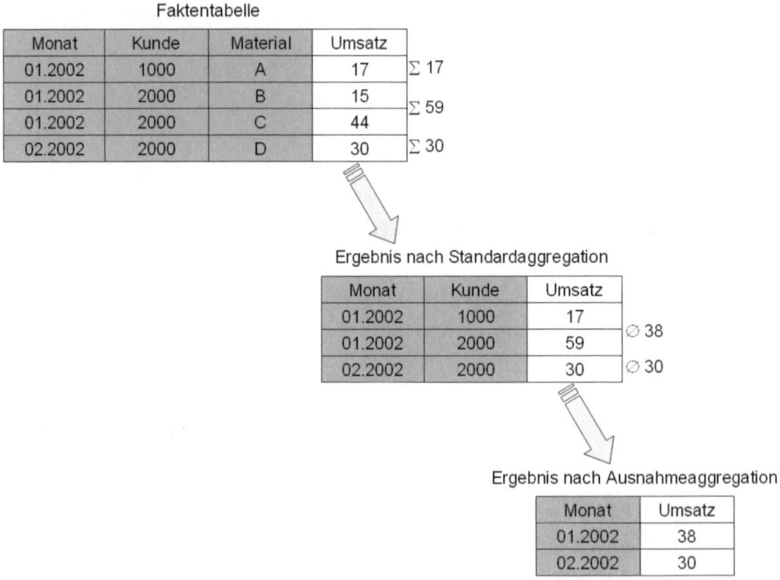

Faktentabelle

Monat	Kunde	Material	Umsatz
01.2002	1000	A	17
01.2002	2000	B	15
01.2002	2000	C	44
02.2002	2000	D	30

Σ 17
Σ 59
Σ 30

Ergebnis nach Standardaggregation

Monat	Kunde	Umsatz
01.2002	1000	17
01.2002	2000	59
02.2002	2000	30

∅ 38
∅ 30

Ergebnis nach Ausnahmeaggregation

Monat	Umsatz
01.2002	38
02.2002	30

Der Vorgang der Ausnahmeaggregation wird in Abbildung 6–11 beispielhaft an der Kennzahl `UMSATZ` dargestellt. Die Kennzahl besitzt die Standardaggregation `SUMMATION` und die Ausnahmeaggregation `DURCHSCHNITT` mit dem Bezugsmerkmal `KUNDE`. Die Analytical Engine stellt diese Kennzahl (durchschnittlicher Umsatz pro Kunde) pro Monat für die Datenanalyse bereit.

Bezieht sich eine Ausnahmeaggregation wie in Abbildung 6–10 auf eine Flussgröße, so kann alternativ zur Definition einer eigenen Kennzahl in der Faktentabelle eines Cubes auch eine berechnete Kennzahl im Query-Designer definiert werden. Die Ausahmeaggregation ist in diesem Fall in den Eigenschaften der berechneten Kennzahl zu definieren (siehe Abbildung 6–12).

Ausnahmeaggregation mit Bestandsveränderung

Eine besondere Form der Ausnahmeaggregation stellen Bestandsveränderungen dar. Dabei handelt es sich um Bestandskennzahlen, die nicht im Datenmodell gespeichert, sondern lediglich auf Basis von Bestandsveränderungen errechnet werden können, die im BasisCube abgelegt sind..

Bestandskennzahlen werden im Gegensatz zu allen anderen Kennzahlen nicht physisch im Datenmodell des BasisCubes abgelegt, sondern vollständig aus Kennzahlen berechnet, welche Bestandsveränderungen darstellen.

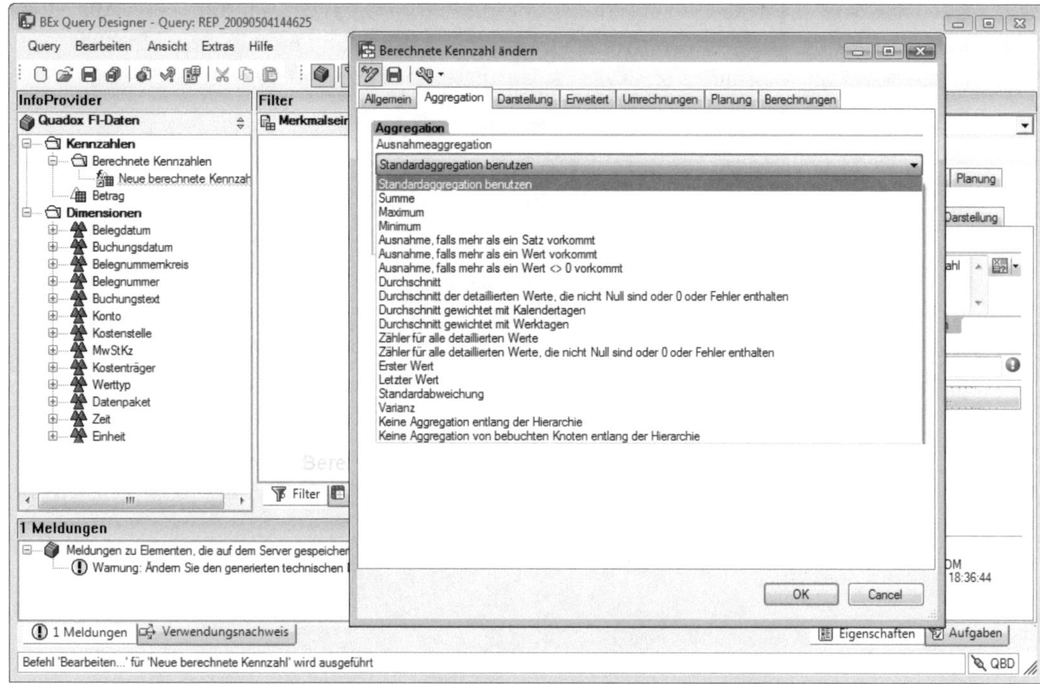

Abb. 6–12
Kennzahlen mit Ausnahmeaggregation im Query-Designer

Abhängig davon, in welcher Form die Bestandserhöhungen bzw. -minderungen in einem BasisCube abgelegt sind, wird zwischen zwei Arten von Bestandskennzahlen unterschieden:

- **Bestandskennzahlen mit Bestandsveränderungen:** Die Bestandskennzahl errechnet sich aus genau einer anderen Kennzahl, die sowohl Bestandszugänge als auch Bestandsabgänge abbildet.
- **Bestandskennzahlen mit Zu- und Abgängen:** Die Bestandskennzahl errechnet sich aus genau zwei anderen Kennzahlen. Dabei bildet eine der beiden Kennzahlen die Bestandszugänge ab und die andere Kennzahl die Bestandsabgänge.

Je nach Art der vorliegenden Bestandskennzahl müssen in der Definition des InfoObjektes diejenigen Kennzahlen festgelegt werden, welche die Bestandsveränderungen bzw. Zu- und Abgänge beinhalten (siehe Abb. 6–13). Die Kennzahlen, die die Bestandsveränderungen darstellen, müssen zwingend in jeden BasisCube aufgenommen werden, in dem die Bestandskennzahl definiert ist.

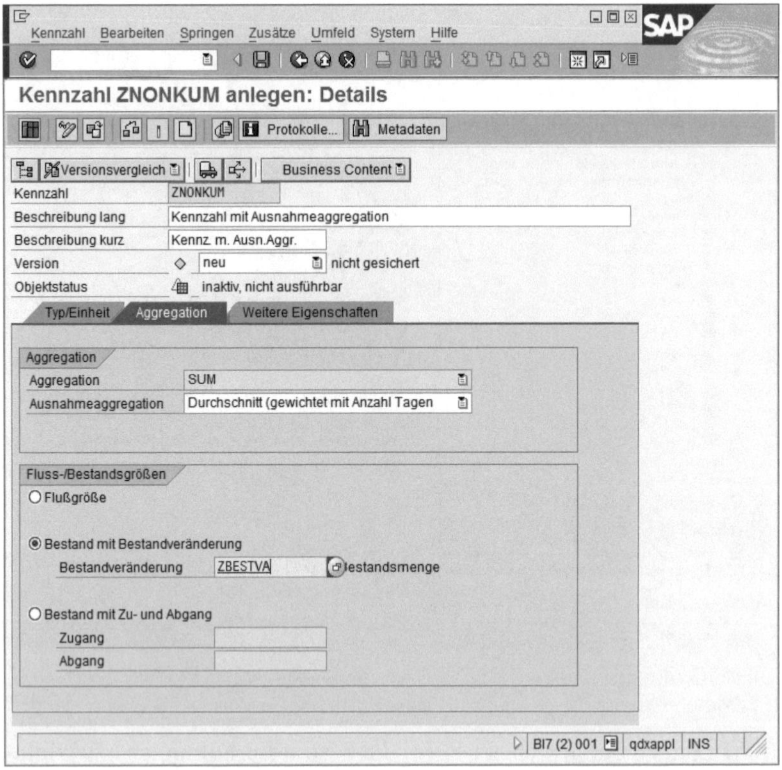

Abb. 6–13
Ausnahmeaggregation mit Bestandsveränderung

Aus Sicht des Bestands ist es unerheblich, welche Art von Bestandskennzahl verwendet wird. Allerdings ist zu bedenken, dass eine Trennung der Bestandsveränderungen in Zu- und Abgänge neben der Betrachtung des Bestandes auch eine Betrachtung von Zu- und Abgängen ermöglicht, da die entsprechenden Kennzahlen im BasisCube verfügbar sind.

Bezugsmerkmale

Anders als bei der normalen Ausnahmeaggregation werden bei Bestandskennzahlen nicht nur ein beliebiges Bezugsmerkmal, sondern auch genau ein zeitliches Bezugsmerkmal und optional mehrere sachliche Bezugsmerkmale definiert.

Als zeitliches Bezugsmerkmal kann ausschließlich ein Zeit-InfoObjekt aus der Zeitdimension gewählt werden. Die Bezugsmerkmale zu einer Bestandskennzahl werden nicht bei der Pflege des InfoObjektes (wie bei der normalen Ausnahmeaggregation), sondern pro BasisCube festgelegt. Die Festlegung der Bezugsmerkmale wird in der Pflege des BasisCubes unter *Zusätze→Bestandsparameter pflegen* vorgenommen (siehe Abb. 6–14). Dies kann nur dann erfolgen, wenn der BasisCube keine Daten enthält.

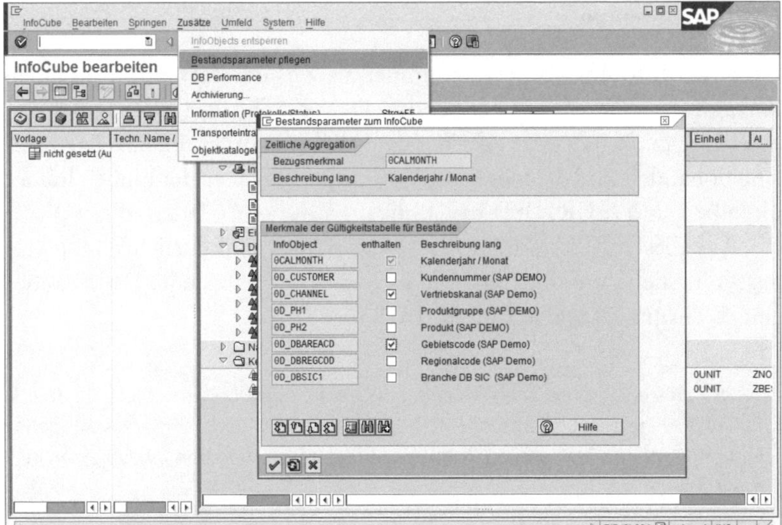

© SAP AG

Abb. 6-14 *Bezugsmerkmale von BestandsCubes*

Die Kardinalität der Bezugsmerkmale beeinflusst maßgeblich die Komplexität der SQL-Kommandos, die für Analysen ausgeführt werden müssen und hat damit unmittelbar Auswirkung auf die Performance der Datenanalyse. Verwenden Sie daher nach Möglichkeit keine InfoObjekte mit mehr als 20–30 Merkmalsausprägungen als Bezugsmerkmal.

Zusätzlich zur Festlegung der Bezugsmerkmale muss zum entsprechenden BasisCube eine Gültigkeitstabelle gepflegt werden, die Zeitintervalle für die möglichen Ausprägungen der Bezugsmerkmale beschreibt (z.B. die Berechnung des durchschnittlichen Lagerbestands für Werk 2000 und Materialgruppe 002 vom 01.01.2007 bis 01.03.2007). Dies erfolgt mit Hilfe der Transaktion `RSDV`.

Die Zeitintervalle müssen vor dem Laden von Daten in einen BasisCube gepflegt werden. Sind bereits Daten in einem BasisCube vorhanden, so kann die Gültigkeitstabelle mit Hilfe des Programms `RSDG_CUBE_VALT_MODIFY` angepasst werden.

Währungsaggregation

Im Anschluss an alle Standardaggregationen und die Ausnahmeaggregation wird die Währungsaggregation ausgeführt. Soll also eine Währungsumrechnung im Rahmen der Datenanalyse durchgeführt werden, so wird diese erst unmittelbar vor der Datenübergabe an das Analysetool durchgeführt. Findet bei der Analyse keine Währungsumrechnung statt, so entfällt die Währungsaggregation.

6.1.4 Einheiten

Einheiten-InfoObjekte werden immer als Zusatzinformation für einen Betrag oder eine Menge verwendet. Damit steht fest, dass es sich bei einer Einheit immer entweder um eine Währung oder um eine Mengeneinheit handelt und die möglichen Ausprägungen bei jeder Einheit immer dieselben sind (EUR, USD bzw. Stück, Kilogramm, Paletten usw.).

Aus diesem Grund ist beim Anlegen eines Einheiten-InfoObjektes ausschließlich zu definieren, wie es heißt und ob es eine Einheit oder eine Währung ist (siehe Abb. 6–15).

Technisch stehen hinter allen Einheiten die beiden InfoObjekte `0CURRENCY` oder `0UNIT`, welche die zur Verfügung stehenden Einheiten vorgeben und von allen Einheiten referenziert werden (Näheres zur Referenzierung von InfoObjekten in Kapitel 6.2.4).

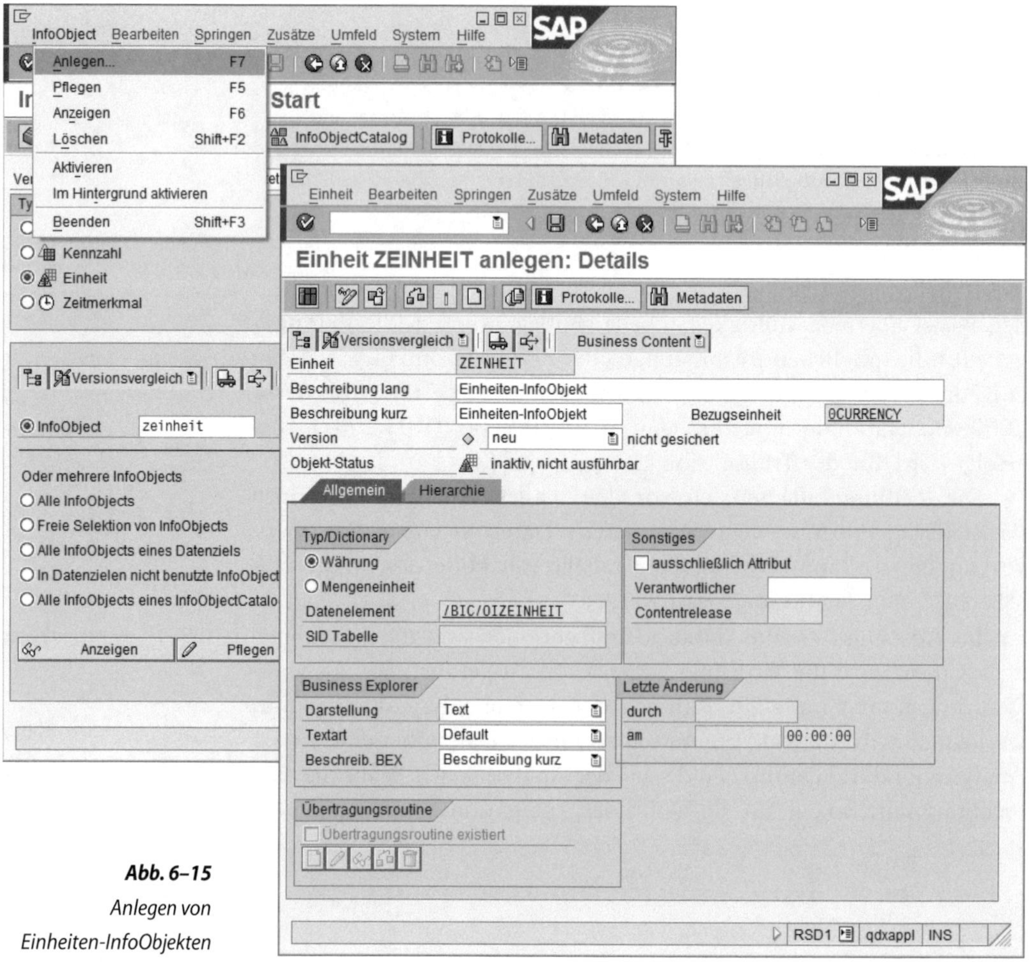

Abb. 6–15

Anlegen von Einheiten-InfoObjekten

6.2 Master Data

Für die aktuelle und stichtagsbezogene Darstellung von Attributen zu Merkmalen existiert im BW das Konzept der *Master Data*. Dieser Begriff ist bereits bei der Beschreibung der SID-Tabelle häufiger gefallen und wird nun eingehend erläutert.

Bei den Master Data handelt es sich um eine erweiterte Form der Nutzung von Merkmals-InfoObjekten, die mit der Speicherung von Stammdaten in einem SAP-ERP-System zu vergleichen ist.

Master Data umfassen:

- Texte eines Merkmals
- Stammdaten (Attribute) eines Merkmals
- externe Hierarchien

Die Dateninhalte der Master Data werden in der Regel aus den operativen Quellsystemen extrahiert (zum Beispiel Namen und Attribute von Kunden), können jedoch auch direkt im BW gepflegt werden.

6.2.1 Texte

Bei Texten handelt es sich um beschreibende Informationen zu Merkmalsausprägungen (zum Beispiel Kundennamen, Produktbezeichnungen), die auch Kleinbuchstaben und Sonderzeichen enthalten können.

Die Einstellung bezüglich der Texte eines InfoObjektes wird in der InfoObjekt-Pflege über die Registerkarte *Stammdaten/Texte* vorgenommen (siehe Abb. 6–16 auf Seite 84).

Dabei ist nicht nur festzulegen, ob ein Merkmal über Texte verfügen soll, sondern es sind auch Angaben zur Art der Texte zu machen.

Textlänge

Dies umfasst die Länge der Textinformationen (Kurztext, mittellanger Text, Langtext). Es ist mindestens eine Auswahl zu treffen. Dabei sollte immer darauf geachtet werden, dass das Quellsystem, aus dem die Textinformationen geladen werden, auch in der Lage ist, die ausgewählten Textinformationen zu liefern. So ist es nur dann sinnvoll, sämtliche Optionen zu wählen, wenn das Quellsystem auch alle Texte in kurzer, mittellanger und langer Form vorhält.

	Textlänge
Kurztext	20 Zeichen
Mittellanger Text	40 Zeichen
Langtext	60 Zeichen

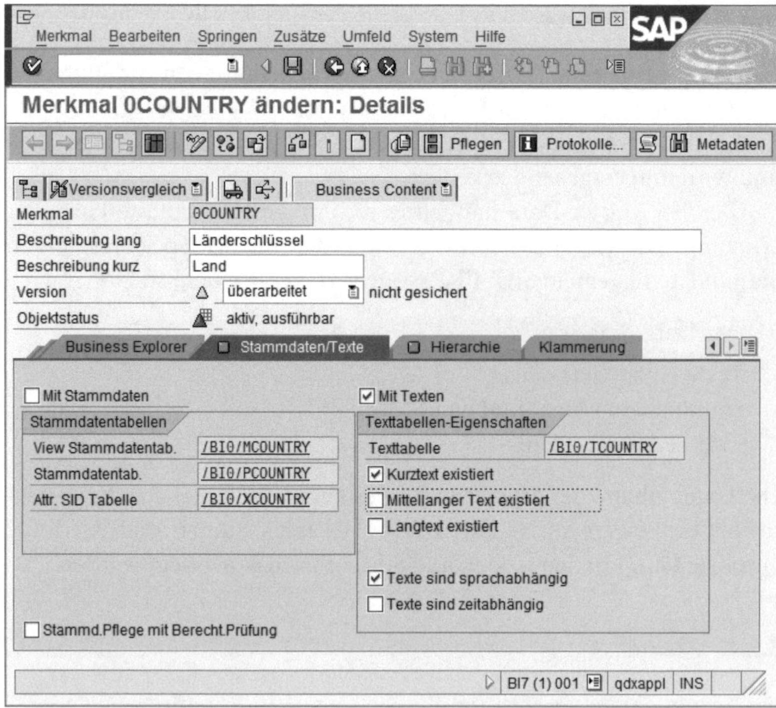

Abb. 6–16
Eigenschaften von Texttabellen

Sprachabhängigkeit

Des Weiteren sind Angaben über die Sprachabhängigkeit von Textinformationen zu treffen. Bei aktivierter Sprachabhängigkeit wird in der Texttabelle des InfoObjektes zusätzlich ein Schlüsselfeld für die Sprache angelegt. Wie auch bei der Textlänge ist es nur dann sinnvoll, Texte sprachabhängig zu hinterlegen, wenn das Quellsystem, aus dem die Texte gelesen werden, die Texte auch in mehreren Sprachen liefern kann.

Da sich für jede zusätzlich abgelegte Sprache die Anzahl der Datensätze in der Texttabelle vervielfachen kann, sollte die Sprachabhängigkeit nur dann gewählt werden, wenn sie für das Reporting einen tatsächlichen Mehrwert darstellt.

Der BI Content definiert zahlreiche InfoObjekte (zum Beispiel auch den Kunden) mit sprachabhängigen Texten. Überlegen Sie hier bitte, ob Sie diese Einstellung tatsächlich benötigen oder die Einstellung zurücknehmen können.

Zeitabhängigkeit

Da Texte wie Stammdaten gespeichert und regelmäßig aktualisiert werden, erscheinen sie bei der Datenanalyse immer mit den jeweils aktuellen Ausprägungen. Sollen Texte hingegen stichtagsbezogen dargestellt werden (vgl. Kapitel 5.1.2), so kann dies über zeitabhängige Texte realisiert werden.

Ist diese Option aktiviert, so wird der Texttabelle als zusätzliches Schlüsselfeld ein Gültigkeitszeitraum hinzugefügt. Da mit jedem Laden von Daten ein neuer Gültigkeitszeitraum hinzukommt, kann sich die Anzahl der Datensätze in der Texttabelle schnell vervielfachen. Da ein derartiges Wachstum negative Auswirkungen auf die Performance hat, sollten zeitabhängige Texttabellen nur bei kleinen Texttabellen eingesetzt werden, und auch nur dann, wenn es aus Sicht der Datenanalyse einen wirklichen Mehrwert darstellt.

Der Stichtag von Texten richtet sich nicht nach dem Änderungsdatum der Texte im operativen System, sondern nach dem Datum des Ladevorganges im BW. Ein nachträglicher Aufbau stichtagsbezogener Texte ist daher nicht möglich.

Namenskonvention

Auf der Basis des InfoObjekt-Namens wird bei der Aktivierung der Metadaten eines InfoObjektes automatisch eine transparente Tabelle für die Aufnahme der Textinformationen angelegt.

	Standard-InfoObjekt	eigendefiniertes InfoObjekt
Name des InfoObjektes	`0ttttttttt`	`{A-Z}ttttttt`
Name der Texttabelle	`/BI0/Tttttttttt`	`/BIC/T{A-Z}ttttttt`

Die Struktur der Tabelle leitet sich aus der Art der Textinformationen ab. Eine Texttabelle mit allen Optionen (alle Textlängen, Sprachabhängigkeit, Zeitabhängigkeit) würde für das InfoObjekt `0COUNTRY` im ABAP Dictionary definiert sein wie in Abb. 6–17 dargestellt.

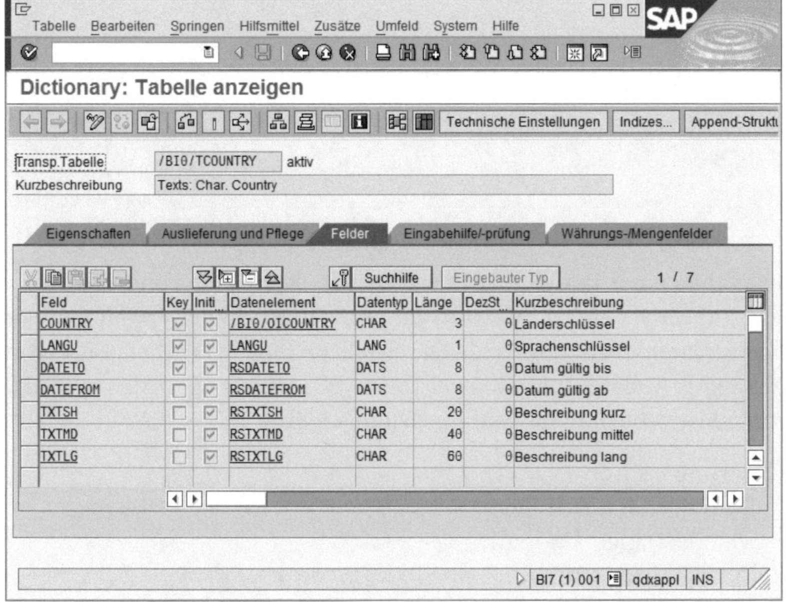

© SAP AG

Abb. 6–17
Texttabellen im ABAP Dictionary

6.2.2 Stammdaten eines Merkmals

Bei den Stammdaten eines Merkmals (in diesem Zusammenhang auch als Basismerkmal bezeichnet) handelt es sich um zusätzliche Informationen (Attribute) zu Merkmalsausprägungen. Im Gegensatz zu Texten können diese Attribute nicht nur als beschreibende Information verwendet werden, sondern auch als eigenständige Elemente der Datenanalyse, über die selektiert und navigiert werden kann.

Ebenso wie die Einstellungen bezüglich der Texte eines InfoObjektes werden die Einstellungen für Stammdaten in der InfoObjekt-Pflege über die Registerkarte *Stammdaten/Texte* vorgenommen (siehe Abb. 6–18).

Abb. 6–18 *Eigenschaften von Stammdaten*

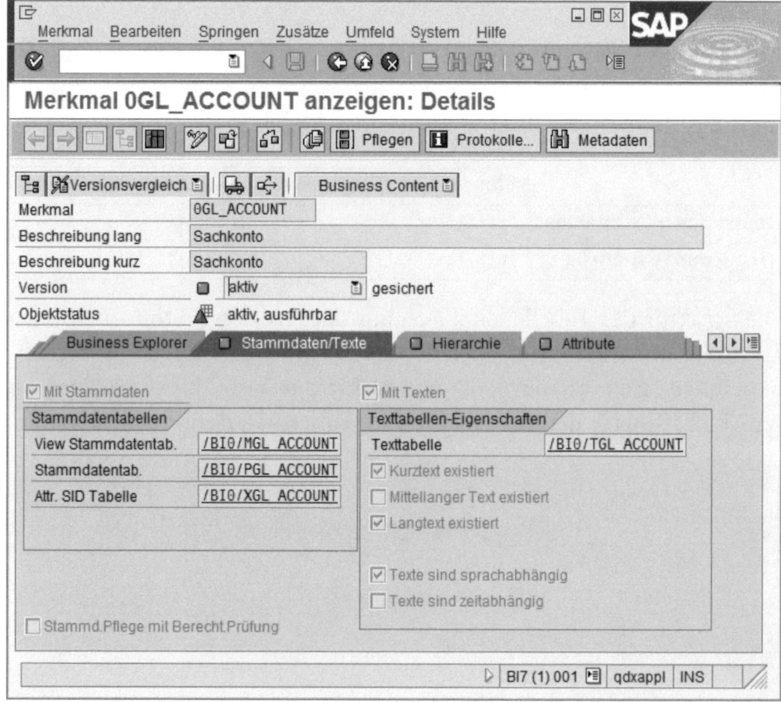

Im Rahmen der InfoObjekt-Pflege werden eine Reihe von transparenten Tabellen erzeugt, die für die Aufnahme und Verwaltung der Stammdaten zuständig sind. Die Struktur dieser Tabellen ist davon abhängig, welche Einstellungen beim InfoObjekt getroffen werden. Ausschlaggebend dafür sind Einstellungen über

- Klammerung
- zeitkonstante Attribute
- zeitabhängige Attribute
- Navigationsattribute

Klammerung

Die Klammerung wurde bereits bei der Erläuterung der SID-Tabelle als mögliche Abbildung eines zusammengesetzten Primärschlüssels erwähnt.

Durch die Festlegung einer Klammerung wird in allen relevanten Stammdatentabellen eines InfoObjektes das geklammerte InfoObjekt zusätzlich als Feld des Primärschlüssels aufgenommen. Die Festlegung einer Klammerung wird in der InfoObjekt-Pflege in der Registerkarte *Klammerung* vorgenommen (siehe Abb. 6–19).

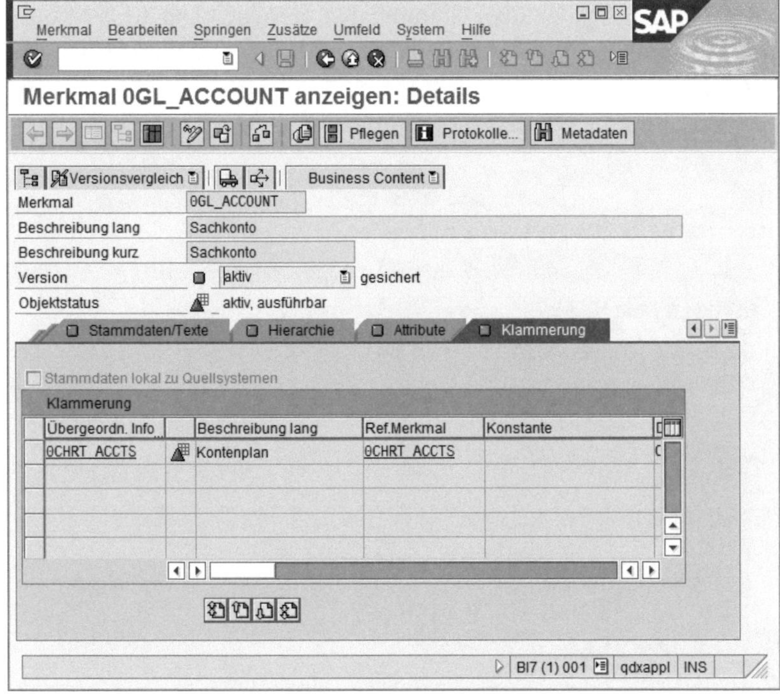

Abb. 6–19 *Klammerung von InfoObjekten*

Ein hilfreiches Feature der Klammerung ist die Option, Stammdaten lokal zum Quellsystem anzulegen. Ist diese Option aktiviert, so wird die Quellsystem-ID als Klammerung hinzugefügt und bei Ladevorgängen automatisch gefüllt. Dies ist dann sinnvoll, wenn Stammdaten für dasselbe Merkmal aus unterschiedlichen Quellsystemen geladen werden und diese Quellsysteme gleiche Merkmalswerte liefern, obwohl damit unterschiedliche Objekte beschrieben werden.

Zeitkonstante Attribute

Durch die Attribute eines InfoObjektes werden die Informationen bestimmt, welche die Stammdaten zusätzlich zu dem InfoObjekt bieten. Diese Informationen sind dabei zunächst ausschließlich als Anzeigemöglichkeit bestimmt (zum Beispiel, um neben der Kundennummer auch dessen Postleitzahl anzuzeigen) und nicht geeignet, um in Analysen als Filter eingesetzt zu werden oder um einen Drill Down auf diese Attribute durchzuführen (vergleichbar mit Texten). Aus diesem Grund werden diese Attribute als *Anzeigeattribute* bezeichnet.

Da die Attributdaten jeweils in der aktuellen Form zum InfoObjekt vorliegen und keine Abhängigkeit zu einer Zeitachse aufweisen, sind sie *zeitkonstant.*

Bei Attributen handelt es sich um andere existierende InfoObjekte, die dem Master-Data-InfoObjekt zugeordnet werden (siehe Abb. 6–20). Jedes InfoObjekt, das über Stammdaten verfügt, kann weitere InfoObjekte aufnehmen und damit als Master-Data-InfoObjekt eingesetzt werden.

Abb. 6–20
Anzeigeattribute eines InfoObjektes

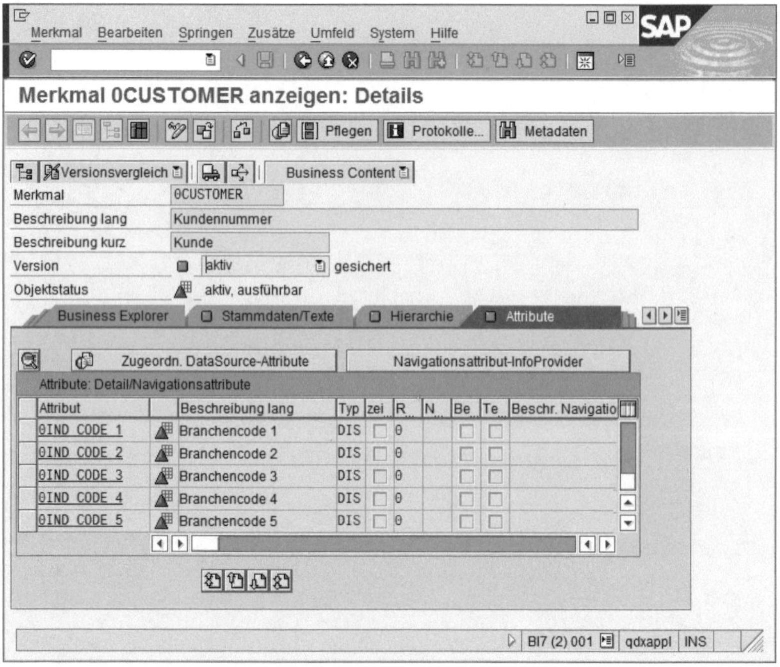

Dabei kann es möglich sein, dass es sich bei einem zugeordneten Attribut um ein InfoObjekt handelt, das seinerseits ebenfalls Attribute besitzt. Diese Attribute können damit auch als Attribut des Master-Data-InfoObjektes genutzt werden, um tief verschachtelte Attribut-Abhängigkeiten aufzubauen. Dies gilt allerdings nur für Anzeige-, nicht für Navigationsattribute (siehe Abb. 6–20).

Die Stammdatentabelle zu einem InfoObjekt wird automatisch bei der Aktivierung der Metadaten des InfoObjektes angelegt und folgt der nachstehend beschriebenen Namenskonvention.

	Standard-InfoObjekt	eigendefiniertes InfoObjekt
Name des InfoObjektes	`0ttttttttt`	`{A-Z}ttttttt`
Stammdatentabelle (zeitkonstant)	`/BI0/Pttttttttt`	`/BIC/P{A-Z}ttttttt`

Die zeitkonstanten Anzeigeattribute eines InfoObjektes werden in Klarform (das heißt in Form ihrer tatsächlichen Ausprägung und nicht in Form der SID) in der zeitkonstanten Stammdatentabelle des InfoObjektes gespeichert.

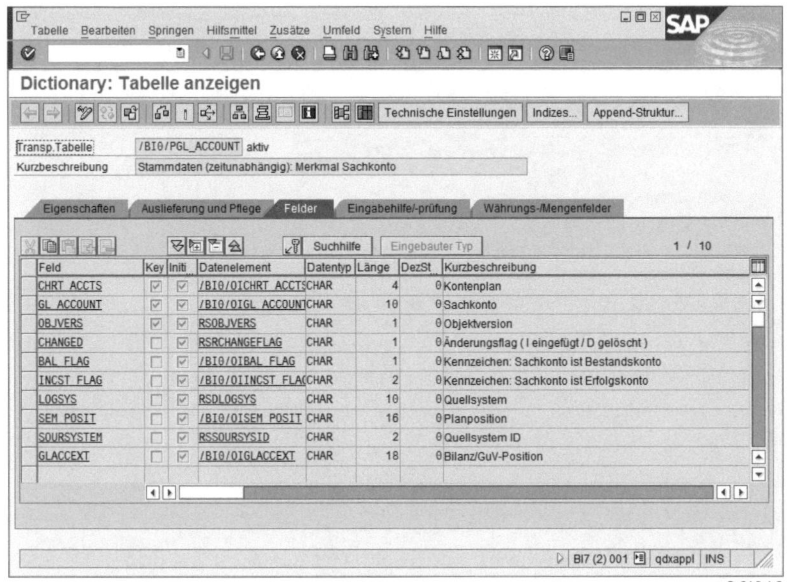

Abb. 6–21
Struktur zeitkonstanter Master-Data-Tabellen

In Abbildung 6–21 wird die Stammdatentabelle des InfoObjektes `0GL_ACCOUNT` dargestellt, wie sie im ABAP Dictionary angelegt ist. An der Stammdatentabelle ist zu erkennen, dass das InfoObjekt `0CHRT_ACCTS` an das InfoObjekt `0GL_ACCOUNT` geklammert ist (Primärschlüssel) und die InfoObjekte `0BAL_FLAG`, `INCST_FLAG` usw. als Attribute verwendet werden.

Zeitabhängige Attribute

Ebenso wie Texte zeitabhängig gespeichert werden können, besteht auch bei Attributen die Möglichkeit der stichtagsbezogenen Speicherung. Die Einstellung zur Zeitabhängigkeit für Attribute wird in der InfoObjekt-Pflege über »Detail/Navigationsattribute« eingestellt, indem die Option »zeitabhängig« der Attribute aktiviert wird.

Anders als bei den Texten wird die Zeitabhängigkeit von Attributen nicht für alle Attribute getroffen, sondern kann für jedes Attribut individuell festgelegt werden (siehe Abb. 6–22).

Um diese individuelle Zeitabhängigkeit zu realisieren, existiert neben der oben beschriebenen Stammdatentabelle für zeitkonstante Attribute eine weitere Stammdatentabelle für zeitabhängige Attribute.

	Standard-InfoObjekt	eigendefiniertes InfoObjekt
Name des InfoObjektes	`0ttttttttt`	`{A-Z}ttttttt`
Stammdatentabelle (zeitabhängig)	`/BI0/Qttttttttt`	`/BIC/Q{A-Z}tttttttt`

Abb. 6–22 *Zeitabhängigkeit von Attributen*

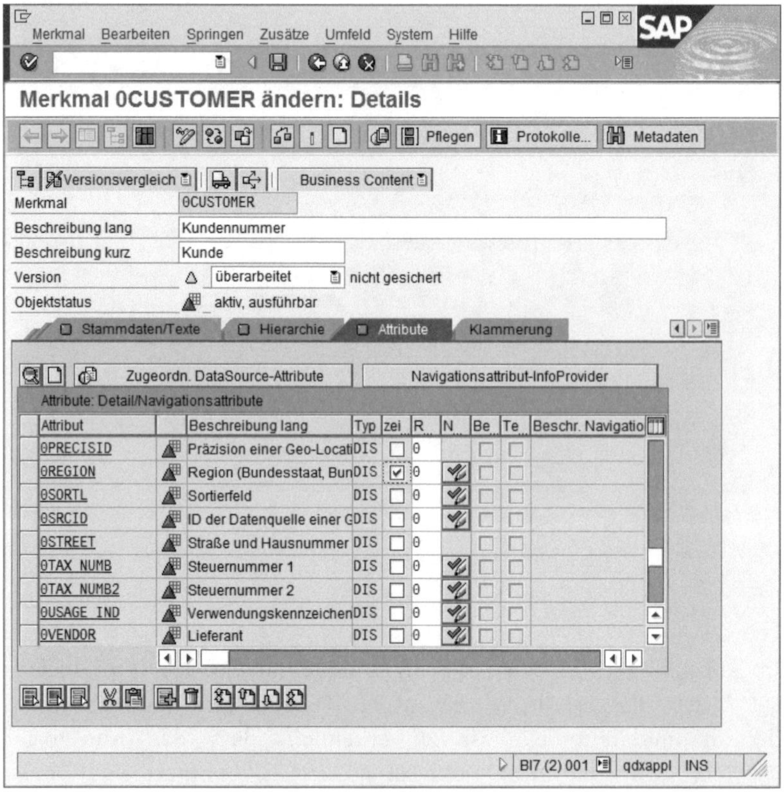

Je nachdem, ob ein Attribut als zeitkonstant oder zeitabhängig definiert wird, wird es entweder in die eine oder andere Stammdatentabelle aufgenommen.

Ebenso wie bei der Tabelle für zeitkonstante Merkmale werden die Attribute in Klartext abgelegt, allerdings unter Bezug auf einen Zeitraum. Abbildung 6–23 stellt die zeitabhängige Stammdatentabelle des InfoObjektes `ZMASTRDTA` dar, in der das InfoObjekt `0PLANT` enthalten ist.

Die beiden Stammdatentabellen für zeitabhängige und zeitkonstante Attribute werden von BW nicht direkt, sondern über einen View[7] gelesen. Dieser View wird durch das BW automatisch angelegt, um den Lesezugriff programmtechnisch einfacher zu gestalten (auch für den Zugriff aus eigenen ABAP-Programmen).

	Standard-InfoObjekt	eigendefiniertes InfoObjekt
Name des InfoObjektes	`0ttttttttt`	`{A-Z}ttttttt`
View Stammdatentabelle	`/BI0/Mttttttttt`	`/BIC/M{A-Z}ttttttt`

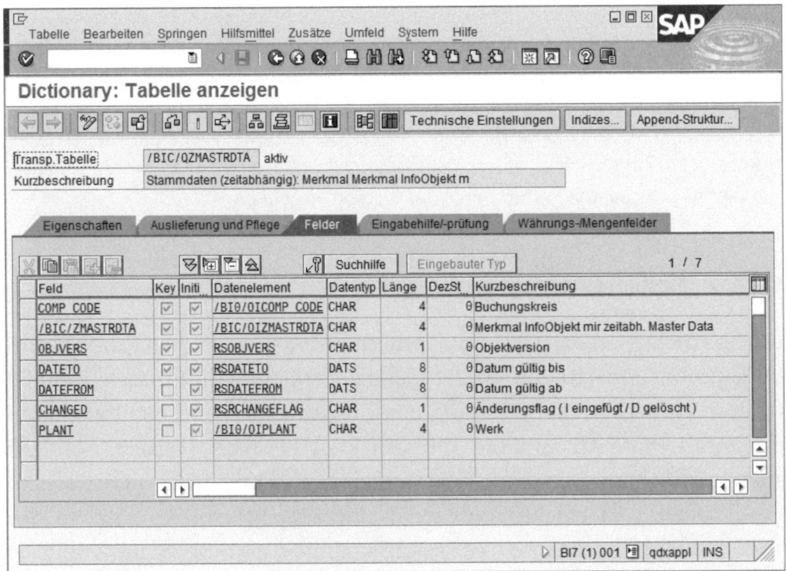

© SAP AG

Abb. 6–23
Struktur zeitabhängiger Master-Data-Tabellen

Navigationsattribute

Normale Anzeigeattribute können nicht zur Navigation oder als Filter in Queries verwendet werden. Zu diesem Zweck können Attribute als Navigationsattribut definiert werden.

Da die Navigation über die Stammdatentabellen, in denen Attribute im Klartext abgelegt sind, nicht performant genug sein würde, werden diejenigen Attribute, die als Navigationsattribute definiert sind, zusätzlich in weiteren Stammdatentabellen angelegt. In diesen werden die Attributinhalte in Form ihrer SID abgelegt.

Sowohl zeitkonstante als auch zeitabhängige Attribute können als Navigationsattribut definiert werden. Dementsprechend existieren zwei Stammdatentabellen mit SID-Werten.

7. Ein View ist eine virtuelle Tabelle, deren Daten aus der relationalen Verknüpfung einer oder mehrerer transparenter Tabellen bezogen werden.

	Standard-InfoObjekt	eigendefiniertes InfoObjekt
Name des InfoObjektes	0ttttttttt	{A-Z}ttttttt
Stammdaten-SID (zeitkonstante Navigationsattribute)	/BI0/Xttttttttt	/BIC/X{A-Z}ttttttt
Stammdaten-SID (zeitabhängige Navigationsattribute)	/BI0/Yttttttttt	/BIC/Y{A-Z}ttttttt

Aufgrund der bisherigen Erläuterungen haben Navigationsattribute keine Nachteile gegenüber Anzeigeattributen. Dies ist aus Sicht des Datenmodells auch zutreffend, allerdings werden im Rahmen der Ladevorgänge bei Master Data Prüfroutinen für die SID-Einträge von Navigationsattributen durchlaufen, die bei Anzeigeattributen nicht notwendig sind. Navigationsattribute können sich daher negativ auf die Performance des Staging auswirken.

6.2.3 Explizite Anzeigeattribute

Ein Sonderfall bei der Definition von InfoObjekten ist die Option, InfoObjekte nur als Attribut zu definieren. Derartige InfoObjekte können nicht in Dimensionstabellen aufgenommen werden und nicht als Navigationsattribute zu anderen InfoObjekten definiert werden, sondern ausschließlich als Anzeigeattribut anderer InfoObjekte genutzt werden.

Explizite Anzeigeattribute eines InfoObjekts werden nur in der Tabelle für zeitkonstante bzw. zeitabhängige Attribute, nicht jedoch in den Tabellen für Navigationsattribute abgelegt. Beim Laden der Stammdaten eines InfoObjekts müssen demnach zwar die SID-Werte für dessen Navigationsattribute, aber nicht für dessen explizite Anzeigeattribute ermittelt werden, was sich positiv auf die Performance der Ladevorgänge auswirkt.

6.2.4 Referenzierende Merkmale

Beim Anlegen eines Merkmals besteht die Möglichkeit, dieses Merkmal mit einer Referenz auf ein anderes Merkmal anzulegen. In diesem Fall gelten für das referenzierende Merkmal alle technischen Einstellungen des Referenzmerkmals. Dies betrifft Attribute, Stammdaten, Texte, Hierarchien, Datentyp, Länge, Klammerungen, Kleinbuchstaben und Konvertierungsroutinen.

Dabei ist zu beachten, dass die technischen Einstellungen nicht in ein neues Merkmal kopiert werden[8], sondern das InfoObjekt physisch

8. Dies wäre der Fall, wenn das Merkmal mit der Vorlage eines anderen Merkmals angelegt würde. In diesem Fall können die Einstellungen noch nachträglich geändert werden.

dasselbe Datenelement, dieselben SID- und weitere Tabellen nutzt wie das referenzierte InfoObjekt. Dies macht sich zum Beispiel darin bemerkbar, dass nach dem Laden der Stammdaten für ein Referenzmerkmal automatisch für das referenzierende Merkmal dieselben Stammdaten zur Verfügung stehen.

Vom Referenzmerkmal unabhängig ist das referenzierende Merkmal lediglich in Bezug auf die betriebswirtschaftliche Semantik. Dies betrifft die Beschreibung, Darstellung, Auswahl von Textlängen, Berechtigungsrelevanz, Konstantenzuweisung im Staging und die Bezeichnung von Attributen.

Partnerrollen

Ein typisches Beispiel für den Einsatz eines Referenzmerkmals sind Partnerrollen. Eine Partnerrolle besagt bspw., dass in einem Kundenauftrag nicht nur der Auftraggeber, sondern auch der Regulierer (Rechnungsempfänger) und der Warenempfänger erfasst werden. Diese Partnerrollen können identisch, aber auch unterschiedlich ausgeprägt sein, stellen aber in jedem Fall eine Kundennummer dar.

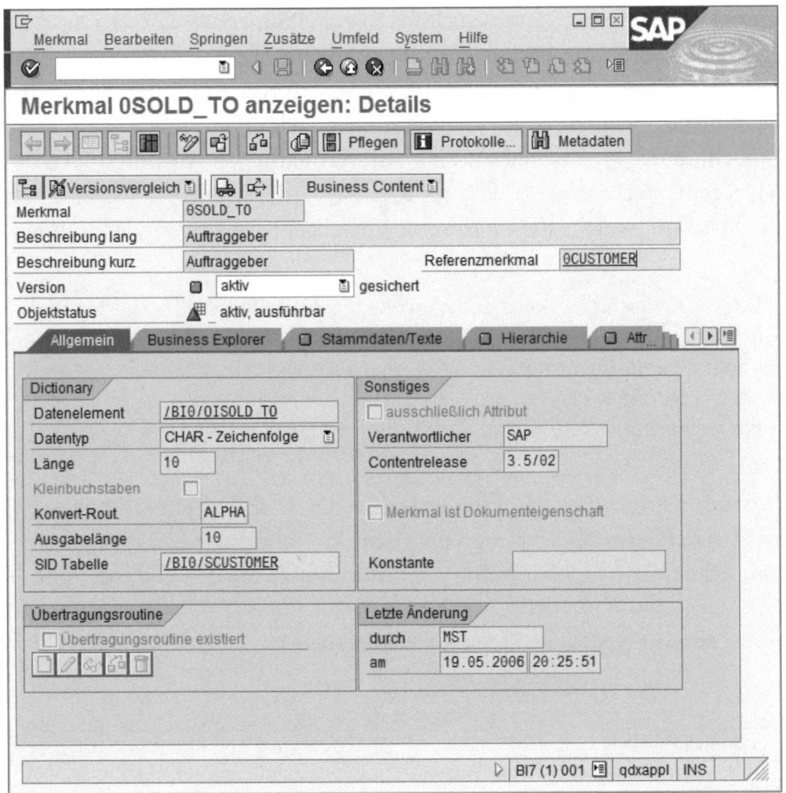

Abb. 6–24
Referenzierung von InfoObjekten

Ohne Referenzmerkmale müssten drei InfoObjekte (Auftraggeber, Regulierer, Warenempfänger) angelegt und jeweils mit denselben Stammdaten versorgt werden. Dies ist aber insofern nicht sinnvoll, als allen drei Partnerrollen derselbe Kundenstamm zugrunde liegt.

Aus diesem Grund wird zum Beispiel im BI Content ein InfoObjekt 0CUSTOMER ausgeliefert, das die Funktion eines Referenzmerkmals hat. Stammdaten, Texte, Hierarchien werden ausschließlich für dieses InfoObjekt ins BW geladen. Daneben existieren weitere InfoObjekte für die Partnerrollen, die auf 0CUSTOMER referenzieren und damit dessen Werte, Attribute und Texte verwenden. Abb. 6–24 auf Seite 93 stellt die Referenzierung des InfoObjektes 0CUSTOMER durch das Content-InfoObjekt 0SOLD_TO dar.

6.2.5 Externe Hierarchien

Eine Hierarchie ist eine Gliederung und Zusammenfassung von Merkmalswerten eines Merkmals nach bestimmten Kriterien. Sie werden immer in Bezug auf genau ein InfoObjekt definiert.

Jede Hierarchie besteht aus genau einem obersten Hierarchieknoten (der *Hierarchiewurzel*) und weiteren darunter liegenden Hierarchieknoten, welche die Verzweigungen der Hierarchie definieren. Innerhalb der Hierarchie sind die unterschiedlichen Ausprägungen des Merkmals enthalten, so dass im Reporting die Merkmalswerte durch die Struktur, welche die Hierarchie vorgibt, gruppiert werden können.

Externe Hierarchien bieten hervorragende Möglichkeiten, um Hierarchien flexibel und in kurzer Zeit auch manuell zu definieren. In Bezug auf die Performance bringt der Einsatz externer Hierarchien aber auch Nachteile mit sich. Es gibt noch weitere Möglichkeiten, um hierarchische Strukturen abzubilden. Lesen Sie dazu das Kapitel 8.3 – »*Modellierung von Hierarchien*«, S. 194.

Je nach Entfernung der Hierarchieknoten von der Hierarchiewurzel wird von Hierarchieleveln gesprochen. In Abbildung 6–25 ist beispielhaft eine mögliche Hierarchie zum InfoObjekt 0MATERIAL dargestellt.

Abb. 6–25 *Aufbau einer externen Hierarchie*

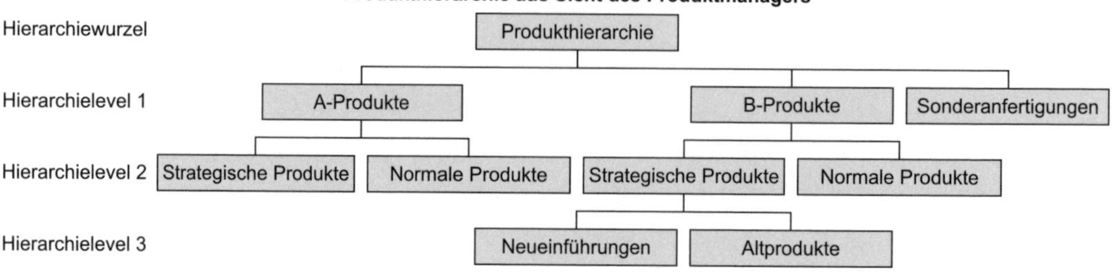

Bei den Hierarchieknoten einer Hierarchie werden zwei Knotentypen unterschieden:

- **Nicht bebuchbare Knoten:** Diese geben die Struktur der Hierarchie vor und stellen damit eine Art Hülse für die Merkmalswerte dar.
- **Bebuchbare Knoten:** Diese sind die Merkmalsausprägungen des InfoObjektes, für das die externe Hierarchie angelegt ist.

Bei der Datenanalyse werden die Kennzahlwerte aller Merkmale, die unter einem Hierarchieknoten eingeordnet sind, auf diesen Knoten aggregiert. Dabei ist es möglich, unterhalb von nicht bebuchbaren Knoten bebuchbare Knoten anzulegen und umgekehrt.

Nicht bebuchbare Knoten

Die nicht bebuchbaren Knoten der Hierarchie können willkürlich aufgebaut werden und können in ihrer Beschreibung ein- und mehrdeutig und in ihrer Verästelung unterschiedlich tief gestaltet sein (unbalanciert). Die Struktur einer externen Hierarchie kann damit vollständig an fachlichen Vorgaben ausgerichtet werden, ohne technischen Einschränkungen der Struktur unterworfen zu sein.

Die nicht bebuchbaren Knoten unterteilen sich in zwei Arten:

- Textknoten
- fremde Merkmalsknoten

Textknoten

Textknoten sind die einfachste Form eines nicht bebuchbaren Hierarchieknotens. Ein Textknoten wird ausschließlich durch einen beliebigen Knotennamen und eine beliebige Beschreibung definiert.

Die Werte für den Knotennamen beziehungsweise seine Bezeichnung hängen von keinen anderen InfoObjekten ab und können vollständig frei gebildet und verschachtelt werden. Abbildung 6–26 stellt ein Beispiel für die Definition einer Hierarchiestruktur mit Hilfe von Textknoten dar.

Fremde Merkmalsknoten

Im Normalfall werden Textknoten zur Beschreibung der Hierarchiestruktur verwendet. Es besteht jedoch auch die Möglichkeit, statt statischer Bezeichnungen die Textinhalte anderer InfoObjekte in den Knoten zu hinterlegen. Diese werden bei der Verwendung der Hierarchie aus den Texttabellen der InfoObjekte nachgelesen und sind somit immer aktuell, auch wenn sich Bezeichnungen ändern.

In der Hierarchiepflege werden zu diesem Zweck sogenannte *Fremde Merkmalsknoten* eingesetzt. Bei der Nutzung dieses Knotentyps muss zu jedem Hierarchieknoten das gewünschte InfoObjekt und ein Merkmalswert angegeben werden.

Bebuchbare Knoten

Bebuchbare Knoten stellen die Einordnung von Merkmalswerten eines InfoObjektes in die Struktur seiner Hierarchie dar. Die Einordnung der Merkmalswerte in die Hierarchiestruktur bestimmt damit, welche Merkmalsausprägungen die Summe eines Hierarchieknotens bilden.

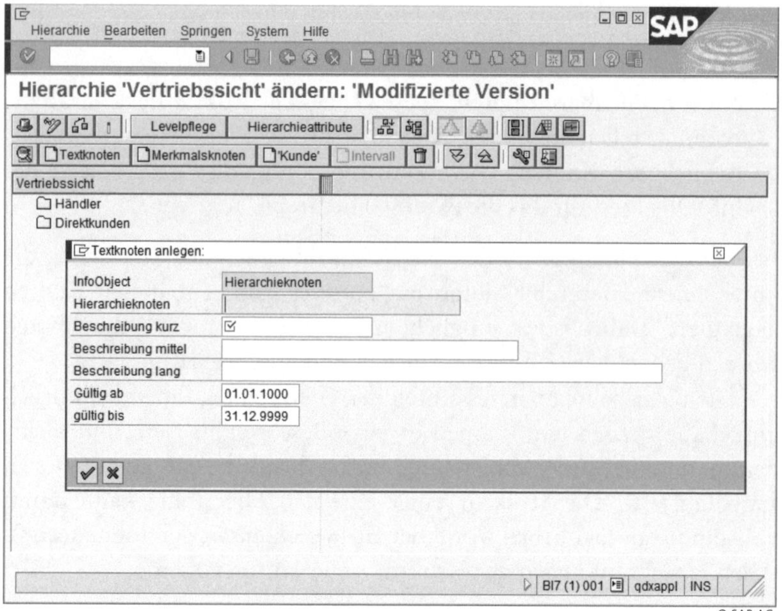

Abb. 6–26
Textknoten einer Hierarchie

Bebuchbare Knoten können das unterste Level in einem Zweig der Hierarchie bilden. In diesem Fall spricht man von einem *Hierarchieblatt*. Es ist aber auch möglich, dass unterhalb von bebuchbaren Knoten weitere Knoten (bebuchbare Knoten, Textknoten, fremde Merkmalsknoten) angelegt werden.

Hierarchieintervalle

Eine Sonderform der bebuchbaren Knoten sind Hierarchieintervalle. Während bei bebuchbaren Knoten ein exakter Merkmalswert angegeben werden muss, der diesen Knoten definiert, kann bei einem Hierarchieintervall ein Nummernkreis von Merkmalswerten definiert werden.

Dies ist insbesondere dann sinnvoll, wenn Merkmalswerte durch Nummernkreise bestimmt werden, die mit den Hierarchieknoten einhergehen. Unter dieser Voraussetzung ist es sogar möglich, Vorkehrungen für die Einordnung von noch nicht angelegten Stammdaten zu treffen. Damit muss bei einem Neuzugang von Stammdaten keine Anpassung der Hierarchie erfolgen.

Versionsabhängigkeit

Bei Bedarf kann eine Hierarchie in mehreren Versionen gleichzeitig vorhanden sein. Die Pflege der Hierarchiestruktur wird dann immer für die jeweils aktive Version vorgenommen. Auch bei der Datenanalyse steht nur die jeweils aktive Version der Hierarchie zur Verfügung.

Zur Speicherung von Versionen werden keine versionsabhängigen Tabellen oder Ähnliches generiert. Alle Versionen werden zusammen in denselben transparenten Tabellen abgelegt, so dass der Einsatz mehrerer Versionen insbesondere bei großen Hierarchien zu Performanceproblemen führen kann.

Der Einsatz versionsabhängiger Hierarchien kann sinnvoll sein, wenn planungs- oder simulationsähnliche[9] Aufgaben bei der Datenanalyse wahrgenommen werden.

Zeitabhängigkeit

Aus der fachlichen Notwendigkeit der Zeitabhängigkeit von Stammdaten leitet sich die Zeitabhängigkeit auch für Hierarchien ab. Die Zeitabhängigkeit von Hierarchien ist vergleichbar mit der Zeitabhängigkeit von Master Data und weist damit einen wesentlichen Unterschied zur Versionsabhängigkeit auf: Alle Stichtage sind im Reporting gleichzeitig verfügbar. Es bedarf dazu keiner Aktivierung von Stichtagen, wie dies bei Versionen der Fall ist.

Bei der Zeitabhängigkeit kann zwischen der Zeitabhängigkeit der Gesamthierarchie und der Zeitabhängigkeit der Hierarchiestruktur gewählt werden.

Zeitabhängigkeit der Gesamthierarchie

Wird die Gesamthierarchie als zeitabhängig gekennzeichnet, so gilt diese Abhängigkeit für die Hierarchiewurzel und wird auf alle darunter liegenden Hierarchieknoten übertragen. Je nach Auswahl des Stichtags können dabei vollständig unterschiedliche Hierarchien genutzt werden.

Zeitabhängigkeit der Hierarchiestruktur

Bei der zeitabhängigen Hierarchiestruktur wird pro Knoten (bebuchbare und nicht bebuchbare Knoten) festgelegt, für welchen Zeitraum er an der angegebenen Stelle der Hierarchie stehen soll. Dieser Typ der Zeitabhängigkeit eignet sich vor allem dann, wenn die Hierarchie grundsätzlich stabil besteht und im Zeitverlauf nur einzelne Änderungen in der Hierarchie vorgenommen werden.

Externe Hierarchie im Datenmodell

Externe Hierarchien haben das Präfix »extern« im Namen deshalb erhalten, weil sie losgelöst von den Master Data eines InfoObjektes sind, das heißt, sie können quasi außerhalb der Stammdaten des InfoObjektes gepflegt werden. Dennoch beziehen sich externe Hierarchien auf genau ein InfoObjekt.

Jedes InfoObjekt mit Master Data kann mehrere externe Hierarchien besitzen. Die Eigenschaften aller externen Hierarchien eines

9. Im BW existieren keine Funktionen, die explizit zum Zweck der Planung oder Simulation entwickelt wurden. Die bestehenden Funktionen können in begrenztem Umfang für solche Aufgaben genutzt werden, ersetzen jedoch nicht Produkte wie SEM, SCM oder APO, welche explizite Planungs- und Simulationsaufgaben wahrnehmen sollen.

InfoObjektes werden in der InfoObjekt-Pflege festgelegt. Bei diesen Eigenschaften handelt es sich um die Festlegung,

- ob ein InfoObjekt überhaupt externe Hierarchien besitzen kann.
- ob die Hierarchien versionsabhängig sind.
- ob die Gesamthierarchien oder die Hierarchiestrukturen zeitabhängig sind.
- ob Intervalle in der Hierarchie zugelassen sein sollen.

Abbildung 6–27 stellt die Festlegung dieser Hierarchieeigenschaften in der InfoObjekt-Pflege dar.

Abb. 6–27
Hierarchieeigenschaften von InfoObjekten

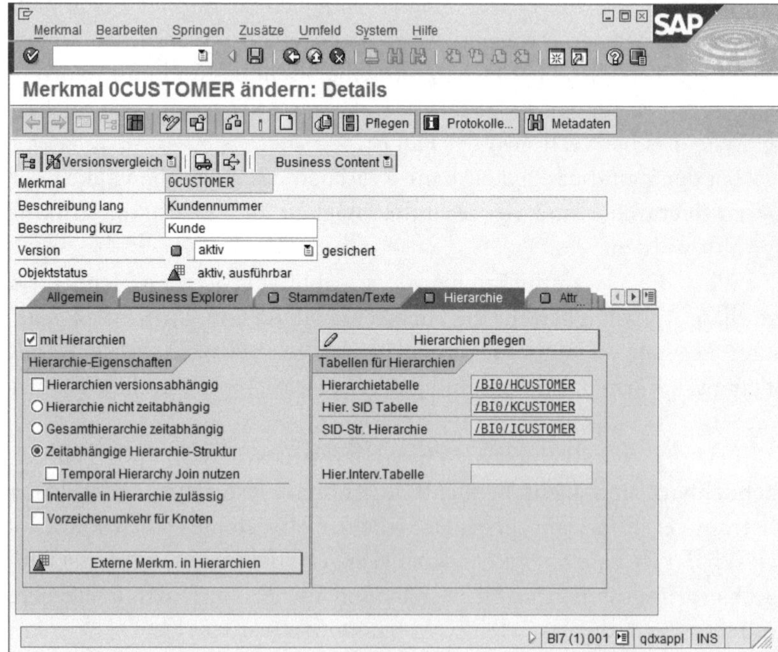

Die Tatsache, dass die Hierarchieeigenschaften in der InfoObjekt-Pflege festgelegt werden, hat zur Folge, dass die Eigenschaften aller externen Hierarchien zu einem InfoObjekt identisch sind. Es ist zum Beispiel nicht möglich, zu einem InfoObjekt eine externe Hierarchie zu erstellen, deren *Gesamtstruktur* zeitabhängig ist, und eine, deren *Hierarchiestruktur* zeitabhängig ist.

Externe Hierarchien können nur für Basismerkmale, nicht aber für referenzierende Merkmale angelegt werden. Da referenzierende Merkmale dieselben Stammdatentabellen wie ihre Referenzmerkmale nutzen, können externe Hierarchien auch bei allen Referenzmerkmalen verwendet werden. Beim Aufbau einer Kundenhierarchie muss die Hierarchie zum Beispiel nur zum Kunden (0CUSTOMER) angelegt werden. Dieselbe Hierarchie steht damit auch bei den referenzierenden Merkmalen (zum Beispiel Auftraggeber, Regulierer, Lieferant) zur Verfügung.

6.2.6 Zusammenfassung

Das Datenmodell der Master Data ist sehr komplex. Dennoch ist das Verständnis dieses Modells unabdingbar für die Modellierung weiterer Datenziele. Aus diesem Grund werden die Zusammenhänge in Abbildung 6–28 noch einmal zusammengefasst.

Abb. 6–28
Tabellenstruktur von Master Data

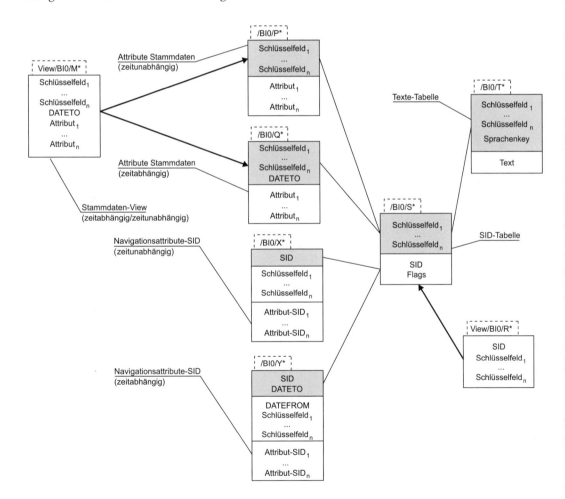

View/BI0/M*
Schlüsselfeld$_1$ … Schlüsselfeld$_n$ DATETO Attribut$_1$ … Attribut$_n$
Attribute Stammdaten (zeitunabhängig)
/BI0/P*
Schlüsselfeld$_1$ … Schlüsselfeld$_n$
Attribut$_1$ … Attribut$_n$
Attribute Stammdaten (zeitabhängig)
/BI0/Q*
Schlüsselfeld$_1$ … Schlüsselfeld$_n$ DATETO
Attribut$_1$ … Attribut$_n$
Stammdaten-View (zeitabhängig/zeitunabhängig)
Texte-Tabelle
/BI0/T*
Schlüsselfeld$_1$ … Schlüsselfeld$_n$ Sprachenkey
Text
/BI0/S*
Schlüsselfeld$_1$ … Schlüsselfeld$_n$
SID Flags
SID-Tabelle
Navigationsattribute-SID (zeitunabhängig)
/BI0/X*
SID
Schlüsselfeld$_1$ … Schlüsselfeld$_n$
Attribut-SID$_1$ … Attribut-SID$_n$
View/BI0/R*
SID Schlüsselfeld$_1$ … Schlüsselfeld$_n$
Navigationsattribute-SID (zeitabhängig)
/BI0/Y*
SID DATETO
DATEFROM Schlüsselfeld$_1$ … Schlüsselfeld$_n$
Attribut-SID$_1$ … Attribut-SID$_n$

Namenskonvention

Die nachfolgende Übersicht fasst die Namenskonventionen der Tabellen, die zur Speicherung der Master Data verwendet werden, zusammen:

	Standard-InfoObjekt	eigendefiniertes InfoObjekt
Name des InfoObjektes	`0ttttttttt`	`{A-Z}ttttttt`
Texttabelle	`/BI0/Tttttttttt`	`/BIC/T{A-Z}ttttttt`
Stammdatentabelle (zeitkonstant)	`/BI0/Pttttttttt`	`/BIC/P{A-Z}ttttttt`
Stammdaten-SID (zeitkonstante Navigationsattribute)	`/BI0/Xttttttttt`	`/BIC/X{A-Z}ttttttt`
Stammdatentabelle (zeitabhängig)	`/BI0/Qttttttttt`	`/BIC/Q{A-Z}ttttttt`
Stammdaten-SID (zeitabhängige Navigationsattribute)	`/BI0/Yttttttttt`	`/BIC/Y{A-Z}ttttttt`
View Stammdatentabelle	`/BI0/Mttttttttt`	`/BIC/M{A-Z}ttttttt`
Hierarchietabelle	`/BI0/Httttttttt`	`/BIC/H{A-Z}tttttttt`
Umschlüsselung Hierarchiewerte auf SID-Werte	`/BI0/Kttttttttt`	`/BIC/K{A-Z}tttttttt`
Struktur der Hierarchieknoten	`/BI0/Ittttttttt`	`/BIC/I{A-Z}tttttttt`
Hierarchieintervalle	`/BI0/Jttttttttt`	`/BIC/J{A-Z}tttttttt`

Die aufgeführten Tabellen werden nur dann vollständig für ein InfoObjekt angelegt, wenn alle Optionen der Master Data genutzt werden (Stammdaten und Texte vorhanden, Navigationsattribute in zeitkonstanter und zeitabhängiger Form vorhanden). Abhängig von den Einstellungen des InfoObjektes werden einzelne Tabellen nicht benötigt und dementsprechend nicht im ABAP Dictionary angelegt.

6.3 DataStore-Objekte

Die bisherigen Ausführungen zum Datenmodell bezogen sich auf den Bereich der Datendefinitionen (InfoObjekte für Merkmale und Kennzahlen) sowie der Master Data, d.h. der Stammdaten-tragenden Datenbereiche eines Datenmodells.

Analog zu den flachen Stukturen, die in Kapitel beschrieben wurden, fassen DataStore-Objekte Merkmale und Kennzahlen in Tabellenform zusammen.

DataStore-Objekte können damit zur Aufnahme von Bewegungsdaten genutzt werden, was für die Vielzahl aller Fälle auch der prädestinierte Einsatzbereich von DataStore-Objekten ist. Grundsätzlich können DataStore-Objekte aufgrund ihrer einfachen Struktur jedoch jegliche andere Informationen wie z.B. Steuerungsdaten, Protokolle u.v.m. enthalten.

Das BW bietet drei unterschiedliche Typen von DataStore-Objekten:

- DataStore-Objekte für direktes Schreiben
- DataStore-Objekte ohne Delta-Bildung (schreiboptimierte DataStore-Objekte)
- DataStore-Objekte mit Delta-Bildung (Standard-DataStore-Objekte)

Die Standard-DataStore-Objekte sind mit sehr umfangreichen Funktionen für das Staging verbunden, die erst im Rahmen von Kapitel 17 erläutert werden.

DataStore-Objekte können für die Datenanalyse genutzt werden, sie sind jedoch unter Berücksichtigung der Performance keinesfalls dafür geeignet. Nutzen Sie DataStore-Objekte zu allen nur erdenklichen Zwecken, doch vermeiden Sie die Verwendung von DataStore-Objekten zur Datenanalyse.

Namenskonvention

In jedem Fall stellen DataStore-Objekte eine Tabellenstruktur dar, die entsprechende Tabellendefinitionen im ABAP Dictionary bilden (vgl. Kapitel 4.2.3).

Die nachfolgende Tabelle stellt dar, nach welcher Namenskonvention die transparente Tabelle zur Aufnahme von Daten jeweils im ABAP Dictionary angelegt wird.

	Conten DataStore-Objekt	eigendefiniertes DataStore-Objekt
DataStore-Objekt	`0tttttt`	`{A-Z}ttttt`
Tabelle im ABAP Dictionary	`/BI0/Atttttt00`	`/BIC/A{A-Z}ttttt00`

Die Darstellung dieser Namenskonvention wird in Kapitel 17.1.2 um weitere Tabellen ergänzt, die bei Standard-DataStore-Objekten zur Ermittlung von Deltainformationen benötigt werden.

Festlegen des DataStore-Objekt-Typen

Welcher Art ein DataStore-Objekt sein soll, wird bei der Pflege des DataStore-Objekts in den Einstellungen festgelegt (siehe Abb. 6–29).

DataStore-Objekt für direktes Schreiben

Die einfachste Form eines DataStore-Objektes ist das ***DataStore-Objekt für direktes Schreiben*** (im BW 3.x als transaktionales ODS-Objekt bezeichnet). DataStore-Objekte für direktes Schreiben sind nicht mit Funktionen für das Staging versehen, können nicht für das

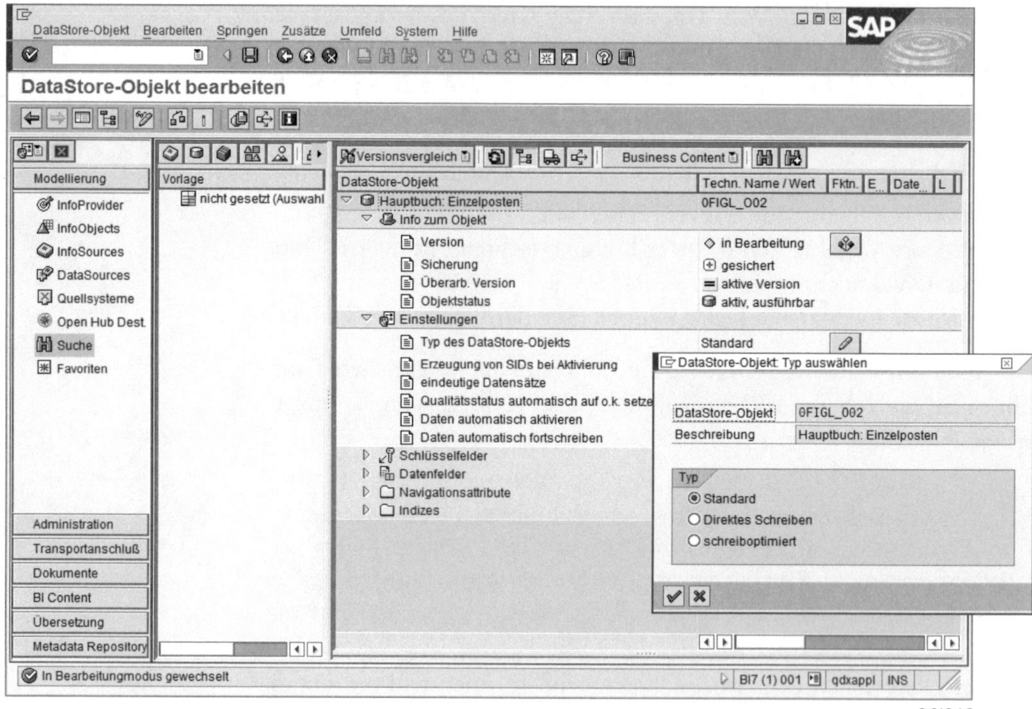

Abb. 6–29
Festlegen des DataStore-Objekt-Typen

Reporting[10] genutzt werden und sind in erster Line als bessere Form von transparenten Tabellen (vgl. Kapitel 4.2) zu betrachten, die zwar Bestandteil der Metadaten des BW sind, denen aber keine tiefergreifenden Aufgaben im BW zukommen.

DataStore-Objekte für direktes Schreiben werden stattdessen als Datenziel für Analyseprozesse des Analysis Process Designer und der Data Mining Workbench (Transaktionen `RSANWB` bzw. `RSDMWB`) eingesetzt und können auch in eigenen Programmen genutzt werden. Auf diese Weise dienen DataStore-Objekte für direktes Schreiben als Datenbehälter für unterschiedlichste Daten, die auf unterschiedliche Weise generiert und auf ebenso unterschiedliche Weise weiterverarbeitet werden können.

Die Inhalte von DataStore-Objekten für direktes Schreiben (und nur von diesen!) können durch selbstentwickelte Programme in beliebiger Weise erzeugt, verändert und gelesen werden. Eleganter ist der Zugriff mit Hilfe der folgenden RFC-fähigen Funktionsbausteine, die auch über Systemgrenzen hinweg aufgerufen werden können und eine Sperrverwaltung mit sich bringen:

---

10. Transaktionale ODS-Objekte können über einen Umweg für Auswertungen genutzt werden, indem sie mit Hilfe eines InfoSets ausgewertet werden (siehe Kapitel 11.2).

```
RSDRI_ODSO_INSERT_RFC
RSDRI_ODSO_UPDATE_RFC
RSDRI_ODSO_MODIFY_RFC
RSDRI_ODSO_DELETE_RFC
```

Das nachfolgende Beispiel schreibt Datensätze in ein DataStore-Objekt für direktes Schreiben (Q_DSTORE), das durch die InfoObjekte 0CUSTOMER (Kundennummer) und 0MATERIAL (Materialnummer) im Schlüssel und durch die InfoObjekte 0SALES (Verkaufswert) und 0CURRENCY (Währung) in den Datenfeldern definiert ist.

```
REPORT ZQX_DATASTORE_BEISPIEL.
DATA:
   l_numrows LIKE bapi6116xx-numrows,
   l_s_data  LIKE bapi6116da,          "Struktur der Tabelle
                                        l_t_data
   l_t_data  TYPE TABLE OF bapi6116da. "Tabelle

DATA: BEGIN OF l_wa_data.
INCLUDE STRUCTURE /bic/aQ_DSTORE.
DATA: buff(1000).
DATA: END OF l_wa_data.
   l_wa_data-customer = '4711'.      "Kundennummer 4711
   l_wa_data-material = ‚0815'.      "Materialnummer 0815
   l_wa_data-sales = 100.            "Verkaufswert 100
   l_wa_data-currency = 'EUR'.       "Euro

l_s_data-data = l_wa_data.
APPEND l_s_data TO l_t_data.         "In interne Tabelle einfügen

CALL FUNCTION 'RSDRI_ODSO_INSERT_RFC'
EXPORTING
   i_odsobject = 'Q_DSTORE'
IMPORTING
   e_numrows = l_lumrows               "Eingefügte Sätze
TABLES
   i_t_data = l_t_data"Interne Tabelle mit Daten
EXCEPTIONS
   data_target_not_ods = 1
   ods_type_not_transactional = 2
   active_table_name_not_found = 3
   record_key_already_exists = 4
   array_insert_failed = 5
   internal_error = 6
OTHERS = 7.

IF sy_subrc NE 0.
   WRITE:/ ‚Einfügen oder Ändern fehlgeschlagen'.
ELSE.
   WRITE:/ ‚Erfolgreich eingefügte Sätze: ‚, l_numrows.
ENDIF.
```

Das Datenmodell jedes DataStore-Objekts definiert sich durch ***Schlüsselfelder*** und ***Datenfelder***. In beiden Fällen handelt es sich bei den Feldern um InfoObjekte (siehe Abb. 6–30).

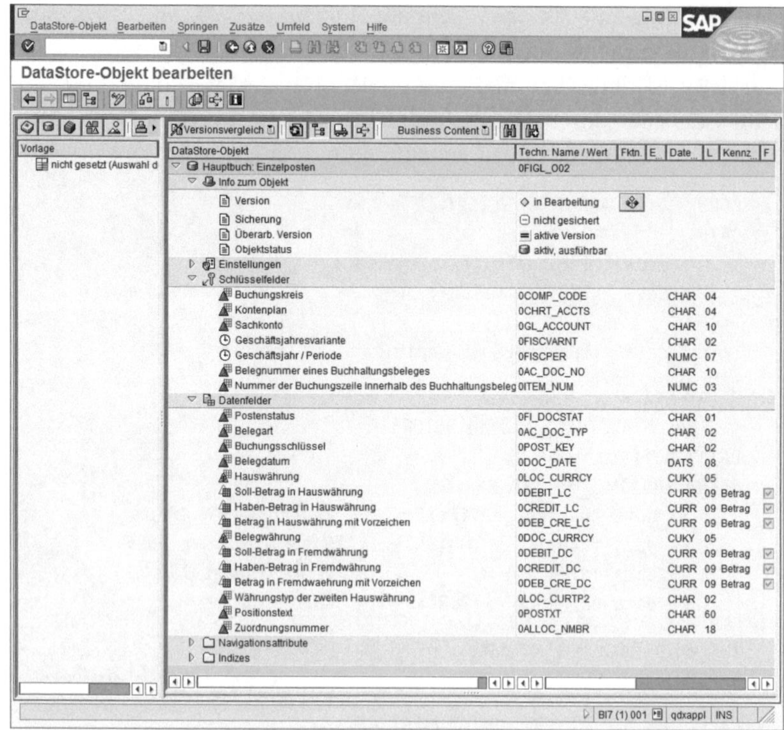

Abb. 6–30 *Modellierung von DataStore-Objekten*

6.3.1 Schlüsselfelder

Die Daten in DataStore-Objekten leiten sich nicht primär aus den Anforderungen für die Analyse ab, sondern aus ihrer Beziehung zu den operativen Datenstrukturen. Danach muss es möglich sein, auch Transaktionsveränderungen richtig verarbeiten zu können. Voraussetzung dafür ist die Fähigkeit, bestehende Daten überschreiben zu können (zum Beispiel muss bei einer Änderung des Auftragsstatus der letzte Status durch den aktuellen ersetzt werden).

Dies ist nur dann möglich, wenn diejenigen Felder, die eine Transaktion bestimmen (zum Beispiel Auftragsnummer und Auftragsposition), als solche definiert sind, damit alle anderen Felder (zum Beispiel Auftragsstatus) in Relation dazu gesetzt werden können.

Um diese Abhängigkeit zu erreichen, werden diejenigen Felder, die eine Transaktion bestimmen, als Schlüsselfelder in DataStore-Objekten definiert. Jeder Datensatz eines DataStore-Objekts ist damit eindeutig durch die Kombination der Schlüsselfelder zu identifizieren. In der zugrunde liegenden transparenten Tabelle bilden die Schlüsselfelder den Primärschlüssel der Tabelle.

Die Definition der Schlüsselfelder eines DataStore-Objekts setzt genaue Kenntnisse der im Quellsystem vorliegenden Strukturen voraus. Es ist dringend davon abzuraten, Schlüsselfelder zu vermuten oder auszuprobieren, da Fehler bei der Definition zu schwer nachvollziehbaren Fehlern führen können. Definieren Sie die Schlüsselfelder eines DataStore-Objekts erst, wenn Sie sich sicher sind, dabei keinen Fehler zu begehen.

Bei der Definition der Schlüsselfelder sind folgende Einschränkungen zu beachten:

- Es müssen zwischen mindestens einem und maximal 16 Schlüsselfelder definiert werden.
- Die Länge der Schlüsselfelder darf in Summe 780 Byte nicht übersteigen.
- Es können keine Kennzahlen als Schlüsselfeld verwendet werden.

6.3.2 Datenfelder

Alle Felder, die aus operativer Sicht abhängig von den Schlüsselfeldern sind (zum Beispiel Statusfelder von Aufträgen), werden bei DataStore-Objekten als Datenfelder bezeichnet. Dabei handelt es sich im Falle von Bewegungsdaten um alle Felder, die nicht Teil des Primärschlüssels (Schlüsselfelder) sind – also sowohl Merkmale als auch Kennzahlen.

Die Verwendung von Datenfeldern ist an folgende Rahmenbedingungen gebunden:

- Es können maximal 749 Datenfelder definiert werden.
- Die maximale Datensatzlänge der DataStore-Tabelle (inkl. Schlüsselfelder) darf 1918 Byte nicht überschreiten.

6.4 BasisCubes

BasisCubes bilden die Grundlage der analysefähigen Datenmodelle im BW. Zwar können Daten in unterschiedlichen BW-Objekten abgelegt werden, doch ist es den BasisCubes vorbehalten, Merkmale und Kennzahlen performant und mit der vollen Funktionsvielfalt des BW für Analysezwecke bereitzustellen.

BasisCubes sind grundsätzlich nach dem Snowflake-Schema aufgebaut, das jedoch BW-spezifisch angepasst und erweitert wurde, um zum Beispiel nichtbalancierte Hierarchien oder die stichtagsbezogene Historisierung von Attributen zu ermöglichen. Die SAP bezeichnet das Datenmodell der BasisCubes daher als *Developed Star-Schema* (Erweitertes Star-Schema).

Die Erweiterung des normalen Star-Schemas bietet umfangreiche Möglichkeiten bei der Datenmodellierung, erhöht jedoch gleichzeitig den Komplexitätsgrad des Datenmodells, so dass die Modellierung im BW nicht ohne tiefere Kenntnisse des Datenmodells vorgenommen werden sollte.

Nachfolgend werden die Rolle der ***Faktentabelle***, der ***Stammdaten-IDs*** und der ***Dimensionen*** von BasisCubes erläutert. Anschließend wird die spezielle Form der ***Realtime InfoCubes*** erläutert.

6.4.1 Faktentabelle

Während das Konzept des normalen Star-Schemas auf nur einer zentralen Faktentabelle basiert, definiert das BW beim Anlegen eines BasisCubes automatisch *zwei* Faktentabellen:

- eine »normale« Faktentabelle
- eine komprimierte Faktentabelle

Beide Faktentabellen sind in ihrer Struktur identisch, jedoch für unterschiedliche Aufgaben im »Lebenszyklus« analytischer Daten vorgesehen.

Die normale Faktentabelle

Die normale Faktentabelle ist die erste Station für alle neuen Daten in einem BasisCube. Sie ist bereits in Grundzügen für den analytischen Zugriff auf ihre Datenbestände vorbereitet und damit funktional vollwertig, um Datenbestände analytisch zu verwerten.

Dennoch ist die normale Faktentabelle nur als *Zwischenstation* konzipiert, die es in erster Linie ermöglichen soll, die Daten einzelner Ladevorgänge zu administrieren[11] (Daten eines Ladevorgangs werden nachfolgend als *Request* bezeichnet). Dies wird unter anderem erreicht, indem zu jedem Datensatz der Faktentabelle die ID des Requests (die sog. Request-ID), mit dem er in die Faktentabelle geschrieben wurde, in einer eigenen Dimension abgelegt wird. Dadurch werden Daten in der Faktentabelle mit einer Detaillierungsstufe abgelegt, die zwar nicht aus betriebswirtschaftlicher, aber aus technischer Sicht erforderlich ist.

---

11. Teil dieser Administrationsaufgaben ist zum Beispiel die Weitergabe neuer Daten in andere Datenziele oder das nachträgliche Löschen eines Requests aus der normalen Faktentabelle.

Um Daten zusätzlich möglichst performant in die normale Faktentabelle schreiben zu können, verfügt die normale Faktentabelle nicht über einen Primärschlüssel im Sinne des ABAP Dictionary[12]. Werden die Daten eines Requests in mehrere Pakete unterteilt, so werden Daten beim Füllen der Faktentabellen nicht über die Grenzen der Pakete aggregiert, so dass die Daten der BasisCubes auf Ebene der einzelnen Datenpakete detailliert sind[13].

Die komprimierte Faktentabelle

Je nach Datenmodell des BasisCubes, Häufigkeit der Ladevorgänge und Zusammensetzung der geladenen Daten kann sich die Detaillierung der normalen Faktentabelle gravierend auf das Datenvolumen der BasisCubes auswirken, so dass eine Datenpaket-übergreifende Aggregation der Daten, zusammen mit einem Wegfall der Request-ID, das Datenvolumen der Faktentabelle um ein Vielfaches verringern kann, ohne aus betriebswirtschaftlicher Sicht Nachteile mit sich zu bringen (siehe Abb. 6–31).

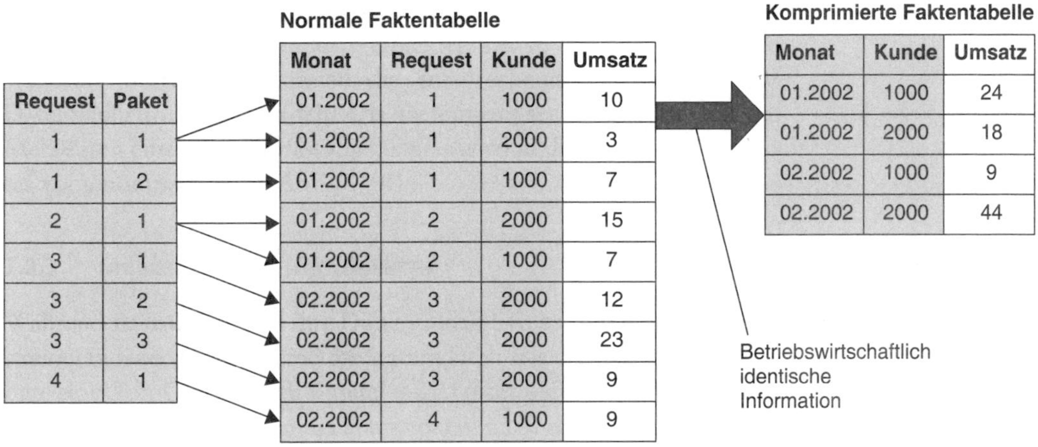

Abb. 6–31 *Komprimierung der Faktentabelle*

Request	Paket
1	1
1	2
2	1
3	1
3	2
3	3
4	1

Normale Faktentabelle

Monat	Request	Kunde	Umsatz
01.2002	1	1000	10
01.2002	1	2000	3
01.2002	1	1000	7
01.2002	2	2000	15
01.2002	2	1000	7
02.2002	3	2000	12
02.2002	3	2000	23
02.2002	3	2000	9
02.2002	4	1000	9

Komprimierte Faktentabelle

Monat	Kunde	Umsatz
01.2002	1000	24
01.2002	2000	18
02.2002	1000	9
02.2002	2000	44

Betriebswirtschaftlich identische Information

Als Gegenstück zur normalen Faktentabelle existiert daher bei jedem BasisCube eine komprimierte Faktentabelle, die weniger auf die Administration und Durchführung von Ladevorgängen, sondern vielmehr auf analytische Performance optimiert ist. Dies betrifft sowohl die Speicherstruktur[14] als auch die Verdichtung der Faktentabelle durch Wegfall der Request-Id.

---

12. In der Transaktion SE11 wird zwar ein Primärschlüssel angezeigt, in der Definition der Datenbanktabelle ist der Schlüssel jedoch nicht vorhanden.
13. Die Detaillierung auf einzelne Datenpakete ist zwar nicht im Datenmodell der normalen Faktentabelle abgebildet, jedoch ist es aufgrund des fehlenden Primärschlüssels möglich, dass mehrere Sätze zu identischen Schlüsselwerten in der Faktentabelle abgelegt werden.

Zusammenspiel der Faktentabellen

Die Nutzung der komprimierten Faktentabelle ist optional. Ohne explizite Einstellungen im BW wird die komprimierte Faktentabelle nicht verwendet. Die Übergabe von Daten aus der normalen Faktentabelle in die komprimierte Faktentabelle erfolgt im Rahmen der sogenannten Komprimierung[15].

Bei der Komprimierung verschiebt das BW Daten aus der normalen Faktentabelle in die komprimierte Faktentabelle (siehe Abb. 6–32).

Abb. 6–32 *Zusammenspiel normaler und komprimierter Faktentabellen*

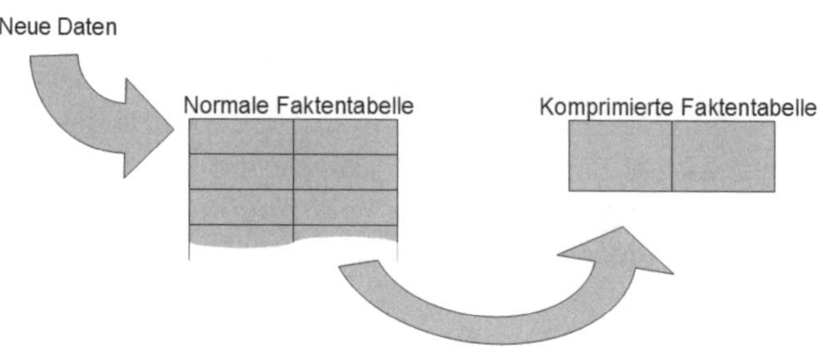

Aus Sicht der Datenanalyse ist es transparent, ob und wie viele Requests in der komprimierten Faktentabelle zusammengefasst sind, da die Analytical Engine beide Tabellen berücksichtigt und die Inhalte automatisch zusammenfasst.

Werden im Rahmen von Large-Scale-Architekturen Daten des BasisCube an ein anderes System weitergegeben, so wird die Request-ID für die Ermittlung der neuen Requests benötigt, die seit der letzten Datenlieferung hinzugekommen sind (Delta-Verfahren). In diesem Fall können nur diejenigen Requests in die Komprimierung eingeschlossen werden, die bereits an das andere System geliefert wurden.

Durchführen der Komprimierung

Die Komprimierung einer Faktentabelle kann in der InfoCube-Administration durchgeführt werden (siehe Abb. 6–33). Dabei wird auf Basis der Request-ID festgelegt, welche Requests komprimiert werden sollen, d.h., es kann wahlweise die gesamte Faktentabelle oder nur ein Teil der älteren Requests komprimiert werden.

Der Vorgang der Komprimierung hat Einfluss auf den laufenden Betrieb und beeinträchtigt die Datenanalyse erheblich. Führen Sie die Komprimierung daher nicht während Analysezeiten durch.

14. Detaillierte Erläuterungen zur Speicherstruktur aus dem Gesichtspunkt des Performance-Tuning werden in den Kapitel 7.3.1 (»*Range-Partitionierung*«, S. 147) und Kapitel 7.3.2 (»*Clustering*«, S. 153) gegeben.
15. Das Komprimieren wird von der SAP stellenweise auch als Kondensieren bezeichnet.

Eliminierung von Nullwerten

Die Komprimierung von Daten über Request-ID und Pakete führt in der komprimierten Faktentabelle oftmals zu Datensätzen, in denen alle Kennzahlen mit dem Wert Null belegt sind. Sofern es sich nicht um einen Cube mit Bestandskennzahlen oder Kennzahlen mit Ausnahmeaggregation handelt (also nur Kennzahlen mit Aggregationsverhalten »SUM«), können diese Datensätze aus inhaltlichen Gesichtspunkten gelöscht werden.

Das Löschen von Nullwerten erfolgt im Anschluss an die Komprimierung automatisch, sofern die Check-Box »Mit Null-Elimination« aktiviert werden (vgl. Abb. 6–33).

Das Eliminieren von Nullwerten kann zu verwaisten Dimensionseinträgen führen, durch die die erhofften Performancevorteile der Nullwert-Eliminierung nicht in vollem Umfang erzielt werden. Führen Sie daher bei Cubes mit Nullwert-Eliminierung regelmäßig Dimensionstrimming durch (siehe Kapitel 32.2).

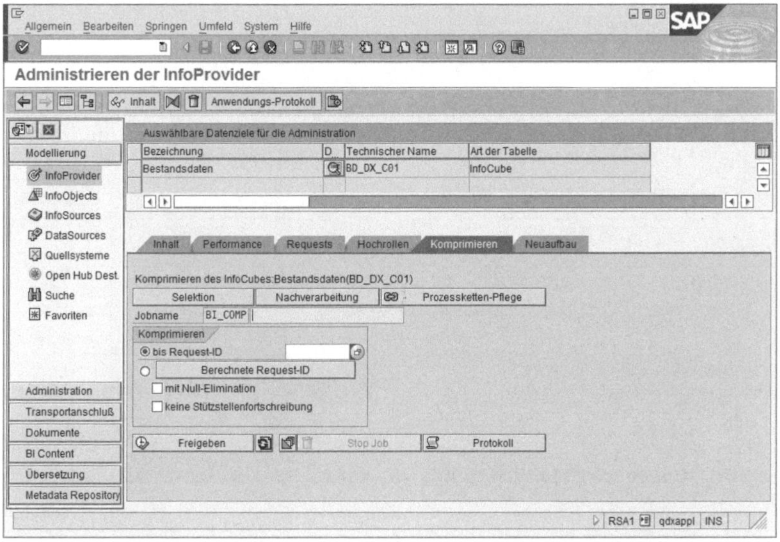

© SAP AG

Abb. 6–33
Komprimierung von BasicCubes

Die Nullwert-Eliminierung kommt lediglich für diejenigen Nullwerte zum Tragen, die nach der Aktivierung der Nullwert-Eliminierung entstehen. Wird die Nullwert-Eliminierung nicht bereits beim Design eines Cubes aktiviert, so müssen ggf. bereits bestehende Nullwerte explizit gelöscht werden. Dieser Vorgang wird in Kapitel 9.2.3 erläutert.

Die komprimierte Faktentabelle bei BestandsCubes

Speziell bei der Komprimierung von BasisCubes mit Bestandskennzahlen ist die Verdichtung der normalen Faktentabelle in die komprimierte Faktentabelle nur die halbe Miete; denn jeder Bestand muss ausgehend von der initialen Bestandsübernahme errechnet werden. Soll zum Beispiel der Lagerbestand eines Materials im Januar 2004 ermittelt werden, so müssen sämtliche Bestandsveränderungen seit der initialen Bestandsübernahme (die u.U. schon im Jahr 1999 gewesen sein kann) zu der Berechnung herangezogen werden.

Die Selektion einer Buchungsperiode 01.2004 in einer Auswertung würde somit trotzdem das Lesen aller vorhergehenden Perioden auf der Datenbank bedeuten, was insbesondere das Konzept der datenbankseitigen Partitionierung über den Haufen werfen würde (siehe Kapitel 7.3.1).

Aus diesem Grund werden bei der Komprimierung von Bestands-Cubes sogenannte Stützstellen berechnet und in der Faktentabelle gespeichert, in denen die abschließenden Bestände des entsprechenden Zeitmerkmals abgelegt sind. Auf diese Weise kann sich bei der Selektion der Periode 01.2004 auch das Datenbanksystem auf das Lesen dieser Periode beschränken (siehe Abb. 6–34[16]).

Die Komprimierung der Faktentabelle bringt somit bei Bestands-Cubes durch die Berechnung von Stützstellen noch einen weiteren wesentlichen Performancegewinn.

Abb. 6–34 Komprimierung der Faktentabelle bei BestandsCubes

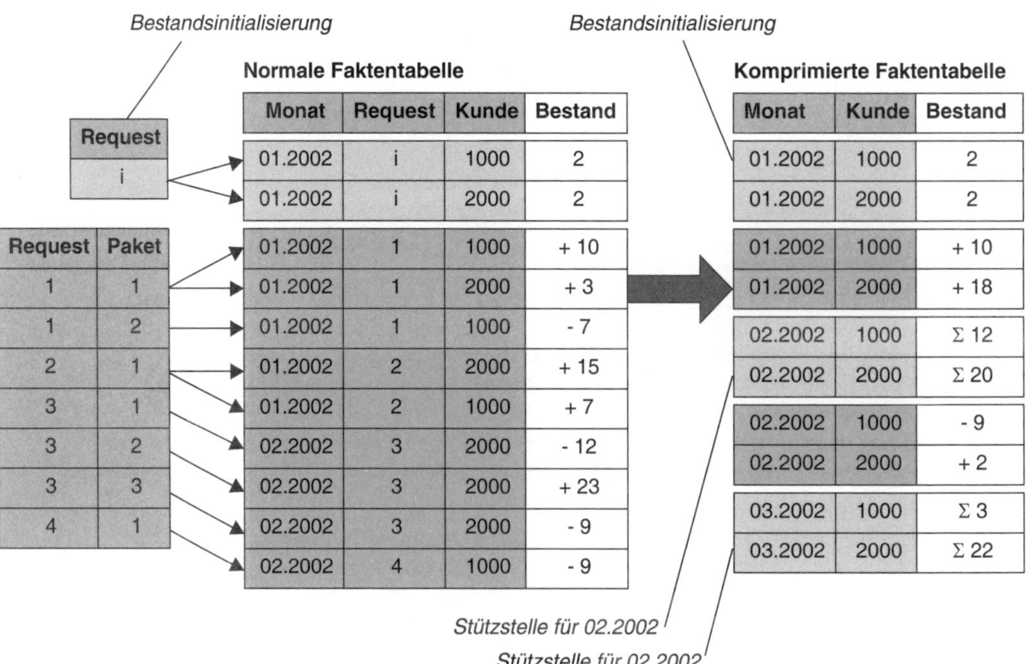

Bestandsinitialisierung
Bestandsinitialisierung
Normale Faktentabelle
Komprimierte Faktentabelle
Request
i
Request Paket
1 1
1 2
2 1
3 1
3 2
3 3
4 1
Monat Request Kunde Bestand
01.2002 i 1000 2
01.2002 i 2000 2
01.2002 1 1000 + 10
01.2002 1 2000 + 3
01.2002 1 1000 - 7
01.2002 2 2000 + 15
01.2002 2 1000 + 7
02.2002 3 2000 - 12
02.2002 3 2000 + 23
02.2002 3 2000 - 9
02.2002 4 1000 - 9
Monat Kunde Bestand
01.2002 1000 2
01.2002 2000 2
01.2002 1000 + 10
01.2002 2000 + 18
02.2002 1000 Σ 12
02.2002 2000 Σ 20
02.2002 1000 - 9
02.2002 2000 + 2
03.2002 1000 Σ 3
03.2002 2000 Σ 22
Stützstelle für 02.2002
Stützstelle für 02.2002

16. Die dargestellte Anordnung von Daten und Stützstellen ist vereinfacht. In der technischen Umsetzung werden die Stützstellen in einem gesonderten Speicherbereich zusammengefasst.

Aktualisierung von Stützstellen bei BestandsCubes

Als Besonderheit bei BestandsCubes besteht die Möglichkeit, die Aktualisierung von Bestands-Stützstellen (siehe Kapitel 6.4.1) bei der Komprimierung zu verhindern.

Dies ist dann erforderlich, wenn Bestandsveränderungen in einen BasisCube geladen wurden, deren zeitlicher Bezug noch vor der Bestandsinitialisierung liegt. Dieses Szenario stellt in der Praxis eher einen Ausnahmefall dar, so dass auch die Option zur Unterdrückung der Stützstellenfortschrebung als Sonderfall betrachtet werden sollte.

Namenskonvention

Bei der Aktivierung der Metadaten eines BasisCubes werden durch das BW automatisch die beiden Faktentabellen im ABAP Dictionary angelegt. Die Namenskonventionen dieser beiden Tabellen sind in der nachfolgenden Tabelle dargestellt.

	Standard-BasisCube	eigendefinierter BasisCube
Name des BasisCubes	`0tttttttt`	`{A-Z}tttttttt`
Faktentabelle	`/BIO/F0tttttttt`	`/BIC/F{A-Z}tttttttt`
Faktentabelle (kompr.)	`/BIO/E0tttttttt`	`/BIC/E{A-Z}tttttttt`
Struktur über alle Merkmale/Kennzahlen	`/BIO/V0ttttttttT`	`/BIC/V{A-Z}ttttttttT`

6.4.2 SID-Einträge in Dimensionstabellen

Der Bezug zwischen Stammdaten und Dimensionstabellen wird durch die SID der jeweiligen InfoObjekte hergestellt. In den Dimensionstabellen werden ausschließlich SID, niemals aber Merkmalswerte abgelegt (vgl. Abb. 6–5 auf Seite 69).

Über den Einsatz der SID wird vielfach diskutiert, denn das Schreiben der unmittelbaren Stammdatenschlüssel in die Dimension wäre ähnlich wirkungsvoll und darüber hinaus einfach zu realisieren. Der Einsatz der SID bringt jedoch eine Reihe von Vorteilen mit sich:

- Der kurze 4-Byte-Schlüssel der SID kann bei der Datenanalyse einen Performancevorteil gegenüber langen Merkmalsausprägungen darstellen.
- Durch die Referenzierung auf die SID ist die Kapselung der InfoObjekte (und deren Master Data) möglich. Master Data können damit InfoCube-übergreifend genutzt werden.
- Durch die Referenzierung auf die SID der InfoObjekte stehen bei der Nutzung des Datenmodells auch die Funktionen der Master Data, insbesondere deren Texte, zeitabhängige Informationen und externe Hierarchien, zur Verfügung.

Die Erweiterung des Snowflake-Schemas um die SID hat weitreichende Folgen für die Struktur des Datenmodells. Insbesondere die Nutzung von Navigationsattributen, Texten, Zeitabhängigkeiten und externen Hierarchien grenzt sich das BW von den meisten anderen Data-Warehouse-Systemen ab, die derartige Strukturen nicht in diesem Umfang verwenden.

6.4.3 Dimensionen

Die Relation zwischen einer Faktentabelle und ihren Dimensionstabellen wird mit Hilfe künstlicher Schlüssel, der sogenannten DIM-IDs (Dimension Identification), hergestellt. Bei DIM-IDs handelt es sich um systemgenerierte, vier Byte lange IDs, die bei der Verbuchung von Daten in einen BasisCube durch das BW gebildet werden.

Jeder BasisCube verfügt über maximal 16 Dimensionen. Dreizehn dieser Dimensionen sind für jeden BasisCube individuell definierbar. Jede dieser Dimensionen kann maximal 248 InfoObjekte aufnehmen. Damit ergibt sich eine maximale Anzahl von 13 × 248 = 3224 InfoObjekten pro BasisCube (zuzüglich der Attribute jedes InfoObjektes).

Drei der Dimensionen sind für alle BasisCubes fest vorgegeben: die Dimensionen Paket, Zeit und Einheit.

Paketdimension

Inhalt der Paketdimension ist die *Request-ID*. Dabei handelt es sich um eine technische Detaillierungsstufe, welche den Ladevorgang beschreibt, über den Daten in einen BasisCube gelangt sind.

Die Detaillierung der Daten auf Ebene der Request-ID ermöglicht es, Daten einzelner Ladevorgänge gezielt zu administrieren (zum Beispiel Daten aus BasisCubes zu löschen, falls sie sich als fehlerhaft herausstellen sollten), solange sie noch in der normalen Faktentabelle enthalten sind.

Die Paketdimension ist auch Bestandteil der komprimierten Faktentabelle, wird dort jedoch lediglich durch einen einzigen Initialsatz dargestellt und hat keine weitere Funktion.

Zeitdimension

Die Zeitdimension dient zur Aufnahme von Zeitmerkmalen in einen BasisCubes, sofern es sich dabei um die vom BW bereitgestellten Standard-Zeitmerkmale wie `0CALMONTH` oder `0FISCPER` handelt (vgl. Kapitel 6.1.2). Eigendefinierte Zeitmerkmale können in dieser Dimension nicht abgelegt werden.

Einheitendimension

Alle Kennzahlen, die eine Menge oder einen Betrag beschreiben, müssen als InfoObjekt mit Bezug zu einem Einheiten-InfoObjekt definiert werden. Während die Kennzahlen in der Faktentabelle abgelegt werden, werden die Einheiten-InfoObjekte in der Einheitendimension abgelegt (siehe Abb. 6–35).

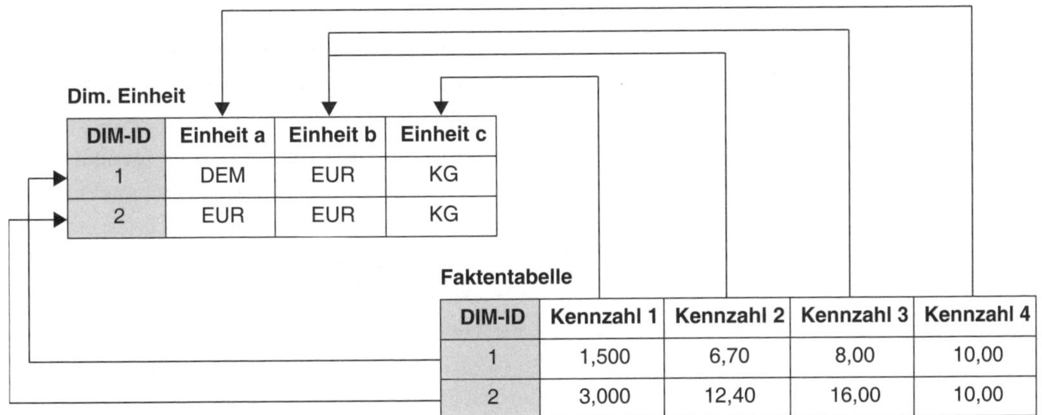

Abb. 6–35
Verwendung der Einheitendimension (1)

Auf diese Weise wird jede Kennzahl mit einer individuell definierbaren Einheit abgelegt[17].

Dabei ist es auch möglich, dass mehrere Kennzahlen auf dasselbe Einheiten-InfoObjekt referenzieren (in den Abbildungen sind dies die Kennzahlen 2 und 3). Dies sollte dann angewendet werden, wenn diese Kennzahlen im Regelfall identische Einheiten aufweisen.

Weisen solche Kennzahlen doch einmal unterschiedliche Einheiten auf, so lassen sich die Daten dennoch korrekt abbilden, wie Abbildung 6–36 zeigt.

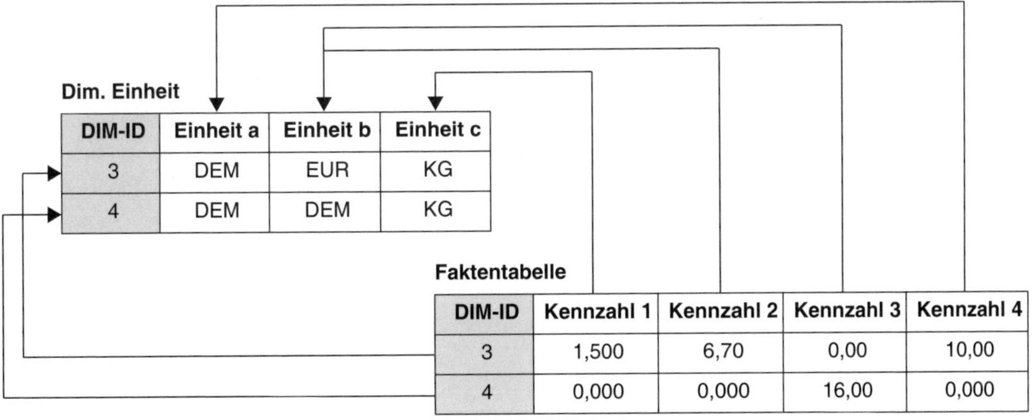

Abb. 6–36
Verwendung der Einheitendimension (2)

Nachteilig an einer solchen Situation ist der Umstand, dass in der Faktentabelle mehr Datensätze erzeugt werden, als notwendig wären (durch eine Referenzierung von Kennzahl 2 und Kennzahl 3 auf unter-

17. Die Einheit wird, wie zuvor beschrieben, *nicht* in der Dimensionstabelle abgelegt. Dies ist in Abb. 6–35 nur vereinfacht dargestellt. Stattdessen wird die SID für die jeweilige Einheit in der Dimensionstabelle abgelegt.

schiedliche Einheiten könnte dies vermieden werden). Solche Situationen sollten daher nur in Ausnahmefällen vorzufinden sein, um das Datenvolumen eines BasisCubes nicht unnötig zu vergrößern.

Namenskonvention

Bei der Aktivierung der Metadaten eines BasisCubes werden durch das BW automatisch alle erforderlichen Tabellen für die Dimensionen im ABAP Dictionary angelegt. Welche dies sind, ist in der nachfolgenden Tabelle dargestellt.

	Standard-BasisCube	eigendefinierter BasisCube
Name des BasisCubes	0ttttttt	{A-Z}ttttttt
Paketdimension	/BIO/D0tttttttP	/BIC/D{A-Z}tttttttP
Zeitdimension	/BIO/D0tttttttT	/BIC/D{A-Z}tttttttT
Einheitendimension	/BIO/D0tttttttU	/BIC/D{A-Z}tttttttU
1. Dimension	/BIO/D0ttttttt1	/BIC/D{A-Z}ttttttt1
....	/BIO/D0ttttttt..	/BIC/D{A-Z}ttttttt..
13. Dimension	/BIO/D0tttttttD	/BIC/D{A-Z}tttttttD

6.4.4 Line-Item-Dimensionen

Bei einer Line-Item-Dimension handelt es sich um eine spezielle Form einer Dimensionstabelle. Hier verweist die Faktentabelle nicht erst auf eine Dimensionstabelle, die wiederum über eine SID auf die Stammdatentabelle eines InfoObjekts verweist. Vielmehr wird die SID, die eigentlich in den Dimensionstabellen steht, direkt in die Faktentabelle aufgenommen. Als Folge darf eine Line-Item-Dimension nur aus genau einem einzigem InfoObjekt bestehen (im Vergleich zu maximal 253 InfoObjekten bei normalen Dimensionen).

Line-Item-Dimensionen dienen zur Verbesserung der Performance und können immer dann eingesetzt werden, wenn eine Dimension lediglich aus einem InfoObjekt besteht.

Ein typischer BasisCube mit einigen »normalen« Dimensionen und einer Line-Item-Dimension ist damit im ABAP Dictionary folgendermaßen definiert:

Feld	Datenelement	Typ	Prüftabelle	Beschreibung
KEY_ZCUBEP	RSDIMID	INT4	/BIC/DZCUBEP	DIM ID
KEY_ZCUBET	RSDIMID	INT4	/BIC/DZCUBET	DIM ID
KEY_ZCUBEU	RSDIMID	INT4	/BIC/DZCUBEU	DIM ID
KEY_ZCUBE1	RSDIMID	INT4	/BIC/DZCUBE1	DIM ID
KEY_ZCUBE2	RSDIMID	INT4	/BIC/DZCUBE2	DIM ID →

Feld	Datenelement	Typ	Prüftabelle	Beschreibung
KEY_ZCUBE3	RSDIMID	INT4	/BIC/DZCUBE3	DIM ID
KEY_ZCUBE4	RSDIMID	INT4	/BIC/DZCUBE4	DIM ID
KEY_ZCUBE5	RSSID	INT4		SID (Line-Item-Dimension)
KEY_ZCUBE6	RSDIMID	INT4	/BIC/DZCUBE6	DIM ID
/BIC/ZABSATZ01	/BIC/OIZABSATZ01	QUAN		Absatzkennzahl 1
/BIC/ZABSATZ02	/BIC/OIZABSATZ02	QUAN		Absatzkennzahl 2
/BIC/ZUMSATZ01	/BIC/OIZUMSATZ01	CURR		Umsatzkennzahl 1
/BIC/ZUMSATZ02	/BIC/OIZUMSATZ02	CURR		Umsatzkennzahl 2

In der Dokumentation der SAP wird der Einsatz von Line-Item-Dimensionen auf die Fälle beschränkt, in denen das abzubildende InfoObjekt annähernd so viele Ausprägungen hat, wie die Faktentabelle an Sätzen aufzuweisen hat. Mit der Line-Item-Dimension sollen Performanceprobleme bei sehr großen und stetig wachsenden Dimensionen beseitigt werden.

Für solche Zwecke wurde die Line-Item-Dimension zwar ursprünglich entwickelt, die Einschränkung darauf ist jedoch nicht notwendig. Line-Item-Dimensionen sind in jedem Fall vorteilhaft für die Performance und sollten immer eingesetzt werden, wenn die Anzahl der InfoObjekte es ermöglicht, pro Dimension nur ein InfoObjekt zu definieren.

6.4.5 Realtime InfoCubes

Realtime InfoCubes sind eine besondere Form der BasisCubes, die ursprünglich in Zusammenhang mit der integrierten Planung[18] des BW eingesetzt werden (bis zur BW-Version 3.x hießen sie noch transaktionale Cubes).

Die Funktionen des BPS stellen spezielle Anforderungen an die Speicherstruktur der verwendeten Cubes. So werden im Rahmen der Planungs- und Simulationsfunktionen des BPS nicht nur Daten gelesen, sondern auch zurückgeschrieben. Dabei handelt es sich nicht um Massendaten, wie sie im Rahmen von Extraktion und Staging anzutreffen sind, sondern um einzelne Datensätze, die von mehreren Benutzern gleichzeitig in den Cube geschrieben und unter Umständen sofort wieder daraus gelesen werden.

Ähnliche Anforderungen stellen auch die im BW 7 bereitstehenden Verfahren für die zeitnahe Analyse von Daten, die mittels Push-Verfah-

18. Zum damaligen Zeitpunkt handelte es sich um das SEM BPS, das mit der Version 3.5 in das BW integriert wurde.

ren oder über Realtime-fähige Datenquellen in kurzen Abständen in die Cubes geschrieben werden (siehe hierzu Kapitel 22).

Die Funktionen des BW BPS entsprechen ebenso wie Push-Verfahren und hochfrequente Aktualisierung von Daten nicht dem ursprünglichen Konzept der BasisCubes, so dass hierfür spezielle Erweiterungen vorgenommen wurden, die zu dem Typ des Realtime InfoCubes geführt haben.

Technische Besonderheiten

Die technische Herausforderung bei einem Realtime InfoCube liegt dabei darin, mehrere schreibende Zugriffe parallel aufzunehmen. Dies bedingt im Falle von Oracle- und DB2/UDB-Datenbanksystemen eine andere Indizierung der Faktentabellen (siehe Kapitel 7.2.1) und kleinere Extend-Sizes. Im Falle aller anderen Datenbanksysteme ist die Speicherstruktur und die Indizierung von transaktionalen Cubes und Standard-BasisCubes identisch.

Der Einsatz von Realtime InfoCubes ist ausschließlich für die Funktionen der integrierten Planung und für Echtzeit-Szenarien erforderlich. Alle BasisCubes, bei denen diese Funktionen nicht zum Einsatz kommen sollen, sollten Sie nicht als Realtime InfoCubes anlegen, da dies Nachteile für die Performance der Datenanalyse zur Folge hat.

Um einen BasisCube als transaktional zu definieren, muss die entsprechende Option bereits beim Anlegen des Cubes gewählt werden (siehe Abb. 6–37).

Abb. 6–37 *Anlegen eines transaktionalen BasisCubes*

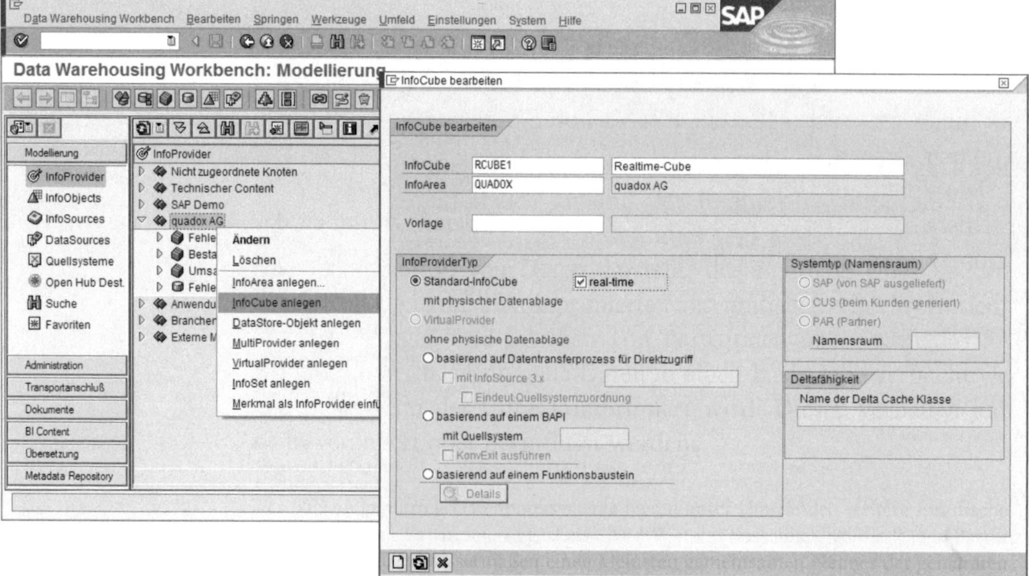

Sollen Standard-BasisCubes nachträglich in einen transaktionalen Cube umgewandelt werden, so kann dies mit Hilfe des Programms SAP_CONVERT_NORMAL_TRANS erfolgen.

Integrierte Planung

Sollen Realtime InfoCubes für die Funktionen der integrierten Planung genutzt werden, so muss das Ladeverhalten des Cubes zusätzlich entsprechend definiert werden. Das Ladeverhalten kann im laufenden Betrieb umgeschaltet (und wieder zurückgeschaltet) werden (siehe Abb. 6–38).

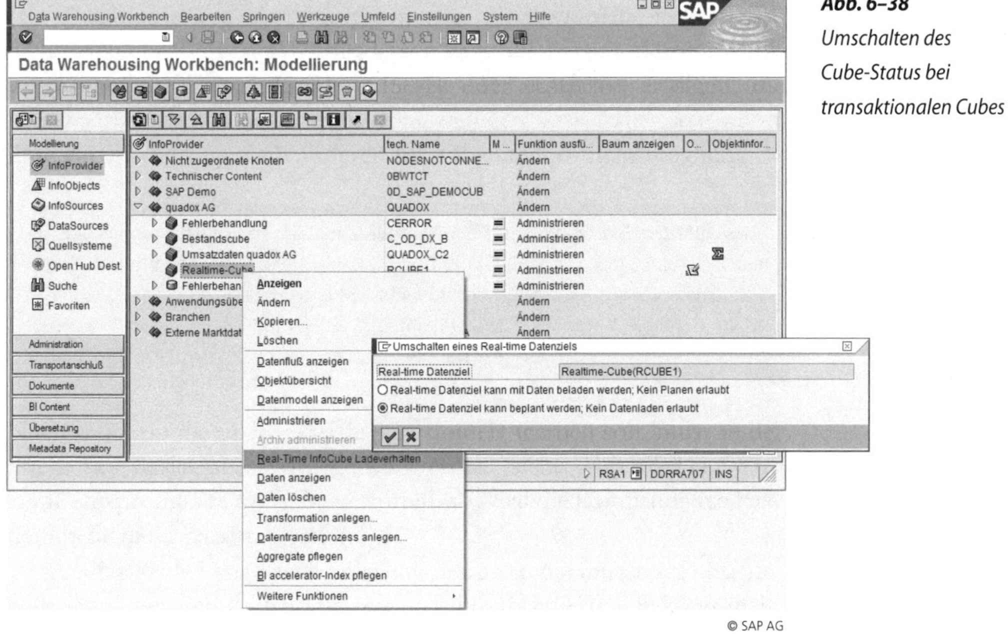

Abb. 6–38
Umschalten des Cube-Status bei transaktionalen Cubes

Je nach Ladeverhalten kann ein Realtime InfoCube entweder nur über die Prozesse der Staging Engine[19] oder über den Planungsprozessor der integrierten Planung befüllt werden, nie jedoch von beiden gleichzeitig.

6.5 Quellsystemabhängige Daten

In einigen Fällen ist es sinnvoll, Stammdaten oder Bewegungsdaten mit Bezug auf das Quellsystem zu speichern, das diese Daten liefert. Für diesen Zweck ist das InfoObjekt 0SOURSYSTEM vordefiniert, das eine

19. Siehe im entsprechenden Buchabschnitt ab Seite 311

Identifikation des Quellsystems enthält und in das jeweilige Datenziel aufgenommen werden kann.

Quellsystemabhängige InfoObjekte

Im Fall von Stammdaten-InfoObjekten, muss der Bezug zum Quellsystem durch eine Klammerung mit dem InfoObjekt `0SOURSYSTEM` hergestellt werden. Für diesen Fall ist in der InfoObjekt-Pflege die Option *Stammdaten lokal zum Quellsystem* vorgesehen, über die das BW die Klammerung selbst herstellt (siehe Abb. 6–39).

Abb. 6–39 *Quellsystemabhängige InfoObjekte*

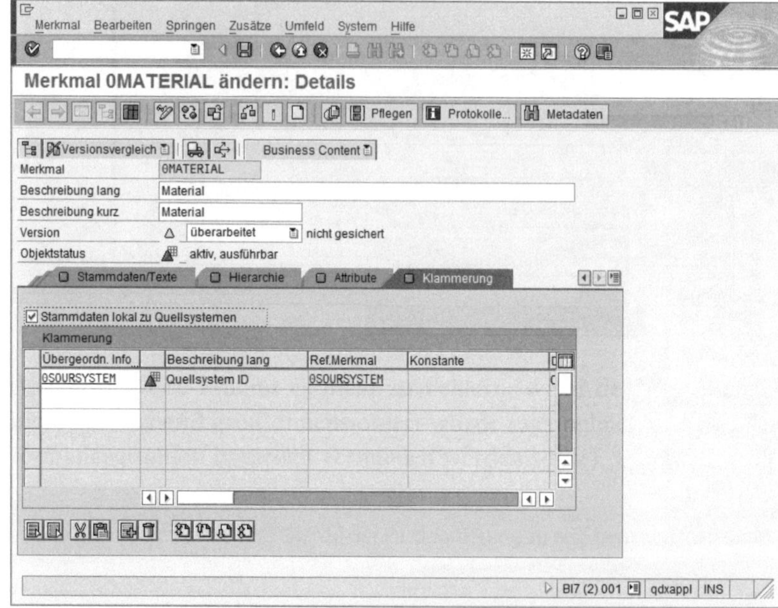

Die Quellsystemabhängigkeit stellt im Falle von InfoObjekten keine zusätzliche Information dar, sondern erzeugt eine vollständige Abhängigkeit aller Stammdaten zur Quellsystem-ID. Beachten Sie vor der Definition einer Quellsystemabhängigkeit, dass beispielsweise die Klammerung der InfoObjekts `0MATERIAL` an `0SOURSYSTEM` zur Folge hat, dass es keine Materialnummer 4711 mehr geben kann, sondern nur noch die Materialnummern SYS1/4711, SYS2/4711 usw. Es handelt sich dabei um physisch absolut unabhängige Materialnummern, was bei der Datenanalyse zu Problemen führen kann (bspw. bei ABC-Analysen).

7 Performance-Tuning

Datenmengen können in einem Data Warehouse schnell in Größenbereiche hineinwachsen, die selbst bei leistungsstarker Hardware zu Performanceproblemen führen können. Aus diesem Grund stellt das SAP BW Möglichkeiten zur Verfügung, um die Performance der Datenanalyse zu verbessern.

In diesem Kapitel wird eine Auswahl der wesentlichen Tuning-Maßnahmen beschrieben, die in direktem Zusammenhang mit dem Datenmodell von *BasisCubes* stehen. Diese bilden die maßgebliche Datenbasis für die Datenanalyse und stehen somit im Mittelpunkt der Optimierungsmaßnahmen für Lesezugriffe[1].

Das Performance-Tuning setzt an der Stelle auf, an der das Datenmodell eines BasisCubes als solches ohne Modellierungsfehler aufgebaut wurde. In zu vielen Fällen wird versucht, Maßnahmen zum Performance-Tuning auf BasisCubes anzuwenden, die grundlegend falsch gestaltet wurden – die Ergebnisse der Tuning-Maßnahmen stellen dann oftmals nur einen Teilerfolg dar. Achten Sie vor jedem Versuch des Performance-Tunings peinlichst genau darauf, keine Modellierungsfehler zu begehen. Kapitel 8 erläutert die wichtigsten Grundregeln zur Datenmodellierung.

Bei der Optimierung kommen vier Ansätze zur Anwendung:

- Aggregate
- Indizierung
- Partitionierung und Clustering
- Verwendung eines dedizierten OLAP-Speichers (BIA)

Die technischen Grundlagen der einzelnen Ansätze sind sehr unterschiedlich, greifen in ihrer Implementierung im BW jedoch teilweise

1. Die Optimierung von Schreibzugriffen auf BW-Objekte wird im Rahmen von Extraktion und Staging in Kapitel 24 erläutert.

stark ineinander. Darüber hinaus ist die Implementierung teilweise sehr stark auf eine der beiden Faktentabellen (normal/komprimiert) ausgelegt, so dass zum Verständnis der Tuning-Ansätze immer das Zusammenspiel beider Faktentabellen im Bewusstsein behalten werden sollte (vgl. Kapitel 6.4.1).

Lediglich die Verwendung des BI Accelerator als dedizierter OLAP-Speicher ist losgelöst von den anderen Tuning-Maßnahmen zu sehen und stellt in begrenztem Maße sogar eine Konkurrenz zu diesen Verfahren dar.

Die Ansätze werden nachfolgend mitsamt den zu beachtenden Abhängigkeiten beschrieben. In Einzelfällen kann das Tuning weitergehende Analysen der Datenbank oder des Basissystems erfordern. Zusätzlich zu den nachfolgend beschriebenen Tuning-Maßnahmen wird im Abschnitt zur Analytical Engine auf Maßnahmen zum Tuning hingewiesen, die auf die Optimierung der Zugriffsweise abzielen, mit der das BW auf den Datenbestand zugreift (siehe Kapitel 10 bis Kapitel 13).

7.1 Aggregate

Neben der Komprimierung existiert im BW noch eine weitere Möglichkeit zur Verkleinerung der Datenbasis für Lesezugriffe: Aggregate. Bei einem Aggregat handelt es sich um eine redundante Speicherung von Daten eines BasisCubes mit einer geringeren Detaillierung und/oder nur einer Teilmenge der Daten des BasisCubes.

Aggregate sind speicher- und verwaltungsintensiv, jedoch sehr flexibel und lassen sich in hohem Maße an den Anforderungen des Reportings ausrichten. Sie stellen bei großen Datenvolumina die wichtigste Tuning-Maßnahme für die Datenanalyse dar!

Ein Aggregat kann bei Auswertungen immer dann genutzt werden, wenn keine detaillierteren Informationen als die im Aggregat vorhandenen gewünscht werden. Die Entscheidung, ob für einen Analyseschritt ein BasisCube oder ein Aggregat verwendet wird, fällt die Analytical Engine selbstständig; sie ist für den Anwender daher nicht transparent (Näheres dazu in Kapitel 12.3).

Aggregate können ausschließlich für die Optimierung von BasisCubes verwendet werden. Dies ist einer der wichtigsten Gründe, warum die Datenanalyse bei großen Datenvolumina immer auf BasisCubes und nicht auf anderen Datenzielen (zum Beispiel DataStore-Objekten) basieren sollte. Zu jedem BasisCube können beliebig viele Aggregate über die Transaktion `RSDDV` bzw. über das Kontextmenü des BasisCubes angelegt werden (siehe Abb. 7–1).

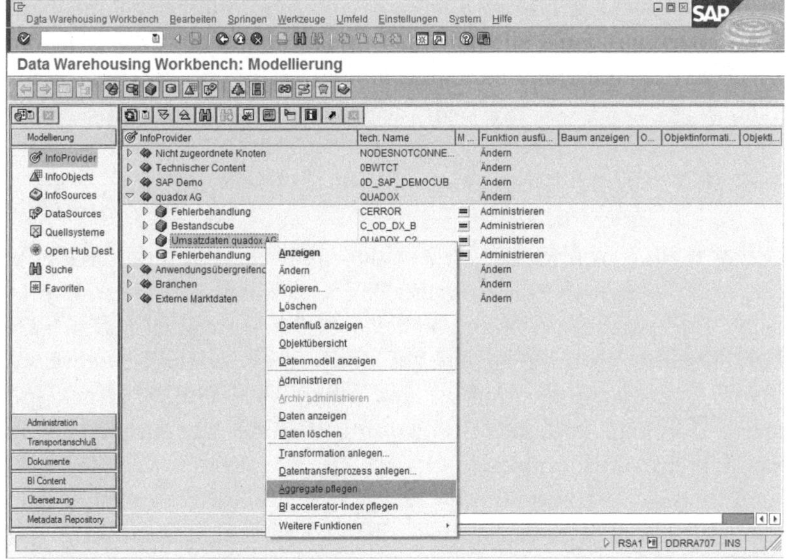

Abb. 7-1
Anlegen von Aggregaten

Aggregate sind sehr flexibel nachträglich aufzubauen und an den Anforderungen des Reportings auszurichten. Dabei werden die Aggregate bei einem Neuaufbau aus dem jeweiligen BasisCube gefüllt. Im laufenden Betrieb werden die jeweils hinzugekommenen Daten eines BasisCubes in die Aggregate übertragen. Dieser Vorgang wird als ***Roll Up*** bezeichnet.

Das Anlegen vieler Aggregate ist geeignet, um das Reporting zu optimieren, jedoch nimmt das Aufbauen und Anpassen der Aggregate im laufenden Betrieb entsprechende Ressourcen in Anspruch. Um den Ressourcenbedarf im Regelbetrieb zu minimieren, beachten Sie bitte beim Anlegen von Aggregaten die Möglichkeit, sogenannte Roll-Up-Hierarchien zu nutzen (siehe Kapitel 24.6).

Die Verringerung des Datenvolumens in einem Aggregat kann durch die Verringerung der Granularität oder die Abbildung von Teilmengen erreicht werden, wobei in der Praxis gewöhnlich beide Möglichkeiten kombiniert werden.

Die Verringerung der Granularität wird erreicht, indem aus der Menge der InfoObjekte, welche die Granularität des BasisCube definieren, nur eine Teilmenge in ein Aggregat aufgenommen wird.

Bei denjenigen InfoObjekten, die noch im Aggregat verbleiben sollen, kann es sich um

- Merkmale
- zeitkonstante Navigationsattribute
- zeitabhängige Navigationsattribute
- Hierarchieknoten

handeln, wobei alle InfoObjekte innerhalb eines Aggregates miteinander kombiniert werden können.

Woran zu erkennen ist, welche Merkmale für die Ausführung einer Abfrage benötigt werden (und wann ein Aggregat für eine Abfrage geeignet ist), wird beim Monitoring der Analytical Engine in Kapitel 13.1 behandelt.

Aggregate auf Merkmale

Die Aufnahme von Merkmalen ist die einfachste Form der Aggregation. Alle Merkmale, die zwar im BasisCube definiert, aber nicht in einem Aggregat aufgenommen sind, werden so aggregiert, dass sich die Detaillierungstiefe des Aggregates auf diejenigen Merkmale beschränkt, die im Aggregat aufgenommen sind (siehe Abb. 7–2). Sind geklammerte Merkmale vorhanden, so wird die Klammerung automatisch in das Aggregat übernommen.

In einem Aggregat werden grundsätzlich alle Kennzahlen aufgenommen, die auch im BasisCube vorhanden sind. Sind Kennzahlen mit Ausnahmeaggregation vorhanden, so werden auch deren Bezugsmerkmale in die Aggregate des Cubes aufgenommen.

Die zwingende Aufnahme von Bezugsmerkmalen für die Ausnahmeaggregation kann unter Umständen die Größe von Aggregaten negativ beeinflussen (z.B. wenn wegen der Kennzahl »Durchschnittlicher Umsatz pro Kunde« immer die Kundennummer in Aggregate aufgenommen wird). Aus diesem Grund existiert der sogenannte Expertenmodus (Menüpunkt *Zusätze →Expertenmodus* einschalten) bei der Definition der Aggregate, durch den Bezugsmerkmale aus Aggregaten wieder entfernt werden können. Diese Aggregate werden durch die Analytical Engine nur dann für eine Auswertung genutzt, wenn in der Query keine der Kennzahlen, die auf das Bezugsmerkmal angewiesen sind, verwendet werden.

Aggregate auf zeitkonstante Navigationsattribute

Durch die Aufnahme eines Merkmals in ein Aggregat stehen auch alle dessen zeitkonstanten Navigationsattribute zur Verfügung. In vielen Fällen werden im Reporting jedoch ausschließlich bestimmte Navigationsattribute ohne das entsprechende Basismerkmal benötigt. Da die Anzahl der Ausprägungen eines Attributs in den meisten Fällen wesentlich geringer ist als die Anzahl der Ausprägungen des Merkmals (zum Beispiel gibt es mehr Kunden, als es zugeordnete Länder gibt), kann es sinnvoll sein, Aggregate nur mit den entsprechenden Navigationsattributen zu versehen.

Diese Form der Aggregation kann ebenso modelliert werden wie die direkte Aufnahme von Merkmalen.

Aggregate auf zeitabhängige Navigationsattribute

Ebenso wie bei zeitkonstanten Navigationsattributen kann es sinnvoll sein, zeitabhängige Attribute in ein Aggregat aufzunehmen. Dies ist jedoch insofern problematisch, als das Datenmodell eines Aggregats nicht geeignet ist, dieselben Datensätze für unterschiedliche Ausprägungen zeitabhängiger Attribute vorzuhalten (wegen der unterschiedlichen Ausprägungen zu den einzelnen Stichtagen).

Faktentabelle

Monat	Kunde	Material	Umsatz	
01.2002	1000	A	17	Σ 17
01.2002	2000	B	15	Σ 59
01.2002	2000	C	44	
02.2002	2000	D	30	Σ 30

Aggregat-Faktentabelle

Monat	Kunde	Umsatz
01.2002	1000	17
01.2002	2000	59
02.2002	2000	30

Abb. 7–2
Merkmalsaggregat

Aus diesem Grund gilt bei der Aufnahme eines zeitabhängigen Navigationsattributs das gesamte Aggregat als stichtagsabhängig. Welcher Stichtag dies ist, muss in der Definition des Aggregats hinterlegt werden. Dabei kann es sich um einen fix vorgegebenen Stichtag handeln (siehe Abb. 7–3).

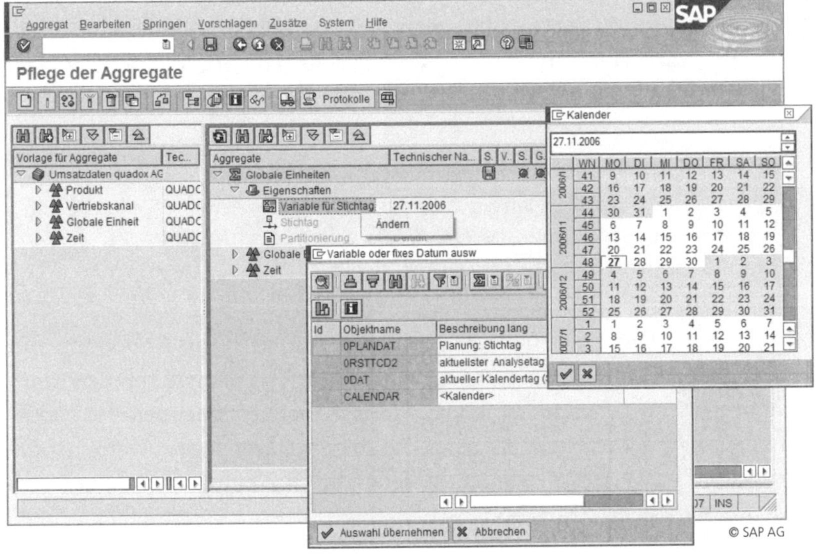

Abb. 7–3
Aggregat auf zeitabhängige Navigationsattribute

Ein zeitabhängig definiertes Aggregat kann dann bei der Datenanalyse verwendet werden, wenn die Stammdaten zu genau diesem Stichtag angefordert werden.

Soll der Stichtag eines Aggregats dynamisch gestaltet werden, so kann anstelle der fixen Vorgabe auch eine OLAP-Variable im Aggregat hinterlegt werden, die den Stichtag vorgibt. Der Wert dieser OLAP-Variablen wird unmittelbar vor dem *Füllen* des Aggregats (und nicht etwa bei der Aktivierung) ermittelt und in der Definition des Aggregats hinterlegt. Der Wert gilt so lange, bis eine Anpassung aller zeitabhängigen Aggregate durchgeführt wird (siehe Kapitel 7.1.2).

Zeitabhängige Aggregate sind sehr verwaltungsaufwändig, da für jeden Stichtag ein eigenes Aggregat angelegt werden muss (das ist sehr aufwändig für Sie) oder bestehende Aggregate angepasst werden müssen (das ist sehr aufwändig für das System). Zeitabhängige Aggregate sollten daher nur dann verwendet werden, wenn sie zwingend erforderlich sind. In den meisten Fällen lassen sich Anforderungen zugunsten normaler Aggregate überdenken.

Aggregate auf Hierarchieknoten

Werden bei der Datenanalyse externe Hierarchien verwendet, so wird aus dem BasisCube beziehungsweise einem Aggregat die gesamte externe Hierarchie des betreffenden InfoObjektes gelesen. Bei sehr großen externen Hierarchien mit mehreren tausend Blättern kann dies sehr zeitaufwändig sein.

Dabei ist dies insbesondere dann nicht erforderlich, wenn bei der Analyse für die erste Anzeige nicht alle Blätter, sondern lediglich einige Hierarchielevel benötigt werden. Daher ist es sinnvoll, für diese Anforderungen Aggregate auf den entsprechenden Hierarchieleveln aufzubauen. Auch dies ist bei der Modellierung von Aggregaten möglich (siehe Abb. 7–4).

Der Aufbau von Hierarchieaggregaten ist nur in Kombination mit dem Lesemodus »Nachlesen beim Expandieren der Hierarchie« sinnvoll (siehe Kapitel 12.1.3). Nutzt die Analytical Engine bei einer Query diesen Lesemodus nicht, so können Hierarchieaggregate für diese Query nicht genutzt werden.

Abbildung von Teilmengen

Neben der Verringerung der Granularität ist auch die Abbildung von Teilmengen ein wirkungsvolles Mittel, um das Datenvolumen eines Aggregats zu vermindern. Dabei werden für ein oder mehrere Merkmale/Navigationsattribute eines Aggregates konstante Werte (sogenannte Festwerte) hinterlegt, welche die Teilmenge des Aggregates definieren (siehe Abb. 7–5).

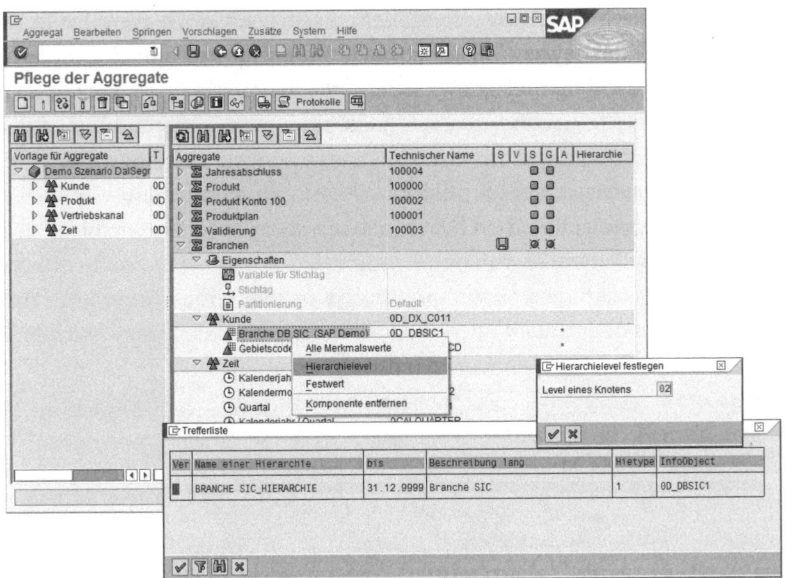

Abb. 7-4
Hierarchieaggregat

Alle Datensätze, bei denen das entsprechende InfoObjekt diese Werte nicht enthält, werden nicht in das entsprechende Aggregat aufgenommen. Zu jedem InfoObjekt kann nur ein Festwert hinterlegt werden. Die Definition mehrerer Festwerte oder Intervalle ist nicht möglich. Werden in einem Aggregat mehrere InfoObjekte mit Festwert definiert, so werden diese bei der Zusammenstellung der Datensätze als UND-Verknüpfung behandelt.

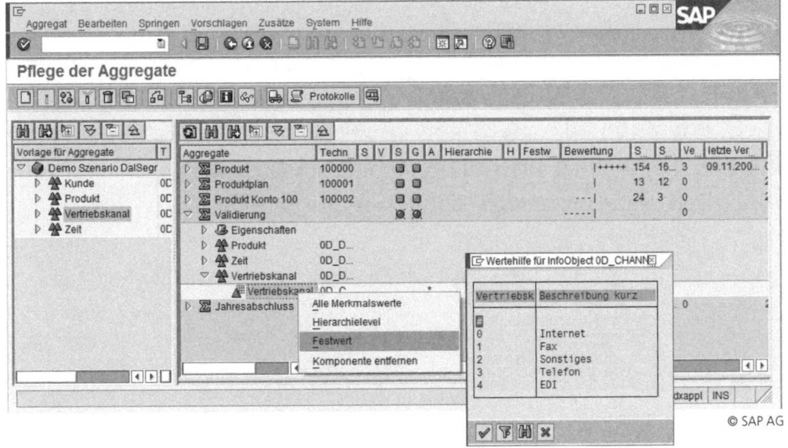

Abb. 7-5
Festwertaggregat

Die Modellierung von Festwertaggregaten ist insbesondere dann sinnvoll, wenn bei der Datenanalyse bestimmte Ausprägungen eine besondere Bedeutung haben und damit sehr häufig selektiert werden (zum Beispiel ein bestimmter Buchungskreis oder eine bestimmte Kundenklasse).

Die Struktur der Aggregate ist analog zum Datenmodell eines BasisCubes und verfügt jeweils über eine eigene Faktentabelle und eigene Dimensionstabellen, die im ABAP Dictionary und auf der Datenbank abgelegt werden. Die Speicherung von Merkmalen findet – ebenso wie bei einem BasisCube – mit Hilfe der SID statt. Dadurch stehen bei Auswertungen nicht nur die Merkmale eines Aggregats zur Verfügung, sondern auch alle Navigationsattribute der Merkmale.

Die noch im BW 3.5 vorhandene Möglichkeit, Aggregate in einer multidimensionalen Struktur des MS Analysis Server abzulegen, existiert im BW 7 nicht mehr.

Beim Anlegen von Aggregaten wird jedem Aggregat eine Bezeichnung gegeben und das Datenmodell des Aggregats definiert. Beim Aktivieren eines Aggregates wird automatisch ein technischer Name für das Aggregat vergeben (ähnlich dem technischen Namen eines BasisCubes) und die entsprechenden Objekte im ABAP Dictionary angelegt.

Komprimierung von Aggregaten

Ebenso wie die Faktentabelle des BasisCubes verfügen auch ROLAP-Aggregate über zwei Faktentabellen: Eine Faktentabelle mit und eine ohne Paketdimension. Dabei ist im Falle von Aggregaten der Effekt der Komprimierung noch wesentlich besser als bei BasisCubes. Aus diesem Grund werden Aggregate nach dem Roll Up standardmäßig immer sofort komprimiert.

Die Komprimierung von Aggregaten hat für die Administration eines BasisCubes dieselbe Folge wie die Komprimierung des BasisCubes selbst: Komprimierte Requests können nicht mehr aus dem Cube gelöscht werden (vgl. Kapitel 7.1).

Request-erhaltende Aggregate

Aus diesem Grund ist es möglich, die Komprimierung nach Durchführung des Roll Up auszuschalten, so dass die Aggregate eines BasisCubes Request-erhaltend sind (siehe Abb. 7–6).

Bitte beachten Sie, dass Request-erhaltende Aggregate die Wirkung von Aggregaten unter Umständen wesentlich beeinträchtigen können. Verwenden Sie Request-erhaltende Aggregate nur dann, wenn dies aus Administrationsgründen unbedingt erforderlich und aus Sicht des Datenvolumens vertretbar ist.

Line-Item-Aggregate (Flat Aggregates)

Bei der Modellierung der Dimensionen in BasisCubes stehen sogenannte Line-Item-Dimensionen zur Verfügung, bei denen in der Faktentabelle direkt die SID eines Merkmals aufgenommen wird. Der Einsatz von Line-Item-Dimensionen ist jedoch nur begrenzt möglich, da in jeder Line-Item-Dimension nur ein InfoObjekt abgelegt werden kann und die Anzahl an frei definierten Dimensionen (unabhängig davon, ob es sich um Line Items oder normale Dimensionen handelt) pro BasisCube maximal 13 beträgt.

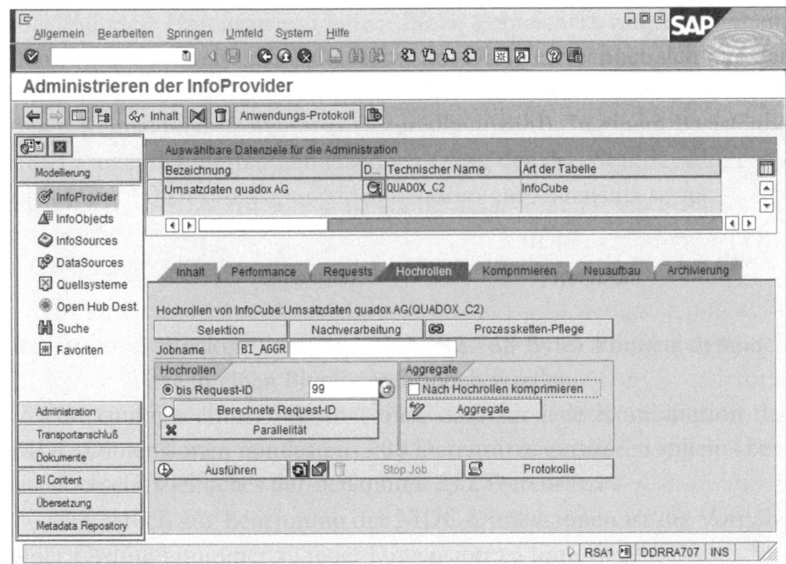

© SAP AG

Abb. 7-6
Roll Up ohne Komprimierung von Aggregaten

Diejenigen Merkmale eines BasisCubes, die auch in einem seiner Aggregate aufgenommen werden, ordnet das BW normalerweise analog zum BasisCube in Dimensionen an. Alle Merkmale, die im BasisCube in einer Dimension untergebracht sind, werden damit auch im Aggregat in einer entsprechenden Dimension untergebracht. Findet sich kein Merkmal einer Cube-Dimension in einem Aggregat wieder, so entfällt diese Dimension in dem Aggregat.

Wird die Anzahl der Merkmale in einem Aggregat auf maximal 13 reduziert, so weicht das BW von der beschriebenen Vorgehensweise ab und definiert alle Merkmale als Line-Item-Dimension[2]. Neben den positiven Auswirkungen, die dies auf die Performance bei der Datenanalyse hat, ist das BW in der Lage, Roll Up und Neuaufbau dieser Aggregate ausschließlich auf dem Datenbanksystem auszuführen[3]. Somit wird auch die Performance dieser Prozesse deutlich verbessert und die Systembelastung verringert.

2. Zeit- und Einheitendimensionen bleiben in jedem Fall als normale Dimension bestehen.
3. Dies ist nicht bei Aggregaten auf BestandsCubes möglich. Diese werden in jedem Fall im Hauptspeicher aufgebaut.

Line-Item-Aggregate stellen sich sowohl aus Sicht der Datenanalyse als auch aus Sicht des Staging deutlich performanter und ressourcenschonender dar als normale Aggregate. Versuchen Sie daher immer, maximal 13 Merkmale in Aggregate aufzunehmen, um die Vorteile der dadurch entstehenden Line-Item-Aggregate zu nutzen.

Namenskonvention

Die Bezeichnung eines Aggregats kann beliebig gewählt und sogar mehrfach vergeben werden. Beim Anlegen generiert sich das BW selbst einen sechsstelligen numerischen Namen (der sogenannte technische Name), der innerhalb des BW-Systems eindeutig ist und aus dem sich die Namen der Fakten- und Dimensionstabellen des Aggregats im ABAP Dictionary ableiten.

Weiterhin generiert das BW für jedes Aggregat eine systemübergreifend eindeutige Aggregat-ID, die innerhalb einer kompletten BW-Landschaft (Entwicklung, Qualitätssicherung, Produktivsystem) als eindeutige Aggregat-ID verwendet wird.

Ausgehend von dem technischen Namen eines Aggregats (z.B. 101234) sind die Namenskonventionen der Fakten- und Dimensionstabellen identisch mit den Namenskonventionen der BasisCubes (vgl. Kapitel 6.4.1 und Kapitel 6.4.3).

7.1.1 Initiales Füllen von Aggregaten

Aggregate werden in der Regel dann aufgebaut, wenn bereits Daten in den jeweiligen BasisCubes enthalten sind. Unmittelbar nach dem Anlegen eines Aggregats muss es daher initial befüllt werden, um auf demselben Datenstand zu sein wie der entsprechende BasisCube und andere Aggregate dieses Cubes. Dies erfolgt in der Pflege der Aggregate durch den Menüpunkt *Aggregat→Aktivieren und füllen* (siehe Abb. 7–7). Bei Bedarf werden dabei auch die erforderlichen Tabellen im ABAP Dictionary angelegt.

Der Aufbau eines Aggregates ist für die Dauer des Aufbaus mit einigen Einschränkungen verbunden:

- Es kann kein Roll Up des Aggregats (vgl. Kapitel 7.1) durchgeführt werden.
- Es ist (systemweit) kein Change Run möglich, wenn das Aggregat über Stammdatenattribute verfügt.

Da die beschriebenen Einschränkungen unter Umständen über einen Zeitraum von mehreren Stunden bestehen, empfiehlt es sich, spezielle Zeiten für den initialen Aufbau von Aggregaten vorzusehen.

Wie das Füllen von Aggregaten bei Bedarf beschleunigt werden kann, ist in Kapitel 24.6 erläutert.

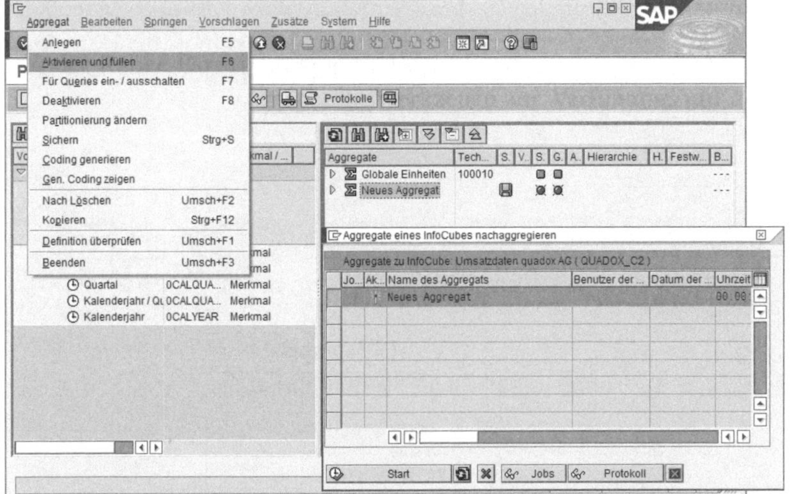

Abb. 7–7

Aktivieren und Füllen von Aggregaten

© SAP AG

Wenn Sie Aggregate auf dem Entwicklungssystem definieren und ins Produktivsystem transportieren (siehe Anhang C), so dürfen Sie das Füllen der Aggregate auf dem Produktivsystem nicht in der Aggregatpflege vornehmen, da dies einem Reparaturauftrag entspricht. Stattdessen können Sie das initiale Füllen aller neuen Aggregate zu einem BasisCube mit Hilfe eines Prozesstyps in einer Prozesskette durchführen (siehe Kapitel 28).

7.1.2 Hierarchie- und Attributsänderungen

Aggregate können sowohl für die InfoObjekte aufgebaut werden, die sich in den Dimensionen eines InfoCube befinden, als auch für die Navigationsattribute und Hierarchien dieser InfoObjekte.

Immer dann, wenn sich Attribute/Hierarchien eines InfoObjektes geändert haben, müssen auch alle Aggregate, in denen die Attribute/Hierarchien verwendet werden, an die Änderung angepasst werden. Abbildung 7–8 verdeutlicht diese Notwendigkeit am Beispiel einer Änderung eines Kundenattributes.

Die Anpassung der Aggregate wird im sogenannten *Hierarchie- und Attributsänderungslauf* (Change Run) durchgeführt, der nicht Teil des Ladevorganges ist und daher explizit durchgeführt werden muss (Menüpunkt *Werkzeuge→Hierarchie/Attributsänderungen* in der Data Warehousing Workbench).

Je nach geänderten Stammdaten und anzupassenden Aggregaten ist schlecht vorhersehbar, wie groß die Laufzeit des Change Run sein wird. Mit Hilfe des ABAP-Programmes `RSDDS_CHANGE_RUN_MONITOR` ist es möglich, zur Laufzeit des Change Run die anzupassenden Merkmale, Hierarchien und Aggregate zu ermitteln.

Stammdatenänderungen sind erst wirksam, nachdem ein Change Run für diese Stammdaten durchgeführt wurde. Bis dahin ist die Datenanalyse nur auf den alten Werten der Hierarchien und Navigationsattribute möglich.

Die Anpassung von Aggregaten durch den Change Run kann sehr zeitaufwändig sein. Sofern es nicht erforderlich ist, sollten Sie Aggregate daher nicht durch Navigationsattribute/Hierarchien definieren, sondern nur durch Basismerkmale, da bei diesen Aggregaten kein Change Run erforderlich ist.

Abb. 7–8 Hierarchie- und Attributsänderung bei Aggregaten

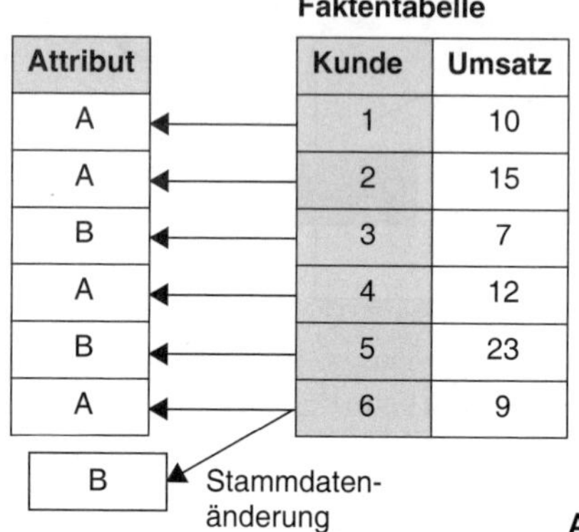

Aggregat (vor Änderung)

Attribut	Umsatz
A	46
B	30

Aggregat (nach Änderung)

Attribut	Umsatz
A	37
B	39

7.2 Indizierung

Bei der Durchführung von Lesezugriffen auf Datenbanktabellen wird in vielen Fällen nicht der Inhalt der gesamten Tabelle gelesen, sondern nur eine spezifisch selektierte Untermenge (zum Beispiel alle Datensätze eines bestimmten Kunden).

In solchen Fällen wird die Dauer des Lesevorgangs weniger durch das Lesen, sondern vielmehr durch das Suchen der entsprechend selektierten Datensätze bestimmt. Befinden sich zum Beispiel in einer Menge von 100.000 Datensätzen nur 50 Datensätze, auf die eine vorgegebene Selektion zutrifft, so beansprucht die Suche nach den 50 Datensätzen in der Tabelle wesentlich mehr Zeit als der eigentliche Lesevorgang.

Wäre jedoch zu Beginn des Lesevorgangs bereits bekannt, an welchen Stellen einer Datenbanktabelle sich die gesuchten Datensätze befinden, so könnte die Suche entfallen und der Lesevorgang um ein Vielfaches beschleunigt werden.

Diesen Ansatz verfolgen Indizes. Dabei handelt es sich um Datenstrukturen, die den Inhalt einer Datenbanktabelle in einer spezifisch aufbereiteten Form abbilden. Bevor ein Lesezugriff auf die eigentliche Datenbanktabelle ausgeführt wird, ermittelt das Datenbanksystem mit Hilfe der Index-Struktur automatisch, an welchen Stellen der Tabelle sich die gesuchten Datensätze befinden.

Beachten Sie beim Einsatz von Indizes immer, dass die Inhalte der Index-Strukturen bei der Veränderung von Tabelleninhalten ebenfalls durch das Datenbanksystem angepasst werden müssen. Der Einsatz von Indizes ist somit nicht nur geeignet, um die Performance von Lesezugriffen zu verbessern, sondern erhöht gleichzeitig die Systembelastung bei Schreibzugriffen.

Es existieren zwei Index-Typen, die für sehr unterschiedliche Einsatzzwecke geeignet sind: ***B-Tree-Indizes*** und ***bitmapped Indizes***.

B-Tree-Indizes

B-Tree-Indizes sind seit den frühen Zeiten relationaler Datenbanksysteme im Einsatz und haben sich in der Praxis bewährt. Konzeptionell bauen B-Tree-Indizes auf binären Suchalgorithmen auf, die durch spezielle Index-Strukturen ermöglicht werden.

Ein B-Tree-Index bezieht sich auf ein oder mehrere Felder einer Datenbanktabelle und stellt alle Ausprägungen des Feldes in einem binären Suchbaum dar, dessen jeweilige Knoten auf die entsprechenden Sätze der Datenbanktabelle verweisen (siehe Abb. 7–9).

Die Abbildung zeigt, dass zum Beispiel zur Suche aller Datensätze mit der Kundennummer 7000 in der Datenbanktabelle die gesamte Tabelle durchsucht werden müsste, d.h. zwölf Datensätze gelesen werden müssten.

Bei der Verwendung des B-Tree-Index hingegen sind ab dem Einstieg in der Indexwurzel (5000) nur noch drei weitere Sätze (8000, 6000, 7000) zu durchsuchen, bis alle relevanten Datensatzpositionen in der Datenbanktabelle bekannt sind.

Der Einsatz von B-Tree-Indizes ist gut geeignet, um die Performance von Abfragen zu verbessern, die einfache Einschränkungen auf sehr selektive Tabellenfelder vornehmen (zum Beispiel Auswahl eines bestimmten Kunden).

Bitmapped Indizes

Insbesondere bei Data-Warehouse-Systemen sind Abfragen häufig komplex und schränken nichtselektive Felder ein (zum Beispiel Auswahl von Produkten, deren Farbe rot oder blau ist und die von Kunden gekauft wurden, die in Norddeutschland leben).

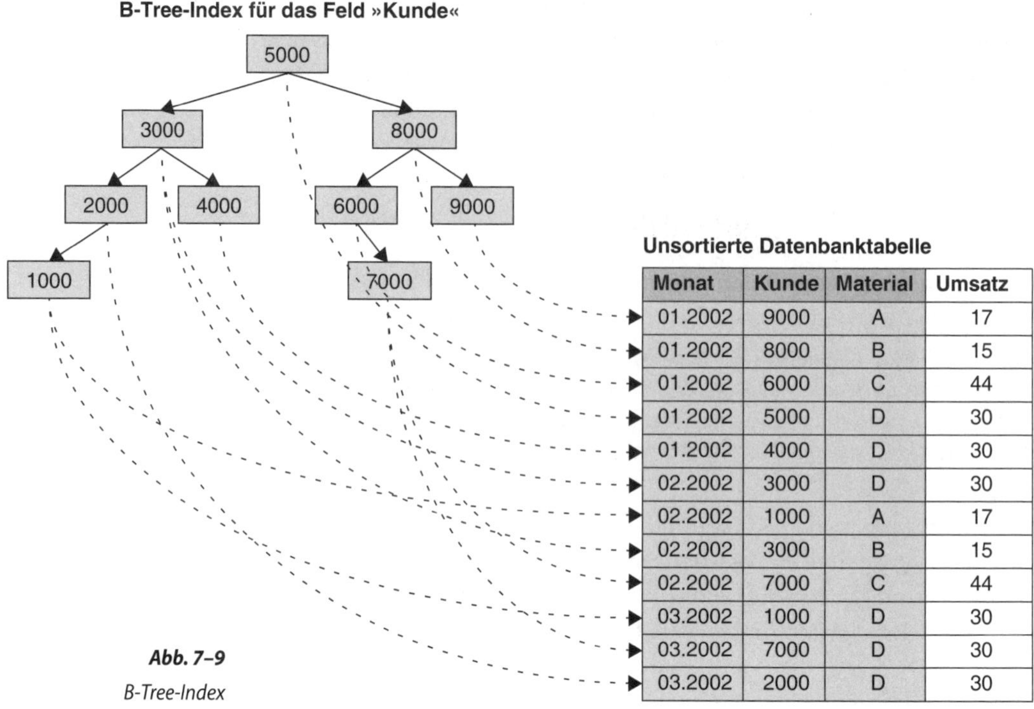

Monat	Kunde	Material	Umsatz
01.2002	9000	A	17
01.2002	8000	B	15
01.2002	6000	C	44
01.2002	5000	D	30
01.2002	4000	D	30
02.2002	3000	D	30
02.2002	1000	A	17
02.2002	3000	B	15
02.2002	7000	C	44
03.2002	1000	D	30
03.2002	7000	D	30
03.2002	2000	D	30

Abb. 7–9
B-Tree-Index

Die beschriebenen Einschränkungen sind so wenig selektiv, dass es aus Sicht der Performance mehr Arbeit macht, erst große Teile des Index und anschließend wieder große Teile der Tabelle zu lesen, als einfach die komplette Tabelle nach den gewünschten Datensätzen zu durchsuchen[4].

Um derartig unselektive und komplexe Abfragen dennoch durch die Datenbank zu beschleunigen, stellen Oracle und IBM[5] ihren Datenbankmanagement-Systemen sogenannte bitmapped Indizes zur Verfügung.

Bitmapped Indizes stellen keine Baumstruktur dar, sondern lassen sich als eine Tabelle darstellen, in der für jede Ausprägung des indizierten Feldes ein eigener Datensatz existiert. Jeder Datensatz der indizierten Tabelle entspricht einem Feld in der Indextabelle. Der Feldinhalt beschreibt, ob die jeweilige Feldausprägung (Datensatz im Index) in dem entsprechenden Datensatz (Feld im Index) der indizierten Tabelle vorkommt (siehe Abb. 7–10).

---

4. Als Richtwert für die Verwendung eines B-Tree-Index wird angegeben, dass die Selektion auf das entsprechende Feld den Umfang der Datenbasis auf mindestens 15 % verringern sollte.
5. Gilt nur für DB2/UDB.

```
SELECT * FROM faktentabelle
WHERE
        Farbe IN („rot", „blau") AND
        Region = „Nord"
```

Zeile	Farbe	Region	Umsatz
1	rot	Nord	17
2	blau	Ost	15
3	grün	West	44
4	blau	Süd	30
5	blau	Ost	30
6	grün	West	30
7	rot	Nord	17
8	blau	Ost	15
9	rot	Ost	44
10	rot	Süd	30
11	grün	West	30
12	blau	Süd	30

Farbe	Zeile 1	Zeile 2	Zeile 3	Zeile 4	Zeile 5	Zeile 6	Zeile 7	Zeile 8	Zeile 9	Zeile 10	Zeile 11	Zeile 12
rot	1	0	0	0	0	0	1	0	1	1	0	0
grün	0	0	1	0	0	1	0	0	0	0	1	0
blau	0	1	0	1	1	0	0	1	0	0	0	1

Region	Zeile 1	Zeile 2	Zeile 3	Zeile 4	Zeile 5	Zeile 6	Zeile 7	Zeile 8	Zeile 9	Zeile 10	Zeile 11	Zeile 12
Nord	1	0	0	0	0	0	1	0	0	0	0	0
Ost	0	1	0	0	1	0	0	1	1	0	0	0
Süd	0	0	0	1	0	0	0	0	0	1	0	1
West	0	0	1	0	0	1	0	0	0	0	1	0

Abb. 7-10
Bitmapped Indizes

Das in der Abbildung dargestellte Beispiel zeigt auf, dass der Einsatz von bitmapped Indizes bei Feldern mit wenig Ausprägungen vorteilhaft sein kann. Verstärkt wird dieser Vorteil, wenn Datenbankabfragen möglichst viele Selektionen beinhalten, so dass im optimalen Fall die relevanten Zeilen der bitmapped Indizes über logische Operationen (AND und OR) miteinander verknüpft werden können.

Darüber hinaus ist die binäre Struktur von bitmapped Indizes sehr gut von Datenbanksystemen zu komprimieren und belegt somit im Vergleich zu B-Tree-Indizes verhältnismäßig wenig Speicher.

Die nachfolgenden Kapitel beschreiben die Optimierungsmöglichkeiten, die das BW durch den Einsatz der unterschiedlichen Index-Typen auf

- BasisCubes
- DataStore-Objekten
- InfoObjekten

wahrnimmt.

Darüber hinaus wird die Aktualisierung der Statistiken des *Datenbank-Optimizers* erläutert, die für den Gebrauch von Indizes erforderlich ist.

7.2.1 Indexeinsatz bei BasisCubes

Bei der Modellierung von BasisCubes werden durch das BW bereits standardmäßig diverse Indizes auf den beiden Faktentabellen und den Dimensionstabellen angelegt (siehe auch Abb. 8–3 auf S. 190).

Die angelegten Indizes sind in der überwiegenden Zahl aller Fälle geeignet, um Daten sowohl performant zu verbuchen als auch zu lesen. Insbesondere bei besonders großen Datenvolumina und bei komplexen Datenmodellen sind Anpassungen bei der Indizierung der Dimensionstabellen und der Faktentabellen erforderlich[6].

Nachfolgend wird erläutert, wie die Indizierung von Dimensions- und Faktentabellen gestaltet ist und in welchen Fällen ene Anpassung erfolgen sollte.

Indizierung der Dimensionstabellen

Je nach verwendetem Datenbanksystem und BW-Support-Package wird für die jeweils ersten 16 Stammdaten-IDs[7] jeder Dimensionstabelle ein zusammengesetzter B-Tree-Index angelegt[8]. Dieser dient beim Verbuchen neuer Daten in einen Cube dazu, Dimensions-IDs für eine zu verbuchende Merkmalskombination performant zu ermitteln (oder neu zu erzeugen, falls noch keine existierende Dimensions-ID für eine Merkmalskombination existiert).

Die Wirksamkeit dieses Index ist daran gebunden, dass die ersten 16 Stammdaten-IDs einer Dimensionstabelle ausreichend selektiv sind, um den angelegten B-Tree-Index beim Suchen nach einer Merkmalskombination in der Dimensionstabelle vorteilhaft zu nutzen.

Erfahrungsgemäß ist diese Bedingung im Großteil aller Fälle allein dadurch erfüllt, dass die Dimensionstabelle nicht mehr als 16 Merkmale enthält und der Index somit weniger als 16 Felder kombiniert.

Enthält eine Dimensionstabelle mehr als 16 Merkmale, so ist es immer noch wahrscheinlich, dass selektive Merkmalskombinationen nicht erst nach den ersten 16 Merkmalen auftreten. Wie sich die Selektivität von Stammdaten-IDs innerhalb einer Dimensionstabelle gestaltet, ist in den Datenbankstatistiken zu sehen, die über die Transaktion DB02→*Detailed analysis*→*Table columns* aufzurufen sind (siehe

---

6. Eine Anpassung der Indizierung kann auch dabei helfen, die Performance besonders schlecht modellierter BasisCubes zu verbessern. Dies sollte jedoch nur in besonderen Fällen erfolgen, wenn eine Neumodellierung des entsprechenden BasisCubes nicht möglich ist.
7. Eine Stammdaten-ID entspricht einem Merkmal der Dimension.
8. Alternativ kann es vorkommen, dass jede Stammdaten-ID einer Dimensionstabelle mit einem eigenen B-Tree-Index versehen ist. In diesem Fall sollte keine Veränderung der Indizierung vorgenommen werden.

Abb. 7–11). Als Objektname für die Auswahl ist dabei der Name der Dimensionstabelle im ABAP Dictionary anzugeben, beispielsweise /BIC/DQUADOX_C14 für die vierte Dimension im Cube QUADOX_C1.

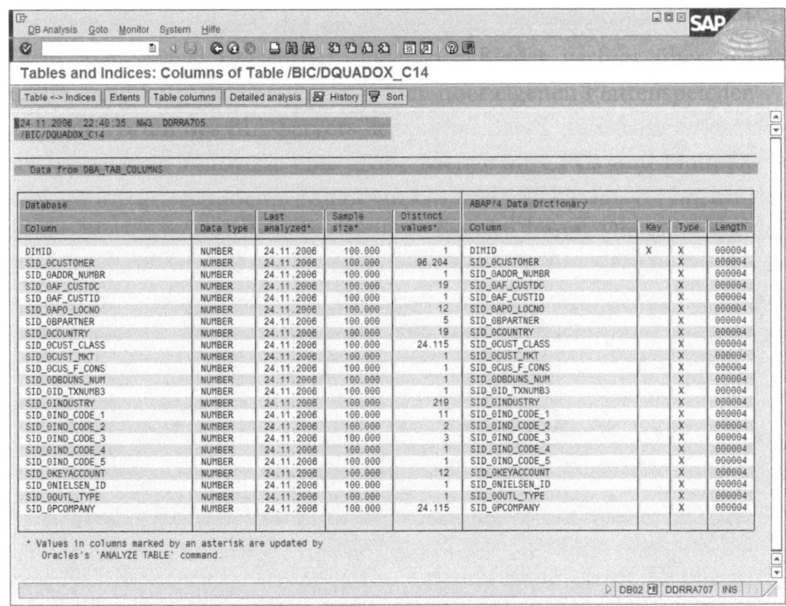

Database					ABAP/4 Data Dictionary			
Column	Data type	Last analyzed*	Sample size*	Distinct values*	Column	Key	Type	Length
DIMID	NUMBER	24.11.2006	100.000	1	DIMID	X	X	000004
SID_0CUSTOMER	NUMBER	24.11.2006	100.000	96.204	SID_0CUSTOMER		X	000004
SID_0ADDR_NUMBR	NUMBER	24.11.2006	100.000	1	SID_0ADDR_NUMBR		X	000004
SID_0AF_CUSTDC	NUMBER	24.11.2006	100.000	19	SID_0AF_CUSTDC		X	000004
SID_0AF_CUSTID	NUMBER	24.11.2006	100.000	1	SID_0AF_CUSTID		X	000004
SID_0APO_LOCNO	NUMBER	24.11.2006	100.000	12	SID_0APO_LOCNO		X	000004
SID_0BPARTNER	NUMBER	24.11.2006	100.000	5	SID_0BPARTNER		X	000004
SID_0COUNTRY	NUMBER	24.11.2006	100.000	19	SID_0COUNTRY		X	000004
SID_0CUST_CLASS	NUMBER	24.11.2006	100.000	24.115	SID_0CUST_CLASS		X	000004
SID_0CUST_MKT	NUMBER	24.11.2006	100.000	1	SID_0CUST_MKT		X	000004
SID_0CUS_F_CONS	NUMBER	24.11.2006	100.000	1	SID_0CUS_F_CONS		X	000004
SID_0DBDUNS_NUM	NUMBER	24.11.2006	100.000	1	SID_0DBDUNS_NUM		X	000004
SID_0ID_TXNUMB3	NUMBER	24.11.2006	100.000	1	SID_0ID_TXNUMB3		X	000004
SID_0INDUSTRY	NUMBER	24.11.2006	100.000	219	SID_0INDUSTRY		X	000004
SID_0IND_CODE_1	NUMBER	24.11.2006	100.000	11	SID_0IND_CODE_1		X	000004
SID_0IND_CODE_2	NUMBER	24.11.2006	100.000	2	SID_0IND_CODE_2		X	000004
SID_0IND_CODE_3	NUMBER	24.11.2006	100.000	3	SID_0IND_CODE_3		X	000004
SID_0IND_CODE_4	NUMBER	24.11.2006	100.000	1	SID_0IND_CODE_4		X	000004
SID_0IND_CODE_5	NUMBER	24.11.2006	100.000	1	SID_0IND_CODE_5		X	000004
SID_0KEYACCOUNT	NUMBER	24.11.2006	100.000	12	SID_0KEYACCOUNT		X	000004
SID_0NIELSEN_ID	NUMBER	24.11.2006	100.000	1	SID_0NIELSEN_ID		X	000004
SID_0OUTL_TYPE	NUMBER	24.11.2006	100.000	1	SID_0OUTL_TYPE		X	000004
SID_0PCOMPANY	NUMBER	24.11.2006	100.000	24.115	SID_0PCOMPANY		X	000004

* Values in columns marked by an asterisk are updated by Oracles's 'ANALYZE TABLE' command.

Abb. 7–11
Selektivität von Stammdaten-IDs in Dimensionstabellen

In vorliegenden Fall sind die selektivsten Merkmale zwar nicht durchgängig im Schlüssel der Tabelle enthalten (z.B. fehlt SID_OPCOMPANY), jedoch ist mit dem Feld SID_OCUSTOMER ein ausreichend selektives Feld am Anfang der Tabelle.

Liegt jedoch keine akzeptable Zusammenstellung der Indexfelder vor, stehen dem Datenbanksystem weitere B-Tree-Indizes zur Verfügung, die eigentlich für das Tuning der Datenanalyse bereitstehen – und zwar einer pro Stammdaten-ID. Indbesondere dann, wenn jedes der Felder nur bedingt selektiv ist und nur die Kombination aus allen (bzw. den selektivsten) Feldern einen performanten Zugriff ermöglicht, ist der Zugriff über diese Indizes nur zweite Wahl.

Sind im äußersten Fall sowohl der zusammengesetzte Schlüssel als auch die einzelnen Schlüssel ungeeignet für einen performanten Zugriff auf eine Dimensionstabelle, so kann der vom BW definierte Index so verändert werden, dass anstelle der ersten 16 Stammdaten-IDs die 16 selektivsten Stammdaten-IDs indiziert werden. Dies erfolgt in der Pflege der Indizes zur Dimensionstabelle mit Hilfe der Transaktion SE11→*Anzeigen*→*Indizes* (siehe Abb. 7–12).

Abb. 7–12
Verändern von Indizes auf Dimensionstabellen

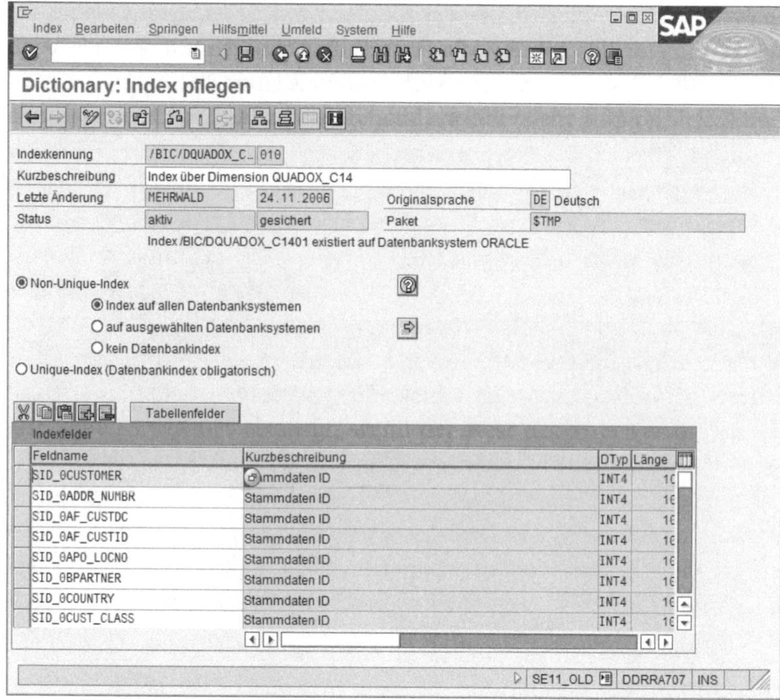

Bei den Indizes von Dimensionstabellen handelt es sich um lokale Entwicklungsobjekte im Transportpaket $TMP (siehe Anhang D.1). Dieses wird nicht transportiert so dass die Anpassung eines Index auf jedem System einer Transportlandschaft erfolgen muss. Beachten Sie, das die Systemänderbarkeit daher bei einzelnen Systemen zugelassen werden muss (siehe Anhang D.1.6).

Indizierung der Faktentabellen

Im Falle der Faktentabellen ist die Indizierung von unkomprimierter und komprimierter Faktentabelle ähnlich[9]: Jede Dimensions-ID verfügt über einen eigenen Index. Ob dieser Index vom Typ B-Tree oder Bitmap ist, muss beim Anlegen des Cubes in der Pflege der Dimensionen durch die Kennzeichnung einer hohen/nicht hohen ***Kardinalität*** bestimmt werden (siehe Abb. 7–13).

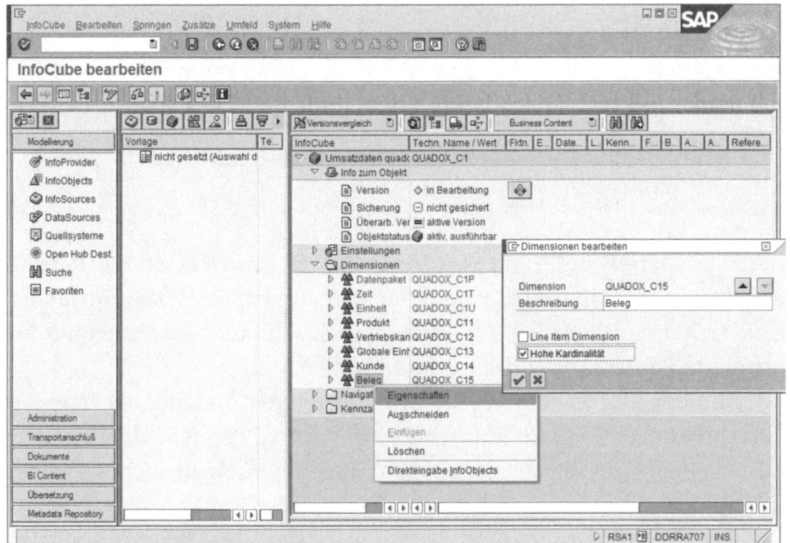

© SAP AG

Abb. 7-13
Kennzeichnung von Dimensionen mit hoher Kardinalität

Sofern die Dimension eines BasisCubes über sehr viele Datensätze verfügt (also eine hohe Kardinalität hat), ist ein B-Tree-Index zur Indizierung dieser Dimension geeignet. In diesem Fall sollte die Dimension also als Dimension mit hoher Kardinalität versehen werden. Gleichzeitig sollte geprüft werden, ob die Dimension zusätzlich auch als Line-Item-Dimension definiert werden sollte (vgl. Kapitel 6.4.4).

Verfügt eine Dimension nicht über viele Datensätze, so ist ein bitmapped Index zur Indizierung der Dimensions-ID besser geeignet. Dies ist der Default-Wert des BW beim Anlegen jedes neuen Cubes.

Bei anderen Datenbanksystemen als Oracle und DB2/UDB wird die Angabe einer hohen Kardinalität ignoriert. Indizes sind bei diesen Datenbanksystemen ohnehin nur vom Typ B-Tree, so dass jede Dimension mit diesem Indextyp versehen wird – gleichgültig ob der Index geeignet ist oder nicht.

Ob eine Dimensionstabelle »sehr viele« Datensätze enthält, wird immer durch die Relation zur Faktentabelle bestimmt. Enthält eine Dimensionstabelle mehr als ein Fünftel (20 %) so viele Datensätze wie die Faktentabelle, so kann aus Sicht der Kardinalität von sehr vielen Datensätzen gesprochen werden.

9. Die komprimierte Faktentabelle besitzt zusätzlich einen unique-Index über alle Dimensions-IDs. Dieser dient jedoch zur Optimierung des Komprimierungsvorgangs und hat keine Auswirkung auf die Datenanalyse.

> Bedenken Sie bei dieser Kalkulation, dass eine Faktentabelle im Laufe der Zeit anwächst, während Dimensionstabellen sich eher auf eine konstante Größe einpendeln. Die Kalkulation kann somit erst durchgeführt werden, nachdem einige Zeitreihen im Cube abgelegt worden sind. Gegebenenfalls muss die Indizierung im Laufe der Zeit sogar angepasst werden. Insbesondere dieser Umstand macht die Cube-Modellierung so anspruchsvoll.

Indizierung transaktionaler Cubes

Einen Sonderfall stellen transaktionale Cubes beim Thema Indizierung dar. Transaktionale Cubes sind dafür vorgesehen, dass viele Anwender gleichzeitig nicht nur lesend, sondern auch schreibend auf die unkomprimierte Faktentabelle des Cubes zugreifen.

Bitmapped Indizes sind in den derzeitigen Datenbankversionen nicht satzweise, sondern immer nur pro Page zu sperren. Damit wären gleichzeitige schreibende Zugriffe auf die Faktentabelle nicht möglich, solange sie mit bitmapped Indizes versehen ist.

Aus diesem Grund sind die Dimensionen der unkomprimierten Faktentabelle eines transaktionalen Cubes (denn nur dort finden gleichzeitige Schreibzugriffe statt) ausschließlich mit B-Tree-Indizes versehen, die sich satzweise sperren lassen. Die Dimensionen der komprimierten Faktentabellen sind auch bei transaktionalen Cubes wie gewohnt indiziert.

Transaktionale Cubes sind somit schlechter für das Reporting geeignet als ihre Standard-Kollegen, da sie die Möglichkeiten des Datenbanksystems (im Falle von Oracle und DB2/UDB) nicht vollständig ausreizen können. Dies macht sich umso stärker bemerkbar, je mehr Daten in der unkomprimierten Faktentabelle stehen. Ein regelmäßiger Roll Up ist daher gerade bei transaktionalen Cubes von besonderer Bedeutung.

Alle anderen Datenbanksysteme bieten die differenzierte Form der Indizierung gar nicht, so dass es eigentlich gleichgültig ist, ob ein BasisCube als transaktional gekennzeichnet ist oder nicht.

7.2.2 Indexeinsatz bei DataStore-Objekten

Anders als BasisCubes sind DataStore-Objekte vornehmlich zur Unterstützung des Staging vorgesehen und finden nur in besonderen Fällen Verwendung bei der Datenanalyse. Aus diesem Grund existiert bei DataStore-Objekten lediglich ein Primärschlüssel[10], jedoch keine weiteren Indizes.

---

10. Der Primärschlüssel entspricht einem multiplen Index auf die Schlüsselfelder des DataStore-Objekts. Im Falle von schreiboptimierten DataStore-Objekten wird zusätzlich zum technischen Schlüssel (=Primärschlüssel) auch ein Index auf die Felder des semantischen Schlüssels gelegt, sofern dieser definiert ist.

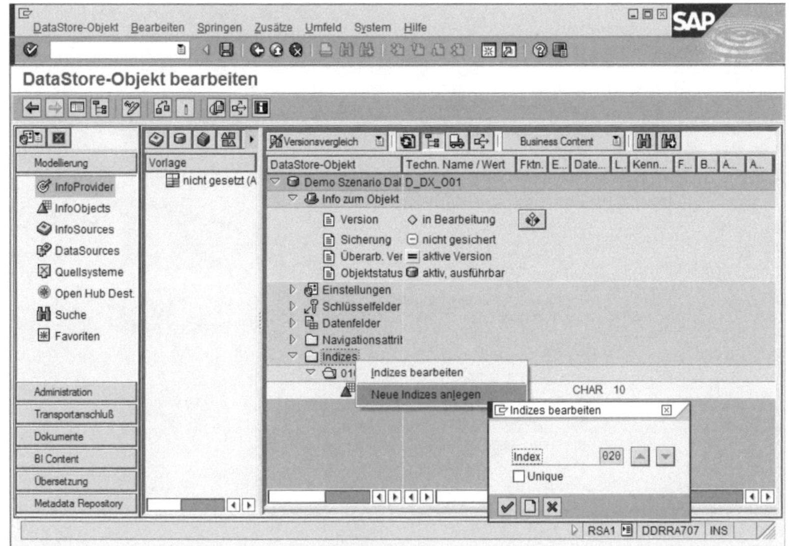

© SAP AG

Abb. 7–14
Indizierung von DataStore-Objekten

Sollten im Falle von DataStore-Objekten Daten zu Analysezwecken selektiert werden, so können die entsprechenden Schlüssel- bzw. Datenfelder indiziert werden. Die Definition der Indizes ist Teil der Metadaten eines DataStore-Objekts und wird in der Pflege des Objektes vorgenommen (siehe Abb. 7–14).

7.2.3 Indexeinsatz bei InfoObjekten

Während BasisCubes und ihre Dimensionen bereits durch das BW vollständig indiziert werden, sind die Stammdaten-IDs der Navigationsattribute eines InfoObjekts (vgl. Kapitel 6.2.2) nicht indiziert, um die Performance von Ladevorgängen bei Stammdaten nicht unnötig zu belasten.

Sofern ein Navigationsattribut eines InfoObjekts nicht nur zur Navigation in Queries verwendet werden soll (Drill Down), sondern auch zur Selektion von Daten (z.B. Selektion aller Kunden mit der Postleitzahl 69190), so kann es sinnvoll sein, das entsprechende Feld der Navigationstabelle eines InfoObjektes selbst zu indizieren.

B-Tree-Indizes bei InfoObjekten

Indizes sind mit Hilfe der Transaktion `SE11` anzulegen. Dabei ist zunächst die entsprechende Tabelle des InfoObjekts (z.B. `/BIO/XCUSTOMER` für die Stammdatentabelle des InfoObjekts `0CUSTOMER`) auszuwählen und anschließend ein Index auf das entsprechende Tabellenfeld (z.B. `S__POSTAL_CD` für das Navigationsattribut `0POSTAL_CD`) zu definieren und zu aktivieren (siehe Abb. 7–15).

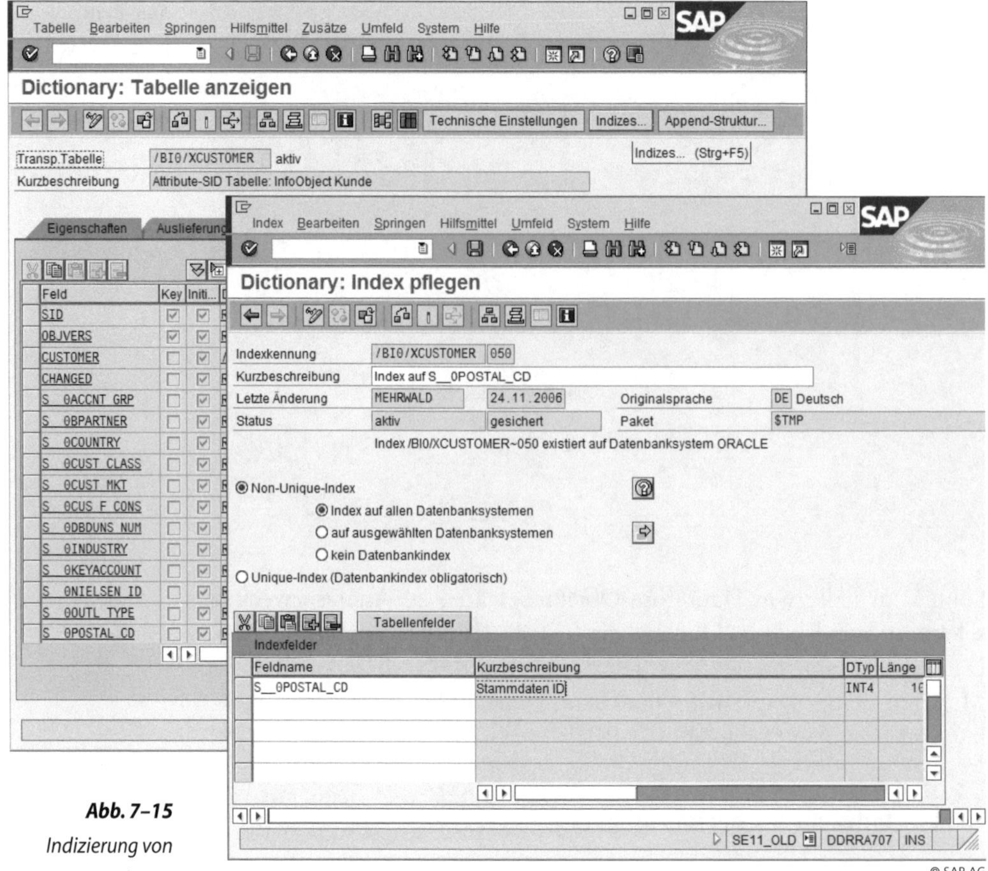

Abb. 7–15 *Indizierung von Navigationsattributen am Beispiel Postleitzahl des Kunden*

Ein derart angelegter Index ist immer vom Typ B-Tree und damit nur für selektive Attribute geeignet.

Bitmapped Indizes bei InfoObjekten

Speziell beim Einsatz von Oracle- und DB2/UDB-Datenbanksystemen ist es möglich, Navigationsattribute auch mit einem bitmapped Index zu belegen. Somit können auch Attribute indiziert werden, die nicht besonders selektiv sind (zum Beispiel das Land eines Kunden).

Zum Anlegen eines bitmapped Index wird zunächst vorgegangen, als sei ein normaler (B-Tree-Index) anzulegen. Vor dem Aktivieren des Index wird dieser zunächst nur gesichert und die Speicherparameter entsprechend verändert. Zu diesem Zweck kann aus der Pflege des Index in das Datenbank-Utility verzweigt werden, das die Möglichkeit zur Pflege der Speicherparameter bietet (siehe Abb. 7–16).

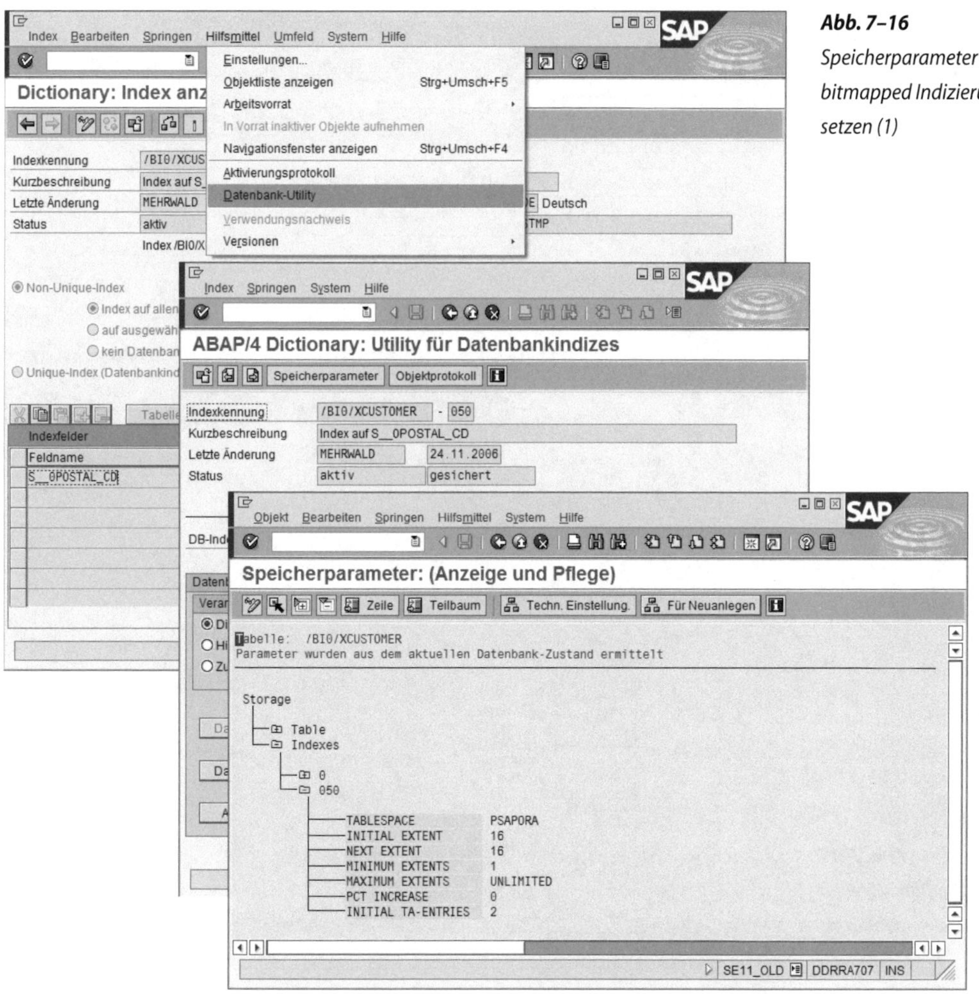

Abb. 7–16
Speicherparameter für bitmapped Indizierung setzen (1)

Anschließend wird dieser Index in einen bitmapped Index umgewandelt. Zu diesem Zweck wird der erstellte Index in der Transaktion SE14 ausgewählt, und die Speicherparameter für das Neuanlegen werden so verändert, dass der Index beim nächsten Neuanlegen als bitmapped Index angelegt wird (siehe Abb. 7–17).

Anschließend kann der Index wie gewohnt aktiviert werden und steht danach als bitmapped Index zur Verfügung.

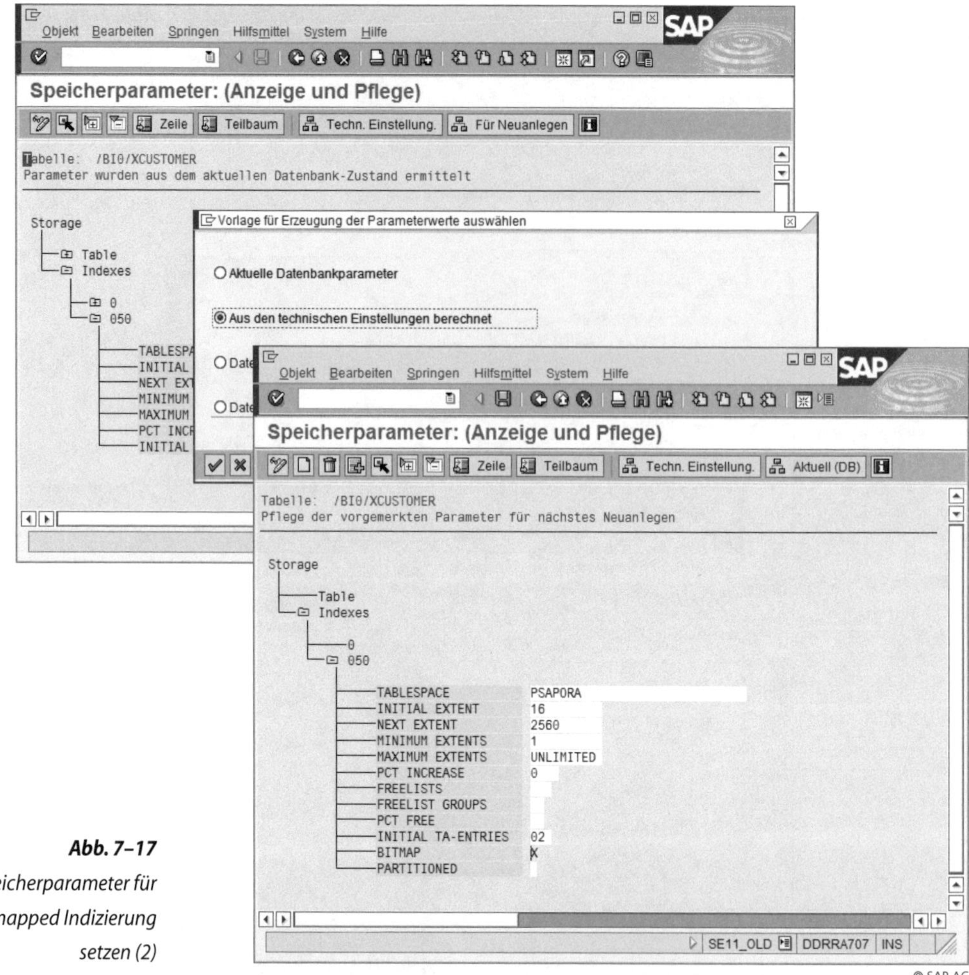

Abb. 7–17
Speicherparameter für bitmapped Indizierung setzen (2)

> Bitmapped Indizes erlauben keine Sperrung von Tabellen auf Satzebene. Stattdessen können Tabellen, die mit bitmapped Indizes versehen sind, bei Änderungen nur noch komplett gesperrt werden. Durch das Anlegen von bitmapped Indizes nehmen Sie sich bei den entsprechenden InfoObjekten die Möglichkeit, Datenpakete bei der Durchführung von Ladevorgängen zu parallelisieren (siehe Kapitel 24.1). Darüber hinaus wird Ihnen die SAP den Support für Fehler, die aus derart veränderten Index-Strukturen resultieren, verweigern.

7.2.4 Optimizer-Statistiken

Die Verwendung von Indizes (sowohl B-Tree- als auch bitmapped Indizes) stellt sich für das Datenbanksystem sehr schwierig dar, wenn Abfragen komplex sind und mehr als nur ein Index zur Verfügung steht.

Monat	SID
01.2002	1
02.2002	2
03.2002	3
indiziert	*indiziert*

SID (*indiziert*)	SID (*indiziert*)	SID (*indiziert*)	Umsatz
1	9	1	17
1	8	2	15
1	6	3	44
1	5	4	30
1	4	4	30
2	3	4	30
2	1	1	17
2	3	2	15
2	7	3	44
3	1	4	30
3	7	4	30
3	2	4	30

Kunde (*indiziert*)	SID (*indiziert*)
9000	9
8000	8
6000	6
5000	5
4000	4
3000	3
1000	1
2000	2
7000	7

Material (*indiziert*)	SID (*indiziert*)
A	1
B	2
C	3
D	4

Abb. 7–18
B-Tree-Indizes im Star-Schema

Dieses Problem verschärft sich, wenn Daten nicht nur aus einer Tabelle gelesen werden sollen, sondern aus mehreren relational verbundenen Tabellen, zum Beispiel aus dem Snowflake-Schema eines BasisCubes, in dem zu nahezu jedem Tabellenfeld ein eigener Index existiert (siehe Abb. 7–18).

Wird auf dem in Abbildung 7–18 dargestellten Star-Schema eine Abfrage ausgeführt, die alle Umsätze für Kunde 2000, Material D und Monat 03/2002 ermitteln soll, so kann zum Beispiel zunächst nach Kundennummer 2000 in der Kundendimension gesucht werden, um anschließend die entsprechenden Datensätze in der Faktentabelle zu ermitteln. Diese Ergebnismenge könnte dann mit Material- und Zeitdimension verbunden werden. Da die Einschränkung auf die Kundennummer sehr selektiv ist, würde bereits in der Faktentabelle nur ein einziger Datensatz gelesen, über den auch die Material- und Zeitdimensionen gelesen werden müssten.

Ebenso wäre es jedoch auch möglich, zunächst in der Zeitdimension nach dem Monat 03/2000 zu suchen und von dort aus die Sätze der Faktentabelle zu lesen. In einem solchen Fall wären anstelle von einem gleich drei Datensätze in der Faktentabelle zu finden, die mit der Zeit- und Materialdimension verbunden werden müssten.

Bereits dieses einfache Beispiel zeigt auf, dass die Zugriffsfolge beim Lesen relationaler Datenbankstrukturen entscheidend für die Performance ist. Die im BW verwendeten Snowflake-Modelle bestehen in der Praxis aus bis zu hundert relational verbundenen Tabellen (Fakten-, Dimensions- und Stammdatentabellen), bei denen nicht nur B-Tree-Indizes, sondern auch bitmapped Indizes zum Einsatz kommen. Eine falsche Zugriffsfolge kann daher bei derselben Abfrage einen Unterschied von mehreren 1.000 % Ausführungszeit zur Folge haben!

Regelbasierter Optimizer

Im Bewusstsein, dass die Zugriffsfolge für die Performance einer Datenbank von entscheidender Bedeutung ist, wurde in relationalen Datenbanksystemen zunächst ein sogenannter regelbasierter Optimizer eingesetzt. Beim Konzept dieser regelbasierten Optimierung geben die Abfragen (SQL-Kommandos) die Zugriffsfolge vor, das heißt, die Zugriffsfolge muss durch die jeweilige Anwendung in den SQL-Abfragen festgelegt werden.

Die regelbasierte Optimierung bietet eine sehr einfache Möglichkeit, Einfluss auf die Performance von Datenbankabfragen zu nehmen. Gleichzeitig setzt die regelbasierte Optimierung entsprechend fundiertes Wissen über die inhaltlichen Strukturen von Datenbanktabellen voraus.

Kostenbasierter Optimizer

Im Falle sehr komplexer Strukturen, wie sie in den Datenmodellen der BasisCubes vorkommen, gelangt eine solche Optimierung jedoch sehr schnell an ihre Grenzen – zumal im BW in der Regel keine festgelegten Abfragen existieren, sondern unterschiedlichste, nicht vorhersehbare Abfragen auf die Cubes ausgeführt werden (Selektionen, Drill Down etc.).

Für solche Fälle arbeiten alle relationalen Datenbanksysteme heutzutage mit einem sogenannten kostenbasierten Optimizer. Dieser berechnet selbst die optimale Zugriffsfolge für Abfragen, die an das Datenbanksystem gestellt werden.

Eine derartige Berechnung setzt voraus, dass der Optimizer des Datenbanksystems über exakte Statistiken verfügt, in denen die Selektivität von Indizes und die Anzahl möglicher Feldausprägungen hinterlegt ist.

Anders als Index-Strukturen werden die Inhalte der Optimizer-Statistiken beim Verändern von Tabelleninhalten jedoch nicht angepasst, sondern müssen explizit erneuert werden – insbesondere nachdem größere Datenmengen in eine Tabelle geschrieben wurden.

Für diese Aufgabe stellt jedes Datenbanksystem spezifische Funktionen zur Verfügung, wie zum Beispiel das Tool `BRCONNECT` im Falle von Oracle-Datenbanksystemen. Im SAP BW (ebenso wie bei SAP-ERP-Systemen) werden die datenbankspezifischen Tools im DBA-Einplanungskalender (Transaktion `DB13`) zusammengefasst, durch den ihre Ausführung gesteuert werden kann[11].

Speziell im BW ist es oftmals nicht gewünscht, die Datenbankstatistiken von BasisCubes durch die Einplanung in der DB13 aktualisieren zu lassen. Statt dessen sollen Datenbankstatistiken oftmals im Zuge der Datenbewirtschaftung individuell für einzelne BasisCubes neu aufgebaut werden.

Zum manuellen Start der Neuberechnung steht in der Administration der BasisCubes eine entsprechende Option zur Verfügung (siehe Abb. 7–12). Zum automatisierten Neuaufbau der Datenbankstatistiken steht in der Prozesskettensteuerung ein entsprechender Prozesstyp zur Verfügung (siehe Kapitel 30.10).

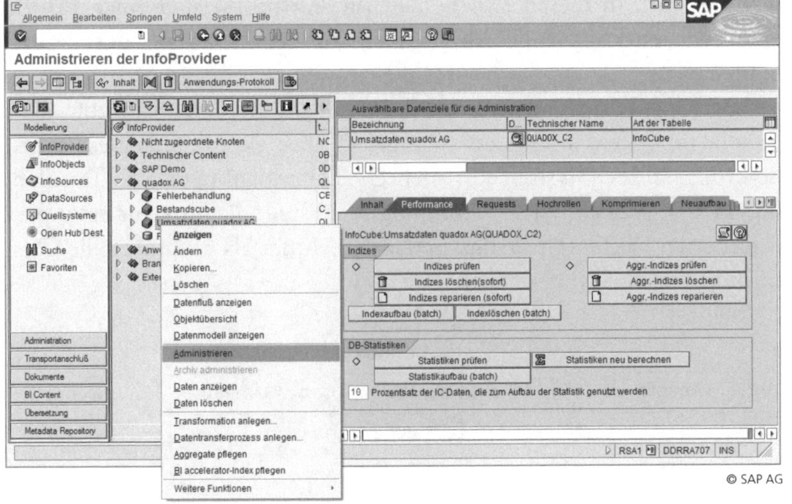

Abb. 7–19
Neuberechnen der Optimizer-Statistiken für einen BasisCube

11. Einige Datenbanksysteme sind auf andere spezifische Transaktionen im BW angewiesen.

Schlechte Optimizer-Statistiken sind einer der häufigsten Gründe für vermeintlich unerklärliche Performanceprobleme im BW. Aus diesem Grund sollten die Optimizer-Statistiken regelmäßig aktualisiert werden.

Für die Dauer der Berechnung von Statistiken werden bei einigen Datenbanksystemen die jeweils herangezogenen Datenbanktabellen exklusiv gesperrt und stehen auch für Lesevorgänge nicht zur Verfügung. Dies kann insbesondere bei großen Faktentabellen eine Ausfallzeit von mehreren Stunden bedeuten. Berechnen Sie Datenbankstatistiken in diesem Fall nicht im laufenden Betrieb des Systems, sondern sehen Sie immer spezielle Zeitfenster dafür vor. Bei Oracle-Datenbanksystemen verursacht die Neuberechnung der Optimizer-Statistiken keine Sperren für Lesevorgänge.

7.3 Partitionierung und Clustering

Oft enthalten Datenbanktabellen mehrere Millionen Datensätze, so dass Datenbankoperationen jeglicher Art bei diesen Tabellen zeitaufwändig sind. In diesen Fällen stellt die Partitionierung einer Tabelle eine sehr wirkungsvolle Möglichkeit zur Verbesserung der Performance dar.

Bei der Partitionierung wird im Grundsatz die Struktur einer Tabelle im Datenbanksystem so angelegt, dass sie anhand eines Partitionierungsfeldes physisch auf mehrere Datenbankbereiche (Tabellen, Blöcke u.a.) verteilt wird. Abbildung 7–20 stellt die Struktur einer partitionierten Faktentabelle dar, in der der Monat als Grundlage der Partitionierung verwendet wird.

Abb. 7–20
Partitionierung der Faktentabelle

Faktentabelle

Monat	Kunde	Umsatz
01.2002	1000	17
01.2002	2000	15
02.2002	1000	44
02.2002	2000	44
03.2002	1000	17
03.2002	2000	15
04.2002	1000	44
04.2002	2000	44

Einfacher Lesezugriff

Langsamer Zugriff auf wenig selektive Merkmale

Partitionierung über Monat

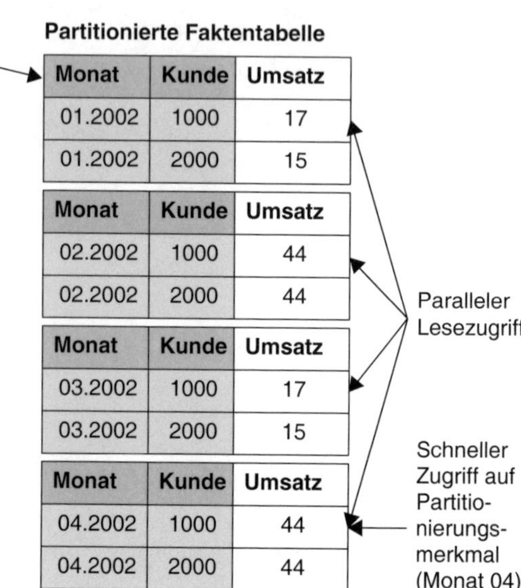

Mit der Partitionierung einer Tabelle sind zwei Vorteile verbunden:

- Statt eines Lesevorgangs, der die gesamte Faktentabelle nach den gewünschten Informationen durchsucht, können mehrere Lesevorgänge auf den einzelnen Partitionen *parallel* ausgeführt werden.
- Bei einer Einschränkung des Lesevorgangs auf das Partitionierungsmerkmal kann unter Umständen eine Vielzahl von Partitionen vom Lesevorgang ausgeschlossen werden, so dass die Datenbasis tatsächlich kleiner ist und zusammenhängende Daten deutlich schneller gefunden und gelesen werden können.

Technisch kann die Partitionierung sowohl auf Ebene des Datenbanksystems als auch auf Ebene der Metadaten im BW implementiert sein. Bei der Partitionierung auf Ebene des Datenbanksystems übernimmt das Datenbanksystem die Verteilung von Daten auf die jeweiligen Partitionen ohne Zutun des BW selbstständig, wohingegen bei der Partitionierung auf Anwendungsebene die Anwendung auch dafür sorgen muss, dass die Daten in richtigen Partitionen geschrieben und gelesen werden müssen.

Jede Form einer Partitionierung ist mit einer strukturellen Veränderung der entsprechenden Tabellen verbunden und kann somit nur vorgenommen werden, solange die Tabelle noch keine Daten enthält. Machen Sie sich daher frühzeitig Gedanken über die Partitionierung insb. von ODS-Objekten und BasisCubes, noch bevor Sie Datenbestände aufbauen.

Nachfolgend werden die im BW üblichen Formen der Partitionierung erläutert und in Bezug zu den jeweiligen BW-Objekten gestellt, die damit partitioniert werden können. Dabei handelt es sich um

- die Range-Partitionierung,
- das Clustering,
- die Modell-Partitionierung.

7.3.1 Range-Partitionierung

Die Range-Partitionierung stellt eine datenbankspezifische Form der Partitionierung dar, die in der Version 7 des SAP BW mit den folgenden Datenbanksystemen unterstützt wird:

- Oracle
- MS SQL Server
- DB2/OS390DB2 for Z/OS
- DB2/400 (ab V5R3M0 mit DB Multi Systems)
- Informix

Im Falle der Datenbanksysteme DB2 for UNIX, Windows und Linux kann stattdessen auf das datenbankspezifische Clustering zurückgegriffen werden, das eine zumindest gleichwertige Form der Partitionierung bietet (siehe Kapitel 7.3.2).

Anwender des Datenbanksystems MAX DB (ehemals SAP DB bzw. ADABAS D) haben an dieser Stelle das Nachsehen und können auf keinerlei datenbankspezifische Form der Partitionierung zurückgreifen.

Bei der Range-Partitionierung[12] werden Datensätze anhand des Wertes eines vorgegebenen Feldes (das Partitionierungsfeld) in definierte Partitionen verteilt. Jede Partition kann in ihrer physischen Struktur mit einer Datenbanktabelle verglichen werden, die jedoch in Bezug auf das vorgegebene Partitionierunsfeld für genau einen Wert oder ein Intervall definiert ist.

Welches Feld zur Grundlage der Range-Partitionierung verwendet wird und welches Ranges definiert werden, hängt vom Typ der jeweiligen Datenbanktabelle ab. Dabei ist zu unterscheiden zwischen:

- der unkomprimierten Faktentabelle von BasisCubes und Aggregaten
- der komprimierten Faktentabelle von BasisCubes
- der komprimierten Faktentabelle von Aggregaten

Die Partitionierung ist in unterschiedlicher Weise definiert (oder zu definieren) und wird nachfolgend für die benannten Faktentabellen erläutert. Außer für Faktentabellen unterstützt das BW nur noch bei PSA-Tabellen eine Range-Partitionierung. Diese wird jedoch nicht an dieser Stelle, sondern beim Tuning von Extraktion & Staging behandelt (siehe Kapitel 24.2).

Partitionierung der unkomprimierten Faktentabelle von BasisCubes und Aggregaten

Die ***Partitionierung der unkomprimierten Faktentabelle*** (vgl. Kapitel 6.4.1) wird grundsätzlich anhand der Request-ID durchgeführt, die zwingender Bestandteil jedes BasisCubes und jedes Aggregats ist und eine Identifikation von Daten darstellt, die innerhalb eines Ladevorgangs/Roll Up in die unkomprimierte Faktentabelle verbucht wurden.

Das Anlegen und Löschen von Partitionen übernimmt das SAP BW automatisch, wenn neue Daten in einen BasisCube verbucht werden oder wenn der Cube komprimiert wird. Dieses Verhalten kann nicht verändert oder beeinflusst werden.

---

12. Die aufgeführten Datenbanksysteme bieten unter Umständen weitere spezifische Formen der Partitionierung.. Das SAP BW nutzt ausschließlich die Range-Partitionierung, die gewissermaßen einen kleinsten gemeinsamen Nenner der genannten Datenbanksysteme darstellt.

Durch die Partitionierung nach der Request-ID ist eine einfachere Administration von Requests möglich, die noch in der normalen Faktentabelle enthalten sind. So können die Daten einzelner Requests gezielt wieder gelöscht oder verschoben werden. Darüber hinaus ist es (bedingt[13]) möglich, dass mehrere Ladeprozesse parallel in einen BasisCube schreiben, da alle Schreibzugriffe auf unterschiedlichen Partitionen erfolgen und sich nicht behindern können.

Partitionierung der komprimierten Faktentabelle von BasisCubes

Die ***Partitionierung der komprimierten Faktentabelle*** richtet sich nicht nach der Request-ID. Stattdessen kann die Partitionierung wahlweise über die Zeitmerkmale `0FISCPER` oder `0CALMONTH` erfolgen, die dementsprechend in Bestandteil des jeweiligen BasisCubes sein muss. Eine Partitionierung nach anderen InfoObjekten ist nicht möglich.

> Für die Range-Partitionierung der unkomprimierten Faktentabelle stehen ausschließlich die Zeitmerkmale `0FISCPER` und `0CALMONTH` zur Verfügung. Achten Sie beim Design des Datenmodells daher unbedingt darauf, für das relevante Zeitmerkmal eines BasisCubes ausschließlich `0FISCPER` oder `0CALMONTH`, nicht jedoch eigendefinierte Zeitmerkmale zu verwenden.

Nach welchem dieser Merkmale partitioniert werden soll, muss in der Pflege des BasisCubes vorgegeben werden (siehe Abb. 7–21). Wird keine entsprechende Vorgabe getroffen, so wird die komprimierte Faktentabelle *nicht* partitioniert!

Wertebereich des Partitionierungskriteriums

Anders als bei der Partitionierung der unkomprimierten Faktentabelle wird bei der Partitionierung der komprimierten Faktentabelle nicht erst dann eine Partition für einen Feldwert angelegt, wenn entsprechende Daten im Cube verbucht werden.

Stattdessen werden alle erforderlichen Partitionen bereits beim Aktivieren des Cube-Modells erzeugt, so dass der Wertebereich des Partitionierungsmerkmals bereits zu diesem Zeitpunkt feststehen muss (und daher vorzugeben ist).

Für alle Merkmalswerte, die oberhalb des vorgegebenen Bereichs liegen, wird eine spezielle Partition bereitgestellt. Alle Merkmalswerte, die unterhalb des vorgegebenen Bereichs liegen, werden in die Partition mit dem niedrigsten Wert verbucht.

---

13. Schreibzugriffe werden bei der Durchführung von Ladevorgängen nicht nur auf der Faktentabelle, sondern auch auf den Dimensionstabellen eines BasisCubes durchgeführt. Da diese nicht in ähnlicher Form partitioniert werden können, ist es möglich, dass zwei überlappende Zugriffe auf Dimensionstabellen zu Konflikten führen. Das Risiko ist relativ gering, ist in der Praxis jedoch nicht auszuschließen.

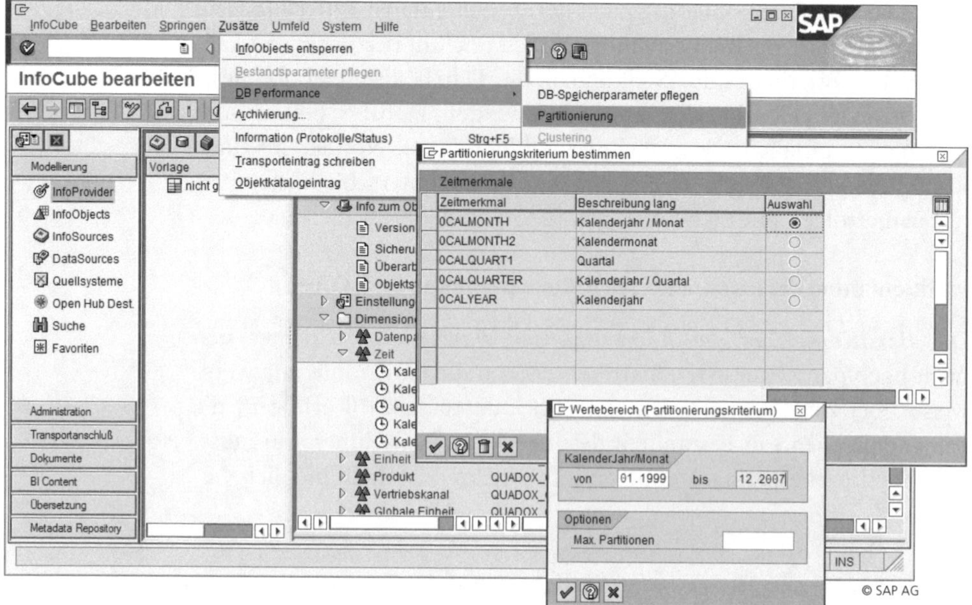

Abb. 7–21 *Range-Partitionierung der Faktentabelle auf Datenbankebene*

Auf diese Weise kommt es nicht zu Fehlern, wenn der Wertebereich nicht ausreichend groß dimensioniert wurde (wenngleich dies aus Performancegründen natürlich vermieden werden sollte).

Sind die untere oder obere Grenze der Partitionierung zu eng bemessen, so sammeln sich in der untersten und obersten Partition die nicht abgebildeten Daten und führen zu imperformanten Datenbankzugriffen. Eine allzu großzügige Gestaltung der Partitionierung führt ebenfalls zu Performanceeinbußen, da der Verwaltungsaufwand des Datenbanksystems bei Zugriffen auf die partitionierte Faktentabelle steigt. Achten Sie daher bei der Vorgabe des Wertebereichs immer auf eine den vorhandenen Daten entsprechende Gestaltung des Partitionierungsschemas.

Da sich durch das Löschen/Archivieren alter Daten und die Aufnahme neuer Daten in eine Faktentabelle auch die jeweils gespeicherten Zeitreihen verändern, ist zwangsläufig jeder Wertebereich für das Partitionierungskriterium – selbst wenn es zu einem gegebenen Zeitpunkt optimal gewählt ist – irgendwann ungeeignet und muss angepasst werden. Zur nachträglichen Anpassung des Wertebereichs besteht Möglichkeit der Re-Partitionierung, die in Kapitel 32.1 erläutert ist.

Anzahl der Partitionen

Normalerweise wird für jede Ausprägung des Partitionierungsmerkmals eine eigene Partition bereitgestellt. Bei einer Partitionierung nach dem Wertebereich `01.2000 – 12.2007` für das Zeitmerkmal `0CALMONTH` würden beispielsweise eine Partition für `01.2000`, eine für

02.2000 usw. angelegt werden, was (zzgl. der untersten Partition) zu 8*12+1=97 Partitionen führen würde.

Dieses Vorgehen ist in den meisten Fällen abgemessen, führt jedoch dann zu Problemen, wenn eine Faktentabelle über eine sehr große Zeitreihe partitioniert werden soll und damit sehr viele Partitionen erfordert[14].

Sollte der große Wertebereich dadurch »kompensiert« werden, dass verhältnismäßig wenig Daten pro Partition abgelegt werden, so steht der Verwaltungaufwand, den das Datenbanksystem mit der Partitionierung hat, unter Umständen in keinem Verhältnis mehr zu den Vorteilen, den die Partitionierung mit sich bringt.

Darüber hinaus ist zu beachten, dass bereits die Definition eines Partitionierungsobjekts einen Fixanteil an Plattenspeicher verbraucht[15]. Als Partitionierungsobjekt gilt dabei nicht nur eine Partition der Faktentabelle, sondern auch eine Partition eines Index[16]. Dass damit eine sehr große Anzahl an Partitionierungsobjekten entstehen kann, soll das Beispiel eines BasisCubes zeigen, dessen 16 Dimensionen vollständig definiert sind und der über 20 Aggregate verfügt, die im Durchschnitt jeweils selbst über 10 Dimensionen verfügen.

Eine Partitionierung über den Wertebereich 01.2000-12.2009 (=121 Partitionen) beispielsweise würde bei diesem Cube zu 121 Partitionen * ((1 Faktentabelle + 16 Indizes auf die Faktentabelle) + (1 Aggregattabelle + 10 Indizes auf die Aggregattabellen) * 20 Aggregate) = 121 * (17 + 10*20) = 26.257 Partitionierungsobjekten und bei den für Oracle-Datenbanken üblichen 64 KB pro Partitionierungsobjekt zu einem Speicherverbrauch von ca. 1,6 GB für die Definition der komprimierten Faktentabelle führen – und dies, ohne einen einzigen Datensatz im Cube verbucht zu haben!

Es kann daher sinnvoll sein, die Anzahl der Partitionen zu begrenzen, indem mehrere Ausprägungen des Zeitmerkmals zu einer Partition zusammengefasst werden. Die entsprechende Vorgabe wird

---

14. Eine Definition von »sehr viel« ist in diesem Fall schwer zu treffen. Je nach System können bereits 50 Partitionen als viel angesehen werden. Ab ca. 100 Partitionen ist ein Wert erreicht, bei dem von »vielen« Partitionen gesprochen werden kann, spätestens bei 200 Partitionen ist der Terminus »sehr viel« (aller)spätestens gerechtfertigt.

15. Im Falle der Oracle-Datenbank werden pro Partitionierungsobjekt acht Blöcke reserviert. Die Größe eines Blocks ist üblicherweise mit 8 KB definiert und im Datenbankparameter DB_BLOCK_SIZE hinterlegt (Angabe in Byte). Der Wert des Datenbankparameters kann in der Transaktion ST04 →*Detailed analysis menu* → *Parameter changes* →*Active Parameters* angezeigt werden.

16. Indizes auf die Felder einer Faktentabelle werden stets genauso partitioniert wie die Faktentabelle des jeweils indizierten Feldes; dies gilt für die unkomprimierte Faktentabelle ebenso wie für die komprimierte Faktentabelle und für Basis Cubes ebenso wie für Aggregate.

über die maximale Anzahl der anzulegenden Partitionen gemacht (vgl. Abb. 7–21).

Ist zum Beispiel der o.g. Wertebereich von 01.2000–12.2009 vorgegeben, in dem jedoch im Wesentlichen auf Quartale, nicht jedoch auf Monate ausgewertet werden soll, so könnten jeweils drei Monate zusammengefasst werden, indem eine maximale Anzahl von 31 Partitionen vorgegeben wird (30 Partitionen mit je drei Monaten und eine Randpartition für größere Werte).

Partitionierung der komprimierten Faktentabelle von Aggregaten

Die Partitionierung von Aggregaten folgt der Partitionierung des BasisCubes. Damit werden die unkomprimierte ebenso wie die komprimierte Faktentabelle eines Aggregats stets genauso partitioniert wie die unkomprimierte Faktentabelle des entsprechenden BasisCubes.

Für die komprimierte Faktentabelle ist dieses Vorgehen insbesondere bei kleinen Aggregaten jedoch nicht immer vorteilhaft, da das Datenvolumen einzelner Partitionen aufgrund von Verdichtung und/oder Filterung so gering sein kann, dass der Aufwand für die Verwaltung der Partitionen mehr Zeit in Anspruch nimmt, als die Partitionierung Nutzen stiften würde.

Aus diesem Grund bietet das SAP BW seit der Version 7 die Möglichkeit, in der Aggregatpflege einzelne Aggregate gezielt von der Partitionierung auszuschließen. Zu diesem Zweck steht der Menüpunkt *Partitionierung ändern* im Kontextmenü der Aggregate zur Verfügung, der die Eigenschaft *Partitionierung* des Aggregats umschaltet (siehe Abb. 7–22).

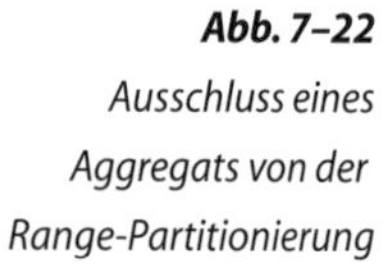

Abb. 7–22
Ausschluss eines Aggregats von der Range-Partitionierung

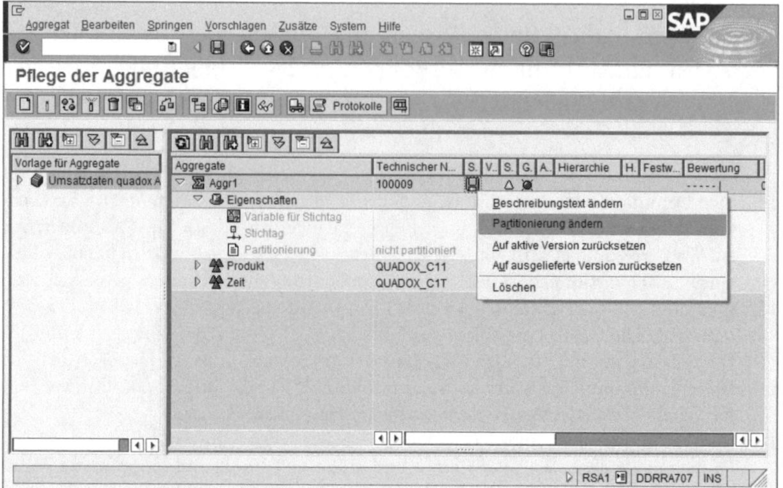

Eine gänzlich andere Partitionierung der Aggregate ist allerdings nicht möglich, d.h., die komprimierte Faktentabelle eines Aggregats kann entweder identisch mit der unkomprimierten Faktentabelle des Basis-Cubes oder gar nicht partitioniert werden.

7.3.2 Clustering

Speziell beim Datenbanksystem DB2 UDB (UNIX, Windows und Linux) kommen Clustering-Verfahren anstelle der Range-Partitionierung zum Einsatz. Grundsätzlich steht Clustering für eine physisch zusammenhängende Speicherung von Datensätzen mit gleichen oder ähnlichen Feldwerten innerhalb von Teilobjekten der Datenbank (im Falle der DB2 UDB in Extends, die in diesem Zusammenhang als Cluster bezeichnet werden).

Aus der Vielzahl unterschiedlicher Clustering-Verfahren wird im BW auf das ***Index-Clustering*** und das ***multidimensionale Clustering*** (MDC) zurückgegriffen.

Index Clustering

Im Falle des Index Clustering geben die Felder eines Index (dem Clustering-Index) die Kriterien vor, nach denen Datensätze innerhalb der Cluster zusammengefasst werden sollen. Dabei geht es nicht nur darum, Datensätze mit gleichen Feldwerten innerhalb eines Clusters abzulegen. Vielmehr geht es auch um eine physikalisch sortierte

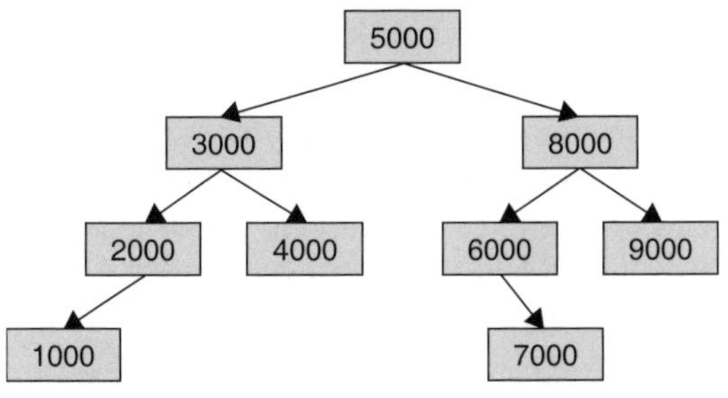

Tabellencluster

Kunde	Monat	Material	Umsatz
1000	02.2002	A	17
1000	03.2002	D	30
2000	03.2002	D	30
3000	02.2002	D	30
3000	02.2002	B	15
4000	01.2002	D	30
5000	01.2002	D	30
6000	01.2002	C	44
7000	02.2002	C	44
7000	03.2002	D	30
8000	01.2002	B	15
9000	01.2002	A	17

Abb. 7-23 *Tabellenstruktur beim Index-Clustering*

Ablage der Cluster. Abbildung 7–23 nimmt Bezug auf die in Abbildung 7–9 dargestellte Struktur eines B-Tree-Index, begreift diesen jedoch als Clustering-Index, was eine entsprechende Stuktur der Tabelle nach sich zieht.

Durch das Index-Clustering ist es möglich, deutlich schneller auf zusammenhängende Daten zuzugreifen. Insbesondere Range-Scans profitieren in bemerkenswertem Maß von der geclusterten Struktur einer Tabelle, sofern Daten nach Feldern im Clustering-Index selektiert werden. Wird nach einem anderen Feld selektiert (z.B. Monat oder Material in der o.g. Abbildung), so führt der Einsatz des Index-Clustering nicht mehr zu Vorteilen. Ist ein Clustering-Index aus mehreren Feldern zusammengesetzt, so ergibt sich daraus auch nur dann ein Vorteil, wenn vom ersten Index-Feld an selektiert wird.

Da das Index-Clustering unmittelbaren Einfluss auf die physikalische Speicherung der Daten nimmt, kann pro Tabelle nur ein Clustering-Index bestimmt werden, nach dem die Tabelle sortiert werden soll. Damit eignet sich das Index-Clustering nur dann, wenn die Zugriffe auf Daten im Wesentlichen nach definierten Selektionen erfolgen.

Ein weiteres Problem tritt beim Index-Clustering zwangsläufig dann auf, wenn Inserts oder Updates auf die Daten der Tabelle erfolgen. Sind in den definierten Clustern noch Datenbereiche frei oder können neue Cluster zwischen die bereits bestehenden geschrieben werden, so kann die sortierte Ablage erhalten bleiben. Ist dies nicht möglich, so können Daten unter Umständen nur so in die Cluster geschrieben werden, dass nahe beieinanderliegende Daten in einem Cluster stehen oder Cluster mit gleichen Feldwerten nur noch »nahe« beieinanderliegen. Im schlimmsten Fall können Daten überhaupt nicht in die sortierte Struktur der Cluster eingefügt werden und müssen an anderer Stelle im Datenbanksystem angelegt werden. Ein Wiederherstellen der sortierten Clustering-Struktur ist damit nur durch eine Datenbankreorganisation zu erreichen.

Mehrdimensionales Clustering (MDC)

Seit der Version 7 unterstützt das SAP BW zusätzlich das ***mehrdimensionale Clustering*** (MDC), das erstmals durch die Version 8 der DB2 UDB bereitgestellt wird. Mehrdimensionales Clustering erweitert das Index-Clustering dahingehend, dass ein Extend (in diesem Fall als Block bezeichnet) nicht nur für einen bestimmten Feldwert, sondern für eine Kombination aus mehreren Feldwerten definiert ist und auch ausschließlich zur Speicherung von Datensätzen mit den vorgesehenen Feldwerten genutzt wird. Die ausgewählten Felder werden auch als ***MDC-Dimensionen*** bezeichnet.

Zusätzlich werden mehrdimensional geclusterte Tabellen mit sogenannten ***Blockindizes*** versehen, die ggf. bestehende Sekundärindizes auf die MDC-Dimensionen ersetzen. Diese Indizes verweisen nicht mehr auf einzelne Datensätze der Tabelle, sondern lediglich auf die Blöcke, in denen jeweils gleiche Werte dieses Feldes zusammengefasst sind. Blockindizes sind damit naturgemäß kleiner als normale Sekundärindizes und können schneller durchsucht werden.

Jeder der angelegten Blockindizes beschreibt dabei für jeweils eine MDC-Dimension die Referenzen auf die entsprechenden Blöcke, d.h., jedes Feld, das Bestandteil der MDC-Dimensionen ist, wird mit einem Blockindex versehen. Zusätzlich wird ein zusammengesetzter Blockindex auf die Felder aller MDC-Dimensionen angelegt. Abbildung 7–24 stellt das mehrdimensionale Clustering an Beispiel einer Tabelle dar, in der die Felder Monat und Vertriebsweg als MDC-Dimensionen verwendet werden.

Abb. 7–24 *Mehrdimensionales Clustering*

Partitionierte Tabelle (MDC)

Cluster	Monat	Vertriebsweg	Kunde	Umsatz
1	01.2002	01	1000	17
1	01.2002	01	2000	15

Cluster	Monat	Vertriebsweg	Kunde	Umsatz
2	01.2002	02	4000	18
2	01.2002	02	5000	9

Cluster	Monat	Vertriebsweg	Kunde	Umsatz
3	02.2002	01	1000	44
3	02.2002	01	2000	21

Cluster	Monat	Vertriebsweg	Kunde	Umsatz
4	02.2002	02	3000	23
4	02.2002	02	4000	12

Cluster	Monat	Vertriebsweg	Kunde	Umsatz
5	03.2002	01	1000	27
5	03.2002	01	2000	15

Cluster	Monat	Vertriebsweg	Kunde	Umsatz
6	03.2002	02	3000	11
6	03.2002	02	4000	17

Blockindizes

Monat	Vertriebsweg	Cluster
01.2002	01	*1*
01.2002	02	*2*
02.2002	01	*3*
02.2002	02	*4*
03.2002	01	*5*
03.2002	01	*6*

Monat	Cluster
01.2002	*1*
01.2002	*2*
02.2002	*3*
02.2002	*4*
03.2002	*5*
03.2002	*6*

Vertriebsweg	Cluster
01	*1*
01	*3*
01	*5*
02	*2*
02	*4*
02	*6*

Der Vorteil des mehrdimensionalen Clusterings liegt darin, dass die Beschleunigung von Lesezugriffen auf eine Tabelle nicht auf die Selektion eines einzigen bestimmten Feldes beschränkt ist (wie dies bei der Range-Partitionierung und beim Index-Clustering der Fall ist), sondern jede Selektion, die eine der MDC-Dimensionen einschränkt, einen entsprechenden Performancegewinn schaffen kann.

Voraussetzung dafür, dass sich daraus ein echter Performancegewinn ergibt, ist allerdings eine effiziente Nutzung der Blöcke; denn für jede Wertekombination wird ein kompletter Block (=Extend) reserviert, selbst wenn die Wertekombination nur einmalig vorkommt.

Werden Extends zu oft für eine Wertekombination reserviert, die dann doch nur einmalig oder zumindest so selten auftritt, dass die Extends nicht ausgefüllt werden, so entsteht anstelle des erhofften Performancegewinns eher ein überhöhter Speicherverbrauch, der damit einhergeht, dass zu viele (halb-)leere Blöcke gelesen werden müssen.

Um mit multidimensionalem Clustering einen Performancegewinn zu erreichen, müssen die ausgewählten MDC-Dimensionen daher eine möglichst große Anzahl an gleichen Wertkombinationen aufweisen. Als MDC-Dimension eigenen sich damit vor allem solche Felder, die eine geringe Kardinalität aufweisen.

Welches Clustering-Verfahren wann zum Einsatz kommen kann, hängt vom Typ der jeweiligen Datenbanktabelle ab. Im Falle von BasisCubes ist zu unterscheiden zwischen:

- der komprimierten Faktentabelle von BasisCubes und Aggregaten
- der unkomprimierten Faktentabelle von BasisCubes und Aggregaten

Wie das Clustering in beiden Fällen definiert ist oder sich definieren lässt, wird nachfolgend erläutert. Darüber hinaus unterstützt das BW auch das Clustering von PSA-Tabellen und DataStore-Objekten. Dies wird im Rahmen des Performance-Tunings von Extraktion und Staging erläutert (siehe Kapitel 24).

Clustering der komprimierten Faktentabelle

Die komprimierte Faktentabelle von BasisCubes und Aggregaten ist stets nach einem Clustering-Verfahren aufgebaut. Bis zur Version 3.x des SAP BW handelte es sich dabei stets um Index-Clustering.

Index-Clustering

Der Clustering-Index setzte sich dabei standardmäßig aus allen Dimensions-IDs der Faktentabelle zusammen. Beschleunigt wurden dabei zumindest diejenigen Teile der Datenanalyse, die auf eine Range der Zeitmerkmale zugreifen (die Zeitdimension ist das erste Feld des Clustering-Index).

Das Index-Clustering wird auch in der Version 7 des SAP BW per Default für die komprimierte Faktentabelle verwendet. Regelmäßige Datenbankreorganisationen sind dabei zwangsläufige Voraussetzung für eine dauerhaft performante Nutzung der komprimierten Faktentabellen.

Mehrdimensionales Clustering

Alternativ zum Index-Clustering kann die komprimierte Faktentabelle mit mehrdimensionalen Clustering belegt werden. Dies setzt jedoch eine explizite Definition der als MDC-Dimensionen zu verwendenden Merkmale voraus, was nur manuell und mit Wissen über die zu beschleunigenden Datenanalysen gesehen kann und damit keine Default-Einstellung bilden kann.

Als MDC-Dimension auswählbar sind dabei alle die Schlüsselfelder der Zeitdimension und aller Kundendimensionen eines InfoCubes, also die Dimensions-IDs bzw. Stammdaten-IDs[17] (vgl. Kapitel 6.4.3 und Kapitel 6.4.4), und nicht etwa die Merkmale selbst. Eine Ausnahme bilden die Zeitmerkmale `0CALMONTH` und `0FISCPER`, die als solche eine MDC-Dimension bilden können. In diesem Fall wird die Stammdaten-ID des jeweils verwendeten Zeitmerkmals[18] direkt in die komprimierte Faktentabelle aufgenommen (ebenso wie bei der Range-Partitionierung).

Wenn multidimensionales Clustering nicht nur auf Grundlage von Dimensionstabellen, sondern auf Basis einzelner Merkmale definiert werden soll, so können diese Merkmale als Line-Item in den BasisCube aufgenommen werden. Die Verwendung von Line-Item bietet sich üblicherweise nur bei Merkmalen mit besonders vielen Ausprägungen an, kann jedoch speziell bei der Verwendung als MDC-Dimension auch bei Merkmalen mit wenig Ausprägungen sinnvoll sein. Ein typisches Beispiel hierfür sind eigendefinierte Zeitmerkmale, die auf diese Weise ähnlich wie `0CALMONTH` und `0FISCPER` direkt in die Faktentabelle aufgenommen werden können.

Die Definition der MDC-Dimensionen erfolgt in der Pflege des BasisCubes, solange er noch keine Daten erhält (siehe Abb. 7–25). Soll das mehrdimensionale Clustering für einen datentragenden BasisCube definiert oder geändert werden, so steht zu diesem Zweck das Re-Clustering zur Verfügung (siehe Kapitel 9.3).

17. Bei Line-Item-Dimensionen.
18. In einem BasisCube kann nur eines dieser beiden Merkmale als MDC-Dimension definiert werden, nicht jedoch beide Merkmale.

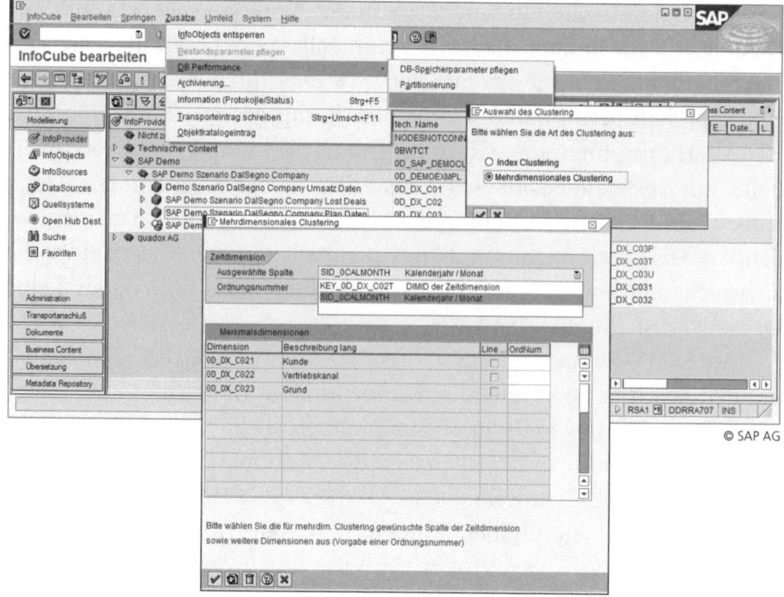

Abb. 7–25
Mehrdimensionales Clustering von BasisCubes

Bei der Definition der MDC-Dimensionen können inklusive der Zeitdimension/dem Zeitmerkmal maximal drei Dimensionen benannt werden. Die Zeitdimension oder ein Zeitmerkmal muss jedoch nicht zwingend als MDC-Dimension genutzt werden, so dass stattdessen auch drei beliebige kundeneigene Dimensionen genutzt werden können. Dies hat insbesondere den Vorteil, dass multidimensionales Clustering auch kundeneigene Zeitmerkmale berücksichtigt, wohingegen die Range-Partitionierung ausschließlich die Zeitmerkmale `0CALMONTH` und `0FISCPER` berücksichtigt.

Grundsätzlich sollten stets solche Dimensionen als MDC-Dimensionen bestimmt werden, deren Merkmale in Abfragen häufig eingeschränkt werden (d.h., irgendein Zeitmerkmal sollte in jedem Fall eine Rolle spielen). Dabei ist jedoch unbedingt zu berücksichtigen, dass diese Dimensionstabellen nicht besonders groß sein sollten. Denn durch die hohe Kardinalität der Dimensionsschlüssel entstehen sonst unter Umständen viele Blöcke, die nicht effizient genutzt werden können, was dann eher zu einer Verschlechterung als zu einer Verbesserung der Performance führen kann.

Kalkulation der Blockgrößen

Um einschätzen zu können, ob Blöcke effizient befüllt werden, muss zunächst ermittelt werden, wie viele Datensätze der Faktentabelle in einem Block gespeichert werden können. Auf dieser Grundlage kann abgeschätzt werden, ob der Datenbestand hinreichend viele Datensätze liefert, um die Blockgrößen effizient zu füllen.

Die Größe eines Blockes richtet sich nach der PAGESIZE und der EXTENTSIZE des Tablespace für die Faktentabellen (Datenart DFACT). Der Standardwert beträgt für die PAGESIZE 16 KB, für die EXTENTSIZE 2[19]. Bei diesen Standardwerten ergibt sich demnach ein Speicherbereich 32 KB, der pro Block reserviert wird.

Wie viele Datensätze in einem Block gespeichert werden können, hängt von der Breite der Datensätze an. Diese errrechnet sich aus der Anzahl Dimensionen (4 Byte pro Dimension) und den im Cube enthaltenen Kennzahlen (9 Byte pro Dezimalkennzahl). In einem BasisCube mit 13 eigendefinierten Dimensionen (zzgl. der drei Standarddimensionen) und 10 Dezimalkennzahlen benötigt ein Datensatz somit

$$(13+3)\ \mathit{Dimensionen} \times \frac{4\ \mathit{Byte}}{\mathit{Dimension}} + 10\ \mathit{Kennzahlen} \times \frac{9\ \mathit{Byte}}{\mathit{Kennzahl}} = 154\ \mathit{Byte}$$

Bei der o.g. Blockgröße von 32 KB (32.768 Byte) können demnach 212 Datensätze in einen Block geschrieben werden.

Im Umkehrschluss bedeutet dies, dass für jede Kombination der MDC-Dimensionen mindestens 200 Datensätze existieren sollen – besser noch ein Vielfaches der benannten 212 Datensätze.

Ordnungsnummern

Zusätzlich zur Benennung der MDC-Dimensionen ist die Vorgabe einer Ordnungnummer zu jeder Dimension zu hinterlegen. Diese Ordnungsnummer gibt die Reihenfolge der Dimensionen im zusammengesetzten Blockindex vor (vgl. Abb. 7–24 auf S. 155).

Die Empfehlung der SAP, die meistanalysierten Felder an den Anfang des Blockindex zu stellen, scheitert in de Praxis zumeist an der Intransparenz des Reportings und sollte daher nicht übertrieben ernst genommen werden. Gleichwohl sollten MDC-Dimensionen, die Zeitmerkmale beschreiben, eine möglichst geringe Ordnungsnummer erhalten. Das Feld der Zeitdimension erhält automatisch die Ordnungsnummer 1.

Für den Rest der MDC-Dimensionen sollte die Ordnungsnummer aus praktischen Erwägungen absteigend mit der Kardinalität der Dimensionen vergeben werden, d.h., die Dimension mit den meisten Ausprägungen erhält die niedrigste Ordnungsnummer.

Clustering von Aggregaten

Sind Aggregate für einen BasisCube definiert, so wird das Clustering des InfoCubes auf diese übertragen. Kann ein Aggregat beim multidimensionalen Clustering eine MDC-Dimension des InfoCubes nicht abbilden oder wurden alle InfoObjects einer MDC-Dimension als Line Item Dimensionen im Aggregat angelegt[20], so wird das Clustering des Aggregates mit den verbleibenden MDC-Dimensionen erstellt. Enthält

19. In den Versionen vor NetWeaver 2004s noch 16.

ein Aggregat keine MDC-Dimensionen des InfoCubes oder enthält es nur MDC-Dimensionen, wird Index-Clustering für das Aggregat verwendet.

Clustering der unkomprimierten Faktentabelle

Die unkomprimierte Faktentabelle jedes BasisCubes wird standardmäßig mit einem Clustering-Index auf die Zeitdimension versehen. Damit wird der Performance im Reporting der Vorzug vor der Cube-Administration gegeben – denn sonst müsste anstelle der oft bei der Datenanalyse gebrauchten Zeitdimension die Paketdimension Basis des Index-Clustering sein[21].

Wird die komprimierte Faktentabelle nicht über einen Index, sondern multidimensional geclustert, so folgt die Struktur der unkomprimierten Faktentabelle dieser Definition. Abweichend wird jedoch auch die Paketdimension als erste der MDC-Dimensionen hinzugefügt, so dass zusätzlich zu einer guten Performance bei der Datenanalyse auch eine performante Administration der Requests in einem BasisCube möglich ist.

Kalkulation der Blockgrößen

Da die Kalkulation der Blockgrößen bei der Modellierung und Auswahl der MDC-Dimensionen (siehe oben) in der Regel nicht die zusätzliche Aufnahme der Paketdimension berücksichtigt, kann es beim multidimensionalen Clustering der unkomprimierten Faktentabelle mitunter zu einer ineffizienten Ausnutzung der Blöcke kommen.

Zwar wäre auch bei der unkomprimierten Faktentabelle eine effiziente Nutzung der Blöcke wünschenswert. In der Bewertung dieses Nachteils sollte jedoch immer beachtet werden, dass die unkomprimierte Faktentabelle nur einen besseren temporären Speicher darstellt, dessen Daten früher oder später ohnehin in die komprimierte Faktentabelle verschoben werden sollten. Die ohnehin schwierige Modellierung und Auswahl der MDC-Dimensionen wird daher nicht unnütz durch Betrachtung der unkomprimierten Faktentabelle erschwert; denn dies würde die Gefahr erhöhen, dass daraus eine mögliche Abwandlung der MDC-Dimensionen resultiert, die zu Lasten der komprimierten Tabelle geht.

20. Eine derartig abweichende Modellierung zwischen BasisCube und Aggregaten entsteht bei der Bildung von Line-Item-Aggregaten (vgl. Seite 126).
21. Zum Vergleich: Die Oracle-Implementierung des BW partitioniert die unkomprimierte Faktentabelle nach der Request-ID und nicht nach der Zeit.

7.3.3 Modell-Partitionierung

Mit der Range-Partitionierung und dem Clustering stellen die Datenbanksysteme dem BW mächtige Werkzeuge zur Verfügung, um auch große Datenbestände in BasisCubes und DataStore-Objekten zu verwalten.

Speziell die Range-Partitionierung ist jedoch nicht auf die Unterstützung durch ein Datenbanksystem angewiesen, sondern kann durch entsprechende Modellierung auf Applikationsebene ergänzt oder sogar ersetzt werden, wenn das BW auf einem Datenbanksystem betrieben wird, das keine Partitionierungstechniken anbietet[22], oder wenn über andere als die standardmäßig vorgegebenen Felder[23] partitioniert werden soll.

Die Besonderheit der Modell-Partitionierung besteht vor allem darin, dass sie vollständig durch die Anwendung, also durch das selbstentwickelte Datenmodell definiert wird und damit sowohl im Rahmen der Datenmodellierung als auch im Rahmen des Staging besonders berücksichtigt werden muss.

Partitionierung auf Applikationsebene verbessert nicht nur die Performance, sondern erhöht auch die Komplexität eines Datenmodells. Um die Administration des BW nicht unnötig aufwändig zu gestalten, sollten Sie diese Form der Partitionierung nur einsetzen, wenn Sie sich der Notwendigkeit sicher sind.

Die Partitionierung auf Anwendungsebene erfolgt, indem für jede gewünschte »Partition« explizit Datenziele (in der Regel BasisCubes oder DataStore-Objekte) definiert werden. Um bei der Datenanalyse dennoch einen gemeinsamen Blick auf die Daten aller »Partitionen« zu erhalten, müssen die Daten mit Hilfe eines virtuellen InfoProviders (in diesem Fall einem MultiProvider) wieder zusammengeführt werden. Abbildung 7–26 stellt dies am Beispiel einer Partitionierung nach drei Unternehmenssparten dar.

---

22. Dies ist in der aktuellen Version des SAP BW ausschließlich beim Datenbanksystem MAX DB (vormals SAP DB, vormals ADABAS D) der Fall.
23. `0CALMONTH` bzw. `0FISCPER`.

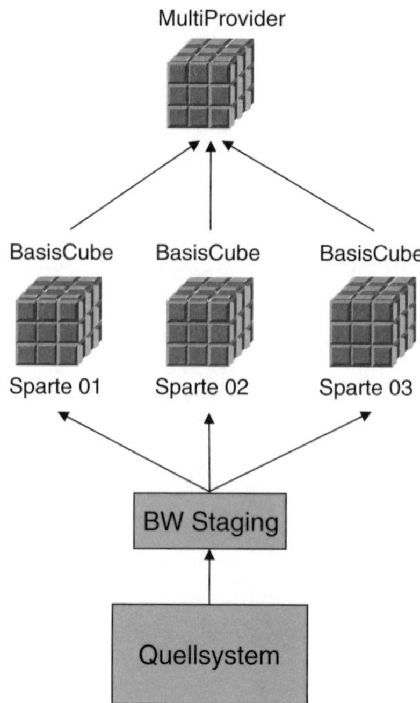

Abb. 7–26
Partitionierung der Faktentabelle auf Applikationsebene

Bei entsprechender Konfiguration der Analytical Engine (siehe Kapitel 11) werden bei der Auswertung eines MultiProviders die zugrunde liegenden InfoProvider in parallelen Prozessen gelesen. Detaillierte Informationen zu MultiProvidern werden in Kapitel 11.1 gegeben.

Darüber hinaus kann die Analytical Engine eine Reihe von Verfahren nutzen, um einzelne InfoProvider von der Datenanalyse auszuschließen, sofern bereits im Vorfeld klar ist, dass bestimmte InfoProvider keine Daten zu einer Auswertung beitragen werden (z.B. bei der Selektion auf Sparte 01 der InfoProvider, die zur Speicherung der Sparte 02 entworfen wurde).

Für den speziellen Fall, dass ein BasisCube oder ein DataStore-Objekt für einen oder mehrere Merkmale nur einen einzigen Wert speichert, kann (und sollte) die Analytical Engine bereits durch die Gestaltung des Datenmodells beim Ausschließen partitionierter InfoProvider unterstützt werden. Diese Unterstützung erfolgt durch das Festlegen sogenannter ***strukturspezifischer Eigenschaften***, die in den Metadaten zu einem BasisCube bzw. zu einem DataStore-Objekt abgelegt werden.

Strukturspezifische Eigenschaften von BasisCubes

Im Falle von BasisCubes können strukturspezifische Eigenschaften bei der Pflege des Cubes im Kontextmenü des jeweiligen InfoObjekts hinterlegt werden (siehe Abb. 7–27). Sobald ein BasisCube Daten enthält, können diese Einstellungen nicht mehr vorgenommen werden.

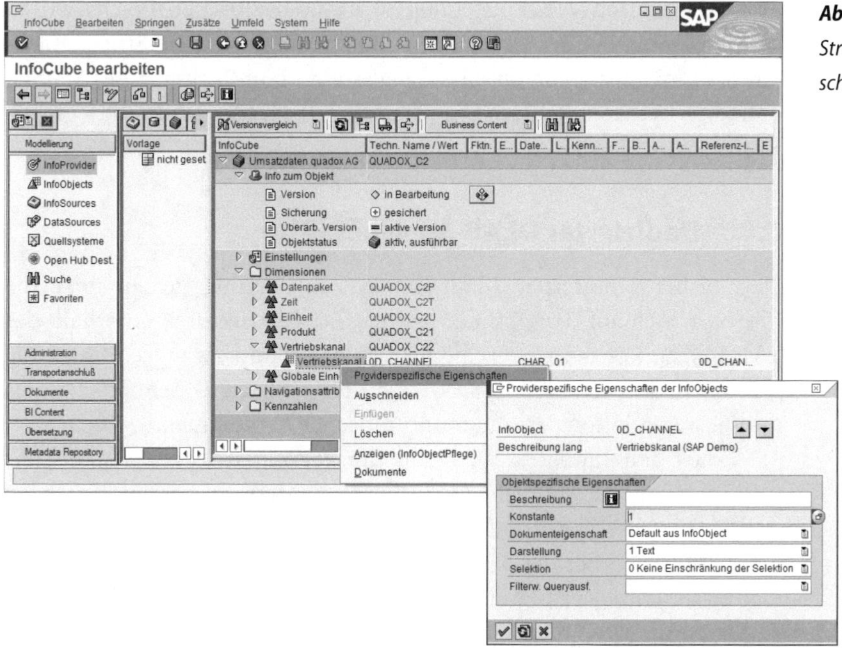

Abb. 7–27
Strukturspezifische Eigenschaften von BasisCubes

Als Partitionierungsmerkmale eignen sich ausschließlich statische Organisationsmerkmale, die nur geringen Änderungen unterworfen sind (zum Beispiel Buchungskreise oder Geschäftsbereiche). Beim Einsatz fortlaufender Merkmale (zum Beispiel einem Zeitmerkmal) müsste für jede neue Ausprägung (bzw. Gruppe an Ausprägungen) ein neuer BasisCube angelegt werden. Die Partitionierung über fortlaufende Zeitmerkmale ist somit nur bei Partitionierung auf Datenbankebene sinnvoll, wo eine größere Anzahl an Partitionen nicht zwangsläufig mit einem höheren (manuellen) Administrationsaufwand verbunden ist.

Unter Berücksichtigung des Administrationsaufwandes sollten Sie auf nicht mehr als circa fünf BasisCubes partitionieren. In Ausnahmefällen kann eine Partitionierung auf bis zu zehn BasisCubes sinnvoll sein. Dabei sollte aber ein wesentlich erhöhter Wartungsaufwand einkalkuliert werden, da jeder BasisCube separat administriert und getunt werden muss.

Strukturspezifische Eigenschaften von DataStore-Objekten

Da DataStore-Objekte nicht denselben Schwerpunkt auf die Datenanalyse legen, wie dies bei BasisCubes der Fall ist, sind strukturspezifische Eigenschaften dort weniger von Bedeutung. Dennoch können auch bei der Pflege von DataStore-Objekten derartige Einstellungen vorgenommen werden. Dies geschieht ebenso wie bei den BasisCubes im Kontextmenü der jeweiligen Schlüssel- oder Datenfelder (vgl. Abb. 7–27).

Verteilung der Daten

Allein durch die Einstellung strukturspezifischer Eigenschaften werden Daten bei der Übergabe in BasisCubes und DataStore-Objekten noch nicht verteilt, so dass die Verteilung im Rahmen des Staging definiert werden muss. Die Definition dieser Verteilung ist in Kapitel 25 erläutert.

7.4 Dedizierter OLAP-Speicher (BIA)

Den bisher erläuterten Maßnahmen zum Tuning gemein war die Eigenart, sich auf die Optimierung der Datenstrukturen innerhalb des SAP BW zu konzentrieren. Sie binden sich damit zwangsläufig an die Optionen des vom BW-Basissystem verwendeten Datenbanksystems und dessen relationaler und monolithischer Paradigmen.

Einen ganz anderen Weg geht die Verwendung von Datenbanktechnologien, die speziell auf die Datenanalyse ausgerichtet wurden und zu diesem Zweck auf massiv parallele Technologien zurückgreifen[24]. Mitbewerber der SAP setzen derartige Technologien bereits seit mehreren Jahren erfolgreich ein. Darüber hinaus gibt es inzwischen Anbieter, die entsprechende Systeme speziell für die Zusammenarbeit mit dem SAP BW anbieten.

Bei der Entwicklung des SAP BW fiel die Wahl seinerzeit auf monolithische, relational geprägte Datenbanktechnologie und nicht etwa auf massiv parallele Speichertechnologien aus recht pragmatischen Gründen, denn die SAP verfügte mit dem SAP ERP über ein entsprechendes Basissystem, das auch für das SAP BW verwendet werden sollte.

Erst mit der Entwicklung der Suchmaschine TREX brachte sich auch die SAP in den Besitz einer massiv parallelen Speichertechnologie, wenngleich diese zunächst auf die Speicherung und Abfrage unstrukturierter Daten aus Dokumenten ausgelegt war. Speziell für die Aufnahme der strukturierten Daten des SAP BW wurde der TREX um die sogenannten BIA-Indexarten erweitert und steht dem BW als ***Business Intelligence Accelerator*** (BI Accelerator) zur Verfügung.

Grundlage paralleler Speichertechnologien

Der Einsatz massiv paralleler Speichertechnologien findet dort seinen Einsatz, wo die Verarbeitung von Daten in beliebiger Weise auf unterschiedliche Recheneinheiten verteilt werden kann, weil keine Abhängigkeiten zwischen den Teilverarbeitungen existieren und die Gesamtverarbeitung damit beliebig untergliedert werden kann.

Bezogen auf das Data Warehousing ist dies beim Lesen der Faktentabellen eines Star-Schemas der Fall, deren Daten im Wesentlichen additiv zusammenzuführen sind; und da es keinen Unterschied macht,

24. Die parallel arbeitenden Recheneinheiten verfügen über eigenständige und unabhängig voneinander arbeitende CPUs und Hauptspeicher.

ob die Operation 1+2+3+4 auf einem Rechner oder die Operationen 1+2 und 3+4 auf zwei separaten Rechnern durchgeführt werden und das Ergebnis 3+7 nur am Ende zusammengefasst werden muss, kann eine Faktentabelle ebenso auf mehrere Recheneinheiten verteilt werden. Abbildung 7–28 illustriert diesen theoretischen Ansatz.

Abb. 7–28
Verteilte Datenabfrage

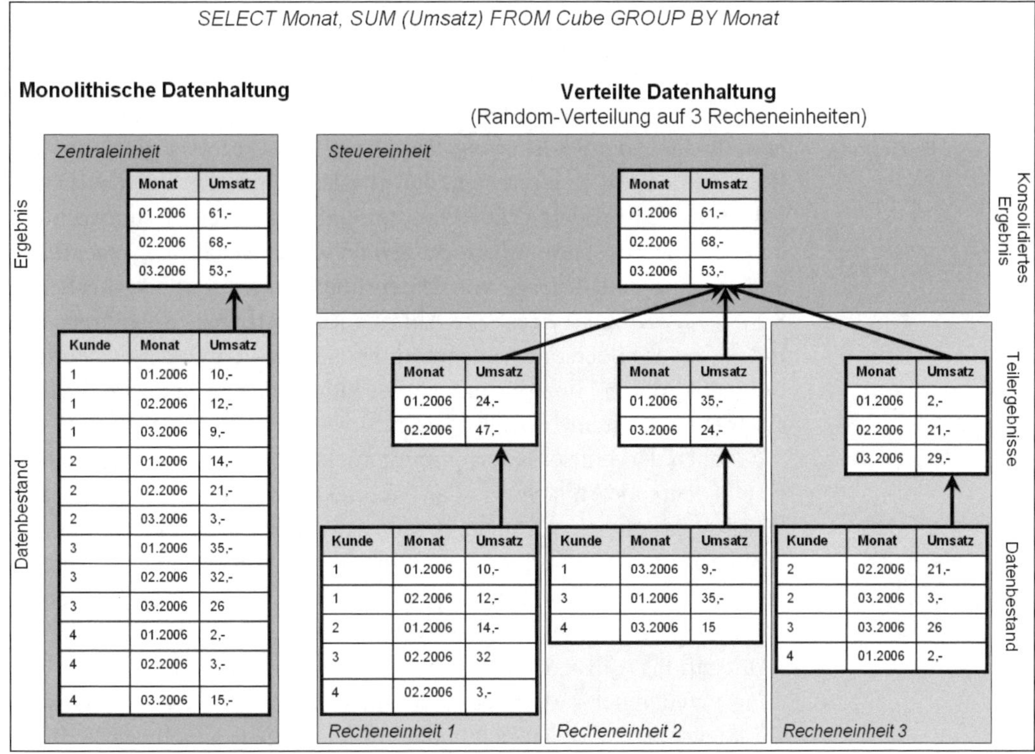

Die Verteilung von Daten auf unterschiedliche Recheneinheiten kann auf unterschiedliche Weise erfolgen, nämlich nach inhaltlichen Kriterien (z.B. über Zeitmerkmale), mittels Hash-Algorithmen bis hin zu zufallsbasierten Verfahren (wie in der Abbildung dargestellt). Die Idee, Daten auf mehrere Speicherbereiche zu verteilen, ist nach den bereits gegebenen Ausführungen zum Thema Partitionierung eigentlich nicht neu. Der wesentliche Unterschied besteht jedoch darin, Daten nicht nur innerhalb einer Speichereinheit anders zu organisieren, sondern Daten tatsächlich auf unserschiedliche Recheneinheiten zu verteilen.

In Kombination mit der Tatsache, dass die zu bewältigenden Aufgaben in beliebig viele Teilaufgaben zerlegbar und von den einzelnen Recheneinheiten autonom zu lösen sind, kann die Leistung des Gesamtsystems damit nahezu linear skaliert werden, indem weitere Recheneinheiten in das Gesamtsystem aufgenommen werden.

In welchem Grad Aufgaben auf mehrere Recheneinheiten verteilt werden, hängt vom jeweils gewählten Ansatz und der Aufgabe ab. Der Ansatz kann zentralistisch geprägt sein und lediglich Rechenaufgaben zerlegen und verteilen; der Ansatz kann jedoch so weit gehen, dass sogar die physische Speicherung und Verwaltung der Daten verteilt wird. Bei alldem ist zu beachten, dass der Ansatz einer massiv parallelen Abfragetechnik den Einsatz einer entsprechenden Hard- und Softwarearchitektur bedingt, welche die gewünschte Verteilung von Speicher- und Lesezugriffen unterstützt.

Architektur des BI Accelerator

Die SAP hat sich in dieser Frage entschieden, sowohl die Rechenlast als auch die Speicherung der Daten (im Hauptspeicher) auf die Recheneinheiten zu verteilen, die physische Speicherung der Daten jedoch zu zentralisieren. Die Hauptaufgabe in diesem Systemverbund nehmen die sogenannten ***Index-Server*** wahr, welche die eigentliche Speicherung und Abfrage von Daten übernehmen und entsprechende Services (Attributservices) zur Abfrage jedes Attributs ausführen. Die Index-Server bilden das Augenmerk bei der Skalierung der Systemleistung, d.h., durch Hinzufügen weiterer Index-Server kann auch die Last auf mehrere Systeme verteilt werden[25].

Neben den Index-Servern nimmt auch der sogenannte ***Nameserver*** eine bedeutende Funktion in der Architektur des BI Accelerator wahr. Dieser Nameserver (bestehend aus mehreren Nameservern, die als Master/Slave bzw. Backup-Server fungieren) kontrolliert im Wesentlichen die Verteilung von Daten und Abfragen auf die Index-Server.

Technisch könnte diese Architektur durch eine Reihe unabhängiger Workstations realisiert werden, die durch eine schnelle Netzwerkverbindung miteinander verbunden sind und sich ein gemeinsames Netzlaufwerk teilen. Die SAP hat sich in dieser Frage gegen einen freien Verbund von Servern und für die Blade-Technologien der Hardwarepartner Hewlett Packard und IBM entschieden, die den BIA vorkonfiguriert auf Hardware mit 64 Bit Intel XEON-CPUs mit SuSE Linux SLES 9 ausliefern. Eine Unterstützung anderer Systeme wird derzeit nicht geboten.

Der BI Accelerator basiert zwar auf der Technologie der Suchmaschine TREX, kann jedoch nicht als solche eingesetzt werden. Soll zusätzlich zum BI Accelerator auch ein TREX betrieben werden, so muss dies auf einer separaten Instanz erfolgen. Soll gar eine 32-Bit-Version des TREX eingesetzt werden, so muss auf ganz andere Hardware ausgewichen werden (was ohnehin sinnvoller erscheint, denn der BIA ist ausschließlich auf 64-Bit-Hardware[26] zu betreiben.

25. Index-Server können auch als Backup-Server für andere Index-Server eingesetzt werden. Auf eine detaillierte Betrachtung der Systemarchitektur soll an dieser Stelle jedoch verzichtet werden.

Diese sogenannte »BIA-Box« stellt nicht nur architektonisch ein eigenständiges System dar, sondern wurde (und wird) sogar unabhängig vom Basissystem des SAP BW entwickelt. Die BIA-Box verbindet mehrere Recheneinheiten (die Blades) innerhalb eines Chassis mit einem zentralen Verwaltungsmodul, das die Blades dem BW gegenüber als Einheit (dem BIA-Server) präsentiert. Jeder der Blades verfügt über eigene CPUs und Hauptspeicher, nicht jedoch über eigenen Plattenspeicher.

Der Vorteil des BIA-Servers liegt somit darin, innerhalb einer relativ kompakten Bauweise eine große Menge an CPUs und Hauptspeicher zu integrieren, deren Masse (in GB und CPUs) durch Hinzufügen neuer Blades nahezu beliebig skaliert werden kann. Die Grenzen der Ausbaufähigkeit setzt lediglich der jeweilige Hardwarehersteller. Kommen Anwendungen auf dem BIA-Server zum Einsatz, deren Leistungsbedarf sich im Wesentlichen auf CPU- und Hauptspeicher bezieht, so lässt sich die Leistung des BIA-Servers nahezu linear mit der »Hardwaremasse« skalieren.

Genau diese Voraussetzung ist bei der TREX-Technologie erfüllt, d.h., Analyseprozesse werden auf recht brachiale Weise durch das Caching von Cube-Inhalten im Hauptspeicher der Blades beschleunigt. Dies ermöglicht schnellere Zugriffe auf den Speicher und obendrein eine Parallelisierung der Zugriffe. Erkauft wird dieser Leistungszuwachs vor allem durch die – im Vergleich zu Plattenspeichern – horrenden Kosten des Hauptspeichers.

Damit verliert das Konzept des BIA zwangsläufig an Wirkung, wenn der Hauptspeicher der Index-Server nicht ausreicht, um alle ausgewählten Daten aufzunehmen. In diesem Fall müssen Daten aus dem Hauptspeicher entfernt und bei Bedarf wieder vom Filesystem nachgelesen werden, was zu extremen Performanceeinbußen führen kann. Der Hauptspeicher des BIA-Server sollte daher stets so üppig ausgestattet sein, dass alle durch den BIA zu beschleunigenden BasisCubes in dessen Hauptspeicher passen. Übersteigt dies die technischen oder finanziellen Fähigkeiten eines BW-Anwenders, so sollte auf den Einsatz des BIA besser ganz verzichtet werden.

Einsatzgebiete

Seinen gerechtfertigten Einsatz findet der BI Accelerator vor allem in BW-Systemen, die Abfragen auf besonders große Datenbestände in BasisCubes zu bewältigen haben. Zwar führt die gezielte Optimierung mit Hilfe von Aggregaten, Indizes etc. in zahlreichen Fällen zu besseren Ergebnissen als der Einsatz des BI Accelerator – der besondere Vorteil des BI Accelerator liegt jedoch darin, eine durchschnittlich gute Perfor-

26. Schon die minimale Ausstattung eines Blades mit 8 GB Hauptspeicher überschreitet den Adressraum von 32 Bit.

mance auch dann zu gewährleisten, wenn die Arbeitsweise der Anwender nicht bekannt ist oder nicht untersucht werden soll.

Eine besonders vorteilhafte »Nebenwirkung« ist dabei die Tatsache, dass der Change Run weitgehend entfällt (siehe Kapitel 7.4.3) und sich der Roll Up von Aggregaten auf die Anpassung der BIA-Indizes beschränkt. Denn der BI Accelerator kann den Einsatz von Aggregaten überflüssig machen, so dass er auch aus organisatorischen Gründen vorteilhaft sein kann, da er die oftmals sehr zeitintensive Administration von Aggregaten abschafft.

Ein Freifahrtschein, auf Optimierung des BW-Systems zu verzichten, ist der BI Accelerator jedoch in keinem Fall, denn der BIA steht als reiner Analysebeschleuniger am Ende der Informationskette und wird erst dann mit Daten versorgt, wenn der Rest des SAP BW die Daten verarbeitet hat. Hinzu kommt der Umstand, dass es sich beim BI Accelerator noch um ein sehr »junges« System handelt. Der eine oder andere Ausfall des BI Accelerator oder der RFC-Verbindung zwischen BW und BI Accelerator sollte also nicht ausgeschlossen werden; die Datenhaltung des BW wird in diesen Fällen als Fallback genutzt und sollte daher entsprechend vorbereitet sein.

In den nachfolgenden Kapiteln wird

- die Anbindung des BIA an das SAP BW (Kapitel 7.4.1)
- die Administration des BIA im BW (Kapitel 7.4.2)
- die Struktur der Cube-Inhalte (Kapitel 7.4.3)
- die Organisation der Cube-Inhalte (Kapitel 7.4.4)
- das Anlegen und Füllen von BIA-Indizes (Kapitel 7.4.5)
- die Änderung von Hierarchien und Attributen (Kapitel 7.4.6)

erläutert. Die Einstellungen und Prozesse innerhalb des BI Accelerator werden dabei aus der Sichtweise des SAP BW betrachtet; eine detaillierte Betrachtung der BIA-Technologie würde den Rahmen dieses Buches jedoch sprengen und wird daher nicht geleistet.

Außer den hier behandelten Themen sind mit dem Einsatz des BIA Implikationen auf weitere Bereiche des SAP BW zu erwähnen. Dabei handelt es sich um:

- OLAP-Caching und Zugriffsfolgen (siehe Kapitel 12)
- Hochrollen von BIA-Indizes (siehe Kapitel 24.7)
- Trimming von BIA-Indizes (siehe Kapitel 32.2)

Die entsprechenden Details zum BIA werden in den jeweiligen Kapiteln erläutert.

7.4.1 Anbindung des BIA an das SAP BW

Die Kommunikation zwischen BI Accelerator und BW erfolgt über das SAP-spezifische RFC-Protokoll (vgl. Kapitel 3.1.1). Das Einrichten der RFC-Verbindungen erfolgt zentral in der Administration des BI Accelerator. Dort sind in den RFC-Einstellungen zunächst Verbindungsinformationen zu hinterlegen und anschließend die RFC-Verbindung anzulegen (siehe Abb. 7–29).

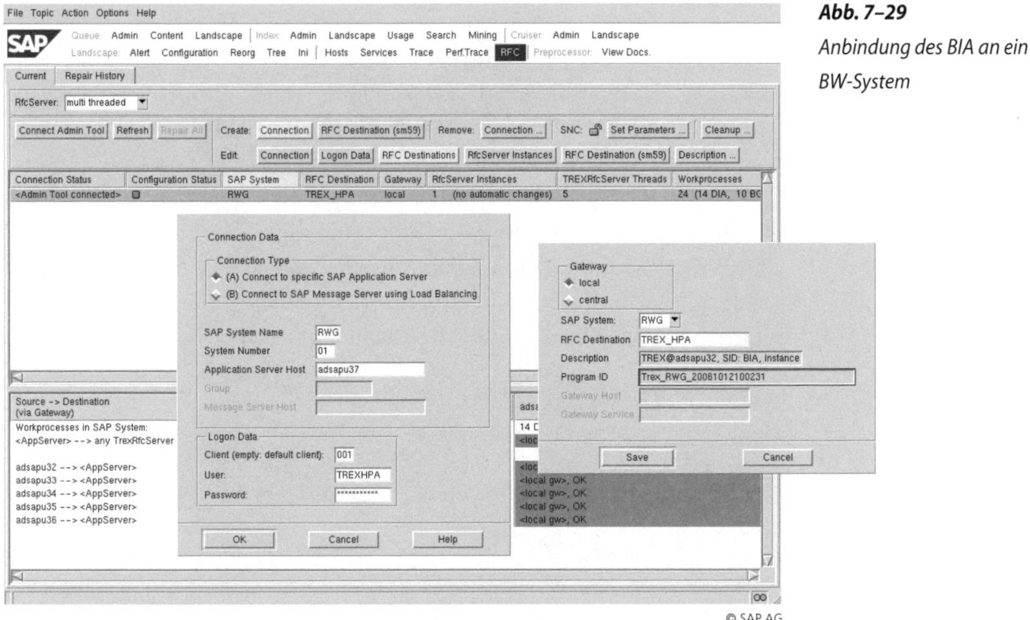

© SAP AG

Abb. 7–29
Anbindung des BIA an ein BW-System

Beim Anlegen der RFC-Verbindung im BIA werden sowohl im BIA als auch im BW alle erforderlichen Informationen abgelegt, d.h., es wird die in den Verbindungsdaten im BIA hinterlegte RFC-Destination im BW angelegt (defaultmäßig `TREX_HPA`). Die RFC-Verbindung wird als registriertes Serverprogramm angelegt und ist in der Transaktion `SM59` des BW hinterlegt (siehe Abb. 7–30).

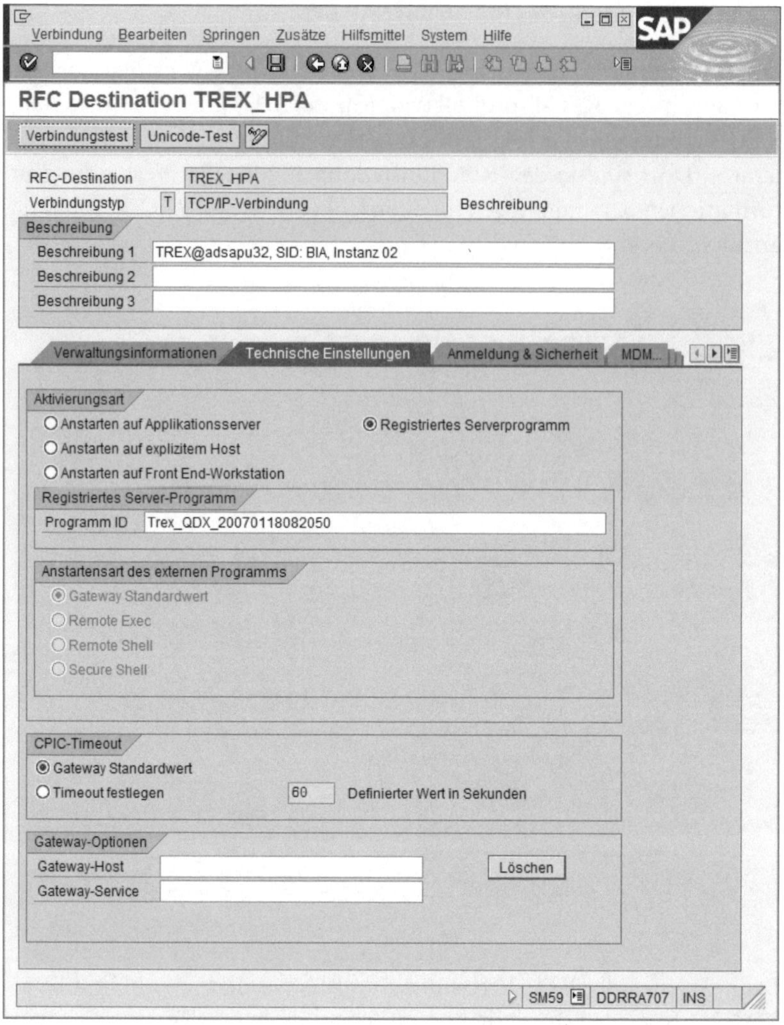

Abb. 7–30
RFC-Verbindung zum BIA im BW

Zusätzlich zu den vom BIA vorgenommenen Verbindungseinstellungen muss die RFC-Destination im Feld TREX_RFC_DEST des Pflegeviews RSADMINA eingetragen werden. Zu diesem Zweck kann in der Data Warehousing Workbench der Menüpunkt *Einstellungen →Globale Einstellungen* oder die Transaktion RSCUSTA aufgerufen werden (siehe Abb. 7–31).

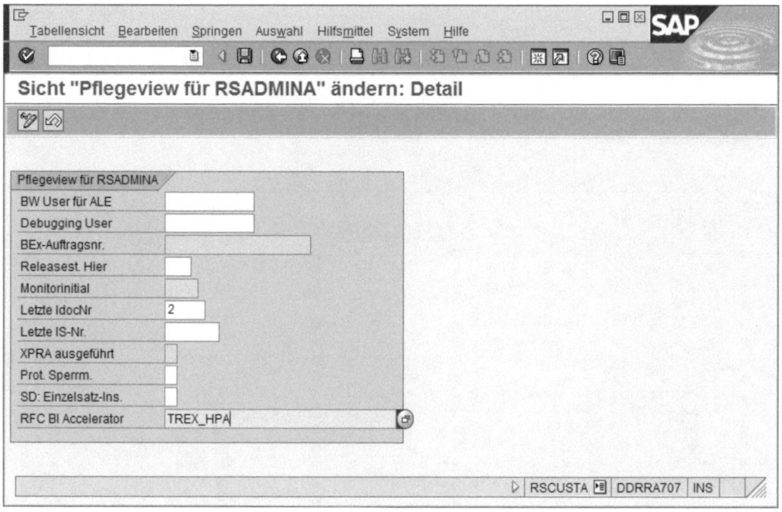

Abb. 7–31
Pflege der RFC-Destination zum BIA

Obwohl es sich beim RFC-Protokoll im Bereich von SAP-Systemen um eine seit Jahren bewährte, stabile und leistungsfähige Möglichkeit zur Kommunikation handelt, machte sich die RFC-Verbindung zwischen BW und BI Accelerator bis zum Zeitpunkt der Drucklegung immer wieder als Flaschenhals bemerkbar oder fiel durch Instabilität auf.

Ist der BI Accelerator nicht erreichbar, so wird die Datenhaltung im BW für 30 Minuten als Fallback-Lösung genutzt, bis erstmals wieder auf den BI Accelerator zugegriffen wird. Insbesondere die Gefahr einer instabilen Anbindung sollte in der naheliegenden Zukunft zum Anlass genommen werden, auch die Datenmodelle im BW »analysefähig« zu halten, insbesondere also mit einer Mindestmenge an Aggregaten zu versorgen.

7.4.2 Administration des BIA im BW

Der volle Umfang der Administrationsfähigkeiten für den BI Accelerator steht nur im BIA selbst zur Verfügung. Ein kleiner Teil der Konfiguration kann seit Service-Patch 6 auch im BW selbst erfolgen. Zu diesem Zweck existiert im BW die Transaktion `TREXADMIN`, die ein Abbild der wichtigsten Administrationsfunktionen bietet (siehe Abb. 7–32).

Weitere Funktionen sind in der Transaktion `RSDDBIAMON2` zu finden, mit deren Hilfe der BIA-Host bzw. die einzelnen Server des BIA neu gestartet werden können (siehe Abb. 7–33).

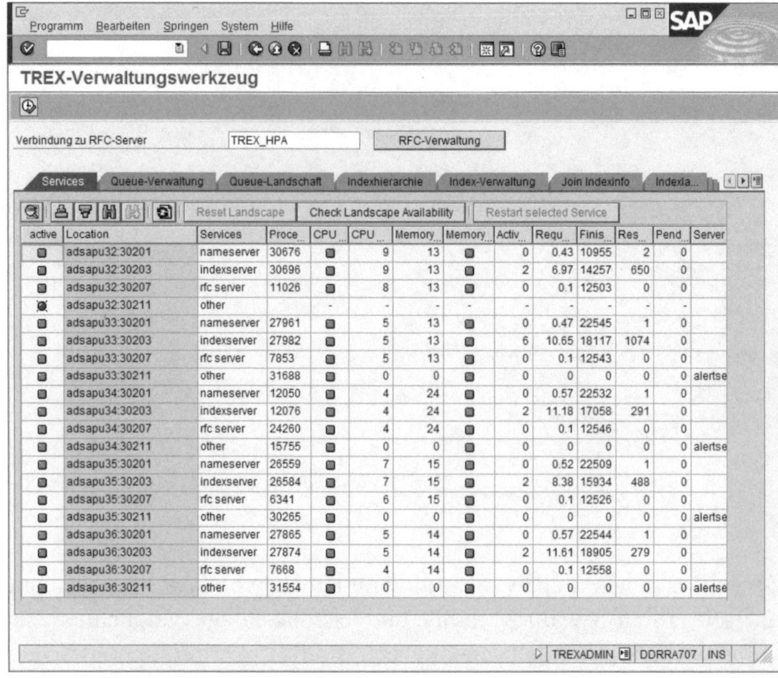

Abb. 7–32 *Administration des BIA im BW*

© SAP AG

Die unterschiedlichen Funktionen der Administration werden nicht an dieser Stelle erläutert, jedoch bei Bedarf aus den nachfolgenden Ausführungen zum BIA aufgegriffen.

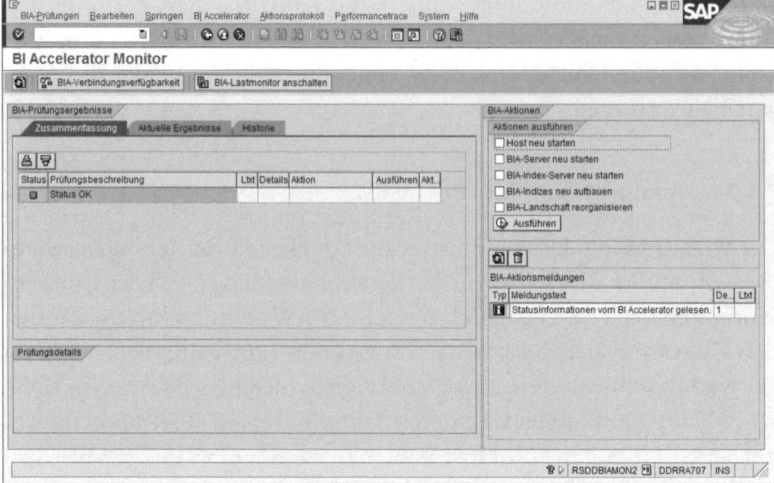

Abb. 7–33 *BI Accelerator Monitor*

© SAP AG

7.4.3 Struktur der Cube-Inhalte

Wird ein BasisCube im BIA abgebildet, so bildet der BIA dessen Struktur nach. Dies bedeutet, dass alle an dem Snowflake-Schema des BasisCube beteiligten Tabellen im BW in den BIA kopiert werden und in ebendieser Weise gelesen werden, wie dies mit den Tabellen im BW der Fall ist[27].

Im Sprachgebrauch des BIA werden die Tabellen jeweils in sogenannten ***BIA-Indizes*** abgebildet, wobei ein BIA-Index jedoch nichts mit einem Index zu tun hat, wie aus dem Bereich relationaler Datenbanken bekannt ist (vgl. Kapitel 7.2); vielmehr umfasst ein BIA-Index sowohl Metadaten als auch Datendateien, nicht jedoch reine Verweise auf Daten (wie dies bei Indizes im Sinne eines relationalen Datenbanksystems der Fall ist).

Zusammengefasst werden die zu einem BasisCube gehörigen BIA-Indizes durch einen sogenannten logischen Index, der die Metadaten des Snowflake-Schemas enthält.

Bezogen auf die Verzeichnisstruktur im BIA[28] sind die Index-Strukturen derart organisiert, dass im Verzeichnis `/importfs/BIA/`<*SID BIA*>`/index`[29]

- jeweils ein Unterverzeichnis für BasisCubes im Content- (<*SID BW*>`/BIO`) bzw. Kundennamensraum (<*SID BW*>`/BIC`) existiert, in denen weitere Unterverzeichnisse für die Indexdateien angelegt sind.
- jeweils ein Verzeichnis pro BasisCube existiert, in dem der logische Index für den Cube abgelegt ist. Das Unterverzeichnis für den jeweiligen Cube folgt dabei der Namenskonvention <SID BW>_<Cubename>. So würde beispielsweise der logische Index für den BasisCube `quadox` des BW-Systems `QX7` im Unterverzeichnis `qx7_quadox` abgelegt werden

Abbildung 7–34 stellt die Verzeichnisstruktur eines BIA dar.

Logische Indizes

Zu jedem im BIA abgebildeten BasisCube wird ein logischer Index erzeugt, der mit dem Dateinamen `all-settings.ini` jeweils im Verzeichnis für den logischen Index des BasisCubes abgelegt wird.

---

27. Der BI Accelerator ist dabei in der Lage, relationale Join-Verknüpfungen auch zwischen Tabellen aufzulösen, die im Hauptspeicher unterschiedlicher Index-Server ablegt sind. Das Auflösen derartiger Relationen erzeugt besonders viel Netzwerklast,weswegen die Blades einer BIA-Box besonders schnell miteinander vernetzt sein müssen.
28. Die Datenstrukturen innerhalb des BI Accelerator werden an dieser Stelle zunächst so behandelt, als würden die Daten dort ausschließlich im Filesystem abgelegt. Auf die Besonderheiten des Caching im Hauptspeicher der Blades wird an späterer Stelle eingegangen.
29. <SID_BIA> steht für die System-ID des BI Accelerator.

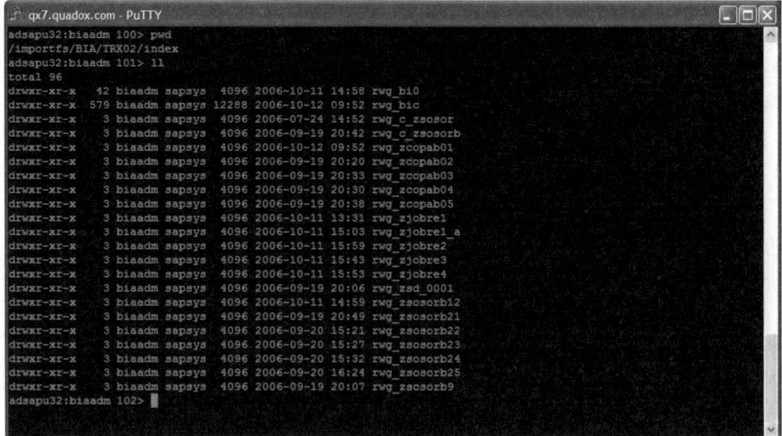
qx7.quadox.com - PuTTY
adsapu32:biaadm 100> pwd
/importfs/BIA/TRX02/index
adsapu32:biaadm 101> ll
total 96
drwxr-xr-x 42 biaadm sapsys 4096 2006-10-11 14:58 rwg_bi0
drwxr-xr-x 579 biaadm sapsys 12288 2006-10-12 09:52 rwg_bic
drwxr-xr-x 3 biaadm sapsys 4096 2006-07-24 14:52 rwg_c_zsosor
drwxr-xr-x 3 biaadm sapsys 4096 2006-09-19 20:42 rwg_c_zsosorb
drwxr-xr-x 3 biaadm sapsys 4096 2006-10-12 09:52 rwg_zcopab01
drwxr-xr-x 3 biaadm sapsys 4096 2006-09-19 20:20 rwg_zcopab02
drwxr-xr-x 3 biaadm sapsys 4096 2006-09-19 20:33 rwg_zcopab03
drwxr-xr-x 3 biaadm sapsys 4096 2006-09-19 20:30 rwg_zcopab04
drwxr-xr-x 3 biaadm sapsys 4096 2006-09-19 20:38 rwg_zcopab05
drwxr-xr-x 3 biaadm sapsys 4096 2006-10-11 13:31 rwg_zjobre1
drwxr-xr-x 3 biaadm sapsys 4096 2006-10-11 15:03 rwg_zjobre1_a
drwxr-xr-x 3 biaadm sapsys 4096 2006-10-11 15:59 rwg_zjobre2
drwxr-xr-x 3 biaadm sapsys 4096 2006-10-11 15:43 rwg_zjobre3
drwxr-xr-x 3 biaadm sapsys 4096 2006-10-11 15:53 rwg_zjobre4
drwxr-xr-x 3 biaadm sapsys 4096 2006-09-19 20:06 rwg_zsd_0001
drwxr-xr-x 3 biaadm sapsys 4096 2006-10-11 14:59 rwg_zsosorb12
drwxr-xr-x 3 biaadm sapsys 4096 2006-09-19 20:49 rwg_zsosorb21
drwxr-xr-x 3 biaadm sapsys 4096 2006-09-20 15:21 rwg_zsosorb22
drwxr-xr-x 3 biaadm sapsys 4096 2006-09-20 15:27 rwg_zsosorb23
drwxr-xr-x 3 biaadm sapsys 4096 2006-09-20 15:32 rwg_zsosorb24
drwxr-xr-x 3 biaadm sapsys 4096 2006-09-20 16:24 rwg_zsosorb25
drwxr-xr-x 3 biaadm sapsys 4096 2006-09-19 20:07 rwg_zsosorb9
adsapu32:biaadm 102>

Abb. 7–34
Indexverzeichnis im BIA

Bei diesem logischen Index handelt es sich um eine Konfigurationsdatei, die Metadaten zum jeweiligen BasisCube enthält. Diese Metadaten umfassen neben einiger Einstellungen zum Index eine Beschreibung aller Indexdateien und die Relationen der so abgelegten Faktentabelle, der Dimensionstabellen und der Stammdatentabellen.

Physische Indizes

Die Speicherung der Daten erfolgt in sogenannten physischen Indizes (die im logischen Index eines BasisCubes referenziert werden). Jeder physische Index bildet dabei die Daten einer Tabelle im BW ab, ist jedoch nicht vergleichbar strukturiert. Vielmehr werden Tabellenspalten in Tabellenzeilen transponiert und umgekehrt. Die Felder einer Tabelle bilden somit ihre Datensätze ab, während die Datensatznummer als Tabellenfeld geführt wird.

Der besondere Vorteil dieser Speicherung besteht darin, dass alle Inhalte eines Tabellenfeldes mit einem Zugriff gelesen, selektiert und sortiert werden können. Das Lesen mehrerer tausend oder Millionen Datensätze entfällt. Dies ist deswegen so von Bedeutung, da Lesezugriffe auf die Daten eines BasisCubes oftmals auf Feldwerte aller Datensätze einer Tabelle selektieren.

Speicherverbrauch

Darüber hinaus werden Daten komprimiert im BI Accelerator abgelegt. Um den Einsatz von Kompressionsverfahren zu begünstigen, werden alle Daten ausschließlich als Integer-Werte abgelegt. Der BI Accelerator legt zu diesem Zweck Umsetzungstabellen an, die vergleichbar mit den SID-Tabellen im BW sind und für die Ausprägung aller Felder Zuweisungen zu den verwendeten Integer-Werten beschreiben.

Auf diese Weise ist es möglich, den Speicherverbrauch von BIA-Indizes nennenswert zu reduzieren. Wie groß die Kompressionsrate im Vergleich zur Speicherung im Datenbanksystem des BW ist, hängt vom verwendeten Datenbanksystem ab. Die Extrempunkte markieren Oracle und der MS SQL Server. Während bei Oracle die Datenhaltung bereits sehr effizient ist und im BIA erfahrungsgemäß nur noch um den Faktor fünf verdichtet werden kann, kann die Kompressionsrate beim MS SQL Server bis zum Faktor 30 verdichten.

Eine Abschätzung des Speicherverbrauchs für einen BasisCube liefert das Programm RSDDTREX_MEMORY_ESTIMATE (siehe Abb. 7–35).

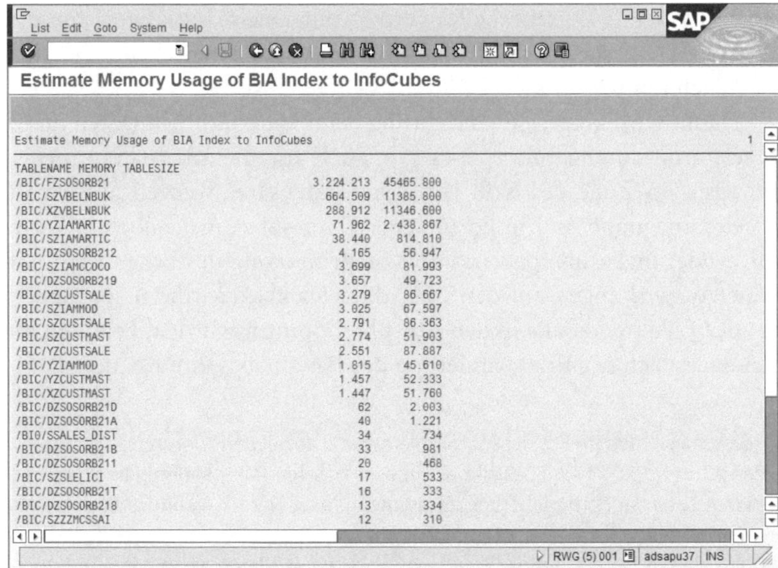

© SAP AG

Abb. 7–35 *Speicherbedarf eines BIA-Index abschätzen*

Das Programm stellt zu jeder für den BIA relevanten Tabelle eines BasisCubes in der rechten Spalte die Anzahl der Datensätze im BW und in der linken Spalte den voraussichtlichen Speicherbedarf im BIA in Kilobyte dar.

Der Neuaufbau von BIA-Indizes beansprucht auf dem Fileserver des BI Accelerator bis zum Dreifachen des Datenvolumens eines aufgebauten Index. Bedenken Sie dies unbedingt bei der Kalkulation des Speicherplatzes und dimensionieren Sie den Speicher bewusst größer als für den produktiven Betrieb erforderlich.

Bei der Abbildung von Fakten-, Dimensions- und Stammdatentabellen im BI Accelerator sind eine Reihe von Besonderheiten zu beachten.

Faktentabellen im BI Accelerator

Die Faktentabelle eines BasisCubes ist im BW in Form der unkomprimierten sowie in Form der komprimierten Faktentabelle vorhanden. Diese Verteilung von Daten auf F- und E-Faktentabelle eines BasisCubes wird im BI Accelerator nicht nachvollzogen, da hier nicht dieselbe Unterscheidung in Faktentabellen für Administration (F-Faktentabelle) und performante Datenanalyse (E-Faktentabelle) gemacht wird.

Stattdessen werden die Daten aus F- und E-Faktentabelle in einem einzigen physischen Index abgelegt. Dabei findet keine Aggregation statt, d.h. jeder Datensatz des BasisCubes ist unmittelbar nach dem Aufbau des BI-Accelerator-Index auch in diesem vorhanden. Datensätze aus der E-Faktentabelle werden mit einem Initialwert für die Request-ID gespeichert; Datensätze der F-Faktentabelle werden zusätzlich mit der Request-ID im BIA-Index abgelegt.

Damit wird keinerlei Verdichtung beim Speichern von Daten im BI Accelerator durchgeführt. Dies gilt auch für die Übernahme neuer Requests im Zuge des Roll Up, d.h., Datensätze werden an den BI Accelerator immer nur in Form neuer Datensätze, nie gedoch in Form von Änderungen übergeben. Die Komprimierung des BasisCubes hat keine Auswirkungen auf den BIA, d.h., Datensätze, die ursprünglich aus der F-Faktentabelle in den BIA übernommen wurden, behalten im BIA auch nach der Komprimierung des BasisCubes ihre Request-ID.

Requests werden im BIA nie komprimiert, wie dies bei den zugrunde liegenden BasisCubes der Fall ist. Speziell bei Cubes mit vielen Datenänderungen, die im BW im Zuge der Komprimierung zusammengefasst werden, kann der BI-Accelerator-Index deutlich mehr Datensätze enthalten als der zugrunde liegende BasisCube. Bauen Sie BIA-Indizes von BasisCubes, deren Daten sich häufig ändern, daher in regelmäßigen Abständen neu auf, um ein allzu ungünstiges Wachstum der BIA-Indizes zu verhindern.

Dimensionstabellen

Normale Indizierung

Dimensionstabellen werden normalerweise ebenso in den BIA übernommen, wie dies auch mit Fakten- und Stammdatentabellen der Fall ist. Bei den so angelegten physischen BIA-Indizes wird von einer *normalen Indizierung* gesprochen.

Flache Indizierung

Im Gegensatz zu Fakten- und Stammdatentabellen werden Dimensionstabellen in keinem Fall verteilt, selbst dann nicht, wenn sie besonders groß werden. Stattdessen sorgt der BI Accelerator dafür, dass keine großen Dimensionstabellen entstehen, indem er eine *flache Indizierung* vornimmt. Im Klartext bedeutet dies, dass die Relation zwischen Fakten- und Dimensionstabellen aufgelöst werden und die Stammdaten-IDs der Dimensionstabellen unmittelbar in die Faktentabelle aufgenommen werden. Die flache Indizierung im BIA stellt sich damit so dar, als würden alle Merkmale als Line-Item-Dimensionen modelliert (vgl. Kapitel 6.4.4), wobei allerdings die maximale Anzahl an Line-Item-Dimensionen im BIA nicht auf die im BW üblichen 13 Dimensionen begrenzt ist.

Ob die Dimensionen eines BasisCubes normal oder flach indiziert werden, macht die BI Accelerator Engine am Größenverhältnis zwischen Dimensionstabellen und Faktentabelle fest. Übersteigt die Anzahl an Datensätzen in einer Dimensionstabelle 20 % der Anzahl an Sätzen in der entsprechenden Faktentabelle, so erfolgt die Indizierung *aller* Dimensionstabellen[30] flach.

Abbildung 7–36 stellt die Beschreibung der Faktentabelle innerhalb des logischen Index für eine normale Indizierung dar.

```
[attributes]
key_qdxcubep = INTEGER
key_qdxcubet = INTEGER
key_qdxcubeu = INTEGER
key_qdxcube1 = INTEGER
key_qdxcube2 = INTEGER
key_qdxcube3 = INTEGER
key_qdxcube4 = INTEGER
key_qdxcube5 = INTEGER
key_qdxcube6 = INTEGER
$bic$qdxkeyf01 = FIXED
$bic$qdxkeyf02 = FIXED
$bic$qdxkeyf03 = FIXED
$bic$qdxkeyf04 = FIXED
$bic$qdxkeyf05 = FIXED
$bic$qdxkeyf06 = FIXED

key_attributes =
key_qdxcubep,key_qdxcubet,key_qdxcubeu,key_qdxcube1,key_qdxcube2,
key_qdxcube3,key_qdxcube4,key_qdxcube5,key_qdxcube6
```

Abb. 7–36
Struktur der Faktentabelle bei normaler Indizierung

Abbildung 7–37 stellt dieselbe Beschreibung einer Faktentabelle für flache Indizierung dar. Zu beachten ist, dass außer der Paketdimension (`key_qdxcubep`) keine Dimensions-IDs in der Faktentabelle vorhanden sind. Stattdessen sind die Stammdaten-IDs der in den (ursprünglichen) Dimensionen enthaltenen InfoObjekte in der Faktentabelle enthalten (z.B. `SID_0unit` für das Merkmal Einheit, das ursprünglich in der Dimension `qdxcubeu` abgelegt war).

30. Einzig die Paketdimension wird in keinem Fall flach indiziert, um das Löschen einzelner Requests auch im BIA zu ermöglichen.

Abb. 7–37
Struktur der Faktentabelle bei flacher Indizierung

```
[attributes]
key_qdxcubep = INTEGER
sid_0unit = INTEGER
sid_0calday = INTEGER
sid_0bill_num = INTEGER
sid_0bill_item = INTEGER
sid_0payer = INTEGER
sid_0sold_to = INTEGER
sid_0material = INTEGER
sid_0mat_sales = INTEGER
sid_0salesorg = INTEGER
sid_0dist_chan = INTEGER
sid_0plant = INTEGER

sid_0soursystem = INTEGER
$bic$qdxkeyf01 = FIXED
$bic$qdxkeyf02 = FIXED
$bic$qdxkeyf03 = FIXED
$bic$qdxkeyf04 = FIXED
$bic$qdxkeyf05 = FIXED
$bic$qdxkeyf06 = FIXED

key_attributes =
key_qdxcubep,sid_0unit,sid_0calday,sid_0bill_num,sid_0bill_item,
sid_0payer,sid_0sold_to,sid_0material,sid_0mat_sales,sid_0saleso
rg,sid_0dist_chan,sid_0plant
```

Die flache Indizierung einer Faktentabelle bedeutet einen größeren Speicherverbrauch und damit eine schlechtere Performance beim Indexaufbau sowie bei Lesezugriffen auf den Index. Mit dem flachen Index ist die Performance jedoch immer noch besser, als wenn die übermäßig große Dimensionstabelle unverändert abgebildet werden würde. Damit sind auch beim Einsatz des BI Accelerator unbedingt die Grundregeln zur Modellierung von BasisCubes zu beachten (siehe Kapitel 8.1).

Um die flache Indizierung von Dimensionstabellen im BI Accelerator zu erkennen ist nicht zwingend der Blick in den logischen Index des BasisCubes erforderlich. Einfach ist die Art der Indizierung durch einen Blick in den Reiter *Index Hierarchy* der Transaktion TREXADMIN (siehe Abb. 7–38). Sind in der Index-Hierarchie eines indizierten Cubes (hier: zjobrel) anstelle der sonst üblichen Dimensionstabellen lediglich die SID-Tabellen von InfoObjekten zu erkennen (hier: szauthnam, szbakevpar usw.), so weist dies auf eine flache Indizierung hin.

Index Hierarchy	Shared	Index Type	Descriptio	Optimized
Index Hierarchy				
rwg_c_zsosor		BIA	Created by adsapu34:30203/8472/108844...	(87116415)
rwg_c_zsosorb		BIA	Created by adsapu32:30203/8114/111055...	(87115624)
rwg_zcopab01		BIA	Created by adsapu34:30203/12076/10873...	(72704056)
rwg_zcopab02		BIA	Created by adsapu36:30203/8030/108844...	(87465372)
rwg_zcopab03		BIA	Created by adsapu33:30203/8037/108739...	(82074724)
rwg_zcopab04		BIA	Created by adsapu36:30203/8030/109055...	(80613778)
rwg_zcopab05		BIA	Created by adsapu35:30203/8036/109476...	(76905230)
rwg_zjobre1		BIA	Created by adsapu35:30203/26584/10905...	(19936850)
rwg_bi0:ssoursystem	X	physical	Created by adsapu33:30203/27982/10884...	4
rwg_bi0:sunit	X	physical	Created by adsapu35:30203/8036/108844...	245
rwg_bic:dzjobre1p		physical	Created by adsapu33:30203/27982/10884...	4
rwg_bic:fzjobre1		logical	Created by adsapu34:30203/12076/10905...	(6452627)
rwg_bic:fzjobre1~01		physical	Created by adsapu32:30203/30696/-20371...	879735
rwg_bic:fzjobre1~02		physical	Created by adsapu33:30203/27982/10873...	558682
rwg_bic:fzjobre1~03		physical	Created by adsapu34:30203/12076/10895...	589210
rwg_bic:fzjobre1~04		physical	Created by adsapu35:30203/26584/10905...	701915
rwg_bic:fzjobre1~05		physical	Created by adsapu36:30203/27874/10916...	584350
rwg_bic:fzjobre1~06		physical	Created by adsapu32:30203/30696/19450...	453891
rwg_bic:fzjobre1~07		physical	Created by adsapu33:30203/27982/10873...	687153
rwg_bic:fzjobre1~08		physical	Created by adsapu34:30203/12076/10884...	586886
rwg_bic:fzjobre1~09		physical	Created by adsapu35:30203/26584/10895...	766855
rwg_bic:fzjobre1~10		physical	Created by adsapu36:30203/27874/10895...	643950
rwg_bic:szauthnam	X	physical	Created by adsapu33:30203/27982/10873...	1
rwg_bic:szbakevpar	X	physical	Created by adsapu34:30203/12076/10884...	2526114
rwg_bic:szbakprevt	X	physical	Created by adsapu34:30203/12076/10873...	25
rwg_bic:szbtcjobid	X	physical	Created by adsapu34:30203/12076/10905...	357939
rwg_bic:szbtcjobna	X	physical	Created by adsapu36:30203/27874/10895...	3370316
rwg_bic:szbtcsys	X	physical	Created by adsapu33:30203/27982/10895...	13

Abb. 7–38
BIA-Index mit flacher Indizierung

Stammdaten

Die Stammdaten eines InfoObjekts sind im BW in mehreren Tabellen verteilt (vgl. Kapitel 6.2.6). In den BIA übernommen werden lediglich die SID-Tabellen für zeitkonstante und zeitabhängige Navigationsattribute, also die X- und die Y-Tabelle der Stammdaten. Sofern es sich bei einem Stammdatum um nichtnumerische Merkmale handelt, wird zusätzlich auch die SID-Tabelle der Stammdaten übernommen[31].

Nicht übernommen werden die Attributtabellen der Stammdaten, also die P- und Q-Tabelle sowie die Texttabellen. Diese Werte und Texte müssen in jedem Fall vom BW hinzugelesen werden.

Stammdaten werden nur einmalig im BIA gespeichert – ebenso wie dies im BW der Fall ist. Wird ein Stammdatum für einen BasisCube bereits indiziert, so erfolgt für einen weiteren BasisCube, der dieses InfoObjekt verwendet, keine erneute Indizierung. Derartige Indizes sind im Reiter Index-Hierarchie in der Transaktion TREXADMIN am Flag *Shared* zu erkennen (vgl. Abb. 7–38)

31. Dies vereinfacht die Umsetzung der Merkmalswerte auf Integerwerte, die für die Komprimierung der Daten im BI Accelerator benötigt werden.

7.4.4 Organisation der Cube-Inhalte

Die oben beschriebene Strukturierung ist zunächst eine Grundlage für die Speicherung von Daten auf dem Fileserver des BI Accelerator. Solange sich die Speicherung jedoch auf den Fileserver des BIA beschränkt, ergeben sich keine architekturbedingten Vorteile gegenüber der Speicherung im BW – schließlich liegt auch hier ein monolithisches Speicherkonzept der Datenhaltung vor. Allein die Vorteile, die sich aus der andersartigen Struktur der Daten ergeben, sind für den Einsatz des BI Accererator nicht ausschlaggebend.

Speicherung im Hauptspeicher

Der Performancevorteil des BIA entsteht erst, wenn die physischen Indizes im Hauptspeicher der Index-Server vorgehalten (gecached) werden. Hier wird zunächst schlicht Festplattenspeicher durch massenhaft schnelleren (und teureren) Hauptspeicher ersetzt.

Die Verwendung eines Fileservers für den BIA dient damit zunächst weniger dem Tuning der Performance als vielmehr dem Persistieren der Inhalte, deren Aufbereitung mitunter sehr zeitaufwändig sein kann. Aus diesem Grund werden Daten immer zunächst auf dem Fileserver des BI Accelerator abgelegt und erst bei Bedarf (d.h. bei Ausführung einer Query) in den Hauptspeicher der Index-Server geladen.

Bei einem Neustart des BI Accelerator ist es damit möglich, die Cache-Inhalte aus den Inhalten des Fileservers aufzubauen, ohne dass die Indizes neu aus den Daten des BW erzeugt werden müssen.

Index-Splitting

Außer dem Caching der Indexdaten an sich ist auch die Verteilung dieser Indexdaten auf die einzelnen Blades der BI Accelerator Box von besonderer Bedeutung für die Performance bei der Abfrage großer Datenbestände. Die Grundlage für eine derartige Verteilung wird bereits beim Anlegen der Indizes auf dem Fileserver des BI Accelerator gelegt. Bisher wurde die Indizierung immer derart vereinfacht, als würde eine Tabelle im BW immer durch genau einen physichen Index und damit eine Indexdatei auf dem Fileserver abgebildet werden.

Tatsächlich werden die physischen Indizes großer Fakten- und Stammdatentabellen bereits bei der Erzeugung auf dem Fileserver in mehrere Indexdateien zerlegt (gesplittet)[32]. Das Splitting erfolgt dabei sowohl horizontal als auch vertikal durch die Spalten und Zeilen einer Tabelle. Diese sogenannten Index-Partitionen werden auf die Index-Server der BIA-Box verteilt und bilden damit die Grundlage der Parallelisierung.

---

32. BIA-Indizes für Dimensionstabellen werden nicht gesplittet. Sollten Dimensionstabellen sehr groß sein, werden DImensionstabellen stattdessen »flach« gespeichert, also in der Faktentabelle integriert (siehe Seite 176).

Ab welcher Größe diese Verteilung vorgenommen wird, hängt von der Konfiguration des BI Accelerator ab. Per Default wird eine Tabelle geplittet, sobald das Produkt aus der Anzahl der Kennzahlen und der Anzahl der Datensätze 100.000.000 Bytes übersteigt. Eine Faktentabelle mit 40 Kennzahlen und 8.000.000 Datensätzen (320.000.000) würde beispielsweise geplittet werden.

Die Anzahl der Partitionen, die im Falle des Splittings aus einem Index erzeugt werden, wird so gewählt, dass jeder Index-Server so viele Partitionen erhält, wie er über CPUs verfügt. Als Anzahl der CPUs wird per Default 2 angenommen, da Standard-Blades derzeit über zwei CPUs verfügen. Auf einer BIA-Box mit 6 Index-Servern würde die o.g. Tabelle folglich in 2*6=12 Partitionen zerlegt werden. Die Einstellungen für die Anzahl an Partitionen pro Host und der Grenzwert für das Splitting sind im Administration Tool des BI Accelerator (Transaktion `TREXADMIN`) im Reiter Configuration abzulesen (siehe Abb. 7–39).

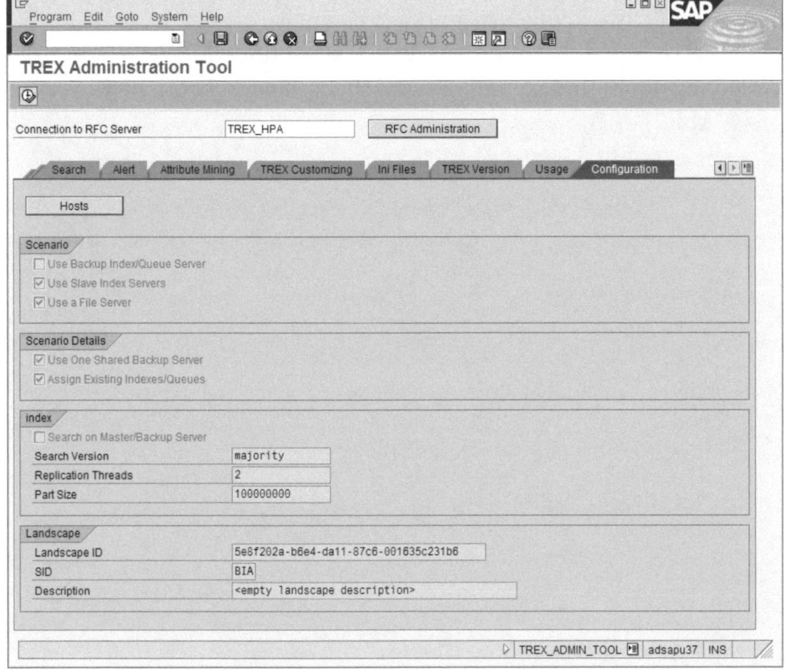

Abb. 7–39
Konfiguration des Splitting im BIA

In der Verzeichnisstruktur des BIA ist ein Index innerhalb des Verzeichnisses `/importfs/BIA/`*<SID BIA>*`/index/`*<BI0> bzw. <BIC>* im Unterverzeichnis *<SID>_<BW-Objekt>* abgelegt, wobei *<BW-Objekt>* für den technischen Namen des Cubes, der Faktentabelle oder des

InfoObjekts steht. Ist der Index einer Faktentabelle oder einer Stammdatentabelle geteilt, so werden die einzelnen Teilindizes durch die Suffizes `~1` bis `~n` versehen. Zusammengefasst werden die Teilindizes durch die Definition von Mappings innerhalb des logischen Index (siehe Abb. 7–40 am Beispiel einer Faktentabelle, die in acht Partitionen zerlegt wurde).

Abb. 7–40 *Beschreibung geteilter Indizes in einem logischen Index*

```
mappings = 1:rwg_bic:fqdxcube~01 10:rwg_bic:fqdxcube~10
2:rwg_bic:fqdxcube~02 3:rwg_bic:fqdxcube~03 4:rwg_bic:fqdxcube~04
5:rwg_bic:fqdxcube~05 6:rwg_bic:fqdxcube~06 7:rwg_bic:fqdxcube~07
8:rwg_bic:fqdxcube~08
```

Verteilung von Index-Partitionen

Für die Verteilung der Index-Partitionen auf die Index-Server einer BIA-Box stehen eine Reihe unterschiedlicher Algorithmen zur Auswahl, angefangen von einem einfachen Round-Robin-Verfahren bis hin zu speziellen Verfahren, die in der Systemkonfiguration des BI Accelerator festgelegt werden können und beispielsweise die Partitionen so verteilen, dass beim Durchführen von Joins zwischen den Partitionen möglichst wenig Netzwerklast entsteht.

Im Reiter Index Landscape der Transaktion `TREXADMIN` kann die Verteilung eines Index auf die einzelnen Blades betrachtet werden (siehe Abb. 7–41).

Abb. 7–41 *Verteilung von Indexblöcken auf Blades*

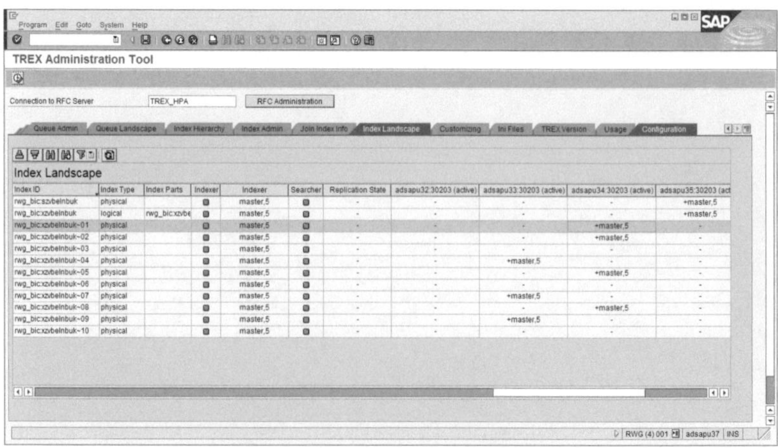

Index ID	Index Type	Index Parts	Indexer	Indexer	Searcher	Replication State	adsapu32:30203 (active)	adsapu33:30203 (active)	adsapu34:30203 (active)	adsapu35:30203 (act
rwg_bic:szvbelnbuk	physical			master,5		-	-	-	-	+master,5
rwg_bic:xzvbelnbuk	logical	rwg_bic:xzvbe		master,5		-	-	-	-	+master,5
rwg_bic:xzvbelnbuk~01	physical			master,5		-	-	-	+master,5	-
rwg_bic:xzvbelnbuk~02	physical			master,5		-	-	-	+master,5	-
rwg_bic:xzvbelnbuk~03	physical			master,5		-	-	-	-	-
rwg_bic:xzvbelnbuk~04	physical			master,5		-	-	+master,5	-	-
rwg_bic:xzvbelnbuk~05	physical			master,5		-	-	-	+master,5	-
rwg_bic:xzvbelnbuk~06	physical			master,5		-	-	-	-	-
rwg_bic:xzvbelnbuk~07	physical			master,5		-	-	+master,5	-	-
rwg_bic:xzvbelnbuk~08	physical			master,5		-	-	-	+master,5	-
rwg_bic:xzvbelnbuk~09	physical			master,5		-	-	+master,5	-	-
rwg_bic:xzvbelnbuk~10	physical			master,5		-	-	-	-	-

Die Verteilung von Daten auf die Blades richtet sich nach eben der Verteilung der Indexdaten auf dem Fileserver, die beim Aufbau der Indizes gewählt wurde. Werden neue Blades in eine BI Accelerator Box hinzugefügt, so bleiben die Indexblöcke auf dem Fileserver des BIA so lange unverändert bestehen, bis der Index neu aufgebaut wurde.

Unter bestimmten Umständen ist es sinnvoll, die Verteilung der existierenden Indexblöcke auf die einzelnen Index-Server zu verändern. Informationen hierzu finden Sie in Kapitel 32.5.

7.4.5 Anlegen und Füllen von BIA-Indizes

Anders als bei Aggregaten werden die Inhalte von BI-Accelerator-Indizes nicht explizit definiert. Vielmehr wird ein BasisCube in Gänze zur Indizierung im BI Accelerator vorgesehen oder (in Gänze) eben nicht. Soll ein BasisCube durch den BI Accelerator indiziert werden, so kann dies über das Kontextmenü des BasisCubes in der Data Warehousing Workbench erfolgen (siehe Abb. 7–42).

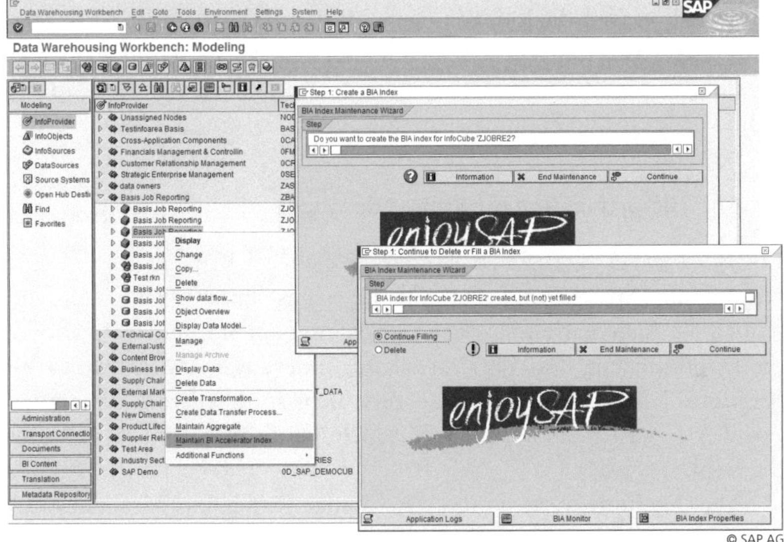

Abb. 7–42
Anlegen und Füllen von BIA-Indizes

Bei dem so aufgerufenen Wizard können die Index-Strukturen in einem ersten Schritt auf dem BIA angelegt und in einem zweiten Schritt gefüllt werden. Das Füllen kann ebenso durch Aufruf des Programms `RSDDTREX_AGGREGATES_FILL` erfolgen, das auch vom Wizard aufgerufen wird.

Der Wizard zum Anlegen (oder Löschen) und Füllen von BI-Accelerator-Indizes kann jederzeit durch die Transaktion `RSDDV` aufgerufen werden, um Indizes zu verwalten oder Eigenschaften der Indizes zu ändern.

Beim initialen Befüllen von BIA-Indizes werden diese zunächst auf dem Fileserver des BIA aufgebaut. Erst durch die erste Ausführung einer Abfrage werden die Daten in den Hauptspeicher des BIA übernommen.

Mit dem Zeitpunkt, zu dem BIA-Indizes zu einem BasisCube angelegt und befüllt sind, wird bei der Datenanalyse weder auf den BasisCube noch auf dessen Aggregate zugegriffen, selbst wenn dies im Einzelfall zu besseren Antwortzeiten führen würde. Der Einsatz des BI Accelerator kann damit nicht nur die Performance verbessern, sondern im Einzelfall auch verschlechtern! Setzen Sie den BI Accelerator daher erst dann ein, nachdem Sie entsprechende Queries ggf. von der Nutzung des BIA ausgenommen haben (siehe Kapitel 12.3).

Roll Up

Werden neue Daten in einen BasisCube verbucht, so muss analog zum Roll Up bei Aggregaten auch eine Übernahme der neuen Daten in die Indizes des BI Accelerator erfolgen. Diese Übernahme erfolgt durch eben den Roll-Up-Prozess, der auch bei Aggregaten zum Einsatz kommt, d.h., der Roll Up behandelt nicht nur Aggregate, sondern auch BIA-Indizes.

Dabei werden die Indexdateiem auf dem Fileserver des BI Accelerator angepasst und der Cache im Hauptspeicher der Index-Server invalidiert, d.h., die angepassten Indizes müssen nach dem Roll Up erst dann wieder in den Hauptspeicher der Index-Server geladen werden.

7.4.6 Hierarchie- und Attributsänderungen

Ebenso wie bei Aggregaten handelt es sich bei BIA-Indizes um eine redundante Speicherung der Inhalte eines BasisCubes. Während jedoch die Aggregation von Kennzahlwerten auf Stammdatenattribute die Durchführung des Hierarchie- und Änderungslaufs erfordert (vgl. Kapitel 7.1.2), ist dieser für den BIA nicht in der bereits bekannten Form erforderlich, da Daten im BIA nicht verdichtet, sondern vollständig kopiert werden.

Durchgeführt werden muss der Change Run beim Einsatz des BIA dennoch, da Stammdatentabellen Teil der redundant im BIA abgelegten Inhalte sind und nach einer Änderung von Stammdatenattributen angepasst werden müssen. Damit bleibt der Change Run als Prozess erhalten, verhält sich jedoch beim Einsatz des BIA insofern anders, dass geänderte Inhalte der X- und Y-Tabellen im BIA vollständig neu aufgebaut werden.

Der Change Run beherrscht sowohl die Anpassung von Aggregaten als auch den Umgang mit dem BI Accelerator. Sie können daher Aggregate durch BIA-Indizes ersetzen, ohne die definierten Abläufe im Regelbetrieb (siehe Kapitel 30) anzupassen.

8 Grundregeln zur Datenmodellierung

Die vorangegangenen Kapitel erläutern die Datenmodelle des BW und die damit verbundenen Modellierungsmöglichkeiten. Darauf aufbauend soll dieses Kapitel als Leitfaden für die Übertragung typischer betriebswirtschaftlicher Anforderungen in das Datenmodell von InfoObjekten und BasisCubes dienen.

Zu diesem Zweck werden folgende Themen unter dem Gesichtspunkt der Modellierungsmöglichkeiten behandelt:

- Modellierung von BasisCubes
- Modellierung von InfoObjekten
- Modellierung von Hierarchien
- Modellierung von Partnerrollen
- Modellierung von Kennzahlen

Die Modellierung von DataStore-Objekten ist im Wesentlichen für das Staging relevant und wird in Kapitel 17 entsprechend behandelt.

8.1 Modellierung von BasisCubes

Nachdem in einem BW-Projekt die grundsätzlichen Anforderungen an die Datenanalyse festgestellt sind, stellt sich die Frage, welche BasisCubes definiert werden müssen. Grundsätzlich sollten BasisCubes auf die Daten einzelner Prozessteile ausgerichtet werden, weil diese im Datenmodell jeweils eine strukturelle Einheit bilden.

Beispielhaft wäre dies im Bereich der Vertriebslogistik jeweils ein BasisCube zur Abbildung der Daten, die bei Auftragserfassung, Lieferung und Fakturierung anfallen. Diese Prozessteile besitzen individuelle Informationen (zum Beispiel Lieferdatum, Liefermenge), aber auch eine Vielzahl gemeinsamer Informationen (zum Beispiel Kunde, Material). Um die Daten all dieser Prozessteile bei der Datenanalyse in einen gemeinsamen Kontext zu stellen, können BasisCubes in MultiProvidern und InfoSets zusammengefasst werden, die im Rahmen der virtuellen InfoProvider in Kapitel 11 erläutert werden.

Fragmentierung

Eine weitere Aufteilung von Prozessdaten auf unterschiedliche BasisCubes sollte vorgenommen werden, wenn bei der Speicherung von Kennzahlen einzelne Kennzahlen nur sehr unregelmäßig mit Daten gefüllt werden und so eine Fragmentierung der Faktentabelle entsteht. In solchen Fällen ist es sinnvoll, für einzelne Kennzahlen eigene BasisCubes aufzubauen und so den Verbrauch von Speicherkapazitäten zu vermindern (siehe Abb. 8–1).

Abb. 8–1 *Fragmentierung der Faktentabelle*

Fragmentierung einer Faktentabelle

Kunde	Monat	Umsatz	offene Ford.	Rabatt
4711	01.2002	1000,00		
4711	02.2002	500,00	125,00	
4711	03.2002		125,00	
4711	04.2002	1250,00		25,00
4711	05.2002	650,00		

Vermeidung von Fragmentierung durch mehrere Cubes

Kunde	Monat	Umsatz
4711	01.2002	1000,00
4711	02.2002	500,00
4711	04.2002	1250,00
4711	05.2002	650,00

Kunde	Monat	offene Ford.
4711	02.2002	125,00
4711	03.2002	125,00

Kunde	Monat	Rabatt
4711	04.2002	25,00

Das Zusammenführen der Daten für die Datenanalyse kann durch die Aufnahme der einzelnen BasisCubes in einen MultiProvider (siehe Kapitel 11.1) erfolgen.

Granularität

Die Granularität eines BasisCubes, das heißt der Detaillierungsgrad der Daten, hat maßgeblichen Einfluss auf das Datenvolumen eines BasisCubes und damit auf die Performance. Dies gilt sowohl für die Performance bei der Datenanalyse als auch für die Performance von Ladevorgängen.

Die Granularität wird durch die InfoObjekte vorgegeben, die in einem BasisCube als Merkmale aufgenommen werden. Dabei ist es aus Sicht der Granularität unerheblich, wie die InfoObjekte auf einzelne Dimensionen aufgeteilt werden. Folgendes Beispiel verdeutlicht den Einfluss der Granularität eines BasisCubes auf dessen Datenvolumen:

Betrachtet wird ein Unternehmen mit 1.000 Kunden.

- Jeder Kunde erteilt dem Unternehmen durchschnittlich fünf Aufträge pro Monat.
- Jeder Auftrag enthält durchschnittlich 10 Positionen mit jeweils einem Material.
- Jeder Kunde bestellt im Durchschnitt 20 unterschiedliche Materialien.

Fall 1:
Die Daten werden auf Monatsbasis mit Angabe der Kunden, der Materialien und der Auftragsnummern in einem BasisCube gespeichert.

Die Speicherung dieser sehr detaillierten Angaben bedeutet, dass

$$\frac{10\ \textit{Materialien}}{\textit{Auftrag}} \times \frac{5\ \textit{Aufträge}}{\textit{Monat}} \times 1.000\ \textit{Kunden} = \frac{50.000\ \textit{(Datensätze)}}{\textit{Monat}}$$

in die Faktentabelle geschrieben werden.

Fall 2:
Die Daten werden auf Monatsbasis mit Angabe der Kunden und der Materialien in einem BasisCube gespeichert.

Die Speicherung dieser weniger detaillierten Daten bedeutet, dass jeden Monat nur

$$\frac{20\ \textit{Materialien}}{\textit{Kunde} \times \textit{Monat}} \times 1.000\ \textit{Kunden} = \frac{20.000\ \textit{(Datensätze)}}{\textit{Monat}}$$

in die Faktentabelle geschrieben werden.

In beiden Fällen finden dieselben Aufträge ihren Niederschlag in der Faktentabelle, und es werden dieselben Summen gebildet. Jedoch ist es im zweiten Fall wesentlich häufiger möglich, Kennzahlwerte zu aggregieren.

Je kleiner die Anzahl der Datensätze in der Faktentabelle, desto performanter kann das BW den Datenbestand verwalten.

Bei der Modellierung von BasisCubes sollte daher immer darauf geachtet werden, dass der Detaillierungsgrad der Daten so gering gewählt wird, wie die betriebswirtschaftliche Anforderung es zulässt. Diese Regel ist umso wichtiger, je größer das Datenvolumen ist.

Modellierung von Dimensionen

Während sich die Zusammenstellung von BasisCubes relativ einfach gestaltet, stellt sich die Verteilung der in einem BasisCube verwendeten Merkmale auf die Dimensionen des Cubes wesentlich schwieriger dar.

Dabei ist der Informationsgehalt eines BasisCubes immer derselbe, gleichgültig wie sich einzelne Merkmale auf Dimensionen verteilen (siehe Abb. 8–2). Es geht an dieser Stelle also ausschließlich um das physische Datenmodell.

Die Gestaltung der Dimensionen hat unmittelbaren und erheblichen Einfluss auf die Performance, sowohl beim Befüllen des Cubes mit Daten als auch beim Analysieren der Daten.

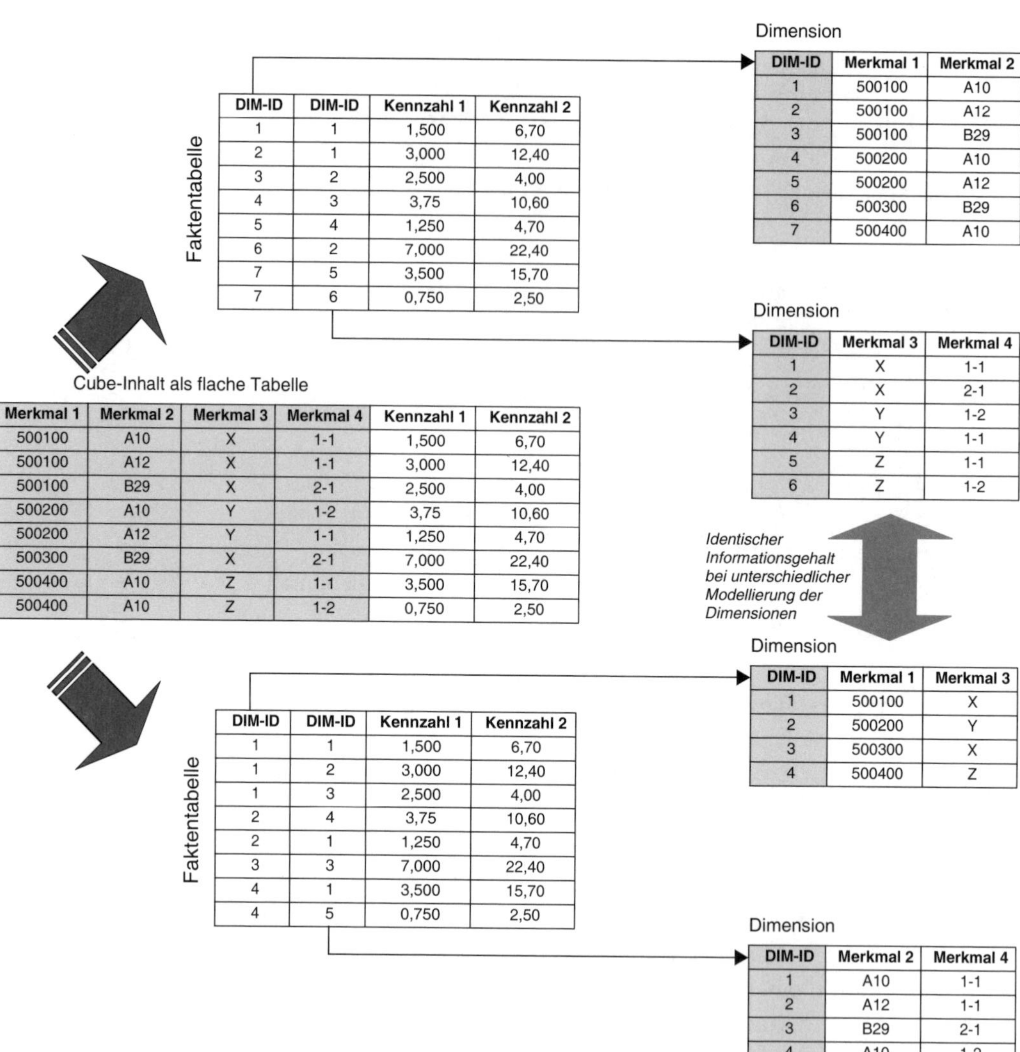

Faktentabelle:

DIM-ID	DIM-ID	Kennzahl 1	Kennzahl 2
1	1	1,500	6,70
2	1	3,000	12,40
3	2	2,500	4,00
4	3	3,75	10,60
5	4	1,250	4,70
6	2	7,000	22,40
7	5	3,500	15,70
7	6	0,750	2,50

Dimension:

DIM-ID	Merkmal 1	Merkmal 2
1	500100	A10
2	500100	A12
3	500100	B29
4	500200	A10
5	500200	A12
6	500300	B29
7	500400	A10

Dimension:

DIM-ID	Merkmal 3	Merkmal 4
1	X	1-1
2	X	2-1
3	Y	1-2
4	Y	1-1
5	Z	1-1
6	Z	1-2

Cube-Inhalt als flache Tabelle:

Merkmal 1	Merkmal 2	Merkmal 3	Merkmal 4	Kennzahl 1	Kennzahl 2
500100	A10	X	1-1	1,500	6,70
500100	A12	X	1-1	3,000	12,40
500100	B29	X	2-1	2,500	4,00
500200	A10	Y	1-2	3,75	10,60
500200	A12	Y	1-1	1,250	4,70
500300	B29	X	2-1	7,000	22,40
500400	A10	Z	1-1	3,500	15,70
500400	A10	Z	1-2	0,750	2,50

Faktentabelle:

DIM-ID	DIM-ID	Kennzahl 1	Kennzahl 2
1	1	1,500	6,70
1	2	3,000	12,40
1	3	2,500	4,00
2	4	3,75	10,60
2	1	1,250	4,70
3	3	7,000	22,40
4	1	3,500	15,70
4	5	0,750	2,50

Dimension:

DIM-ID	Merkmal 1	Merkmal 3
1	500100	X
2	500200	Y
3	500300	X
4	500400	Z

Dimension:

DIM-ID	Merkmal 2	Merkmal 4
1	A10	1-1
2	A12	1-1
3	B29	2-1
4	A10	1-2

Abb. 8–2 *Gleicher Informationsgehalt bei unterschiedlicher Modellierung von Dimensionen*

Die Gründe dafür sind im Konzept des Star-Schemas im Allgemeinen und in der Implementierung des erweiterten Star-Schemas durch das BW im Speziellen zu finden. Dabei sind Rahmenbedingungen, die durch den Web AS gesetzt werden, ebenso zu beachten wie spezifische Features des jeweils verwendeten Datenbanksystems.

Aufgrund der deutlichen Übermacht von Oracle und DB2/UDB im Bereich des SAP BW und aufgrund der Tatsache, dass das SAP BW intensiven Gebrauch von den Features dieser Datenbanken macht, beschränken sich die nachfolgenden Erläuterungen auf diese beiden Datenbanksysteme. Einhergehend mit dieser Vereinfachung wird von der Fähigkeit des Datenbanksystems ausgegangen, bitmapped Indizes (vgl. Kapitel 7.1) zu verwenden.[1]

Als wesentlich für die Performance können folgende Zusammenhänge bei der Modellierung betrachtet werden:

- Die Datenanalyse ist auf die bitmapped Indizes auf den DIM-IDs der Faktentabelle angewiesen. Damit diese gewinnbringend zum Einsatz kommen, muss die DIM-ID in der Faktentabelle eine *geringe Kardinalität* aufweisen. Die Anzahl der Ausprägungen der DIM-ID sollte zehn Prozent der Satzzahl in der Faktentabelle auf keinen Fall übersteigen.
- Die Datenanalyse ist bei selektiven Zugriffen auf den Datenbestand darauf angewiesen, dass SID-Werte eines selektierten Merkmals schnell in einer Dimensionstabelle zu finden sind. Da SIDs in Dimensionstabellen mit B-Tree-Indizes versehen sind, muss die SID innerhalb der Dimensionstabelle eine *hohe Kardinalität* aufweisen, d.h., die Satzzahl der Dimensionstabelle sollte das Zehnfache der Ausprägungen der SID nicht überschreiten.
- Beim Befüllen eines Cubes mit Daten wird für jede SID-Kombination in einer Dimensionstabelle nach einem vorhandenen Datensatz gesucht und ggf. ein neuer Datensatz angelegt und eine DIM-ID generiert. Je größer eine Dimension ist, desto öfter erfolgt diese Prüfung und desto mehr Zeit wird bei der Ermittlung neuer DIM-IDs verloren.
- Bei der Suche nach vorhandenen SID-Kombinationen in einer Dimensionstabelle wird ein B-Tree-Index genutzt, der auf die ersten 16[2] SID-Felder der Dimension definiert ist. Sind mehr als 16 Merkmale in einer Dimension definiert, so kann der Zugriff über den Index ggf. sehr lange dauern, insbesondere, wenn die ersten 16 SID-Felder nicht auch die selektivsten sind.

Offensichtlich ist es von entscheidender Bedeutung, das Cube-Modell mit Rücksicht auf das Indizierungsschema der BasisCubes zu gestalten. Zum besseren Verständnis wird das erweiterte Star-Schema[3] des BW in

1. Andere Datenbanksysteme beherrschen zum heutigen Stand keine bitmapped Indizes, versuchen diese durch B-Tree-Indizes nachzubilden und verhaspeln sich damit zwangsläufig. Die Modellierungregeln für Dimensionen ändern sich dadurch zwar nicht grundlegend, doch sind auch die Ziele der Modelle nur wieder nachgebildet und treffen – so wie eigentlich das ganze Cube-Design – nicht wirklich die Erfordernisse anderer Datenbanken.
2. Als Restriktion des Web AS lassen sich im ABAP Dictionary maximal 16 Felder pro Key/Index definieren.
3. Es wird nur die für die Datenanalyse relevante komprimierte Faktentabelle betrachtet. Die Indizes auf der für das Datenladen relevanten unkomprimierten Faktentabelle sind in diesem Zusammenhang nicht von Interesse, da diese Indizes vor dem Laden neuer Daten ohnehin gelöscht werden können.

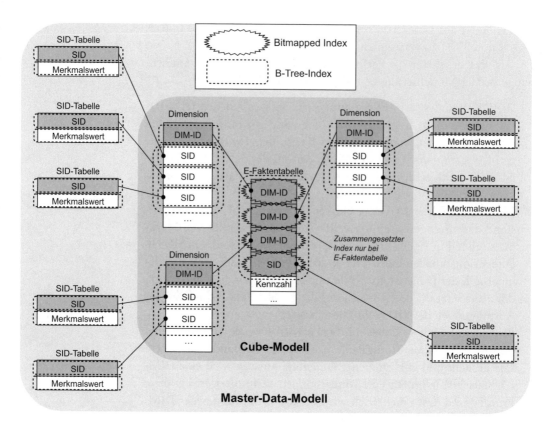

Abb. 8–3
Indizierung des erweiterten Star-Schemas bei Oracle und DB2/UDB

Abbildung 8–3 unter dem Gesichtspunkt der Indizierung für die Datenbanksysteme Oracle und DB2/UDB dargestellt.

Sämtliche Zusammenhänge bei der Gestaltung von Cube-Modellen lassen sich kurz in einem einzigen Ziel zusammenfassen: Die Anzahl der Datensätze, die in einer Dimension gespeichert werden, soll so gering wie möglich sein.

Speziell beim Einsatz des multidimensionalen Clustering unter der DB2 UDB sollten insbesondere diejenigen Dimensionen, die als MDC-Dimensionen definiert werden, besonders klein gehalten werden (vgl. Kapitel 7.3.2).

Dabei ist es entscheidend, dass nicht nur einzelne Dimensionen, sondern alle Dimensionen eines Cubes möglichst klein gestaltet sind. Grundsätzlich gilt: Je kleiner die Summe der Datensätze aller Dimensionstabellen, desto besser ist ein Cube modelliert.

Eine sehr einfache Möglichkeit, um einen Überblick über die Qualität der Modellierung zu erhalten, bietet Ihnen der Report SAP_INFOCUBE_DESIGNS. Der Report zeigt die Anzahl der Datensätze in den Dimensionstabellen und der F- und E-Faktentabelle auf. Darüber hinaus wird die Größe jeder Dimensionstabelle ins Verhältnis mit der Größe der komprimierten Faktentabelle gesetzt und die sogenannte Cube-Dichte[4] berechnet, die sich in der Praxis jedoch ausnahmslos als vollständig unbrauchbar erwiesen hat.

Bei einfachen Cube-Modellen, also bei BasisCubes mit nicht wesentlich mehr als ca. 15–20 Merkmalen, kann ein gutes Cube-Modell erzielt werden, indem darauf geachtet wird, innerhalb einer Dimension keine Merkmale aufzunehmen, die in einer n:m-Beziehung zueinander stehen (zum Beispiel Kunde und Material).

Besser ist die Kombination von Merkmalen, die in einer 1:n-Beziehung zueinander stehen (zum Beispiel Kunde und Postleitzahl). Zur Erreichung der genannten Grundregeln ist es kein Nachteil, wenn die 13 frei definierbaren Dimensionen voll ausgeschöpft werden.

Leider sind große Dimensionen auch bei sorgfältiger Modellierung nicht zu vermeiden, zum Beispiel wenn ein umfangreicher Kunden- oder Produktstamm oder sogar Belegnummern in das Modell einbezogen sind (dann sind die entsprechenden Dimensionstabellen allein schon durch die Aufnahme dieses einen Merkmals sehr groß). In diesem Fall ist der Verzicht auf die entsprechende Dimensionstabelle durch die Definition einer Line-Item-Dimension zu erwägen (vgl. Kapitel 6.4.4). Da eine derartige »Luxus-Dimension« nur ein Merkmal aufnehmen kann, müssen die übrigen Merkmale jedoch auf weniger Dimensionen verteilt werden, was diese Dimensionen wieder größer machen kann.

In jedem Fall ist bei sehr großen Dimensionstabellen oder Line-Item-Dimensionen zu überprüfen, ob die Indizierung einer DIM-ID in der Faktentabelle durch einen bitmapped Index geeignet ist oder durch die Kennzeichnung einer hohen Kardinalität mit einem B-Tree-Index versehen werden soll (vgl. Kapitel 7.2.1).

Modellierung komplexer Dimensionen

Sollen mehr als ca. 15–20 Merkmale zum Bestandteil eines BasisCubes gemacht werden, die zudem nur in teilweise wechselseitiger Beziehung zueinander stehen, so steigt die Komplexität des Modells und damit der Schwierigkeitsgrad der Modellierung sprunghaft.

4. Die Cube-Dichte ist der Quotient aus der Satzzahl der komprimierten Faktentabelle und dem Produkt der Satzzahlen der nicht leeren Dimensionstabellen. In der Theorie ist ein Cube-Modell umso besser, je größer die Cube-Dichte (maximal 100 %) ist. In der Praxis liegt die Cube-Dichte auch bei sehr guten Modellen bei Null, insbesondere da Line-Item-Dimensionen nicht als solche berücksichtigt werden.

Dabei kann man in einigen Fällen sogar so weit gehen zu behaupten, ***dass die Entwicklung eines optimalen Cube-Designs unmöglich ist.*** Diese zunächst ungewöhnlich anmutende Aussage lässt sich anhand eines einfacheren, aber artverwandten Beispiels, dem sogenannten »Travelling Salesman«-Problem, verdeutlichen.

Bei diesem Problem sind eine Anzahl von n Punkten (Orten) durch einen einzigen Strich (der Reiseroute des »Travelling Salesman«) zu verbinden. Je kürzer der Strich (also die Reiseroute), desto besser ist die Route, weil dasselbe Ziel, nämlich das Erreichen jedes Punkts, auf einem kurzen und damit schnellen Weg erreicht wird. Abbildung 8–4 verdeutlicht das »Travelling Salesman«-Problem anhand einer schlechten und einer besseren Route durch 5 Punkte.

Abb. 8–4
»Travelling Salesman«-Problem

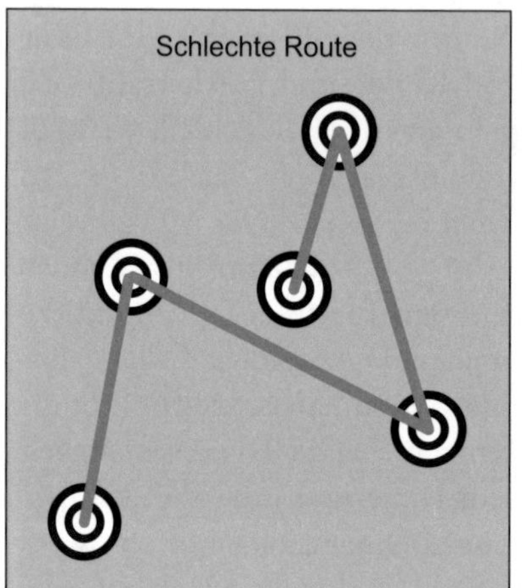

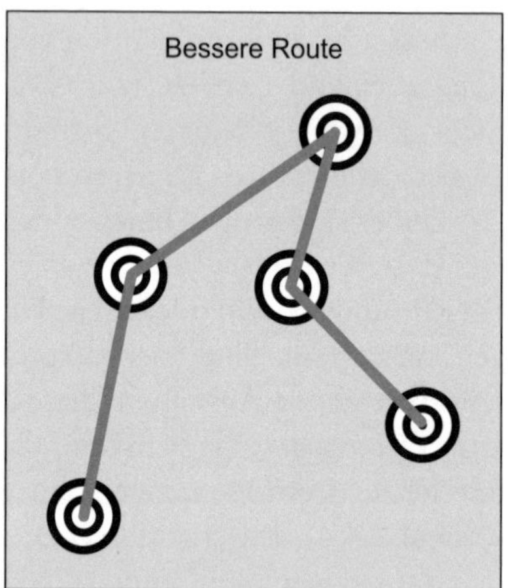

Mathematisch gesehen handelt es sich beim »Travelling Salesman«-Problem ebenso wie bei der Cube-Modellierung um eine Aufgabe, bei der bis heute nicht bewiesen werden kann, ob eine gefundene Lösung tatsächlich die beste ist. Theoretisch ist es zwar denkbar, jedes mögliche Modell zu untersuchen. Da die Anzahl der Möglichkeiten jedoch fakultativ mit der Anzahl von Merkmalen wächst, ist eine Simulation aller möglichen Kombinationen mit der heute zur Verfügung stehenden Rechenleistung nicht wirtschaftlich durchzuführen[5].

Wir müssen daher akzeptieren, dass es bei der Modellierung von Cube-Dimensionen ebenso wie bei der Routenplanung des »Travelling

---

5. Während eine Reiseroute durch 5 Orte nur 120 Kombinationen zulässt, so sind es bei 10 Orten schon 3.628.800 Kombinationen und bei 20 Orten bereits 2.432.902.008.176.640.000 Kombinationen. Die Anzahl der möglichen Kombinationen aus 50 Orten ist eine 3 mit 64 Nullen. Die Modellierung von Cube-Dimensionen stellt sich etwas einfacher dar, doch bewegen sich die dort zur Verfügung stehenden (sinnvollen) Möglichkeiten in ähnlichen Größenordnungen.

Salesman« kein Verfahren gibt, um das definitiv beste Design zu ermitteln.

Speziell für das »Travelling Salesman«-Problem gibt es eine Reihe von Algorithmen, die zumindest sehr gute Ergebnisse erzielen. Verdeutlicht wurde dies zuletzt bei den US-Präsidentschaftswahlen, bei denen die optimale Wahlkampfroute der Kandidaten nur noch durch spezielle Algorithmen ermittelt werden konnte.

Für die Modellierung von Cubes stehen derartige Algorithmen jedoch nicht zur Verfügung. Und die Algorithmen für das »Travelling Salesman«-Problem beachten nicht die Rahmenbedingungen der Cube-Modellierung. Überdies gehen die bestehenden Algorithmen davon aus, dass sich die Güte von Wegstrecken in relativ kurzer Zeit erkennen lässt (einfache Addition von Wegstrecken). Die Güte eines Cube-Designs hingegen ist nur sehr aufwändig zu ermitteln, da sich die Größe von Dimensionstabellen nur durch die Simulation möglichst umfangreicher Sample-Daten ermitteln lässt.

Insbesondere bei komplexen Modellen stellt sich das Design eines BasisCubes damit zwangsläufig als iterativer und zeitaufwändiger Prozess dar, der mit einiger Erfahrung zu einem guten, aber dennoch nie optimalen Modell führt. Als einziger Dienstleister für die Durchführung eines derartigen Iterationsprozesses gilt derzeit die quadox AG, die zu diesem Zweck entsprechende toolunterstützte Verfahren einsetzt.

8.2 Modellierung von InfoObjekten

Bei der Modellierung von InfoObjekten ist insbesondere die Auswahl und Verwendung von Stammdatenattributen von Bedeutung, sofern die InfoObjekte mit Stammdaten versehen sind. Nachfolgend werden daher die häufigsten Fragestellungen in diesem Bereich behandelt.

Die Modellierung von Stammdatenattributen hängt von den betriebswirtschaftlichen Anforderungen ab, die an die Historisierung der Attribute (vgl. Kapitel 5.1.2) und die Navigation über Attribute gestellt werden.

Aktuelle Darstellung

Die aktuelle Darstellung von Attributen ist die am häufigsten anzutreffende Anforderung. In allen Fällen, in denen Stammdatenattribute jeweils in ihrer aktuellen Form zu den Merkmalen abgelegt werden sollen, müssen diese als Anzeige- oder Navigationsattribute zum jeweiligen InfoObjekt abgelegt werden. Das BW kann dadurch bei der Datenanalyse immer auf die aktuellen Attributwerte in den Stammdatentabellen des InfoObjektes zugreifen.

Stichtagsbezogene Darstellung

Für die stichtagsbezogene Darstellung von Attributen werden ebenfalls Attribute zum jeweiligen InfoObjekt definiert, wobei jedoch die Option der stichtagsbezogenen Darstellung genutzt wird (vgl. Abb. 6–22 auf Seite 90).

Diese Option spiegelt vielfach fachliche Anforderungen wider, jedoch bringt die Verwendung stichtagsbezogener Stammdatenattribute Probleme bezüglich Performance und Administration mit sich. Attribute sollten aus diesem Grund insbesondere bei großen Stammdatentabellen nur dann stichtagsbezogen abgelegt werden, wenn sich dies fachlich nicht vermeiden lässt.

Historisierte Darstellung

Die historisierte Darstellung kann nicht mit Hilfe von Attributen realisiert werden. Stattdessen müssen die Attribute direkt in die Dimensionen der BasisCubes aufgenommen werden. Dort verlieren sie den Bezug zum jeweiligen Merkmal, wodurch die Historisierung erreicht wird.

Aus Sicht der Performance ist diese Form der Speicherung am günstigsten, da die Attribute nahe an der Faktentabelle gespeichert sind, was der Datenbank eine einfachere Behandlung dieser Attribute beim Lesen ermöglicht.

Die historisierte Darstellung ist eine spezifische Modellierung des jeweiligen BasisCubes und kann zusätzlich zur aktuellen/stichtagsbezogenen Darstellung genutzt werden.

Navigationsattribute

Die Voraussetzung dafür, Attribute zur Navigation in Queries oder zur Selektion von Daten nutzen zu können, ist die Definition dieser Attribute als Navigationsattribute. Dadurch werden diese Attribute nicht nur als Wert, sondern zusätzlich auch als SID in den Stammdatentabellen des InfoObjektes abgelegt (vgl. Kapitel 6.2.2).

Dies hat zur Folge, dass bei Ladevorgängen besondere Operationen durchgeführt werden müssen, um die entsprechenden SID für die Attributwerte zu ermitteln oder neu zu erzeugen. Um die dadurch anfallenden zusätzlichen Zeiten in Ladevorgängen zu begrenzen, sollten Navigationsattribute nur dann eingeschaltet werden, wenn dies erforderlich ist.

8.3 Modellierung von Hierarchien

In Kapitel 6.2.5 wird der Einsatz externer Hierarchien erläutert. Der Einsatz externer Hierarchien ist jedoch nicht die einzige Möglichkeit, derartige Strukturen im BW abzubilden. Tatsächlich existieren drei Möglichkeiten:

- Nutzung der externen Hierarchien
- Abbildung von Hierarchien in Stammdatenattributen
- Abbildung von Hierarchien in Dimensionsattributen

Abbildung 8–5 stellt die Anwendung der drei Möglichkeiten im Datenmodell dar.

Abb. 8–5 Modellierung von Hierarchien

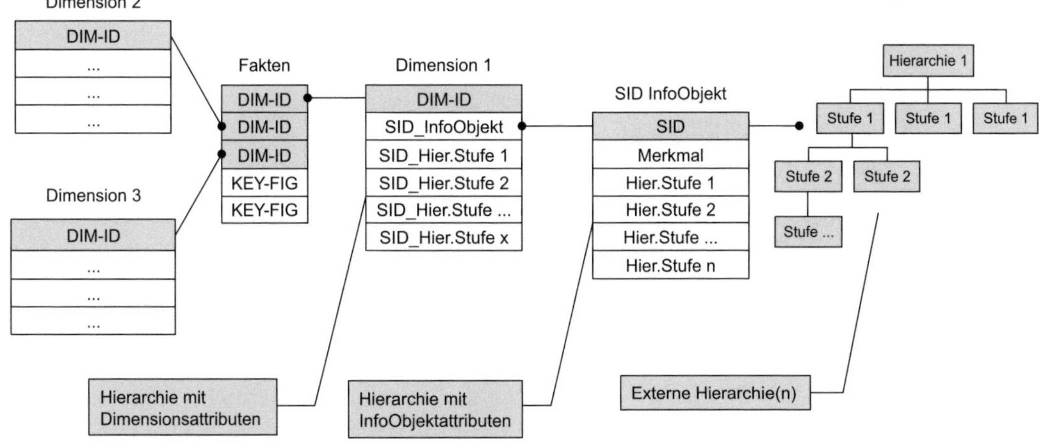

Jede dieser Möglichkeiten hat individuelle Vor- und Nachteile.

Externe Hierarchien

Der Vorteil externer Hierarchien liegt darin, dass sie sehr flexibel angelegt und genutzt werden können. Jedes InfoObjekt kann gleichzeitig mehrere externe Hierarchien besitzen, die voneinander unabhängig bei der Datenanalyse verwendet werden (zum Beispiel fachspezifische Produkthierarchien).

Darüber hinaus ist die Struktur von Hierarchien flexibel. Es kann ohne weitere Anpassungen am Datenmodell die Tiefe der Hierarchien definiert oder verändert sowie eine unbalancierte Hierarchie aufgebaut werden[6].

Darüber hinaus werden Hierarchien bei der Datenanalyse in den Tools des Business Explorer Analyzer als solche dargestellt. Dem Anwender wird die Reihenfolge der Hierarchiestufen fest vorgegeben, was die Navigation in Hierarchien erleichtert.

Der gravierende Nachteil externer Hierarchien wird jedoch bei der Betrachtung des Datenmodells offensichtlich (vgl. Abb. 8–5). Externe Hierarchien sind – gemessen an der Anzahl der Relationen – am weitesten von den Faktentabellen entfernt. Der Einsatz externer Hierarchien ist daher nahezu immer mit einer Verschlechterung der Performance verbunden und sollte nach Möglichkeit auf kleine Hierarchien beschränkt oder möglichst stark durch die Nutzung von Aggregaten auf Hierarchieleveln unterstützt werden.

---

6. In unbalancierten Hierarchien weisen die unterschiedlichen Hierarchiezweige unterschiedlich viele Hierarchiestufen auf.

Hierarchien in Attributen

Jede Hierarchie besteht aus einer Anzahl an Hierarchiestufen, welche jeweils eine bestimmte Charakteristik abbilden. Gemessen an dieser Eigenschaft ist es möglich, Hierarchien auch in Form von Attributen zu einem InfoObjekt zu hinterlegen.

Werden zum Beispiel zum InfoObjekt `0MATERIAL` die Attribute Produktstufe 1, Produktstufe 2 und Produktstufe 3 angelegt, so ist diese Information ebenso wertvoll wie eine externe Hierarchie mit drei entsprechenden Hierarchiestufen.

Besonders vorteilhaft an dieser Form der Modellierung ist der Performancegewinn, der sich gegenüber externen Hierarchien ergibt. Es existieren jedoch auch eine Reihe von Nachteilen:

- Die Anzahl der Hierarchiestufen ist fest definiert und für jeden Zweig der Hierarchie identisch (balanciert).
- Jede Veränderung der Hierarchiestruktur (Hierarchietiefe) muss durch die Modellierung des jeweiligen InfoObjektes erfolgen. Dies ist wesentlich aufwändiger als bei einer externen Hierarchie. Eine Versionierung der Hierarchie oder ähnliche Features der externen Hierarchie stehen ebenfalls nicht zur Verfügung.
- Hierarchien in Attributen werden durch die Tools des Business Explorer Analyzer nicht optisch als solche dargestellt. Die Reihenfolge der Hierarchiestufen ist dem Anwender nicht fest vorgegeben. Der Anwender muss daher wissen, dass eine bestimmte Kombination von Attributen eine Hierarchie darstellt.

Hierarchien in Dimensionen

Hierarchien in Dimensionen sind vergleichbar mit Hierarchien in Attributen. Während Hierarchien in Attributen jedoch immer die zeitlich aktuelle Darstellung der Hierarchien bedeuten, dienen Hierarchien in Dimensionen zur historisierten Darstellung von Attributen (vgl. Kapitel 5.1.2).

Aufgrund der Nähe der Dimensionen zur Faktentabelle ist diese Form der Speicherung aus Sicht der Performance am günstigsten.

8.4 Modellierung von Partnerrollen

Partnerrollen werden in der Regel im Rahmen der Vertriebssteuerung (zum Beispiel im SD-Modul des SAP ERP) eingesetzt, um die Rollen unterschiedlicher, an einem Auftrag beteiligter Kunden zu beschreiben. Übliche Partnerrollen sind zum Beispiel Auftraggeber, Rechnungsempfänger und Regulierer. Sie müssen in einem Auftrag nicht von demselben Kunden eingenommen und dementsprechend einzeln erfasst werden.

Aus betriebswirtschaftlicher Sicht kann es sinnvoll sein, Auftragsdaten mit Bezug auf alle erfassten Partnerrollen zu speichern[7]. Dabei müssen zwar die jeweiligen Partnerrollen als eigene InfoObjekte definiert und gesondert gespeichert werden, aber es ist nicht erforderlich, die entsprechenden Stammdaten für jedes InfoObjekt zu laden (dies würde bedeuten, dass identische Stammdatensätze mehrmals redundant geladen und in Stammdatentabellen abgelegt würden).

In solchen Fällen ist es sinnvoll, mit referenzierenden InfoObjekten zu arbeiten. Dabei wird ein InfoObjekt mit Stammdaten (InfoObjekt Kunde) angelegt, auf das alle Partnerrollen referenzieren (InfoObjekte Auftraggeber, Regulierer, Rechnungsempfänger).

Abhängig davon, wie groß die Stammdatentabellen sind und mit welcher Häufigkeit die Partnerrollen voneinander abweichen, können die referenzierenden InfoObjekte bei der Modellierung von Basis-Cubes entweder zusammen in einer Dimension aufgenommen werden (siehe Abb. 8–6) oder jeweils in einer eigenen Dimension.

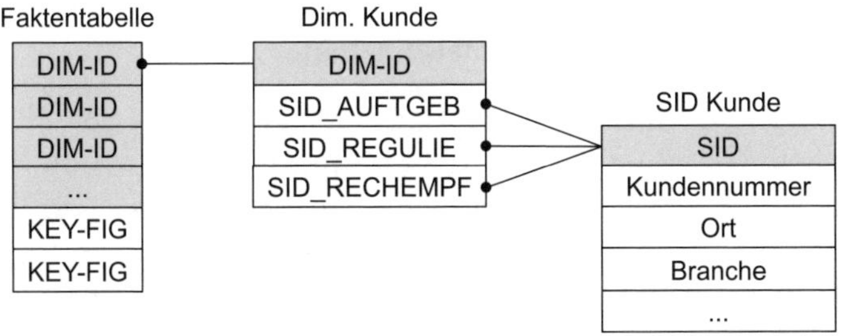

Abb. 8–6
Modellierung von Partnerrollen bei kleinen Dimensionen

Grundsätzlich ist es empfehlenswert, bei großen Dimensionen (ab ca. 10.000 Datensätzen) jede Partnerrolle in einer eigenen Dimension abzulegen, um die einzelnen Dimensionen möglichst klein zu halten.

Zusätzlich ist es in diesen Fällen sinnvoll, keine weiteren Attribute in diese Dimensionen aufzunehmen und die Dimensionen als Line-Item-Dimensionen zu definieren (siehe Abb. 8–7).

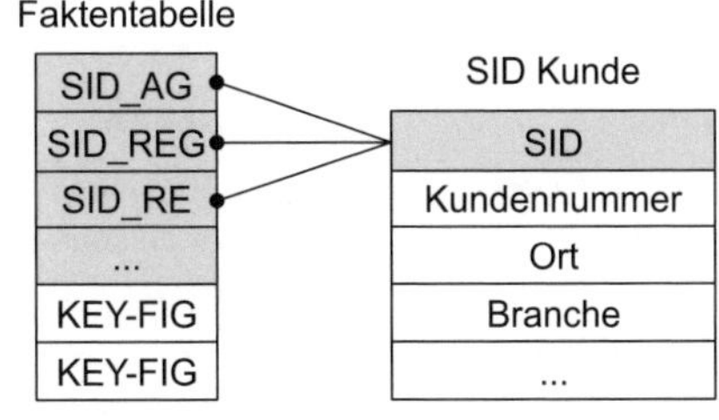

Abb. 8–7
Modellierung von Partnerrollen bei großen Dimensionen

7. Zum Beispiel, weil für Marketingmaßnahmen die Umsätze eines Kunden relevant sind, wenn er als Auftraggeber auftritt, für die Buchhaltung jedoch die Umsätze, die er als Regulierer zu begleichen hat.

8.5 Modellierung von Kennzahlen

Kennzahlen sind aus Sicht des Datenmodells sehr einfach zu modellieren, da sie ausschließlich in die Faktentabelle aufgenommen werden können. Überlegungen über die Anordnung von Dimensionen sind nur dann vorzunehmen, wenn es sich um Kennzahlen mit Ausnahmeaggregation handelt. In diesen Fällen ist das Bezugsmerkmal in eine Dimension aufzunehmen.

Dennoch gibt es auch bei Kennzahlen einige Grundregeln, die bei der Modellierung der einzelnen Kennzahlentypen beachtet werden sollten. Dazu zählen:

- Kennzahlen mit Merkmals-Charakter
- gruppierte Kennzahlen
- berechnete Kennzahlen

8.5.1 Kennzahlen mit Merkmals-Charakter

In den meisten Fällen lässt sich eindeutig erkennen, ob eine Information als Kennzahl oder Merkmal eingestuft werden muss. In einigen Fällen handelt es sich jedoch um Informationen, bei denen die Einstufung fraglich ist.

So können zum Beispiel Gewichtsangaben entweder im Sinne einer Kennzahl in die Faktentabelle aufgenommen werden und durch mathematische Operationen weiterverarbeitet werden (in der Regel Addition). Es kann aber auch sinnvoll sein, Gewichte als Merkmal einzusetzen, wenn das Gewicht eine Gruppierung darstellt, die auch zur Analyse dienen soll (zum Beispiel Gruppierung der Transportkosten nach den Gewichtsstufen von Produkten).

In derartigen Grenzfällen kann die folgende Tabelle bei der Entscheidung, ob eine Information als Kennzahl oder als Merkmal modelliert werden sollte, eine Hilfestellung bieten.

	Merkmal	**Kennzahl**
Typ der Information	Beschreibende/kategorisierende Informationen	Information, die für Rechenoperationen genutzt werden kann (Menge oder Wert)
Detaillierung	Speicherung der Information als Detaillierungsstufe (zum Beispiel für Drill Down)	Information wird auf Merkmale aggregiert und kann als Summe dargestellt werden
Ausprägung	Vereinbarte Wertemengen oder Abstufungen der Information (zum Beispiel Gewichtsstufe »bis 1 kg«, »bis 10 kg«, »bis 100 kg«)	Information wird variabel vorgegeben (zum Beispiel 1,2 kg, 34,0 kg, 17,4 kg ...)

8.5.2 Gruppierte Kennzahlen

Bei der Ermittlung der Kennzahlen, die für die Analyse relevant sind, werden seitens der Anwender in vielen Fällen Kennzahlen genannt, die aus Sicht des Datenmodells keine reinen Kennzahlen darstellen, sondern eine Vermischung mit einem Merkmal aufweisen. In derartigen Fällen ist es erforderlich, Kennzahl und Merkmal aus der Information zu identifizieren und als solche zu modellieren.

Die nachfolgende Tabelle zeigt einige Beispiele auf.

Gruppierte Kennzahl	Kennzahl	Merkmal
Umsatz im Vorjahr	Umsatz	Jahr
Absatz für Sparte 01	Absatz	Sparte
Transportdauer für Materialien »bis 1 kg«	Transportdauer	Gewichtsstufe

Die jeweilige Ausprägung der Merkmale (Vorjahr, Sparte 01, Gewichtsstufe 1 kg) erfolgt erst im Rahmen der Datenanalyse, zum Beispiel wenn ein entsprechender Vorjahresvergleich definiert wird.

8.5.3 Berechnete Kennzahlen

In vielen Fällen stellen Kennzahlen eine Information dar, die erst durch eine weitere Berechnung (in der Regel in Verbindung mit Merkmalen oder anderen Kennzahlen) an Wert gewinnt. Für die Berechnung derartiger Kennzahlen und die Berücksichtigung der berechneten Kennzahlen im Datenmodell existieren drei Alternativen:

- Berechnung der Kennzahl im Rahmen der Analyse
- Verwendung von Ausnahmeaggregation
- Modellierung der Kennzahl im BasisCube und Berechnung der Kennzahl beim Füllen des BasisCubes

Alle Alternativen haben sehr unterschiedliche Vor- und Nachteile.

Berechnung bei der Analyse

Kennzahlen können spontan und flexibel durch Berechnungen im jeweiligen Analysetool (zum Beispiel im BEx Analyzer) zum Zeitpunkt der Analyse berechnet werden.

Derartige Berechnungen können mit wenig Aufwand definiert werden, ohne dass tiefere BW-Kenntnisse erforderlich sind. Demgegenüber stehen eine Reihe von Nachteilen:

- Die Datenbasis der Berechnung ist auf das Query-Ergebnis beschränkt, welches die Analytical Engine an das Auswertungstool übergibt. Viele Berechnungen können daher aufgrund der mangelnden Datenbasis nicht durchgeführt werden.

- Die Berechnungsroutinen sind nicht Teil des Metadaten-Repository (unter Umständen durch einzelne Anwender angelegt) und damit aus Sicht der Systemadministration nicht transparent.
- Die Performance der Berechnung ist schlechter als bei der Modellierung der Kennzahlen, da bei jedem Navigationsschritt im Reporting die gesamte Berechnung wiederholt werden muss.

Ausnahmeaggregation

Die Ausnahmeaggregation stellt eine besondere Form einer berechneten Kennzahl dar. Bei der Verwendung von Kennzahlen mit Ausnahmeaggregation muss die Kennzahl Bestandteil des Datenmodells eines BasisCubes sein, wodurch sich einige Abwandlungen zur normalen berechneten Kennzahl ergeben:

- Die Berechnung der Kennzahl findet nicht durch das Analysetool, sondern durch die Analytical Engine statt. Berechnungen können sich daher auf eine größere Detaillierungstiefe beziehen als im Analysetool.
- Das BW trägt automatisch Sorge dafür, dass die Analytical Engine Daten in der entsprechenden Detaillierungsstufe erhält. Dies wirkt sich bis in die Datenmodellierung aus, in der Bezugsmerkmale von Kennzahlen zwingend in einen BasisCube aufgenommen werden müssen.

Modellierung als Kennzahl

Alternativ zur Berechnung von Kennzahlen zum Zeitpunkt der Datenanalyse (durch das Analysetool oder die Analytical Engine) ist es möglich, die entsprechenden Kennzahlen in das Datenmodell von BasisCubes aufzunehmen und bereits im Rahmen der Datenübernahme vorzuberechnen.

Berechnete Kennzahlen, die auf Datensatzebene vorliegen, werden bei der Datenanalyse in der Regel durch Summation kumuliert. Dies hat zur Folge, dass die Vorabberechnung von Kennzahlen mathematisch nur dann möglich ist, wenn gilt:

$$Berechnung(Kennzahl1)+Berechnung(Kennzahl2)=Berechnung(Kennzahl1+Kennzahl2)$$

Dies ist zum Beispiel bei der Berechnung von Durchschnittswerten nicht der Fall, wenn bei der Berechnung

$$\frac{Kennzahl1}{Anzahl1}+\frac{Kennzahl2}{Anzahl2}$$

die Bezugsgrößen *Anzahl1* und *Anzahl2* unterschiedlich sind (zum Beispiel, weil bei der Berechnung die Anzahl aller Datensätze zugrunde gelegt wird, bei der Datenanalyse jedoch nur ein Teil der Daten selektiert wird). In einem solchen Fall ist nur die Berechnung durch Ausnahmeaggregation möglich.

Der Vorteil dieser Möglichkeit besteht darin, dass Kennzahlen nur einmalig beim Füllen der BasisCubes berechnet werden (von einem performanten Applikationsserver) und bei der Analyse (durch einen weniger performanten PC) fertig berechnet zur Verfügung stehen. Dies ist dann sinnvoll, wenn die Berechnung der Kennzahlen sehr komplex ist und damit vom Umfang der ABAP/4-Sprache profitiert.

Ein weiterer Vorteil besteht darin, dass berechnete Kennzahlen sowie auch die Berechnungsverfahren in den Metadaten des BW hinterlegt und somit allgemein nachvollziehbar sind.

Neben diesen Vorteilen existieren je nach Situation auch eine Reihe von Nachteilen. So kann die Aufnahme von Kennzahlen in der Faktentabelle das Datenvolumen eines InfoCubes stark erhöhen. Berechnete Kennzahlen sollten aus diesem Grund nur dann in der Faktentabelle modelliert werden, wenn dies für den jeweiligen BasisCube aus Sicht des Datenvolumens kein Problem darstellt.

Ein weiterer Nachteil berechneter Kennzahlen in der Faktentabelle besteht in der Starrheit des Datenmodells. Einmal modellierte Kennzahlen können nicht mehr aus BasisCubes entfernt werden, und die Aufnahme einer neuen berechneten Kennzahl erfordert eine Änderung am Datenmodell.

Berechnete Kennzahlen sind in der Faktentabelle daher in der Regel nur dann zu empfehlen, wenn

- die Berechnung der Kennzahl sehr komplex bzw. rechenzeitaufwändig ist.
- die Formel für die Berechnung der Kennzahl stabil ist und keinen Änderungen unterliegt.
- das Datenvolumen des betreffenden BasisCubes nicht kritisch ist.

Sind diese Bedingungen nicht erfüllt, so sollten Kennzahlen erst im Rahmen der Datenanalyse berechnet werden.

9 Datenmodellierung in der DWWB

Die Datenmodellierung wird in der Data Warehousing Workbench des BW vorgenommen. Aufgrund der Vielzahl von Objekten, die Teil der Modellierung sein können, sind alle Objekte in einer hierarchischen Gliederung, der sogenannten InfoArea-Hierarchie, strukturiert.

Bei dieser Hierarchie handelt es sich um eine Struktur von beliebig untereinander zu verschachtelnden *InfoAreas* (z.B. Finanzbuchhaltung, Human Resources, Supply Chain Management), die zusammen die InfoArea-Hierarchie ergeben. Die Struktur dieser Hierarchie ist durch den BI Content vorgegeben, kann jedoch beliebig angepasst und erweitert werden.

Eine besondere InfoArea stellt `NODESNOTCONNECTED` dar. In diese InfoArea werden automatisch alle BW-Objekte aufgenommen, die keiner anderen InfoArea zugewiesen sind oder die aus technischen Gründen keiner InfoArea zugeordnet werden konnten (dies ist zum Beispiel der Fall, wenn BW-Objekte des BI Content übernommen wurden, die entsprechenden InfoAreas jedoch nicht existieren).

Die Data Warehousing Workbench bietet zwei unterschiedliche Sichten auf die Objekte der InfoArea-Hierarchie: Eine Sicht auf alle Datenziele (InfoCubes und DataStore-Objekte) und eine Sicht auf InfoObjekte. Der Grund besteht darin, dass Datenziele und InfoObjekte innerhalb der Hierarchie unterschiedlich behandelt werden.

InfoProvider in der InfoArea-Hierarchie

Datenziele werden für die Modellierung in der Data Warehousing Workbench im sogenannten InfoProvider-Baum angeordnet (siehe Abb. 9–1).

Jedes Datenziel muss genau einer InfoArea zugeordnet werden. Es ist nicht möglich, Datenziele direkt unter der Wurzel der Hierarchie zu platzieren oder mehrfach in der Hierarchie aufzunehmen.

Ebenso wie bei BW-Objekten werden InfoAreas durch einen technischen Namen und eine Beschreibung definiert. Innerhalb der InfoArea-Hierarchie können Datenziele sowie auch InfoAreas per Drag&Drop verschoben werden.

Abb. 9–1
InfoProvider-Baum

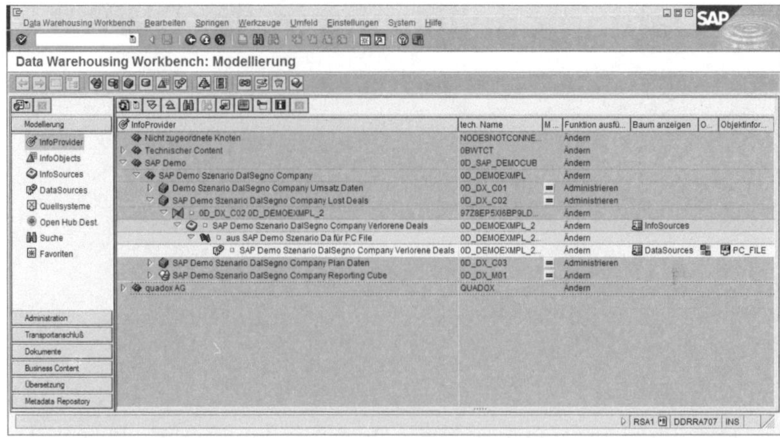

© SAP AG

Alle Datenziele können unterhalb einer InfoArea mit Hilfe des Kontextmenüs angelegt werden und besitzen selbst ebenfalls ein Kontextmenü, mit dem die Administration und Pflege der Datenziele möglich ist.

InfoObjekte in der InfoArea-Hierarchie

Während Datenziele aufgrund ihrer eindeutigen Dateninhalte genau einem Knoten der InfoArea-Hierarchie zugeordnet werden können, ist diese Strukturierung bei InfoObjekten nur sehr schwer möglich. So können zum Beispiel BasisCubes mit Daten über die Auftragserfassung, Lieferung, Fakturierung und Reklamationen eindeutig entsprechenden InfoAreas zugeordnet werden. Alle BasisCubes beinhalten allerdings teilweise dieselben InfoObjekte (zum Beispiel die Kundennummer).

Um InfoObjekte in der InfoArea-Hierarchie mehrfach aufzunehmen, existieren die sogenannten InfoObjekt-Kataloge. Ähnlich wie Datenziele muss ein InfoObjekt-Katalog genau einem Knoten der InfoArea-Hierarchie zugeordnet sein. Jeder InfoObjekt-Katalog kann jedoch beliebig viele InfoObjekte beinhalten, und jedes InfoObjekt kann in beliebig vielen InfoObjekt-Katalogen enthalten sein.

Mit Hilfe der InfoObjekt-Kataloge ist es somit möglich, dass ein InfoObjekt mehreren InfoAreas zugeordnet ist. Um eine übersichtliche Organisation der InfoObjekte zu erreichen, ist beim Anlegen von InfoObjekt-Katalogen zusätzlich zu unterscheiden, ob der Katalog Merkmale oder Kennzahlen aufnehmen soll (siehe Abb. 9–2).

Ist ein InfoObjekt in keinem InfoObjekt-Katalog enthalten, so wird es automatisch dem Katalog `0CHANOTASSIGNED` (nicht zugeordnete Merkmale) beziehungsweise `0KYFNOTASSIGNED` (nicht zugeordnete Kennzahlen) zugeordnet. Wird ein InfoObjekt einem InfoObjekt-Katalog zugeordnet, so wird es automatisch aus dem entsprechenden Katalog für nicht zugeordnete InfoObjekte entfernt.

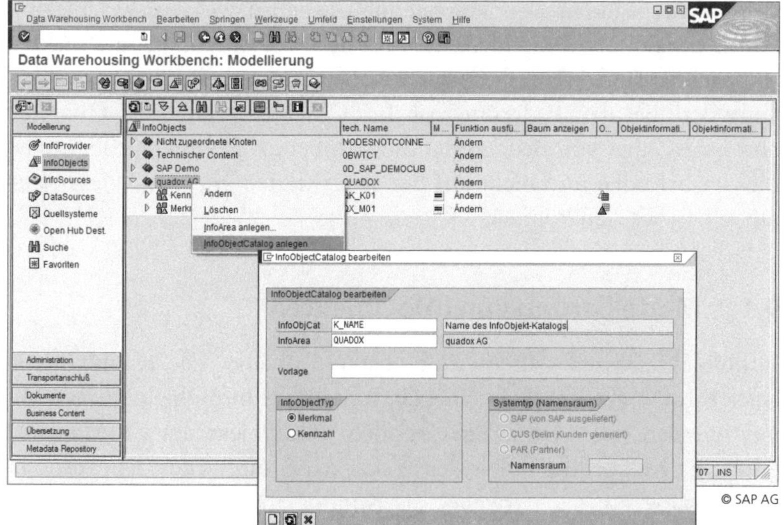

© SAP AG

Abb. 9–2
InfoObjekt-Baum

Anders als im InfoProvider-Baum ist die Zuordnung von InfoObjekten zu InfoObjekt-Katalogen *nicht* per Drag&Drop möglich. Stattdessen müssen die einzelnen InfoObjekt-Kataloge gepflegt werden, das heißt, es müssen in der Pflege der InfoObjekt-Kataloge gezielt einzelne InfoObjekte aufgenommen werden (siehe Abb. 9–3).

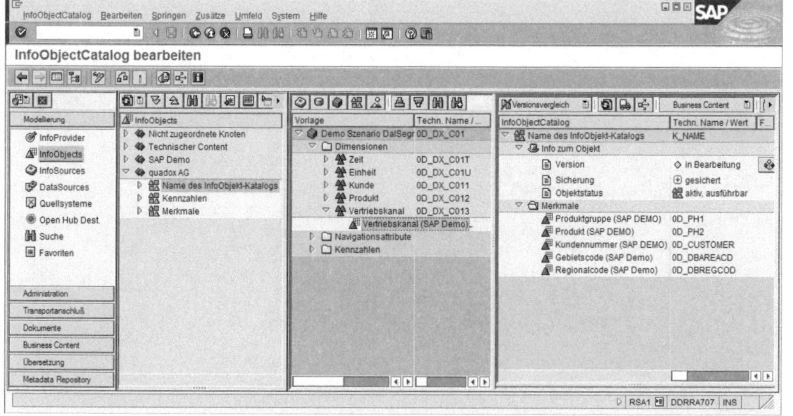

© SAP AG

Abb. 9–3
Pflege von InfoObjekt-Katalogen

In den nachfolgenden Kapiteln wird erläutert, wie die Modellierung von InfoObjekten, BasisCubes und DataStore-Objekten vorgenommen wird. Der Schwerpunkt soll dabei nicht auf die Modellierungsoptionen im Einzelnen gelegt werden – dies ist in der Online-Hilfe des BW detaillierter und aktueller nachzulesen.

Es soll vielmehr eine Hilfestellung gegeben werden, welche Einschränkungen und Besonderheiten bei der Modellierung von Objekten zu beachten sind, wenn diese bereits über Daten verfügen. Dies ist insbesondere bei der Änderung von InfoObjekten, DataStore-Objekten und BasisCubes von Bedeutung, die sich bereits in einem produktiven Einsatz befinden und nicht auf der viel zitierten »grünen Wiese« neu modelliert werden können.

9.1 Modellierung von InfoObjekten

InfoObjekte lassen sich im einfachsten Fall über das Kontextmenü eines InfoObjekt-Katalogs anlegen, in den das InfoObjekt aufgenommen werden soll[1]. Ob es sich bei dem InfoObjekt um ein Merkmal oder eine Kennzahl handelt, leitet sich dabei direkt aus dem InfoObjekt-Katalog ab, der entweder als Katalog für Kennzahlen oder für Merkmale definiert wurde (vgl. Kapitel 9).

Beim Anlegen des InfoObjekts ist der technische Name sowie eine Bezeichnung vorzugeben. Sofern es sich um ein referenzierendes Merkmal handelt (vgl. Kapitel 6.2.4), muss bereits zu diesem Zeitpunkt das Referenz-InfoObjekt angegeben werden, das nachfolgend nicht mehr verändert werden kann. Wahlweise kann ein InfoObjekt als Vorlage angegeben werden, dessen Einstellungen zunächst übernommen, vor dem Aktivieren jedoch auch abgeändert werden können[2] (siehe Abb. 9–4).

Abb. 9–4
Anlegen von InfoObjekten

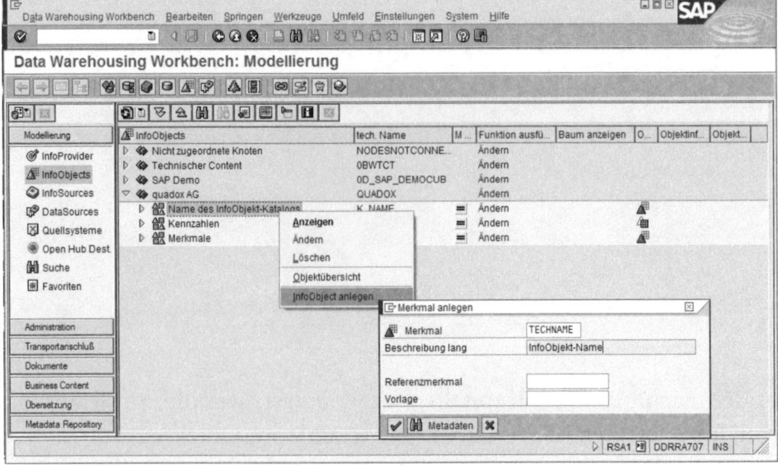

1. Unabhängig davon kann das InfoObjekt anschließend in weitere InfoObjekt-Kataloge aufgenommen werden oder aus dem ursprünglichen InfoObjekt-Katalog entfernt werden.

Soll ein InfoObjekt nicht von Anfang an in einem InfoObjekt-Katalog enthalten sein, so kann das Anlegen auch unabhängig von einem InfoObjekt-Katalog über den Menüpunkt *Bearbeiten→Objekte→InfoObjekt* in der Data Warehousing Workbench oder über die Transaktion RSD1 erfolgen (siehe Abb. 9–5).

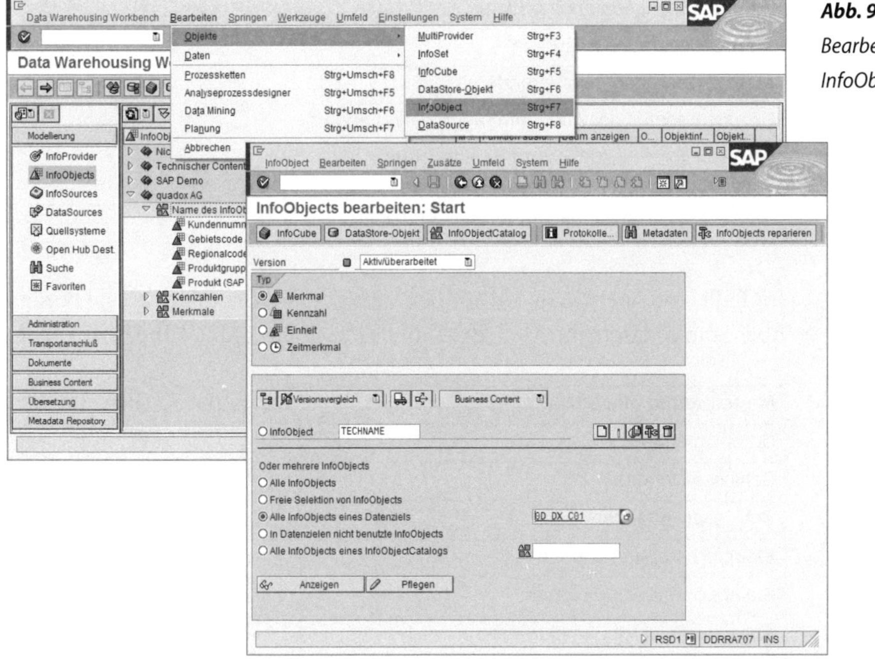

Abb. 9–5
Bearbeiten von InfoObjekten

Massenverarbeitung

Bei dieser Form der direkten Bearbeitung von InfoObjekten bietet sich auch die Möglichkeit, mehrere InfoObjekte nach bestimmten Kriterien zusammenzustellen (zum Beispiel alle InfoObjekte eines Datenziels) und gemeinsam zu bearbeiten. Auch das Löschen oder Aktivieren einer großen Menge von InfoObjekten ist auf diese Weise möglich.

Änderungen an gefüllten und verwendeten InfoObjekten

Solange ein InfoObjekt lediglich modelliert und aktiviert, aber noch nicht mit Stammdaten gefüllt oder in anderen Objekten verwendet wird, ist eine nachträgliche Änderung der Einstellungen sehr einfach möglich. Ist ein InfoObjekt jedoch bereits produktiv im Einsatz, so sind eine Reihe von Änderungen nicht mehr möglich.

Nachfolgend wird zusammengefasst, welche Änderungen an einem InfoObjekt möglich sind, für das bereits Stammdaten geladen wurden. Dabei sind die unterschiedlichen Voraussetzungen von Merkmals- und Kennzahl-InfoObjekten zu beachten.

2. Mit Ausnahme der Vorgabe eines Referenz-InfoObjektes.

Im Falle von Kennzahl-InfoObjekten kommt es darauf an, ob diese bereits in Datenzielen (BasisCubes, DataStore-Objekten oder als Attribut in anderen InfoObjekten) verwendet werden.

Modellierung einer Kennzahl	Bei Verwendung möglich
Datentyp ändern	×
Währung/Mengeneinheit ändern	×
Standardaggregation ändern	×
Ausnahmeaggregation verändern	✓
Bezugsmerkmal der Ausnahmeaggregation ändern	✓
Wechsel von Flussgröße auf Bestandsgröße und umgekehrt	×
Änderung der bestandsverändernden InfoObjekte	×

Im Falle von Merkmals-InfoObjekten ist es entscheidend, ob sie bereits über Stammdateneinträge bzw. Datensätze in ihrer SID-Tabelle verfügen.

Modellierung eines Merkmals	Bei gefüllten Daten möglich
Datentyp ändern	(×)[3]
Schlüssel verkürzen	×
Schlüssel verlängern	(✓)[4]
Kleinbuchstaben erlauben	✓
Kleinbuchstaben verbieten	×
Ausschließlich Attribut aktivieren	×
Ausschließlich Attribut deaktivieren	✓
Mit Stammdatentabellen	✓
Ohne Stammdatentabellen	✓
Mit Texten	✓
Ohne Texte	✓
Externe Hierarchien	✓
Ohne externe Hierarchien	✓
Sprachabhängigkeit einschalten	✓
Sprachabhängigkeit ausschalten	(×)[5]
Textlänge ändern	✓
Zeitabhängigkeit einschalten	✓
Zeitabhängigkeit ausschalten	×
Anzeigeattribute	✓
Navigationsattribute	✓
Klammerung erweitern	✓
Klammerung vermindern	×

Ändern der Konvertierungsroutine

Eine Besonderheit stellt die Änderung der Einstellungen zur Konvertierungsroutine (vgl. Kapitel 6.1.1) dar.

Eine Konvertierungsroutine kann grundsätzlich jederzeit aus einem InfoObjekt entfernt werden. Sofern es sich *nicht* um die Konvertierungsroutinen `ALPHA`, `NUMC` oder `GJAHR` handelt, ist auch ein nachträgliches Hinterlegen einer Konvertierungsroutine möglich, da dies ausschließlich Auswirkung auf die externe Darstellung der Merkmalswerte hat.

Im Falle der Konvertierungsroutinen `ALPHA`, `NUMC` und `GJAHR` hingegen müssen die so definierten InfoObjekte auch in einer entsprechenden internen Darstellung vorliegen, was zu entsprechenden Problemen führen kann, wenn die Konvertierungsroutine nachträglich hinterlegt werden soll. So würde zum Beispiel bei einem zwei Character langen InfoObjekt die Werte `1` und `01` nach Einführung des Konvertierungsexits `ALPHA` denselben internen Wert ergeben (nämlich `01`), obwohl sie zuvor technisch zwei unterschiedliche Tabellenschlüssel ergeben haben.

Aufgrund der Inkonsistenzen, die daraus für das Datenmodell entstehen können, ist das nachträgliche Hinterlegen der Konvertierungsexits `ALPHA`, `NUMC` und `GJAHR` im Rahmen der Modellierung nicht möglich.

Lediglich das Austauschen eines Merkmals ohne Konvertierungsexit durch ein Merkmal mit Konvertierungsexit mit Hilfe der Re-Modellierung ist möglich (siehe Kapitel 9.2.1).

Löschen von Stammdaten

Kann das Ändern einer InfoObjekt-Definition aufgrund existierender Stammdaten nicht durchgeführt werden, so hilft unter Umständen das Löschen der Stammdaten, das im Kontextmenü des InfoObjekts in der Data Warehousing Workbench gestartet werden kann (siehe Abb. 9–6).

---

3. Das Ändern des Datentyps wird zwar zugelassen, jedoch werden dabei bestehende Stammdaten gelöscht.
4. Nur möglich, wenn nicht die Konvertierungsroutine `ALPHA` hinterlegt ist. Ist das InfoObjekt geklammert, so können externe Hierarchien unbrauchbar werden und müssen neu geladen werden.
5. Das nachträgliche Deaktivieren der Sprachabhängigkeit ist dennoch möglich, wenn die Texttabelle des InfoObjekts zuvor durch das Datenbanksystem geleert wird. Die Stammdatentexte müssen im Anschluss an die Änderung vollständig neu geladen werden.

Abb. 9–6
Stammdaten löschen

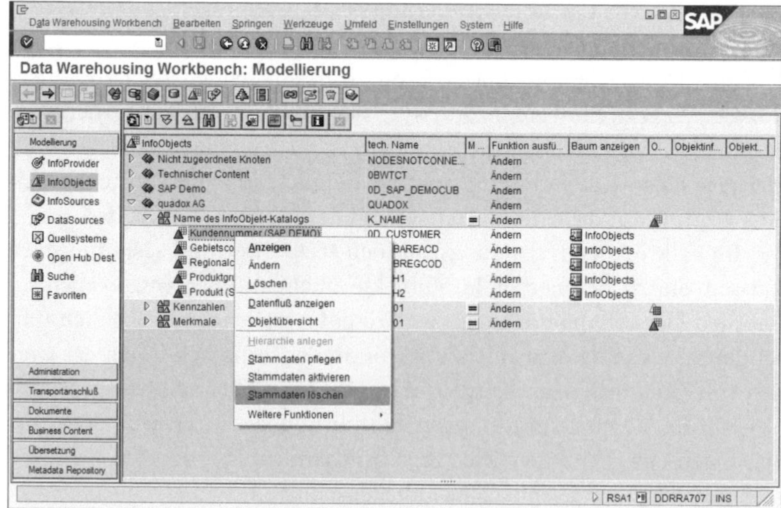

© SAP AG

Das Löschen von Stammdaten ist zunächst einmal nicht so gravierend, da Stammdaten i.d.R. mit relativ geringem Aufwand neu geladen werden können. Allerdings ist das Löschen von Stammdaten nur dann möglich, wenn die entsprechenden SID-Werte noch nicht aus den Dimensionstabellen von BasisCubes referenziert werden.

Das BW prüft bei jedem zu löschenden Stammdatum, ob es in dieser Form verwendet wird, und verbietet ggf. das Löschen, so dass hier nur das Löschen der entsprechenden Cubes helfen würde.

In der Praxis ist es in einem solchen Fall einfacher, das fragliche InfoObjekt durch ein neues InfoObjekt zu ersetzen und dieses Ersetzen des InfoObjekts im BasisCube durch eine Re-Modellierung nachzuvollziehen. Die Re-Modellierung von BasisCubes wird in Kapitel 9.2 erläutert.

9.2 Modellierung von BasisCubes

BasisCubes lassen sich in der Data Warehousing Workbench im Kontextmenü der InfoArea anlegen, der der Cube untergeordnet sein soll. Dabei ist der technische Name des BasisCubes sowie eine Beschreibung anzugeben. Wahlweise kann ein Template vorgegeben werden, also ein bestehender BasisCube, dessen Struktur als Vorlage bei der Definition des Cubes genutzt werden soll (siehe Abb. 9–7).

Die Gestaltung der Dimensionen eines BasisCubes wird durch das Kontextmenü der Dimensionen in der Cube-Pflege vorgenommen (siehe Abb. 9–8). Die Zuordnung von InfoObjekten oder Kennzahlen in die Dimensionen bzw. in die Faktentabelle des Cubes erfolgt durch

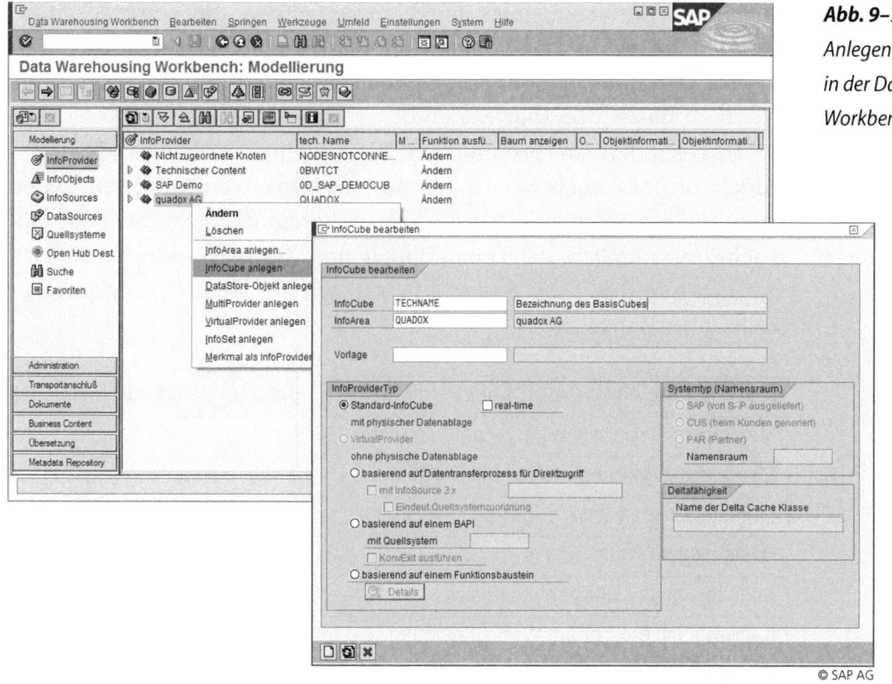

Abb. 9-7
Anlegen eines BasisCubes in der Data Warehousing Workbench

Drag&Drop aus einer Vorlagestruktur (InfoSource, DataStore-Objekt, BasisCubes etc.), die zuvor ausgewählt werden muss.

Weitere Einstellungen bei der Cube-Modellierung (Line-Item-Klassifizierung von Dimensionen, Kardinalität einer Dimension, strukturspezifische Eigenschaften, Partitionierung, Clustering) wurden bereits in den entsprechenden Kapiteln erläutert und werden hier nicht weiter beschrieben.

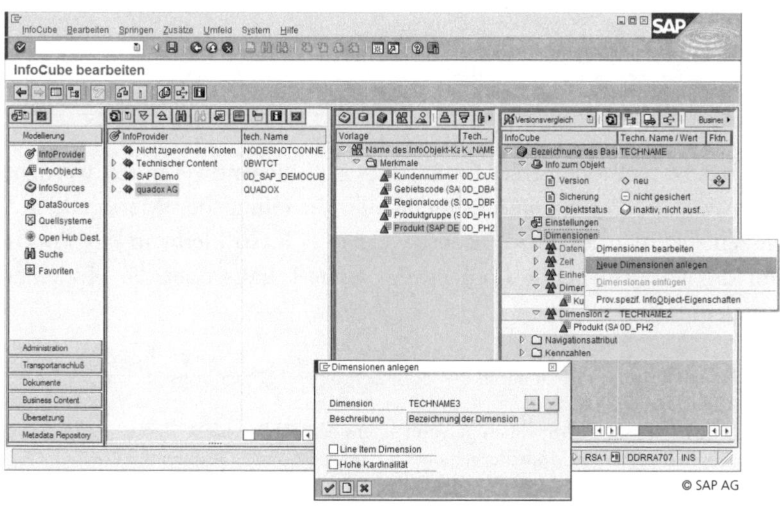

Abb. 9-8
Gestaltung eines Cube-Modells in der Data Warehousing Workbench

Mit dem Aktivieren eines BasisCubes werden die entsprechenden Tabellen im ABAP Dictionary und im Datenbanksystem angelegt. Diese Einstellungen können so lange verändert werden, wie keine Daten im BasisCube abgelegt sind.

Änderungen an gefüllten Cubes

Insbesondere in produktiven BW-Systemen sollen Änderungen jedoch oftmals auch bei Cubes durchgeführt werden, deren Daten zuvor nicht gelöscht werden dürfen. In diesem Fall ist es nur sehr eingeschränkt möglich, das Datenmodell eines BasisCubes zu verändern. Die nachfolgende Tabelle zeigt auf, wie sich die Modellierung gefüllter BasisCubes darstellt.

Modellierung eines BasisCubes	Bei gefülltem Cube möglich
Merkmal mit Initialwert aufnehmen	✓
Merkmal mit definiertem Wert aufnehmen	×[6]
Merkmal löschen	×[7]
Navigationsattribute an/aus	✓
Kennzahl mit Initialwert aufnehmen	✓
Kennzahl mit definiertem Wert aufnehmen	×[8]
Kennzahlen löschen	×[9]
Dimensionen anlegen	✓
Dimensionen löschen	×
Dimensionszuordnung eines Merkmals ändern	×
Line-Item-Klassifizierung einer Dimension ändern	×
Kardinalität einer Dimension ändern	✓
Strukturspezifische Eigenschaften ändern	×
Partitionierung	×[10]
Clustering	×[11]
Nullwert-Eliminierung einschalten	×
Bestandsmerkmale / Zeitscheibe	×

Soll das Datenmodell eines BasisCubes grundlegend verändert werden, z.B. weil aus Performancegründen die Verteilung der Merkmale auf einzelne Dimensionen verändert werden soll, so bleibt in der Praxis nur das vorausgehende Löschen des Cube-Inhalts oder die Modellierung eines neuen Cubes.

6. Eingeschränkt möglich durch Re-Modellierung von Dimensionstabellen (siehe Kapitel 9.2.1).
7. Möglich durch Re-Modellierung von Dimensionstabellen (siehe Kapitel 9.2.1).
8. Möglich durch Re-Modellierung der Faktentabelle (siehe Kapitel 9.2.2).
9. dito.

Re-Modellierung von InfoProvidern

Für kleinere Änderungen, speziell zum

- Aufnehmen von Merkmalen mit einem definierten Wert
- Löschen von Merkmalen aus einem BasisCube
- Ersetzen bestehender Merkmale durch andere Merkmale
- Aufnehmen von Kennzahlen mit einem definierten Wert
- Löschen von Kennzahlen aus einem BasisCube

bietet das BW seit der Version 7 alternativ zum Neuaufbau des Cubes die Möglichkeit zur *Re-Modellierung von InfoProvidern*. Die Re-Modellierung eines BasisCubes kann aus dem Kontextmenü des Cubes in der Data Warehousing Workbench aufgerufen werden (siehe Abb. 9–9).

Konzeptionell stellt die Re-Modellierung nicht lediglich eine Änderung an einem BasisCube dar, sondern vielmehr eine Sammlung von Änderungsanweisungen, die gezielten Einfluss auf die Inhalte ausgewählter Dimensionstabellen oder der Faktentabelle eines BasisCubes nehmen (durch Aufnehmen, Löschen oder Ersetzen von Merkmalen und Kennzahlen). Diese Änderungsanweisungen sind in Form einer Re-Modellierungregel zusammenzustellen, in den Metadaten des BW zu hinterlegen und in der Transportlandschaft auf die einzelnen BW-Systeme zu verteilen.

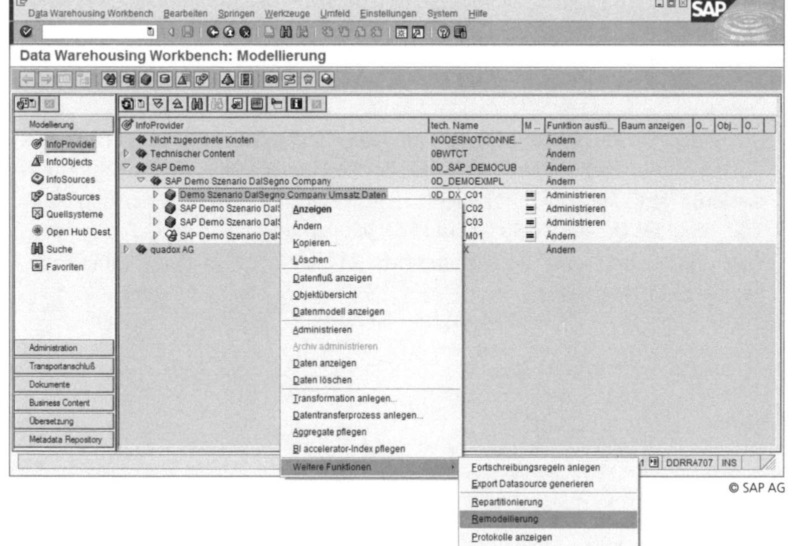

© SAP AG

Abb. 9–9
Aufruf der Re-Modellierung

10. Änderung im Rahmen der Systemwartung durch Re-Partitionierung möglich (siehe Kapitel 32.1).
11. Änderung durch Re-Clustering möglich (siehe Kapitel 9.4).

Die Durchführung einer Re-Modellierung verändert die Metadaten eines BasisCubes. Wird die Re-Modellierung nicht auf jedem System einer Transportlandschaft ausgeführt (siehe Anhang D), so können zwischen den unterschiedlichen Systemen Inkonsistenzen in der Definition des BasisCubes entstehen, die dazu führen, dass der BasisCube nicht mehr transportiert werden kann. Achten Sie beim Einsatz der Re-Modellierung daher unbedingt darauf, diese auf allen Systemen innerhalb einer Transportlandschaft durchzuführen.

Die einzelnen Änderungsanweisungen, die Teil einer Re-Modellierungsregel sind, lassen sich nach der Vergabe eines Namens für die Re-Modellierungsregel beliebig hinzufügen und wieder entfernen (siehe Abb. 9–10).

Die Bezeichnung Re-Modellierung ist dabei irreführend gewählt, da nicht das gesamte Modell eines BasisCubes im Kontext aller Inhalte verändert werden kann, sondern lediglich einzelne Dimensionstabellen oder die Faktentabelle isoliert voneinander manipuliert werden können.

Welche Änderungsanweisungen im Einzelnen zu einer Re-Modellierungsregel zusammengefasst werden können und wie diese arbeiten, wird dem entsprechend in Form der

- Re-Modellierung von Dimensionstabellen
- Re-Modellierung der Faktentabelle

behandelt.

Die Änderung von Einstellungen für die Range-Partitionierung gehört nach der Dokumentation der SAP in den Bereich der Re-Modellierung. Die Durchführung dieser Re-Partitionierung erfolgt jedoch nicht zum Zweck der Entwicklung oder Änderung des Datenmodells, sondern ist Teil der regelmäßig wiederkehrenden Wartungsarbeiten und wird daher im Rahmen des Modell-Trimming in Kapitel 32.1 behandelt.

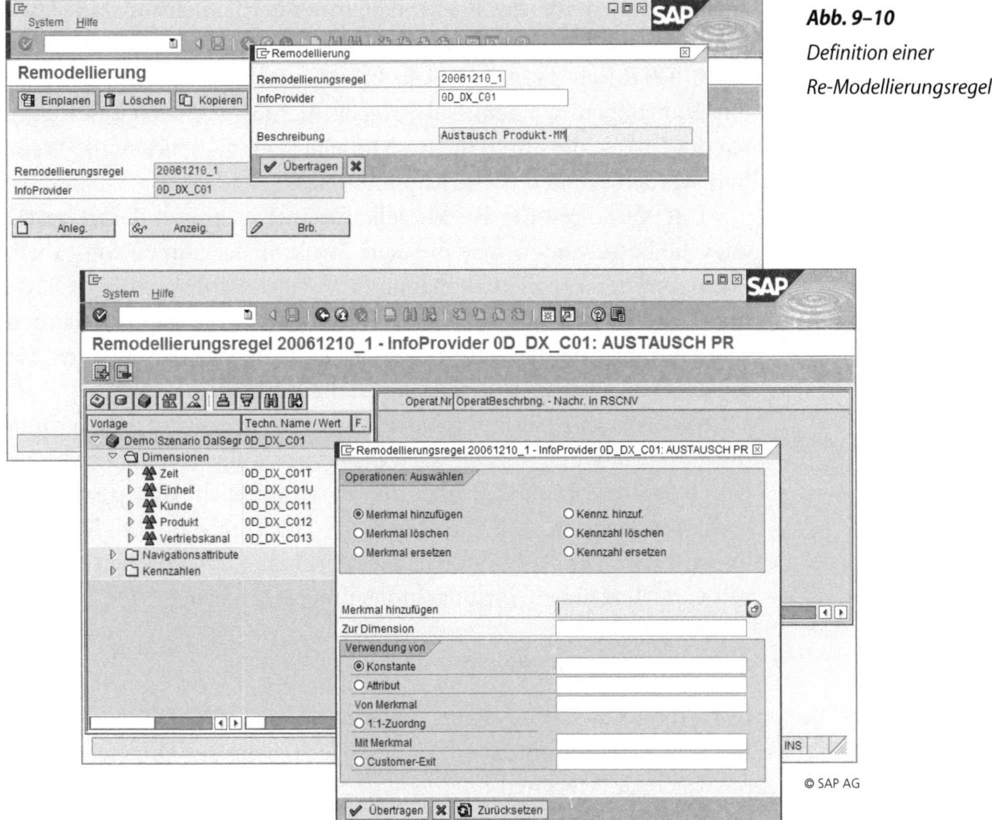

Abb. 9–10
Definition einer Re-Modellierungsregel

Nachträgliche Nullwert-Eliminierung

Speziell für den Fall, dass die Nullwert-Eliminierung eines BasisCubes nachträglich aktiviert werden soll, existiert neben der Re-Modellierung ein weiteres Tool, das genau diese Anforderung behandelt. Die nachträgliche Eliminierung von Nullwerten ist in Kapitel 9.2.3 erläutert.

9.2.1 Re-Modellierung von Dimensionstabellen

Die Re-Modellierung von Dimensionstabellen zielt darauf ab, Merkmale in eine Dimensionstabelle aufzunehmen, mit Werten zu füllen und damit bei Bedarf andere Merkmale *derselben* Dimensionstabelle zu ersetzen.

Die Re-Modellierung von Dimensionstabellen dient damit vor allen

- zur Aufnahme neuer Merkmale in einen befüllten Cube, wobei die Merkmale mit definierten Werten befüllt werden sollen.
- zum Löschen von Merkmalen aus einem befüllten Cube.
- zum Ersetzen von Merkmalen durch andere InfoObjekte, z.B. im Rahmen einer Vereinheitlichung mehrerer BasisCubes.

Ausgenommen von der Re-Modellierung der Dimensionstabellen sind Einheiten und Währungen. Es kann bspw. nicht das InfoObjekt `0BASE_UOM` durch das InfoObjekt `0UNIT` ersetzt werden. Welche Einheiten/Währungen in einem Cube stehen, richtet sich nach den Kennzahlen des Cubes, die durch die Re-Modellierung der Faktentabelle verändert werden können (siehe Kapitel 9.2.2).

Das Verfahren der Re-Modellierung ist technisch derart gestaltet, dass die bestehende sowie die neue Struktur der Dimensionstabelle in Form interner Tabellen ineinander überführt werden, wobei die Merkmale, die in der neuen Dimensionstabelle zusätzlich aufgenommen wurden, mit Inhalten gefüllt werden können, die sich aus den Merkmalen der bestehenden Dimensionstabelle ableiten lassen.

Von vorrangigem Interesse bei diesem Prozess ist damit vermutlich die Gestaltung der Regeln, nach denen neu aufgenommene Merkmale gefüllt werden können. Dabei dürfen jedoch nicht die Auswirkungen vergessen werden, die das Löschen und Ersetzen von Merkmalen haben kann. Die Aufnahme neuer Merkmale, das Löschen und Ersetzen von Merkmalen wird nachfolgend beschrieben.

Aufnahme neuer Merkmale

Die Aufnahme eines neuen Merkmals in eine Dimensionstabelle bewirkt zunächst eine strukturelle Erweiterung der Dimensionstabelle um das neue Merkmal oder genauer: Um eine SID, die auf das Merkmal referenziert.

Eine derartige strukturelle Erweiterung ist auch im Rahmen der normalen Modellierung möglich, selbst wenn ein BasisCube bereits Daten enthält. Die besondere Bedeutung der Re-Modellierung für das Aufnehmen neuer Merkmale leitet sich erst aus der Möglichkeit ab, das neue Merkmal auch mit Werten zu versorgen, die sich aus den anderen Merkmalen *derselben* Dimension ableiten lassen.

Die Re-Modellierung bietet dabei eine Reihe einfacher Regeln, um das Merkmal zu füllen (vgl. Abb. 9–10):

- **Konstante:** Das neue Merkmal wird mit einem konstant vorzugebenden Wert gefüllt.
- **Attribut:** Das neue Merkmal wird mit dem Wert eines Attributs gefüllt, das aus einem anderen Merkmal *derselben* Dimension abgeleitet wird.
- **1:1-Zuordnung:** Das neue Merkmal wird mit dem Wert eines anderen Merkmals *derselben* Dimension gefüllt.

Verfügt das neue Merkmal über eine Konvertierungsroutine (vgl. Kapitel 6.1.1), so wird diese entsprechend berücksichtigt. Fehlerhaft war bislang jedoch der Umgang mit Klammerungsinformationen, so dass die Aufnahme geklammerter Merkmale mit Hilfe der Re-Modellierung ausgiebig getestet werden sollte.

Customer-Exit in der Re-Modellierung

Für komplexere Anforderungen, die nicht durch die Zuordnung von Konstanten, Attributen oder anderen Merkmalswerten gelöst werden können, bietet die Re-Modellierung die Möglichkeit, die Werte des neuen Merkmals mit Hilfe eigenen Programmcodings zu ermitteln.

Das Programmcoding ist dabei als Klasse zum Interface `IF_RSCNV_EXIT` zu implementieren. Dies geschieht in der Transaktion `SE24`, in der zunächst die Klasse sowie ihre Eigenschaften[12] definiert werden (siehe Abb. 9–11).

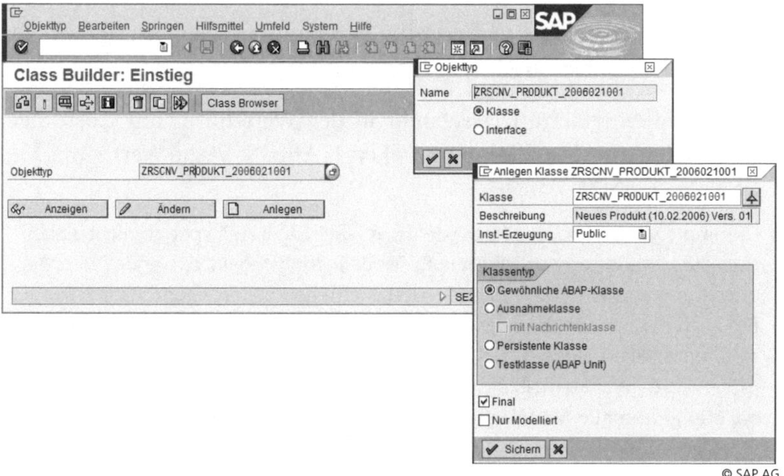

© SAP AG

Abb. 9–11 *Definition einer Klasse für die Re-Modellierung*

Ist die Klasse in dieser Form angelegt, so muss die Verwendung des Interfaces `IF_RSCNV_EXIT` für die Klasse definiert werden, aus der sich die Methode `IF_RSCNV_EXIT~EXIT` der Klasse ableitet, die für die Klasse implementiert werden kann (siehe Abb. 9–12).

Die Methode `IF_RSCNV_EXIT~EXIT` wird für jeden Datensatz einer remodellierten Dimensionstabelle aufgerufen und erhält gemäß Interface-Definition folgende Parameter:

12. Inst.-Erzeugung ist immer *Public*, Klassentyp ist immer *Gewöhnliche ABAP-Klasse*, die Klasse ist immer *Final*.

- **I_CNVTABNM**
  Name der Dimensionstabelle[13], die im Zuge der Re-Modellierung beabeitet wird. Da die Implementierung des Interface IF_RSCNV_EXIT grundsätzlich für jeden BasisCube und jedes Merkmal jeder Dimension zur Re-Modellierung ausgeführt werden kann, ist es sinnvoll, im Coding zu überprüfen, ob die jeweilige Methode für eine geeignete Dimension verwendet wird. Fehler und Abbrüche bei der Re-Modellierung wären sonst die Folge.
- **I_R_OLD**
  Referenz auf den zu bearbeitenden Datensatz der bestehenden (=alten) Dimensionstabelle. Aus diesem Datensatz können die Werte aller Merkmale in dem entsprechenden Datensatz der Dimensionstabelle abgeleitet werden.
- **C_R_NEWFIELD**
  Referenz auf das Ergebnis der Berechnung, das den Inhalt des neuen Feldes beschreibt.

Die so implementierte Klasse steht in der Wertehilfe zum Customer-Exit in jeder Re-Modellierungsregel (vgl. Abb. 9–9) zur Verfügung.

> Die Implementierung der Methode IF_RSCNV_EXIT stellt per se nicht sicher, dass die Methode ausschließlich in Re-Modellierungsregeln verwendet wird, die die dafür vorgesehene(n) Dimensionstabelle(n) bearbeiten. Grundsätzlich könnten auch ein ganz anderer BasisCubes oder ein Merkmal einer anderen Dimension remodelliert werden, was zu Fehlern und Abbrüchen führen würde. Überprüfen Sie daher innerhalb des Codings anhand des Parameters I_CNVTABNM, ob die Methode zur Re-Modellierung einer geeigneten Dimensionstabelle aufgerufen wird.

---

13. Es wird der Name übergeben, den die Tabelle im ABAP Dictionary hat, also beispielsweise /BIC/DCUBE1 für die Dimension 1 des Cubes CUBE.

Das Grundgerüst für die Implementierung der Klasse kann folgendermaßen gestaltet sein:

```
METHOD if_rscnv_exit~exit.
  FIELD-SYMBOLS:  <l_s_old> TYPE ANY,        "Datensatz der alten Dimension
                  <l_oldfldl> TYPE ANY,      "Ein Feld der alten Dimension
<l_newfield> TYPE ANY.                       "Ergebnis der Berechnung
IF i_cnvtabnm = '/BIO/DOD_DX_C011'.          "Prüfen, ob Dimension 1 von Cube
                                             "OD_DX_C01 remodelliert wird.
* Feldsymbole auf Referenztabellen/-felder setzen
  ASSIGN c_r_newfield->* TO <l_newfield>.    "Ergebnis der Berechnung
  ASSIGN i_r_old->* TO <l_s_old>.            "Datensatz der alten Dimension
* Feldsymbol <l_oldfld> auf Feld SID_OCALDAY in alter Dim. setzen.
  ASSIGN COMPONENT 'SID_OCALDAY' OF STRUCTURE <l_s_old> TO <l_oldfldl>.
* <l_oldfldl> enthält einen SID-Wert.
* Zunächst Merkmalswert aus <l_oldfldl> ableiten und damit weitere
* Berechnugen durchführen. Anschließend SID-Wert für Ergebnis
* ermitteln und an <l_newfield> übergeben.
ELSE.
* Exception auslösen, wenn falsche Dimensionstabelle re-modelliert wird.
  RAISE EXCEPTION TYPE CX_RSCNV_EXCEPTION.
ENDIF.
ENDMETHOD.
```

Zu beachten ist unbedingt, dass die Feldwerte einer Dimensionstabelle nicht in Form der echten Merkmalswerte, sondern in Form des SID-Wertes zur Verfügung gestellt werden. Ebenso ist der Wert, der durch die Routine ermittelt wird, als SID-Wert zu ermitteln.

Zwingender Bestandteil des Programmcodings ist damit die Umrechnung der SID-Werte der alten Dimensionstabelle in die erforderlichen Merkmalswerte sowie die Zurückrechnung des Ergebnisses in einen SID-Wert. Zu diesem Zweck stehen die Funktionsbausteine `RRSI_SID_VAL_SINGLE_CONVERT` (Umrechnung SID-Wert eines Merkmals in Merkmalswert) und `RRSI_VAL_SID_SINGLE_CONVERT` (Umrechnung Merkmalswert in SID-Wert des Merkmals) zur Verfügung.

Bei der Verwendung der Funktionsbausteine ist zumindest der jeweils umzurechnende Wert sowie das InfoObjekt vorzugeben. Das nachfolgende Beispiel stellt die Umrechnung des Datums 18.01.2007 des InfoObjekts `OCALDAY` in dessen SID-Wert und zurück in den Merkmalswert dar[14].

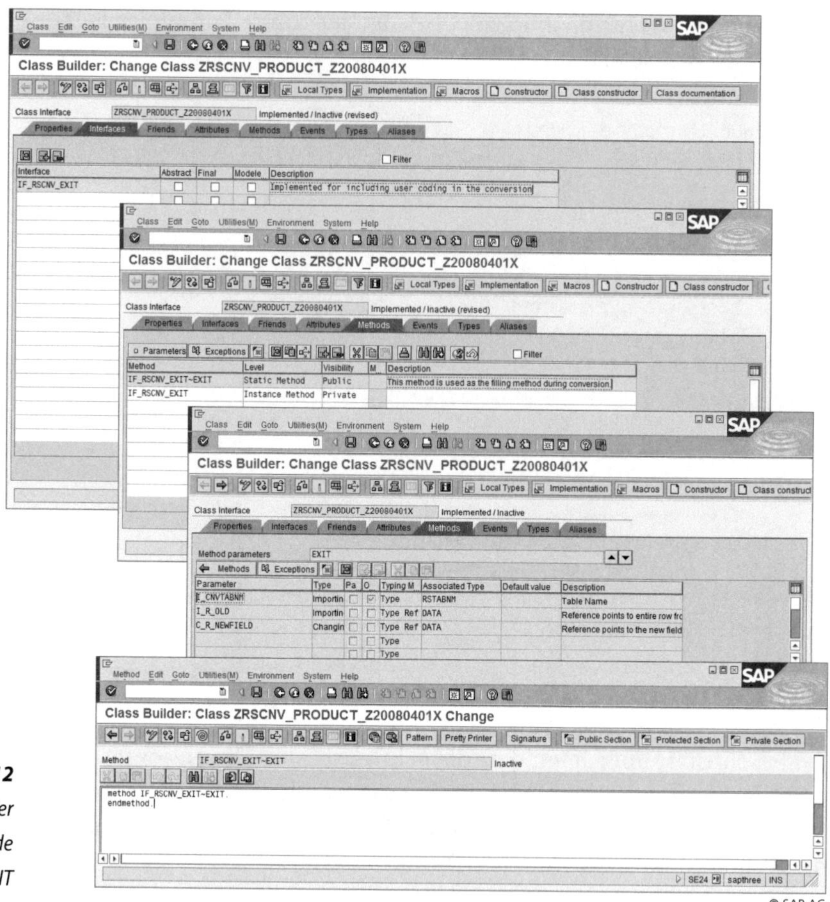

Abb. 9-12
Implementierung der Methode IF_RSCNV_EXIT~EXIT

© SAP AG

```
DATA: l_0calday_chavl type /BI0/OICALDAY,
      l_0calday_sid type RSSID.

l_0calday_chavl = '20070118'.

* SID-Wert für Merkmalswert ermitteln
CALL FUNCTION 'RRSI_VAL_SID_SINGLE_CONVERT'
EXPORTING
      i_iobjnm                    = '0CALDAY'
      i_chavl                     = l_0calday_chavl
*     I_S_COB_PRO                 =
*     I_CHECKFL                   = RS_C_FALSE
*     I_WRITEFL                   = RRSI_C_WRITEFL-NO
*     I_MASTERDATA_CREATE         = RS_C_TRUE
*     I_RNSID                     =
*     I_NEW_VALUES                = RS_C_FALSE
```

14. Bei der Implementierung des User-Exits zur Re-Modellierung wäre die Reihenfolge der Umrechnung genau andersherum.

```
IMPORTING
      e_sid                        = l_0calday_sid
EXCEPTIONS
      no_sid                       = 1
      chavl_not_allowed            = 2
      chavl_not_figure             = 3
      chavl_not_plausible          = 4
      x_message                    = 5
      interval_not_found           = 6
      foreign_lock                 = 7
      inherited_error              = 8
      OTHERS                       = 9
      .
IF sy-subrc <> 0.
   RAISE EXCEPTION TYPE cx_rscnv_exception
   EXPORTING
   attr1  = ' RRSI_VAL_SID_SINGLE_CONVERT '
   attr2  = 'Error converting value to SID'
*  attr3  = sy-subrc
   .
ENDIF.
* Merkmalswert für SID-Wert ermitteln
CALL FUNCTION 'RRSI_SID_VAL_SINGLE_CONVERT'
EXPORTING
      i_iobjnm                     = '0CALDAY'
*     I_S_COB_PRO                  =
      i_sid                        = l_0calday_sid
IMPORTING
      e_chavl                      = l_0calday_chavl
*     E_S_NODESID                  =

EXCEPTIONS
      no_value_for_sid             = 1
      x_message                    = 2
      OTHERS                       = 3
      .
IF sy-subrc <> 0.
   RAISE EXCEPTION TYPE cx_rscnv_exception
   EXPORTING
   attr1  = ' RRSI_SID_VAL_SINGLE_CONVERT '
   attr2  = 'Error converting SID to value'
*  attr3  = sy-subrc
   .
ENDIF.
```

Löschen von Merkmalen

Analog zum Hinzufügen eines neuen Merkmals ist es auch möglich, Merkmale aus einer Dimensionstabelle zu löschen. Dieser Vorgang ist im Rahmen der Re-Modellierung denkbar einfach zu definieren und führt zunächst nur dazu, dass das entsprechende Merkmal aus der Dimensionstabelle entfernt wird (siehe Abb. 9–13).

Abb. 9–13
Löschen eines Merkmals im Rahmen der Re-Modellierung

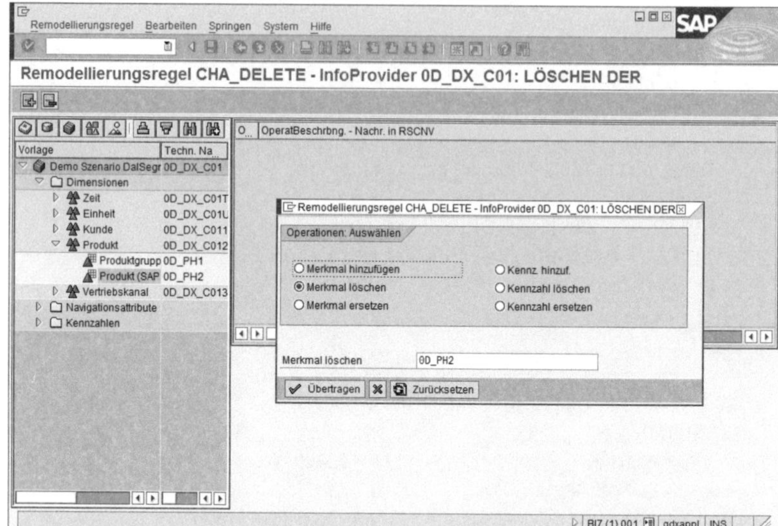

Verringerung der Granularität

Im Gegensatz zum Hinzufügen neuer Merkmale und zum Ersetzen von Merkmalen ist es möglich, dass nach dem Löschen eines Merkmals Datensätze mit einer identischen Kombination von SIDs in einer Dimensionstabelle existieren. Gibt es vor dem Löschen eines Merkmals beispielsweise jeweils eine DIM-ID in der Dimensionstabelle, die auf die Kombination aus Produktnummer 01 und Produktgruppe A sowie auf die Produktnummer 02 und die Produktgruppe A verweist, so existieren nach dm Löschen der Produktnummer immer noch zwei DIM-IDs in der Dimensionstabelle, die jedoch auf dieselbe SID-Kombination (in dem Fall Produktgruppe A) verweisen (siehe Abb. 9–14).

Da die Kombination aller SIDs in einer Dimensionstabelle jedoch immer eindeutig durch eine DIM-ID beschrieben wird, wird der Inhalt einer Dimensionstabelle durch das Löschen eines Merkmals inkonsistent, wenn das Löschen (wie in dem beschriebenen Fall) gleichzeitig eine Verringerung der Granularität nach sich zieht.

Bemerkbar macht sich dieser Missstand spätestens dann, wenn neue Daten in den BasisCube verbucht werden sollen und die Verbuchung aufgrund eben dieser Inkonsistenzen abbricht.

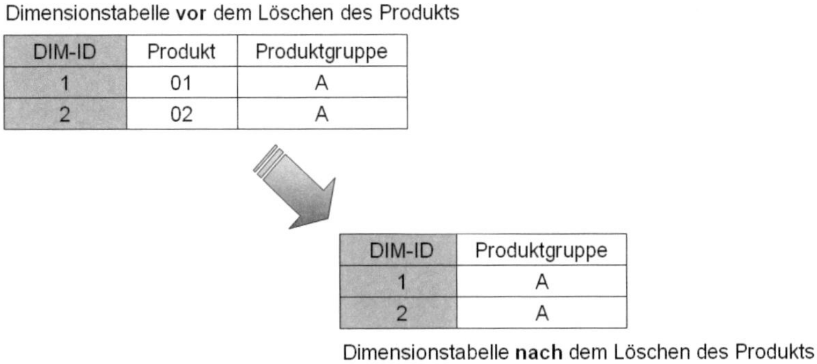

Dimensionstabelle **vor** dem Löschen des Produkts

DIM-ID	Produkt	Produktgruppe
1	01	A
2	02	A

DIM-ID	Produktgruppe
1	A
2	A

Dimensionstabelle **nach** dem Löschen des Produkts

Abb. 9–14
Verringerung der Granularität einer Dimensionstabelle durch Löschen von Merkmalen

Zur Behandlung solcher Inkonsistenzen, die nach einer Re-Modellierung auftreten, bietet das BW ein Tool an, das nach Inkonsistenzen sucht und sie beseitigt. Dieses Tool wird im Anschluss an die Re-Modellierung nicht automatisch aufgerufen und sollte daher beim kleinsten Verdacht auf eine mögliche Verringerung der Granularität in einer Dimensionstabelle manuell aufgerufen werden. Dabei handelt es sich um die *Suche nach mehrfachen Einträgen in den Dimensionstabellen eines (Basis-)InfoCubes* in der Transaktion RSRV (siehe Abb. 9–15).

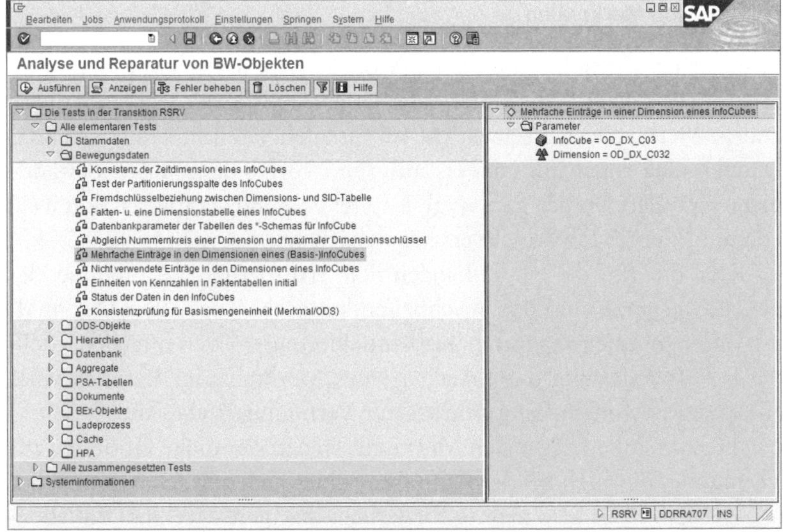

Abb. 9–15
Analyse mehrfacher Einträge in Dimensionstabellen

Nach dem Ausführen der Analyse erscheinen die gefundenen Inkonsistenzen (sofern sie vorhanden sind) im Fehlerprotokoll als Warnungen und müssen durch den Button *Fehler beheben* beseitigt werden.

Abbildung 9–16 zeigt das Fehlerprotokoll nach der erstmaligen Analyse (16:33:32) und anschließenden Fehlerbehebung (16:33:50). Die abschließende Analyse nach der Fehlerbehebung (16:34:30) ergibt dementsprechend, dass keine weiteren Duplikate gefunden werden können.

Abb. 9–16
Reparatur mehrfacher Einträge in Dimensionstabellen

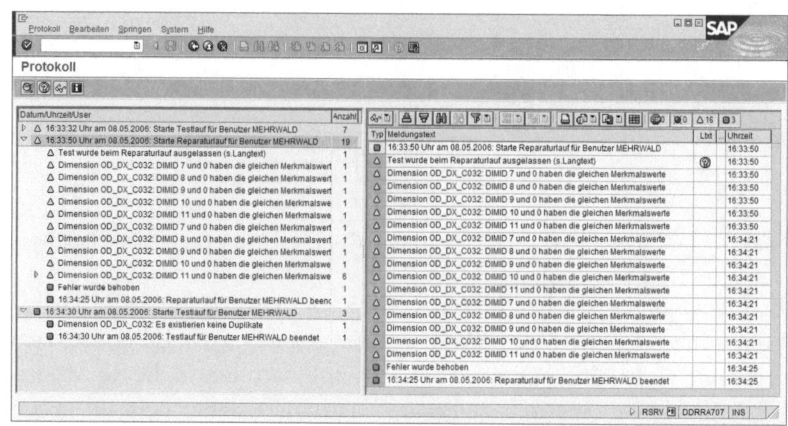

© SAP AG

Die Reparatur mehrfacher Einträge in Dimensionstabellen wird ebenfalls in Kapitel 32.2 behandelt. Dort wird auch eine Möglichkeit aufgezeigt, die Reparatur zu automatisieren.

Ersetzen von Merkmalen

In speziellen Fällen kommt die Re-Modellierung in der Praxis zum Einsatz, um bestehende Merkmale einer Dimensionstabelle technisch durch andere Merkmale zu ersetzen. Die ist vor allem dann sinnvoll, wenn das Datenmodell einen InfoObjekts aufgrund vorhandener Datenbestände nicht verändert werden kann (vgl. Kapitel 9.1) und stattdessen durch ein neu modelliertes InfoObjekt ersetzt werden soll.

Um die für diesen Fall eigentlich erforderliche Aufnahme des neuen Merkmals und das anschließende Löschen des alten Merkmals im Rahmen einer separaten Re-Modellierung zu vereinfachen, stellt die Re-Modellierung das Ersetzen eines Merkmals im Rahmen eines einzigen Re-Modellierungsschritts zur Verfügung (siehe Abb. 9–17).

Für das Füllen des neuen Merkmals stehen sämtliche Optionen zur Verfügung, die auch bei der Aufnahme eines neuen Merkmals angeboten werden. Es ist also nicht erforderlich, das neue Merkmal mit ebenden Werten zu füllen, die auch das alte Merkmal hatte.

Dadurch kann auch das Ersetzen von Merkmalen zu einer Verringerung der Granularität führen, wie die bereits beim Löschen von Merkmalen beschrieben wurde. Die Suche und Beseitigung von Duplikaten in Dimensionstabellen kann somit auch beim Ersetzen von Merkmalen erforderlich sein.

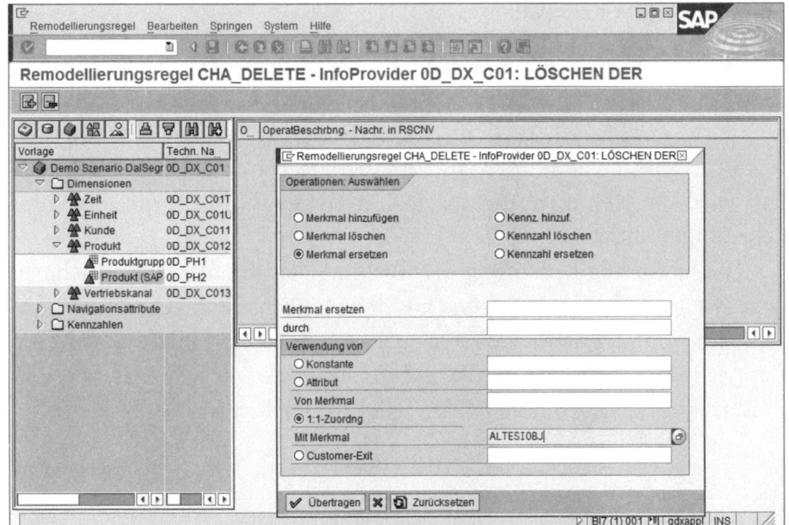

Abb. 9–17
Ersetzen eines Merkmals im Rahmen der Re-Modellierung

9.2.2 Re-Modellierung der Faktentabelle

Die Re-Modellierung der Faktentabelle[15] ist funktional weitgehend analog zur Re-Modellierung von Dimensionstabellen und dient

- zur Aufnahme neuer Kennzahlen in einen befüllten Cube, wobei die Kennzahlen mit definierten Werten befüllt werden sollen.
- zum Löschen von Kennzahlen aus einem befüllten Cube.
- zum Ersetzen von Kennzahlen durch andere InfoObjekte, z.B. im Rahmen einer Vereinheitlichung mehrerer BasisCubes.

Grundsätzlich wird auch bei der Re-Modellierung der Faktentabelle eine alte Struktur in eine neue Struktur in Form interner Tabellen ineinander überführt, so dass die Re-Modellierung ausschließlich Auswirkungen auf die Kennzahlwerte der Faktentabelle hat, nicht jedoch auf die relationale Verbindung zu den Dimensionstabellen oder auf die Anzahl der Datensätze.

Ebenso wie bei der Re-Modellierung der Dimensionstabellen sind einige spezifische Rahmenbedingungen und Auswirkungen zu beachten, die nachfolgend erläutert werden.

15. Die nachfolgenden Erläuterungen beziehen sich immer auch beide Faktentabellen eines BasisCubes, d.h. sowohl auf die unkomprimierte (F-)Faktentabelle als auch auf die komprimierte (E-)Faktentabelle.

Aufnahme neuer Kennzahlen

Die Aufnahme einer neuen Kennzahl bewirkt die strukturelle Erweiterung beider Faktentabellen um diese Kennzahl. Eine derartige strukturelle Erweiterung ist auch im Rahmen der normalen Modellierung möglich, selbst wenn ein BasisCube bereits Daten enthält. In diesem Fall wird die Kennzahl mit ihrem Initialwert (Null) in die Faktentabelle aufgenommen.

Die besondere Bedeutung der Re-Modellierung für das Aufnehmen neuer Kennzahlen leitet sich erst aus der Möglichkeit ab, die neue Kennzahl dabei mit definierten Werten zu versorgen. Zum Befüllen der Kennzahl ist jedoch lediglich die Vorgabe eines konstanten Wertes oder der Einsatz eines selbstkodierten User-Exits vorgesehen (vgl. Abb. 9–18).

Abb. 9–18 Hinzufügen einer Kennzahl im Rahmen der Re-Modellierung

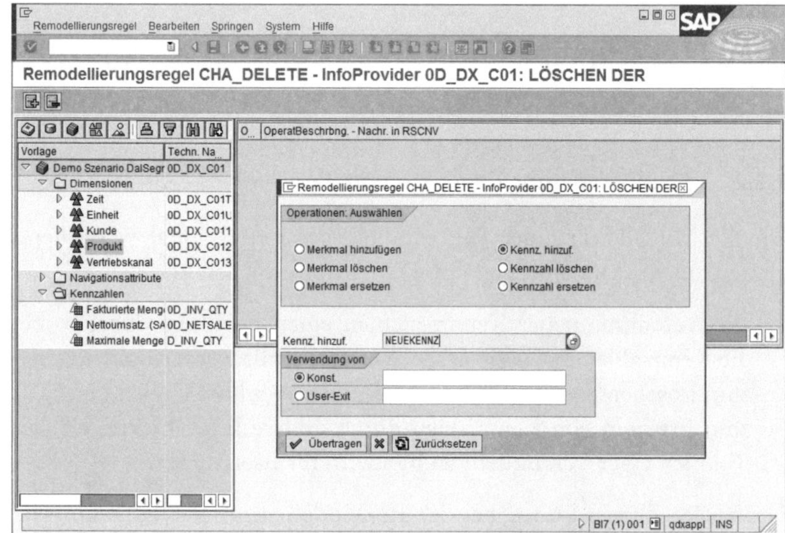

© SAP AG

Customer-Exit in der Re-Modellierung

Da die Vorgabe einer Konstanten in der Vielzahl aller Fälle nicht den Anforderungen genügen wird, ist die Verwendung des User-Exits (d.h. die Implementierung einer Klasse zum Interface `IF_RSCNV_EXIT`) von besonderem Interesse.

Das Interface und die zu implementierende Methode sind dieselben wie bei der Re-Modellierung von Dimensionstabellen (vgl. Kapitel 9.2.1) und werden hier im Grundsatz nicht erneut erläutert. Von entscheidender Bedeutung für die Re-Modellierung der Faktentabelle ist jedoch die Tatsache, dass in der Referenz `I_R_OLD` nicht nur die

Kennzahlen des entsprechend zu verarbeitenden Datensatzes der Faktentabelle zu finden sind, sondern auch die Dimensions-IDs des Datensatzes in der Faktentabelle (bzw. die SIDs im Falle von Line-Item-Dimensionen).

Auf dieser Basis ist es möglich, nicht nur die Kennzahlen des gerade zu verarbeitenden Datensatzes der Faktentabelle zur Ermittlung des Kennzahlenwertes heranzuziehen, sondern sogar die zugehörigen Merkmalswerte und deren Attribute. Dies ist insbesondere dann von besonderem Interesse, wenn in Stammdaten attributierte Kennzahlen (z.B. Gewicht eines Produktes) nachträglich als Kennzahl in die Faktentabelle aufgenommen werden sollen.

Zum Konvertieren der SID-Werte in Merkmalswerte steht der bereits in Kapitel 9.2.1 beschriebene Funktionsbaustein RRSI_VAL_SID_SINGLE_CONVERT zur Verfügung.

Löschen von Kennzahlen

Analog zum Hinzufügen von Merkmalen aus Dimensionstabellen ist auch das Löschen von Kennzahlen aus der Faktentabelle eines BasisCubes möglich. Dabei ist lediglich die zu löschende Kennzahl anzugeben (siehe Abb. 9–19).

Dabei kann jede beliebige Kennzahl des BasisCubes angegeben werden, im Falle von Cubes mit Bestandskennzahlen jedoch nicht die Kennzahlen, die Bestände bzw. Bestandsveränderungen anzeigen.

Nullwert-Eliminierung

Eine besondere Rolle spielt das Löschen von Kennzahlen bei BasisCubes, für die die Komprimierung der F-Faktentabelle mit einer Eiliminierung von Nullwerten einhergehen soll (vgl. Kapitel 6.4.1). In diesem Rahmen ist zu beachten, dass durch das Löschen einer Kennzahl aus der Faktentabelle Datensätze mit Nullwerten in der Faktentabelle übrigbleiben können – nämlich immer dann, wenn die gelöschte Kennzahl die einzige mit einem Wert war.

Diese Datensätze werden bei der Durchführung der folgenden Nullwert-Eliminierung *nicht* gelöscht und müssen explizit entfernt werden. Wie diese Nullwerte nachträglich entfernt werden können, wird in Kapitel 9.2.3 erläutert.

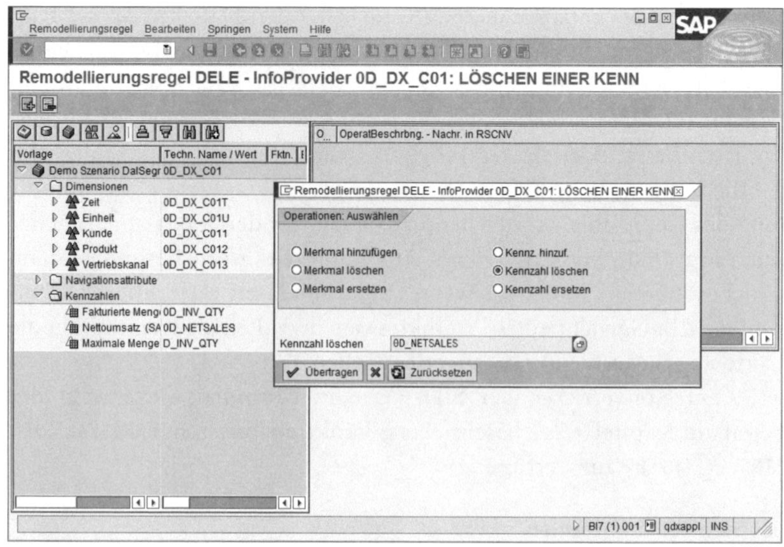

© SAP AG

Abb. 9–19 *Löschen einer Kennzahl im Rahmen der Re-Modellierung*

Ersetzen von Kennzahlen

In speziellen Fällen soll die Re-Modellierung in der Praxis verwendet werden, um eine bestehende Kennzahl durch eine andere Kennzahl zu ersetzen. Der am häufigsten anzutreffende Grund dafür ist sicherlich die Notwendigkeit, eine bestimmte Kennzahl zu verwenden, die entweder durch ihre Übereinstimmung mit der Kennzahl eines anderen InfoProviders oder eben durch ihre Andersartigkeit in Bezug auf den technischen Namen zur Zusammenführung von Daten in MultiProvidern verwendet werden soll (siehe hierzu Kapitel 11.1.1). Weitere Gründe für das Ersetzen von Kennzahlen existieren, sind jedoch zu spezifisch, um sie hier anzusprechen.

Um die für diesen Fall eigentlich erforderliche Aufnahme der neuen Kennzahl und das anschließende Löschen der alten Kennzahl im Rahmen einer separaten Re-Modellierung zu vereinfachen, stellt die Re-Modellierung das Ersetzen von Kennzahlen im Rahmen eines einzigen Re-Modellierungsschritts zur Verfügung (siehe Abb. 9–20 auf Seite 229).

Per Default wird der Wert der alten Kennzahl in die neue Kennzahl übernommen. Ist eine andersartige Ermittlung des Wertes der neuen Kennzahl gewünscht, so kann dies nur über einen Customer-Exit erfolgen.

Ebenso wie beim Löschen von Kennzahlen können beim Ersetzen Datensätze mit Nullwerten entstehen, die durch separate Nullwert-Eliminierung beseitigt werden müssen.

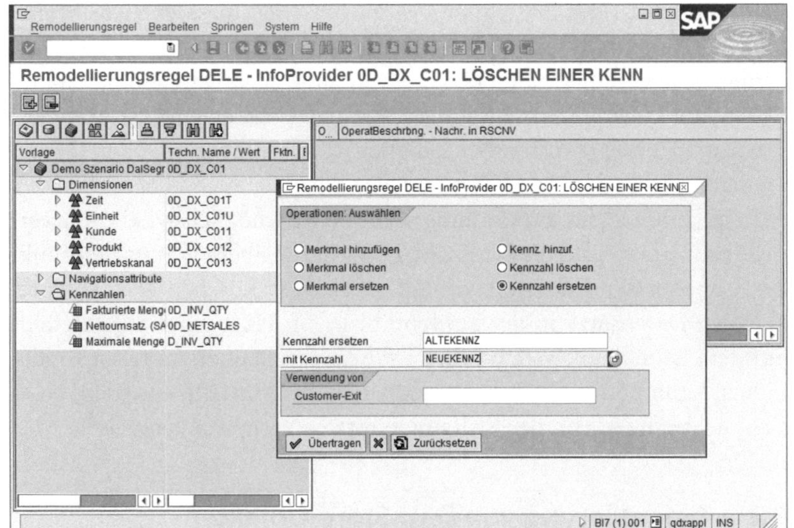

Abb. 9–20 *Ersetzen einer Kennzahl im Rahmen der Re-Modellierung*

9.2.3 Nachträgliche Nullwert-Eliminierung

Wurde die Nullwert-Eliminierung nicht bereits beim Design eines Cubes aktiviert, so werden existierende Nullwerte im Rahmen der Komprimierung nicht nachträglich gelöscht. Das Löschen existierender Nullwerte muss vielmehr explizit ausgeführt werden, um die Nullwert-Eliminierung vollständig zu nutzen.

Zu diesem Zweck steht das Programm RSCDS_NULLELIM bereit, das existierende Nullwerte aus einem BasisCube und dessen Aggregaten entfernt. Das Programm ist im Normalfall mit den in Abbildung 9–21 dargestellten Optionen aufzurufen, kann jedoch optional auch nur die Aggregate, nicht jedoch die Faktentabelle des BasisCubes berücksichtigen (Option NO_BASIS).

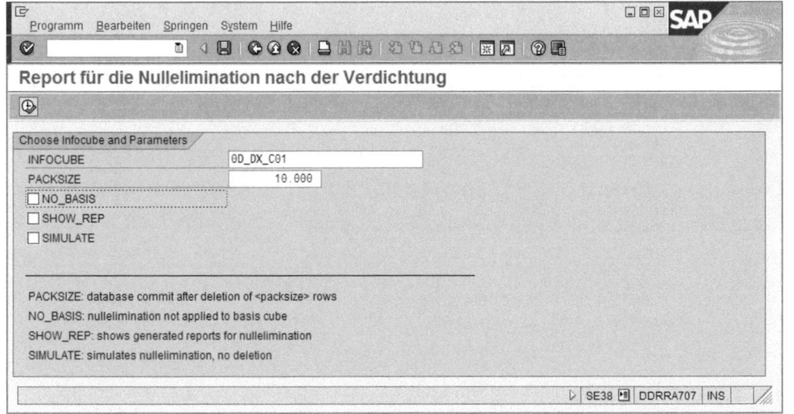

Abb. 9–21 *Nachträgliche Nullwert-Eliminierung in BasisCubes*

Beim Gebrauch des Programms ist zu beachten, dass es in mehrerlei Hinsicht bestenfalls eine Behelfslösung darstellt. Einserseits ist die Performance mangelhaft, andererseits werden je nach Datenvolumen und Datenbanksystem übermäßig viele Archive-Logs erzeugt, so dass das Programm unter Umständen lediglich in Absprache mit der Datenbankadministration eingesetzt werden sollte.

Der Einsatz des Programms sollte daher möglichst dadurch vermieden werden, dass die Nullwert-Eliminierung bereits zum Zeitpunkt des Cube-Designs aktiviert wird. Das »harte« Löschen aller entsprechenden Datensätze in der Faktentabelle mit Hilfe eines SQL-Befehls auf dem Datenbanksystem führt erfahrungsgemäß zu besseren Ergebnissen, kann in diesem Rahmen jedoch nicht empfohlen werden, da es sich nicht um ein von der SAP unterstütztes Verfahren handelt[16].

9.3 Modellierung von DataStore-Objekten

Das Anlegen von DataStore-Objekten ist dem Anlegen von BasisCubes sehr ähnlich. Auch sie werden im Kontextmenü einer InfoArea angelegt (siehe Abb. 9–22).

Abb. 9–22
Anlegen eines DataStore-Objekts in der Data Warehousing Workbench

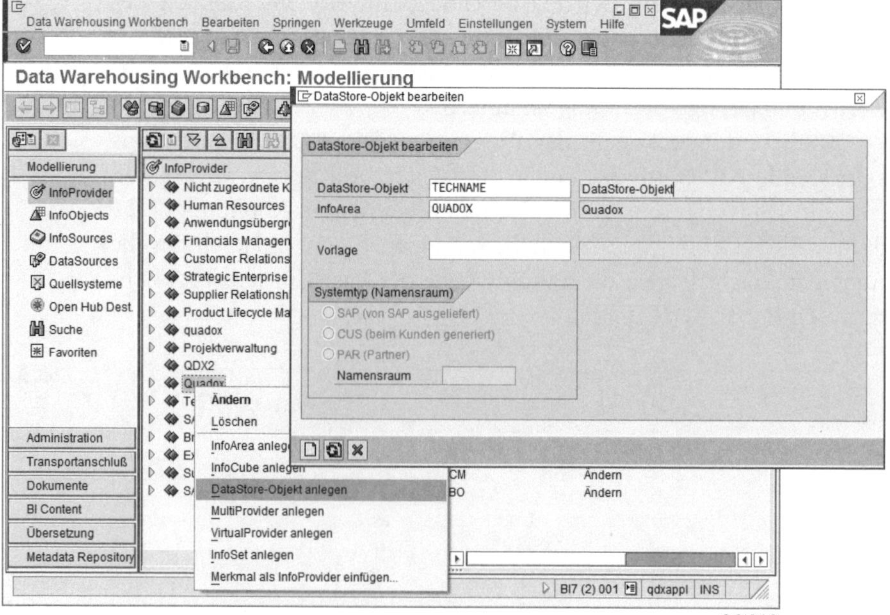

16. Der experimentierfreudige Leser wird an dieser Stelle wissen, wie diese Zeilen zu interpretieren sind.

Zu diesem Zeitpunkt kann allerdings noch nicht der Typ des DataStore-Objekts angegeben werden. Diese Angabe kann erst in den Eigenschaften des DataStore-Objekts hinterlegt werden (vgl. Abb. 6–29 auf Seite 102).

Die Modellierung eines DataStore-Objekts ist insofern deutlich einfacher als die Modellierung eines BasisCubes, als dass lediglich zwischen Schlüssel- und Datenfeldern zu unterscheiden ist und keine Einstellungen zu Dimensionen festgelegt werden müssen. Als Schlüsselfelder können dabei maximal 16 Merkmals-InfoObjekte verwendet werden.

Änderungen an gefüllten DataStore-Objekten

Insbesondere in produktiven BW-Systemen sollen Änderungen jedoch oftmals auch bei Cubes durchgeführt werden, deren Daten zuvor nicht gelöscht werden dürfen. In diesem Fall ist es nur sehr eingeschränkt möglich, das Datenmodell eines BasisCubes zu verändern. Die nachfolgende Tabelle zeigt auf, wie sich die Modellierung gefüllter BasisCubes darstellt.

Modellierung eines BasisCubes	Bei gefülltem Cube möglich
Schlüssel-/Datenfelder hinzufügen	✓
Schlüssel-/Datenfelder löschen	×
Schlüssel-/Datenfelder verschieben	×
DataStore-Typ ändern	×

Soll das Datenmodell eines DataStore-Objekts grundlegend verändert werden, so bleibt in der Praxis zumeist nur das vorausgehende Löschen des Inhalts oder die Modellierung eines neuen DataStore-Objekts. Eine Re-Modellierung wie bei BasisCubes existiert derzeit noch nicht für DataStore-Objekte.

9.4 Mehrdimensionales Clustering

Wie mehrdimensionales Clustering für BasisCubes und DataStore-Objekte zu definieren ist, wurde bereits in Kapitel 7.3.2 behandelt. Dabei wurde erwähnt, dass die Auswahl der Clustering-Merkmale bei DataStore-Objekten bzw. die Zusammenstellung der Clustering-Dimensionen bei BasisCubes entscheidend dafür ist, dass durch das Clustering ein Performancegewinn entsteht. Eine schlechte Wahl von Merkmalen oder Dimensionen kann sogar zu einer schlechteren Performance führen.

Um das mehrdimensionale Clustering-Schema von BasisCubes und DataStore-Objekten zu verändern, ohne Daten vorher zu löschen, existiert das sogenannte Re-Clustering. Es kann eingesetzt werden, wenn

- die Zusammenstellung der Merkmale/Dimensionen zu kleine Blöcke erzeugt.
- die Merkmale/Dimensionen das Clustering-Schema in einer falschen Reihenfolge bilden.
- ein DataStore-Objekt oder ein BasisCube bisher nicht über ein multidimensionales Clustering-Schema verfügen.

Anders als bei der Range-Partitionierung sind beim multidimensionalen Clustering keine regelmäßigen Anpassungen der Datenstruktur durchzuführen (siehe Kapitel 32.1), wenn erst einmal ein optimales Design der MDC-Felder/-Dimensionen gefunden ist. Bis dies so weit ist, bedarf es unter Umständen einer Vielzahl an Versuchen, die nur mit realen Daten sinnvoll sind und die durch die Möglichkeit der Re-Modellierung weitaus einfacher zu gestalten sind als durch einen Neuaufbau der Datenziele.

Das Re-Clustering ist aus dem Kontextmenü des BasisCubes bzw. DataStore-Objekts in der Data Warehousing Workbench aufzurufen und gestaltet sich identisch mit der Konfiguration des multidimensionalen Clusterings bei einem leeren Datenziel (siehe Abb. 9–23).

Abb. 9–23 *Re-Clustering von InfoProvidern*

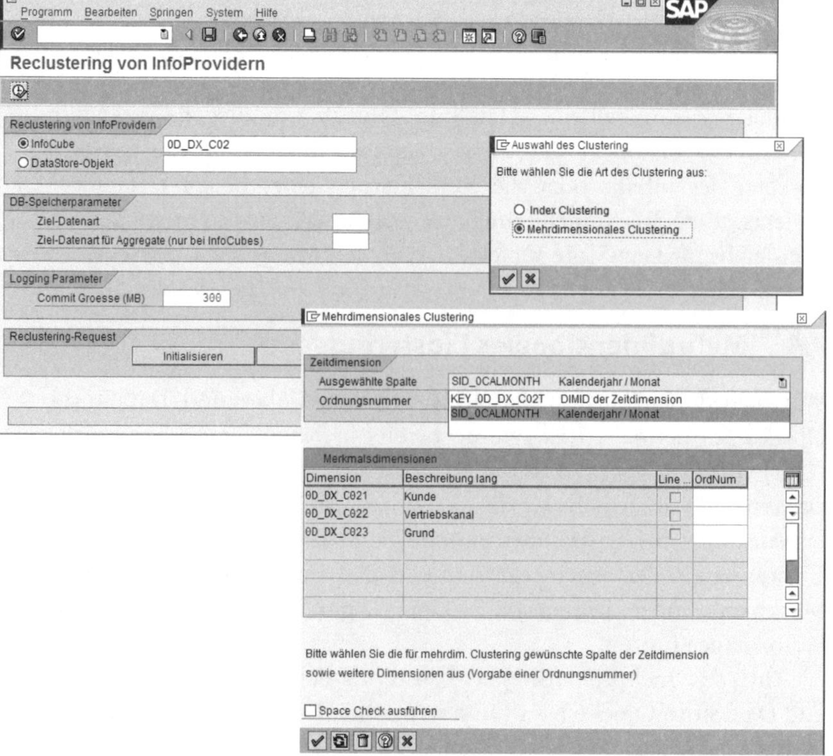

Das Re-Clustering verändert die Metadaten eines InfoProviders, ohne dabei die Einhaltung der definierten Transportwege zu erzwingen (siehe Anhang D). Dadurch können Inkonsistenzen in der Definition des InfoProviders zwischen den unterschiedlichen Systemen in einer Transportlandschaft entstehen, die dazu führen, dass InfoProvider nicht mehr transportiert werden können. Achten Sie beim Einsatz des Re-Clustering daher unbedingt darauf, dies auf allen Systemen innerhalb einer Transportlandschaft durchzuführen.

Bei der Durchführung des Re-Clustering wird die E-Faktentabelle[17] des jeweiligen BasisCubes bzw. die Tabelle für aktive Daten eines DataStore-Objekts in Form einer sogenannten Schattentabelle neu angelegt, wobei die (zunächst leere) Schattentabelle analog zu den bestehenden Tabellen angelegt und indiziert, aber bereits mit dem neuen Clustering-Schema versehen wird.

Die Daten der bestehenden Tabelle werden dann in die Schattentabelle kopiert, die damit eine vollwertige Kopie der bestehenden Tabelle darstellt – mit dem einzigen Unterschied, dass diese mit dem gewünschten Clustering-Schema versehen ist.

Auf dieser Ausgangsbasis werden die bestehenden Tabellen mit den Schattentabellen vertauscht, d.h., die alte Faktentabelle bzw. die Tabelle für aktive Daten sowie die Schattentabelle im ABAP Dictionary bleiben identisch, jedoch wird der Verweis auf die entsprechende Tabelle im Datenbanksystem verändert. Durch diesen schnellen Austausch entfällt ein Zurückkopieren der Daten.

Die Schattentabelle, die im Rahmen des Re-Clustering angelegt und befüllt wird, wird nach Abschluss der Re-Partitionierung nicht automatisch gelöscht. Erst bei einer erneuten Re-Partitionierung wird die Schattentabelle gelöscht, um sie für das anstehende Re-Clustering zu nutzen.

Um den Speicherplatz vorher freizugeben, muss die Schattentabelle manuell im ABAP Dictionary in der Transaktion SE11 gelöscht werden. Um welche Tabelle es sich handelt, ist den Monitor-Protokollen zu entnehmen.

Je nach Art und Umfang des Re-Clustering kann die Schattentabelle, die im Rahmen des Re-Clustering angelegt wird, ein nennenswertes Datenvolumen beinhalten. Die Schattentabelle wird durch das BW nicht automatisch gelöscht, verliert jedoch an Wert, wenn nach erfolgreichem Re-Clustering wieder Daten im entsprechenden InfoProvider verbucht werden. Löschen Sie daher im Anschluss an jedes Re-Clustering manuell die Schattentabellen im ABAP Dictionary.

17. Nur die E-Faktentabelle ist mit einem multidimensionalen Clustering versehen, das im Rahmen des Re-Clustering behandelt werden muss.

Drei-Schichten-Architektur des BW

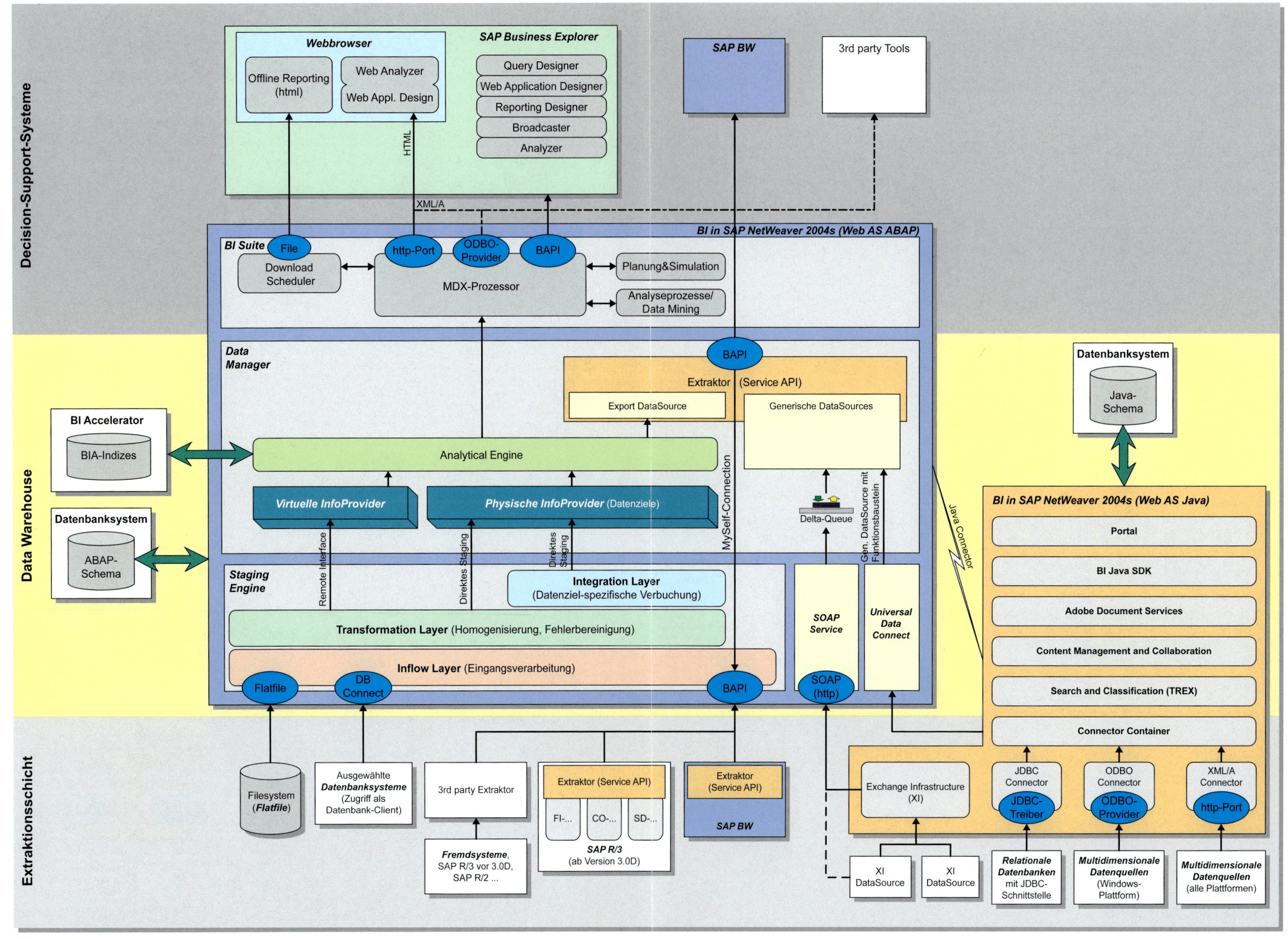

III Analytical Engine

Alle Decision-Support-Systeme (d.h. sowohl die Analysewerkzeuge der SAP als auch die Tools von Drittherstellern) betrachten das Datenmodell der Datenziele in Form von Dimensionen, Merkmalen und Kennzahlen und richten ihre Abfragen entsprechend an das BW.

Im BW sind die Daten jedoch nur auf einer logischen Ebene in dieser Weise abgelegt. Für den physischen Zugriff sind vielmehr die unterschiedlichen Datenbanktabellen des erweiterten Star-Schemas oder die Tabellen von DataStore-Objekten im Datenbanksystem heranzuziehen. Zudem sind beim Zugriff auf Datenbestände Statusinformationen über erfolgte Komprimierungsläufe, verwendbare Aggregate zur Performanceverbesserung und vieles mehr zu berücksichtigen.

Zwischen DSS-Tools und dem Datenmanagement des BW steht daher die sogenannte Analytical Engine, welche die an sie gerichteten Abfragen für die Datenziele im BW formuliert. Dabei stellt die OLAP-Engine den DSS-Tools nicht nur die Datenziele des BW zum Reporting zur Verfügung, sondern definiert auch eigene Reporting-Objekte. Aus Sicht des Reportings stellt das BW damit nicht Datenziele, sondern sogenannte InfoProvider als Grundlage der Datenanalyse bereit.

Da die OLAP-Engine Statusinformationen der Staging Engine berücksichtigen muss (z.B. Status der Komprimierung, verwendbare Aggregate), ist die Analytical Engine sehr eng mit dem Datenmanagement des BW verzahnt und wird – obwohl eigentlich ein Thema aus dem Bereich der BI-Plattform – in Form ihrer konzeptionellen Grundlagen an dieser Stelle erläutert.

Im Einzelnen werden dabei folgende Themenkomplexe behandelt:

- der Zugriff auf physisch vorhandene Daten in InfoProvidern
- die Definition und der Zugriff auf virtuelle InfoProvider
- der Einsatz des OLAP-Caching (inkl. Aggregate)
- das Monitoring der Analytical Engine

10 Zugriff auf physische InfoProvider

Der Zugriff auf physisch im BW vorhandene Daten (also Datenziele) ist vor allem dadurch geprägt, die abstrakte Datenanforderung an die OLAP-Engine, die sich immer auf Dimensionen, Merkmale und Kennzahlen bezieht, in einen Zugriff auf die physisch vorhandenen Datenstrukturen zu transformieren.

Als Datenmodelle zum Reporting gelten dabei das erweiterte Star-Schema von BasisCubes, die flachen Tabellen von DataStore-Objekten sowie die Stammdatentabellen von InfoObjekten.

Das Ergebnis der Transformation kann dabei die Abfrage einer einfachen Tabelle (bei DataStore-Objekten) oder auch die Auflösung der relationalen Verbindungen des erweiterten Star-Schemas (bei BasisCubes) sein, wobei unter Umständen Attribute (ggf. unter Beachtung einer Zeitabhängigkeit) und Texte hinzugelesen werden und die Inklusionstabellen von externen Hierarchien aufgelöst werden müssen.

In den nachfolgenden Kapiteln wird der

- Zugriff auf BasisCubes
- Zugriff auf DataStore-Objekte
- Zugriff auf InfoObjekte

erläutert.

10.1 Zugriff auf BasisCubes

Cubes sind als primäre Basis der Datenanalyse geschaffen und bedürfen grundsätzlich keiner weiteren Behandlung. Die Kernaufgabe bei der Transformation von OLAP-Abfragen auf BasisCubes besteht in der Auflösung der relationalen Verbindungen zwischen Fakten- und Dimensionstabellen bis hin zu den Stammdaten, die in der Abfrage verwendet werden.

Um eine konsistente und nicht volatile Sicht auf die Daten zu gewährleisten, findet allerdings der Status der Staging Engine eine besondere Beachtung. Darüber hinaus kommt der Bildung von Teilabfragen eine besondere Bedeutung zu, wodurch die Performance der Datenanalyse optimiert werden soll. In welcher Form der Status der Staging Engine berücksichtigt wird und wie Teilabfragen gebildet werden, wird in den nachfolgenden Kapiteln erläutert.

10.1.1 Status der Staging Engine

Im BW soll die Datenanalyse auf qualitativ gesicherten und nachvollziehbaren Daten basieren. Um dies zu gewährleisten und dennoch die spezifischen Anforderungen einzelner Analysen hinsichtlich ***Konsistenz***, ***Vollständigkeit*** und ***Fehlerfreiheit*** der Daten zu berücksichtigen, existieren unterschiedliche Zugriffsverfahren:

- dirty
- all
- qualok
- rollup

dirty

Beim Zugriffsverfahren *dirty* werden alle Requests eines BasisCubes bei der Datenanalyse gelesen, gleichgültig ob sie fehlerfrei und abgeschlossen oder fehlerhaft sind oder sich noch in der Verarbeitung befinden.

all

Das Zugriffsverfahren *all* schließt nur diejenigen Requests in eine Auswertung ein, die fehlerfrei und abgeschlossen sind. Als fehlerfrei gelten alle Requests, die in der Datenziel-Administration als fehlerfrei definiert sind. Dies kann durch die automatische Übernahme eines fehlerfreien technischen Request-Status erfolgen, aber auch aus der manuellen Pflege des Request-Status resultieren.

qualok

Das Zugriffsverfahren *qualok* erweitert das Zugriffsverfahren *all* um die Bedingung, dass (fehlerfreie und abgeschlossene) Requests nur dann in die Datenanalyse einfließen, wenn im Verlauf der Verbuchung keine Requests vorher verbucht werden, die nicht fehlerfrei bzw. abgeschlossen sind.

Die in Abbildung 10–1 dargestellten Requests 95 bis 99 werden durch das Zugriffsverfahren *qualok* gelesen[1]. Request 101 hingegen würde nur durch das Zugriffsverfahren *all* gelesen werden.

---

1. In der Administration von InfoProvidern wird die SID der Request-ID dargestellt. Die Zuordnung von SID zu Request-ID kann in der Tabelle `/BI0/SREQUID` ermittelt werden.

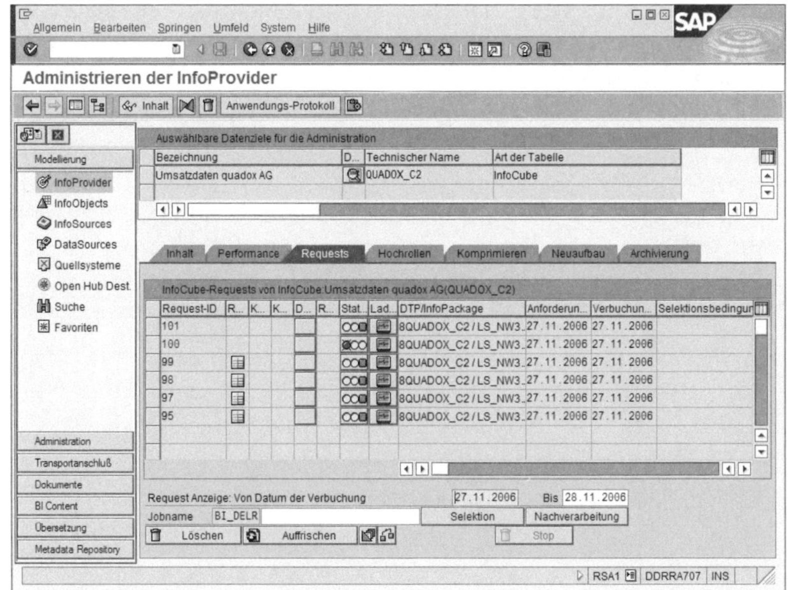

© SAP AG

Abb. 10–1
Requests mit Status qualok

rollup

Das Zugriffsverfahren *rollup* erweitert das Verfahren *qualok* um die Berücksichtigung von Aggregaten bzw. BIA-Indizes. Sofern es sich bei dem Datenziel um einen BasisCube mit aktiven Aggregaten oder BIA-Indizes handelt, werden Requests beim Zugriffsverfahren *qualok* nur dann berücksichtigt, wenn sie in die aktiven und gefüllten Aggregate »hochgerollt« wurden[2].

Bei dem in Abbildung 10–2 dargestellten BasisCube sind nur die Requests 95 bis 98 in Aggregate hochgerollt und erfüllen damit die Kriterien des Status *rollup*. Das Zugriffsverfahren *qualok* hingegen würde auch den Request 99 in die Analyse einbeziehen.

Per Default wird bei der Datenanalyse das Verfahren *rollup* gewählt. Nur so ist es gewährleistet, dass jede Query auf einen BasisCube stets optimal mit den vorhandenen Datenstrukturen (d.h. Aggregaten bzw. BIA-Indizes) umgeht.

Bei allen anderen Zugriffsverfahren neben *rollup* kann es vorkommen, dass auch Requests gelesen werden müssen, die noch nicht in Aggregate hochgerollt wurden. In diesem Fall werden Aggregate dennoch[3] verwendet und nur diejenigen Requests direkt aus der Faktentabelle gelesen, die noch nicht in die Aggregate hochgerollt wurden.

2. Aggregate, die noch nicht aktiviert und gefüllt sind, werden davon nicht berücksichtigt.
3. Anderslautende Hinweise in unterschiedlichen Dokumentationen sind falsch.

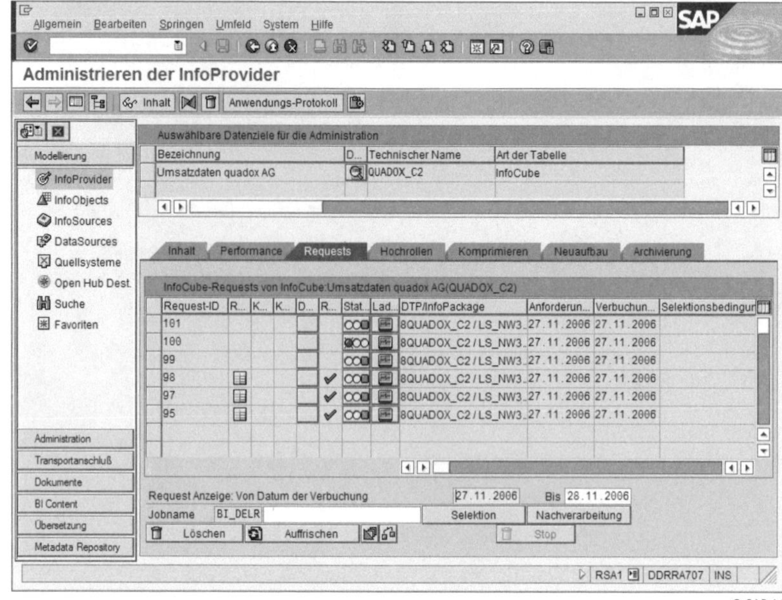

Abb. 10–2
Requests mit Status rollup

© SAP AG

Definition der zu verwendenden Request-Status

Das per Default verwendete Zugriffsverfahren *rollup* ist aus Sicht der Anwender grundsätzlich sinnvoll. Dennoch existieren Sonderfälle, in denen auch andere Zugriffsverfahren wünschenswert sind. Dies ist insbesondere der Fall, wenn

- zur manuellen Überprüfung der Datenqualität Requests berücksichtigt werden sollen, die noch nicht hochgerollt sind.
- bei der Nutzung von Realtime-Cubes auch die aktuellsten Daten angezeigt werden sollen (z.B. Planungs-Requests, die noch nicht abgeschlossen sind).

Welches Zugriffsverfahren bei einer Query zum Einsatz kommen soll, kann daher mit Hilfe der Transaktion RSRT in den Eigenschaften der Query festgelegt werden (siehe Abb. 10–3)[4].

Eine besondere Rolle spielt der Parameterwert 1. Dieser verwendet grundsätzlich das Zugriffsverfahren *rollup*, bei Realtime-Cubes jedoch das Verfahren *qualok*, so dass speziell bei Echtzeitanalysen und Planungscubes auch Requests gelesen werden, die zwar abgeschlossen, aber noch nicht hochgerollt wurden.

4. 0 = rollup, 2 = qualok, 3 = all, 9 = dirty.

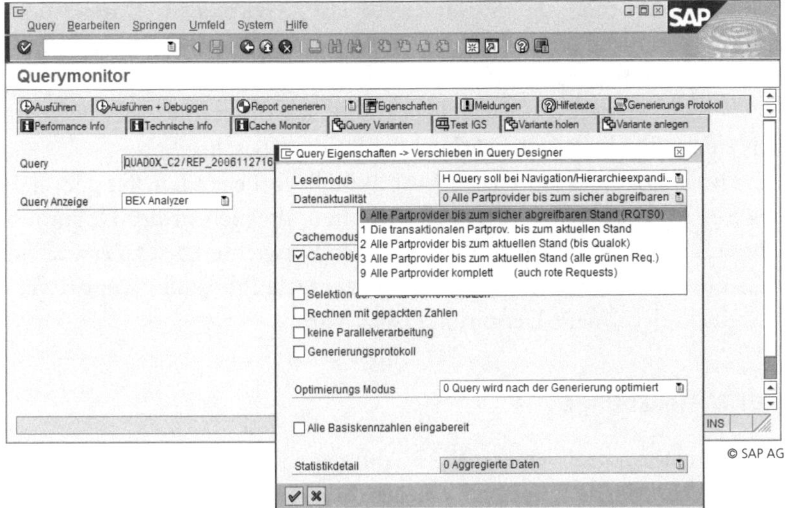

© SAP AG

Abb. 10-3 *Zugriffsverfahren in Query-Eigenschaften festlegen*

Zusätzlich zur Möglichkeit, das zu verwendende Zugriffsverfahren in den Eigenschaften einer Query festzulegen, besteht die Option, über die Definition einer Query Einfluss auf das Zugriffsverfahren zu nehmen.

Dies ist grundsätzlich möglich, indem das Merkmal 0REQUID, das Bestandteil der Paketdimension jedes BasisCubes ist, in eine Query aufgenommen wird. Dadurch wird die Query auf das Zugriffsverfahren *dirty* umgeschaltet.

Zudem besteht die Möglichkeit, das Merkmal 0REQUID in Kombination mit vordefinierten Variablen einzusetzen[5].

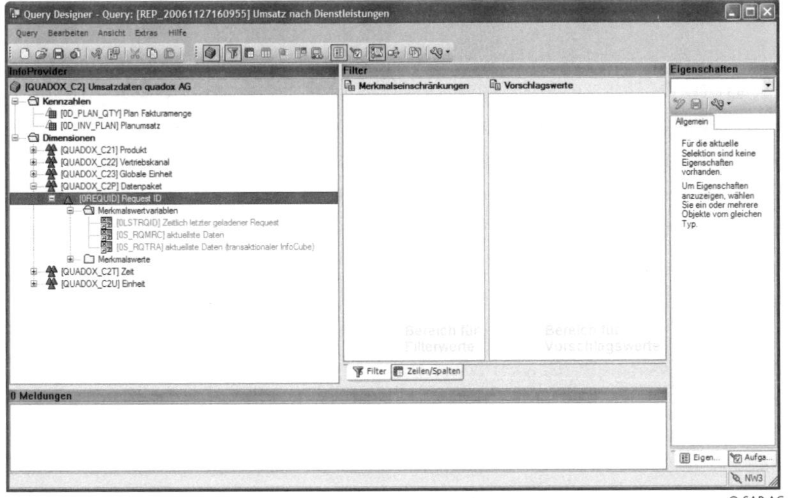

© SAP AG

Abb. 10-4 *Zugriffsverfahren in Query-Definition festlegen*

5. Die Variablen sind Bestandteil des BI Content und müssen aus diesem übernommen werden.

Dabei entsprechen die Variablen `0S_RQMRC` (aktuellste Daten) dem Zugriffsverfahren *qualok* und die Variable `0S_RQTRA` demselben Verfahren mit Einschränkung auf Realtime-Cubes.

Ferner existiert die Variable `0LSTRQID`, die die Request-ID des zeitlich zuletzt in einen Cube verbuchten Request beschreibt.

Die Zugriffsverfahren sind im aktuell vorliegenden Patchlevel 9 des SAP BW sowohl in den Eigenschaften als auch in der Definition einer Query festzulegen. Mit der weiteren Entwicklung ist zu erwarten, dass die derzeitige Lösung durch eine zentrale Pflege des Zugriffsverfahrens in der Query-Definition ersetzt wird.

10.1.2 Teilabfragen

Die Transformation einer OLAP-Abfrage in eine Datenbankabfrage könnte grundsätzlich in einem einzigen SQL-Statement resultieren[6], das die Relationen des erweiterten Star-Schemas vollständig auflöst. Die Verwendung einer einzigen Abfrage ist jedoch aus Performancegründen nicht immer sinnvoll, wobei vor allem zwei Fälle zu nennen sind:

- BasisCubes, deren Daten auf beide Faktentabellen verteilt sind,
- eingeschränkte Kennzahlen, deren Ergebnismengen untereinander nicht kongruent sind.

Teilabfragen auf Faktentabellen

Sind die Daten eines BasisCubes auf die F- und die E-Faktentabelle verteilt (weil noch nicht alle Requests komprimiert wurden), so werden beide Faktentabellen wie ein eigener BasisCube betrachtet und je in einer eigenen Abfrage ausgelesen. Insbesondere bei BasisCubes, die eine große Menge von Daten in beiden Tabellen enthalten, ist die Abfrage von zwei (relativ) kleinen Tabellen oftmals performanter als die Abfrage der zusammengesetzten Ergebnismenge beider Tabellen. Darüber hinaus kann das BW die Performance weiter verbessern, indem die so gebildeten Teilabfragen parallel ausgeführt werden[7].

Teilabfragen auf eingeschränkte Kennzahlen

Ein weiterer Grund, die Abfrage eines Datenziels in mehrere Teilabfragen aufzuspalten, liegt dann vor, wenn der zur Bildung einer Kennzahl erforderliche Datenbereich und der tatsächlich gelesene Datenbereich nicht vollständig kongruent sind.

Dies ist z.B. der Fall, wenn zwei eingeschränkte Kennzahlen a und b sowie die dazugehörigen Merkmale M3 und M4 gelesen werden sollen, wobei a auf den Merkmalswert M1 = x1 und b auf den Merkmalswert M2 = x2 eingeschränkt ist.

6. Stammdatenattribute, -texte und -hierarchien werden erst in einem zweiten Schritt hinzugelesen.
7. Die Möglichkeit zur Verbesserung der Performance durch Parallelisierung nutzt das BW im Übrigen bei jeder Art von Teilabfrage.

Das dazugehörige Select-Statement sähe dabei folgendermaßen aus:

```
select M3, M4, a, b
from <cube und dimensionen>
where ( M1 = x1 ) or ( M2 = x2 )
```

Der für a und b selektierte Datenbereich ist dabei unnötig groß. Abbildung 10–5 zeigt die Differenz aus erforderlichem und tatsächlich gelesenem Datenbereich anhand des gegebenen Beispiels auf.

Abb. 10–5
Differenz aus erforderlichem und selektiertem Datenbereich

Merkmal M1	Merkmal M2	Merkmal M3	Merkmal M4	Kennzahl a	Kennzahl b
x1	b2	m12	m22	900	120
x1	c2	m11	m23	650	80
x1	c2	m13	m24	700	130
b1	x2	m14	m24	750	120
b1	x2	m14	m24	180	40
b1	x2	m13	m22	90	35

Mit einem SELECT-Statement tatsächlich gelesene Datenmenge

Merkmal M1	Merkmal M3	Merkmal M4	Kennzahl a
x1	m12	m22	900
x1	m11	m23	650
x1	m13	m24	700

Merkmal M2	Merkmal M3	Merkmal M4	Kennzahl b
x2	m14	m24	120
x2	m14	m24	40
x2	m13	m22	35

Erforderliche (abgefragte) Datenmenge(n)

Inhaltlich stellt es kein Problem dar, wenn zu viele Daten auf der Datenbank selektiert werden, denn die Analytical Engine filtert noch einmal selbst die Daten, wie es in der Definition einer Abfrage vorgegeben ist. Doch geht das Lesen unnötig großer Datenmengen einher mit einem unnötig hohen Ressourcenverbrauch, was in einer schlechten Performance resultiert. Darüber hinaus ist die SQL-Abfrage durch die OR-Klausel für Datenbanksysteme generell mit größerem Aufwand verbunden.

In derartigen Fällen[8] zerlegt die Analytical Engine eine an sie gerichtete Abfrage für das Datenbanksystem in mehrere Teilabfragen, deren Ergebnisse anschließend wieder zusammengesetzt werden. Für das o.g. Beispiel wären dies die zwei folgenden Teilanfragen:

```
select M3, M4, a
from <cube und dimensionen>
where ( M1 = x1 )
```

```
select M3, M4, b
from <cube und
dimensionen>
where ( M2 = x2 )
```

8. Neben der vorgestellten Konstellation gibt es noch eine Reihe anderer Fälle, in denen die selektierte Datenmenge unnötig groß ist. Sie werden nicht im Einzelnen behandelt, da an dieser Stelle lediglich die resultierende Arbeitsweise der OLAP-Engine von Bedeutung ist.

Auf diese Arbeitsweise der Analytical Engine kann kein Einfluss genommen werden – es sei denn durch die Definition der OLAP-Abfragen.

Doch speziell die Bildung von Teilabfragen, die sich auf einzelne eingeschränkte Kennzahlen beziehen, ist für das Tuning von Abfragen von Bedeutung, weil diese bei der Definition von Aggregaten besonders zu behandeln sind und in diesem Zusammenhang in Kapitel 13.1 noch einmal aufgegriffen werden.

10.2 Zugriff auf DataStore-Objekte

Daten in InfoObjekten und BasisCubes sind per Definition für das Reporting geeignet, weil bereits beim Verbuchen von Daten in diese Datenziele die inhaltliche Konsistenz (z.B. korrekte Datumsformate) und Integrität (Existenz von SID-Werten) überprüft und ggf. erstellt wird. Eine ausführliche Beschreibung von Konsistenz- und Integritätsprüfung ist in Kapitel 21 zu finden.

DataStore-Objekte sind nicht nach einem Star-Schema aufgebaut und bieten nicht die Möglichkeit zum Aufbau von Aggregaten. Vermeiden Sie daher unbedingt, DataStore-Objekte für die Datenanalyse einzusetzen, wenn nicht zwingende Gründe dafür sprechen.

Bei der Verbuchung von Daten in DataStore-Objekte wird keinerlei Konsistenzprüfung durchgeführt, so dass Merkmalswerte ohne existierende Stammdaten (und Stammdaten-IDs) in einem DataStore-Objekt abgelegt werden können. Insbesondere diese fehlenden Stammdaten-IDs führen dazu, dass Daten in DataStore-Objekten potenziell nicht den Anforderungen an referenzielle Integrität und Konsistenz entsprechen.

Zu Problemen würde dies dann führen, wenn nicht nur die in einem DataStore-Objekt abgelegten Merkmale, sondern die Navigationsattribute dieser Merkmale zur Datenanalyse herangezogen werden sollen. Denn in diesem Fall können die notwendigen relationalen Verbindungen zwischen Stammdatentabelle und DataStore-Objekt nicht aufgelöst werden, wenn Stammdatensätze zu verbuchten Merkmalswerten nicht existieren. Im schlimmsten Fall würde dies je nach Auswertung zu unterschiedlichen Ergebnissen führen.

Seit der Version 7 des SAP BW ist jedes DataStore-Objekt gleichzeitig InfoProvider und kann zur Datenanalyse herangezogen werden. Die Analysefähigkeit beschränkt sich dabei jedoch auf die Verwendung von InfoObjekten in den Schlüssel- und Datenfeldern der DataStore-Objekte.

Sollen auch die Navigationsattribute der Merkmale genutzt werden, so muss sichergestellt sein, dass alle darin befindlichen Merkmalswerte über Stammdaten-IDs verfügen und eine entsprechende Prüfung aktiviert wird. Diese Festlegung wird in der Pflege eines DataStore-Objektes vorgenommen (siehe Abb. 10–6).

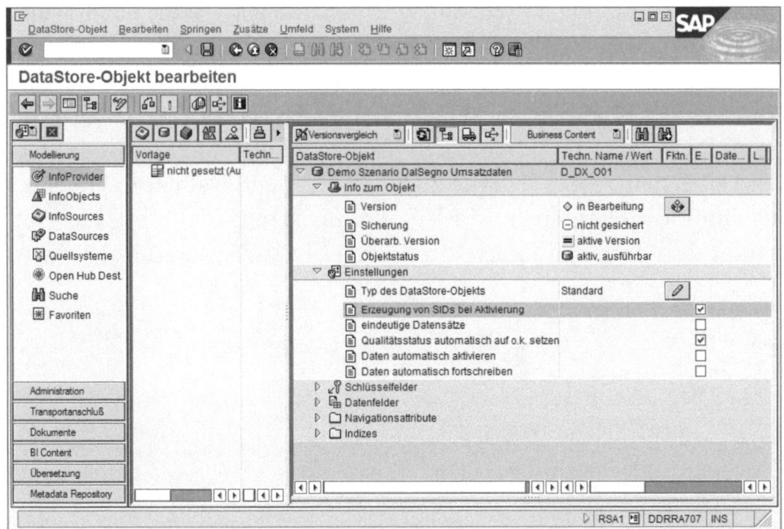

Abb. 10–6
Erzeugen von Stammdaten-IDs bei DataStore-Objekten

Die Prüfung auf existierende Stammdaten-IDs ist in die Aktivierung neuer Daten bei Standard-DataStore-Objekten integriert (siehe Kapitel 17.1.2), so dass auch nur bei diesem Typ von DataStore-Objekten die Nutzung von Navigationsattributen aktiviert werden kann.

Die Verprobung von Merkmalswerten auf die Existenz von Stammdaten-IDs kann die Performance bei der Aktivierung neuer Daten erheblich verschlechtern. Als Alternative zum direkten Reporting von DataStore-Objekten bietet sich der Einsatz von InfoSets an, die auch auf die Daten nicht reportingfähiger DataStore-Objekte zugreifen können (siehe Kapitel 11.2).

Status der Staging Engine

Die Datenanalyse erfolgt im Falle von DataStore-Objekten immer auf Basis der Tabelle für aktive Daten. In dieser Tabelle sind ausschließlich fehlerfrei und vollständig geladene Daten enthalten, so dass eine explizite Berücksichtigung des Status der Staging Engine mit Hilfe von Readpointern o.Ä. nicht erforderlich ist.

Teilabfragen

Anders als beim Zugriff auf BasisCubes werden beim Zugriff auf DataStore-Objekte keine Teilabfragen gebildet. Vielmehr wird das größere Datenvolumen bei Lesezugriffen zugunsten einer einzigen Abfrage in Kauf genommen.

10.3 Zugriff auf InfoObjekte

Die Stammdatenattribute und -texte von Merkmals-InfoObjekten sowie deren externe Hierarchien werden bei der Datenanalyse üblicherweise nur verwendet, um Bewegungsdaten zu kategorisieren. In speziellen Fällen kann es jedoch auch sinnvoll sein, die Stammdaten eines einzelnen InfoObjekts für die Datenanalyse bereitzustellen, ohne damit einen Bezug zu Bewegungsdaten herzustellen. Dies ist vor allem dann von Interesse, wenn der Ausweis von Stammdateninformationen (z.B. über Kunden oder Produkte) eine explizite Aufgabe bei der Datenanalyse ist.

InfoObjekte mit Stammdaten können zu diesem Zweck aus Sicht der Datenanalyse gleichwertig zu BasisCubes und DataStore-Objekten als InfoProvider gestellt werden. Voraussetzung dafür ist die Aufnahme des Merkmals in den InfoProvider-Baum (siehe Abb. 10–7).

Abb. 10–7 Merkmale als InfoProvider aufnehmen

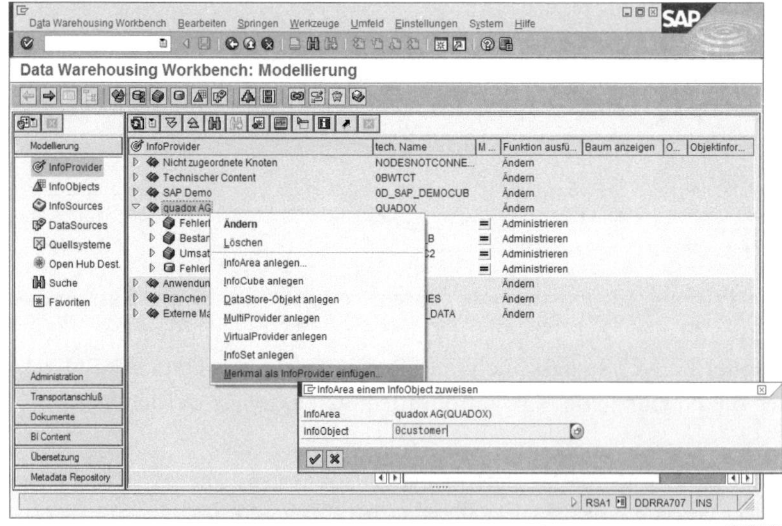

Ist ein Merkmals-InfoObjekt auf diese Weise als InfoProvider definiert, so kann es als InfoProvider genutzt werden und stellt sich in Form von Dimensionen (eine Dimension für das Merkmal und alle Attribute) und Kennzahlen dar.

Da die Navigationsattribute des InfoObjekts als Merkmale für die Datenanalyse zur Verfügung stehen, stehen auch deren Attribute und externe Hierarchien bei der Datenanalyse zur Verfügung.

Umgang mit Stammdatenversionen

Beim Zugriff auf die Datenbank werden immer nur die aktiven Stammdaten gelesen, d.h., Stammdaten eines InfoObjekts, die erst noch durch den Change Run aktiviert werden müssen (vgl. Kapitel 7.1.2), werden bei der Datenanalyse nicht berücksichtigt. Die Analyse der Info-

Objekte verhält sich insofern konsistent zur Verwendung der InfoObjekte in Kombination mit BasisCubes oder DataStore-Objekten.

Umgang mit Zeitabhängigkeit

Liegt ein InfoObjekt vor, dessen Stammdatenattribute oder -texte zeitabhängig sind, so erfolgt die Angabe eines entsprechenden Stichtags, für den die Daten gelesen werden sollen, ebenfalls analog zur Analyse von Stammdaten mit BasisCubes oder DataStore-Objekten. Das heißt, eine OLAP-Abfrage muss explizit einen Stichtag angeben, zu dem Stammdaten gelesen werden sollen.

11 Virtuelle InfoProvider

Der Zugriff auf Datenziele mit physisch vorhandenen Daten erfüllt nur einen Teil der Anforderungen, die an die OLAP-Engine gestellt werden. Ebenso wichtig kann es sein, bei der Analyse von Daten mehrere physische InfoProvider in einen gemeinsamen Kontext zu stellen oder Daten sogar aus ganz anderen Quellen zu beziehen.

Zu diesem Zweck bietet das BW unterschiedliche virtuelle InfoProvider, also Metadaten-Objekte, die nach außen wie vollwertige InfoProvider dargestellt werden, ohne jedoch über eigene Datenstrukturen für die Aufnahme von Daten zu verfügen. Die Daten eines virtuellen InfoProviders werden vielmehr zum Zeitpunkt der Datenanalyse aus definierten Datenquellen gelesen.

Je nachdem, welches Ziel mit dem Einsatz eines virtuellen InfoProviders verfolgt wird und welche Datenquellen zu Analyse herangezogen werden sollen, können unterschiedliche Typen virtueller InfoProvider verwendet werden:

- ***MultiProvider***, um Daten anderer InfoProvider zusammenzuführen und in einen gemeinsamen Kontext zu stellen
- ***InfoSets***, um Daten von BasisCubes, DataStore-Objekten und InfoObjekten mit Stammdaten relational zu verknüpfen
- ***Service-InfoCubes*** zur Implementierung spezifischer Analyseanforderungen, die nur durch eigendefinierte Programmlogik erfüllt werden können

Die Definition und Funktionsweise von MultiProvidern, InfoSets und Service-InfoCubes werden in den nachfolgenden Kapiteln erläutert. Neben diesen Benannten gehören auch sogenannte ***RemoteCubes*** zu den Typen der virtuellen InfoProvider. RemoteCubes sind zur Analyse von Daten in Echtzeit vorgesehen und werden dementsprechend im Rahmen von Kapitel 22 beschrieben.

11.1 MultiProvider

MultiProvider erfüllen zwei Funktionen innerhalb des SAP BW: Zum einen führen sie die Daten unterschiedlicher InfoProvider (BasisCubes, InfoSets, InfoObjekte, DataStore-Objekte) zusammen (siehe unten), zum anderen bilden sie eine logische Schicht über diesen ausgewählten InfoProvidern und abstrahieren damit das Reporting von den physischen Datenbeständen.

MultiProvider als logische Reporting-Schicht

Die Funktion der zugrunde liegenden InfoProvider wird durch das Anlegen eines MultiProviders nicht beeinträchtigt. Es ist also weiterhin möglich, Daten direkt aus den InfoProvidern zu beziehen.

Um eine derartige logische Schicht über anderen InfoProvidern zu bilden, ist die Verwendung von MultiProvidern selbst dann sinnvoll, wenn lediglich ein einziger InfoProvider Teil des MultiProviders ist, da zugrunde liegende InfoProvider bei Bedarf erweitert, verändert und sogar komplett ausgetauscht werden können, ohne dass dies Einfluss auf die Query-Definitionen des MultiProviders hat. Besonders interessant kann diese Option für InfoProvider mit physischer Datenhaltung (BasisCubes, DataStore-Objekten, InfoObjekten) sein (siehe Abb. 11–1).

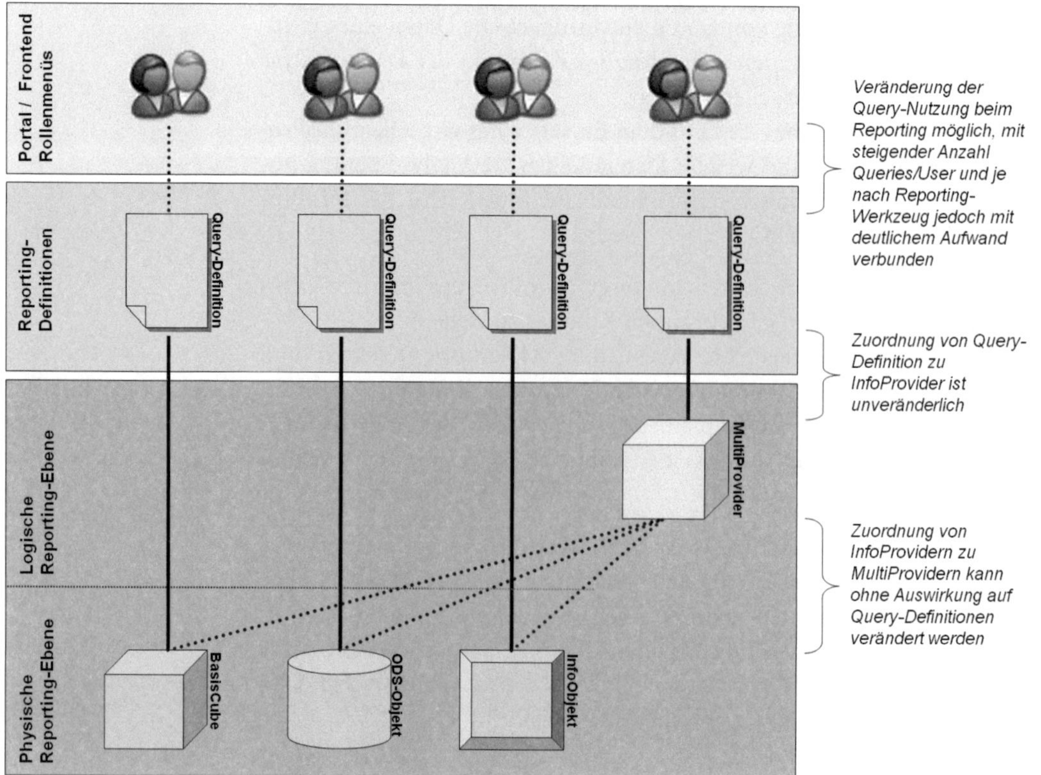

Abb. 11–1 *Einsatz von MultiProvidern als logische Reporting-Schicht*

MultiProvider stellen also per se einen wesentlichen Vorteil für die Flexibilität in der Weiterentwicklung eines BW-Systems dar, indem sie die Definition von Queries von der Definition des physischen Datenmodells entkoppeln.

Entwickeln Sie Queries niemals auf Basis von BasisCubes, DataStore-Objekten oder InfoObjekten. Abstrahieren Sie die physische Datenhaltung stattdessen immer durch MultiProvider, auf denen die Queries definiert werden. Der Mehraufwand für die Definition und Pflege eines MultiProviders macht sich schnell durch administrative Vorteile bezahlt.

MultiProvider zur Zusammenführung von InfoProvidern

Die eigentliche Aufgabe von MultiProvidern besteht jedoch nicht in der Bereitstellung einer logischen Reporting-Schicht, sondern vielmehr darin, die Daten mehrerer InfoProvider bei Bedarf zusammenzuführen. Dieser Bedarf kann unterschiedliche Gründe haben:

- Es existieren mehrere InfoProvider, die betriebswirtschaftlich abgeschlossene Bereiche darstellen. Diese verfügen zwar über eine gemeinsame Schnittmenge (zum Beispiel enthalten alle InfoProvider eine Kundennummer), haben aber ansonsten eine heterogene Datenstruktur. Die Merkmale, welche die Schnittmenge bilden, sollen in einen gemeinsamen Kontext gestellt werden, um sie im Reporting zusammenzuführen.
- Es sollen die Daten unterschiedlicher InfoProvider, die aus technischen Gründen nicht in einem InfoProvider vorgehalten werden (zum Beispiel weil strukturähnliche Daten auf BasisCubes, virtuelle Cubes und DataStore-Objekte verteilt sind), in einen gemeinsamen Kontext gestellt werden.
- Es sollen Daten, die aus Designgründen auf mehrere InfoProvider verteilt sind (zum Beispiel Plan- und IST-Daten) in einen gemeinsamen Kontext gestellt werden.
- Daten wurden zur Verbesserung der Performance auf mehrere InfoProvider verteilt und müssen im Reporting zusammengefügt werden (vgl. Kapitel 7).

Welche InfoProvider einem MultiProvider zugrunde liegen sollen, wird bereits beim Anlegen des MultiProviders bestimmt, kann jedoch nachträglich verändert werden. Zur Auswahl stehen dabei alle InfoCubes (sogar RemoteCubes und Service-InfoCubes, nicht jedoch andere MultiProvider), DataStore-Objekte, InfoObjekte, InfoSets und Aggregationsebenen der integrierten Planung (siehe Abb. 11–2).

Die InfoProvider, die einem MultiProvider zugrunde liegen, geben die InfoObjekte vor, die der MultiProvider zur Datenanalyse bereitstellen kann. Obwohl ein MultiProvider nur in den Metadaten des BW definiert wird, erfolgt die Definition grundsätzlich ebenso wie bei einem BasisCube, d.h., es müssen Dimensionen definiert und mit Info-Objekten versehen, Navigationsattribute bestimmt werden usw.

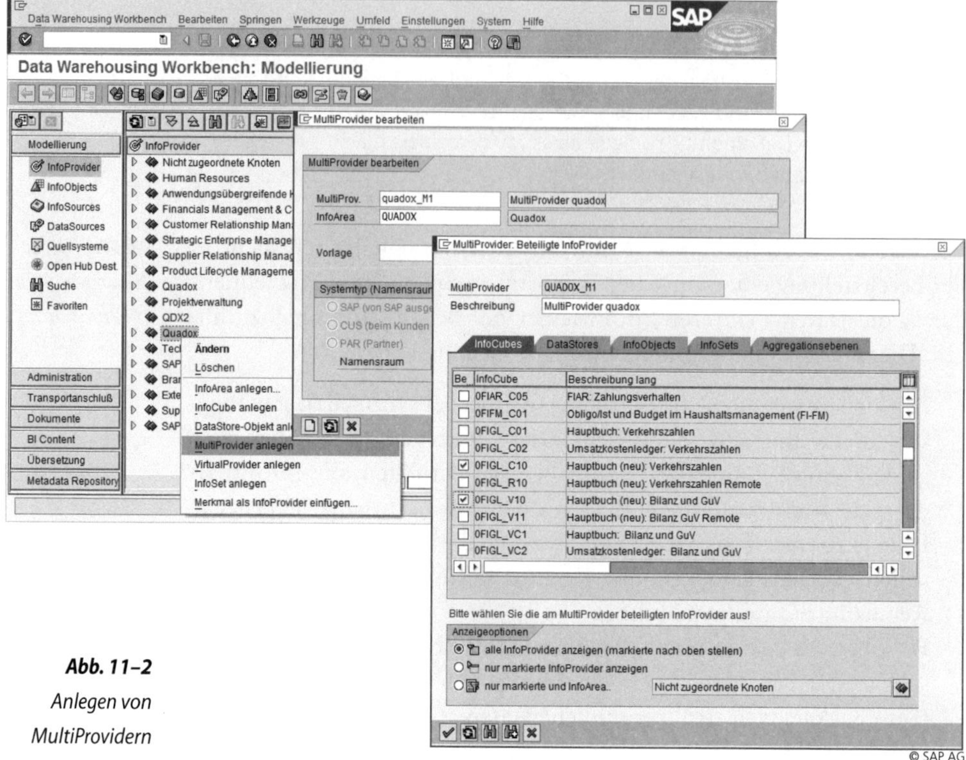

Abb. 11–2
Anlegen von MultiProvidern

Diese Definition erfolgt allerdings vollständig unabhängig vom Design der zugrunde liegenden InfoProvider – während also ein BasisCube ausschließlich nach technischen Gesichtspunkten modelliert werden sollte (vgl. Kapitel 8.1), dürfen InfoObjekte im darüberliegenden MultiProvider auch nach fachlichen Gesichtspunkten in Dimensionen angeordnet werden.

Die Zusammenführung mehrerer InfoProvider durch einen Multi-Provider ist unter mehreren Gesichtspunkten zu konfigurieren:

- Regeln zur Zusammenführung von Daten
- Bilden von Sub-Queries beim Zugriff auf MultiProvider (statische und dynamische Auswahl der Bestandteile des MultiProviders beim Zugriff)

Die Konfiguration von MultiProvidern wird in den nachfolgenden Kapiteln ausführlich erläutert.

11.1.1 Zusammenführung von Daten

Zur Zusammenführung mehrerer InfoProvider zu einem MultiProvider geht das BW nach dem Prinzip einer ***Union-Abfrage*** vor, d.h., sämtliche Tabellenfelder (in unserem Fall InfoObjekte in InfoProvidern) mit identischem Namen werden aufeinander abgebildet. Kennzahlenfelder mit identischem Namen werden aggregiert, sofern sie über identische Merkmalsschlüssel verfügen (siehe Abb. 11–3).

MultiProvider (vor Aggregation durch OLAP Engine)

Kunde	Material	Monat	Umsatz	Rabatt	offene Ford.
4711	ABC	01.2006	1000,00	25,00	0
4711	ABC	02.2006	500,00	5,00	0
4711	DEF	04.2006	1250,00	20,00	0
4711	ABC	05.2006	650,00	15,00	0
4711	ABC	01.2006	0	0	125,00
4711	ABC	02.2006	0	0	130,00
4711	#	04.2006	0	25,00	0

Σ →

MultiProvider (nach Aggregation durch OLAP Engine)

Kunde	Material	Monat	Umsatz	Rabatt	offene Ford.
4711	ABC	01.2006	1000,00	25,00	125,00
4711	ABC	02.2006	500,00	5,00	130,00
4711	DEF	04.2006	1250,00	20,00	0
4711	ABC	05.2006	650,00	15,00	0
4711	#	04.2006	0	25,00	0

InfoProvider

Kunde	Material	Monat	Umsatz	Rabatt
4711	ABC	01.2006	1000,00	25,00
4711	ABC	02.2006	500,00	5,00
4711	DEF	04.2006	1250,00	20,00
4711	ABC	05.2006	650,00	15,00

Kunde	Material	Monat			offene Ford.
4711	ABC	01.2006			125,00
4711	ABC	02.2006			130,00

Kunde		Monat		Rabatt
4711		04.2006		25,00

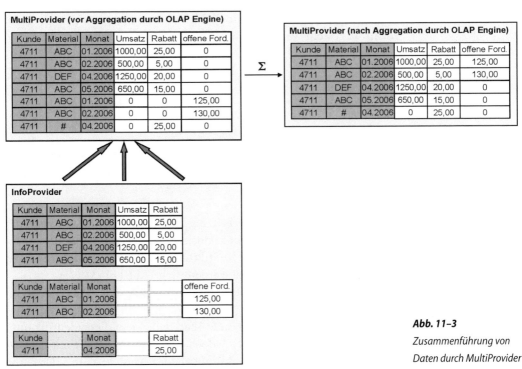

Abb. 11–3
Zusammenführung von Daten durch MultiProvider

Verfügt ein InfoProvider nicht über ein InfoObjekt, das von einem MultiProvider abgefragt wird, so wird das entsprechende InfoObjekt für diesen InfoProvider mit dem Wert »#« bei Merkmalen bzw. 0 bei Kennzahlen interpretiert.

Es ist die wohl am meisten verbreitete Fehlannahme über das BW, die an dieser Stelle noch einmal ausdrücklich korrigiert werden soll: MultiProvider führen bei einer Abfrage *keine* JOIN-Abfrage auf die beteiligten InfoProvider aus! Die Zusammenfassung der beteiligten InfoProvider ist vielmehr vergleichbar mit einer UNION-Abfrage.

Zusammenführung referenzierender Merkmale

Im Sinne einer üblichen UNION-Abfrage würden ausschließlich identische Felder (hier Merkmals-InfoObjekte) durch einen MultiProvider aufeinander abgebildet werden. Speziell bei referenzierenden Merkmalen (vgl. Kapitel 6.2.4) kann es jedoch wünschenswert sein, unterschiedliche InfoObjekte aufeinander abzubilden, da sie über dieselben Stammdaten verfügen und daher in einen gemeinsamen Kontext gestellt werden sollen.

Zum Beispiel können ein InfoObjekt `0MATERIAL` aus einem InfoProvider und ein InfoObjekt `ZMATERIAL` aus einem anderen InfoProvider im MultiProvider unter dem InfoObjekt `0MATERIAL` in einen gemeinsamen Kontext gestellt werden (siehe Abb. 11–4).

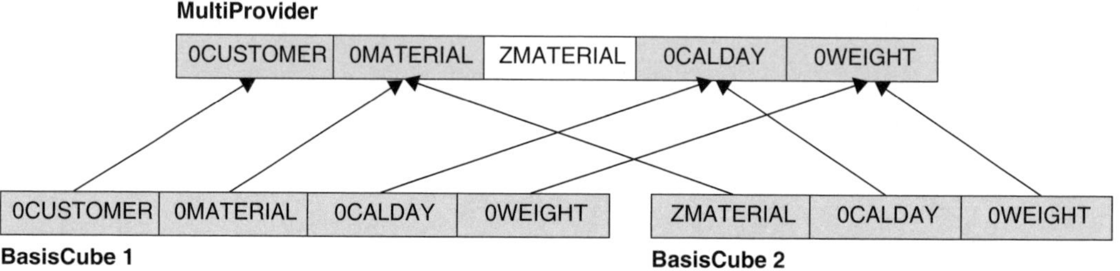

Abb. 11–4 *Identifikation von MultiProvider-InfoObjekten*

Um eine derartige Besonderheit bei der Abbildung referenzierender Merkmale berücksichtigen zu können, muss die Abbildung der Merkmale beim Definieren eines MultiProviders in Form der sogenannten ***Identifikation*** vorgenommen werden (siehe Abb. 11–5).

Als Vorschlag der Identifikation verwendet das BW eine Abbildung gleicher Merkmale nach dem Vorbild einer normalen Union-Abfrage. Im Falle referenzierender Merkmale kann diese Identifikation angepasst werden. Es können jedoch stets nur Merkmale mit demselben Basismerkmal aufeinander abgebildet werden; eine vollständig freie Definition der Abbildung ist nicht möglich.

Darüber hinaus ist es auch möglich, eine Identifikation zu deaktivieren, obwohl sie technisch möglich wäre. Der MultiProvider wird damit angewiesen, ein Merkmal nicht aus einem entsprechenden InfoProvider zu lesen, sondern stattdessen den Wert »#« zu liefern.

Selektion von Kennzahlen

Im Falle von Kennzahlen gibt es zwar keine den Merkmalen vergleichbare Identifikation, jedoch kann im Rahmen einer ***Selektion*** vorgegeben werden, welche Kennzahlen eines InfoProviders im MultiProvider bereitgestellt werden sollen (siehe Abb. 11–6).

Werden identische Kennzahlen (InfoObjekte) mehrerer InfoProvider in einen gemeinsamen Kontext gestellt, so werden sie durch den MultiProvider aufsummiert. Kennzahlen, die in mehreren InfoProvidern durch unterschiedliche InfoObjekte abgebildet werden, führen auch in einem MultiProvider stets zu unterschiedlichen Kennzahl-Objekten. Wird beispielsweise aufgrund eines Modellierungsfehlers die Kennzahl Umsatz einmal als InfoObjekt `ZUMSATZ` und einmal als `UMSATZ` an einen MultiProvider geliefert, so liefert dieser auch beide Kennzahlen getrennt voneinander. Zur nachträglichen Beseitigung derartiger Modellierungsfehler können Kennzahl-InfoObjekte im Rahmen der Re-Modellierung ausgetauscht werden (vgl. Kapitel 9.2.2).

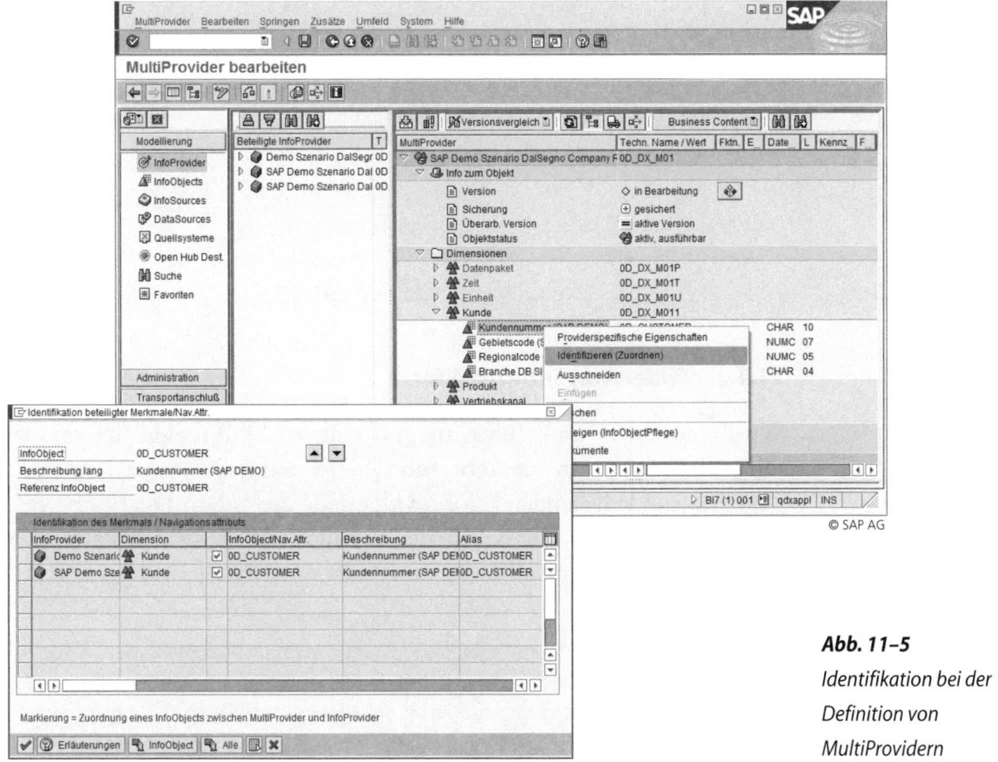

© SAP AG

Abb. 11-5
Identifikation bei der Definition von MultiProvidern

Abb. 11–6
Selektion von Kennzahlen bei der Definition von MultiProvidern

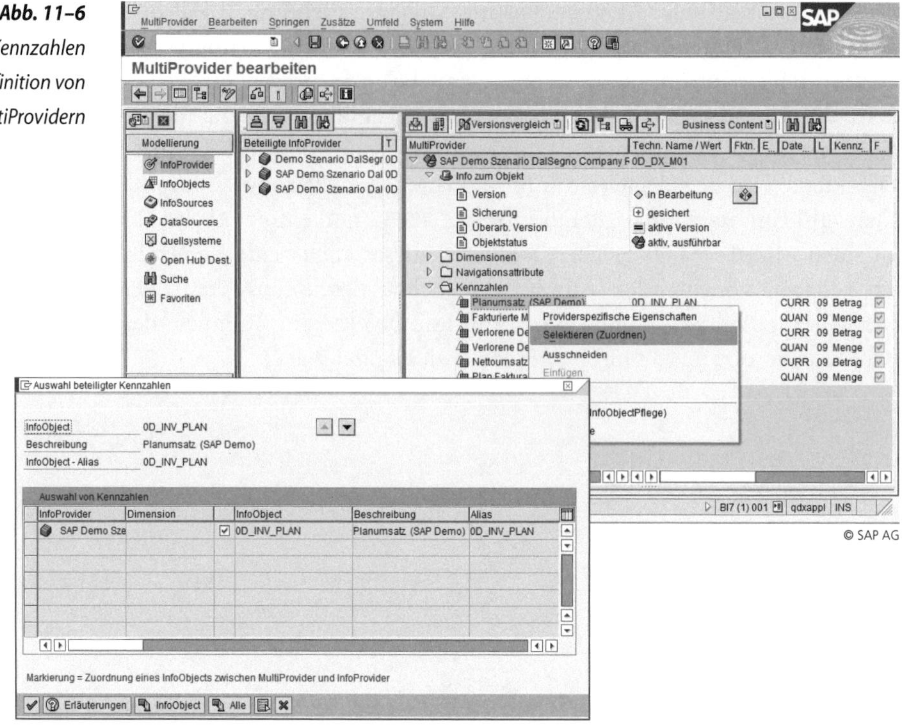

© SAP AG

11.1.2 Bilden von Sub-Queries

Wird eine Query ausgeführt, die auf einem MultiProvider basiert, so wird diese Query in mehrere Sub-Queries aufgespalten – je eine für jeden zugrunde liegenden InfoProvider. Jede dieser Sub-Queries ist vergleichbar mit einer Query auf die jeweiligen InfoProvider, kann also ihrerseits in weitere Teilabfragen aufgelöst werden (vgl. Kapitel 10.1.1).

Die Begriffe Sub-Query und Teilabfrage werden im Sprachgebrauch der SAP oftmals nicht differenziert. Um im Rahmen dieses Buchs eine Eindeutigkeit zu schaffen, steht der Begriff der Sub-Query hier ausschließlich für die Abfrage eines InfoProviders, die aus einem MultiProvider resultiert, während der Begriff Teilabfrage die Zergliederung einer Abfrage (bei der es sich um eine Sub-Query handeln kann) auf einen InfoProvider bezeichnet.

Ausschluss von InfoProvidern

Sowohl aus inhaltlichen als auch aus Performancegründen kann es von Interesse sein, die Ausführung einzelner Sub-Queries (also die Abfrage einzelner InfoProvider) zu verhindern. Zu diesem Zweck existieren vier Möglichkeiten, die in der Regel mit sehr unterschiedlichen Beweggründen genutzt werden:

- Fixe Adressierung von InfoProvidern
- Kennzahlselektion
- Selektion durch Festwerte
- Selektion durch OLAP-Hints

Fixe Adressierung von InfoProvidern

Die einfachste Möglichkeit, um einzelne InfoProvider innerhalb einer MultiProvider-Query gezielt ein- oder auszuschließen, ist die direkte Adressierung (oder der direkte Ausschluss) der InfoProvider in der Query. Zu diesem Zweck steht das Merkmal 0INFOPROV (in der Paketdimension) zur Verfügung, mit dessen Hilfe die einzelnen InfoProvider selektiert werden können (siehe Abb. 11–7).

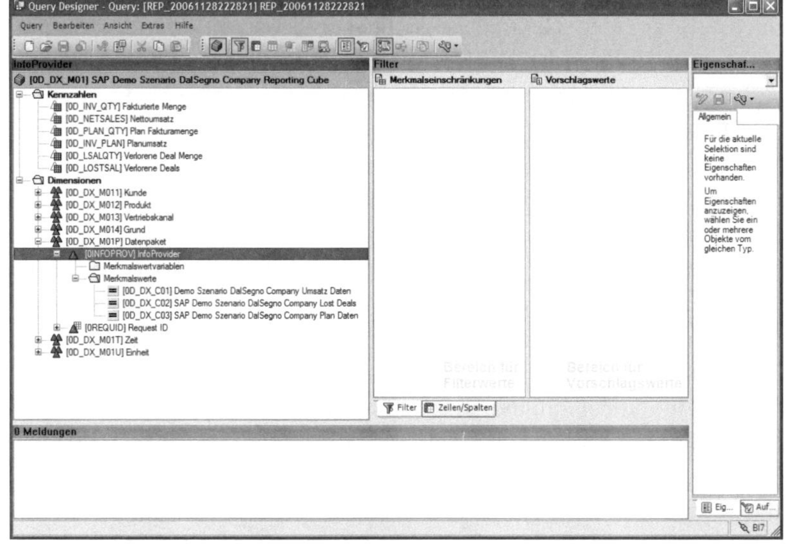

Abb. 11–7 *Fixe Adressierung von InfoProvidern in MultiProvider-Queries*

Die Nutzung des Merkmals 0INFOPROV stellt eine sehr flexible Möglichkeit dar, um gezielt in die Arbeitsweise der Analytical Engine einzugreifen. Sie verlangt jedoch detaillie,rtes Wissen über das Datenmodell und ist spezifisch für bestimmte Anforderungen zu wählen, z.B. für die Fehlersuche.

Als grundlegendes Werkzeug zur Definition von Queries ist die fixe Adressierung von InfoProvidern jedoch nicht geeignet, vor allem deswegen, da eine Anpassung des Datenmodells gleichermaßen mit einer Änderung aller betroffenen Abfragen verbunden werden muss.

Kennzahlselektion

Einen anderen Weg bei der Auswahl der zu lesenden InfoProvider geht die Kennzahlenselektion. Dabei wird in Abhängigkeit vom Informationsbedarf einer Abfrage entschieden, welche InfoProvider in eine MultiProvider-Query einbezogen werden sollen.

Auf diese Entscheidung nehmen einerseits die in einer Query abgefragten Kennzahlen Einfluss: Liefert ein InfoProvider keine der abgefragten Kennzahlen, so wird er nicht in die MultiProvider-Abfrage einbezogen. Sollen InfoProvider je nach Abfrage oder Selektion nicht in die Abfrage durch einen MultiProvider einbezogen werden, so kann es sinnvoll sein, identische Kennzahlen (z.B. Umsatz) in Form von zwei unterschiedlichen InfoObjekten zu definieren, die auf zwei InfoProvider verteilt sind.

Eine andere Möglichkeit, InfoProvider in Abhängigkeit von den verwendeten Kennzahlen von einer MultiProvider-Abfrage auszuschließen, ist die Kennzahlenselektion bei der Definition des MultiProviders (vgl. Abb. 11–6). Wird eine Kennzahl in dieser Definition nicht für einen InfoProvider selektiert, so stellt sich dieser InfoProvider gegenüber dem MultiProvider dar, als verfüge er nicht über diese Kennzahl und müsse nicht gelesen werden, wenn diese Kennzahl abgefragt wird.

Selektion durch Festwerte

Die Definition von Festwerten für BasisCubes und DataStore-Objekte ist zur Optimierung der Performance geeignet, wenn die an einem MultiProvider beteiligten BasisCubes und DataStore-Objekte Daten enthalten, bei denen ein oder mehrere Merkmale immer dieselbe Ausprägung enthalten (zum Beispiel wenn in einen BasisCube ausschließlich Daten mit dem Geschäftsbereich 0001 fortgeschrieben werden). Eine derartige Situation wurde bereits bei der Beschreibung der Partitionierung auf Applikationsebene in Kapitel 7.1 dargestelllt.

Die Analytical Engine kann diese Einstellungen bei der Ausführung einer Query berücksichtigen und alle BasisCubes und DataStore-Objekte ausschließen, bei denen durch die Definition eines Festwertes klar ist, dass sie keine Daten liefern werden. Die Einrichtung von Festwerten ist bei der Definition der jeweiligen Datenziele vorzunehmen und beschränkt sich auf DataStore-Objekte und auf BasisCubes (vgl. Abb. 7–27 auf Seite 163)[1] .

Selektion durch OLAP-Hints

Einen ähnlichen Ansatz wie die Selektion von Festwerten verfolgen die sogenannten OLAP-Hints, die den Zugriffen auf BasisCubes vorbehalten sind. OLAP-Hints zielen darauf ab, bereits vor der Ausführung einer Sub-Query festzustellen, ob der jeweilige BasisCube Daten für eine gegebene Selektion liefern oder gleich vom Lesezugriff ausgelassen werden kann.

Anders als bei den Festwerten wird jedoch nicht statisch festgelegt, welche Einzelwerte zu bestimmten Merkmalen ein BasisCube liefern kann. Stattdessen wird vor der Ausführung einer Sub-Query dynamisch ermittelt, welche Werte ein BasisCube zu einem bestimmten

1. Die Definition von Festwerten muss bei der Modellierung eines Datenziels erfolgen und ist nicht mehr möglich, wenn Daten in einem Datenziel enthalten sind.

Merkmal liefern kann, um auf dieser Grundlage zu entscheiden, ob der Cube gelesen wird oder nicht.

Die dynamische Ermittlung der Merkmalswerte, die ein BasisCube liefern kann, basiert auf den Inhalten der Dimensionstabellen eines BasisCubes. Um also zu ermitteln, über welche Werte ein Merkmal in einem Cube verfügt, wird die Dimensionstabelle, in der sich das Merkmal befindet, nach dessen Merkmalswerten durchsucht. Die Nutzung von OLAP-Hints beschränkt sich damit zwangsläufig auf Merkmale in normalen Dimensionstabellen. Merkmale in Line-Item-Dimensionen können nicht durch OLAP-Hints genutzt werden.

Die Forderung nach kleinen Dimensionstabellen (vgl. Kapitel 8.1) ist damit beim Einsatz von OLAP-Hints von besonderer Bedeutung; denn OLAP-Hints schaffen nur dann einen Performancevorteil, wenn die Dimensionstabellen schnell auf die jeweiligen Merkmalswerte überprüft werden können. Soll ein Merkmal in einer großen Dimensionstabelle durch OLAP-Hints analysiert werden, so erzeugt das Durchsuchen der Dimensionstabelle vor jeder Auswertung einen unvertretbar hohen Aufwand und verschlechtert die Performance eher, als dass sie verbessert wird.[2]

Dimensionstabellen können Merkmalswerte enthalten, die nicht mehr in einem BasisCube verwendet werden. Dieses Phänomen tritt vor allem nach der Komprimierung der Faktentabelle mit Nullwert-Eliminierung, nach dem Löschen von Requests und nach selektivem Löschen auf. Trimmen Sie daher in regelmäßigen Abständen die Dimensionstabellen Ihrer BasisCubes, um derartige Einträge in Dimensionstabellen zu entfernen. Die Hintergründe des Dimensionstrimmings sind in Kapitel 32.2 detailliert erläutert.

Aufgrund der Nachteile, die die Nutzung von OLAP-Hints bei ungeeignetem Einsatz mit sich bringen kann, muss die Nutzung von OLAP-Hints pro MultiProvider und Merkmal manuell aktiviert werden, indem MultiProvider und Merkmal in der Tabelle `RRKMULTIPROVHINT` eingetragen werden. Zu diesem Zweck kann die Funktion »Einträge erfassen« in der Transaktion `SE16` verwendet werden (siehe Abb. 11–8).

Der Zähler gibt vor, in welcher Reihenfolge Prüfungen durchgeführt werden sollen. Wenn ein Cube bereits bei einem Wert ausscheidet, müssen die nachfolgenden nicht mehr geprüft werden. Daher Merkmale mit schnellster Prüfung vorziehen, langsamere nach hinten legen.

2. Es werden stets die Dimensionstabellen des BasisCubes, nicht jedoch die Dimensionstabellen von Aggregaten durchsucht. Die Auswahl ggeigneter Aggregate erfolgt erst nach der Berücksichtigung der OLAP-Hints, so dass das Anlegen von Aggregaten keine Vorteile für OLAP-Hints bietet.

Der Nachteil dieser Systematik liegt vor allem darin, dass bereits ein einziger ungeeignet modellierter BasisCube innerhalb eines MultiProviders ausreicht, um die Nutzung von OLAP-Hints für ein Merkmal unvorteilhaft zu gestalten. Besser wäre es sicherlich gewesen, wenn OLAP-Hints pro BasisCube und Dimension zu aktivieren wären.

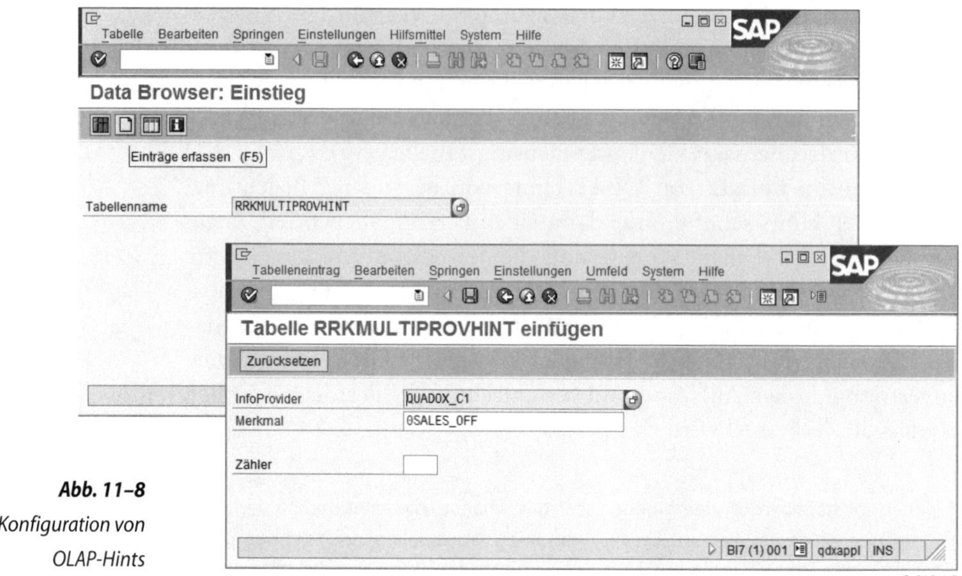

Abb. 11–8
Konfiguration von OLAP-Hints

11.2 InfoSets

InfoSets haben mit der Version 7 des BW deutlich an Funktionalität gewonnen, indem sie nicht nur als SQL-artiger Appendix der Analytical Engine gesehen wird, sondern die OLAP-Engine um diverse spezifische Funktionen angereichert wurde, die speziell die Ergebnismengen von InfoSets weiter bearbeiten. InfoSets bilden damit im weiterem Sinne das Pendant zu MultiProvidern. Auch sie dienen dem Zweck, die Daten mehrerer InfoProvider zusammenzuführen und in einen gemeinsamen Kontext zu stellen.

Anders als bei einem MultiProvider, durch den gleichartige Daten in der Art einer ***Union-Abfrage*** zusammengeführt werden, lassen sich durch InfoSets Daten durch relationale ***Join-Abfragen*** miteinander verbinden. Damit beschränkt sich die Funktionalität von InfoSets auf InfoProvider mit physischer Datenhaltung, also auf BasisCubes, DataStore-Objekte und InfoObjekte mit Stammdaten. Virtuelle InfoProvider können – im Gegensatz zu MultiProvidern – durch InfoSets nicht behandelt werden.

Das Augenmerk eines Infosets liegt damit auf der Anreicherung der Daten eines BW-Objekts mit den Daten anderer Datenziele, für die eine relationale Verknüpfung zu definieren ist.

Der Begriff des InfoSets ist im BW unglücklich gewählt. Bereits im SAP ERP gibt es ein InfoSet bzw. eine InfoSet-Query, die durch die Transaktionen SQ02 bzw. SQ10 zu definieren sind. Diese haben mit dem InfoSet im SAP BW nichts zu tun und werden im Kontext des BW als Classic InfoSets bezeichnet.

Anlegen von InfoSets

InfoSets können in der Data Warehousing Workbench oder alternativ über die Transaktion RSISET definiert werden (siehe Abb. 11–9).

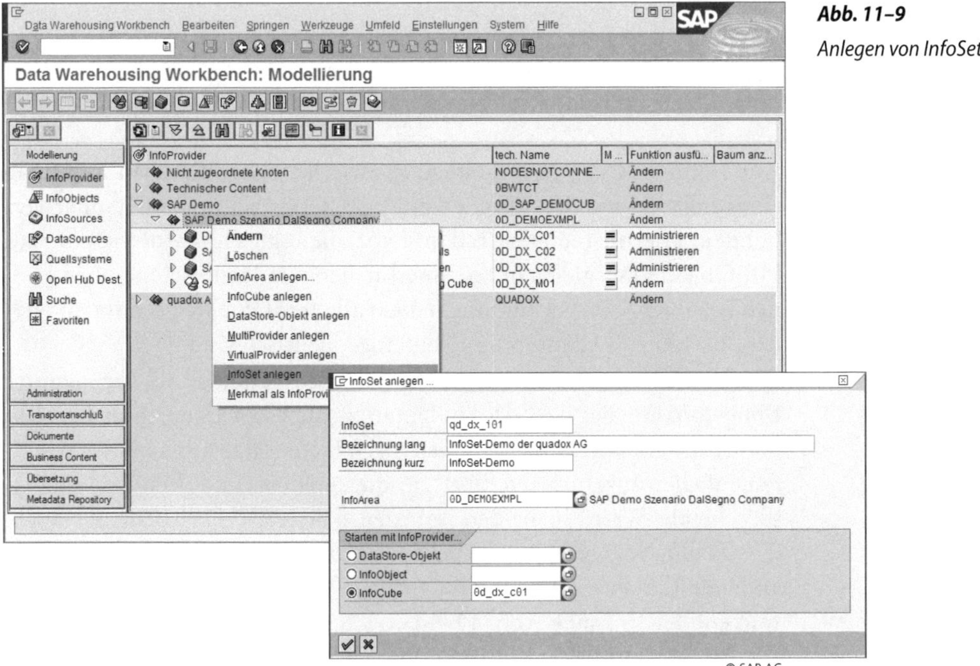

© SAP AG

Abb. 11–9
Anlegen von InfoSets

Die Modellierung eines InfoSets hat jedoch im Gegensatz zu den übrigen virtuellen InfoProvidern keine Ähnlichkeit mit der Modellierung von BasisCubes. Vielmehr werden InfoSets durch die relationale Verbindung der im InfoSet enthaltenen BW-Objekte definiert. Die einzelnen BW-Objekte werden dabei in Tabellenform dargestellt[3], selbst wenn dies – wie im Falle von BasisCubes – nicht dem physischen Modell entspricht (siehe Abb. 11–10).

Abb. 11–10
Definition von InfoSets

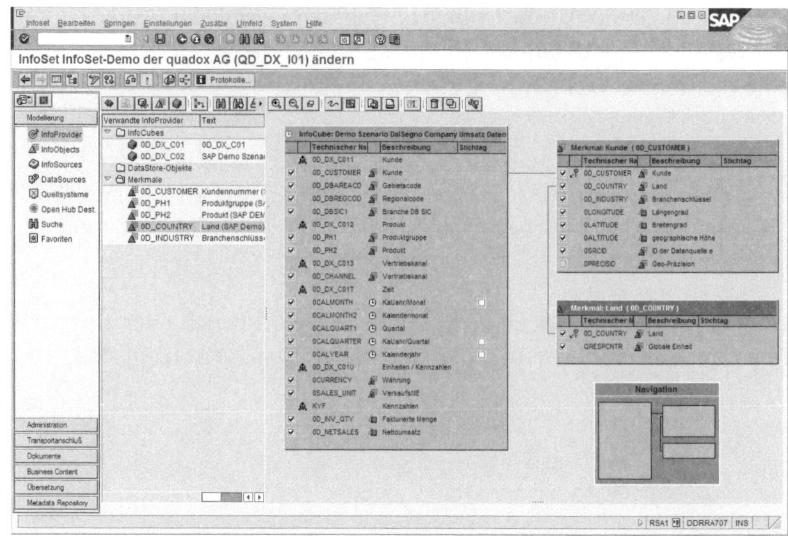

Zur Definition der Join-Bedingung zwischen zwei Tabellen innerhalb eines InfoSets werden gleiche Felder beider Tabellen miteinander verbunden. Hierfür bieten sich damit vor allem gleiche InfoObjekte bzw. InfoObjekte mit gleichen Basismerkmalen an. Technisch gesehen können bei einer Join-Verbindung jedoch alle InfoObjekte verbunden werden, bei denen Datentyp und Feldlänge identisch sind.

Inner Join

Per Default werden sämtliche Join-Bedingungen als sogenannter ***Inner-Join*** (in der SAP-Dokumentation auch als Equal-Join bezeichnet) realisiert. Dabei werden diejenigen Datensätze aus zwei verknüpften Tabellen zusammengeführt, für die in den verknüpften Feldern entsprechende Werte in beiden Tabellen existieren. Das bedeutet auch, dass Datensätze einer der Tabellen, für die kein Pendant in der jeweils anderen Tabelle vorhanden ist, nicht in die Ergebnismenge des Inner-Join einfließen (siehe Abb. 11–11).

Vervielfachte Kennzahlwerte

Bei der Modellierung eines InfoSets muss ein besonderes Augenmerk auf die Gestaltung der relationalen Verknüpfungen gelegt werden. Wird dies versäumt, so können fehlerhafte Kennzahlwerte daraus resultieren. Denn zwei Tabellen werden bei einem Join immer so verbunden, dass jeder Datensatz einer Tabelle mit jedem Datensatz der

---

3. Das SAP BW bietet zwei Darstellungsformen für die Modellierung von InfoSets an: die Darstellung im Netzplan und die Baumdarstellung. Alle nachfolgenden Ausführungen und Abbildungen beziehen sich ausschließlich auf die Darstellung im Netzplan. Der Umgang mit der Baumdarstellung hingegen stellte sich dem Autor bis zuletzt als wenig intuitiv dar. Die Darstellung kann über den Menüpunkt *Einstellungen →Darstellung* ausgewählt werden. Je nach Patchlevel des Systems ist danach zunächst ein erneuter Aufruf der InfoSet-Pflege erforderlich, bevor die andere Darstellungsform aktiv ist.

anderen Tabelle verbunden wird, sofern sich die entsprechende Verknüpfung herstellen lässt.

In Abwandlung zu dem in Abbildung 11–11 gegebenen Beispiel stellt das Material in dem nachfolgenden Beispiel nicht den Schlüssel des Materialstammes dar, sondern nur einen Teil des Schlüssels. Unter einer ansonsten unveränderten Definition des InfoSets ergibt sich das in Abbildung 11–12 dargestellte Ergebnis.

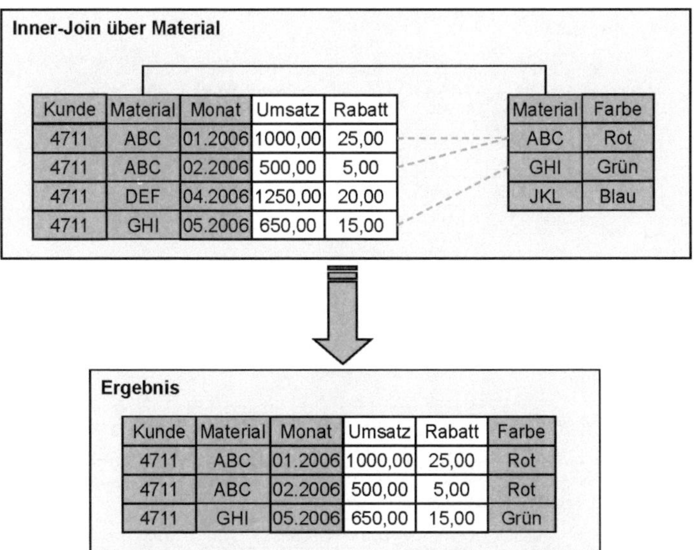

Kunde	Material	Monat	Umsatz	Rabatt
4711	ABC	01.2006	1000,00	25,00
4711	ABC	02.2006	500,00	5,00
4711	DEF	04.2006	1250,00	20,00
4711	GHI	05.2006	650,00	15,00

Material	Farbe
ABC	Rot
GHI	Grün
JKL	Blau

Kunde	Material	Monat	Umsatz	Rabatt	Farbe
4711	ABC	01.2006	1000,00	25,00	Rot
4711	ABC	02.2006	500,00	5,00	Rot
4711	GHI	05.2006	650,00	15,00	Grün

Abb. 11–11
Inner-Join (Equal-Join)

Bei der Modellierung der Beziehung zwischen zwei Tabellen innerhalb eines InfoSets muss daher stets beachtet werden, dass keine n:m-Relation gebildet wird. Liegt nur eine Tabelle mit einer Kennzahl vor, dann darf das InfoSet maximal eine 1:n-Relation beschreiben, wobei die Kennzahl auf der n-Seite stehen muss. Werden Kennzahlwerte sogar aus beiden Tabellen abgefragt, so darf das InfoSet nur eine 1:1-Beziehung beschreiben.

Achten Sie bei der Modellierung von InfoSets immer darauf, bei der Verknüpfung von InfoObjekten den vollen Schlüssel in der Relation abzubilden. Vermeiden Sie es, mehr als einen BasisCube/ein DataStore-Objekt in ein InfoSet aufzunehmen; ist dies nicht möglich, so machen Sie sich die Relation zwischen den verknüpften Objekten unbedingt genau bewusst.

Left-Outer-Join

In speziellen Fällen sollen die Sätze einer Tabelle durch eine Join-Abfrage gelesen werden, selbst wenn keine entsprechenden Datensätze in einer verbundenen Tabelle existieren. Dies ist zum Beispiel dann sinnvoll, wenn transitive Attribute zu einem InfoProvider hinzugelesen werden sollen, jedoch nicht sichergestellt werden kann, dass die Stammdaten der Attribut-tragenden Merkmale im System vorhanden sind.

Für diese Zwecke kann alternativ zum Inner-Join ein sogenannter Left-Outer-Join definiert werden. Wird eine Tabelle durch einen Left-Outer-Join mit einer anderen Tabelle verbunden, so werden alle Datensätze aus der einen Tabelle, aber nur die entsprechenden Datensätze aus der anderen Tabelle mineinander verbunden (siehe Abb. 11–13).

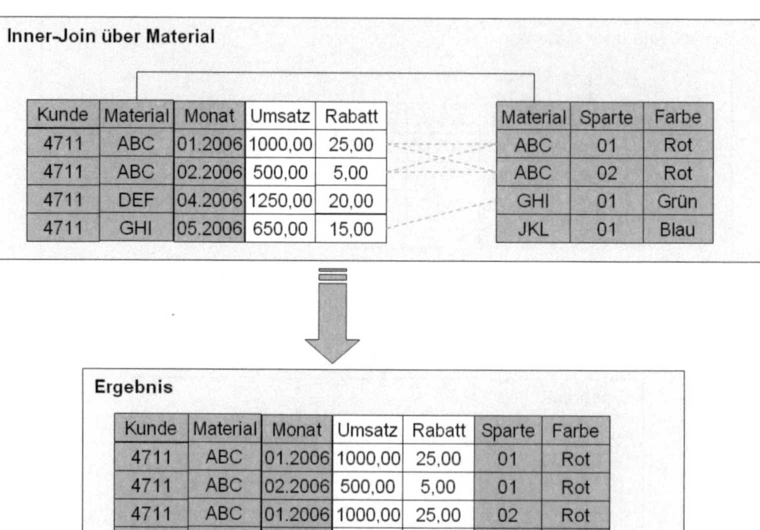

Inner-Join über Material

Kunde	Material	Monat	Umsatz	Rabatt
4711	ABC	01.2006	1000,00	25,00
4711	ABC	02.2006	500,00	5,00
4711	DEF	04.2006	1250,00	20,00
4711	GHI	05.2006	650,00	15,00

Material	Sparte	Farbe
ABC	01	Rot
ABC	02	Rot
GHI	01	Grün
JKL	01	Blau

Ergebnis

Kunde	Material	Monat	Umsatz	Rabatt	Sparte	Farbe
4711	ABC	01.2006	1000,00	25,00	01	Rot
4711	ABC	02.2006	500,00	5,00	01	Rot
4711	ABC	01.2006	1000,00	25,00	02	Rot
4711	ABC	02.2006	500,00	5,00	02	Rot
4711	GHI	05.2006	650,00	15,00	Grün	Grün

Abb. 11–12
Vervielfachte Kennzahlwerte in InfoSets

Bei der Definition eines Left-Outer-Joins ist es damit zwingend erforderlich, festzulegen, aus welcher Tabelle in jedem Fall alle Datensätze gelesen werden sollen und aus welcher Tabelle nur die entsprechend vorhandenen Datensätze oder ansonsten Initialwerte hinzugefügt werden sollen. Um die Bezeichnung »Left-Outer« zu Erklärungszwecken heranzuziehen, muss also definiert werden, welche der Tabellen auf der »linken« und welche auf der »rechten« Seite des Joins stehen soll.

Bevor Sie bei der Definition eines InfoSets einen Left-Outer-Join verwenden, sollten Sie überlegen, ob dieser tatsächlich erforderlich ist oder ob – ggf. durch das Erfüllen weiterer Rahmenbedingungen – alternativ auch ein Inner-Join zu nutzen wäre. Left-Outer-Joins bieten eine deutlich schlechtere Performance als Inner-Joins und sollten daher gemieden werden.

Das BW unterstützt die Definition von Left-Outer-Joins bei der Pflege von InfoSets, indem der jeweils rechte Operand (also die Tabelle, für die Initialwerte hinzugelesen werden, wenn keine der Join-Bedingung entsprechenden Datensätze gefunden werden) in Weiß dargestellt werden (während Tabellen sonst üblicherweise in Blau dargestellt werden). In Abbildung 11–14 wird das InfoSet aus Abbildung 11–10 insofern angepasst, dass die Stammdaten des Merkmals `OD_COUNTRY` durch einen Left-Outer-Join hinzugelesen werden, so dass nicht existierende Stammdaten nicht zu inhaltlichen Problemen bei der Abfrage führen.

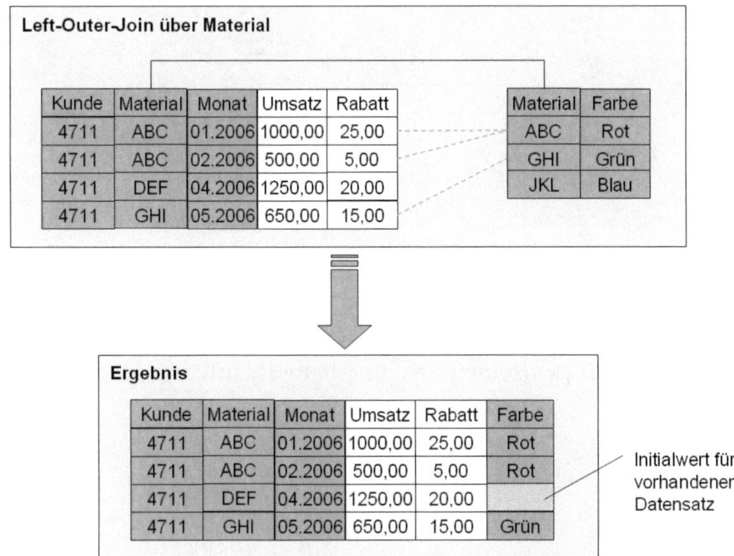

Abb. 11–13
Left-Outer-Join

Filterwerte auf Left-Outer-Tabellen

Eine besondere Bedeutung kommt der Verwendung von Filterbedingungen auf Felder der »rechten« Tabellen eines Left-Outer-Join zu. Bezogen auf das Beispiel in Abbildung 11–13 läge eine solche Filterbedingung vor, wenn das Feld »Farbe« auf den Wert »Rot« eingeschränkt wird.

Je nachdem, ob der Join zuerst und im Anschluss die Filterbedingung (in der `WHERE`-Klausel) oder die Bedingung als Bestandteil des Joins (in der `ON`-Klausel) ausgeführt werden, ergeben sich zwei unterschiedliche Ergebnisse, die in Abbildung 11–15 dargestellt werden.

Per Default wird die Filterbedingung eines InfoSets in der Where-Bedingung des SQL-Statements integriert, die im Anschluss an den Join ausgeführt wird. Soll dieses Verhalten dahingehend geändert werden, dass die Filterbedingung in die ON-Klausel des SQL-Statements und damit vor dem Join ausgeführt wird, so kann dies durch Aktivieren der Option »Left Outer: Filterwert in on-Bedingung aufnehmen« in den globalen Eigenschaften des InfoSets festgelegt werden (siehe Abb. 11–16).

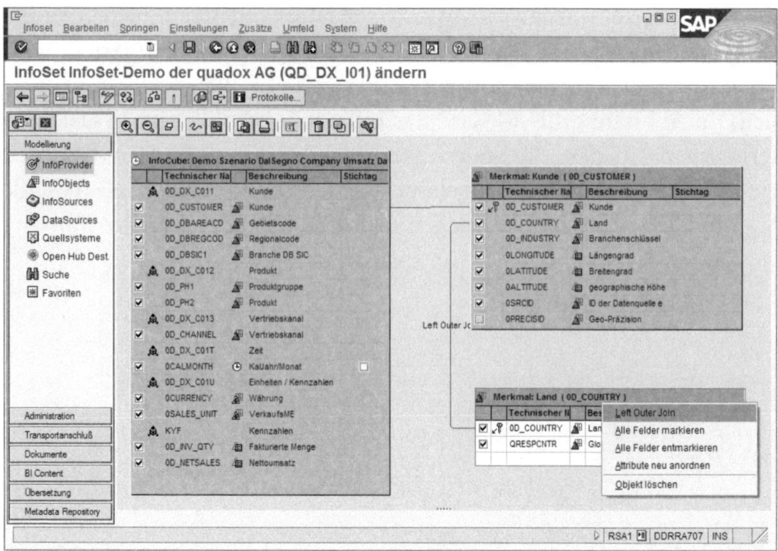

Abb. 11–14 *Definition des Left-Outer-Join in InfoSets*

© SAP AG

Diese Einstellung gilt für alle Left-Outer-Joins des InfoSets und lässt sich nicht gezielt für einzelne Joins innerhalb des InfoSets festlegen.

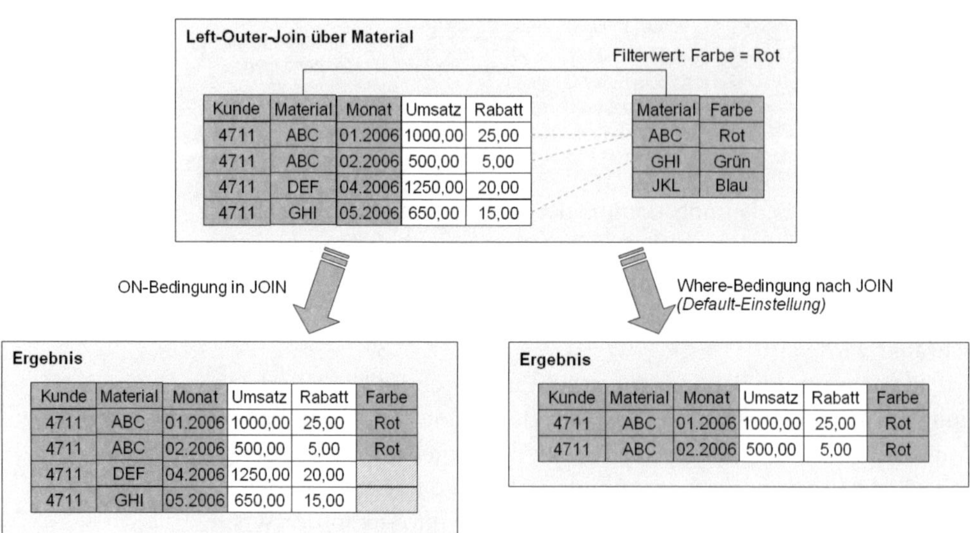

Kunde	Material	Monat	Umsatz	Rabatt
4711	ABC	01.2006	1000,00	25,00
4711	ABC	02.2006	500,00	5,00
4711	DEF	04.2006	1250,00	20,00
4711	GHI	05.2006	650,00	15,00

Material	Farbe
ABC	Rot
GHI	Grün
JKL	Blau

Ergebnis (ON-Bedingung in JOIN):

Kunde	Material	Monat	Umsatz	Rabatt	Farbe
4711	ABC	01.2006	1000,00	25,00	Rot
4711	ABC	02.2006	500,00	5,00	Rot
4711	DEF	04.2006	1250,00	20,00	
4711	GHI	05.2006	650,00	15,00	

Ergebnis (Where-Bedingung nach JOIN):

Kunde	Material	Monat	Umsatz	Rabatt	Farbe
4711	ABC	01.2006	1000,00	25,00	Rot
4711	ABC	02.2006	500,00	5,00	Rot

Abb. 11–15 *Filterwerte auf Left-Outer-Tabellen*

Einschsränkungen des Left-Outer-Join

Bei der Verwendung eines Left-Outer-Join ist der rechte Operand an folgende Rahmenbedingungen gebunden:

- Rechte Operanden dürfen nicht mit weiteren InfoProvidern verbunden werden, bilden also – bildlich gesprochen – immer das Ende einer Join-Verbindung.

- BasisCubes stehen aus Performancegründen nicht als rechte Operanden zur Verfügung.

Physischer Zugriff auf Datenziele

Anders als in den früheren Versionen des SAP BW werden Datenzugriffe über InfoSets nicht mehr vollständig durch das Datenbanksystem ausgeführt, sondern auch durch die Analytical Engine bearbeitet. Damit ergibt sich gewissermaßen eine zweistufige Abfrage in InfoSets: zum einen durch das Datenbanksystem, das eine Grundgesamtheit der Daten zusammenstellt, zum anderen durch die Analytical Engine, die die bereitgestellten Daten bei Bedarf weiter einschränkt oder umformt.

Dabei ist der Zugriff auf einzelne BW-Objekte für InfoSets spezifisch geregelt und entspricht nicht den Festlegungen, die ansonsten für den Zugriff auf physische InfoProvider gelten (vgl. Kapitel 10). In den nachfolgenden Kapitel 11.2.1 bis Kapitel 11.2.3 wird erläutert, wie der physische Zugriff auf InfoObjekte, DataStore-Objekte und BasisCubes im Falle von InfoSets zu gestalten ist.

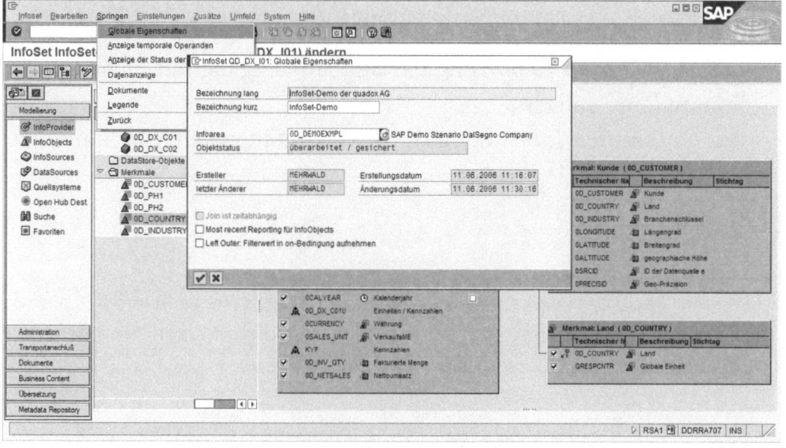

© SAP AG

Abb. 11-16
Globale Eigenschaften von InfoSets

11.2.1 InfoObjekte in InfoSets

Der besondere Umgang mit InfoObjekten stellt einen wesentlichen Grund für die Verwendung von InfoSets dar. Wird ein InfoObjekt in einem InfoSet verwendet, so stehen alle Attribute des InfoObjekts für das InfoSet zur Verfügung und können durch relationale Verknüpfung flexibel um die Stammdaten anderer InfoObjekte angereichert werden – und zwar unabhängig davon, ob es sich um Navigations- oder Anzeigeattribute handelt (vgl. Kapitel 6.2.2 und Kapitel 6.2.3), denn gelesen werden ausschließlich P- und Q-Tabelle eines InfoObjekts.

Transitive Attribute

Auf diese Weise können beispielsweise Stammdatenattribute transitiv genutzt werden. Das heißt, es können nicht nur die Attribute eines Merkmals, sondern auch die Attribute eines Attributs in eine Abfrage einbezogen werden, indem die Verbindung zwischen den einzelnen Stammdatentabellen entsprechend im InfoSet definiert werden.

Im Falle von reinen Anzeigeattributen ist nicht sichergestellt, dass verwendete Attributwerte tatsächlich in den Stammdaten des jeweiligen Merkmals existieren. Beispielsweise kann die Postleitzahl 4711 in der Stammdatentabelle des Kunden hinterlegt werden, obwohl diese Postleitzahl in den Stammdaten für das InfoObjekt Postleitzahl nicht existiert. Ein Inner-Join auf die Stammdatentabelle Postleitzahl kann demnach zu einer ungewollt reduzierten Ergebnismenge führen. Verwenden Sie zur Verknüpfung von Stammdatentabellen für Anzeigeattribute daher möglichst einen Left-Outer-Join.

Darüber hinaus sind Besonderheiten beim Umgang mit nicht aktiven Stammdaten sowie mit zeitabhängigen Stammdaten zu beachten. Diese Themen werden nachfolgend im Rahmen

- des ***Most Recent Reporting***, das auf den Umgang mit nicht aktiven Stammdaten eingeht,
- des ***temporalen Joins***, der auf die Zeitabhängigkeit von Stammdaten eingeht,

behandelt.

Externe Hierarchien von InfoObjekten (vgl. Kapitel 6.2.5) stehen in InfoSets nicht zur Verfügung, da diese nicht relational, sondern lediglich durch den internen Aufbau der Inklusionstabellen gelesen werden könnten.

Most Recent Reporting von Stammdaten

Stammdaten, die nicht in aktiver Version vorliegen, müssen erst noch durch den Change Run (vgl. Kapitel 7.1.2) aktiviert werden, bevor sie vom »normalen« Reporting außerhalb der InfoSets berücksichtigt werden können.

InfoSets hingegen können beim Zugriff auf die Stammdaten von InfoObjekten wahlweise auch Attribute lesen, die nicht aktiv sind, was in diesem Zusammenhang als ***Most Recent Reporting*** bezeichnet wird. Abbildung 11–17 stellt den Unterschied zwischen normalem Reporting und Most Recent Reporting von Stammdaten am Beispiel des InfoObjekts `0CUSTOMER` dar, das über einen Stammdatensatz für den Kunden 4711 verfügt, der sowohl in aktiver als auch in neuer (noch nicht aktivierter) Form vorliegt.

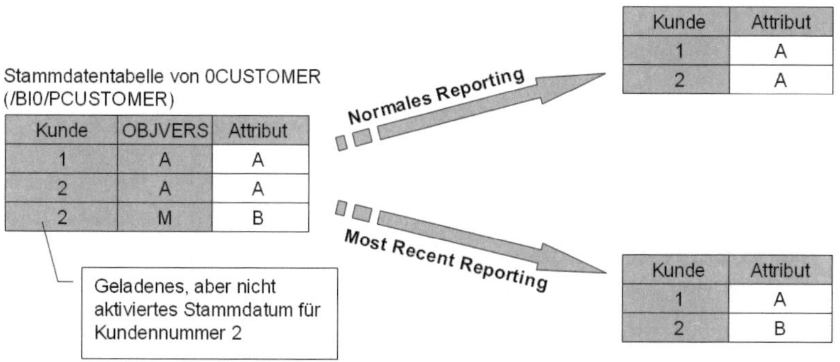

Abb. 11-17
Most Recent Reporting von Stammdaten

Ob das Reporting von Stammdaten durch ein InfoSet in Form des normalen Reporting oder in Form von Most Recent Reporting erfolgen soll, wird in den Eigenschaften des InfoSets festgelegt und gilt für alle InfoObjekte innerhalb eines InfoSets (siehe Abb. 11–16). Eine differenzierte Behandlung einzelner InfoObjekte ist nicht möglich.

Temporaler Join

Mit dem temporalen Join bieten InfoSets eine dritte Variante des Zugriffs auf zeitabhängige Stammdatentabellen, bei dem der jeweils verwendete Zeitbezug aus einem Zeitmerkmal des InfoSets abgeleitet wird.

Auf diese Weise ist es möglich, nicht nur einen Stammdatensatz aus einem zeitabhängigen InfoObjekt zu lesen (nach einem vorher definierten Stichtag), sondern pro Datensatz einen Zeitbezug zu ermitteln, der beim Lesen der zeitabhängigen Stammdatenattribute Anwendung findet.

Die Merkmale, aus denen der Zeitbezug eines Datensatzes im InfoSet abgeleitet werden soll, werden im Kontextmenü des InfoObjekts im InfoSet bestimmt (siehe Abb. 11–18). Derart gekennzeichnete InfoObjekte werden auch als ***temporale Operanden*** bezeichnet.

Die temporalen Operanden beschreiben einen Gültigkeitszeitraum, der die Zeitabhängigkeit des jeweiligen BW-Objekts beschreibt, der für die Verknüpfung zeitabhängiger Stammdatentabellen herangezogen wird. Der Gültigkeitszeitraum leitet sich dabei entweder aus zwei Stichtagen ab, die Anfang und Ende der Gültigkeit beschreiben, oder aus einem Zeitintervall.

Stichtage

Die beiden Stichtage zur Beschreibung des Gültigkeitszeitraums können in Form von Zeitmerkmalen oder Merkm,als-InfoObjekten vom Typ Datum angegeben werden. Im Falle von Zeitmerkmalen vom Typ Datum bzw. dem Zeitmerkmal `0CALDAY` ist der genaue Stichtag, den das angegebene InfoObjekt beschreibt, eindeutig. Werden andere Zeitmerkmale angegeben (z.B. `0CALMONTH`), so ist zusätzlich anzugeben, ob

- der erste Tag
- der letzte Tag
- ein bestimmter Tag (z.B. der dritte Tag)

den genauen Zeitpunkt bestimmt.

Zeitintervall

Im Falle der Zeitmerkmale `0CALWEEK`, `0CALMONTH`, `0CALQUARTER`, `0CALYEAR`, `0FISCPER` und `0FISCYEAR` können Anfang und Ende des Gültigkeitszeitraums auch direkt aus dem Zeitintervall abgeleitet werden, das durch diese Merkmale beschrieben wird. Bei der Angabe des Zeitmerkmals `0CALMONTH` bilden beispielsweise der erste und letzte Tag des Monats den Gültigkeitszeitraum.

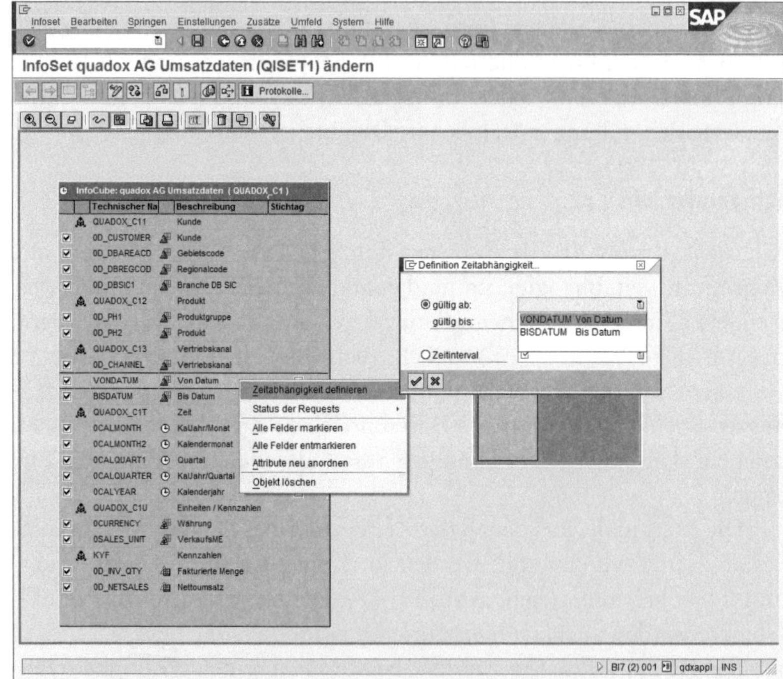

© SAP AG

Abb. 11–18 *Definition temporaler Operanden*

11.2.2 DataStore-Objekte in InfoSets

Bei der Verwendung von DataStore-Objekten in InfoSets wird immer auf die DataStore-Tabelle mit aktiven Daten zugegriffen, und zwar gleichgültig, um welchen Typ von DataStore-Objekt es sich handelt.

Dabei stehen sämtliche Schlüssel- und Datenfelder für die Datenanalyse zur Verfügung, nicht jedoch die Attribute der Merkmale – selbst wenn das DataStore-Objekt als reportingfähig gekennzeichnet ist. Sollen Stammdatenattribute in die Analyse eingebunden werden, so müssen diese immer durch Modellierung der entsprechenden Join-Bedingungen dem InfoSet beigesteuert werden.

11.2.3 BasisCubes in InfoSets

Seit der Version 7 des SAP BW können auch die Daten von BasisCubes[4] in InfoSets abgefragt werden. Nicht zuletzt diese Möglichkeit wertet die Nutzung von InfoSets deutlich auf und stellt ihre Bedeutung auf eine Ebene mit MultiProvidern.

Dabei stehen sämtliche Merkmale und Kennzahlen für die Datenanalyse zur Verfügung, nicht jedoch die Attribute der Merkmale – selbst wenn sie als Navigationsattribute definiert sind. Sollen Stammdatenattribute in die Analyse eingebunden werden, so müssen diese immer durch Modellierung der entsprechenden Join-Bedingungen dem InfoSet beigesteuert werden.

Besonderheiten beim physischen Zugriff auf BasisCubes stellen die

- Statusbehandlung von Requests
- Verwendung von Aggregaten
- Verwendung eines BasisCubes als rechter Operand eines Left-Outer-Joints

dar.

Verwendung von Aggregaten

Bei einer Query auf einem InfoSet mit InfoCube wird zur Laufzeit entschieden, ob für den InfoCube ein Aggregat verwendet werden kann. Dies ist dann der Fall, wenn alle benötigten InfoObjekte des InfoCubes in einem Aggregat vorliegen. Folgende InfoObjekte werden benötigt:

- in der Query selektierte Kennzahlen des InfoCubes
- in der Query selektierte Basismerkmale des InfoCubes
- für den Join mit anderen InfoProvidern des InfoSets benötigte Merkmale

Voraussetzung für die Verwendung eines Aggregats ist weiterhin, dass alle Daten, die von einem InfoSet benötigt werden, mit einem logi-

---

4. Das SAP BW verhindert nicht die Aufnahme beliebig vieler BasisCube in ein InfoSet. Die SAP AG unterstützt jedoch maximal zwei BasisCubes innerhalb eines InfoSets. Weiteren BasisCubes setzen vor allem die Fähigkeiten der Datenbanksysteme eine Grenze, performant die Vielzahl von beteiligten Tabellen abzufragen. Ferner ist die Größe von SQL-Statements auf maximal 64 KB beschränkt (in Unicode-Systemen 32 KB Zeichen). Je mehr BasisCubes in einem InfoSet verknüpft werden, desto eher wird diese Limitierung erreicht.

schen Zugriff gelesen werden können. Es ist innerhalb von InfoSets mit InfoCubes nicht möglich, für einen InfoCube einen Teil der Daten aus einem Aggregat und einen Teil der Daten aus einem anderen Aggregat oder dem InfoCube selbst zu lesen.

Innerhalb eines InfoSets ist es nicht möglich, Indizes des BW Accelerator zu nutzen. Versuchen Sie daher insbesondere beim Einsatz des BW Accelerator, auf den Einsatz von InfoSets zu verzichten.

Status der Staging Engine

Analog zum »normalen« Zugriff auf die Daten eines BasisCubes (d.h. außerhalb von InfoSets) wird auch bei einem Zugriff durch InfoSets der Status der einzelnen Requests überprüft (vgl. Kapitel 10.1.1).

Anders als bei BasisCubes ist der zu verwendende Request-Status jedoch nicht in der jeweiligen Query zu definieren, sondern im InfoSet selbst (siehe Abb. 11–19).

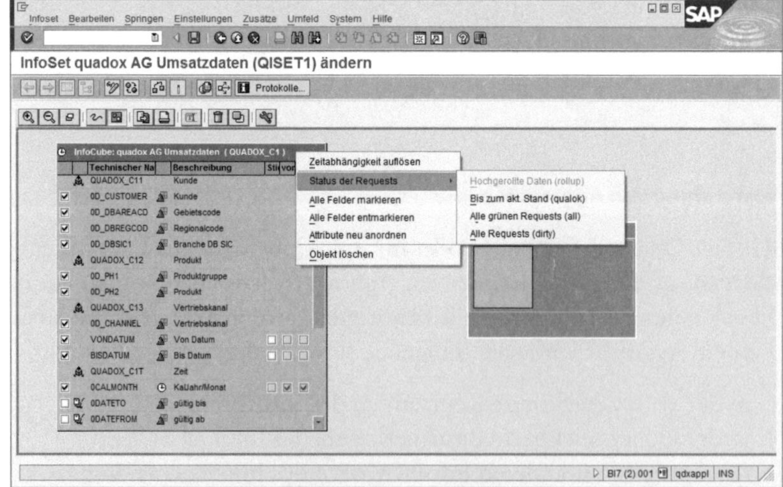

Abb. 11–19 *Behandlung des Request-Status in InfoSets*

BasisCube als rechter Operand eines Left-Outer-Joins

Aus Performancegründen kann ein BasisCube nicht als rechter Operand eines Left-Outer-Joins definiert werden. Diese Einschränkung fällt insbesondere dann nachteilig ins Gewicht, wenn ein Left-Outer-Join zwischen zwei BasisCubes definiert werden soll. Da ein solcher Join zwangsläufig einen der BasisCubes als rechten Operanden kennzeichnen müsste, ist diese Art des Joins nicht möglich und die Funktionalität von InfoSets beschränkt sich zwischen zwei BasisCubes auf die Abbildung eines Inner-Joins.

Kann auf die Abbildung eines Left-Outer-Joins aus inhaltlichen Gründen nicht verzichtet werden, so besteht die Möglichkeit, den Left-Outer-Join über ein Hilfskonstrukt dennoch abzubilden. Hierfür ist das InfoSet in einen MultiProvider aufzunehmen, in den zusätzlich zu dem InfoSet auch der BasisCube aufgenommen wird, der den linken Teil des Left-Outer-Joins bildet. Die Daten dieses Cubes sind somit in jedem Fall in den Ergebnissen des MultiProviders enthalten, selbst wenn der Inner-Join diese Daten aussteuert (siehe Abb. 11–20).

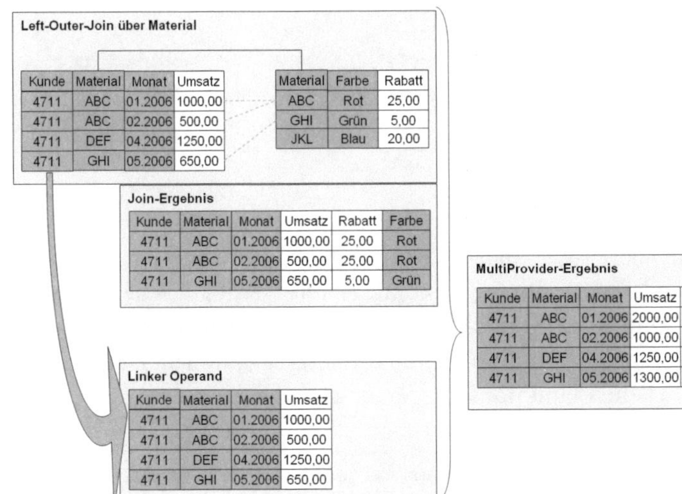

Abb. 11–20
BasisCube als rechter Operand eines Left-Outer-Joins

Mit der zusätzlichen Aufnahme des linken Operanden in den MultiProvider ist der Left-Outer-Join jedoch noch nicht nachgebildet, da Kennzahlwerte aus dem linken Operanden doppelt sind, wenn sie sowohl aus dem Inner-Join als auch aus dem BasisCube selbst geliefert werden (wenn also der rechte Operand über den Inner-Join einen Datensatz liefert) .

Die Korrektur der falschen Werte muss in diesem Fall im Rahmen der Datenanalyse erfolgen, es dürfen also nicht länger die Kennzahlen des linken Operanden ausgewertet werden. Stattdessen müssen diese Kennzahlen in einer berechneten Kennzahl durch die Anzahl der beteiligten InfoProvider dividiert werden. Da insbesondere in aggregierten Sichten sowohl einfache als auch doppelte Kennzahlwerte enthalten sind, ist die Anzahl der InfoProvider als *durchschnittliche* Anzahl der InfoProvider zu definieren. Wie eine solche Kennzahl definiert wird, ist in Abbildung 11–21 dargestellt. Die Definition erfolgt dabei auf Grundlage des Umsatzes.

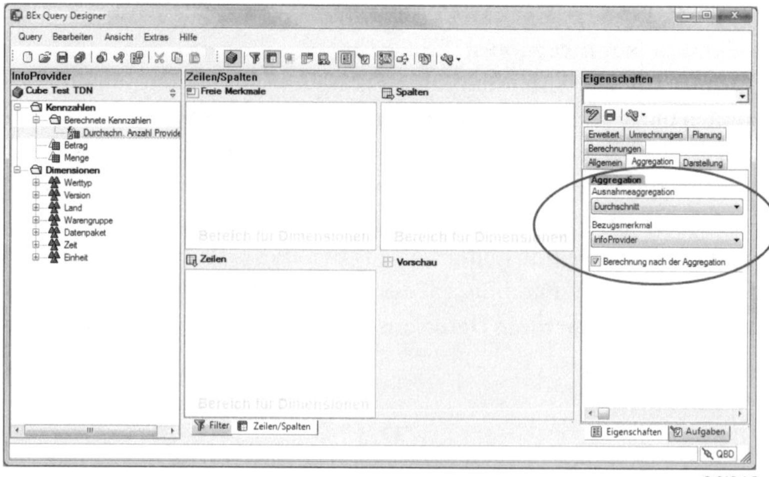

Abb. 11–21
Durchschnittliche Anzahl der InfoProvider

11.3 Service-InfoCubes

Zur Implementierung spezifischer Analyseanforderungen, die nur durch eigendefinierte Programmlogik erfüllt werden können, existieren sogenannte Service-InfoCubes. Diese ermöglichen es, Analysen völlig unabhängig von Extraktion & Staging auf den Daten eines selbstentwickelten Funktionsbausteines aufzubauen.

Der Name des Funktionsbausteins kann frei gewählt werden, was jedoch innerhalb kürzester Zeit zu unüberschaubaren Entwicklungen führen kann. Wählen Sie bei der Verwendung von Service-InfoCubes daher immer eine Namenskonvention, durch die vom Namen des InfoCubes auf den entsprechenden Funktionsbaustein geschlossen werden kann.

Typische Einsatzgebiete für Service-InfoCubes sind komplexe finanzmathematische Berechnungen, die durch Queries mit Formeln und Ausnahmeaggregationen nicht vorgenommen werden können.

Obwohl ein Service-InfoCube nur in den Metadaten des BW definiert wird, erfolgt die Definition grundsätzlich ebenso wie bei einem BasisCube, d.h., es müssen Dimensionen definiert und mit InfoObjekten versehen, Navigationsattribute bestimmt werden usw. Damit präsentieren sich diese Cubes bei der Analyse in gleicher Form wie alle anderen InfoCubes.

Stammdaten werden bei der Analyse auf herkömmliche Weise aus den Stammdatentabellen der InfoObjekte gelesen, durch die das Datenmodell des jeweiligen Cubes definiert ist.

Die Bewegungsdaten werden aus einem Funktionsbaustein bezogen, dessen Name frei gewählt werden kann, und dessen Schnittstelle mit einer Reihe von Optionen verbunden ist, die in den Details des Cubes beim Anlegen festgelegt werden können (siehe Abb. 11–22).

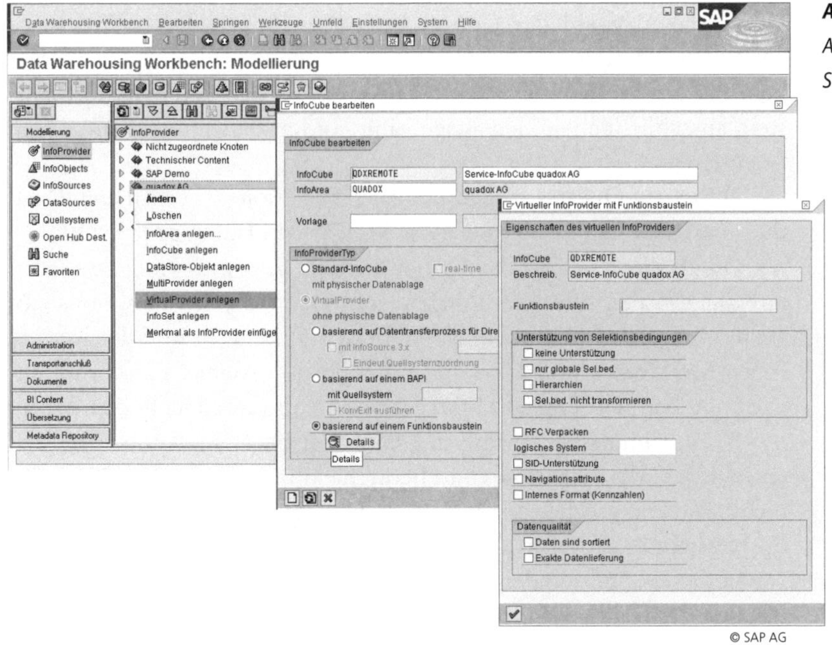

Abb. 11–22 *Anlegen eines Service-InfoCubes*

© SAP AG

Als Rahmen für den jeweiligen Baustein sind eine Reihe von Parametern festzulegen, die einerseits die Umwandlung von Selektionsbedingungen für den Funktionsbaustein und andererseits die Import-/Exportparameter des Funktionsbausteins regeln.

11.3.1 Übergabe von Selektionsbedingungen

Unterstützung von Selektionsbedingungen

Beim Ausführen einer Query werden die angeforderten Merkmale und Kennzahlen sowie die Selektionsbedingungen[5] der Query an den Funktionsbaustein übergeben. Standardmäßig werden dabei alle Selektionsbedingungen übergeben, jedoch kann festgelegt werden, in welcher Form die Selektionsbedingungen verändert (umgewandelt) werden sollen[6].

5. Selektionsbedingungen werden in den Details des Service-InfoCubes als Einschränkung bezeichnet.
6. Die Einschränkung *Selektionen vereinfachen* war zum Zeitpunkt der Drucklegung noch nicht implementiert und kann daher nicht beschrieben werden.

Das Umwandeln der Selektionsbedingungen hat keinen Einfluss auf das Ergebnis einer Query, da die Analytical Engine nach Erhalt des Ergebnisses ebenfalls die Selektion prozessiert und zu viel gelieferte Daten gegebenenfalls selbstständig herausfiltert.

Keine Einschränkung

Durch die Auswahl der Option *keine Einschränkung* werden keine Selektionsbedingungen der Query an den Funktionsbaustein übergeben. Bei der Ermittlung des Ergebnisses muss sich der Funktionsbaustein ausschließlich an den ausgewählten Merkmalen und Kennzahlen orientieren.

Die in den Queries vorgenommenen Selektionen werden erst durch die Analytical Engine auf den zurückgegebenen Daten prozessiert.

Nur globale Einschränkungen

Durch die Auswahl der Option *globale Einschränkungen* werden nur die globalen Einschränkungen einer Query an den Funktionsbaustein übergeben. Diese umfassen Einschränkungen in Filterwerten, freien Merkmalen und Merkmalen im Aufriss. Weitere Einschränkungen (zum Beispiel eingeschränkte Kennzahlen) werden nicht übergeben.

Hierarchien

Bei der Implementierung des Funktionsbausteins kann man sich entscheiden, die Selektion von Hierarchieknoten zu unterstützen oder nicht. Die entsprechende Option ist zu aktivieren, wenn der Funktionsbaustein *keine* Selektion von Hierarchieknoten unterstützt.

In diesem Fall werden anstelle der Hierarchieknoten die zugrunde liegenden Merkmalswerte als Selektion an den Funktionsbaustein übergeben. Je nach Verwendung dieser Option ändern sich die Import-/Exportparameter des Funktionsbausteins (siehe auch das nachfolgende Kapitel 11.3.2).

Selektionsbedingungen nicht transformieren

Bei Verwendung der Option *Selektionsbedingungen nicht transformieren* wird keinerlei Umwandlung der Selektionsbedingungen vorgenommen. Die Selektionen der Query werden stattdessen unverändert an den Funktionsbaustein übergeben.

Mit Navigationsattributen

Einleitend wurde bemerkt, dass der Funktionsbaustein zwar Bewegungsdaten bereitstellt, Stammdaten und Texte jedoch aus den InfoObjekten des BW entnommen werden. Eine Ausnahme stellen Navigationsattribute dar, die wahlweise aus den Stammdaten der InfoObjekte gelesen oder durch den Funktionsbaustein bereitgestellt werden können.

Wird die Option *mit Navigationsattributen* deaktiviert, so liefert der Funktionsbaustein *keine* Navigationsattribute, und die Navigationsattribute werden den Stammdaten der InfoObjekte entnommen. Selektionsbedingungen auf Navigationsattribute werden in diesem Fall nicht an den Funktionsbaustein übergeben. Ist die Option aktiviert, so liefert der Funktionsbaustein auch die Navigationsattribute.

11.3.2 Import-/Exportparameter

Der Funktionsbaustein, der die Daten für das Reporting bereitstellt, muss vor dem Anlegen des Cubes definiert werden und ist mit den folgenden Schnittstellenparametern zu versehen:

```
IMPORTING
    i_infoprov       type rsinfoprov          "InfoProvider
    i_th_sfc         type rsdri_th_isfc       "benötigte Merkmale
    i_th_sfk         type rsdri_th_isfk       "benötigte Kennzahlen
    i_t_range        type rsdri_t_range       "globale Einschränkungen
    i_tx_rangetab    type rsdri_tx_rangetab   "weitere Einschränkungen
    i_first_call     type rs_bool             "erster Aufruf des
                                              Bausteins
    i_packagesize    type i                   "Paketgröße
    i_tsx_hier       type rsdri_tsx_hier      "Hierarchie
                                              Einschränkungen

EXPORTING
    e_t_data         type standard table      "Rückgabetabelle
    e_end_of_data    type rs_bool             "letztes Datenpaket
    e_t_msg          type rs_t_msg            "Meldungen an Frontend-
                                              Tool
```

Bei der so vorgegebenen Schnittstelle wird davon ausgegangen, dass

- Selektionen auf Hierarchieknoten in Form der Knoten an den Funktionsbaustein übergeben werden.
- Merkmalsselektionen in Form von Merkmalswerten und nicht in Form von SIDs an den Funktionsbaustein übergeben werden.
- der Funktionsbaustein im BW-System ausgeführt wird und nicht (mit Hilfe eines RFC) in einem anderen System.

Hierarchieeinschränkungen auflösen

Werden in einer Query Einschränkungen auf Hierarchieknoten vorgenommen, so wird die Einschränkung in Form der Hierarchieknoten an den Funktionsbaustein übergeben. Zu diesem Zweck wird in der Tabelle I_T_RANGE beziehungsweise I_TX_RANGETAB ein Satz mit dem Feld COMPOP = HI erzeugt. Die Zahl, die in diesem Satz im Feld LOW zu finden ist, spezifiziert den Satz in der Tabelle I_TSX_HIER über das Feld POSIT, in dem die entsprechende Hierarchieeinschränkung zu finden ist.

Kann der Funktionsbaustein eine derartige Selektion nicht verarbeiten, so kann die Analytical Engine die Einschränkung vor der Übergabe in Form von Merkmalswerten umwandeln. Dies ist durch die Option *Hierarchien* möglich. Die Schnittstelle des Funktionsbausteins muss in diesem Fall folgendermaßen gestaltet sein:

```
IMPORTING
   i_infoprov        type rsinfoprov          "InfoProvider
   i_th_sfc          type rsdri_th_isfc       "benötigte Merkmale
   i_th_sfk          type rsdri_th_isfk       "benötigte Kennzahlen
   i_t_range         type rsdri_t_range       "globale Einschränkungen
   i_tx_rangetab     type rsdri_tx_rangetab   "weitere Einschränkungen
   i_first_call      type rs_bool             "erster Aufruf des
                                              Bausteins
   i_packagesize     type i                   "Paketgröße
EXPORTING
   e_t_data          type standard table      "Rückgabetabelle
   e_end_of_data     type rs_bool             "letztes Datenpaket
   e_t_msg           type rs_t_msg            "Meldungen an Frontend-
                                              Tool
```

Ist der Funktionsbaustein so ausgelegt, dass er die Selektion auf Hierarchieknoten unterstützt, so muss er zwingend auch die Einschränkung von Merkmalen durch deren SID-Werte (anstelle der Merkmalsausprägungen) unterstützen.

SID-Unterstützung

Diese Unterstützung wird durch die Option *SID-Unterstützung* aktiviert. Wird diese Option verwendet, so kann die Analytical Engine auf die Umwandlung von SIDs in Merkmalswerte und umgekehrt verzichten, was entsprechende Performancevorteile mit sich bringt. Die Unterstützung von SIDs durch den Funktionsbaustein hat auch eine Veränderung der Schnittstelle des Funktionsbausteins zur Folge:

```
IMPORTING
   i_infoprov        type rsinfoprov        "InfoProvider
   i_th_sfc          type rsdd_th_sfc       "benötigte Merkmale
   i_th_sfk          type rsdd_th_sfk       "benötigte Kennzahlen
   i_tsx_seldr       type rsdd_tsx_seldr    "Selektionsbedingungen (SID)
   i_first_call      type rs_bool           "erster Aufruf des Bausteins
   i_packagesize     type i                 "Paketgröße
EXPORTING
   e_t_data          type standard table    "Rückgabetabelle
   e_end_of_data     type rs_bool           "letztes Datenpaket
   e_t_msg           type rs_t_msg          "Meldungen an Frontend-Tool
```

RFC verpacken

Der Funktionsbaustein für den Service-InfoCube kann nicht nur im BW-System aufgerufen werden, sondern in jedem anderen System, das eine BAPI-Schnittstelle besitzt (also auch Nicht-ERP-Systeme).

Zu diesem Zweck muss ein entsprechendes logisches System festgelegt werden, in dem der Funktionsbaustein per RFC aufgerufen werden soll. Darüber hinaus werden die Parametertabellen zum Aufruf des Bausteins in ein BAPI-Format verpackt, was eine entsprechende Änderung der Schnittstelle nach sich zieht:

```
IMPORTING
  infocube            type rsinfoprov  "InfoProvider
EXPORTING
  return              type bapiret2    "Returnparameter (OK=0)
TABLES
  selection           type bapi6200sl  "Selektionsbedingungen
  characteristics     type bapi6200fd  "benötigte Merkmale
  keyfigures          type bapi6200fd  "benötigte Kennzahlen
  data                type bapi6100da  "generische Datenstruktur
EXCEPTIONS
  communication_failure
  system_failure
```

Bei der Verwendung des RFC-Aufrufes werden ausschließlich Merkmalswerte ausgetauscht und keine SID-Werte. Die Option *SID-Unterstützung* kann nicht in Verbindung mit dem RFC verwendet werden.

12 OLAP-Caching und Zugriffsfolgen

Zur Verbesserung der Query-Performance verfügt die Analytical Engine über einen Cache-Mechanismus. Cache-Mechanismen sind vielerorts anzutreffen und zielen grundsätzlich darauf ab, den Zugriff auf Datenbestände durch die Pufferung der am häufigsten benötigten Daten zu verbessern. Die Verbesserung der Performance rührt daher, dass die Pufferung in einem anderen (schnelleren) ***Speichertyp*** erfolgt, z.B. die Pufferung von Daten im Hauptspeicher, um Zugriffe auf den langsameren Plattenspeicher zu vermeiden.

Streng genommen bezieht sich Caching auf einen Wechsel von einem langsamen zu einem schnelleren, *nicht persistenten* Speichertyp. Inhalt (und ggf. auch Struktur) eines Cache werden damit dynamisch aufgebaut und invalidiert, sobald sich die zugrunde liegenden Daten im langsamen Speichertyp verändern.

Mit dem OLAP-Cache erweitert das BW die Definition eines Cache-Speichers und fasst neben der bereits erwähnten Zwischenpufferung oft benötigter Dateninhalte in schnelleren Speichertypen auch die Zwischenspeicherung in anderen ***Speicherformaten***, ***Speicherorten***, ***Detaillierungsebenen*** und sogar anderen ***Systemen*** im Begriff des Cache zusammen. Damit sind sogar Indizes des BI Accelerator und Aggregate in das Konzept des OLAP-Cache eingebunden, obwohl sie statisch definiert werden und ihre Inhalte persistent und sogar in den Staging-Prozess eingebunden sind.

In jedem Fall beschränkt sich der OLAP-Cache auf InfoProvider, die ihre Daten aus physisch vorhandenen Datenzielen beziehen – also nicht auf Service-InfoCubes, Remote-Cubes und InfoSets, wohl aber auf BasisCubes, DataStore-Objekte, InfoObjekte und sogar auf MultiProvider, wenn diese ihre Daten aus BasisCubes, DataStore-Objekten oder InfoObjekten beziehen.

Cache-Stufen

Der OLAP-Cache besteht aus drei Cache-Stufen, die in unterschiedlichen Ebenen der Architektur angesiedelt sind. Dabei handelt es sich um

- den lokalen Cache
- den globalen Cache
- Aggregate/BIA-Indizes

Die Cache-Level und die Architekturelemente, auf die sie abzielen, sind in Abb. 12–1 dargestellt.

Abb. 12–1
Cache-Level der Analytical Engine

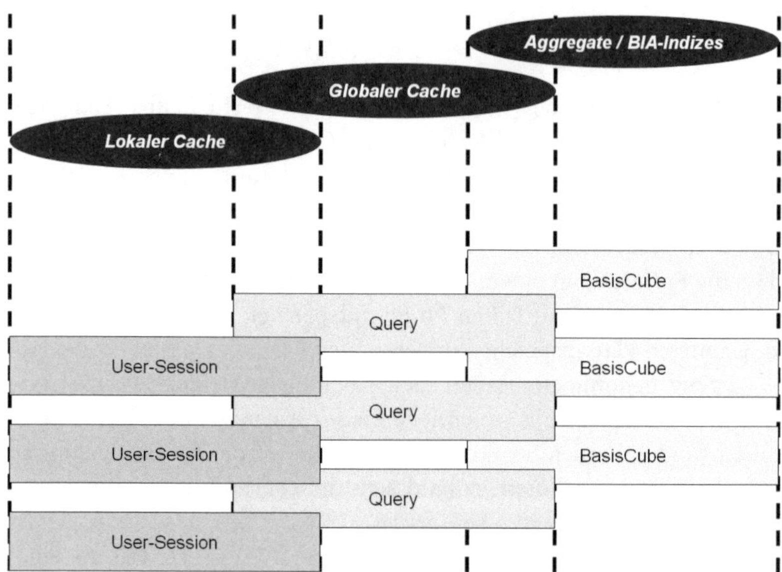

Die Arbeitsweise der Cache-Level und ihr Zusammenwirken wird in den nachfolgenden drei Kapiteln eingehend erläutert.

12.1 Lokaler Cache

Der lokale Cache kann gewissermaßen als der ursprüngliche OLAP-Cache bezeichnet werden. Sein Einsatz wäre seit der Version 3 des BW in vielerlei Hinsicht eigentlich hinfällig, doch sind die für ihn geschaffenen Konzepte so grundlegend in der Analytical Engine verankert – auch für die anderen beiden Cache-Stufen –, dass er immer zum Einsatz kommt.

Der lokale Cache zielt darauf ab, die Navigationen eines Anwenders beim OLAP zu verbessern, indem die Ergebnismengen bereits vorgenommener Navigationsschritte gepuffert werden, um beim Durchführen identischer Navigationsschritte nicht erneut von der Datenbank lesen zu müssen.

Die Pufferung erfolgt dabei mit Bezug auf die User-Session[1] des jeweiligen Anwenders, ist an dessen Speichergrenzen gebunden und kann nicht durch andere User-Sessions genutzt werden. Ist also eine bestimmte Sicht auf den Datenbestand bereits im lokalen Cache einer User-Session gepuffert, so muss eine andere User-Session für dieselbe Sicht dennoch auf die Datenbank zugreifen und kann nicht etwa den lokalen Cache der ersten User-Session nutzen. Aus diesem Bezug zur User-Session leitet sich das Präfix »lokal« ab.

Lesemodus

Als Maßstab dafür werden die in einer Query verwendeten InfoObjekte herangezogen, wobei unterschieden wird zwischen *Filtermerkmalen, Merkmale/Kennzahlen in Zeilen, Merkmale/Kennzahlen in Spalten* und *freien Merkmalen* (siehe Abb. 12–2).

Abb. 12–2

InfoObjekte in einer Query

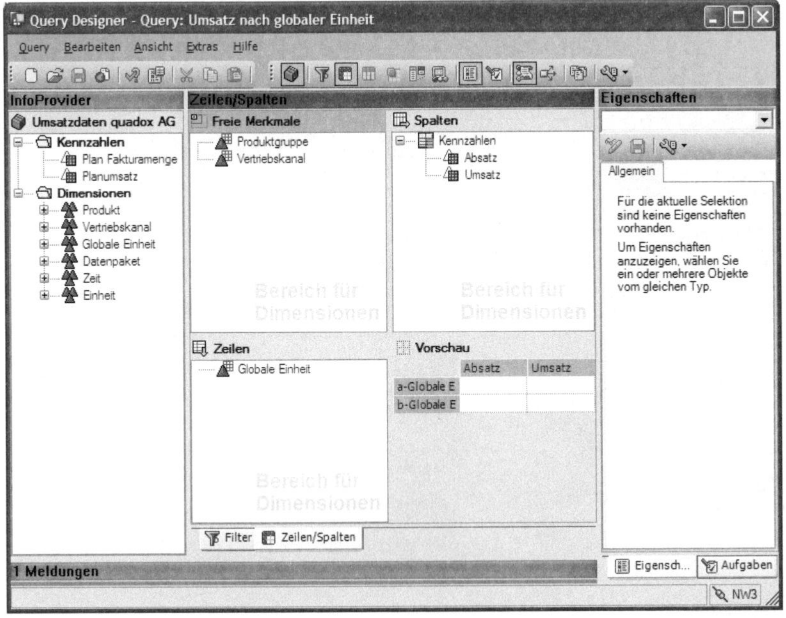

Während die InfoObjekte in Filter, Zeilen und Spalten bereits beim ersten Ausführen der Query als Teil der Ergebnismenge von der Datenbank gelesen werden *müssen*, kommen die freien Merkmale erst später zum Einsatz, wenn der Anwender sich entschließt, zur weiteren Analyse Daten auf die freien Merkmale herunterzubrechen.

Die freien Merkmale können somit bereits beim Ausführen einer Query in die Abfrage mit einbezogen werden oder nach Bedarf, wenn

1. Eine User-Session bezieht sich auf sämtliche Modi, mit denen ein Anwender angemeldet ist.

sie wirklich genutzt werden. Der Cache wird demnach entweder bereits mit dem ersten Navigationsschritt mit den Daten für alle weiteren Navigationen versorgt oder muss mit jeder neuen Navigation »nachgefüllt« werden, nachdem auf der Datenbank nachgelesen wurde.

Für die entsprechende Konfiguration der Analytical Engine existieren für jede Query drei Optionen:

- Gesamtlesen der Daten
- Nachlesen der Daten
- Nachlesen beim Expandieren der Hierarchie

Die Konfiguration wird als *Lesemodus* bezeichnet und kann mit Hilfe der Transaktion RSRT in den Query-Eigenschaften definiert werden (siehe Abb. 12–3).

Abb. 12–3
Setzen des Lesemodus für eine Query

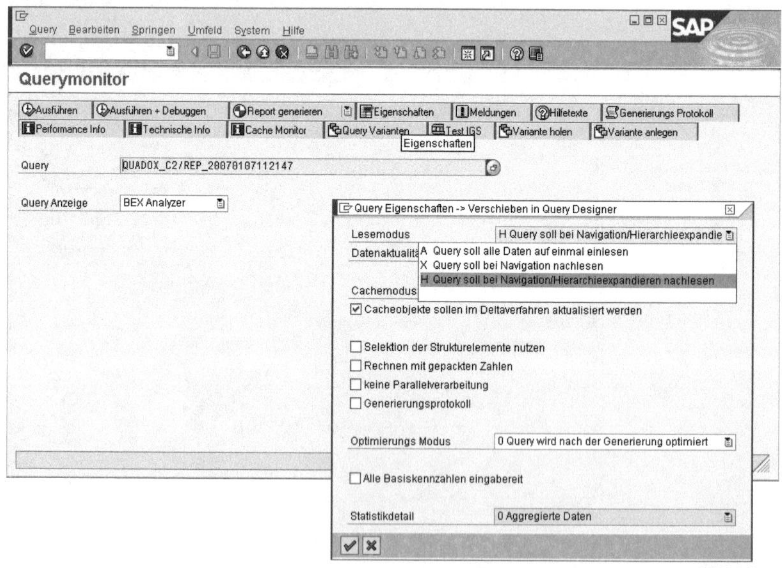

Als Voreinstellung wird jede neue Query mit dem Lesemodus »Nachlesen beim Expandieren der Hierarchie« versehen.

Auf den ersten Blick scheint es verlockend, den lokalen Cache umfangreich mit allen erforderlichen Daten zu versorgen, um eine schnelle Navigation innerhalb einer Ergebnismenge zu realisieren. Dabei ist jedoch zu beachten, dass der initiale Lesevorgang dadurch erheblich länger dauern kann und die Ergebnismenge u.U. so groß ist, dass sie nicht mehr in den lokalen Cache passt. Beachten Sie außerdem, dass der Lesemodus auch bei der Verwendung von Aggregaten eine Rolle spielt und Aggregate bei der Wahl eines falschen Lesemodus ihre Wirkung verlieren können.

Die Arbeitsweise und die damit verbundenen Vor-/Nachteile der unterschiedlichen Lesemodi werden nachfolgend erläutert.

12.1.1 Gesamtlesen der Daten

Beim Gesamtlesen der Daten werden bereits im ersten Aufriss alle in der Query definierten InfoObjekte (also auch die freien Merkmale) aus dem jeweiligen InfoProvider in den Cache der Analytical Engine geladen. Damit umfasst der Cache die Daten für alle Navigationsschritte, die mit der betreffenden Query möglich sind. Bei der Navigation ist kein weiteres Lesen von der Datenbank mehr erforderlich, sondern alle Navigationsschritte können durch die Aggregation der Daten in der Analytical Engine errechnet werden.

Das Gesamtlesen der Daten bietet somit ab dem Zeitpunkt, an dem die Analytical Engine alle Daten von der Datenbank erhalten hat, eine sehr gute Performance bei späteren Navigationsschritten in der Query. Demgegenüber stehen zwei wesentliche Nachteile, durch die sich das Gesamtlesen der Daten in den meisten Fällen als ungeeignet erweist:

- Das Vorhalten der Daten im Speicher der Analytical Engine ist zwar sehr vorteilhaft für die Performance einer Query, bedingt jedoch unter Umständen einen sehr hohen Speicherbedarf im Hauptspeicher der Applikationsserver. Bei entsprechend vielen Anwendern kann der Speicher der Analytical Engine damit sehr schnell zu einem Engpass werden.
- Queries werden unter Umständen mit einer Vielzahl von freien Merkmalen ausgestattet, um die Navigation im Query-Ergebnis möglichst flexibel zu gestalten. Ein Gesamtlesen hat damit in den meisten Fällen zur Folge, dass nie geeignete Aggregate verwendet werden können. Die sehr schnellen Navigationsschritte stehen somit in keinem Verhältnis mehr zum initialen Füllen des OLAP-Cache.

Das Gesamtlesen der Daten sollte aufgrund dieser beiden gravierenden Nachteile ausschließlich in Einzelfällen und bei besonderen Queries eingesetzt werden. Dies können Queries mit kleinen Ergebnismengen sein, aber auch Queries, bei denen die Berücksichtigung der freien Merkmale nur ein geringfügig größeres Datenvolumen im Cache zur Folge hat, weil sie nahezu in einer 1:1-Beziehung zu den Merkmalen im initialen Aufriss stehen (bspw. die freien Merkmale Postleitzahl und Branche bei einem Aufriss nach der Kundennummer).

12.1.2 Nachlesen der Daten

Beim Nachlesen der Daten schließt die Analytical Engine die freien Merkmale zunächst aus dem Lesevorgang aus. Erst dann, wenn bei einer Navigation im Query-Ergebnis eines der freien Merkmale benötigt wird, wird das Merkmal beim Lesevorgang berücksichtigt.

Bei jedem Navigationsschritt findet damit ein eigener Lesevorgang statt, wobei jedes Mal ein neues Aggregat gesucht wird. Auf den Cache der Analytical Engine kann lediglich dann bei der Navigation zurückgegriffen werden, wenn bereits ein identischer Navigationsschritt durchgeführt wurde.

Das Nachlesen der Daten ist bei der Navigation innerhalb eines Query-Ergebnisses langsamer als das Gesamtlesen, da bei jedem Navigationsschritt ein neuer Lesevorgang auf der Datenbank ausgeführt wird. Demgegenüber steht jedoch der Vorteil, dass das Nachlesen der Daten auch bei einer großen Anzahl an freien Merkmalen geeignet ist und ggf. auch Aggregate genutzt werden können. Bei größeren Ergebnismengen sollte daher das Nachlesen der Daten dem Gesamtlesen vorgezogen werden.

12.1.3 Nachlesen beim Expandieren der Hierarchie

Das Nachlesen beim Expandieren der Hierarchie ist ein Spezialfall des Nachlesens der Daten, der die Besonderheiten von Hierarchien berücksichtigt.

Werden in Queries externe Hierarchien verwendet, so wird beim Nachlesen der Daten stets die gesamte Hierarchie gelesen, auch wenn in der Query-Definition lediglich die Expansion auf einen hohen Level oder eines bestimmten Hierarchieknotens gefordert ist. Die Option Nachlesen beim Expandieren der Hierarchie berücksichtigt den geforderten Hierarchielevel bzw. den expandierten Knoten und liest nur die geforderten Teile der Hierarchie.

Insbesondere beim Expandieren auf hohe Hierarchielevel werden damit auch die Vorteile von Hierarchieaggregaten genutzt, die ebenfalls nur bis zu einem definierten Level aufgebaut werden. Ohne diesen Lesemodus sind Hierarchieaggregate wirkungslos.

Das Nachlesen beim Expandieren der Hierarchie sollte immer dann eingesetzt werden, wenn mit großen Hierarchien gearbeitet wird (ab circa 1.000 Hierarchieknoten). Bei kleineren Hierarchien kann das einfache Nachlesen der Daten geeigneter sein, weil die gesamte Hierarchie schnell gelesen werden kann und die Navigation innerhalb der Hierarchie vom Cache der Analytical Engine spürbar profitiert.

12.2 Globaler Cache

Bei jedem Navigationsschritt werden zunächst die Daten des lokalen Cache überprüft. Verläuft diese Prüfung negativ, so wird versucht, die Daten aus dem nächsten Cache-Level, dem globalen Cache, zu lesen.

Der globale Cache (auch als persistenter Cache oder cross-transactional Cache bezeichnet) kam mit der BW-Version 3 als Ergänzung des lokalen Cache hinzu und beseitigt dessen größte Nachteile.

So ist der globale Cache nicht auf eine User-Session beschränkt, sondern Session-übergreifend. Auf den vom globalen Cache verwendeten Speicherbereich haben somit alle User-Sessions eines Applikationsservers Zugriff. Dabei müssen die jeweils durchgeführten Analyseschritte nicht identisch mit den Inhalten des globalen Cache sein (dies ist beim lokalen Cache der Fall), sondern können auch Teilselektionen auf die Daten im Cache darstellen (bspw. die Selektion von Periode 001.2005, wenn im Cache das Intervall der Perioden von 001.2005 bis 012.2005 abgelegt ist)[2].

Der globale Cache kann auf unterschiedliche Arten gespeichert werden, wobei die Speicherarten ineinandergreifen, spezifische Funktionen haben und damit quasi weitere Cache-Level innerhalb des globalen Cache darstellen. Grundsätzlich kann zwischen dem globalen Hauptspeicher-Cache und dem persistenten Cache unterschieden werden.

12.2.1 Hauptspeicher-Cache

Per Default befindet sich der globale Cache jeder Query im Hauptspeicher des jeweiligen Applikationsservers. Beim Einsatz mehrerer Applikationsserver verfügt jeder der Server über einen eigenen globalen Cache, auf den nur diejenigen User zugreifen können, die auf dem jeweiligen Applikationsserver angemeldet sind. Die globalen Cache-Level der einzelnen Applikationsserver werden getrennt voneinander verwaltet und nicht miteinander abgeglichen, so dass sie ähnliche, aber auch vollständig unterschiedliche Inhalte repräsentieren können.

Hauptspeicher-Cache ohne Swapping

Dieser sogenannte *Cache-Modus* wird als *Hauptspeicher-Cache ohne Swapping* bezeichnet und in der Transaktion RSRT bei den Eigenschaften der jeweiligen Query hinterlegt (siehe Abb. 12–4).

---

2. Vom Caching ausgenommen sind Queries mit Ersetzungspfad-Variable (Pre-Query) und die Selektion logisch gleicher, aber dennoch verschiedener Selektionen (z.B. fixer vs. variabler Filter), wobei insbesondere die gemeinsame Nutzung des OLAP-Cache durch unterschiedliche Analysetools betroffen ist.

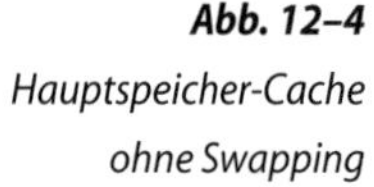

Abb. 12–4
Hauptspeicher-Cache ohne Swapping

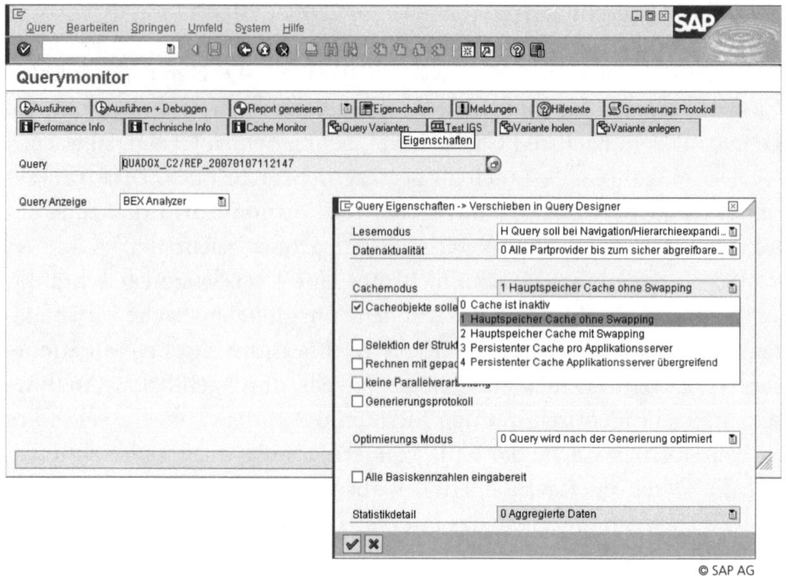

Zur Speicherung der Daten wird im Hauptspeicher das Shared-Memory-Segment verwendet. Die Größe des Shared-Memory-Segments wird durch die Profilparameter `rsdb/esm/buffersize_kb` (Größe des Segments in KB) bzw. `rsdb/esm/max_objects` (maximale Anzahl von Objekten) vorgegeben, die durch das Programm `RSPARAM` angezeigt und durch die Transaktion `RZ11` gepflegt werden können.

Welchen Teil des Shared-Memory-Segments der globale OLAP-Cache für sich in Anspruch nimmt, wird in den Cache-Parametern unter dem Eintrag »Größe lokal MB« festgelegt[3]. Die Cache-Parameter können mit Hilfe der Transaktion `RSCUSTV14` gepflegt werden (siehe Abb. 12–5).

Würde durch das Hinzufügen neuer Cache-Inhalte die festgelegte Obergrenze der Cache-Größe überschritten werden, so werden diejenigen Einträge verdrängt, die am längsten nicht mehr genutzt wurden. Große Ergebnismengen, die etwa 1/5 des Shared-Memory-Segments über- schreiten, werden nicht im globalen Cache abgelegt, um eine zu starke Verdrängung zu vermeiden.

Der Einsatz des Hauptspeicher-Cache ist vor allem dann sinnvoll, wenn eine große Anzahl von Anwendern sehr ähnliche Navigationsschritte mit überschaubaren Ergebnismengen vornimmt, so dass entsprechend gute Hit-Rates erzielt werden. Existiert keine Übereinstim-

3. Die Bezeichnung ist verwirrend, doch der Eintrag unter »Größe lokal MB« hat nichts mit dem lokalen Cache der OLAP-Engine zu tun. Das Präfix »lokal« rührt vielmehr daher, dass das Shared-Memory-Segment auf einen Applikationsserver beschränkt ist und nicht etwa (global) für alle Applikationsserver gilt.

mung im Auswertungsverhalten der Anwender oder führen diese sogar Ad-hoc-Auswertungen durch, so sollte der Cache besser deaktiviert werden, da er Overhead erzeugt, ohne Nutzen zu bringen.

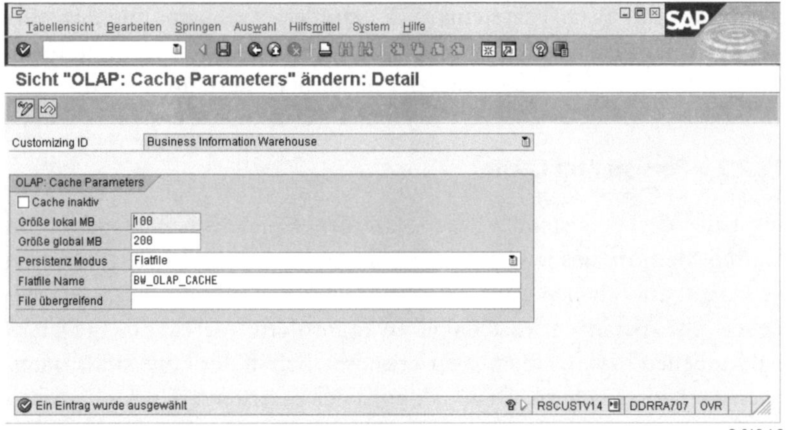

© SAP AG

Abb. 12–5 Cache-Parameter der Analytical Engine

Hauptspeicher-Cache mit Swapping

Insbesondere dann, wenn die Anzahl an Queries sehr groß ist, werden die Wiederverwendbarkeit von Query-Ergebnissen im Cache und die Verdrängung »alter« Query-Ergebnisse um einen relativ klein gehaltenen Hauptspeicher-Cache konkurrieren, der nicht beliebig vergrößert werden kann, da Hauptspeicher auf den meisten Systemen ein knappes Gut ist.

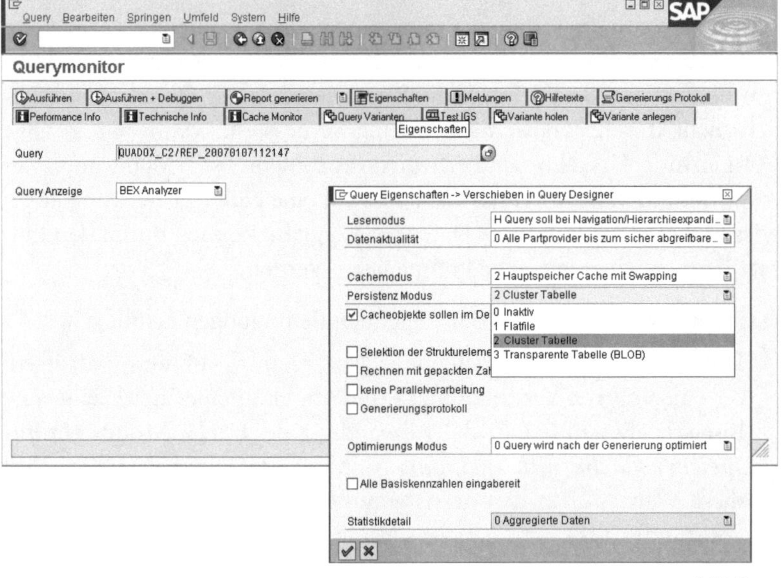

© SAP AG

Abb. 12–6 Hauptspeicher-Cache mit Swapping

Für diese Fälle ist der Cache-Modus *Hauptspeicher Cache mit Swapping* vorgesehen, der ebenfalls in der Transaktion RSRT in den Query-Eigenschaften hinterlegt werden kann (siehe Abb. 12–6)

Der Begriff des Swapping bezieht sich dabei nicht etwa auf das Swapping des Betriebssystems o.Ä., sondern vielmehr auf das Verschieben der verdrängten Inhalte in den nächsten Level des globalen Cache, dem persistenten Cache, der nachfolgend erläutert wird.

12.2.2 Persistenter Cache

Im Falle des persistenten Cache werden Ergebnismengen nicht im Shared Memory des jeweiligen Applikationsservers gepuffert, sondern in Datenbanktabellen bzw. Dateien. Die Beschreibung dieses Cache-Levels als »persistent« ist dabei zwar insofern korrekt, dass Datenbanktabellen bzw. Dateien zwar grundsätzlich in der Lage sind, Daten persistent zu speichern. Dennoch wird der persistente Cache – ebenso wie der lokale und globale Hauptspeicher-Cache – bei der Veränderung der zugrunde liegenden Datenziele invalidiert und ist damit nicht wirklich persistent.

Der augenscheinlichste Vorteil des persistenten Cache ist damit vor allem seine Größe, denn der verwendete Plattenspeicher steht wesentlich umfangreicher zur Verfügung als Hauptspeicher. Die maximale Größe des persistenten Cache wird mit Hilfe der Transaktion RSCUSTV14 in den Cache-Parametern im Eintrag »Größe global MB« festgelegt (vgl. Abb. 12–5 auf Seite 289).

Einsatzgebiete

Auch wenn die Größe des persistenten Cache zunächst verlockend ist, so ist ein sinnvoller Einsatz auf eine Reihe von Rahmenbedingungen beschränkt. So lässt sich die Performance einer Query grundsätzlich nicht durch persistentes Caching verbessern, wenn eine geringe I/O-Leistung Ursache der Performanceprobleme ist – denn auch der Zugriff auf den persistenten Cache ist auf eine gute I/O-Leistung angewiesen. Lediglich langsame Datenbankzugriffe können durch den Einsatz des persistenten Cache kompensiert werden.

Darüber hinaus muss eine der folgenden Bedingungen erfüllt sein:

- Die Pufferung muss auf eine sehr große Zahl von Queries abzielen, die einen harten Verdrängungskampf im Hauptspeicher-Cache auslösen. In diesem Fall ist die Verwendung des Cache-Modus ***Hauptspeicher-Cache mit Swapping*** sinnvoll, da Ergebnismengen auf diese Weise nur in den persistenten Cache verschoben, aber nicht vollständig aus dem Cache verdrängt werden.

- Die zu puffernden Ergebnismengen müssen sehr groß sein, und zwar so groß, dass sie ohnehin nicht im Hauptspeicher-Cache abgelegt werden würden, oder zumindest doch so groß, dass nur sehr wenige Objekte in den Hauptspeicher-Cache passen würden, bevor erste Ergebnisse wieder verdrängt werden. In diesem Fall sollte überhaupt kein Hauptspeicher-Caching (mit Swapping) erfolgen, sondern ausschließlich die Pufferung im persistenten Cache.

Sind die genannten Voraussetzungen nicht gegeben, so sollte auf den Einsatz des persistenten Cache verzichtet und das System nicht durch die entsprechenden Verwaltungsaufgaben belastet werden.

Cache-Modi

Beim persistenten Cache wird zwischen dem Applikationsserver-abhängigen und -unabhängigen Cache unterschieden. Welcher dieser beiden Cache-Modi zu verwenden ist, wird mit Hilfe der Transaktion RSRT in den Eigenschaften einer Query hinterlegt.

Welcher Cache-Modus dabei zu bevorzugen ist, hängt vor allem vom Verhalten der Anwender und der Organisation der Applikationsserver ab. Werden die Applikationsserver lediglich für eine dynamische Lastverteilung genutzt und führen die Anwender auf allen Applikationsservern weitgehend ähnliche Abfragen aus, so ist der Cache-Modus ***Persistenter Cache Applikationsserver übergreifend*** zu bevorzugen.

Erfolgt die Verteilung der User auf die Applikationsserver allerdings nach organisatorischen Kriterien, so ist davon auszugehen, dass auch das Verhalten der User auf den einzelnen Applikationsservern unterschiedlich ist. Einzelne Queries werden damit nur auf einem der Applikationsserver ausgeführt, so dass sich auch das Caching auf diesen Applikationsserver beschränken sollte. Für derartige Queries sollte daher der Cache-Modus ***Persistenter Cache pro Applikationsserver*** verwendet werden.

Ist als Cache-Modus ***Hauptspeicher Cache mit Swapping*** hinterlegt, so bezieht sich das Swapping auf den persistenten Cache pro Applikationsserver; schließlich ist der Hauptspeicher-Cache bereits zwingend auf den jeweiligen Applikationsserver bezogen, so dass eine nachträgliche Verdrängung in den Applikationsserver-übergreifenden Cache keinen Vorteil bringt.

Persistenzmodus

Bei der Wahl des Speicherorts für den persistenten Cache stehen unterschiedliche ***Persistenzmodi*** zur Auswahl, die im Falle eines persistenten Cache-Modus sowie beim Hauptspeicher-Cache mit Swapping in den Eigenschaften der jeweiligen Query mit Hilfe der Transaktion RSRT ausgewählt werden können (vgl. Abb. 12–6).

Als Persistenzmodi stehen einerseits die Pufferung der Ergebnismengen in einer Cluster-Tabelle bzw. einer transparenten Tabelle mit einem BLOB-Feld zur Auswahl.

Einen konzeptionell vollständig anderen Ansatz verfolgt die Verwendung des Persistenzmodus ***Flatfile***. Zwar stellt das Format des Flatfile im Vergleich zu Tabellen auf der Datenbank einen relativ inperformanten Weg zur Pufferung von Ergebnismengen dar. In dem speziellen Fall, dass die I/O-Leistung zwischen einem Applikationsserver und dem Datenbankserver aufgrund einer besonderen Netzwerktopologie sehr schlecht ist, bietet die Pufferung von Ergebnismengen in einem Flatfile die Möglichkeit, anstelle des Datenbankservers einen in der Netzwerktopologie geeigneteren Speicherort zu wählen.

Steht beispielsweise der Datenbankserver eines BW-Systems in Europa, während Anwender in Amerika über einen dort stehenden Applikationsserver am BW-System angemeldet sind, so dürfte die I/O-Bandbreite zwischen diesem einen Applikationsserver und dem Datenbanksystem aufgrund der WAN-Verbindung eher gering sein. Durch den Persistenzmodus Flatfile können Ergebnismengen in einem Flatfile gepuffert werden, das ebenfalls auf einem Server in Amerika abgelegt ist. Damit sind zumindest die Zugriffe zwischen Applikationsserver und dem persistenten Cache performant; das eigentlich ungeeignete Speicherformat des Flatfile relativiert sich in dieser Konstellation.

Während die Speicherorte für den Persistenzmodus der Cluster- bzw. transparenten Tabelle in jedem Fall feststehen, müssen die Speicherorte für Flatfiles manuell vorgegeben werden. Dies erfolgt bei der Pflege der Cache-Parameter, die über die Transaktion `RSCUSTV14` zu erreichen ist (vgl. Abb. 12–5 auf Seite 289).

In der Pflege der Cache-Parameter sind die Einträge »Flatfile Name« und »File übergreifend« übergreifend mit *logischen Dateinamen* zu pflegen, die jeweils auf ein Flatfile zeigen, das Ergebnismengen Applikationsserver-spezifisch bzw. Applikationsserver-übergreifend aufnimmt.

Zu diesem Zweck sind im BW bereits die logischen Dateinamen `BW_OLAP_CACHE` bzw. `BW_OLAP_CACHE_SPAN` vorgesehen, die in der Parameterpflege eingetragen und angepasst werden können[4]. Sollen diese beiden vorgesehenen logischen Dateinamen nicht verwendet werden, so können auch andere logische Dateinamen eingetragen werden; es können allerdings *keine* physischen Dateipfade/-namen eingetragen werden.

Von der SAP wird für die bereitgestellten logischen Dateinamen vorgesehen, die Dateien im Verzeichnis `/usr/sap/<SID>/SYS/global/` abzulegen[5]. Dieses Verzeichnis kann natürlich auch durch freigegebene Netzwerkverzeichnisse ersetzt werden.

---

4. Wie logische Dateinamen arbeiten und aufgebaut sind, ist in einem ähnlichen Fall (Extraktion von Daten aus Flatfiles) in Kapitel 15.1.4 beschrieben.
5. <SID> steht stellvertretend für die dreistellige ID des BW-Systems.

12.2.3 Cache-Invalidierung

Wie bereits eingangs erwähnt, wird die Bezeichnung Cache in diesem Rahmen sehr freizügig verwendet. Dies hat zur Folge, dass die Invalidierung des Cache – eigentlich ein Thema für jede Art von Cache – nur den Typen des globalen Cache betrifft. Denn nur dieser kommt dem Verständnis eines »echten« Cache halbwegs nach: Er wird in Abhängigkeit von der Datenbasis invalidiert[6] und er wird dynamisch in Abhängigkeit der Datenabfrage befüllt[7].

Grundsätzlich gilt für die Gültigkeit des globalen Cache die Regel, dass er invalidiert wird, sobald sich die Daten der zugrunde liegenden InfoProvider geändert haben[8]. Basiert die Analyse von Daten nur auf einem InfoProvider, so ist die Invalidierung einfach und bedürfte keiner weiteren Erwähnung in diesem Kapitel.

Deutlich differenzierter stellt sich die Invalidierung des globalen Cache dar, wenn die Datenanalyse auf einem MultiProvider basiert. Speziell diese Form der Cache-Invalidierung wird nachfolgend betrachtet. Denn MultiProvider führen Daten aus einer Vielzahl von Datenzielen zusammen, die vollständig unabhängig voneinander mit neuen Daten versorgt werden können.

Somit stellt sich die Frage, ob der globale Cache für eine Query komplett invalidiert werden soll, wenn sich nur die Daten eines Datenziels verändern, oder ob nur diejenigen Daten invalidiert werden sollen, die dieses eine Datenziel betreffen. Dieser augenscheinlich sinnvollen Form der Invalidierung ist entgegenzuhalten, dass in diesem Fall die Daten der einzelnen Datenziele im Cache separiert werden müssen und der globale Cache damit unter Umständen ein Vielfaches an Speicher benötigt. Kann jedoch der globale Cache komplett invalidiert wird, selbst wenn sich nur die Daten eines Datenziels verändern, so können die Daten im globalen Cache stärker aggregiert werden, was der Zugriffsgeschwindigkeit und dem Speicherverbrauch entgegenkommt.

Aus Berücksichtigung dieser Argumente bietet das BW seit der Version 7 unterschiedliche Möglichkeiten zur Cache-Invalidierung, die unter dem Begriff *Partitionierungsart*[9] (auch als Delta Caching bezeichnet) zusammengeführt und bei der Modellierung eines MultiProviders in den InfoProvider-Eigenschaften vorgegeben werden kann. Wie auch

---

6. Der lokale Cache bleibt so lange gültig wie die entsprechende User Session; Aggregate und BWA-Indizes werden überhaupt nicht invalidiert, sondern lediglich aktualisiert.
7. Aggregate und BWA-Indizes werden statisch persistiert.
8. Zusätzlich wird der globale Cache grundsätzlich invalidiert, wenn sich Metadaten, Stammdatenattribute, Hierarchien und Umrechnungskurse ändern.
9. Der Begriff ist unglücklich gewählt. Die hier festzulegende Partitionierungsart steht in keiner Beziehung zur Partitionierung des Datenmodells (vgl. Kapitel 7.3).

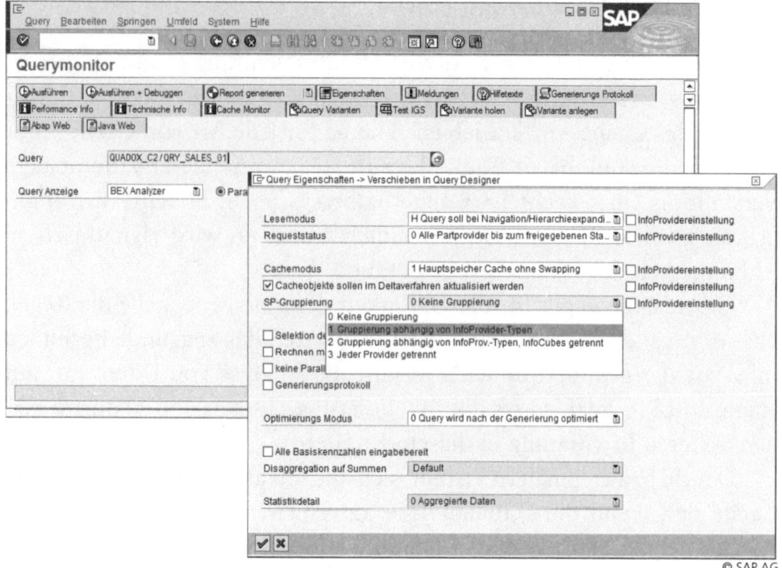

Abb. 12–7
Delta Caching einer Query

beim Cache-Modus kann die Partitionierungsart mit Hilfe der Transaktion RSRT für einzelne Queries gezielt in den Query-Eigenschaften einer Query übersteuert werden (siehe Abb. 12–7).

Folgende Partitionierungsarten stehen zur Auswahl, um das Gruppierungsverhalten bei der Cache-Verwaltung festzulegen:

- Keine Provider-Partitionierung
- Gruppierung abhängig von InfoProvider-Typen
- Gruppierung abhängig von InfoProvider-Typen, InfoCubes getrennt
- Jeder Provider getrennt

Keine Provider-Partitionierung

Per Default werden alle Queries ohne Provider-Partitionierung definiert und die Ergebnisse im globalen Cache aggregiert. Diese Partitionierungsart eignet sich vor allem, wenn die Daten aller Datenziele in einem gemeinsamen Zeitfenster verändert werden und keine Realtime BasisCubes am MultiProvider beteiligt sind.

Gruppierung abhängig von InfoProvider-Typen

Bei der Partitionierung in Abhängigkeit von Provider-Typen werden Ergebnisse im globalen Cache bezogen auf die InfoProvider-Typen zusammengefasst. Auf diese Weise können die Ergebnismengen aller BasisCubes, aller DataStore-Objekte oder aller Realtime InfoCubes getrennt voneinander invalidiert werden. Diese Partitionierungsart bietet sich vor allem an, wenn ein MultiProvider »normale« InfoProvider mit Realtime InfoCubes oder anderen InfoProvidern kombiniert, die durch ständige Veränderung der Daten niemals einen validen globalen Cache erlauben würden.

Gruppierung abhängig von InfoProvider-Typen, BasisCubes getrennt

In Abwandlung zur normalen Partitionierung abhängig von InfoProvider-Gruppen existiert eine weitere Partitionierungsart, die nicht nur BasisCubes und Realtime InfoCubes getrennt voneinander invalidiert, sondern generell alle BasisCubes getrennt voneinander invalidiert. Diese Partitionierungsart sollte dann zum Einsatz kommen, wenn ein MultiProvider über eine große Anzahl an BasisCubes verfügt, die während des Zeitfensters für die Datenanalyse *und* unabhängig voneinander mit neuen Daten versorgt werden.

Jeder Provider getrennt

In der weitestreichenden Form des Delta Caching werden alle InfoProvider separat voneinander invalidiert. Diese Partitionierungsart eignet sich, wenn nicht nur die BasisCubes eines MultiProviders während der Datenanalyse und unabhängig voneinander aktualisiert werden, sondern auch alle anderen InfoProvider-Typen eines MultiProviders.

Die Aktualisierung von Daten in den Datenzielen des BW sollte grundsätzlich außerhalb der Analysezeiten erfolgen. Die Möglichkeiten des Delta Caching sollen eine Überschneidung von Analyse- und Ladezeiten nicht begünstigen, sondern deren negative Auswirkungen lediglich abschwächen. Das Delta Caching ist insofern insbesondere für den Einsatz von Realtime InfoCubes erforderlich. Beachten Sie zur Gestaltung der Zeitfenster für Datenanalyse und Datenaufbereitung bitte auch Kapitel 29.

12.3 BIA-Indizes

Wurden beim Zugriff auf Analysedaten weder im lokalen noch im globalen Cache entsprechende Ergebnismengen gefunden, so ist ein physischer Lesezugriff auf die InfoProvider im BW unerlässlich. Ist der Inhalt des BasisCubes in BIA-Indizes abgebildet, so wird nicht der BasisCube, sondern der BI Accelerator gelesen.

Ein Zugriff auf die Daten der BasisCubes ist damit beim Einsatz des BI Accelerator nicht mehr erforderlich, da dieser den vollständigen Informationsgehalt eines BasisCubes abbildet. Einzig dann, wenn nicht nur hochgerollte (= im BIA befindliche) Requests gelesen werden sollen, sondern andere Zugriffsverfahren wie z.B. *qualok*, *all* oder *dirty* verwendet werden (vgl. Kapitel 10.1.1), muss noch auf die Daten des BasisCubes zugegriffen werden.

Ebenso kommt der BI Accelerator nicht zum Einsatz, wenn ein BasisCube als Bestandteil eines InfoSets gelesen wird. Bei der Verwendung eines MultiProviders hingegen steht dem Einsatz des BI Accelerator nichts entgegen.

Damit stellt der BI Accelerator eine Konkurrenz zu allen Verfahren dar, die auf das Tuning von Lesezugriffen auf BasisCubes abzielen (Aggregate, Komprimierung, Indizierung, Partitionierung), da die Daten eines BasisCubes mit dem Einsatz des BI Accelerator nicht mehr bei der Datenanalyse gelesen werden.

Der Einsatz des BI Accelerator scheint einen großen Teil der anderen Tuningverfahren überflüssig zu machen. Bedenken Sie jedoch, dass es sich bei dem BI Accelerator um ein sehr junges Produkt handelt, das mitunter noch unter Kinderkrankheiten leidet. Bei einem Ausfall des BI Accelerator wird als Fallback-Lösung wieder auf die Daten des BW zugegriffen, so dass Sie die bewährten Tuningmittel nicht gänzlich vernachlässigen sollten.

Indizes vorladen

Da dem BI Accelerator – sofern er im Einsatz ist – eine zentrale Funktion für die Datenanalyse zugeteilt wird, sollte sichergestellt werden, dass der BI Accelerator stets seine volle Leistungsfähigkeit entfalten kann. Dies ist dann der Fall, wenn die Daten der BIA-Indizes im Hauptspeicher des Index-Servers vorgehalten werden.

Dies ist jedoch unmittelbar nach dem Erstellen eines Index nicht der Fall, d.h., ein Index wird zunächst auf dem Fileserver des BI Accelerator abgelegt und erst bei Bedarf in den Hauptspeicher der Index-Server geladen. Dieser Vorgang erfolgt in der Regel innerhalb weniger Sekunden, vorbeugend kann jedoch auch diese Dauer bei der ersten Ausführung einer Query auf einem BasisCube unterbunden werden, indem die Indizes für einen BasisCube vorsorglich in den Hauptspeicher der Indexsever geladen werden.

Dieses »Vorladen« kann in der Transaktion `SE38` mit Hilfe des Programms `RSDDTREX_INDEX_LOAD_UNLOAD` ausgeführt oder eingeplant werden (siehe Abb. 12–8).

Abb. 12–8
Daten eines BIA-Index in Hauptspeicher laden

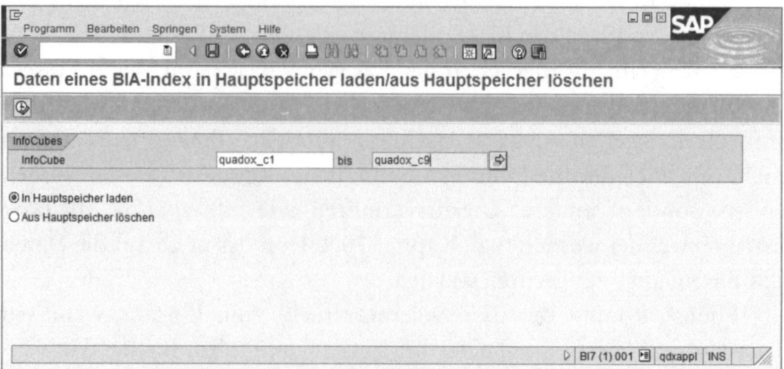

Ausschalten der BIA-Nutzung

Im umgekehrten Fall kann es sogar sinnvoll sein, die Nutzung des BI Accelerator für ausgewählte BasisCubes zeitweise auszuschalten (insbesondere für Testzwecke). Das Ein-/Ausschalten der BIA-Nutzung für einen BasisCube ist über den Menüpunkt *BI Accelerator→Index-Einstellungen→BIA-Indizes für Queries ein-/ausschalten* in der Transaktion RSDDBIAMON2 möglich (siehe Abb. 12–9).

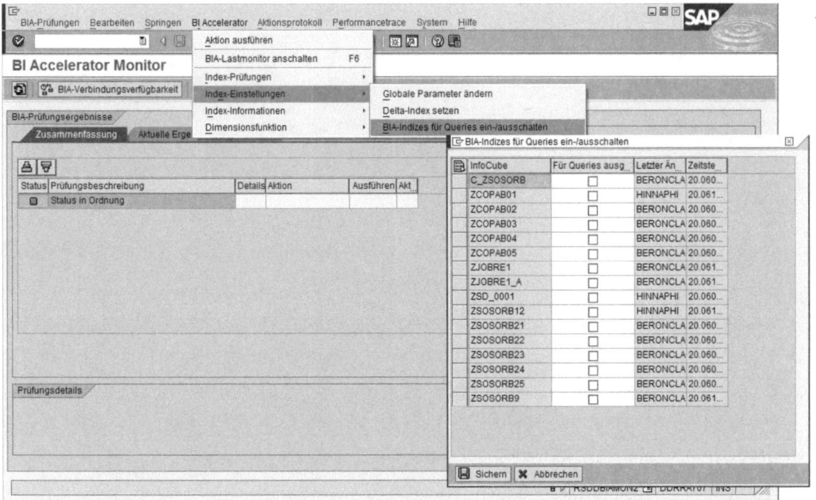

Abb. 12–9
BIA-Indizes für Cubes ein-/ausschalten

Während das Ausschalten der BIA-Nutzung für einen ganzen BasisCube lediglich zu Testzwecken von Bedeutung ist, kann das gezielte Ausschalten der BIA-Nutzung für eine einzelne Query sogar dauerhaft für den produktiven Betrieb des BW von Vorteil sein. Denn der BI Accelerator bietet zwar eine beeindruckende Beschleunigung von Zugriffen, kommt jedoch nicht an die Performance besonders kleiner und und gut gebauter Aggregate heran. Ist eine Query darüber hinaus derart berechenbar entwickelt, dass sie mit Sicherheit kleine Aggregate nutzt[10], so würde die Verwendung des BI Accelerator eine Verschlechterung der Performance bewirken.

Um derartige Queries am BI Accelerator vorbei auf Aggregate zugreifen zu lassen, kann mit Hilfe der Transaktion SE16 das Feld NOHPA in der Tabelle RSRREPDIR mit dem Wert X versehen werden. Den Schlüssel der Tabelle RSRREPDIR bildet der technische Definitionsname der Query, der mit Hilfe der technischen Info in der Transaktion RSRT ermittelt werden kann (siehe Abb. 12–10).

10. Dies setzt vor allem eine äußerst restriktive Nutzung von freien Merkmalen voraus.

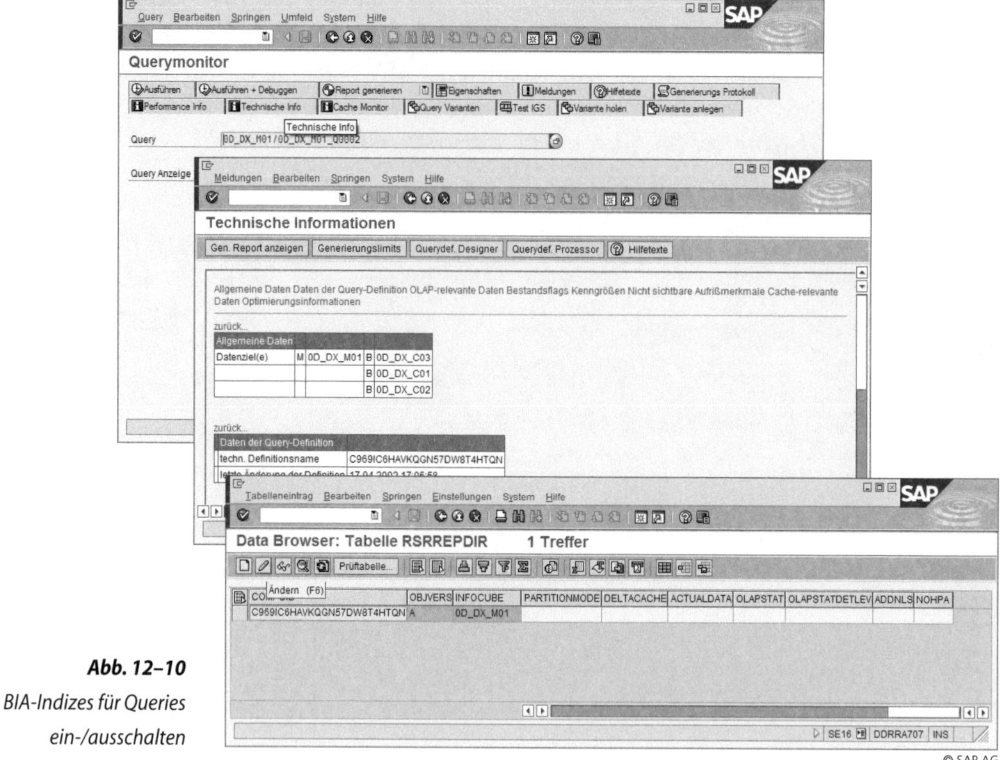

Abb. 12–10
BIA-Indizes für Queries ein-/ausschalten

© SAP AG

12.4 Aggregate

Ist kein Zugriff auf BIA-Indizes möglich, so bieten Aggregate eine hervorragende Möglichkeit, um einen physischen Lesezugriff auf die Daten eines BasisCubes abzuwenden, sofern weder im lokalen noch im globalen Cache entsprechende Ergebnismengen gefunden wurden.

Da es sich bei Aggregaten um vorverdichtete Daten eines BasisCubes oder Teilmengen dieser Daten handelt (vgl. Kapitel 7.1), die durch den Roll Up vollständig in den Staging-Prozess des BW eingebunden sind, stellen sie keine Cache-Stufe im eigentlichen Sinne dar. Da sich die Analytical Engine bei Aggregaten aber so verhält, als läge ein weiteres Cache-Level vor, werden sie in diesem Kontext beschrieben.

Bei jedem Zugriff auf die Daten eines BasisCubes prüft die Analytical Engine, ob der gleiche Informationsgehalt auch aus Aggregaten bezogen werden könnte, und wählt unter allen in Frage kommenden Aggregaten das Aggregat aus, das die wenigsten Datensätze enthält.

Die besondere Schwierigkeit bei der Ermittlung des optimalen Aggregates liegt in den Regeln, nach denen ein Aggregat für eine Query als geeignet oder ungeeignet befunden wird. Auf diese Weise schließt sich wieder der Kreis zu den in Kapitel 10.1.1 erwähnten Teilabfragen und zu dem bereits für den lokalen und globalen Cache relevanten Lesemodus (vgl. Kapitel 12.1).

Teilabfragen

So wird die Eignung eines Aggregats für eine jeweils durchgeführte OLAP-Abfrage nicht an der Abfrage selbst, sondern an den daraus generierten Teilabfragen gemessen. Auf diese Weise ist es möglich, dass bei einer Query für die Ausführung mehrerer Teilabfragen unabhängig voneinander auch unterschiedliche Aggregate als geeignet angesehen werden oder für einige der Teilabfragen auch der Zugriff auf den jeweiligen BasisCube durchgeführt werden muss.

Entgegen der verbreiteten Annahme ist für das Tuning einer Query damit nicht nur der Aufbau *eines* Aggregats pro Cube, sondern vielmehr der Aufbau von *1 bis n* Aggregaten pro Cube in Betracht zu ziehen.

Lesemodus

Bestandteil der Teilabfragen sind die im jeweiligen Aufriss unbedingt erforderlichen Merkmale/Attribute und Hierarchiestufen. Je nach gewähltem Lesemodus werden ferner auch freie Merkmale/Attribute und weitere Hierarchielevel in die Definition der Teilabfragen mit einbezogen.

Ein Aggregat gilt nur dann als geeignet für das Tuning einer Teilabfrage, wenn in seiner Definition alle angeforderten Merkmale/Attribute und Hierarchielevel enthalten sind. Dabei gilt:

- Ein Attribut ist auch dann im Aggregat enthalten, wenn sein entsprechendes Basismerkmal im Aggregat enthalten ist. So muss beispielsweise das Attribut `0POSTAL_CD` (Postleitzahl) nicht in ein Aggregat aufgenommen werden, wenn bereits das Merkmal `0CUSTOMER` (Kunde) Bestandteil des Aggregats ist, da `0POSTAL_CD` ein Attribut von `0CUSTOMER` ist.
- Eine Hierarchie ist auch dann im Aggregat enthalten, wenn das zugehörige Merkmal im Aggregat enthalten ist. So muss die Kundenhierarchie nicht in ein Aggregat aufgenommen werden, wenn bereits der Kunde Bestandteil des Aggregats ist.
- Ein Hierarchielevel ist auch dann im Aggregat enthalten, wenn ein detaillierterer Level derselben Hierarchie Bestandteil des Aggregats ist.

Die Wahl des Lesemodus (oder die Zusammenstellung der freien Merkmale) ist von entscheidender Bedeutung für die Verwendung von Aggregaten. Bei einem ungeeigneten Lesemodus bleibt in Extremfällen entweder das Potenzial des lokalen Cache für eine schnelle OLAP-Navigation ungenutzt, oder vorhandene Aggregate bleiben ungenutzt, da sie aufgrund der Vielzahl von angeforderten Informationen zu oft als ungeeignet bewertet werden. Bedenken Sie, dass Aggregate das Volumen ihres übergeordneten Aggregats/Cubes mindestens um den Faktor 10 verdichten sollten, und dies nicht möglich ist, wenn ein Aggregat eine Vielzahl von Merkmalen abbilden soll.

Ein-/Ausschalten von Aggregaten

Zu Testzwecken kann es von Bedeutung sein, bei der Auswertung von Daten bestimmte Aggregate zu umgehen, ohne diese Aggregate jedoch komplett zu deaktivieren oder gar zu löschen, da ein Neuaufbau sehr zeitaufwändig sein kann.

Zu diesem Zweck können einzelne Aggregate in der Aggregatpflege ein-/ausgeschaltet werden, ohne dass dies Einfluss auf die Daten des Aggregats hat (siehe Abb. 12–11).

Abb. 12–11
Ein-/Ausschalten von Aggregaten

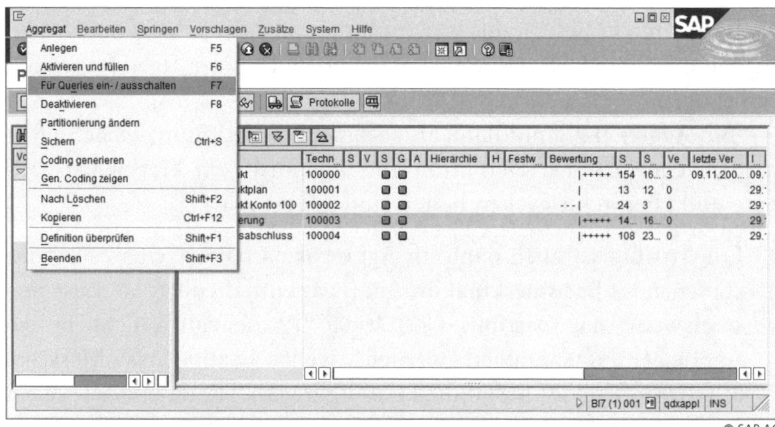

Ein ausgeschaltetes Aggregat wird systemweit von keiner Query mehr verwendet, wird jedoch weiterhin von Roll Up und Change Run berücksichtigt. Auf diese Weise können ausgeschaltete Aggregate auch ohne Neuaufbau von einem Moment zum anderen wieder eingeschaltet und zur Datenanalyse genutzt werden.

13 Monitoring der Analytical Engine

Das Monitoring der Analytical Engine dient dazu, Performanceprobleme aufzuspüren und einzelne Queries gezielt zu untersuchen, um die Ansatzpunkte für Optimierungen zu ermitteln.

Den Kern des Monitoring bilden der sogenannte Query Monitor einerseits und die Query-Runtime-Statistiken andererseits. Die Arbeit mit Query Monitor und Query-Runtime-Statistiken wird in den nachfolgenden Kapiteln erläutert.

13.1 Query Monitor

Der Query Monitor bietet die Möglichkeit, die Arbeitsweise der Analytical Engine bei der Ausführung einer bestimmten Query detailliert zu untersuchen. Zu diesem Zweck ist der Query Monitor in der Lage, eine ausgewählte Query auszuführen und entsprechende Dialognachrichten über die anstehenden Arbeitsschritte bei der Bearbeitung zu geben.

Der Query Monitor wird mit Hilfe der Transaktion RSRT aufgerufen. Dort kann die zu untersuchende Query ausgewählt und die Analyse über den Button *Ausführen + Debuggen* gestartet werden (siehe Abb. 13–1).

Die Transaktion RSRT kann mit Hilfe der Transaktion RSSMQ auch unter der ID eines anderen Users aufgerufen werden. Dies ist insbesondere dann hilfreich, wenn Probleme mit Personalisierungen oder Berechtigungen aufgespürt werden sollen.

Die Optionen, die der Query Monitor zur Untersuchung einer Query bietet, sind sehr umfangreich und stellenweise nur in Support-Fällen für die SAP von Bedeutung. Der Fokus soll an dieser Stelle vor allem darauf gelegt werden, wie eine Query in Teilabfragen aufgegliedert wird und wie diese Teilabfragen mit Hilfe von Aggregaten beschleunigt werden können. Zu diesem Zweck ist wie in Abbildung 13–1 dargestellt die Option *Zeige das gefundene Aggregat* zu aktivieren.

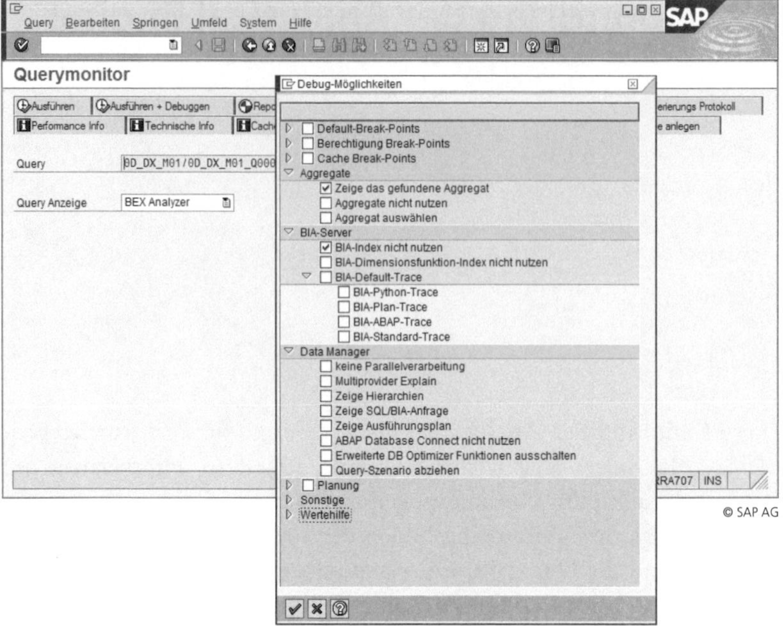

Abb. 13–1
Debug-Möglichkeiten des Query Monitor

Hierbei wird für jede Teilabfrage ausgewiesen, welches Aggregat verwendet wird. Kann kein geeignetes Aggregat zum Einsatz kommen, so wird der technische Name des entsprechenden BasisCubes angegeben. Welche Merkmale eine Query verlangt, ist in der rechten Spalte, welche Merkmale das jeweilige Aggregat bietet, in der linken Spalte zu erkennen. Lediglich beim Zugriff auf den BasisCube werden nicht sämtliche Merkmale des BasisCubes in der linken Spalte aufgeführt.

Abbildung 13–2 stellt die Aggregatnutzung einer Query dar, die auf zwei Teilabfragen gesplittet wird. Die erste Teilabfrage kann aus dem Aggregat `100013` bedient werden. Die andere Teilabfrage kann nicht auf ein Aggregat zugreifen und liest daher direkt den entsprechenden BasisCube `QUADOX_C2`.

Liste Bearbeiten Springen Sichten Einstellungen System Hilfe

Vergleich gesuchte / gefundene Aggregate

...	Aggregat/I	InfoObject	InfoObject	S...	S: Hierarchie	...	S: ...	S: Festwert	A...	A: Hierarchie	...	A: ...	A: Festwert
1	100013	0D_CHANNEL	Vertriebska...	F	0			1	*	0			
		QRESPCNTR	Globale Ein...	*	0				*	0			
2	QUADOX_C2	0D_PH1	Produktgru...	F	0			DS10		0			
		QRESPCNTR	Globale Ein...	*	0					0			

RSRT DDRRA707 OVR

© SAP AG

Abb. 13–2
Gefundene Aggregate einer Query

Als Resultat dieser Untersuchung kann ein Aggregat definiert werden, das die Merkmale `0D_PH1` und `QRESPCNTR` enthält, so dass auch die zweite Teilabfrage beschleunigt werden kann. Dabei ist jedoch in Betracht zu ziehen, dass ebensogut das bestehende Aggregat `100013` um das Merkmal `0D_PH1` erweitert werden könnte. Hier muss die Größe des Aggregats, d.h. die Verdichtung, die gegenüber dem BasisCube erreicht wird, beachtet werden.

Dieses gilt gleichfalls für ein neu aufzubauendes Aggregat. Verdichtet dieses nicht ausreichend die Daten des BasisCubes, so kann davon ausgegangen werden, dass das Aggregat nicht zu einer wesentlichen Beschleunigung des Zugriffs führt und besser nicht angelegt werden sollte.

13.2 Runtime-Statistiken der Analytical Engine

Die Analytical Engine ist in der Lage, an bestimmten Messpunkten bei der Ausführung einer Query Zeiten und Mengen zu protokollieren. Diese Protokolle werden nachfolgend als Runtime-Statistiken bezeichnet.

Bei der Interpretation der Runtime-Statistiken ist zwischen dem Frontend und Calculation Layer und dem Aggregation Layer der Analytical Engine zu unterscheiden.

Frontend und Calculation Layer

Der Frontend und Calculation Layer übernimmt die eigentliche Ausführung einer Query oberhalb des physischen Zugriffs auf die Daten. Hierzu gehört die Interpretation der OLAP-Kommandos, die Darstellung von Ergebnissen, das Generieren von Queries, die Verwaltung des OLAP-Cache, Umrechnungen und vieles mehr.

Auffällig lange Zeiten in diesem Layer können auf Probleme mit dem Frontend-System, Netzwerkprobleme oder in der Definition einer Query hinweisen.

Aggregation Layer

Die Runtime-Statistiken des Aggregation Layer bilden die Zeiten ab, die das BW für die eigentlichen Datenbankzugriffe, für den Split von Teilabfragen und das Zusammenführen von Sub Queries zu einem MultiProvider benötigt.

Die Untersuchung dieser Zeiten bildet den Schwerpunkt beim Tuning der Datenmodelle im BW.

Runtime-Statistiken im Query Monitor

Die einfachste Form, die Runtime-Statistiken zur Ausführung einer bestimmten Query anzuzeigen, besteht im Query-Monitor. Analog zur Anzeige der verwendeten Aggregate kann dort die Option *Statistikdaten anzeigen* aktiviert werden (siehe Abb. 13–3).

Abb. 13–3
Anzeige von Runtime-Statistiken im Query Monitor

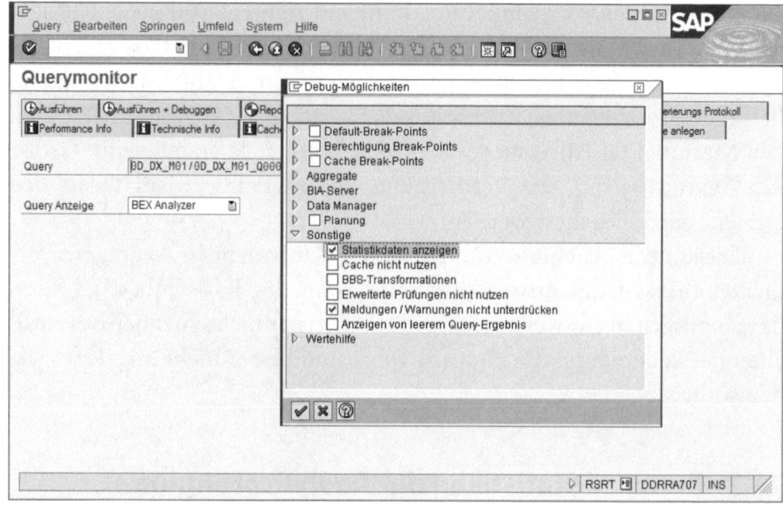

Die so protokollierten Runtime-Statistiken können wie in Abbildung 13–4 dargestellt beschaffen sein. Dabei ist der Basis-Provider jeder Teilabfrage ausgewiesen, mitsamt der Information, ob dieser selbst gelesen werden musste oder ob (im Falle eines BasisCubes) auf ein Aggregat zugegriffen werden konnte.

Abb. 13–4
Query-Runtime-Statistiken im Query Monitor

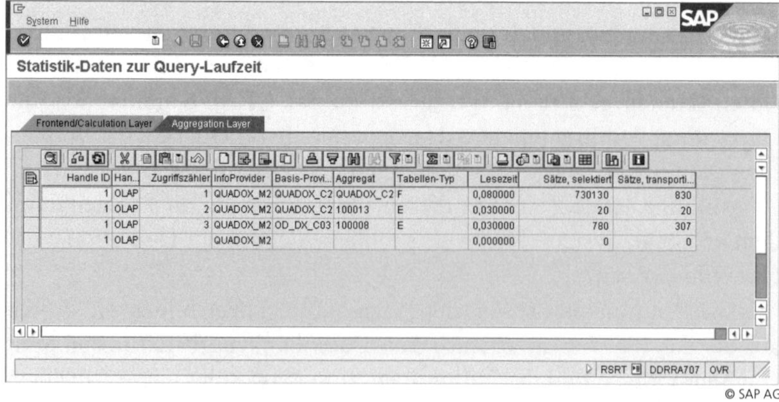

Handle ID	Han...	Zugriffszähler	InfoProvider	Basis-Provi...	Aggregat	Tabellen-Typ	Lesezeit	Sätze, selektiert	Sätze, transporti...
1	OLAP	1	QUADOX_M2	QUADOX_C2	QUADOX_C2	F	0,080000	730130	830
1	OLAP	2	QUADOX_M2	QUADOX_C2	100013	E	0,030000	20	20
1	OLAP	3	QUADOX_M2	OD_DX_C03	100008	E	0,030000	780	307
1	OLAP		QUADOX_M2				0,000000	0	0

Am Beispiel der Abbildung 13–4 ist zu erkennen, dass die Query auf drei Teilabfragen[1] aufgesplittet wurde. Die erste Teilabfrage liest Daten direkt aus dem BasisCube `QUADOX_C2`. Von den 730.130 Sätzen, die dabei gelesen werden, werden nur 830 an den Frontend und Calculation Layer übergeben, d.h., die gelesenen Datensätze können noch einmal stark verdichtet werden. Diese Verdichtung könnte ebenso

1. Der letzte Eintrag beschreibt den Hauptprozess, von dem aus die Teilabfragen aufgesplittet wurden.

durch ein Aggregat durchgeführt werden, wodurch die Lesezeit erheblich zu beschleunigen wäre.

Bei der zweiten und dritten Teilabfrage werden Aggregate genutzt. Im Falle der zweiten Teilabfrage ist die Anzahl der gelesenen Datensätze ebenso groß wie die Anzahl der wirklich übertragenen Sätze. Im Falle der dritten Teilabfrage ist das Verhältnis zwischen gelesenen und übertragenen Sätzen nicht optimal, aber mit einem Verhältnis von 780:307 immer noch nicht so schlecht, dass sich die Definition eines eigenen Aggregats lohnen würde. Die Definition eines eigenen Aggregates sollte ca. ab dem Faktor 10:1 in Erwägung gezogen werden.

Protokollierung der Runtime-Statistiken

Eine andere Art der Nutzung von Runtime-Statistiken bietet die Analytical Engine mit einer Protokollierung dieser Statistiken, die unabhängig vom Query Monitor erfolgt. Runtime-Statistiken können in diesem Fall verwendet werden, um die Arbeit der Analytical Engine über einen längeren Zeitraum zu betrachten und aktiv nach Tuningbedarf zu suchen.

Die Protokollierung der Runtime-Statistiken erfolgt nicht standardmäßg. Vielmehr muss der Analytical Engine vorgegeben werden, welche Queries, InfoProvider, Workbooks oder Web Templates zu einer Erzeugung von Protokolldaten führen sollen. Diese Vorgaben werden in der Transaktion RSDDSTAT gepflegt (siehe Abb. 13–5).

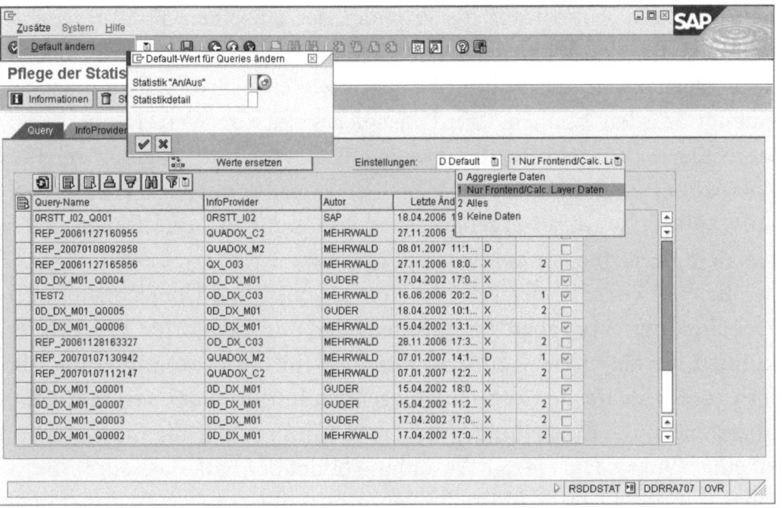

© SAP AG

Abb. 13–5 *Protokollierung von Runtime-Statistiken steuern*

Bei den einzelnen Objekten, die es zu protokollieren gilt, ist zunächst festzulegen, ob eine Protokollierung erfolgen soll oder nicht. Alternativ zu dieser Vorgabe kann bestimmt werden, dass eine Default-Einstellung gelten soll. Welchen Wert diese Default-Einstellugn hat, kann jeweils für alle Objekttypen im Menüpunkt *Zusätze →Default ändern* vorgegeben werden.

Ferner ist der Detaillierungsgrad vorzugeben, auf dem die Protokollierung erfolgen soll. Dieser wird ebenfalls aus den Default-Einstellungen entnommen oder lässt sich fest vorgeben. Folgende Detaillierungsgrade stehen dabei zur Auswahl:

- **0 – Aggregierte Daten:** In den Daten zu Frontend und Calculation Layer wird bei jeder Navigation lediglich ein aggregierter Protokolleintrag erzeugt. Protokolle aus dem Aggregation Layer werden nicht abgelegt.
- **1 – Nur Frontend-/Calculation-Layer-Daten:** Die Protokolleinträge aus Frontend und Calculation Layer werden detailliert abgelegt. Die Protokolle des Aggregation Layer werden nur aggregiert abgelegt.
- **2 – Alles:** Die Protokolle aus Frontend und Calculation Layer werden ebenso wie die Protokolle des Aggregation Layer detailliert erfasst. Diese Protokollierung entspricht der Darstellung, in der die Runtime-Statistiken im Query Monitor präsentiert werden.
- **9 – Keine Daten:** Es werden keine Protokolle erfasst.

Insbesondere bei der Untersuchung von MultiProvider-Queries ist die Verwendung des Detaillierungsgrades 2 erforderlich, um Informationen über den Zugriff auf die Provider der einzelnen Teilabfragen zu erhalten. Bei der Wahl des Detaillierungsgrades ist jedoch zu bedenken, dass durch die Runtime-Statistiken sehr große Datenmengen erzeugt werden können. Wird beispielsweise ein Web Template mit vier Queries ausgeführt, die jeweils auf einen MultiProvider mit fünf BasisCubes zugreifen, wobei jeder der Zugriffe auf vier Teilabfragen aufgesplittet wird, so ergeben sich hieraus 80 Protokollsätze[2] allein aus dem Bereich des Aggregation Layer.

Bei der Vorgabe der Protokollierung existieren Überschneidungen zwischen den Vorgaben für InfoProvider und denen für Queries. So können für eine Query andere Vorgaben für die Protokollierung hinterlegt sein als für den zugrunde liegenden InfoProvider. Grundsätzlich übersteuern die Einstellungen für einen InfoProvider die Einstellungen zu einer Query. Die einzige Ausnahme bildet der Fall, dass ein InfoProvider mit den Default-Einstellungen protokolliert wird. In diesem Fall wird die Protokolleinstellung der Query verwendet. Ist diese auch auf den Default-Wert gesetzt, so wird die Default-Einstellung des InfoProviders verwendet.

---

2. 4 Queries × 5 InfoProvider × 4 Teilabfragen

Die Protokollierung von Web Templates bzw. Arbeitsmappen beschreiben nur diejenigen Messwerte, die unmittelbar mit diesen Objekten verbunden sind, so dass diese Einstellungen in jedem Fall vorgenommen werden können und sich nicht mit den Einstellungen anderer Objekttypen überschneiden.

Analyse der Protokolle

Die Ausführung einer Query wird durch den Frontend- und Calculation Layer initiiert. An dieser Stelle wird für die Ausführung einer Query eine Handle ID vergeben, unter der alle Teilabfragen der Query ausgeführt werden. Diese Handle ID ist typischerweise die Grundlage der Analyse von Protokollen. Die Handle ID gilt innerhalb einer Step UID, die für alle Data-Manager-Zugriffe innerhalb eines Navigationsschritts durchgeführt wird.

Um Auswertungen direkt auf den diversen Tabellen durchzuführen, die die Protokolleinträge enthalten, existieren die Views `RSDDSTAT_OLAP` und `RSDDSTAT_DM`, deren Inhalt mit Hilfe der Transaktion `SE16` angezeigt werden kann.

> Das Analysieren der Runtime-Statistiken mit Hilfe der Views `RSDDSTAT_OLAP` und `RSDDSTAT_DM` ist mit einfachen Mitteln möglich, jedoch etwas umständlich. Um eine einfache Analyse zu ermöglichen, können Sie den technischen Content einrichten, der die Auswertung der Runtime-Statistiken im Business Explorer vereinfacht (siehe Abschnitt E.2.2).

RSDDSTAT_OLAP

Der View `RSDDSTAT_OLAP` stellt die Protokolle des Frontend und Calculation Layer dar. Nachfolgend werden die Felder dieses Views kurz erläutert.

Feld	Beschreibung
SESSIONUID	Eineindeutige Identifikation der Benutzersitzung
STEPUID	Eineindeutige Identifikation des Benutzerschrittes
HANDLEID	Identifikation eines Query-Laufzeitobjekts zur STEPUID
HANDLETP	Typ des Query-Laufzeit-Objekts
EVENTID	Protokollierungsschritts gem. Tabelle RSDDSTATEVENTS
UNAME	Benutzername
STEPTP	Typ des Schrittes (BI Frontend Tools, Broadcasting, OLAP BAPI etc.) gem. Tabelle RSDDSTATSTEPTP
STEPCNT	Zähler der Navigationsschritte bei der Query-Ausführung
UTIME	Tageszeit aus Feld STARTTIME
CALDAY	Kalendertag aus Feld STARTTIME
RUNTIME	Dauer eines Schrittes in Sekunden →

Feld	Beschreibung
INFOPROV	InfoProvider
OBJNAME	Name des Laufzeitobjekts (z.B. Query, Web Template)
OBJPROP	Verschlüsselung der Eigenschaften des Objektes: 1. Stelle: Lesemodus (vgl. Kapitel 12.1). »A« = Query soll alle Daten auf einmal einlesen »X« = Query soll bei Navigation nachlesen »H« = Query soll bei Navigation/Hierarchieexpandiesen nachlesen 2. Stelle: Datenaktualität (vgl. Kapitel 10.1.1). 0 = rollup 1 = qualok bei Realtime Cubes, sonst rollup 2 = qualok 3 = all 9 = dirty 3. Stelle: Delta Caching an/aus (vgl. Kapitel 12.2.3). »X« = an » « = aus 4. Stelle: Partitionsmodus (vgl. Kapitel 12.2.3). 0 = Keine Provider-Partitionierung 1 = Partitionierung in Gruppen 2 = Partitionierung in Gruppen, BasisCubes getrennt 3 = Jeder Provider getrennt 5. Stelle: Cachemodus (vgl. Kapitel 12.2.2). 0 = Cache ist inaktiv 1 = Hauptspeicher-Cache ohne Swapping 2 = Hauptspeicher-Cache mit Swapping 3 = Persistenter Cache pro Applikationsserver 4 = Persistenter Cache Applikationsserverübergreifend 6. Stelle: Persistenzmodus (vgl. Kapitel 12.2.2) 0 = Inaktiv 1 = Flatfile 2 = Cluster-Tabelle 3 = Transparente Tabelle
STATLEVEL	Detaillierungsgrad der Runtime-Statistiken (0, 1, 2)
EVTIME	(Netto-)Laufzeit
EVCOUNT	Zähler (nicht für alle Ausführungsschritte nötig)
EVENTIDCNT	Anzahl der Aufrufe dieses Ausführungsschritts
STARTTIME	Startzeit des Schrittes im Format yyyymmddhhmmss,mmmuuun

RSDDSTAT_DM

Der View RSDDSTAT_DM enthält die Protokolle des Aggregation Layers. Die Felder dieses Views werden ebenfalls nachfolgend erläutert.

Feld	Beschreibung
STEPUID	UID des Benutzerschrittes
HANDLEID	ID eines Query-Laufzeitobjekts
HANDLETP	Typ des Laufzeitobjekts
DMUID	UID für den Data-Manager-Zugriff
UTIME	Tageszeit aus Feld STARTTIME
CALDAY	Kalendertag aus Feld STARTTIME
UNAME	Benutzername
OBJNAME	Name des Laufzeitobjekts (z.B. Query, Web Template).
INFOPROV	InfoProvider
PARTPROV	Teilprovider des MultiProviders (sofern im Feld INFOPROV ein MultiProvider steht)
AGGREGATE	Technischer Name des Aggregates bzw. des BIA-Index (falls zutreffend)
ACCESSTP	Typ des Lesezugriffs (Bestand oder Delta)
TABLTP	Typ der Faktentabelle (F oder E), falls Zugriff auf InfoCube oder Aggregat durchgeführt wurde
TIMEDMPREP	Vorbereitungszeit des Datenzugriffs
TIMEDMPOST	Datennachbereitungszeit
TIMEREAD	Zeit zum Lesen der Daten
TIMESID	Zeit zur Berechnung/Bestimmung neuer SIDs
TIMENAVATTR	Zeit zum Nachlesen der Stammdaten
TIMEHIERARCHY	Zeit für Hierarchie-Handling
DBSEL	Anzahl Sätze, die von der Datenbank gelesen wurden
DBTRANS	Anzahl Sätze, die an Frontend und Calculation Layer übergeben wurde
WP_ID	ID des Workprozesses, auf dem der (eventuell parallele) Datenlesezugriff ausgeführt wurde
PROCESSCNT	Zähler der Datenzugriffe während des Ausführungsschritts
SLOT	Slot bei Parallelisierung
STARTTIME	Startzeit des Schrittes im Format yyyymmddhhmmss,mmmu-uun

Alternativ zur Analyse der Runtime-Statistiken auf Basis der Views RSDDSTAT_OLAP und RSDDSTAT_DM bietet der technische Content eine vordefinierte Extraktion der entsprechenden Datenbanktabellen, eine Übertragung in vordefinierte InfoCubes sowie entsprechende Queries zur Analyse der relevanten Daten. Eine Erläuterung des technischen Content ist in Abschnitt E.2.2 zu finden.

IV Extraktion & Staging

In diesem Abschnitt zu Extraktion & Staging wird beschrieben, wie der Datenfluss von den Quellsystemen bis in die Datenziele (Basis-Cubes, DataStore-Objekte, InfoObjekte) definiert werden kann. Der Datenfluss lässt sich in der Regel als stufenförmige Anordnung darstellen, in der Daten mehrere logische Ebenen (nachfolgend als Layer bezeichnet) durchlaufen, in denen sie transformiert, homogenisiert, validiert und fehlerbereinigt werden müssen. Aufgrund der stufenförmigen Anordnung der Layer hat dieser Prozess im Fachjargon die Bezeichnung *Staging* erhalten (siehe Abb. IV–1). Die am Staging beteiligten steuernden Prozesse werden unter der Bezeichnung ***Staging Engine*** zusammengefasst.

Anwender der BW-Versionen bis 3.5 werden in diesem Bereich gravierende Änderungen bemerken. Diese schlagen sich auf konzeptioneller Ebene darin nieder, dass die Extraktion und Weiterverarbeitung von Daten strikt voneinander getrennt sind und in diesem Zuge vollständig andere Formen der Deltaverarbeitung ermöglicht werden. Auf technischer Ebene manifestieren sich die neuen Konzepte darin, dass nicht länger unterschiedliche Formen der Verarbeitung definiert werden müssen (Übertragungsregeln, Fortschreibungsregeln), sondern der Datenfluss mit einer einheitlichen Technologie, der sogenannten Transformation, zu definieren ist.

Referenzarchitektur

Da die Gestaltung des Datenflusses mit der Version 7 des BW nicht mehr durch die Architektur der Staging Engine vorgegeben wird und vielmehr beliebig gestaltet (und verunstaltet) werden kann, wurde bereits beim Aufbau dieses Abschnitts viel Wert darauf gelegt, der Beschreibung des Staging eine sinnvolle Struktur zu geben.

Grundsätzlich liegt dem Autor an dieser Stelle die Empfehlung am Herzen, Staging und Datenmodelle nicht auf einzelne Anforderungen hin zu definieren, sondern zu Beginn einer Entwicklung eine Architektur zu definieren, die Staging und Datenmodellierung entweder systemweit einheitlich vorgibt, oder zumindest ein begrenztes Set an Designvarianten zu entwickeln[1]. Dies hilft bei der Fehlersuche, dient der Dokumentation des Systems und erleichtert insbesondere die Erweiterung des Staging zur Realisierung neuer Anforderungen.

Die Definition einer derartigen Architektur ist zunächst zeitaufwändiger, als mit der Implementierung sofort zu starten und den langfristigen Nutzen einer Architektur außer Acht zu lassen (wie dies die kurzfristigen Ansprüche fachlicher Anforderungen oft verlangen). Den Trade-off zwischen langfristiger Planung und der Erfüllung kurzfristi-

1. Das BW verfügt nicht über die Möglichkeit, Konventionen für die Definition des Staging festzulegen. Daher muss die Festlegung einer Referenzarchitektur organisatorisch erfolgen.

ger Ziele zu finden, ist damit eine der wichtigsten Aufgaben beim Design von Extraktion & Staging.

Den Kern der Empfehlungen zum BW-Design bildet die in Abbildung IV–1 dargestellte Referenzarchitektur. Diese Architektur beschreibt die vom Autoren präferierten Layer und dient allen nachfolgend erläuterten Architekturelementen als Referenzarchitektur. Diese ist wohlgemerkt als Ansatz zu verstehen, die sich der Autor zu eigen gemacht hat und im Rahmen seiner Beratungsprojekte propagiert.

Der Leser ist aufgerufen, jeden Lösungsansatz kritisch gegen den jeweiligen Einzelfall zu prüfen und ggf. an die konkrete Anforderungen anzupassen. Typische Anpassungen der Referenzarchitektur werden im Abschnitt über das BW-Design (ab Seite 603) in den Kapiteln 25 bis 27 beschrieben.

Abb. IV–1
Referenzarchitektur

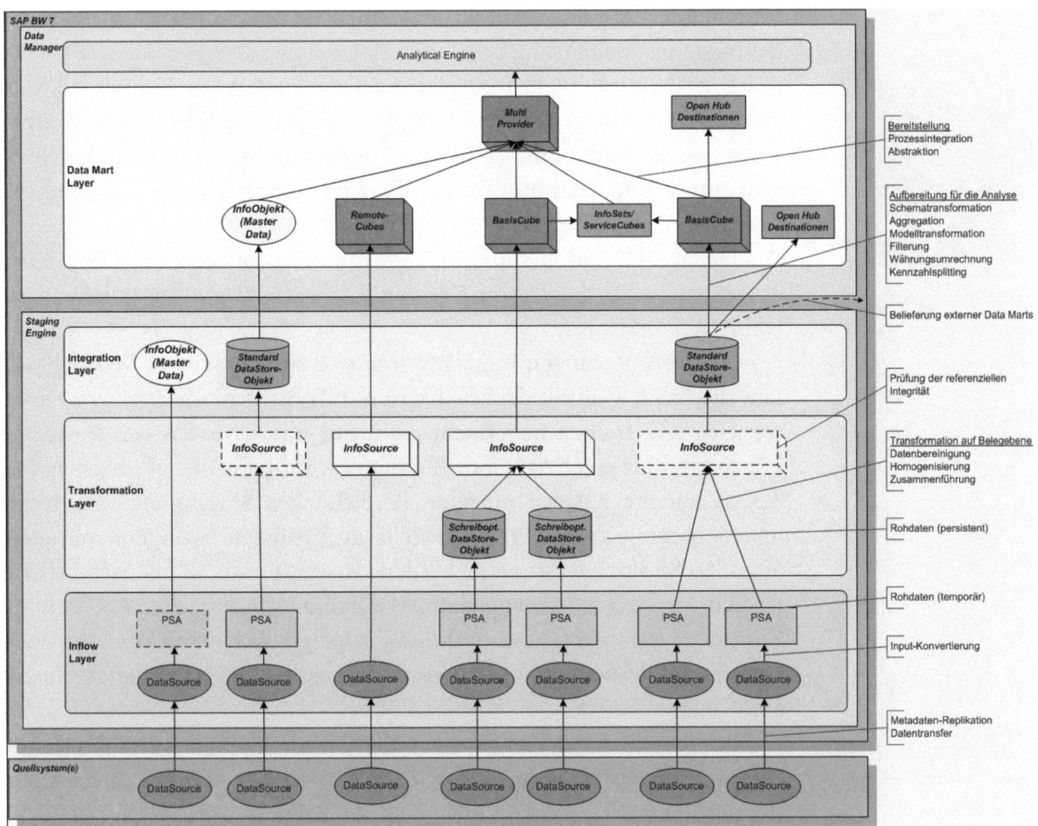

Bestandteil der Referenzarchitektur sind die nachfolgend detailliert beschriebenen Layer:

- Extraction Layer
- Inflow Layer
- Transformation Layer
- Integration Layer
- Data Mart Layer

Die Leser älterer Auflagen dieses Buchs kennen die Referenzarchitektur in Form anderer Layer, die zum Teil auch andere Aufgaben wahrnahmen. Das SAP BW 7 richtet sich stärker an den Konzepten des Enterprise Data Warehousings aus, die konsequent mit der Unterstützung von Data Marts verbunden werden. Diese Neuerungen hat der Autor zum Anlass genommen, die seit der ersten Auflage dieses Buchs bestehende Referenzarchitektur erstmals an die neuen Möglichkeiten des Systems anzupassen.

Die Verbindung zwischen den einzelnen Layern stellt im BW 7 erstmals eine allgemeine Technologie her, die für jede Form der Weiterverarbeitung innerhalb des BW zum Einsatz kommt. Dabei handelt es sich um die sogenannte ***Transformation***, die in Kapitel 19 erläutert wird.

Um die bis dahin statische Definition des Staging zum Leben zu erwecken, wird die ***Definition von Ladevorgängen*** anschließend in Kapitel 20 erläutert.

Alle Erläuterungen konzentrieren sich auf die neuen Möglichkeiten, die das BW 7 mit dem Konzept der Transformationsprozesse bietet. Das BW freilich beherrscht nicht nur aus Gründen der Abwärtskompatibilität auch die alte Staging-Technologie der Versionen bis 3.x. Vielmehr wurden einzelne Bereiche des Staging nicht auf die neuen Staging-Verfahren umgestellt und müssen zwingend mit den alten Technologien definiert werden. Soweit es aus dieser Sicht erforderlich ist, wird das sogenannte ***direkte Staging*** des BW 3.x in Kapitel 21 erläutert. Lesern, die das Hintergrundwissen zur alten Staging-Technologie benötigen, seien die alten Auflagen dieses Buchs empfohlen.

Im Anschluss daran werden die Möglichkeiten betrachtet, um Daten in ***Echtzeit*** oder ***nahe Echtzeit*** in das BW zu integrieren (Kapitel 22).

Abschließend werden die Themen ***Datenqualität*** (Kapitel 23) und ***Performance-Tuning*** (Kapitel 24) aus Sicht des Staging erläutert.

14 Extraction Layer

Bevor das SAP BW auf die Daten von Quellsystemen zugreifen kann, müssen diese entsprechend in die Lage versetzt werden, Daten an das SAP BW zu übergeben. Dies kann im einfachsten Fall erfolgen, indem im BW Daten zur Anmeldung an das Quellsystem hinterlegt werden, und kann bis dahin gehen, dass die Quellsysteme so erweitert werden müssen, um aktiv Daten an das BW zu übergeben.

Struktur und Inhalt der Daten, die an das BW übergeben werden, müssen dem BW in jedem Fall bekannt sein. Diese Metadaten des Extraction Layer müssen zu jeder Datenquelle vorliegen und werden dem BW je nach Quellsystem entweder explizit bekannt gemacht oder implizit verwendet. In Kapitel 14.1 werden zunächst die Metadaten des Extraction Layer erläutert.

Aufbauend auf diesem Hintergrundwissen über die Metadaten des Extraction Layer wird in den darauffolgenden Kapiteln 14.2–14.8 die konkrete Vorbereitung der unterschiedlichen Quellsysteme (SAP ERP, SAP BW, Dateien, Web Services, UD Connect, 3rd party ETL-Tools) beschrieben.

14.1 Metadaten des Extraction Layer

Die Basis der Extraktion bilden Metadaten, in denen die aus den Quellsystemen zu extrahierenden Daten beschrieben sind.

Im Falle von SAP ERP, SAP BW und 3rd party ETL-Tools werden dem BW diese Metadaten von den Quellsystemen zur Verfügung gestellt. Dateisysteme und relationale Datenbanksysteme hingegen liefern diese Informationen nicht, so dass die auf sie bezogenen Metadaten manuell im Inflow Layer definiert werden müssen.

Die Übernahme der Metadaten aus den Quellsystemen beziehungsweise die manuelle Pflege wird im Rahmen der Beschreibungen zum Inflow Layer dargestellt (siehe Kapitel 15.1). Nachfolgend wird zunächst grundlegend erläutert, was zu den Metadaten des Extraction Layer gehört und welche Bedeutung diese Informationen haben. Bei den Metadaten handelt es sich um:

- verfügbare Datenquellen und Struktur der Daten
- die Anwendungskomponentenhierarchie
- unterstützte Delta-Verfahren der Datenquellen

14.1.1 Datenquellen und Datenstrukturen

Der zentrale Begriff bei der Beschreibung der Datenquellen und der Datenstrukturen im Extraction Layer ist die sogenannte *DataSource*. Eine DataSource beschreibt jeweils eine betriebswirtschaftliche Einheit von Stamm- oder Bewegungsdaten (zum Beispiel Kundenstammdaten, Auftragsdaten), die aus einem Quellsystem extrahiert werden kann. Die Metadaten zu einem Quellsystem enthalten alle DataSources, die dieses Quellsystem dem BW zur Verfügung stellt.

Es existieren vier DataSource-Typen:

- Bewegungsdaten-DataSources
- Stammdaten-DataSources für Attribute
- Stammdaten-DataSources für Texte
- Stammdaten-DataSources für externe Hierarchien

Aus Sicht der Quellsysteme gehören zu jeder DataSource Informationen und Programme, die beschreiben, wie die Extraktion durchgeführt werden muss. Diese sind für jeden Quellsystemtyp und jede DataSource innerhalb des Quellsystems spezifisch, so dass im Rahmen dieses Buches nur die technischen Grundlagen, nicht aber die inhaltlichen Hintergründe der Extraktion beschrieben werden.

Aus Sicht des BW stellt jede DataSource eine flache Struktur dar, die aus einer Reihe von Datenfeldern zusammengestellt ist und eine betriebswirtschaftliche Einheit (Kundenstamm-Attribute, Auftragseingänge etc.) beschreibt.

14.1.2 Anwendungskomponentenhierarchie

Jedes Quellsystem kann eine Vielzahl von DataSources bereitstellen. Beim Einsatz des BI Content (siehe Anhang E) können dies einige hundert DataSources sein. Um die Menge der DataSources in einer überschaubaren Form darzustellen, werden die DataSources in einer sogenannten Anwendungskomponentenhierarchie organisiert.

Die Anwendungskomponentenhierarchie ist – ebenso wie die DataSources – Teil der Metadaten zu jedem Quellsystem und wird entweder durch das Quellsystem bereitgestellt (SAP ERP, SAP BW, 3rd party ETLTools)[1] oder muss manuell gepflegt werden.

Abbildung 14–1 stellt die Anwendungskomponentenhierarchie sowie die darin befindlichen DataSources eines Filesystems dar.

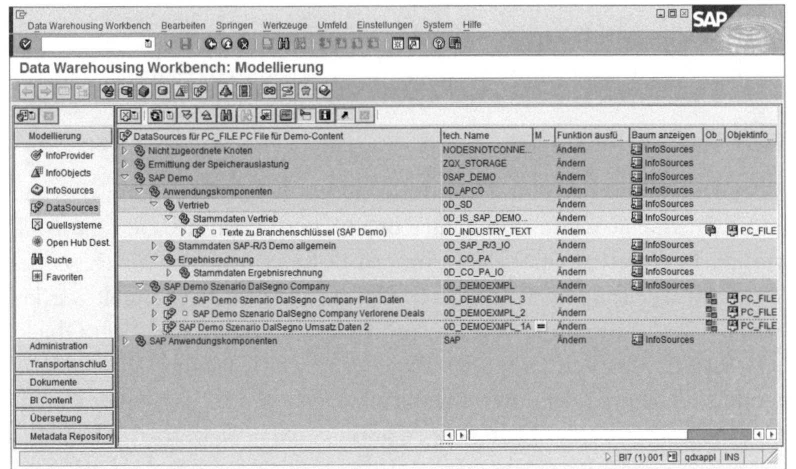

© SAP AG

Abb. 14–1
Anwendungskomponentenhierarchie mit DataSources

14.1.3 Unterstützte Delta-Verfahren

Bei der Extraktion von Daten aus Quellsystemen wird zwischen zwei unterschiedlichen Formen der Extraktion unterschieden:

- vollständige Extraktion aller Daten (Full Upload)
- Extraktion im Delta-Verfahren (Delta Upload)

Bei der ***vollständigen Extraktion*** aller Daten einer DataSource (zum Beispiel alle Kundenaufträge) werden alle Daten extrahiert, die in einer Datenquelle vorliegen. Liegen im BW bereits Daten vor, so müssen diese ggf. vor der Durchführung eines neuen Full Upload gelöscht werden[2]. Dieses Verfahren ist am einfachsten zu implementieren, kann jedoch insbesondere bei sehr großen Datenmengen zu laufzeitintensiv sein, um in vertretbarer Zeit zum Erfolg zu führen.

Aus diesem Grund ist es sowohl bei Stammdaten wie auch bei Bewegungsdaten sinnvoll, nur diejenigen Informationen zu extrahie-

1. Dies bedeutet, dass jedes dieser Systeme über eine eigene Anwendungskomponentenhierarchie verfügen kann, die unabhängig von anderen Anwendungskomponentenhierarchien ist.
2. Im BW ist das Löschen alter Daten eine spezielle Funktion, die explizit ausgeführt werden muss..

ren, die seit der letzten Extraktion neu erstellt, geändert oder gelöscht wurden (***Delta-Extraktion***).

Abhängig von den jeweiligen Datenquellen gibt es unterschiedliche Möglichkeiten, mit denen DataSources Delta-Informationen darstellen können. Einige DataSources sind unter Umständen auch gar nicht in der Lage, Delta-Informationen zu liefern. Zur Beschreibung der jeweils verwendeten Delta-Modi sind zwei Informationen von Bedeutung:

- der Delta-Modus jedes extrahierten Datensatzes
- die verwendeten Delta-Modi in einer DataSource (Delta-Verfahren)

Delta-Modi der Datensätze

Jeder Datensatz, der eine Delta-Information beschreibt, kann dies auf unterschiedliche Weise tun. Daher muss jeder Datensatz eine Information darüber enthalten, welche Art von Delta vorliegt, damit er bei der Weiterverarbeitung im Staging vom BW entsprechend behandelt werden kann. Zur Aufnahme dieser Information dient das InfoObjekt `0RECORDMODE`, das von DataSources geliefert werden kann. Die nachfolgende Tabelle fasst die unterschiedlichen Delta-Modi zusammen, die für die Beschreibung einer Delta-Information verwendet werden können.

Bezeichnung	`0RECORDMODE`	Beschreibung
New Image	`'N'`	Der Satz beschreibt den Zustand nach der Neuanlage eines Satzes.
After-Image	`' '`	Der Satz beschreibt den Zustand nach der Änderung eines Satzes. Je nach Fähigkeit der DataSource kann ein After-Image auch die Neuanlage des Satzes bedeuten. Enthalten die Daten einer DataSource nicht das InfoObjekt `0RECORDMODE`, so wird automatisch von einem After-Image ausgegangen.
Before-Image	`'X'`	Der Satz beschreibt den Zustand vor einer Änderung. Alle summierbaren Attribute haben dabei ein invertiertes Vorzeichen. Before-Images werden immer in Kombination mit anderen Delta-Modi geliefert.
Additives Image	`'A'`	Der Satz beschreibt bei summierbaren Attributen die Veränderung und bei nicht summierbaren Attributen den Zustand nach der Änderung bzw. nach dem Anlegen.
Deletion	`'D'`	Der Satz überträgt nur den Schlüssel und kennzeichnet damit, dass der Satz gelöscht wurde.
Reverse Image	`'R'`	Der Satz ist identisch mit einem Before-Image. Technisch besteht ein Unterschied bei der Weiterverarbeitung solcher Sätze in ODS-Objekten (siehe Kapitel 17.1.2): Wird ein Satz mit gleichem Schlüssel im ODS-Objekt gefunden, so wird dieser gelöscht, auch wenn die Attribute nicht identisch sind.

Delta-Verfahren der DataSources

Je nachdem, welche Delta-Modi in einer DataSource verwendet werden, beschreibt die DataSource in ihren Metadaten ein bestimmtes Delta-Verfahren. Damit ist es dem BW möglich, bereits bei der Modellierung des Staging zu entscheiden, ob eine DataSource für die geplante Weiterverarbeitung geeignet ist. Ebenso wie die Strukturen der DataSource wird auch das Delta-Verfahren der DataSource durch die Metadaten des Extraction Layer geliefert (SAP ERP, SAP BW, 3rd party ETL-Tools) beziehungsweise muss manuell im Inflow Layer hinterlegt werden. Die folgende Tabelle listet die einzelnen Delta-Verfahren auf[3].

Delta	Beschreibung	Nur Full Upload	New Image	After Image	Before-Image	Additives Image	Deletion	Reverse Image
	(=FULL) Full Upload. Delta kann über ODS ermittelt werden	✓						
A	Stammdaten-Delta (immer After Image)			✓				
ABR	Komplettes Delta mit Löschkennzeichen über Delta-Queue (Cube-fähig)		✓	✓	✓			✓
ABR1	Wie ABR jedoch nur requestweise Serialisierung		✓	✓	✓			✓
ADD	Additive Extraktion über Extraktor (zum Beispiel LIS-Infostrukturen)					✓		
ADDD	Wie ADD, jedoch über Delta-Queue (Cube-fähig)					✓		
AIE	After Images über Extraktor			✓				
AIED	After Image mit Löschkennzeichen über Extraktor			✓			✓	
AIM	After Images über Delta-Queue			✓				
AIMD	After Image mit Löschkennzeichen über Delta-Queue			✓			✓	
CUBE	InfoCube-Extraktion					✓		
FIL0	Delta über File-Import mit After Images			✓				
FIL1	Delta über File-Import mit Delta Images					✓		
NEWD	Nur neue Sätze (Inserts) über Delta-Queue (ODS-fähig)		✓					
NEWE	Nur neue Sätze (Inserts) über Extraktor (ODS-fähig)		✓					
ODS	ODS-Extraktion		✓	✓	✓			✓

Darüber hinaus existieren die Delta-Verfahren D, E und X. Dabei handelt es sich um alte Delta-Verfahren, die für die Extraktoren der BW-Version 1.2 entwickelt wurden. Diese Verfahren werden aus Gründen der Kompatibilität noch unterstützt, aber bei neueren Extraktoren nicht mehr verwendet.

3. Welche Delta-Verfahren aktuell existieren, ist in der Tabelle RODELTAM hinterlegt.

Ermittlung des Delta-Verfahrens

In einigen Fällen ist es hilfreich, das Delta-Verfahren einer DataSource aus den Metadaten in Erfahrung zu bringen. Das Delta-Verfahren wird in der ABAP Dictionary-Tabelle `RSOLTPSOURCE` (Feld `DELTA`) abgelegt und kann mit Hilfe der Transaktion `SE16` ermittelt werden.

14.2 Extraktion aus SAP ERP

Grundlage der Extraktion aus SAP-ERP-Systemen bilden die sogenannten Extraktoren, die als Plug-ins in den jeweiligen SAP-ERP-Systemen installiert sein müssen. Sie stellen die technischen Grundlagen zur Bereitstellung von Metadaten sowie zur Verarbeitung von Datenanforderungen und Durchführung der Extraktion zur Verfügung.

Voraussetzung für die Kommunikation mit dem BW-System ist die Einrichtung eines CPIC-Hintergrundbenutzers (Profil `S_BI-WX_RFC`) sowie das Anlegen der erforderlichen RFC Destination im Quellsystem. Im Falle von SAP-ERP-Systemen ab Version 3.0E erfolgt die Einrichtung im Rahmen der automatischen Quellsystemeinrichtung durch das BW. Bei SAP-R/3-Systemen in der Version 3.0D muss die Einrichtung als Teil der Basisadministration manuell durchgeführt werden.

Die Extraktion von Daten erfolgt bei jeder DataSource spezifisch für die jeweilige Datenquelle (siehe Abb. 14–2).

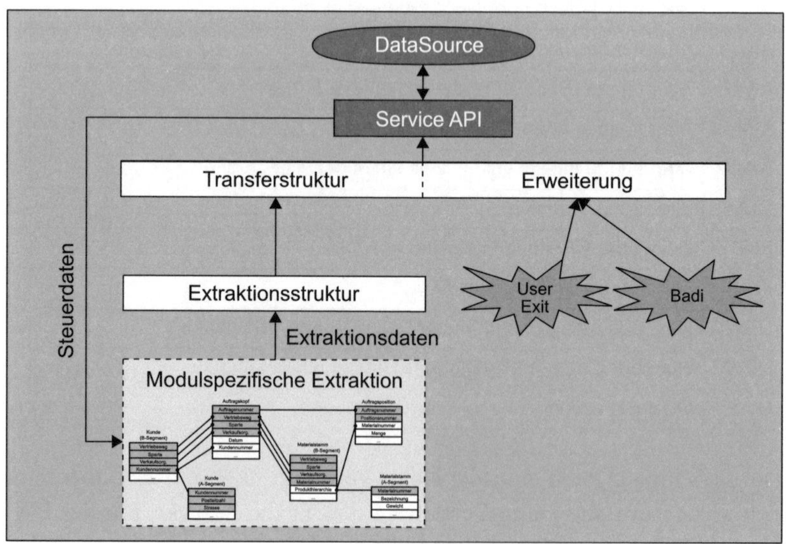

Abb. 14–2 *Datenfluss im Quellsystem bei der Extraktion aus SAP ECC- und SAP R/3-Systemen*

Die Bereitstellung von DataSources, der Anwendungskomponentenhierarchie sowie die modulspezifische Extraktion wird durch den BI Content definiert, der im Anschluss an die Installation der Extraktoren

(Plug-ins) aktiviert werden muss (die Aktivierung des BI Content wird in Abschnitt D.1.6 beschrieben).

Sofern die Extraktion nicht auf den DataSources des BI Content basieren kann (zum Beispiel, weil eigenentwickelte ABAP Dictionary-Tabellen extrahiert werden sollen), können generische DataSources definiert werden.

Darüber hinaus können Erweiterungen an den DataSources des BI Content beziehungsweise an generischen DataSources vorgenommen werden, wenn die Dateninhalte der DataSources zwar grundsätzlich den Anforderungen entsprechen, aber angepasst werden müssen.

Nachfolgend wird die

- Definition generischer DataSources
- Erweiterung von DataSources

erläutert.

14.2.1 Definition generischer DataSources

Die Definition generischer DataSources bietet die Möglichkeit, Daten aus beliebigen ABAP Dictionary-Tabellen, Views oder sogar Funktionsbausteinen zu extrahieren. Dadurch können auch diejenigen Daten aus SAP-ERP-Systemen extrahiert werden, deren Extraktion nicht durch DataSources des BI Content vordefiniert ist. In der Praxis handelt es sich dabei vor allem um eigenentwickelte ABAP Dictionary-Tabellen und Views, die nicht Teil des Standard-SAP-ERP-Systems sind.

Die Definition eines generischen Extraktors erfolgt im IMG des Extraktors im SAP-ERP-System (Transaktion `SBIW`) beziehungsweise direkt über die Transaktion `RS02`. Um die richtige Weiterverarbeitung der extrahierten Daten im BW sicherzustellen, muss dabei definiert werden, ob es sich bei einer generischen DataSource um Bewegungsdaten, Stammdaten oder Texte handelt (siehe Abb. 14–3).

Nach der Kategorisierung einer DataSource in Bewegungs-, Stamm-, oder Textdaten ist eine transparente Tabelle[4], ein View auf eine transparente Tabelle oder ein Funktionsbaustein anzugeben, aus dem Daten extrahiert werden sollen, sowie ein beschreibender Text zur DataSource.

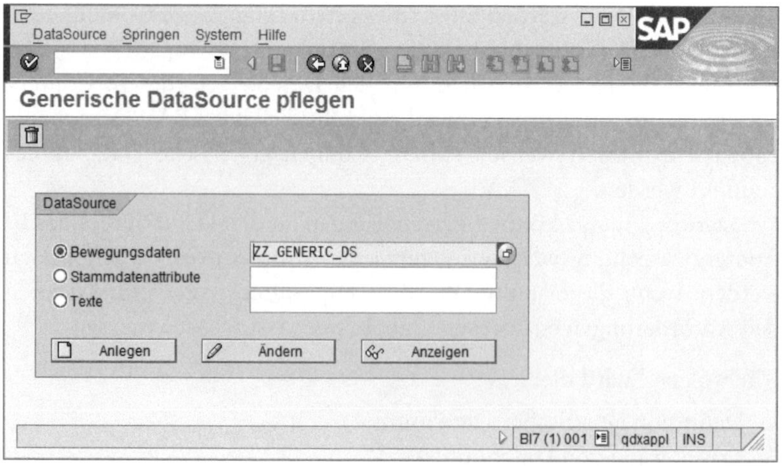

Abb. 14–3
Pflege generischer DataSources

© SAP AG

Die Extraktion von Daten für externe Hierarchien ist mit Hilfe generischer DataSources nicht möglich. Für die Extraktion von Hierarchien kann stattdessen ein Umweg über die Verwendung von Flatfiles gegangen werden. Dabei muss ein eigenes Programm entwickelt werden, welches die Hierarchiedaten in ein geeignetes Flatfile schreibt. Der Aufbau eines solchen Flatfiles wird in Kapitel 14.5 beschrieben.

Zusätzlich ist eine Anwendungskomponente anzugeben, der die generische DataSource zugeordnet werden soll. Diese Zuordnung hat keine Bedeutung für die Funktionsweise der DataSource, sondern dient zur übersichtlichen Organisation aller DataSources in der Anwendungskomponentenhierarchie des Quellsystems (siehe Abb. 14–4).

Nachfolgend werden die Besonderheiten beschrieben, die bei der ***Extraktion aus Views/Tabellen*** bzw. bei der ***Extraktion aus Funktionsbausteinen*** zu beachten sind. Darüber hinaus wird erläutert, wie die Extraktion durch generische DataSources unter Verwendung von ***Delta-Verfahren*** erfolgen kann.

4. Die Extraktion von Daten aus Pool- und Clustertabellen des SAP R/3 ist nicht möglich.

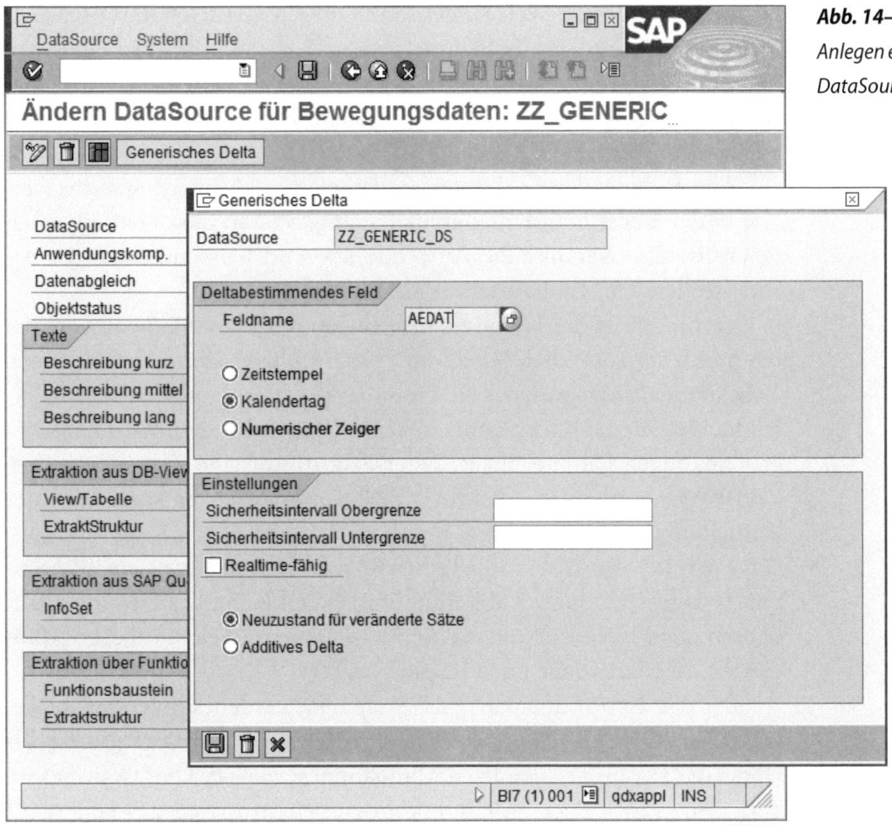

Abb. 14–4
Anlegen einer generischen DataSource in SAP ERP

Extraktion aus Tabellen und Views

Bei der Extraktion durch generische DataSources kann gleichermaßen eine transparente Tabelle oder ein View angegeben werden. Alle Tabellenfelder der Tabelle/des Views stehen für die Extraktion zur Verfügung.

Welche Felder dem BW tatsächlich in der Struktur der DataSource angeboten werden sollen und welche davon auch im Rahmen der Extraktion zur Selektion von Daten verwendet werden können (siehe Kapitel 15.4.1), kann bei der Generierung der DataSource festgelegt werden (siehe Abb. 14–5).

Mandantenübergreifende Extraktion

In der SAP-ERP-Welt ist ein Mandant ein juristisch und organisatorisch eigenständiger Teilnehmer am System (zum Beispiel eines von mehreren Unternehmen, die sich ein SAP-ERP-System teilen). Bei jeder Anmeldung[5] an einem SAP-ERP-System wird genau ein Mandant angegeben.

Anwendungs- und Customizingdaten eines SAP-ERP-Systems werden in der Regel mandantenabhängig abgelegt, so dass dem angemeldeten System/User nur die Anwendungs- und Customizingdaten des entsprechenden Mandanten zur Verfügung stehen.

Technisch ist die Trennung der Anwendungs- und Customizingdaten durch ein zusätzliches Feld im Primärschlüssel der datentragenden Tabellen realisiert, welches die Nummer des Mandanten enthält. Hierbei handelt es sich immer um ein Feld mit dem Namen `MANDT` und dem gleichnamigen Datenelement. Jeder Zugriff auf eine Tabelle mit dem Feld `MANDT` wird durch das SAP ERP automatisch entsprechend der Anmeldung eingeschränkt.

Auch bei der Anbindung eines SAP-ERP-Systems an ein BW-System bezieht sich diese Anbindung immer auf einen bestimmten Mandanten, also technisch auf das logische System, welches diesen Mandanten definiert (siehe auch Kapitel 15.1.1).

Bei der Extraktion aus ERP-Systemen werden somit sowohl bei DataSources des BI Content als auch bei generischen DataSources die Daten des jeweils verwendeten Mandanten selektiert. Dies ist insbesondere deswegen immer im Hinterkopf zu behalten, weil das Feld `MANDT` bei der Definition von DataSources und Ladevorgängen nicht mehr in Erscheinung tritt und durch das System einfach unterschlagen wird.

Sprachabhängige Extraktion von Texten

Bei der Modellierung von Texten zu InfoObjekten im BW werden diese oftmals als sprachabhängig definiert (vgl. Kapitel 6.2.1) – teils weil dies die Default-Einstellung neuer InfoObjekte ist, teils weil es sich so nett anhört, sprachabhängige Texte zu bieten.

Speziell bei der Verwendung von Views ist zu beachten, dass die Extraktion nur dann mandantenbezogen erfolgt, wenn das Feld `MANDT` auch Bestandteil des Views ist. Ist das Feld `MANDT` nicht Bestandteil des Views, so wird die zugrunde liegende Tabelle in jedem Fall mandantenübergreifend gelesen, was in der Regel zu Schlüsselverletzungen im BW führt, da das Feld `MANDT` im BW nicht mehr Bestandteil des Schlüssels ist.

5. Dies gilt für alle Arten der Anmeldung, d.h. sowohl für Dialoganwender als auch für CPIC-User o. Ä., die bei der Anmeldung anderer Systeme an einem R/3-System verwendet werden.

In diesem Zusammenhang sollte beim Anlegen generischer DataSources für Texte immer darauf geachtet werden, ob das BW Texte sprachabhängig erwartet.

Ist dies der Fall, so sollen die DataSources ein entsprechendes Feld in der DataSource zur Verfügung stellen (vorzugsweise das Feld SPRAS mit dem gleichnamigen Datenelement), das die Sprache des jeweiligen Textes angibt.

Erfolgt die Konzeption von Datenmodell, Extraktion und Staging ohne besondere Abstimmung, so ist dies in der Praxis oft der Zeitpunkt, an dem aufgrund der Voraussetzungen im Quellsystem eine Anpassung einer der Bereiche durchgeführt wird.

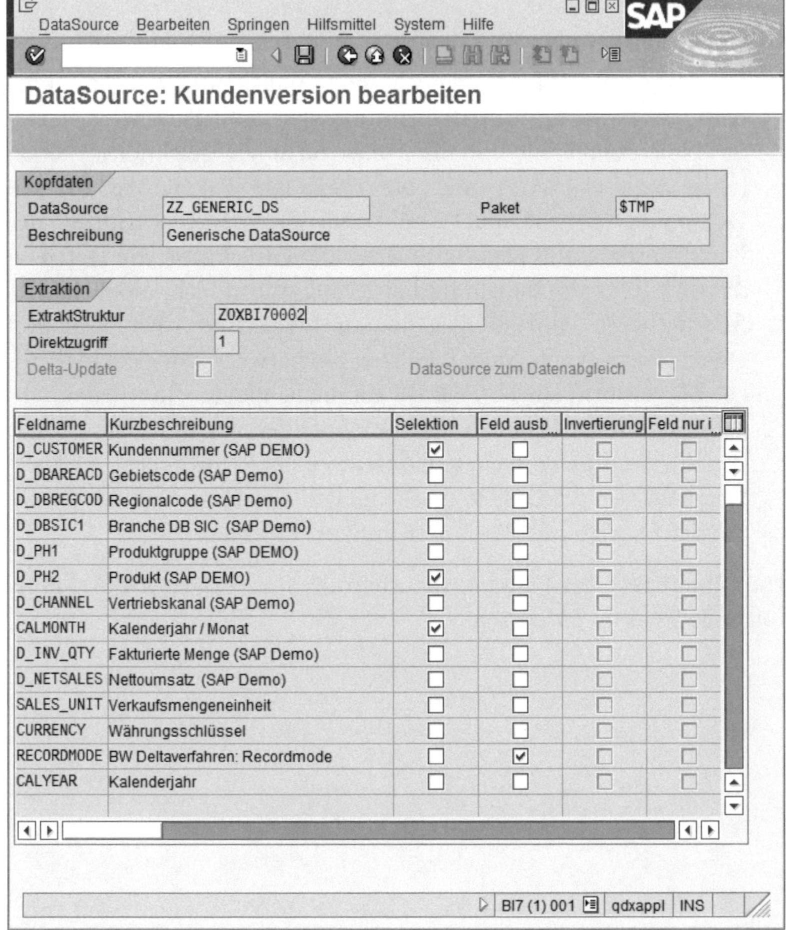

Abb. 14-5
Definition von Struktur und Selektionsfeldern generischer DataSources

Extraktion aus Funktionsbausteinen

Unter Umständen liegen die aus einem SAP-ERP-System zu extrahierenden Daten nicht in Form einer transparenten Tabelle vor und können auch nicht durch einen View zusammengestellt werden.

Bevor in solchen Fällen ein Programm zum Befüllen einer transparenten Tabelle entwickelt wird (wie dies in alten Extraktor-Versionen gängige Praxis war), kann die Extraktion direkt auf einen Funktionsbaustein zurückgreifen, der selbst zu entwickeln ist.

Die Angabe eines Funktionsbausteins muss dabei immer in Kombination mit einer vorzugebenden *Extraktstruktur* erfolgen, welche die Struktur der DataSource vorgibt. Eine solche Extraktstruktur ist mit Hilfe der Transaktion `SE11` im ABAP Dictionary anzulegen.

Der Funktionsbaustein wird mehrmals hintereinander aufgerufen:

- Der **erste Aufruf** dient lediglich zur Initialisierung des Funktionsbausteins sowie ggf. zur Überprüfung der Input-Parameter. In erster Linie sollten im Initialisierungsaufruf die Selektionskriterien (siehe Kapitel 15.4.1) und die maximale Paketgröße für die Extraktion (siehe Kapitel 24.1.1) für die weiteren Aufrufe des Funktionsbausteins gepuffert werden. Die Rückgabe von Daten an das SAP BW ist in diesem Initialisierungsaufruf nicht möglich.
- Alle **weiteren Aufrufe** dienen zum Lesen und Übergeben von Daten. Beim ersten Aufruf sollte typischerweise vor dem eigentlichen Lesezugriff ein `OPEN CURSOR` auf die benötigten Tabellen durchgeführt werden. Bei allen weiteren Aufrufen reicht der Lesezugriff (Fetch). Sind keine weiteren Aufrufe mehr erforderlich, weil alle Daten gelesen wurden, so muss dies dem Service-API durch Auslösen der Exception `NO_MORE_DATA` mitgeteilt werden.

Die Schnittstelle des Funktionsbausteins ist fest vorgegeben und muss folgende Struktur aufweisen:

	Parametername	Typisierung	Bezugstyp	Optional	Wertübergabe	Beschreibung
Import-Parameter	I_REQUNR	TYPE	SRSC_S_IF_SIMPLE-REQUNR	×	✓	Request-ID im BW-System
	I_DSOURCE	TYPE	SRSC_S_IF_SIMPLE-DSOURCE	✓	✓	Name der DataSource
	I_MAXSIZE	TYPE	SRSC_S_IF_SIMPLE-INITFLAG	✓	✓	Erwartete Datenpaketgröße
	I_INITFLAG	TYPE	SRSC_S_IF_SIMPLE-INITFLAG	✓	✓	Kennz. Initialisierung
	I_READONLY	TYPE	SRSC_S_IF_SIMPLE-READONLY	✓	✓	(keine Bedeutung)
Tabellen	I_T_SELECT	TYPE	SRSC_s_IF_SIMPLE-T_SELECT	✓		Selektionskriterien: Enthält im Falle eines generischen Deltas auch den Wert des deltabestimmenden Feldes.
	I_T_FIELDS	TYPE	SRSC_S_IF_SIMPLE-T_FIELDS	✓		Zu extrahierende Felder der Extraktstruktur
	E_T_DATA	LIKE	<Extraktstruktur>	✓		Übergabestruktur gem. Definition der DataSource
Ausnahmen	NO_MORE_DATA					Signalisiert, dass alle Daten gelesen wurden und FB nicht weiter aufgerufen werden muss
	ERROR_PASSED_TO_MESS_HANDLER					Extraktion fehlerhaft

Die Vorgabe der Datenpaketgröße im Parameter I_MAXSIZE stellt eine Wunschgröße dar, die vom aufrufenden BW-System erwartet wird. Diese Größe sollte eingehalten werden, wenn dies möglich ist; es handelt sich jedoch nicht um eine zwingende Verpflichtung. In einigen Fällen (z.B. bei komplexen Selektionen aus mehreren Tabellen) ist es geradezu unmöglich, die Paketgröße einzuhalten. Sogar die von der SAP ausgelieferten DataSources des BI Content halten die ihnen vorgegebenen Paketgrößen nicht immer ein.

Nachfolgend wird ein Codebeispiel für einen Funktionsbaustein gegeben, der in einem generischen Extraktor verwendet werden kann. Aufgabe des Bausteins ist die Extraktion der Tabelle ZTABELLE, wobei die Felder SFELD1 und SFELD2 als Selektionskriterien verwendet werden.

```
FUNCTION Z_BW_EXTRACT_ZTABELLE.
*"----------------------------------------------------------------
*"       IMPORTING
*"          VALUE(I_REQUNR) TYPE  SRSC_S_IF_SIMPLE-REQUNR
*"          VALUE(I_DSOURCE) TYPE  SRSC_S_IF_SIMPLE-DSOURCE
*"                           OPTIONAL
*"          VALUE(I_MAXSIZE) TYPE  SRSC_S_IF_SIMPLE-MAXSIZE
*"                           OPTIONAL
*"          VALUE(I_INITFLAG) TYPE  SRSC_S_IF_SIMPLE-INITFLAG
*"                           OPTIONAL
*"          VALUE(I_READ_ONLY) TYPE  SRSC_S_IF_SIMPLE-READONLY
*"                           OPTIONAL
*"          VALUE(I_REMOTE_CALL) TYPE  SBIWA_FLAG
*"                           DEFAULT SBIWA_C_FLAG_OFF
*"       TABLES
*"          I_T_SELECT TYPE  SRSC_S_IF_SIMPLE-T_SELECT OPTIONAL
*"          I_T_FIELDS TYPE  SRSC_S_IF_SIMPLE-T_FIELDS OPTIONAL
*"          E_T_DATA STRUCTURE  ZTABELLE OPTIONAL
*"       EXCEPTIONS
*"          NO_MORE_DATA
*"          ERROR_PASSED_TO_MESS_HANDLER
*"----------------------------------------------------------------

TABLES:
ZTABELLE.    "Diese Tabelle soll durch den FB extrahiert werden
DATA:
      L_S_SELECT TYPE SRSC_S_SELECT.     "Hilfsstruktur zur Aufnahme
                                         "von Selektionskriterien

STATICS:
   S_S_IF TYPE SRSC_S_IF_SIMPLE,         "Initialisierungsparameter
   S_COUNTER_DATAPAKID LIKE SY-TABIX,    "Datensatz-Zähler
   S_CURSOR TYPE CURSOR.                 "Cursor

RANGES:
   L_R_SFELD1  FOR ZTABELLE-SFELD1,      "Range für Selektionsfelder
   L_R_SFELD2  FOR ZTABELLE-SFELD2.      "SFELD1 und SFELD2

*     Aufruf für Initialisierung
IF I_INITFLAG = SBIWA_C_FLAG_ON.

*     Initialisierungsaufruf: Puffern der Initialierungsparameter

*     Optionaler Check der Input-Parameter kann hier durchgeführt werden
*     Initialisierungsparameter für weitere Aufrufe puffern
   S_S_IF-REQUNR  = I_REQUNR.     "Request-ID der Extraktion
   S_S_IF-DSOURCE = I_DSOURCE.    "Name der DataSource
   S_S_IF-MAXSIZE = I_MAXSIZE.    "Maximale Datenpaketgröße
   APPEND LINES OF I_T_FIELDS TO S_S_IF-T_FIELDS.
```

```
*     Aufruf für Datentransfer
ELSE.

*     Leseaufruf: OPEN CURSOR + FETCH beim ersten Aufruf
*     bei weiteren Aufrufen nur noch FETCH

      IF S_COUNTER_DATAPAKID = 0."OPEN CURSOR beim ersten Aufruf

         LOOP  AT S_S_IF-T_SELECT         "Zusammenstellen der
               INTO L_S_SELECT            "Selektionskriterien
               WHERE FIELDNM = 'SFELD1'.  "für Feld SFELD1

            MOVE-CORRESPONDING L_S_SELECT TO L_R_SFELD1.
            APPEND L_R_SFELD1.
         ENDLOOP.

         LOOP  AT S_S_IF-T_SELECT         "Zusammenstellen der
               INTO L_S_SELECT            "Selektionskriterien
               WHERE FIELDNM = 'SFELD2'.  "für Feld SFELD2

            MOVE-CORRESPONDING L_S_SELECT TO L_R_SFELD2.
            APPEND L_R_SFELD2.
         ENDLOOP.

         OPEN CURSOR WITH HOLD S_CURSOR FOR
         SELECT (S_S_IF-T_FIELDS)
               FROM ZTABELLE
               WHERE  SFELD1  IN L_R_SFELD1
               AND    SFELD2  IN L_R_SFELD2.

      ENDIF.
      FETCH NEXT CURSOR S_CURSOR        "Fetch für alle Leseaufrufe
         APPENDING CORRESPONDING FIELDS
         OF TABLE E_T_DATA
         PACKAGE SIZE S_S_IF-MAXSIZE.

      IF SY-SUBRC <> 0.
         CLOSE CURSOR S_CURSOR.
         RAISE NO_MORE_DATA.
      ENDIF.
      S_COUNTER_DATAPAKID = S_COUNTER_DATAPAKID + 1.
ENDIF.
ENDFUNCTION.
```

Treten während der Ausführung des Funktionsbausteins Fehler auf, so können diese durch den Aufruf des Makros LOG_WRITE an die Service-API übergeben werden. Der Fehler muss dem Service-API zusätzlich durch Auslösen der Exception ERROR_PASSED_TO_MESS_HANDLER signalisiert werden.

Das entsprechende ABAP-Coding kann folgendermaßen gestaltet sein:

```
LOG_WRITE 'E'          "Nachrichtentyp E (Fehler)
          'Zxy'        "Nachrichtenklasse (gem. Transaktion SE91)
          '001'        "Nachrichtennummer innerhalb der Klasse
          I_DSOURCE    "Inhalt 1 (hier Name der DataSource)
          ''.          "Inhalt 2 (hier nicht ausgeprägt)
RAISE ERROR_PASSED_TO_MESS_HANDLER.
```

Generisches Delta

Insbesondere dann, wenn das Datenvolumen, das ein generischer Extraktor liefert, zu Performanceproblemen führt, ist der Einsatz eines Delta-Verfahrens unumgänglich (vgl. Kapitel 14.1.3).

Deltabestimmendes Feld

Der Einsatz eines Delta-Verfahrens wird durch generische Extraktoren unterstützt, wenn geänderte bzw. neu angelegte Datensätze durch ein Attribut von den bereits extrahierten Datensätzen abgegrenzt werden können. Der Wert eines solchen Attributs muss zu diesem Zweck mit jedem geänderten/neu angelegten Datensatz monoton ansteigen.

Ein solches monoton aufsteigendes Attribut können

- ein Zeitstempel als DEC15-Feld im Format JJJJMMTThhmmss
- ein Kalendertag als DATS8-Feld im Format JJJJMMTT
- ein numerischer Zeiger

sein. Bei der Definition des Delta-Verfahrens ist ein entsprechendes Feld der DataSource anzugeben und zu bestimmen, ob es sich um einen Zeitstempel, Kalendertag oder numerischen Zeiger handelt (siehe Abb. 14–6).

Die Belegnummer der Auftragsbelege (Tabellen VBAK und VBAP) wäre zum Beispiel nicht als Delta-Pointer geeignet, da diese Nummer zwar ein fortlaufender numerischer Pointer ist, Auftragsbelege sich aber noch nachträglich ändern können und die Belegnummer somit nicht mit den Änderungen monoton ansteigt.

Die Belegnummer der Fakturabelege wäre hingegen geeignet, da sie ein monoton aufsteigender numerischer Pointer ist (Fakturen ändern sich nicht mehr nachträglich).[6]

---

6. Im Bereich der Aufträge und Fakturen ist zu beachten, dass – ungeachtet der hier gegebenen Beispiele – ohnehin die Content-DataSources der Logistik-Extraktion verwendet werden sollten.

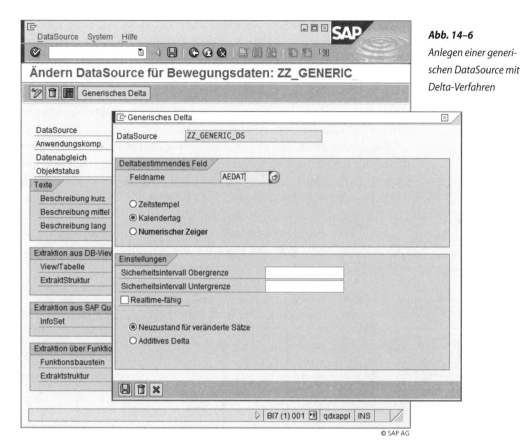

Abb. 14-6 Anlegen einer generischen DataSource mit Delta-Verfahren

Bei der Definition eines generischen Deltas ist die inhaltliche Kenntnis der zu extrahierenden Daten unerlässlich. Wird ein Delta-Verfahren auf einem numerischen Pointer/Kalendertag/Zeitstempel aufgebaut, der nicht wirklich monoton aufsteigt, so führt dies zu schwerwiegenden (und in der Regel hinterhältigen, weil versteckten) Fehlern.

Verwendung zweier deltabestimmender Felder

In vielen Fällen wird in SAP-ERP-Systemen ein Änderungsdatum mit einem Erstellungsdatum kombiniert, wobei das Feld mit dem Erstellungsdatum einmalig beim Anlegen des Datensatzes gefüllt wird und das Änderungsdatum erstmals bei der ersten Änderung befüllt wird. Somit ist das Erstellungsdatum als deltabestimmendes Feld nur geeignet, um neu angelegte Datensätze zu erkennen (aber keine Änderungen), während das Änderungsdatum als deltabestimmendes Feld nur verwendet werden kann, um Änderungen zu erkennen (aber keine Neuanlage).

Um eine Deltaextraktion mit Hilfe zweier derart kombinierter Felder zu definieren, können zwei generische DataSources definiert werden, die jeweils einen Teil des Deltas (Neuanlagen/Änderungen) liefern.

Dabei ist zu beachten, dass einzelne Datensätze, die vor einer Extraktion sowohl angelegt als auch geändert wurden, durch beide DataSources geliefert werden können.

Delta-Verwaltung bei numerischen Pointern

Intern untersucht der Extraktor in SAP-ERP-Systemen bei der Extraktion aus generischen DataSources die Inhalte der übertragenen Daten und merkt sich den größten an das BW übermittelten Wert in der Verwaltung der Delta-Queue.

Bei der nächsten Extraktion werden alle Datensätze extrahiert, bei denen der Inhalt des Delta-Pointers über dem Wert liegt, der von der letzten Extraktion in der Delta-Queue abgelegt wurde. Nach Abschluss der Extraktion wird der nächste größte Wert in der Delta-Queue abgelegt usw. (siehe Abb. 14–7).

Dies alles erfolgt automatisch durch das Zusammenspiel von Extraktor und SAP BW und muss bei der Modellierung von Extraktion und Staging nicht weiter beachtet werden.

Abb. 14–7 *Generische Delta-Extraktion auf Basis numerischer Pointer*

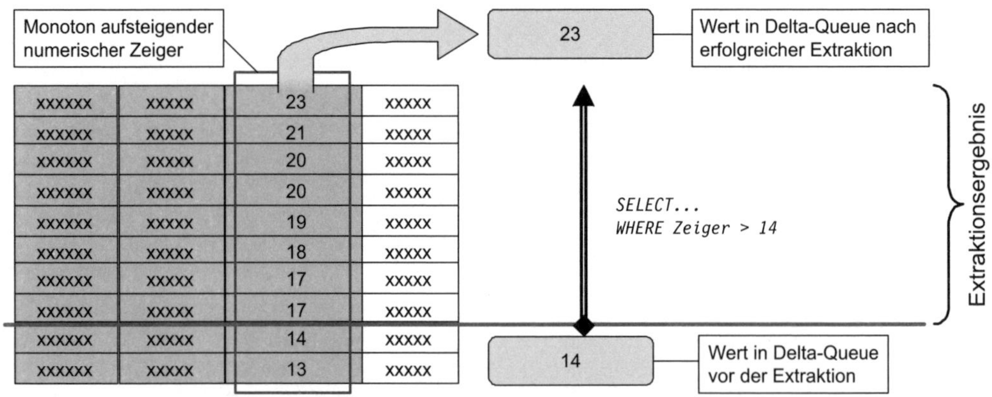

Delta-Verwaltung bei Zeitstempeln und Kalendertagen

Bei der Verwendung von Zeitstempeln und Kalendertagen wird der von den numerischen Pointern bekannte Delta-Mechanismus erweitert. So wird nicht nur der größte extrahierte Wert der letzten Extraktion als ***Untergrenze*** der nächsten Extraktion verwendet. Zusätzlich wird bei der Extraktion auch der aktuelle Tag/Zeitstempel als ***Obergrenze*** der jeweiligen Extraktion verwendet.

So würde zum Beispiel eine generische Delta-Extraktion über den Kalendertag am 18.01.2005 keine Datensätze liefert, bei denen der Kalendertag nach dem 18.01.2005 liegt (Ausnahme: Verwendung eines Sicherheitsintervalls, s.u.).

Sicherheitsintervall

Die beschriebene Delta-Verwaltung ist ein akzeptables Hilfsmittel, das jedoch nur bei numerischen Zeigern technisch sicherstellt, dass genau alle neuen oder geänderten Datensätze bei der Extraktion berücksichtigt werden.

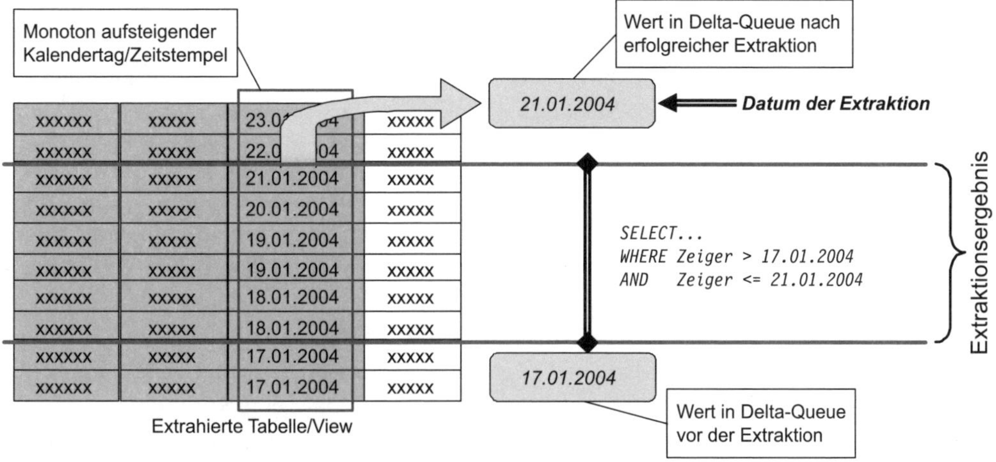

Abb. 14–8
Generische Delta-Extraktion auf Basis von Zeitstempel/Kalendertag

Insbesondere dann, wenn während der Extraktion neue Datensätze erzeugt werden, kann es bei der Delta-Verwaltung durch Kalendertage/Zeitstempel zu schwerwiegenden Fehlern kommen. Werden zum Beispiel am 18.01.2004 um 23:45 Daten extrahiert, so ist die Übernahme aller Datensätze, die am 18.01.2004 nach 23:45 erzeugt werden, nicht gesichert.

Diese Fehlerursache ließe sich theoretisch eingrenzen, indem der Extraktionszeitpunkt möglichst genau auf 23:59:59 gelegt wird (nicht auf 00:00:00, denn dann wäre die Obergrenze bereits der folgende Tag!). Dies ist jedoch sowohl technisch wie auch fachlich nicht praktikabel.

Um diesem Problem entgegenzuwirken, existiert die Möglichkeit, zwei sogenannte ***Sicherheitsintervalle*** vorzugeben (vgl. Abb. 14–6 auf Seite 331):

- **Sicherheitsintervall Obergrenze:** Die Festlegung einer Obergrenze verfolgt das Ziel, die Datenquelle lieber nicht bis zum aktuellen Zeitpunkt/Datum auszulesen, sondern die Obergrenze bewusst kleiner zu wählen. Das Setzen der Obergrenze verhindert Fehler, die durch gleichzeitiges Extrahieren und Erzeugen von Datensätzen entstehen (sofern das Sicherheitsintervall mindestens der Dauer der Extraktion entspricht). Gleichzeitig führt die Obergrenze jedoch dazu, dass nie die aktuellsten Daten extrahiert werden.
- **Sicherheitsintervall Untergrenze:** Das Festlegen der Untergrenze bezieht auch Datensätze in die Extraktion ein, die unterhalb des letzten größten extrahierten Kalendertags/Zeitstempel liegen. Damit wird das Prinzip verfolgt, Datensätze lieber mehrfach als gar nicht zu extrahieren. Das extrahierte Datenvolumen ist somit zwar größer als nötig, aber es können auch aktuellste Daten in die

Extraktion einbezogen werden. Die Verwendung des Sicherheitsintervalls für die Untergrenze muss immer mit einem DataStore-Objekt im BW verbunden werden (siehe folgende Anmerkungen zum Delta-Modus).

Beide Sicherheitsintervalle können sowohl einzeln als auch in Kombination verwendet werden. Insbesondere die Kombination von Unter- und Obergrenze ist jedoch nur in Spezialfällen sinnvoll, da dadurch ein größeres Datenvolumen entsteht als nötig und dennoch nicht die aktuellsten Daten extrahiert werden.

Je nachdem, ob die Delta-Verwaltung mit Hilfe eines Kalendertags oder mit Hilfe eines Zeitstempels erfolgt, bedeutet eine Einheit im Sicherheitsintervall entweder einen Tag oder eine Sekunde.

Die Delta-Verwaltung mit Sicherheitsintervallen ist in Abb. 14–9 skizziert.

Abb. 14–9 *Generische Delta-Extraktion mit Sicherheitsintervall*

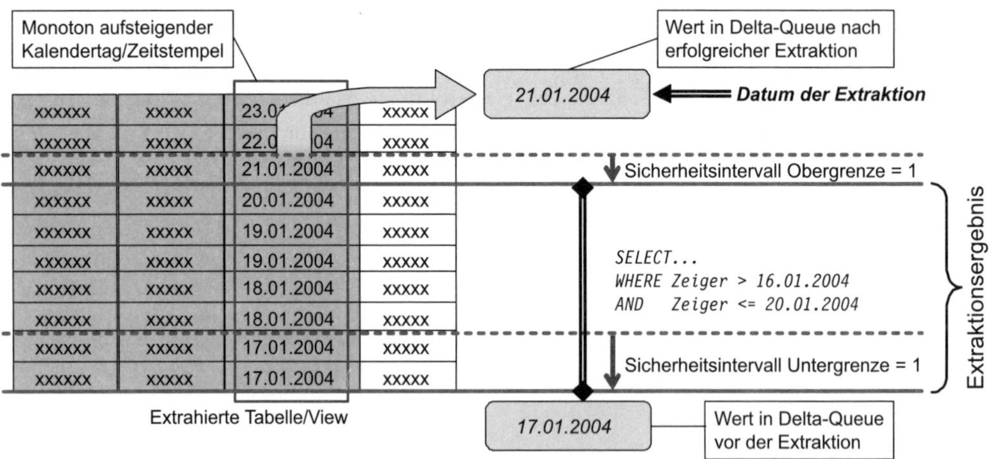

Delta-Modus generischer Delta-DataSources

Die Verwendung generischer Delta-Verfahren ist in Bezug auf Delta-Verwaltung und Sicherheitsintervalle weitgehend als Eigenentwicklung mit individuellen Eigenschaften zu verstehen. Aus diesem Grund kann der Extraktor des SAP ERP – anders als bei den DataSources des BI Content – nicht selbst die Information liefern, welcher Art der Delta-Modus der extrahierten Datensätze ist (vgl. Kapitel 14.1.3).

Bei der Definition eines generischen Delta-Verfahrens ist daher zu hinterlegen, ob der Extraktor seine Daten dem BW gegenüber als ***Additive Images*** oder als ***After-Images*** darstellt. Andere Delta-Modi stehen bei der Definition nicht zur Auswahl.

Die richtige Wahl des Delta-Modus spielt insbesondere bei der Weiterverarbeitung der Daten in Integration Layer und Data Mart Layer (siehe Kapitel 17 und Kapitel 18) eine entscheidende Rolle. So können ausschließlich additive Images direkt in BasisCubes fortgeschrieben werden, während After-Images zwingend zunächst in ein DataStore-Objekt fortgeschrieben werden müssen, um dort das After-Image in ein additives Image zu transformieren.

Dabei ist jedoch zu bedenken, dass die Lieferung von Datensätzen als additives Image bestenfalls bei der Delta-Verwaltung über einen numerischen Pointer realistisch ist. Bei der Verwendung eines Kalendertags/Zeitstempels ist ein additives Image dann noch möglich, wenn ein Sicherheitsintervall für die Obergrenze verwendet wird.

Spätestens bei der Verwendung eines Sicherheitsintervalls für die Untergrenze steht die Festlegung des After-Image jedoch außer Frage.

Kennzeichnen Sie ein generisches Delta-Verfahren nur dann als additiv, wenn Sie die Eigenarten der Delta-Verfahren und -Modi genau verstanden haben und sich der additiven Natur Ihrer DataSource sicher sind. Der Aufwand für den Aufbau von DataStore-Objekten, der bei der Weiterverarbeitung von After-Images (Neuzustand für veränderte Sätze) im BW erforderlich ist, hält sich in Grenzen und sollte aus Design-Erwägungen ohnehin vorgezogen werden, also auch bei additiven Images. Sofern eine Datenquelle nur neue Datensätze erzeugt, jedoch keine Datensätze ändert, können Sie ein Delta-Verfahren ohne Probleme als After-Image kennzeichnen, selbst wenn damit auch ein additives Image vorliegt. Diejenigen Fälle, in denen dies nicht zutrifft, sind in der Praxis eher selten, so dass Sie mit dem After-Image zumeist auf der sichereren Seite stehen.

14.2.2 Erweiterung von DataSources

In einigen Fällen wird der Informationsgehalt existierender DataSources nicht allen Anforderungen genau entsprechen. Aus diesem Grund bieten die Extraktoren die Möglichkeit, den Informationsgehalt bestehender DataSources zu erweitern.

Im Falle von DataSources für Bewegungsdaten und Stammdatenattribute/-texte umfasst die Erweiterung auch eine Anpassung der Feldstruktur. Diese Form der Erweiterung wird nachfolgend als erstes behandelt.

Im Falle von DataSources zur Extraktion von Hierarchien ist keine Veränderung der DataSource-Struktur möglich. Die Anpassung der extrahierten Hierarchien erfolgt vielmehr durch eine Manipluation der Datenlieferung.

In welcher Form die Dateninhalte manipuliert bzw. selbst definierte Felder mit Werten versorgt werden können, wird im Anschluss erläutert.

Erweiterung der DataSource-Struktur

Grundlage für die Erweiterung der DataSource-Struktur ist der in Abbildung 14–2 dargestellte dargestellte Datenfluss bei der Extraktion aus SAP-ERP-Systemen. Demnach werden die Daten der modulspezifischen Extraktion für jede DataSource zunächst in einer flachen Struktur zusammengestellt – der *Extraktstruktur.*

Erweiterung normaler DataSources

Die Extraktstruktur ist entweder durch den BI Content oder durch generische DataSources vorgegeben und kann in der Regel nicht verändert werden.

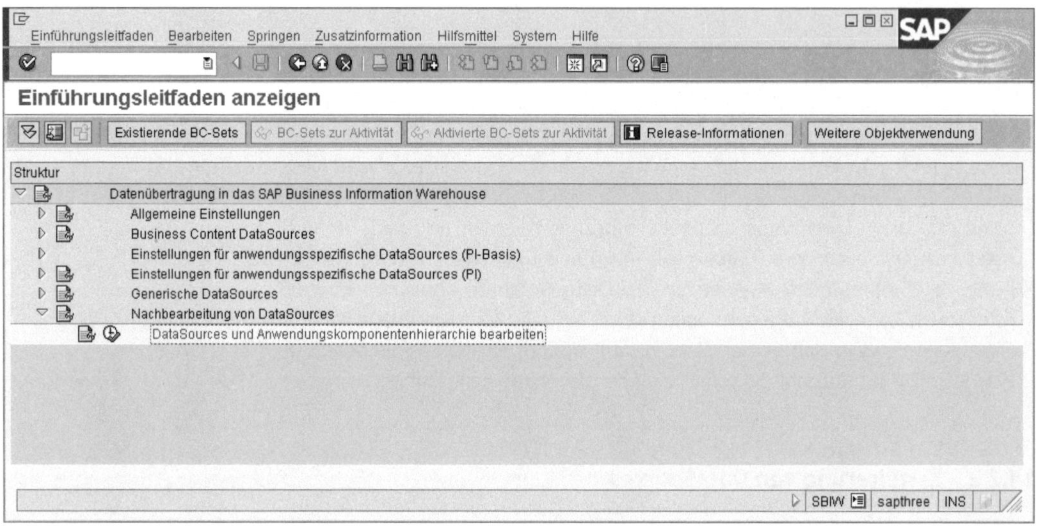

Abb. 14–10 *Nachbearbeitung von DataSources*

Nach dem Aufbereiten der extrahierten Daten in das Format der Extraktstruktur werden die Daten in das Format einer weiteren Struktur übernommen – die Transferstruktur. Die Transferstruktur bestimmt den Aufbau der jeweiligen DataSource und ist im Aufbau zunächst identisch mit der Extraktstruktur. Im Gegensatz zur Extraktstruktur kann die Transferstruktur bei Bedarf um zusätzliche Felder erweitert werden (wodurch auch die Struktur der DataSource erweitert wird).

Ausgangspunkt für geplante Erweiterungen ist in diesem Fall der Einführungsleitfaden der BW-Extraktoren, der im jeweiligen Quellsystem mit der Transaktion **SBIW** zu erreichen ist (siehe Abb. 14–10).

Die Erweiterung der Transferstruktur erfolgt in der Bearbeitung der jeweiligen DataSource durch den Button *Extraktstruktur erweitern* (siehe Abb. 14–11).

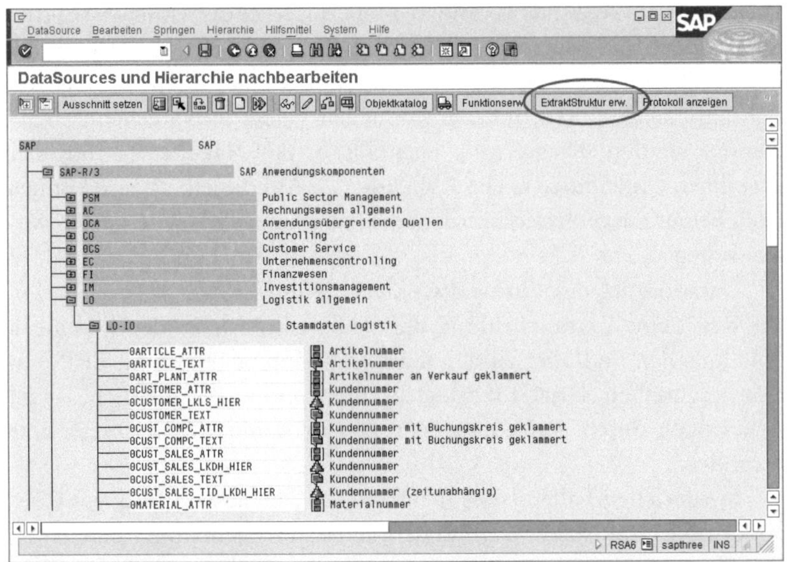

© SAP AG

Abb. 14–11
Nachbearbeitung der DataSource-Struktur

Bei der Erweiterung wird ein Append zur Transferstruktur angelegt, in dem die neuen Felder durch Feldnamen und entsprechende Datenelemente zu definieren sind..

Abb. 14–12
Nachbearbeitung der DataSource-Felder

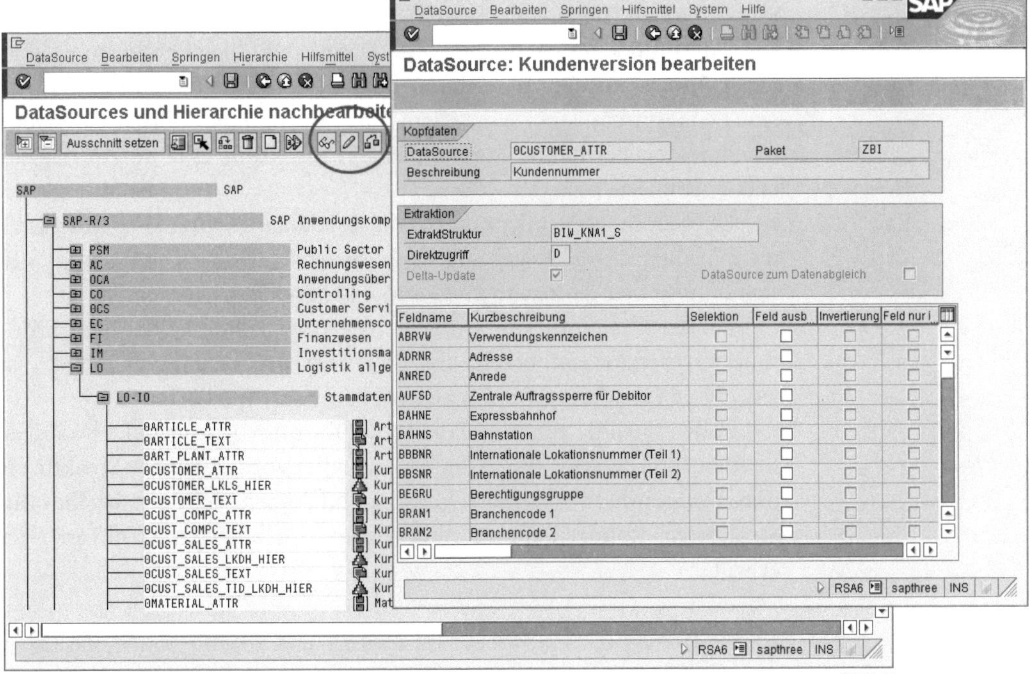

© SAP AG

Die Pflege des Appends verändert zwar zunächst die Transferstruktur, nicht jedoch die Metadaten der DataSource. Um die neu definierten Felder auch in der Definition der DataSource (und damit für das BW sichtbar) zu gestalten, müssen die neuen Felder entsprechend eingeblendet werden. Dies erfolgt ebenfalls in der Nachbearbeitung der jeweiligen DateSource (siehe Abb. 14–12). Auf dieselbe Weise können auch Felder ausgeblendet werden, die nicht an das BW übergeben werden sollen[7].

Erweiterung spezieller DataSources

DataSources des Business Content definieren wie beschrieben in der Regel eine Extraktstruktur, die die Schnittstelle zu den jeweiligen Quelltabellen und/oder zu den jeweiligen Komponenten im ERP-System beschreiben. Diese Extraktstrukturen sind unveränderlich, lassen sich jedoch durch Anpassung von Transferstruktur und DataSource verändern.

In speziellen Fällen ist es nicht sinnvoll, bereits im Business Content eine Extraktstruktur vorzudefinieren. Vielmehr muss bereits die Extraktstruktur (also die Schnittstelle in die Komponenten des ERP-Systems) an die jeweiligen Bedürfnisse angepasst werden.

Dies ist der Fall bei den DataSources für die Ergebnisrechnung und alle Bereiche der Logistik. DataSources für die Ergebnisrechnung werden vollständig generisch mit Hilfe der Transaktion **KEBO** definiert und lassen sich ansonsten wie alle anderen DataSources des Business Content anpassen (siehe Abb. 14–13).

Umfangreicher stellt sich die Definition und Erweiterung von DataSources aus dem Bereich der Logistik dar. Zur Definition derartiger DataSources steht vor allem das sogenannte LO-Customizing-Cockpit zur Verfügung, das mit der Transaktion **LBWE** aufzurufen ist (siehe Abb. 14–16).

Über die Strukturpflege im LO-Customizing-Cockpit lässt sich direkt die Extraktstruktur pflegen – die Transferstruktur einer DataSource leitet sich unmittelbar daraus ab und kann *nicht* erweitert werden.

Bei der Definition der Transferstrukturen stehen Felder aus vordefinierten Strukturen bereit, die aus dem prozessualen Umfeld der jeweiligen DataSource[8] stammen (siehe Abb. 14–14).

Sollen darüber hinaus Felder in die Extraktstruktur aufgenommen werden, so besteht die Möglichkeit, die vorgegebenen Strukturen durch Appends zu erweitern. Hierbei sind jedoch nicht unmittelbar die Strukturen, sondern die in diese bereits includierten Strukturen zu erweitern[9].

7. Nicht benötigte Felder können nicht aus der Transferstruktur gelöscht, sondern lediglich dem BW gegenüber verborgen werden.
8. bspw. Felder aus Lieferkopf/-position bei der Extraktion von Versanddaten

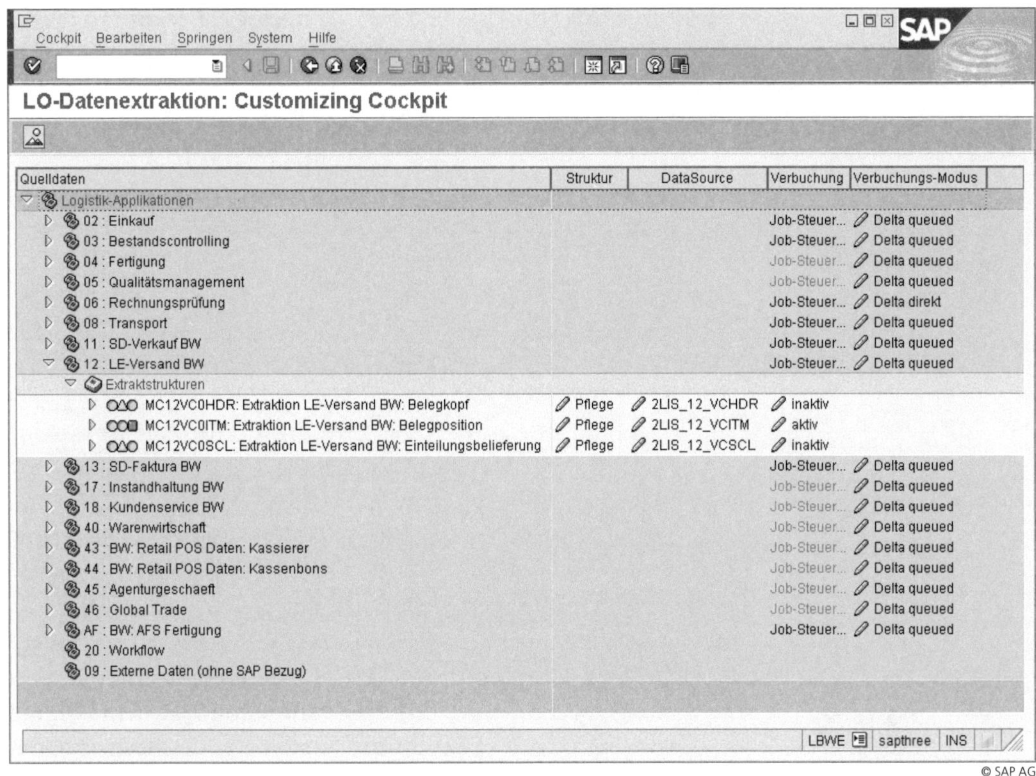

Abb. 14–13
LO Customizing Cockpit

Dies sind die Strukturen:

- MCVBAKUSR zur Erweiterung der MCVBAK
- MCVBAPUSR zur Erweiterung der MCVBAP
- MCLIKPUSR zur Erweiterung der MCLIKP
- MCLIPSUSR zur Erweiterung der MCLIPS
- MCVBRKUSR zur Erweiterung der MCVBRK
- MCVBRPUSR zur Erweiterung der MCVBRP
- MCVTTKUSR zur Erweiterung der MCVTTK
- MCVTTSUSR zur Erweiterung der MCVTTS
- MCVBKAUSR zur Erweiterung der MCVVKA

In jedem Fall ist auch bei diesen DataSources darauf zu achten, dass neu aufgenommene Felder in der Nachbearbeitung der DataSources für das BW sichtbar gemacht werden (vgl. Abb. 14–12).

9. Eine Erweiterung ist zwar auch auf anderem Wege möglich, jedoch greifen dann nicht mehr die Mechanismen, um die neuen Felder mit Werten zu versorgen.

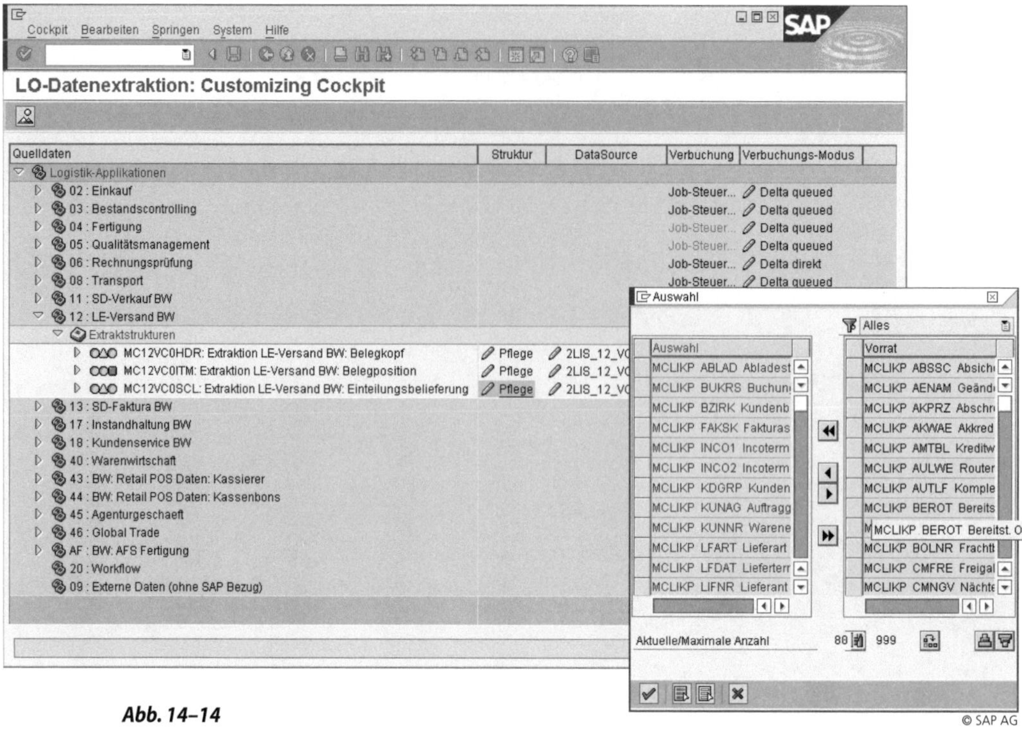

© SAP AG

Abb. 14–14
Erweiterung von LO-Extraktstrukturen

Füllen erweiterter Datenfelder

Nach der Erweiterung einer DataSource sind die zusätzlichen Felder zwar in der DataSource enthalten, werden bei der Extraktion jedoch nicht mit Inhalten versorgt. Für die Versorgung der erweiterten Felder mit Daten stellen die Extraktoren zweierlei Möglichkeiten zur Verfügung: Die »traditionellen« User-Exits, die seit dem ersten Release des BW existieren, und ihre objektorientierten Nachfolger, die Business Add-Ins (BAdI), die mit dem Basisrelease 6.20 hinzukamen.

Die Erweiterung von DataSources sollte nicht zur Berechnung von Werten verwendet werden, die auch im Staging des BW berechnet werden könnten. Sofern alle erforderlichen Daten durch eine DataSource geliefert werden und keine besonderen Funktionen des Quellsystems zur Berechnung erforderlich sind, ist die Berechnung von Daten im BW einfacher und nachvollziehbarer als in den User-Exits der Extraktoren.

User-Exit

Die Kodierung der User-Exits ist über den Button *Funktionserweiterung* in der Bearbeitung der DataSources (vgl. Abb. 14–11) zu erreichen. Je nach Datentyp wird dabei einer der nachfolgenden User-Exits verwendet[10]:

- Erweiterung von Bewegungsdaten:
  EXIT_SAPLRSAP_001
- Erweiterung von Master-Data-Attributen:
  EXIT_SAPLRSAP_002
- Erweiterung von Master-Data-Texten:
  EXIT_SAPLRSAP_003
- Erweiterung von Externen Hierarchien:
  EXIT_SAPLRSAP_004

Um diese User-Exits zu nutzen, muss mit Hilfe der Transaktion CMOD ein neues Projekt angelegt und aktiviert werden, in das die SAP-Erweiterung RSAP0001 aufgenommen ist.

Daten werden bei der Extraktion paketiert. Es ist daher nicht sichergestellt, dass dem User-Exit die Daten der gesamten Datenlieferung zur Verfügung stehen. Die Paketgrößen richten sich nach technischen Gegebenheiten (Paketgrößen), nicht nach inhaltlichen Regeln. Die Festlegung von Paketgrößen wird in Kapitel 24.1.1 näher erläutert.

BAdI

Neben den User-Exits bietet auch das BAdI **RSU5_SAPI_BADI** die Möglichkeit, DataSource-Inhalte bei der Extraktion durch BAdIs zu manipulieren. Die Koexistenz von User-Exits und BAdI soll einen schrittweisen Umstieg auf die neuere und objektorientierte Technologie der BAdIs ermöglichen. Da die BAdIs speziell bei der Extraktion keine erwähnenswerten Vorteile bieten, empfiehlt es sich, neue Erweiterungen mit Hilfe des BAdI durchzuführen, bestehende Erweiterungen jedoch weiter in User-Exits zu belassen.

Implementierungen zum BAdI **RSU5_SAPI_BADI** können in der Transaktion **SE19** angelegt werden (siehe Abb. 14–15).

Das BAdI bietet die Methoden DATA_TRANSFORM für Bewegungsdaten-, Attributs und Text-DataSources und HIER_TRANSFORM für Hierarchie-DataSources.

Füllen bei Logistik-DataSources

Ebenso wie bei der Definition der Extraktstruktur stellen DataSources der Logistik[11] auch beim Befüllen der Feldinhalte einen Spezialfall dar. Dies liegt an dem speziellen Delta-Verfahren, in dem die DataSources der Logistik sowohl Before- als auch After-Images liefern. Hierfür ist es erforderlich, Feldinhalte bereits vor dem Zusammenstellen von Delta-Informationen in der Extraktstruktur zu manipulieren. Eine Manipulation im Zuge der Extraktion durch die o.g. User-Exits und BAdI-Methoden ist zwar technisch möglich, liefert jedoch keine konsistenten Delta-Informationen und darf daher nicht eingesetzt werden.

---

10. Es werden die zugrunde liegenden Funktionsbausteine aufgeführt, die mit Hilfe der Transaktion SE37 zu betrachten sind.
11. DataSources der Ergebnisrechnung können wie alle anderen DataSources über die beschriebenen User-Exits und BAdI-Methoden manipuliert werden

Abb. 14–15
BAdI Builder

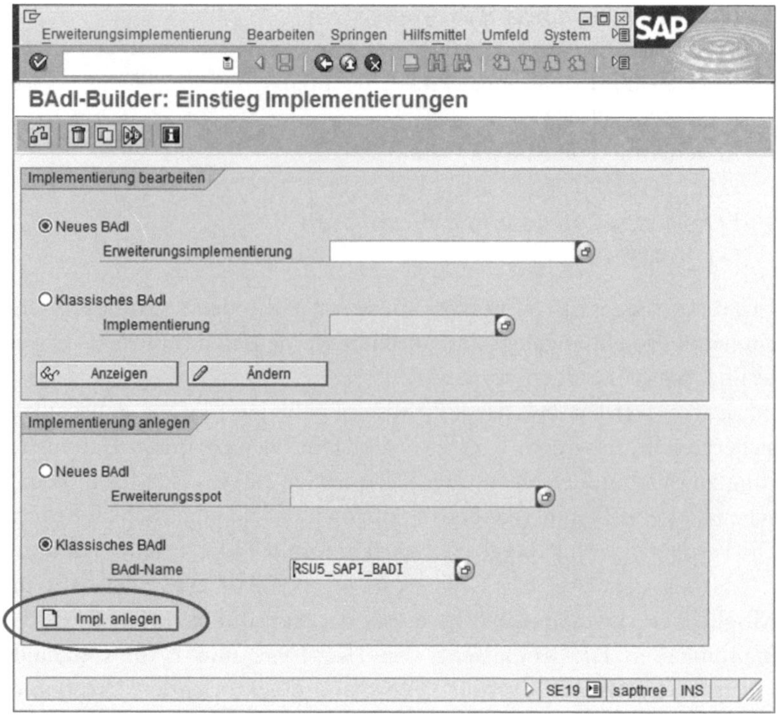

Zur Manipulation der Inhalte in den Erweiterungsstrukturen für Logistik-DataSources stehen folgende User-Exits zur Verfügung:

- MCS10001 für die Strukturen MCVBAKUSR und MCVBAPUSR.
- MCS50001 für die Strukturen MCLIKPUSR und MCLIPSUSR.
- MCS60001 für die Strukturen MCVBRKUSR und MCVBRPUSR.
- MCST0001 für die Strukturen MCVTTKUSR und MCVTTSUSR.
- MCV20001 für die Struktur MCVBKAUSR.

Anpassung der Anwendungskomponentenhierarchie

Die Erweiterung von DataSources ist mit der Erweiterung der Struktur und der Programmierung der entsprechenden User-Exits/BAdI-Methoden in der Regel abgeschlossen. Bei Bedarf kann auch die Veränderung der bestehenden Anwendungskomponentenhierarchie als Teil der Erweiterung vorgenommen werden. Auch dies kann in der Nachbearbeitung der DataSources erfolgen (vgl. Abb. 14–11).

Beim Anpassen der Anwendungskomponentenhierarchie kann die Hierarchie durch Umordnen, Löschen und Neuanlegen von Hierarchieknoten verändert werden, und bestehende DataSources können innerhalb der Hierarchie umgeordnet werden.

14.3 Extraktion aus BW-Systemen

Insbesondere beim Einsatz in Large-Scale-Architekturen ist ein BW-System nicht nur Datenempfänger, sondern muss auch selbst Daten an andere Systeme liefern können. Zu diesem Zweck stehen dem BW neben generischen DataSources, wie sie auch in ERP-Systemen zum Einsatz kommen (vgl. Kapitel 14.2.1), sogenannte Export-DataSources zur Verfügung.

Export-DataSources werden für Datenziele im BW generiert und stellen sich als DataSources für die Extraktion zur Verfügung. Die DataSources können von anderen BW-Systemen zur Extraktion genutzt werden, an die das liefernde BW-System als Quellsystem angeschlossen ist.

Bis zur Version 3.x war es üblich, Export-DataSources auch für die Weitergabe von Daten innerhalb eines BW-Systems zu nutzen. Das BW hat dabei sich selbst als Quellsystem genutzt (das sogenannte mySelf-Quellsystem). Verwenden Sie für die systeminterne Übergabe von Daten ab sofort die neue Technologie von Transformation und Datentransferprozessen (siehe Kapitel 19 und Kapitel 20), die nicht länger auf Export-DataSources angewiesen sind.

Export-DataSources können für folgende Datenziele angelegt werden:

- BasisCubes
- DataStore-Objekte
- InfoObjekte mit Stammdaten/Hierarchien

Zu diesem Zweck reicht es aus, im Kontextmenü des jeweiligen Datenziels in der Data Warehousing Workbench den Menüpunkt *Export DataSource generieren* zu wählen (siehe Abb. 14–16).

Export-DataSources bei Cubes und DataStore-Objekten

Im Falle von BasisCubes und DataStore-Objekten stellt das BW dadurch eine DataSource für Bewegungsdaten zur Verfügung. Diese DataSource ist in der Lage, Daten als Gesamtlieferung oder im Delta-Verfahren an ein anderes System zu liefern (das Delta-Verfahren ist `CUBE` beziehungsweise `ODS`).

Bestandteil der DataSource sind alle Merkmale und Kennzahlen des Cubes bzw. DataStore-Objekts, nicht jedoch die Attribute der Merkmale! Diese müssen bei Bedarf durch eine Erweiterung der Extraktstruktur und durch Programmieren des User-Exits zur Extraktion selbst hinzugefügt werden (vgl. Kapitel 14.2.2 – Erweiterung von DataSources bei der Extraktion aus SAP ERP).

Abb. 14–16
Anlegen von Export DataSources für Bewegungsdaten

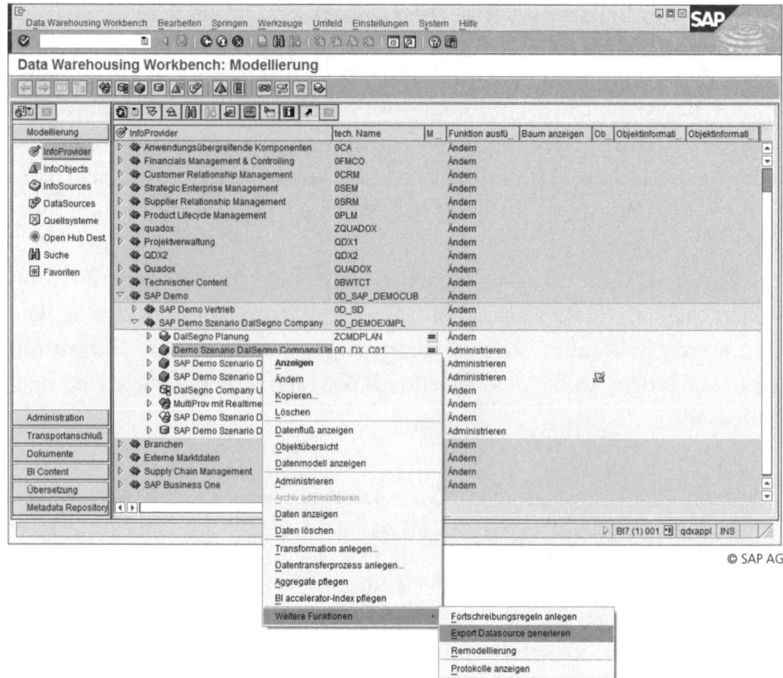

Im Falle von BasisCubes wird das Delta anhand der Request-ID gebildet, die Ladevorgänge in einen BasisCube identifiziert. Bei DataStore-Objekten wird das Change Log zur Belieferung von Delta-Informationen verwendet. Das Change Log wird bei der Beschreibung des Integration Layer näher erläutert (siehe Kapitel 17.1.2).

Sollen mehrere Systeme über die Export DataSource beliefert werden, so kann das Delta-Verfahren nur von einem System genutzt werden.

Export-DataSources bei InfoObjekten

Im Falle von InfoObjekten werden (je nach Definition des InfoObjektes) bis zu drei DataSources generiert: jeweils eine DataSource für

- Attribute
- Texte
- Hierarchien

Im Gegensatz zu den DataSources aus BasisCubes und DataStore-Objekten sind diese DataSources nicht deltafähig und liefern nur alle entsprechenden Stammdaten.

Das Anlegen von Export-DataSources erfolgt im Falle von InfoObjekten in der Pflege der InfoObjekte (siehe Abb. 14–17).

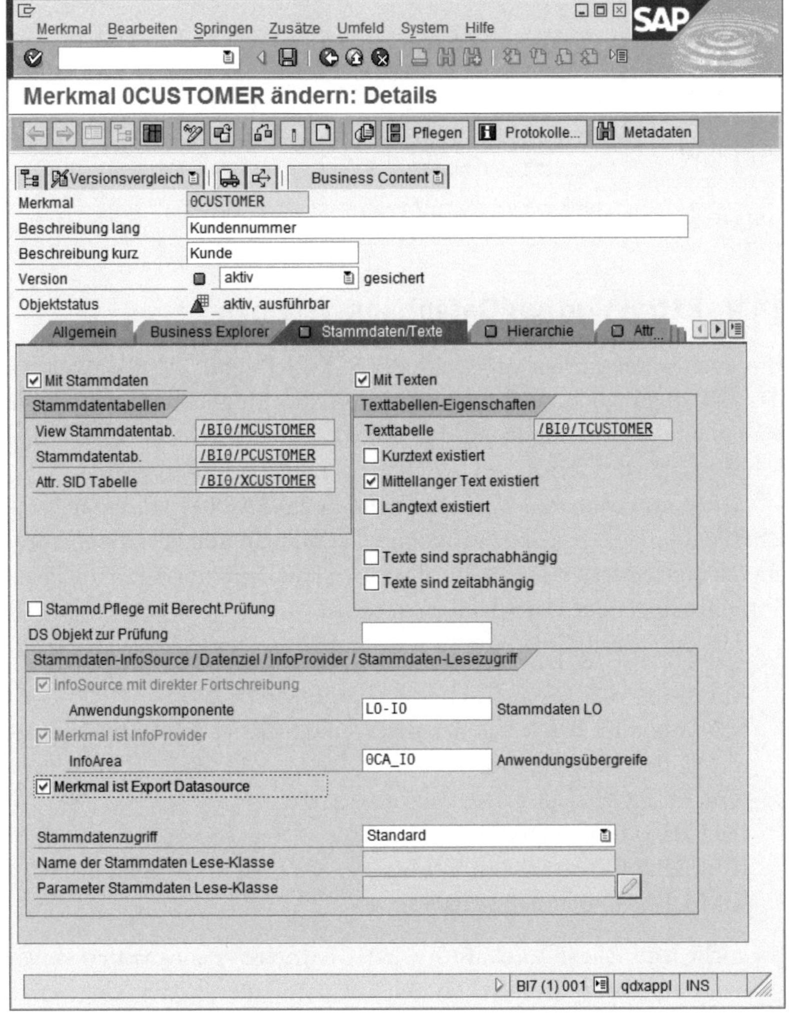

Abb. 14–17
Anlegen von Export-DataSources für Stammdaten

Namenskonvention

Die Namen der generierten DataSources werden im Rahmen des Metadatenaustauschs an andere Systeme übergeben und leiten sich direkt aus dem technischen Namen des jeweiligen BW-Objektes ab. Die nachfolgende Tabelle fasst diese Abhängigkeiten jeweils für Objekte des BI Content und für eigenentwickelte BW-Objekte zusammen.

BW-Objekt	Name des BW-Objektes	Name der DataSource
Cube/ODS-Objekt	0ttttttt / ttttttt	80ttttttt / 8ttttttt
InfoObjekt (Attribute)	0ttttttt / ttttttt	80tttttttM / 8tttttttM
InfoObjekt (Texte)	0ttttttt / ttttttt	80tttttttT / 8tttttttT
InfoObjekt (Hierarchien)	0ttttttt / ttttttt	80tttttttH / 8tttttttH
PSA-Tabelle	0ttttttt_XX / ttttttt_XX	70ttttttt_XX / 7ttttttt_XX

14.4 Extraktion aus Datenbanksystemen

Um auch Datenquellen außerhalb der SAP-ERP- und SAP-BW-Welt für das BW zugänglich zu machen, existiert die Möglichkeit, relationale Datenbanksysteme direkt an das BW anzubinden. Die entsprechende Schnittstelle wird seitens des SAP BW als DB Connect bezeichnet.

Unterstützte Datenbanksysteme

Zur Extraktion von Daten meldet sich das SAP BW wie ein normaler Client an dem jeweiligen Datenbanksystem an und liest die entsprechend angeforderten Daten aus. Das SAP BW kann nur mit der Client-Software folgender Datenbanken arbeiten:

- SAP DB ab SAP DB 7.2.5 Build 3
- Microsoft SQL Server 7.0 und MS SQL Server 2000
- Informix aller IDS-Versionen der 7- und 9-Serie, die bei IBM/Informix in der Wartung sind
- Oracle ab Oracle 8.1.7.3
- IBM DB2/390 ab DB2/390 V6
- IBM DB2/400 ab DB2/400 V4R5
- IBM DB2 UDB ab DB2 UDB V7.1

Da nicht jede Client-Software für jedes Betriebssystem existiert, muss zunächst überprüft werden, ob ein Client für die jeweilig eingesetzte Plattform existiert. Insbesondere beim Betrieb des BW auf Unix-Derivaten kann dies zu Problemen führen (z.B. bei Client für MS SQL-Server).

Zum Einsatz des DB Connect existieren zahlreiche Alternativen, wie z.B. der Einsatz von Flatfiles (siehe Kapitel 14.5) oder die Extraktion per JDBC-Treiber (siehe Kapitel 14.7). Beachten Sie aber, dass sich die Anbindung eines Datenbanksystems via DB Connect (auch aus Sicht des BW) extrem einfach gestaltet und die Performance der Übertragung alle Alternativen deutlich schlägt. Insbesondere bei großen Datenvolumina sollte der DB Connect immer bevorzugt werden, sofern die Voraussetzungen dafür gegeben sind.

Datenbank-User

Da sich das BW dem Datenbanksystem gegenüber wie ein normaler Client verhält, ist ein User für das entsprechende Datenbankschema anzulegen. Über diesen User können ggf. auch Berechtigungen für den Zugriff auf die Datenbank gesteuert werden.

Restriktionen

Das BW kann alle Tabellen und Views aus dem Datenbank-Quellsystem extrahieren, die den Namenskonventionen des ABAP Dictionarys entsprechen. Von der Extraktion ausgeschlossen sind damit:

- Tabellen- und View-Namen mit mehr als 26 Zeichen
- Tabellen- und View-Namen, die nicht ausschließlich aus Großbuchstaben, Ziffern oder dem Zeichen "_" bestehen
- Tabellen und Views mit Feldnamen, die länger als 16 Zeichen sind
- Tabellen und Views mit Feldnamen, die nicht ausschließlich aus Großbuchstaben, Ziffern oder dem Zeichen "_" bestehen
- Tabellen und Views mit reservierten Feldnamen (z.B. count)

Darüber hinaus hat das BW grundsätzlich Probleme bei der Verwendung von Datumsformaten, da das BW selbst keine Datumsfelder auf der Datenbank anlegt (Datumsfelder des BW sind immer vom Typ NUMC).

Um die Probleme hinsichtlich Namenskonventionen und Datumsformaten zu lösen, empfiehlt sich der Einsatz von Views, die über die zu extrahierenden Tabellen gelegt werden und Tabellen- und Feldnamen ändern und ggf. auch Formatanpassungen vornehmen. Das BW extrahiert damit nicht direkt aus einer Tabelle, sondern aus dem entsprechenden View.

Sortierreihenfolge und Codepage

Das BW kann bei der Extraktion von Daten Selektionen vorgeben. Dabei geht das BW davon aus, dass das Datenbanksystem mit der Codepage »`cp850`« und der Sortierreihenfolge »bin« arbeitet. Ist dies nicht der Fall, so kann es Fehler bei der Mustersuche (z.B. »`LIKE 1B*`«) oder Bereichssuche (z.B. »`BETWEEN 1B00 and 1BZZ`« oder »`>1B00`«) geben.

In diesen Fällen sollte darauf geachtet werden, dass die Selektion von Daten nur mit Hilfe der ersten 127 ASCII-Werte erfolgt, also keine Sonderzeichen verwendet werden.

Eine Selektion von Feldern mit Typ DEC ist grundsätzlich nicht möglich.

Arbeitet das Datenbanksystem mit Multibyte-Codepages, also Zeichensätzen mit mehr als 256 Zeichen (z.B. Kanju, Hiragane, Chinesisch etc.), so kann es zur Verfälschung von Zeichen kommen.

Texte

Texte werden sprachabhängig jeweils in der Sprache geliefert, in der sich der Datenbank-User des BW an der Datenbank anmeldet.

Hierarchien

Hierarchiedaten können über einen DB Connect nicht geliefert werden.

14.5 Extraktion aus Dateien

Die Extraktion aus Dateien bietet eine universelle und sehr flexible Möglichkeit, um Fremddaten in das BW zu importieren, ohne die Datenquelle explizit als eigenes Quellsystem im BW zu definieren.

Die Dateischnittstelle ist damit vor allem dann sinnvoll, wenn sich die Anbindung des entsprechenden Quellsystems an das BW nicht lohnt, weil z.B. nur eine einzige DataSource aus dem Quellsystem extrahiert werden soll oder wenn eine Anbindung des Quellsystems technisch nicht möglich ist.

Als typische Beispiele für den Einsatz von Dateien kann die Extraktion von Stamm- und Bewegungsdaten aus

- MS Excel-Sheets
- Fremdsystemen (zum Beispiel SAP R/2, SAP R/3 vor Version 3.0D, Baan, JDE etc.)
- SAP-ERP-Systemen im Falle selbstdefinierter Hierarchien

genannt werden. Diese Art der Extraktion setzt eine aktive Rolle der Quellsysteme voraus, die ihre Daten in Form von Dateien zur Verfügung stellen müssen. In welcher Weise die Erstellung einer solchen Datei erfolgt, ist jedem Quellsystem selbst überlassen.

Die Dateischnittstelle existiert seit den frühesten BW-Versionen und kann funktional inzwischen durch andere Schnittstellen ersetzt werden, insbesondere da die neuen Schnittstellen oftmals direkt aus den Datenquellen extrahieren können, ohne dass die Quellsysteme eine aktive Rolle spielen müssen. In jedem Fall ist jedoch zu beachten, dass die Performance der Dateischnittstelle insbesondere bei großen Datenvolumina überzeugt und nur noch durch den DB Connect übertroffen wird. Vor dem Einsatz von UD Connect, der SOAP Connection oder den aufwändigen 3rd party ETL-Tools ist der Einsatz der Dateischnittstelle daher allemal wohlwollend zu überprüfen.

Dieses Kapitel erläutert, welche Anforderungen an die verfügbaren Dateien gestellt werden, damit das BW sie verwerten kann. Dabei werden

- das Dateiformat und
- die Datenstruktur für
- Bewegungsdaten
- Attribute
- Texte
- Hierarchien

erläutert.

14.5.1 Dateiformat

Beim Lesen aus Dateisystemen ist das BW ausschließlich in der Lage, sogenannte *Flatfiles* zu verarbeiten. Dabei handelt es sich um Dateien mit einem fest strukturierten Aufbau, der für jede Zeile der Datei identisch ist. Dateien mit anderen Strukturen (zum Beispiel mit hierarchischer Struktur) können nicht im BW eingelesen werden.

Das BW ist in der Lage, eine vorgegebene Anzahl von Zeilen zu Beginn des Flatfiles zu überspringen. Dies ermöglicht, zu Anfang des Flatfiles Informationen wie beispielsweise Feldnamen abzulegen.

Eine besondere Schwierigkeit bei Flatfiles liegt darin, einzelne Felder so zu typisieren und zu formatieren, dass sie vom BW richtig verarbeitet werden.

Typisierung

In Bezug auf die Typisierung besteht im BW 7 erstmals die Möglichkeit, Daten im internen Format des BW über ein Flatfile einzulesen. Die Inhalte des Flat File sind damit ***binär*** abzulegen, also beispielsweise ein `INT4`-Wert nicht in Form der dargestellten Zahl, sondern in Form des zur Speicherung erforderlichen 4-Byte-Wert. Für die weitere Verarbeitung im BW ist diese Form der Datenlieferung außerordentlich performant zu verarbeiten, da keinerlei Konvertierungen mehr durch das BW erfolgen müssen[12]. Treten jedoch Fehler bei der Verarbeitung auf, so sind diese nur sehr schwer zu finden, sofern es sich um inhaltliche Fehler in der Datenlieferung handelt.

Formatierung

Einfacher ist in dieser Hinsicht der Umgang mit Dateiinhalten im ***ASCII***-Format, deren Verwendung noch bis in den Versionen 3.x des BW obligatorisch war. Derartige Daten sind bei der Verarbeitung im BW noch durch einen sogenannten generischen Adapter in das interne Format des BW zu konvertieren, was die Verarbeitung etwas langsamer macht.

Bei der Verwendung des ASCII-Formats stehen zwei Möglichkeiten zur Verfügung, um die Felder innerhalb der Datei zu beschreiben:

- Feste Datensatzlänge (ASCII mit CR Separator)
- Colon Separated Variables (CSV)

Beide Dateitypen werden darüber hinaus um eine Konvention zur Abbildung numerischer Werte ergänzt.

12. Bei der Definition von DataSources im Inflow Layer wird hierbei von generierenden Adaptern gesprochen, die die Filedaten laden.

Feste Datensatzlänge

Bei Dateitypen mit fester Datensatzlänge wird nicht nur die Länge der Datensätze, sondern die Länge jedes einzelnen Feldes vorab bestimmt (im BW wird diese Definition im Inflow Layer vorgenommen).

Jeder Datensatz im Flatfile muss mit einem Carriage Return (CR-Separator) abgeschlossen werden. Wird der CR-Separator vor dem definierten Datensatzende erkannt, so wird angenommen, dass der Datensatz vorher zu Ende ist.

Aufgrund der einfachen Struktur dieses Dateityps ist die Extraktion einfach und stabil zu implementieren und sehr performant.

Die Definition der Transferstruktur im BW kann jedoch zeitaufwändig und fehleranfällig sein, so dass die Extraktion aus Flatfiles mit CSV-Format einfacher einzurichten ist.

Bei Dateien mit fester Datensatzlänge müssen alle Felder zwingend die vereinbarte Länge aufweisen. Wird die Länge nicht erreicht (zum Beispiel bei einer kürzeren Kundennummer), müssen die Felder links mit Leerzeichen (bei alphanumerischen Feldern) beziehungsweise Nullen (bei numerischen Feldern) aufgefüllt werden.

Datenformat (CSV-Dateien)

Auch beim CSV-Format müssen die im Flatfile angelegten Felder sowie ihre Reihenfolge vereinbart und im Inflow Layer des BW festgelegt werden. Das CSV-Format ist jedoch nicht auf eine fest eingehaltene Länge der einzelnen Felder oder Datensätze angewiesen.

Stattdessen wird das Ende eines Feldes durch einen *Datenseparator* gekennzeichnet. Der Datenseparator ist ein vereinbartes Zeichen (standardmäßig ein Semikolon), welches das Ende eines Feldes kennzeichnet.

In Sonderfällen, bei denen der Datenseparator selbst Teil des Feldinhaltes ist, kann dies durch ein sogenanntes *Escape-Zeichen* (standardmäßig ein Hochkomma) gekennzeichnet werden. Damit können Feldeinträge mit dem Datenseparator versehen werden, ohne dass das BW den Datenseparator als solchen behandelt.

Die nachfolgende Tabelle enthält einige Beispiele zum Einsatz des Escape-Zeichens.

Zu beschreibender Feldinhalt	Darstellung im CSV-Format
abcdef	abcdef
abc;def	abc";def
abc""def	abc""def
abc;def "	abc";def ""

Im Beispiel wird das Semikolon als Datenseparator und das Hochkomma als Escape-Zeichen verwendet. Diese Festlegung entspricht den Standardeinstellungen im BW, ist jedoch nicht bindend und kann im Rahmen der Ladevorgänge im BW frei definiert werden.

Zahlenformat

Die Darstellung numerischer Werte muss ebenfalls im ASCII-Format erfolgen. Ein besonderes Problem stellt dabei die Verwendung von Tausendertrennzeichen[13] und Dezimalpunkten[14] dar.

Um den unterschiedlichen Darstellungsweisen Rechnung zu tragen, können diese Zeichen frei gewählt werden. Sie werden im BW erst im Rahmen des Ladeprozesses entsprechend der Vorgaben interpretiert. Standardmäßig interpretiert das BW ein Komma als Tausendertrennzeichen und einen Punkt als Dezimalpunkt und hält sich damit an die amerikanische Schreibweise.

14.5.2 Datenstruktur

Je nachdem, welche Daten durch ein Flatfile beschrieben werden sollen, muss das Flatfile einer bestimmten Struktur folgen beziehungsweise eine Mindestmenge an Feldern liefern. Dabei wird unterschieden zwischen der Datenstruktur für die Extraktion von

- Bewegungsdaten
- Attributen
- Texten
- Hierarchien

Extraktion von Bewegungsdaten

Der Aufbau der Flatfiles ist bei Bewegungsdaten an keine weiteren Vorgaben gebunden. Die Anzahl und Reihenfolge der Felder ist frei bestimmbar, solange eine flache Struktur mit fester Datensatzlänge oder das CSV-Format eingehalten werden.

Delta-Extraktion

Inhaltlich kann durch das Flatfile sowohl eine Komplettlieferung aller Daten sowie auch eine Lieferung im Delta-Verfahren erfolgen. Dabei bestehen zwei mögliche Delta-Verfahren:

- Es werden ausschließlich After-Images geliefert (im BW als `FIL0` definiert).
- Es werden ausschließlich additive Images geliefert (im BW als `FIL1` definiert).

---

13. Tausendertrennzeichen werden häufig verwendet, um große Zahlen übersichtlicher darzustellen (beispielsweise 3.000.000 für drei Millionen).
14. Dezimalpunkte trennen Vor- und Nachkommastellen von Dezimalzahlen (beispielsweise das Komma bei 1,95583 für den Euro-Umrechnungskurs).

Soll kein Delta-Verfahren verwendet werden, so werden die gelieferten Daten ebenfalls durch das Delta-Verfahren FILO beschrieben, welches im BW als Standard für Flatfiles verwendet wird.

Extraktion von Attributen

Der Aufbau eines Flatfiles zur Lieferung von Stammdatenattributen ist abhängig von der Klammerung und den Attributen des zu füllenden InfoObjektes sowie der Zeitabhängigkeit seiner Attribute.

In der nachfolgenden Tabelle wird der Aufbau eines Flatfiles zur Lieferung *zeitunabhängiger* Attribute für das InfoObjekt ZMERKM beschrieben, das *nicht* an ein anderes InfoObjekt geklammert ist.

Feldname	Beschreibung
ZMERKM	Merkmalsschlüssel
ATTR1	Zeitunabhängiges Attribut 1
ATTRx	Zeitunabhängiges Attribut x

Wird der Fall betrachtet, dass das InfoObjekt ZMERKM an das InfoObjekt ZKLAMM geklammert ist und über *zeitabhängige* Attribute verfügt, so müssen in der Struktur des Flatfiles die nachfolgend angegebenen Felder enthalten sein.

Feldname	Beschreibung
ZKLAMM	Schlüssel des geklammerten Merkmals (falls Merkmal vorhanden)
ZMERKM	Merkmalsschlüssel
DATETO	gültig bis-Datum (nur bei zeitabhängigen Stammdaten); CHAR 8
DATEFROM	gültig ab-Datum (nur bei zeitabhängigen Stammdaten); CHAR 8
ATTR1	Zeitabhängiges Attribut 1
ATTRx	Zeitabhängiges Attribut x

Dadurch, dass ein InfoObjekt sowohl über zeitkonstante als auch zeitabhängige Attribute verfügen kann, wird je nach gelieferten Attributen eine unterschiedliche Struktur des Flatfiles gefordert. Dies hat zur Folge, dass in solchen Fällen zwei Flatfiles zur Belieferung eines InfoObjektes erstellt werden müssen: eines für zeitkonstante Attribute und eines für zeitabhängige Attribute.

Extraktion von Texten

Bei der Belieferung des BW mit Stammdatentexten sind ähnliche Vorgaben bezüglich der Dateistruktur einzuhalten wie bei Attributen.

Die nachfolgende Tabelle beschreibt die erforderlichen Felder eines Flatfiles für die Belieferung des InfoObjektes ZMERKM, welches über sprach- und zeitabhängige Texte kurzer, mittlerer und langer Länge verfügt und an das InfoObjekt ZKLAMM geklammert ist.

Feldname	Beschreibung
LANGU	Sprachschlüssel (D für Deutsch, E für Englisch); CHAR 1
ZKLAMM	Schlüssel des geklammerten Merkmals (falls Merkmal vorhanden)
ZMERKM	Merkmalsschlüssel
DATETO	gültig bis-Datum (nur bei zeitabhängigen Stammdaten); CHAR 8
DATEFROM	gültig ab-Datum (nur bei zeitabhängigen Stammdaten); CHAR 8
TXTSH	Kurztext; CHAR 20
TXTMD	mittlerer Text; CHAR 40
TXTLG	Langtext; CHAR 60

In der Praxis werden Stammdatentexte einfacher gestaltet sein, so dass die Felder LANGU (Sprachabhängigkeit), ZKLAMM (Klammerung), DATETO/DATEFROM (Zeitabhängigkeit) und bestimmte Textlängen entfallen können.

Externe Hierarchien

Die Struktur eines Flatfiles zur Darstellung einer Hierarchie ist komplexer als die von Attributen oder Texten. In der nachfolgenden Tabelle ist die Struktur beschrieben, die bei einem solchen Flatfile eingehalten werden muss. Anders als bei Attributen und Texten ist in diesem Fall die Reihenfolge der Felder von Bedeutung.

Feldname	Beschreibung
NODEID	Interne ID (mit führenden Nullen), die einen Knoten der Hierarchie eindeutig beschreibt. Die NODEID 0000001 ist in jeder Hierarchie genau einmal vorhanden und beschreibt die Hierarchiewurzel. Die NODEIDs aller anderen Knoten können frei vergeben werden (in der Regel durchnummeriert).
INFOOBJECT	Wird durch den Hierarchieknoten ein Merkmalsknoten beschrieben, so muss dieses Feld den technischen Namen des Merkmals (zum Beispiel 0MATERIAL) enthalten. Soll der Hierarchieknoten einen Textknoten beschreiben, so muss das InfoObjekt 0HIERNODE in das Feld eingetragen sein (dies kennzeichnet den Knoten als Textknoten).
NODENAME	Im Fall eines Merkmalsknotens muss hier der Schlüsselwert des InfoObjektes enthalten sein. Bei Textknoten enthält dieses Feld den entsprechenden (beliebigen) Text.
LINK	Falls es sich bei dem Hierarchieknoten um einen Link-Knoten handelt (das heißt einen Knoten von zwei Vaterknoten), so muss dies durch ein X in diesem Feld gekennzeichnet werden. Bei der Verwendung von Link-Knoten werden im Flatfile zwei Sätze geliefert, die dieselbe NODEID beinhalten. Der erste Satz beschreibt den »normalen« Knoten und lässt das Feld LINK leer. Der zweite Satz beschreibt den Link-Knoten und enthält im Feld LINK ein X. Bei normalen Knoten muss dieses Feld leer gelassen werden.
PARENTID	Im Feld PARENTID muss die NODEID des übergeordneten Knotens (Vaterknoten) eingetragen sein. Im Falle der Hierarchiewurzel ist dies 00000000. Im Flatfile müssen Hierarchien immer absteigend beschrieben werden, das heißt, die PARENTID muss eine kleinere NODEID haben als die beschriebene NODEID. Damit ist es dem BW möglich, das Vorhandensein der PARENTID beim Laden zu überprüfen.
CHILDID[15]	Bei sortierten Hierarchien gibt es zu jedem Knoten einen definierten ersten untergeordneten Knoten. In diesem Feld muss die NODEID des ersten Unterknotens eingetragen werden. Liegt kein Unterknoten vor, so muss die CHILDID den Wert 0000000 besitzen. Liegt keine sortierte Hierarchie vor, so darf dieses Feld nicht in der Dateistruktur vorhanden sein.
NEXTID[16]	Bei sortierten Hierarchien gibt es zu jedem Knoten einen definierten nächsten Knoten. In diesem Feld muss die NODEID des nächsten Knotens eingetragen werden. Liegt kein weiterer Knoten im selben Hierarchielevel vor, so muss die NEXTID den Wert 0000000 haben. Liegt keine sortierte Hierarchie vor, so darf dieses Feld nicht in der Dateistruktur vorhanden sein.
DATETO/ DATEFROM[17]	Im Falle von zeitabhängigen Hierarchiestrukturen muss in den Feldern DATETO und DATEFROM der Gültigkeitszeitraum hinterlegt sein. Liegt keine zeitabhängige Hierarchiestruktur vor, so dürfen diese Felder nicht in der Dateistruktur vorhanden sein.
LEAFTO/ LEAFFROM[18]	Im Falle von Hierarchien mit Intervallen müssen in den Feldern LEAFTO und LEAFFROM die Ober- und Untergrenze des Intervalls geliefert werden (analog zum Feld NODENAME). Liegt keine Hierarchie mit Intervallen vor, so dürfen diese Felder nicht in der Dateistruktur vorhanden sein. →

Feldname	Beschreibung
LANGU	Wird durch den Knoten ein Textknoten beschrieben, so muss in diesem Feld die Sprache der in den nachfolgenden Feldern gelieferten Texte beschrieben werden. Sollen die Texte in mehreren Sprachen geliefert werden, so müssen zum entsprechenden Hierarchieknoten in der Datei mehrere Sätze geliefert werden, welche die unterschiedlichen Sprachen beschreiben.
TXTSH/ TXTMD/TXTLG	Wird durch den Knoten ein Textknoten beschrieben, so ist in diesen Feldern der kurze, mittlere beziehungsweise lange Text des Hierarchieknotens zu hinterlegen.

Nachfolgend wird ein Beispiel für die Beschreibung einer Hierarchie durch ein Flatfile gegeben. Beschrieben werden soll eine Vertriebsstruktur zum InfoObjekt ZREGION mit den Hierarchieknoten *Nord*, *Ost*, *Süd*, *West* im Hierarchielevel 1.

Bei den Hierarchieknoten *Nord*, *Ost* und *West* handelt es sich um bebuchbare Merkmalsknoten. Beim Hierarchieknoten *Süd* handelt es sich um einen Textknoten, der zwei untergeordnete Knoten besitzt. Bei diesen Knoten handelt es sich um die bebuchbaren Merkmalsknoten *Süd1* und *Süd2*.

Die zu beschreibende Hierarchie ist nicht zeitabhängig, nicht sortiert und erlaubt keine Hierarchieintervalle. Abbildung 14–18 stellt die Hierarchie zusammen mit den Stammdaten des InfoObjektes dar.

In der nachfolgenden Tabelle werden die Struktur und der Inhalt der dazugehörigen Datei dargestellt. Die Merkmalsschlüssel für die Regionen sind dabei N, O, S1, S2 und W.

NodeID	InfoObjekt	Node-Name	Link	Parent-ID	Language	TXTSH
00000001	0HIER_NODE	ROOT			D	Vertrieb
00000002	ZREGION	N		00000001		
00000003	ZREGION	O		00000001		
00000004	0HIER_NODE	S		00000001	D	Süd
00000005	ZREGION	S1		00000004		
00000006	ZREGION	S2		00000004		
00000007	ZREGION	W		00000001		

15. Feld wird nur bei sortierten Hierarchien verlangt.
16. Feld wird nur bei sortierten Hierarchien verlangt.
17. Felder werden nur bei zeitabhängigen Hierarchiestrukturen verlangt.
18. Felder werden nur bei Hierarchien mit Intervallen verlangt.

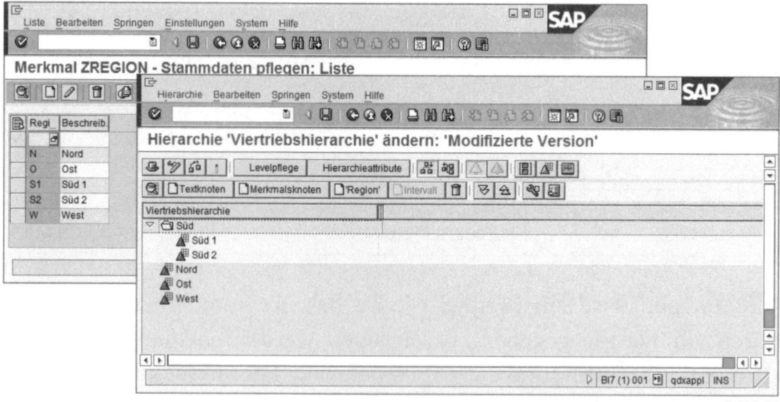

Abb. 14–18
Externe Hierarchien aus Flatfiles

14.6 Extraktion mittels Web Services

Zur Extraktion aus XML-Dokumenten steht seit der Version 3.0 des BW ein HTTP-Service auf Basis des Web AS ABAP zur Verfügung. Dabei handelt es sich um den SOAP-Service[19], mit dessen Hilfe Daten im XML-Format in das BW übernommen werden können.

Nachfolgend werden die Rahmenbedingungen erläutert, die für die zu extrahierenden XML-Dokumente gelten, wobei schnell klar werden sollte, dass es sich hier weniger um eine universelle XML-Schnittstelle, sondern vielmehr um ein auf das SAP XI zugeschnittenes Konzept handelt, um das man für einen auch nur halbwegs sinnvollen Einsatz der SOAP-Schnittstelle nach Meinung des Autors kaum herumkommt.

XML ist im Bereich der Metadaten-Definition ein hervorragendes Datenformat. Für den Austausch von Massendaten ist XML aufgrund des großen Overheads denkbar ungeeignet, weshalb auch der SOAP-Service ausdrücklich nur für den Austausch sehr kleiner Datenmengen vorgesehen ist. Verwenden Sie den SOAP-Service daher – wenn überhaupt – nur bei sehr kleinen Datenmengen, und verwenden Sie nach Möglichkeit alternative Datenquellen (z.B. Flatfiles).

Jedes XML-Dokument, das an den SOAP-Service des BW übergeben werden soll, muss als SOAP-Nachricht, bestehend aus Envelope, Header und Body, verpackt sein.

Envelope

Der Envelope stellt das erste Element des XML-Dokuments dar, das durch diesen als SOAP-Nachricht identifiziert wird und alle weiteren Teile der Nachricht umklammert.

19. SOAP (Simple Object Access Protocol) ist ein http-basiertes Objektprotokoll, über das XML-Dokumente ausgetauscht werden können.

Optional können XML-Dokumente mit einem zusätzlichen Header versehen werden, der zusätzliche Informationen über das XML-Dokument enthält. Der Header wird durch das BW standardmäßig nicht weiter berücksichtigt.

Header

Den Kern des XML-Dokuments bildet der Body, der die durch das XML-Dokument gelieferten Stamm- oder Bewegungsdaten beschreibt. Die Extraktion von Hierarchiedaten ist mit Hilfe von XML-Dokumenten nicht möglich.

Body

Die Struktur der Daten im Body muss sich genau nach der Struktur richten, die vom BW erwartet wird – vergleichbar mit Flatfiles, deren Struktur ebenfalls vom BW vorgegeben wird.

Innerhalb des Bodys werden einzelne Datensätze als sogenannte *Items* beschrieben, die jeweils durch die HTML-Tags `<item>` und `</item>` umklammert sind. Innerhalb eines solchem Items müssen die Felder des jeweiligen Datensatzes in einer flachen Struktur (und in genau der Reihenfolge, wie das BW sie erwartet) übergeben werden. Eine veränderte Reihenfolge oder gar eine hierarchische Struktur ist nicht zulässig, obwohl dies in der XML-Systematik eigentlich möglich wäre.

Anders als bei den übrigen Quellsystemtypen werden XML-Dokumente nicht durch das BW extrahiert, sondern vom Quellsystem aktiv an den SOAP-Service des BW übermittelt; man spricht hier auch von einem *Push-Mechanismus*.

Push-Mechanismus

Da der SOAP-Service des BW die Daten aller möglichen DataSources entgegennimmt, muss innerhalb der SOAP-Nachricht festgelegt werden, wie die Weiterverarbeitung der Daten im BW zu erfolgen hat, nachdem der SOAP-Service eine Nachricht entgegengenommen hat.

Daher muss der Body des SOAP-Dokuments durch die Angabe eines *Funktionsbausteins* eingeleitet werden, durch dessen Aufruf die Daten in die dafür vorgesehene Delta-Queue des BW geschrieben werden. Der Funktionsbaustein wird bei der Definition der Transferstruktur für die XML-Quelle generiert und ist daher erst in Kapitel 21.1.1 beschrieben. Ebenso muss der Name der *DataSource* angegeben werden, die im BW zur Übernahme der XML-Daten vorgesehen ist.

Damit sind die Inhalte eines XML-Dokuments weitaus stärker von der Implementierung des BW abhängig, als sich dies die Schöpfer des XML-Modells wohl ausgemalt haben.

In Abbildung 14–19 wird beispielhaft eine SOAP-Nachricht dargestellt, in der eine Datenstruktur, bestehend aus dem Feldern `SALESORG`, `POSTAL_CD`, `SALES_OFF`, `SALES_DIST` und `SALES_GRP`, an die DataSource `6AQSALES_STRUC` im BW geliefert wird. Der dafür angesprochene Funktionsbaustein lautet dabei `/BIC/QI6AQSALES_STRUC_RFC`.

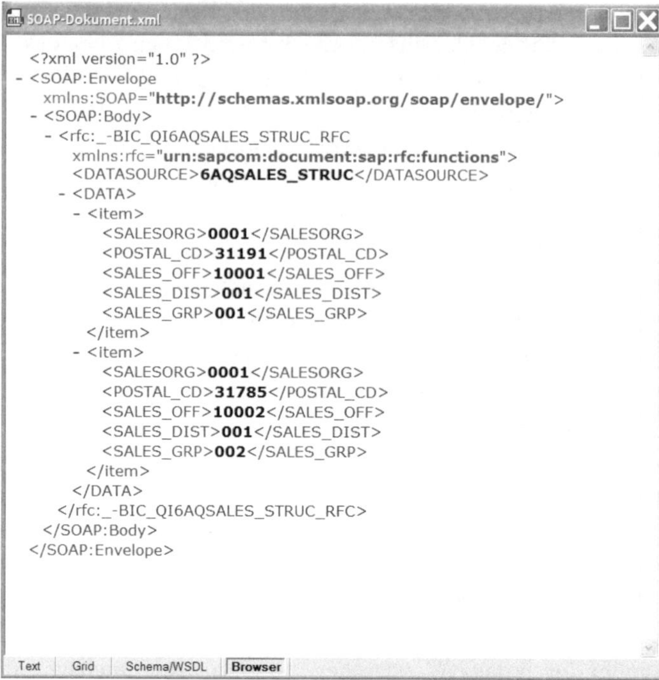


```
<?xml version="1.0" ?>
- <SOAP:Envelope
    xmlns:SOAP="http://schemas.xmlsoap.org/soap/envelope/">
  - <SOAP:Body>
    - <rfc:_-BIC_QI6AQSALES_STRUC_RFC
        xmlns:rfc="urn:sapcom:document:sap:rfc:functions">
        <DATASOURCE>6AQSALES_STRUC</DATASOURCE>
      - <DATA>
        - <item>
            <SALESORG>0001</SALESORG>
            <POSTAL_CD>31191</POSTAL_CD>
            <SALES_OFF>10001</SALES_OFF>
            <SALES_DIST>001</SALES_DIST>
            <SALES_GRP>001</SALES_GRP>
          </item>
        - <item>
            <SALESORG>0001</SALESORG>
            <POSTAL_CD>31785</POSTAL_CD>
            <SALES_OFF>10002</SALES_OFF>
            <SALES_DIST>001</SALES_DIST>
            <SALES_GRP>002</SALES_GRP>
          </item>
        </DATA>
      </rfc:_-BIC_QI6AQSALES_STRUC_RFC>
    </SOAP:Body>
  </SOAP:Envelope>
```


Abb. 14–19
SOAP-Dokument

14.7 Extraktion aus JDBC-, XML/A- und ODBO-Quellen

Über die J2EE-Connector-Architektur (vgl. Kapitel 3.1.3) besteht technisch die Möglichkeit, einerseits beliebige Datenquellen in Form von Konnektoren bzw. Resource-Adaptern für die J2EE Engine zu erschließen, andererseits die so zur Verfügung stehenden Daten über den SAP JCo auch dem BW-System (Web AS ABAP) bereitzustellen.

Diese technischen Möglichkeiten sind zwar für die Entwicklung spezifischer Anwendungen von Interesse, doch wäre es sicherlich zu aufwändig, wenn jeder SAP-Anwender den Zugriff auf gängige relationale und hierarchische Schnittstellen wie JDBC, XML/A oder ODBO aufs Neue entwickeln müsste.

BI Java Connector

Aus diesem Grund liefert die SAP für eben diese Schnittstellen vorgefertigte Java-Konnektoren und Resource Adapter: die sogenannten *BI Java Connectors*, durch welche die Applikationen der J2EE Engine Zugriff auf die Schnittstellen erhalten.

Universal Data Connect

Um auch dem Web AS ABAP, also dem BW, den Zugriff auf die BI Java Connectors zu ermöglichen, existiert auf dem Web AS Java der sogenannte *UD Connect*, der die BI Java Connectors dem BW gegenüber von ihren Protokollen und Spezifika abstrahiert als einheitliche UD-Connect-Datenquelle präsentiert. Die Kommunikation erfolgt dabei über den SAP JCo.

Durch UD Connect werden redundante Funktionalitäten geschaffen; so ist die Anbindung einiger relationaler Datenbanksysteme von Flatfiles und SAP Queries bereits seit früheren BW-Versionen auf anderem Weg möglich. Architekturbedingt arbeitet UD Connect dabei langsamer und instabiler als die ursprünglichen Speziallösungen. Prüfen Sie daher genau, ob für die geplante Datenquelle ggf. eine bessere Alternative zu UD Connect existiert.

Konfiguration der BI Java Connectors

Bei den BI Java Connectors, auf die das BW durch den UD Connect Zugriff erhält, handelt es sich im Einzelnen um den

- BI JDBC Connector
- BI ODBO Connector
- BI XML/A Connector
- BI SAP Query Connector

Der Zugriff auf eine spezifische Datenquelle wird jeweils in den Verbindungsinformationen eines BI Java Connectors definiert. Die Verbindungen der Connectors sind im Visual Administrator der J2EE Engine im Reiter *Cluster→Services→Connector Container* zu finden (siehe Abb. 14–20).

Unmittelbar nach der Installation der BI Java Connectors existiert nur jeweils ein Verbindungstemplate pro Connector. Für jede eigene Verbindung muss das jeweilige Template des zu verwendenden Connectors über den Button *Clone* kopiert und konfiguriert werden. Als Name der geklonten Verbindung muss in jedem Fall das Präfix `SDK_` verwendet werden, denn nur Verbindungen mit diesem Präfix werden vom UD Connect als BI Java Connector erkannt.

Die Konfiguration der Verbindungsparameter für die jeweilige Verbindung ist, wie in Abbildung 14–20 dargestellt, im Reiter *Managed Connection Factory→Properties* hinterlegt. Die Parameter sind dabei in Form eines Schlüsselwertes (dies ist der jeweils zu konfigurierende Parameter) und einem zugehörigen Wert zu hinterlegen. Wie JDBC, ODBO, XML/A und SAP Query-Connector im Einzelnen zu konfigurieren sind, wird in den nachfolgenden Kapiteln erläutert.

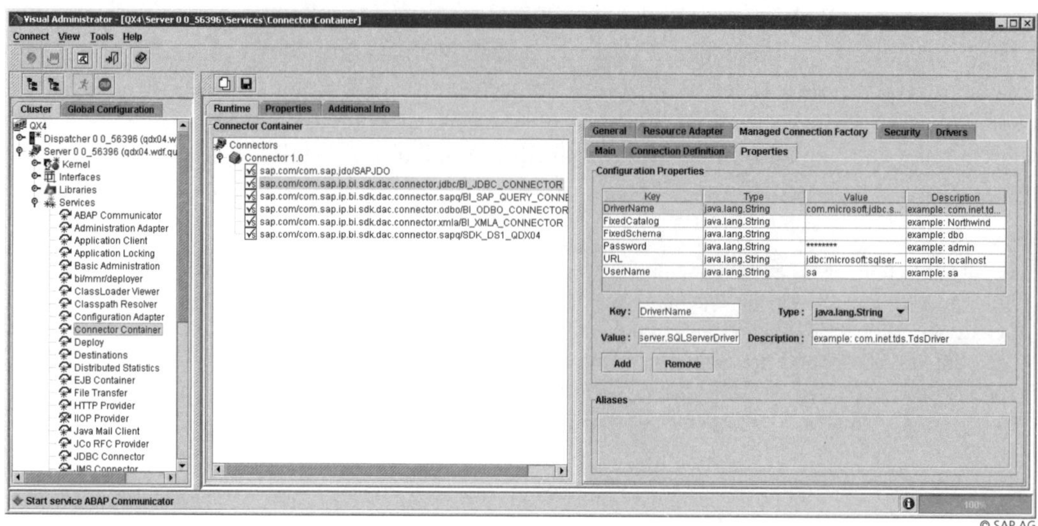

Abb. 14–20
BI-Konnektoren konfigurieren

14.7.1 Einrichten eines BI JDBC Connectors

Der BI JDBC Connector stellt die Verbindung zu relationalen Datenquellen her, für die ein entsprechender JDBC-Treiber in der J2EE Engine eingerichtet wurde (im Reiter *Cluster→Services→JDBC Connector*). JDBC ist nicht auf eine Plattform festgelegt, so dass Treiber für die meisten Betriebssystemplattformen und Datenbanksysteme verfügbar sind[20].

Die Verbreitung und Akzeptanz von JDBC ist dabei so groß, dass sogar Treiber für Datenquellen existieren, die eigentlich nicht relational sind, wie z.B. MS Excel oder Textdateien.

Die nachfolgende Tabelle beschreibt die zu konfigurierenden Schnittstellenparameter für JDBC-Datenquellen.

Eigenschaft	Beschreibung
`USERNAME`	User, der auf dem entsprechenden Datenbanksystem zumindest Leseberechtigung für die zu extrahierende UD Connect-Datenquelle besitzt.
`PASSWORD`	Passwort des Users.
`LANGUAGE`	Zweistellige Abkürzung der Sprache (z.B. `DE`), die der BI Java Connector für die Verbindung nutzen soll, z.B. wenn Fehlermeldungen bereitzustellen sind. Auf die JDBC-Verbindung selbst hat diese Eigenschaft keinen Einfluss. Die Angabe dieses Parameters ist optional; ohne Angabe wird `EN` verwendet. →

20. Eine Übersicht über die aktuell verfügbaren JDBC-Treiber ist unter http://servlet.java.sun.com/products/jdbc/drivers zu finden.

Eigenschaft	Beschreibung
URL	URL des Servers, auf dem die Datenbank erreicht werden kann, und der Name der Datenbank, z.B. `jdbc:microsoft:sqlserver://qdx04.wdf.quadox.corp; database=SalesEurope` für die Datenbank `SalesEurope` auf dem Server `qdx04.wdf.quadox.corp`.
DRIVERNAME	Klassenname des Treibers für die JDBC-Verbindung, z.B. `com.microsoft.jdbc.sqlserver.SQLServerDriver` für den Zugriff auf den MS SQL-Server.
FIXED_CATALOG	Angabe des Datenbank-Katalogs, auf den der Metadaten-Zugriff begrenzt werden soll. Der Metadaten-Zugriff ist von Bedeutung, wenn bei der Einrichtung des Datenflusses eine Auswahl der zur Verfügung stehenden Tabellen der Datenbank abgefragt wird. Die Angabe dieses Parameters ist optional; ohne Angabe wird keine Einschränkung vorgenommen.
FIXED_SCHEMA	Angabe des Datenbank-Schemas, auf das der Metadaten-Zugriff begrenzt werden soll. Dieser Parameter ist analog zum `FIXED_CATALOG` zu verwenden.

14.7.2 Einrichten eines BI ODBO Connectors

Der BI ODBO Connector stellt die Verbindung zu multidimensionalen ODBO-Datenquellen her. Als Grundlage der Verbindung wird das für die Windows-Plattform spezifische COM-Protokoll verwendet, so dass dieser Connector auf J2EE-Servern ausschließlich in Kombination mit der Windows-Plattform eingesetzt werden kann.

Beispiele für ODBO-Datenquellen sind der MS Analysis Service des MS SQL-Servers, der MS PivotTable Service oder auch andere Data-Warehouse-Systeme wie SAS oder das SAP BW selbst, sofern sie ebenfalls auf einer Windows-Plattform betrieben werden.

Die nachfolgende Tabelle beschreibt die zu konfigurierenden Schnittstellenparameter für ODBO-Datenquellen.

Eigenschaft	Beschreibung
USERNAME	User, der auf dem entsprechenden ODBO-Quellsystem zumindest Leseberechtigung für die zu extrahierende UD Connect-Datenquelle besitzt.
PASSWORD	Passwort des Users.
LANGUAGE	Zweistellige Abkürzung der Sprache (z.B. DE), die sowohl die Datenquelle als auch der BI Java Connector für die Verbindung nutzen sollen. Als Default-Sprache wird EN verwendet.
CONNECTION_STRING	Zeichenfolge mit Verbindungsinformationen zum Zugriff auf den ODBO-Provider. Der Aufbau des Strings ist abhängig vom jeweiligen ODBO-Provider und enthält typischerweise Informationen über Speicherort, Server und Bezeichnung des ODBO-Providers. **Beispiele:** Zugriff auf die OLAP-Cubes des SQL-Servers MSSQUADOX: Provider=MSOLAP;Data Source=MSSQUADOX Zugriff auf OLAP-Cubes einer lokalen MS Analysis Service-Installation: Provider=MSOLAP; Location=\"c:\\public\\SalesEurope.cub\"[18] Zugriff auf OLAP-Cubes[19] des BW-Systems QX4, Mandant 100: Provider=MDrmSAP; Data Source=QX4; SFC_CLIENT=100; SFC_LANGUAGE=DE

14.7.3 Einrichten eines BI XML/A Connectors

Der BI XML/A Connector stellt die Verbindung zu multidimensionalen XML/A-Datenquellen her. Anders als bei multidimensionalen ODBO-Datenquellen werden Daten jedoch plattformunabhängig im XML-Format über das SOAP-Protokoll ausgetauscht.

In zahlreichen Fällen werden multidimensionale Datenquellen ihre Daten sowohl per ODBO als auch per XML/A bereitstellen können. Während ODBO im Zweifel die bessere Performance bietet, stellt sich XML/A plattformunabhängig dar.

Die nachfolgende Tabelle beschreibt die zu konfigurierenden Schnittstellenparameter für XML/A-Datenquellen.

---

21. Die Zeichen »"« und »\« gelten als Sonderzeichen und sind durch das Zeichen »\« einzuleiten.
22. Als OLAP-Cubes gelten im BW die für ODBO freigegebenen Queries.

Eigenschaft	Beschreibung
USERNAME	User, der auf dem entsprechenden XML/A-Quellsystem zumindest Leseberechtigung für die zu extrahierende UD Connect-Datenquelle besitzt.
PASSWORD	Passwort des Users.
LANGUAGE	Zweistellige Abkürzung der Sprache (z.B. DE), die der BI Java Connector für diese Verbindung nutzen soll, z.B. wenn Fehlermeldungen bereitzustellen sind. Auf die XML/A-Verbindung selbst hat diese Eigenschaft keinen Einfluss. Die Angabe dieses Parameters ist optional; ohne Angabe wird EN verwendet.

URL	URL, durch die der Service erreicht werden kann, z.B.
	`http://qdx04.wdf.quadox.corp:8100/sap/bw/xml/soap/xmla`
	für den XML/A-Service des BW-Systems qdx04.wdf.quadox.corp[20] auf Port 8100 oder
	`http://qdx04.wdf.quadox.corp:6100/isapi/msxisapi.dll`
	für den XML/A-Service eines gleichnamigen MS SQL-Servers auf Port 6100.

DATASOURCE	Name der XML/A-DataSource.
STATEFULNESS	Angabe, ob die Verbindung zum XML/A-Service stateful oder stateless (Werte true/false) aufgebaut werden soll, also ob die entsprechende Session aufrecht- erhalten werden soll, oder nach erfolgtem Datentransfer jeweils abgebaut werden kann. Die Angabe dieses Parameters ist optional; ohne Angabe wird die Verbindung stateless aufgebaut.

14.7.4 Einrichten eines BI SAP Query Connectors

Der BI SAP Query Connector stellt die Verbindung zu SAP-Queries auf einem Web AS ABAP her. Bei dem Web AS ABAP kann es sich sowohl um ein SAP-ERP-System auf Basis des Web AS 6.40 oder sogar das BW-System selbst handeln.

Vor dem Verwendung des BI SAP Query Connectors sollte in jedem Fall der Einsatz einer generischen DataSource (vgl. Kapitel 14.2.1) auf dem jeweiligen Quellsystem geprüft werden. Diese kann ebenfalls die Daten einer SAP Query extrahieren und stellt in der Regel die schnellere und stabilere Lösung dar.

23. Die URL-Präfix eines BW-Systems kann durch Aufruf des Funktionsbausteins RSBB_URL_PREFIX_GET in der Transaktion SE37 in Erfahrung gebracht werden. Dabei sind die Parameter folgendermaßen auszufüllen: I_HANDLER = CL_RSR_MDX_SOAP_HANDLER; I_PROTOCOL = HTTP; I_MESSAGESERVER = X. Der URL-Pfad lautet dabei immer auf /sap/bw/xml/soap/xmla.

Die nachfolgende Tabelle beschreibt die zu konfigurierenden Schnittstellenparameter für SAP-Query-Datenquellen.

Eigenschaft	Beschreibung
USERNAME	User, der auf dem entsprechenden SAP-Quellsystem zumindest Leseberechtigung für die zu extrahierende UD Connect-Datenquelle besitzt.
PASSWORD	Passwort des Users.
R3NAME	System-ID des SAP-Systems, z.B. QX4.
APPLICATIONSERVER	Applikationsserver des SAP-Systems, z.B. qdx04.wdf.quadox.corp
CLIENT	Mandant, in dem die Anmeldung erfolgen soll, z.B. 100.
SYSTEMNUMBER	Systemnummer der Server-Instanz, z.B. 00.
LANGUAGE	Zweistellige Abkürzung der Sprache (z.B. DE), die sowohl die Datenquelle als auch der BI Java Connector für diese Verbindung nutzen sollen.
QUERYAREA	Vorgabe eines Arbeitsbereichs, auf den der Metadaten-Zugriff begrenzt werden soll. Der Metadaten-Zugriff ist von Bedeutung, wenn bei der Einrichtung des Datenflusses eine Auswahl der zur Verfügung stehenden SAP Queries des SAP-Systems gebildet wird. Als Parameterwert kann entweder ein initialer Eintrag für den (mandantenabhängigen) Standard-Arbeitsbereich oder ein X für den (mandantenübergreifenden) globalen Arbeitsbereich angegeben werden.
SERVERGROUP	Angabe der Logon-Gruppe beim Einsatz von Load-Balancing.
MESSAGESERVER	Hostname des Message-Servers für die Logon-Gruppe, z.B. msgserver1.quadox.com. Die Angabe des Message-Servers ist nur beim Einsatz einer Logon-Gruppe erforderlich.
SNCMODE	Flag, ob SNC (Secure Network Communication) verwendet werden soll. Die Angabe dieses Parameters ist optional; fehlt die Angabe, so wird kein SNC verwendet.
SNCLEVEL	Angabe des SNC-Levels, sofern SNC verwendet wird. Als Parameter gelten: 1: Authentifizierung 2: Integrität 3: Verschlüsselung
SNCPARTNER	SNC-Name des Service-Users auf dem Applikationsserver, sofern SNC verwendet wird.
RFCTRACE	Gibt an, ob Datenbankaufrufe, die Aufrufe der Sperrverwaltung und die Remote-Aufrufe von Reports und Transaktionen durch das SAP-System in einem Tracefile aufgezeichnet werden sollen (Parameterwert 1) oder nicht (Parameterwert 0). Die Angabe des Parameters ist optional; fehlt die Angabe, so wird kein Tracefile aufgezeichnet.

14.8 Extraktion mit 3rd party ETL-Tools

Als weitere Möglichkeit zur Unterstützung der Extraktion können Tools von Drittherstellern (sogenannte 3rd party Tools) eingesetzt werden. Im Rahmen des nächsten Layers (siehe Kapitel 15) wird beschrieben, wie diese Tools im SAP BW eingerichtet werden. Die Arbeit dieser Tools bei der Extraktion ist spezifisch für die einzelnen Tools und sollte den Unterlagen der jeweiligen Hersteller entnommen werden.

15 Inflow Layer

Der Inflow Layer bildet die Schnittstelle zwischen dem Extraction Layer und der weiteren Verarbeitung von Daten im SAP BW. Der Inflow Layer beschreibt dabei die Metadaten für die Verbindung zu den Quellsystemen einerseits und für die Datenquellen (DataSources) innerhalb der Quellsysteme andererseits.

Darüber hinaus steuert der Inflow Layer die Extraktion aus den Quellsystemen und legt die extrahierten Daten in der sogenannten Persistent Staging Area (PSA) ab, aus der sich die Verarbeitung für die weiteren Layer bedienen kann. Der Inflow Layer entkoppelt damit die weitere Verarbeitung von Daten in den nachfolgenden Layern prozessual von der Extraktion.

Die

- Metadaten zu Quellsystemen
- Metadaten zu DataSources
- Persistent Staging Area (PSA)
- Definition von Extraktionsvorgängen

werden in den nachfolgenden Kapitel erläutert.

15.1 Metadaten zu Quellsystemen

Der Datenfluss wird im BW auf Basis der ans BW angeschlossenen Quellsysteme und deren Metadaten definiert. Voraussetzung dafür ist die Einrichtung der Quellsysteme im BW. Diese erfolgt in der Data Warehousing Workbench bei der Modellierung der Quellsysteme (siehe Abb. 15–1).

Bei der Einrichtung von Quellsystemen ist zwischen mehreren Quellsystemtypen zu unterscheiden, die spezifische Besonderheiten mit sich bringen. Die Einstellungen zu den einzelnen Quellsystemtypen werden in den nachfolgenden Kapiteln für jeden Typen gesondert erläutert.

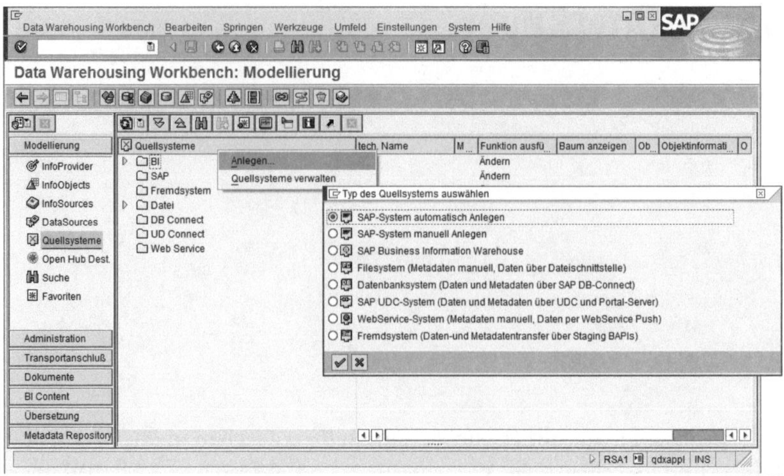

Abb. 15–1
Einrichten von Quellsystemen

Das Einrichten von Quellsystemen entspricht einer Repository-Änderung, die nicht transportiert werden kann und direkt im jeweiligen BW-System durchgeführt werden muss (auch im Produktivsystem). Aus diesem Grund müssen Sie zum Einrichten von Quellsystemen die Systemänderbarkeit zulassen (siehe Anhang D.1.6).

Den Abschluss des Kapitels bildet die Definition sogenannter Quellsystem-IDs, deren Pflege in der Praxis leider stets vergessen wird und die erst dann in Erscheinung treten, wenn sie zu Problemen führen. Der Autor bittet an dieser Stelle eindringlich, beim Einrichten neuer Quellsysteme immer auch an die Pflege ihrer Quellsystem-IDs zu denken!

15.1.1 Einrichten von SAP-ERP-Quellsystemen

Das Einrichten von SAP-ERP-Quellsystemen wird durch das BW weitgehend unterstützt, so dass ein großer Teil der Einrichtung automatisiert erfolgt.

Beim Anlegen von SAP-ERP-Quellsystemen ist zwischen

- dem automatischen Anlegen und
- dem manuellen Anlegen

zu unterscheiden. Beim automatischen Anlegen ist dem BW lediglich Zielmaschine, System-ID und Systemnummer des Quellsystems mitzuteilen.

Zielmaschine, System-ID und Systemnummer sind der Transaktion `SM51` im Quellsystem zu entnehmen. Die dort aufgeführten Systeme sind nach dem Schema *server_<SAPSID>_<instanznr>* aufgebaut. Der Eintrag `QR000009_BW3_00` würde beispielsweise die Zielmaschine `QR000009` mit der System-ID BW3 und der Systemnummer `00` beschreiben.

Die Einrichtung eines SAP-ERP-Systems ist begrifflich nicht korrekt. Es wird nicht ein ERP-System, sondern ein *logisches System* am SAP BW angeschlossen. Dieses definiert sich durch einen *Mandanten* des SAP-Systems. Sind auf einem SAP-System mehrere Mandanten angelegt, so können alle Mandanten dieses Systems ans BW angeschlossen werden. Jeder dieser Mandanten repräsentiert ein eigenes logisches System und wird vom BW dementsprechend als eigenes Quellsystem behandelt.

Darüber hinaus ist eine User-ID für den Hintergrundbenutzer zu wählen, unter dem das SAP BW mit dem Quellsystem kommuniziert (siehe Abb. 15–2).

SAP Quellsystem anlegen

Verbindung vom BW in das Quellsystem

vorhandene Destination	
oder neue Destination anlegen:	
Zielmaschine (Server)	
SystemID (Systemname)	
Systemnummer	
Hintergrundbenutzer im Quellsystem	BI7ALEREMOTE
Kennwort für Quellsystem-Benutzer	************
Kennwort wiederholen	************

Verbindung vom Quellsystem in das BW

Hintergrundbenutzer im BW	BI7ALEREMOTE
Kennwort für BW-Benutzer	************
Kennwort wiederholen	************

Abb. 15–2
Automatisches Anlegen von SAP-ERP-Quellsystemen

Der Hintergrundbenutzer im Quellsystem wird durch das BW vorgeschlagen. Der Vorschlagswert kann mit Hilfe der Transaktion RSCUSTV3 festgelegt werden. Zur Datenlieferung an das BW steht allen SAP-ERP-Systemen ein einheitlicher Benutzer im BW zur Verfügung, der mit Hilfe der Transaktion RSBWREMOTE festgelegt werden kann.

Im zweiten Schritt verlangt das BW eine Anmeldung am Quellsystem als Systemadministrator (wegen der Berechtigungen) und legt automatisch Hintergrundbenutzer und RFC-Destination für die Kommunikation mit dem BW an. Darüber hinaus wird auch im BW die RFC-Destination für das jeweilige Quellsystem angelegt. Ist diese bereits vorhanden (zum Beispiel, weil als Teil der Systeminstallation immer auch die RFC-Destinationen angelegt werden), so kann anstelle der

Zielmaschine auch die bestehende RFC-Destination angegeben werden.

Im Falle des manuellen Anlegens (nur bei SAP R/3 3.0D) müssen die erforderlichen RFC-Destinationen im BW sowie im Quellsystem manuell gepflegt werden, da dies nicht durch das BW erfolgen kann.

15.1.2 Einrichten von BW-Systemen

BW-Systeme stellen zwar einen eigenen Quellsystemtypen dar, verhalten sich jedoch beim Anlegen identisch zu SAP-ERP-Systemen. Das Prozedere inklusive sämtlicher Einstellungen entspricht dem Vorgehen beim Anlegen von SAP-ERP-Quellsystemen (automatisches Anlegen).

Jedes BW-System besitzt auch eine Verbindung zu sich selbst – das sogenannte MySelf-Quellsystem. Dieses Quellsystem ist standardmäßig angelegt und muss nicht mehr manuell eingerichtet werden.

15.1.3 Einrichten eines DB Connect

Der Web AS ABAP eröffnet bereits bei seinem Start eine Verbindung zu seinem Datenbanksystem. Zu diesem Zweck sind auf dem Web AS ein entsprechender Datenbank-Client sowie die entsprechende Datenbankbibliothek für den SAP Kernel installiert.

Seit der Version 6.20 des WAS ist dieser zu einem sogenannten Multi-Connect fähig, d.h., neben der Default-Verbindung können noch weitere Verbindungen zu anderen Datenbanksystemen aufgebaut werden.

Im einfachsten Fall ist die über DB Connect anzubindende Datenbank vom selben Typ wie die Default-Datenbank, so dass Datenbank-Client und die entsprechende Datenbankbibliothek bereits auf dem Web AS installiert sind. Im anderen Fall müssen Datenbank-Client und Datenbankbibliothek noch auf dem Web AS installiert werden.

Beim Einrichten des DB Connect im Quellsystembaum der Data Warehousing Workbench ist zunächst ein logischer Systemname, der für die Datenbankverbindung genutzt werden soll, und ein beschreibender Text anzugeben. Anschließend sind die Verbindungsinformationen anzugeben (siehe Abb. 15–3).

Zu den Verbindungsinformationen gehören:

- Die Angabe, um welches Datenbankmanagement-System (***DBMS***) es sich bei der Datenquelle handelt.
- Der ***Benutzername*** des Datenbank-Users, unter dem die Verbindung zur Datenbank geöffnet werden soll.

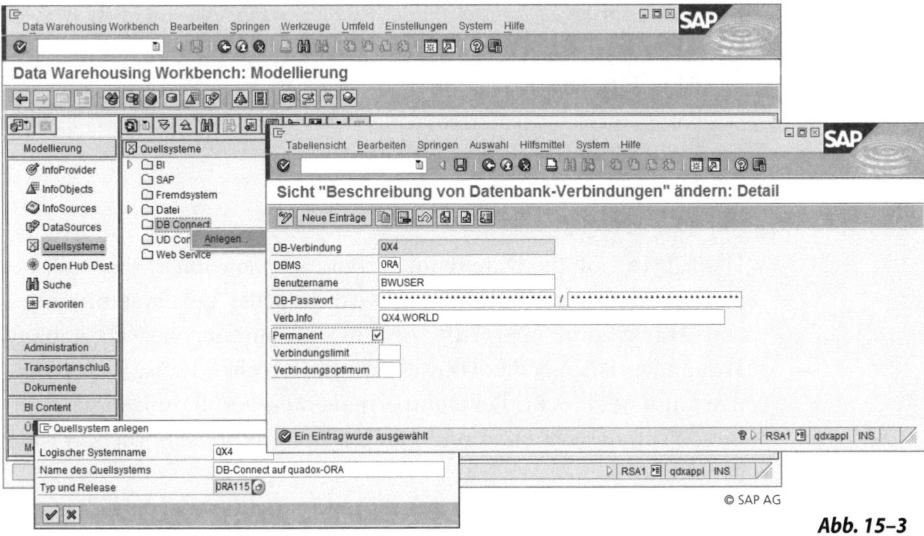

Abb. 15–3
Beschreibung der Datenbankverbindung für DB Connect

- Das ***Passwort*** des Datenbanknutzers. Das Passwort ist zweimal anzugeben und wird verschlüsselt abgelegt.
- ***Verbindungsinformationen*** zum Öffnen der Datenbankverbindung. Syntax und Semantik der Verbindungsinformationen sind datenbankspezifisch und umfassen i.d.R. Datenbank-Host und -Name:
  - **DB2 UDB**[1]**:**
    DB6_DB_NAME=<*Datenbankname*>
  - **DB2/390**[2]**:**
    PORT=<*Port*>;
    SAPSYSTEMNAME=<*sapsystemname*>;
    SSID=<*ssid*>;
    SAPSYSTEM=<*sapsystem*>;
    SAPDBHOST=<*sapdbhost*>;
    ICLILIBRARY=/usr/sap/D6D/SYS/exe/run/ibmiclic.o
  - **DB2/400**[3]**:**
    AS4_HOST=<*Hostname des Datenbankservers*>;
    AS4_DB_LIBRARY=<*Bibliothek des Server-Jobs*>
    AS4_CON_TYPE=<*Verbindungstyp* OPTICONNECT *oder* SOCKETS>
  - **Informix**[4]**:**
    <*Datenbankname*>@<*Datenbankserver*>

---

1. Zum DB Connect zu DB2 UDB siehe auch OSS-Notes 523622 und 200164.
2. Zum DB Connect zu DB2/390 siehe auch OSS-Notes 523552 und 160484.
3. Zum DB Connect zu DB2/400 siehe auch OSS-Notes 523381 und 146624 (zur AS/400) bzw. 445872 (zur iSerie).
4. Zum DB Connect zu Informix siehe auch OSS-Notes 520496 und 181989.

- **MAX DB:**
  <Datenbankserver>-<Datenbankname>
- **MS SQL Server**[5]**:**
  MSSQL_SERVER=*<Datenbankserver>*
  MSSQL_DBNAME=*<Datenbankname>*
- **Oracle**[6]**:**
  <TNS-Alias>

- Die Angabe, ob die Datenbankverbindung ***permanent*** sein soll. Bei einer permanenten Verbindung wird bei jeder quellsystembezogenen Transaktion überprüft, ob eine Verbindung zur Datenbank vorhanden ist und die Transaktion entsprechend ausgeführt werden kann oder nicht. Bei nichtpermanenten Verbindungen wird auf diese Prüfung verzichtet und ggf. ein Transaktionsabbruch in Kauf genommen.

  In jedem Fall bleibt die Definition des DB Connect erhalten.

15.1.4 Einrichten von Flatfiles

Die Verbindung zu Filesystemen wird ebenso wie bei anderen Quellsystemtypen im Quellsystembaum defiiert. Dabei sind jedoch keinerlei weitere Einstellungen zum Filesystem zu hinterlegen, so dass das Einrichten dieses Quellsystemtypen lediglich formalen Charakter hat.

Sämtliche bei der Extraktion von Flat Files relevanten Einstellungen sind erst bei der Definition der DataSources vorzunehmen (siehe Kapitel 15.2). Insofern ist es aus technischer Sicht gleichgültig, ob ein Filesystem für alle File-DataSource oder für jede File-DataSource ein eigenes Quellsystem angelegt wird.

Unter Berücksichtigung der Übersichtlichkeit ist sicherlich die Verwendung eines einzigen Filesystems zu bevorzugen. Lediglich wenn innerhalb der übertragenen Daten eine Kennzeichnung des jeweiligen Quellsystems enthalten sein soll, kann es sinnvoll sein, mehrere Filesysteme einzurichten, die diese Darstellung des Quellsystems wahrnehmen. Die Kennzeichnung eines Quellsystems erfolgt durch die sogenannten Quellsystem-IDs, die in Kapitel 15.1.8 erläutert werden.

5. Zum DB Connect zu MS SQL-Server siehe auch OSS-Notes 512739 und 178949.
6. Zum DB Connect zu Oracle siehe auch OSS-Notes 518241 und 339092.

15.1.5 Einrichten von Web-Service-Systemen

Das Einrichten von Web-Service-Quellsystemen stellt sich identisch mit dem Einrichten von File-Quellsystemen dar. Auch hier ist das Anlegen des Quellsystems eine Formalie, da die relevanten Metadaten erst bei der Definition der DataSources definiert werden.

Zum Empfangen von SOAP-Dokumenten wird der SOAP-Service des Web Application Server verwendet. Dieser ist in jedem Fall bereits nach der Installation vorhanden und muss ebenfalls nicht mehr konfiguriert werden. Allerdings muss der SOAP-Service aktiv sein. Dies kann bei Bedarf in der Transaktion `SICF` kontrolliert und gesteuert werden (siehe Abb. 15–4)

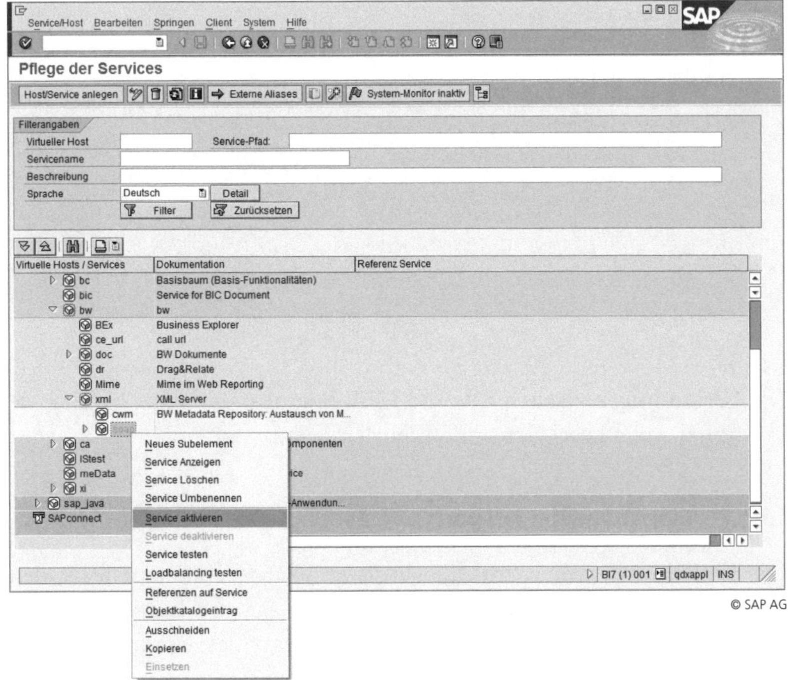

Abb. 15–4 *Aktivieren des SOAP-Service*

Über den SOAP-Service können Quellsysteme aktiv Daten an das BW übergeben. Eine Extraktion nach dem Pull-Prinzip, wie dies bei allen anderen Quellsystemtypen der Fall ist, gibt es hier nicht. Der Weg über den SOAP-Service ist damit eine der Möglichkeiten, Daten nahe Echtzeit an das BW zu liefern, wobei dieses Verfahren aufgrund des großen Overheads lediglich für die Verarbeitung sehr kleiner Datenmengen geeignet ist.

15.1.6 Einrichten eines Universal Data Connect

Für Extraktion von Daten über den Universal Data Connect der J2EE-Engine ist die RFC-Verbindung zur J2EE Engine sowie der zu verwendende Connector anzugeben. Die Definition einer UDC-Quellsystemverbindung bezieht sich somit immer auf einen Connector der J2EE-Engine (siehe Abb. 15–5).

Abb. 15–5
Einrichten eines SAP-UDC-Quellsystems

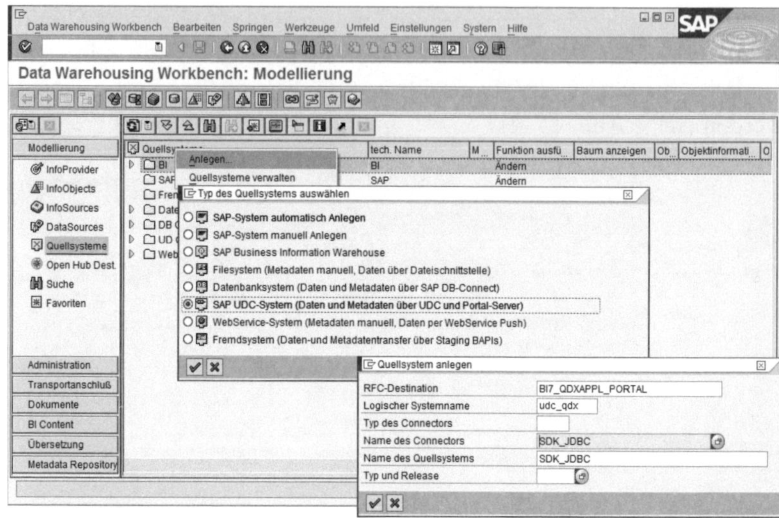

© SAP AG

Die Verbindung zwischen BW und J2EE Engine muss dabei bereits wie in Kapitel 3.1.3 beschrieben konfiguriert sein.

15.1.7 Einrichten von 3rd party ETL-Tools

Die Einrichtung von Extraktionstools von Drittherstellern folgt den unterschiedlichen Anforderungen der Tools. Bei der Einrichtung der Tools im Inflow Layer wird lediglich der Start des Extraktionstools definiert, der dem Aufruf eines RFC-Serverprogramms auf

- einem der Applikationsserver des BW
- einem Host (unter Angabe der Zielmaschine)

der Client-Workstation des jeweiligen Anwenders entspricht (siehe Abb. 15–6). Der Start geht dabei vom BW aus.

Welche Einstellungen für die Einrichtung eines Extraktionstools im Detail erforderlich sind, hängt von den Spezifikationen des Tools ab und ist der Dokumentation des Herstellers zu entnehmen.

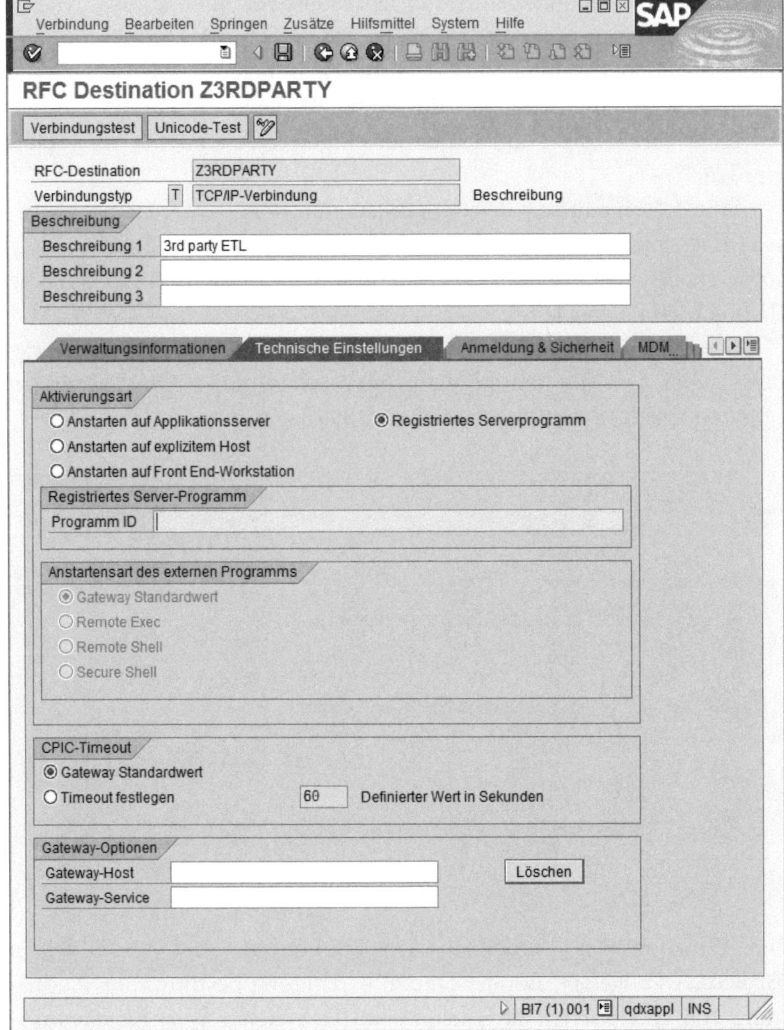

© SAP AG

Abb. 15-6
Anbindung von 3rd party ETL-Tools

15.1.8 Quellsystem-IDs

In einigen Fällen ist es sinnvoll, Daten mit Bezug auf das Quellsystem, aus dem die Daten extrahiert wurden, weiterzuverarbeiten bzw. zu speichern. Dies kann der Fall sein bei:

- *Stammdaten*, die mit Bezug zum liefernden Quellsystem gespeichert werden sollen und daher an die Quellsystem-ID geklammert sind.
- *Bewegungsdaten*, die zum Zweck der Datenvalidierung oder für die Drill-Through-Funktionalität im Reporting mit der Information über das Herkunftssystem gespeichert werden sollen.

Da sich die Bezeichnungen der Quellsysteme in einer Transportlandschaft verändern[7] oder weil in einer Large-Scale-Architektur unterschiedliche Quellsysteme identische Bezeichnungen auf den jeweiligen BW-Systemen haben können[8], dürfen bei der Definition des Datenflusses nicht direkt die Namen der jeweiligen Quellsysteme verwendet werden.

Stattdessen müssen den Quellsystemen aller BW-Systeme identische IDs zugeteilt werden. Entwicklungs-, Test- und Produktivinstanz eines Quellsystems sollten dabei in jedem BW-System durch dieselbe ID beschrieben werden.

Die Pflege der Quellsystem-IDs ist in der Data Warehousing Workbench über den Menüpunkt *Werkzeuge →Zuordnung Quellsystem zu Quellsystem ID* zu erreichen (siehe Abb. 15–7).

Abb. 15–7
Pflege der Quellsystem-IDs

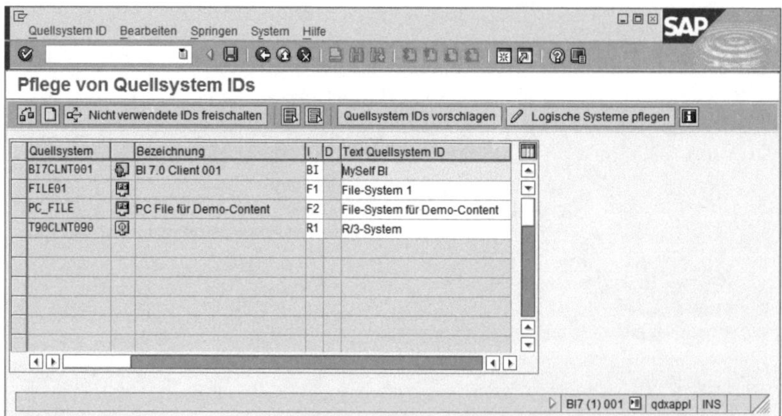

Die Zuordnungen werden in den Stammdaten des InfoObjektes `0SOURSYSTEM` abgelegt. Bei der Datenübertragung bestimmt die Zuordnung von Quellsystem zu Quellsystem-ID, welcher Wert für das InfoObjekt `0SOURSYSTEM` fortgeschrieben wird. Alle quellsystemabhängigen Datenstrukturen müssen somit das InfoObjekt `0SOURSYSTEM` enthalten.

Um eine systemübergreifend einheitliche Zuordnung von Quellsystem-IDs zu Quellsystemnamen zu ermöglichen, können IDs auch für Quellsysteme definiert werden, die in dem jeweiligen BW-System unter Umständen nicht eingerichtet sind.

---

7. Im Entwicklungssystem sind in der Regel andere Quellsysteme eingerichtet als auf Test- und Produktivsystem.
8. Dieses Problem tritt vorwiegend bei Flatfiles auf, die in den unterschiedlichen BW-Systemen ohne Abstimmung angelegt wurden.

Die zu vergebenden IDs sind lediglich zweistellig. Insbesondere in umfangreicheren Architekturen ist es dadurch nur schwer möglich, bei der Vergabe der IDs Namenkonventionen so zu gestalten, dass sie hilfreich sind. Verzichten Sie daher von Anfang an auf Namenskonventionen und nummerieren Sie die IDs einfach hexadezimal aufsteigend.

Die Verwendung der so definierten Quellsystem-IDs im Staging ist Teil des Transformation Layers und wird in Kapitel 6.5 näher erläutert.

Quellsystem-IDs in Data-Mart-Architekturen

Bei der Übertragung von Daten von einem BW in ein anderes darf das belieferte System nicht mit der Quellsystem-ID arbeiten, da sonst die ursprünglichen Quellsystem-IDs durch die Quellsystem-ID des liefernden BW-Systems ersetzt werden. Stattdessen müssen die ursprünglichen Quellsystem-IDs an das Ziel-BW übergeben werden und dürfen dort

Abb. 15–8
Übergabe von Quellsystem-IDs in Large-Scale-Architekturen

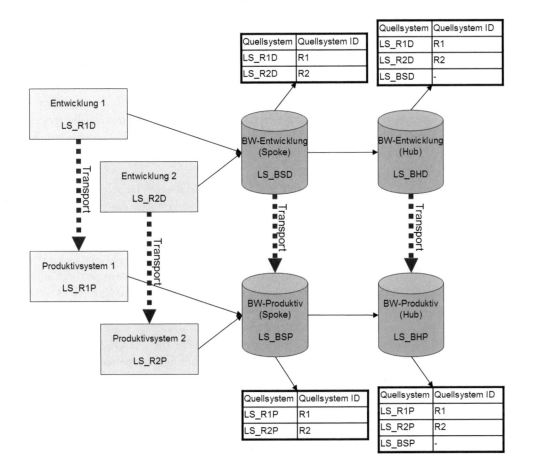

Quellsystem	Quellsystem ID
LS_R1D	R1
LS_R2D	R2

Quellsystem	Quellsystem ID
LS_R1D	R1
LS_R2D	R2
LS_BSD	-

Entwicklung 1
LS_R1D
Entwicklung 2
LS_R2D
Transport
Transport
Produktivsystem 1
LS_R1P
Produktivsystem 2
LS_R2P
BW-Entwicklung (Spoke)
LS_BSD
BW-Entwicklung (Hub)
LS_BHD
Transport
Transport
BW-Produktiv (Spoke)
LS_BSP
BW-Produktiv (Hub)
LS_BHP

Quellsystem	Quellsystem ID
LS_R1P	R1
LS_R2P	R2

Quellsystem	Quellsystem ID
LS_R1P	R1
LS_R2P	R2
LS_BSP	-

nicht durch die Quellsystem-ID des liefernden BW-Systems ersetzt werden. Abbildung 15–8 verdeutlicht diesen Zusammenhang anhand eines Ausschnittes aus einer Hub-and-Spoke-Architektur (vgl. Kapitel 27).

15.2 Metadaten zu DataSources

Nach dem Einrichten von Quellsystemen im BW ist bekannt, welche Systeme zur Extraktion vorgesehen sind und wie das BW mit diesen Systemen kommunizieren kann.

Darüber hinaus muss für jede Datenquelle innerhalb eines Quellsystems definiert werden, wie die zu extrahierenden Daten strukturiert sind, welche Delta-Verfahren die Datenquellen beherrschen und Ähnliches. Die Definition dieser Metadaten zu einer Datenquelle innerhalb eines Quellsystems werden in einer ***DataSource*** zusammengefasst.

Hinter der Definition einer DataSource stehen im BW zwei unterschiedliche Objekte: eines für die neuen DataSources des BW 7 und eines für die sogenannten 3.x-DataSources der vorangehenden BW-Versionen.

Die neuen DataSources des BW 7 bieten die Möglichkeit zur Realtime Data Acquisition (siehe Kapitel 22.1.2), zum Direktzugriff auf Stammdaten (siehe Kapitel 22.2.1) und zur Remote-Aktivierung der DataSources (siehe Abschnitt E.1). 3.x-DataSources unterstützen zusätzlich zum Staging mit Transformation und Datentransferprozessen (siehe Kapitel 19 und 20) auch das direkte Staging von Stammdaten (siehe Kapitel 21), das von den neuen DataSources des BW 7 nicht unterstützt wird.

Die Definition alter und neuer DataSources ist sehr unterschiedlich. Sofern nicht anders angegeben, beziehen sich die nachfolgenden Erläuterungen auf die neuen DataSources des BW 7. Die Definition von 3.x-DataSources wird im Rahmen des direkten Staging behandelt.

DataSources werden innerhalb des DataSource-Baums der Data Warehousing Workbench definiert. Jedes Quellsystem verfügt über eine eigene Anwendungskomponentenhierarchie (vgl. Kapitel 14.1.2), in der die DataSources des Systems dargestellt werden.

Über das Kontextmenü einer auszuwählenden Anwendungskomponente kann unter dieser eine DataSource für das Quellsystem definiert werden. Ebenso kann die Anwendungskomponentenhierarchie definiert werden (siehe Abb. 15–9).

Beim Anlegen einer DataSource ist ein quellsystemweit eindeutiger technischer Name anzugeben sowie ein Datentyp, der festlegt, ob die Daten als Bewegungsdaten oder als Stammdatenattribute bzw. -texte verarbeitet werden sollen (also in den Master Data eines InfoObjekts abgelegt werden sollen)[9].

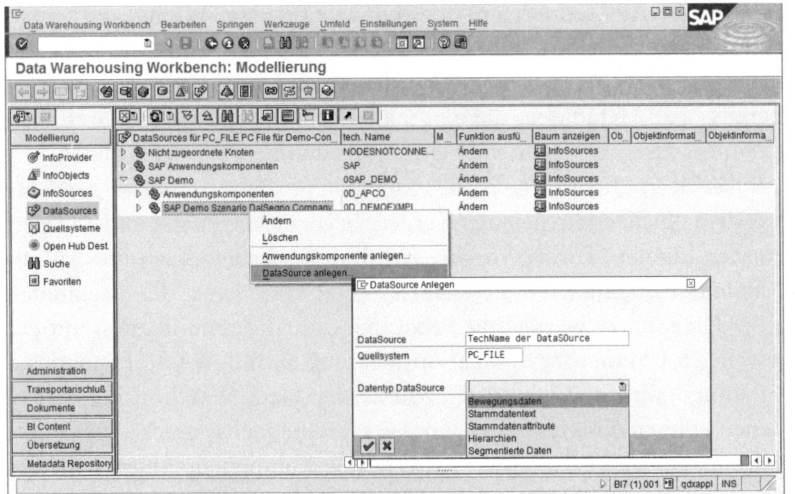

Abb. 15–9
DataSource anlegen

In den allgemeinen Einstellungen der DataSource, die daraufhin vorzunehmen sind, ist zunächst nur eine Bezeichnung für die DataSource anzugeben (siehe Abb. 15–10).

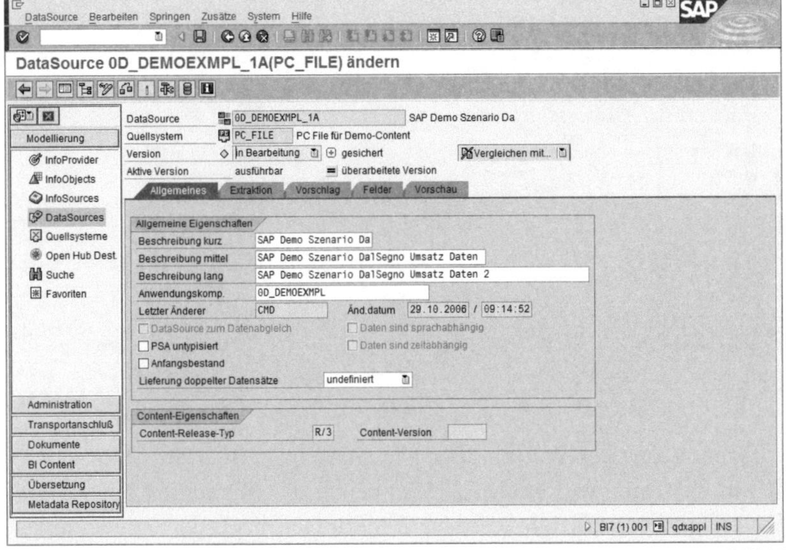

Abb. 15–10
DataSource-Definition für File-DataSources: Allgemeines

Je nach Quellsystemtyp müssen DataSources und Anwendungskomponentenhierarchie komplett innerhalb des SAP BW definiert werden

9. Hierarchien und segmentierte Daten sind zwar im Dropdown-Menü aufgeführt, stehen in der aktuellen Version des BW jedoch nur für replizierte DataSources (s.u.) zur Verfügung und können nicht manuell angelegt werden.

(Flatfile, SOAP-Connection) oder können aus einer Vorlage des Quellsystems abgeleitet werden (SAP ERP, SAP BW, DB Connect, UD Connect, 3rd-party-ETL-Tools), d.h., das Quellsystem verfügt seinerseits bereits über Metadaten, die innerhalb des BW nur an definierten Stellen angepasst, aber nicht vollständig frei definiert werden können.

Metadaten-Replikation bei SAP- und 3rd party-Quellsystemen

Verfügen Quellsysteme über Metadaten, so müssen diese zunächst aus dem Quellsystem geladen werden, bevor sie angepasst und aktiviert werden können. Dieser Vorgang wird im Sprachgebrauch des BW als ***Metadaten-Replikation*** bezeichnet. Beim Aktivieren der Metadaten einer DataSource werden die Programme zur Kommunikation mit der jeweiligen DataSource und zur Speicherung im Inflow Layer generiert.

Innerhalb des Quellsystembaums der Data Warehousing Workbench können die Metadaten eines gesamten Quellsystems angefordert werden. Dabei wird auch die Anwendungskomponentenhierarchie des Quellsystems übertragen (siehe Abb. 15–11).

Abb. 15–11
Metadatenreplikation bei Quellsystemen mit Metadaten

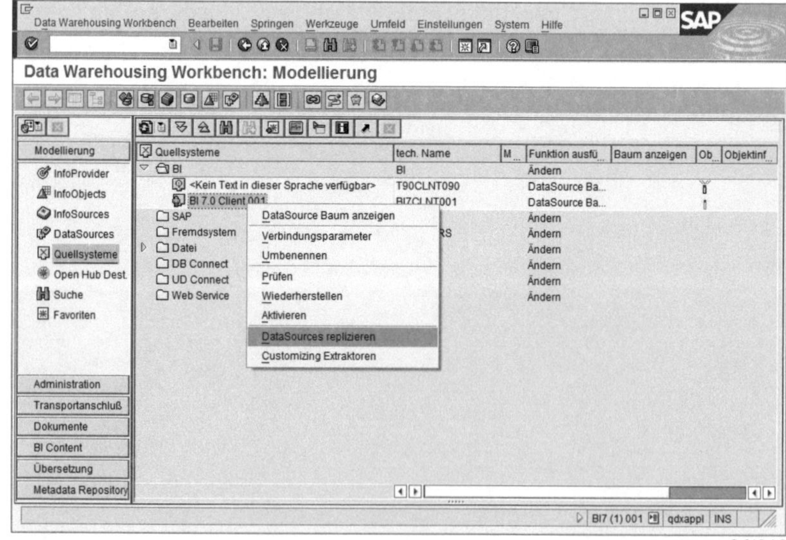

Alternativ zur Replikation aller DataSources können im DataSource-Baum der Data Warehousing Workbench die Metadaten einer DataSource gezielt repliziert werden. Änderungen bzgl. der Anwendungskomponentenhierarchie werden hierbei nicht an das BW übergeben.

Handelt es sich bei einer replizierten DataSource um eine neue DataSource für das BW 7, so kann im Rahmen der Replikation entschieden werden, ob die DataSource derart im BW angelegt werden soll oder ob die DataSource als 3.x-DataSource angelegt werden soll[10] (siehe Abb. 15–12).

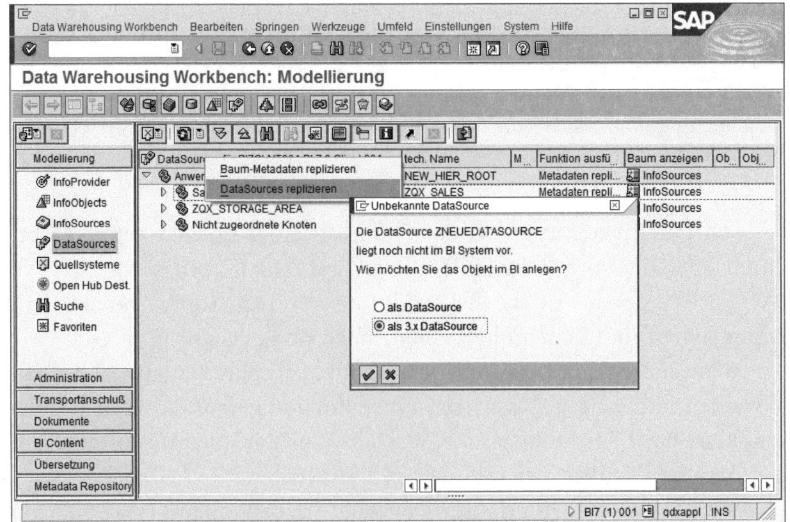

Abb. 15-12 *Auswahl der DataSource-Version*

© SAP AG

Die Wahl der DataSource-Version ist dabei nicht endgültig, da mit Hilfe der Transaktion RSDS eine Migration von der einen in die andere DataSource-Version durchgeführt werden kann (siehe Abb. 15–13).

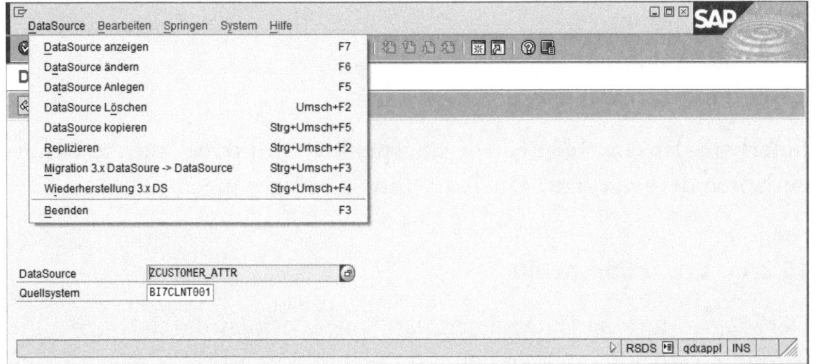

Abb. 15-13 *Migration von DataSources*

© SAP AG

Beherrscht eine DataSource nicht die neuen Funktionalitäten des BW 7, so wird sie automatisch als 3.x-DataSource angelegt. In jedem Fall kann das neue Staging mittels Transformation und Datentransferprozessen eingesetzt werden.

10. In diesem Fall kann eine neue DataSource auch für das direkte Staging von Master Data verwendet werden.

Bei der Replikation von DataSources auf dem Test- oder Produktivsystem einer Transportlandschaft (siehe Anhang D) ist es gleichgültig, welche Version für eine DataSource ausgewählt wird. In jedem Fall wird die Version der DataSource im Rahmen des Transports durch die Version auf dem Entwicklungssystem überschrieben.

Je nach Quellsystemtyp und der Fähigkeit eines Quellsystems, Metadaten über die vorhandenen Datenquellen (DataSources) an das SAP BW zu übergeben, ist die Beschreibung der DataSource hinsichtlich Datenzugriff und Dateninhalte mehr oder weniger vollständig.

Während beispielsweise bei DataSource-Replikaten aus SAP-ERP-Systemen nahezu keine weiteren Einstellungen getroffen werden müssen, sind bei Filesystemen eine Vielzahl von Parametern vorzugeben, die Ort und Art der Speicherung beschreiben.

Metadaten zu DataSources

Nachfolgend wird erläutert, welche Einstellungen zur Definition von DataSources vorzunehmen sind. Die Beschreibung dieser Definition wird dabei folgendermaßen gegliedert.

- Extraktionsquelle
- Datenstruktur
- Input-Konvertierung
- Selektionsfelder
- Delta-Verfahren
- Bestandskennzahlen

Innerhalb der einzelnen Gliederungspunkte wird dabei auf die Besonderheiten der jeweiligen Quellsystemtypen eingegangen.

15.2.1 Extraktionsquelle

Adapter

Der Zugriff auf die Daten einer DataSource erfolgt durch sogenannte ***Adapter***. Dabei handelt es sich um objektorientierte Klassen, die eine Reihe vorgegebener Interfaces implementieren, über die sie mit dem Inflow Layer einerseits und mit den Schnittstellen zu den jeweiligen Quellsystemen andererseits kommunizieren können.

Die wesentliche Neuerung, die die Version 7 des SAP BW mit diesen Adaptern bringt, liegt in der Erweiterbarkeit des zugrunde liegenden Frameworks, d.h., durch Implementierung der entsprechenden Interfaces können bei Bedarf auch eigene Adapter zum Zugriff auf Datenquellen entwickelt werden. Die hierfür entwickelten Methoden müssen zu diesem Zweck mit Hilfe der Transaktion SM34 im Sammel-View RSDSACCESS deklariert werden (siehe Abb. 15–14).

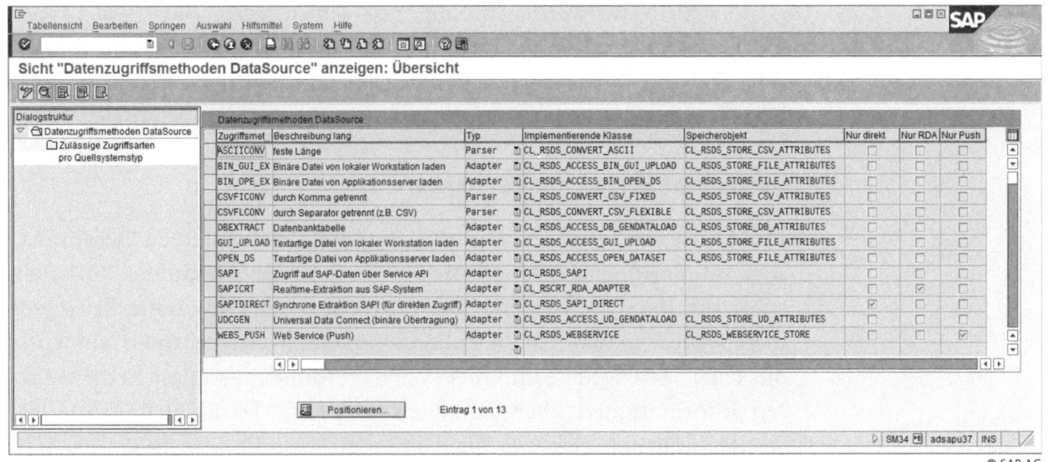

Abb. 15–14
Definition von Adaptern und Parsern

Welche Adapter in bestimmten Fällen zu nutzen sind, leitet sich in der Regel direkt aus dem jeweiligen Quellsystemtypen ab – so gibt es beispielsweise zur Anbindung einer Datenbank via DB Connect genau einen geeigneten Adapter für diese Aufgabe. Speziell im Falle von SAP- und Filesystemen ist bei der Definition einer DataSource jedoch ein Adapter aus einer Auswahl mehrerer Adapter zu wählen.

Datenformat-Parser

Je nach verwendetem Adapter schließt sich an die Extraktion noch der Einsatz eines Datenformat-Parsers an. Dieser beschäftigt sich mit der Konvertierung der extrahierten Daten in die typisierte Struktur, die durch die DataSource definiert wird (siehe Kapitel 15.2.2).

Ob der Einsatz des Datenformat-Parsers erforderlich ist, hängt davon ab, ob der Adapter die Daten in der definierten Struktur der DataSource liefert[11] (in diesem Fall ist kein Parser erforderlich), oder ob er Daten lediglich als Tabelle von Strings liefert[12] (in diesem Fall ist der Einsatz eines Parsers erforderlich, der diese Tabelle aus Strings in die definierte Struktur der DataSource konvertiert).

Ist bei der Verwendung eines Adapters der Einsatz eines Parsers erforderlich, so sind entsprechende Einstellungen bzgl. des umzuwandelnden Formats zu treffen. In der aktuellen Version beschränkt sich diese Vorgabe auf die Angabe, ob es sich bei den Quelldaten um Zeichenfolgen mit fester Länge oder um durch Trennzeichen separierte Daten handelt.

Ist keine derartige Vorgabe für einen Parser zu treffen, so wird die Datenquelle durch das BW als *bereits typisiert* ausgewiesen (beispielhaft zu sehen an DataSources für den DB Connect, siehe Abb. 15–17).

11. SAP spricht in diesem Fall auch von generierenden Adaptern.
12. SAP spricht in diesem Fall auch von generischen Adaptern.

Nachfolgend werden für die unterschiedlichen Quellsystemtypen die Einstellungen für Adapter und Parser sowie ggf. darüber hinaus erforderliche Einstellungen beschrieben, die bei der Definition einer DataSource vorzunehmen sind.

Datenquelle bei SAP-Quellsystemen

Die Definition von DataSources zu SAP-Quellsystemen beschränkt sich auf diejenigen DataSources, die auch in den Metadaten enthalten sind, die die Quellsysteme im Extraction Layer bereitstellen. Jede DataSource im BW ist im Falle dieser Quellsysteme somit eindeutig mit einer Datenquelle im Quellsystem verbunden, so dass keine weiteren Informationen über den Zugriff auf die Datenquelle hinterlegt werden müssen.

Adapter

Sehr wohl aber müssen Informationen über die Art des Zugriffs hinterlegt werden, was durch die Auswahl des zu verwendenden Adapters erfolgt. Dabei stehen drei Adapter zur Wahl:

- `SAPI` zum Zugriff auf SAP-Quellsysteme über das Service-API, das die »normale« Extraktion aus SAP-Quellsystemen steuert.
- `SAPICRT` für den Zugriff auf Realtime-fähige DataSources in SAP-Systemen (siehe Kapitel 22).
- `SAPIDIRECT` für die synchrone Extraktion aus SAP-Quellsystemen. Diese wird für den Direktzugriff auf DataSources (siehe Kapitel 22.2.1) sowie zum Debugging (siehe Kapitel 31.4.3) verwendet.

Typisierung

Die Adapter `SAPI` und `SAPICRT` erfordern dabei den Einsatz eines Datenformat-Parsers, der jedoch lediglich die Aufgabe hat, die Datenstruktur mit Feldern fester Länge in die typisierte Struktur der DataSource zu konvertieren.

Zahlenformat

Über die Vorgaben für Adapter und Parser hinaus sind bei DataSources für SAP-Quellsysteme auch Angaben über die in der Datenquelle verwendeten Zahlenformate zu treffen (Dezimaltrennzeichen, Tausendertrennpunkt). Diese Angaben können entweder zur Laufzeit aus dem Stammsatz des jeweiligen Benutzers entnommen werden, der einen Ladevorgang startet, oder in der DataSource vorgegeben werden (siehe Abb. 15–15). Die Angabe des Benutzerstammsatzes als Konfigurationsquelle für die verwendeten Zahlenformate ist dabei nicht zu empfehlen, da das Systemverhalten damit unkalkulierbar werden kann, denn das Ergebnis einer Extraktion kann sich je nach Benutzer unterschiedlich darstellen.

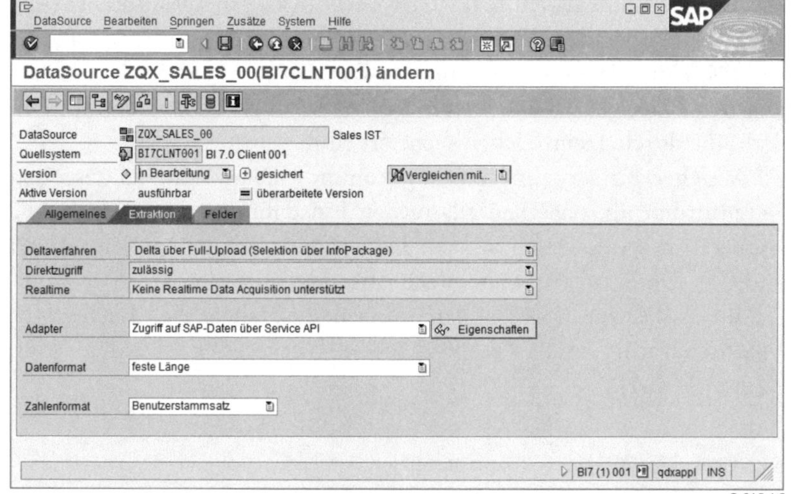

© SAP AG

Abb. 15-15
Datenquelle bei SAP-Quellsystemen

Das BW bietet bei jedem InfoPackage Vorschlagswerte für Tausendertrennzeichen und Dezimalpunkt an. Die Vorschlagswerte können mit Hilfe der Transaktion RSCUSTV1 angepasst werden.

Datenquelle bei Filesystemen

Der Kernbestandteil bei der Definition von File-Datenquellen besteht in der Angabe der zu lesenden Datei und des Dateityps.

Adapter

Beide Vorgaben sind in den zu verwendenden Adapter kombiniert. Zur Auswahl stehen dabei

- zum Laden ***binärer Dateien*** die Adapter BIN_GUI_EX (Laden von Workstation) und BIN_OPE_EX (Laden vom Applikationsserver[13]).
- zum Laden ***textartiger Dateien*** die Adapter GUI_UPLOAD (Laden von Workstation) und OPEN_DS (Laden vom Applikationsserver[14]).

Bei der Verwendung der Adapter BIN_GUI_EX und GUI_UPLOAD zur Extraktion von Dateien von einem lokalen Pfad der Workstation muss der Ladevorgang im Dialog auf der entsprechenden Client-Workstation ausgeführt werden und kann (zum Beispiel im Regelbetrieb) nicht im Hintergrund eingeplant werden.

13. Vom Applikationsserver oder von einem Fileserver, auf den der Applikationsserver Zugriff hat.
14. dito.

Typisierung

Die Adapter zum Laden textartiger Dateien (GUI_UPLOAD und OPEN_DS) erfordern dabei den Einsatz von Datenformat-Parsern; den Parser ASCIICONV für die Konvertierung von Dateien mit Feldern fixer Länge und den Parser CSVFLCONV für die Konvertierung von Dateien mit Feldern, die durch Trennzeichen separiert sind.

Welcher Parser zum Einsatz kommt, hängt vom zu lesenden Datenformat ab, das ebenfalls in den Einstellungen zur Datenquelle vorgegeben wird. Dabei stehen die Formate ASCII-separierte Datei und CSV-Datei zur Auswahl (siehe Abb. 15–16).

Im Falle von CSV-Dateien müssen zusätzlich die Zeichen für Datenseparator und Escape-Zeichen vorgegeben werden (vgl. Kapitel 14.5.1).

Im Falle einer Datei im CSV-Format müssen Datenseparator und Escape-Zeichen festgelegt werden. Die Vorschlagswerte für Datenseparator und Escape-Zeichen können mit Hilfe der Transaktion RSCUSTV1 angepasst werden.

Dateiname

Den Kern der Vorgabe zur Datenquelle bildet in jedem Fall die Vorgabe eines Dateinamens, und zwar in Form einer physisch vorhandenen Datei, in Form eines logischen Dateinamens (vgl. Kapitel 15.1.3) oder als Ergebnis einer ABAP-Routine.

Abb. 15–16
Datenquelle bei Filesystemen

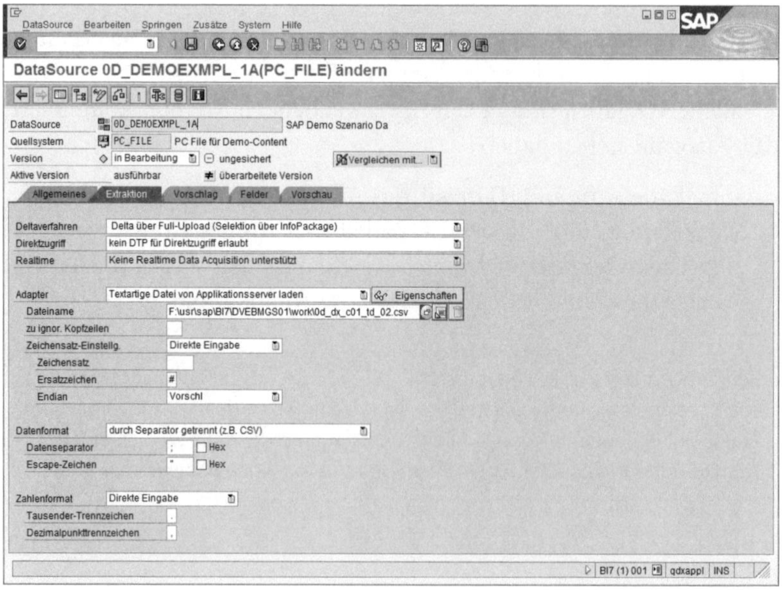

Die Vorgabe einer physisch vorhandenen Datei bietet insbesondere in anfangs improvisierten Systemumgebungen schnelle Ergebnisse. Im produktiven Einsatz bringt die Verwendung fest definierter Dateinamen jedoch zwei gravierende Nachteile mit sich:

- Wird das BW in einer Transportlandschaft betrieben, in der die jeweiligen BW-Systeme auf unterschiedliche Fileserver Zugriff haben, so werden die Dateinamen nach dem Transport der InfoPackages ungültig.
- Werden in regelmäßigen Zeitabständen Dateien geladen, so werden in vielen Fällen dynamische Dateinamen verwendet (zum Beispiel mit der Verschlüsselung des Tagesdatums). Dies kann mit fest vorgegebenen Dateinamen nicht realisiert werden.

Um diese Nachteile zu umgehen, besteht die Möglichkeit, mit logischen Dateinamen zu arbeiten. Bei der Definition logischer Dateinamen können systemspezifische Variablen sowie zur Laufzeit generierte Parameter verwendet werden. Die Definition logischer Dateien wird in Anhang C detailliert erläutert.

Alternativ zur Angabe physischer oder logischer Dateinamen kann ein Dateiname auch durch eine selbstentwickelte ABAP-Routine ermittelt werden. Als Parameter der Routine sind lediglich die Parameter `P_FILENAME` mit dem Namen der Datei und `P_SUBRC` mit dem Fehlercode der Routine (0 = fehlerfrei, 4 = fehlerhaft) zurückzugeben.

```
program filename_routine.
* Global code
*$*$ begin of global - insert your declaration only below this line  *-*
* TABLES: ...
* DATA:   ...
*$*$ end of global - insert your declaration only before this line   *-*

* -------------------------------------------------------------------
form compute_flat_file_filename
   changing  p_filename type RSFILENM
             p_subrc like sy-subrc.
*$*$ begin of routine - insert your code only below this line        *-*
             p_filename =
*....
             p_subrc = 0.
*$*$ end of routine - insert your code only before this line         *-*
endform.
```

Zeichensatz-Einstellungen

Speziell bei Unicode-Systemen können für binäre Dateien zusätzlich Einstellungen über den verwendeten Zeichensatz in der angegebenen Datei hinterlegt werden. Dies ist erforderlich, um die binäre Darstellung von Zeichen richtig zu interpretieren.

Zahlenformat

Ebenso wie bei SAP-Quellsystemen sind Angaben über die in der Datenquelle verwendeten Zahlenformate zu treffen (Dezimaltrennzeichen, Tausendertrennpunkt).

Datenquelle bei DB-Connect-Quellsystemen

Im Falle des DB Connect liefert das Datenbank-Quellsystem durch den Datenbank-Katalog alle Tabellen, Views und Feld-Details, die die Datenbank dem BW zur Extraktion anbietet.

Durch Verletzung der Namenskonventionen (vgl. Kapitel 14.4) sind ggf. nicht alle Tabellen und Views technisch zur Extraktion geeignet. Darüber hinaus sind in der Regel nur ausgewählte Tabellen/Views von Bedeutung für die Extraktion.

Aus diesem Grund müssen nach dem Einrichten eines DB Connect zunächst die Tabellen und Views bestimmt werden, die sich in der Definition von DataSources niederschlagen sollen. Welche Tabelle/View einer DataSource zugrunde liegen soll, ist bei der Definition der Datenquelle anzugeben (siehe Abb. 15–17).

Adapter

In jedem Fall wird der Adapter `DBEXTRACT` zum Zugriff auf das Datenbanksystem verwendet. andere Adapter stehen nicht zur Verfügung. Die gelieferten Daten sind grundsätzlich typisiert, so dass keine weiteren Einstellungen zum Datenformat mehr vorgenommen werden müssen.

Abb. 15–17 *Datenquelle beim DB Connect*

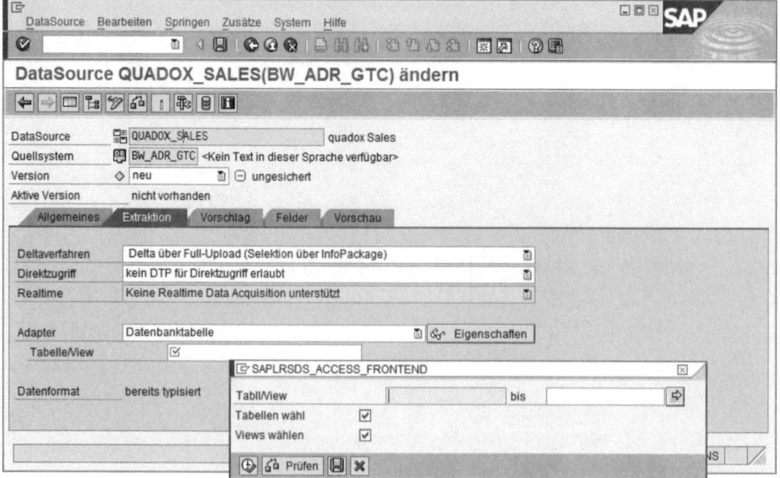

Datenquelle bei Web Service

Ebenso wie bei Flatfiles liefert der Extraction Layer auch zu Web Services keinerlei Metadaten. Folglich muss die DataSource im Inflow Layer manuell definiert werden. Bei der Datenquelle für einen Web Service handelt es sich dabei um einen Funktionsbaustein, der für die SOAP-Runtime freigegeben ist und der in den SOAP-konformen XML-Dokumenten im Body angegeben werden muss (vgl. Kapitel 14.6).

Dieser Funktionsbaustein wird üblicherweise mit dem Anlegen der SOAP DataSource generiert. Der Name des Funktionsbausteins leitet sich dabei aus dem technischen Namen der DataSource ab und wird mit dem Präfix `/BIO/CQ` und einen numerischen Suffix versehen (siehe Abb. 15–18).

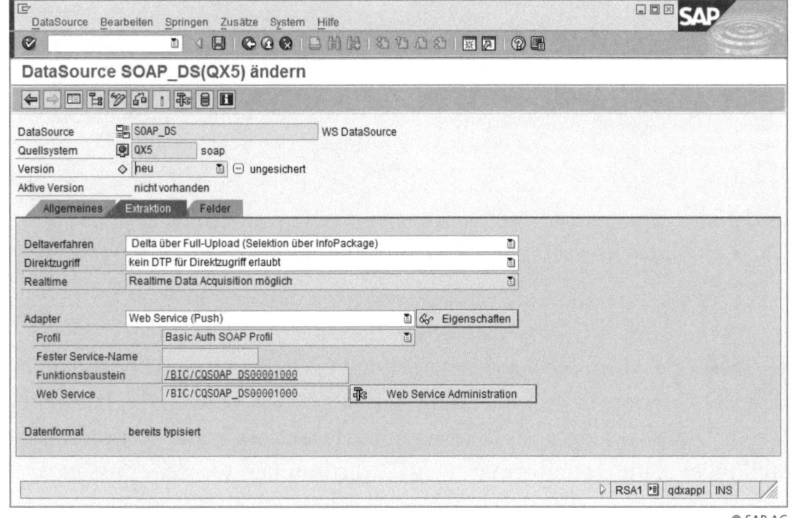

Abb. 15–18 *Datenquelle bei Web Services*

Alternativ kann auch ein eigener Web Service hinterlegt werden, d.h. ein Funktionsbaustein, der für die SOAP-Runtime freigegeben wurde. Der Name des Bausteins ist dabei im Feld *Fenster Service-Name* zu hinterlegen.

Adapter

Bei dem für Web Services verwendeten Adapter handelt es sich um den Adapter `WEBS_PUSH`. Die gelieferten Daten sind grundsätzlich typisiert, so dass keine weiteren Einstellungen zum Datenformat mehr vorgenommen werden müssen.

Aufgrund der Besonderheit des Push-Verfahrens wird die Extraktion über die SOAP-Runtime nicht in demselben Zuge beschrieben wie für die anderen Quellsystemtypen. Vielmehr wird die Verwendung der SOAP-Runtime im Rahmen der Echtzeit- und Push-Technologie (Kapitel 22) behandelt.

Datenquelle bei UD Connect

Durch die Definition der Quellsystemanbindung sind J2EE-Engine und der zu verwendende Connector bereits festgelegt (vgl. Kapitel 15.1.6). Für die Definition der Datenquelle bleibt somit lediglich die Benennung des Quellobjekts innerhalb der UD-Connect-Verbindung, also beispielsweise der Name der Datenbanktabelle bei JDBC-Konnektoren oder der Name eines OLAP-Cubes beim ODBO-Connector (siehe Abb. 15–19).

Abb. 15–19
Datenquelle bei UD Connect

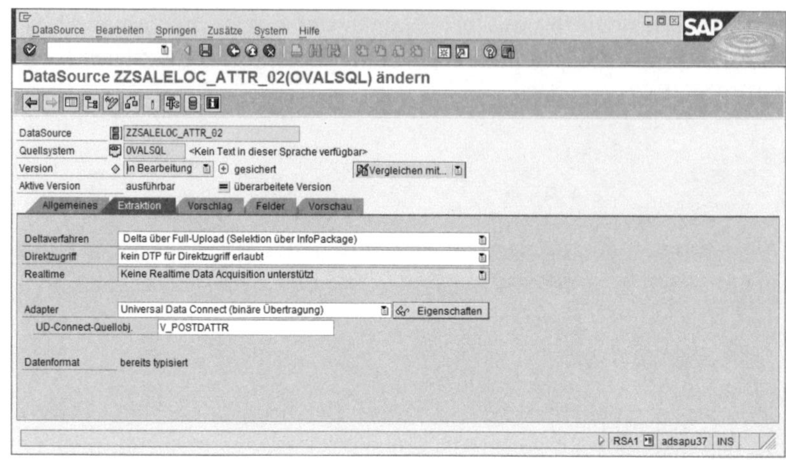

Adapter

Unabhängig vom verwendeten Connector wird zur Extraktion über den UD Connect immer der Adapter heißt `UDCGEN` verwendet. Die gelieferten Daten sind grundsätzlich typisiert, so dass keine weiteren Einstellungen zum Datenformat mehr vorgenommen werden müssen.

15.2.2 Datenstruktur

Zur Extraktion der Daten aus Quellsystemen muss der Inflow Layer die Struktur der extrahierten Daten beschreiben. Diese Struktur wird nachfolgend als *Transferstruktur* bezeichnet.

Bei SAP- und 3rd-party-Quellsystemen wird diese Struktur durch die Metadaten der Systeme an das BW übergeben und steht bei der Definition einer DataSource bereits unveränderbar zur Verfügung.

DataSources beim Universal Data Connect

Der UD Connect bringt Metadaten in der Form der sogenannten Quellobjekt-Elemente mit, also der Felder (bei JDBC und SAP Query) bzw. Merkmale/Kennzahlen (bei ODBO und XML/A), die der jeweilige BI Java Connector zur Extraktion anbietet.

Transferstruktur bei Quellsystemen ohne Metadaten

Bei allen anderen Quellsystemen muss die Transferstruktur manuell in der Definition der DataSource festgelegt werden. Dabei muss jedes Feld der DataSource mitsamt Datentyp und Länge manuell definiert werden (siehe Abb. 15–20).

DataSource Bearbeiten Springen Zusätze System Hilfe

DataSource 0D_DEMOEXMPL_1A(PC_FILE) ändern

DataSource 0D_DEMOEXMPL_1A SAP Demo Szenario Da
Quellsystem PC_FILE PC File für Demo-Content
Version In Bearbeitung gesichert Vergleichen mit...
Aktive Version ausführbar überarbeitete Version

Allgemeines | Extraktion | Vorschlag | Felder | Vorschau

Feldeigenschaften

Pos.	Feld	Beschreib.	Be	T	Template I	Datentyp	Länge	Dezim	extern	K	S	Konv	Format	QS-K	Währ/Einh	S	Selopts	Feldart
1	CALMONTH	KalJahr/Mona		☑	0CALMONTH	CHAR	6		6	☐	☐		intern			X	1	
2	D_CUSTOMER	Kunde		☑	0D_CUSTOMEF	CHAR	10		10	☐	☐		intern			X	3	
3	D_PH2	Produkt		☑	0D_PH2	CHAR	10		10	☐	☐		intern					
4	D_PH1	Produktgrupp		☑	0D_PH1	CHAR	5		5	☐	☐		intern					
5	D_CHANNEL	Vertriebskana		☑	0D_CHANNEL	CHAR	1		1	☐	☐	ALPHA	extern	ALPHA				
6	D_INV_QTY	Fakturierte Me		☑	0D_INV_QTY	CHAR	17		17	☐	☐		intern					
7	D_NETSALES	Nettoumsatz		☑	0D_NETSALES	CHAR	17		17	☐	☐		intern					
8	D_DBAREACD	Gebietscode		☑	0D_DBAREACI	NUMC	7		7	☐	☐		intern					
9	D_DBSIC1	Branche DB S		☑	0D_DBSIC1	CHAR	4		4	☐	☐	ALPHA	extern	ALPHA				
10	CURRENCY	Währung		☑	0CURRENCY	CUKY	5		5	☐	☐		intern					
11	SALES_UNIT	VerkaufsME		☑	0SALES_UNIT	UNIT	3		3	☐	☐	CUNIT	extern	CUNIT				
12	DATUM			☑		DATS	8		8	☐	☐		intern			X	3	

BI7 (1) 001 qdxappl INS

Abb. 15–20
Datenstruktur bei Filesystemen: Felder

Alternativ (und empfehlenswert) zur manuellen Eingabe aller Feldnamen, -typen und -längen können Felder der Transferstruktur aus InfoObjekten abgeleitet werden, die als Templates angegeben werden.

Vorschlag zur Datenstruktur bei Filesystemen, DB Connect und UD Connect

Speziell bei DataSources für Filesysteme, DB Connect und UD Connect wird die Beschreibung der Transferstruktur durch Vorschlagswerte unterstützt. Im Falle von File-DataSources wird der Vorschlag aus einer vorzugebenden Anzahl an Beispielsätzen erzeugt, für die der zu verwendende Parser (CSV oder ASCII) angegeben werden muss (siehe Abb. 15–21).

Im Falle von DB-Connect und UD Connect wird der Vorschlag aus den Metadaten dieser Quellsysteme erzeugt.

Um besser überprüfen zu können, ob die vorgegebene Struktur die Daten der Datenquelle richtig beschreibt, bietet die DataSource-Definition für Filesysteme ferner die Möglichkeit, eine Vorschau der Daten zu erstellen (siehe Abb. 15–22).

Die Vorschlagswerte für die Struktur von File-Datenquellen sind geeignet, um zumindest einen Anhalt für die Anzahl und die Mindestlängen der enthaltenen Felder zu erhalten. Selbst dann, wenn die Vorschau der Daten auf den ersten Blick plausible Ergebnisse liefert, sollten Sie sich in jedem Fall vergewissern, dass die Vorschlagswerte den echten Datenfeldern und -typen entsprechen.

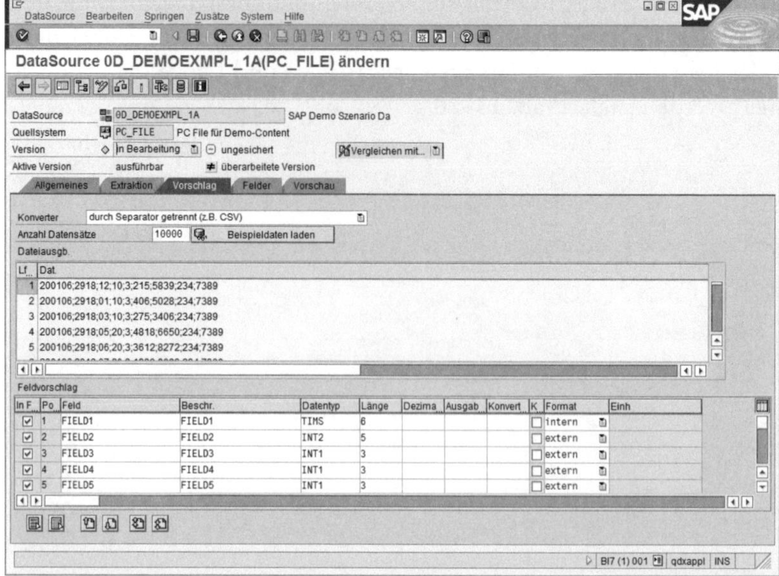

Abb. 15-21 Datenstruktur bei Filesystemen: Vorschlag

© SAP AG

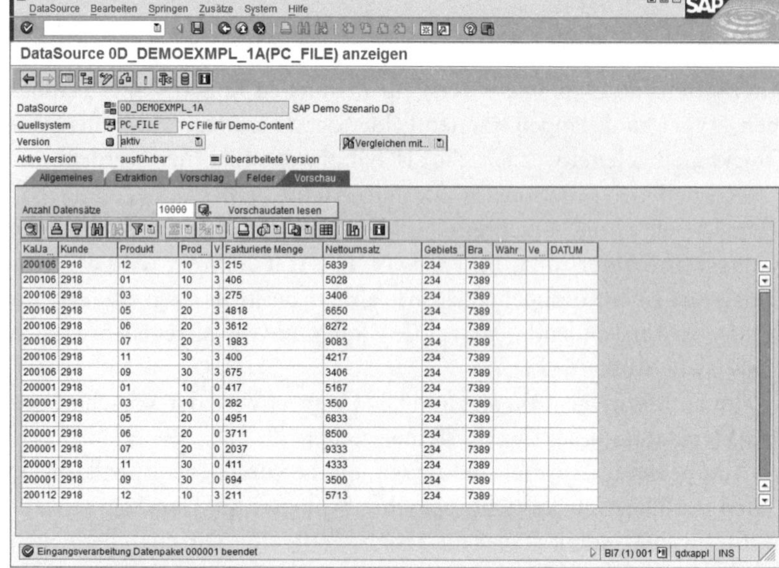

Abb. 15-22 Datenquelle bei UD Connect

© SAP AG

Applikationsstruktur

Zur Verarbeitung der Daten einer DataSource ist nicht nur die Beschreibung der Datenstruktur in der Datenquelle (also die Transferstruktur) erforderlich, sondern auch die Beschreibung einer Datenstruktur für die weitere Verarbeitung der Daten innerhalb des SAP BW[15].

Diese Struktur (nachfolgend als Applikationsstruktur bezeichnet) wird angesichts der einfachen Aufgaben des Inflow Layer in den meisten Fällen identisch mit der Transferstruktur sein – und in den nachfolgenden Layern kommen gänzlich andere Strukturen zum Einsatz.

In einigen Fällen können Abweichungen zwischen Transfer- und Applikationsstruktur dennoch sinnvoll sein, wenn sie derart sind, dass nicht alle Felder der Transferstruktur in der Applikationsstruktur aufgenommen werden. Dies ist insbesondere dann sinnvoll, wenn durch das Weglassen einzelner Felder bereits bei der Extraktion von Daten eine Vorverdichtung (Aggregation) stattfinden kann, um das Datenvolumen bei der Extraktion zu reduzieren[16].

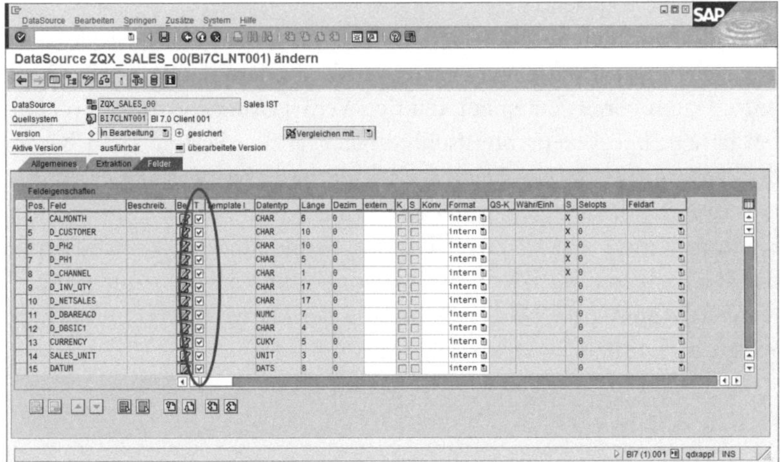

Abb. 15–23
Auswahl von Transfer-Feldern einer DataSource

Welche Felder der Transferstruktur in die Applikationsstruktur übergehen sollen, ist in der Feldstruktur der DataSource in der Spalte *Transfer* festzulegen (siehe Abb. 15–23).

Die Festlegung derjenigen Felder, die in die Applikationsstruktur übernommen werden sollen, ist grundsätzlich bei allen Quellsystemtypen möglich; sinnvoll ist diese Option jedoch vor allem bei SAP-Quellsystemen (für diese kann die Feldliste selbst nicht verändert werden) und für File-Systeme (dort ist die Reihenfolge und Vollständigkeit der Felder entscheidend). Im Falle der anderen Quellsystemtypen kann das gleiche Ergebnis durch einfaches Weglassen der Felder aus der Feldliste erzielt werden.

15. Insbesondere zur Ablage von Daten in der Persistent Staging Area (siehe Kapitel 15.3).
16. Diese Möglichkeit besteht bei DataSources aus SAP-Systemen und bei Web Services.

15.2.3 Input-Konvertierung

Werden InfoObjekt-Werte im Datenbanksystem abgelegt, so muss das bei der Speicherung verwendete Format den Vorgaben der Konvertierungsroutine entsprechen, die für das entsprechende InfoObjekt vorgesehen ist (vgl. Kapitel 6.1.1).

Grundsätzlich überprüft das BW Feldwerte nicht auf Konformität mit den Konvertierungsroutinen, d.h., wenn unkonforme Werte in das BW gelangen, so werden sie dort weiterverarbeitet und gelangen physisch in die Datenziele des BW. Eine Ausnahme bilden InfoObjekte mit den Konvertierungsroutinen ALPHA, NUMCV und GJAHR; bei diesen wird an spezifischen Stellen geprüft, ob sie im korrekten internen Format vorliegen (siehe Kapitel 23.2).

Dieses Vorgehen hat in den vorangegangenen Versionen des SAP BW gehäuft zu Problemen geführt, insbesondere dann, wenn fehlerhafte Daten bereits zu einem Teil den Verarbeitungsprozess durchlaufen haben (und bereits physisch gespeichert wurden) und erst besonders spät im Verlauf des Staging als fehlerhaft abgewiesen wurden.

Eine durchgängige Lösung zur Prüfung von Feldwerten auf ihre Konformität mit einer Konvertierungsroutine (und zur Konvertierung der Werte) bietet das BW in der Version 7 mit der sogenannten Input-Konvertierung[17], die bei der Definition der Datenstruktur einer DataSource zu konfigurieren ist (siehe Abb. 15–24).

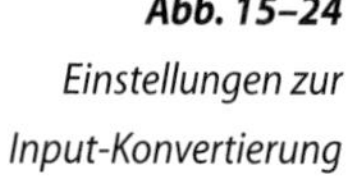

Abb. 15–24 Einstellungen zur Input-Konvertierung

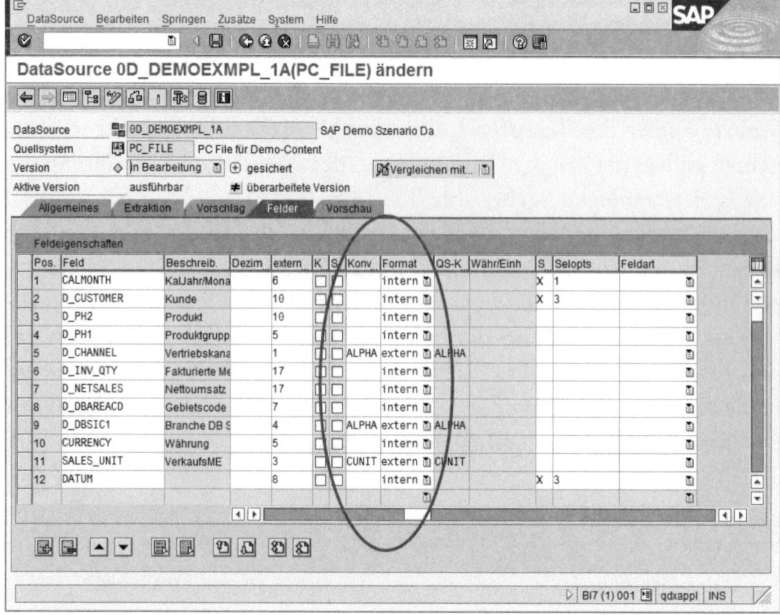

Die Input-Konvertierung wird bereits bei der Übergabe der Daten in die Transferstruktur des BW ausgeführt[18] und bietet somit eine größtmögliche Sicherheit vor unkonformen Feldwerten.

Ob die Input-Konvertierung zum Einsatz kommt, wird in der Spalte *Format* bei der Definition der DataSource-Struktur hinterlegt.

Keine Input-Konvertierung durchführen

Wird der Wert intern hinterlegt, so geht das BW ohne weitere Prüfungen davon aus, dass jeder gelieferte Wert konform zum internen Format ist, das die Konvertierungsroutine erwartet[19]. Die Werte werden daher ohne vorherige Input-Konvertierung direkt in die Datenziele verbucht.

Speziell bei der Übernahme von Daten aus SAP ERP und SAP BW sollte man eigentlich davon ausgehen können, dass die Daten bereits im internen Format vorliegen. Schließlich verwenden sowohl SAP ERP als auch das SAP BW Konvertierungsroutinen – und dies sollten bei identischen Informationen auch identische Konvertierungsroutinen sein.

Diese Annahme als zwingende Rahmenbedingung anzusehen ist jedoch ein Trugschluss. Insbesondere wenn generische DataSources und User-Exits zum Einsatz kommen, kann auch bei diesen Quellsystemen eine Input-Konvertierung erforderlich sein.

Format überprüfen

Die Gefahr bei der Verwendung des Trusted internen Formats liegt dabei darin, dass Feldwerte, die nicht konform zur Konvertierungsroutine sind, in die Datenziele gelangen und zu Problemen führen können.

Eine Sicherheit gegen diese Fehler bietet die Überprüfung des Formats. Wird in der Spalte *Format* daher der Wert *prüfen* hinterlegt, so geht das BW weiterhin davon aus, dass ein interner Wert vorliegt – es prüft den Wert jedoch zur Sicherheit daraufhin. Ist der Wert wider Erwarten doch nicht konform zur Konvertierungroutine, die in der Spalte *Konvertierung* anzugeben ist, so bricht die Extraktion mit einem Fehler ab und verhindert fehlerhafte Dateninhalte an frühestmöglicher Stelle.

Konvertierung durchführen

Liegen DataSources aus diversen anderen Systemen als SAP ERP bzw. SAP BW vor, so ist besonders davon auszugehen, dass Werte nicht im internen, sondern im externen Format vorliegen und eine Konvertierung in das interne Format durchgeführt werden muss.

Dass ein Feldwert in einem externen Format vorliegt, kann in der Spalte Format hinterlegt werden. Zusätzlich muss in diesem Fall die

17. Die Input-Konvertierung existiert schon seit der Version 3 des SAP BW, hat jedoch in den Versionen 3.x lediglich eine Unterstützung für InfoObjekte mit den Konvertierungsroutinen `ALPHA`, `GJAHR` und `NUMCV` geboten.
18. Also auch *vor* der Speicherung der Rohdaten in der PSA (siehe Kapitel 15.3).
19. In diesem Zusammenhang wird auch von einem »Trusted« internen Format gesprochen.

Konvertierungsroutine angegeben werden, die das externe in das interne Format konvertiert.

Sowohl die Prüfung auf Konformität als auch die Durchführung der Input-Konvertierung kostet Laufzeit bei der Extraktion. Aktivieren Sie die Input-Konvertierung daher nicht grundsätzlich für jedes Feld, sondern nur in den Fällen, die dies erfordern.

15.2.4 Selektionsfelder

Um das Datenvolumen der Extraktion zu begrenzen, kann es sinnvoll sein, Daten zur Extraktion gezielt zu selektieren. Welche Felder einer DataSource bei der Extraktion zur Selektion zur Verfügung stehen, hängt sowohl von der Definition der DataSource im BW als auch im Quellsystem ab.

Das BW selbst setzt für eine Selektion lediglich voraus, dass die selektierten Felder in der Applikationsstruktur als Feld vom Typ `CHAR`, `NUMC`, `DATE`, `TIME` oder `INT4` definiert sind.

SAP ERP
SAP BW
3rd party

Bei DataSources des BI Content und bei generischen DataSources werden die zur Verfügung stehenden Selektionsfelder durch die Metadaten im Quellsystem vorgegeben und können im BW nicht verändert werden. Im Extraction Layer können die Selektionsfelder für generische DataSources bei der Definition von Struktur und Selektionsfeldern bestimmt werden (vgl. Abb. 14–5 auf Seite 325). Bei DataSources des BI Content können die Selektionsfelder nicht angepasst werden.

DB Connect
Flatfile
UD Connect
SOAP Connection

Im Falle aller anderen Quellsystemen müssen die selektierbaren Felder in den Metadaten der DataSources manuell festgelegt werden. Zu diesem Zweck stehen die Spalten *Selektion* und *Selektionsoption* in der Pflege der DataSource-Struktur zur Verfügung (siehe Abb. 15–25).

Wird ein Feld in der Spalte Selektion als Selektionsfeld gekennzeichnet[20], so stehen folgende Selektionsoptionen zur Auswahl:

- 0 (Selektionsoptionen undefiniert): Die Möglichkeiten zur Selektion sind nicht eingeschränkt (ratsam bei Selektionen durch ABAP-Routinen, siehe Kapitel 15.4.1, Seite 406).
- 1 (Selektion EQ zugelassen): Es können ausschließlich Einzelwerte selektiert werden.
- 2 (Selektion BT zugelassen): Es können ausschließlich Intervalle selektiert werden.

20. X = Selektion möglich; M = Selektion erforderlich.

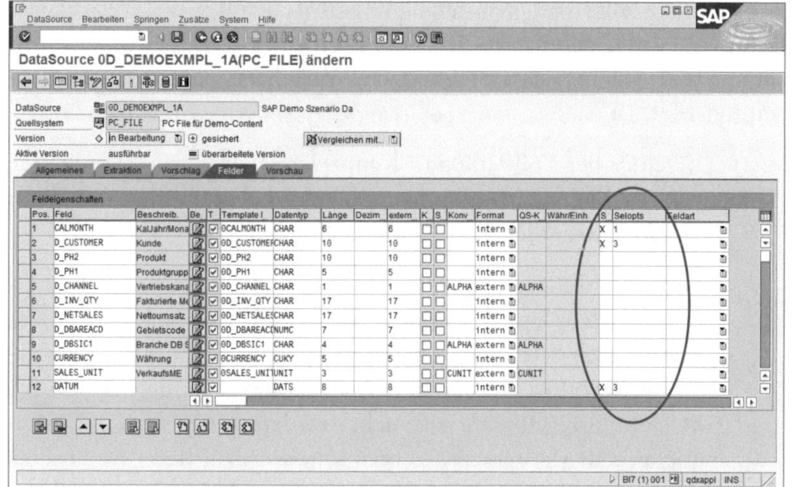

© SAP AG

Abb. 15-25
Selektionsoptionen bei File-DataSources

- 3 (Selektion EQ, BT zugelassen): Es können ausschließlich Einzelwerte und Intervalle selektiert werden.
- 7 (Selektion EQ, BT, CP zugelassen): Es können ausschließlich Einzelwerte, Intervalle und Muster (z.B. »10*«) selektiert werden.

Zur Erinnerung: Hier geht es nicht um die Selektion selbst, sondern nur um die Definition derjenigen Felder, die für eine mögliche Selektion zur Verfügung stehen sollen. Die eigentliche Selektion wird erst im InfoPackage vorgenommen (siehe Kapitel 15.4.1).

15.2.5 Delta-Verfahren

Bei der Arbeit der verschiedenen DataSources können eine Vielzahl unterschiedlicher Delta-Verfahren zum Einsatz kommen (vgl. Kapitel 14.1.3), deren Kenntnis auch für das BW von Bedeutung ist. Um entscheiden zu können, ob Daten einer DataSource in ein bestimmtes Datenziel verbucht werden können[21] und wie ggf. dabei zu verfahren ist, muss das Delta-Verfahren der DataSource in deren Metadaten hinterlegt sein.

SAP ERP
SAP BW
3rd party

Im Falle von SAP ERP, SAP BW und 3rd party ETL-Tools wird das verwendete Delta-Verfahren durch das Quellsystem bereitgestellt und gelangt durch das Replizieren der DataSources ins BW-System. Eine manuelle Definition des Delta-Verfahrens ist damit nicht erforderlich.

21. Beispielsweise können After-Images nur in Datenziele fortgeschrieben werden, die auch ein Überschreiben alter durch neue Werte unterstützen – dies schließt die Fortschreibung in BasisCubes aus.

File
DB Connect
UD Connect
SOAP Connection

Im Falle aller anderen Quellsystemtypen muss das verwendete Delta-Verfahren manuell in der Definition einer DataSource eingetragen werden. Dabei stehen drei Delta-Verfahren zur Auswahl (vgl. Kapitel 14.1.3):

- `FULL` (Delta über Full-Upload): Kennzeichnet, dass die DataSource nicht in der Lage ist, Datensätze mit einem Deltamodus zu liefern. Datensätze einer solchen DataSource können

  a) in BasisCubes verbucht werden, wenn die Cube-Inhalte zuvor gelöscht werden. Dies kann bestenfalls umgangen werden, wenn durch Selektionen bei der Extraktion ein Delta zuverlässig nachgebildet werden kann (z.B. durch Datumsselektion).
  b) in DataStore-Objekte verbucht werden, wenn in der Datenquelle keinerlei Datensätze gelöscht werden; diese Datensätze würden in DataStore-Objekten bestehen bleiben, es sei denn, der Inhalt der DataStore-Objekte würde vor der Verbuchung gelöscht werden.
  c) in die Stammdaten eines InfoObjekts verbucht werden (anders als bei DataStore-Objekten werden Stammdaten im BW ohnehin nicht gelöscht).

- `FIL0` (Delta mit After-Images): DataSource liefert nur veränderte Sätze in Form des neuen Zustands (After-Image). Datensätze einer solchen DataSource können

  a) in DataStore-Objekte verbucht werden.
  b) in die Stammdaten eines InfoObjekts verbucht werden.

- `FIL1` (Delta mit Delta-Images): DataSource liefert nur veränderte Sätze in Form eines additiven Deltas. Datensätze einer solchen DataSource können

  a) in DataStore-Objekte verbucht werden.
  b) in BasisCubes verbucht werden.

Die Angabe des verwendeten Delta-Verfahrens erfolgt dabei in den Einstellungen zur Extraktion der jeweiligen DataSource (vgl. Abb. 15–16 auf Seite 386).

15.2.6 Bestandskennzahlen

Bei der Extraktion und Weiterverarbeitung von Bestandskennzahlen (vgl. Kapitel 6.1.3, Seite 73) werden im Regelbetrieb ausschließlich die Bezugskennzahlen fortgeschrieben, aus denen die Bestandskennzahlen ermittelt werden. Die Bestandskennzahl selbst wird lediglich beim Initialisieren der Anfangsbestände einmalig fortgeschrieben, sofern eine Initialisierung stattfinden soll.

Aus diesem Grund muss die Extraktion von Bestandskennzahlen aus zwei DataSources erfolgen. Eine DataSource zur Extraktion von Anfangsbeständen zur Initialisierung der Bestandskennzahlen und eine DataSource zur Extraktion von Bestandsveränderungen in Form normaler Flussgrößen.

Beachten Sie, dass Anfangsbestände nicht an DataStore-Objekte, sondern immer direkt an BasisCubes übergeben werden sollten. DataStore-Objekte sind in diesem Zusammenhang lediglich zur Aufnahme von Bestandsveränderungen geeignet.

In der Definition einer DataSources muss daher explizit hinterlegt sein, ob es sich um eine DataSource zur Initialisierung von Beständen handelt oder ob es sich um eine DataSource mit Bestandsveränderungen (d.h. um eine herkömmliche DataSource) handelt.

SAP ERP
SAP BW
3rd party

Im Falle von DataSource aus SAP ERP, SAP BW und 3rd party ETL-Tools ist bereits in den Metadaten dieser Systeme hinterlegt, ob die jeweilige DataSource Anfangsbestände oder Bestandsveränderungen liefert. Diese Vorgabe kann nicht angepasst werden, da sie die grundsätzliche Arbeit der DataSource beschreibt.

Flatfile
DB Connect
UD Connect

Im Falle von DataSources aus Filesystemen, des DB Connect und des UD Connect muss eine DataSource manuell als Lieferant von Anfangsbeständen gekennzeichnet werden. Dies erfolgt durch Aktivieren der Option *Anfangsbestand* in den allgemeinen Einstellungen zur DataSource (vgl. Abb. 15–10 auf Seite 379).

Web Service

Bei der Extraktion über Web Services besteht keine Möglichkeit zur Extraktion von Anfangsbeständen.

15.3 Persistant Staging Area (PSA)

Bei der Persistant Staging Area (PSA) handelt es sich eine Sammlung von Datenbanktabellen, in denen die aus dem Extraction Layer gelieferten Daten unmittelbar[22] nach dem Eingang ins BW abgelegt und den weiteren Layern zur Verarbeitung zur Verfügung gestellt werden.

Die PSA existiert seit den ersten Versionen des SAP und hat sich strukturell seitdem nicht wesentlich verändert. Sehr wohl blickt die

22. Es ist nicht möglich, Daten vor der Speicherung in der PSA im BW zu manipulieren. Einzige Ausnahme bildet die Input-Konvertierung, die vor der Speicherung in der PSA durchgeführt wird (siehe Kapitel 15.2.3).

SAP jedoch auf eine gewisse Tradition zurück, die konzeptionelle Bedeutung der PSA mit jeder Version des SAP neu zu definieren.

In den Verwaltungsinformationen sowie der Dokumentation zum PSA taucht vielfach der Begriff ODS auf. Dabei handelt es sich um eine begriffliche Altlast. Bis zur Version 2.0A wurde die PSA als ODS bezeichnet. Dies hat sich zur Version 2.0B geändert, als der Begriff ODS für das eingeführt wurde, was inzwischen als DataStore-Objekt bezeichnet wird. Dennoch tritt der Begriff ODS teilweise noch in Erscheinung, obwohl eigentlich die PSA gemeint ist.

Die Definition, die die SAP mit der Version 7 gefunden hat, ist aus funktionaler Sicht die bisher überzeugendste und sollte endlich die Chance haben, auch zukünftige Versionssprünge des SAP BW zu überleben. Als Preis, der dafür zu zahlen war, hat die PSA ihre Funktion zum Tuning der Performance weitgehend verloren.

Entkopplung von Extraktion und Transformation

Die PSA ist in der Version 7 des BW vor allem als ***Verarbeitungsstack*** für die extrahierten Requests der Quellsysteme zu charakterisieren, der die Extraktion von der Transformation entkoppelt. So stellt die PSA aus Sicht der weiteren Layer eine eigenständige Datenquelle dar, die Daten im Delta-Verfahren liefert.

Das Delta der neu bereitzustellenden Daten leitet sich dabei aus allen neuen, fehlerfreien Requests ab. Die PSA ist also kein optional zu nutzender Datenbehälter mehr, in dem fehlerfreie ebenso wie fehlerhafte Requests in beliebiger Weise angelegt und administriert werden können.

Die PSA ist vielmehr eine administrativ zu pflegende, obligatorische Ablage all derer Requests, die in die Verarbeitung der weiteren Layer eingehen soll; die Weitergabe aller fehlerfreien Requests wird dabei derart konsequent verfolgt, dass sogar alte Requests die Daten neuerer Requests überschreiben können, wenn ein fehlerhafter Request zu einem sehr späten Zeitpunkt (d.h. nachdem bereits neuere Requests weiterverarbeitet wurden) den Status fehlerfrei erhält.

Ganz anders als noch in den Versionen bis 3.5 führt das BW an dieser Stelle keinerlei Prüfungen durch, die die Vollständigkeit oder die Reihenfolge der Verbuchung sicherstellen sollen. Die PSA ist damit besonders im Hinblick auf die weitere Verbuchung der Requests zu administrieren; fehlerhafte Requests sollten unverzüglich behandelt oder durch fehlerfreie ersetzt (und gelöscht) werden, um kein Problem bei der Reihenfolge der Verbuchung zu erzeugen.

Diejenigen unter Ihnen, die bereits Erfahrungen mit dem BW vor der Version 7 gesammelt haben, werden das Fehlen der diversen Prüfungen bei der Verbuchung von Daten aus der PSA unter Umständen sehr befremdlich finden. Experimentieren Sie ausführlich mit dem neuen Systemverhalten, um es zu verinnerlichen. Ungeachtet einer Abschätzung von Sinn oder Unsinn ist die Berücksichtigung des neuen Systemverhaltens für die Administration des Systems unbedingt erforderlich.

Die Administration der Requests einer DataSource erfolgt über das Kontextmenü der DataSource in der Data Warehousing Workbench (siehe Abb. 15–26).

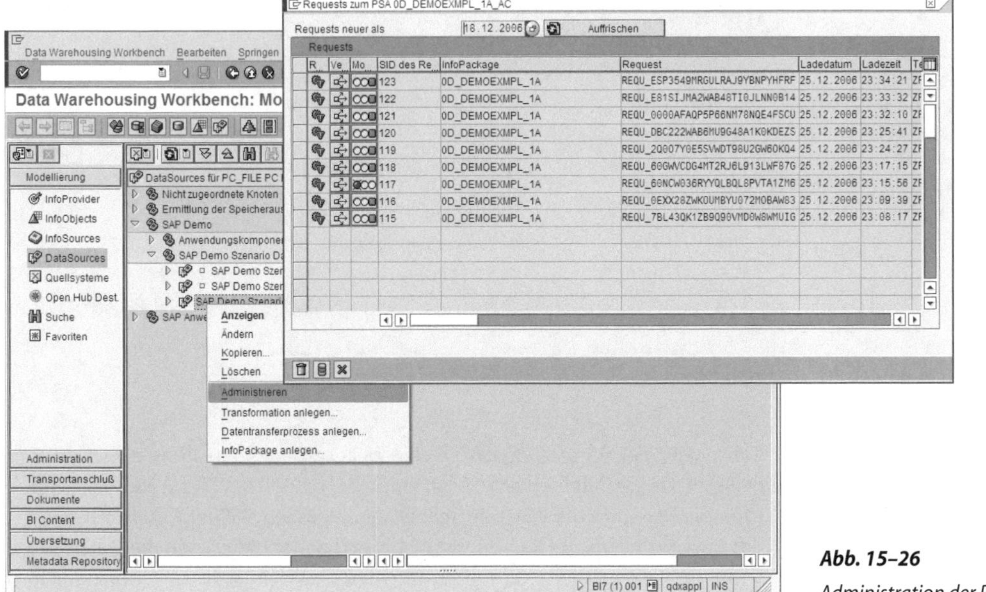

© SAP AG

Abb. 15–26
Administration der PSA

Die neue Funktion der PSA als Verarbeitungsstack bringt einen wesentlichen Unterschied zu den BW-Versionen bis 3.x mit sich: Die PSA muss qualitativ »sauber« gehalten werden, d.h., sie muss um doppelte Requests bereinigt werden. Fehlerhafte Requests sollten ebenfalls gelöscht werden, um spätere Änderungen des Status auszuschließen. Denken Sie bitte daran, die Vorgaben für die Administration des Systems entsprechend anzupassen.

Struktur der PSA

Zur Speicherung extrahierter Daten generiert das BW für jede DataSource in der PSA mindestens eine Datenbanktabelle. Die Struktur dieser Tabelle entspricht der Applikationsstruktur der DataSource (vgl.

Kapitel 15.2.2, Seite 390), zuzüglich der Felder REQUEST, DATAPAKID und RECORD, die Informationen über den dazugehörigen Ladevorgang geben. Abbildung 15–27 stellt die Struktur einer PSA-Tabelle im ABAP Dictionary dar.

Bei der Speicherung von Daten in der PSA findet somit keine Aggregation statt, vielmehr werden die Rohdaten der Quellsysteme in der Granularität abgelegt, die vom Quellsystem geliefert wird.

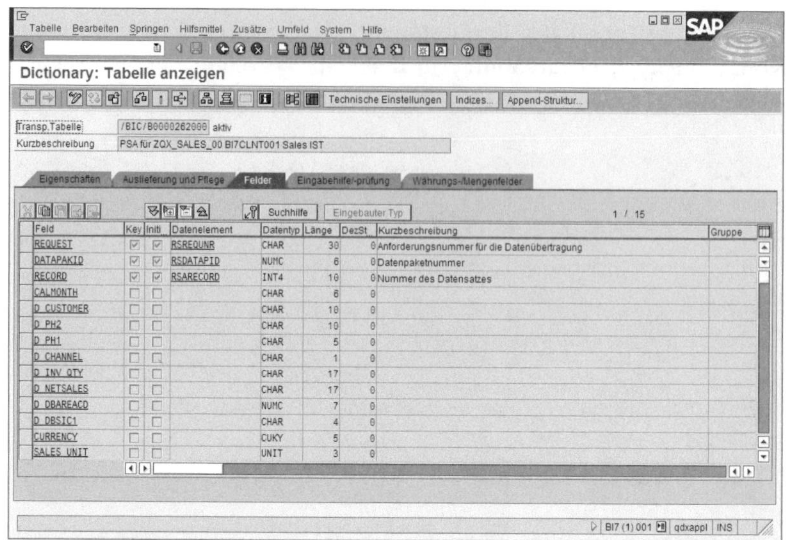

© SAP AG

Abb. 15–27 *Aufbau einer PSA-Tabelle im ABAP Dictionary*

Die Inhalte der PSA werden nach der Weiterverarbeitung nicht automatisch gelöscht. Da die Daten in der PSA auf einer sehr granularen Ebene abgelegt sind, kann die Kapazität der PSA sehr schnell einen großen Teil der Gesamtkapazität des Systems beanspruchen. Es empfiehlt sich daher unbedingt, die Daten nur temporär zu persistieren[23] und zu löschen, nachdem sich die empfangenen Daten und ihre Weiterverarbeitung als fehlerfrei erwiesen haben.

Versionierung der PSA-Struktur

Ändert sich die Anforderung an die Extraktion, so kann es erforderlich sein, die Struktur von DataSources anzupassen, was in der Regel auch die Veränderung der Applikationsstruktur und damit der PSA-Tabelle nach sich zieht.

Um die Struktur bestehender Daten, die sich in der PSA befinden, nicht zu verändern, passt das BW PSA-Tabellen nur bei Felderweite-

23. Die PSA hat in der Architektur des BW seit der Version 1.2B mehrere Änderungen in ihrer Aufgabe und ihrer Bezeichnung erfahren, so dass der Begriff nur noch als archäologisches Fundstück eines älteren Systems betrachtet werden kann und dem Autor die Ironie des »temporären Persistierens« verziehen sein möge.

rungen an. Bei anderen Änderungen hingegen erfolgt keine Anpassung der bestehenden PSA-Tabellen, sondern es werden vielmehr neue PSA-Tabellen unter einer neuen Versionsnummer angelegt (die alte Tabelle bleibt dabei unverändert bestehen).

Jede der so versionierten PSA-Tabellen erhält intern einen Gültigkeitszeitraum, so dass bei der Arbeit mit PSA-Inhalten festgelegt ist, welche PSA-Tabelle für den jeweiligen Zeitraum gültig ist. Auf diese Weise kann auch nach einer Veränderung der Transferstruktur sowohl auf alte als auch auf neue Requests in der PSA zugegriffen werden.

Die Programme für die Weiterverarbeitung der Daten in den nachfolgenden Layern werden durch das BW *nicht* auf diese Weise versioniert. Sie müssen daher selbst dafür Sorge tragen, dass nach einer Veränderung der Applikationsstruktur die weitere Verarbeitung sowohl mit der alten als auch mit der neuen Struktur erfolgen kann (sofern dies erforderlich ist).

PSA-Tabellen

Der Name einer PSA-Tabelle im ABAP Dictionary ist abhängig von der Bezeichnung der DataSource, des Quellsystems sowie der Version der Transferstruktur. Aufgrund dieser Abhängigkeit werden die Namen durch das System generiert[24]; sie liegen im Namensraum /BIC/B0000xxxxxx.

Zur Verwaltung der PSA-Tabellen verwendet das BW die transparente Tabelle RSTSODS. In dieser Tabelle wird im Feld ODSNAME_TECH der Name der transparenten Tabelle einer DataSource abgelegt. Der entsprechende Datensatz ist über den Inhalt des Feldes USEROBJ zu finden[25], der den technischen Namen der DataSource sowie das jeweilige Quellsystem enthält.

Typisierung der PSA-Segmente

Die Struktur der PSA leitet sich aus der Applikationsstruktur ab, die mit der DataSource definiert ist (siehe oben). Diese Struktur spiegelt dabei diejenigen Feldtypen wider, die *erwartet* werden, nicht jedoch die Feldtypen, die tatsächlich geliefert werden.

In allen Fällen, in denen Felder der Applikationsstruktur nicht vom Typ CHAR sind, können Probleme auftreten, wenn ein Quellsystem nicht den gewünschten Feldtypen liefert (bspw. einen String für ein Datumsfeld).

24. Die ABAP Dictionary-Tabelle wird bei der Aktivierung der Transferstruktur automatisch angelegt und aktiviert.

25. Gilt nur für neue DataSources der BW-Version 7. Verwaltungseinträge für DataSources der Version 3.x sind über das Schlüsselfeld ODSNAME zu finden, dessen Inhalt sich aus den Namen der jeweiligen DataSources und einem zweistelligen Suffix für das Quellsystem ableitet, das in der Tabelle RSTS zu DataSource und Quellsystem hinterlegt ist.

Probleme sollten eigentlich gelöst werden, indem eine geeignete Konvertierungsroutine zu dem jeweiligen Feld in der DataSource eingetragen wird, so dass der Feldwert durch die Input-Konvertierung mit der richtigen Typisierung in der PSA abgelegt wird.

Wenn keine Konvertierungsroutine existiert, die einen Feldwert in jedem Fall zuverlässig in das geforderte Format konvertieren kann, oder wenn nicht sichergestellt werden kann, dass ein Quellsystem Feldwerte in den erwarteten Formaten liefert, so können Probleme beim Verbuchen von Rohdaten in die PSA ausgeschlossen werden, indem die PSA untypisiert abgelegt wird. Eine entsprechende Option existiert in den allgemeinen Eigenschaften bei der Pflege einer DataSource (vgl. Abb. 15–10 auf Seite 379).

Wird eine PSA-Tabelle derart untypisiert abgelegt, so werden alle Felder eine PSA-Tabelle als Character-Felder definiert. Auf diese Weise können alle Datensätze zumindest immer bis in die PSA geschrieben werden. Gleichwohl ersetzt dies nicht eine Behandlung der entsprechenden Datensätze – zur Not durch manuelle Korrekturen der PSA-Inhalte. Früher oder später müssen zweifelhafte Feldwerte in den Rohdaten aber in jedem Fall adäquat behandelt werden.

15.4 Definition von Extraktionsvorgängen

Mit der Konfiguration von Extraction und Inflow Layer sind alle Voraussetzungen geschaffen, um Rohdaten aus den Quellsystemen zu extrahieren und in der PSA abzulegen. Anders als in den vorangehenden Versionen des SAP BW ist es hierfür nicht mehr erforderlich, darüber hinaus auch den weiteren Datenfluss zu definieren. Vielmehr stellt der Extraktionsvorgang einen eigenständigen Bestandteil des Staging-Prozesses dar, der mit dem Ablegen der extrahierten Daten in der PSA abgeschlossen ist.

InfoPackage

Die Definition von Extraktionsvorgängen wird dabei in sogenannten *InfoPackages* abgelegt. InfoPackages werden jeweils pro DataSource eines Quellsystems angelegt und beschreiben die Steuerparameter für den Datenfluss bis in die PSA.

Der Einsatz der PSA ist bei der Verwendung der neuen Staging-Prozesse des SAP BW 7 zwingend vorgegeben. Anders als in den Verionen bis 3.x steuern InfoPackages in der Version 7 ausschließlich die Übernahme von Daten in die PSA, nicht jedoch die weitere Verarbeitung in den nachfolgenden Layern.

Jedes InfoPackage zur Extraktion von Daten aus Quellsystemen wird beim Anlegen durch eine frei wählbare (nicht eindeutige) Bezeichnung beschrieben. Die eindeutige technische Identifikation des InfoPackages wird beim Anlegen automatisch vom System generiert.

Für den Aufbau des Regelbetriebes und das Monitoring hat es sich als hilfreich erwiesen, in die Bezeichnung des InfoPackages auch den technischen Namen der DataSource aufzunehmen.

Es ist möglich, zu jeder DataSource mehrere InfoPackages zu definieren. Welches dieser Packages wann genutzt wird, kann beim manuellen Start oder in der späteren Definition des Regelbetriebes entschieden werden.

Wird ein Extraktionsvorgang durch ein InfoPackage gestartet, so enthält dieser unmittelbar bei der Datenanforderung eine systemweit eindeutige ID: die *Request-ID*. Zu einem *Request* gehören sämtliche im Rahmen des jeweiligen Extraktionsvorgangs erzeugten Monitorprotokolle, die mit diesem Prozess verbunden sind. Auf Protokolle der Verarbeitung in weiteren Layern wird darüber hinaus verwiesen.

Das Anlegen von InfoPackages erfolgt im DataSource-Baum der Data Warehousing Workbench zur jeweiligen DataSource (siehe Abb. 15–28).

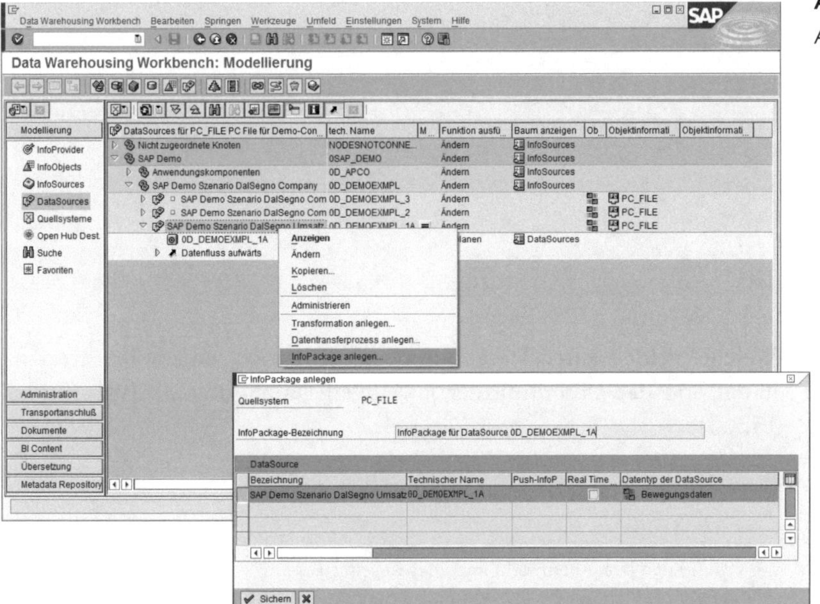

Abb. 15–28
Anlegen von InfoPackages

Die Einstellungen, die in InfoPackages vorgenommen werden, sind teilweise abhängig von Quellsystem- und Datentyp. Für die Einstellungen stehen in der InfoPackage-Pflege eine Reihe von Registern[26] zur Verfügung:

- Datenselektion
- Extraktion
- Verarbeitung
- Fortschreibung
- Einplanung

Die unterschiedlichen Einstellungen werden nachfolgend erläutert.

15.4.1 Datenselektion

In vielen Fällen ist es wünschenswert, die Extraktion aus einer DataSource auf bestimmte Daten zu begrenzen. Diese Begrenzung kann im InfoPackage im Reiter *Datenselektion* definiert werden (siehe Abb. 15–29).

Abb. 15–29 *InfoPackage: Datenselektion*

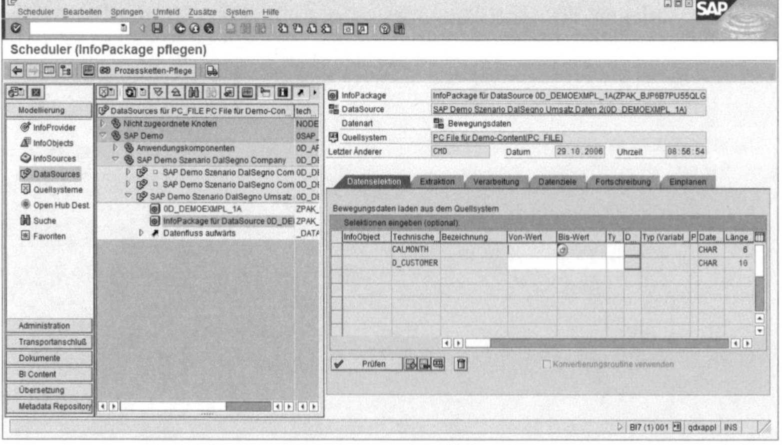

Welche Felder einer DataSource zur Selektion angeboten werden, hängt von der Definition der jeweiligen DataSource ab (vgl. Kapitel 15.2.3).

26. Außer den benannten steht auch das Register *Datenziele* zur Verfügung. Dabei handelt es sich um ein Spezifikum für Staging-Prozesse mit BW-3.5-DataSources. Für die neuen Staging-Prozesse der BW-Version 7 verliert das Register *Datenziele* an Bedeutung und wird hier nicht weiter erläutert.

Die einfachste Form der Selektion ist die Vorgabe fester Werte. Um die Selektion dynamisch zu gestalten, stehen eine Reihe von *Selektionstypen* zur Verfügung, die bei der Definition eines InfoPackages ausgewählt werden können:

- Datumsselektion (Typ 0 bis 4)
- freie zeitliche Abgrenzung (Typ 5)
- Selektion durch ABAP-Routine (Typ 6)
- Selektion durch OLAP-Variable (Typ 7)

Nach der Eingabe des jeweiligen Selektionstypen und der Bestätigung durch Enter können die typspezifischen weiteren Einstellungen vorgenommen werden.

Die Definition einer leeren Selektion, also der Selektion auf einen Feldwert mit initialem Inhalt, ist bei der Vorgabe eines festen Wertes nicht möglich. Sie können den leeren Wert dennoch mit der Selektion durch eine ABAP-Routine (Typ 6) vorgeben.

Datumsselektion

Die Datumsselektion kann ausschließlich bei Feldern vom Typ DATS eingesetzt werden und umfasst insgesamt fünf Typen, die jeweils für ein automatisch errechnetes Datum stehen. Die nachfolgende Tabelle stellt die Typen 0 bis 4 dar:

Typ	Bezeichnung	Beschreibung
0	Gestern	0:00 Uhr bis 24:00 Uhr des Vortages
1	Letzte Woche	Montag bis Sonntag der Vorwoche
2	Letzter Monat	1. Tag bis letzter Tag des Vormonats
3	Letztes Quartal	1. Tag bis letzter Tag des vorherigen Quartals
4	Letztes Jahr	01.01. bis 31.12. des Vorjahres

Die Datumsselektion ist insbesondere in den Fällen hilfreich, in denen Daten periodisch geladen werden sollen, wobei sich die Selektion jeweils mit dem Zeitpunkt der Ladeanforderung auf unterschiedliche Zeiträume beziehen soll.

Je nach Beschaffenheit der Datenquelle kann mit Hilfe der Datumsselektion ein Delta-Mechanismus realisiert werden, sofern die DataSource von sich aus nicht deltafähig ist (zum Beispiel generische DataSources oder Flatfiles).

Freie zeitliche Abgrenzung

Die freie zeitliche Abgrenzung ermöglicht es, für Character-Felder ähnliche dynamische Selektionen vorzunehmen, wie dies bei Datumsfeldern möglich ist.

Zu diesem Zweck bietet die freie zeitliche Abgrenzung die Möglichkeit, ein Intervall anzugeben, von dem ausgehend in Abhängigkeit von der Anzahl der Ladevorgänge weitere Stufen gebildet werden (siehe Abb. 15–30).

Abb. 15–30
InfoPackage: Freie zeitliche Abgrenzung

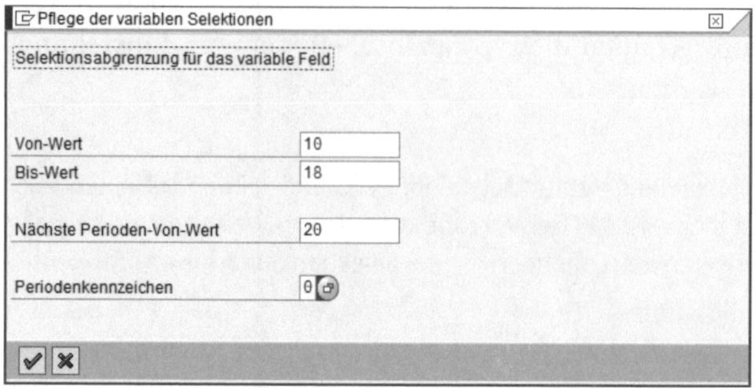

Die freie zeitliche Abgrenzung wird an folgendem Beispiel verdeutlicht:

Von-Wert	10
Bis-Wert	18
nächster Perioden-Von-Wert	20
Periodenart	0

Dabei werden beim ersten Ladevorgang die Werte 10–18 selektiert. Beim zweiten Ladevorgang sind es die Werte 20–28, beim dritten 30–38 und so weiter.

Stellen die Werte trotz ihres Datentyps Datumsfelder dar, so ist nicht die Periodenart 0, sondern die Periodenart 1 (Jahr/periodenähnlich) zu wählen. Dadurch ist es der dynamischen Selektion möglich, auch Monate oder Jahre als Recheneinheit zu verwenden.

Selektion durch ABAP-Routine

In einigen Fällen kann es vorkommen, dass die Möglichkeiten konstanter Selektionen oder Datumsselektionen nicht zur Abgrenzung der Daten ausreichen. Für diese Zwecke steht der Selektionstyp 6 zur Verfügung, mit dessen Hilfe eine ABAP-Routine den Inhalt eines Selektionsfeldes ermittelt. Die Routine wird zur Laufzeit nach allen anderen

Selektionen abgearbeitet und hat somit Zugriff auf die Inhalte aller Selektionsfelder.

Für jedes InfoPackage wird beim Start ein eigenes Programm generiert, in welches der Code der ABAP-Routine integriert wird. Der Aufbau der ABAP-Routinen ist an ein vorgegebenes Schema gebunden, das aus einem

- globalen Datendeklarationsteil,
- Parameterteil und einem
- Codeteil

besteht.

Globaler Datendeklarationsteil

Der globale Deklarationsteil ist für alle Selektions-Routinen eines InfoPackages vorhanden. Hier können Daten deklariert werden, die in allen Selektions-Routinen für das jeweilige InfoPackage gelten sollen. Dies betrifft auf der einen Seite die reine Deklaration und auf der anderen Seite die Inhalte, die als Zwischenergebnis in anderen Routinen wiederverwendet werden können.

```
program conversion_routine.
*       Type pools used by conversion program
type-pools: rsarc, rsarr, rssm.
tables: rssdlrange.
*       Global code used by conversion rules
*$*$ begin of global - insert your declaration only below this line -
* TABLES: ...
* DATA:    ...
*$*$ end of global - insert your declaration only before this line -
```

Parameterteil der Form-Routine

Die Parameter der Form-Routine haben folgende Bedeutung und Wirkung:

- `L_T_RANGE`
  In der internen Tabelle `L_T_RANGE` werden die bestehenden Selektionen übergeben. Gleichzeitig dient diese interne Tabelle zur Rückgabe der in der ABAP-Routine errechneten Selektion.
- `P_INFOPACKAGE`
  Dieser Parameter enthält den technischen Namen des InfoPackages zur Extraktion.
- `P_FIELDNAME`
  Dieser Parameter enthält den Feldnamen des selektierten Felds.
- `P_SUBRC`
  Mit dem Rückgabeparameter `P_SUBRC` muss die Routine kennzeichnen, ob eine Selektion erfolgreich gebildet werden konnte (`P_SUBRC` = 0) oder nicht (`P_SUBRC` ≠ 0).

```
* -------------------------------------------------------------
· InfoObject        =
· Fieldname         = CALMONTH
· data type         = CHAR
· length            = 000006
· convexit          =
* -------------------------------------------------------------
form compute_CALMONTH
  tables    l_t_range          structure rssdlrange
  using     p_infopackage      type rslogdpid
            p_fieldname        type rsfnm
  changing  p_subrc            like sy-subrc.
* Insert source code to current selection field
```

Code der Selektions-Routine

Im Codeteil der Selektions-Routine stehen alle ABAP-Funktionen zur Verfügung, so dass die Entscheidung zur Selektion nach komplexen Regeln stattfinden kann.

```
*$*$ begin of routine - insert your code only below this line   -
data: l_idx like sy-tabix.
read  table l_t_range with key
      fieldname = P_FIELDNAME.
* P_FIELDNAME entspricht in diesem Fall dem String "CALMONTH"
l_idx = sy-tabix.
* Beispiel zum Füllen von 0CALMONTH mit der Selektion auf 12.2006...
l_t_range-low = '200612'.
l_t_range-sign = 'I'.
l_t_range-option = 'EQ'.
modify l_t_range index l_idx.
* ...oder den Zeitraum 01.2000 – 12.2000
l_t_range-low = '200001'.
l_t_range-sign = 'I'.
l_t_range-option = 'BT'.
l_t_range-high = '200012'.
append l_t_range.
* Beispiel Ende
modify l_t_range index l_idx.

p_subrc = 0.
*$*$ end of routine - insert your code only before this line    -
endform.
```

Beim Anlegen der Routine wird bereits Coding zum Zugriff auf den Feldinhalt des zu selektierenden Feldes sowie für die Modifikation des Selektionsinhaltes dieses Feldes bereitgestellt (im Beispiel das Feld CALMONTH).

Selektions-Routinen bieten nur die Möglichkeit, Selektionsfelder dynamisch zu füllen. Selektions-Routinen sind nicht in der Lage, in bereits übertragenen Datensätzen Filterungen durchzuführen. Die Selektionskriterien werden vor dem Absenden der Extraktionsanforderung an die Quellsysteme ermittelt und diesen zusammen mit der Datenanforderung übergeben.

Selektion durch OLAP-Variable

Ein besonderer Selektionstyp ist die Selektion durch eine Variable, die für die Selektion von Merkmalswerten in Queries definiert wurde (Typ 7).

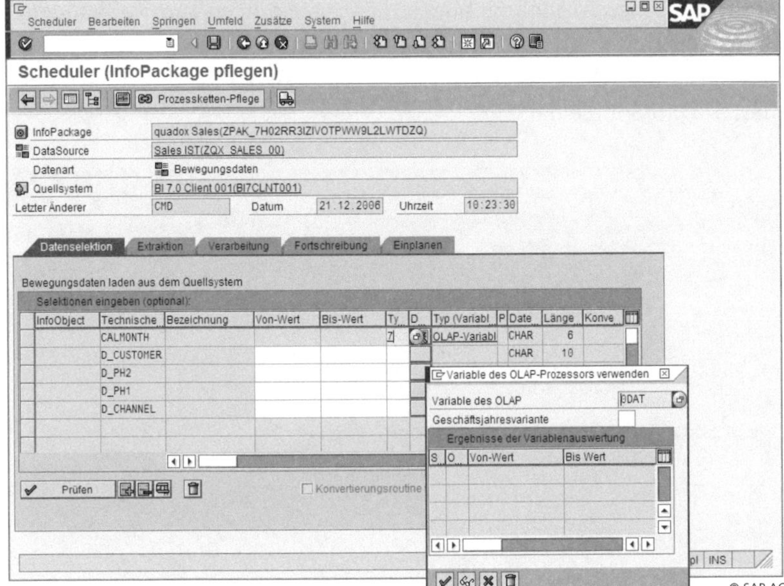

Abb. 15–31 InfoPackage: Selektion durch OLAP-Variablen

OLAP-Variablen dienen eigentlich dem Zweck, die Datenanalyse flexibler zu gestalten und für jede Analyseaktion individuelle Parameter (zum Beispiel Auswahl einer bestimmten Kundennummer) vorzugeben. Derartige Variableninhalte können sich entweder aus Benutzereingaben bei der Analyse herleiten (manuelle Eingabe, Ersetzungspfad, Berechtigung) oder durch einen User-Exit[27] (beziehungsweise SAP-Exit bei ausgelieferten Variablen) berechnet werden.

Besonders OLAP-Variablen mit User-Exit weisen unter Umständen Werte aus, die ebenfalls für die Datenselektion von Bedeutung sind. Um

27. Die Ermittlung von OLAP-Variablen findet im Funktionsbaustein `EXIT_SAPLRRS0_001` statt.

daher nicht identische ABAP-Codings sowohl für OLAP-Variablen als auch für die Datenselektion entwickeln zu müssen, können die Ergebnisse der Wertermittlung aus OLAP-Variablen mit User-Exit direkt in die Selektion von InfoPackages integriert werden (siehe Abb. 15–31).

15.4.2 Extraktion

Die Einstellungen, die sich im InfoPackage-Reiter Extraktion befinden, gleichen den Einstellungen zur Extraktionsquelle, die bereits bei der Definition der DataSources vorgenommen werden müssen. Die dort hinterlegten Einstellungen werden in InfoPackages zur DataSource übernommen, können dort jedoch durch andere Werte übersteuert werden. Einzige Ausnahme bilden die Einstellungen zum verwendeten Delta-Verfahren und zum verwendeten Adapter.

Abbildung 15–32 stellt ein InfoPackage zu der in Abb. 15–16 definierten DataSource dar.

Abb. 15–32 *InfoPackage: Einstellungen zur Extraktion*

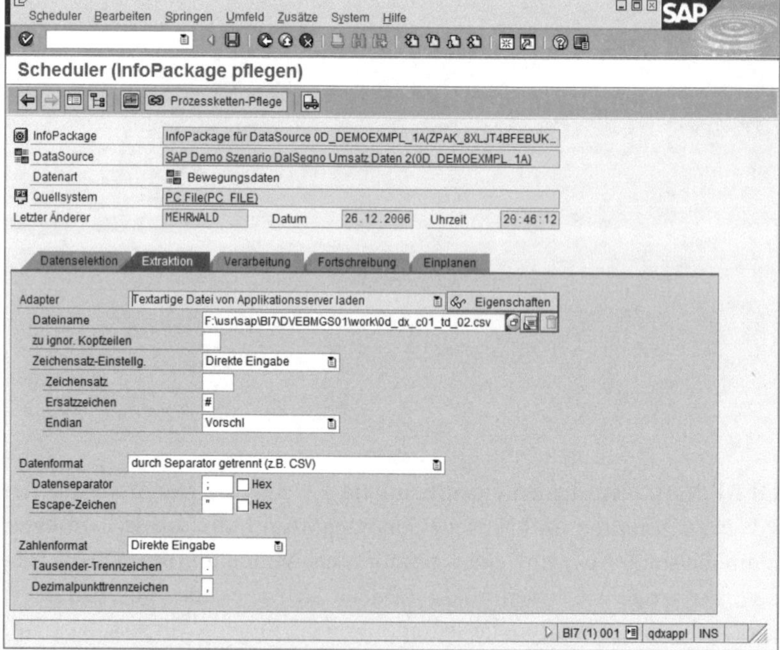

15.4.3 Verarbeitung

Die Einstellungen zur Verarbeitung sind vor allem für das direkte Staging mit BW-3.5-DataSources von Bedeutung. Dabei wird vorgegeben, wie die zeitliche Abfolge von Prozessen zwischen PSA und nachfolgenden Layern gesteuert werden soll (siehe Kapitel 21).

Für das neue Staging in der BW-Version 7 stellt sich nicht mehr die Frage nach einer Abstimmung der Verarbeitung in den einzelnen Layern, da ausschließlich in die PSA, nicht jedoch in weitere Layer verbucht wird. Somit reduzieren sich die Einstellungen zur Verarbeitung auf die Verbuchung in die PSA, genauer gesagt auf die Parallelisierung bei der Verbuchung von Daten. Die Parallelisierung der Verbuchung ist ein performancerelevantes Thema und wird in Kapitel 24.1 behandelt.

15.4.4 Fortschreibung

Die Einstellungen der Fortschreibungsparameter bestimmen, ob Daten als Full Upload extrahiert werden sollen oder ob – wenn möglich – ein Delta-Verfahren verwendet werden soll (siehe Abb. 15–33).

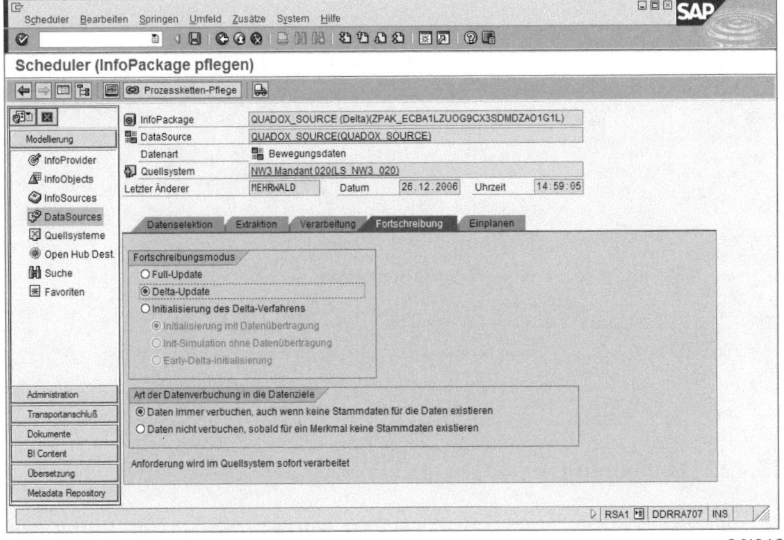

Abb. 15–33
InfoPackage: Fortschreibung

Während der Full Upload jederzeit möglich ist, setzt die Verwendung eines Delta-Verfahrens das Initialisieren des Delta-Verfahrens voraus. Bei der Initialisierung werden sämtliche Daten der DataSource extrahiert und (je nach Extraktor) ein entsprechender Pointer gesetzt, anhand dessen bei der Verwendung von Delta-Verfahren neue und geänderte Datensätze erkannt werden.

Für den Aufbau des Regelbetriebes hat es sich als hilfreich erwiesen, bei der Verwendung des Delta-Verfahrens nicht im selben InfoPackage zwischen Initialisierung und Delta-Update zu wechseln, sondern je ein InfoPackage für die Initialisierung und ein weiteres für das Delta-Update anzulegen.

Nachdem das Delta-Verfahren für eine DataSource initialisiert wurde, wird zu jedem der folgenden Delta-Ladevorgänge ein entsprechender Ladestatus geführt. Bei fehlerfreien Ladevorgängen wird der Pointer im Extraktor entsprechend angepasst. Bei fehlerhaften Ladevorgängen wird der Pointer belassen, wie er ist, und der nächste Ladevorgang muss dasselbe Delta noch einmal laden.

Ist eine Wiederholung der Initialisierung erforderlich (zum Beispiel, weil ein Delta-Ladevorgang nicht wiederholt werden konnte), so muss die alte Initialisierung zunächst gelöscht werden (siehe Abb. 15–34).

Abb. 15–34
InfoPackage: Löschen einer Delta-Initialisierung

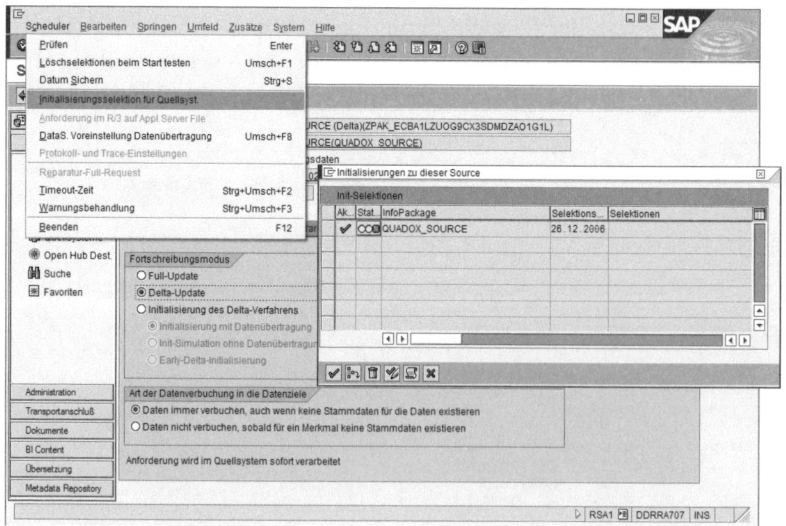

15.4.5 Einplanung

Bei der Einplanung eines InfoPackages werden die Startbedingungen für den Ladevorgang festgelegt, über den Start-Button ein Job eingeplant und den Startbedingungen entsprechend freigegeben (siehe Abb. 15–35).

Nähere Erläuterungen zu Einplanungsoptionen und der Nachverarbeitung werden bei der Beschreibung der Event-Steuerung des BW-Basissystems gegeben (siehe Kapitel 28.2).

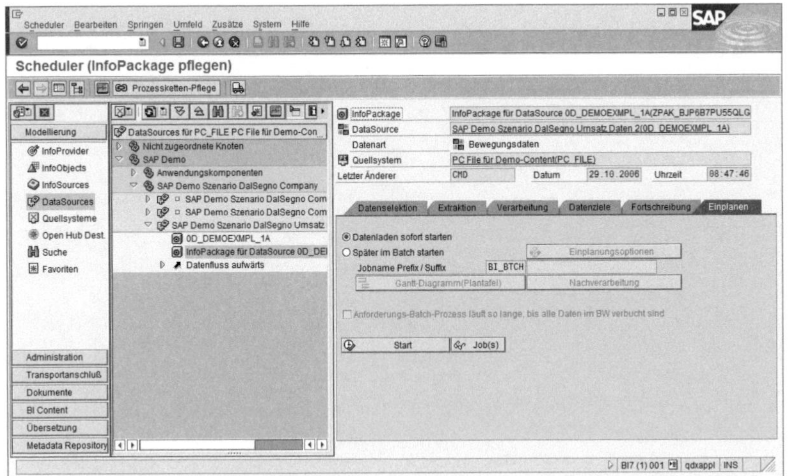

© SAP AG

Abb. 15–35
InfoPackage: Einplanung

16 Transformation Layer

Alle Daten, die das BW aus einem Quellsystem erhält, liegen in der individuellen Form vor, die in dem jeweiligen Quellsystem verwendet wird. Dies kann Folgen für Semantik, Struktur und Darstellung der Daten haben:

- **Semantik:** Betriebswirtschaftliche Objekte werden in den Quellsystemen unterschiedlich beschrieben, z.B.:
  - Identische Kunden werden in den jeweiligen Quellsystemen durch unterschiedliche Kundennummern beschrieben.
  - Identische Kundennummern beschreiben in den jeweiligen Systemen unterschiedliche Kunden.
  - Gelieferte Kennzahlen haben nicht die identische Bedeutung (zum Beispiel Umsatz mit/ohne MwSt., Mengen als Stück- und Palettenmengen).
  - Unterschiedliche Systeme liefern unterschiedliche Kennzahlen (zum Beispiel ein System nur Umsatzmengen, ein anderes nur Absatzmengen).
- **Struktur:** Informationen sind unterschiedlich strukturiert und müssen gegebenenfalls abgeleitet werden (zum Beispiel Kombination mehrerer Informationen in einem Feld verschlüsselt).
- **Gültigkeit:** Daten sind unter Umständen fehlerhaft und müssen als solche erkannt (und ggf. separiert) werden. Beispiele für fehlerhafte Daten sind vielfältig:
  - Kleinbuchstaben werden unzulässig verwendet.
  - Daten werden nicht konform zu den Konvertierungsroutinen geliefert oder können nicht entsprechend konvertiert werden (bspw. das fehlerhafte Datum 31.02.2006).
  - Die referenzielle Integrität der Daten wird nicht eingehalten.

Insbesondere bei heterogenen und gewachsenen Systemlandschaften sind extrahierte Daten sehr unterschiedlich zu interpretieren und stellen unverarbeitet nur einen geringen Nutzen für die Datenanalyse dar. Bevor Daten der Quellsysteme ausgewertet werden können, müssen sie also qualitativ aufgewertet bzw. aufbereitet werden, indem sie in ein strukturell und semantisch einheitliches Format transformiert werden[1].

Alle Funktionen, die diese Aufbereitung durchführen, werden in der hier präferierten[2] Architektur im sogenannten Transformation Layer konzentriert. Durch diese architektonische Vorgabe können Fehler schnell analysiert und korrigiert werden. Im Vergleich zu BW-Architekturen, in denen die Transformation je nach Staging-Prozess auf unterschiedliche Stellen im Staging verstreut ist, ist eine derart einheitliche Architektur damit wesentlich einfacher zu administrieren und weiterzuentwickeln.

Die Einschätzung, welche Datenveränderungen als Teil des Transformation Layer durchzuführen sind und welche Verarbeitungen erst an späterer Stelle (d.h. im Data Mart Layer), bereitet in der Praxis oftmals Schwierigkeiten und ist in der Regel umso schwieriger, je übersichtlicher (!) die analytischen Anforderungen an das System sind. Offensichtlich wird der Bedarf nach einer entsprechenden Trennung erst bei einem Blick auf komplexe Architekturen, aus denen sich die Notwendigkeit des Transformation Layer ableitet.

So ist es die Aufgabe des Transformation Layer, alle allgemeinen Verarbeitungsschritte durchzuführen, die für alle analytischen Anwendungen gleichermaßen erforderlich sind. Dazu gehören die eingangs erwähnten strukturellen und semantischen Vereinheitlichungen der Daten, aber auch das Herausfiltern oder Korrigieren von Fehlinformationen (Data Cleansing/Data Scrubbing) und die Prüfung der Datenqualität.

Die Zielstruktur der Transformation wird je nach Ausprägung der Architektur durch DataStore-Objekte des Integration Layer (siehe Kapitel 17) oder innerhalb des Transformation Layer durch sogenannte InfoSources definiert.

Neben der allgemeinen Aufbereitung der Daten ist im Falle einzelner analytischer Anwendungen ggf. eine spezifische Aufbereitung der Daten erforderlich. Diese ist jedoch nicht Aufgabe des Transformation Layer und wird erst im Data Mart Layer bei der anwendungsspezifischen Aufbereitung der Daten durchgeführt (siehe Kapitel 18).

Aus der bewussten Verschiebung anwendungsspezifischer Verarbeitung in die anwendungsnahen Bereiche und die Konzentration

1. Die Transformation von Daten wird auch als Homogenisierung bezeichnet.
2. Beachten Sie immer, dass die hier vorgestellte Architektur keine zwingende Vorgabe des SAP BW, sondern die nach der Überzeugung des Autoren sinnvolle Variante für eine Vielzahl von Anforderungen darstellt.

anwendungsunabhängiger Aufbereitung in den Transformation Layer resultiert die eingangs gegebene Bemerkung, die Aufgaben des Transformation Layer seien umso einfacher zu definieren, je komplexer das System ist; denn insbesondere bei komplexen Systemen ist bereits zu Anfang gut zu erkennen, welche Anforderungen von allen analytischen Anwendungen gemeinsam gestellt werden und welche Anforderungen spezifisch für einzelne Anwendungen sind.

Nachfolgend werden diejenigen Objekte des BW erläutert, die eine Funktion für den Transformation Layer wahrnehmen (können). Dabei handelt es sich um ***InfoSources*** (Kapitel 16.1) und ***schreiboptimierte DataStore-Objekte*** dar (Kapitel 16.2).

Das eigentliche Regelwerk zur Beschreibung, wie Dateninhalte im Rahmen des Transformation Layer aufbereitet werden sollen, nämlich die sogenannte ***Transformation***, steht nicht nur im Transformation Layer zur Verfügung. Stattdessen handelt es sich um eine zentrale Komponente der Staging Engine und wird daher separat in Kapitel 19 behandelt.

16.1 InfoSources

Wie eingangs erwähnt, ist für die Datenaufbereitung im Transformation Layer die Definition einer Zielstruktur erforderlich, in die Daten überführt werden sollen. Eine derartige Zielstruktur wird in der Referenzarchitektur vorzugsweise durch Standard-DataStore-Objekte im Integration Layer definiert, es finden sich jedoch auch Gründe, um die Zielstruktur in Form einer InfoSource zu definieren.

InfoSources bildeten in den Versionen vor BW 7 *das* zentrale Element zur Steuerung der Staging-Prozesse und waren bei der Definition jedes Datenflusses zwingend erforderlich. In das BW 7 wurde die InfoSource zwar als Begriff, nicht jedoch als Technologie übernommen. Sie bildet nunmehr nur noch eine Zielstruktur für das Staging und ist überdies ein optionaler Bestandteil.

Da eine InfoSource über keine eigene Datenhaltung verfügt, stellt sie auf den ersten Blick keinen Mehrwert für das Staging dar. Dennoch finden InfoSources in der hier präferierten Referenzarchitektur Anwendung, wenn das Ergebnis der Transformation nicht an DataStore-Objekte im Integration Layer übergeben wird. Diese bilden ansonsten die Zielstruktur der Transformation; existieren sie nicht, so übernehmen InfoSources diese Funktion und übergeben die Daten ihrerseits an nachgelagerte Layer.

Anlegen von InfoSources

InfoSources sind im InfoSource-Baum der Data Warehousing Workbench anzulegen. Dabei ist zwingend ein Vorlage-Objekt anzugeben, das der gewünschten Zielstruktur möglichst ähnlich sein sollte (also typischerweise eine Zielstruktur im nachfolgenden Layer). Die Struktur der InfoSource kann jedoch beliebig angepasst werden (siehe Abb. 16–1).

Abb. 16–1
Anlegen von InfoSources

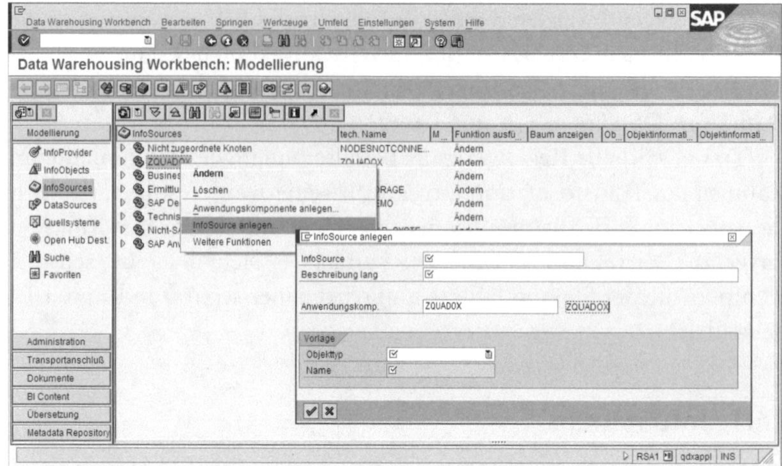

Die Definition Felder einer InfoSource erfolgt ausschließlich auf der Basis von InfoObjekten, deren technische Eigenschaften damit auch in die Definition der InfoSource einfließen (siehe Abb. 16–2). Im ABAP Dictionary wird für jede Kommunikationsstruktur eine Struktur angelegt, die auf den Datenelementen der InfoObjekte basiert.

Abb. 16–2
InfoSource als Zielstruktur im Staging-Prozess

InfoSource pflegen: Überblick

InfoSource ZQX_SALES_00 Salesdaten quadox AG

Key	InfoObject	Beschreibung kurz	Typ des InfoObjects	Integrität	Typ des Prüfobjekts	Prüfobjekt	Einheit	Typ	Länge	DezStellen	Feld	Konv.	Pos.
	0CALMONTH	KalJahr/Monat				0CALMONTH		NUMC	7		CALMONTH	PERI6	1
	0D_CUSTOMER	Kunde				0D_CUSTOMER		CHAR	10		D_CUSTOMER	ALPHA	2
	0D_PH2	Produkt				0D_PH2		CHAR	10		D_PH2	ALPHA	3
	0D_PH1	Produktgruppe				0D_PH1		CHAR	5		D_PH1	ALPHA	4
	0D_CHANNEL	Vertriebskanal				0D_CHANNEL		CHAR	1		D_CHANNEL	ALPHA	5
	0D_INV_QTY	Fakturierte Menge					0SALES_UNIT	QUAN	23	3	D_INV_QTY		6
	0D_NETSALES	Nettoumsatz					0CURRENCY	CURR	23	2	D_NETSALES		7
	0D_DBAREACD	Gebietscode				0D_DBAREACD		NUMC	7		D_DBAREACD		8
	0D_DBSIC1	Branche DB SIC				0D_DBSIC1		CHAR	4		D_DBSIC1	ALPHA	9
	0CURRENCY	Währung				0CURRENCY		CUKY	5		CURRENCY		10
	0SALES_UNIT	VerkaufsME				0SALES_UNIT		UNIT	3		SALES_UNIT	CUNIT	11
	0DATE	Datum						DATS	10		DATE0		12

Neben der Beschreibung einer Zielstruktur der Homogenisierung kann eine InfoSource eine Reihe weiterer Funktionen im Staging wahrnehmen, die ihren Einsatz rechtfertigen:

- Die Prüfung der referenziellen Integrität von Feldinhalten
- Die Aggregation von Daten
- Die Umrechnung von Währungen und Einheiten

Der besondere Vorteil liegt dabei darin, dass diese Funktionen allesamt an einer einheitlichen Stelle wahrgenommen werden. Damit ist der Einsatz von InfoSources besonders geeignet, um die Untergliederung des Staging-Prozesses in allgemeingültige Transformationen (Quellstrukturen an InfoSource) und datenzielspezifische Aufbereitungen (InfoSource an Zielstrukturen) nachzubilden.

Dieser Vorteil einer InfoSource wird besonders dann anschaulich, wenn sie Daten zwischen Quell- und Zielstrukturen überträgt, die in einer n:m-Beziehung zueinander stehen; denn in diesen Fällen ist der Einsatz einer InfoSource sogar geeignet, um die Anzahl der Transformationen zu reduzieren, die zwischen Datenquellen und Datenzielen zu definieren sind (siehe Abb. 16–3).

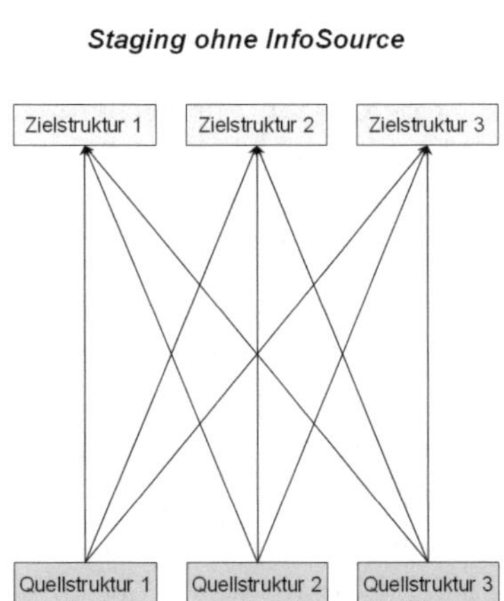

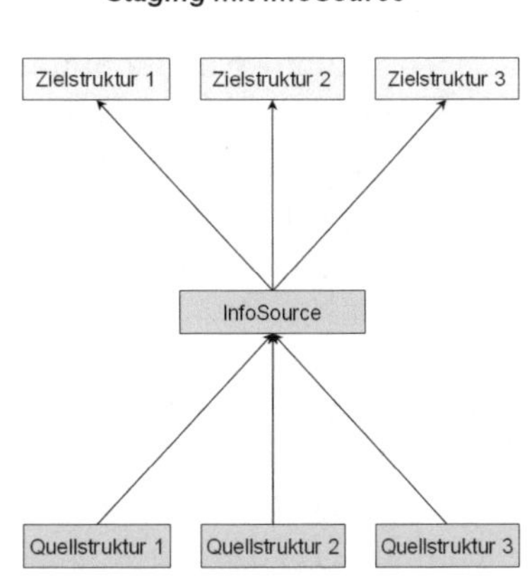

Abb. 16–3
Vereinheitlichung des Staging durch InfoSources

Die Tatsache, dass eine gemeinsame InfoSource für die Verarbeitung mehrerer Transformationen genutzt wird, hat keinen Einfluss auf die Durchführung von Ladevorgängen. Diese werden immer pro Transformation definiert und können voneinander unabhängig (auch parallel) ausgeführt werden.

16.2 Persistieren von Rohdaten

Bereits mit der Persistent Staging Area bietet das BW die Möglichkeit, extrahierte Daten persistent abzulegen. Ziel dieses Persistierens ist vor allem die Validierung und Administration kürzlich geladener Daten und die Behandlung von Fehlern während des Staging. Die PSA ist somit insbesondere als Speichermedium für diejenigen Requests von Bedeutung, die noch nicht abschließend verarbeitet oder von der Qualitätssicherung freigegeben wurden.

Weniger geeignet ist die PSA hingegen, Rohdaten dauerhaft zu persistieren, um einzelne Datenziele nachträglich neu aus den Rohdaten aufzubauen; denn neben einem größeren administrativen Aufwand, der hierfür nötig wäre (Heraussuchen der in Frage kommenden Requests, denn es könnten ja auch doppelte oder fehlerhafte dabei sein), ist es selbst bei Rohdaten hilfreich, vor der Speicherung eine grundlegende Aufbereitung durchzuführen – selbst wenn diese nur darin besteht, Datensätze mit Nullwerten in Kennzahlen herauszufiltern.

Die SAP selbst gibt dem Argument, die PSA sei nicht vorgesehen, um Daten dauerhaft zu persistieren, Nachdruck, indem sie auch in der Version 7 des BW keine Möglichkeiten bietet, Daten der PSA zu archivieren[3] (siehe Kapitel 33).

Zur dauerhaften Speicherung extrahierter Rohdaten stehen vielmehr sogenannte schreiboptimierte DataStore-Objekte zur Verfügung. Dabei handelt es sich um DataStore-Objekte, die einerseits vollständig in den Staging-Prozess eingebunden sind (anders als DataStore-Objekte für den direkten Zugriff) und andererseits Daten in derselben Granularität speichern wie die PSA selbst.

Das Anlegen eines schreiboptimierten DataStore-Objekts erfolgt grundsätzlich analog zum Anlegen normaler DataStore-Objekte, jedoch ist der Typ »schreiboptimiert« in den Eigenschaften des DataStore-Objekts vorzugeben (vgl. Abb. 6–29 auf Seite 102).

Als Folge setzt sich der Primärschlüssel der Datenbanktabelle ebenso wie bei PSA-Tabellen aus Request-ID, Datenpaketnummer und Datensatznummer innerhalb des Datenpakets zusammen. Dieser Schlüssel wird als technischer Schlüssel bezeichnet und kann nicht verändert werden.

Zusätzlich kann ein sogenannter semantischer Schlüssel definiert werden. Dessen Felder werden datenbankseitig mit einem UNIQUE Sekundärindex versehen. Wird kein semantischer Schlüssel definiert,

3. Diese Funktion wurde eine Zeitlang angekündigt, ist jedoch mit der Version 7 nicht mehr im Gespräch.

so können alle Felder des DataStore-Objekts in die Liste der Datenfelder aufgenommen werden; der Sekundärindex entfällt in diesem Fall.

Wird ein semantischer Schlüssel definiert, wird beim Befüllen des DataStore-Objekts auf eine Eindeutigkeit der Datensätze hinsichtlich des semantischen Schlüssels geprüft. Sollen Datensätze in ein DataStore-Objekt geschrieben werden, die hinsichtlich des semantischen Schlüssels bereits existieren, so kommt es zu einem Fehler bei der Verbuchung.

Ist dieses Verhalten nicht gewünscht, so kann die Option *Eindeutigkeit der Daten nicht prüfen* in den Eigenschaften des DataStore-Objekts aktiviert werden (siehe Abb. 16–4). In diesem Fall ist der semantische Schlüssel nicht mehr und nicht weniger als ein normaler Sekundärindex.

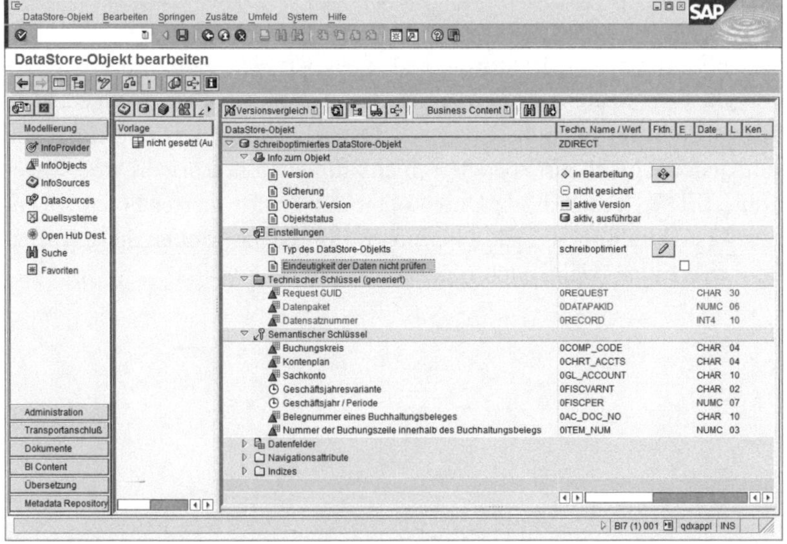

Abb. 16–4 *Semantischer Schlüssel von schreiboptimierten DataStore-Objekten*

Die Eindeutigkeit aller Datensätze in einem schreiboptimierten DataStore-Objekt wird in jedem Fall durch die Zusammenstellung des technischen Schlüssels sichergestellt, d.h., es werden niemals Datensätze durch neuere Daten überschrieben (selbst wenn sie denselben semantischen Schlüssel besitzen).

Auf diese Weise werden alle Daten in genau der Granularität und Reihenfolge abgelegt, in der sie an das BW übergeben werden. Jede einzelne Änderung an einem Feld von der einen zur anderen Extraktion wird exakt festgehalten, so dass schreiboptimierte DataStore-Objekte eine ausreichende Datenbasis bilden, um sogar die Veränderung von Daten an die Datenanalyse zu übermitteln.

Eine derartige Anforderung ist in der Praxis zwar (leider) nicht selten, aber doch immerhin nur in besonderen Fällen anzutreffen. Aufgrund des riesigen Datenvolumens, das durch eine derart detaillierte Ablage der Daten entsteht, sollten schreiboptimierte DataStore-Objekte daher immer nur in ausgewählten Fällen eingesetzt werden.

Schreiboptimierte DataStore-Objekte sind vollständig in das Staging eingebunden und könnten grundsätzlich mit vollständig transformierten Daten versorgt werden. Machen Sie sich jedoch stets bewusst, dass dies nicht die Aufgabe schreiboptimierter DataStore-Objekte ist. Die Verarbeitungsschritte vor der Verbuchung in schreiboptimierte DataStore-Objekte sollten sich vielmehr auf das Herausfiltern nicht erforderlicher Datensätze und sehr einfache, technische und strukturelle Transformationen beschränken, die nahezu kein Fehlerpotenzial in sich bergen. Die eigentliche Aufbereitung der Daten im Transformation Layer sollte erst hinter einem schreiboptimierten DataStore-Objekt durchgeführt werden.

Schreiboptimierte DataStore-Objekte eignen sich zwar durchaus als vorgelagerte Speicherschicht, aus der die spezifische nachgelagerte Transformation nach Belieben mit Daten versorgt werden kann. Sie sind jedoch nicht als Speicherschicht für ein Enterprise Data Warehouse (EDW) geeignet, da Daten nicht in transformierter Form vorliegen. Erst DataStore-Objekte im Integration Layer können diese Anforderung erfüllen (siehe nachfolgendes Kapitel).

17 Integration Layer

Der Integration Layer stellt eine Art »verlängerter Arm« des Transformation Layers dar und definiert sich durch die Speicherung aufbereiteter Bewegungsdaten und Master Data.

In der hier zugrunde gelegten Referenzarchitektur bezieht der Integration Layer Daten ausschließlich aus InfoSources. Der Grund liegt in der Absicht, unabhängig von den Quellsystemen ein einheitliches Design zu schaffen. Zwingend erforderlich ist dies beim Einsatz der Transformationen im BW 7 jedoch nicht, d.h., Daten können auch ohne diesen »Umweg« aus dem Transformation Layer an den Data Mart Layer übergeben werden.

Leser der bisher erschienenen Auflagen dieses Buchs zu den Versionen 2.x und 3.x des BW werden diesen Layer bisher vollkommen anders kennengelernt haben, insbesondere weil auch BasisCubes in diesen Layer einbezogen wurden. Gerade dieser Lesergruppe sei empfohlen, die bisher gängige Betrachtung des Integration Layer zur Disposition zu stellen und sich auf die hier gegebene Sichtweise einzulassen; denn mit der Version 7 stellt das SAP BW eine Reihe neuer Funktionen bereit, die auch eine grundlegend neue Betrachtung des Integration Layer ermöglicht.

Die Gründe, Bewegungsdaten oder Master Data im Integration Layer abzulegen, können mit unterschiedlichen Konzepten verbunden werden, weshalb nachfolgend zwischen Bewegungsdaten und Master Data differenziert wird.

17.1 Bewegungsdaten im Integration Layer

Im Falle von Bewegungsdaten werden durch den Einsatz des Integration Layer drei Ziele verfolgt, die je nach Systemarchitektur sehr unterschiedlich zu gewichten ist:

- Persistenz
- Delta-Bildung
- Datenintegration

Das technische Mittel zur Erreichung dieser Ziele sind Standard-DataStore-Objekte, die den Kern des Integration Layer bilden. Nachfolgend wird erläutert, wie der Einsatz von ***Standard-DataStore-Objekten*** den jeweils gestellten Aufgaben gerecht wird. Die nachfolgenden Kapitel sind damit gleichermaßen als eine Beschreibung der Funktionsweise von Standard-DataStore-Objekten zu betrachten.

Der Einsatz von DataStore-Objekten ist bei Anlieferung kumulierter Daten problematisch, weil unterschiedliche Geschäftsvorfälle u.U. in Form mehrerer Datensätze, aber mit gleichen Merkmalskombinationen geliefert werden und damit kein eindeutiger Schlüssel gefunden werden kann. Ist der Einsatz von DataStore-Objekten nicht möglich, so sollten Sie dennoch Wert auf eine einheitliche Architektur legen, in der die Zielstrukturen der Homogenisierung klar definiert sind. Eine derartige Zielstruktur kann in diesen Fällen am besten im Transformation Layer durch eine InfoSource vorgegeben werden (vgl. Kapitel 16.1)

17.1.1 Persistenz

Das Persistieren von Transformationsergebnissen schafft die Möglichkeit, transformierte Daten zu beliebigen Zeitpunkten (also zeitlich abgekoppelt vom Zeitpunkt der Transformation) an nachfolgende Layer zu übergeben, zum Beispiel um geänderte BasisCubes neu aufzubauen[1], neue BasisCubes initial zu befüllen oder Daten für anderer Zwecke bereitzustellen.

Die Struktur der DataStore-Objekte im Integration Layer leitet sich direkt aus der Struktur ab, die der Transformation Layer vorgibt, d.h., sofern eine InfoSource verwendet wird, sind die DataStore-Objekte strukturgleich mit der jeweiligen InfoSource, aus der sie befüllt werden. Ebenso wie der Transformation Layer hat der Integration Layer die Aufgabe, Daten in einer allgemein gültigen Form bereitzustellen und die anwendungsspezifische Aufbereitung der Daten dem Data Mart Layer zu überlassen.

1. BasisCubes sind in der Regel so modelliert, dass sie die Anforderungen des Reportings erfüllen. Erfahrungsgemäß werden nach einer gewissen Zeit des Produktivbetriebs Anforderungen neu gestellt, die mit dem bestehenden Datenmodell eines BasisCubes nicht zu erfüllen sind. Die Lösung ist in der Regel nur der Neuaufbau des BasisCubes, was in vielen Fällen nicht aus den Daten der Quellsysteme erfolgen kann (z.B. weil Daten dort bereits archiviert wurden).

Um ihrer Aufgabe als universelle Datenlieferanten gerecht zu werden, werden Daten in den DataStore-Objekten des Integration Layer mit derselben Granularität abgelegt, in der sie in den Quellsystemen vorhanden sind. Jeder einzelne Datensatz ist dabei durch Ordnungskriterien eindeutig zu identifizieren (z.B. Belegnummer und Belegposition), die im DataStore-Objekt die Schlüsselfelder bilden (vgl. Kapitel 6.3.1).

Standard-DataStore-Objekte

Für die DataStore-Objekte des Integration Layer ist damit zwingend der Typ »Standard« zu wählen (vgl. Abb. 6–29 auf Seite 102), der einerseits ein Befüllen durch Staging-Prozesse ermöglicht (im Gegensatz zu DataStore-Objekten für direktes Schreiben) und andererseits nach betriebswirtschaftlich relevanten Ordnungskriterien (bspw. Belegnummer und Belegposition) organisiert ist (im Vergleich zu schreiboptimierten DataStore-Objekten, die über einen technischen Schlüssel verfügen).

Standard-DataStore-Objekte bieten die Möglichkeit, Feldwerte in Datenfeldern zu überschreiben, wenn gleiche Schlüsselwerte vorliegen. Auf diese Weise können Mehrfachlieferungen anhand der Schlüsselwerte identifiziert und alte durch neue Werte überschrieben werden. Vorrangiges Ziel bei der Speicherung auf Belegebene ist es somit, im Integration Layer ein Abbild der operativen Systeme zu schaffen.

Je nachdem, ob damit zu rechnen ist, dass die Transformation der Daten fehlerbehaftet sein kann oder sich die Vorgaben für die Transformation nachträglich ändern können, sollten DataStore-Objekte nicht nur die Ergebnisse der Transformation, sondern auch die Rohdaten enthalten, aus denen sie abgeleitet wurden.

Enterprise Data-Warehousing (EDW)

Im Sinne des Enterprise Data-Warehousing, wie es von der SAP seit einiger Zeit propagiert wird, bilden DataStore-Objekte diejenige Speicherschicht, die als Data Warehouse Layer bezeichnet wird und die für die Belieferung jeglicher Data Marts eingetzt wird. Ob DataStore-Objekte den Data Warehouse Layer eines Enterprise Data Warehouse (EDW) bilden oder lediglich die persistierte Form der Transformation darstellen, ist technisch einerlei und im Wesentlichen von der Betrachtung und Nutzung der DataStore-Objekte abhängig.

Sicherlich mag es an dieser Stelle gegenteilige Meinungen und Ansätze geben. Aber beim Design der BW-Architektur geht es eben um persönliche Ansichten und Erfahrungen des Autors, der schreiboptimierte DataStore-Objekte als Basis eines EDW-Layer ablehnt, da sie keine überzeugenden Möglichkeiten zur Korrektur von Fehlern und zur Integration von Daten bieten. Lediglich bei nicht kumulativen Daten ist der Einsatz von schreiboptimierten DataStore-Objekten die einzige Möglichkeit, um derartige Daten in einem EDW abzulegen.

17.1.2 Delta-Bildung

Die Organisation der Daten in Standard-DataStore-Objekten nach inhaltlichen Schlüsseln ermöglicht es, Datenfelder bei der Übernahme von Daten nicht nur mit geänderten Werten zu versorgen, sondern die erfolgten Änderungen auch zu erkennen und zu protokollieren.

In dem so erzeugten »Protokoll« werden die Veränderungen in Form des allgemeingültigen Delta-Verfahrens ODS[2] abgelegt. Damit ist es möglich, mit Hilfe von DataStore-Objekten aus extrahierten Daten unterschiedlichster Delta-Verfahren einheitliche Delta-Informationen zu generieren (siehe Abb. 17–1), die von jedem beliebigen Datenziel im BW verarbeitet werden können. Dies ist hilfreich, weil zum Beispiel BasisCubes nicht alle verwendeten Delta-Verfahren verarbeiten können und somit auf ein geeignetes Delta-Verfahren angewiesen sind (z.B. das Delta-Verfahren ODS).

Abb. 17–1 Delta-Bildung bei Standard-DataStore-Objekten

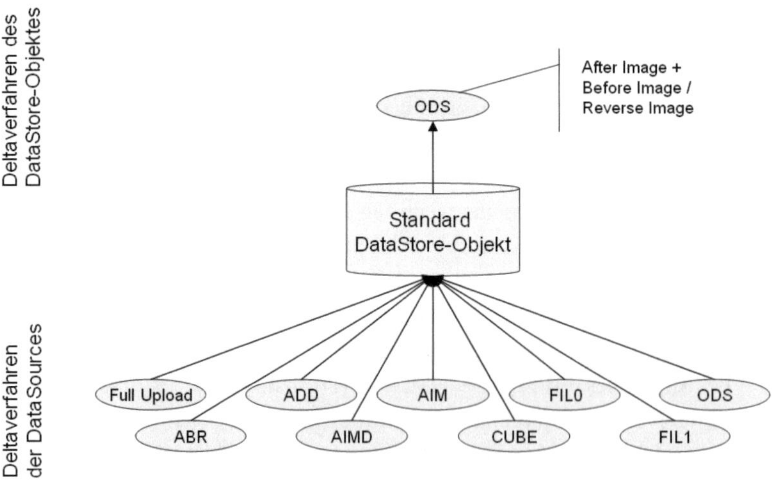

Sogar aus den Daten eines Full Uploads können auf diese Weise Delta-Informationen generiert werden.

Mit Hilfe von Standard-DataStore-Objekten können sogar die Daten eines Full Uploads in Delta-Informationen umgewandelt werden. Die Delta-Informationen beschreiben in diesem Fall alle Änderungen und neu erzeugten Datensätze. Gelöschte Datensätze (die durch den Full Upload nicht geliefert werden), werden nicht in den Delta-Informationen abgebildet.

2. ODS-Objekte (ODS=Operational Data Store) sind die Vorgänger der Standard-DataStore-Objekte. Die technischen Schlüssel der Delta-Verfahren haben die Umbenennung der ODS-Objekte in DataStore-Objekte nicht nachvollzogen, so dass weiterhin das Delta-Verfahren ODS existiert.

Der Delta-Modus eines jeweiligen Datensatzes, der in ein DataStore-Objekt fortgeschrieben wird und von diesem in das Delta-Verfahren ODS umzuwandeln ist, wird dem DataStore-Objekt durch das InfoObjekt 0RECORDMODE übergeben. Wird das InfoObjekt innerhalb einer Transformation nicht durch die Datenquelle geliefert, so geht das BW immer von einem After-Image aus. Der Inhalt des InfoObjekts 0RECORDMODE kann im Rahmen der Transformation manipuliert werden. Nähere Informationen hierzu werden in Kapitel 19.4.2 gegeben.

Das Überschreiben von Datenfeldern ist nur möglich, wenn die verwendeten Delta-Modi der fortgeschriebenen DataSource die Bildung von Before- und After-Images ermöglichen. Ist dies nicht der Fall, so können Datenfelder auch bei DataStore-Objekten nicht überschrieben werden. DataSources mit den Delta-Verfahren D, E und X (alte Extraktion aus LIS-InfoStrukturen des LO-Moduls im SAP ERP) können von DataStore-Objekten nur dann verarbeitet werden, wenn dem InfoObjekt 0RECORDMODE in den Übertragungsregeln ein geeigneter Delta-Modus zugewiesen wird.

Activation Queue

Um Delta-Informationen ermitteln zu können, müssen neue Daten einerseits und bestehende Daten andererseits verglichen werden. Da es für das Ergebnis der Delta-Bildung entscheidend ist, in welcher Reihenfolge Datensätze in ein DataStore-Objekt geschrieben werden[3], findet der Vergleich nicht unmittelbar bei der Verbuchung der Daten in ein DataStore-Objekt statt; denn die richtige Reihenfolge der Daten kann durch Parallelisierung der Verbuchung (siehe Kapitel 24.1) oder paralleles Verbuchen mehrerer Requests zum Zeitpunkt der Verbuchung nicht sichergestellt werden.

Aus diesem Grund werden neue Daten zunächst in eine separate Tabelle geschrieben und erst in einem zweiten Schritt (in der richtigen Reihenfolge) mit den eigentlichen Daten des DataStore-Objekts abgeglichen. Die eigentlichen Daten eines Standard-DataStore-Objekts werden im Sprachgebrauch des BW als ***aktive Daten*** bezeichnet; die Tabelle, in die Daten vor dem Abgleich verbucht werden, werden als ***Activation Queue*** bezeichnet. Der Vorgang des Abgleichs wird durch den Begriff ***Aktivierung*** beschrieben.

Bei der Activation Queue handelt es sich um eine transparente Tabelle, die in ihrer Struktur dem DataStore-Objekt gleicht. Zusätzlich verfügt die Activation Queue über Request-ID, Datenpaketnummer und Datensatznummer, die aus der Extraktion übergeben werden. Dadurch ist es möglich, mehrere Requests und Datenpakete parallel in

3. Es ist für das Ergebnis des Abgleichs entscheidend, ob z.B. der Status eines Auftrags zuerst durch ein A und dann durch ein B überschrieben wird, oder umgekehrt.

eine Activation Queue zu schreiben und im Rahmen der Aktivierung dennoch die richtige Reihenfolge der Datensätze zu berücksichtigen.

Während neue Daten in schreiboptimierten DataStore-Objekten und DataStore-Objekten für direktes Schreiben unmittelbar nach dem Verbuchen der Daten in den aktiven Daten zu finden sind, müssen die Daten der Activation Queue durch explizite Aktivierung in das DataStore-Objekt übernommen werden. Jegliche Nutzung neuer Daten (sei es für die Datenanalyse oder die Übergabe der Daten an nachfolgende Layer) ist damit von der Aktivierung des DataStore-Objekts abhängig.

Change Log

Die bei der Aktivierung ermittelten Delta-Informationen werden im sogenannten *Change Log* abgelegt (siehe Abb. 17–2).

Abb. 17–2
Erzeugen des Change Log bei der Aktivierung neuer Daten in Standard-Data-Store-Objekten

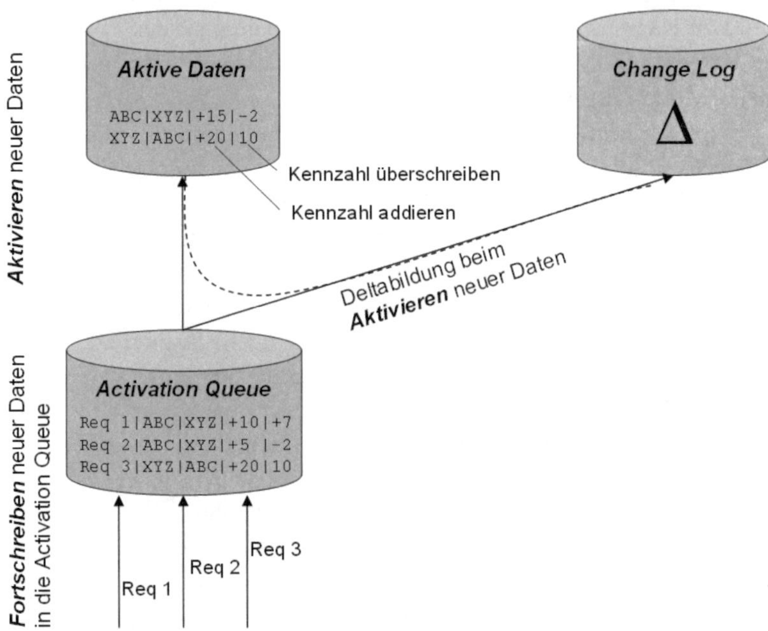

Beim Change Log handelt es sich um eine Tabelle der PSA, die für jedes Standard-DataStore-Objekt automatisch angelegt wird. Außerdem wird zu jedem Standard-DataStore-Objekt eine Export-DataSource angelegt, die als Datenquelle für die Weitergabe der Daten aus dem Change Log in andere Datenziele dienen.

Die Delta-Informationen, die bei der Aktivierung neuer Daten errechnet werden, stellen aus Sicht der PSA eine eigene Datenanforderung dar. Diese ist nicht identisch mit den aktivierten Requests der Activation Queue, sondern wird durch das System neu ermittelt.

Um die Weitergabe von Daten aus dem Change Log in ein nachgelagertes Datenziel zu definieren, muss lediglich eine Transformation in das Datenziel definiert werden, bei der das DataStore-Objekt als Datenquelle angegeben wird.

Namenskonvention

Ergänzend zu den Namenskonventionen, die zum Datenmodell des DataStore-Objektes beschrieben werden (vgl. Kapitel 6.3), enthält die nachfolgende Tabelle Namenskonventionen für das Staging mit DataStore-Objekten.

	Standard-DataStore-Objekt (BI Content)	**Standard-DataStore-Objekt (selbst definiert)**
DataStore-Objekt	`0tttttt`	`{A-Z}ttttt`
Aktive Daten	`/BI0/Attttt00`	`/BIC/A{A-Z}ttttt00`
Activation Queue	`/BI0/Attttt10`	`/BIC/A{A-Z}ttttt10`
DataSource des Change Log	`8ttttttt`	`8{A-Z}ttttt`

17.1.3 Datenintegration

Im vorangehenden Kapitel wurde beschrieben, wie die Möglichkeit eines DataStore-Objekts, Datenfelder mit veränderten Werten zu überschreiben, zur Ermittlung von Delta-Informationen verwendet werden kann.

Dieselbe technische Funktionalität kann im Falle von DataStore-Objekten eine vollkommen neue Bedeutung bekommen, wenn Datensätze aus den Teilen unterschiedlicher Datenquellen zusammengesetzt werden. Voraussetzung ist dabei lediglich, dass alle Datenquellen den vollständigen Schlüssel des DataStore-Objekts liefern können.

Die Anwendungsfälle für diese Form der Datenintegration sind ebenso vielfältig wie die Prozesse in den unterschiedlichen Quellsystemen. Während es für ein Unternehmen bedeutend sein kann, geplante und tatsächliche Lieferdaten aus zwei unterschiedlichen Datenquellen zu einem gemeinsamen Datensatz zusammenzubringen, ist diese Anforderung für ein anderes Unternehmen irrelevant.

In Abbildung 17–3 wird dargestellt, wie sich Daten in einem DataStore-Objekt integrieren lassen und welches Ergebnis der gleiche Prozess im Vergleich dazu mit einem BasisCube als Datenziel haben würde, der keine Möglichkeit zum Überschreiben von Datenfeldern bietet.

Activation Queue und Change Log sind zur Vereinfachung nicht in der Abbildung dargestellt, werden aber wie gewohnt verwendet. Durch die Bildung des Change Logs können Delta-Informationen damit an nachfolgende Datenziele übergeben werden, so dass auf diese Weise auch BasisCubes mit denselben integrierten Daten beliefert werden können. Es kann damit inhaltlich ein wesentlicher Unterschied darin bestehen, ob ein BasisCube direkt aus DataSources befüllt wird oder ob er aus vorgeschalteten Standard-DataStore-Objekten befüllt wird.

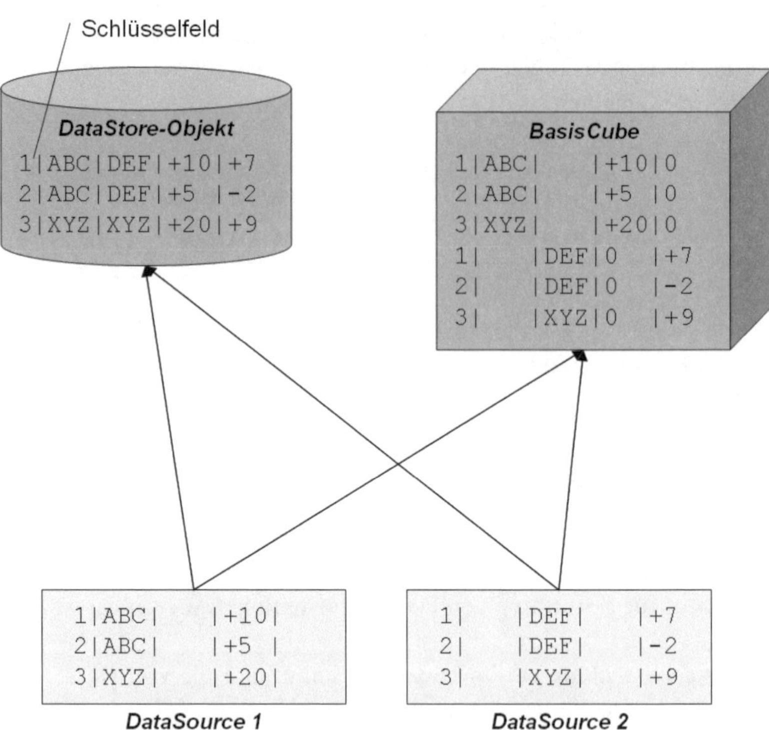

Abb. 17–3 *Integration von Daten mit Standard-DataStore-Objekten*

Wenn die Datenfelder, die aus einzelnen DataSources an ein DataStore-Objekt übergeben werden, Schnittmengen bilden, dann überschreibt immer der letzte Request die Datenfelder der vorangegangenen Requests (es sei denn, das Datenfeld wird aus der DataSource nicht übernommen). Dies kann einerseits eine Fehlerquelle, andererseits eine praktische Möglichkeit darstellen, fehlerhafte Inhalte in den Datenfeldern gezielt zu manipulieren.

17.2 Master Data im Integration Layer

Anders als Bewegungsdaten liegen Stammdaten oftmals bereits im Integration Layer in der Form vor, in der sie benötigt werden, so dass eine Weitergabe in nachfolgende Layer nicht erforderlich ist. Der Grund liegt darin, dass es systemweit nur eine Sichtweise auf Stammdaten geben kann[4] und diese aufgrund ihrer Eindeutigkeit nur einmal im System abgelegt werden müssen.

Als Konsequenz können Master Data vielfach bereits im Integration Layer abschließend gespeichert werden, ohne dass sie – vergleichbar mit Bewegungsdaten – an nachfolgende Layer weitergegeben werden müssen.

Als Folge dessen erfolgt die Speicherung nicht in DataStore-Objekten, sondern direkt in den Stammdaten-tragenden InfoObjekten. Diese verfügen über vergleichbare Mechanismen zur Persistierung und Datenintegration, wie sie bei DataStore-Objekten zu finden sind. Lediglich die Möglichkeit zur Ermittlung von Delta-Informationen findet sich nicht bei InfoObjekten.

Direkte Fortschreibung

Bis zur Version 2.x des SAP BW wurde die Eindeutigkeit und Einmaligkeit von Master Data derart konsequent unterstellt, dass es systemisch keine andere Möglichkeit gab, als die Daten einer Stammdaten-DataSources in genau ein InfoObjekt zu übertragen. Dahinter stand das Konzept der direkten Fortschreibung von Stammdatenattributen, -texten und -hierarchien.

Der Gebrauch der direkten Fortschreibung findet auch in der aktuellen Version des SAP BW Anwendung, selbst wenn sie angesichts der neuen Transformation im BW 7 nicht mehr »State of the Art« ist. Sie ist jedoch einfacher und schneller zu definieren, und nicht zuletzt wird sie weiterhin benötigt, um Hierarchiedaten zu laden[5]. Die direkte Fortschreibung wird in Kapitel 21 näher erläutert.

DataStore-Objekte für Master Data

Sollen InfoObjekte des Integration Layer jedoch nicht über die veraltete direkte Fortschreibung, sondern über die Transformationen des BW 7 befüllt werden, so ist es zunächst erforderlich, die Master Data der entsprechenden InfoObjekte in den Data Mart Layer aufzunehmen (siehe Kapitel 18.2).

In diesem Fall bietet es sich an, die Master Data im Data Mart Layer aus DataStore-Objekten zu befüllen, um auch auf Ebene der BW-Architektur eine zu den Bewegungsdaten einheitliche Staging-Architektur zu schaffen.

Speziell bei InfoObjekten mit großen Stammdatentabellen kann der Einsatz eines Standard-DataStore-Objekts allein deswegen Vorteile bringen, weil damit die bereits beschriebene Möglichkeit verbunden ist, Delta-Informationen zu bilden. Besonders dann, wenn die Stammdaten auf mehrere InfoObjekte im Data Mart Layer verteilt werden, vermindert dies das Volumen der Verteilung erheblich.

---

4. Beispielsweise ändern sich Postleitzahl oder Adresse eines Kunden nicht in Abhängigkeit von der jeweiligen Anwendung, die dieses Stammdatum verwendet.
5. Bis zum hier vorliegenden Support Package 9 ist die Transformation noch nicht in der Lage, Daten für externe Hierarchien zu verarbeiten.

Aktivieren Sie bei der Verwendung von DataStore-Objekten für Stammdaten niemals die Erzeugung von SIDs bei der Aktivierung neuer Daten (vgl. Abb. 10–6 auf Seite 245). Die Erzeugung von SIDs würde bei der Aktivierung neuer Daten initiale Stammdatensätze erzeugen, die erst bei der Weitergabe der Delta-Informationen aus dem DataStore-Objekt befüllt werden und massenhaft Datensätze in M-Versionen erzeugen. Unnütze Probleme mit dem Change Run wären zwangsläufig die Folge.

18 Data Mart Layer

Mit der Architektur der bislang beschriebenen Layer wurde stets das Ziel verfolgt, Daten in einer allgemeingültigen, validen und nicht anwendungsspezifischen Form aufzubereiten und zur Verfügung zu stellen. Dabei stellte der Transformation Layer eine strukturelle Schicht dar, die im Integration Layer persistiert werden konnte, um Daten integriert und unabhängig von der Verfügbarkeit der Quellsysteme innerhalb des BW bereitzustellen. Im Sinne des Enterprise Data Warehousing konnte diese Schicht als Data Warehouse Layer beschrieben werden.

In jedem Fall stehen die Daten bis einschließlich im Integration Layer in einer allgemeinen, anwendungsunabhängigen Form zur Verfügung. Im einfachsten Fall entspricht diese Struktur genau den Anforderungen der analytischen Anwendung. InfoObjekte können in diesem Fall unverändert genutzt werden, Bewegungsdaten sollten aus Performancegründen in das Star-Schema von BasisCubes übertragen werden, wobei jedoch keine inhaltlichen Veränderungen durchzuführen sind.

In zahlreichen Fällen weichen die Anforderungen der analytischen Anwendung(en) derart von der Datenstruktur im Transformation/Integration Layer ab, dass sie semantisch erst aufbereitet werden müssen, um durch die analytische(n) Anwendung(en) verwendet zu werden. Die Aufbereitung kann dabei so gestaltet sein, dass die Daten durch mehrere Anwendungen zu nutzen sind; es kann aber auch vorkommen, dass jede analytischen Anwendung ihre eigene Form der Aufbereitung verlangt.

An dieser Stelle greift das Konzept des Data Mart Layer, das eine dedizierte Speicherung aufbereiteter Daten in einem eigens dafür vorgesehenen Layer innerhalb des BW[1] vorsieht. Der Homogenisierung in den vorangegangenen Layern folgt also hier die Individualisierung.

---

1. Data Marts können auch außerhalb des SAP BW stehen. Dieser Fall wird im Rahmen der Large-Scale-Architekturen behandelt.

Data Marts entstammen in der Begrifflichkeit des BW vor allem der Sichtweise komplexer Data-Warehouse-Systeme oder werden als Spezialität des Enterprise Data Warehousings gesehen. Die hinter den Data Marts stehende Intention – die anwendungsspezifische Abbildung von Daten – bleibt jedoch bei jeder Form der Abbildung von Daten in InfoProvidern dieselbe. Und zwar unabhängig davon, ob die Abbildung der Struktur des Transformation Layer entspricht oder mit komplexen Aufbereitungen oder der Überwindung von Systemgrenzen verbunden ist.

Der Autor hat sich daher entschieden, den Layer, der die Grundlage der analytischen Anwendungen bildet, grundsätzlich als Data Mart Layer zu bezeichnen. Dem Leser soll so die begriffliche Pedanterie erspart bleiben, zumal sie in diesem Zusammenhang unnütz ist; für die hier vorgestellte Referenzarchitektur wurde ein Design gewählt, das schrittweisen Ausbau eines kleinen BW-Systems zu einem Enterprise Data Warehouse ermöglicht, ohne die Architektur grundlegend zu verändern. Nähere Informationen zum Einsatz des Data Mart Layer in sogenannten Large-Scale-Architekturen (unter die auch das EDW fällt) werden in Kapitel 27 gegeben.

Nachfolgend werden zunächst die Aufgaben des Data Mart Layer in Bezug auf ***Bewegungsdaten*** und ***Stammdaten*** erläutert sowie die Weitergabe von Daten an Filesysteme und Datenbanktabellen mit Hilfe von ***Open-Hub-Destinationen***.

18.1 Bewegungsdaten im Data Mart Layer

In Bezug auf Bewegungsdaten bilden BasisCubes den zentralen Bestandteil des Data Mart Layer. Sie stellen diejenigen Objekte dar, die als Grundlage der Datenanalyse konzipiert sind und damit den anwendungsspezifischen Anforderungen an das Reporting in idealer Weise gerecht werden.

Die Übergabe von Daten an den Data Mart Layer kann eine Vielzahl von Aufgaben erfüllen, die sowohl mit strukturellen als auch semantischen Veränderungen der Daten verbunden sind. Dabei handelt es sich im Einzelnen um:

- Schematransformation
- Aggregation
- Filterung
- Prozessintegration
- Abstraktion
- Modelltransformation
- Währungsumrechnungen

Was sich hinter den benannten Aufgaben verbirgt, wird in den nachfolgenden Kapiteln erläutert. Welche dieser Aufgaben bei der Übergabe von Daten an den Data Mart Layer wirklich ausgeführt werden müssen (oder ob Daten unverändert aus dem Intergation Layer übernommen werden können), hängt teilweise von den Anforderungen der einzelnen Anwendungen ab.

Dabei ist immer zu beachten, dass nicht ein Cube allen Anforderungen gerecht werden muss. Vielmehr können identische Daten in unterschiedlichen Cubes mehrfach aufbereitet werden – je nachdem, wie dies von den Anwendungen verlangt wird.

18.1.1 Schematransformation

Die Schematransformation ist der zentrale Grund dafür, Bewegungsdaten immer im Data Mart Layer (also in BasisCube) bereitzustellen und die Analyse von Daten niemals auf den Datenstrukturen des Integration Layer (im Wesentlichen also auf DataStore-Objekten) aufzubauen; denn die Schematransformation beschreibt die Überführung von Daten aus den flachen Strukturen von Transformation und Integration Layer in das erweiterte Star-Schema von BasisCubes.

Motivation für die Schematransformation ist dabei stets die Optimierung der Lese-Performance beim Datenzugriff. Dies ist bedingt durch das Datenmodell der BasisCubes an sich und durch die spezifischen Tuningmaßnehmen andererseits[2] (z.B. Partitionierung, Indizierung, Aggregate).

Diese Optimierung ist der Grund, warum der Data Mart Layer selbst dann zum Einsatz kommen sollte, wenn keinerlei andere Aufgaben mit der Überführung von Daten in den Data Mart Layer verbunden sind.

18.1.2 Aggregation

Auf Ebene des Integration Layer ist es unerlässlich, Daten auf granularer Ebene abzulegen. Bei der Datenanalyse ist diese Granularität jedoch oftmals nicht erforderlich, so dass Datensätze bei der Übernahme in den Data Mart Layer aggregiert werden können. Findet eine solche Aggregation statt, so stellt sie einen weiteren Vorteil der Schematransformation dar.

2. Details zum Tuning von BasisCubes sind in Kapitel 7 zu finden.

18.1.3 Filterung

Eine weitere Reduzierung des Datenvolumens kann neben der Aggregation die Filterung von Datensätzen mit sich bringen. Nicht alle analytischen Anwendungen bedürfen aller Daten, die durch Transformation/Integration Layer bereitgestellt werden.

In einigen Fällen sind einige Daten auch gar nicht erwünscht. Bei der Übergabe von Daten an BasisCubes des Data Mart Layer können Datensätze daher nach individuellen Regeln herausgefiltert werden.

Die Filterung kann in einfachen Fällen mit Hilfe der Datentransferprozesse erfolgen, die Daten in BasisCubes übertragen (siehe Kapitel 20.2). In komplexen Fällen können Start- oder Endroutine der Transformation das Herausfiltern von Datensätzen übernehmen (siehe Kapitel 19.2 und Kapitel 19.5).

18.1.4 Prozessintegration

Die Analyse von Daten im Data Mart Layer muss sich nicht auf die Daten einer Datenstruktur im Transformation bzw. auf die Daten eines DataStore-Objekte im Integration Layer beschränkt bleiben. Vielmehr können Daten aus unterschiedlichen Prozessteilen innerhalb einer Analyse in einen Kontext gestellt werden.

Die Integration unterschiedlicher Prozesse erfolgt dabei in der Regel auf Ebene der Analytical Engine durch virtuelle InfoProvider, speziell durch MultiProvider oder InfoSets (vgl. Kapitel 11). Von einer physischen Integration unterschiedlicher Prozessdaten in einen BasisCube (durch Befüllen des BasisCubes aus mehreren Datenquellen) ist in der Regel abzuraten; denn inhaltlich ist das Ergebnis identisch mit der Zusammenführung der Daten mit Hilfe eines MultiProviders, jedoch ist die Zusammenführung mehrerer Datenquellen in einen BasisCubes schwieriger zu administrieren[3].

Darüber hinaus kann die Qualität des Datenmodells darunter leiden, wenn auf diese Weise Daten zusammengeführt werden, die nicht über identische Strukturen verfügen – Fakten- und Dimensiontabellen des Cubes entwickeln sich dann gewissermaßen zu einem »Schweizer Käse«, bei dem unnötig viele Einträge entstehen, in denen einzelne Felder nicht gefüllt sind.

3. Insbesondere bei Roll Up und Komprimierung sind Abhängigkeiten zwischen den einzelnen Datenquellen zu beachten. So kann ein Request nur dann hochgerollt/komprimiert werden, wenn alle vor ihm geladenen Requests fehlerfrei sind. Aus diesem Grund kann es zu der Situation kommen, dass ein Request aus Datenquelle A nicht hochgerollt/komprimiert werden kann, weil ein anderer Request aus Datenquelle B nicht fehlerfrei ist.

18.1.5 Abstraktion

Die Abstraktion ist ebenso eine Folge des Einsatzes von MultiProvidern wie auch ein Grund für den Aufbau derselben; denn durch die Verwendung eines MultiProviders wird zwischen BasisCubes und der Datenanalyse eine logische Ebene gezogen, welche die Datenanalyse (in Form von Queries) vom Datenmodell entkoppelt.

Datenanalysen können damit auf Basis eines MultiProviders definiert werden, für den die Analytical Engine erst zum Zeitpunkt der Analyse die relevanten BasisCubes ermittelt. Da die Struktur des MultiProviders nach Belieben verändert werden kann, können auf diese Weise sogar die dem MultiProvider zugrunde liegenden BasisCubes ausgetauscht werden, ohne dass dies von der Datenanalyse zur Kenntnis genommen werden muss.

Um die Flexibilität des Datenmodells zu erhöhen, sollte die Datenanalyse somit niemals auf der Grundlage von BasisCubes definiert werden, sondern stets nur auf MultiProvidern. Dies impliziert die Empfehlung, MultiProvider selbst dann zu definieren, wenn diese nur einen einzigen BasisCube integrieren, also keinen unmittelbaren funktionalen Mehrwert darstellen.

18.1.6 Modelltransformation

Ob die Abbildung von Kennzahlen in Form eines Kennzahlen- oder eines Kontenmodells erfolgen sollte, lässt sich üblicherweise aus den Datenstrukturen ableiten (vgl. Kapitel 5.3). In der Regel werden Daten bereits durch das Quellsystem im entsprechenden Format angeliefert, werden durch Transformation und Integration Layer entsprechend weitergegeben und können im Data Mart Layer ebenso abgelegt werden.

Ist allerdings eine vom Quellsystem abweichende Form der Speicherung erforderlich, so kann die Konvertierung von Kennzahlen- in Kontenmodell und umgekehrt bei der Übergabe der Daten in die BasisCubes des Data Mart Layer erfolgen.

Eine derartige Konvertierung von Modellen findet in den meisten Fällen dann statt, wenn Daten aus Prozessen im Data Mart Layer integriert werden sollen (siehe oben), die zwar jeder für sich in einem passenden Modell, aber nicht im selben Modell abgelegt sind. Die Konvertierung der Modelle erfüllt in diesem Fall das Ziel der Vereinheitlichung.

Neben dieser reinen Transformation eines Modells zwischen Kennzahlen- und Kontenmodell gibt es zahlreiche weitere Gründe, Datensätze in Kennzahlen zu transformieren oder umgekehrt. Ein typisches Szenario aus dem Bereich Vertriebssteuerung gibt hierfür ein Beispiel: Verkäufer 0001 hat einem Kunden 15 Einheiten eines Produktes verkauft. Verkäufer 0002 war an dem Geschäft nicht beteiligt, ist jedoch eigentlich zuständig für den entsprechenden Bezirk. Die Verkaufsmengen sollen in derartigen Fällen im Verhältnis 2/3 zu 1/3 aufgeteilt werden.

Die daraus resultierende Anforderung verlangt in einem solchen Fall oft, aus einem einzigen Datensatz (mit Angabe beider Verkäufer in zwei Feldern und einer Umsatzsumme) zwei Datensätze zu erzeugen, die jeweils nur noch eine Umsatzkennzahl enthalten. Das hier gegebene Beispiel wird in Kapitel 19.3 aufgegriffen, um die technische Umsetzung im Rahmen der Transformation zu erläutern.

18.1.7 Währungsumrechnung

Wertfelder werden bis in den Integration Layer in der Währung geführt, in der sie von den Datenquellen angeliefert werden. Die ist in der Regel die Hauswährung und/oder die Belegwährung.

Diese Währung kann unverändert in den Data Mart Layer übernommen werden und bei Bedarf zum Zeitpunkt der Datenanalyse in andere Währungen umgerechnet werden.

Sollen Wertfelder jedoch bereits in umgerechneter Form für die Datenanalyse bereitgestellt werden, so sollte die Umrechnung bei der Übernahme der Daten in den Data Mart Layer erfolgen. Dabei kann bei Bedarf nicht nur eine einfache Umrechnung erfolgen, sondern sogar komplexe Formen der Umrechnung durchgeführt werden, die auf den Zeitbezug der Daten eingehen.

18.2 Stammdaten im Data Mart Layer

Im Gegensatz zu Bewegungsdaten sieht das BW im Falle von Stammdaten vor, die im Integration Layer gespeicherten Daten bei der Analyse von Bewegungsdaten zu verwenden; dabei bilden die Stammdatentabellen der jeweiligen InfoObjekte die Speicherstrukturen im Integration Layer.

Den konzeptionellen Hintergrund dafür bildet die Annahme, Stammdaten seien in keinem Fall anwendungsspezifisch, sondern in jedem Fall allgemeingültig zu verwenden (vgl. Kapitel 17.2).

Erst mit der Version 3 des SAP BW wurde von diesem Konzept abgelassen und die Behandlung von Stammdaten in gleicher Weise möglich, wie dies bei Bewegungsdaten der Fall ist. Zur Wahrnehmung dieser Option ist es zunächst zwingend erforderlich, die entsprechenden InfoObjekte als Datenziel im InfoProvider-Baum aufzunehmen (siehe Abb. 18–1).

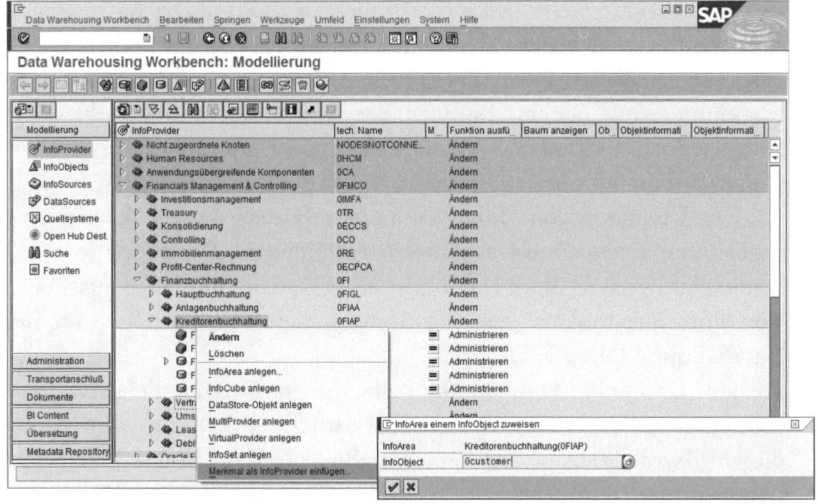

Abb. 18–1
Definition von Info-Objekten als InfoProvider

Sobald ein InfoObjekt als Datenziel im InfoProvider-Baum aufgenommen ist, kann es als Datenziel einer Transformation verwendet werden[4]. Es wird in diesem Fall im Staging ebenso behandelt wie ein Datenziel für Bewegungsdaten.

Beachten Sie bitte, dass bei der Veränderung von Stammdaten – gleichwohl durch direktes oder flexibles Staging – alle veränderten Stammdaten zunächst in einer M-Version abgelegt werden und erst durch die Ausführung des Change Run in die aktiven Daten übernommen werden (vgl. Kapitel 7.1.2).

Durch die Aufnahme von InfoObjekten in den InfoProvider-Baum ist es auch möglich, Analysen direkt auf diesen InfoObjekten aufzubauen, ohne zusätzlich BasisCubes oder DataStore-Objekte zu verwenden. Dies ist insbesondere beim Reporting von Stammdaten hilfreich.

18.3 Open-Hub-Destinationen im Data Mart Layer

In den bisherigen Ausführungen wurde das Data Warehousing mit dem SAP BW 7 stets unter der Prämisse betrachtet, dass Daten ausschließlich zu dem Zweck verarbeitet werden, um durch die InfoProvider des BW zur Datenanalyse bereitgestellt werden. Andere Systeme als das SAP BW wurden in diesem Rahmen bestenfalls als alternative Decision Support Tools oder als Datenlieferant bei der Extraktion betrachtet.

---

4. Gleichzeitig wird das InfoObjekt reportingfähig gemacht, was der eigentlichen Aussage des Menüpunkts entspricht. Zum Reporting auf den Stammdaten von InfoObjekten vgl. Kapitel 10.3.

Die Realität stellt sich insbesondere in komplexen Systemlandschaften mitunter anders dar. Unter Umständen ist das SAP BW nur eines von mehreren Data-Warehouse-Systemen und übernimmt zwar bestimmte Aufgaben im Rahmen der Datenaufbereitung, gibt diese Daten jedoch an andere Systeme weiter, wo Daten unter Umständen weiter aufbereitet oder zumindest zur Analyse genutzt werden.

Zur Übergabe von Daten an andere Systeme lassen sich im BW sogenannte Open-Hub-Destinationen definieren. Diese könnten die Daten wahlweise in einer Datei oder einer Datenbanktabelle ausgeben. Von dort aus müssen sich die Systeme der Dritthersteller um die Datenakquise kümmern.

Jede Datei oder Datenbanktabelle, die mit Daten beliefert werden soll, kann in Form einer Open-Hub-Destination definiert werden. Zu diesem Zweck steht in der Data Warehousing Workbench ein eigener Baum für die Definition von Open-Hub-Destinationen zur Verfügung (siehe Abb. 18–2).

Abb. 18–2
Anlegen von Open-Hub-Destinationen

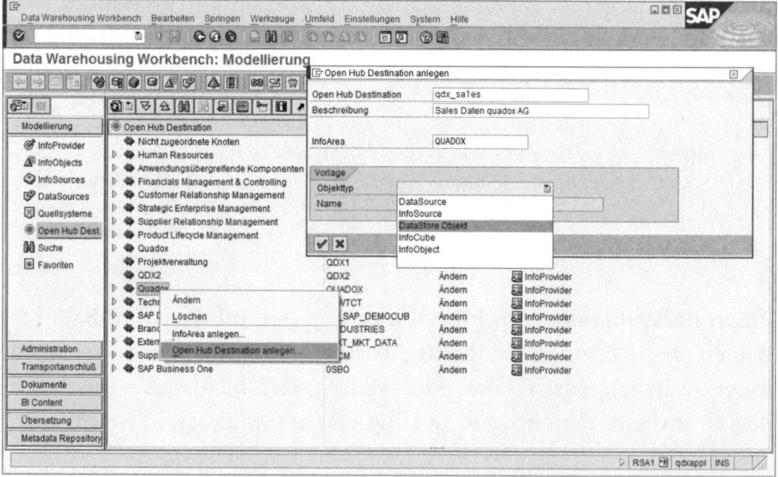

© SAP AG

Die Belieferung einer Open-Hub-Destination ist vollständig in das Staging integriert, d.h., die Aufbereitung der Daten in die Zielstruktur lässt sich über das Konzept von Transformation und Datentransferprozess steuern (siehe Kapitel 19 und Kapitel 20). Das Konzept der Open-Hub-Destinationen ersetzt mit seiner engen Integration in die Staging-Prozesse des BW die bis zur Version 3.x bekannten InfoSpokes des Open Hub Service.

Feldliste einer Open-Hub-Destination

Beim Anlegen einer Open-Hub-Destination ist zwingend ein Vorlage-Objekt anzugeben, aus der sich der Vorschlag für die Feldliste der Open-Hub-Destination ableitet. Es ist jedoch möglich, die Liste der

Felder, die in einer Open-Hub-Destination bereitgestellt werden, individuell anzupassen. Dabei bietet es sich an, die Felder nach Vorgabe von InfoObjekten abzuleiten; die Felder der Feldliste können jedoch auch ohne Bezug auf InfoObjekte angelegt und typisiert werden (siehe Abb. 18–3).

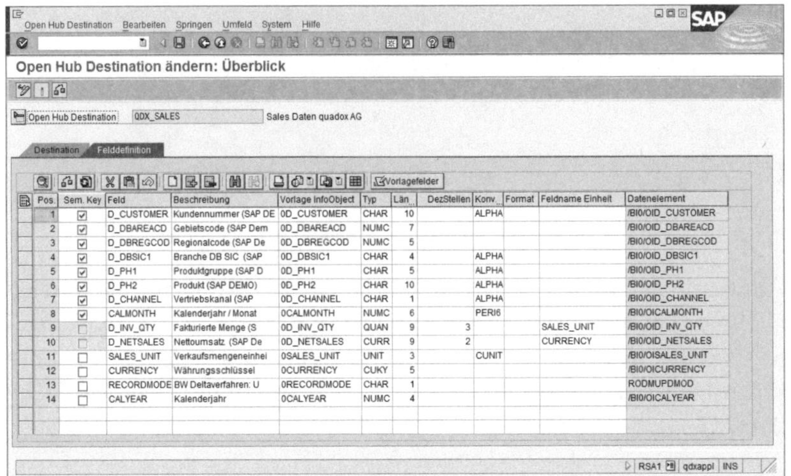

Pos.	Sem. Key	Feld	Beschreibung	Vorlage InfoObject	Typ	Län...	DezStellen	Konv...	Format	Feldname Einheit	Datenelement
1	☑	D_CUSTOMER	Kundennummer (SAP DE	0D_CUSTOMER	CHAR	10		ALPHA			/BI0/OID_CUSTOMER
2	☑	D_DBAREACD	Gebietscode (SAP Dem	0D_DBAREACD	NUMC	7					/BI0/OID_DBAREACD
3	☑	D_DBREGCOD	Regionalcode (SAP De	0D_DBREGCOD	NUMC	5					/BI0/OID_DBREGCOD
4	☑	D_DBSIC1	Branche DB SIC (SAP	0D_DBSIC1	CHAR	4		ALPHA			/BI0/OID_DBSIC1
5	☑	D_PH1	Produktgruppe (SAP D	0D_PH1	CHAR	5		ALPHA			/BI0/OID_PH1
6	☑	D_PH2	Produkt (SAP DEMO)	0D_PH2	CHAR	10		ALPHA			/BI0/OID_PH2
7	☑	D_CHANNEL	Vertriebskanal (SAP	0D_CHANNEL	CHAR	1		ALPHA			/BI0/OID_CHANNEL
8	☑	CALMONTH	Kalenderjahr / Monat	0CALMONTH	NUMC	6		PERI6			/BI0/OICALMONTH
9	☐	D_INV_QTY	Fakturierte Menge (S	0D_INV_QTY	QUAN	9	3			SALES_UNIT	/BI0/OID_INV_QTY
10	☐	D_NETSALES	Nettoumsatz (SAP De	0D_NETSALES	CURR	9	2			CURRENCY	/BI0/OID_NETSALES
11	☐	SALES_UNIT	Verkaufsmengeneinhei	0SALES_UNIT	UNIT	3		CUNIT			/BI0/OISALES_UNIT
12	☐	CURRENCY	Währungsschlüssel	0CURRENCY	CUKY	5					/BI0/OICURRENCY
13	☐	RECORDMODE	BW Deltaverfahren: U	0RECORDMODE	CHAR	1					RODMUPDMOD
14	☐	CALYEAR	Kalenderjahr	0CALYEAR	NUMC	4					/BI0/OICALYEAR

Abb. 18–3
Feldliste einer Open-Hub-Destination

Ferner ist in der Definition der Open-Hub-Destination vorzugeben, in welcher Form dem Zielsystem Daten übergeben werden sollen. Zur Auswahl stehen dabei die Übergabe

- über eine CSV-Datei auf einem Netzlaufwerk
- über eine CSV-Datei auf dem Applikationsserver
- über eine Datenbanktabelle
- an ein 3rd party Tool

Übergabe an CSV-Dateien auf Netzlaufwerken

Die Verwendung von Netzlaufwerken als Ziel der Dateien, die durch eine Open-Hub-Destination erzeugt werden sollen, stellt aus Sicht der Konfiguration den einfachsten Fall einer Open-Hub-Destination dar; denn als Vorgabe ist lediglich ein Verzeichnis anzugeben, auf das das SAP BW Zugriff hat. Ferner ist das Trennzeichen vorzugeben, durch das die Feldwerte in den erzeugten Dateien getrennt werden sollen (siehe Abb. 18–4).

Der Dateiname leitet sich automatisch aus dem Namen der Open-Hub-Destination ab und kann nicht verändert werden. Als Struktur werden ausschließlich CSV-Dateien zugelassen.

Abb. 18–4
Übergabe an Dateien auf Netzlaufwerken

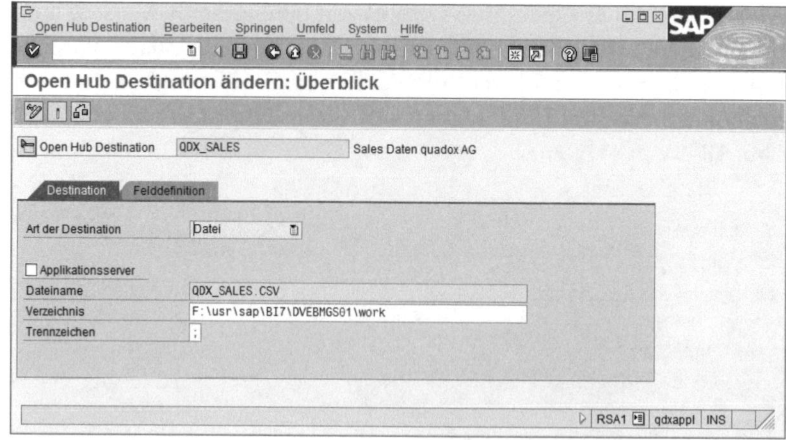

Übergabe an CSV-Dateien auf dem Applikationsserver

Alternativ zur Verwendung von Netzlaufwerken können CSV-Dateien auch im WORK-Verzeichnis eines Applikationsservers des SAP BW abgelegt werden. Auch hier leitet sich der Dateiname aus dem Namen der Open-Hub-Destination ab und kann nicht verändert werden (siehe Abb. 18–5).

Abb. 18–5
Übergabe an Dateien auf dem Applikationsserver

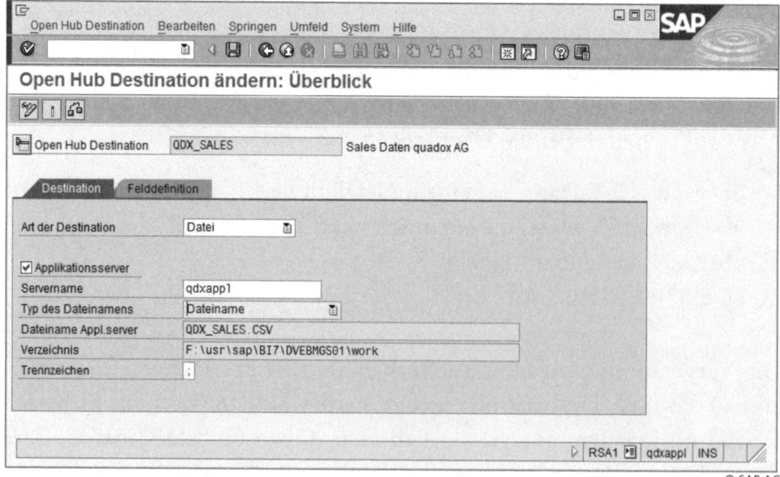

Es besteht jedoch die Möglichkeit, anstelle dieses Dateinamens einen logischen Dateinamen zu verwenden und auf diese Weise beispielsweise ein täglich wechselndes Suffix hinter den Dateinamen zu stellen. Eine detaillierte Erläuterung zur Verwendung logischer Dateinamen findet sich in Anhang C.

Übergabe an Datenbanktabellen

In besonderen Fällen kann anstelle des CSV-Files eine Datenbanktabelle auf dem Datenbankserver des BW befüllt werden. Diese Möglichkeit bietet sich an, wenn das zu beliefernde System Zugriff auf die Datenbank des BW hat.

Der Name der Datenbanktabelle ist in diesem Fall durch den Namen der Open-Hub-Destination vorgegeben. Anders als bei der Übergabe von Daten über CSV-Dateien wird vor der Übergabe von Daten nicht die Zieltabelle gelöscht. Vielmehr besteht die Möglichkeit, die bestehenden Datensätze in der Tabelle zu belassen.

In welcher Form neue und bestehende Datensätze behandelt werden, ist dabei von der Wahl des Primärschlüssels der Datenbanktabelle abhängig. Zur Auswahl stehen dabei die Verwendung eines technischen und eines semantischen Schlüssels (siehe Abb. 18–6).

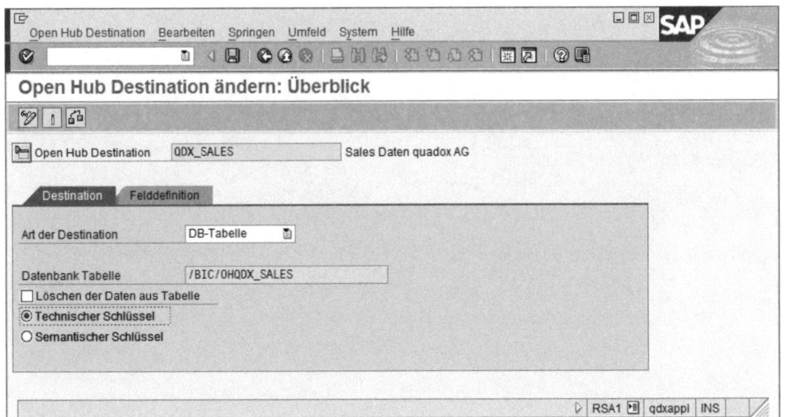

© SAP AG

Abb. 18–6 *Übergabe an Datenbanktabellen*

Wird ein technischer Schlüssel verwendet, so bildet sich der Primärschlüssel aus den drei Feldern `OHREQUID` (ID der Belieferung der Open-Hub-Destination), `DATAPAKID` (Datenpaket) und `RECORD` (Datensatz innerhalb des Datenpakets). Jeder Datensatz ist über die Belieferung der Open-Hub-Destination hinaus eindeutig, so dass neue Daten stets an die bestehenden Daten der Tabelle angehängt werden.

Bei der Verwendung eines semantischen Schlüssels sind diejenigen Felder, die den Schlüssel bilden, aus der Feldliste der Open-Hub-Destination mit der Option *Sem. Key* auszuwählen (vgl. Abb. 18–3).

Die Felder dieses semantischen Schlüssels bilden den Primärschlüssel der Tabelle. Sollen Datensätze in die Tabelle geschrieben werden, zu deren Schlüssel bereits Datensätze existieren, so werden die bestehenden Datensätze durch die neuen überschrieben.

Übergabe an 3rd party Tools

Oftmals soll nicht nur eine CSV-Datei erstellt oder eine Datenbanktabelle gefüllt werden, sondern das entsprechend zu beliefernde System soll in den Prozess der Belieferung eingebunden werden. Für diesen Fall besteht die Möglichkeit, die Belieferung des Systems über RFC-Aufrufe zu steuern.

Dies setzt voraus, dass das zu beliefernde System das RFC-Protokoll, das von den Open-Hub-Destinationen des BW verwendet wird, beherrscht und entsprechend zertifiziert ist. Das zu beliefernde System ist dabei in Form seiner RFC-Verbindung bzw. seines Serverprogramms anzugeben (siehe Abb. 18–7).

Abb. 18–7 *Übergabe an 3rd party Tools*

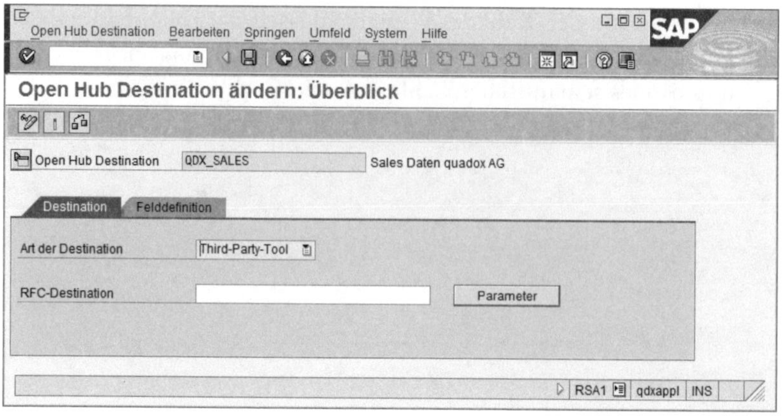

19 Definition von Transformationen

Die Transformation stellt im BW 7 die zentrale Technologie dar, durch die die Verarbeitung von Daten in allen Layern zu definieren ist. Die Transformation löst damit das Konstrukt der Übertragungs- bzw. Fortschreibungsregeln der BW-Versionen bis 3.x durch eine einheitliche Technologie ab.

Die Transformation wird im Rahmen des Transformation Layer erläutert, weil sie im Datenfluss als Erstes in diesem Layer zum Einsatz kommt. Die Technologie der Transformation kommt jedoch ebenso im Data Mart Layer zum Einsatz.

Aufgabe der Transformation ist die Beschreibung eines Regelwerks, durch das Daten aus einer Quellstruktur in eine Zielstruktur überführt werden. Eine Zielstruktur fasst dabei die Daten identischer Prozessteile mit gleicher Granularität zusammen, so dass beispielsweise alle Datenquellen, die Daten zu Kundenaufträgen auf Positionsebene liefern, in eine gemeinsame Datenstruktur überführt werden.

Daten unterschiedlicher Prozessteile oder Granularitäten (bspw. Auftragsdaten und Lieferdaten oder Belegköpfe und Belegpositionen) werden dementsprechend in jeweils eigene Zielstrukturen überführt. Die Verwendung einer Zielstruktur für Daten unterschiedlicher Prozesse ist grundsätzlich nicht sinnvoll – selbst dann nicht, wenn die Daten an späterer Stelle zusammengeführt werden sollen[1].

Quell- und Zielstruktur der Transformation

Quell- und Zielstrukturen der Transformation werden je nach Ausprägung der Architektur und nach Layer unterschiedlich kombiniert. Die nachfolgende Tabelle zeigt auf, welche Objekte im BW als Quell- oder Zielstruktur zum Einsatz kommen können.

1. Dafür bietet die Analytical Engine mit InfoSet und MultiProvider geeignetere Möglichkeiten.

BW-Objekt	Datenquelle	Datenziel
DataSource	✓	×
InfoSet	✓	×
InfoSource	✓	✓
DataStore-Objekt	✓	✓
BasisCube	✓	✓
InfoObjekt	✓	✓
Open-Hub-Destination	×	✓

Das Anlegen einer Transformation erfolgt im Kontextmenü des BW-Objekts, das als Datenquelle der Transformation zum Einsatz kommen soll (siehe Abb. 19–1 für eine Transformation mit einer DataSource als Datenquelle).

Abb. 19–1
Anlegen einer Transformation

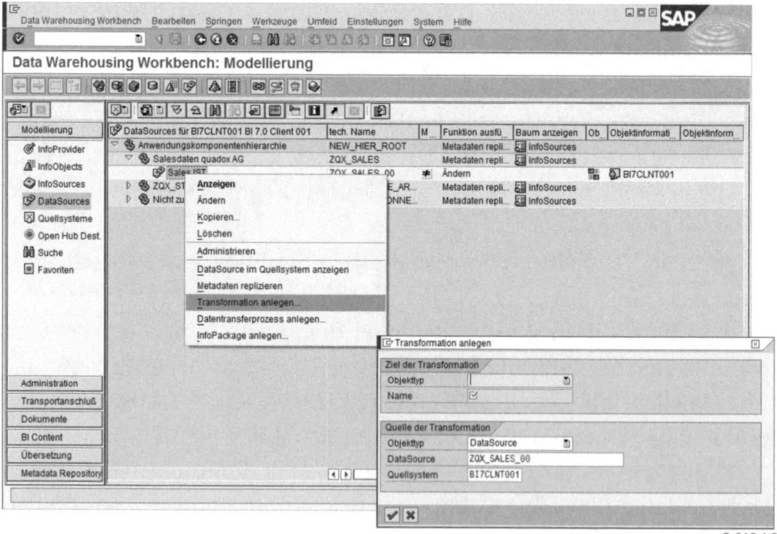

Die Modellierung einer Transformation erfolgt im Wesentlichen grafisch, wobei es auf den ersten Blick vor allem darauf ankommt, dass die Feldwerte der Zielstruktur aus den Feldern der Quellstruktur hergeleitet werden (siehe Abb. 19–2).

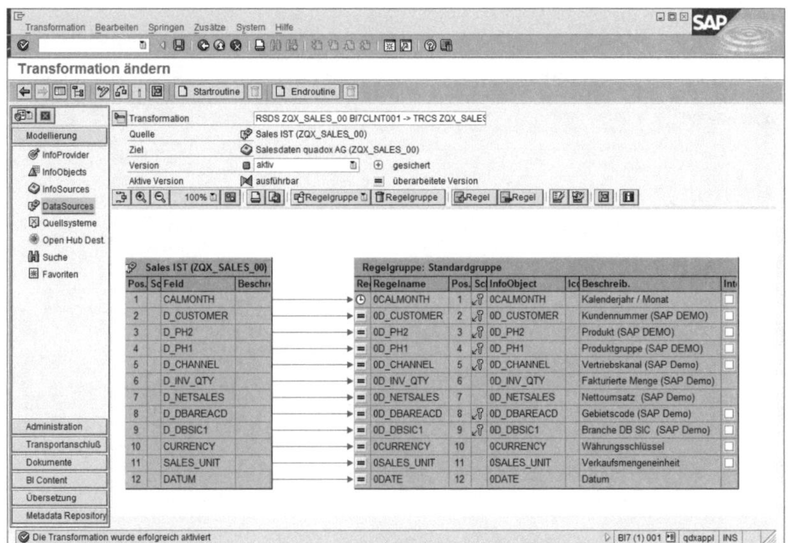

Abb. 19–2
Pflege einer Transformation

Näher betrachtet stellt sich das Regelwerk der Transformation wesentlich komplexer dar und ist in der Lage, auch die umfangreichsten Anforderungen an die Aufbereitung der Daten zu erfüllen.

Grundsätzlich ist zu beachten, dass eine Transformation sich nicht auf die Bearbeitung einzelner Datensätze konzentriert. Vielmehr bezieht sich die Definition dieses Regelwerks immer auf die Bearbeitung von Datenpaketen, also einer Zusammenfassung mehrerer Datensätze, die bei der Übernahme der Daten aus der PSA gebildet werden[2].

Die Datensätze eines Datenpakets durchlaufen im Rahmen der Transformation zwei alternativ einzusetzende Regelwerke: die ***normale Transformation*** oder die sogenannte ***Expertenroutine***. Das Regelwerk der normalen Transformation besteht aus mehreren Stufen, die unterschiedliche Aufgaben wahrnehmen. Die Beschreibung dieses Regelwerks bildet den Schwerpunkt der nachfolgenden Erläuterungen und sollte grundsätzlich verwendet werden. Nur für ausgewählte Ausnahmen besteht die Möglichkeit, das alternative Regelwerk der sogenannten Expertenroutine einzusetzen, das in Kapitel 19.6 zusammenfassend behandelt wird.

Abbildung 19–3 illustriert die Komponenten im Regelwerk der Transformation.

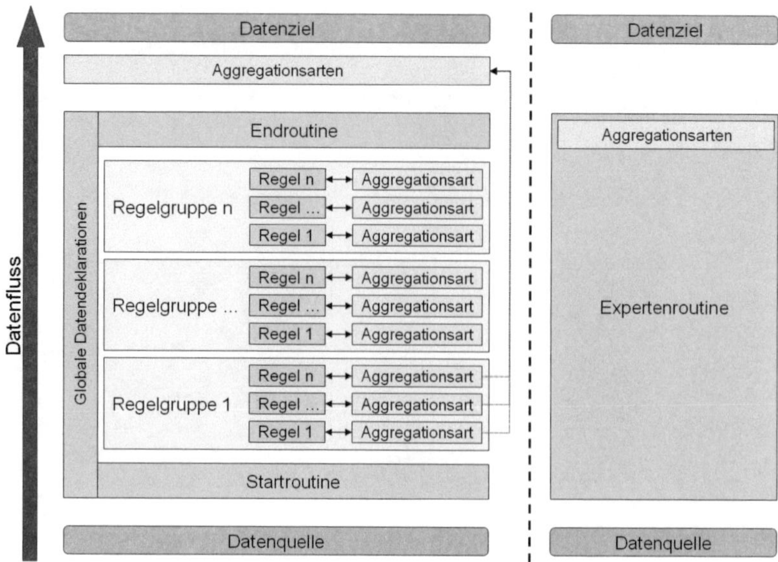

Abb. 19–3 Regelwerk der Transformation

In den nachfolgenden Kapiteln werden

- Globale Datendeklarationen
- Startroutine
- Regeln und Regelgruppen
- Aggregationsarten
- Endroutine
- Expertenroutine

erläutert.

19.1 Globale Datendeklarationen

Jede Transformation verfügt über einen globalen Datendeklarationsteil, der während der Verarbeitung eines gesamten Datenpakets allen ABAP-Routinen zur Verfügung steht, d.h., Startroutine (i.d.R. werden dort auch globale Variablen initialisiert), Endroutine und ABAP-Routinen greifen auf denselben Deklarationsbereich zu, deren Variablen nach Bedarf angepasst werden können.

Paketbezogene Daten

Dabei steht die volle Bandbreite an Typendefinitionen zur Verfügung, die ABAP-Objects bietet. Werden Daten dabei über DATA-Anwei-

2. Datenpakete werden bereits im Rahmen der Extraktion gebildet. Die Zusammenstellung von Datensätzen zu Datenpaketen *kann* identisch zu der Zusammensetzung bei der Transformation sein. Insbesondere durch andersartige Definition von Schlüsselfeldern im Rahmen der Transformation *muss* die Zusammenstellung der Datenpakete jedoch nicht identisch zu Extraktion sein.

sungen deklariert, so ist deren Lebensdauer an den Kontext der Deklaration gebunden, also der Prozessinstanz, die die Transformation für ein Datenpaket ausführt.

Paketübergreifende Daten

Anders verhält es sich mit globalen Datendeklarationen, die mit `CLASS-DATA` definiert werden. Hierdurch werden statische Variablen der Klasse deklariert, auf die alle Objekte der Klasse innerhalb einer Prozessinstanz Zugriff haben.

Werden alle Datenpakete eines Requests innerhalb derselben Prozessinstanz verarbeitet, so greift die Startroutine bei der Verarbeitung jedes Pakets auf dieselben Daten zu. Dies ist dann der Fall, wenn die Transformation serialisiert ausgeführt wird (siehe Kapitel 20.3). Die Initialisierung von Variablen muss nur bei der Verarbeitung des ersten Datenpakets vorgenommen werden und kann von der Startroutine aller folgenden Datenpakete genutzt werden. Ebenso können auch andere Routinen der Transformation Variablen in den globalen Daten befüllen und damit Informationen an die Verarbeitung nachfolgender Datenpakete übergeben.

Sofern die Verarbeitung von Datenpaketen nicht serialisiert, sondern parallel erfolgen soll, werden unter Umständen mehrere Prozessinstanzen zur Verarbeitung der Datenpakete verwendet, bei denen überdies nicht vorhergesagt werden kann, welches Datenpaket durch welche Prozessinstanz verarbeitet wird. Die Deklaration von Variablen mittels `CLASS-DATA` führt in diesem Fall dazu, dass die entsprechenden Variablen undefinierbar mit Daten aus einem vorangegangenen, nachfolgenden oder einem ganz anderen (oder noch keinem) Datenpaket gefüllt sein können.

`CLASS-DATA` sollte daher nur dann globale Variablen für die Transformation deklarieren, wenn die Verarbeitung ausschließlich serialisiert erfolgt.

19.2 Startroutine

Zu Beginn der Verarbeitung jedes Datenpakets versucht die Staging Engine, die sogenannte Startroutine auszuführen. Aufgabe der Startroutine ist das ***Herausfiltern von Datensätzen***, die aus der Verarbeitung innerhalb der Transformation ausgeschlossen werden sollen und nicht in das Ergebnis der Transformation einfließen sollen, sowie das ***Initialisieren der globalen Datendeklarationen*** (s.o.). Eher ungewöhnlich, aber technisch möglich sind auch alle anderen Veränderungen am Inhalt der zu verarbeitenden Datenpakete, beispielsweise die Korrektur von Feldwerten ebenso wie das Hinzufügen neuer Datensätze.

Die Definition einer Startroutine ist nicht zwingend vorgesehen, so dass deren Ausführung mitunter ausgelassen werden kann. Soll eine Startroutine angelegt werden, so kann dies in der Pflege der Transformation über den Menüpunkt *Bearbeiten→Startroutine anlegen* geschehen (siehe Abb. 19–4).

Abb. 19–4 *Startroutine in der Transformation*

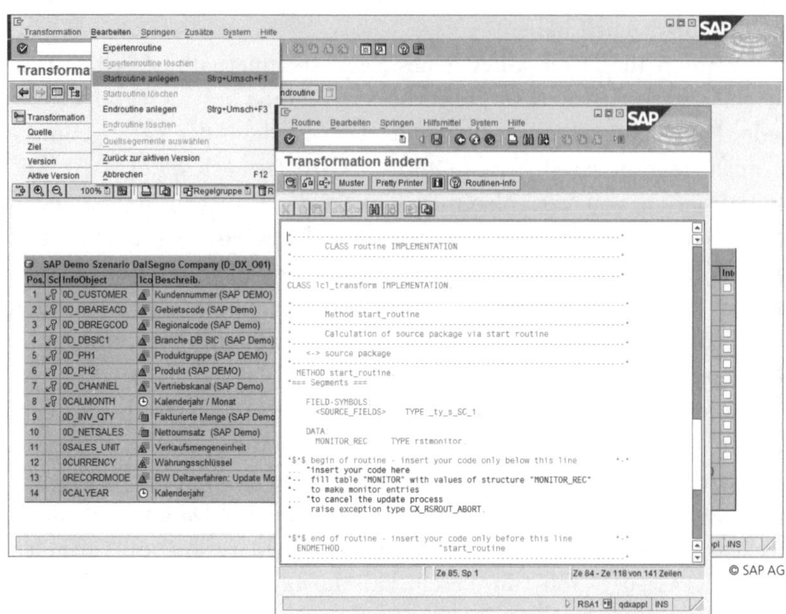

© SAP AG

Die Struktur der Startroutine ist durch das BW fest vorgegeben und besteht aus drei Teilen:

- Definitionsbereich der Klasse
- Signatur der Methode
- Implementierungsbereich der Klasse

Definitionsbereich der Klasse

Im Definitionsbereich sind die `TYPES` zur Beschreibung des Datenpakets hinterlegt, das durch die Startroutine bearbeitet werden soll. Die `TYPES` leiten sich aus der Quellstruktur der Transformation ab.

Der Definition der `TYPES` folgt die Deklaration globaler Daten, die bereits im vorangegangenen Kapitel erläutert wurde und die zwischen `*$*$ begin of global` ... und `*$*$ end of global` ... hinterlegt werden kann.

```
CLASS routine DEFINITION.
  PUBLIC SECTION.

  TYPES:
     BEGIN OF _ty_s_SC_1,
```

```
*      Field: /BIC/MM1. "Beispielhafte Deklaration des Merkmals MM
          /BIC/MM1          TYPE C LENGTH 4, "in der Quellstruktur
* Deklaration der weiteren Felder der Quellstruktur.
*      Field: RECORD Satznummer.
          RECORD            TYPE RSARECORD,
       END           OF _ty_s_SC_1.
  TYPES:
       _ty_t_SC_1           TYPE STANDARD TABLE OF _ty_s_SC_1
                            WITH NON-UNIQUE DEFAULT KEY.
  PRIVATE SECTION.

  TYPE-POOLS: rsd, rstr.

*$*$ begin of global - insert your declaration only below this line  *-*
..."insert your code here
*$*$ end of global - insert your declaration only before this line   *-*
```

Über die Signatur der Methode sind folgende Parameter definiert:

Signatur der Methode

```
METHODS
  start_routine
    IMPORTING
      request                  type rsrequest
      datapackid               type rsdatapid
    EXPORTING
      monitor                  type rstr_ty_t_monitors
    CHANGING
      SOURCE_PACKAGE           type _ty_t_SC_1
    RAISING
      cx_rsrout_abort.
```

Die Parameter der Methode haben folgende Bedeutung und Wirkung:

- **Importing-Parameter REQUEST und DATAPAKID**
  Diese Parameter übergeben die ID des Requests und die Nummer des aktuell zu verarbeitenden Datenpakets.
- **Exporting-Parameter MONITOR**
  Mit Hilfe der internen Tabelle MONITOR können selbstdefinierte Nachrichten an das Monitoring der Transformation übergeben werden. Die Übergabe von Fehlermeldungen an das Monitoring ist bei der Startroutine analog zu den ABAP-Routinen, die in Kapitel 19.3.4 erläutert werden.
- **Changing-Parameter SOURCE_PACKAGE**
  In der internen Tabelle SOURCE_PACKAGE wird das zu bearbeitende Datenpaket zur Verfügung gestellt. SOURCE_PACKAGE kann in der Startroutine nicht nur gelesen, sondern auch verändert werden. Zusätzlich zu den Feldern der Quellstruktur verfügt die interne Tabelle SOURCE_PACKAGE über das Feld RECORD, das die Nummer des Datensatzes innerhalb des Pakets angibt.

Darüber hinaus besteht die Möglichkeit, die Verarbeitung des aktuellen Datenpakets durch Auslösen der Exception CX_RSROUT_ABORT abzubrechen. Diese Form der »Parameterübergabe« ist dann hilfreich, wenn innerhalb der Verarbeitung derart schwerwiegende Fehler auftreten, dass die Verarbeitung des gesamten Requests unsinnig scheint und abgebrochen werden soll.

Implementierungsbereich der Klasse

Der Implementierungsbereich der Klasse nimmt den Programmcode auf, der zwischen `*$*$ begin of routine ...` und `$*$* end of routine ...`einzufügen ist. Innerhalb der Routine stehen alle Elemente der Programmiersprache ABAP-Objects zur Verfügung.

ABAP-Objects unterstützt nicht alle Sprachelemente des strukturierten ABAP. Binden Sie Unterprogramme nicht länger über Includes ein, sondern ausschließlich über Funktionsbausteine oder Subroutinen-Pools. Deklarieren Sie Variablen nicht mit der Anweisung STATICS, sondern durch CLASS-DATA und definieren Sie nicht länger interne Tabellen mit Kopfzeile, sondern legen Sie durch den Zusatz LINE OF einen expliziten Arbeitsbereich an.

In dem folgenden Beispiel werden in der Startroutine alle Datensätze gelöscht, in denen das Feld QKUNDE mit einem Initialwert gefüllt ist.

```
*---------------------------------------------------------------*
*       Method start_routine
*---------------------------------------------------------------*
*       Calculation of source package via start routine
*---------------------------------------------------------------*
*   <-> source package
*---------------------------------------------------------------*
  METHOD start_routine.
*=== Segments ===

     FIELD-SYMBOLS:
        <SOURCE_FIELDS>     TYPE _ty_s_SC_1.

     DATA:
        MONITOR_REC         TYPE rstmonitor.

*$*$ begin of routine - insert your code only below this line      *-*
*--  fill table "MONITOR" with values of structure "MONITOR_REC"
*-   to make monitor entries
... "to cancel the update process
*    raise exception type CX_RSROUT_ABORT.
     DELETE SOURCE_PACKAGE where QKUNDE is INITIAL.
*$*$ end of routine - insert your code only before this line       *-*
  ENDMETHOD.                  "start_routine
```

19.3 Regeln und Regelgruppen

Regeln und Regelgruppen bilden die ***wertbezogene*** Definition der Transformation einerseits und die ***operationsbezogene*** Definition andererseits.

Regelgruppen

Die operationsbezogene Definition des Regelwerks der Transformation befasst sich mit dem Verarbeitungsrahmen, durch den Datensätze der Quellstruktur Datensätze in die Zielstruktur überführt werden. Dies impliziert die Möglichkeit, dass ein Datensatz in der Quellstruktur nicht nur einen, sondern auch mehrere Datensätze in der Zielstruktur erzeugen kann.

Jeder Datensatz einer Quellstruktur durchläuft nämlich zwischen Start- und Endroutine einer Transformation nicht nur einmal, sondern ggf. mehrmals die Aufbereitung der Daten. Jede Definition einer solchen Aufbereitung wird jeweils als Regelgruppe bezeichnet. Per Default existiert zunächst nur die sogenannte ***Standardregelgruppe***, die jedoch durch weitere Regelgruppen ergänzt werden kann. In diesem Fall erzeugt ein Datensatz in der Quellstruktur nicht nur einen Datensatz in der Zielstruktur, sondern pro weitere Regelgruppe auch einen weiteren Datensatz in der Zielstruktur.

Die Verteilung oder Zusammenführung von Datensätzen aus der Quellstruktur dient vor allem der anwendungsspezifischen Aufbereitung von Daten im Data Mart Layer. Bei der Aufbereitung von Daten im Transformation Layer sollten Datensätze eins zu eins von der Quellstruktur in die Zielstruktur übernommen und Tranformationen ausschließlich auf Feldebene durchgeführt werden. Lediglich das Löschen von Datensätzen in Start- oder Endroutine ist eine übliche Operation für Transformationen im Transformation Layer.

Abbildung 19–5 stellt ein Beispiel dar, in dem die Erzeugung von zwei Zielsätzen aus einem Quellsatz zur Aufsplittung von Umsätzen verwendet wird[3].

Die Verwendung von Regelgruppen zur Vervielfältigung eines Datensatzes der Quellstruktur ist nur geeignet, wenn die Anzahl der Datensätze in der Zielstruktur feststeht. Muss die Anzahl im Laufe der Transformation dynamisch ermittelt werden, so kann eine Vervielfältigung nur in der Start-/Endroutine bzw. in der Expertenroutine erreicht werden. Eine Möglichkeit, die der Rückgabetabelle in Fortschreibungsroutinen entspricht, wie sie auf den Versionen bis 3.x bekannt war, existiert bis zum hier vorliegenden Patchlevel 9 des BW 7 noch nicht.

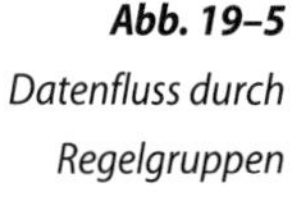

Abb. 19–5
Datenfluss durch Regelgruppen

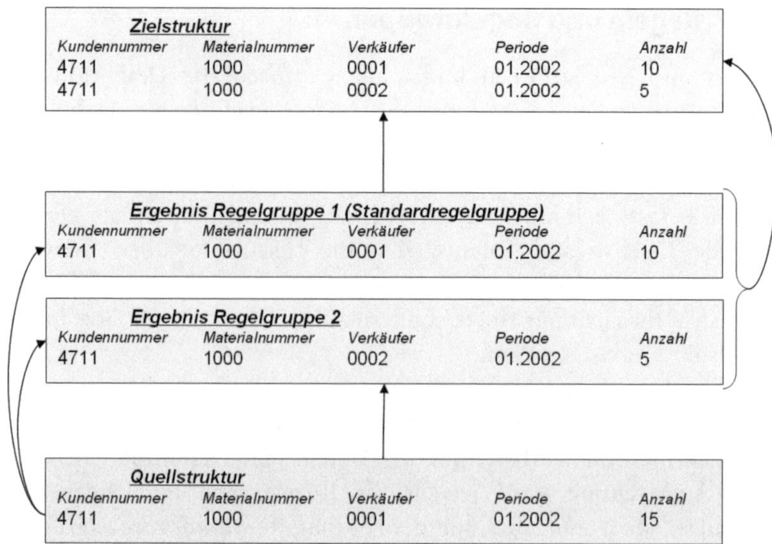

Das Ergebnis aller Regelgruppen wird in der Zielstruktur der Transformation zusammengeführt und anschließend in die Zielobjekte (BasisCubes, DataStore-Objekte, InfoObjekte) verbucht.

Dabei muss die Anzahl der Datensätze in der Zielstruktur nicht zwangsläufig um die Anzahl der Regelgruppen vervielfältigt werden. Vielmehr werden Datensätze mit identischen Schlüsselwerten ausgefiltert, d.h., wenn weitere Regelgruppen gleiche Schlüssel liefern, dann werden diese ausgefiltert.

Schlüsselfelder sind innerhalb einer Transformation an dem Schlüsselsymbol innerhalb der Zielstruktur zu erkennen (vgl. Abb. 19–2). Nach welchen Kriterien sie gebildet werden, ist abhängig von den jeweiligen Zielobjekten, die die Zielstruktur einer Transformation vorgeben. Dieses Thema wird bei der Behandlung der Aggregationsarten in Kapitel 19.4 eingehend erläutert.

Regeln

Die ***wertbezogene*** Definition der Transformation bildet den zentralen Bestandteil dieses Regelwerks. Durch sie wird die Ermittlung der Feldwerte für die Zielstruktur der Transformation definiert.

Bei der grafischen Darstellung von Regelgruppen wird dargestellt, aus welchen Eingangsparametern (=Felder der Quellstruktur) sich der Wert eines Feldes in der Zielstruktur herleitet (vgl. Abb. 19–2). Wenn

3. Das Beispiel gibt ein typisches Szenario aus dem Bereich Vertriebssteuerung: Verkäufer 0001 hat einem Kunden 15 Einheiten eines Produktes verkauft. Verkäufer 0002 war an dem eigentlichen Geschäft nicht beteiligt, ist jedoch eigentlich zuständig für den entsprechenden Bezirk. Die Verkaufsmengen sollen in derartigen Fällen im Verhältnis 2/3 zu 1/3 aufgeteilt werden.

beispielsweise durch Addition zweier Kennzahlwerte in der Quellstruktur eine Kennzahl in der Zielstruktur gebildet wird, so zeigen Pfeile von beiden Kennzahlen der Quellstruktur auf die Kennzahl in der Zielstruktur.

Regeltypen

Zur Ermittlung der Feldwerte stehen unterschiedliche Regelgruppen zur Verfügung (siehe Abb. 19–6):

- Konstante
- Direkte Zuweisung
- Stammdaten nachlesen
- Routine
- Formel
- Initial

Zusätzlich kommt bei allen Regeltypen die Ausführung von Konvertierungsexits zum Tragen, sofern sie definiert sind.

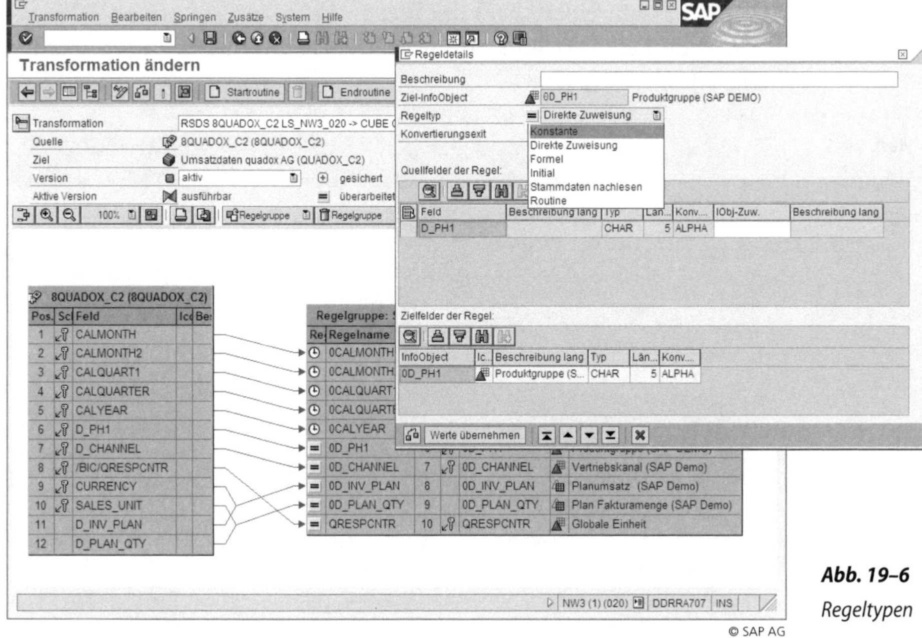

Abb. 19–6
Regeltypen

Speziell bei der Transformation von Kennzahlen ist ferner der Umgang mit Einheiten und Währungen von Bedeutung. Regeltypen, Konvertierungsexits und der Umgang mit Einheiten und Währungen werden in den nachfolgenden Kapiteln erläutert.

19.3.1 Zuweisung von Konstanten

Wenn eine DataSource eine Information nicht liefert, aber

- die Information aufgrund geklammerter InfoObjekte zwingend geliefert werden muss oder
- ein konstanter Wert die richtige Annahme für die DataSource zu sein scheint beziehungsweise abhängig von der DataSource gesetzt werden soll,

kann es sinnvoll sein, einen konstanten Wert zu bestimmen. Bei der Definition einer Transformation ist lediglich der konstante Wert zu hinterlegen, um ausnahmslos alle Datensätze mit diesem Wert zu versehen.

19.3.2 Direkte Zuweisung

Das Mapping ist eine einfache Form zur Ermittlung von Informationen. Dabei wird davon ausgegangen, dass ein Feld der Quellstruktur unverändert mit einem Feld der Zielstruktur korrespondiert. Der entsprechende Feldwert kann in diesem Fall einfach übergeben werden (siehe Abb. 19–7).

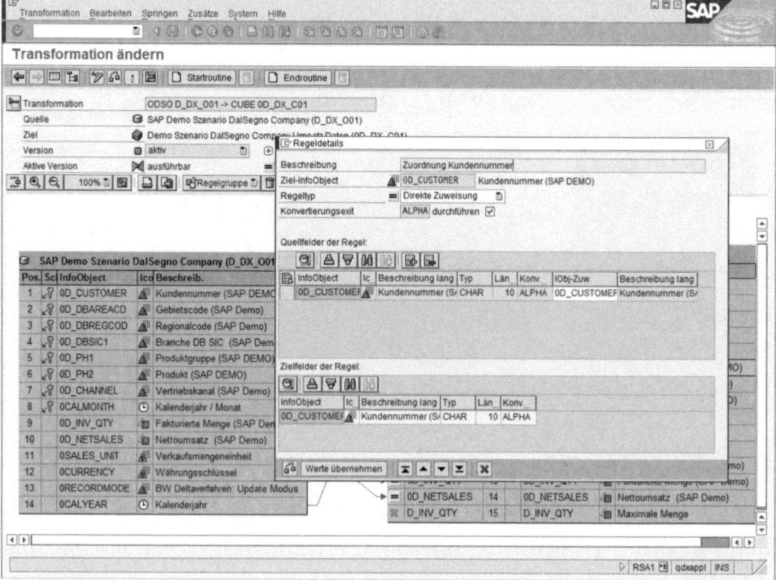

Abb. 19–7
Direkte Zuweisung in der Transformation

Beim Anlegen einer Transformation versucht das BW zunächst einen Vorschlag für übereinstimmende Felder zu machen. Dieser Vorschlag ist nicht bindend und kann verändert werden.

Zeitmerkmale

Eine Sonderrolle nimmt die Behandlung von Zeitmerkmalen bei der Transformation ein. So können Zeitmerkmale zwar ebenso wie alle anderen InfoObjekte mit Werten versorgt werden. Zusätzlich wird jedoch auch die Möglichkeit der automatischen Konvertierung von Zeitmerkmalen zur Verfügung gestellt.

Dadurch ist es möglich, Zeitmerkmale aus anderen Zeitmerkmalen abzuleiten, sofern diese eine genauere Detaillierung aufweisen. Die Konvertierung (zum Beispiel Tagesdatum in Monat) übernimmt das BW automatisch[4], d.h., es kann ein Mapping des Kalendertags auf den Kalendermonat definiert werden, ohne weitere Informationen zu hinterlegen, wie mit diesem Mapping zu verfahren ist.

Abbildung 19–8 stellt dar, wie die von BW zur Verfügung gestellten Zeitmerkmale automatisch voneinander abgeleitet werden.

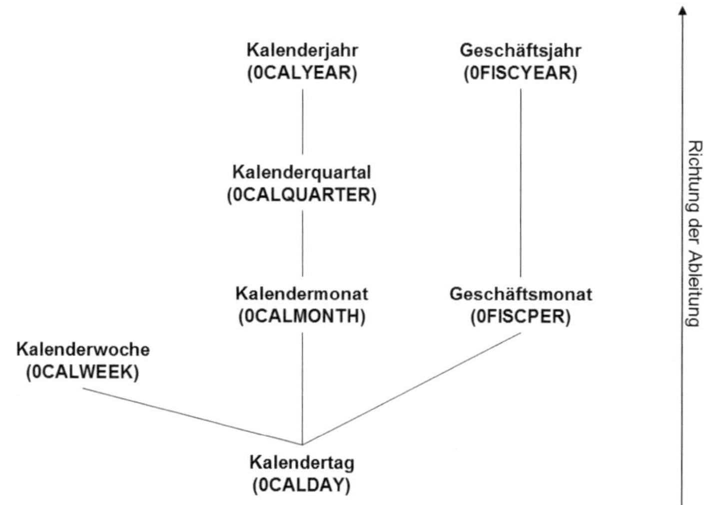

Abb. 19–8
Automatische Ableitung von Zeitmerkmalen

In der Abbildung ist zu erkennen, wie sich zum Beispiel die Kalenderwoche und der Kalendermonat aus dem Kalendertag ableiten lassen, nicht jedoch der Kalendermonat aus der Kalenderwoche.

Die Verwendung der durch das BW angebotenen automatischen Zeitkonvertierung ist nicht zwingend und kann durch eigene Routinen ersetzt werden. In den meisten Fällen wird die automatische Zeitkonvertierung jedoch den Anforderungen genügen.

4. Voraussetzung dafür ist, dass es sich um ein durch das BW vordefiniertes Zeitmerkmal handelt.

19.3.3 Stammdatenattribut eines InfoObjektes

Stammdatenattribute zu InfoObjekten werden bei Stammdatenänderungen immer mit den aktuellen Werten in der Datenanalyse dargestellt (vgl. Kapitel 5.1.2). Wenn Stammdatenattribute im Datenmodell historisiert werden sollen, müssen die entsprechenden Attribute der InfoObjekte direkt in die Datenziele (in die Dimensionen von BasisCubes beziehungsweise in die Schlüsselfelder von DataStore-Objekten) geschrieben werden.

Um die Attributwerte eines InfoObjektes bei der Transformation zu ermitteln, stellt das BW die Möglichkeit zur Verfügung, diese Werte durch die Angabe des InfoObjektes automatisch nachzulesen (siehe Abb. 19–9).

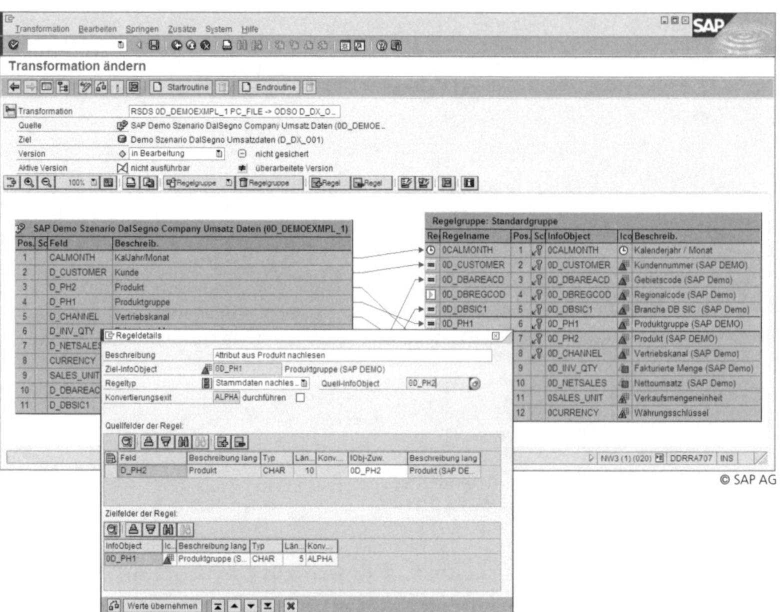

Abb. 19–9 *Nachlesen von Stammdatenattributen in der Transformation*

© SAP AG

Bei der Verwendung dieser Datenquelle stehen alle InfoObjekte zur Auswahl, die als Attribut dasselbe InfoObjekt besitzen, dessen Wert in der Zielstruktur ermittelt werden soll.

Als Voraussetzung für das Nachlesen von Stammdaten muss das Stammdatenattribut identisch mit dem zu transformierenden InfoObjekt in der Zielstruktur sein. Besteht diese Übereinstimmung nicht, so kann die Ermittlung von Stammdatenattributen nur mit Hilfe von ABAP-Routinen erfolgen.

19.3.4 Routinen

In einigen Fällen ist die Zuweisung von Konstanten oder die direkte Zuweisung von Feldwerten nicht ausreichend, um die Transformation wie gewünscht durchzuführen. Um auch komplexe Transformationen zu definieren, wird mit dem Regeltyp der *Routine* die Möglichkeit bereitgestellt, die Transformation mit Hilfe der Programmiersprache ABAP-Objekts selbst zu programmieren.

Bei Routinen handelt es sich um lokale ABAP-Klassen mit einer vordefinierten Struktur, die aus einem Definitionsbereich, der Signatur der Methode und deren Implementierung besteht.

Definitionsbereich der Klasse

Im Definitionsbereich sind die `TYPES` für die Eingangs- und Ausgangsparameter der Methode hinterlegt. Die `TYPES` leiten sich aus den vorgegebenen Feldern ab, die als Quellfelder der Routine vorgegeben werden (siehe Abb. 19–10).

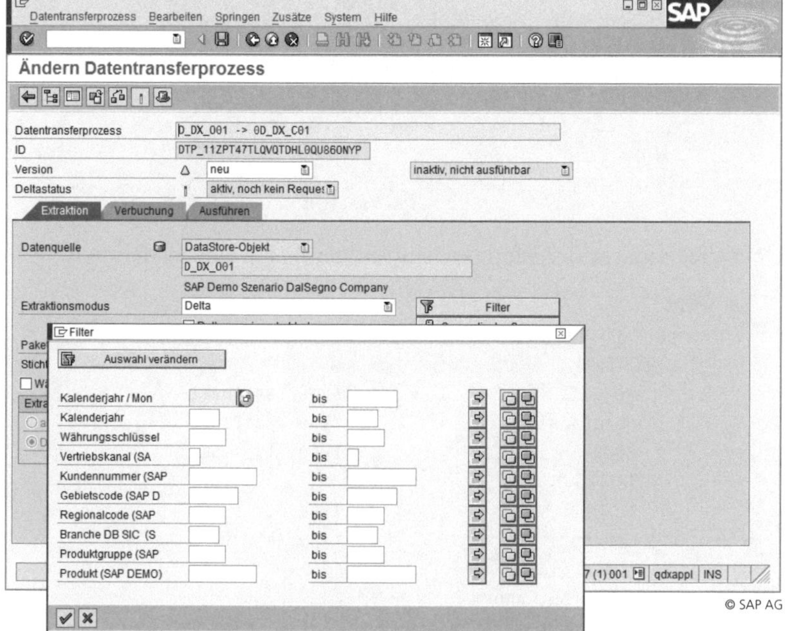

Abb. 19–10
Vorgabe von Eingabeparametern für Routinen

Die Eingangsparameter stellen sich in der Definition des `TYPES` `_ty_s_SC_1`, die Ausgangsparameter in der Definition des `TYPES` `_ty_s_TG_1` dar.

Der Definition der `TYPES` folgt die Deklaration globaler Daten. Nachfolgend wird der Definitionsbereich einer Routine dargestellt, die die Felder `CALYEAR` und `D_CUSTOMER` als Eingangsparameter und `D_CHANNEL` aus Ausgangsparameter beschreibt.

```
*---------------------------------------------------------------*
*       CLASS routine DEFINITION
*---------------------------------------------------------------*
*
*---------------------------------------------------------------*
CLASS lcl_transform DEFINITION.
  PUBLIC SECTION.

    TYPES:
      BEGIN OF _R_4,
*      InfoObject: 0CALYEAR.
        CALYEAR              TYPE /BIO/OICALYEAR,
*      InfoObject: 0D_CUSTOMER.
        D_CUSTOMER              TYPE /BIO/OID_CUSTOMER,
      END   OF _R_4.
    TYPES:
      BEGIN OF _ty_s_TG_1,
*      InfoObject: 0D_CHANNEL Vertriebskanal (SAP Demo).
        D_CHANNEL               TYPE /BIO/OID_CHANNEL,
      END   OF _ty_s_TG_1.
  PRIVATE SECTION.
    TYPE-POOLS: rsd, rstr.

*$*$ begin of global - insert your declaration only below this line  *-*
... "insert your code here
*$*$ end of global - insert your declaration only before this line   *-*
```

Signatur der Methode

Über die Signatur der Methode sind folgende Parameter definiert:

```
METHODS
  compute_0D_CHANNEL
    IMPORTING
      request                  type rsrequest
      datapackid               type rsdatapid
      SOURCE_FIELDS            type _ty_s_SC_1
    EXPORTING
      RESULT                   type _ty_s_TG_1-D_CHANNEL
      monitor                  type rstr_ty_t_monitor
    RAISING
      cx_rsrout_abort
      cx_rsrout_skip_record
      cx_rsrout_skip_val.
```

Die Parameter der Methode haben folgende Bedeutung und Wirkung:

- **Importing-Parameter REQUEST und DATAPAKID**
  Diese Parameter übergeben die ID des Requests und die Nummer des aktuell zu verarbeitenden Datenpakets.
- **Importing-Parameter SOURCE_FIELDS**
  In der Struktur SOURCE_FIELDS wird der zu bearbeitende Datensatz der Transferstruktur zur Verfügung gestellt.
- **Exporting-Parameter MONITOR**
  Mit Hilfe der internen Tabelle MONITOR können selbstdefinierte Nachrichten an das Monitoring der Transformation übergeben werden.
- **Exporting-Parameter RESULT**
  Die Variable RESULT dient zur Rückgabe des Ergebnisses der Transformation.

Darüber hinaus stehen die Exceptions CX_RSROUT_SKIP_RECORD, CX_RSROUT_SKIP_VAL und CX_RSROUT_ABORT zur Rückgabe von Nachrichten zur Verfügung:

- RAISE EXCEPTION TYPE CX_RSROUT_SKIP_RECORD bricht die Verarbeitung des aktuellen Datensatzes in allen Regelgruppen (!) ab und geht zur Bearbeitung des nächsten Datensatzes über. Das Auslösen der Exception gilt per se *nicht* als Fehler, sondern stellt sich lediglich als weitere Möglichkeit dar, Datensätze auszufiltern. Erst in Kombination mit einer Fehlermeldung im Exporting-Parameter MONITOR wird diese Exception als Fehler gewertet.
- RAISE EXCEPTION TYPE CX_RSROUT_SKIP_VAL setzt den Initialwert für das Zielfeld der Transformation, sofern es sich dabei um ein Merkmal handelt. Handelt es sich um eine Kennzahl, so wird diese Exception in die Exception CX_RSROUT_SKIP_RECORD gewandelt.
- RAISE EXCEPTION TYPE CX_RSROUT_ABORT bricht die Verarbeitung des aktuellen Datenpakets ab und versieht das Paket mit dem Status fehlerhaft. Damit gilt der gesamte Ladeprozess als fehlerhaft.

Implementierungsbereich der Klasse

Der Implementierungsbereich der Klasse nimmt den Programmcode auf, der zwischen `*$*$ begin of routine...` und `$*$* end of routine...` einzufügen ist. Innerhalb der Routine stehen alle Elemente der Programmiersprache ABAP-Objects zur Verfügung. Zum Generierungszeitpunkt wird diese Methode in die lokale Klasse des Transformationsprogramms eingebettet.

```
*----------------------------------------------------------------------*
*       CLASS routine IMPLEMENTATION
*----------------------------------------------------------------------*
*
*----------------------------------------------------------------------*
CLASS lcl_transform IMPLEMENTATION.

  METHOD compute_0D_CHANNEL.

*  IMPORTING

*      request        type rsrequest

*      datapackid     type rsdatapid

*      SOURCE_FIELDS-D_CHANNEL TYPE C LENGTH 000001

*  EXPORTING

*      RESULT type _ty_s_TG_1-D_CHANNEL

  DATA:
      MONITOR_REC     TYPE rsmonitor.

*$*$ begin of routine - insert your code only below this line        *-*
... "insert your code here
*--  fill table "MONITOR" with values of structure "MONITOR_REC"
*-   to make monitor entries
... "to cancel the update process
*    raise exception type CX_RSROUT_ABORT.
... "to skip a record
*    raise exception type CX_RSROUT_SKIP_RECORD.
... "to clear target fields
*    raise exception type CX_RSROUT_SKIP_VAL.

      RESULT = '00'.

*$*$ end of routine - insert your code only before this line         *-*
  ENDMETHOD.                    "compute_0D_CHANNEL
ENDCLASS.                       "routine IMPLEMENTATION
```

Ziel der Implementierung ist in jedem Fall die Ermittlung eines Wertes für den Export-Parameter RESULT (und ggf. der Export-Parameter CURRENCY bzw. UNIT).

Wenn Daten zwischen den Routinen einzelner InfoObjekte über die globalen Datendeklarationen ausgetauscht werden sollen, ist die Reihenfolge von Bedeutung, in der die Routinen ausgeführt werden. Die Reihenfolge der Aufrufe entspricht der Reihenfolge der Felder in der Zielstruktur und kann derzeit nicht angepasst werden, ohne die Zielstruktur anzupassen.

Übergabe von Monitornachrichten

Üblicherweise kümmert sich das BW innerhalb der Transformation selbst um die Übergabe aussagefähiger Fehlermeldungen an das Monitoring. Bei der Benutzung von ABAP-Routinen hingegen müssen eventuell auftretende Fehler, Warnungen oder sonstige Informationen durch die ABAP-Routine an das Monitoring übergeben werden.

Zu diesem Zweck kann der Export-Parameter `MONITOR` verwendet werden. Das folgende Programmbeispiel verdeutlicht die Übergabe von Fehlermeldungen an das Monitoring.

```
*----------------------------------------------------------------*
METHOD compute_OCUSTOMER.
  DATA:
     MONITOR_REC     TYPE rsmonitor.
*$*$ begin of routine - insert your code only below this line        *-*
  if l_error = true
     monitor_rec-msgid = 'ZQUADOX'."Nachrichten-ID
     monitor_rec-msgty = 'E'.        "E=Error, W=Warning, I=Information
     monitor_rec-msgno = '001'.      "Nachrichten-Nummer
     monitor_rec-msgv1 = 'Es ist ein Fehler aufgetreten'.
     monitor_rec-msgv2 = 'Mehr Fehlertext'.
     monitor_rec-msgv3 = 'Noch mehr Fehlertext'.
     monitor_rec-msgv3 = 'Mehr geht nicht mehr'.
     "monitor_rec-DETLEVEL = ."Detaillierungsgrad im Anwendungs-Log
     "monitor_rec-RECNO = .  "Datensatznummer in Quellstruktur
     "monitor_rec-SKIPPED = ."Satz wurde aussortiert und wird
                             "nicht verbucht
     RAISE EXCEPTION TYPE CX_RSROUT_ABORT.
  else.
     RESULT = .              "Rückgabewert der Routine
  endif.
*$*$ end of routine - insert your code only before this line         *-*
ENDMETHOD.                   "compute_OCUSTOMER
*----------------------------------------------------------------*
```

19.3.5 Formeln

Formeln verfolgen dasselbe Ziel wie Routinen: Sie sollen einen Wert in Abhängigkeit von unterschiedlichen Feldern der Quellstruktur errechnen. Zu diesem Zweck bieten Formeln einfache Berechnungskonstrukte und Bedingungen an (siehe Abb. 19–11).

Als Grundlage der Formelberechnung stehen alle Felder der Quellstruktur zur Verfügung. Formeln sind einfacher zu definieren als ABAP-Routinen und bieten die Möglichkeit, auch ohne ABAP-Kenntnisse umfangreichere Berechnungen durchzuführen. Komplexe Regeln (zum Beispiel mit Zugriff auf transparente Tabellen) sind jedoch nur mit Hilfe von ABAP-Routinen zu realisieren.

Abb. 19–11 *Formeln in der Transformation*

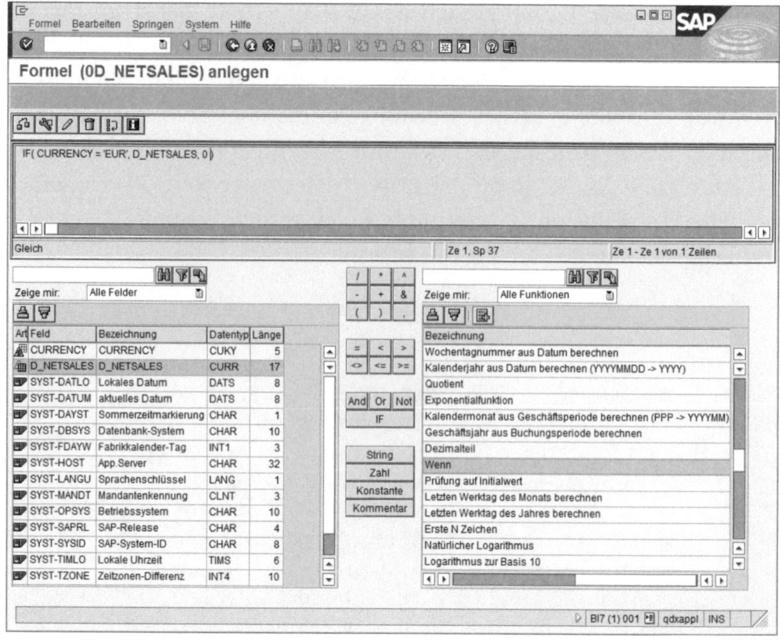

Treten Fehler bei der Berechnung von Formeln auf (z.B. Division durch Null), so werden keine entsprechenden Fehlercodes an das Monitoring übergeben, sondern lediglich Initialwerte für das berechnete Feld zurückgegeben. Achten Sie daher bei der Gestaltung von Formeln darauf, mögliche Fehler zu berücksichtigen.

19.3.6 Konvertierungsexit

Durch Einsatz der Input-Konvertierung (vgl. Kapitel 15.2.3) sollte bereits der Inflow Layer ausschließlich Merkmalswerte liefern. Kann innerhalb der Transformation dennoch nicht sichergestellt werden, dass Merkmalswerte konform zu ihrem Konvertierungsexit vorliegen (z.B. weil sie durch ABAP-Routinen oder Formeln ermittelt werden), so kann im Anschluss an die Ausführung des Regeltypen zusätzlich eine Input-Konvertierung durchgeführt werden (siehe Abb. 19–12 am Beispiel des InfoObjekts `0D_CUSTOMER`, das mit dem Konvertierungsexit `ALPHA` versehen ist).

Die Option, die Input-Konvertierung im Rahmen der Transformation auszuführen, stellt eine Art »letzte Rettung« dar, wenn bereits Daten ins BW gelangt sind, die nicht konform zu ihrem Konvertierungsexit sind. Grundsätzlich sollte jedoch angestrebt werden, die Input-Konvertierung bereits im Inflow Layer und nicht erst zum späteren Zeitpunkt während der Transformation durchzuführen. Insbesondere im Hinblick auf die Performance sollte die Input-Konvertierung nicht durchgeführt werden, wenn sie nicht tatsächlich erforderlich ist.

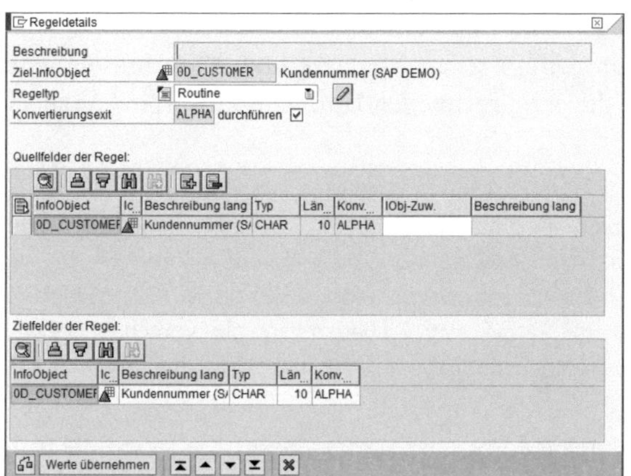

Abb. 19–12
Konvertierungsexit in der Transformation

19.3.7 Behandlung von Einheiten

Bei der Definition einer Transformation müssen in der Zielstruktur zwingend auch diejenigen InfoObjekte aufgenommen werden, die die Mengen- und Währungseinheiten von verwendeten Kennzahlen beschreiben. Die Ausnahme bilden Kennzahlen mit fixer Einheit (vgl. Kapitel 6.1.3).

Bei der Transformation wird das Befüllen der InfoObjekte, die die Mengeneinheiten und Währungen von Kennzahlen beschreiben, nicht explizit definiert, sondern fest mit der Ermittlung der jeweiligen Kennzahlen verbunden. So kann bei jeder Kennzahl festgelegt werden, aus welchem Feld der Quellstruktur die Einheit entnommen werden soll (siehe Abb. 19–13).

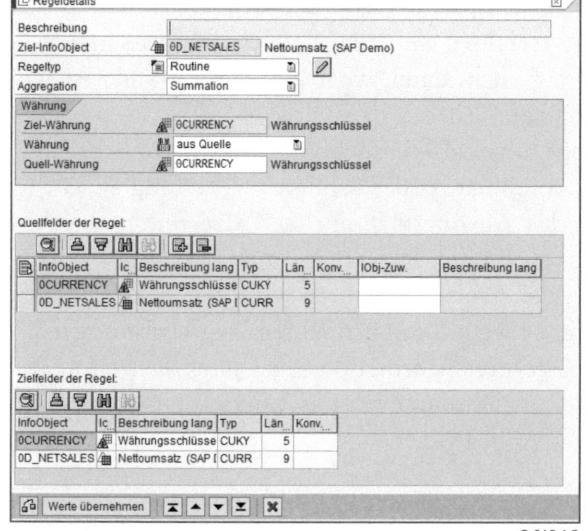

Abb. 19–13
Einheitenberechnung in der Transformation

Alternativ zur Übernahme von Einheiten aus der Quellstruktur ist auch eine Umrechnung von Mengen- und Währungseinheiten möglich. Dabei sind die entsprechenden Umrechnungsarten[5] anzugeben.

> Beachten Sie bitte, dass die Umrechnung von Währungen und Einheiten in der Transformation einen Informationsverlust darstellen kann (die Information über die Ursprungseinheit/-währung geht verloren). Führen Sie die Umrechnung daher erst auf dem Weg zum Data Mart Layer durch, nicht jedoch vor der Speicherumg im Integration Layer. Bei Bedarf kann die Umrechnung von Währungen und Einheiten zum Zeitpunkt der Datenanalyse durchgeführt werden.

Behandlung von Einheiten in Routinen

Speziell bei der Ermittlung von Kennzahlwerten durch Routinen existiert neben dem bekannten Regeltyp *Routine* auch der Regeltyp *Routine mit Einheit*.

Im Falle von Routinen mit Einheit ist es Aufgabe der Routine, nicht nur den Wert der Kennzahl, sondern auch den Wert der Einheit zu ermitteln. Zu diesem Zweck verfügt die Signatur der Methode über zwei zusätzliche Export-Parameter: `CURRENCY` für die Rückgabe von Währungen und `UNIT` für die Rückgabe von Mengeneinheiten.

Die Ermittlung der gewünschten Einheiten obliegt vollständig der Programmierung der Routine. Für die Umrechnung von Währungen stehen dabei unter anderem die Funktionsbausteine `RSW_CURRRENCY_TRANSLATION` oder `CONVERT_TO_LOCAL_CURRENCY` zur Verfügung.

19.4 Aggregationsarten

Neben der Bildung von Datensätzen und Feldwerten für die Zielobjekte ist es nicht minder von Bedeutung, wie mit Datensätzen der Zielstruktur verfahren werden soll, die sich bereits in den Zielobjekten befinden – vor allem dann, wenn sie sich mit anderen Werten in den Zielobjekten befinden.

Die Frage, ob ein Datensatz bereits existiert oder nicht, wird dabei an der Feldkombination der Schlüsselfelder festgemacht (diese waren bereits für das Ausfiltern doppelter Sätze durch Regelgruppen von Bedeutung, vgl. Kapitel 19.3).

Wie mit den Feldern verfahren wird, die nicht zu den Schlüsselfeldern gehören, regeln die sogenannten Aggregationsarten, die bei der Definition jeder Transformationsregel hinterlegt sind. Zur Auswahl stehen dabei die Summation[6], das Überschreiben oder Belassen alter Werte[7] (siehe Abb. 19–14).

---

5. Umrechnungsarten sind im Anhang ausführlich erläutert (siehe Anhang A).

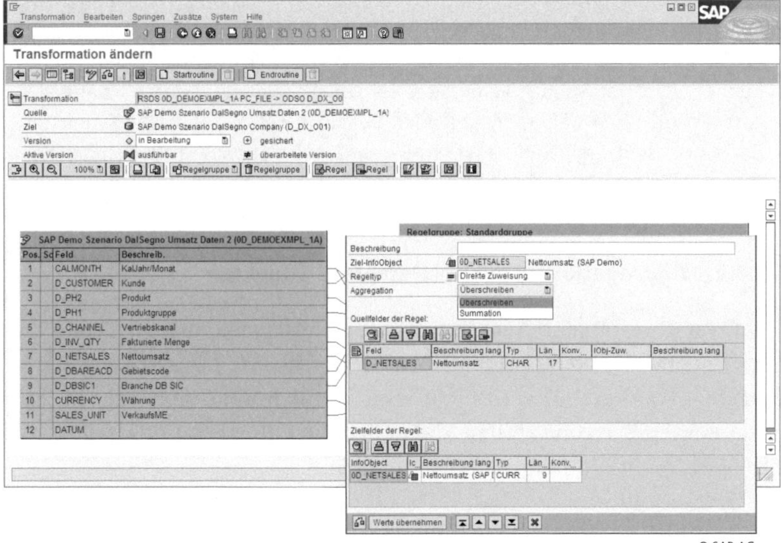

Abb. 19–14
Aggregationsarten

Da die Möglichkeit zur Durchführung unterschiedlicher Operationen durch die Zielobjekte in unterschiedlicher Weise eingeschränkt wird, wird die Definition der Aggregationsarten nachfolgend in Bezug auf die Zielobjekte einer Transformation erläutert.

19.4.1 Aggregationsarten bei BasisCubes

Die Behandlung der Aggregationsarten ist im Falle von BasisCubes sehr einfach gehalten. Der Schlüssel der Zielstruktur wird durch die Kombination aller Merkmale[8] vorgegeben. Kennzahlen hingegen können per Definition ausschließlich addiert werden.

Technisch werden bestehende Datensätze in der Faktentabelle eines BasisCubes nicht verändert. Es werden lediglich neue Datensätze in die Faktentabelle geschrieben, was (bei der Datenanalyse) einer Summation gleichkommt. Technisch zusammengefasst werden Datensätze in der Faktentabelle eines BasisCubes erst im Rahmen der Komprimierung (vgl. Kapitel 6.4.1, Seite 106).

Der Verzicht auf eine Transformation für eine Kennzahl ist damit gleichbedeutend mit dem Ergebniswert 0 für die Kennzahl.

---

6. Nur im Falle von Kennzahl-InfoObjekten. Je nach gewählter Standardaggregation ist alternativ zur Summation auch die Bildung von Maximal-/Minimalwerten zu definieren (vgl. Kapitel 6.1.3, Seite 73).
7. Das Belassen alter Werte ist nicht als Aggregationsart, sondern als Regeltyp *Keine Transformation* abgebildet.
8. Technisch wird der Schlüssel durch die Dimensions-IDs gebildet, die durch die Kombination der Merkmale innerhalb einer Dimension gebildet werden. Dies entspricht demnach einem Schlüssel, der aus allen Merkmalen besteht.

Durch die Aufnahme der Request-ID ist die Transformation bei BasisCubes nicht in der Lage, bestehende Kennzahlwerte zu überschreiben. Aus diesem Grund können keine DataSources verarbeitet werden, die reine After-Images (das heißt After-Image ohne Before-Image) oder Deletions liefern. Als Delta-Typen für BasisCubes sind damit nur die Typen ABR, ABR1, ADD, FIL1 sowie aus Kompatibilitätsgründen zur BW-Version 1.2 die Typen D, E und X zulässig.

19.4.2 Aggregationsarten bei DataStore-Objekten

Bei DataStore-Objekten ist zwischen den unterschiedlichen Typen dieser Objekte zu unterscheiden. ***DataStore-Objekte für direktes Schreiben*** (vgl. Kapitel 6.3) sind nicht zum Befüllen über den Weg des Staging vorgesehen und fallen daher schon einmal grundsätzlich aus dieser Betrachtung heraus.

Schreiboptimierte DataStore-Objekte verwenden einen technischen Schlüssel, durch den – ähnlich wie bei BasisCubes – lediglich neue Datensätze in das DataStore-Objekt übertragen werden. Es gelten daher dieselben Aggregationsarten wie bei BasisCubes.

Lediglich bei ***Standard-DataStore-Objekten*** werden bestehende Datensätze physisch durch neue Objekte überschrieben, so dass neben der Summation von Kennzahlen in den Datenfeldern auch das Überschreiben von Datenfeldern in Betracht kommt.

Durch das Überschreiben von Datenfeldern ist die Aktualisierung belegbezogener Strukturen (zum Beispiel von Statusfeldern) möglich und kann bei alphanumerischen Datenfeldern ebenso wie bei numerischen Feldern verwendet werden. Bei numerischen Feldern wird das Überschreiben in der Regel angewendet, wenn Daten im BW auf derselben Detaillierungsebene abgelegt werden, in der sie auch in den Quellsystemen gespeichert werden (zum Beispiel Auftragsmengen auf Ebene von Auftragsnummer und Positionsnummer).

Welchen Aufgaben das Überschreiben von Datenfeldern in Standard-DataStore-Objekten dient, wurde in Kapitel 17.1 ausführlich behandelt. Abbildung 19–15 stellt die Auswirkungen des Überschreibens von Datenfeldern bei DataStore-Objekten und BasisCubes noch einmal beispielhaft gegenüber.

In der Abbildung ist eine Auftragsnummer als Schlüsselfeld und ein Status und eine Menge als Datenfeld definiert. Der Status soll überschrieben, die Menge ebenso wie beim BasisCube addiert werden. Im BasisCube kann der Status nur als Merkmal definiert werden und bildet somit einen Teil des Schlüssels, da es sich nicht um ein numerisches InfoObjekt handelt.

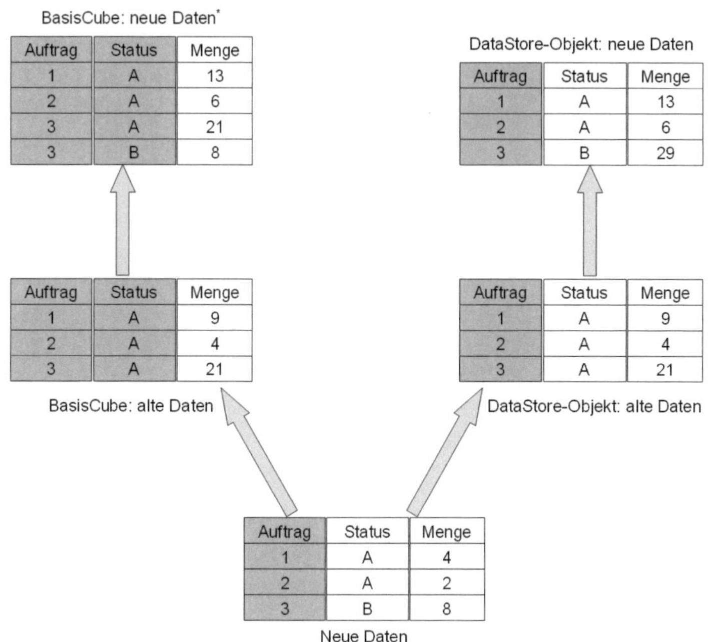

Abb. 19–15
Überschreiben von Datenfeldern in DataStore-Objekten

Merkmals-InfoObjekte in den Datenfeldern von Standard-DataStore-Objekten werden per Default überschrieben. Alternativ dazu kann die Aggregationsart *Keine Transformation* gewählt werden. In diesem Fall bleibt der Inhalt des betreffenden Datenfeldes unverändert.

Bei Kennzahl-InfoObjekten kann je nach Datenquelle nicht nur das Überschreiben, sondern auch eine Summation sinnvoll sein. Dies ist abhängig vom Delta-Modus der jeweiligen Datenquelle (vgl. Kapitel 14.1.3). Bei der Definition einer Transformation bietet das BW lediglich diejenigen Aggregationsarten an, die in Zusammenhang mit dem Delta-Modus der jeweiligen Datenquelle sinnvoll erscheinen.

Das Delta-Verfahren der jeweiligen Datensätze wird bei der Transformation in Standard-DataStore-Objekte in einer separaten Regelgruppe, der technischen Regelgruppe, verarbeitet. Dort ist es im InfoObjekt `0RECORDMODE` abgelegt. Es ist möglich, das durch die Datenquelle gelieferte Delta-Verfahren zu übersteuern (siehe Abb. 19–16). Wird von dieser Möglichkeit Gebrauch gemacht, so stehen in den Kennzahlen der Standard-Regelgruppe alle Aggregationsarten zur Auswahl bereit.

Das Delta-Verfahren kann nicht nur in der technischen Regelgruppe, sondern auch in Start-, End- und Expertenroutine übersteuert werden. Hier ist das InfoObjekt `0RECORDMODE` in der Zielstruktur der Transformation enthalten.

Abb. 19–16
Übersteuern des Delta-Modus in der Transformation

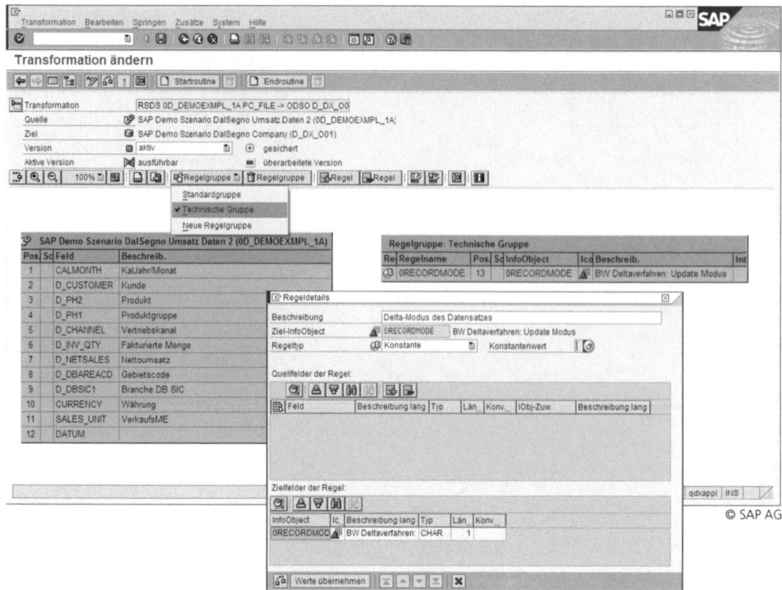

© SAP AG

19.4.3 Aggregationsarten bei InfoObjekten

Das Aggregationsverhalten bei InfoObjekten entspricht weitgehend dem Aggregationsverhalten bei Standard-DataStore-Objekten, vereinfacht sich jedoch insofern, dass keine Summation oder die Bildung von Minimal-/Maximalwerten möglich ist.

Es besteht also lediglich die Möglicheit, Attribute eines InfoObjekts zu überschreiben oder keine Transformation zu definieren. Wird keine Transformation definiert, so bleiben bestehende Attibutwerte analog zu den Datenfeldern der DataStore-Objekte unverändert bestehen.

19.4.4 Aggregationsarten bei InfoSources

Bei der Transformation in InfoSources müssten Aggregationsarten an sich keine Rolle spielen, da InfoSources nur eine Datenstruktur definieren und es keine existierenden Datensätze gibt, die überschrieben werden könnten.

Eine mögliche Form der Nutzung einer InfoSource besteht damit darin, transformierte Datensätze ohne jegliche Aggregation an die jeweiligen Zielobjekte weiterzuleiten. Doppelte Datensätze werden dabei nicht herausgefiltert.

Neben dieser Möglichkeit der Durchleitung von Datensätzen mit unveränderter Granularität besteht die Möglichkeit, InfoSources zur Aggregation von Daten zu verwenden. Die Aggregation erfolgt, wenn Schlüsselfelder für die InfoSource definiert sind (siehe Abb. 19–17).

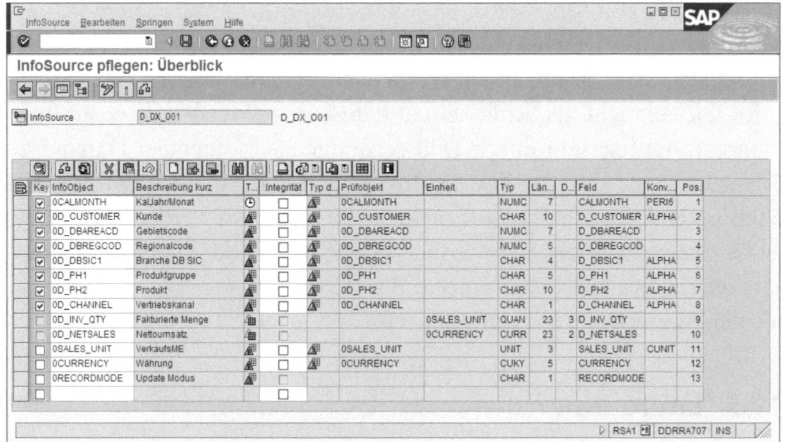

Key	InfoObject	Beschreibung kurz	Prüfobjekt	Einheit	Typ	Län..	D..	Feld	Konv...	Pos.
☑	0CALMONTH	KalJahr/Monat	0CALMONTH		NUMC	7		CALMONTH	PERI6	1
☑	0D_CUSTOMER	Kunde	0D_CUSTOMER		CHAR	10		D_CUSTOMER	ALPHA	2
☑	0D_DBAREACD	Gebietscode	0D_DBAREACD		NUMC	7		D_DBAREACD		3
☑	0D_DBREGCOD	Regionalcode	0D_DBREGCOD		NUMC	5		D_DBREGCOD		4
☑	0D_DBSIC1	Branche DB SIC	0D_DBSIC1		CHAR	4		D_DBSIC1	ALPHA	5
☑	0D_PH1	Produktgruppe	0D_PH1		CHAR	5		D_PH1	ALPHA	6
☑	0D_PH2	Produkt	0D_PH2		CHAR	10		D_PH2	ALPHA	7
☑	0D_CHANNEL	Vertriebskanal	0D_CHANNEL		CHAR	1		D_CHANNEL	ALPHA	8
☐	0D_INV_QTY	Fakturierte Menge		0SALES_UNIT	QUAN	23	3	D_INV_QTY		9
☐	0D_NETSALES	Nettoumsatz		0CURRENCY	CURR	23	2	D_NETSALES		10
☐	0SALES_UNIT	VerkaufsME	0SALES_UNIT		UNIT	3		SALES_UNIT	CUNIT	11
☐	0CURRENCY	Währung	0CURRENCY		CUKY	5		CURRENCY		12
☐	0RECORDMODE	Update Modus			CHAR	1		RECORDMODE		13

Abb. 19–17
Schlüsselfelder in InfoSources

Als Schlüsselfelder der Aggregation bieten sich in diesem Fall alle Merkmals-InfoObjekte der InfoSource an. Alle Kennzahlen werden summiert. Werden Merkmals-InfoObjekte nicht als Schlüsselfeld aggregiert, so werden diese im Rahmen der Aggregation quasi mit dem entsprechenden Feldwert eines beliebigen Datensatzes gefüllt, der Teil der Aggregation ist. Anstatt ein Merkmals-InfoObjekt in einer InfoSource nicht als Schlüsselfeld zu definieren, sollte das entsprechende InfoObjekt daher besser ganz aus der InfoSource entfernt werden.

Das Aggregieren von Daten im Rahmen des Staging ist (nur) dann von Bedeutung, wenn nachfolgende Transformationen auf Ebene dieser aggregierten Daten arbeiten sollen. Eine Aggregation zum Zwecke einer verdichteten Speicherung (z.B. in einem BasisCube) ist hingegen nicht erforderlich, da das Verbuchen von Daten in Datenzielen eine Aggregation ohnehin impliziert.

19.4.5 Aggregationsarten bei Open-Hub-Destinationen

Im Falle von Open-Hub-Destinationen hängt das Aggregationsverhalten davon ab, ob die Open-Hub-Destination über einen technischen oder über einen semantischen Schlüssel verfügt (vgl. Kapitel 18.3).

Aggregationsverhalten bei technischem Schlüssel

Bei Open-Hub-Destinationen mit technischem Schlüssel werden die transformierten Datensätze ohne jegliche Aggregation an die Zielstruktur weitergeleitet. Dabei ist zu beachten, dass die Datensätze unterschiedlicher Regelgruppen dieselben technischen Schlüsselwerte erhalten, die bei der Aggregation ausgefiltert werden. Alle Regelgruppen außer der Standardregelgruppe bleiben damit wirkungslos, da ihre Ergebnisse ausgefiltert werden.

Aggregationsverhalten bei semantischem Schlüssel

Im Falle von Open-Hub-Destinationen mit semantischem Schlüssel werden die Datensätze der Zielstruktur über die Schlüsselfelder aggregiert. Alle Kennzahlen werden summiert. Werden Merkmals-InfoObjekte nicht als Schlüsselfeld definiert, so werden diese im Rahmen der Aggregation durch Feldwerte der nachfolgenden Datensätze überschrieben, die dieselbe Schlüsselkombination ergeben. Werden nachfolgende Datensätze auf mehrere Datenpakete verteilt, die parallel bearbeitet werden, so unterliegt es der Beliebigkeit, welcher Datensatz als Letztes bearbeitet wird und welcher Feldwert somit als Ergebnis der Aggregationsart ermittelt wird.

19.5 Endroutine

Die Endroutine stellt das Pendant zur Startroutine dar, unterscheidet sich von dieser jedoch in Feinheiten. Auch die Endroutine ist vorrangig dafür geeignet, Datensätze aus den transformierten Datensätzen herauszufiltern. Im Gegensatz zur Startroutine stehen jedoch die fertig transformierten Feldinhalte als Kriterien zum Löschen zur Verfügung, während die Startroutine lediglich auf die Daten der Quellstruktur zugreifen kann.

Des Weiteren ist die Endroutine deutlich besser geeignet, um Inhalte der Datenpakete zu verändern, da die Endroutine im Gegensatz zur Startroutine nicht die Quellstruktur, sondern die Zielstruktur der Transformation als Ergebnisstruktur verwendet. Auf diese Weise kann direkt der Inhalt der Zielstruktur verändert werden.

Ebenso wie die Startroutine ist die Endroutine nicht zwingend Bestandteil der Transformation. Soll eine Endroutine angelegt werden, so kann dies in der Pflege der Transformation über den Menüpunkt *Bearbeiten→Endroutine anlegen* geschehen (vgl. Abb. 19–4).

Der Definitionsbereich der Klasse, die Signatur der Methode und der Implementierungsbereich der Klasse sind (abgesehen von der Ergebnisstruktur) identisch zur Startroutine.

19.6 Expertenroutine

Sollte das Konzept der normalen Transformation nicht den Anforderungen an die Transformation gerecht wird, so steht alternativ dazu der Einsatz einer sogenannten Expertenroutine zur Verfügung.

Die Expertenroutine ersetzt die Verwendung von Start-/Endroutinen, Aggregationsarten, Regelgruppen etc. vollständig und fasst das Regelwerk der Transformation stattdessen in einer einzigen Routine, der Expertenroutine, zusammen. Wird eine Expertenroutine angelegt, so ersetzt diese die Definition der normalen Transformation (siehe Abb. 19–18).

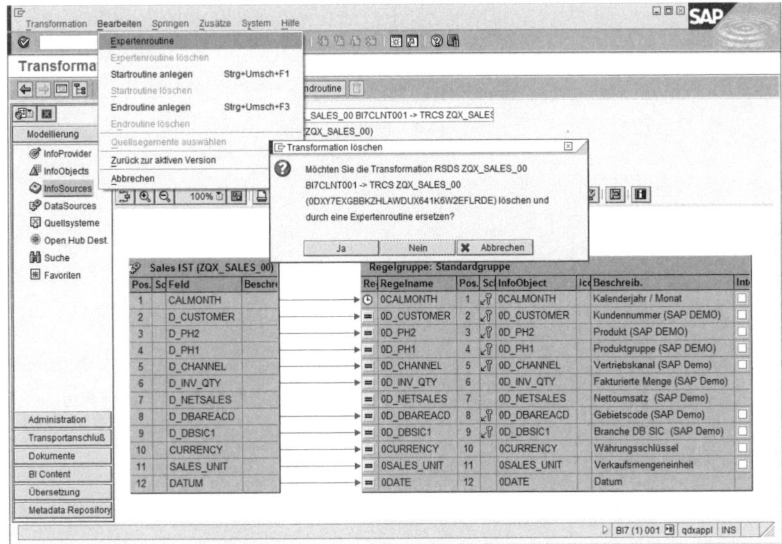

Abb. 19–18
Anlegen einer Expertenroutine

Signatur der Methode

Die Besonderheit der Expertenroutine besteht darin, dass in der Signatur der Methode sowohl die Quellstruktur (SOURCE_PACKAGE) als auch die Zielstruktur (RESULT_PACKAGE) der Transformation als Parameter übergeben werden:

```
METHODS
   expert_routine
      IMPORTING
         request            type rsrequest
         datapackid         type rsdatapid
         SOURCE_PACKAGE     type _ty_t_SC_1
         log                type ref to cl_rsbm_log_cursor_step
      EXPORTING
         RESULT_PACKAGE     type _ty_t_TG_1.
```

Die Expertenroutine ist damit vor allem für diejenigen Fälle geeignet, in denen die Performance des generierten ABAP-Codings absolute Priorität vor einer transparenten Definition der Transformation hat; denn die Expertenroutine lässt den ganzen Overhead beiseite, der beim Regelwerk der normalen Transformation zwangsläufig entsteht.

Dem offiziell durch die SAP angegebenen Grund für den Einsatz der Expertenroutine, nämlich die größere funktionale Freiheit bei der Definition der Transformation, widerspricht der Autor an dieser Stelle. Inhaltlich ist mit der normalen Transformation jede Anforderung realisierbar, wie mit der Expertenroutine. Speziell bei der Transformation in DataStore-Objekte steht die Expertenroutine der nomalen Transformation sogar nach, da Kennzahlen ausschließlich mit dem Aggregationsverhalten Überschreiben behandelt werden. Ein Summieren von Kennzahlwerten ist bei Verwendung der Expertenroutine nicht möglich.

20 Definition von Ladevorgängen

Die Definition von Transformationen bildet nur den inhaltlichen Aspekt der Datenflussdefinition ab. Die Ausführung einer Transformation ist separat durch sogenannte ***Datentransferprozesse*** zu definieren.

Die Definition eines Datentransferprozesses wird in der Data Warehousing Workbench entweder beim Ziel- oder Quellobjekt einer Transformation hinterlegt, wobei die jeweilige Transformation dabei anzugeben ist (siehe Abb. 20–1).

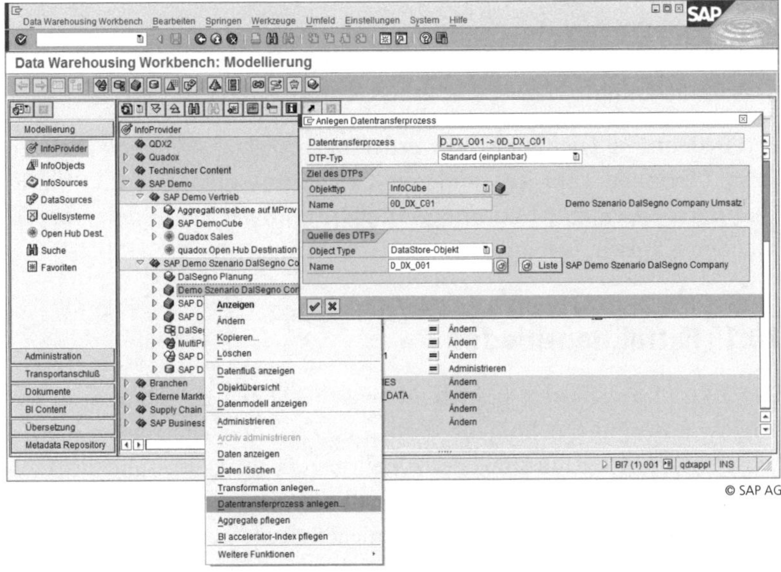

Abb. 20–1
Anlegen eines Datentransferprozesses

Ein Datentransferprozess bezieht sich dabei auf genau eine Transformation, wodurch implizit Datenquelle und Datenziel der Transformation festgelegt sind. Eine Ausnahme bilden lediglich Transformationen, an denen eine ***InfoSource*** beteiligt ist. In diesen Fällen werden durch einen Datentransferprozess sowohl die Transformation ausgeführt, die die InfoSource als Zielstruktur hat, als auch die Transformation, die die InfoSource als Datenquelle hat. Ein Datentransferprozess beschreibt damit immer den Datenfluss zwischen zwei Objekten mit physischer Datenhaltung.

Aus den BW-Versionen bis 3.x ist die Möglichkeit bekannt, bei der Definition eines Ladevorgangs mehrere Datenziele anzugeben. Diese Option existiert mit den Datentransferprozessen im BW 7 nicht länger. Sollen Daten an mehrere Datenziele übergeben werden, so ist für jedes Datenziel ein eigener Datentransferprozess zu definieren und auszuführen.

Beim Start eines Datentransferprozesses wird ein Request erzeugt, der die jeweiligen Daten aus dem Quellobjekt liest und an das Zielobjekt übergibt. Ein Request ist damit eindeutig für genau einen Datenfluss zwischen Datenquelle und Datenziel definiert. Wird ein Datentransferprozess erneut gestartet, so wird ein neuer Datenfluss unter einem neuen Request ausgeführt.

Unter den Optionen bei der Definition eines Datentransferprozesses sind

- Extraktionsmodus
- Filter
- Serialisierung

von Bedeutung. Die Optionen werden nachfolgend erläutert. Die weiteren Optionen sind aus anderen Gesichtspunkten relevant (i.d.R. Qualitätssicherung, Monitoring, Tuning) und werden in den entsprechenden Kapiteln behandelt.

20.1 Extraktionsmodus

Der Extraktionsmodus beschreibt, welche Daten ein Datentransferprozess aus dem Quellobjekt lesen soll. Zu unterscheiden ist hierbei zwischen der »Extraktion« des Quellobjekts im Delta- und im Full-Modus. Welcher Modus für einen Datentransferprozess genutzt werden soll, ist unmittelbar nach dem Anlegen des Datentransferprozesses anzugeben und kann nicht mehr verändert werden (siehe Abb. 20–2).

Bei der Extraktion im Delta-Modus ist dabei zu beachten, dass die Verwaltung des Deltas pro Transformation erfolgt. Es ist somit möglich, beispielsweise ein Datenziel täglich aus dem Change Log eines Standard-DataStore-Objekts zu befüllen und ein anderes Datenziel nur einmal pro Woche[1].

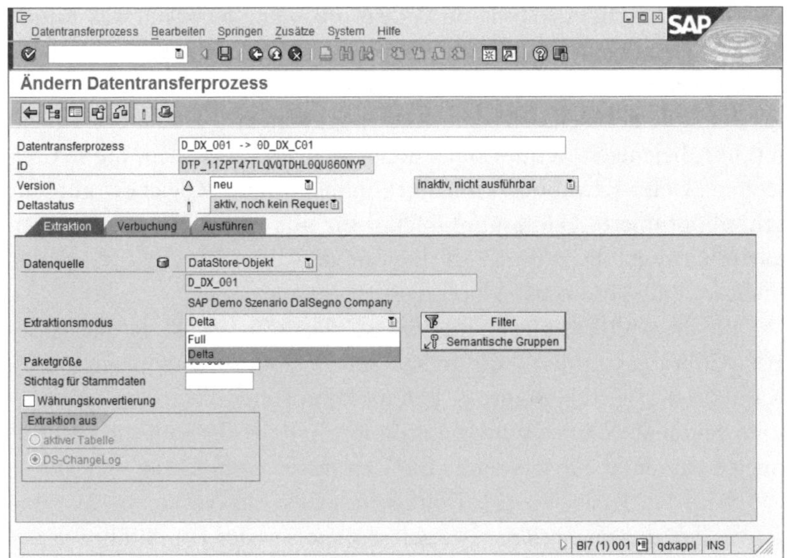

Abb. 20–2 Wahl des Extraktionsmodus eines Datentransferprozesses

Welche Daten dabei genau gelesen werden, ist dabei individuell für das jeweilige Quellobjekt.

DataSource

Im Falle von ***DataSources*** werden im Falle eines Full Uploads alle fehlerfreien Requests der PSA zu der entsprechenden DataSource extrahiert. Dabei ist insbesondere zu beachten, dass die DataSource nicht zwangsläufig noch alle Requests enthalten muss, die bislang aus der DataSource extrahiert wurden. Vielmehr können ältere Requests bereits im Rahmen des Information Lifecycle Managements (siehe Kapitel 33.3) gelöscht worden sein.

Wird eine DataSource im Delta-Modus extrahiert, so werden alle diejenigen fehlerfreien Requests in der PSA gelesen, die seit der letzten Delta-Extraktion durch den Datentransferprozess neu hinzugekommen sind. Dabei ist die Reihenfolge der Requests in der PSA *nicht* entscheidend; erhält ein alter Request in der PSA erst deutlich später den Status fehlerfrei, so wird dieser im Delta extrahiert, selbst wenn bereits jüngere Requests im Delta extrahiert wurden.

DataStore-Objekt

Werden ***DataStore-Objekte*** im Full-Modus extrahiert, so werden die Daten der Tabelle für aktive Daten entnommen. Speziell bei Standard-DataStore-Objekten besteht alternativ die Möglichkeit, Daten bei der Full-Extraktion aus dem Change Log zu beziehen. Diese

1. Zum Vergleich: In den BW-Versionen bis 3.x wurde die Delta-Verwaltung am Quellobjekt festgelegt und drückte sich in einem einzigen Status aus, der die Belieferung aller Datenziele gemeinsam beschrieben hat. So konnten Datenziele aus dem Change Log eines DataStore-Objekts beispielsweise nur alle zusammen täglich oder alle zusammen wöchentlich befüllt werden.

Option ist besonders dann von Bedeutung, wenn nicht nur das Abbild der Daten im DataStore-Objekt, sondern auch dessen Veränderungen für die Verarbeitung von Bedeutung sind.

Im Falle des Delta-Modus werden bei Standard-DataStore-Objekten nur diejenigen Requests aus dem Change Log gelesen, die seit der letzten Delta-Extraktion hinzugekommen sind. Gleiches gilt für schreiboptimierte DataStore-Objekte für alle neuen Requests in den aktiven Daten. DataStore-Objekte für den direkten Zugriff können nicht im Full-Modus extrahiert werden.

BasisCube

Bei der Full-Extraktion aus ***BasisCubes*** werden alle Requests des BasisCubes extrahiert, die dem Status *rollup* entsprechen (vgl. Kapitel 10.1.1). Ob Requests bereits komprimiert wurden, ist dabei unbedeutend, denn sowohl die unkomprimierte als auch die komprimierte Faktentabelle werden in die Extraktion einbezogen.

Wird ein BasisCube im Delta-Modus extrahiert, so werden ausschließlich diejenigen Requests gelesen, die seit der Durchführung des letzten Datentransferprozesses neu mit dem Status *rollup* hinzugekommen sind. Zu beachten ist dabei, dass die relevanten Requests nicht vorher komprimiert werden dürfen, da die Ermittlung der Delta-Informationen ausschließlich auf Basis der Request-IDs in der unkomprimierten Faktentabelle erfolgt.

InfoObjekt

InfoObjekte lassen sich ausschließlich im Full-Modus extrahieren und greifen in diesem Fall auf die aktiven Stammdatensätze (d.h. Sätze mit der Stammdatenversion A) zu.

InfoSet

Auch ***InfoSets*** lassen sich ausschließlich im Full-Modus extrahieren und greifen in diesem Fall auf die durch sie definierte Datenbasis zu. Dabei werden die jeweiligen Einstellungen bzgl. Most Recent Reporting und zu lesender Status berücksichtigt, was dazu führen kann, dass Stammdatensätze aus InfoObjekten oder Requests aus BasisCubes extrahiert werden, die bei einer direkter Extraktion dieser Datenquellen nicht gelesen werden würden.

20.2 Filter

Unabhängig davon, ob Daten im Delta- oder im Full-Modus aus einem Quellobjekt extrahiert werden, können die Daten bereits beim Lesen gefiltert werden. Dies ist dann sinnvoll, wenn das Datenziel einer Transformation nur für eine Teilmenge der Daten aus der Datenquelle vorgesehen ist und sich das Ausfiltern von Datensätzen bereits beim Lesevorgang performanter darstellt als das Ausfiltern im Rahmen der Transformation (denn in diesem Fall musste die größere Menge an Daten bereits gelesen werden).

Als Filterkriterien können alle Felder der Datenquelle verwendet werden. Die zu filternden Werte können dabei fix vorgegeben, oder aus einer OLAP-Variablen oder einer Routine bezogen werden (siehe Abb. 20–3).

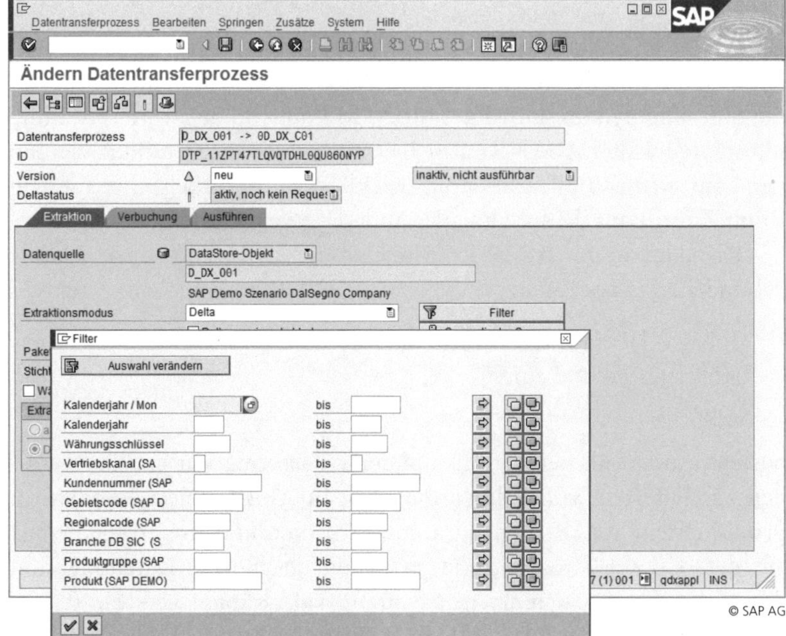

Abb. 20–3
Vorgabe von Filterwerten für Datentransferprozesse

Der Filterwert wird bereits beim Lesen der Daten aus den entsprechenden Datenbanktabellen gesetzt, so dass nicht erwünschte Daten überhaupt nicht erst gelesen werden.

20.2.1 OLAP-Variable

Soll die Selektion der Daten dynamisch gestaltet werden, so können Filterwerte aus OLAP-Variablen bezogen werden. OLAP-Variablen dienen eigentlich dem Zweck, die Datenanalyse flexibler zu gestalten. Sofern die Inhalte der OLAP-Variablen jedoch über einen User-Exit[2] oder einen SAP-Exit ermittelt werden, bietet das zugrunde liegende Programmcoding oftmals eine Logik, die auch bei der Ermittlung der Filterwerte für Datentransferprozesse wünschenswert ist (in den meisten Fällen handelt es sich um Datumsselektionen, die beispielsweise das aktuelle Jahr, den Vormonat o.Ä. ermitteln).

2. Die Ermittlung von OLAP-Variablen findet im Funktionsbaustein EXIT_SAPLRRSO_001 statt.

Um das Coding einer OLAP-Variablen mit User-Exit oder SAP-Exit nicht wiederholt zu entwickeln, können OLAP-Variablen folgerichtig als Selektionskriterien für den Filter eines Datentransferprozesses verwendet werden.

20.2.2 Routine

Reichen die Möglichkeiten, die OLAP-Variablen bieten, nicht aus, um die Filterung dynamisch zu gestalten, so können Filterwerte mit Hilfe selbstentwickelter ABAP-Routinen ermittelt werden. Routinen werden zur Laufzeit nach allen anderen Selektionen abgearbeitet und haben somit Zugriff auf die Inhalte aller anderen Selektionsfelder.

Der Aufbau der ABAP-Routinen ist an ein vorgegebenes Schema gebunden, das aus einem

- globalen Datendeklarationsteil,
- Parameterteil und einem
- Codeteil

besteht. Anders als bei Routinen in der Transformation sind die Routinen zur Filterung von Feldwerten nicht in ABAP-Object, sondern in prozeduralem ABAP zu programmieren; hierdurch ist es bei Bedarf leichter, Coding-Strecken, die ursprünglich in der Datenselektion durch InfoPackages hinterlegt waren (vgl. Kapitel 15.4.1), in die Coding-Strecken der Filter in Datentransferprozessen zu übernehmen.

Globaler Datendeklarationsteil

Der globale Deklarationsteil ist für alle Filter-Routinen eines Datentransferprozesses vorhanden. Hier können Daten deklariert werden, die in allen Filter-Routinen für den jeweiligen Datentransferprozess gelten sollen. Dies betrifft auf der einen Seite die reine Deklaration und auf der anderen Seite die Inhalte, die als Zwischenergebnis in anderen Routinen wiederverwendet werden können.

```
program conversion_routine.
* Type pools used by conversion program
type-pools: rsarc, rsarr, rssm.
tables: rssdlrange.
* Global code used by conversion rules
*$*$ begin of global - insert your declaration only below this line  -
* TABLES: ...
* DATA:   ...
*$*$ end of global - insert your declaration only before this line   -
```

Die Parameter der Form-Routine haben folgende Bedeutung und Wirkung:

Parameterteil der Form-Routine

- L_T_RANGE
  In der internen Tabelle L_T_RANGE werden die bestehenden Selektionen übergeben. Gleichzeitig dient diese interne Tabelle zur Rückgabe der in der ABAP-Routine errechneten Selektion.
- P_INFOPACKAGE
  Dieser Parameter enthält den technischen Namen des InfoPackages zur Extraktion.
- P_FIELDNAME
  Dieser Parameter enthält den Feldnamen des selektierten Feldes.
- P_SUBRC
  Mit dem Rückgabeparameter P_SUBRC muss die Routine kennzeichnen, ob eine Selektion erfolgreich gebildet werden konnte (P_SUBRC = 0) oder nicht (P_SUBRC ≠ 0).

```
* ----------------------------------------------------------------
· InfoObject        =
· Fieldname         = CALMONTH
· data type         = CHAR
· length            = 000006
· convexit          =
* ----------------------------------------------------------------
form compute_CALMONTH
  tables     l_t_range        structure rssdlrange
  using      p_infopackage    type rslogdpid
             p_fieldname      type rsfnm
  changing   p_subrc          like sy-subrc.

* Insert source code to current selection field
```

Im Codeteil der Selektions-Routine stehen alle ABAP-Funktionen zur Verfügung, so dass die Entscheidung zur Selektion nach komplexen Regeln stattfinden kann.

Code der Selektions-Routine

```
*$*$ begin of routine - insert your code only below this line   -
data: l_idx like sy-tabix.
read  table l_t_range with key
      fieldname = P_FIELDNAME.
* P_FIELDNAME entspricht in diesem Fall dem String "CALMONTH"
l_idx = sy-tabix.
* Beispiel zum Füllen von 0CALMONTH mit der Selektion auf 12.2006...
l_t_range-low = '200612'.
l_t_range-sign = 'I'.
l_t_range-option = 'EQ'.
modify l_t_range index l_idx.
* ...oder den Zeitraum 01.2000 – 12.2000
l_t_range-low = '200001'.
l_t_range-sign = 'I'.
l_t_range-option = 'BT'.
l_t_range-high = '200012'.
append l_t_range.
* Beispiel Ende
modify l_t_range index l_idx.

p_subrc = 0.
*$*$ end of routine - insert your code only before this line    -
endform.
```

Beim Anlegen der Routine wird bereits Coding zum Zugriff auf den Feldinhalt des zu selektierenden Feldes sowie für die Modifikation des Selektionsinhaltes dieses Feldes bereitgestellt (im Beispiel das Feld CALMONTH).

20.3 Verarbeitungsmodus

Zur Verbesserung der Performance bei der Durchführung der Transformation versucht das BW, die Verarbeitung der Datenpakete grundsätzlich zu parallelisieren. Wie sich dies aus technischer Sicht darstellt, wird in Kapitel 24.1.2 näher betrachtet.

Die Parallelisierung der Verarbeitung ist jedoch nicht nur aus Sicht der Performance relevant. Vielmehr ist zu beachten, dass sich aus inhaltlichen Gründen nicht jede Transformation beliebig parallelisieren lässt und aus inhaltlichen Gründen zwingend serialisiert werden muss. Die Rede ist hierbei von Transformationen, deren selbstdefiniertes ABAP-Coding darauf angewiesen ist, globale Datendeklarationen von Datenpakt zu Datenpaket zu erhalten, und das globale Datendeklarationen über CLASS-DATA vornimmt (vgl. Kapitel 19.1).

Sollen die Datenpakete eines Requests nicht parallel, sondern seriell verarbeitet werden, so steht im Datentransferprozess der Verarbeitungsmodus *seriell im Dialogprozess* zur Verfügung (siehe Abb. 20–4).

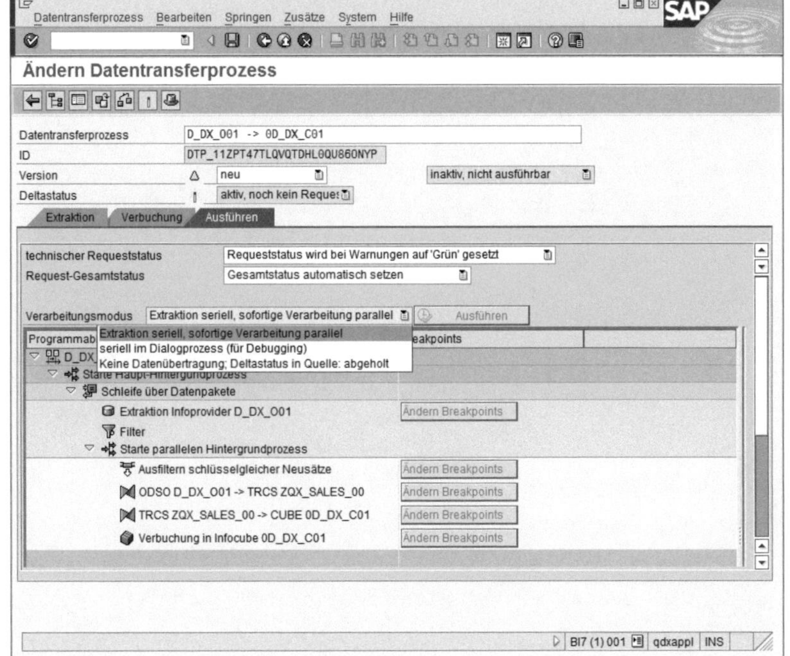

Abb. 20–4
Festlegen des Verarbeitungsmodus bei Datentransferprozessen

21 Direktes Staging

Die bisherigen Ausführungen zum Staging haben sich ausschließlich mit der für das BW 7 neuen Technologie von Transformation und Datentransferprozessen befasst. Eine detaillierte Behandlung des alten Staging der BW-Versionen bis 3.x wurde bislang vermieden und soll auch weiterhin vermieden werden, da zumindest im Bereich der Bewegungsdaten alle Funktionalitäten des alten Staging durch Transformation und Datentransferprozesse abgelöst werden können.

Im Bereich des Staging für Master Data sprechen zwei Gründe dafür, weiterhin das alte Staging einzusetzen; zum einen ist das Staging mit der Technologie des BW 3.x deutlich einfacher zu definieren und erfüllt damit in den meisten Fällen alle Anforderungen. Zum anderen bietet derzeit nur das direkte Staging die Möglichkeit, externe Hierarchien zu laden, so dass kein Weg am alten Staging vorbeiführt.

Der Fokus dieses Kapitels liegt damit auf dem Staging von Stammdaten, wobei nicht die sogenannte flexible Fortschreibung (diese kann direkt durch die Transformation abgelöst werden), sondern ausschließlich die direkte Fortschreibung gemeint ist.

Der Begriff der direkten Fortschreibung wird verwendet, weil zwar Extraction und Inflow Layer in der Form existieren, die auch in der Referenzarchitektur beschrieben wurde. Aus dem Inflow Layer gelangen Daten jedoch ohne Umweg direkt in die Stammdaten der InfoObjekte, die gleichzeitig auch die Zielstrukturen vorgeben, in die die Daten zu transformieren sind.

InfoSource

Der zentrale Dreh- und Angelpunkt bei der direkten Fortschreibung sind sogenannte ***InfoSources***, die jedoch nur bedingt mit den InfoSources des BW 7 zu vergleichen sind (vgl. Kapitel 16.1), da sie im Staging des BW 3.x noch deutlich mehr Funktionen wahrnehmen.

Beim direkten Staging werden die Zielstrukturen aller homogenisierten und konsolidierten Daten, die zu einem InfoObjekt gehören, *zwingend* in einer InfoSource zusammengefasst. Die Zielstrukturen werden in diesem Falle als ***Kommunikationsstrukturen*** bezeichnet und leiten sich wiederum direkt aus der Struktur der Texte, Attribute und Hierarchien des InfoObjekts ab. Die InfoSource für das direkte Staging der Master Data eines InfoObjekts umfasst damit je nach Definition des InfoObjekts jeweils eine Kommunikationsstruktur für Attribute, Texte und Hierarchien.

Eine Veränderung der Kommunikationsstrukturen ist nicht möglich, solange nicht auch die Definition des entsprechenden InfoObjekts verändert wird. Das Anlegen einer InfoSource für das direkte Staging von Master Data erfolgt im InfoSource-Baum der Data Warehousing Workbench (siehe Abb. 21–1).

Abb. 21–1
Anlegen von InfoSources für direktes Staging

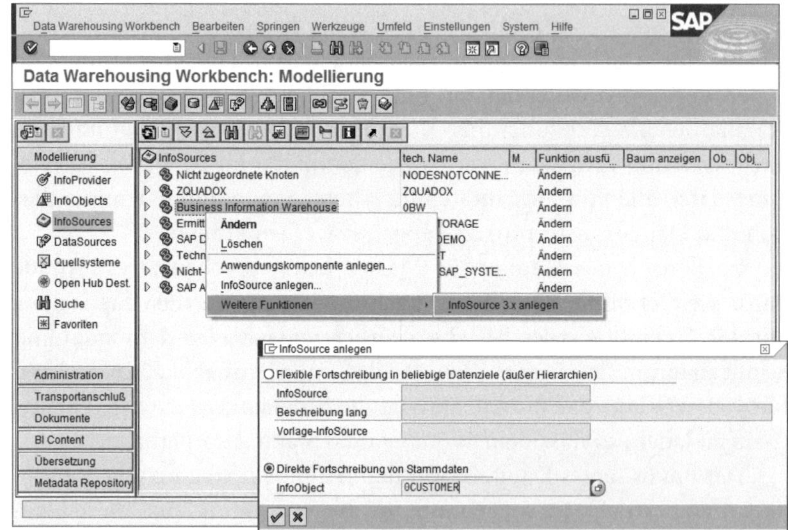

Als Besonderheit des direkten Staging beschreibt die InfoSource nicht nur die Zielstrukturen, sondern fasst auch sogenannte ***Übertragungsregeln*** zusammen, die die Verbindung zwischen DataSources und Kommunikationsstrukturen bilden. Darüber hinaus hängt die ***Definition von Metadaten im Inflow Layer*** und die ***Definition von Extraktionsvorgängen*** direkt von der InfoSource ab.

In den nachfolgenden Kapiteln werden

- die Definition von Metadaten im Inflow Layer
- die Definition von Übertragungsregeln
- die Definition von Extraktionsvorgängen

so weit erläutert, wie dies für das Verständnis des direkten Staging für Master Data erforderlich ist.

21.1 Definition von Metadaten

Ebenso wie im Staging des BW 7 sind auch beim Staging des BW 3.x DataSources im Inflow Layer des BW zu definieren. Metadaten dieser DataSources werden dabei wie gewohnt je nach Quellsystemtyp durch den Extraction Layer der Quellsysteme bereitgestellt (SAP ERP, SAP BW, DB Connect, 3rd party ETL-Tools) oder müssen im BW manuell gepflegt werden (Flatfile, UD Connect, SOAP-Connection).

Die Art und Weise, wie die DataSources definiert werden, unterscheidet sich jedoch grundlegend davon, wie diese Definition im neuen Staging des BW 7 durchgeführt wird. Nachfolgend wird erläutert, wie sich die Definition einer 3.x-DataSource im Inflow Layer des BW für die unterschiedlichen Quellsystemtypen darstellt. Dies umfasst im Einzelnen:

- Anlegen einer 3.x DataSource
- Selektionsfelder
- Hierarchieeigenschaften

21.1.1 Anlegen einer 3.x-DataSource

Auch die Definition einer 3.x-DataSource basiert auf den replizierten Metadaten eines Quellsystems (sofern dieses Metadaten liefert). Ausgangspunkt der Definition ist zunächst die Datenstruktur der DataSource, die erst an die InfoSource eines InfoObjekts angebunden werden muss, bevor die DataSource im Inflow Layer aktiviert werden kann.

Die Anbindung kann im Kontextmenü der zu füllenden Kommunikationsstruktur in der Administrator Workbench vorgenommen werden. Zu diesem Zweck ist zunächst das Quellsystem und anschließend die DataSource auszuwählen (siehe Abb. 21–2)

Jede Kommunikationsstruktur kann aus beliebig vielen DataSources beliefert werden. Dadurch ist es möglich, Stammdaten aus mehreren unterschiedlichen DataSources zu versorgen (zum Beispiel Füllen von Kundenstammdaten aus einer DataSource für allgemeine Kundenattribute, einer DataSource für A-B-C-Klassifizierungen und einer DataSource für Bonitätsnoten).

Das Zuweisen einer DataSource an eine InfoSource verzweigt direkt in die Pflege der Übertragungsregeln, bei deren Aktivierung auch die DataSource angelegt wird. Eine detaillierte Beschreibung von Übertragungsregeln wird in Kapitel 21.2 gegeben.

Wie genau die Datenstruktur einer DataSource zu definieren ist, hängt vom jeweiligen Quellsystemtypen ab und wird nachfolgend erläutert.

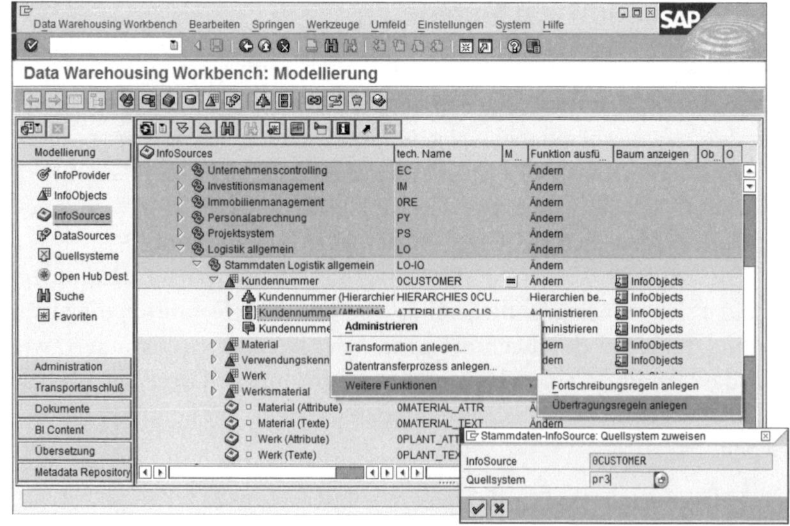

Abb. 21–2 Anbindung von DataSources an eine InfoSource

Jede 3.x-DataSource kann an nur eine InfoSource angebunden werden. Damit kann durch eine DataSource nur genau ein InfoObjekt mit Master Data versorgt werden. Verwenden Sie für die Verteilung von Stammdaten in mehrere InfoObjekte das neue Staging mit Transformation und Transferprozessen.

DataSources bei SAP- und 3rd-party-Quellsystemen

Beim erstmaligen Zuweisen einer replizierten DataSource zu einer InfoSource wird die Feldstruktur der DataSource automatisch als Vorlage der DataSource-Struktur im Inflow Layer verwendet. Abbildung 21–3 stellt die Definition der DataSource-Struktur (auch als Transferstruktur bezeichnet) dar.

In der Regel kann die Vorlagestruktur unverändert übernommen werden; es ist jedoch auch möglich, auf Felder der Vorlage zu verzichten. Dies ist besonders dann von Bedeutung, wenn eine DataSource zu viele Felder hat, die zwar im Datenfluss des BW gar nicht weiter in Erscheinung treten sollen, aber aus unterschiedlichsten Gründen nicht im Quellsystem aus der DataSource entfernt werden können.

Ändert sich die DataSource im Quellsystem, so bleiben DataSource-Replikat und Transferstruktur im BW zunächst unverändert. Erst durch erneutes Replizieren der Metadaten wird auch das DataSource-Replikat angepasst. Auch die Transferstruktur im BW muss danach manuell an die neuen Bedürfnisse angepasst werden, bevor neue Felder der DataSource im Datenfluss verwendet werden können.

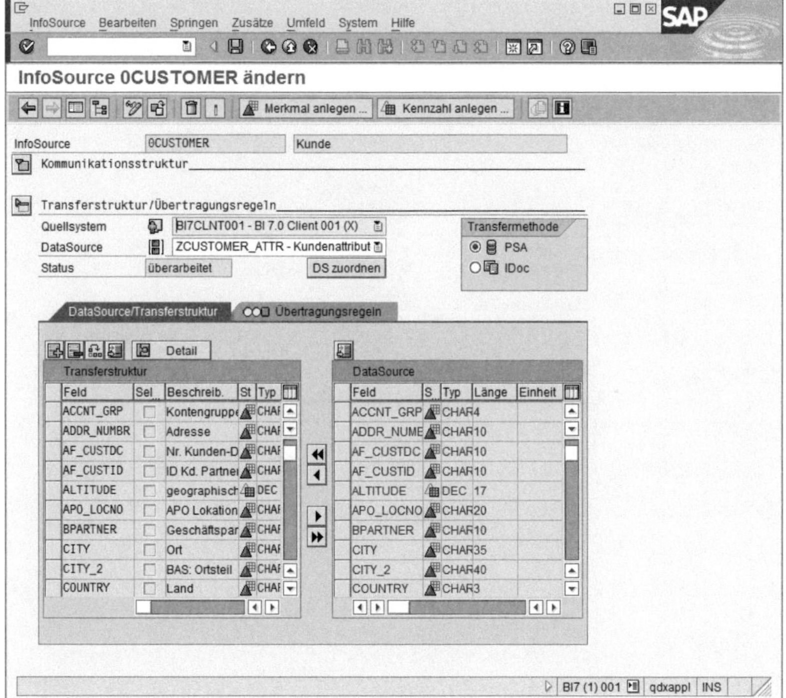

Abb. 21–3
Anlegen von Transferstrukturen mit Vorlage einer DataSource

DataSources bei DB-Connect-Quellsystemen

Im Falle des DB Connect liefert das Datenbank-Quellsystem durch den Datenbank-Katalog alle Tabellen, Views und Feld-Details, die die Datenbank dem BW zur Extraktion anbietet.

Durch Verletzung der Namenskonventionen (vgl. Kapitel 14.4) sind ggf. nicht alle Tabellen und Views technisch zur Extraktion geeignet. Darüber hinaus sind in der Regel nur ausgewählte Tabellen/Views von Bedeutung für die Extraktion.

Aus diesem Grund müssen nach dem Einrichten eines DB Connect zunächst die Tabellen und Views bestimmt werden, für die eine DataSource definiert werden soll. Die zur Verfügung stehenden Tabellen und Views können über das Kontextmenü des Quellsystems aus dem Datenbank-Katalog ausgelesen werden (siehe Abb. 21–4).

Für ausgewählte Tabellen/Views können so DataSources generiert werden, wobei die zu übernehmenden Felder ebenso wie der DataSource-Typ (Bewegungsdaten, Stammdatenattribute oder Stammdatentexte) einzustellen sind (siehe Abb. 21–5).

Texte werden sprachabhängig jeweils in der Sprache geliefert, in der sich der Datenbank-User des BW an der Datenbank anmeldet. Hierarchiedaten können über einen DB Connect gar nicht geliefert werden.

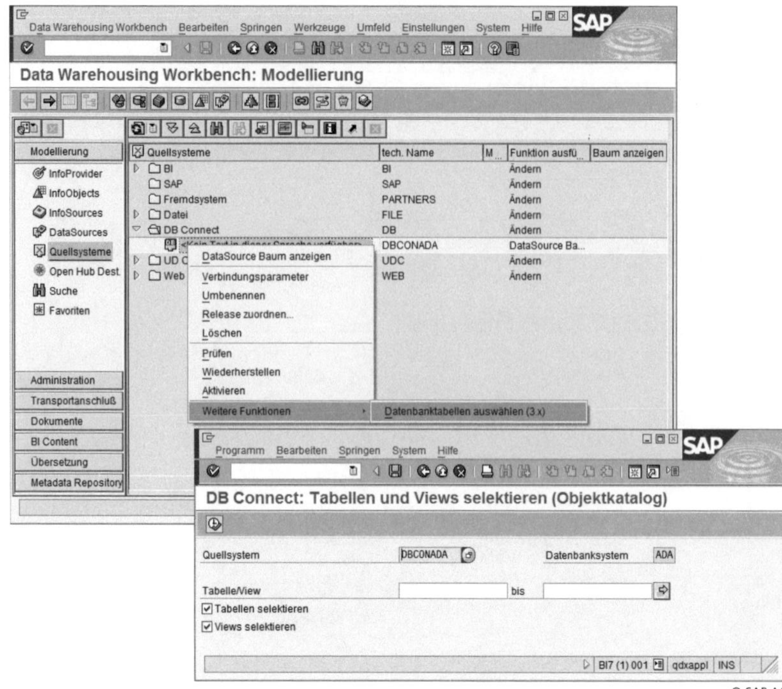

Abb. 21-4
Auswahl der DataSources beim DB Connect

Das Generieren der DataSources erfolgt dabei im BW und nicht im Datenbank-Quellsystem, d.h., die Definition einer DataSource wird nicht etwa aus dem Quellsystem repliziert, sondern direkt in den Metadaten des Inflow Layers hinterlegt.

Im Anschluss an das Generieren der DataSources können die DataSources wie »normale« DataSources aus SAP-Quellsystemen über Übertragungsregeln an eine InfoSource angebunden und eine Transferstruktur definiert werden.

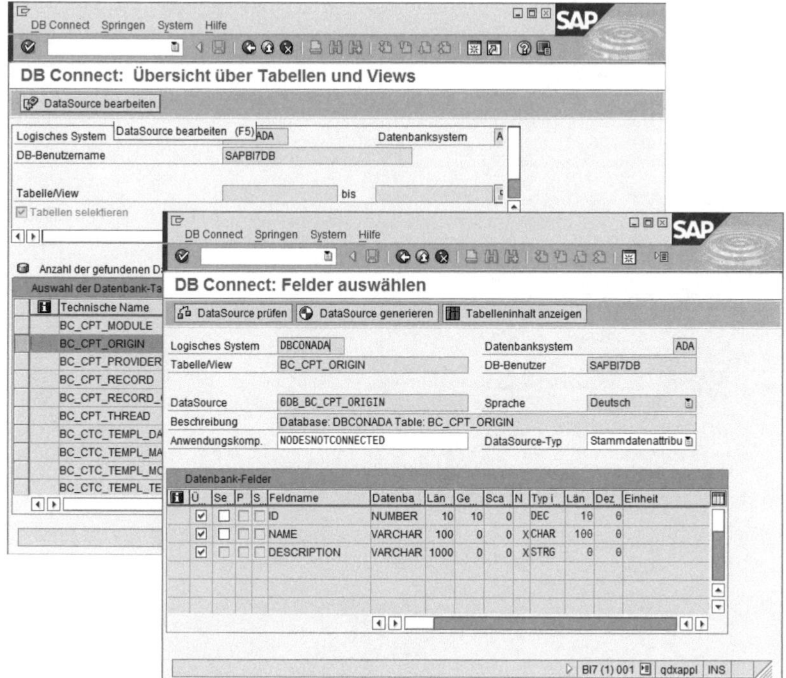

© SAP AG

Abb. 21-5 Generieren von DataSources beim DB Connect

DataSources bei Flatfile-Quellsystemen

Im Falle von Flatfile-Quellsystemen liefert der Extraction Layer keinerlei Metadaten. Die Transferstruktur kann sich folglich nicht aus einer replizierten DataSource ableiten, sondern muss manuell gepflegt werden und definiert ihrerseits die DataSource.

Wird einer InfoSource daher bei der DataSource-Zuweisung ein Flatfile-Quellsystem angegeben, so ist nicht die jeweilige DataSource auszuwählen (wie dies bei SAP-Quellsystemen der Fall ist), sondern vielmehr die zugehörige Transferstruktur zu definieren.

Dabei muss jedes Feld der flachen Datei durch ein entsprechendes Feld der Transferstruktur beschrieben werden. Die Definition der Transferstruktur erfolgt durch InfoObjekte, das heißt, jedes Feld der Transferstruktur muss durch ein InfoObjekt im BW repräsentiert sein (siehe Abb. 21-6).

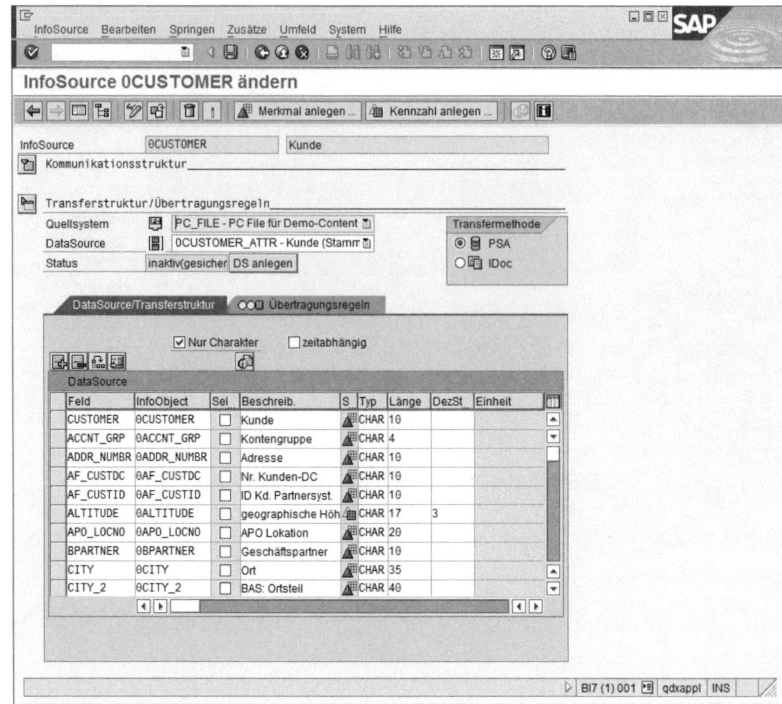

Abb. 21–6 *Anlegen von Transferstrukturen ohne Vorlage*

Als Vorlage für die Transferstruktur wird die Struktur der jeweiligen InfoSource gewählt, an die das Flatfile-Quellsystem angeschlossen wird. Je nach Struktur der zu extrahierenden Datei kann bzw. muss diese Struktur jedoch an die Erfordernisse angepasst werden.

Mit dem Aktivieren der Übertragungsregeln wird die Transferstruktur im ABAP Dictionary angelegt und die DataSource in den Metadaten des BW hinterlegt.

DataSources beim Universal Data Connect

Der UD Connect bringt Metadaten in der Form der sogenannten Quellobjekt-Elemente mit, also der Felder (bei JDBC und SAP Query) bzw. Merkmale/Kennzahlen (bei ODBO und XML/A), die der jeweilige BI Java Connector zur Extraktion anbietet.

Aus welchen dieser Felder sich die entsprechende DataSource zusammensetzen soll, ist beim Anlegen der DataSource zu bestimmen. Das Anlegen erfolgt im Pflegedialog der zugeordneten InfoSource (siehe Abb. 21–7).

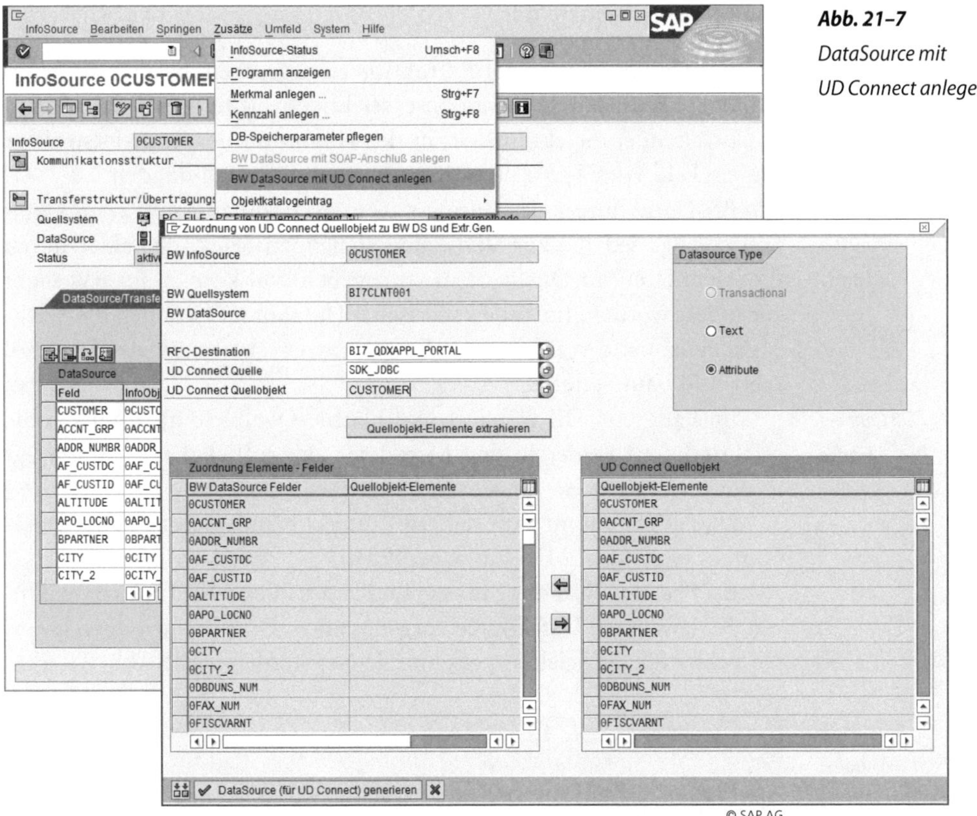

Abb. 21–7
DataSource mit UD Connect anlegen

Zum Definieren der DataSource beim UD Connect müssen die Verbindungsinformationen zum UD Connect-Quellobjekt hinterlegt werden. Dazu gehören:

- die RFC-Destination des J2EE Servers
- die UD Connect-Verbindung, die die Verbindungsinformationen zur jeweiligen Datenquelle enthält (vgl. Kapitel 14.7.1 bis Kapitel 14.7.4)
- das Quellobjekt innerhalb der UD-Connect-Verbindung, also beispielsweise der Name der Datenbanktabelle (bei JDBC) oder der Name eines OLAP-Cubes (bei ODBO)

Nach der Angabe der Verbindungsinformationen können die Quellobjekt-Elemente der UD-Connect-Verbindung angezeigt und in die Struktur der DataSource übernommen werden.

21.1.2 Selektionsfelder

Um das Datenvolumen der Extraktion zu begrenzen, besteht die Möglichkeit, Daten zur Extraktion zu selektieren, sofern es sich bei dem entsprechenden Selektionsfeld in der Definition der Transferstruktur um ein Feld vom Typ `CHAR`, `NUMC`, `DATE`, `TIME` oder `INT4` handelt.

SAP ERP
SAP BW
3rd party

Bei DataSources des Business Content und bei generischen DataSources werden die zur Verfügung stehenden Selektionsfelder durch die Metadaten im Quellsystem vorgegeben und können im BW nicht verändert werden. Im Falle generischer DataSources können die Selektionsfelder bei der Definition der DataSource bestimmt werden (vgl. Abb. 14–5 auf Seite 325).

DB Connect
Flatfile

Im Falle von DB Connect und Flatfile-Quellsystemen müssen die selektierbaren Felder in den Metadaten des Inflow Layers festgelegt werden.

Dies geschieht im Falle des DB Connect beim Generieren der DataSources (vgl. Abb. 21–5 auf Seite 493).

Bei Flatfiles wird diese Einstellung in der Pflege der Transferstrukturen der jeweiligen DataSource vorgenommen. Dort können die relevanten Felder für die Selektion gekennzeichnet werden (siehe Abb. 21–8).

Abb. 21–8
Festlegen von Selektionsfeldern bei Flatfiles

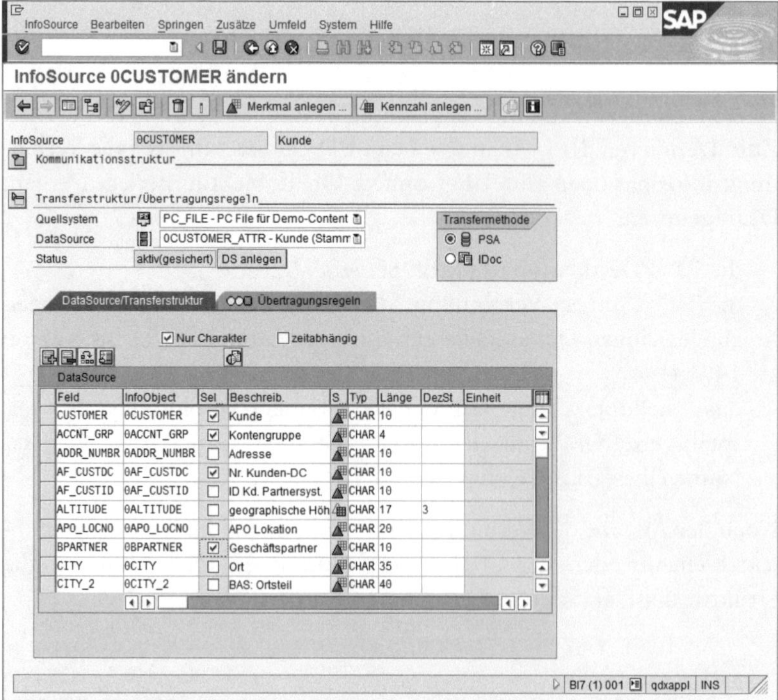

Bei der Extraktion aus der SOAP Connection und dem Universal Data Connect besteht keine Möglichkeit zur Selektion von Feldern. *UD Connect* *SOAP Connection*

21.1.3 Hierarchieeigenschaften

Bei DataSources, die Hierarchiedaten liefern, müssen die Eigenschaften der gelieferten Hierarchiedaten hinterlegt sein. Auf diese Weise kann das BW überprüfen, ob die Eigenschaften einer zu ladenden Hierarchie mit den Eigenschaften übereinstimmen, die auch im BW für die Hierarchie definiert sind.

Bei den Eigenschaften einer Hierarchie handelt es sich um die

- Sortierung der Hierarchie
- Zeitabhängigkeit der Hierarchiestruktur
- Verwendung von Hierarchieintervallen

Im Falle von SAP-ERP- und -BW-Quellsystemen liefern Hierarchie-DataSources mit der Metadaten-Replikation alle erforderlichen Informationen, die die Eigenschaften der von ihnen extrahierten Hierarchien beschreiben. Dies ist auch bei 3rd party ETL-Tools der Fall, sofern diese in der Lage sind, Hierarchiedaten in dem vom BW verlangten Format zu liefern. *SAP ERP* *SAP BW* *3rd party*

Im Falle von Flatfiles müssen die Hierarchieeigenschaften ebenso wie bei DataSources und Transferstrukturen manuell gepflegt werden. Dies erfolgt im Rahmen der Definition der Transferstruktur (siehe Abb. 21–9). *Flatfile*

Die Pflege der Hierarchieeigenschaften hat entsprechenden Einfluss auf die Transferstruktur und somit auf die verlangte Dateistruktur (vgl. Abschnitt »*Externe Hierarchien*«, S. 353).

Alle anderen Quellsysteme können keine Hierarchiedaten liefern, bzw. das BW lässt aus anderen Quellsystemen nur die Extraktion von Bewegungsdaten, Stammdatenattributen und -texten zu. *DB Connect* *UD Connect* *SOAP Connection*

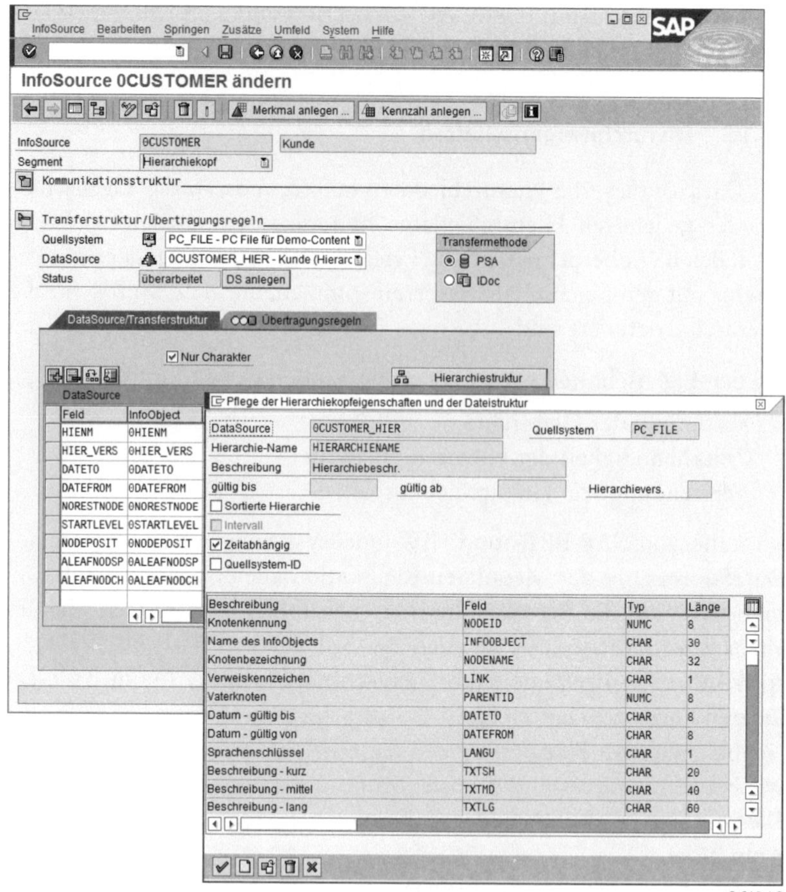

Abb. 21–9
Definition von Hierarchieeigenschaften (Flatfile)

21.2 Definition von Übertragungsregeln

Die Aufgaben der Transformation des BW 7 verteilen sich im Staging des BW 3.x auf eine Kombination von Übertragungsregeln und Fortschreibungsregeln. Übertragungsregeln steuern den Datenfluss von DataSource zu InfoSource, während Fortschreibungsregeln den Datenfluss von InfoSource zu Datenziel steuern. Für das direkte Staging werden Fortschreibungsregeln nicht verwendet und daher nicht weiter beschrieben. Vielmehr muss die Aufbereitung von Daten beim direkten Staging vollkommen durch die Übertragungsregeln definiert werden.

Die Pflege der Übertragungsregeln wird im InfoSource-Baum der Data Warehousing Workbench im Kontextmenü der jeweils angebundenen DataSource aufgerufen (siehe Abb. 21–10).

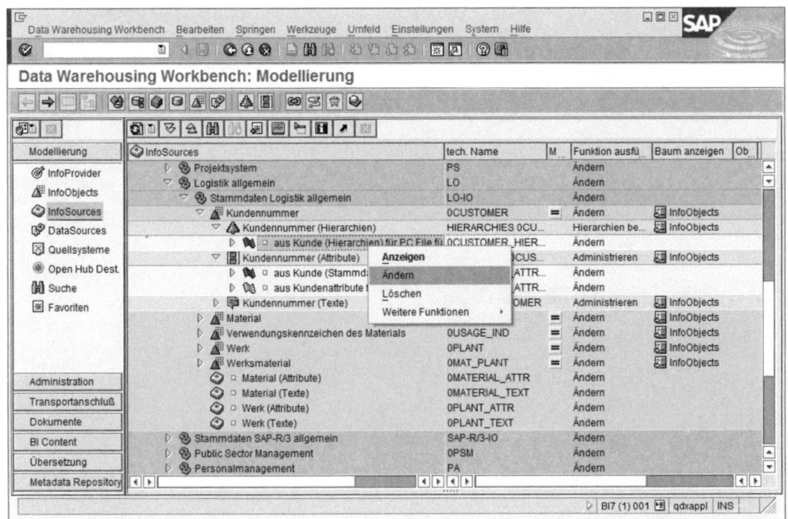

Abb. 21–10
Pflege von Übertragungsregeln zu einer DataSource

Übertragungsregeln können Feldwerte einer Kommunikationsstruktur (also die Feldwerte in den Stammdatentabellen des InfoObjekts) in Form ***direkter Zuweisungen***, durch ***Zuweisung von Konstanten***, durch ***ABAP-Routinen*** oder durch ***Formeln*** ermitteln. Ähnlich wie bei der Transformation wird bei der Durchführung von Übertragungsregeln eine ***Startroutine*** ausgeführt (eine Endroutine existiert jedoch nicht).

Eine besondere Funktion nimmt ferner die Definition der ***Input-Konvertierung*** und die Behandlung ***quellsystemabhängiger Daten*** wahr.

21.2.1 Startroutine

Bevor die Übertragungsregeln prozessiert werden, versucht die Staging Engine, bei jedem fortzuschreibenden Datenpaket die sogenannte Startroutine der Übertragungsregeln auszuführen. Die Startroutine kann individuell zu jeder DataSource einer InfoSource definiert werden, ist jedoch nicht zwingend vorgesehen (siehe Abb. 21–11). Wenn ein Request aus mehreren Datenpaketen besteht, so wird die Startroutine entsprechend mehrmals aufgerufen.

Abb. 21–11
Startroutine in den Übertragungsregeln

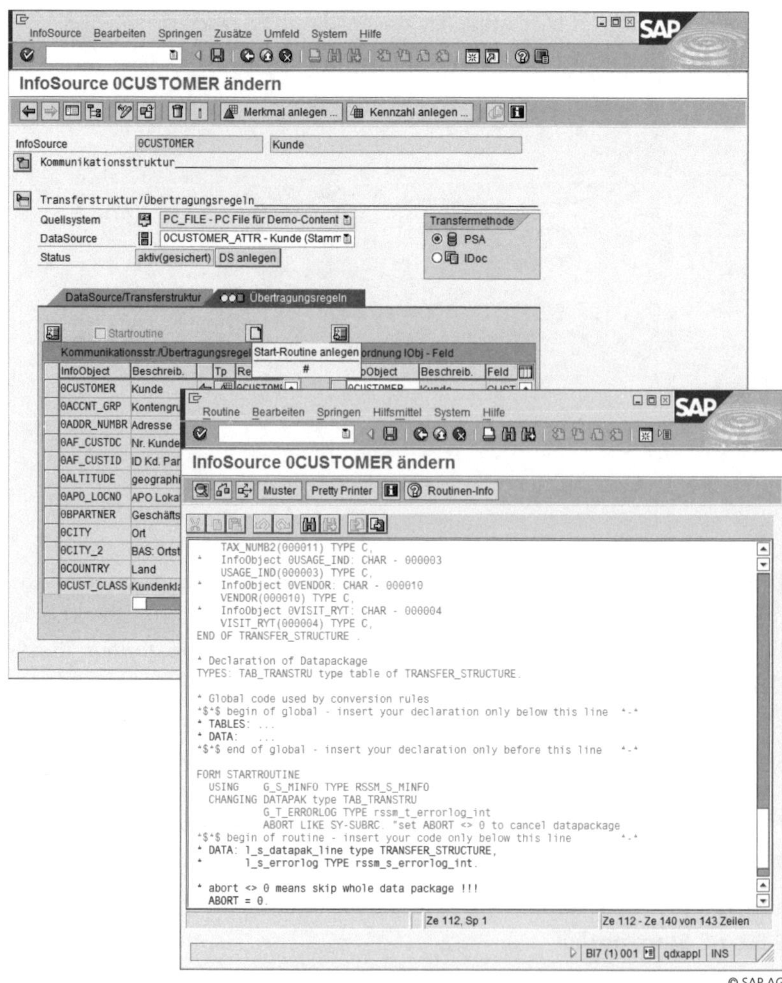

Die Startroutine wird in ABAP/4 programmiert und kann genutzt werden, um globale Variablen und interne Tabellen, die für die Übertragungsregeln des Datenpakets benötigt werden, zu initialisieren.

Die eigentliche Transformation der Daten sollte dabei immer den Übertragungsregeln überlassen werden und nicht in der Startroutine durchgeführt werden. Es ist jedoch sinnvoll, die Startroutine zum Löschen von Datensätzen zu verwenden, die für das Staging nicht relevant sind. Dadurch wird das Staging entlastet und die Performance verbessert.

Die Struktur der Startroutine ist durch das BW fest vorgegeben und besteht aus drei Teilen:

- globaler Datendeklarationsteil
- Parameterteil der Startroutine
- Code der Startroutine

Globaler Datendeklarationsteil

Der globale Datendeklarationsteil besteht zunächst aus der Deklaration der DataSource-Struktur in der ABAP-Struktur `TRANSFER_STRUCTURE`. Diese wird für den Zugriff auf die Daten des jeweils zu bearbeitenden Datenpakets benötigt.

Ferner können im globalen Datendeklarationsteil eigene Variablen und Tabellen hinterlegt werden, die initialisiert werden können und in allen folgenden Übertragungsregeln zum Zugriff bereitstehen.

```
PROGRAM CONVERSION_ROUTINE.

* Type pools used by conversion program
TYPE-POOLS: RS, RSARC, RSARR, SBIWA, RSSM.

* Declaration of transfer structure (selected fields only)
TYPES: BEGIN OF TRANSFER_STRUCTURE ,
*  Record number to be filled in case of adding row(s)
*  to enable 'error handling'
   record      TYPE rsarecord,
*  InfoObject 0CUSTOMER: CHAR - 000010
   CUSTOMER(000010) TYPE C,
*  InfoObject 0ACCNT_GRP: CHAR - 000004
   ACCNT_GRP(000004) TYPE C,
*  InfoObject 0ADDR_NUMBR: CHAR - 000010
   ADDR_NUMBR(000010) TYPE C,
*  InfoObject 0AF_CUSTDC: CHAR - 000010
   AF_CUSTDC(000010) TYPE C,
*  InfoObject 0AF_CUSTID: CHAR - 000010
   AF_CUSTID(000010) TYPE C,
END OF TRANSFER_STRUCTURE .

* Declaration of Datapackage
TYPES: TAB_TRANSTRU type table of TRANSFER_STRUCTURE.

* Global code used by conversion rules
*$*$ begin of global - insert your declaration only below this line  *-*
* TABLES: ...
* DATA:   ...
*$*$ end of global - insert your declaration only before this line   *-*
```

Parameterteil der Startroutine

Der Parameterteil der Startroutine übergibt der Routine Informationen über das Datenpaket, das durch die Übertragungsregeln transformiert werden soll.

```
FORM STARTROUTINE
   USING     G_S_MINFO TYPE RSSM_S_MINFO
   CHANGING  DATAPAK type TAB_TRANSTRU
             G_T_ERRORLOG TYPE rssm_t_errorlog_int
             ABORT LIKE SY-SUBRC. "set ABORT <> 0 to cancel datapackage

(Code der Startroutine)

ENDFORM.
```

Die Parameter haben folgende Bedeutung:

- **G_S_MINFO**
  In dieser Struktur sind Informationen über den jeweiligen Ladevorgang abgelegt. Dazu gehören Informationen über *Request*, *Datenpaketnummer*, *InfoSource-Name*, *InfoSource-Typ* und vieles mehr. Eine Übersicht aller Felder ist der ABAP Dictionary-Struktur RSMINFOHEAD zu entnehmen.
- **DATAPAK**
  In der internen Tabelle DATAPAK wird das zu bearbeitende Datenpaket zur Verfügung gestellt. DATAPAK kann in der Startroutine nicht nur gelesen, sondern auch verändert werden.
- **G_T_ERRORLOG**
  Mit Hilfe des Parameters G_T_ERRORLOG können Nachrichten an den Monitor übergeben werden, zum Beispiel, falls Fehler bei der Verarbeitung auftreten. Die Übergabe von Fehlermeldungen an das Monitoring ist bei der Startroutine analog zu den ABAP-Routinen, die in Kapitel 19.3.4 erläutert werden.
- **ABORT**
  ABORT <> 0 bedeutet einen schweren Fehler in der Verarbeitung, die Bearbeitung des Requests wird komplett abgebrochen.

> Der Parameter G_S_MINFO-LOGSYS enthält den logischen Systemnamen des Quellsystems, der im Rahmen einer Transportlandschaft bei Entwicklungs-, Test- und Produktivsystem unterschiedlich sein kann. Dies ist problematisch, wenn Routinen in Abhängigkeit vom jeweiligen Quellsystem unterschiedliche Funktionen ausführen sollen. Damit die Routinen auf allen BW-Systemen einer Transportlandschaft gleichermaßen funktionieren, sollten Sie innerhalb der Routine zunächst die Quellsystem-ID für das logische System aus der Tabelle /BI0/SSOURSYSTEM ermitteln und die Verarbeitung in Abhängigkeit von der Quellsystem-ID gestalten. Die Einrichtung der Quellsystem-ID ist in Kapitel 15.1.8 erläutert.

Der Codeteil der Startroutine nimmt den Programmcode auf und initialisiert globale Variablen, verändert das Datenpaket und versorgt ggf. die Variable ABORT mit einem Fehlerstatus.

Code der Startroutine

In dem folgenden Beispiel werden in der Startroutine alle Datensätze gelöscht, in denen das Feld ZATTRIB mit einem Initialwert gefüllt ist.

```
*$*$ begin of routine - insert your code only below this line        *-*
* DATA:   l_s_datapak_line type TRANSFER_STRUCTURE,
*         l_s_errorlog TYPE rssm_s_errorlog_int.

  delete DATAPAK where ZATTRIB is INITIAL. "Löschen aller Datensätze ohne
                                           "Eintrag einer Kundennummer

* abort <> 0 means skip whole data package !!!
  ABORT = 0.
*$*$ end of routine - insert your code only before this line         *-*
```

21.2.2 Direkte Zuweisung

Direkte Zuweisungen stellen eine einfache Form zur Ermittlung von Feldwerten dar. Dabei wird davon ausgegangen, dass Felder der befüllten Kommunikationsstruktur unverändert mit einem Feld der DataSource korrespondieren. Die entsprechenden Felder können in diesem Fall einander zugewiesen werden (siehe Abb. 21–12).

Beim Anlegen der Übertragungsregeln versucht das BW zunächst einen Vorschlag für übereinstimmende Felder zu machen. Dieser Vorschlag ist nicht bindend und kann verändert werden. Ebenso können auch Zuweisungen vorgenommen werden, die nicht durch das SAP BW vorgeschlagen werden.

Beachten Sie bei der Einrichtung der Übertragungsregeln, dass im Anschluss an das Mapping gegebenenfalls globale Übertragungsroutinen ausgeführt werden oder konstante InfoObjekte vorliegen, zugewiesene Werte sich also trotz einfachen Mappings an späterer Stelle noch ändern können (siehe Kapitel 21.2.3 und Kapitel 21.2.4).

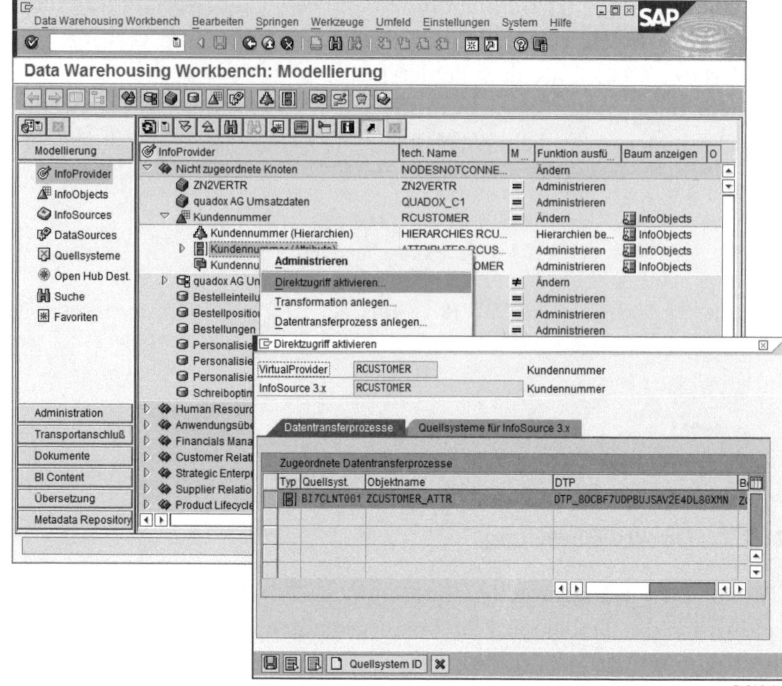

Abb. 21-12 *Mapping in den Übertragungsregeln*

21.2.3 Zuweisung von Konstanten

Wenn eine DataSource eine Information nicht liefert, aber

- die Information aufgrund geklammerter InfoObjekte zwingend geliefert werden muss oder
- ein konstanter Wert die richtige Annahme für die DataSource ist beziehungsweise abhängig von der DataSource gesetzt werden soll,

kann es sinnvoll sein, anstelle einer Zuweisung einen konstanten Wert zu verwenden. Für die Zuordnung von Konstanten existieren zwei Möglichkeiten:

- die Zuweisung der Konstanten in den Übertragungsregeln
- die Zuweisung der Konstanten im InfoObjekt

Konstanten in Übertragungsregeln

Die Zuweisung von Konstanten in den Übertragungsregeln ist immer dann sinnvoll, wenn nicht bei allen DataSources dieselbe Konstante zugewiesen werden soll, sondern die Konstante individuell für bestimmte DataSources festgelegt werden soll[1].

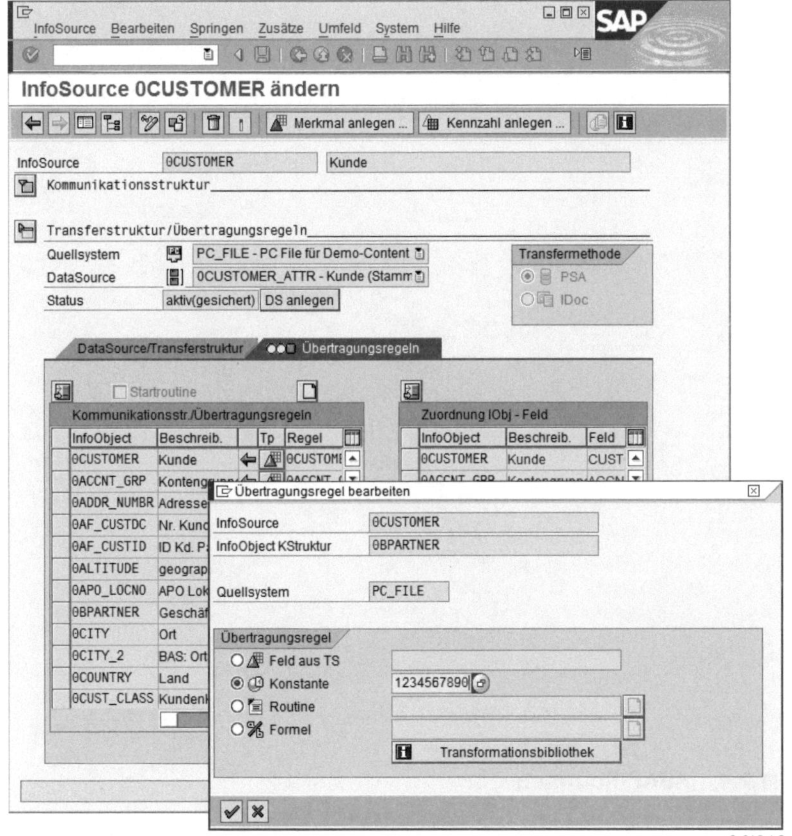

Abb. 21–13
Konstanten in Übertragungsregeln

Abbildung 21–13 stellt die Zuweisung von Konstanten dar.

Konstante InfoObjekte

Existieren InfoObjekte, denen grundsätzlich immer dieselbe Konstante zugewiesen wird, so ist es sinnvoll, die Zuweisung nicht mehrfach (bei jeder DataSource) vorzunehmen, sondern die Konstante beim InfoObjekt zu hinterlegen.

Zu diesem Zweck ist in der InfoObjekt-Pflege die Zuordnung von Konstanten vorgesehen (siehe Abb. 21–14).

Eine Sonderbehandlung muss bei der Zuweisung der Konstanten `<SPACE>` (bei alphanumerischen Datentypen) und `0` (bei numerischen Datentypen) erfolgen. In diesen Fällen ist die Konstante durch ein # zu maskieren.

---

1. Bei anderen DataSources können in diesem Fall auch Formeln oder einfaches Mapping eingesetzt werden, wenn die Transferstruktur die entsprechenden Informationen liefert.

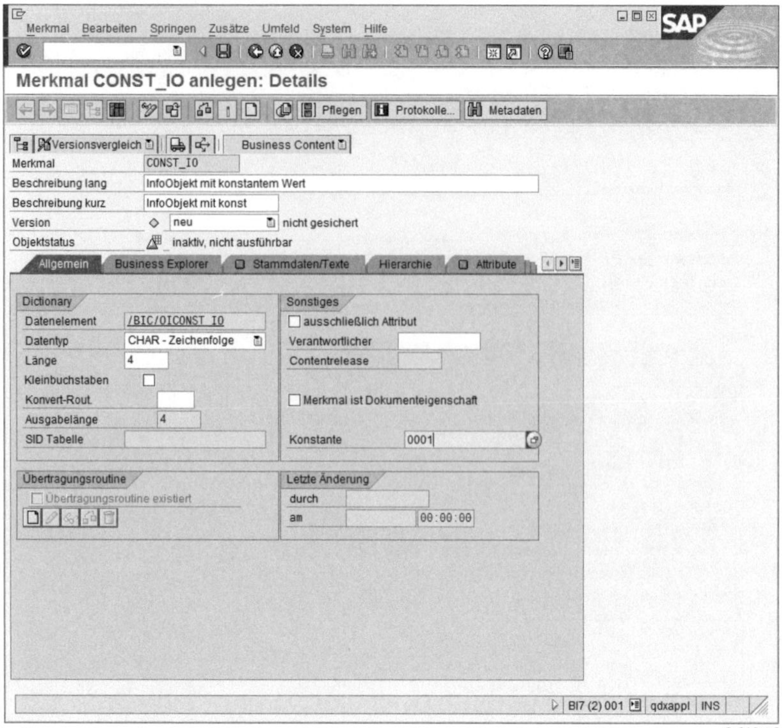

Abb. 21–14
Konstante InfoObjekte

© SAP AG

21.2.4 ABAP-Routinen

In einigen Fällen ist das Mapping von InfoObjekten oder die Zuweisung von Konstanten nicht ausreichend, um DataSources unterschiedlicher Datenquellen in einer homogenen Form aufzubereiten. Hier bestehen durch den Funktionsumfang von ABAP sehr weitreichende Möglichkeiten, einzelne Zuordnungen durch ABAP-Routinen zu beschreiben.

ABAP-Routinen können entweder als

- lokale Übertragungsregeln oder als
- globale Übertragungsregeln

hinterlegt werden.

Lokale Übertragungsroutine

Bei lokalen Übertragungsroutinen wird eine ABAP-Routine als Übertragungsregel zur InfoSource hinterlegt (siehe Abb. 21–15). Dies ist dann sinnvoll, wenn bei unterschiedlichen DataSources auch unterschiedliche ABAP-Routinen hinterlegt werden sollen beziehungsweise, wenn die Berechnung eines InfoObjektes auf mehr als einem Feld der DataSource basiert.

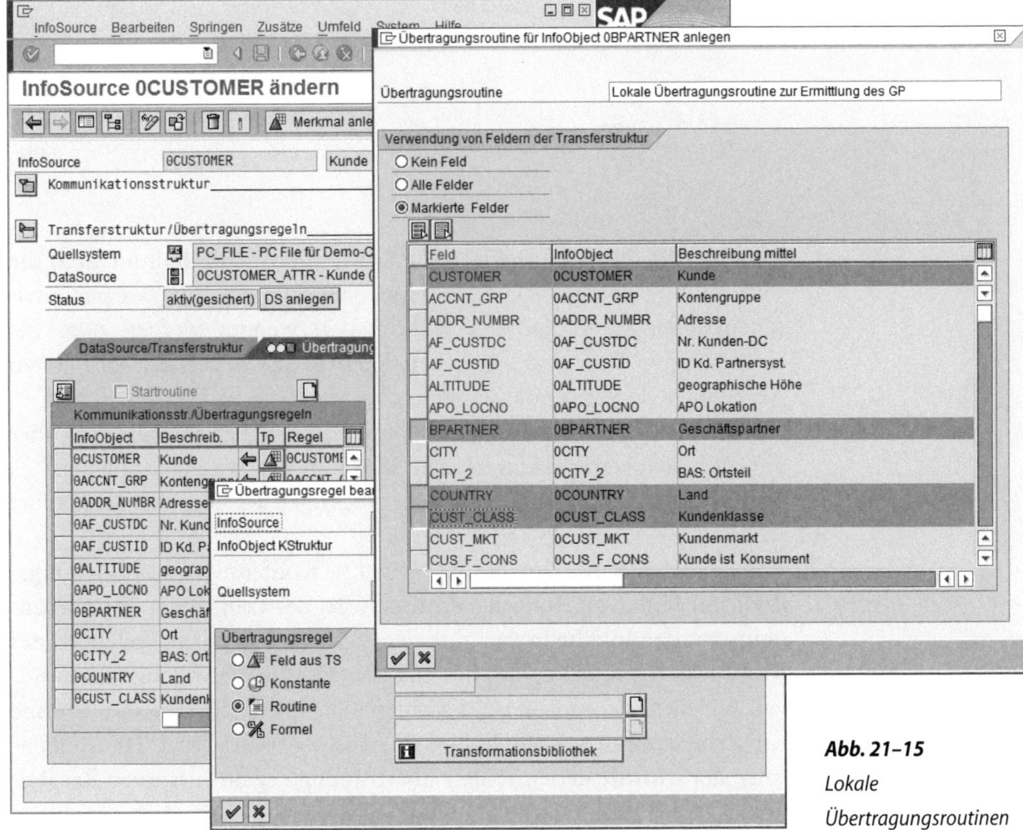

Abb. 21–15
Lokale Übertragungsroutinen

Bei lokalen ABAP-Routinen handelt es sich um Form-Routinen, die in das Programm integriert werden, das aus den Übertragungsregeln generiert wird. In diesen Form-Routinen stehen alle Funktionen der ABAP-Programmierung zur Verfügung.

Lokale Übertragungsroutinen bestehen aus vier Teilen, die das Schema der Routine vorgeben:

- globaler Datendeklarationsteil
- Parameterteil der Form-Routine
- Code der Form-Routine

Darüber hinaus ist die Übergabe von Nachrichten an das Monitoring von Bedeutung.

Globaler Datendeklarationsteil

Der globale Deklarationsteil ist für alle Übertragungsregeln einer DataSource vorhanden. Hier können daher Daten deklariert werden, die in allen lokalen Übertragungsroutinen für die jeweilige DataSource gelten sollen.

```
program conversion_routine.
*$*$ begin of global - insert your declaration only below this line
*-*
* TABLES: ...
* DATA:   ...
*$*$ end of global - insert your declaration only before this line
*-*
*
```

Dies betrifft die reine Deklaration sowie die Dateninhalte. Durch die Verwendung globaler Datendeklarationen können zum Beispiel Zwischenergebnisse in anderen Routinen verwendet werden oder bei nochmaligem Aufruf der gleichen Routine die Ergebnisse des ersten Aufrufs wiederverwendet werden.

Wenn Daten zwischen den Routinen einzelner InfoObjekte über die globalen Datendeklarationen ausgetauscht werden sollen, ist es notwendig, dass die Routinen in der richtigen Reihenfolge ausgeführt werden.

Als Beispiel werden die InfoObjekte Kontenplan und Buchungskreis mit Hilfe von Routinen ermittelt. Bei der Ermittlung des Kontenplans werden Inhalte in den globalen Variablen abgelegt, welche in der Routine zur Ermittlung des Buchungskreises zur Verfügung stehen sollen. Für dieses Vorgehen ist es zwingend erforderlich, dass die Routine zur Ermittlung des Kontenplans zuerst ausgeführt wird. Die Reihenfolge der Aufrufe der einzelnen Übertragungsregeln entspricht der Reihenfolge der Felder im InfoObjekt.

Parameterteil der Form-Routine

Der Parameterteil beschreibt die Parameter, die an die Übertragungsregel übergeben werden, sowie die Parameter, welche die Routine zurückgeben muss.

```
form compute_<InfoObjekt>
      using
         record_no        like sy-tabix
         tran_structure   type transfer_structure
         g_s_minfo        type rssm_s_minfo
      changing
         result           type /BIO/OICOMP_CODE
         g_t_errorlog     type rssm_t_errorlog_int
         returncode       like sy-subrc
         abort            like sy-subrc.
(Code der Form-Routine)
ENDFORM.
```

Die Parameter der Form-Routine haben folgende Bedeutung und Wirkung:

- **RECORD_NO**
  In der Variablen RECORD_NO wird die Nummer des zu bearbeitenden Datensatzes der Transferstruktur zur Verfügung gestellt. Da die Datenlieferungen der Quellsysteme bei entsprechender Größe paketiert werden, bezieht sich die Satznummer auf das gerade bearbeitete Paket und nicht auf die Gesamtzahl aller extrahierten Datensätze.
- **TRAN_STRUCTURE**
  In der Struktur TRAN_STRUCTURE wird der zu bearbeitende Datensatz der Transferstruktur zur Verfügung gestellt.
- **G_S_MINFO**
  In dieser Struktur sind Informationen über den jeweiligen Ladevorgang abgelegt. Dazu gehören Informationen über Request, Datenpaketnummer, InfoSource-Name, InfoSource-Typ und vieles mehr. Eine Übersicht aller Felder ist der ABAP Dictionary-Struktur RSMINFOHEAD zu entnehmen.
- **RESULT**
  Die Variable RESULT dient zur Rückgabe des Ergebnisses der Übertragungsregel.
- **G_T_ERRORLOG**
  Mit Hilfe des Parameters G_T_ERRORLOG können Nachrichten an den Monitor übergeben werden, zum Beispiel, falls Fehler bei der Verarbeitung auftreten.
- **RETURNCODE**
  Mit der Variablen RETURNCODE können Fehler an das Konvertierungsprogramm gemeldet werden. RETURNCODE <> 0 signalisiert einen Fehler, das heißt, die Verarbeitung des aktuellen Datenpakets wird als fehlerhaft gekennzeichnet, die Verarbeitung der restlichen Datensätze wird dennoch fortgeführt. Wird die PSA beim Ladevorgang verwendet, so wird der entsprechende Datensatz innerhalb des PSA-Requests als fehlerhaft markiert.
- **ABORT**
  ABORT <> 0 bedeutet einen schweren Fehler in der Verarbeitung, die Bearbeitung des Requests wird komplett abgebrochen.

Code der Form-Routine

Der Codeteil der Form-Routine nimmt den Programmcode der Übertragungsregel auf und gibt über die Variable RESULT das Ergebnis der Routine zurück. Neben der Variablen RESULT müssen auch die Variablen RETURNCODE und ABORT mit Werten versorgt werden.

```
*
*$*$ begin of routine - insert your code only below this line      *-*
    result = TRAN_STRUCTURE-AMOUNT. "Zuweisen des InfoObjektes OAMOUNT
                                    "aus der Transferstruktur
* returncode <> 0 means skip this record
  returncode = 0
* abort <> 0 means skip whole data package !
  abort = 0.
*$*$ end of routine - insert your code only before this line       *-*
*
```

Übergabe von Monitornachrichten

Sofern die durch das BW zur Verfügung gestellten Zuweisungsmöglichkeiten (Mapping, Zuweisung von Konstanten, Formeln) genutzt werden, kümmert sich das BW bei Bedarf um die Übergabe aussagefähiger Fehlermeldungen an das Monitoring. Bei der Benutzung von ABAP-Routinen müssen eventuell auftretende Fehler, Warnungen oder sonstige Informationen durch die ABAP-Routine an das Monitoring übergeben werden.

Zu diesem Zweck kann der Parameter `G_T_ERRORLOG` verwendet werden. Das folgende Programmbeispiel verdeutlicht die Übergabe von Fehlermeldungen an das Monitoring.

```
form compute_month
  using      record_no         like sy-tabix
             tran_structure    like z1x001x
             g_s_minfo         type rssm_s_minfo
  changing   result            like /bic/vcube-calmonth
             g_t_errorlog      type rssm_t_errorlog_int
             returncode        like sy-subrc
             abort             like sy-subrc.
*
*$*$ begin of routine - insert your code only below this line      *-*
DATA: X_ERRORLOG like RSSM_S_ERRORLOG_INT.
(...)
  if error = true.
     X_ERRORLOG-RECORD = RECORD_NO.
     X_ERRORLOG-MSGTY = ´E´. "E=Error, W=Warning, I=Information
     X_ERRORLOG-MSGID = ´ZQUADOX´.
     X_ERRORLOG-MSGNO = ´001´.
     X_ERRORLOG-msgv1 = ´Es ist ein Fehler aufgetreten´.
     APPEND X_ERRORLOG to G_T_ERRORLOG.
     returncode = 4.
     abort = 0.
  else.
     returncode = 0.
     abort = 0.
     result = Ergebnis.
  endif.
*$*$ end of routine - insert your code only before this line       *-*
*
ENDFORM.
```

Globale Übertragungsroutine

Zu jedem InfoObjekt kann eine Übertragungsroutine hinterlegt werden, die immer *im Anschluss* an die Übertragungsregeln der Kommunikationsstruktur ausgeführt wird[2], gleichgültig, ob die Übertragungsregeln durch Mapping, Konstanten, ABAP-Routinen oder Formeln beschrieben werden. Der Einsatz globaler Übertragungsroutinen ist dann sinnvoll, wenn ein InfoObjekt immer mit derselben ABAP-Routine transformiert werden soll *und* die Berechnung ausschließlich auf Basis eines einzigen Feldes der DataSource erfolgen kann (da nur ein Wert an die Routine übergeben wird).

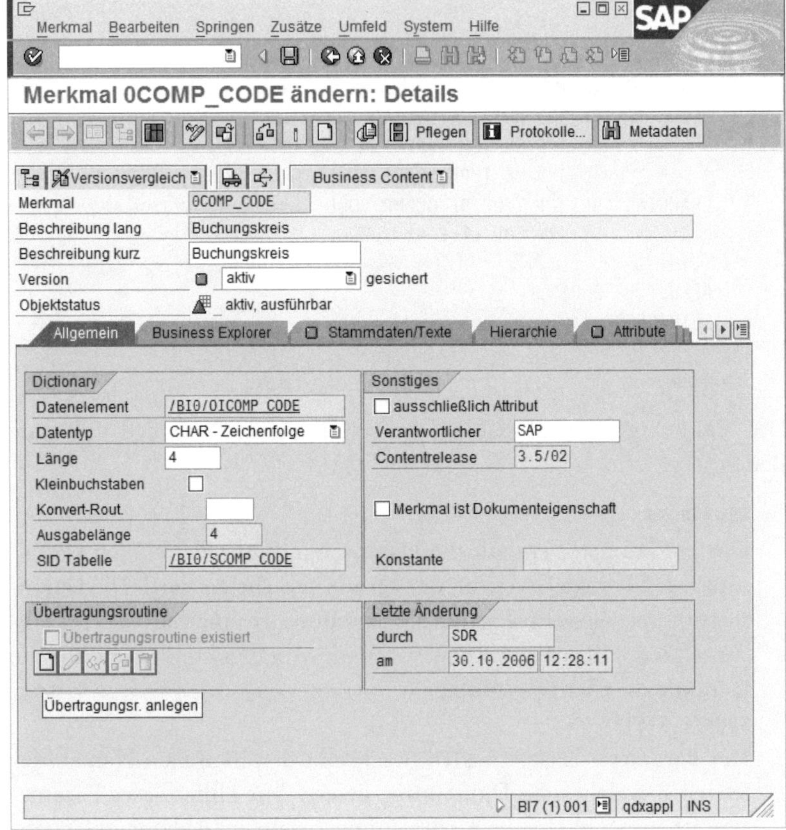

Abb. 21–16
Anlegen globaler Übertragungsroutinen

Die Übertragungsroutinen zu einem InfoObjekt werden in der InfoObjekt-Pflege angelegt (siehe Abb. 21–16).

2. Es besteht seitens der lokalen Übertragungsregeln keine Möglichkeit, die nachfolgende Ausführung globaler Übertragungsroutinen zu unterbinden.

Globale Übertragungsregeln eignen sich sehr gut, um Zeichenprüfungen oder Konvertierungen, zum Beispiel von Klein- in Großbuchstaben, vorzunehmen.

Ebenso wie lokale Übertragungsroutinen basieren auch globale Übertragungsroutinen auf einem fest definierten Programmgerüst aus Datendeklarationsteil, Parameterteil und Code.

```
PROGRAM CONVERSION_ROUTINE.
* Type pools used by conversion program
TYPE-POOLS: RSD, RSARC, RSARR.
TYPES: DE_OCOMP_CODE(000004) TYPE C.
* Conversion rule for InfoObject OCUSTOMER
*     Data type        = CHAR
*     ABAP type        = C
*     ABAP length      = 000004
FORM CONVERT_OCOMP_CODE
  USING     RECORD_NO LIKE SY-TABIX
            SOURCE_SYSTEM TYPE RSA_LOGSYS
            IOBJ_NAME TYPE RSIOBJNM
  CHANGING  RESULT TYPE DE_OCOMP_CODE "InfoObject value
            RETURNCODE LIKE SY-SUBRC.
*$*$ begin of routine - insert your code only below this line  *-*
  RESULT = '0001'.
  RETURNCODE = 0.
*$*$ end of routine - insert your code only before this line  *-*
ENDFORM.
```

Die Parameter der globalen Übertragungsroutine haben folgende Bedeutung:

- **RECORD_NO**
  Dieser Parameter enthält die Datensatznummer desjenigen Datensatzes der Transferstruktur, der gerade verarbeitet wird. Die Datensatznummer bezieht sich auf die Satznummer innerhalb des jeweiligen Datenpakets eines Requests (Ladevorgangs) und nicht auf die Gesamtzahl aller Datensätze.
- **SOURCE_SYSTEM**
  Der Parameter SOURCE_SYSTEM beschreibt den logischen Namen des Systems, welches die DataSource liefert. Mit Hilfe dieses Parameters ist es möglich, die Übertragungsregeln in Abhängigkeit von den Quellsystemen zu gestalten (zum Beispiel, falls die Quellsysteme unterschiedliche Zeichencodes liefern).

- `IOBJ_NAME`
  Dieser Parameter enthält den technischen Namen des InfoObjektes.
- `RESULT`
  Dieser Parameter enthält den aktuellen Wert, der dem InfoObjekt durch Mapping, Konstantenzuweisungen oder lokale Übertragungsroutinen in den Übertragungsregeln zugewiesen wurde. Das Ergebnis der Berechnung in der globalen Übertragungsroutine muss ebenfalls in diesem Parameter abgelegt werden. Findet keine Zuweisung statt, so wird der aktuelle Wert beibehalten.
- `RETURNCODE`
  Sollten bei der Berechnung Fehler auftreten, so können diese mit Hilfe des Parameters `RETURNCODE` an den Transformation Layer gemeldet werden. Jeder Wert <> 0 kennzeichnet einen Fehler und führt zum Abbruch der Verarbeitung des gesamten Datenpakets, in dem der Datensatz geliefert wird. Das Datenpaket erscheint entsprechend fehlerhaft im Monitoring und kann erneut verarbeitet werden. Die Rückgabe eines detaillierten Monitorprotokolls ist nicht möglich.

21.2.5 Formeln

Formeln verfolgen dasselbe Ziel wie lokale ABAP-Routinen: Sie sollen einen Wert in Abhängigkeit von unterschiedlichen Feldern der Transferstruktur errechnen. Zu diesem Zweck bieten Formeln einfache Berechnungskonstrukte und Bedingungen an, die identisch mit denen der Formeln in der Transformation sind (vgl. Kapitel 19.3.5).

Als Grundlage der Formelberechnung stehen alle Felder einer Transferstruktur zur Verfügung. Formeln sind einfacher zu definieren als ABAP-Routinen und bieten die Möglichkeit, auch ohne ABAP-Kenntnisse umfangreichere Berechnungen durchzuführen. Komplexe Regeln (zum Beispiel mit Zugriff auf transparente Tabellen) sind jedoch nur mit Hilfe von ABAP-Routinen zu realisieren.

Treten Fehler bei der Berechnung von Formeln auf (z.B. Division durch Null), so werden keine entsprechenden Fehlercodes an das Monitoring übergeben, sondern lediglich Initialwerte für das berechnete Feld zurückgegeben. Achten Sie daher bei der Gestaltung von Formeln darauf, mögliche Fehler zu berücksichtigen.

21.2.6 Input-Konvertierung

Ebenso wie beim neuen Staging mit Transformation und Datentransferprozessen ist auch beim direkten Staging die Durchführung der Input-Konvertierung von Bedeutung (vgl. Kapitel 15.2.3). Diese konzentriert sich allerdings ausschließlich auf die Konvertierungsexits `ALPHA`, `GJAHR` und `NUMCV`, also diejenigen Konvertierungsexits, die beim Verbuchen der Daten überprüft werden.

3rd party
DB Connect
Flatfile
UD Connect
Web Service

Werden DataSources aus 3rd-party-Quellsystemen, DB-Connect-Quellsystemen, Flatfiles, UD Connect oder Web Services extrahiert, so wird die Input-Konvertierung grundsätzlich für alle relevanten Felder der DataSource ausgeführt (und zwar anders als alle anderen Übertragungsregeln noch vor dem Ablegen der Daten in der PSA).

SAP ERP
SAP BW

Speziell bei der Übernahme von Daten aus SAP ERP und SAP BW geht das BW davon aus, dass die Daten bereits im korrekten internen Format vorliegen, und es wird der Aufwand für die Input-Konvertierung eingespart.

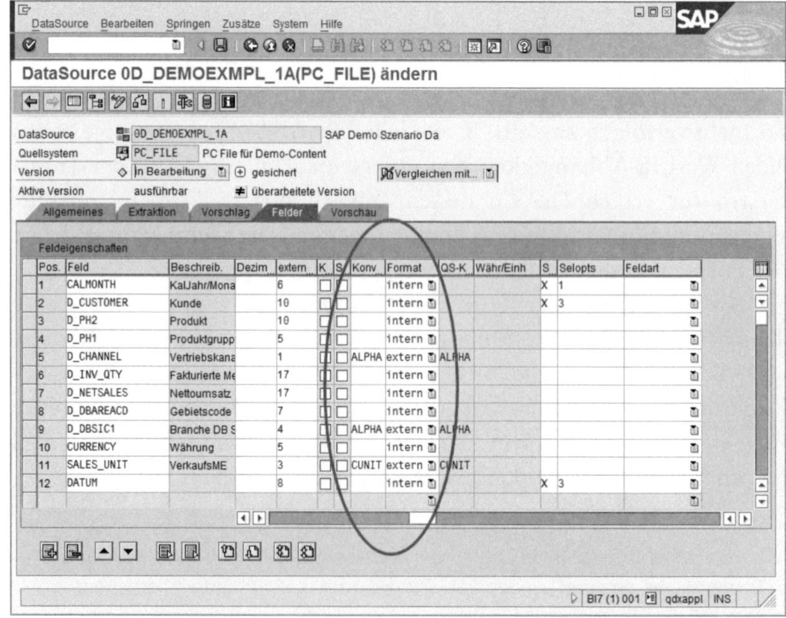

Abb. 21–17 *Einstellungen zur Input-Konvertierung*

Die Annahme, alle InfoObjekte, die mit den Konvertierungsexits `ALPHA`, `GJAHR` und `NUMCV` definiert sind, würden auch im entsprechenden Format aus dem Quellsystem angeliefert, ist jedoch oftmals ein Trugschluss. Insbesondere wenn generische DataSources und User-Exits zum Einsatz kommen, kann auch bei diesen Quellsystemen eine Input-

Konvertierung erforderlich sein. Dies merkt man spätestens dann, wenn das BW bei Ladeprozessen nicht konforme Werte meldet.

Um die Input-Konvertierung bei diesen InfoObjekten dennoch durchzuführen, kann bei den Übertragungsregeln ein entsprechendes Optionsfeld aktiviert werden (siehe Abb. 21–17).

21.2.7 Quellsystemabhängige Daten

In einigen Fällen ist es sinnvoll, Stammdaten mit Bezug auf ein Quellsystem zu speichern[3]. Für diesen Zweck ist das InfoObjekt 0SOURSYSTEM vordefiniert, das bei der Definition der Übertragungsregeln als Sonderfall erkannt wird und dem automatisch die ID des Quellsystems zugewiesen wird (siehe Abb. 21–18).

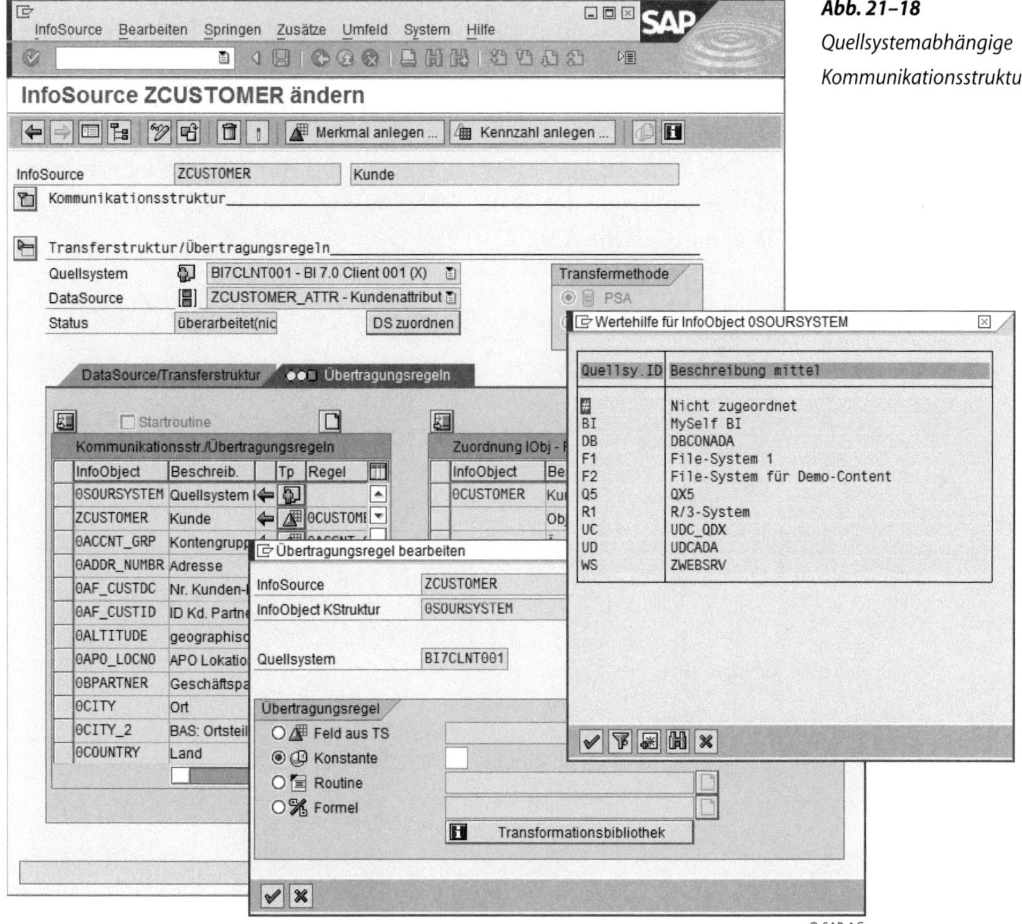

Abb. 21–18
Quellsystemabhängige Kommunikationsstruktur

3. In Kapitel 15.1.8 werden entsprechende Fälle beschrieben.

InfoObjekte mit direktem Staging

Das InfoObjekt `0SOURSYSTEM` kann als Attribut des zu befüllenden InfoObjekts aufgenommen werden. Das InfoObjekt kann aber auch an `0SOURSYSTEM` geklammert werden. Für diesen Fall ist in der InfoObjekt-Pflege ein Automatismus vorgesehen, mit dem die Quellsystemabhängigkeit über eine Checkbox hergestellt werden kann (vgl. Abb. 6–39 auf Seite 118).

Nur Stammdatenattribute können mit Bezug auf ein Quellsystem gespeichert werden. Bei externen Hierarchien und Texten ist dies nicht möglich.

21.3 Definition von Extraktionsvorgängen

Als Besonderheit des direkten Staging ist die Durchführung von Extraktions- und Ladevorgängen nicht voneinander getrennt, sondern in einem gemeinsamen steuernden Element vereint. Dabei handelt es sich um die bereits benannten InfoPackages, die beim direkten Staging nicht nur in die PSA, sondern auch in die Stammdaten des InfoObjekts schreiben.

Das Anlegen von InfoPackages für das direkte Staging erfolgt im InfoSource-Baum der Data Warehousing Workbench zur jeweiligen DataSource (siehe Abb. 21–19).

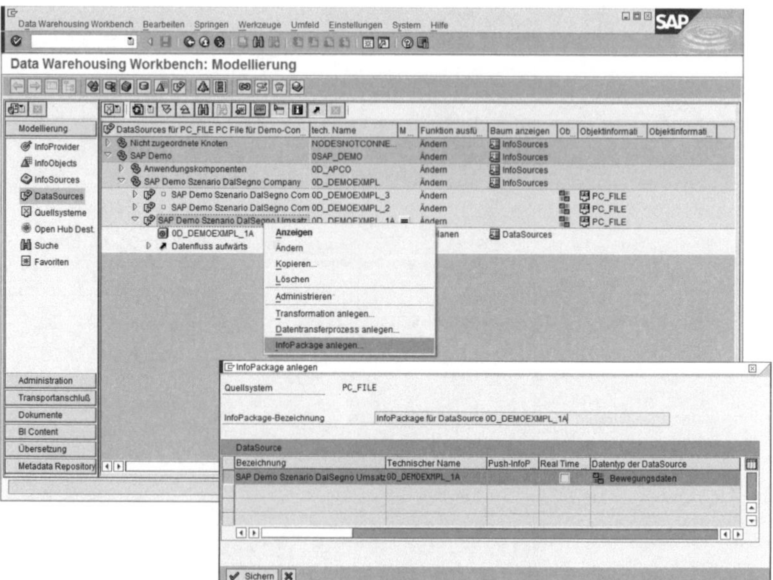

Abb. 21–19 *Anlegen von InfoPackages*

Die Einstellungen, die in InfoPackages für direktes Staging vorgenommen werden, sind teilweise identisch mit den Einstellungen bei InfoPackages für das neue Staging der Version 7. Abweichungen sind bei den Registerkarten ***Fremddaten*** und ***Verarbeitung*** zu berücksichtigen. Für die Extraktion externer *Hierarchien* existiert ferner die Registerkarte ***Hierarchieauswahl***. Die unterschiedlichen Einstellungen werden nachfolgend erläutert.

21.3.1 Fremddaten

Bei der Extraktion von Daten aus SAP-ERP-Systemen sind durch die spezifischen Konventionen aller SAP-Systeme sowohl die Datenquellen als auch die Darstellungsregeln bezüglich

- Tausendertrennzeichen
- Zeichen für den Dezimalpunkt
- Währungskonvertierung
- Anzahl der Kopfzeilen

bekannt. Bei Fremddaten aus Flatfiles oder 3rd party ETL-Tools müssen sowohl die Datenquellen als auch die Darstellungsweisen vorgegeben werden. Dies erfolgt anders als beim neuen Staging des BW 7 nicht in der Definition der DataSources, sondern in der Registerkarte Fremddaten bei der Definition von InfoPackages (siehe Abb. 21–20).

> Das BW bietet bei jedem InfoPackage Vorschlagswerte für Tausendertrennzeichen und Dezimalpunkt an. Die Vorschlagswerte können mit Hilfe der Transaktion `RSCUSTV1` angepasst werden.

Die Angaben von *Speicherort* und *Dateityp* sind identisch mit den entsprechenden Einstellungen, die beim Staging des BW 7 in der DataSource vorgenommen werden. Als Besonderheit des direkten Staging im BW 3.x können die Vorgaben alternativ auch aus einer Steuerdatei entnommen werden, die ebenfalls im InfoPackage vorgegeben werden kann.

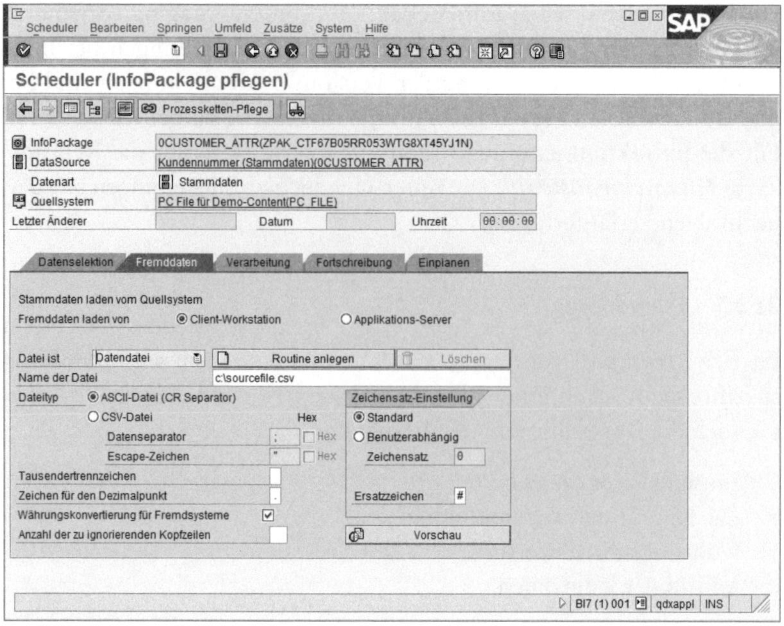

Abb. 21–20
InfoPackage: Fremddaten

Steuerdatei

Steuerdateien werden üblicherweise dann eingesetzt, wenn das Vornehmen der Einstellungen in den Fremddaten von InfoPackages bei einer großen Anzahl von Fremddaten beziehungsweise vielen unterschiedlichen Einstellungen als zu aufwändig und fehleranfällig erscheint.

Steuerdateien sind ASCII-Dateien und müssen folgendermaßen aufgebaut werden:

```
* Name des zu ladenden Flatfiles
FILENAME = c:\temp\qwertz.abc
* Typ des zu ladenden Files (binär, CSV oder ASCII)
FILETYPE = BIN oder CSV oder TXT   (da stimmt doch was nicht)
* Speicherort des Flatfiles (Application Server oder Client Workstation)
LOCATION = A oder C
* Datenseparator
FS = ;
* Escape-Zeichen
ESCAPE = \
* Tausendertrennzeichen
1000SEPARATOR = .
* Zeichen für den Dezimalpunkt
DECIMALPOINT = ,
* Anzahl der Sätze im File
RECCOUNT = 985
* Länge eines Satzes im Flatfile
RECSIZE = 53
```

```
* Anzahl der Sätze in einem IDOC-Paket
PACKETSIZE = 1000
* Selektionsdatum
SELDATE = 19989893
* Selektionszeit
SELTIME = 112305
```

21.3.2 Hierarchieauswahl

Das Laden von Hierarchien bringt gleich eine ganze Reihe von Besonderheiten mit sich, die bei anderen Ladeprozessen nicht vorzufinden sind. Dies betrifft

- die Auswahl der zu ladenden Hierarchie
- die Update-Methode der Hierarchie
- das Sichern der Hierarchie
- das Aktivieren der Hierarchie

Auswahl der zu ladenden Hierarchie

Ein InfoPackage bezieht sich auf genau eine DataSource in einem Quellsystem. Damit ist bei InfoPackages für Bewegungsdaten, Stammdatenattribute und -texte die Datenquelle eindeutig festgelegt. Im Falle von Hierarchien hingegen können durch eine DataSource mehrere Hierarchien zur Extraktion angeboten werden.

Aus diesem Grund ist als Teil der InfoPackage-Definition bei Hierarchien die zu ladende Hierarchie auszuwählen, nachdem die Liste aller verfügbaren Hierarchien mit Hilfe des Buttons »Verfügbare Hierarchien aus OLTP« angefordert wurde (siehe Abb. 21–21).

Die Liste aller verfügbaren Hierarchien kann unter Umständen sehr umfangreich und damit unübersichtlich sein. Aus diesem Grund können die für Ladeprozesse relevanten Hierarchien durch die Option »Relevant für BW« gekennzeichnet werden.

Die so gekennzeichneten Hierarchien werden fortan sofort bei der Hierarchieauswahl aufgelistet. Der Button »Verfügbare Hierarchien aus OLTP« muss dann nur noch zum Auflisten aller weiteren (nicht gekennzeichneten) Hierarchien genutzt werden. Außer der »Usability« kommt dem Kennzeichnen relevanter Hierarchien allerdings keine Bedeutung zu.

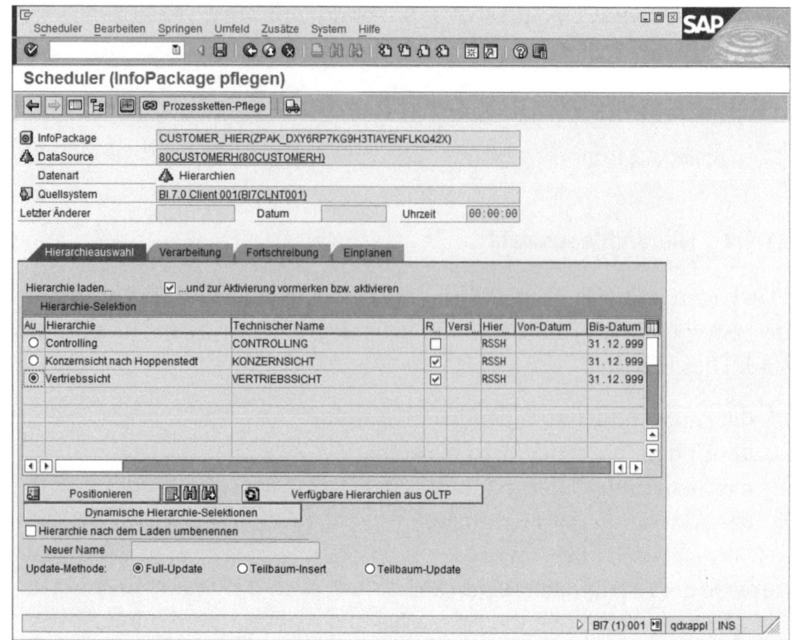

Abb. 21–21
InfoPackage: Hierarchieauswahl

Update-Methode der Hierarchie

Eine Hierarchie kann entweder komplett aus einer Hierarchie im Quellsystem geladen werden oder aus mehreren Hierarchiestücken zusammengesetzt werden.

Full Update

Wird eine Hierarchie komplett aus einer Hierarchie in einem Quellsystem übernommen, so wird mit Hilfe des ***Full Update*** die bestehende Hierarchie im BW überschrieben bzw. beim erstmaligen Laden eine neue Hierarchie angelegt.

Die Hierarchie identifiziert sich in diesem Fall nur durch ihren technischen Namen, der im Falle von zeit- und versionsabhängigen Hierarchien durch ein »Datum bis« bzw. eine Versionsnummer ergänzt werden muss.

Teilbaum-Update

Der ***Teilbaum-Update*** ist vergleichbar mit dem Full Update, doch wird die entsprechende Hierarchie im BW nicht komplett durch die Hierarchie des Quellsystems überschrieben.

Stattdessen wird die Hierarchiewurzel der neuen Hierarchie als Teilbaum direkt unter der Wurzel der im BW bestehenden Hierarchie eingefügt. Besteht der Teilbaum bereits, so wird er komplett durch den neuen Teilbaum überschrieben. Dabei ist vor allem zu beachten, dass alle Knoten des neuen Teilbaums eindeutig sein müssen, sich also nicht noch einmal an anderer Stelle der existierenden Hierarchie im BW wiederfinden.

Der Teilbaum-Update eignet sich damit vor allem, um eine Hierarchie aus Fragmenten anderer Hierarchien zusammenzusetzen, die in sich geschlossen und eindeutig sind.

Teilbaum-Insert

Anders als der Teilbaum-Update ersetzt der ***Teilbaum-Insert*** einen bestehenden Teilbaum nicht durch den zu ladenden Teilbaum. Stattdessen fügt er den neuen Teilbaum ein weiteres Mal in der bestehenden Hierarchie ein, so dass derselbe Hierarchieknoten unter Umständen mehrmals in einer Hierarchie vorkommen kann.

Sichern der Hierarchie

Eine Hierarchie wird beim Laden im BW unter demselben technischen Namen abgelegt, den sie auch im Quellsystem hat. Dies ist jedoch nicht immer so sinnvoll (z.B. weil eine Hierarchie aus einem Quellsystem nicht die Hierarchie aus einem anderen Quellsystem überschreiben soll).

Vor allem beim Zusammensetzen einer Hierarchie durch Teilbaum-Updates/-Inserts werden die zu ladenden Hierarchien in den seltensten Fällen alle denselben technischen Namen besitzen.

Aus diesem Grund werden Hierarchien im Rahmen des Ladevorgangs zunächst in temporären Hierarchietabellen abgelegt und nicht in der M-Version der Hierarchiestammdaten, wie dies bei Stammdatenattributen sofort der Fall ist (vgl. Kapitel 7.1.2).

Vor der Übernahme der Hierarchiedaten aus den temporären Hierarchietabellen kann eine Hierarchie umbenannt werden, um auf diese Weise auf Teilbaum-Updates/-Inserts unterschiedlicher Hierarchien in Quellsystemen in dieselbe Hierarchie im BW zu ermöglichen.

Der technische Name, in den eine Hierarchie umbenannt werden soll, kann bei der Hierarchieauswahl im InfoPackage vorgegeben werden.

Die Übernahme der Hierarchiedaten in den temporären Hierarchietabellen wird beim Ausführen des InfoPackages direkt ausgeführt, wobei ggf. auch gleich der technische Name der Hierarchie umbenannt wird.

Wird ein InfoPackage zum Laden von Hierarchiedaten im Rahmen einer Prozesskette ausgeführt (siehe Kapitel 28), so wird das Sichern (und ggf. Umbenennen) der Hierarchie nicht als Teil des InfoPackages durchgeführt. Stattdessen müssen Sie den zusätzlichen Prozesstyp »Hierarchie sichern« im Anschluss an den Ladevorgang ausführen.

Aktivieren der Hierarchie

Unabhängig davon, ob eine Hierarchie Bestandteil von Aggregaten ist oder nicht, werden die Hierarchiedaten nach dem Laden grundsätzlich in der M-Version der Hierarchiestammdaten abgelegt. Dies ist vor allem erforderlich, um auch bei der Durchführung von Teilbaum-Updates/-Inserts einen konsistenten Zustand einer Hierarchie im BW sicherzustellen.

Um dieser Besonderheit Rechnung zu tragen, bietet die Hierarchieauswahl im InfoPackage die Möglichkeit, die geladene Hierarchie unmittelbar nach dem Ladevorgang zu aktivieren, also die Daten der M-Version in die A-Version der Hierarchiestammdaten zu übernehmen (vgl. Abb. 21–21).

Diese Option ist vor allem dann sinnvoll, wenn eine Hierarchie in Form eines Full Updates geladen wird. Im Falle von Teilbaum-Updates/-Inserts sollte eine Hierarchie nur durch das jeweils letzte InfoPackage oder manuell in der Hierarchiepflege der DWWB aktiviert werden (siehe Abb. 21–22).

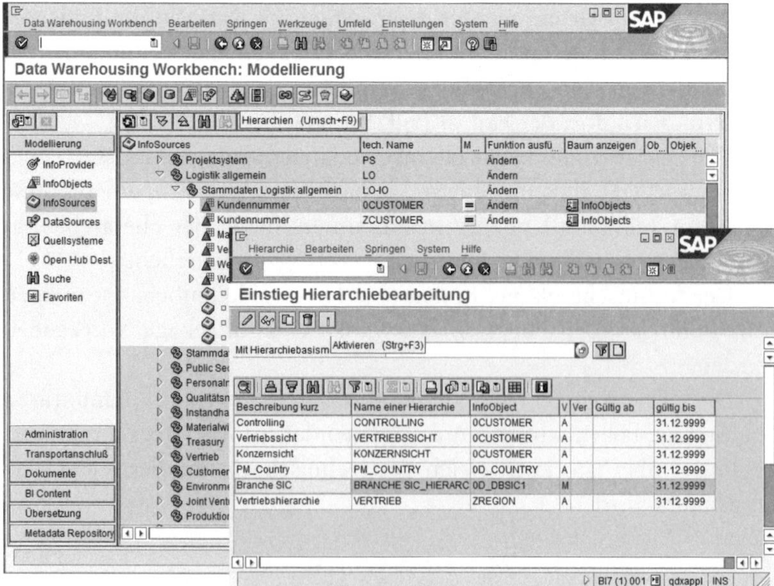

Abb. 21–22 *Manuelles Aktivieren neuer Hierarchiedaten*

Ist eine Hierarchie in Aggregaten vorhanden, so ersetzt das Aktivieren der Hierarchie nicht den Change Run. In diesem Fall wird die Hierarchie lediglich zur Aktivierung *vorgemerkt* und vom nächsten Change Run berücksichtigt.

21.3.3 Verarbeitung

Die Einstellungen zur Verarbeitung bestehen aus Festlegungen zur Konsistenzprüfung sowie aus den Verbuchungsoptionen für Daten (siehe Abb. 21–23).

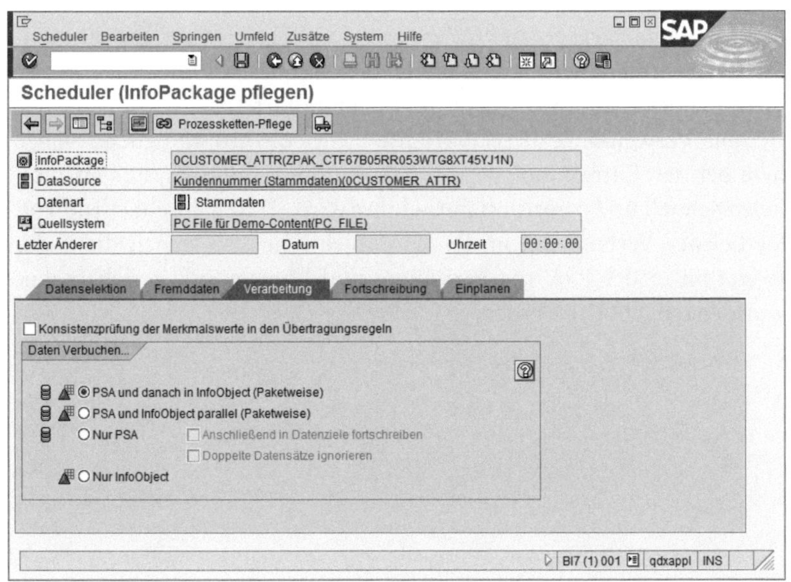

Abb. 21–23 *InfoPackage: Einstellungen zur Verarbeitung beim direkten Staging*

Konsistenzprüfung der Merkmalswerte

Die Einstellungen zur Konsistenzprüfung sind in ein umfassendes Konzept eingebettet, das auf die Qualitätssicherung der Daten abzielt und im Kontext aller beteiligten Funktionen ausführlich in Kapitel 23.2 erläutert wird.

Verbuchungsoptionen

Die Einstellungen zur Verbuchung von Daten legen das Zusammenwirken des Inflow Layers (in Form der PSA) mit dem Integration Layer (in Form der Datenziele) fest.

Die Einstellungen zielen darauf ab, ob die PSA als Speicherbereich genutzt werden soll und wie die zeitliche Abfolge der Verarbeitungsschritte von der PSA in die Datenziele (InfoCubes, ODS-Objekte, InfoObjekte) aussehen soll.

Die zeitliche Abfolge der Verarbeitungsschritte ist ein zentrales Thema für das Performance-Tuning von Ladeprozessen. Aus diesem Grund versucht das BW bereits standardmäßig, die Performance durch Parallelisierung von Verarbeitungsschritten zu verbessern. Wie sich die Parallelisierung im Detail darstellt, wird in Kapitel 24.1 erläutert. Keine Parallelisierung wird lediglich durch die Option *Nur PSA* bzw. die Kombination dieser Option mit der Folgeoption *und anschließend Datenziele* erreicht.

Nur PSA

Die Verarbeitungsoption »nur PSA« ermöglicht es, alle extrahierten Daten zunächst in der PSA abzulegen, ohne sie in die Stammdatentabellen des InfoObjekts zu übergeben. Dies erlaubt eine umfangreiche Validierung der extrahierten Daten, bevor sie (manuell) weiterverbucht werden.

Nur PSA und anschließend in Datenziele fortschreiben

Wird die Verarbeitungsoption *nur PSA* um die Checkbox *anschließend in Datenziele fortschreiben* erweitert, so wird im Anschluss an die Verbuchung aller Datenpakete eines Requests in die PSA die Verbuchung des Requests in das InfoObjekt gestartet.

Die Verwendung dieser Variante bringt die größtmögliche Sicherheit bei der Extraktion, da die Extraktion aus Quellsystemen möglichst schnell und priorisiert ausgeführt wird. Treten anschließend Fehler bei der Verbuchung in die InfoObjekte auf, so stehen die Daten weiterhin in der PSA zur Verfügung und können ggf. gezielt (paketweise) nachgebucht werden.

22 Echtzeit-Staging

Im Schatten der strategischen Entscheidungsfindung, deren Unterstützung bislang im Fokus der BW-Technologien stand, hat sich das sogenannte Echtzeit-Reporting entwickelt, das vor allem auf die Unterstützung taktischer Entscheidungen abzielt. Taktische Entscheidungen charakterisieren sich aus technischer Sicht vor allem dadurch, dass sie nicht auf lange Zeitreihen historischer Daten zugreifen, sondern auf einen relativ kleinen, aber dafür aktuellen Datenbestand.

Auf technischer Seite existieren zwei unterschiedliche Verfahren, um die Analyse von Daten auf möglichst aktuellen Datenbeständen durchzuführen:

- die ***Realtime Data Acquisition***, bei der Daten in einer hohen Frequenz aus den Quellsystemen extrahiert und ins BW übertragen werden,
- der ***Direktzugriff*** auf die Quellsysteme, bei dem Daten nicht physisch in das BW übernommen werden, sondern Lesezugriffe der Datenanalyse unmittelbar an die jeweiligen DataSources übergeben werden.

Sofern InfoProvider, die für die Datenanalyse in Echtzeit verwendet werden, mit anderen InfoProvidern in einem MultiProvider zusammengeführt werden, so ist das Echtzeit-Staging unmittelbar mit entsprechenden Einstellungen für das Delta-Caching verbunden. Die entsprechenden Ausführungen in Kapitel 12.2.3 sind damit als Ergänzung der hier gegebenen Erläuterungen zu betrachten.

22.1 Realtime Data Acquisition

Das Konzept der Realtime Data Acquisition (RDA) stellt eine Neuerung der BW-Version 7 dar und ist zunächst denkbar einfach zu beschreiben: Extrahierte Daten durchlaufen die Extraktions- und

Transformationsprozesse ebenso wie bei der normalen Datenübernahme – nur viel öfter, möglichst sogar im Minutentakt.

Damit scheint ein neues technisches Konzept eigentlich überflüssig, denn wirklich »Realtime« ist die Übernahme schließlich nicht, und eine hohe Frequenz bei der Datenübernahme sollte durch eine entsprechende Einplanung der Extraktions- und Stagingprozesse zu erreichen sein. Die Realtime Data Acquisition scheint damit eher eine Frage der Zeitfenster im Produktivbetrieb (siehe Kapitel 29) als eine technische Frage zu sein. Tatsächlich jedoch wird eine Übernahme von Daten beispielsweise im Minutentakt aus einer Vielzahl von Gründen scheitern.

Auf Seiten des Extraction Layer ist zuvorderst zu nennen, dass DataSources nicht unbedingt darauf vorbereitet sind, kleine Datenmengen unverzüglich zu liefern. Sie sind vielmehr dafür geschaffen, große Datenmengen zu liefern. Wenn dabei in einer Initialisierungsphase ein paar Minuten für das Sammeln von Daten in Anspruch genommen werden, so fällt dies beim normalen Staging kaum ins Gewicht, wenn anschließend ein paar Millionen Datensätzen übertragen werden.

Auch die Staging Engine im BW würde bei der minütlichen Durchführung von Ladevorgängen schnell an ihre Grenzen gelangen. Denn bei normalen Extraktions- und Ladevorgängen werden ausführliche Protokolleinträge erzeugt, die ein möglichst detailliertes Monitoring gewährleisten sollen. Dies ist unproblematisch, wenn Ladevorgänge täglich oder seltener ausgeführt werden. Würde ein Ladevorgang hingegen minütlich ausgeführt, so würden die täglich neu erzeugten Protokolle für 1.440 Requests in Extraktion und Transformation die Verwaltungstabellen des BW bald in einem Maße aufblähen, dass der Aufwand zur Verwaltung der Protokolleinträge die Performance des Staging extrem beeinträchtigt.

Als Voraussetzungen zur Durchführung der Realtime Data Acquisition ist damit zu nennen, dass das Konzept der Request-Erzeugung bzw. Protokollierung im BW geändert werden muss und DataSources in Quellsystemen möglichst schnell auf Datenanforderungen reagieren können. Dies setzt zwangsläufig voraus, dass DataSources für Realtime Data Acquisition deltafähig sind. Die Übernahme von Daten im Minutentakt wäre im Full-Verfahren nicht möglich, wenn auch nur einigermaßen Datenvolumen dabei zu bewegen wäre. Ist die Datenquelle hingegen äußerst klein, so bietet sich anstelle der Realtime Data Acquisition eher der Einsatz eines Direktzugriffs an (siehe Kapitel 22.2).

Wie sich das Staging im Extraction Layer der Quellsysteme und im Staging des BW darstellt, wird in den nachfolgenden Kapiteln erläutert. Zusätzlich wird die Steuerung der Realtime Data Acquisition beschrieben, in deren Zentrum sogenannte Dämon-Prozesse stehen.

22.1.1 RDA im Extraction Layer

Die technischen Möglichkeiten der Realtime Data Acquisition erstrecken sich nicht über die gesamte Bandbreite der Quellsysteme, die beim »normalen« Staging berücksichtigt werden können. Den Kern der RDA stellen SAP-Quellsysteme (ERP und BW) dar. Andere Quellsystemtypen können in das Konzept der RDA lediglich eingebunden werden, wenn sie als Web Service auftreten und Daten über SOAP-Nachrichten an das BW übermitteln.

SAP-Quellsysteme

Im Falle von SAP-Quellsystemen müssen die DataSources, die über RDA an das BW angebunden werden sollen, explizit als realtimefähig gekennzeichnet sein. Ob dies der Fall ist, kann aus den Einstellungen zur Datenquelle abgelesen werden (vgl. Abb. 15–15 auf Seite 385 am Beispiel einer nicht realtimefähigen DataSource).

Realtimefähige DataSources können erst mit dem BI Service API des SAP NetWeaver 2004s definiert werden. Im Falle eines SAP-Release 4.6C mit dem Plug-In 2004.1 besteht ab dem Service Pack 10 diese Möglichkeit.

Im Falle von DataSources aus dem BI Content ist durch die SAP unveränderlich festgelegt, ob eine DataSource realtimefähig ist oder nicht. Die Entscheidung hängt dabei vor allem davon ab, ob die Applikationen im Quellsystem selbst die Delta-Queue in Echtzeit beliefern können, damit bei der Extraktion keine Wartezeit zum Sammeln der Daten entsteht.

Im Falle generischer DataSources legt man selbst fest, ob die DataSource in der Lage ist, Zugriffe in Echtzeit zu bedienen. Im Falle von deltafähigen DataSources steht hierfür eine entsprechende Option in der Pflege der DataSource zur Verfügung (siehe Abb. 14–6 auf Seite 331).

Die Entscheidung, ob man eine generische DataSource als realtimefähig kennzeichnen sollte, hängt vor allem davon ab, wie die Bildung des generischen Deltas realisiert ist. Zwei Bedingungen sollten dabei erfüllt sein:

- Das deltabestimmende Feld sollte einen performanten Zugriff auf neue/geänderte Daten ermöglichen, also sinnvoll durch einen BTree-Index indiziert sein. Das deltabestimmende Feld muss dabei selektiv sein, also über eine möglichst große Anzahl unterschiedlicher Ausprägungen erfolgen (die Anzahl unterschiedlicher Ausprägungen sollte mindestens einem Zehntel der Anzahl an Datensätzen in der extrahierten Tabelle an Datensätzen entsprechen).
- Die Ermittlung der relevanten Datensätze aus der Delta-Bildung sollte nur diejenigen Datensätze enthalten, die seit der letzten Extraktion (also u.U. der Extraktion, die eine Minute vorher aus-

geführt wurde) tatsächlich neu erzeugt oder geändert wurden. Die Verwendung eines Sicherheitsintervalls kann dabei zu einem Problem für den Einsatz der RDA werden, denn ein paar tausend Sätze zu viel sind zwar zu vernachlässigen, wenn Datensätze täglich oder seltener extrahiert werden, nicht jedoch, wenn die Extraktion im Minutentakt durchgeführt werden soll.

Web Services

SOAP-Nachrichten finden ihren Weg ins BW nicht durch einen Extraktionsvorgang, sondern werden durch den SOAP-Service in die PSA der SOAP-DataSource geschrieben. Das BW muss somit keine Extraktion mehr ausführen, sondern kann direkt auf die Daten der PSA zugreifen, die im Delta-Verfahren weiterverarbeitet werden.

22.1.2 RDA im BW-Staging

Das Konzept der Realtime Data Acquisition umfasst innerhalb des BW nicht alle Bereiche des Staging. Vielmehr beschränkt es sich auf Inflow und Integration Layer, deren Objekte in einer vordefinierten Architektur eingesetzt werden müssen, in der Daten im Delta-Modus aus der PSA extrahiert und in DataStore-Objekte geschrieben werden. Im Falle von Web-Service-Quellsystemen liegen Daten bereits in der PSA vor, während im Falle von SAP-Quellsystemen auch die Extraktion in die PSA im Konzept der RDA berücksichtigt wird.

Beteiligt am RDA sind damit stets drei Requests: der PSA-Request, der die Rohdaten des Quellsystems enthält, der DTP-Request, der die Transformation in das DataStore-Objekt beschreibt und der Change Log-Request, der die aktivierten Daten des DataStore-Objekts enthält.

Diese drei Requests werden allerdings nicht in derselben Weise erzeugt wie beim normalen Staging. Vielmehr werden die Requests synchon miteinander erzeugt und geschlossen, wenn sie eine definierte Anzahl an Datensätzen enthalten. Die Requests enthalten also nicht die Daten eines Extraktions- bzw. Ladevorgangs, sondern eine fest definierte Anzahl an Datensätzen, die über eine Vielzahl an Extraktions- und Ladevorgängen verteilt sein können.

Um die beteiligten Requests synchron zu halten, können Extraktion, Datentransferprozess und Aktivierung neuer Daten im DataStore-Objekt nicht wie gewohnt unabhängig voneinander ausgeführt werden. Die Steuerung wird vielmehr vollständig an einen sogenannten ***Dämon*** übergeben. RDA ist damit nicht nur eine Technologie, sondern auch eine besondere Form der Automatisierung im Regelbetrieb. Aufgrund der besonderen Hintergründe der RDA werden die Dämonen jedoch nicht im Rahmen des Regelbetriebs, sondern im nachfolgenden Kapitel 22.1.3 behandelt.

Voraussetzung dafür, dass Extraktion und Staging durch einen Dämon übernommen werden können, ist eine entsprechende Definition des Staging. Im Falle von Web Services umfasst diese Definition lediglich den Datentransferprozess zwischen PSA und DataStore-Objekt, da die Daten bis durch das Quellsystem im Push-Verfahren bis in die PSA geschrieben werden und damit per Default in Echtzeit in die PSA übergeben werden.

DataSource für RDA

Im Falle von SAP-Quellsystemen muss die Steuerung der Extraktion explizit für RDA definiert werden. Dies umfasst zunächst eine entsprechende Kennzeichnung der DataSource für die Nutzung von RDA. Denn die Möglichkeit zur Verwendung von RDA, wie sie in den Metadaten der DataSource definiert ist, ist eben nur eine *mögliche* Form der Nutzung. Erst durch die Wahl des entsprechenden Adapters wird die Extraktion auch in Echtzeit durchgeführt (siehe Abb. 22–1).

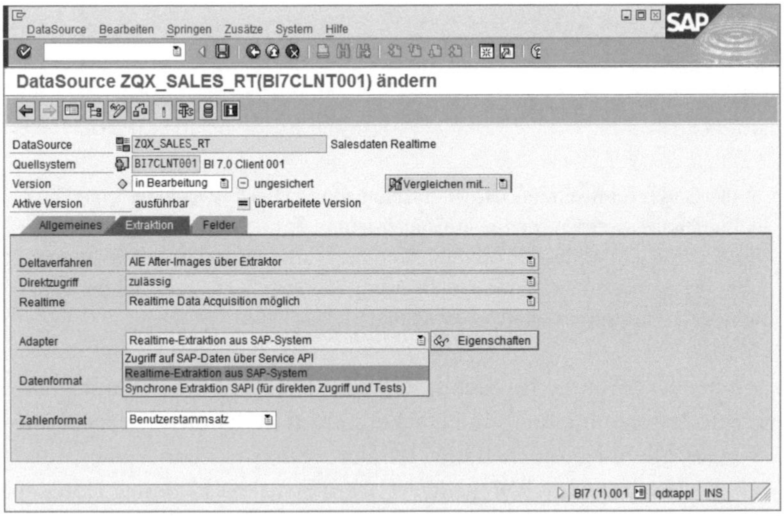

Abb. 22–1
DataSource für Realtime Data Acquisition anlegen

DataSources für Realtime Data Acquisition basieren in jedem Fall auf Delta-Informationen, die die entsprechenden DataSources liefern. Wird eine DataSource über RDA extrahiert, so ist parallel dazu keine herkömmliche Delta-Extraktion mehr möglich. Das Extrahieren von Daten als Full Upload ist davon nicht beeinträchtigt.

InfoPackages für RDA

Für die Steuerung der Extraktion ist ein entsprechendes InfoPackage zu definieren, das explizit für die Unterstützung von RDA definiert sein muss (siehe Abb. 22–2).

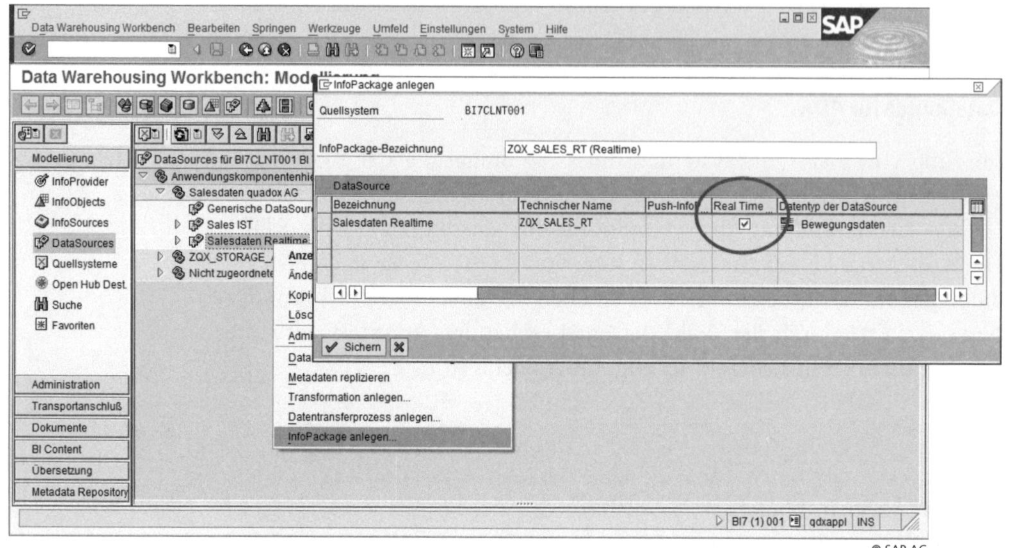

Abb. 22–2
InfoPackage für Realtime Data Acquisition anlegen

InfoPackages für Realtime Data Acquisition können bei SAP-Quellsystemen erst dann definiert werden, wenn eine Initialisierung des Delta-Verfahrens durchgeführt wurde und wenn ein Datentransferprozess angelegt wurde. Informationen über die Besonderheiten der Initialisierung des Delta-Verfahrens bei der Realtime Data Acquisition finden Sie im Kapitel 21.3.

Zu einer DataSource für Realtime Data Acquisition kann nur genau ein InfoPackage für Realtime Data Acquisition definiert werden. Dieses muss allerdings auch dann definiert werden, wenn Daten durch Web Services an das BW geliefert werden (obwohl deren Daten ja direkt in die PSA geschrieben werden und damit eigentlich nicht extrahiert werden).

Das Anlegen von InfoPackages für RDA und deren entsprechende Kennzeichnung ist allerdings allein daher erforderlich, da hierdurch die Steuerung der besonderen Request-Verwaltung geregelt wird. Per Voreinstellung werden alle Requests (PSA, DTP, Change Log) geschlossen, wenn der PSA-Request die Grenze von 100.000 Datensätzen erreicht hat oder länger als einen Tag offen ist. Der Request ist dabei auf zehn Datenpakete zu je 10.000 Datensätzen aufgeteilt. Die Requestgröße kann im InfoPackage für RDA in den Einstellungen zur Verarbeitung verändert werden (siehe Abb. 22–3).

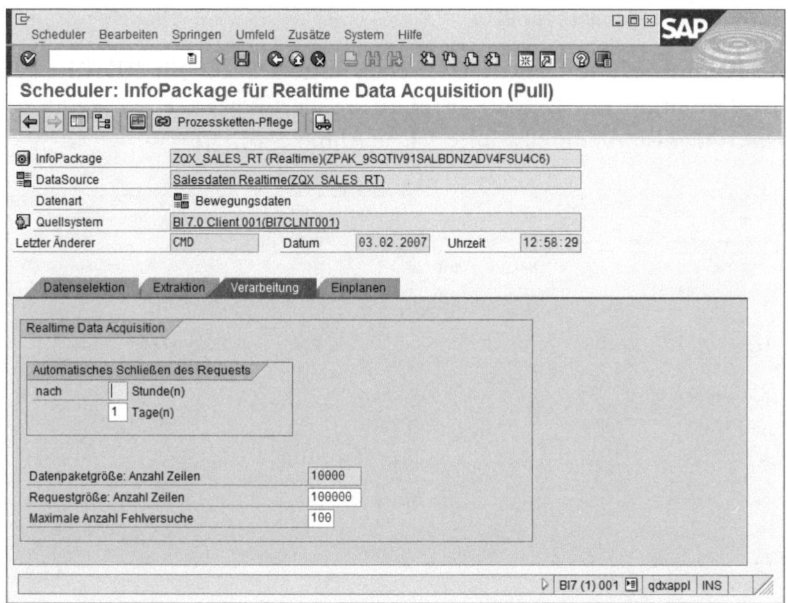

© SAP AG

Abb. 22–3
Verarbeitungsoptionen von InfoPackages für Realtime Data Acquisition

Die Größe der Datenpakete innerhalb der Requests sollte unverändert belassen werden. Sprechen zwingende Gründe für eine Änderung, so kann jedoch auch sie angepasst werden, wenn die Änderung durch den sogenannten Debugging User durchgeführt wird. Welcher User als Debugging User behandelt wird, ist in den laufenden Einstellungen der Administration festzulegen (siehe Abb. 22–4).

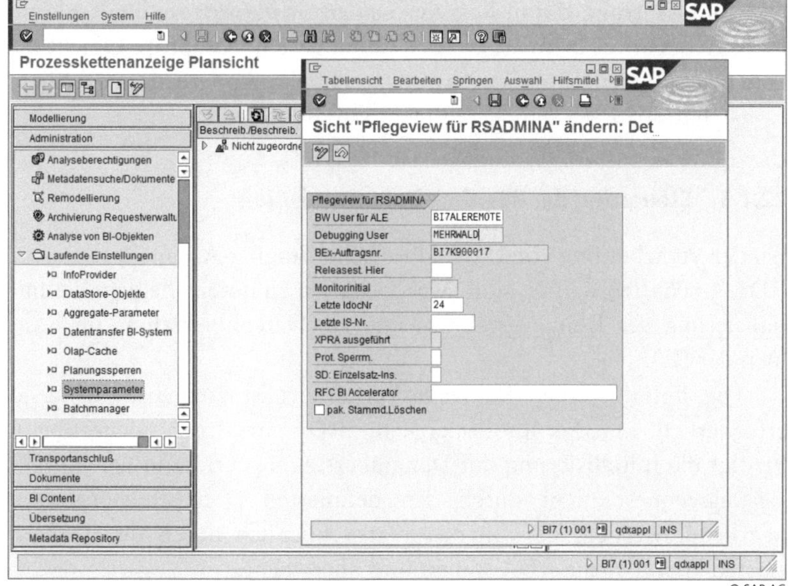

© SAP AG

Abb. 22–4
Festlegen des Debugging User

Datentransferprozess für RDA

Als Voraussetzung zum Anlegen eines InfoPackages für RDA ist bei der Definition des Datentransferprozess der Typ *DTP für Realtime Data Acquisition* auszuwählen (siehe Abb. 22–5).

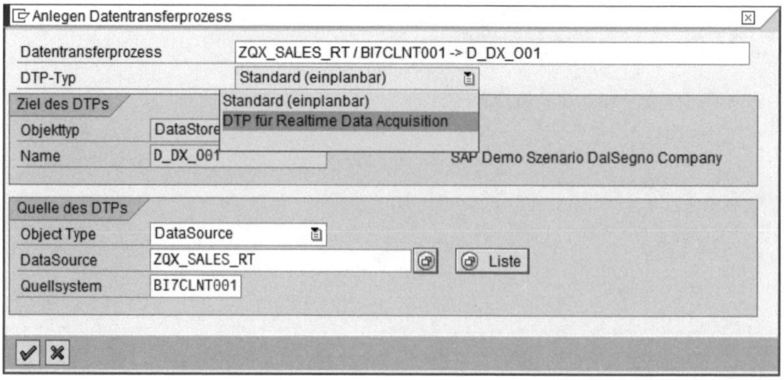

Abb. 22–5
Datentransferprozess für Realtime Data Acquisition anlegen

Wie auch bei der Definition von InfoPackages dient die Kennzeichnung des Datentransferprozesses in erster Linie dem Zweck, die Request-Behandlung entsprechend zu modifizieren. Das Öffnen und Schließen von Requests erfolgt in Abhängigkeit der PSA-Requests, d.h., es müssen keine expliziten Einstellungen mehr getroffen werden. Dabei muss berücksichtigt werden, dass eine DataSource nur entweder für RDA oder für das Standard-Staging verwendet werden kann. Beide Übertragungsarten gleichzeitig sind nicht möglich.

Voraussetzung dafür, dass ein Datentransferprozess für Realtime Data Acquisition definiert werden kann, ist ein DataStore-Objekt als Datenziel und eine DataSource als Datenquelle. Andere als genau diese Konstellationen werden derzeit nicht durch RDA unterstützt.

22.1.3 Steuerung der Realtime Data Acquisition

Bei der Verarbeitung von Daten durch eine Staging-Architektur, die für RDA geschaffen wurde, sind zwei Szenarien zu unterscheiden: die Initialisierung des Delta-Verfahrens und die Datenübernahme im Rahmen der RDA.

Delta-Initialisierung

Die Initialisierung des Delta-Verfahrens ist zunächst zwingend erforderlich, um das InfoPackage für RDA anzulegen (siehe oben). Erfolgt die Initialisierung mit Datenübertragung, so kann der Initialisierungsrequest nicht durch den definierten Datentransferprozess bearbeitet werden, da sich dieser ausschließlich durch den Dämon starten lässt, der die RDA steuert und überwacht.

Folglich muss für die Bearbeitung der Initialisierungsrequests der Datentransferprozess kurzzeitig auf ein normales Verhalten umgeschaltet werden. Hierzu steht in der Definition des Datentransferprozesses der Button *Ändern in Standard-DTP* zur Verfügung (siehe Abb. 22–6). Wurde der Initialisierungsrequest verarbeitet und in das DataStore-Objekt verbucht, so muss der Typ des Datentransferprozesses wieder zurückgeschaltet werden und ist anschließend nur noch durch den entsprechenden Dämon zu starten.

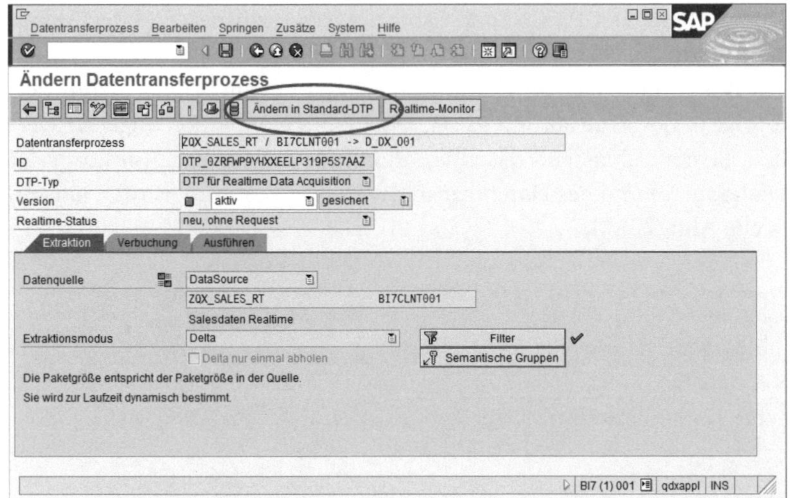

Abb. 22–6
Umschalten des DTP-Typen

Dämon für RDA

Wurde die Delta-Initialisierung verarbeitet und der entsprechende Request im DataStore-Objekt aktiviert, so kann die Steuerung von InfoPackage, Datentransferprozess und Aktivierung neuer Daten im DataStore-Objekt an einen Dämon übergeben werden, der das Staging für die Realtime Data Acquisition steuert und überwacht.

Bei einem Dämon handelt es sich um einen permanent laufenden Hintergrundjob, der zwischen den einzelnen Extraktionsvorgängen in den Sleep-Modus wechselt. Um Hauptspeicher besser freigeben zu können, beendet sich der Job jedoch regelmäßig und plant sich erneut wieder ein.

Jedem Dämon können ein oder mehrere InfoPackages und Datentransferprozesse zugeordnet werden, die dieser in einer vorzugebenden Periodizität ausführt. Bei der ersten Ausführung eröffnet der Dämon einen Request in der PSA, in den die Daten der folgenden Extraktionsvorgange abgelegt werden. Zu diesem Zeitpunkt werden zunächst noch kein DTP-Request und kein Change Log Request eröffnet.

Werden durch die Extraktion erstmals Daten in den geöffneten PSA-Request verbucht, so werden die synchronen DTP- und Change

Log Requests eröffnet, um extrahierte Daten unmittelbar nach der Verbuchung in der PSA auch zu transformieren und in das DataStore-Objekt zu verbuchen. Handelt es sich dabei um ein Standard-DataStore-Objekt, so werden die Daten unmittelbar in die aktiven Daten und in das Change Log geschrieben. Die Activation Queue kommt bei der Realtime Data Acquisition nicht zum Einsatz.

Erreicht der PSA-Request seine Grenzwerte hinsichtlich Größe oder Alter, so wird sowohl der PSA-Request als auch DTP- und Change Log Request geschlossen. Bei der nächsten Ausführung des Dämons wird der PSA-Request sofort wieder eröffnet, und der Ablauf startet erneut.

Definition eines Dämons

Das Anlegen eines Dämons für die Realtime Data Acquisition erfolgt in der Transaktion RSRDA. Dort kann ein Dämon angelegt werden, dem anschließend das zuvor definierte InfoPackage (in Form der DataSource) und der Datentransferprozess zugeordnet werden müssen (siehe Abb. 22–7).

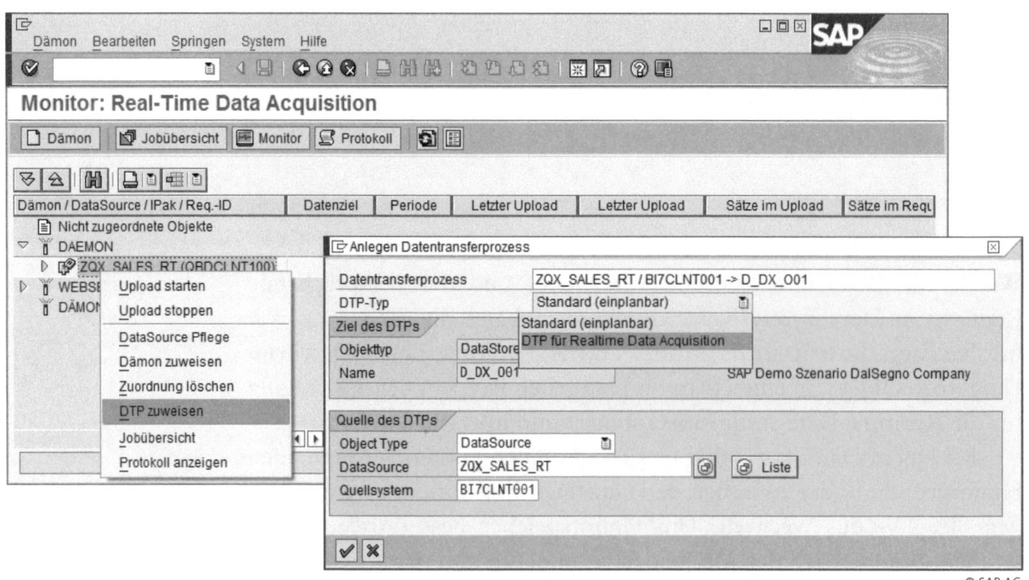

Abb. 22–7
Datentransferprozess für Realtime Data Acquisition anlegen

Bereits beim Anlegen des Dämons ist die Periodizität des Hintergrundjobs festzulegen. Der Start des Dämons erfolgt im Kontextmenü des Dämons.

22.2 Direktzugriff

Einen anderen Weg zur Abbildung aktueller Daten stellt der Direktzugriff auf die Daten der Quellsysteme dar. Damit wird das Grundkonzept des Data Warehousing verworfen, indem die Analyse den Quellsystemen überlassen wird, anstatt die Daten ins BW zu übernehmen, aufzubereiten und in Strukturen zu speichern, die für die Datenanalyse optimiert sind. Der Direktzugriff eignet sich damit nur für Datenquellen mit besonders kleinem Datenvolumen und für eine geringe Anzahl von Zugriffen.

Der Direktzugriff ist sowohl für Bewegungsdaten als auch für Stammdaten relevant und wird über sogenannte ***Virtual Provider*** abgebildet, die zwar wie normale BasisCubes und normale InfoObjekte definiert werden, aber nur in den Metadaten des BW-Systems existieren. Zwei unterschiedliche Typen von Virtual-Providern sind zu unterscheiden:

- Virtual Provider mit Staging-Anschluss
- Virtual Provider mit BAPI (nur für Bewegungsdaten)

Die Definition der beiden Typen von Virtual-Providern wird nachfolgend erläutert.

22.2.1 Virtual Provider mit Staging-Anschluss

Virtual Provider mit Staging-Anschluss bieten die Möglichkeit, den Zugriff auf die Daten eines Quellsystems direkt an die DataSources des Quellsystems zu richten und bei der Belieferung den bekannten Ablauf der Transformation zu nutzen. Virtual Provider sind sowohl für Bewegungs- als auch für Stammdaten zu definieren.

Bewegungsdaten

Virtual Provider für Bewegungsdaten werden als InfoCubes modelliert, wobei jedoch der entsprechende Typ auszuwählen ist, damit die Definition lediglich in den Metadaten abgelegt wird (siehe Abb. 22–8).

Wird ein Virtual Provider für Bewegungsdaten angelegt, so greift dieser zwar für die Merkmale und Kennzahlen auf die DataSource im Quellsystem durch, liest Stammdaten der Merkmale jedoch stets aus den physisch vorhandenen Stammdatentabellen im BW.

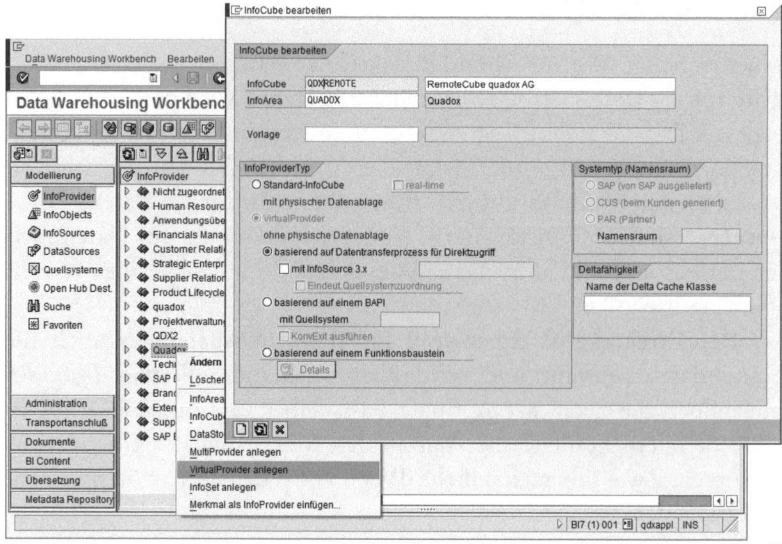

Abb. 22–8 *Anlegen von VirtualProvidern mit Staging-Anschluss (Bewegungsdaten)*

Stammdaten

Sollte auch der Zugriff auf Stammdaten an eine DataSource übergeben werden, so ist der Stammdatenzugriff im entsprechenden InfoObjekt als Remote-Zugriff zu definieren und das InfoObjekt anschließend als InfoProvider zu deklarieren (siehe Abb. 22–9).

Bedenkt man, dass die Navigationsattribute in den Stammdatentabellen von InfoObjekten aus Performancegründen üblicherweise doppelt vorgehalten werden (Attributwerte und SIDs), so wird schnell deutlich, dass ein Remote-Zugriff auf Stammdaten äußerst negative Auswirkungen auf die Performance der Datenanalyse haben kann. Attribute in derartigen InfoObjekten können aus diesem Grund nur als Anzeige, nicht jedoch als Navigationsattribute definiert werden.

Jeder Virtual Provider kann auf beliebig viele DataSources zugreifen. Voraussetzung dafür ist die Fähigkeit der jeweiligen DataSources, Daten im Direktzugriff an das BW zu liefern. Lediglich SAP-Quellsysteme bieten derartige DataSources, die in diesem Fall durch den Adapter `SAPIDIRECT` gelesen werden müssen. Die DataSource ist im BW entsprechend zu definieren (siehe Abb. 22–10).

Nicht alle DataSources sind in der Lage, den Adapter `SAPIDIRECT` zu bedienen. Beachten Sie, dass insbesondere DataSources zur Nutzung von Delta-Verfahren unter Umständen nicht in der Lage sind, Daten an Virtual Provider zu liefern.

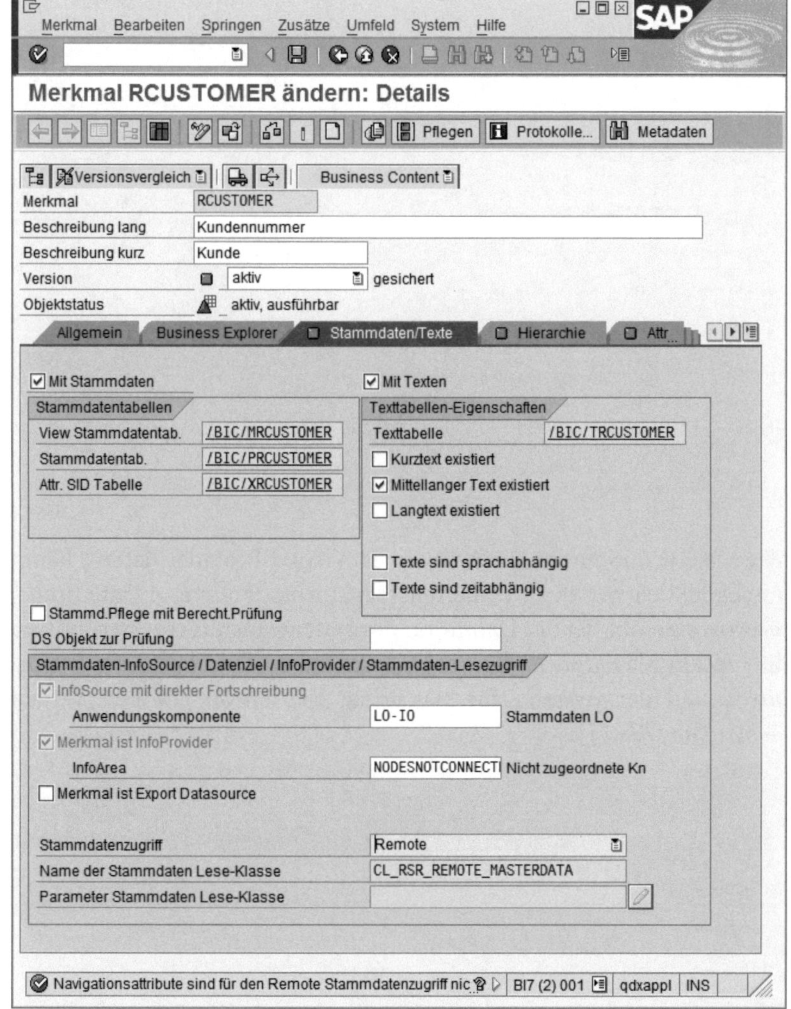

Abb. 22-9
Anlegen von Virtual-Providern mit Staging-Anschluss (Stammdaten)

Die Verbindung zwischen einer DataSource und einem Virtual Provider ist wie beim normalen Staging durch eine Transformation und einen Datentransferprozess zu definieren.

Werden bei der Durchführung der Übertragungsregeln Exceptions ausgelöst (z.B. Conversion Error bei der Verwendung fehlerhafter Datentyp-Zuweisungen), so führt dies im Falle von Queries auf Virtual Provider nicht zu Abbrüchen oder Fehlermeldungen. Stattdessen werden die entsprechenden Datensätze kommentarlos herausgefiltert. Aus diesem Grund sollte bei der Transformation für Virtual Provider besonderer Wert auf korrekte Typzuweisungen gelegt werden.

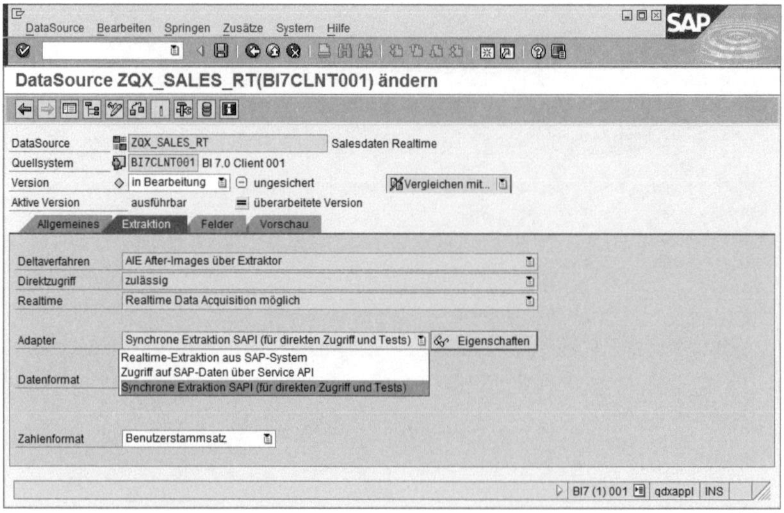

Abb. 22–10
Definition von DataSources für Direktzugriff

Wie viele DataSources Daten an einen Virtual Provider liefern, hängt ausschließlich von den definierten Transformationen und Datentransferprozessen ab. Bei der Definition des Datentransferprozesses müssen die Option *Nicht aus PSA extrahieren, sondern Durchgriff auf Datenquelle* und der Adapter für synchrone Extraktion gewählt werden (siehe Abb. 22–11).

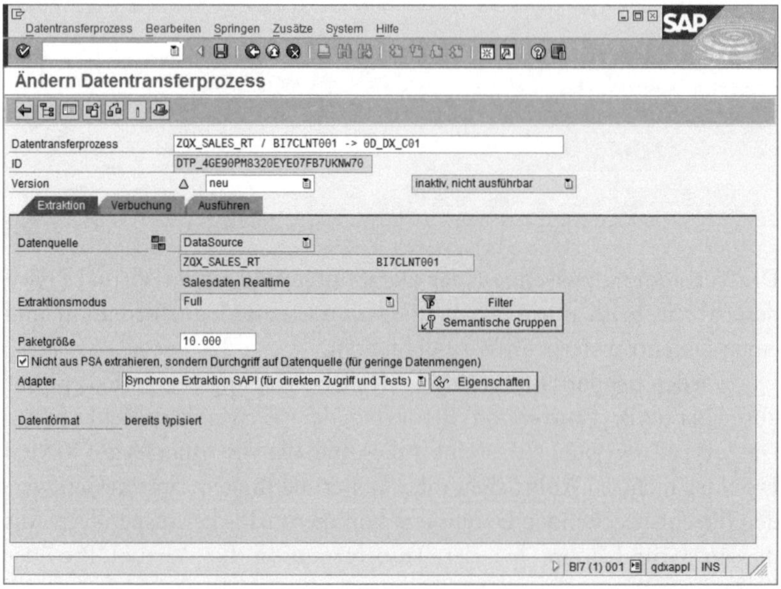

Abb. 22–11
Datentransferprozess für Direktzugriff anlegen

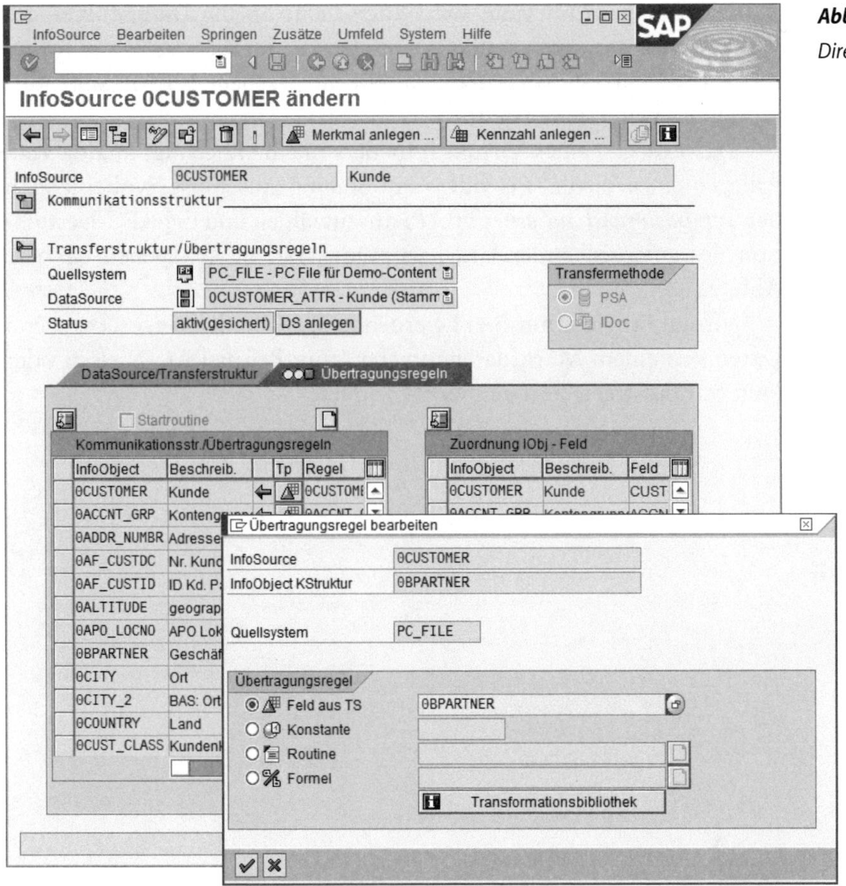

Abb. 22–12
Direktzugriff aktivieren

Welche Datenquellen tatsächlich bei einem Direktzugriff gelesen werden, ist nochmals explizit festzugelegen. Dies erfolgt im Kontextmenü der jeweiligen Zielstruktur (Stammdatenattribute bzw. -texte oder Cube) über den Menüpunkt Direktzugriff aktivieren (siehe Abb. 22–12).

22.2.2 Virtual Provider mit BAPI

Durch Virtual Provider mit BAPI[1] können die Systeme von Drittanbietern genutzt werden, um Daten aus diesen Systemen zu beziehen. Das Prinzip ist dabei ähnlich dem Virtual Provider mit Staging-Anschluss, jedoch werden die erhaltenen Daten nicht einmal durch eine Transformation verarbeitet, sondern müssen durch das Quellsystem bereits in der Form geliefert werden, wie sie bei der Analyse benötigt werden.

1. Bis zur Version 3.x des BW als allgemeiner RemoteCube bezeichnet.

Die Datenanforderung wird auch nicht an die DataSources des Quellsystems gerichtet, sondern erfordert ein für diese Aufgabe vorbereitetes 3rd-party-Quellsystem, das ein entsprechendes BAPI zum Austausch der Daten bereitstellt.

Das Anlegen eines Virtual Providers mit BAPI erfolgt analog zum Anlegen eines Virtual Providers mit Staging-Anschluss, wobei jedoch der Typ *basierend auf einem BAPI* auszuwählen und die RFC-Destination des entsprechenden 3rd-party-Quellsystems anzugeben ist (vgl. Abb. 22–8).

Virtual Provider mit BAPI werden in Spezialfällen eingesetzt, wenn Daten von einem Marktdatenanbieter (zum Beispiel AC Nielsen oder Dun & Bradstreet) bezogen werden sollen.

23 Datenqualität

Bei allen Verarbeitungsschritten in Extraktion und Staging besteht die Gefahr, dass fehlerhafte Daten an das SAP BW geliefert bzw. fehlerhaft im BW aufbereitet werden. Dies gilt sowohl für Stammdaten als auch für Bewegungsdaten.

Um zu verhindern, dass fehlerhafte Daten ihren Weg bis in die zum Anwender finden, bietet das BW innerhalb des Staging-Prozesses zahlreiche Möglichkeiten, um unterschiedliche Fehler zu vermeiden oder zu erkennen. Die Prüfungen beziehen sich dabei auf inhaltliche ebenso wie auf technische Fehler.

Grundlage (oder vielmehr Ergebnis) jeder Form der Qualitätssicherung ist eine Statusverwaltung, die den Qualitätsstatus eines Requests darstellt. In Abhängigkeit dieses Status können Abhängigkeiten zum Start von Folgeprozessen im Regelbetrieb ausgewertet werden oder Requests für die Datenanalyse freigegeben werden.

Dabei wird jeder Extraktions- und jeder Datentransferprozess mit einem eigenen ***Gesamtstatus*** ausgerüstet, der gleichermaßen den Status der Verarbeitung als auch den Status des entsprechenden Requests in der Zielstruktur beschreibt. Die Trennung zwischen Request-Status und Datenziel-Status, wie sie bis zur Version 3.x verwendet wurde, ist für das Staging im BW 7 nicht mehr erforderlich, da Datenziel und Request in einer 1:1-Beziehung zueinander stehen[1].

Welchen Teil des Staging durch den Qualitätsstatus des Requests beschrieben wird, hängt vom Request-Typen ab. Requests der PSA beschreiben den Status einer Extraktion, während ein Request im Datentransferprozess den Status ebendieses Prozesses beschreibt.

Aus dem Status eines Requests kann unmittelbar abgeleitet werden, ob der Request weiterverarbeitet werden kann, ob also beispiels-

1. Im Staging bis zur Version 3.x konnte der Request eines Ladevorgangs in mehrere Datenziele geschrieben werden, so dass jeder dieser Vorgänge mit einem unterschiedlichen Status beendet werden konnte.

weise ein Request in einem DataStore-Objekt aktiviert, in Aggregate hochgerollt oder für die Datenanalyse freigegeben werden kann. Ist die Überprüfung der Datenqualität *vor* der Weiterverarbeitung neuer Requests von überragender Bedeutung, so ist dies jedoch nicht immer gewünscht – selbst wenn der Status des Requests aus technischen und inhaltlichen Gesichtspunkten als fehlerfrei gilt. Ob der Gesamtstatus eines Requests automatisch oder manuell gesetzt werden soll, ist in der Definition des jeweiligen Datentransferprozesses in der Option *Request Gesamtstatus* festzulegen (siehe Abb. 23–1).

Abb. 23–1 *Setzen des Request-Gesamtstatus*

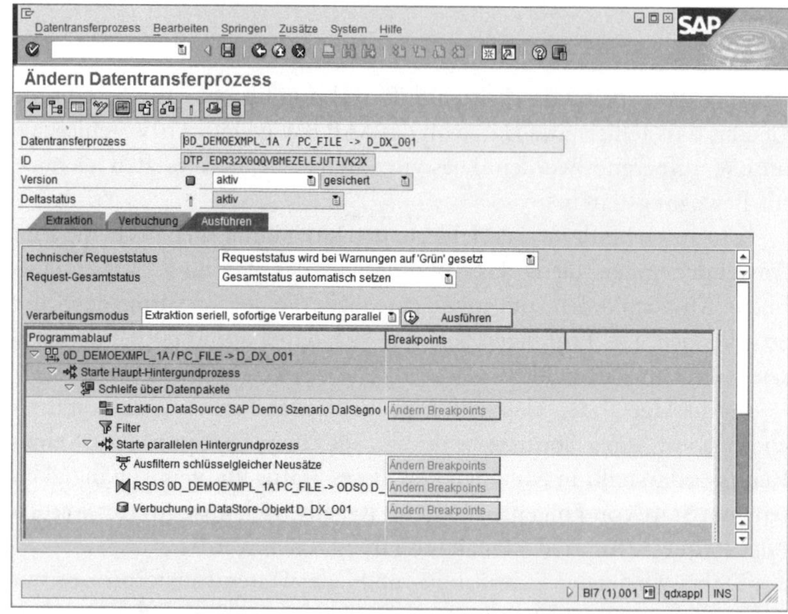

© SAP AG

Wird der Status nicht automatisch gesetzt, so muss er manuell in der Administration des jeweiligen Datenziels gesetzt werden. Für die Anpassung des Qualitätsstatus in einem Datenziel kann die entsprechende Ampel (siehe Kapitel 31.2) als Button verwendet werden, um den Status zu verändern. Sollen sich im Regelbetrieb an die Ausführung von Ladeprozessen allerdings noch weitere Prozesse anschließen (dies trifft wohl in den meisten Fällen zu), so muss der Request-Gesamtstatus unmittelbar nach der Verarbeitung als fehlerfrei markiert werden – also automatisch gesetzt werden.

Behandlung von Warnungen

Eine besondere Behandlung verlangt die Behandlung von Warnungen. Warnungen entstehen, wenn ein Request inhaltlich weder als fehlerhaft noch als fehlerfrei hervorgeht; sie können aus einer selbstentwickelten Fehlerbehandlung in der Transformation stammen, aber auch vom BW oder dem Extraktor im Quellsystem geliefert werden.

Die inhaltliche Kontrolle von Daten ist aufwändig und nimmt in der Regel sehr viel Zeit in Anspruch. Dies behindert die zeitnahe Bereitstellung von Informationen. Überlegen Sie sich daher sorgfältig, ob Sie diese Arbeit leisten können, bevor Sie sich für eine manuelle Pflege des datenzielbezogenen Request-Status entscheiden.

Tritt eine Warnung auf, so ist die technische Bewertung unklar, und der Request gilt gewissermaßen als »unentschieden«. Nun ist es allerdings insbesondere bei der Gestaltung des Regelbetriebs erforderlich, die weitere Verarbeitung eines Requests entweder abzubrechen (also die Warnung als Fehler zu interpretieren) oder die Verarbeitung fortzuführen (also die Warnung nur als Information zu interpretieren).

Welchen Status ein Request beim Auftreten von Warnungen erhalten soll, ist ***im Falle der Extraktion*** bei der Definition des Info-Packages festzulegen[2] (siehe Abb. 23–2).

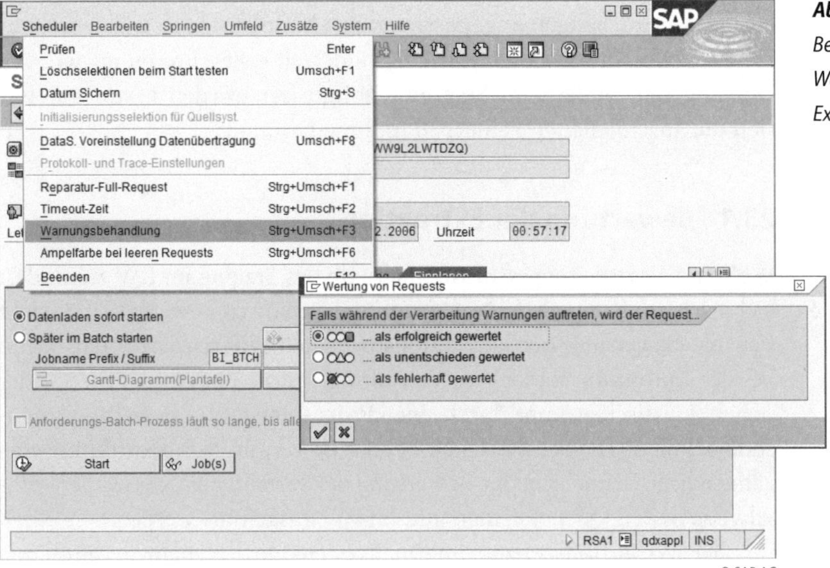

Abb. 23–2
Behandlung von Warnungen bei der Extraktion

Welchen Status ein Request beim Auftreten von Warnungen ***im Falle von Datentransferprozessen*** erhalten soll, ist bei der Definition des Datentransferprozesses in der Option *technischer Requeststatus* festzulegen (vgl. Abb. 23–1).

2. Eine Ausnahme bildet die Extraktion im Rahmen des direkten Staging (vgl. Kapitel 21). In diesem Fall wird der Status beim Auftreten von Warnungen als systemweite Einstellung in der Transaktion RSMONCOLOR hinterlegt.

Fehlerprüfung

Die Fehlerprüfungen, die zum Gesamtstatus eines Requests führen, sind vielfältig und auf unterschiedliche Stellen im Staging-Prozess verteilt. Dabei handelt es sich um

- die Bewertung der Extraktion,
- Konsistenzprüfungen,
- die Prüfung auf Stammdaten-Integrität,
- die Prüfung auf referenzielle Integrität.

Daneben können durch selbstentwickelte ***Routinen*** innerhalb der *Transformation* Fehlersituationen signalisiert werden. Wie dies geschieht, wurde bereits in Kapitel 19.3.4 auf Seite 461 erläutert. Eine derartige Fehlerbehandlung kann dabei genauso gut verwendet werden, um nach eigenen Regelwerken auf Probleme der Datenqualität hinzuweisen.

Die Fehlerprüfungen werden zum Teil zwingend durch das BW durchgeführt, sind zum Teil aber auch nach eigenen Bedürfnissen zu gestalten. In den nachfolgenden Kapiteln wird die Arbeitsweise der einzelnen Prüfungen erläutert und beschrieben, wie die Prüfungen an eigene Anforderungen angepasst werden können.

Fehlerbehandlung

Den Abschluss dieses Kapitels bildet eine Beschreibung, wie der Umgang mit Fehlern im Staging konfiguriert werden kann und wie sich die anschließende Fehlerbehandlung gestaltet.

23.1 Bewertung der Extraktion

Während Verarbeitungsschritte innerhalb des Staging im BW zumindest technisch eindeutig als fehlerfrei oder fehlerhaft zu bewerten sind, stellt sich die Bewertung bei Extraktionsprozessen differenzierter dar. Denn bei der Extraktion handelt es sich oftmals *nicht* um einen Prozess, der sich im klassischen Sinne durch einen Programmstart und ein Programmende definiert. Die Schwierigkeit bei der Bewertung von Extraktionsvorgängen liegt vielmehr in der Bewertung der verteilten Prozesse, die wechselweise in den Quellsystemen und im BW ausgeführt werden.

Abschluss des Extraktionsprozesses

Der Extraktionsprozess im Quellsystem wird asynchron durch den Anforderungsprozess im SAP BW aufgerufen, gibt also auch nur asynchron Rückmeldung an das BW, so dass Abbrüche dieser Prozesse per se nicht zu erkennen sind. Um Abbrüche des Extraktionsvorgangs im Quellsystem dennoch zu erkennen, existieren zwei gegensätzliche Konstrukte: die ***Wartezeit*** und das ***Polling***.

Wartezeit

Im Falle der Wartezeit handelt es sich um ein Hilfskonstrukt, das vor allem in den Versionen noch vor dem BW 3.x maßgeblich war, aber immer noch im Einsatz ist. Diese Wartezeit wird innerhalb des BW als systemweit gültiger Schwellenwert definiert, bei dessen Überschreiten ein PSA-Request als fehlerhaft bewertet wird. Gemessen wird dabei die Zeitspanne von der Datenanforderung an das Quellsystem bis zum *Abschluss* der Verbuchung in die PSA.

Die Wartezeit wird in Sekunden definiert und kann mit Hilfe der Transaktion RSCUSTV2 festgelegt werden (siehe Abb. 23–3).

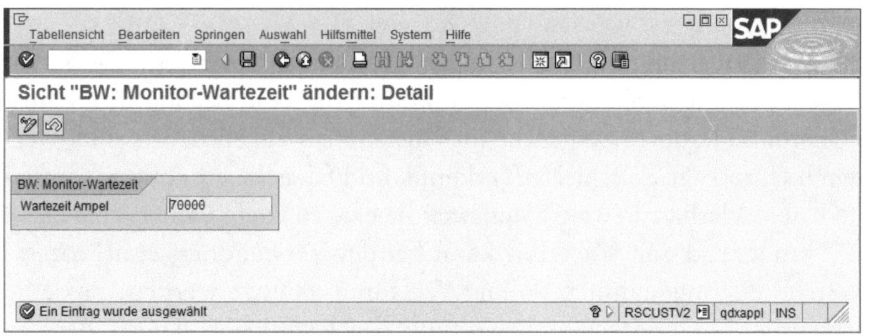

© SAP AG

Abb. 23–3
Festlegen der Monitor-Wartezeit

Insbesondere, wenn sehr große Requests in die PSA geschrieben werden (z.B. bei der Übernahme von Altdaten), entstehen sehr große Laufzeiten, die auf eine Wartezeit angewiesen sind, die für normale Ladevorgänge unangemessen ist. Andererseits gibt es Ladevorgänge, die so schnell beendet sind, dass die systemweit definierte Wartezeit zu umfangreich bemessen ist.

Aus diesem Grund kann die systemweit definierte Wartezeit für einzelne InfoPackages explizit definiert werden (siehe Abb. 23–4).

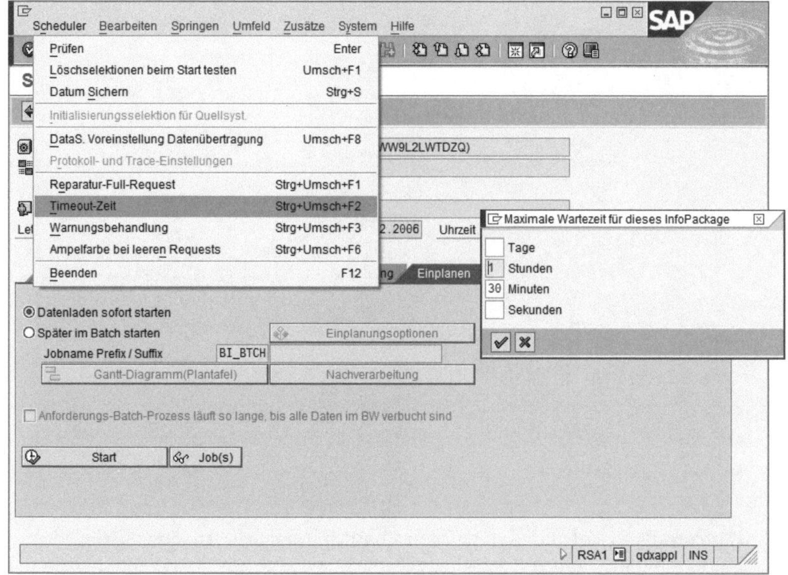

© SAP AG

Abb. 23–4
Festlegen der Monitor-Wartezeit pro InfoPackage

Das Bewerten eines Requests aufgrund der Wartezeit bewirkt nicht das Abbrechen der Verarbeitung. Sollte ein Request fehlerfrei verarbeitet werden, obwohl er bereits durch eine zu gering bemessene Wartezeit als technisch fehlerhaft bewertet wurde, so wird die Verarbeitung dennoch weitergeführt. Der Gesamtstatus des Requests gilt in diesem Fall jedoch auch nach Abschluss der Verarbeitung als fehlerhaft und muss manuell korrigiert werden (siehe Kapitel 31.4.1).

Polling

Die Bewertung eines Ladevorgangs anhand seiner Laufzeit ist ein ungenaues und fehleranfälliges Verfahren zur Bestimmung des Status. Fehlerhafte Ladevorgänge, die im Quellsystem abgebrochen sind, werden u.U. zu spät als fehlerhaft erkannt, und fehlerfreie Requests werden u.U. als fehlerhaft bewertet, nur weil sie eine zu lange Laufzeit haben.

Ergänzend zur Wartezeit kann bei der Verwendung von Prozessketten[3] ein sogenanntes Polling-Verfahren genutzt werden, das eine wesentlich zuverlässigere Bewertung der Extraktion liefert. Bei der Verwendung des Polling-Verfahrens läuft der anfordernde Batch-Prozess im BW weiter und prüft periodisch alle zwei Minuten den Status der von ihm entfernt gestarteten Prozesse, so dass der Ladeprozess aktuell und richtig bewertet werden kann.

Zur Aktivierung des Polling-Verfahrens ist in der Definition der jeweiligen Prozesskette das Polling-Flag zu setzen (siehe Abb. 23–5).

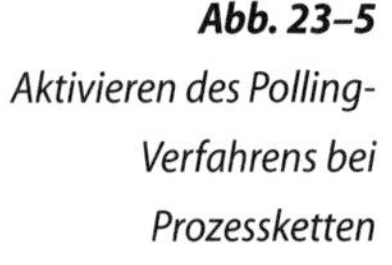

Abb. 23–5
Aktivieren des Polling-Verfahrens bei Prozessketten

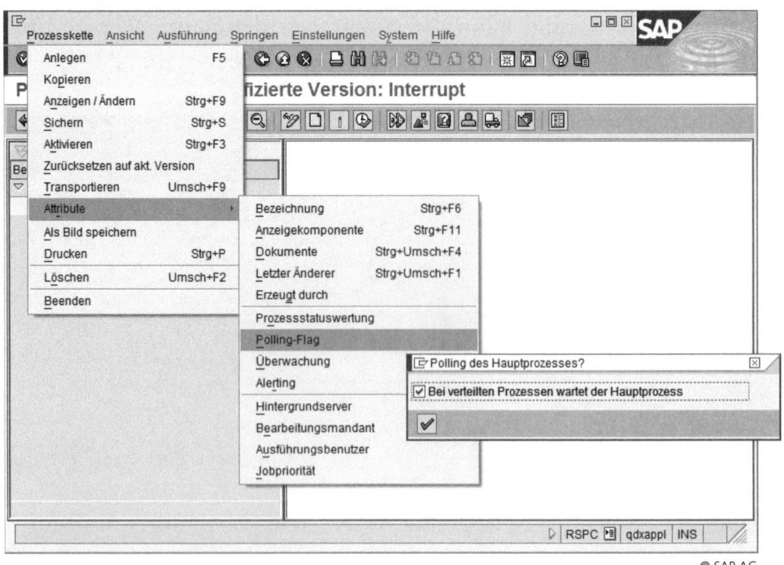

3. Prozessketten werden in Kapitel 28 ausführlich behandelt. An dieser Stelle sei der Hinweis auf das Polling lediglich gegeben, um auf eine Alternative zum Hilfskonstrukt der Wartezeit hinzuweisen.

Der Ressourcenbedarf des »Hauptprozesses«, der das Polling übernimmt, ist aus Performance-Gesichtspunkten minimal, jedoch ist ein zusätzlicher Batch-Prozess für diesen Hauptprozess vorzusehen. Insbesondere bei der Parallelisierung mehrerer Ladevorgänge müssen somit mehrere zusätzliche Batch-Prozesse in der Systemadministration vorgesehen werden.

Wird das Polling-Verfahren bei der Durchführung von Ladeprozessen genutzt, so ist die Wartezeit bedeutungslos und kann daher wesentlich großzügiger bemessen werden.

Bewertung leerer Datenlieferungen

Eine weitere Besonderheit bei der Bewertung von Extraktionsprozessen besteht im Umgang mit Datenlieferungen, die zwar technisch fehlerfrei sind, aber insofern einen Hinweis auf mögliche inhaltliche Fehler geben, da sie gar keine Daten liefern.

Speziell bei der Verwendung von Delta-Verfahren kann eine leere Datenlieferung korrekt sein (zum Beispiel, weil seit dem letzten Ladevorgang keine neuen Daten erzeugt wurden); es kann sich jedoch auch um einen Hinweis auf einen Fehler handeln, der untersucht werden muss.

Wie das BW eine leere Datenlieferung bewerten soll, ist in der Definition des jeweiligen InfoPackages zu hinterlegen[4] (siehe Abb. 23–6).

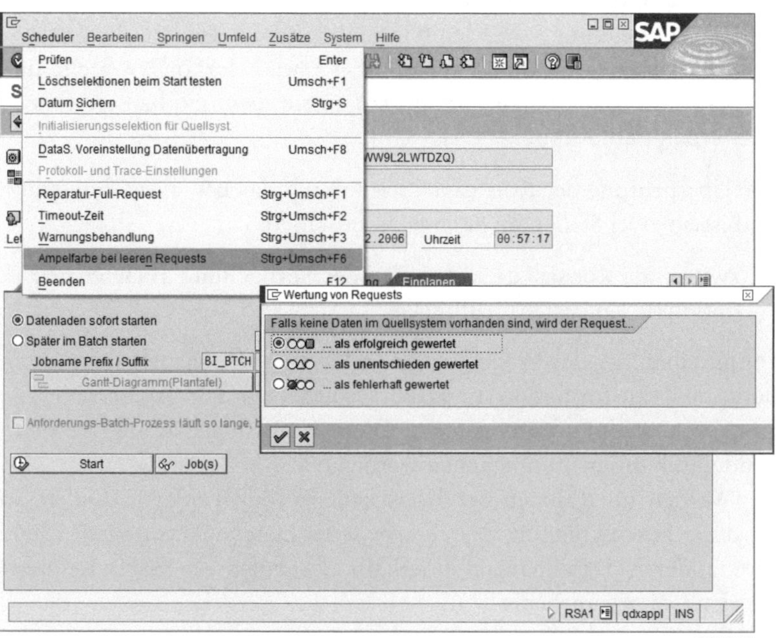

Abb. 23–6
Bewertung leerer Datenlieferungen

4. Ebenso wie die Behandlung von Warnungen wird der Status im Falle des direkten Staging (vgl. Kapitel 21) als systemweite Einstellung in der Transaktion RSMONCOLOR hinterlegt.

23.2 Konsistenzprüfung

Im Rahmen von Extraktion und Staging können Merkmals- und Attributwerte entstehen, die im jeweiligen Kontext als ungültig oder nicht plausibel, d.h. als *inkonsistent*, betrachtet werden müssen. Merkmals- und Attributwerte müssen folgende Voraussetzungen erfüllen, um als konsistent zu gelten:

- **Plausibilität von Datums- und Zeitfeldern:**
  Der Datentyp des InfoObjektes gibt das Format des jeweiligen Datums- beziehungsweise Zeitfeldes vor. So muss zum Beispiel das InfoObjekt `0CALMONTH` in der Form `JJJJMM` vorliegen, wobei `JJJJ` über 1000 und `MM` zwischen 01 und 12 liegen muss.
- **Korrekte Beachtung der Konvertierungsroutine `ALPHA`, `GJAHR` und `NUMCV`:**
  Merkmalswerte mit diesen Konvertierungsexits müssen den Konventionen der internen Darstellung dieser Konvertierungsroutinen entsprechen.
- **Verwendung von Buchstabenwerten in Feldern des Typs `NUMC`:**
  InfoObjekten vom Typ `NUMC` dürfen ausschließlich Zahlen zugewiesen werden.
- **Verwendung von Kleinbuchstaben und Sonderzeichen:**
  Die Verwendung von Kleinbuchstaben und Sonderzeichen ist nur bei Anzeigeattributen, nicht aber bei Merkmalswerten und Navigationsattributen erlaubt, sofern sie nicht explizit zugelassen werden (vgl. Kapitel 6.1.1).

Die Überprüfung der Konsistenz wird durch das BW aktiv unterstützt und ist an zwei Stellen im Staging zu beachten:

- zwingende Konsistenzprüfung bei der Verbuchung in Datenziele
- optionale Konsistenzprüfungen

Zwingende Konsistenzprüfung bei der Verbuchung in Datenziele

Unmittelbar vor der Verbuchung von Daten in Datenziele (also nachdem die Transformation ausgeführt wurde) wird in jedem Fall eine Konsistenzprüfung durchgeführt. Diese Konsistenzprüfung ist zwingend und kann nicht umgangen werden.

Werden im Rahmen der Konsistenzprüfung Fehler gefunden, so wird die Fortschreibung des verarbeiteten Datenpakets abgebrochen. Alle anderen Datenpakete innerhalb des entsprechenden Requests werden weiterverarbeitet.

Einen Sonderfall stellen Standard-DataStore-Objekte dar. Ist das Erzeugen von Stammdaten-IDs aktiviert (vgl. Abb. 10–6 auf Seite 245), so wird die Konsistenzprüfung im Rahmen der Aktivierung neuer Daten in der Activation Queue durchgeführt. Bei DataStore-

Objekten, die bei der Aktivierung keine Stammdaten-IDs erzeugen, entfällt die Konsistenzprüfung.

Insbesondere durch das Auslassen der Konsistenzprüfung beim Beschreiben von Standard-DataStore-Objekten kann es vorkommen, dass inkonsistente Werte einen Teil des Staging-Prozesses »überleben« und erst zu einem späteren Zeitpunkt zu Problemen führen.

Auch wenn es zunächst problematisch erscheint, Werte vor der Verbuchung in DataStore-Objekte nicht grundsätzlich auf ihre Konsistenz zu prüfen, kann dieses Vorgehen sinnvoll sein. So können inkonsistente Werte noch zu späteren Zeitpunkten gefiltert werden oder stellen nur die Grundlage weiterer Berechnungen dar. In diesen Fällen ergibt eine Konsistenzprüfung nicht unbedingt Sinn oder kann sogar störend sein – schließlich sind DataStore-Objekte in erster Linie Staging-Objekte, die noch keinen Bezug zur Datenanalyse haben.

Optionale Konsistenzprüfung in Inflow Layer

In zahlreichen Fällen ist es sinnvoll, mit der Konsistenzprüfung nicht so lange zu warten, bis das BW sie zwingend durchführt, sondern die Prüfung so früh wie möglich zu erzwingen.

Werden zum Beispiel inkonsistente Werte in ein Standard-DataStore-Objekt geschrieben, das bei der Aktivierung keine Stammdaten-IDs ermittelt, so erkennt das BW den Fehler erst bei der Weiterverbuchung in einen BasisCube. Dabei war schon beim Verbuchen der Merkmalswerte in das DataStore-Objekt ersichtlich, dass die Werte an späterer Stelle zu Fehlern führen würden.

Für solche Fälle bietet das BW die Möglichkeit, für jedes Feld einer DataSource individuell festzulegen, ob bereits vor der Verbuchung von Daten in der PSA eine zusätzliche Konsistenzprüfung durchgeführt werden soll. Damit ist es möglich, die Konsistenz bereits frühzeitig zu überprüfen, bevor ein einziger Datensatz aus der PSA weiterverarbeitet wird.

Bereits bei der Erläuterung der Input-Konvertierung in Kapitel 15.2.3 wurde darauf hingewiesen, dass bei der Definition der DataSource-Struktur mit einer Formatprüfung kontrolliert werden kann, ob Feldwerte konform zu ihrem Konvertierungsexit geliefert werden (vgl. Abb. 15–24 auf Seite 394). Diese Prüfung bezieht sich nicht ausschließlich auf den Konvertierungsexit, sondern vielmehr auch auf weitere Voraussetzungen der Konsistenzprüfung. Das Aktivieren der Formatprüfung kann damit auch bei Feldern sinnvoll sein, für die gar kein Konvertierungsexit hinterlegt ist, da auf diese Weise auch auf fehlende Formatkonsistenz und Plausibilität überprüft wird.

Die Zulässigkeit von Kleinbuchstaben ist separat zu definieren, allerdings nicht für SAP-Quellsysteme, da sich die Zulässigkeit von Kleinbuchstaben in diesem Fall aus den Eigenschaften der Felder im Quellsystem ableitet (siehe Abb. 23–7).

Abb. 23–7 Konsistenzprüfungen im Inflow Layer

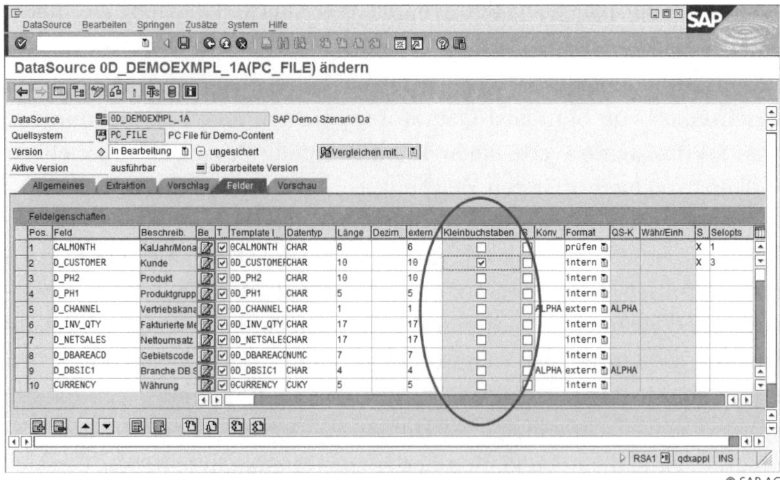

© SAP AG

Die zusätzliche Konsistenzprüfung im Inflow Layer kann bei einer großen Anzahl von Merkmalen einen nennenswerten Teil der Performance in der Extraktion kosten. Aktivieren Sie die optionale Konsistenzprüfung daher nur bei den Feldern, die dies unbedingt erfordern.

Die zwingende Konsistenzprüfung der Merkmalswerte bei der Verbuchung in BasisCubes bzw. bei der Aktivierung von DataStore-Objekten mit SID-Ermittlung bleibt davon unberührt und wird in jedem Fall durchgeführt.

23.3 Stammdaten-Integrität

Beim Befüllen von Datenzielen mit neuen Daten werden Merkmalswerte nicht in Form ihrer echten Ausprägung in den Datenzielen eingetragen, sondern vielmehr in Form ihrer Stammdaten-IDs (SIDs). Das Konzept der SIDs wurde in Kapitel 6.1.1 erläutert (vgl. Seite 62).

Im Einzelnen werden die SIDs von Merkmalswerten

- beim Laden von Bewegungsdaten in den Dimensionstabellen von BasisCubes abgelegt.
- beim Aktivieren neuer Daten in Standard-DataStore-Objekten, die Stammdaten-IDs erzeugen, auf ihre Existenz überprüft bzw. generiert (vgl. Kapitel 10.2).
- beim Laden von Stammdaten in den Stammdatentabellen eines Merkmals abgelegt, wenn es sich um Navigationsattribute handelt (vgl. Kapitel 6.2.2).

Wird zum Beispiel beim Befüllen des InfoObjekts 0CUSTOMER in einem Datensatz das Navigationsattribut 0INDUSTRY = 0102 in die Stammdaten verbucht, so wird für 0INDUSTRY = 0102 aus der Tabelle /BI0/SINDUSTRY die SID ermittelt und dieser Wert in das Feld S__0INDUSTRY des entsprechenden Datensatzes in der Tabelle /BI0/XCUSTOMER eingetragen.

Von Interesse ist das Verhalten des BW, wenn das InfoObjekt 0INDUSTRY über Stammdaten verfügt, die Stammdaten jedoch nicht über den Merkmalswert verfügen, der verbucht werden soll, so dass dementsprechend keine SID ermittelt werden kann. Gleiches gilt im Falle von Bewegungsdaten, wenn ein Merkmalswert in einen BasisCube verbucht werden soll, für den keine Stammdaten existieren, obwohl das InfoObjekt über Stammdaten verfügt.

Für diesen Fall bestehen zwei Möglichkeiten der Verbuchung (Verbuchungsmodus):

- Der Datensatz wird dennoch verbucht. Dabei wird ein neuer Stammdatensatz für das betroffene Merkmal mit Initialwerten erzeugt und die SID dieses neuen Satzes verwendet.
- Der Datensatz wird von der Verbuchung ausgeschlossen und gilt als fehlerhaft.

Verbuchungsmodus bei Bewegungsdaten

Der Verbuchungsmodus kann in der Definition des jeweiligen Datentransferprozesses vorgegeben werden (siehe Abb. 23–8).

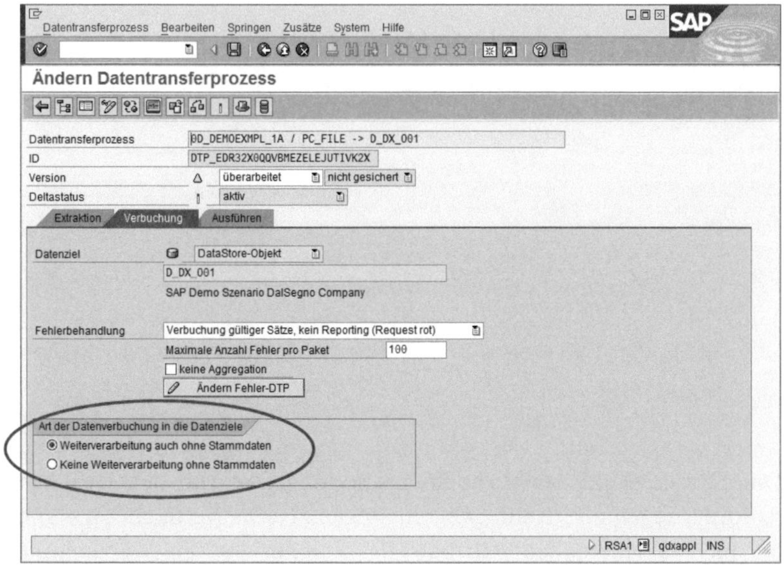

Abb. 23–8
Check auf SID von Attributen bei der Verbuchung

Auf diese Weise ist es möglich, die Prüfungen der Stammdaten-Integrität dediziert für einzelne Staging-Prozesse zu steuern. Gleichwohl gilt der Verbuchungsmodus für alle Merkmale des jeweiligen Datentransferprozesses – es wird also immer alles oder nichts geprüft.

> Die Prüfung der Stammdaten-Integrität findet im Falle von BasisCubes und InfoObjekten zum Zeitpunkt der Verbuchung statt. Im Falle von Standard-DataStore-Objekten findet die Prüfung erst bei der Aktivierung neuer Daten statt, d.h., zum Zeitpunkt der Verbuchung sind Fehler noch nicht zu erkennen.

Verbuchungsmodus beim direkten Staging

Beim direkten Staging von Stammdaten (vgl. Kapitel 21) sowie bei der manuellen Pflege von Stammdaten im BW wird der Verbuchungsmodus aus einer systemweiten Einstellung bezogen. Diese Einstellung kann mit Hilfe der Transaktion RSCUSTV9 festgelegt werden.

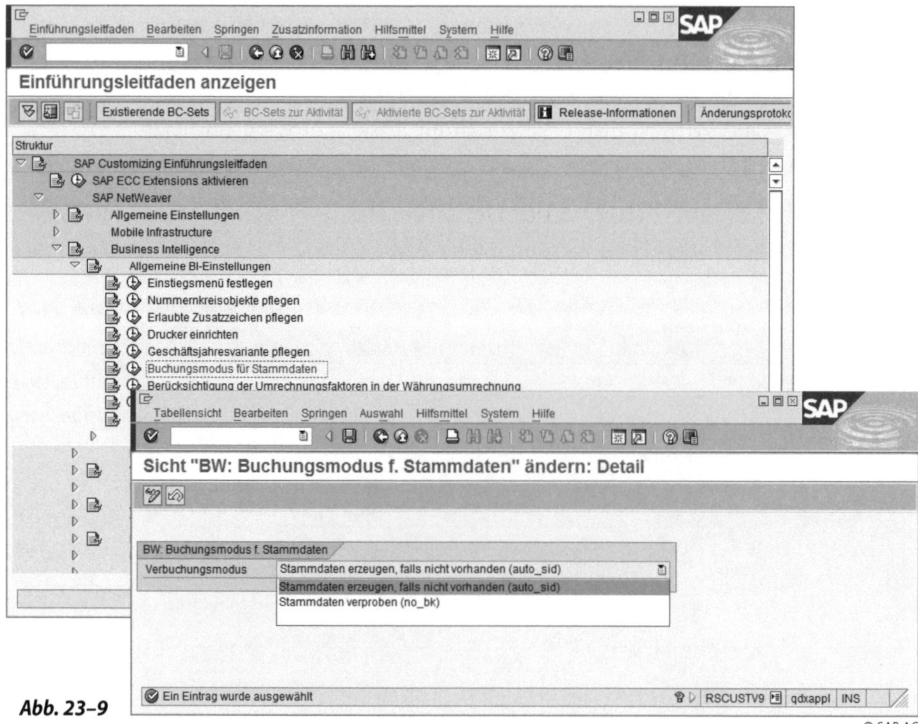

Abb. 23-9
Verbuchungsmodus für Stammdaten

Die richtige Wahl des Verbuchungsmodus hängt von den jeweiligen Anforderungen und Rahmenbedingungen ab. Die Verbuchung – auch bei nicht existierenden Attribut-SIDs – reduziert den Wartungsaufwand für Ladeprozesse erheblich, kann jedoch insbesondere in der Anfangsphase des Regelbetriebes zu falschen Stammdaten und längeren Laufzeiten führen, da zusätzlich zu den geladenen Stammdaten auch SIDs für die Attribute erzeugt werden müssen.

Die Verprobung auf existierende Attribut-SIDs stellt die Datenqualität sicher, ist jedoch unter Umständen mit höherem Wartungsaufwand verbunden. Die richtige Reihenfolge der Ladeprozesse ist bei diesem Verbuchungsmodus besonders wichtig: Bevor Bewegungsdaten geladen werden, müssen alle Stammdaten geladen werden. Bevor die Stammdaten eines InfoObjektes geladen werden, müssen zuerst die Stammdaten aller entsprechenden Navigationsattribute geladen werden.

23.4 Referenzielle Integrität

Die oben beschriebenen Einstellungen zum Verbuchungsmodus, der die Prüfung der Stammdaten-Integrität regelt, sind in den meisten Fällen nicht ausreichend zu differenzieren oder mit anderen Nachteilen behaftet:

- Der gewählte Verbuchungsmodus gilt bei der Durchführung eines Datentransferprozesses für *alle* InfoObjekte der Zielstruktur.
- Bei Standard-DataStore-Objekten mit Erzeugung von Stammdaten-IDs wird die Stammdaten-Integrität erst überprüft, wenn neue Daten aktiviert werden.
- Bei DataStore-Objekten ohne Erzeugen von Stammdaten-IDs wird gar keine Überprüfung der Stammdaten-Integrität durchgeführt.
- Beim Laden von Stammdaten-Attributen, die nur als Anzeigeattribut, nicht aber als Navigationsattribut definiert sind, wird gar keine Überprüfung der Stammdaten-Integrität durchgeführt.

Das Konzept der Stammdaten-Integrität stellt sich aufgrund der beschriebenen Nachteile als so praxisfremd dar, dass es nahezu nie zum Einsatz kommt. Erst die sogenannte referenzielle Integrität schafft Abhilfe, um eine differenzierte Überprüfung der Integrität durchzuführen.

Referenzielle Integritätsprüfung gegen Stammdaten

Ob die referenzielle Integrität von Merkmalswerten überprüft werden soll, ist im Wesentlichen in der Definition der jeweiligen Transformation zu bestimmen. Zu diesem Zweck existiert ein entsprechendes Optionsfeld, das die referenzielle Prüfung gegen die Stammdaten des betroffenen InfoObjekts aktiviert (siehe Abb. 23–10).

Inhaltlich gleicht die Prüfung der referenziellen Integrität gegen Stammdaten der bereits bekannten Integritätsprüfung, d.h., auch hier wird überprüft, ob ein Merkmalswert über eine existierende SID verfügt.

Abb. 23–10
Referenzielle Integritätsprüfung gegen Stammdaten

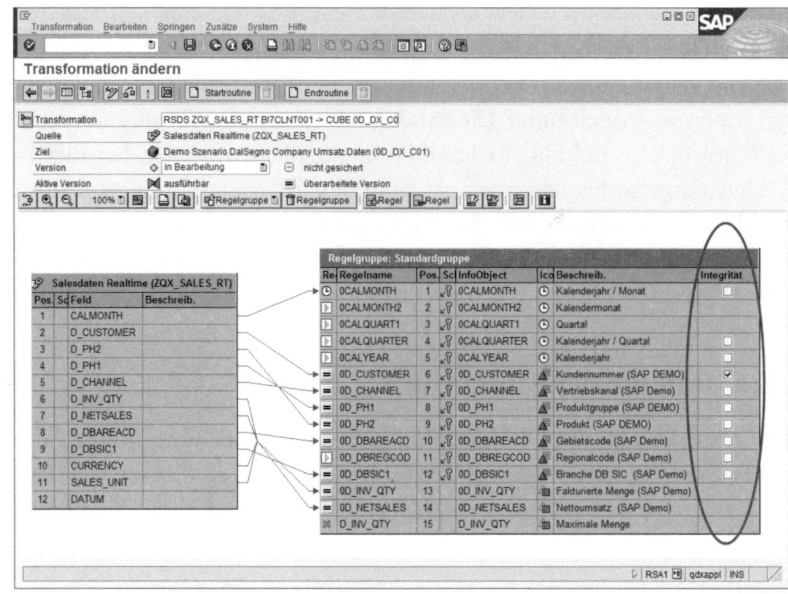

© SAP AG

Die referenzielle Prüfung gegen Stammdaten stellt sich jedoch insofern flexibler dar, da dediziert bestimmt werden kann, für welche InfoObjekte die Prüfung durchgeführt werden soll. So würde die Integrität am Beispiel der Abbildung 23–10 zwar für das InfoObjekt `0D_CUSTOMER`, nicht jedoch für die anderen InfoObjekte geprüft werden.

Alternativ zum Aktivieren der Integritätsprüfung in der Transformation kann die Integritätsprüfung auch in der Definition einer InfoSource aktiviert werden (siehe Abb. 23–11). Wird eine InfoSource im Staging eingesetzt, so ist dieses Verfahren dann besonders vorteilhaft, wenn eine InfoSource aus mehreren Datenquellen befüllt wird und die Integritätsprüfung damit automatisch für alle Transformationen gilt. Auf diese Weise muss die Prüfung nicht in der Definition jeder einzelnen Transformation aktiviert werden.

Referenzielle Integritätsprüfung gegen DataStore-Objekte

In speziellen Fällen kann es sinnvoll sein, die referenzielle Integritätsprüfung nicht auf die geladenen Stammdaten eines InfoObjekts, sondern auf eine andere Prüftabelle zu beziehen. Dies ist in der Praxis vor allem dann der Fall, wenn

- zwar eine Liste gültiger Einträge feststeht, jedoch keine Stammdaten dafür im Quellsystem bereitstehen (Prüftabelle ist größer als die Stammdaten des InfoObjekts).
- aus der Menge der geladenen Stammdaten nur ein Teil der Merkmalswerte gültig sein soll (Prüftabelle ist kleiner als die Stammdaten des InfoObjekts).

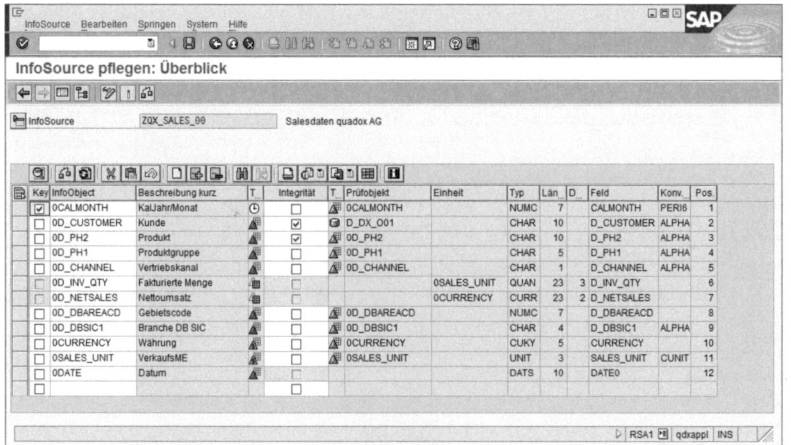

© SAP AG

Abb. 23-11
Definition referenzieller Integritätsprüfung in InfoSources

Als Prüftabelle kann ein DataStore-Objekt verwendet werden, das in den Metadaten des jeweils zu prüfenden InfoObjekts hinterlegt sein muss (siehe Abb. 23–12). Das zu prüfende InfoObjekt muss dabei im Schlüsselteil des DataStore-Objektes enthalten sein.

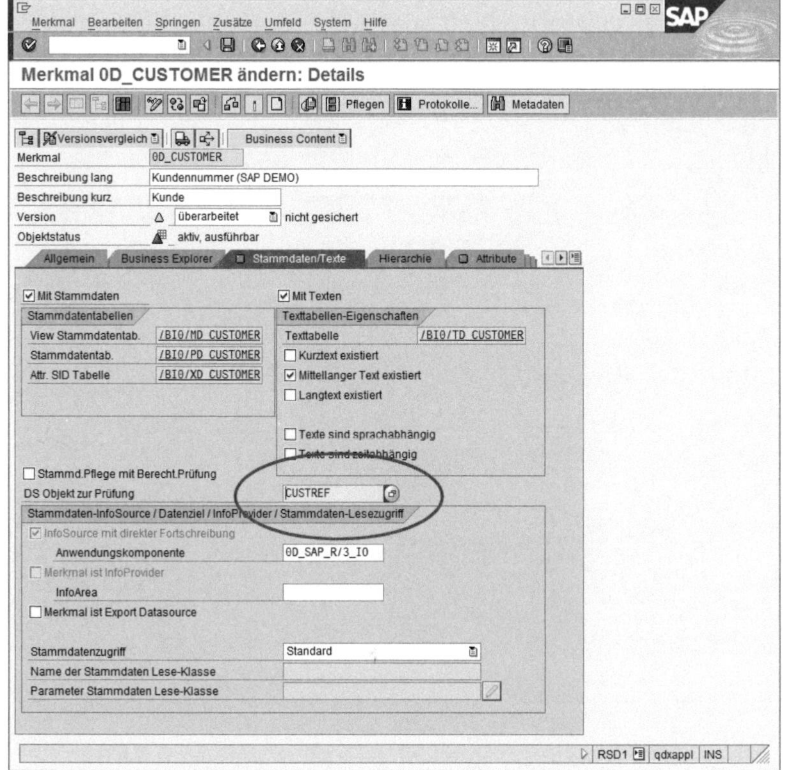

© SAP AG

Abb. 23-12
Referenzielle Integritätsprüfung gegen DataStore-Objekte

Bei derart definierten InfoObjekten wird die referenzielle Integritätsprüfung ausschließlich gegen das DataStore-Objekt, nicht jedoch länger gegen die Stammdaten des InfoObjekts durchgeführt. Abbildung 23–10 stellt beispielhaft eine Definition des InfoObjekts `OD_CUSTOMER` dar, durch die dieses gegen das DataStore-Objekt `CUSTREF` geprüft wird.

Wenn DataStore-Objekte eine Übermenge der tatsächlich existierenden Merkmalswerte aufnehmen sollen, so darf das Generieren von Stammdaten-IDs bei der Aktivierung nicht aktiviert sein, da die Übermenge an Werten nur in diesem Fall in dem DataStore-Objekt hinterlegt werden kann, ohne dass gleichzeitig SID-Werte dafür existieren müssen.

23.5 Behandlung von Fehlern

Die vorangegangenen Kapitel haben dargestellt, auf welche Weise Fehler im Datenfluss erkannt werden können. Zu diesem Zweck können eine Reihe von Konsistenz- und Integritätsprüfungen sowie auch selbstentwickelte ABAP-Routinen verwendet werden. Neben dem Erkennen von Fehlern ist vor allem das Behandeln von Fehlern von Interesse. Hierfür existieren unterschiedliche Optionen, die in der Definition eines Datentransferprozesses ausgewählt werden können (siehe Abb. 23–13).

Abb. 23–13 *Fehlerbehandlung bei der Verbuchung*

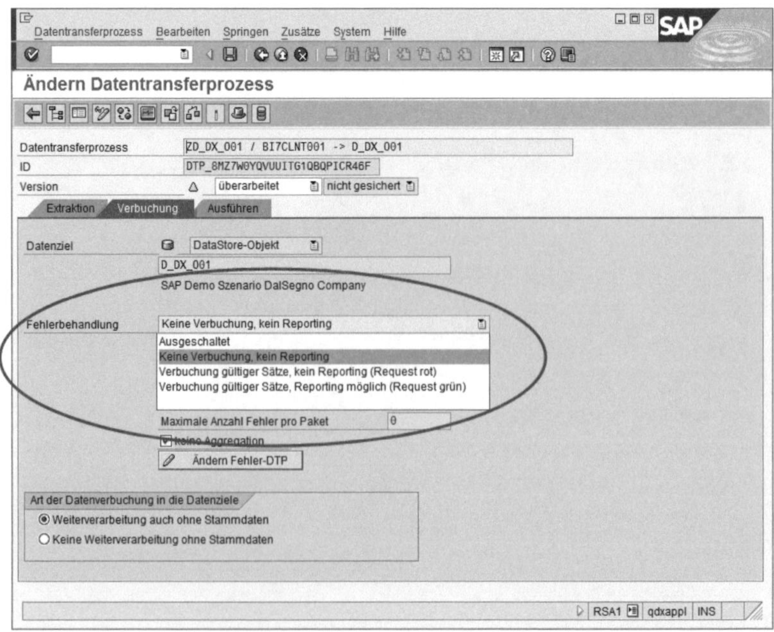

Die unterschiedlichen Möglichkeiten werden nachfolgend erläutert.

23.5.1 Systemverhalten ohne Fehlerbehandlung

Im einfachsten Fall ist die Fehlerbehandlung ausgeschaltet[5]. Wird ein Fehler erkannt, so bricht die Verarbeitung des jeweiligen Datenpakets ab, und die betroffenen Datensätze werden in der PSA als fehlerhaft gekennzeichnet. Existieren innerhalb des betroffenen Datenpakets weitere fehlerhafte Datensätze, so werden diese nicht mehr geprüft und fallen damit ggf. erst bei der Durchführung weiterer Ladeversuche auf. Alle anderen Datenpakete eines Ladevorgangs werden weiterverarbeitet.

Als Möglichkeit zur Fehlerbehandlung können die als fehlerhaft markierten Datensätze in der PSA korrigiert und erneut in das jeweilige Datenziel geschrieben werden. Dieses Systemverhalten geht davon aus, dass

- bei jedem fehlerhaften Datenpaket die Möglichkeit besteht, manuell einzugreifen und Daten in der PSA zu korrigieren.
- die Korrektur der Daten in der PSA in einer für den Betrieb annehmbaren Zeit erfolgen kann.
- der BW-Betreuer Zeit und Nerven hat, innerhalb eines Datenpakets mit jedem Ladevorgang immer nur den ersten fehlerhaften Datensatz gemeldet zu bekommen und den jeweils nächsten Fehler immer erst mit der Durchführung des nächsten Ladeversuchs zu erkennen.

In der Praxis sind diese Voraussetzungen oftmals nicht erfüllt, und so wartet unter Umständen ein Request mit mehreren Millionen Datensätzen mit seiner Weiterverarbeitung darauf, dass ein fehlerhaftes Zeichen in einem einzigen Datensatz mit Quellsystemverantwortlichen (die zu diesem Zeitpunkt üblicherweise gerade eine vierwöchige Weltreise machen) geklärt wird. Kann der Ladevorgang dann endlich wieder gestartet werden, fällt der nächste fehlerhafte Datensatz auf, und das Drama beginnt von vorne.

23.5.2 Fortführung der Prüfung

Eine Erleichterung in Bezug auf die Vollständigkeit der Prüfung bietet das BW, indem nach Erkennen eines Fehlers zwar die Verbuchung des Datenpakets abgebrochen, die Fehlerprüfung jedoch weitergeführt werden kann. Als Fehlerbehandlung ist zu diesem Zweck in der Definition des Datentransferprozesses *Keine Verbuchung, kein Reporting* auszuwählen (vgl. Abb. 23–13).

5. Dies war das Default-Verhalten bis zur BW-Version 3.x.

Der Vorteil liegt zunächst darin, dass nicht nur der erste fehlerhafte Datensatz, sondern alle fehlerhaften Datensätze eines Datenpakets im ersten Ladeversuch im Monitoring protokolliert und in der PSA als fehlerhaft markiert werden.

Diese Form der Fehlerbehandlung wird dann wirksam, wenn im Feld *Maximale Anzahl Fehler pro Paket* eine Zahl größer als Null eingetragen wird. Die Anzahl gibt vor, ab wann es nicht mehr weiter von Interesse sein soll, die Prüfung fortzuführen, da es sich vermutlich um einen systematischen Fehler handelt, der eine manuelle Behandlung der fehlerhaften Sätze nicht mehr zulässt.

23.5.3 Fortführung der Verbuchung

Als logische Konsequenz zur Fortführung der Prüfung beim Auftreten von Fehlern besteht die Möglichkeit, die Verbuchung fehlerfreier Datensätze fortzusetzen, die fehlerhaften Datensätze von der Verbuchung jedoch auszuschließen und im sogenannten ***Fehlerstack*** zu separieren, der dann – losgelöst vom laufenden Ladevorgang – manuell bearbeitet werden kann.

Wird durch eine ABAP-Routine ein Fehler gemeldet (vgl. Kapitel 19.3.4), indem die Tabelle `MONITOR` gefüllt wird, so wird der entsprechende Datensatz per se nicht in den Fehlerstack geschrieben und dennoch in die Zielstruktur verbucht. Soll der fehlerhafte Datensatz zusätzlich auch im Fehlerstack separiert werden, so muss zusätzlich die Exception `CX_RSROUT_SKIP_RECORD` ausgelöst werden. Im Falle von Startroutinen muss darüber hinaus die Nummer des fehlerhaften Datensatzes im Feld `RECORD` an das Monitoring übergeben werden.

Für die Behandlung der fehlerfreien Datensätze eines Request bieten sich dabei zwei mögliche Formen der Fehlerbehandlung (vgl. Abb. 23–13) an:

- **Verbuchung gültiger Sätze, kein Reporting:**
  Der Request wird zwar verbucht, aber dennoch als fehlerhaft gewertet. Die Weiterverarbeitung im Staging kann erst erfolgen, nachdem der Qualitätsstatus des Requests manuell als fehlerfrei eingestuft wurde.
- **Verbuchung gültiger Sätze, Reporting möglich:**
  Der Request wird verbucht und vom Monitoring als fehlerfrei angesehen. Die Weiterverarbeitung der Daten kann unmittelbar im Anschluss an den Ladevorgang fortgesetzt werden.

Diese Form der Verbuchung bietet insofern die größte Flexibilität, dass fehlerhafte Datensätze nicht den Datenfluss der fehlerfreien Daten »aufhalten« und zu einem späteren Zeitpunkt behandelt und verbucht werden können.

Lediglich fehlerhafte Datensätze zu separieren würde jedoch nicht zu dem erwünschten Ergebnis führen, denn insbesondere bei der Verbuchung von Daten in Standard-DataStore-Objekte spielt die Reihenfolge, in der Datensätze verbucht werden, eine bedeutende Rolle, da ältere Feldwerte in Datenfeldern durch neuere überschrieben werden können.

Würden beispielsweise Daten zu einem Beleg im Fehlerstack separiert werden, weil ein Feld einen unzulässigen Inhalt aufweist, so kann der separierte Datensatz nicht nach Belieben später nachgebucht werden. Schließlich könnte es vorkommen, dass in der Zwischenzeit derselbe Datensatz noch einmal (diesmal mit einem richtigen Feldinhalt und diversen anderen Änderungen) in das DataStore-Objekt geschrieben wird. Wird erst anschließend der zurückgewiesene Datensatz im Fehlerstack behandelt und manuell in das DataStore-Objekt nachgebucht, so würde dieser die inzwischen neueren Informationen wieder durch seine alten Feldwerte überschreiben.

Semantische Gruppen

Der Einsatz des Fehlerstacks impliziert damit zwangsläufig eine Möglichkeit, nach dem Separieren eines Datensatzes auch nachfolgende Datensätze zu separieren, die gleiche Schlüsselwerte in der Zielstruktur erzeugen und damit Probleme bei der Einhaltung einer korrekten Reihenfolge erzeugen würden. Die Kriterien, nach denen fehlerfreie Datensätze verarbeitet oder als Folgesätze eines fehlerhaften Datensatzes betrachtet werden, wird in Form semantischer Gruppen im jeweiligen Datentransferprozess definiert (siehe Abb. 23–14).

Gelangt auf diese Weise ein Datensatz in die Verarbeitung, der denselben semantischen Schlüssel besitzt wie ein anderer Datensatz, noch im Fehlerstack steht, so wird auch dieser Datensatz in den Fehlerstack geschrieben.

Im optimalen Fall wird der semantische Schlüssel aus den Schlüsselfeldern der Zielstruktur (i.d.R. einem DataStore-Objekt) abgeleitet. Auf diese Weise ist sichergestellt, dass nur die fehlerfreien Datensätze separiert werden, die den gleichen Schlüssel aufweisen wie fehlerhafte Sätze. Eine falsche Reihenfolge bei der Verbuchung fehlerhafter und fehlerfreier Datensätze ist damit ausgeschlossen.

Die Auswahl der Felder, die als Schlüsselfelder für den Fehlerstack definiert werden können, leitet sich jedoch nicht aus der Zielstruktur der Transformation, sondern aus der Quellstruktur, also in der Regel aus der DataSource ab. Verfügt diese über andere Felder, so muss ein andersartiger Schlüssel gebildet werden, der ebenfalls eine falsche Reihenfolge der Verarbeitung verhindern kann.

Abb. 23–14
Definition semantischer Gruppen im Datentransferprozess

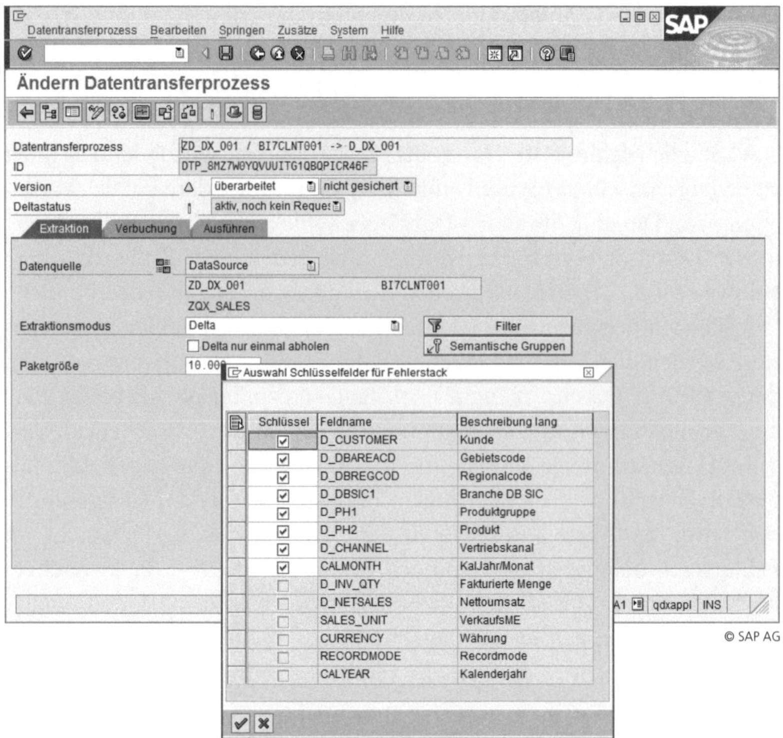

Sortiertes Lesen aus der PSA

Die Definition semantischer Gruppen stellt nicht nur sicher, dass die Reihenfolge der Verarbeitung im Falle fehlerhafter Datensätze über mehrere Ladevorgänge (Requests) hinweg richtig eingehalten wird. Vielmehr wird auch sichergestellt, dass nachfolgende Datensätze mit gleichem semantischen Schlüssel auch innerhalb eines Requests in den Fehlerstack geschrieben werden, wenn ihnen ein fehlerhafter Datensatz vorausgeht – und zwar selbst dann, wenn die Verbuchung der Datenpakete im Request parallelisiert werden.

Dies ist dem BW dadurch möglich, dass die Daten der PSA nicht in ebender Weise weiterverarbeitet werden, wie sie in die PSA gelangt sind. Vielmehr werden die Daten nach dem semantischen Schlüssel sortiert.

Per Default werden Fehler in den Fehlerstack verbucht und damit sortiert aus der PSA gelesen. Diese Vorgehen ist aus inhaltlicher Sicht zunächst reizvoll, nimmt jedoch unnötig Ressourcen in Anspruch, wenn in der Regel keine Fehler auftreten und damit auf diese Form der Fehlerbehandlung verzichtet werden könnte. Stellen Sie daher den Einsatz der Fehlerbehandlung stets auf die Probe, um ggf. auf sortiertes Lesen aus der PSA verzichten zu können.

Fehler-DTP

Beim Fehlerstack, in den fehlerhafte Datensätze und deren Nachfolge-Sätze geschrieben werden, handelt es sich technisch um eine weitere PSA-Tabelle, die mit der Zielstruktur durch dieselbe Transformation verbunden ist, wie auch die ursprüngliche Quellstruktur (=DataSource). Es muss somit keine weitere Transformation definiert, sondern lediglich ein entsprechender Datentransferprozess angelegt werden, der explizit den Fehlerstack einer DataSource ausliest. Das Anlegen dieses sogenannten Fehler-DTPs erfolgt in der Definition des ursprünglichen Datentransferprozesses[6] (siehe Abb. 23–15).

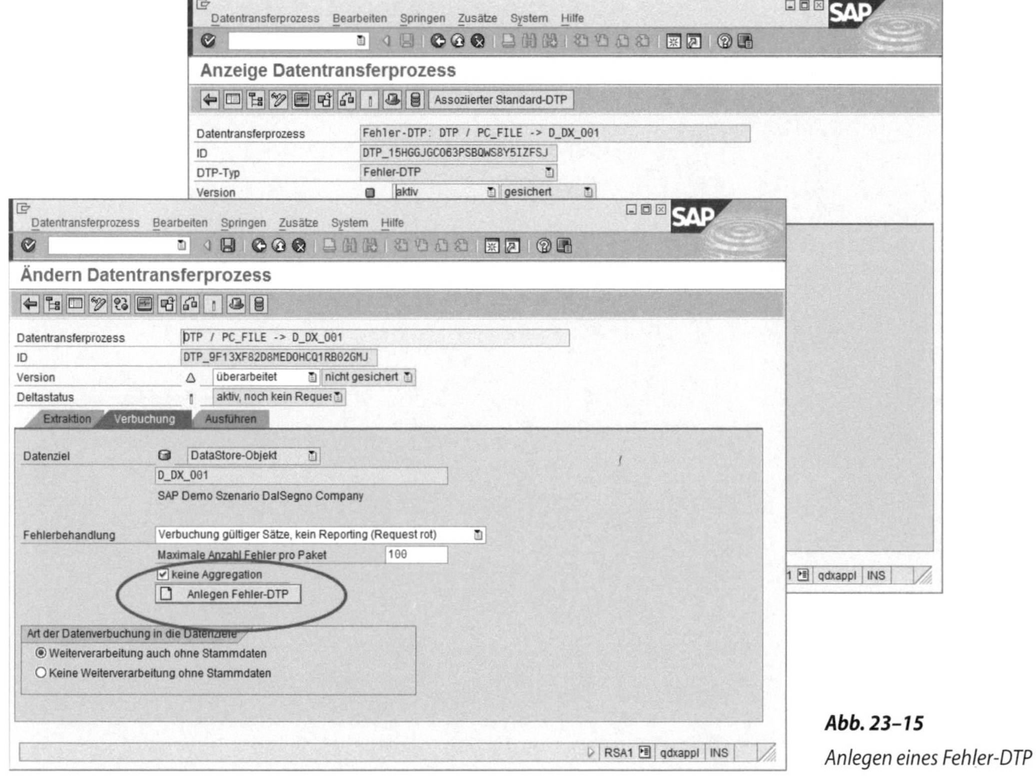

Abb. 23–15
Anlegen eines Fehler-DTP

Der Fehler-DTP ist fortan unter den Datentransferprozessen zu finden und kann auch zum Absprung in den Fehlerstack genutzt werden, sofern Datensätze im Fehlerstack zu korrigieren sind.

6. Ist nicht möglich bei Datentransferprozessen für Direktzugriff.

24 Performance-Tuning

Das Thema Performance-Tuning wurde teilweise bereits im Rahmen der Datenmodellierung behandelt. Ziel des Performance-Tunings war dabei die Optimierung von lesenden wie auch schreibenden Datenzugriffen durch entsprechende Modellierung von BasisCubes (vgl. Kapitel 7).

Parallelisierung

Ziel dieses Kapitels ist das Tuning der Performance in Hinsicht auf die mit dem Staging verbundenen Prozesse. Einen grundlegenden Mechanismus zum Tuning bietet das BW 7 in Form der Parallelisierung von Teilschritten innerhalb eines Prozesses. Beispielsweise kann ein Roll Up von Aggregaten eines BasisCubes in mehrere parallele Teilschritte zerlegt werden, die jeweils ein Aggregat hochrollen.

Die Parallelisierung unabhängiger Teilschritte innerhalb eines Prozesses zielt insbesondere auf das Tuning eines einzelnen Prozesses ab und ist auf ausreichend freie Systemressourcen angewiesen. Werden bereits mehrere Prozesse gleichzeitig ausgeführt (z.B. mehrere Roll-Up-Prozesse auf unterschiedliche BasisCubes), so stellt dies bereits eine Form der Parallelisierung dar, die entsprechend umfangreiche Ressourcen beansprucht. Einer weiteren Parallelisierung jedes einzelnen Prozesses stehen damit u.U. keine ausreichenden Ressourcen gegenüber, so dass sich die Gesamtperformance aller Prozesse durch die Parallelisierung eher verschlechtert als verbessert. Betrachten Sie Parallelisierung daher nicht als grenzenlos zu nutzendes Allheilmittel, sondern als eine Option, die gezielt und mit Bedacht eingesetzt werden muss.

Möglichkeiten zur Parallelisierung sind bereits in den BW-Versionen 3.x bekannt gewesen, jedoch wurden dadurch nicht alle Bereiche des Staging abgedeckt, und die Nutzung war an zahlreiche Restriktionen gebunden. Ein besonderes Ärgenis der »alten« Parallelisierung bestand stets darin, dass die Ausführung paralleler Prozesse in der Regel über Dialogprozesse erfolgte, die durch einen zentralen Batch-Prozess gesteuert wurden. Die Parallelisierung war damit an die üblichen Restriktionen von Dialogprozessen gebunden und brach nicht zuletzt aufgrund von Beschränkungen hinsichtlich der maximalen Ausführungszeit von Work-Prozessen oft ab.

Mit der Version 7 bietet das BW durch ein zentrales Batchmanagement die Möglichkeit, Parallelisierung einheitlich und durchgängig zu steuern; die Parallelisierung erfolgt dabei durch Batch-Prozesse, so dass auch langlaufende Prozesse nicht zu Problemen führen. Der Grad der Parallelisierung kann für jeden Prozesstypen separat im Batchmanager definiert werden, der über die Administration der Data Warehousing Workbench oder über die Transaktion RSBATCH zu erreichen ist (siehe Abb. 24–1).

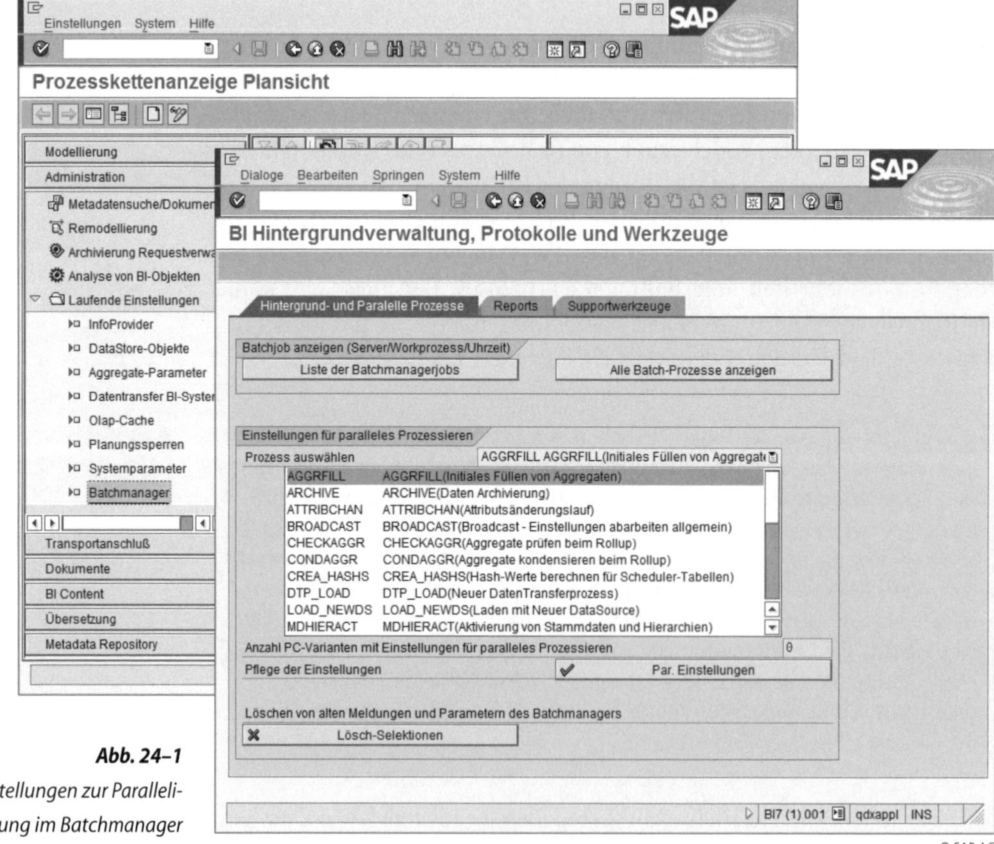

Abb. 24–1
Einstellungen zur Parallelisierung im Batchmanager

Die Einstellungen zur Parallelisierung beziehen sich auf die Durchführung der Prozesse durch eine manuelle Ausführung (in der Regel innerhalb der Data Warehousing Workbench). Wurden zur Gestaltung des Regelbetriebs Prozessvarianten für Prozessketten angelegt (siehe Kapitel 28), so kann der Grad der Parallelisierung des Prozesses dediziert für eine Prozessvariante festgelegt werden[1].

Eine besondere Beachtung verdient die Parallelisierung des Staging, d.h. die Parallelisierung im Extraktor und im Staging; denn bei der Parallelisierung dieser Prozesse sind über die Konfiguration des Batchmanagers hinaus weitere Rahmenbedingungen zu beachten. Kapitel 24.1 behandelt die ***Parallelisierung von Extraktion und Staging*** im Detail.

Weitere Möglichkeiten zum Tuning

Über die Parallelisierung hinaus existieren zahlreiche weitere Optionen, um die Performance der mit dem Staging verbundenen Prozesse zu verbessern. In den nachfolgenden Kapiteln werden eine Reihe ausgewählter Tuning-Maßnahmen erläutert, die sich auf unterschiedliche Stufen im Staging beziehen:

- die Eingangsverarbeitung in der PSA
- die Indexverwaltung
- das Komprimieren von BasisCubes
- die Aktivierung neuer Daten in DataStore-Objekten
- die Verwaltung von Aggregaten

Außer diesen spezifischen Maßnahmen, die sich auf das Tuning einzelner Staging-Bereiche konzentrieren, ist allgemein zu beachten, dass für alle Verarbeitungsschritte und zu allen Requests Protokolleinträge in den Tabellen `RSMON*` und `RS*DONE` hinterlegt werden. Diese Tabellen wachsen mit jedem neuen Request rapide an, so dass nach einiger Zeit des Betriebs allein die Administration der Request-Protokolle einen erheblichen Anteil am Aufwand für das Staging ausmachen kann. Daher ist es sinnvoll, die Protokolle in diese Tabellen regelmäßig zu archivieren und zu löschen. Details hierzu sind in Kapitel 33.4 zu finden.

24.1 Parallelisierung von Extraktion und Staging

Jeder Request setzt sich (eine entsprechende Größe vorausgesetzt) aus mehreren Datenpaketen zusammen. Diese entsprechen den »Teillieferungen«, in die ein Quellsystem die Daten eines gesamten Ladevorgangs aufteilt. Werden die Datensätze innerhalb eines Datenpakets als Einheit betrachtet, so können sie (aus technischen Geschichtspunkten) parallel zu den Datensätzen anderer Datenpakete verarbeitet werden.

Da die Verarbeitung der einzelnen Datenpakete zumindest bis in die PSA vollständig isoliert voneinander ausgeführt werden kann, liegen bei der ***Extraktion aus den Quellsystemen*** optimale Voraussetzungen zur Parallelisierung vor, so dass die Performance der Verbuchung nahezu linear mit dem Grad der Parallelisierung verbessert werden kann.

1. Diese Einstellung kann auch bei der Pflege der Prozessvarianten vorgenommen werden.

Bei der ***Durchführung von Ladevorgängen*** aus der PSA in Datenziele bieten sich ähnliche Möglichkeiten zur Parallelisierung, jedoch können die einzelnen Datenpakete je nach Definition der Transformation und je nach Datenziel nicht immer isoliert voneinander verarbeitet werden[2]. Auch technisch ist die Parallelisierung anders zu definieren.

In den nachfolgenden Kapiteln wird erläutert, wie die

- Parallelisierung im Extraktor (Kapitel 24.1.1),
- Parallelisierung in der Transformation (Kapitel 24.1.2),
- Parallelisierung beim direkten Staging (Kapitel 24.1.3)

konfiguriert wird. Grundlage der Parallelisierung ist in jedem Fall die Unterteilung von Requests in ***Datenpakete***, deren Verarbeitung parallel erfolgt. Die Bildung der Datenpakete wird in Kapitel 24.1.4 erläutert.

Ein besonderes Augenmerk sollte auf das Kapitel 24.1.5 gelegt werden. Dort wird erläutert, welche Voraussetzungen erfüllt sein müssen, um Daten parallel zu verbuchen.

Eine Sonderstellung in Bezug auf die Parallelisierung nimmt das Staging über die ***Realtime Data Acquisition*** ein. Hier greift das Konzept der Parallelisierung über Datenpakete nicht, da innerhalb jeder der synchron durchgeführten Verarbeitungseinheiten in der Regel nicht so viele Datensätze enthalten sind, dass sie über mehrere Datenpaket verteilt werden müssen. Die Möglichkeiten zur Parallelisierung im Rahmen der Realtime Data Acquisition werden in Kapitel 24.1.6 behandelt.

24.1.1 Parallelisierung im Extraktor

Bei der Extraktion von Daten im Quellsystem werden die entsprechenden Daten nicht vollständig gelesen und erst nach Abschluss des Lesevorgangs an das SAP BW übertragen. Vielmehr werden immer dann, wenn eine bestimmte Anzahl an Sätzen gelesen wurde, diese Sätze als Datenpaket innerhalb des Ladevorgangs an das BW übertragen.

Anstatt nach der Lieferung jedes Pakets zu warten, bis das SAP BW das Paket vollständig verarbeitet hat, kann der Extraktor mit dem Auslesen der Quelldaten fortfahren und die nächsten Datenpakete auch dann an das SAP BW schicken, wenn dieses die Verarbeitung des vorangegangenen Pakets noch nicht abgeschlossen hat. Die Verarbeitung der Datenpakete im BW erfolgt dann parallel.

---

2. Vor allem ist bei der Verwendung globaler Variablen in der Transformation, die durch `CLASS-DATA` deklariert sind, keine Parallelisierung möglich (vgl. Kapitel 19.1).

Um das BW durch zu viele parallel zu verarbeitende Datenpakete nicht zu stark zu belasten, muss eine Obergrenze an parallelen Prozessen vorgegeben werden, die das Quellsystem beim Übermitteln neuer Datenpakete beachtet. Ist die Obergrenze erreicht[3], so wartet das Quellsystem mit der Extraktion so lange, bis einer der ausstehenden Verarbeitungsprozesse vom BW als beendet gemeldet wird.

Abbildung 24–2 stellt die Parallelisierung im Extraktor im Zusammenspiel mit der Staging Engine des BW dar. Die Darstellung bezieht sich beispielhaft auf eine Obergrenze von drei parallelen Prozessen und auf die Annahme, dass die Verarbeitung eines Paketes mit der Verbuchung in der PSA als beendet gilt (Näheres zu den entsprechenden Optionen in Kapitel 24.1.2).

Abb. 24–2 *Parallelisierung im Extraktor*

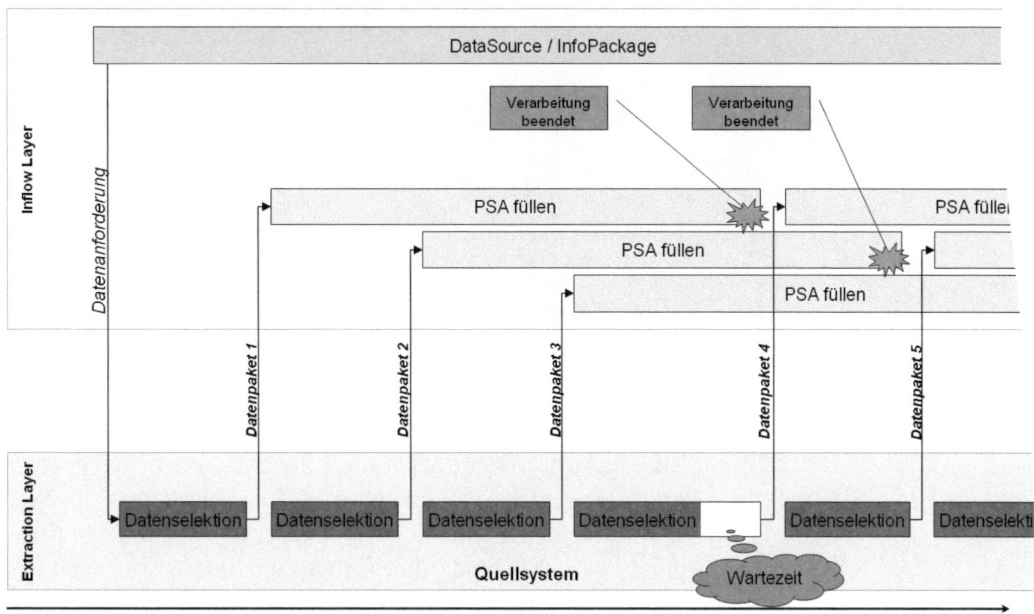

Grad der Parallelisierung

Der Grad der Parallelisierung, also die maximale Anzahl der Prozesse, mit denen Daten in der PSA verbucht werden können, wird *im Extraction Layer des jeweiligen Quellsystems* und nicht etwa im BW-System festgelegt[4].

---

3. Die Parallelisierung basiert auf der Prämisse, dass das Extrahieren von Daten im Quellsystem schneller ist als die Verbuchung im BW. In der Praxis hat sich gezeigt, dass diese Prämisse i.d.R. erfüllt ist.
4. Bei der Extraktion aus 3rd party ETL-Tools ist die Dokumentation des jeweiligen Herstellers zu beachten.

SAP ERP
SAP BW

Im Falle von SAP-ERP- und -BW[5]-Systemen wird somit *im Quellsystem* festgelegt, wie viele parallele Prozesse der Extraktor im SAP BW erzeugen soll. Diese ***Steuerparameter zur Datenübertragung*** werden im Customizing des Extraktors (Transaktion SBIW) im jeweiligen Quellsystem festgelegt (siehe Abb. 24–3).

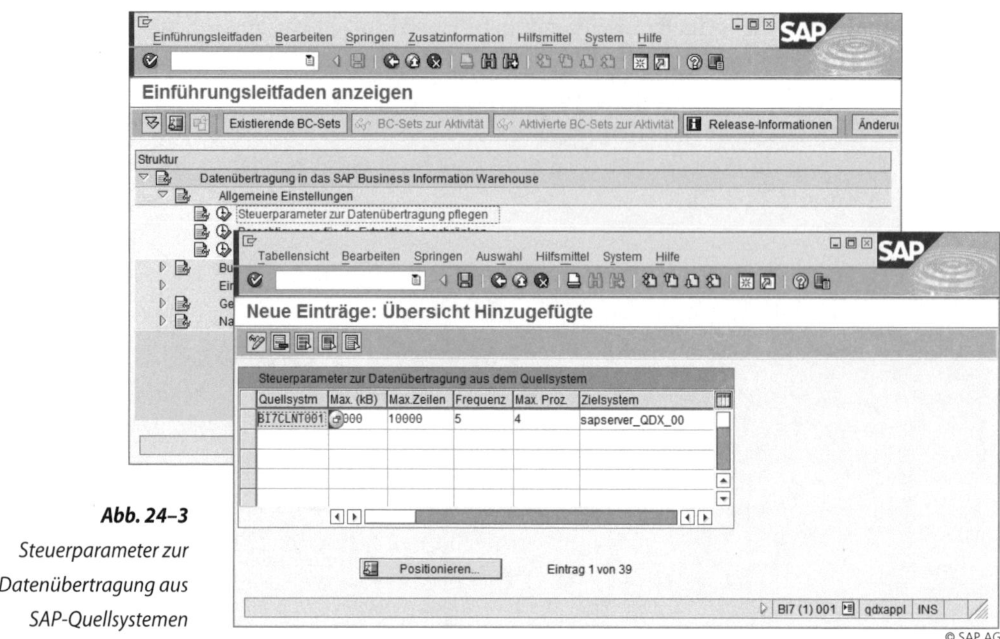

Abb. 24–3 *Steuerparameter zur Datenübertragung aus SAP-Quellsystemen*

© SAP AG

Die Steuerparameter werden für jeden Mandanten im Quellsystem (d.h. für jedes logische System) separat gepflegt. Zu welchem logischen System Parameter gepflegt werden, wird im Tabellenschlüssel im Feld »Quellsystem« festgelegt. Sind zu einem logischen System keine Parameter gepflegt, so wird standardmäßig von maximal zwei zugelassenen Prozessen ausgegangen.

Für den Grad der Parallelisierung ist unter allen Parametern lediglich der Eintrag im Feld »Max. Proz.« von Bedeutung. Dort wird eingetragen, wie viele Prozesse der Extraktor maximal gleichzeitig im BW starten darf.

Flatfile

Bereits bei der Definition der Metadaten mussten Einstellungen für Flatfiles manuell im Inflow Layer vorgenommen werden – anders als bei SAP-ERP-Systemen, die selbst über Metadaten verfügen. Ähnlich verhält es sich bei den Einstellungen zur Parallelisierung, die nicht im Flatfile-»Quellsystem«, sondern im BW hinterlegt werden müssen.

5. Sofern im Rahmen eines Data-Mart-Szenarios Daten von einem BW-System an ein anderes übergeben werden.

Die Steuerparameter zur Datenübertragung, die im BW-System hinterlegt sind, gelten nicht nur, wenn das BW als Quellsystem anderer BW-Systeme auftritt. Vielmehr finden diese Einstellungen auch Anwendung, wenn das BW aus dem MySelf-System, also aus sich selbst extrahiert (z.B. bei der Weiterverbuchung von Daten aus DataStore-Objekten).

Dabei ist zu beachten, dass die Parallelisierung wahlweise über den Batchmanager des BW 7 oder über die alte Systematik der vorangegangenen BW-Versionen gesteuert werden kann (gilt nicht für 3.x-DataSources). In der neuen Form der Steuerung kann der Grad der Parallelisierung direkt im Batchmanager (Prozesstyp `LOAD_NEWDS`) oder in der Pflege des InfoPackages hinterlegt werden (siehe Abb. 24–4).

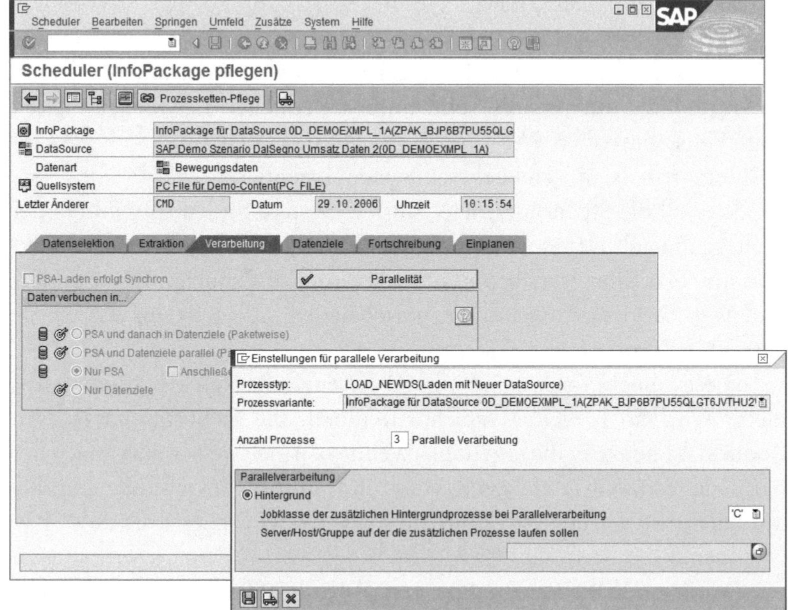

© SAP AG

Abb. 24–4
InfoPackage: Einstellungen zur Verarbeitung

Wird die Anzahl der parallelen Prozesse auf den Wert 1 gesetzt, so ist dies *nicht* gleichbedeutend mit einem Auschalten der Parallelisierung. Vielmehr wird der Batchmanager in diesem Fall umgangen, und die Extraktion wird synchron durchgeführt (Option *PSA-Laden erfolgt synchron*). Liegt eine »alte« DataSource für direktes Staging vor, so wird grundsätzlich synchron geladen; der Batchmanager kommt damit nicht zum Einsatz.

Beim synchronen Laden fällt das BW in die alte Steuerung zurück, die für die Parallelisierung bei der Extraktion von Flat Files noch in den Versionen bis 3.x im Einsatz war. Dabei konnte die Parallelisierung bei

Flatfiles nicht explizit gesteuert werden. Stattdessen galten für die Parallelisierung die Steuerparameter, die für die Extraktion aus dem BW-System definiert sind (vgl. Abb. 24–3). Die Steuerparameter sind dabei zum BW-System zu hinterlegen und nicht etwa zum Flatfile-System.

DB Connect
UD Connect
Web Services

Das synchrone Befüllen der PSA kommt auch im Falle von DB Connect, UD Connect und Web Services zum Einsatz. Auch bei diesen DataSources gelten für den Grad der Parallelisierung die Einstellungen zum MySelf-System, jedoch besteht hier nicht die Alternative zum Einsatz des Batchmanagers.

Differenzierbarkeit der Parallelisierung

Die Einstellung der Steuerparameter zur Datenübertragung in einem SAP-Quellsystem gilt für ein gesamtes logisches Quellsystem (Mandant). Für den Extraction Layer bedeutet dies, dass die Einstellung unabhängig von der extrahierten DataSource und der Art der Extraktion (Full/Delta) gilt.

Für den Inflow Layer bedeutet dies, dass die Einstellung für alle BW-Systeme gilt, die aus einem Quellsystem Daten extrahieren. Wenn mehrere BW-Systeme mit sehr unterschiedlicher Leistungsfähigkeit Daten aus demselben SAP-ERP-System extrahieren, muss sich die Einstellung oftmals am schwächsten System orientieren.

Speziell die Steuerparameter im BW-System finden sowohl bei der Weitergabe von Daten an andere BW-Systeme als auch bei der Extraktion aus Flat Files (synchrone Extraktion), DB Connect, UD Connect und Web Services Anwendung, beziehen sich also teils auf das eigene System, teils auf andere Systeme.

Diese ohnehin schon geringe Differenzierbarkeit der Steuerparameter wird noch weiter verschärft, indem die Steuerparameter pro Request (Ladevorgang) gelten. Wenn beispielsweise maximal vier parallele Prozesse zugelassen sind und fünf Ladevorgänge parallel durchgeführt werden, so kann dies bis zu 20 Prozesse im SAP BW erzeugen.

Damit ist die Begrenzung der parallelen Prozesse in den Steuerparametern nur sehr bedingt geeignet, um die Belastung des BW-Systems einzugrenzen. Vielmehr müssen die Steuerparameter immer in Kombination mit den tatsächlich ausgeführten Ladeprozessen betrachtet werden.

Da Extraktionsprozesse im Regelbetrieb des SAP BW normalerweise parallelisiert werden, stellt das Zusammenwirken paralleler Prozesse/Ladevorgänge im BW ein extrem komplexes System dar. Die bestmögliche Einstellung kann somit nicht vorausgesagt werden, sondern muss im Rahmen des Regelbetriebs[6] schrittweise »ertastet« werden.

---

6. Der Test neuer Einstellungen kann nur bedingt isoliert (d.h. auf Testsystemen) durchgeführt werden. Wirklich aussagefähige Ergebnisse erbringt in der Regel nur das reale Umfeld des Produktivsystems.

24.1.2 Parallelisierung in der Transformation

Dadurch, dass das BW in der Version 7 mit Transformation und Datentransferprozessen erstmals eine zentrale Möglichkeit zur Steuerung der Verarbeitung zwischen den einzelnen Layern bietet, ist auch die Steuerung der Parallelisierung erstmals zentral gesteuert.

Damit ist es für die Konfiguration irrelevant, aus welchen Datenquellen eine Transformation ihre Daten bezieht und in welches Datenziel Daten geschrieben werden. So hat beispielsweise die Parallelisierung im Extraction Layer keinen Einfluss auf die Parallelisierung des Transformationsprozesses im BW, da die Datenquelle (in diesem Fall die PSA) separat extrahiert wird.

Der Grad, in dem ein Datentransferprozess parallelisiert wird, wird in den Einstellungen des Batchmanagers definiert (vgl. Abb. 24–1). Der entsprechende Prozesstyp hierfür ist `DTP_LOAD`. Alternativ zu der allgemeinen Einstellung zur Parallelisierung von Datentransferprozessen kann der Grad der Parallelisierung auch dediziert für einen Datentransferprozess vorgegeben werden. Diese Variante ist beim Einsatz des DTP in Prozessketten zu wählen (siehe Abb. 24–5).

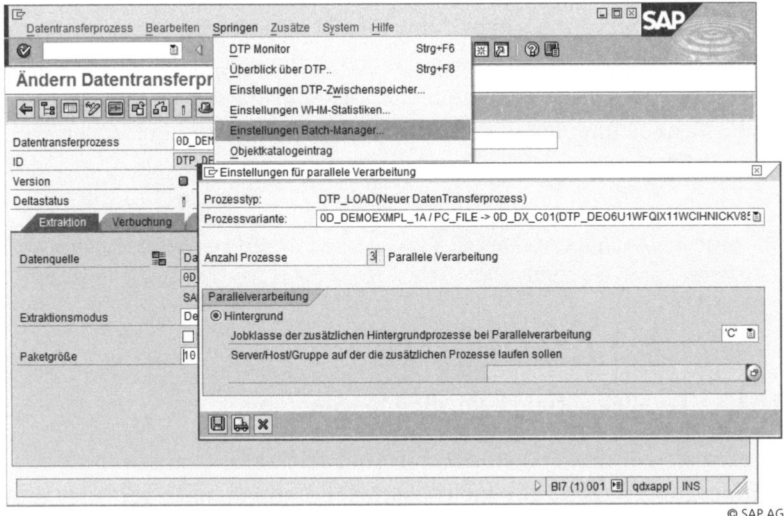

Abb. 24–5
Parallelisierung in Datentransferprozessen

Die Extraktion aus der Datenquelle erfolgt dabei in jedem Fall seriell, die Verarbeitung der Pakete wird hingegen parallelisiert. Die Verarbeitung eines Datenpakets wird dabei dann als abgeschlossen angesehen, wenn es die Transformation durchlaufen hat und in der jeweiligen Zielstruktur verbucht ist (siehe Abb. 24–6).

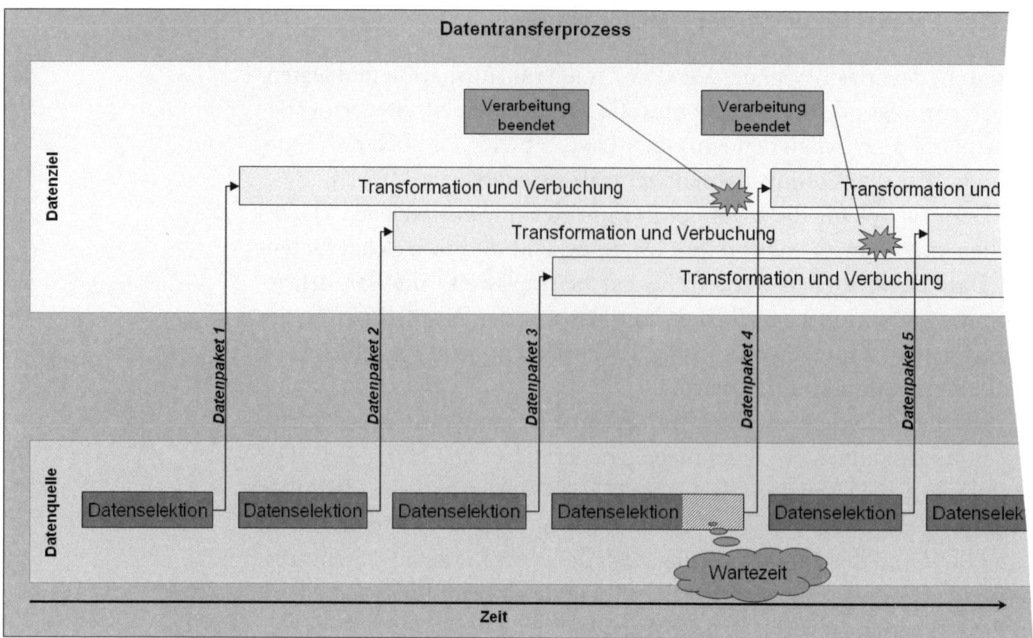

Abb. 24–6 *Parallelisierung der Transformation*

Dabei ist zu beachen, dass nicht jede Transformation nach Belieben parallelisiert werden kann und die Verarbeitung stattdessen serialisiert werden muss. Dies ist vor allem dann erforderlich, wenn in der Transformation globale Variablen mit `CLASS-DATA` deklariert werden, um statische Variableninhalte über mehrere Datenpakete auszutauschen (vgl. Kapitel 19.1)

Die Parallelisierung von Schreibzugriffen in BasisCubes ist bei Oracle-Datenbanksystemen an Voraussetzungen gebunden. Lesen Sie bitte unbedingt das Kapitel 24.1.5!

24.1.3 Parallelisierung beim direkten Staging

Anders als bei der Transformation sind Extraktion und Weiterverarbeitung im BW beim direkten Staging eng miteinander verzahnt und können nicht isoliert betrachtet werden. So sind die Paketgrößen, die durch den Extraktor bei der Übergabe von Daten an die PSA gebildet werden, auch bei der weiteren Verarbeitung maßgeblich. Auch der Grad der Parallelisierung, der beim Schreiben in die PSA gilt, ist für die weitere Verarbeitung maßgeblich und kann durch das BW nicht verändert werden. Dennoch nimmt das BW entscheidenden Einfluss auf das Performance-Tuning, indem es vorgibt, wie das Zusammenspiel von PSA und Datenzielen gestaltet wird.

Die entsprechenden Einstellungen sind Teil der Festlegungen zur Verarbeitung eines InfoPackages (vgl. Kapitel 21.3.3) und werden als ***Verbuchungsoptionen*** bezeichnet. Folgende Verbuchungsoptionen stehen zur Verfügung:

- nur PSA (und anschließend in Datenziele fortschreiben)
- PSA und danach in Datenziele (paketweise)
- nur Datenziele
- PSA und Datenziele parallel (paketweise)

Je nach Verbuchungsoption stellt sich das Verhalten des BW – sowie die möglicherweise entstehenden Probleme – unterschiedlich dar.

Nur PSA (und anschließend in Datenziele)

Die Verbuchungsoption *nur PSA* wurde bereits in Abbildung 24–2 dargestellt. Die weitere Verarbeitung der Daten aus der PSA in die Datenziele kann manuell aus der PSA bzw. aus dem Lade-Monitor gestartet werden.

Im Regelfall soll die weitere Verarbeitung in die Datenziele jedoch nicht manuell gestartet werden, sondern vielmehr automatisch erfolgen. Zu diesem Zweck kann die Verbuchungsoption *nur PSA* mit der anschließenden Verbuchung in Datenziele kombiniert werden. In diesem Fall wird zwar die Verbuchung von Daten in der PSA parallelisiert ausgeführt, die anschließende Übernahme aller extrahierten Datenpakete in die Datenziele schließt sich jedoch in einem serialisierten Prozess an (siehe Abb. 24–7).

Die Verbuchungsoption *nur PSA und anschließend in Datenziele* eignet sich vor allem für Systemlandschaften, bei denen eine möglichst schnelle Extraktion im Fokus steht und die weitere Verbuchung der Daten in Datenziele nachrangig ist.

Gleichzeitig zielt diese Verbuchungsoption darauf ab, das BW selbst durch die Serialisierung der Verarbeitung möglichst wenig zu belasten. Daher ist diese Verbuchungsoption insbesondere auch ***für BW-Systeme mit schwacher Hardware*** oder stark schwankender Auslastung geeignet.

Dieser ressourcenschonende Umgang mit dem BW-System wirkt sich extrem nachteilig auf die Gesamtlaufzeit von Extraktion und Staging aus, da gerade der laufzeitintensive Staging-Prozess nicht parallelisiert wird. Bei Systemen mit starker Hardware sollte daher der Einsatz der Verbuchungsoption *PSA und Datenziele parallel (paketweise)* erwogen werden, der ebenfalls eine schnelle Extraktion aus den Quellsystemen garantiert.

PSA und danach in Datenziele (paketweise)

Die Verbuchungsoption *PSA und danach in Datenziele (paketweise)* zielt darauf ab, die Gesamtdauer von Extraktion und Staging zu verbessern, indem auch die Verbuchung paketweise parallelisiert wird.

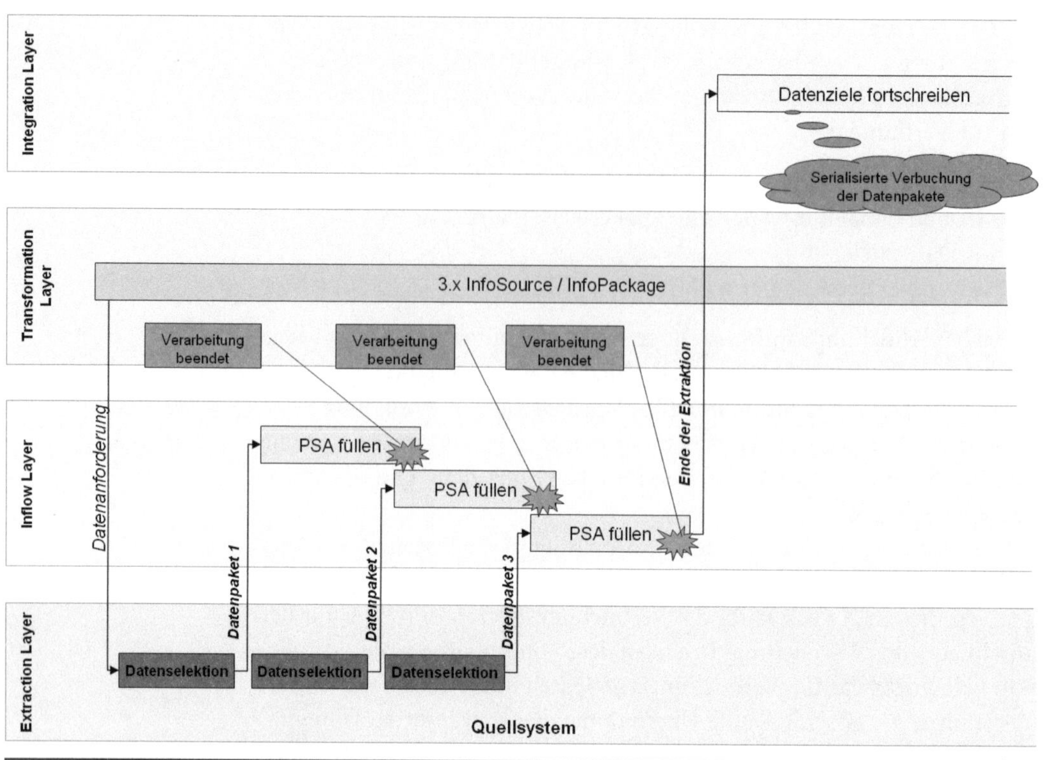

Abb. 24–7
Parallelisierung beim direkten Staging: Nur PSA und anschließend in Datenziele

Zu diesem Zweck wird direkt im Anschluss an die Verbuchung eines Pakets in der PSA auch die Ausführung der Übertragungsregeln und die Verbuchung des Datenpakets in die Datenziele gestartet. Technisch gesehen wird dabei ein weiterer Dialogprozess gestartet, der das Paket zunächst wieder aus der PSA liest und dann verarbeitet. Die Verarbeitung eines Datenpakets gilt erst dann als beendet, wenn auch der Verarbeitungsprozess inklusive Verbuchung beendet ist.

Im Vergleich zur Verbuchungsoption *nur PSA und anschließend in Datenziele* verbessert sich die Gesamtlaufzeit von Extraktion und Staging dadurch deutlich, jedoch können durch die Begrenzung des Parallelisierungsgrads Wartezeiten im Quellsystem entstehen, so dass der Prozess der Extraktion länger dauert (siehe Abb. 24–8).

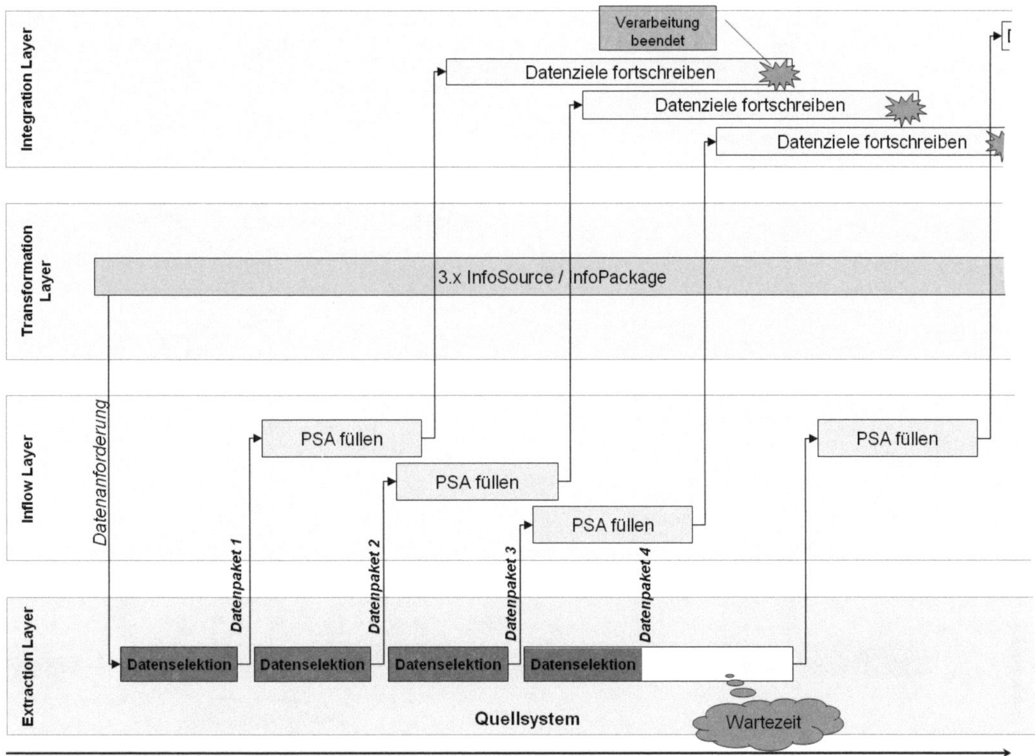

Abb. 24–8 *Parallelisierung beim direkten Staging: PSA und danach in Datenziele (paketweise)*

Die Verbuchungsoption »PSA und danach in Datenziele (paketweise)« eignet sich vor allem, wenn die Gesamtlaufzeit von Extraktion und Staging im Mittelpunkt steht und die Zeitfenster auf dem Quellsystem Raum für Wartezeiten lassen.

Dabei ist die Belastung des BW-Systems durch parallelisierte Verarbeitungsprozesse zwar höher als bei der Verbuchungsoption »nur PSA (und anschließend in Datenziele)«, aber insgesamt immer noch durch den Parallelisierungsgrad begrenzt.

Nur Datenziele

Die Verarbeitungsoption »nur Datenziele« stellt eine Vereinfachung des Ladeprozesses im Hinblick auf den Verzicht auf die PSA dar. Bei dieser Option werden alle Datenpakete unmittelbar nach der Extraktion an den Integration Layer übergeben, ohne sie in der PSA zwischenzuspeichern (siehe Abb. 24–9). Die Verarbeitung eines Datenpakets gilt mit der Verbuchung des Pakets in das Datenziel als beendet.

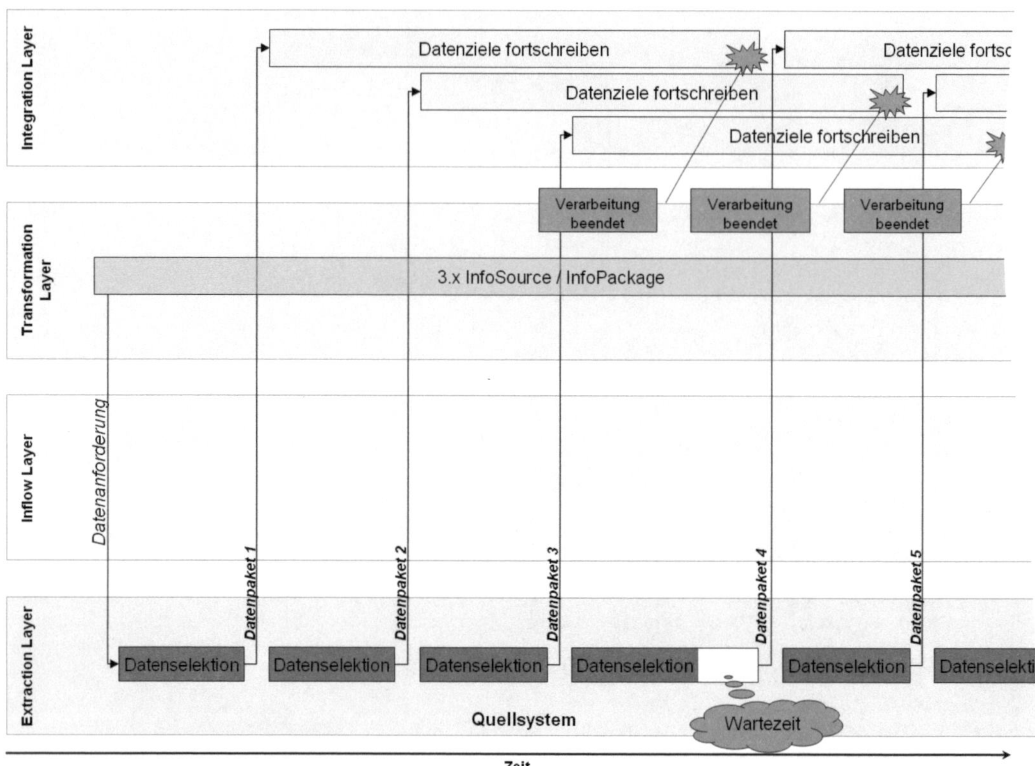

Abb. 24–9 *Parallelisierung beim direkten Staging: nur Datenziele*

Das Übergehen der PSA kann eine Entlastung des BW-Systems mit sich bringen. Diese macht sich jedoch insbesondere im Hinblick auf den Speicherbedarf bemerkbar. Aus Sicht der Laufzeit spielt die Verbuchung von Daten in der PSA eine eher untergeordnete Rolle.

Nachteilig wirkt sich bei dieser Verbuchungsoption aus, dass keine Qualitätssicherung der Daten in der PSA möglich ist. Treten Fehler auf, so müssen die Daten erneut extrahiert werden, was insbesondere bei der Verwendung von Delta-Verfahren zu Problemen führen kann.

Die Verbuchungsoption »nur Datenziele« ist damit insbesondere für interne Abläufe im BW-System geeignet (zum Beispiel Weiterverbuchung von Daten aus DataStore-Objekten) und sollte nicht bei der Extraktion aus Quellsystemen genutzt werden.

PSA und Datenziele parallel (paketweise)

Die Verbuchungsoption »PSA und Datenziele parallel (paketweise)« zielt gleichzeitig auf eine Optimierung der Extraktionszeit und die Optimierung der Gesamtlaufzeit von Extraktion und Staging ab.

Ebenso wie bei der Verbuchungsoption »PSA und danach in Datenziele (paketweise)« schließt sich an die Verbuchung von Datenpaketen in der PSA die Weiterverarbeitung der Datenpakete an. Allerdings wird die Verarbeitung eines Datenpakets bereits mit der Verbuchung in der PSA als beendet betrachtet.

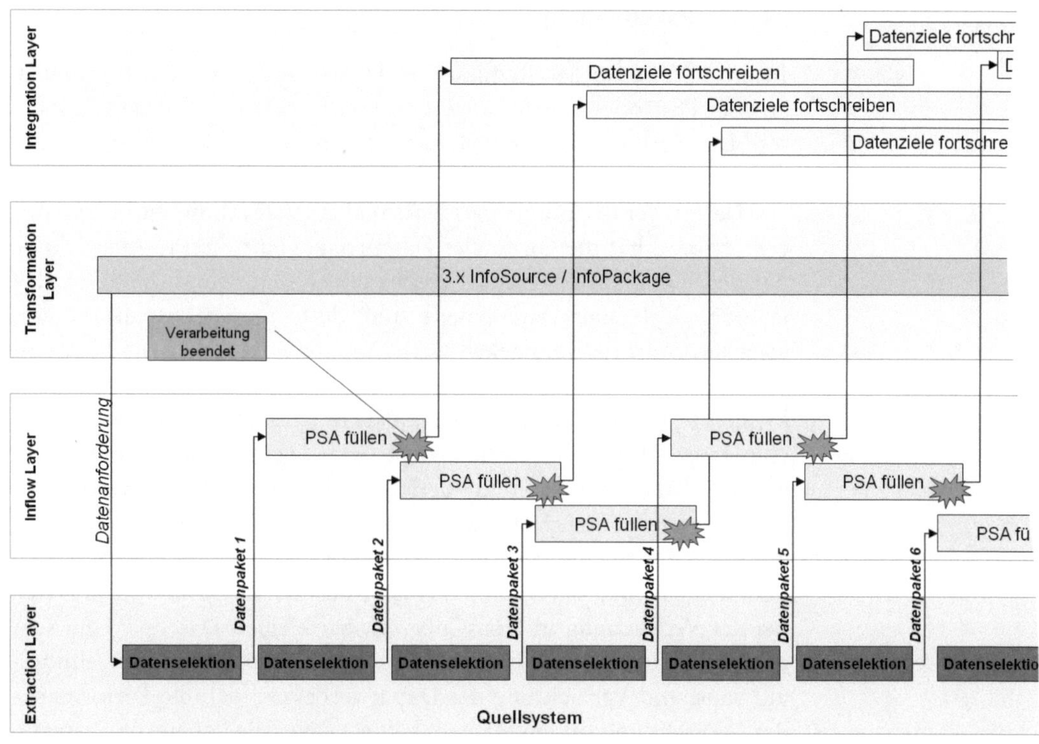

Abb. 24–10 *Parallelisierung beim direkten Staging: PSA und Datenziele parallel (paketweise)*

Die Begrenzung des Parallelisierungsgrads bezieht sich damit ausschließlich auf die Verbuchung von Datenpaketen in der PSA, während die Parallelisierung der Weiterverarbeitung lediglich durch die Anzahl freier Dialogprozesse begrenzt ist (siehe Abb. 24–10).

Die parallele Verbuchung in PSA und Datenziele kann einen deutlichen Zeitgewinn beim Staging bedeuten, jedoch wird das BW gleichzeitig stärker belastet. Da die Verbuchung in der PSA und die Verarbeitung von Datenpaketen in Extremfällen um die freien Dialogprozesse konkurrieren, kann sich der zeitliche Ablauf der einzelnen Prozesse schwer nachvollziehbar gestalten.

Ebenso wie Verbuchungsoption »Nur in PSA« ist diese Verbuchungsoption für die Extraktion aus unternehmens- und zeitkritischen Quellsystemen geeignet. Bei großen Datenvolumen wird jedoch unbedingt ***leistungsstarke Hardware*** vorausgesetzt, um die Parallelisierung der Verarbeitungsprozesse zu verkraften.

24.1.4 Paketbildung

Je nach Größe werden Requests bei der Extraktion aus Quellsystemen, aus der PSA oder dem Change Log von DataStore-Objekten in mehrere Datenpakete unterteilt. Diese Datenpakete bilden die Einheit, in der Daten bei der Verarbeitung parallelisiert werden.

Da die Verarbeitung eines Datenpakets vollständig im Hauptspeicher erfolgt, hat die Größe der Datenpakete eine direkte Auswirkung auf den Hauptspeicherbedarf des Gesamtsystems (und die Systembelastung). Je kleiner Datenpakete sind, desto geringer ist der Hauptspeicherbedarf (und umgekehrt).

Zusätzlich erhöhen geringe Paketgrößen die Möglichkeit, auch bei kleinen Datenlieferungen mehrere Pakete parallel zu verarbeiten. Solche Datenlieferungen würden sonst unter Umständen aus nur einem einzigen Paket bestehen und überhaupt nicht parallelisiert werden.

Auf der anderen Seite steigt der Anteil des internen Verwaltungsaufwands an der Gesamtverarbeitungszeit eines Datenpakets signifikant an, je kleiner ein Datenpaket ist. Auch die Verdichtung von Daten bei der Verbuchung in BasisCubes ist bei kleinen Datenpaketen sehr gering[7]. Unter Berücksichtigung von Verarbeitungszeit, Verwaltungsaufwand und Verdichtung der Daten verbessert sich die Performance der Verarbeitung für ein Datenpaket, je größer die Paketgröße gewählt wird (ausreichend Hauptspeicher vorausgesetzt).

Die optimale Größe eines Datenpakets ist somit nicht allgemein für ein System zu bestimmen, sondern ein Trade-off aus Parallelisierung und Verwaltungsaufwand, der für jeden Verarbeitungsprozess individuell ermittelt werden muss.

Paketgrößen bei Datentransferprozessen

Bei der Festlegung der Paketgrößen muss zwischen Extraktion und Datentransferprozessen unterschieden werden. Im Falle von Datentransferprozessen sind die Paketgrößen grundsätzlich bei der Definition eines Datentransferprozesses festzulegen, und zwar unabhängig davon, aus welcher Datenquelle gelesen werden soll (siehe Abb. 24–11).

Bei der Durchführung von Datentransferprozessen sind somit insbesondere die Paketgrößen von Requests in der PSA und im Change Log unerheblich, da bei der Extraktion aus der PSA andere Paketgrößen gebildet werden.

Paketgrößen bei direktem Staging

Anders verhält sich dies beim direkten Staging, wo Extraktion und weitere Verarbeitung im BW eng miteinander verbunden sind. Hier sind die Paketgrößen, die durch den Extraction Layer in der PSA gebil-

7. Bei der Übergabe von Daten an BasisCubes werden nur die Daten innerhalb eines Datenpakets verdichtet. Beim Schreiben in den Cube findet keine weitere Verdichtung statt. Eine weitere Verdichtung kann erst durch das Komprimieren des BasisCubes erreicht werden.

det werden, auch für die weitere Verarbeitung im BW maßgeblich. Je nachdem, aus welchem Quellsystemtypen extrahiert wird, müssen die Einstellungen an unterschiedlichen Stellen hinterlegt werden.

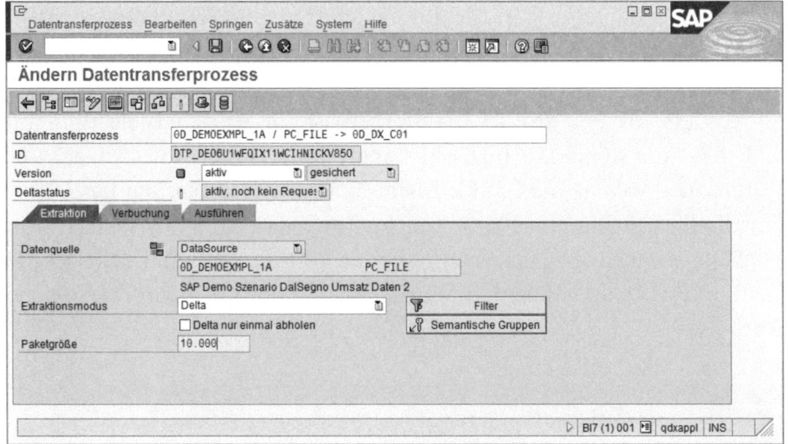

Abb. 24–11
Paketgrößen bei Datentransferprozessen

Diese quellsystembezogenen Einstellungen sind dabei als Maximalgrößen zu verstehen, die als allgemeiner Schutz vor zu großen Paketen dienen sollen. Optional können die Paketgrößen spezifisch für einzelne DataSources weiter verkleinert werden.

SAP BW

Die quellsystemspezifische Vorgabe der Paketgrößen erfolgt im Falle von SAP-ERP- und SAP-BW-Quellsystemen in den Steuerparametern zur Datenübertragung, die auch den Grad der Parallelisierung vorgeben (vgl. Abb. 24–3).

Die Vorgabe der *Paketgröße* zielt zum einen darauf ab, das Quellsystem bei der Extraktion nicht durch zu große Datenpakete zu belasten, zum anderen, die Weiterverarbeitung im BW nicht durch zu viele *Datensätze* pro Paket zu belasten[8]. Paketgröße und Satzzahl sind zwar nicht völlig unabhängig voneinander, doch sind Konstellationen möglich, in denen auch in relativ kleinen Paketen sehr viele Datensätze enthalten sind (geringe Satzbreite) oder sehr wenig Datensätze sehr große Pakete erzeugen (große Satzbreite).

Aus diesem Grund wird bei den Steuerparametern zur Datenübertragung bei der Extraktion aus SAP-ERP-Systemen die maximale Größe sowohl in Form von KByte als auch in Form von Datensätzen angegeben. Ausschlaggebend ist jeweils der Wert, der für die Extrak-

8. Für die Weiterverarbeitung von Datensätzen ist aus Sicht der Performance ausschlaggebend, wie viele Datensätze fortgeschrieben werden. Das Anlegen neuer Datensätze ist in der Relation so bedeutend, dass die eigentliche Datenmenge, die hinter einem Paket steht, vernachlässigt werden kann.

tion die stärkste Einschränkung bedeutet (also der für die jeweilige DataSource kleinste Wert). Als Default gelten maximal 100.000 Sätze bzw. 10.000 KB pro Datenpaket.

Ebenso wie bei der Einstellung des Parallelisierungsgrades gilt die Vorgabe der Paketgrößen für alle belieferten BW-Systeme eines SAP-ERP- oder SAP-BW-Systems sowie für das MySelf-System eines BW-Systems.

Flatfile

Anders als bei SAP-ERP-Systemen ist die Speicherbelastung im SAP BW nur sekundär. Im Fokus steht vielmehr nur die Anzahl der Datensätze, welche die Laufzeit bei der Weiterverarbeitung bestimmt. Für die Extraktion von Flatfiles steht somit mit Hilfe der Transaktion RSCUSTV6 ein eigenes Customizing bereit, um die maximal zugelassene Größe von Datenpaketen in Form einer Satzzahl anzugeben (siehe Abb. 24–12).

Abb. 24–12 *Steuerparameter zur Datenübertragung aus Flatfiles*

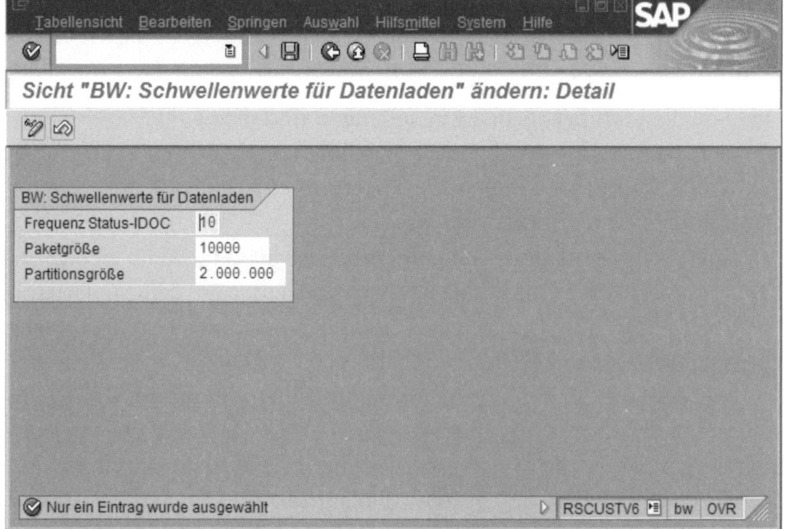

Ebenso wie die Einstellungen zum Grad der Parallelisierung beziehen sich die Einstellungen zur Paketgröße auf jeden einzelnen Extraktionsvorgang. Der Hauptspeicherbedarf parallel durchgeführter Extraktionen beansprucht im BW somit unter Umständen ein Vielfaches der eingestellten Paketgröße.

DB Connect
UD Connect
SOAP Connection

Ebenso verhält es sich im Falle von DB Connect, UD Connect und DataSources der SOAP Connection. Auch bei diesen DataSources gilt für die Paketgröße die entsprechende Einstellung der Transaktion RSCUSTV6.

DataSource-spezifische Paketgröße

Die quellsystembezogene Maximalgröße von Datenpaketen stellt einen allgemeinen Schutz vor zu großen Datenpaketen dar und sollte als solche möglichst großzügig gewählt werden. Das spezifische Tuning sollte erst durch die Wahl der Paketgröße für spezifische DataSources vorgenommen werden.

Obwohl die DataSource-spezifische Paketgröße für alle InfoPackages einer DataSource gilt, werden die entsprechenden Einstellungen in der InfoPackage-Pflege eines beliebigen InfoPackages vorgenommen (siehe Abb. 24–13).

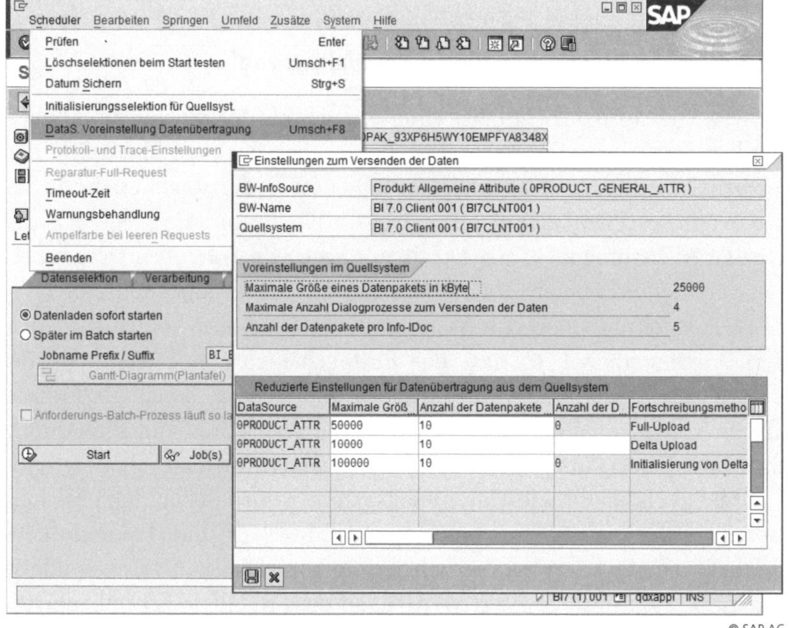

© SAP AG

Abb. 24–13
DataSource-spezifische Paketgrößen festlegen

Es kann eine Reihe unterschiedlicher Gründe geben, die das Herabsetzen der quellsystembezogenen Maximalgröße durch die DataSource-spezifische Paketgröße sinnvoll machen:

- In einem spezifischen Ladevorgang können bei der Transformation zum Beispiel durch Regelgruppen (vgl. Kapitel 19.3) aus einem einzigen Datensatz eine sehr große Anzahl an Datensätzen erzeugt werden. Dadurch können bei der Transformation riesige Pakete entstehen, die durch besonders klein gewählte Pakete bei der Extraktion verhindert werden sollten.
- Liefert ein Ladevorgang grundsätzlich relativ wenig Datensätze an das BW, so wird die Verarbeitung im BW ggf. nicht parallelisiert, da alle extrahierten Datenpakete in ein einziges Paket passen. Kleinere Datenpakete machen eine Optimierung solcher Ladevorgänge

durch Parallelisierung überhaupt erst möglich. Aus diesem Grund sollten insbesondere beim Einsatz von Delta-Verfahren die Paketgrößen kleiner gewählt werden als bei Full Uploads.

- Je nach Komplexität des Staging-Prozesses kann die Verarbeitung eines Datenpakets besonders lange dauern. Die Verarbeitung findet – je nach Parallelisierungsverfahren im BW – in Dialogprozessen statt, deren maximale Laufzeit durch eine Time-Out-Zeit beschränkt wird. Treten bei spezifischen DataSources Probleme mit dem Time-Out auf, so kann die DataSource-spezifische Paketgröße verringert werden[9].

24.1.5 Voraussetzungen für die Parallelisierung

Bei jeder Form der Parallelisierung müssen die Strukturen im Datenbanksystem so gestaltet sein, dass sie gleichzeitige Schreibzugriffe der Verarbeitungsprozesse ermöglichen. Dies ist in der Regel allein durch die Wahl des Primärschlüssels oder der Partitionierung gegeben; die einzige Ausnahme stellt die Parallelisierung von Datentransferprozessen dar, die unter einer Oracle-Datenbank in BasisCubes schreiben.

Sperrkonflikte bei bitmapped Indizes

Die Faktentabellen von BasisCubes verfügen über keinen eindeutigen Primärschlüssel, so dass das Einfügen mehrerer Datensätze mit dem gleichen Schlüssel ohne Probleme möglich ist. Auch die Indizes auf die Faktentabelle können bei gleichzeitigen Schreibzugriffen durch das Datenbanksystem ohne Probleme angepasst werden.

Lediglich bei Oracle-Datenbanksystemen wird neben den üblichen B-Tree-Indizes auch ein bitmapped Index auf die Faktentabelle gelegt[10]. Dieser kann bei Aktualisierungen nicht zeilenweise, sondern nur partitionsweise gesperrt werden, so dass parallele Schreibzugriffe auf die Faktentabelle bei Oracle-Systemen zu Sperrkonflikten und Programmabbrüchen führen können.

Dies gilt übrigens nur für normale BasisCubes. Im Falle von transaktionalen Cubes müssen mehrere Schreibzugriffe parallel in einen BasisCube durchgeführt werden, so dass diese Cubes bereits ohne den besagten bitmapped Index angelegt werden.

Bei normalen BasisCubes kann das Problem der Sperrkonflikte umgangen werden, indem die Indizes unmittelbar vor der Durchfüh-

---

9. Treten Time-Out-Probleme vermehrt und bei mehreren DataSources auf, so sollte dies als Indiz dafür gewertet werden, dass die quellsystemspezifische Paketgröße zu groß gewählt wurde.
10. Auch DB2-UDB-Datenbanken nutzen bitmapped Indizes. Diese werden jedoch nicht persistiert, sondern dynamisch angelegt und verursachen damit keine Sperrkonflikte.

rung von Ladeprozessen gelöscht und anschließend wiederaufgebaut werden (siehe Kapitel 30.6).

Das Löschen von Indizes bewirkt einen drastischen Einbruch der Antwortzeiten bei der Datenanalyse. Dies ist einer der Gründe, warum sich das Laden neuer Daten und die Datenanalyse zeitlich nicht überschneiden sollten. In der Praxis gestaltet man Ladeprozesse häufig so, dass alle Ladeprozesse, die bis zum Einsetzen des Analysebetriebs fertiggestellt sind, mit dem Löschen und Aufbauen der Indizes verbunden sind, während alle (außerordentlichen) Ladeprozesse während der Analysezeiten ihre Datenpakete seriell verarbeiten.

24.1.6 Parallelisierung in RDA-Szenarien

Beim Einsatz der Realtime Data Acquisition greift das Konzept der Parallelisierung über Datenpakete in der Regel nicht; denn hierbei werden nicht ganze Requests mit zahlreichen Datenpaketen am Stück verarbeitet, sondern immer diejenigen Datensätze, die innerhalb der kurzen Extraktionsintervalle aus einer DataSource gelesen werden.

Die Anzahl dieser synchron verarbeiteten Datensätze ist in der Regel nicht so groß, dass mehrere Datenpaket damit gefüllt werden. Oftmals muss nur der Teil eines Datenpakets verarbeitet werden, in jedem Fall reicht es nicht für eine erfolgreiche Parallelisierung durch die Standardmittel des BW.

Soll trotz fehlender Optionen im BW eine Parallelisierung der Verarbeitung erzwungen werden, so kann nachgeholfen werden, indem die Verarbeitungseinheiten entlang inhaltlicher Kriterien gebildet und parallelisiert werden. Technisch sieht dies so aus, dass nicht länger ein einziger Datentransferprozess für Realtime Data Acquisition die Delta-Informationen aus der PSA extrahiert, sondern mehrere Datentransferprozesse, die ihren jeweiligen »Arbeitsteil« durch Filter definieren (vgl. Kapitel 20.2).

Diese einzelnen sog. splitted Deltas müssen disjunkt sein, in Summe jedoch alle zu verarbeitenden Datensätze abbilden. Auf diese Weise können je Datentransferprozess kleinere Mengen von Daten performant verarbeitet werden. Dabei kann durch alle Datentransferprozesse dasselbe DataStore-Objekt, aber auch mehrere DataStore-Objekte befüllt werden.

Um Sperrkonflikte und Probleme bei der Einhaltung der richtigen Reihenfolge der Verbuchung zu vermeiden, müssen die Filterbedingungen dabei nicht nur hinsichtlich der PSA-Felder, sondern auch hinsichtlich der Schlüsselfelder des DataStore-Objektes, in das die Daten verbucht werden, disjunkt sein.

In der Definition des Dämons für die Realtime Data Acquisition müssen bei der Parallelisierung der Transformation alle Datentransferprozesse aufgenommen werden, auf die die Daten verteilt wurden.

24.2 Eingangsverarbeitung in der PSA

Bei der PSA handelt es sich um flache Tabellenstrukturen, die im ABAP Dictionary pro DataSource definiert sind. Die Grenze der Performance wird beim Lesen und Schreiben dieser einfachen Tabellenstrukturen im Wesentlichen durch das Datenvolumen bestimmt, das in einer PSA-Tabelle gespeichert ist.

Eine Steigerung der Performance im Bereich der PSA ist zu erreichen, indem die Größe von PSA-Tabellen möglichst klein gehalten wird (zum Löschen von Requests aus der PSA siehe Kapitel 33.3). Je nach Datenbanksystem verkraften die flachen Tabellenstrukturen der PSA jedoch mehrere Millionen Datensätze, ohne dass eine spürbare Verschlechterung der Performance eintritt.

Partitionierung der PSA

Werden sehr große Datenmengen in eine PSA-Tabelle geschrieben (mehrere Millionen Datensätze täglich), ohne dass ein angemessenes Löschen alter Requests aus der PSA möglich ist, so kann die Partitionierung der PSA-Tabellen Abhilfe schaffen.

Im Falle des Datenbanksystems ***DB2/UDB*** handelt es sich dabei um ein Index-Clustering über die Request-ID der PSA-Tabelle. Dieses Index-Clustering wird unveränderbar genutzt und bietet damit keine Ansatzpunkte zum weiteren Tuning.

Im Falle der Datenbanksysteme ***Oracle*** und ***DB2/400*** handelt es sich bei der Partitionierung um eine Range-Partitionierung. Beim Einsatz der DB2/400 muss die Partitionierung erst durch den `RSADMIN`-Parameter `DB4_PSA_PARTITIONING = ‚X’` aktiviert werden[11]. Bei Oracle-Datenbanken wird die Range-Partitionierung automatisch verwendet.

Die Partitionsgrößen werden dabei durch das BW gesteuert, in dem der Wert des Partitionierungsfeld (`PARTNO`) nach einer vorzugebenden Zahl von Datensätzen verändert wird. Die Einstellung, nach wie vielen Datensätzen eine neue Partition für eine PSA-Tabelle angelegt werden soll, wird mit Hilfe der Transaktion `RSCUSTV6` festgelegt (siehe Abb. 24–14).

Die Einstellung zur Partitionsgröße für PSA-Tabellen gilt systemweit für alle PSA-Tabellen. Die Beschränkung dieser Einstellung auf

---

11. Weitere Informationen hierzu enthält der Hinweis 815186 im Service Marketplace der SAP.

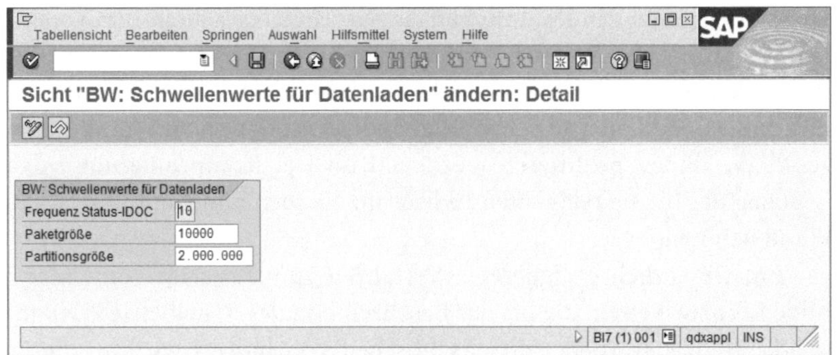

© SAP AG

Abb. 24–14
Partitionierung von PSA-Tabellen

einzelne PSA-Tabellen ist nicht möglich. Wird keine Partitionsgröße angegeben, so wird als Standardwert 1.000.000 verwendet.

24.3 Indexverwaltung

Auf den Faktentabellen von BasisCubes und deren Aggregaten sind zahlreiche Indizes angelegt. Diese Indizes sind Voraussetzung dafür, dass die Datenanalyse auf BasisCubes performant ausgeführt werden kann.

Bei Schreibzugriffen müssen diese Indizes jedoch durch das Datenbanksystem angepasst werden, was zu erheblichen Performanceeinbußen führen kann. Zur Beschleunigung der Schreibzugriffe in BasisCubes ist es möglich, Indizes des jeweiligen Cubes zu löschen und nach Abschluss der Schreibzugriffe an einem Stück wiederaufzubauen.

Für das Löschen der Indizes stehen zwei sehr unterschiedliche Möglichkeiten zur Verfügung.

Index-Löschen in Cube-Administration

Zum einen können die Indizes eines BasisCubes in der Cube-Administration im Reiter *Performance* gelöscht werden (siehe Abb. 24–15).

Beim Löschen von Indizes in der Cube-Administration werden alle Indizes eines BasisCubes sowie seiner Aggregate gelöscht, mit Ausnahme des Primärschlüssels der komprimierten Faktentabelle.

Das Löschen von Indizes vor der Verbuchung neuer Daten ist nur dann sinnvoll, wenn der anschließend notwendige Neuaufbau der Indizes nicht mehr Zeit in Anspruch nimmt, als das Löschen der Indizes an Zeitvorteil bringt. Dies ist in der Regel der Fall,

- wenn BasisCubes erstmalig mit einem großen Bestand an Altdaten gefüllt werden (zum Beispiel beim Initialisieren des Delta-Verfahrens).
- wenn ein Delta Upload stattfindet, der mehr als 10–15% neue Daten in die unkomprimierte Faktentabelle schreibt.

Diese Variante des Index-Löschens ist ein Relikt aus alten BW-Versionen und aufgrund ihrer sehr durchschlagenden Wirkung nur in wenigen Fällen ohne gravierende Nachteile. Besondere Vorteile resultieren aus diesem radikalen Löschen aller Indizes jedoch nicht, da alle Prozesse, die davon profitieren würden (Roll Up, Komprimierung), das Löschen der für sie relevanten Indizes inzwischen ohnehin selbst in die Hand nehmen.

Index-Löschen in Prozessketten

Ein wesentlich geeigneteres Verfahren zum Löschen von Indizes bilden Prozessketten, die bei der Beschreibung des Regelbetriebs eingehend erläutert werden. Auf das Löschen von Indizes wird an dieser Stelle in Kapitel 30.7 explizit eingegangen.

Das Löschen von Indizes umfasst im Rahmen von Prozessketten lediglich die Indizes der unkomprimierten Faktentabelle eines Cubes, die – bei regelmäßiger Komprimierung – relativ klein oder sogar leer sein sollte und daher kein Problem beim anschließenden Neuaufbau der Indizes darstellt.

Bei sämtlichen nachfolgenden Ausführungen zum Thema Index-Löschen wird davon ausgegangen, dass Indizes im Rahmen von Prozessketten gelöscht werden und die Cube-Administration für diese Aufgabe gemieden wird.

Abb. 24–15
Löschen von Indizes bei BasisCubes

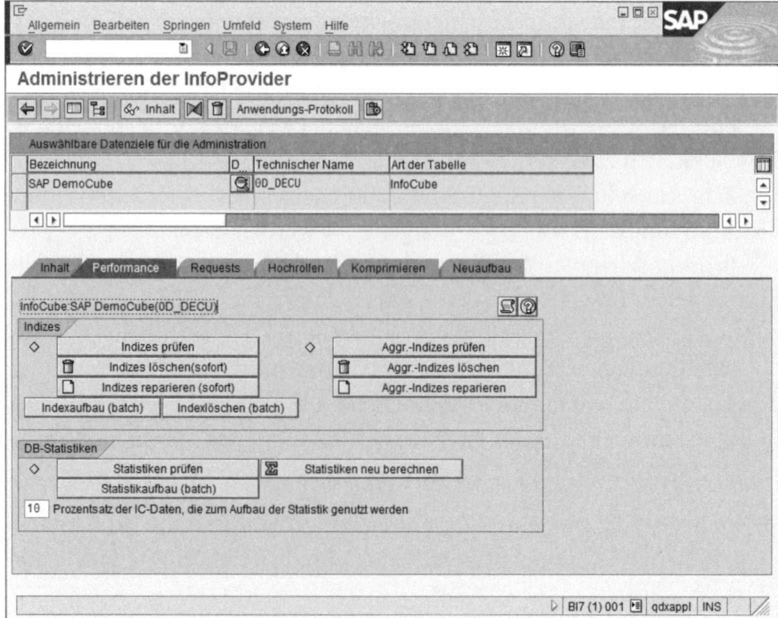

24.4 Komprimierung von BasisCubes

Bei der Komprimierung handelt es sich in jedem Fall um einen einzigen, nicht parallelisierbaren Vorgang, der den Datenbestand eines BasisCubes auf Satzebene von dessen F-Faktentabelle in die E-Faktentabelle verschiebt.

Insbesondere aufgrund der satzweisen Updates der E-Faktentabelle kann die Komprimierung um ein Vielfaches langsamer sein als z.B. die Verbuchung derselben Daten in den BasisCube, weil zu jedem einzelnen Datensatz überprüft wird, ob ein Insert oder ein Update eines bestehenden Satzes erfolgen muss.

In dem sehr speziellen Fall, dass alle Sätze, die in einen BasisCube verbucht werden, disjunkt sind, könnte grundsätzlich auch beim Komprimieren auf den Update auf Satzebene verzichtet werden und stattdessen ein wesentlich performanterer Array-Insert durchgeführt werden.

Die Voraussetzung disjunkter Datensätze ist vor allem erfüllt, wenn Datensätze auf der Detaillierungsebene der Transaktionsdaten (z.B. Belegnummer, Belegposition) in einen BasisCube verbucht werden. Die Voraussetzung ist grundsätzlich *nie* bei BasisCubes mit Bestandskennzahlen erfüllt.

Um das BW anzuweisen, bei der Komprimierung eines BasisCubes von disjunkten Datensätzen auszugehen und einen schnellen Array-Insert zu verwenden, muss mit Hilfe der Transaktion `SE16` in der Tabelle `RSDCUBE` das Feld `COMP_DISJ` mit einem `X` gefüllt werden (siehe Abb. 24–16).

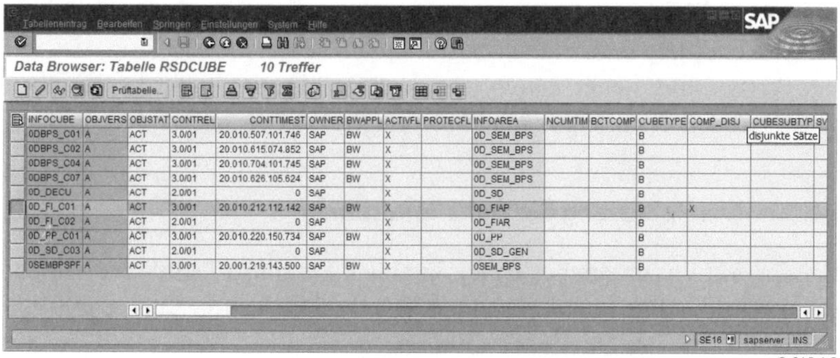

INFOCUBE	OBJVERS	OBJSTAT	CONTREL	CONTTIMEST	OWNER	BWAPPL	ACTIVFL	PROTECFL	INFOAREA	NCUMTIM	BCTCOMP	CUBETYPE	COMP_DISJ	CUBESUBTYP	SV
0DBPS_C01	A	ACT	3.0/01	20.010.507.101.746	SAP	BW	X		0D_SEM_BPS			B			
0DBPS_C02	A	ACT	3.0/01	20.010.615.074.852	SAP	BW	X		0D_SEM_BPS			B			
0DBPS_C04	A	ACT	3.0/01	20.010.704.101.745	SAP	BW	X		0D_SEM_BPS			B			
0DBPS_C07	A	ACT	3.0/01	20.010.626.105.624	SAP	BW	X		0D_SEM_BPS			B			
0D_DECU	A	ACT	2.0/01	0	SAP		X		0D_SD			B			
0D_FI_C01	A	ACT	3.0/01	20.010.212.112.142	SAP	BW	X		0D_FIAP			B	X		
0D_FI_C02	A	ACT	2.0/01	0	SAP		X		0D_FIAR			B			
0D_PP_C01	A	ACT	3.0/01	20.010.220.150.734	SAP	BW	X		0D_PP			B			
0D_SD_C03	A	ACT	2.0/01	0	SAP		X		0D_SD_GEN			B			
0SEMBPSPF	A	ACT	3.0/01	20.001.219.143.500	SAP	BW	X		0SEM_BPS			B			

Abb. 24–16
Komprimieren disjunkter Sätze am Beispiel des Cubes 0D_FI_C01

Sind die Datensätze eines BasisCubes auf diese Weise als disjunkt gekennzeichnet, unterlässt das BW alle (zeitaufwändigen) Checks bei der Durchführung der Komprimierung. Sollte sich ergeben, dass – entgegen der Vorgabe – doch keine disjunkten Datensätze vorliegen, wird dies zu einem Abbruch der Komprimierung durch das Datenbanksystem führen.

Liegen disjunkte Datensätze in einem Cube vor, so handelt es sich bei der Komprimierung nicht um eine (im Sinne des Wortes) Verdichtung, sondern lediglich um ein Verschieben von Daten aus der F-Faktentabelle in die E-Faktentabelle. Dies ist beim Einsatz von Oracle- und DB2/UDB-Datenbanksystemen sinnvoll, da die E-Faktentabelle dort mit einer geeigneten Partitionierung und bitmapped Indizes ausgestattet ist. Bei allen anderen Datenbanksystemen ist das Komprimieren disjunkter Datensätze eine sinnlose Zeitverschwendung.

24.5 Aktivieren neuer Daten in DataStore-Objekten

Aufgrund ihrer einfachen Tabellenstruktur sind Schreibzugriffe in die Tabellen von DataStore-Objekten[12] (aktive Daten, Activation Queue) performant und können nicht weiter optimiert werden.

Im Falle von Standard-DataStore-Objekten werden bei der Aktivierung der Activation Queue weitere Ressourcen gebunden. Um die unter Umständen sehr zeitaufwändige Aktivierung zu optimieren, existieren eine Reihe von Einflussmöglichkeiten:

- Vereinfachung der Delta-Ermittlung
- Begrenzung des Hauptspeicherbedarfs bei der Aktivierung
- Vermeidung von SID-Ermittlungen
- Verzicht auf Optimizer-Statistiken
- Clustering von DataStore-Objekten

Die aufgeführten Optionen zum Tuning werden nachfolgend erläutert. Darüber hinaus ist zu erwähnen, dass mit der Partitionierung der PSA in Kapitel 24.2 bereits ein weiterer Einflussfaktor auf die Performance der Aktivierung beschrieben wurde, denn beim Change Log, das bei der Aktivierung neuer Daten in einem DataStore-Objekt beschrieben wird, handelt es sich um eine PSA-Tabelle.

24.5.1 Vereinfachung der Delta-Ermittlung

Bei der Aktivierung neuer Daten in einem Standard-DataStore-Objekt vergleicht das BW jeden einzelnen Satz der Activation Queue mit den aktiven Daten des DataStore-Objekts.

Im Normalfall ist dieser Vergleich und die daraus resultierende Bildung von Delta-Informationen im Change Log inhaltlich unverzichtbar, da davon ausgegangen werden muss, dass Datensätze in ein DataStore-Objekt verbucht werden, die mit identischen Schlüsselfeldern bereits in den aktiven Daten des DataStore-Objektes existieren.

12. Beim Change Log handelt es sich um eine Tabelle der PSA.

In Ausnahmefällen werden DataStore-Objekte jedoch nur mit Datensätzen versorgt, deren Schlüssel nicht in den aktiven Daten des DataStore-Objekts existieren (d.h., es liegen disjunkte Datensätze vor, wie dies auch in Kapitel 24.4 beschrieben ist).

In diesem Fall stellt sich der normalerweise durchzuführende Vergleich jedes einzelnen Datensatzes mit den aktiven Daten des DataStore-Objektes als zu zeitaufwändig (weil überflüssig) dar – schließlich werden die Daten der Activation Queue nur den aktiven Daten hinzugefügt, ohne einen einzigen bestehenden Datensatz zu verändern.

Um die Performance in diesem Fall zu verbessern, kann das BW auf den Vergleich auf Einzelsatzebene verzichten und stattdessen gleich einen Single Record Insert bzw. gar einen Array Insert durchführen. Zu diesem Zweck ist die Option »Eindeutige Sätze« in den Eigenschaften eines DataStore-Objektes vorgesehen (siehe Abb. 24–17). Je nach Datenbanksystem und DataStore-Objekt kann damit der Zeitbedarf für die Aktivierung neuer Daten in DataStore-Objekten um ca. 10–30 Prozent verbessert werden.

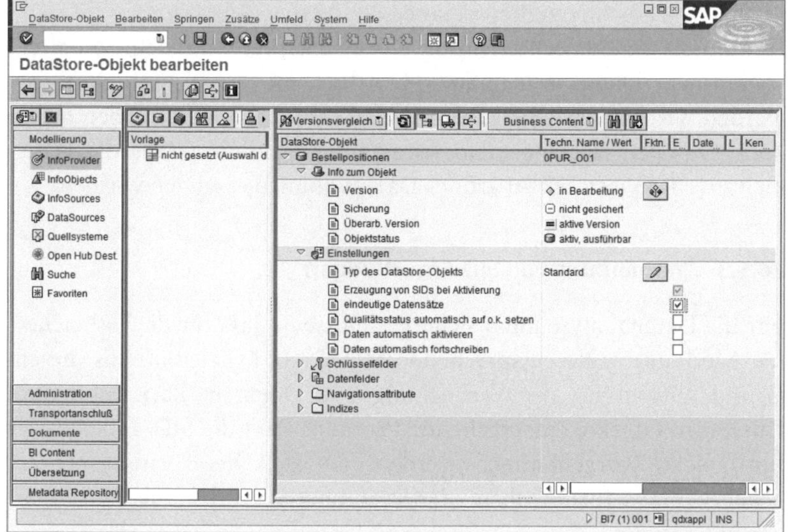

© SAP AG

Abb. 24–17
Versorgung von DataStore-Objekten mit eindeutigen Datensätzen

Die Option der eindeutigen Datensätze ist leider als Eigenschaft des jeweiligen DataStore-Objekts zu definieren und gilt damit für alle Ladeprozesse des DataStore-Objekts. Die individuelle Festlegung dieser Option für einzelne InfoPackages ist nicht möglich. Überlegen Sie daher gründlich, ob die Option wirklich für alle Ladeprozesse des DataStore-Objekts gültig sein kann.

Die Entscheidung, ob ein DataStore-Objekt mit jedem Schlüssel nur einmal versorgt wird, muss von Fall zu Fall individuell bestimmt werden. Dafür, dass ein derart definiertes DataStore-Objekt in diesem Sinne auch wirklich nur mit eindeutigen Datensätzen versogt wird, muss bereits bei der Extraktion Sorge getragen werden. Wird gegen diese Festlegung verstoßen, so bricht die Aktivierung neuer Daten in DataStore-Objekten ab. Im schlimmsten Fall muss die Eigenschaft wieder deaktiviert werden, was zum Glück auch durchgeführt werden kann, wenn das DataStore-Objekt mit Daten gefüllt ist.

24.5.2 Begrenzung des Hauptspeicherbedarfs

Bei der Aktivierung neuer Daten in einem Standard-DataStore-Objekt versucht das BW, die Daten der Activation Queue im Hauptspeicher zu verwalten und somit den Abgleich der aktiven Daten mit den neuen Daten zu beschleunigen. Dies ist nur möglich, wenn die Activation Queue entsprechend klein ist (< 1 Mio. Datensätze). Ist dies nicht der Fall, so erfolgt die Aktivierung in mehreren Schritten, was zu einer erheblich schlechteren Performance der Aktivierung führt.

Um die Daten der Activation Queue entsprechend klein zu halten, sollten neue Daten in DataStore-Objekten möglichst häufig aktiviert werden. Gegebenenfalls sollte die Aktivierung im Regelbetrieb mehrmals zwischen einzelnen Ladevorgängen stattfinden, falls die Daten mehrerer Requests ein zu großes Datenvolumen erzeugen würden.

24.5.3 Vermeidung von SID-Ermittlungen

Für die Datenanalyse muss sichergestellt sein, dass für die gespeicherten Merkmalswerte entsprechende SID-Werte existieren. Aus diesem Grund müssen bei der Verbuchung von Daten in BasisCubes und DataStore-Objekte entsprechende Prüfungen auf die SID-Tabellen der InfoObjekte vorgenommen werden, um den Verarbeitungsprozess gegebenenfalls abzubrechen oder Stammdaten mit Default-Einstellungen zu erzeugen.

Dieser Vorgang der Prüfung und Stammdatenerzeugung nimmt einen spürbaren Anteil an der Verarbeitungszeit für die Aktivierung neuer Daten. Da DataStore-Objekte in vielen Fällen nur als Objekt für das Staging eingesetzt werden, ohne dass sie zur Analyse eingesetzt werden, findet diese Prüfung bei DataStore-Objekten standardmäßig nicht statt. Dementsprechend sind DataStore-Objekte standardmäßig auch nicht für Analysen verfügbar.

Um DataStore-Objekte für die Analyse verfügbar zu machen, muss in den Einstellungen zum DataStore-Objekt eine entsprechende Festlegung getroffen werden (vgl. Abb. 10–6 auf Seite 245). Diese Einstellung sollte jedoch nur dann vorgenommen werden, wenn DataStore-Objekte einen festen Platz bei der Datenanalyse einnehmen und auch Navigationsattribute der Merkmale in die Datenanalyse einfließen.

Sollen die Daten eines DataStore-Objekts nur in Ausnahmefällen analysiert werden oder lediglich Merkmalswerte, aber nicht deren Navigationsattribute in die Analyse einfließen, so sollte auf die Ermittlung von Stammdaten-IDs unbedingt verzichtet werden.

24.5.4 Verzicht auf Optimizer-Statistiken

Für die Wahrnehmung ihrer Staging-Funktion lassen sich die Zugriffe auf ein DataStore-Objekt sehr einfach dadurch charakterisieren, dass stets über den Primärschlüssel der beteiligten Datenbanktabellen gelesen wird (bei der Aktivierung) oder ein Full Scan der Tabellen durchgeführt wird (bei der Extraktion aus den aktiven Daten).

Für diese Operationen reichen die vorhandenen Primärschlüssel vollkommen aus. In zahlreichen Fällen ist es jedoch sinnvoll, auch andere Zugriffe auf ein DataStore-Objekt zu optimieren, beispielsweise das gezielte Lesen von Datensätzen über selbst definierte Indizes (vgl. Kapitel 7.2.2).

Das BW geht per Default stets davon aus, dass ein DataStore-Objekt für die Datenanalyse verwendet wird und dass Zugriffe über Indizes erfolgen sollen; folglich geht es auch davon aus, dass die Optimizer-Statistiken (vgl. Kapitel 7.2.4) aktuell sein müssen – und aktualisiert nach jeder Aktivierung neuer Daten die Optimizer-Statistiken der Tabellen für neue und aktive Daten des DataStore-Objekts.

Dieser Vorgang fällt bei kleinen DataStore-Objekten kaum ins Gewicht, kann jedoch bei großen DataStore-Objekten (zumal wenn sie über Sekundärindizes verfügen) einen bedeutenden Teil der Aktivierungszeit in Anspruch nehmen. Wird ein DataStore-Objekt tatsächlich nur für das Staging genutzt, so könnte diese Aktualisierung der Datenbankstatistiken jedoch entfallen.

Die Aktualisierung der Optimizer-Statistiken kann mit Hilfe des Programms `RSSM_SUPPRESS_STATISTICS` unterdrückt werden (siehe Abb. 24–18).

Durch das Programm wird ein Eintrag im Feld `ANALYZE_SID` der Tabelle `RSODSSETTINGS` befüllt, über den man sehr schnell einen Überblick bekommen kann, für welche DataStore-Objekte Optimizer-Statistiken aktualisiert werden und für welche nicht[13].

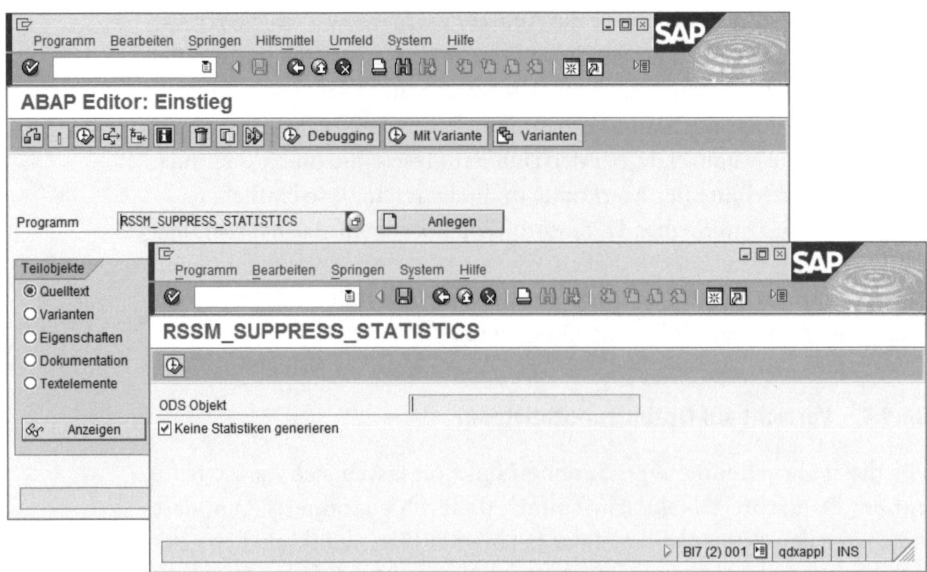

Abb. 24–18 *Unterdrücken von Optimizer-Statistiken bei DataStore-Objekten*

24.5.5 Clustering von DataStore-Objekten

Speziell für das Datenbanksystem DB2/UDB[14] spendiert das SAP BW die Möglichkeit zum Clustering von DataStore-Objekten (vgl. Kapitel 7.3.2). Dabei sind die Activation Queue und das Change Log ebenso wie die PSA mit einem Index-Cluster auf die Request-ID versehen. Auch schreiboptimierte DataStore-Objekte sind so strukturiert, da sie im Prinzip eine PSA-Struktur abbilden. Diese Form des Clusterings ist unveränderbar vorgegeben und bietet damit keine Möglichkeit, Einfluss auf die Performance zu nehmen.

Anders stellt sich das Clustering bei der Tabelle für aktive Daten von Standard-DataStore-Objekten und DataStore-Objekten zum direkten Schreiben dar. Diese sind per Default nicht geclustert, können jedoch mit einem benutzerdefinierten MDC-Clustering versehen werden (siehe Abb. 24–19). Davon können Datenanalyse und sonstige Lesezugriffe ebenso profitieren wie die Aktivierung neuer Daten.

Sollen DataStore-Objekte auch für die Datenanalyse oder sonstige Zugriffe auf die aktiven Daten genutzt werden, so sollten die MDC-Dimensionen (die ausschließlich durch Schlüsselfelder des DataStore-Objekts definiert werden dürfen) aus denjenigen Feldern gebildet werden, die den Zugriff spezifizieren. Dabei ist in jedem Fall darauf zu

13. Der Wert 0 gibt an, dass Optimizer-Statistiken aktualisiert werden. Der Wert -1 kennzeichnet die Unterdrückung der Aktualisierung.
14. Im Zuge der Entwicklung des BW 7 wurde angekündigt, die Range-Partitionierung von DataStore-Objekte für Oracle-Datenbanksysteme zu implementieren. Dieses Feature wurde nicht implementiert und wird derzeit nicht mehr angekündigt.

achten, dass es sich hierbei nicht um besonders selektive Felder handelt (vgl. Kapitel 7.3.2). Unter Umständen ist daher die Indizierung von Feldern durch einen B-Tree-Index besser geeignet als das mehrdimensionale Clusterung, da die Indizierung durch einen B-Tree-Index insbesondere für selektive Felder geeignet ist und auch für Datenfelder genutzt werden kann (vgl. Kapitel 7.2.2).

Soll das mehrdimensionale Clustering »nur« genutzt werden, um die Performance bei der Aktivierung neuer Daten zu verbessern, so reicht es aus, lediglich eine gute Auswahl von Schlüsselfeldern in die MDC-Dimensionen aufzunehmen, die durch ihre Selektivität zu guten Blockgrößen führen.

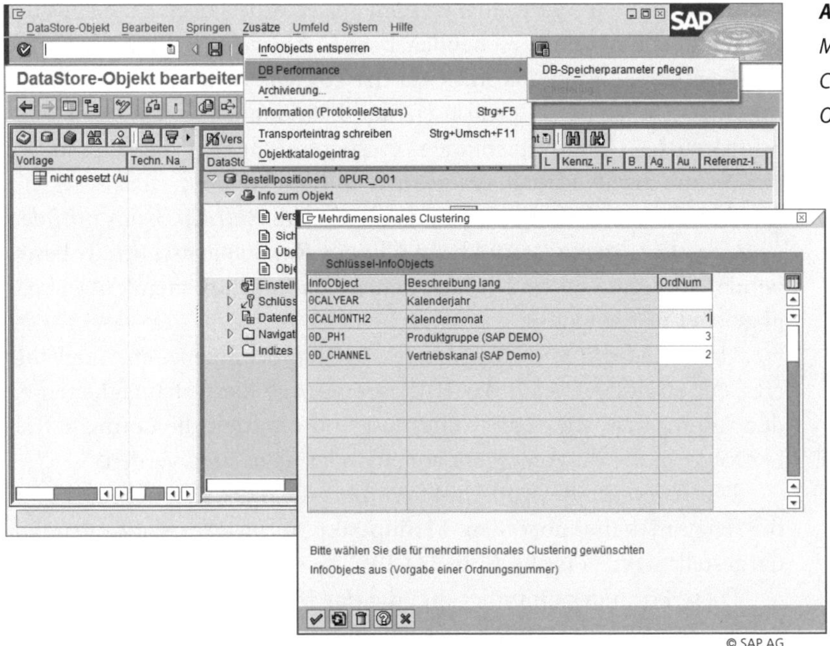

Abb. 24–19
Mehrdimensionales Clustering von DataStore-Objekten

24.6 Verwaltung von Aggregaten

Aggregate sind aufgrund ihrer verdichteten und redundanten Datenbestände geeignet, die Performance bei der Datenanalyse zu verbessern. Im Rahmen des Staging müssen Aggregate jedoch verwaltet werden, was entsprechende Systemressourcen bindet. Bei diesen Verwaltungsprozessen handelt es sich um:

- den initialen Aufbau neuer Aggregate
- den Roll Up bestehender Aggregate
- die Anpassung von Stammdatenattributen in Aggregaten durch den Change Run

Es existieren eine Reihe von Möglichkeiten, die für die Optimierung eines oder mehrerer dieser Verwaltungsprozesse geeignet sind. Dabei handelt es sich um

- Roll-Up-Hierarchien
- das Delta-Verfahren des Change Run
- die Blockgröße zum Neuaufbau
- die Prä-Analyse des Füllvorgangs

Diese Möglichkeiten werden in den nachfolgenden Kapiteln erläutert.

24.6.1 Roll-Up-Hierarchie

Beim Aufbau von Aggregaten werden alle erforderlichen Daten aus der Faktentabelle des entsprechenden BasisCubes gelesen. Je nach Größe des BasisCubes kann das Auslesen der Faktentabelle sehr zeitaufwändig sein. Dabei ist das Auslesen der Faktentabelle nicht unbedingt erforderlich. Unter Umständen existieren nämlich bereits andere Aggregate, die als Datenbasis genutzt werden können.

Aus diesem Grund versucht das BW beim ***Roll Up***, beim ***initialen Füllen neuer Aggregate*** und beim ***Change Run*** zunächst, bereits bestehende Aggregate zu finden, aus denen das zu bearbeitende Aggregat abgeleitet werden kann.

Um die Möglichkeit, Aggregate voneinander abzuleiten, möglichst effizient zu nutzen, stellt das BW *automatisch* die Abhängigkeiten zu den Aggregaten jedes BasisCubes fest und ermittelt die optimale Reihenfolge, in der die Aggregate voneinander abgeleitet werden.

Die so ermittelte Roll-Up-Hierarchie ist nicht manuell zu beeinflussen und kann über den Menüpunkt *Springen→Aggregatebaum* dargestellt werden (siehe Abb. 24–20).

Diese Form der Optimierung, die das BW automatisch vornimmt, kann wesentlich unterstützt werden, indem bereits beim Anlegen von Aggregaten darauf geachtet wird, dass – nach Möglichkeit – eine Roll-Up-Hierarchie ermittelt werden kann. Dabei können Aggregate immer dann aus anderen Aggregaten abgeleitet werden, wenn ihre Merkmale eine Untermenge eines bestehenden Aggregates bilden. Eine Untermenge liegt auch dann vor, wenn Attribute aus einem Basismerkmal abgeleitet werden können.

In einigen Fällen kann es sogar sinnvoll sein, bewusst große Aggregate anzulegen, die als Basisaggregat für den Aufbau untergeordneter Aggregate dienen können. Auch solche Aggregate sollten jedoch mindestens um den Faktor zehn kleiner sein als der BasisCube selbst.

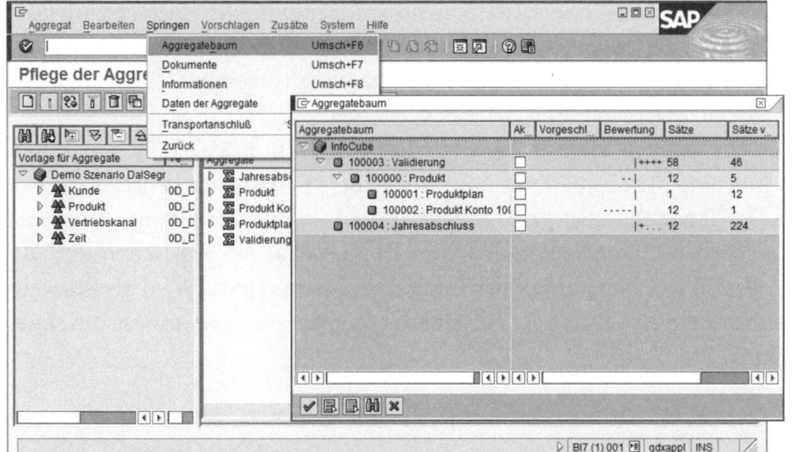

© SAP AG

Abb. 24–20 *Anzeige der Roll-Up-Hierarchie von Aggregaten*

24.6.2 Delta-Verfahren des Change Run

In den frühen Versionen des BW hat das Durchführen eines Change Run den vollständigen Neuaufbau aller betroffenen Aggregate zur Folge gehabt. Dieses Vorgehen war in den Fällen angemessen, in denen ein Großteil der Hierarchien/Attribute geändert worden ist. In den Fällen, in denen nur ein kleiner Teil der Stammdaten verändert wurde, war der vollständige Neuaufbau jedoch aus Sicht der Performance sehr nachteilig.

Aus diesem Grund ist speziell für den ***Change Run*** ein Delta-Verfahren implementiert. Bei diesem Verfahren werden die geänderten Stammdaten der Reihe nach abgearbeitet und jeweils die alten Inhalte[15] negativ und die neuen Inhalte positiv in die betroffenen Aggregate eingebucht.

Das Delta-Verfahren ist geeignet für alle summierbaren Kennzahlen sowie für Bestandskennzahlen. Enthält ein BasisCube Kennzahlen mit der Aggregation `MAXIMUM` oder `MINIMUM`, so wird grundsätzlich ein vollständiger Neuaufbau der Aggregate durchgeführt.

Dieses Vorgehen vervielfacht den Aufwand pro Datensatz gegenüber einem vollständigen Neuaufbau. Sofern jedoch nur ein Teil der Stammdaten von der Änderung betroffen ist, ist die Gesamtlaufzeit des Change Run erheblich besser.

15. Bis zum Abschluss des Change Run werden sowohl die alten als auch die neuen Stammdaten jeweils als eigene Versionen gespeichert.

Der Schwellenwert, ab dem ein vollständiger Neuaufbau günstiger ist als das Delta-Verfahren, hängt von einer Vielzahl an Parametern ab, die das BW nicht selbst einschätzen kann. Aus diesem Grund muss der Schwellenwert manuell eingestellt werden.

Zu diesem Zweck existiert die Transaktion RSCUSTV8, mit deren Hilfe eine prozentuelle Angabe gemacht werden kann (siehe Abb. 24–21). Übersteigt der prozentuelle Anteil geänderter Stammdaten die angegebene Grenze, so wird vom Delta-Verfahren abgesehen und ein vollständiger Neuaufbau der Aggregate durchgeführt. Wird als Schwellwert 0 eingestellt, so wird generell immer ein Neuaufbau durchgeführt.

Abb. 24–21 Change Run im Delta-Verfahren

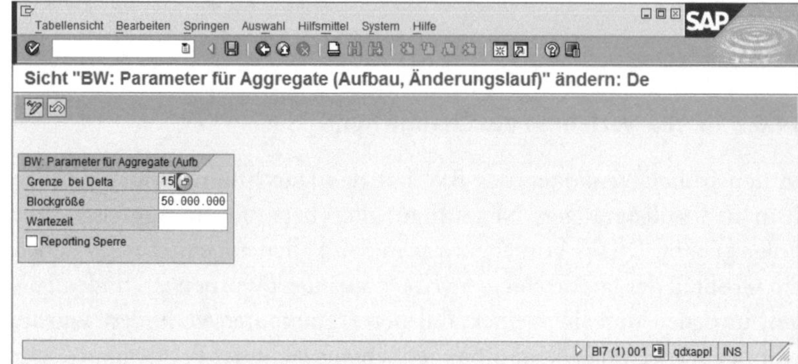

Um den bestmöglichen Schwellenwert zu finden, empfiehlt die SAP AG, die Performance mit unterschiedlichen Werten zu testen. Dies kann jedoch extrem zeitaufwändig wie auch schwierig sein. Als geeigneter Wert hat sich erfahrungsgemäß eine Delta-Grenze von ca. 15 %–20 % bewährt, die als Ausgangspunkt einer Optimierung verwendet werden kann.

24.6.3 Blockgröße für den Neuaufbau

Beim ***initialen Füllen eines neuen Aggregats*** werden die entsprechenden Daten entweder aus dem BasisCube oder (wenn die Roll-Up-Hierarchie Entsprechendes ermöglicht) aus einem übergeordneten Aggregat gelesen, in die F-Tabelle des Aggregates geschrieben und dann in die E-Tabelle komprimiert.

Das Zusammenstellen aller Daten für ein Aggregat kann bei sehr großen Datenmengen mehrere hundert Megabyte oder sogar einige Gigabyte Hauptspeicher erfordern, was bei vielen Systemen an die Grenze der Ressourcen stoßen kann.

Aus diesem Grund werden die Daten von BasisCubes (oder der übergeordneten Aggregate) blockweise gelesen, sortiert und aggregiert und in das Aggregat geschrieben, so dass der Aufbau eines Aggregats in mehrere kleinere Prozesse aufgeteilt wird, die jeweils weniger Ressourcen binden.

Aggregate von BestandsCubes können nicht blockweise aufgebaut werden, so dass der initiale Aufbau übermäßig viel Hauptspeicher erfordern kann. Seien Sie sich bewusst, dass der initiale Aufbau von Aggregaten auf BestandsCubes übermäßig viele Ressourcen fordern kann und wählen Sie lastarme Zeiten zum Aufbau dieser Aggregate.

Die Blockgröße beträgt im Standard 100.000.000 Datensätze, sollte jedoch den individuellen Erfordernissen des jeweiligen Systems angepasst werden. Die Einstellung der Blockgröße wird systemweit mit Hilfe der Transaktion `RSCUSTV8` vorgenommen (vgl. Abb. 24–21).

Bei ressourcenschwachen Systemen kann es sinnvoll sein, in der ersten Phase des Produktivbetriebes eine relativ kleine Blockgröße festzulegen, da in dieser Phase erfahrungsgemäß mehrere Aggregate gleichzeitig neu aufgebaut werden. In der späteren Phase des Produktivbetriebes kann die Blockgröße erhöht werden, da der Neuaufbau von Aggregaten nur noch selten stattfinden wird.

Blockgrößen bei Datenbankensystemen mit Partitionierung

Speziell bei Datenbanksystemen, die Partitionierung unterstützen, versucht das BW, die gelesenen Blöcke anhand des jeweiligen Partitionierungsmerkmals des BasisCubes zu bilden. Dies ist im Falle von unkomprimierten Faktentabellen die Request-ID und bei komprimierten Faktentabellen das Zeitmerkmal `0CALMONTH` oder `0FISCPER`.

Durch das Zusammenstellen der Blöcke anhand des jeweiligen Partitionierungsmerkmals kann auf langwierige Table-Scans verzichtet werden und vielmehr eine oder mehrere Partitionstabellen komplett gelesen werden. Die Performanceverbesserungen, die hierdurch in der Praxis zu erzielen sind, können die Verarbeitungszeiten um mehrere Faktoren verringern!

Wird die Blockgröße auf solchen Datenbanksystemen zu klein gewählt, um die Daten einer gesamten Partition aufzunehmen, so muss das BW auf die Zusammenstellung der Blöcke anhand des Partitionierungsmerkmals verzichten und die Blöcke anders zusammenstellen. Ein beachtliches Potenzial würde dabei verschenkt werden.

Auf partitionierenden Datenbanksystemen sollte die Blockgröße daher mindestens so groß gewählt werden, dass die Daten einer kompletten Partition hineinpassen. Dies entspricht der Anzahl der Sätze pro Ladevorgang (=Request) bzw. der Anzahl der Sätze pro Zeiteinheit (ja nachdem, welche Anzahl größer ist).

Informationen über das sogenannte Blockmerkmal, auf dessen Basis Blöcke gebildet werden, können der Prä-Analyse des Füllvorgangs entnommen werden (siehe Kapitel 24.6.4).

24.6.4 Prä-Analyse des Füllvorgangs

In der Praxis gibt es oftmals Situationen, in denen das ***initiale Füllen neuer Aggregate*** mit unerwartet schlechter Performance erfolgt, ohne dass die Definition des Aggregats selbst dafür verantwortlich ist.

In den meisten Fällen sind eine ungeeignet gewählte Blockgröße (und damit ein ungeeignet gewähltes Blockmerkmal, vgl. Kapitel 24.6.3) oder schlechte Datenbankstatistiken (vgl. Kapitel 7.2.4) Ursache für die schlechte Performance.

Eine Hilfestellung bei der Untersuchung von Performanceproblemen gibt die Prä-Analyse des Füllvorgangs, der aus der Aggregatpflege aufzurufen ist (siehe Abb. 24–22).

Abb. 24–22
Prä-Analyse des Aggregat-Füllens

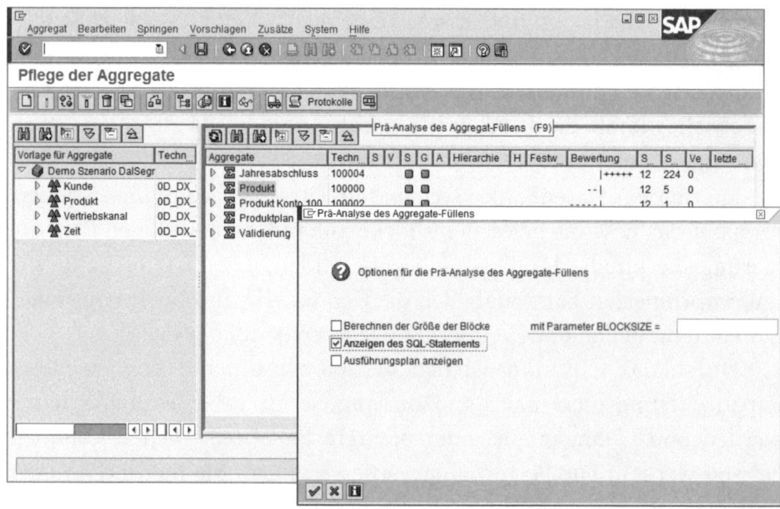

Die wichtigste Funktion der Prä-Analyse ist zunächst das Anzeigen des SQL-Statements[16], das für das Füllen verwendet wird. Wird dieses mit der Anzeige des Ausführungsplans verbunden, so kann beurteilt werden, ob der Datenbank-Optimizer aufgrund seiner Statistiken den optimalen Zugriffsweg ermittelt hat.

Steht ferner die Blockröße im Verdacht, ein ungünstiges Blockmerkmal zu verursachen, so kann testweise eine andere Blockgröße

16. Beim blockweisen Füllen wird nur das SQL-Statement für den ersten Block angezeigt.

angegeben werden, die bei der Prä-Analyse verwendet wird. Auf diese Weise kann ausprobiert werden, welche Blockgröße das günstigste Blockmerkmal bzw. die Auswahl der Blöcke nach dem Partitionierungsmerkmal ermöglicht.

Die Blockgröße kann leider nur systemweit vergeben werden. Machen Sie sich daher immer bewusst, dass eine Optimierung des Aggregat-Füllens durch Verändern der Blockgröße gleichzeitig Auswirkungen auf den Füllvorgang von Aggregaten in allen anderen BasisCubes hat.

Da die Zusammenstellung der Blöcke immer über dasselbe Blockmerkmal erfolgt, sind die Blöcke in der Regel unterschiedlich groß und treffen nie genau die vorgegebene Blockgröße. Um die Größe der einzelnen Blöcke genau zu berechnen, steht die Option »Berechnen der Größe der Blöcke« zur Verfügung.

Durch die Berechnung der tatsächlich erreichten Blockgrößen kann beurteilt werden, ob die gewählte Blockgröße grundsätzlich ungeeignet ist oder zum Beispiel nur in einzelnen Fällen eine ungünstige Konstellation verursacht. Die Berechnung der Blockgröße kann – je nach Größe der Faktentabelle des übergeordneten Aggregats respektive des BasisCubes – sehr lange dauern.

24.7 Roll Up auf BIA-Indizes

Bei der Durchführung des Roll Up werden nicht nur die relationalen Aggregate, sondern auch die Indizes im BIA angepasst. Dies betrifft die Indizes für die Dimensionstabellen ebenso wie den Index für die Faktentabelle des Cubes. Dimensionstabellen werden im BI Accelerator dabei stets vollständig neu aufgebaut, was in der Regel sehr schnell geht, da Dimensionstabellen vergleichsweise klein sind[17].

Da Faktentabellen im Vergleich zu Dimensionstabellen deutlich größer sind, werden anstelle eines Neuaufbaus nur die jeweils neuen Requests in den BIA-Index übernommen. Das Vorgehen entspricht damit dem Roll Up relationaler Aggregate, die ebenfalls nur mit neuen Requests versorgt werden. Dabei ist jedoch zu berücksichtigen, dass Änderungen an den relationalen Tabellen von Aggregaten deutlich schneller und einfacher durchzuführen sind als auf BIA-Indizes, die durch ihre veränderte Struktur und die Komprimierung zwar für Lese-, nicht jedoch für Schreibzugriffe optimiert sind.

17. Keine indizierte Dimensionstabelle enthält mehr als 20 % so viele Datensätze wie die Faktentabelle. Liegt im BW eine größere Dimensionstabelle vor, so wird die Dimensionstabelle flach indiziert, im Klartext also nicht indiziert und stattdessen in den Index der Faktentabelle integriert (vgl. Kapitel 7.4.3).

Die Durchführung eines Roll Up kann damit zu einer erheblichen Ressourcenbelastung für den BI Accelerator führen, die umso größer ist, je größer der BIA-Index ist. Abhilfe schafft der Einsatz eines sogenannten Delta-Index. Dieser enhält entweder noch keine Daten oder nur die Daten weniger Requests, so dass Schreibzugriff auf den Delta-Index deutlich schneller ausgeführt werden können als auf den Hauptindex. Belastet wird davon allerdings die Leseperformance, da die Daten aus Haupt- und Delta-Index zur Lesezeit zusammengefasst werden müssen.

Damit der Delta-Index einer Faktentabelle klein bleibt, muss er im Rahmen des Regelbetriebs regelmäßig mit dem Hauptindex zusammengeführt werden (siehe Kapitel 32.3). Die Belastung der Systemressourcen ist damit nicht beseitigt, sondern zeitlich verschoben bzw. konzentriert.

Delta-Indizes können in der Transaktion `RSDDBIAMON2` über den Menüpunkt *BI Accelerator →Index Settings →Set Delta Index* angelegt werden (siehe Abb. 24–23). In demselben Menü kann auch der Delta-Index für einen BIA-Hauptindex ausgeschaltet werden. In diesem Fall führt der BIA den Delta-Index bei der nächsten Indizierung mit dem Hauptindex zusammen, so dass das Zurücknehmen eines Delta-Index mit deutlich höheren Laufzeiten beim darauffolgenden Roll Up verbunden sein kann.

Abb. 24–23
Einschalten des Delta-Index für BIA-Indizes

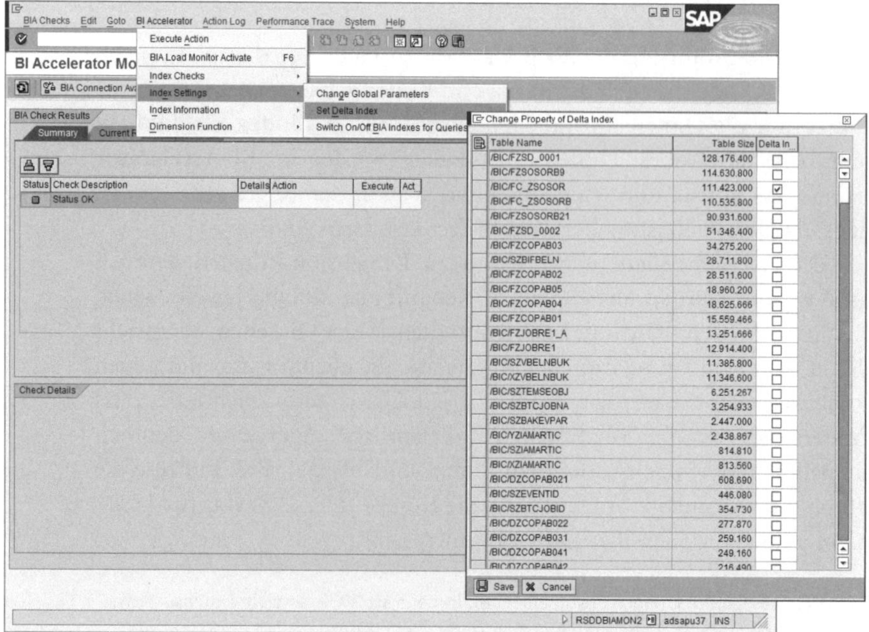

Der Einsatz von Delta-Indizes bietet sich für die Faktentabellen aller BasisCubes an, deren Daten regelmäßig verändert werden. Eine Unterstützung bei dieser Entscheidung bietet der elementare Test *BI Accelerator →Delta-Index für Indizes vorschlagen* in der Transaktion RSRV. Ein Delta-Index wird von diesem Test dann als sinnvoll bewertet, wenn in den letzten 10 Tagen mehr als 10-mal neue Werte in den Index geschrieben wurden.

Wurde ein Delta-Index für einen Hauptindex im BIA eingeschaltet, so wird dieser ab der nächsten Delta-Indizierung verwendet.

V BW-Design

Im Abschnitt über Extraktion & Staging wurde eine Referenzarchitektur für das Staging dargestellt und detailliert erläutert (vgl. Abb. IV–1 auf Seite 313). Diese Referenzarchitektur ist geeignet, um einen großen Teil aller Anforderungen zu erfüllen, die an ein BW-System gestellt werden.

Für bestimmte Fälle kann eine Anpassung dieser Referenzarchitektur erforderlich sein, die sich auf Extraktion & Staging und auf das Datenmodell gleichermaßen beziehen kann. Die Gründe dafür können in einer bestimmten Form der Extraktion (z.B. Echtzeit), in einer Inhomogenität von Prozessdaten, besonderen Ansprüchen an die Administration des Systems oder besonders umfangreiche Anforderungen hinsichtlich Verfügbarkeit, Datenkapazität und Leistungsumfang bestehen.

Die nachfolgenden Kapitel beschreiben mögliche Anpassungen der Referenzarchitektur, die im Zusammenhang mit den o.g. Anforderungen eingesetzt werden können. Dabei handelt es sich um:

- Partitionierte InfoProvider
- Partitioniertes Staging
- Large-Scale-Architekturen
- Realtime-Architekturen

Die aufgeführten Vorschläge erheben keinen Anspruch auf Vollständigkeit. Stattdessen handelt es sich um Architekturen, die sich aus Sicht des Autors in der Praxis bewährt haben. Je nach spezifischen Projektanforderungen müssen diese Architekturen weiter angepasst werden.

25 Partitionierte InfoProvider

Die Verteilung von Daten auf mehrere BasisCubes, also die Partitionierung eines BasisCubes in mehrere BasisCubes, kann aus unterschiedlichen Gründen sinnvoll sein: Wie auf diese Weise der Zugriff auf Daten beschleunigt werden kann, wurde bereits in Kapitel 7.3.3 erläutert. Aber auch die Inhomogenität der Datenstruktur innerhalb eines Prozesses kann zum Anlass genommen werden, die Daten eines Prozesses in mehrere BasisCubes aufzuspalten (vgl. Kapitel 8.1).

Die Verteilung verfolgt dabei immer den Zweck, Daten physisch zu trennen, auf der logischen Ebene (d.h. bei der Datenanalyse) aber als Einheit zu präsentieren. In der Technik des BW bedeutet dies, die Daten bei der Übergabe von Transformation/Integration Layer an den Data Mart Layer auf einzelne BasisCubes zu verteilen und bei der Datenanalyse durch einen MultiProvider wieder zusammenzuführen (siehe Abb. 25–1).

Das Verteilen der Daten auf die unterschiedlichen BasisCubes erfolgt technisch durch das Herausfiltern der jeweils nicht benötigten Datensätze für einen BasisCube. Die Filterung kann in einfachen Fällen mit Hilfe der Datentransferprozesse erfolgen, die Daten in BasisCubes übertragen (vgl. Kapitel 20.2). In komplexen Fällen können Start- oder Endroutine der Transformation das Herausfiltern von Datensätzen übernehmen (vgl. Kapitel 19.2 und Kapitel 19.5).

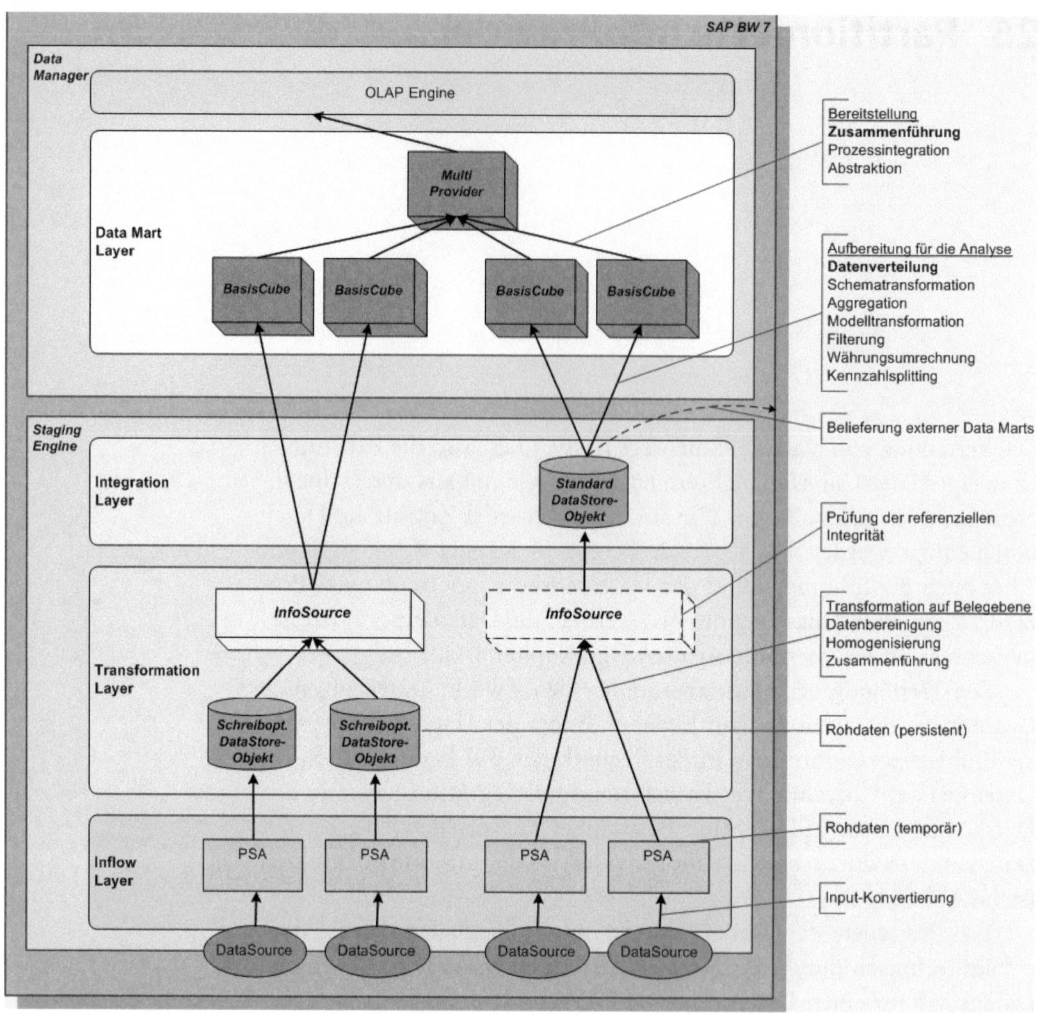

Abb. 25–1

Partitionierte InfoProvider

26 Partitioniertes Staging

Das Zusammenfassen von Daten mehrerer Datenquellen in einem DataStore-Objekt schafft die Möglichkeit zur Integration von Teilmengen, die lediglich über einen gemeinsamen Schlüssel verfügen (vgl. Kapitel 17.1.3).

Liefern die Datenquellen ausschließlich distinkte (also eineindeutige) Werte, so ist der Integrationsaspekt nur noch von nachrangiger Bedeutung. Kommen Strukturunterschiede in den Datenquellen hinzu, so wird der Speicherplatz des DataStore-Objekts für die Daten jeder Datenquelle nur unzureichend genutzt; Felder des DataStore-Objekts, die durch eine Datenquelle nicht geliefert werden, bleiben bei deren Daten leer.

In diesem Fall kann der Staging-Prozess vollständig entlang der DataSources partitioniert werden. Zu diesem Zweck werden für jede Datenquelle eigene DataStore-Objekte definiert, deren Daten erst im Data Mart Layer zusammengeführt werden (siehe Abb. 26–1).

Die Struktur der auf diese Weise partitionierten DataStore-Objekte ist typischerweise sehr ähnlich, aufgrund der Strukturunterschiede aber nicht identisch.

Ein Verteilungsmechanismus, wie er im vorangegangenen Kapitel 25 beschrieben wurde, ist beim partitionierten Staging nicht mehr erforderlich; denn die Definition des Datenflusses von der Datenquelle in das DataStore-Objekt beschränkt sich bereits auf die Daten der Datenquelle.

Das partitionierte Staging kann mit der Architekturvariante der partitionierten InfoProvider kombiniert werden, so dass für jede Datenquelle nicht nur ein eigenes DataStore-Objekt, sondern analog auch ein eigener BasisCube im Data Mart Layer definiert wird. In diesem Fall sind die Vorteile der Architektur gegen den Mehraufwand bei Administration und Weiterentwicklung des Systems abzuwägen.

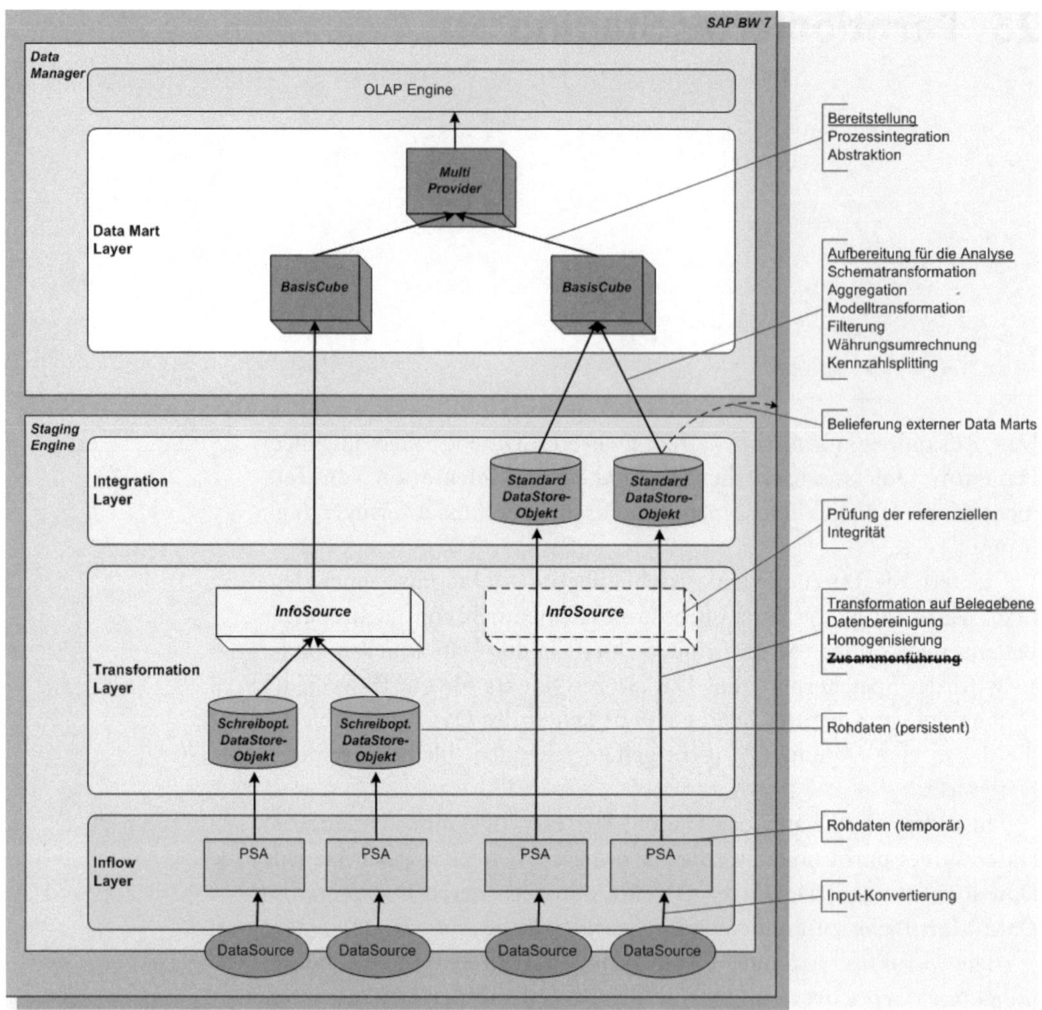

Abb. 26–1

Partitioniertes Staging

27 Large-Scale-Architekturen

Mit dem Begriff *Large Scale* werden Data-Warehouse-Systeme tituliert, die in bestimmten Bereichen besonders umfangreiche Anforderungen zu erfüllen haben, zum Beispiel:

- Abdeckung vieler Funktionsbereiche/Module/Eigenentwicklungen
- Koordination der Arbeit mehrerer Projektgruppen
- Verwaltung großer Datenmengen oder umfangreicher Ladevorgänge
- globale Verteilung der Anwender
- globale Verteilung der Quellsysteme, unterschiedliche Verfügbarkeit der Quellsysteme

Diese Anforderungen müssen bei der Planung der Architektur explizit berücksichtigt werden, was zu sehr unterschiedlichen technischen und organisatorischen Ergebnissen führen kann.

Data Marts in Large-Scale-Architekturen

Insbesondere der Umgang mit vielen und komplexen Aufgabenstellungen wird im Ansatz bereits durch die Gestaltung des Data Mart Layer in der vorgestellten Referenzarchitektur berücksichtigt, indem analytischen Anwendungen der Aufbau spezifischer InfoProvider (v.a. BasisCubes) in diesem Layer zugestanden wird. Dies kommt den Belangen von Large-Scale-Architekturen nicht nur technisch entgegen, sondern ist auch ein Tribut an die organisatorische und technische Komplexität, die bei der Konzeption und Implementierung derartiger Anwendungen bewältigt werden muss: Jede Anwendung kann über die Weiterverarbeitung der ihr zentral bereitgestellten Daten autonom entscheiden und droht nicht, in der endlosen Abstimmung mit anderen Anwendungen zerrieben zu werden.

Bei allen Freiheiten, die analytische Anwendungen dadurch genießen, muss dennoch beachtet werden, dass Transformation und Integration Layer in einem Data Warehouse zentralistisch positioniert sind und bei der Bereitstellung von Daten eine Hoheitsaufgabe wahrnehmen. Um entlang aller analytischen Anwendungen konsistente und erklärbare Daten zu nutzen, ist es somit unbedingt erforderlich, die Hoheitsaufgabe von Transformation/Integration Layer zu akzeptieren und auf deren Daten aufzusetzen. Als Fachterminus von Data Marts, die auf einer einheitlichen, abgestimmten Datenbasis aufbauen, werden mitunter Begriffe wie *Architected Data Marts* oder auch *Dependent Data Marts* gebraucht.

Es ist schnell beschlossen, bei der Implementierung einer analytischen Anwendung auch gleich die zentrale Datenbasis für die abzubildenden Prozessdaten aufzubauen. Diese Vorgehensweise ist jedoch ebenso ambitioniert wie falsch! Überlegen Sie zu Beginn jedes derartigen Projekts, ob es eine derartige Datenbasis bereits gibt! Und sollte diese nicht auf Basis eines SAP BW-, sondern auf Basis eines anderen Data-Warehouse-Systems aufgebaut sein, dann ist dies kein Grund, sie nicht dennoch als zentrale Datenbasis zu akzeptieren und zu nutzen[1].

Hub-and-Spoke-Architektur

Neben der technischen und organisatorischen Komplexität können auch besondere Anforderungen hinsichtlich Datenvolumen oder Verfügbarkeit ein Charakteristikum von Large-Scale-Architekturen sein. Diese sind (im übertragenen Sinn) nicht ausschließlich durch Klasse, sondern vor allem durch Masse zu lösen. Im Klartext bedeutet dies, das BW-System physisch und logisch auf mehrere Data-Warehouse-Systeme[2] zu verteilen und dabei – hier geht es doch wieder um Klasse – dennoch nicht den Anspruch an die Zentralität des entstehenden Gesamtsystems aufzugeben.

Die Lösung einer derartigen Aufgabenstellung bilden sogenannte Hub-and-Spoke-Architekturen, die Daten einerseits auf unterschiedliche physische Systeme verteilen (teil auch redundant), aber alle Systeme und Datenbestände als Bestandteil einer einheitlichen Data-Warehouse-Architektur betrachten. Wie auch die Data Marts sind die Datenbestände der einzelnen Teilsysteme *architected*!

Der Begriff der Hub-and-Spoke-Architektur leitet sich aus ihrer zentralistischen Struktur ab, in der ein Hub (zentrale Datenscheibe) Daten von umliegenden Spokes (operative Quellsysteme oder Data Marts) empfängt beziehungsweise an sie verteilt.

Bei Hub-and-Spoke-Architekturen, deren Spokes ausschließlich aus BW-Systemen bestehen, werden zur Weitergabe von Daten sogenannte Export Data-Sources genutzt. Die Weitergabe von Daten an Fremdsysteme ist mit Hilfe sogenannter Open Hubs möglich. Lesen Sie hierzu auch Kapitel 14.3.

1. Oder die quadox AG mit der Migration auf das SAP BW zu beaufragen.
2. Dabei muss es sich nicht zwangsläufig um SAP-BW-Systeme handeln, auch wenn diese Variante einer Large-Scale-Architektur hier fokussiert wird.

Je nach technischen beziehungsweise organisatorischen Anforderungen gibt es zwei grundlegende Ausprägungen der Hub-and-Spoke-Architektur: die *replizierende* und die *aggregierende* Architektur. Beide Architekturen werden nachfolgend isoliert betrachtet. Die beschriebenen Optionen können ohne Veränderungen verwendet oder – den Anforderungen entsprechend – miteinander kombiniert werden. Als besondere Form einer derartigen Kombination wird in Kapitel 27.3 die virtuelle Hub-and-Spoke-Architektur erläutert.

Der Aufbau einer Large-Scale-Architektur mit mehreren BW-Systemen hat Auswirkungen auf die Transportlandschaft. Beachten Sie hierzu bitte das Abschnitt D.1.4.

27.1 Replizierende Architektur

Replizierende Architekturen zielen darauf ab, Ressourcenengpässe bei der Datenanalyse zu beseitigen, die entstehen können, weil zum Beispiel

- die Datenanalyse das System durch große Datenmengen oder viele Anwender besonders stark belastet.
- aufgrund von Anbindungsproblemen (zum Beispiel regionale Verteilung der Anwender) nicht eine zentrale Analyseplattform eingesetzt werden kann.
- Datenanalyse und Staging zeitlich nicht voneinander getrennt werden können und einander merklich behindern.
- die Datenanalyse durch spezifische Tools (zum Beispiel SEM, CRM oder APO) unterstützt werden soll, die jeweils ein eigenes BW-System erfordern.

Aus diesem Grund werden die Daten in einem zentralen BW-System (=Hub) zusammengeführt und aufbereitet und an umliegende BW-Systeme (=Spokes) verteilt. Abbildung 27–1 verdeutlicht diese Architektur.

Der Hub entspricht im Grundsatz der Referenzarchitektur bis zum Integration Layer, während die Spokes den Data Mart Layer darstellen, der »lediglich« in andere BW-Systeme verlagert wurde. Der Einsatz des Integration Layer im Hub ist dabei zwingend, da die Spokes ihre Daten unabhängig voneinander aus dem Hub abholen (Pull-Prinzip) und diese Daten im Hub somit persistiert werden müssen.

Im Gegensatz zur Referenzarchitektur dienen die Spokes jedoch nicht ausschließlich dem Zweck, die Daten des Hubs anwendungsspezifisch aufzubereiten; sofern dieselbe Anwendung auf mehrere Spokes verteilt ist, können diese Spokes Daten auch identisch aufbereiten. Dieses Szenario ist in der Praxis vor allem dann anzutreffen, wenn die Spokes zur Lastverteilung eingesetzt werden.

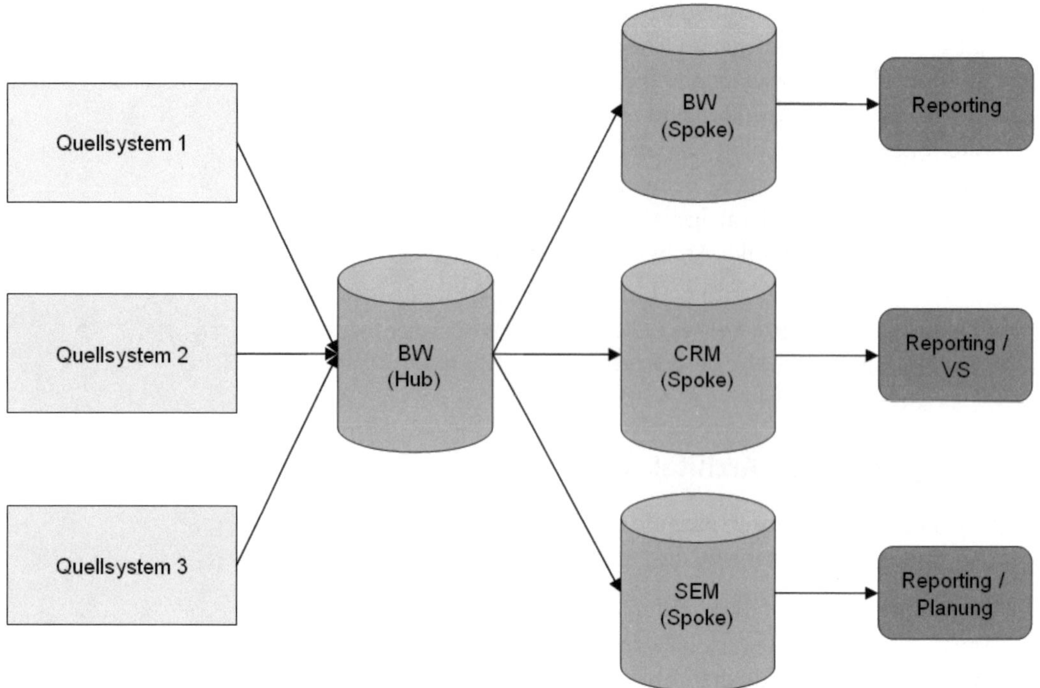

Abb. 27–1
Replizierende Architektur

Ebenso besteht die Option, Spokes spezifisch für einzelne Anwendungen aufzubauen. In diesem Fall werden individuell für jeden Spoke nur Teile des Datenbestands übergeben und bei Bedarf im Spoke weiter aggregiert oder aufbereitet.

Da Spokes in einer replizierenden Architektur ausschließlich mit bereits aufbereiteten Daten versorgt werden und eine Persistenzschicht bereits im Hub vorhanden ist, benötigen die Spokes ihrerseits keine Persistenzschicht und müssen sich nicht einmal um die Transformation der Daten kümmern.

Extraktion aus dem Hub

Technisch gesehen stellt der Hub das (einzige) Quellsystem aller Spokes dar. Eine direkte Anbindung der eigentlichen Quellsysteme erfolgt ausschließlich an den Hub.

Die Bewegungsdaten des Integration Layer werden stets aus dem Hub extrahiert und in den Spokes in BasisCubes überführt (ggf. nach vorheriger Aufbereitung für spezifische Anwendungen). Aufgrund ihrer performancekritischen Bedeutung für die Datenanalyse ist ein Persistieren dieser Daten in die physischen Modelle der BasisCubes unumgänglich.

Bei den weniger performancekritischen Stammdaten hingegen stellt sich die Wahl, ob Extraktionsprozesse definiert und überwacht werden sollen oder ob die Stammdaten in einem direkten Zugriff aus dem Hub bezogen werden sollen (vgl. Kapitel 22.2.1). Die Entscheidung hierfür hängt vor allem von der Größe der Stammdatentabellen und von der Verfügbarkeit des Hubs ab.

27.2 Aggregierende Architektur

Im Gegensatz zur replizierenden Architektur wird bei der aggregierenden Architektur die Datenaufbereitung als Ressourcenengpass gesehen. Dies kann der Fall sein, weil

- die datenliefernden Quellsysteme geografisch getrennt sind (Anbindungsproblem).
- die Datenvolumina der liefernden Quellsysteme zu groß sind, um von einem BW verarbeitet zu werden.
- Datenanalyse und Staging zeitlich nicht voneinander getrennt werden können und einander merklich behindern.

Aus diesem Grund werden die Daten bei der aggregierenden Architektur von mehreren BW-Systemen (Spokes) gesammelt und aufbereitet und dann an ein zentrales BW-System (Hub) weitergeliefert (siehe Abb. 27–2).

In diesem Fall entsprechen die Spokes im Grundsatz der Referenzarchitektur bis zum Integration Layer, während der Hub den Data Mart Layer darstellt. Die Sichtweise des Systems ist dabei analog zur replizierenden Architektur, nur dass die Aufgaben von Hub und Spoke eben vertauscht sind.

Insbesondere, wenn derartige Architekturen aufgrund der geografischen Verteilung der Quellsysteme entstehen, ist es üblich, dass auch auf den Spokes Datenanalysen durchgeführt werden und an den Hub lediglich aggregierte Daten geliefert werden (weil regionales Reporting detailliertere Informationen benötigt als globales Reporting).

In diesem Fall verfügen Spokes nicht nur über Integration Layer, sondern auch über einen individuell gestalteten Data Mart Layer.

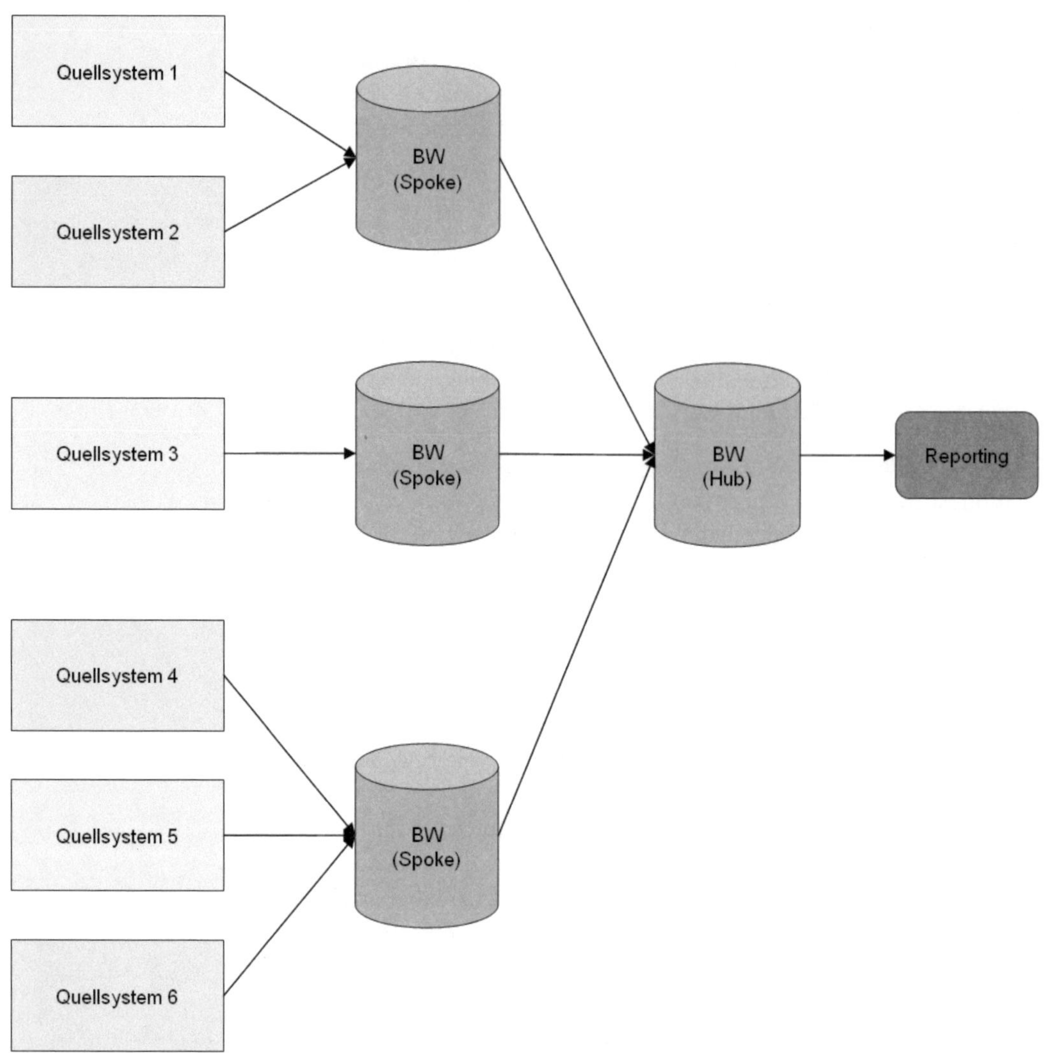

Abb. 27–2
Aggregierende Architektur

27.3 Virtuelle Hub-and-Spoke-Architektur

Neben den bereits beschriebenen Möglichkeiten der Datenverteilung auf mehrere BW-Systeme besteht auch die Möglichkeit, die Daten »virtuell« zu verteilen, das heißt, nicht in Hub/Spokes zu speichern, sondern Daten zum Zeitpunkt der Datenanalyse zwischen den Systemen auszutauschen.

Die technische Grundlage für diese Architektur bilden sogenannte SAP RemoteCubes. Dabei handelt es sich um InfoCube-Definitionen, die zwar im Metadaten-Repository definiert, aber nicht auf der Datenbank angelegt sind. Remote-Objekte (Cubes und InfoObjekte) speichern keine Daten, sondern greifen bei jeder Anforderung auf entsprechende Quellsysteme zu, in denen die jeweiligen Daten gespeichert sind (siehe vgl. Kapitel 22).

Durch den Einsatz von Remote-Objekten kann sowohl eine replizierende als auch eine aggregierende Architektur aufgebaut werden, um die organisatorische Komplexität eines Systems zu vermindern. Dabei ist jedoch zu beachten, dass bei jeder Datenanforderung Übertragungszeiten im Netzwerk anfallen, die bei einer echten Hub-and-Spoke-Architektur nur einmalig bei der Datenverteilung auftreten. Der Einsatz virtueller Architekturen ist damit auf Einsatzgebiete beschränkt, in denen die Aktualität der Daten von besonderer Bedeutung ist und das Datenvolumen gleichzeitig gering ist.

VI BW im Produktivbetrieb

In den vorangegangenen Abschnitten wurde das notwendige Hintergrundwissen geliefert, um ein BW-System aus Architektursicht vollständig zu konzipieren und zu implementieren. Dabei wurde vor allem auf das Datenmodell und die Definition des Datenflusses, aber auch auf den Zugriff auf Daten durch die Analytical Engine eingegangen.

Vereinzelt wurde bereits die Durchführung von Lade- und Administrationsprozessen skizziert (zum Beispiel Laden von Stamm- und Bewegungsdaten, Change Run, Roll Up etc.), wobei immer der manuelle Start dieser Prozesse unterstellt wurde.

Nachdem das BW-System damit in seiner statischen Betrachtung fertiggestellt ist, gilt es nun, alle Prozesse aufeinander abzustimmen, zu automatisieren und zu überwachen, also in den operativen Regelbetrieb zu überführen.

Die technische Grundlage der Automatisierung bilden sogenannte ***Prozessketten***, deren Steuerungsmechanismen in Kapitel 28 erläutert werden.

Die konzeptionelle Grundlage zur Gestaltung und Durchführung des Regelbetriebs bilden sogenannte ***Zeitfenster*** einerseits (siehe Kapitel 29) und die detaillierte ***Organisation und Abfolge*** aller Prozesse andererseits (siehe Kapitel 30). Während Zeitfenster festlegen, zu welchen Zeitpunkten überhaupt Prozesse ausgeführt werden sollten, werden die auszuführenden Prozesse in der Organisation und Abfolge zusammengestellt, geordnet und in eine Abhängigkeit gebracht. Die Erläuterungen hierzu beschreiben zusätzlich, wie die Ausführung von Prozessen im Rahmen der Prozesskettensteuerung zu definieren ist.

Unterschätzen Sie bitte nicht die Notwendigkeit, den Regelbetrieb Ihres BW-Systems sorgfältig zu konzipieren. Die überstürzte Implementierung eines unvollständig konzipierten Regelbetriebs führt oftmals zu einem Übermaß an manuellen Tätigkeiten bei der Betreuung von BW-Systemen und im Extremfall zu Performanceproblemen, wenn Lade- und Analyseprozesse unkoordiniert parallel ausgeführt werden und dadurch Ressourcenengpässe verursachen.

Die Ausführungen zu den regelmäßig ausgeführten Prozessen im Regelbetrieb werden mit Kapitel 31 abgeschlossen, in dem die Überwachung des Regelbetriebs und die Analyse aufgetretener Fehler im Rahmen des ***Monitorings*** erläutert wird.

Zusätzlich zur regelmäßigen Ausführung und Überwachung von Prozessen bedarf der Betrieb des SAP BW einiger Wartungstätigkeiten, um das System dauerhaft stabil und performant zu halten. Dabei handelt es sich um das in Kapitel 32 erläuterte ***Modell-Trimmung*** und das in Kapitel 33 behandelte ***Information Lifecycle Management***.

28 Prozessketten

Bis zur Version 3.x des BW kamen drei unterschiedliche technische Konzepte zur Automatisierung von Vorgängen im BW zum Einsatz: Eventketten, Automatismen und Prozessketten. Die Konzepte unterschieden sich hinsichtlich Flexibilität und der Komplexität, die durch sie abzubilden war, und konkurrierten in gewissem Maße.

Mit der Version 7 des SAP BW werden die bestehenden Funktionalitäten der Automatisierung aus Gründen der Abwärtskompatibilität weiterhin unterstützt, jedoch lassen sich neue Prozesse (insb. im Bereich des Staging) nur noch in Prozessketten integrieren. Eventketten, die in der Version 2 des BW die bestimmende Form der Automatisierung darstellten, werden nachfolgend nur noch als Basistechnologie der darauf aufbauenden Prozessketten umrissen. Automatismen[1] kommen beim Einsatz von Transformation und Datentransferprozessen im BW 7 nicht mehr zum Einsatz und werden in dieser Auflage nicht behandelt.

Prozessketten sind dafür ausgelegt, Prozessabfolgen auch dann zu unterstützen, wenn die Definition besonders komplex ist und auch die Parallelisierung und statusbedingten Verzweigungen berücksichtigt werden müssen. Ferner bieten Prozessketten eine zentrale Steuerung und ein zentrales Monitoring aller in ihnen definierten Prozessschritte an.

In einer Prozesskette werden dabei die Abhängigkeiten aller Prozessschritte innerhalb eines Zeitfensters des Regelbetriebs gebündelt. Aus Gründen der Übersichtlichkeit und Administration ist es dabei möglich, eine Prozesskette in mehrere Sub-Ketten zu untergliedern (siehe Kapitel 28.3.1).

---

1. Durch einen Automatismus ließ sich beispielsweise das Aktivieren neuer Daten in einem DataStore-Objekt automatisch nach der Verbuchung neuer Daten in das DataStore-Objekt starten.

Sichten auf eine Prozesskette

Die Prozesskettenpflege ist über die Data Warehousing Workbench oder über die Transaktion RSPC zu erreichen und bietet drei unterschiedliche Sichten auf Prozessketten (siehe Abb. 28–1):

- **Plansicht:** Überblick über alle vorhandenen Prozessketten und über die Definition von Prozessketten. In der Plansicht werden Prozessketten angelegt und gepflegt.
- **Prüfsicht:** Ergebnisse der syntaktischen und semantischen Prüfung einer in der Plansicht definierten Prozesskette. Mit dem Wechsel zur Prüfsicht wird die Prüfung der jeweiligen Prozesskette durchgeführt.
- **Protokollsicht:** Das Protokoll der Ausführung einer in der Plansicht gewählten Prozesskette (genauere Erläuterungen zum Monitoring von Prozessketten werden in Kapitel 31.3 gegeben).

Abb. 28–1 *Prozesskettenpflege*

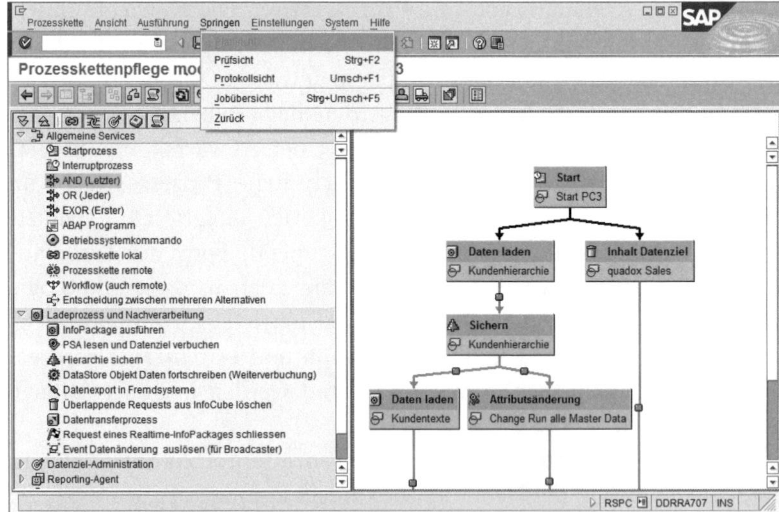

Die Abhängigkeit von Prozessen wird in der Modellierung einer Prozesskette grafisch dargestellt. Dabei wird die Ausführungsreihenfolge und Abhängigkeit zweier Prozesse per Drag&Drop vorgegeben und festgelegt, ob die dargestellte Abfolge für die fehlerfreie oder fehlerhafte Ausführung des Vorgängerprozesses gilt (siehe Abb. 28–2).

Prozesstypen

Welche Aufgabe ein Prozess innerhalb einer Prozesskette wahrnimmt, ist durch den jeweiligen ***Prozesstyp*** definiert. Alle zur Verfügung stehenden Typen werden in die Kategorien

- allgemeine Services
- Ladeprozesse und Nachverarbeitung
- Datenziel-Administration

- Reporting-Agent
- sonstige BW-Prozesse
- Sonstiges

unterteilt (siehe Abb. 28–3).

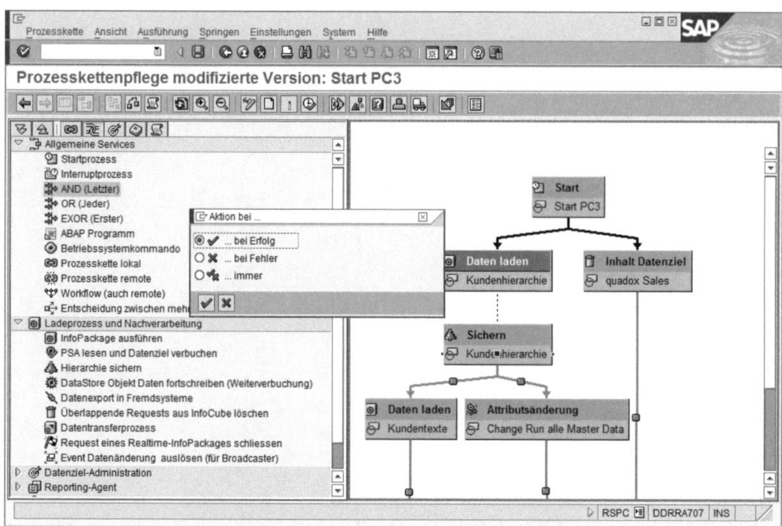

Abb. 28-2
Statusbedingte Prozessabfolgen in Prozessketten

Prozesstyp-Varianten

Jeder Prozesstyp muss in Kombination mit einer Variante verwendet werden, welche die Parametrisierung des jeweiligen Prozessschritts vorgibt, zum Beispiel welches InfoPackage für die Durchführung eines Ladevorgangs auszuführen ist oder welcher Cube bis zu welchem Request zu komprimieren ist.

Werden Prozesse in eine Prozesskette aufgenommen, so fügt das BW bei zahlreichen Prozesstypen automatisch weitere Prozesse hinzu, die im Kontext des neuen Prozesses sinnvoll sein können (zum Beispiel die Ausführung des Change Run nach dem Laden von Stammdaten). Dieses – mitunter sehr störende Vorgehen – können Sie in der Prozesskettenpflege über den Menüpunkt *Einstellungen →Default-Ketten* abschalten.

Varianten zu einem Prozesstypen sind nicht auf eine Prozesskette oder einen Prozessschritt bezogen, sondern können in (beliebig vielen) anderen Prozessketten verwendet werden[2]. Damit ist es möglich, durch die Pflege einer einzigen Variante gleichzeitig die Funktionsweise mehrerer Prozessketten zu verändern.

2. Die Ausnahme bilden Prozessketten-Starter (siehe Kapitel 28.3).

Abb. 28–3 Prozesstypen in Prozessketten

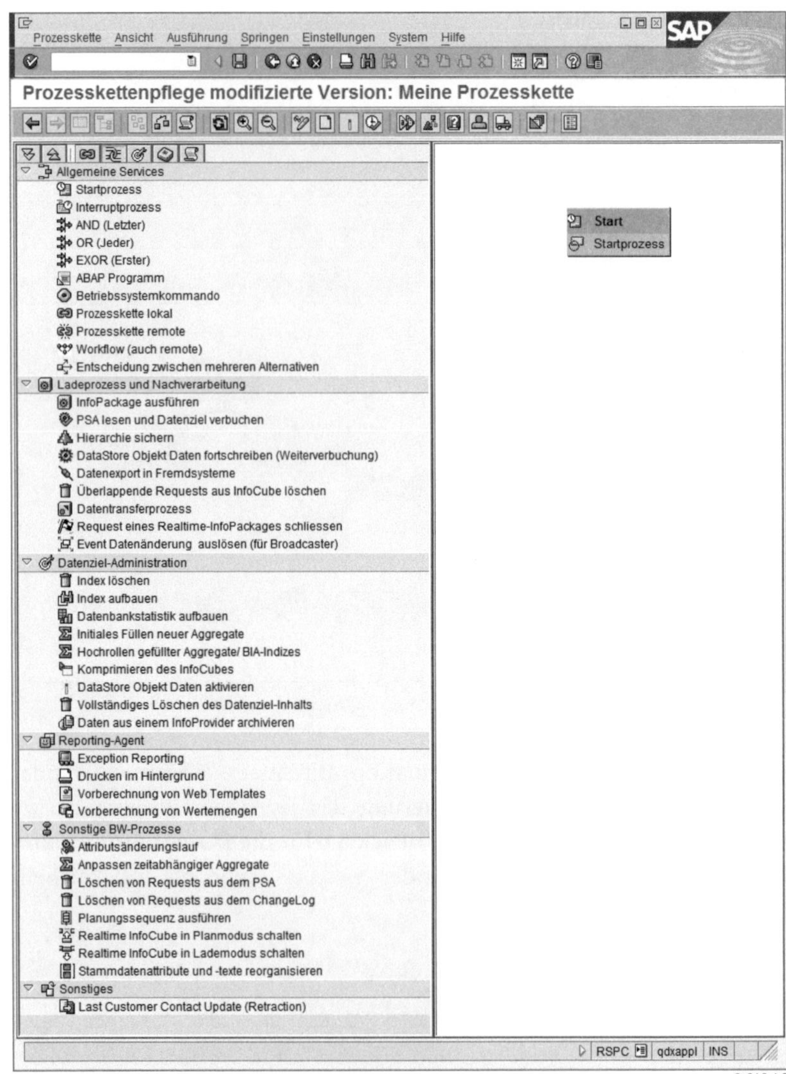

Fixe und relative Parametrisierung

Je nach Prozesstyp kann die Parametrisierung eines Prozessschritts durch die Variante fix definiert werden (z.B. Angabe eines BasisCubes) oder sich auf andere Prozessschritte innerhalb derselben Prozesskette beziehen. Bei dieser relativen Adressierung kann zum Beispiel ein Datentransferprozess zur Parametrisierung eines Roll Up verwendet werden. In diesem Fall werden die Requests desjenigen BasisCubes hochgerollt, der durch den Datentransferprozess befüllt wird.

Abbildung 28–4 zeigt die relative Adressierbarkeit von Prozesstypen auf. Dargestellt werden ausschließlich diejenigen Adressierungen, die bei der Verwendung des neuen Stagings mit Transformation und Datentransferprozessen genutzt werden können. Formal bieten diejenigen Prozesstypen, die einen Datentransferprozess zur Adressierung nutzen können, auch die Möglichkeit zur Adressierung von Objekten aus einem InfoPackage. Dabei handelt es sich jedoch um InfoPackages für das »alte« Staging bis zur Version 3.x des BW, das in der Darstellung nicht berücksichtigt wird.

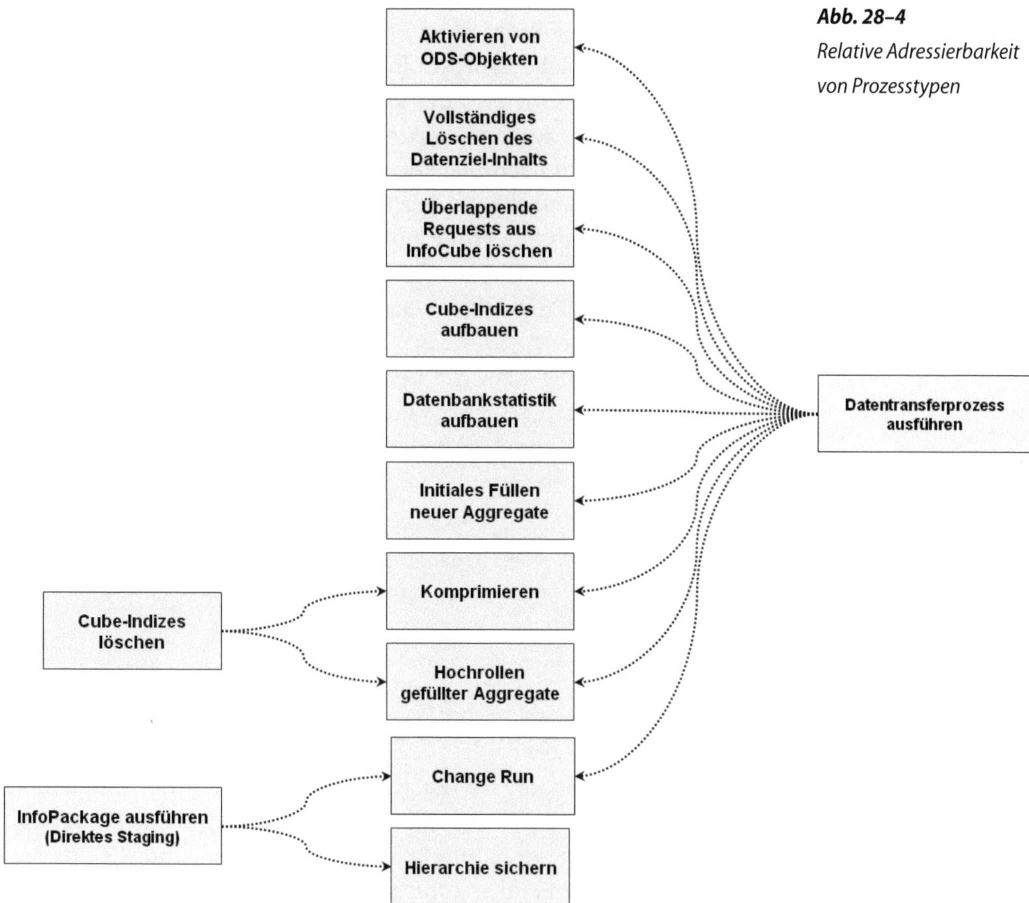

Abb. 28–4
Relative Adressierbarkeit von Prozesstypen

Bei der relativen Adressierung von InfoPackages bezieht sich die Parametrisierung im Regelfall auf diejenigen ***Datenziele***, die durch das InfoPackage verbucht werden. In Ausnahmefällen kann sich die relative Adressierung von InfoPackages jedoch auf den ***Request*** beziehen, der durch das InfoPackage zuletzt geladen wurde:

- Beim Aktivieren neuer Daten in DataStore-Objekten werden nur diejenigen Requests aktiviert, die durch die adressierenden InfoPackages geladen wurden. Sind mehrere Requests zu aktivieren, so sind alle entsprechenden InfoPackages in der Adressierung aufzuführen.

- Beim Komprimieren eines BasisCubes wird bis zu dem Request komprimiert, der durch das adressierende InfoPackage zuletzt geladen wurde.
- Beim Hochrollen gefüllter Aggregate wird bis zu dem Request hochgerollt, der durch das adressierende InfoPackage zuletzt geladen wurde.

Die Definition einer Prozesskette beschreibt zunächst nur auf Ebene der Metadaten, welche Prozesse in welcher Abhängigkeit zueinander ausgeführt werden sollen. In der technischen Realisierung basiert das Steuerungskonzept auf der ***Event-Steuerung des BW-Basissystems***, deren Grundzüge im nachfolgenden Kapitel 28.1 erläutert werden.

Wie sich das ***Steuerungskonzept der Prozessketten*** die technologische Basis der Event-Steuerung nutzbar macht, wird anschließend in Kapitel 28.2 erläutert. Dabei wird auch auf die speziellen Steuerungsmechanismen zur ***Parallelisierung*** und ***Serialisierung*** von Prozesssträngen eingegangen.

Eine Abhandlung über die besonderen Möglichkeiten zum ***Start von Prozessketten*** und ihre Integration in systemübergreifende Abläufe bildet in Kapitel 28.3 den Abschluss zur Beschreibung von Prozessketten.

Die unterschiedlichen Prozesstypen, die eine Prozesskette inhaltlich mit Leben füllen, werden bei der Behandlung von Organisation und Abfolge in Kapitel 30 behandelt.

28.1 Event-Steuerung des BW-Basissystems

Die Event-Steuerung des BW-Basissystems basiert auf der Einplanung von Batch-Jobs, die durch den Job-Scheduler des Basissystems verwaltet werden. Deren Startzeitpunkt wird durch sogenannte ***Events*** von den jeweils vorangehenden Jobs abhängig gemacht, so dass Jobs in einer bestimmten Reihenfolge miteinander verknüpft werden können.

Jeder Job, der Folgeaktivitäten nach sich ziehen soll, kann bei seiner Beendigung ein Event auslösen. Dies ist ein Signal an den Job-Scheduler, dass ein bestimmter Zustand im System erreicht ist. Der Job-Scheduler sucht daraufhin nach freigegebenen Jobs, die auf dieses Event warten, und startet sie.

Die auf diese Weise gestarteten Jobs können bei ihrem Beenden weitere Events auslösen und so weiter. Abbildung 28–5 veranschaulicht diese Abhängigkeit.

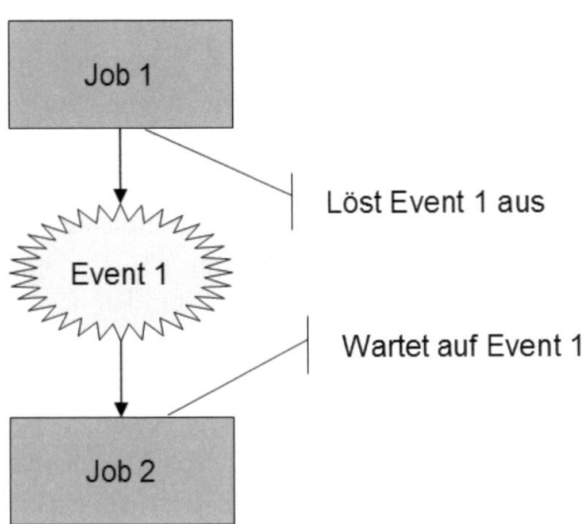

Abb. 28–5
Einfache Event-Kette

Um die Arbeit mit der Event-Steuerung des BW-Basissystems anschaulicher zu beschreiben, wird für interessierte Leser kurz beschrieben, wie eine Abhängigkeit zwischen zwei Jobs im System zu realisieren ist. Da das Steuerungskonzept der Prozessketten diese Form der Abhängigkeiten zwar nutzt, sie jedoch hinter dem Framework der grafischen Modellierung und Steuerung verbirgt, können weniger interessierte Leser die nachfolgenden Zeilen überspringen und mit Kapitel 28.2 fortfahren.

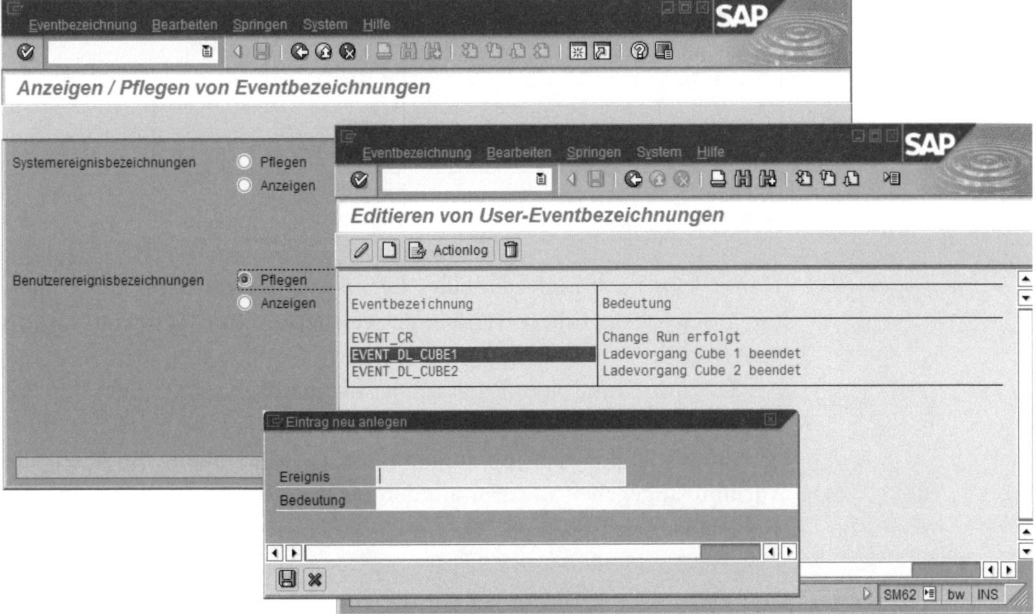

Abb. 28–6
Definition von Events

Definition von Events

Der erste Schritt zur Nutzung der Event-Steuerung besteht darin, die Events, welche die Verbindungsstücke zwischen den einzelnen Jobs darstellen, im System zu definieren. Die Event-Pflege ist über die Transaktion SM62 zu erreichen (siehe Abb. 28–6).

Events können als Systemereignis oder auch als Benutzerereignis angelegt werden, wobei es sich ausschließlich um eine Kategorisierung handelt, die keine funktionelle Auswirkung hat. Da Systemereignisse durch die SAP definiert sind und unter Umständen bei einem Releasewechsel mit anderen Funktionen versehen werden, sollten für den Aufbau des Regelbetriebs ausschließlich Benutzerereignisse definiert werden.

Event-Parameter

Grundsätzlich reicht die Verwendung von Events aus, um Abhängigkeiten zwischen Jobs zu definieren. Zusätzlich existiert die Möglichkeit, Events mit Event-Parametern zu kombinieren, die einen Übergabeparameter an den eingeplanten Job darstellen.

Abhängig davon, wie ein Event ausgelöst wird und welche Selektion für einen nachfolgenden Job definiert ist, sind die Startbedingungen sehr unterschiedlich. Die nachfolgende Tabelle verdeutlicht dies:

Ausgelöstes Event/Parameter	Jobeinplanung auf	Job startet
Event: E Parameter:	Event: E Parameter: P	Ja
Event: E Parameter: P	Event: E Parameter: P	Ja
Event: E Parameter: X	Event: E Parameter: P	Nein
Event: E Parameter:	Event: E Parameter:	Ja
Event: E Parameter: X	Event: E Parameter:	Ja

Einplanung von Jobs

Damit Jobs nach Eintreten eines Events starten, muss bei der Einplanung des Jobs definiert werden, zu welchem Event/Parameter ein Job starten soll.

Die Aufnahme eines Programmes in einen Job erfolgt mit Hilfe der Transaktion SM36, in der ein Job definiert und das entsprechende Programm als Step in den Job aufgenommen wird. Dabei kann auch eine Variante angegeben werden, mit der das Programm ausgeführt werden soll (siehe Abb. 28–7).

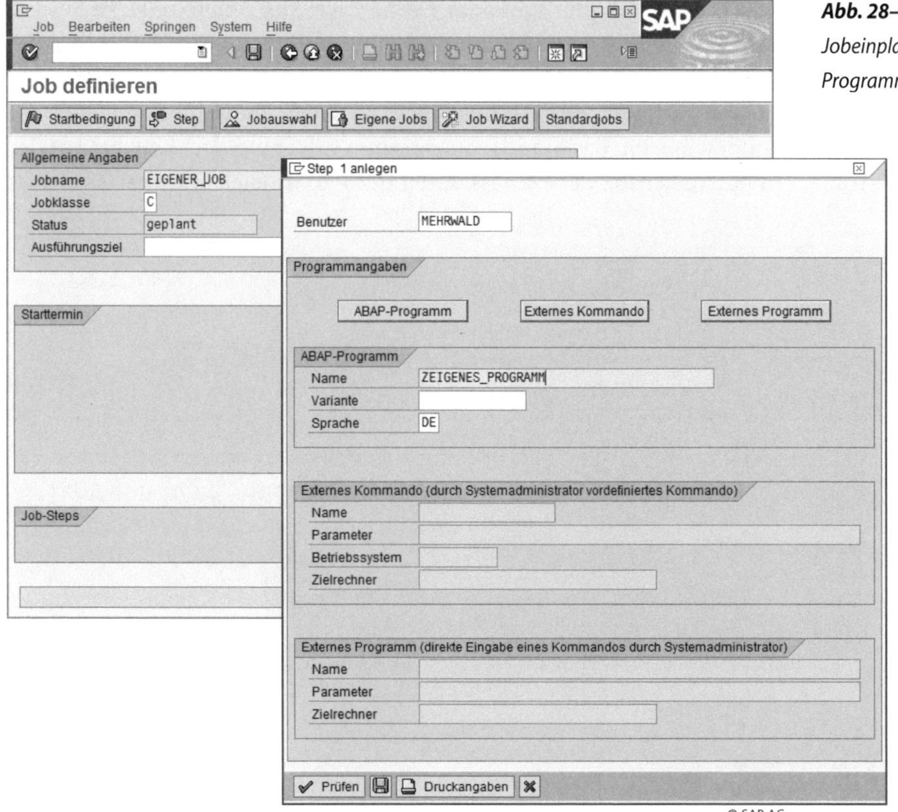

Abb. 28–7
Jobeinplanung für Programme

Zur Festlegung des Start-Events für den so definierten Job steht die Startbedingung zur Verfügung, bei der ein Event als Startereignis angegeben werden kann (siehe Abb. 28–8).

Bei der Einplanung ist die periodische Ausführung zu wählen, wenn der Job bei *jedem* Eintreten des Events gestartet werden soll und nicht etwa nur beim ersten Eintreten des Events.

Der Start des ersten Jobs in einer so definierten Eventkette wird in den meisten Fällen zu einem festen Zeitpunkt (auch periodisch) erfolgen. Alternativ dazu kann es sinnvoll sein, auch den ersten Job einer Eventkette auf ein Event hin starten zu lassen. Dies kann manuell mit Hilfe der Transaktion SM64 ausgelöst werden.

Folge-Events

Die Jobeinplanung des Basissystems bietet zwar die Möglichkeit, Start-Events zu definieren, jedoch können keine Folge-Events hinterlegt werden, die im Anschluss an die Ausführung eines Jobs ausgelöst werden sollen.

Als Lösung kann im Falle selbstentwickelter Programme der Funktionsbaustein RSSM_EVENT_RAISE aufgerufen werden, der das gewünschte Event mit Parameter auslöst. Der Funktionsbaustein RSSM_EVENT_RAISE ist RFC-fähig. Somit kann ein Event auch aus einem anderen System im BW ausgelöst werden, um dort einen Job (z.B. einen Ladevorgang) zu starten.

Im Fall von SAP-Standardprogrammen kann hingegen nur ein Framework um das Standardprogramm gelegt werden, wie dies bei der Ablaufsteuerung der Prozessketten der Fall ist (siehe Kapitel 28.2).

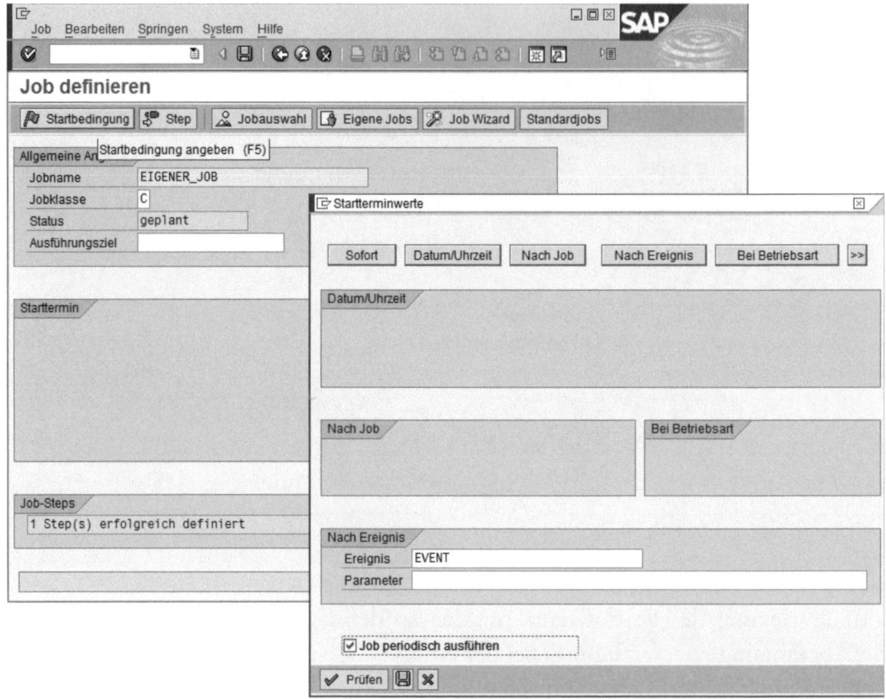

Abb. 28-8 *Jobeinplanung nach Events*

28.2 Steuerungskonzept der Prozessketten

Die Steuerung von Jobabfolgen mit Hilfe von Events erfolgt gewissermaßen dezentral. Zwar existiert mit dem Job-Scheduler eine zentrale Komponente, die den Start eines Jobs nach Eintreten eines Events veranlasst, doch liegt es in der Definition jedes einzelnen Jobs, nach welchem Event er startet und welches nachfolgende Event er bei seiner Beendigung auslöst. Dies ist mit einer Reihe von Nachteilen verbunden:

- Die ***Verkettung von Jobs*** durch Events ist aufwändig und fehleranfällig, insbesondere wenn Änderungen an einer Jobkette durchzuführen sind.

- Die ***Integrationsfähigkeit*** von Jobketten beschränkt sich auf Programme, die in der Lage sind, selbst qualifiziert[3] Events für Folgeprozesse auszulösen.
- Bricht ein Programm ab, bevor es ein Folge-Event auslösen konnte (z.B. durch fehlerhafte Programmierung oder einen systembedingten Dump), so ist die Ausführung der Jobketten unterbrochen, und ein manueller Eingriff in den Ablauf ist unvermeidlich.

Das Steuerungskonzept der Prozessketten geht diese Probleme an, um eine konsistente und stabile Steuerung von Prozessen zu gewährleisten. Nachfolgend wird erläutert, wie sich die ***Verkettung von Prozessschritten*** in Prozessketten darstellt.

In zahlreichen Fällen stellt die Definition einer Prozesskette nicht nur eine einfache Abfolge nacheinander auszuführender Prozessschritte dar. Zum Alltag der Prozessketten-Definition gehören vielmehr unterschiedliche Prozessstränge, die im Ablauf einer Prozesskette entweder ***alternativ*** (in Abhängigkeit einer statusbedingten Verzweigung) oder ***parallel*** (zur Verbesserung der Gesamtlaufzeit) ausgeführt werden sollen.

Die Verkettung von Prozessschritten und der Umgang mit alternativen ebenso wie mit parallelen Ausführungssträngen wird nachfolgend erläutert. Den Abschluss bildet eine Beschreibung, wie sich die ***Integration von Programmen*** im Steuerungskonzept der Prozessketten darstellt.

28.2.1 Verkettung von Prozessschritten

Jeder Prozessschritt in einer Prozesskette entspricht einem freigegebenen Job im BW-Basissystem, dessen Startbedingung eventabhängig definiert ist. Anders als bei Eventketten müssen diese an einer Prozesskette beteiligten Jobs jedoch nicht manuell eingeplant werden.

Stattdessen wird die Einplanung aller an einer Prozesskette beteiligten Jobs vorgenommen, wenn in der Prozesskettenpflege der Button »Aktivieren und Einplanen« betätigt wird. Dabei ist es möglich, die Priorität der Jobs vorzugeben (siehe Abb. 28–9).

---

3. Das Auslösen von Events ist dann qualifiziert, wenn je nach Status der Auführung (fehlerfrei/fehlerhaft) unterschiedliche Events ausgelöst werden können.

Abb. 28–9
Einplanung von Jobs bei Prozessketten

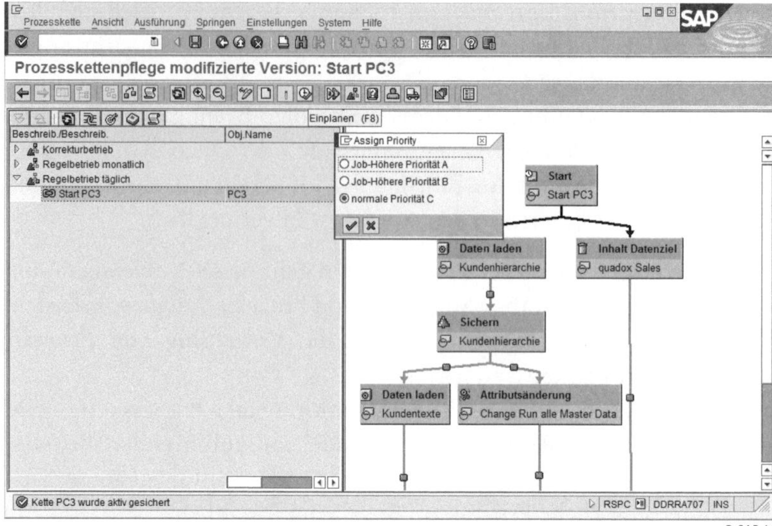

Die Jobs werden per Default unter der ID des Hintergrundbenutzers eingeplant, der auch für Extraktion & Staging in der Transaktion RSBWREMOTE hinterlegt ist (vgl. Kapitel 15.1.1). Über den Menüpunkt *Prozesskette →Attribute →Ausführungsbenutzer* kann jedoch abweichend die Verwendung einer anderen User-ID vorgegeben werden.

Die Vorgabe der eigenen User-ID erleichtert zunächst die Überwachung der ansonsten anonymisierten Prozesse im BW. Andererseits bringt die Verwendung einer anderen User-ID zahlreiche Probleme mit sich, wenn zum Beispiel ein User aufgrund falscher Passworteingaben gesperrt wird und damit auch sämtliche Jobs dieses Users nicht mehr ausgeführt werden können. Darüber hinaus ist die Ausführung der Prozesskette auch an die Berechtigungen des Ausführungsbenutzers gebunden. Verwenden Sie daher nur in Ausnahmefällen und zu Testzwecken einen anderen als den Default-User.

Definition von Events

Um die Abhängigkeit der Prozessschritte mit Hilfe der Event-Steuerung des BW-Basissystems zu realisieren, werden sämtliche Abhängigkeiten durch Event-Parameter zum User-Event RSPROCESS realisiert. Jeder Prozessschritt löst das Event RSPROCESS aus und kombiniert dies mit einem generierten, eindeutigen Event-Parameter, der in der Definition einer Prozesskette durch den Doppelklick auf die Prozessverbindung zu erfahren ist (siehe Abb. 28–10).

Auf diese Weise wird verhindert, dass die Arbeit mit Prozessketten zur Definition einer geradezu unüberschaubaren Anzahl von Events führt.

Bei der Definition der Prozessschritte kann wahlweise eine ***einfache Abhängigkeit*** oder eine ***statusbedingte Abhängigkeit*** definiert werden.

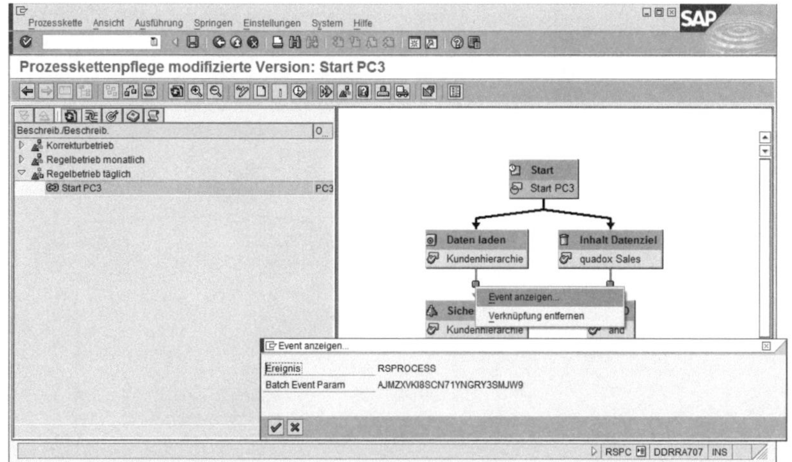

Abb. 28–10
Event-Abhängigkeit von Prozessschritten

Einfache Abhängigkeit zwischen Prozessschritten

Bei der einfachen Abhängigkeit wird durch einen Prozessschritt das Event RSPROCESS in jedem Fall mit demselben Event-Parameter ausgelöst, gleichgültig ob der Prozessschritt fehlerfrei oder fehlerhaft ausgeführt wurde.

Welcher Art der verwendete Event-Parameter eines Prozessschritts sein soll, ergibt sich aus der Definition der Abhängigkeit für den ersten Folgeprozess in der Prozesskettenpflege (vgl. Abb. 28–2).

Wird zu einem Prozessschritt mehr als ein Folgeprozess definiert, so gilt die einfache Abhängigkeit für alle diese Folgeprozesse, da jeder Prozessschritt bei seiner Beendigung nur genau ein Event auslöst, das alle Folgeprozesse als Eingangs-Event nutzen müssen.

Statusbedingte Abhängigkeit zwischen Prozessschritten

Als Alternative zur einfachen Abhängigkeit kann ein Prozessschritt das Event RSPROCESS mit zwei alternativen Event-Parametern auslösen – je nachdem, ob der Prozessschritt fehlerfrei oder fehlerhaft ausgeführt wurde.

Analog zur einfachen Abhängigkeit wird auch bei der statusbedingten Abhängigkeit durch die Definition des ersten Folgeprozesses vorgegeben, dass alle weiteren Folgeprozesse statusabhängig eingeplant werden.

Soll die einfache mit der statusbedingten Abhängigkeit verbunden werden, so kann eine einfache Abhängigkeit durch die Verbindung eines Folgeprozesses mit beiden möglichen Eingangs-Events (fehlerfrei/fehlerhaft) erreicht werden (siehe Abb. 28–11).

Wird ein Prozessschritt mit beiden Eingangs-Events verbunden, so stellt sich dies funktional wie eine einfache Abhängigkeit dar. Technisch realisiert das BW dies jedoch, indem der Folgeprozess sowohl auf den fehlerfreien als auch auf den fehlerhaften Eingangs-Event, also zweimal, eingeplant wird.

Abb. 28–11
Kombinieren einfacher und statusbedingter Abhängigkeiten

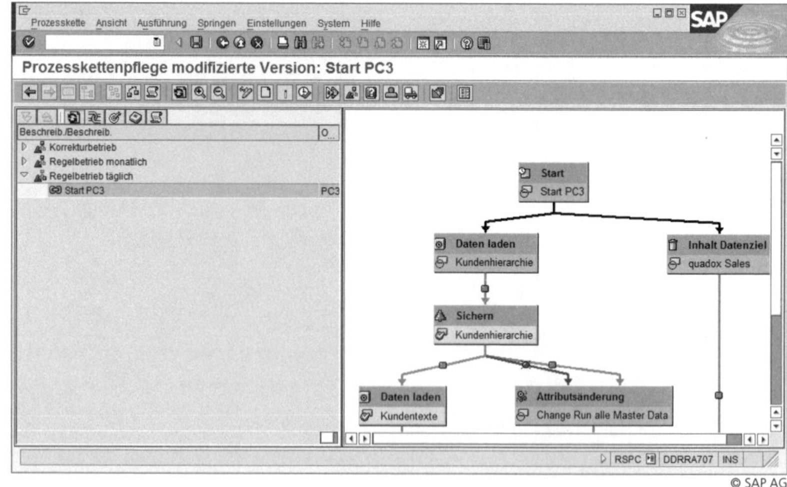

Die Definition einer solchen Abhängigkeit ist folglich mit einer Warnung durch die Prozesskettenpflege verbunden und ***sollte vermieden werden***. Eine bessere Möglichkeit zur Kombination einfacher und statusbedingter Abhängigkeiten stellt die Verwendung des EXOR-Prozesses dar, der auch beim Sammeln alternativer Ausführungsstränge zum Einsatz kommt (siehe Kapitel 28.2.2).

Abhängigkeit von externen Parametern

Eine weitere Möglichkeit, den Ablauf einer Prozesskette dynamisch zu gestalten, bietet die Verwendung sogenannter Entscheidungsprozesse. Durch Entscheidungsprozesse kann eine definierbare Anzahl unterschiedlicher Events ausgelöst werden, so dass der Ablauf einer Prozesskette variabel gestaltet werden kann.

Welches Event durch einen Entscheidungsprozess ausgelöst wird, ist grundsätzlich unabhängig vom Status der Prozesskette und richtet sich ausschließlich nach externen Parametern, die vornehmlich aus Systemvariablen entnommen und durch eine einfache Formel ausgewertet werden können. Die Formel muss dabei immer so gestaltet sein, dass sie einen boolschen Ergebniswert zurückliefert (siehe Abb. 28–12).

Entscheidungsprozesse bieten sich vor allem an, wenn die Ausführung einer Prozesskette in Abhängigkeit des Wochentags (Roll Up von BIA-Indizes von Montag bis Samstag, Neuaufbau der Indizes am Sonntag u.Ä.) oder in Abhängigkeit von Tageszeiten erfolgen soll (Change Run nicht mehr nach 6:00 Uhr u.Ä.).

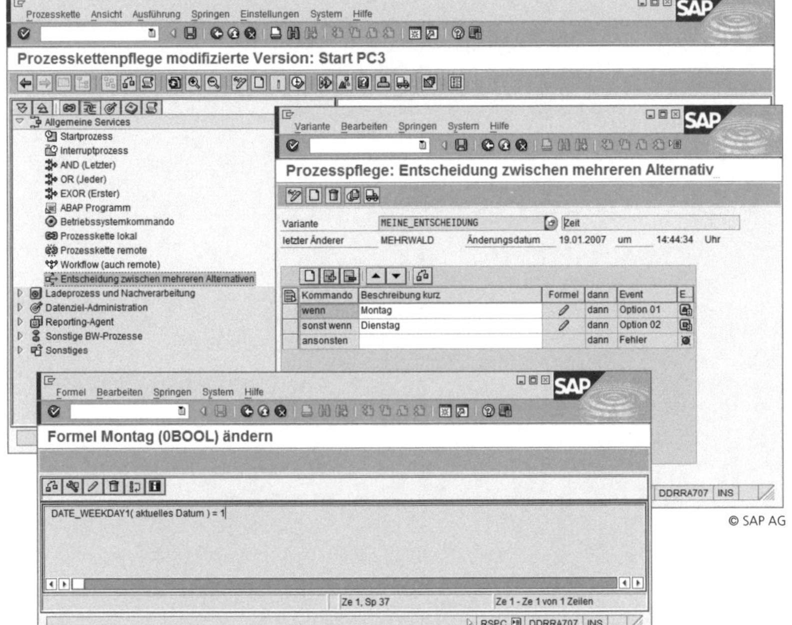

Abb. 28-12
Definition von Entscheidungsprozessen

28.2.2 Sammeln alternativer Ausführungsstränge

In zahlreichen Fällen werden in einer Prozesskette statusbedingte Verzweigungen definiert, die später wieder in einen Strang zusammengeführt werden sollen.

Zur Verdeutlichung wird ein Beispiel verwendet, in dem der Change Run statusbedingt starten soll, wenn ein Ladeprozess für Stammdaten fehlerfrei ausgeführt wurde. Der spätere Ladeprozess für Bewegungsdaten soll jedoch in jedem Fall ausgeführt werden, sich also sowohl an den Change Run als auch an die fehlerhafte Beendigung des Ladeprozesses für Stammdaten anschließen.

In einem solchen Fall ist man zunächst versucht, das Sammeln in einer Prozesskette wie in Abbildung 28–13 dargestellt zu realisieren.

Grundsätzlich wird das angestrebte Ziel mit der Definition der Prozesskette erreicht. Technisch realisiert das BW dies jedoch, indem der Folgeprozess sowohl auf das Eingangs-Event des einen als auch auf das Eingangs-Event des anderen Ausführungsstrangs, also zweimal, eingeplant wird.

Abb. 28–13
Falsches Sammeln alternativer Ausführungsstränge

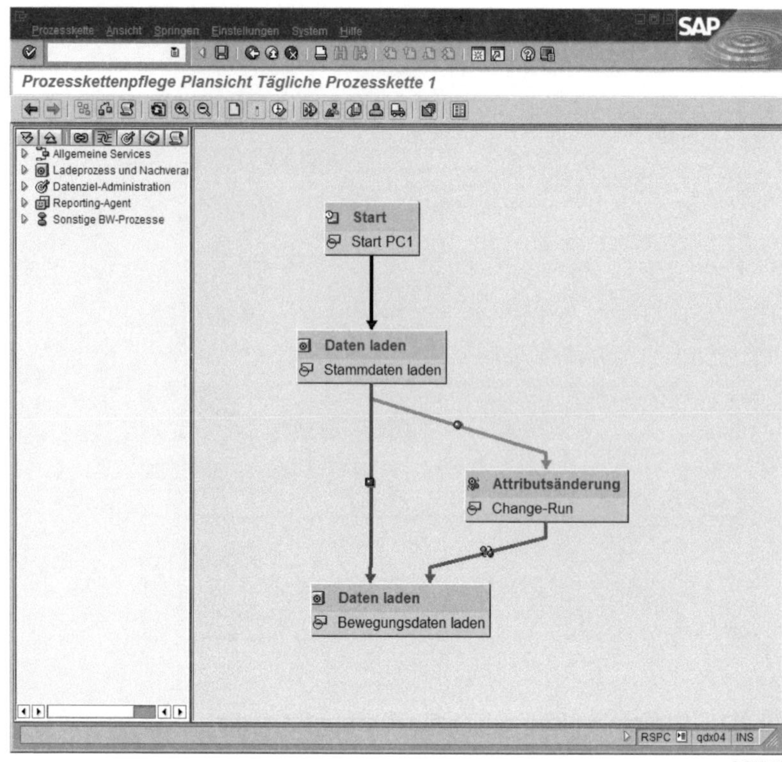

Die Definition einer solchen Abhängigkeit ist folglich mit einer Warnung durch die Prozesskettenpflege verbunden und führt – je nach Art des Monitorings – unter Umständen zu einiger Verwirrung und Fehlern in der Administration der Jobs.

Stattdessen sollte ein EXOR-Prozess zum Sammeln alternativer Ausführungsstränge verwendet werden (siehe Abb. 28–14).

Der EXOR-Prozess startet seine eigenen Nachfolgeprozesse, nachdem der *erste* Vorgängerprozess beendet wurde. Die Beendigung aller weiteren Vorgängerprozesse bleibt ohne Wirkung.

Der Nachfolgeprozess eines EXOR-Prozesses muss damit nur einmal eingeplant werden, selbst wenn er auf alternative Ausführungsstränge folgt. Zwar wird nun der EXOR-Prozess mehrmals eingeplant, doch ist speziell bei diesem Prozesstypen klar, dass mehrere Jobs zu ein und demselben Prozessschritt einer Prozesskette gehören.

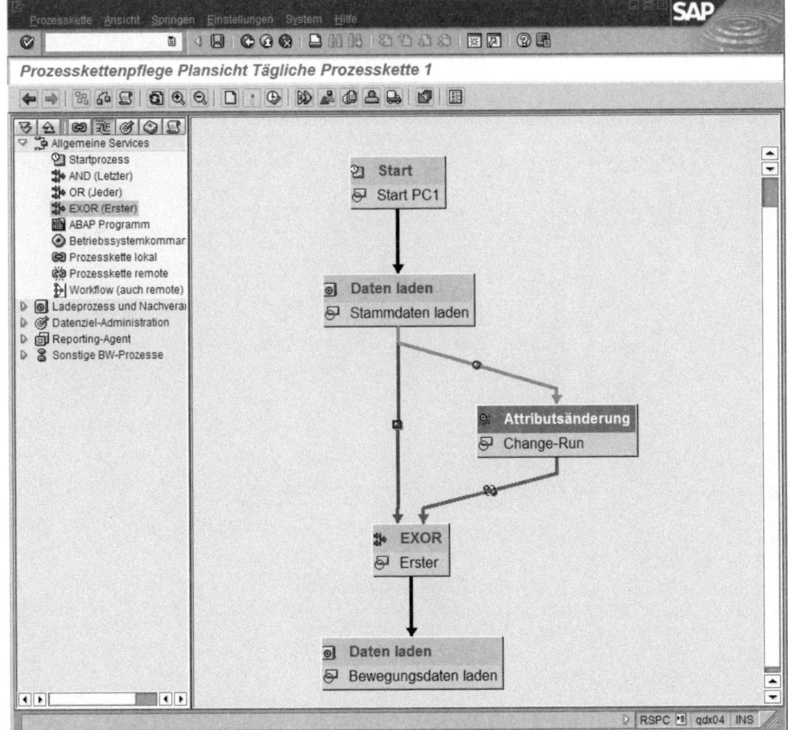

© SAP AG

Abb. 28–14
Richtiges Sammeln alternativer Ausführungsstränge

28.2.3 Sammeln paralleler Ausführungsstränge

Unter Berücksichtigung der Performance kann es sinnvoll sein, innerhalb des Regelbetriebes mehrere Prozesse zu parallelisieren (siehe Kapitel 30).

Prozessketten-internes Sammeln

Innerhalb einer Prozesskette wird die Parallelisierung realisiert, indem mehrere Folgeprozesse zu einem Vorgänger definiert werden, die dieselbe Statusabhängigkeit zum Vorgänger haben (bspw. das Verbinden mehrerer Ladeprozesse mit dem Startprozess).

Sollen diese parallelen Ausführungsstränge innerhalb der Prozesskette wieder serialisiert werden, so kann dafür ein AND-Prozess verwendet werden. Der Nachfolgeprozess eines AND-Sammelprozesses wird erst dann gestartet, wenn *alle* Vorgängerprozesse (fehlerfrei oder fehlerhaft) beendet wurden.

Abbildung 28–15 stellt die Serialisierung von Ausführungssträngen mit Hilfe des AND-Prozesses beispielhaft an der Parallelisierung von Stammdaten-Ladeprozessen und der anschließenden Serialisierung für den Change Run dar.

Abb. 28–15
Prozessketten-internes Sammeln paralleler Ausführungsstränge

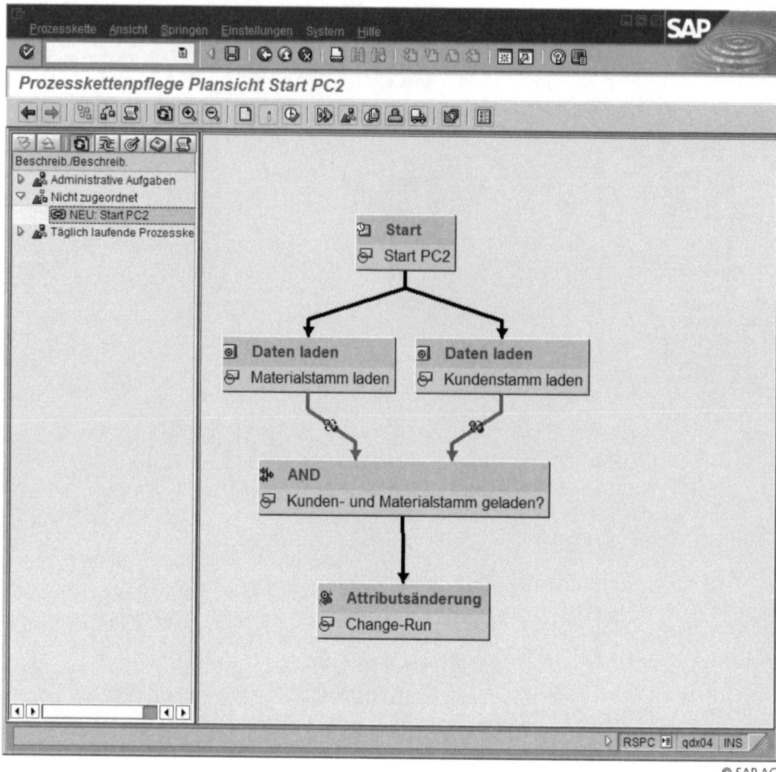

Prozessketten-externes Sammeln

In einigen Fällen werden Ausführungsstränge außerhalb von Prozessketten parallelisiert und sollen vor oder während der Ausführung einer Prozesskette wieder serialisiert werden. Dies kann z.B. der Fall sein, wenn mehrere Quellsysteme getrennt voneinander Events im BW auslösen, die alle zusammen der Trigger zur Ausführung einer Prozesskette sein sollen. Eine solche Situation liegt im Falle der initiierten Zeitfenster vor (vgl. Kapitel 29.2).

Die Sammelprozesse der Prozessketten-Steuerung beziehen sich nur auf Events, die innerhalb derselben Prozesskette ausgelöst werden; auf Events, die außerhalb der Prozesskette ausgelöst werden, reagieren sie hingegen nicht. Zu diesem Zweck stehen stattdessen sogenannte *Interrupt-Prozesse* zur Verfügung. Diese unterbrechen die Ausführung einer Prozesskette so lange, bis ein definiertes Event im BW ausgelöst wurde (siehe Abb. 28–16).

Auf diese Weise ist es möglich, eine Prozesskette auf die Auslösung mehrerer externer Events warten zu lassen, die entweder den Start der Prozesskette oder auch die Weiterführung an einer beliebigen Stelle veranlassen.

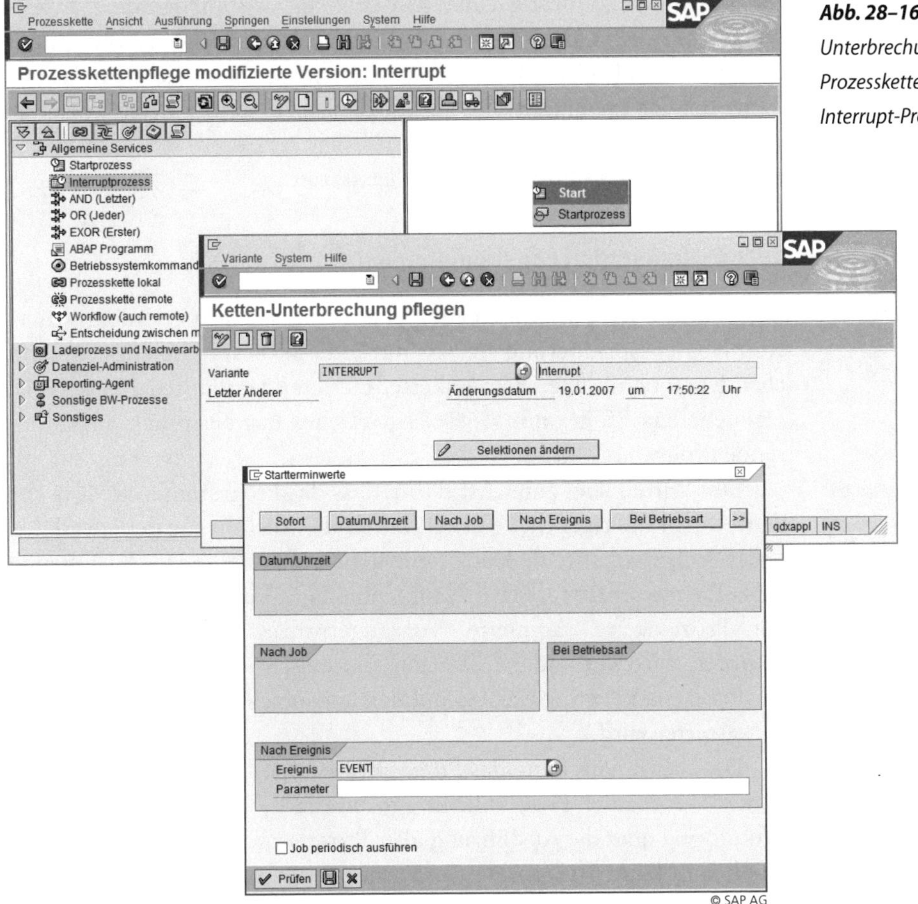

© SAP AG

Abb. 28–16
Unterbrechung von Prozessketten durch Interrupt-Prozesse

Technisch wird während der Ausführung einer Prozesskette für den Interrupt-Prozess ein Job eingeplant, der auf das vorgegebene Event wartet und beim Auslösen des Events die Weiterführung der Prozesskette veranlasst. Auf diese Weise nimmt die Unterbrechung einer Prozesskette keine Ressourcen in Anspruch, da die Kette während der Wartezeit nicht aktiv, sondern tatsächlich wartend ist.

Dadurch, dass der Job des Interrupt-Prozesses nur so lange auf sein Event wartet, wie die Prozesskette unterbrochen ist, ist das Auslösen des entsprechenden Events nur genau dann von Bedeutung für die Prozesskette, solange sie unterbrochen ist und auf die jeweiligen Events wartet[4]. Werden die Events von Interrupt-Prozessen vor oder nach der Unterbrechung einer Prozesskette ausgelöst, so hat dies keinerlei Auswirkung auf den aktuellen oder nachfolgende Ausführungen der Prozesskette.

4. Der Job des Interrupt-Prozesses ist nach Auslösen des entsprechenden Jobs beendet.

Soll die Ausführung einer Prozesskette also auf mehrere Events warten, so muss die eigentliche Prozesskette zu diesem Zeitpunkt bereits laufen. Die Startbedingung im Startprozess der Kette darf selbst nicht Teil der Ereignisse sein, auf die die Prozesskette wartet; besser ist eine ständige Wiederholung der Prozesskette, beispielsweise indem die Prozesskette sich selbst immer wieder startet.

28.2.4 Integration von Programmen

Jedes Programm zur Ausführung eines Prozessschritts (Ladeprozesse, Roll Up, Komprimierung etc.) ist nur indirekt Bestandteil des entsprechenden Jobs in einer Prozesskette. Direkter Bestandteil des Jobs ist vielmehr das Programm RSPROCESS, welches das eigentlich auszuführende Programm startet.

Konsistenz der Ausführung

Der Vorteil liegt zunächst darin, dass das Programm RSPROCESS vor dem Aufruf des eigentlichen Programms die Ausführung des jeweiligen Prozessschritts auf seine Konsistenz überprüfen kann. Die Ausführung eines Prozessschritts ist in diesem Sinne dann konsistent, wenn der in der Prozesskette definierte Vorgängerprozess ausgeführt wurde. Dadurch wird verhindert, dass ein Prozessschritt manuell durch das Auslösen des Events RSPROCESS mit dem entsprechenden Event-Parameter gestartet wird.

Zentrales Monitoring

Darüber hinaus kann das Programm RSPROCESS bei seinem Start und seiner Beendigung Protokolleinträge erzeugen, so dass ein zentrales Monitoring über die Ausführung aller Prozessschritte einer Prozesskette möglich ist (zum Monitoring von Prozessketten siehe Kapitel 31.3).

Kapselung bei lokalen Aufrufen

Neben der gesicherten Konsistenz der Prozessketten-Steuerung und dem zentralen Monitoring liegt der wesentliche Vorteil des Programms RSPROCESS jedoch in der Kapselung der aufzurufenden Programme. So muss zwar das Programm RSPROCESS in der Lage sein, entsprechend der Prozessketten-Definition Events auszulösen. Dem aufgerufenen Programm hingegen können die Definition der jeweiligen Prozesskette und die Definition der Folgejobs gleichgültig sein. Es muss weder Events auslösen noch besondere Konventionen bei seiner Beendigung einhalten. Es muss lediglich normal terminieren (darf also nicht mit einem Kurzdump abbrechen) und kann dem Programm RSPROCESS den ganzen Rest überlassen.

Auf diese Weise ist es möglich, beliebige ABAP-Programme in die Definition einer Prozesskette zu integrieren. Hierfür steht der Prozesstyp *ABAP-Programm* zur Verfügung, in dessen Variante lediglich der Name des ABAP-Programmes und die Programmvariante[5] hinterlegt werden (siehe Abb. 28–17).

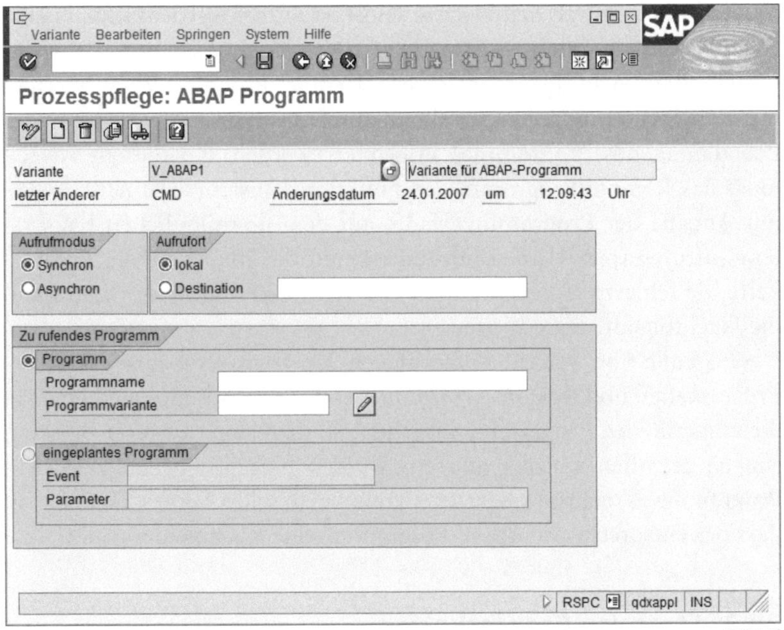

Abb. 28–17
Varianten von ABAP-Programmen in Prozessketten

Lokale ABAP-Programme

Sofern das entsprechende ABAP-Programm lokal (also auf demselben BW-System wie die Prozesskette) auszuführen ist, kann das Programm durch die Steuerung der Prozesskette synchron aufgerufen werden. Das heißt, die Steuerung der Prozesskette wartet auf die Beendigung des ABAP-Programmes und startet anschließend die Nachfolgeprozesse.

Sollte das ABAP-Programm abbrechen, so erfährt die Steuerung dies durch einen Fehlercode und kann entsprechend auf den Fehler reagieren.

Remote ABAP-Programme

Darüber hinaus bieten Prozessketten die Möglichkeit, ABAP-Programme auf anderen SAP-Systemen[6] in den Regelbetrieb zu integrieren. Zu diesem Zweck müssen die ABAP-Programme im Zielsystem als Hintergrundjob eingeplant sein und auf ein Event warten, das durch die Prozesskette per RFC im Zielsystem ausgelöst wird (vgl. Kapitel 28.1 zur Einplanung von Jobs auf Events).

Anstelle des ABAP-Programms müssen in diesem Fall das Zielsystem und das entsprechende Event angegeben werden, das den Start des freigegebenen Jobs auslöst. Der Start des Remote-Programmes erfolgt somit asynchron; die Steuerung der Prozesskette ist nicht in der Lage, die Beendigung zu erkennen. Die Beendigung des verteilten Prozesses

5. Die Programmvariante gibt die Eingabeparameter des ABAP-Programmes vor und kann zum Programm gepflegt werden. Sie ist nicht zu verwechseln mit der Prozessvariante, welche die zu einem Prozess gehörenden Informationen für die Prozesskette speichert.
6. SAP-ERP- und -BW-Systeme

muss vielmehr durch den Prozess selbst angezeigt werden, so dass eine echte Kapselung damit nicht vorliegt.

Kapselung bei verteilten Prozessen

Um die Nachfolgeprozesse eines Remote-Programmes zu starten, muss die Steuerung der Prozesskette durch das Remote-System von der Beendigung des Programmes informiert werden. Zu diesem Zweck muss das Remote-Programm den Funktionsbaustein `RSPC_ABAP_FINISH` mit Angabe der Programmvariante auf dem ursprünglichen BW-System aufrufen (per RFC). Dadurch erkennt die Steuerung der Prozesskette die fehlerfreie Beendigung eines Remote-Programmes und kann die Nachfolgeprozesse starten.

Im Falle von verteilt aufgerufenen ***Extraktionsprozesse***, ***Remote-Prozessketten*** und ***Remote-Workflows*** ist diese Rückkopplung bereits in die aufgerufenen Programme integriert, so dass keine weiteren Vorkehrungen getroffen werden müssen. Werden hingegen beliebige ABAP-Programme asynchron gestartet, so muss man selbst Sorge dafür tragen, dass das entsprechende ABAP-Programm[7] eine Rückmeldung gibt.

28.3 Start von Prozessketten

Der Start einer Prozesskette stellt in einiger Hinsicht eine Besonderheit dar, die sich von der normalen Jobeinplanung grundlegend unterscheidet.

Prozessketten-Starter

Zunächst wird der Start einer Prozesskette bei deren Modellierung über einen sogenannten Prozessketten-Starter definiert (im Folgenden vereinfacht als Startprozess bezeichnet). Jede Prozesskette muss über genau einen[8] Startprozess verfügen, der den ersten Job der Kette darstellt und auf den beliebig viele Prozesse folgen können. Der Startprozess gibt die Einplanungsoptionen für den Start der gesamten Kette vor (siehe Abb. 28–18).

Die Definition von Jobs ist in allen anderen Bereichen des BW-Basissystems ausschließlich eine Funktionalität des Job-Schedulers und damit nicht Bestandteil der Metadaten des BW oder des ABAP Dictionarys. Lediglich bei Prozessketten ist die Jobdefinition Bestandteil der Metadaten einer Prozesskette.

Diese Feinheit der Betrachtung ist vor allem beim Gebrauch des Transportwesens von Bedeutung (siehe Anhang C). Denn während die Definition und Einplanung von Jobs normalerweise auf jedem System einer Transportlandschaft gesondert erfolgen muss und nicht etwa

7. oder nachfolgende Steps im gestarteten Job
8. Es besteht die Möglichkeit, eine Prozesskette auf mehrere Events warten zu lassen und damit gewissermaßen mehrere Startbedingungen für eine Prozesskette zu nutzen. Mehr Informationen hierzu liefert Kapitel 28.2.3.

transportiert werden kann, werden die Einplanungsoptionen für eine Prozesskette transportiert.

Zusätzlich werden der Startprozess und alle an einer Prozesskette beteiligten Jobs im Rahmen des Transportvorgangs sofort eingeplant und verkettet, so dass letztlich die gesamte Prozesskette dem Startprozess gemäß sofort zum Einsatz kommt. Eine Änderung dieser Einplanung ist auf dem Zielsystem nicht vorgesehen, muss also wieder durch eine Änderung des Startprozesses und dem anschließenden Transport durchgeführt werden.

Speziell bei der Definition von Prozessketten ist es somit von besonderer Bedeutung, die Rolle der Prozesskette bereits bei der Organisation des Regelbetriebs zu berücksichtigen. Welche Einplanungsoptionen für welche Zwecke geeignet sind, ist davon abhängig, ob eine Prozesskette lokal oder auf einem entfernten System gestartet werden soll. Die beiden nachfolgenden Kapitel gehen auf diese beiden Fälle ein.

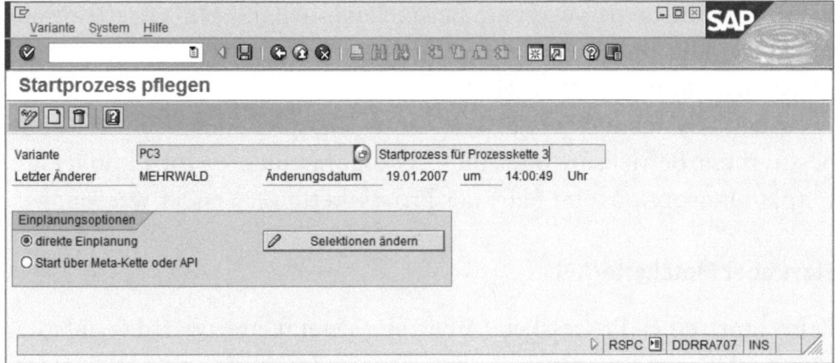

Abb. 28–18 Einplanung des Startprozesses

28.3.1 Start lokaler Prozessketten

Wie bereits in Kapitel 28.2.1 beschrieben, wird durch den Button »Aktivieren und Einplanen« die Einplanung der an einer Kette beteiligten Jobs vorgenommen (siehe Abb. 28–9 auf Seite 630).

Für den Start des ersten Prozessschritts einer Prozesskette, dem Startprozess, existieren zwei Alternativen:

- die direkte Einplanung in Form eines Jobs
- der Start über eine Metakette/API

Direkte Einplanung lokaler Prozessketten

Der Startprozess einer Prozesskette kann ebenso eingeplant werden wie normale Jobs, das heißt zu bestimmten Zeitpunkten oder auf Benutzerereignisse (vgl. Abb. 28–18).

Start zu bestimmten Zeitpunkten

Soll eine Prozesskette in periodischen Abständen (täglich, wöchentlich, monatlich o. Ä.) immer zur selben Zeit gestartet werden, so bietet sich die direkte Einplanung des Startprozesses an.

Dabei muss die Zeit für den ersten Start der Prozesskette in den Einplanungsoptionen hinterlegt werden und anschließend die periodische Ausführung definiert werden.

Alternativ lässt sich auch der sofortige Start der Prozesskette in den Einplanungsoptionen definieren. Dies ist jedoch allenfalls zu Testzwecken sinnvoll, da eine produktiv einzusetzende Prozesskette damit unmittelbar nach dem Transport der Kette auf dem Produktivsystem eingeplant und gestartet würde.

Start auf Systemereignisse

Ist der Startzeitpunkt einer Prozesskette nicht in der Weise zu verallgemeinern, dass der Start zu bestimmten Zeitpunkten genutzt werden könnte, so bietet sich die periodische Einplanung des Startprozesses auf ein Event an.

Die Kette wird in diesem Fall immer dann gestartet, wenn das Event ausgelöst wird, was zum Beispiel manuell mit Hilfe der Transaktion `SM64` oder durch Aufruf des Funktionsbausteins `RSSM_EVENT_RAISE` geschehen kann (vgl. Kapitel 28.1).

Auch Systemereignisse wie zum Beispiel der Eintritt einer bestimmten Betriebsart oder die Beendigung anderer Jobs können als Einplanungsoption zum Start der Prozesskette verwendet werden.

Start über Metakette/API

Beim Start einer Prozesskette über eine Metakette oder das entsprechende API werden weder der Startprozess noch die anderen Prozessschritte der Prozesskette als Job eingeplant. Die Einplanung der Prozessschritte wird vielmehr erst beim Aufruf des Startprozesses über Metakette/API vorgenommen.

Start durch Metakette

Der Startprozess einer Prozesskette kann durch eine andere Prozesskette aufgerufen werden. In diesem Kontext wird die aufrufende Prozesskette als ***Metakette***, die aufgerufene Prozesskette als ***lokale Prozesskette*** oder auch als ***Sub-Kette*** bezeichnet.

Für die Definition eines solchen Aufrufs steht der Prozesstyp *Prozesskette lokal* zur Verfügung, der als eigener Prozessschritt einer Prozesskette definiert werden kann (siehe Abb. 28–19).

Die Bezeichnung einer Prozesskette als Metakette oder als Sub-Kette ist immer in Relation zu einer anderen Prozesskette zu sehen. Jede Metakette kann auch Sub-Kette einer anderen Metakette sein und umgekehrt. In der Praxis hat sich eine hierarchische Organisation von Metaketten und Sub-Ketten bewährt, wie dies exemplarisch in Abbildung 28–20 dargestellt ist.

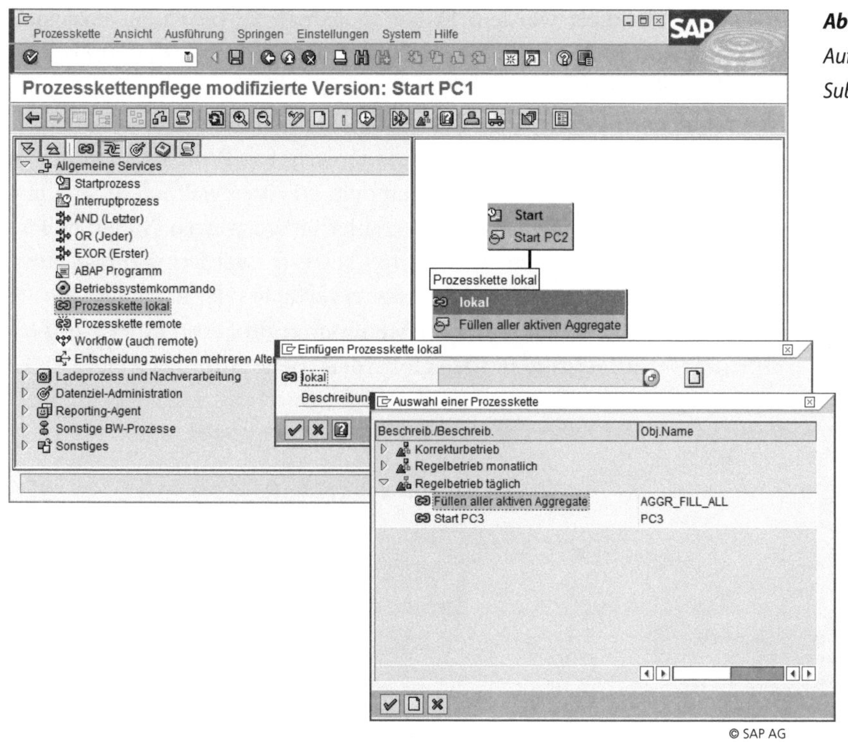

Abb. 28-19
Aufruf einer lokalen Sub-Kette

Die Untergliederung von Prozessketten in eine Metakette und mehreren Sub-Ketten sollte so beschaffen sein, dass alle Teile einer Prozesskette in eine Sub-Kette ausgelagert werden sollten, die einen in sich geschlossenen Komplex darstellen und deren Start damit auch außerhalb der Prozesskette sinnvoll sein kann.

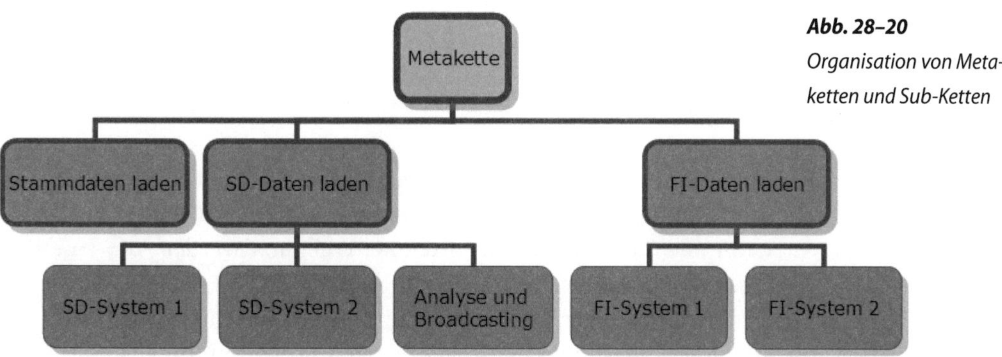

Abb. 28-20
Organisation von Metaketten und Sub-Ketten

Fehlerstatus lokaler Prozessketten

Nach dem Aufruf einer Sub-Kette erwartet die Metakette eine Fertigmeldung nebst Fehlerstatus. Auf Basis des Fehlerstatus kann die Verkettung der Folgeprozesse innerhalb der Metakette grundsätzlich statusbedingt definiert werden. Dabei ist jedoch zu beachten, dass sich der Fehlerstatus der Sub-Kette aus sämtlichen dort enthaltenen Prozessschritten ergibt, d.h., die Sub-Kette wird als fehlerhaft gewertet, wenn mindestens einer ihrer Prozessschritte fehlerhaft ist.

Wird innerhalb der Sub-Kette ein fehlerhafter Prozessschritt durch entsprechende Verzweigungen behandelt, so ist es vielfach nicht sinnvoll, die Sub-Kette in jedem Fall als fehlerhaft zu werten. Sollen fehlerhafte Prozesse stattdessen als fehlerfrei bewertet werden, wenn sie über einen entsprechenden Nachfolgeprozess verfügen, der nach dem Status fehlerhaft startet, so kann dies im Menüpunkt *Prozesskette →Attribute →Prozessstatuswertung* festgelegt werden (siehe Abb. 28–21).

Abb. 28–21 *Statusbewertung lokaler Prozessketten*

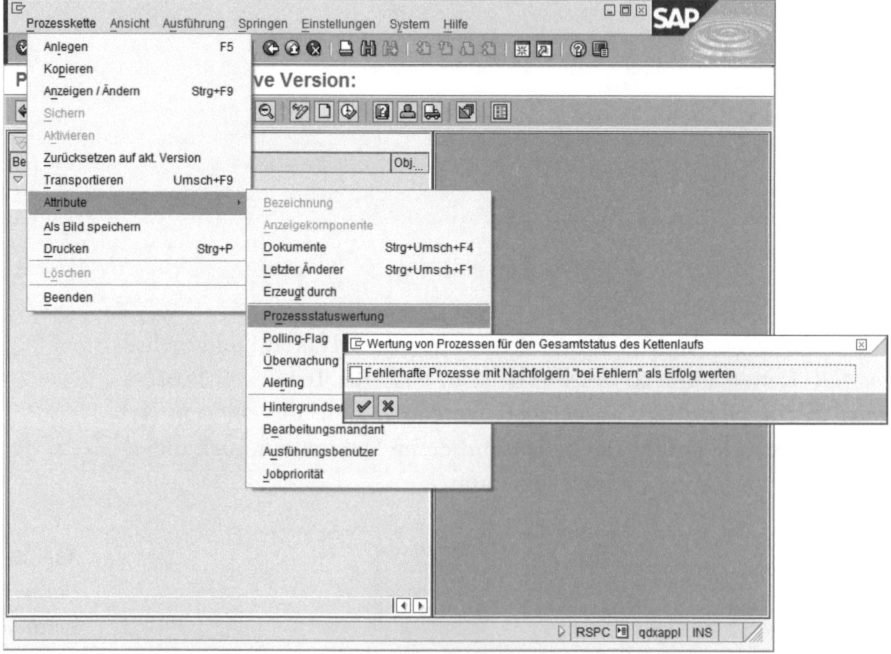

Start durch API-Aufruf

Der Aufruf einer Sub-Kette innerhalb einer Metakette erfolgt technisch durch den Aufruf des Funktionsbausteins `RSPC_API_CHAIN_START`. Dieser kann auch außerhalb einer Metakette genutzt werden, um eine Prozesskette zu starten.

Der Start einer Prozesskette über das API kann sinnvoll sein, um eine Kette aus einem selbstentwickelten Programm heraus zu starten. Auch wenn eine Sub-Kette einmal außerhalb ihrer Metakette ausgeführt werden soll, kann die Verwendung des API hilfreich sein.

Die Import- und Export-Parameter des Funktionsbausteins `RSPC_API_CHAIN_START` haben folgende Bedeutungen:

- `I_CHAIN`
  Technischer Name der Prozesskette.
- `I_T_VARIABLES`
  Parameter, die in Form von Variablen an die Prozesskette übergeben werden. Bis jetzt existieren noch keine Prozesstypen, die mit Variablen arbeiten.
- `I_SYNCHRONOUS`
  Bei Übergabe des Parameters `'X'` wird die Prozesskette synchron gestartet, d.h., der erste Prozess nach dem Startprozess wird in einem Dialog-Prozess des ausführenden Benutzers synchron ausgeführt. Durch den synchronen Aufruf können auch Prozessketten gestartet werden, deren Startprozess eigentlich eine direkte Einplanung vorsieht.
- `I_SIMULATE`
  Bei Übergabe des Parameters `'X'` wird der Start der Prozesskette lediglich simuliert. Die Simulation gibt Aufschluss darüber, ob eine Prozesskette aktiv existiert, ob sie gestartet werden könnte (also nicht noch eine Instanz der Prozesskette läuft) und (im Falle eines RFC-Aufrufs des Funktionsbausteins) ob das Zielsystem des RFC erreichbar ist.
- `E_LOGID`
  Log-ID des Prozessketten-Laufs, die vom Funktionsbaustein zurückgegeben wird. Zur Log-ID siehe auch Kapitel 31.3.

28.3.2 Start entfernter Prozessketten

In zahlreichen Fällen kann es sinnvoll sein, Prozessketten von einem anderen System aus zu starten. Dieser Fall tritt üblicherweise ein, wenn mehrere BW-Systeme im Rahmen einer Large-Scale-Architektur Daten austauschen oder wenn Zeitfenster durch Quellsysteme initiiert werden (vgl. Kapitel 29.2).

Start durch Auslösen von Events

Bereits die Event-Steuerung des BW-Basissystems bietet eine sehr einfache Möglichkeit, um einen Job durch ein entferntes System zu starten. Zu diesem Zweck muss der zu startende Job (im Falle von Prozessketten wäre dies der Startprozess) periodisch auf ein Event eingeplant werden.

Ebenso wie bei lokalen Ketten, deren Start auf ein Event erfolgt, kann auch bei entfernten Prozessketten der Funktionsbaustein `RSSM_EVENT_RAISE` genutzt werden. Da dieser RFC-fähig ist, kann der Aufruf systemübergreifend erfolgen.

Das nachfolgende Codebeispiel zeigt, wie das Event `ZTEST` per Remote-Aufruf auf dem System QBW (logischer Systemname `LS_QBW_100`) ausgelöst werden kann, um dort beispielsweise eine Prozesskette zu starten, die auf dieses Event reagiert.

```
REPORT Z_EVENT_RAISE.
CALL FUNCTION 'RSSM_EVENT_RAISE'
DESTINATION                         'LS_QBW_100'
EXPORTING
EVENTID                        = 'ZTEST'
*      EVENTPARM                       = ' '
*      TARGET_INSTANCE                 = ' '
*      EXCEPTIONS
*      BAD_EVENTID                     = 1
*      EVENTID_DOES_NOT_EXIST          = 2
*      EVENTID_MISSING                 = 3
*      RAISE_FAILED                    = 4
*      OTHERS                          = 5
          .
IF SY-SUBRC <> 0.
*      MESSAGE ID SY-MSGID TYPE SY-MSGTY NUMBER SY-MSGNO
*      WITH SY-MSGV1 SY-MSGV2 SY-MSGV3 SY-MSGV4.
ENDIF.
```

Start durch Metakette

Einfacher ist der Aufruf einer entfernten Prozesskette aus einer lokalen Prozesskette. Ebenso wie bei der Einbindung lokaler Sub-Ketten wird auch der Aufruf einer entfernen Sub-Kette als eigener Prozessschritt einer Prozesskette definiert.

Zu diesem Zweck kann der Prozesstyp *Prozesskette remote* verwendet werden, dem neben dem technischen Namen der aufzurufenden Prozesskette auch das logische System mitgegeben werden muss, auf dem die Prozesskette definiert ist und ausgeführt werden soll (siehe Abb. 28–22).

Der Aufruf der entfernten Sub-Kette erfolgt asynchron, so dass nicht nur das System angegeben werden muss, auf dem die Remote-Prozesskette aufgerufen werden soll, sondern auch das aufrufende BW-System, da dieses nach Beendigung der Remote-Prozesskette eine Fertigmeldung mit Fehlerstatus erhält, auf den die aufrufende Metakette reagieren kann.

Start durch API-Aufruf

Aus technischer Sicht erfolgt der Start einer entfernten Prozesskette analog zum Start einer lokalen Prozesskette: durch Gebrauch des Funktionsbausteins RSPC_API_CHAIN_START.

Da dieser Funktionsbaustein RFC-fähig ist, kann er nicht nur durch die lokale Prozesskette eines BW-Systems, sondern genauso durch ein entferntes SAP-ERP-System aufgerufen werden.

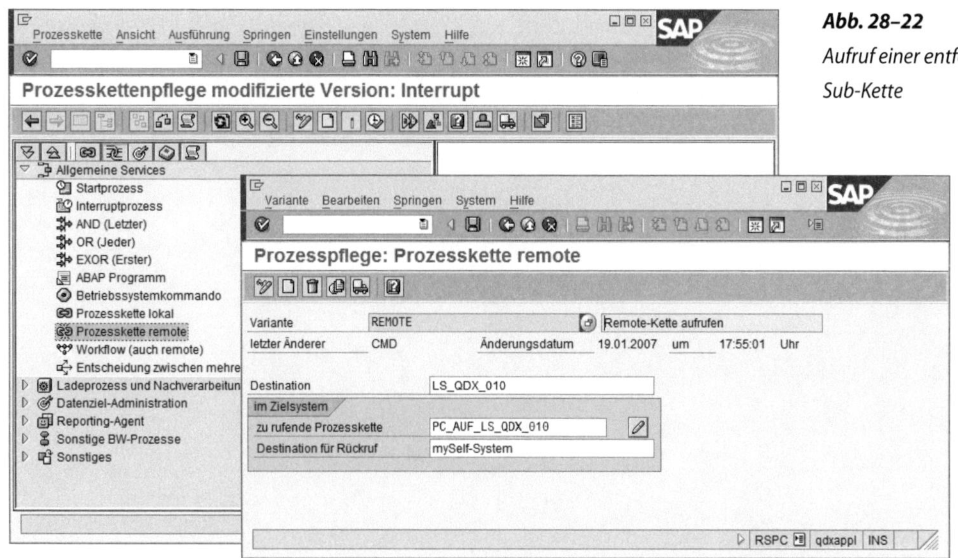

Abb. 28–22
Aufruf einer entfernten Sub-Kette

29 Zeitfenster

Beim Design des Regelbetriebs muss beachtet werden, dass sich dieser grundsätzlich vom Analysebetrieb unterscheidet. Während der Analysebetrieb eine Vielzahl von Dialogprozessen benötigt, vielfach lesend auf dieselben Daten zugreift und keine exklusiven Sperren auf Daten setzt, laufen die Prozesse des Regelbetriebs meistens im Hintergrund (Batch) ab, verändern Datenbestände und behindern andere Prozesse durch das Setzen von Sperreinträgen.

Aus diesem Grund sollte die Ausführung von Regelbetrieb und Analysebetrieb zeitlich aufeinander abgestimmt werden – insbesondere um diejenigen Prozesse des Regelbetriebs zu isolieren, deren Ausführung einen zeitgleich ablaufenden Analysebetrieb massiv einschränken würden[1].

Im einfachsten Fall wird beim Design des Regelbetriebs von zwei festen Zeitfenstern ausgegangen, welche den (i.d.R. nächtlichen) Zeitraum für Lade- und Administrationsprozesse und den (i.d.R. täglichen) Zeitraum für Analysetätigkeiten bestimmen. Im optimalen Fall starten Lade- und Administrationsprozesse mit dem Wechsel der Betriebsart[2] von `TAG` auf `NACHT` und stellen pünktlich am nächsten Morgen aktuelle Daten bereit. Darüber hinaus arbeiten alle Anwender in einer gemeinsamen Zeitzone und sind nur von 08:00 Uhr bis 18:00 Uhr an der Nutzung des BW interessiert.

1. Dies ist vor allem bei Change Run, Roll Up und Komprimierungsläufen der Fall, die temporäre Inkonsistenzen und Sperren verursachen, sowie bei Ladeprozessen, wenn diese mit dem Löschen von Indizes verbunden werden. Verdrängung von Daten im Cache der Datenbank und den Puffern der Applikationsserver stellen weitere Konfliktpotenziale zwischen Regel- und Analysebetrieb dar.
2. Die Betriebsart bestimmt systemseitig vor allem die Anzahl von Batch- und Dialogprozessen im BW-System. Der Wechsel der Betriebsart geht einher mit der Auslösung des Ereignisses `SAP_OPMODE_SWITCH` und dem Ereignis-Parameter `TAG` bzw. `NACHT` (zur Reaktion auf Ereignisse siehe Kapitel 28.1).

Dieser optimale Fall ist jedoch nur eine Idealvorstellung, die in der Realität selten Bestand hat. Das Zeitfenster für Lade- und Administrationsprozesse muss vielmehr immer in Abstimmung mit den Quellsystemen festgelegt werden und kollidiert besonders bei großen Systemverbünden nicht selten mit dem täglichen Analysebetrieb.

In diesem Kapitel werden insbesondere Lösungen beschrieben, die bei BW-Systemen in großen, komplexen und nicht ganz berechenbaren Systemverbünden zum Einsatz kommen können. Sollten Sie in der glücklichen Lage sein, Daten aus Quellsystemen zu extrahieren, die rechtzeitig Daten liefern und dabei (zumindest halbwegs) zuverlässig sind, dann überspringen Sie bitte dieses Kapitel. Der Betrieb der hier beschriebenen Lösungsansätze ist mitunter etwas anstrengend und sollte nicht ohne zwingende Gründe erfolgen.

Die Kombination aus systemspezifischen Rahmenbedingungen und Anforderungen an die Bereitstellung von Daten ergibt eine unerschöpfliche Vielfalt möglicher Lösungen für die Gestaltung von Zeitfenstern.

Nachfolgend werden unterschiedliche Problemstellungen und ihre spezifischen Lösungsansätze diskutiert. Dies sind:

- Festgelegte Zeitfenster
- Initiierte Zeitfenster
- Quellsystemspezifische Zeitfenster

Die gegebenen Lösungsansätze können miteinander kombiniert werden, um den individuellen Rahmenbedingungen eines BW-Systems zu genügen.

29.1 Festgelegte Zeitfenster

Das SAP BW arbeitet bei der Extraktion nach dem »Pull-Prinzip« und holt sich Daten ab, ohne auf die Lieferbereitschaft eines Quellsystems zu warten.

Aus technischer Sicht ist ein Quellsystem zu jeder Zeit bereit, Daten an das BW zu liefern. Zum Beispiel kann die Extraktion von Auftragsdaten im Delta-Verfahren zu jedem beliebigen Zeitpunkt ausgeführt werden – es werden immer genau diejenigen Auftragsdaten extrahiert, die zum Start der Extraktion bereitstehen. Damit könnte unabhängig von den Quellsystemen ein Zeitpunkt bestimmt werden, zu dem das SAP BW Ladevorgänge ausführt.

Werden dieselben Auftragsdaten jedoch nicht manuell über den ganzen Tag verteilt erfasst, sondern zum Beispiel über Batch-Input[3] in einem Stück aus einem anderen System an die Auftragserfassung übergeben, so ist es nutzlos, wenn das BW-System den Ladevorgang bereits zwei Stunden vorher ausführt.

In solchen Fällen muss der Zeitpunkt der Extraktion zwingend an den Gegebenheiten der jeweiligen Quellsysteme ausgerichtet werden. Dabei ist es in der Praxis oft so, dass Extraktionszeitpunkte nicht nur pro Quellsystem, sondern pro Prozess (z.B. Auftragserfassung, Lieferung, Fakturierung, Erstellung von Buchungsbelegen etc.) bestimmt werden müssen.

Wenn die Bestimmung von Bereitstellungszeiten mehrere Quellsysteme und Prozesse umfasst, so sollten Sie unter Beteiligung aller Verantwortlichen (also auch Quellsystem-Verantwortliche) entsprechende Zeitpläne erstellen und organisatorisch verankern. Wird dies versäumt, so werden entsprechende Vereinbarungen in der Praxis mit der Zeit unterlaufen oder geraten in Vergessenheit.

29.2 Initiierte Zeitfenster

Sofern der Zeitpunkt der Datenbereitstellung für eine DataSource zu bestimmen ist, so kann die Extraktion zu fixen Zeitpunkten durchgeführt werden, wie es im vorangegangenen Kapitel beschrieben ist. Dies ist jedoch nicht möglich, wenn der Zeitpunkt der Bereitstellung unbekannt ist.

In einem solchen Fall ist es sinnvoller, die Extraktion durch das Quellsystem zu initiieren. Spezifisch für jede DataSource ist dabei festzustellen, wie ihre Lieferbereitschaft erkannt werden kann (z.B. Beendigung des Fakturalaufs) und wie zum Zeitpunkt der Lieferbereitschaft eine entsprechende Mitteilung an das BW gegeben werden kann.

Die Initiierung der Extraktion durch ein Quellsystem erfordert in vielen Fällen Anpassungen im operativen Betrieb des Quellsystems, die nicht mehr im Rahmen der BW-Entwicklung vorgenommen werden können. Beziehen Sie an dieser Stelle unbedingt Quellsystembetreuer in die Entwicklung ein.

Grundsätzlich stellt sich bei der Initiierung der Extraktion durch ein Quellsystem die Frage, was passieren soll, wenn die Lieferfähigkeit »zu spät« signalisiert wird – beispielsweise wenn die Bereitstellung statt um 05:00 Uhr erst um 07:00 Uhr signalisiert wird, obwohl damit klar ist, dass Extraktion und Staging noch laufen werden, wenn der Analysebetrieb um 07:30 Uhr beginnt.

3. Batch-Input ist eine Technologie aus dem SAP R/3, mit deren Hilfe eine automatisierte Transaktionserfassung auf Basis externer Steuerungsinformationen (z.B. Dateien) durchgeführt werden kann.

Dabei stellen sich folgende Möglichkeiten:

- Die Extraktion wird in jedem Fall durchgeführt, d.h., das BW-System reagiert auf das Signal der Bereitstellung zu jedem Zeitpunkt identisch.
- Die Extraktion wird nicht durchgeführt, d.h., das BW-System reagiert auf das Signal der Bereitstellung ab einem festgelegten Zeitpunkt nicht mehr.
- Die Extraktion wird vorgezogen, d.h., das BW-System wartet ab einem festgelegten Zeitpunkt nicht mehr auf das Signal der Bereitstellung, sondern leitet die Extraktion vorzeitig selbst ein.

Die Entscheidung, welche Alternative gewählt wird, richtet sich in erster Linie nach den organisatorischen Anforderungen an das System. Technisch sind die Bedingungen für den initiierten Start von Prozessketten durch Bedingungen bei der Verkettung von Prozessschritten zu realisieren (vgl. Kapitel 28.2.1).

29.3 Quellsystemspezifische Zeitfenster

Die vorangegangenen Betrachtungen des Zeitfensters sind von einem eindeutigen Zeitpunkt ausgegangen, zu dem die Extraktion einer DataSource beginnt. Insbesondere Bewegungsdaten werden jedoch oftmals aus mehreren Quellsystemen extrahiert, zum Beispiel weil weltweit mehrere SAP-ERP-Systeme zur dezentralen Erfassung von Aufträgen eingesetzt werden, deren Daten zentral im BW zusammengefasst werden sollen.

Werden die extrahierten Daten im Staging an einer Stelle zusammengeführt, so führt dies teilweise zu einer Serialisierung, aus der sich lange Stillstandszeiten ergeben. So können die Aktivierung neuer Daten in DataStore-Objekten, Roll Up von Aggregaten und Komprimierung von BasisCubes in der Regel erst dann ausgeführt werden, wenn alle Datentransferprozesse abgeschlossen sind.

Der Zeitpunkt der Fertigstellung wird bei den unterschiedlichen DataSources jedoch bereits stark voneinander abweichen, wenn die gelieferten Datenvolumina unterschiedlich sind. Noch deutlicher fällt dies aus, wenn zum Beispiel bei einer Extraktion um 22:00 Uhr mitteleuropäischer Zeit auf den Systemen in den USA noch eine hohe Systemlast liegt, so dass die Extraktion dort mindestens vier Stunden später starten muss.

In derartigen Fällen kann es vorkommen, dass die Daten mehrerer Quellsysteme bereits lange fortgeschrieben sind, für Anwender aber nicht zur Verfügung stehen, da die Aktivierung neuer Daten in DataStore-Objekten, Roll Up oder Komprimierung noch auf ein einziges Quellsystem warten.

Die Lösung des Problems liegt dieses Mal nicht in der Gestaltung der zeitlichen Abfolgen der einzelnen Prozesse. Stattdessen muss bereits das Design von Datenmodell und Staging darauf abzielen, die Verarbeitung parallel und ohne Abhängigkeiten voneinander auszuführen. Ein Beispiel für eine derartige Architektur wurde bereits in Kapitel 26 gegeben. Dort existieren für jede DataSource eigene Datenziele und Staging-Abläufe, die voneinander unabhängig durchgeführt und administriert werden können.

Die endgültige Zusammenführung aller Daten sollte erst mit Hilfe eines MultiProviders erfolgen, der jedoch als virtuelles Gebilde keine Serialisierung des Datenflusses darstellt (vgl. Abb. 26–1 auf Seite 608).

Der Aufbau dedizierter Datenziele (DataStore-Objekte, BasisCubes) für jede DataSource ist bei mehreren Quellsystemen grundsätzlich sinnvoll, selbst wenn die Zusammenführung des Datenflusses aus Sicht der zeitlichen Abläufe kein Problem darstellen würde. Der Vorteil liegt in diesem Fall vor allem darin, die Daten einzelner Quellsysteme individuell administrieren (löschen, neu aufbauen, umorganisieren etc.) zu können.

30 Organisation und Abfolge

Sobald die Gestaltung der Zeitfenster für den Regelbetrieb abgeschlossen ist, stellt sich die Frage über die Bestandteile des Regelbetriebs. An einem vollständig gestalteten Regelbetrieb sind eine Vielzahl von Prozessen beteiligt, die in – teilweise sehr komplexer – Abhängigkeit voneinander ausgeführt werden müssen.

Im Regelfall werden die Prozesse innerhalb des Zeitfensters für Administrations- und Ladeprozesse in einer statisch festgeschriebenen Reihenfolge ausgeführt. Bei der nachfolgenden Beschreibung wird von einem idealisierten Abfolgeschema der Prozesse ausgegangen, das eine umfassende Integration aller Prozesstypen in den Regelbetrieb bietet.

Abbildung 30–1 stellt das Abfolgeschema der Prozesse im Regelbetrieb dar. Dabei wird von der Verwendung der Referenzarchitektur ausgegangen, die im Abschnitt Extraktion & Staging erläutert wird.

Unterstützende Prozesse

Zusätzlich zu den aufgeführten Prozessen benötigt jeder Regelbetrieb eine Reihe unterstützender Prozesse, durch die die physischen Strukturen im Datenbanksystem dauerhaft performant arbeiten können. Um welche Prozesse es sich dabei handelt, wird im Rahmen des Modell-Trimming in Kapitel 32 abgehandelt.

Sperrlogik von Prozessen

In vielen Fällen sind die Zeitfenster für Ladeprozesse sehr knapp bemessen, so dass möglichst hohe Durchsatzraten erreicht werden müssen. Neben entsprechenden Tuning-Maßnahmen (vgl. Kapitel 19) kann dies vor allem durch ein hohes Maß an Parallelisierung erreicht werden. Aus diesem Grund wird bei der Beschreibung aller Prozesse auf die Möglichkeit zur Parallelisierung eingegangen.

Bietet der Regelbetrieb auch nach der Durchführung von Tuning-Maßnahmen kein ausreichend großes Zeitfenster für Ladeprozesse, so müssen sich die Lade- und Analyseprozesse zwangsläufig überschneiden. Während Einbußen in der Performance dabei unvermeidlich sind, können zumindest Sperrsituationen vermieden werden. Abschnitt F.1 beschreibt auf Seite 825, welche Prozesse gleichzeitig ausgeführt werden können und welche sich gegenseitig sperren.

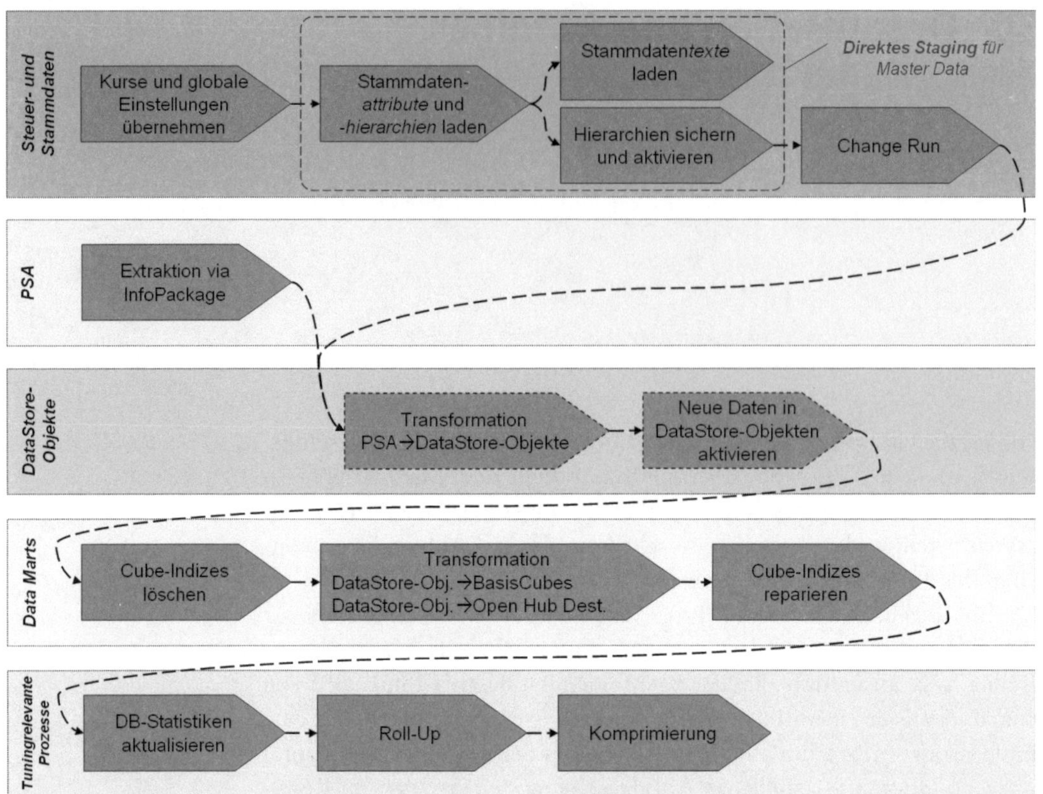

Abb. 30–1 *Abfolgeschema von Prozessen*

Nachfolgend werden die einzelnen Prozesse in der Reihenfolge erläutert, in der sie auch im Regelbetrieb angeordnet sein sollten. Das Laden von Stammdatenattributen, -hierarchien und -texten ist unter dem Überbegriff *Master Data* zusammengefasst. Bei der Erläuterung jedes Prozesses wird auch darauf eingegangen, wie die jeweiligen Prozesstypen im Rahmen der Prozesskettensteuerung zu definieren sind.

Die Beschreibung der Prozessketten richtet sich damit nach der hier vorgestellten Organisation von Prozessen und beschränkt sich auf die dabei erforderlichen Prozesstypen. Eine vollständige Beschreibung aller verfügbaren Prozesstypen hingegen wird bewusst nicht angestrebt, zumal einige der Prozesstypen nur noch Anwendung im alten Staging der BW-Versionen bis 3.x finden.

30.1 Kurse und globale Einstellungen übernehmen

Wenn im Rahmen der Datenintegration Währungsumrechnungen durchgeführt werden, so müssen im BW immer aktuelle Kursinformationen und globale Einstellungen vorliegen (vgl. Kapitel 19.3.7).

Der Bedarf an aktuellen Kursinformationen und globalen Einstellungen ist für jedes System sehr individuell. So ändern sich zum Beispiel Maßeinheiten in manchen Unternehmen in zehn Jahren nicht. Dennoch ist in keinem Fall der Bedarf an aktuellen Informationen auszuschließen, und da der Aufwand für die Bereitstellung aktueller Informationen sehr gering ist, sollte die Übernahme aktueller Kurse und globaler Einstellungen stets Bestandteil der Datenbewirtschaftung sein.

Die Übernahme aktueller Kurse und globaler Einstellungen sollte grundsätzlich vor der Ausführung aller anderen Prozesse der Datenbewirtschaftung stehen, damit alle anderen Prozesse auf aktuelle Informationen zugreifen können. Die Parallelisierung dieser Datenübernahme ist aufgrund der geringen Laufzeiten unerheblich.

Im Rahmen der Prozesskettensteuerung muss die Übernahme von Kursen und globalen Einstellungen durch den Aufruf von ABAP-Programmen realisiert werden, da keine entsprechenden Prozesstypen für diese Aufgaben existieren.

Bei den aufzurufenden Programmen handelt es sich um

- **RSIMPCURFILE** für die Übernahme von Kursen aus einer Datei.
- **RSIMPCURR** für die Übernahme von Kursen aus einem SAP-ERP-Quellsystem.
- **RSIMPCUST** für die Übernahme von globalen Einstellungen aus einem SAP-ERP-Quellsystem.

Dies sind dieselben Programme, die auch bei der manuellen Übernahme von Kursen und globalen Einstellungen in der Data Warehousing Workbench ausgeführt werden.

Vor der erstmaligen Einplanung dieser Programme muss die Übernahme der Umrechnungskurse/globalen Einstellungen durch die Menüpunkte *Umrechnungskurse übernehmen* bzw. *Globale Einstellungen übernehmen* im Kontextmenü des ausgewählten Quellsystems in der Data Warehousing Workbench aufgerufen werden.

Von dort aus können Programmvarianten zu den o.g. Programmen gespeichert werden (siehe Abb. 30–2 am Beispiel des Programms RSIMPCURR).

Die so abgespeicherte Variante kann bei der Einplanung des Programms verwendet werden und legt damit das Quellsystem der Umrechnungskurse fest.

Da einige globale Einstellungen nur vollständig übernommen werden können (z.B. Währungsumrechnungsfaktoren) muss im Verbund mehrerer Quellsysteme eine eindeutige Definition der globalen Einstellungen sichergestellt sein. Wählen Sie in jedem Fall ein Quellsystem aus, das Sie als führendes System für globale Einstellungen betrachten.

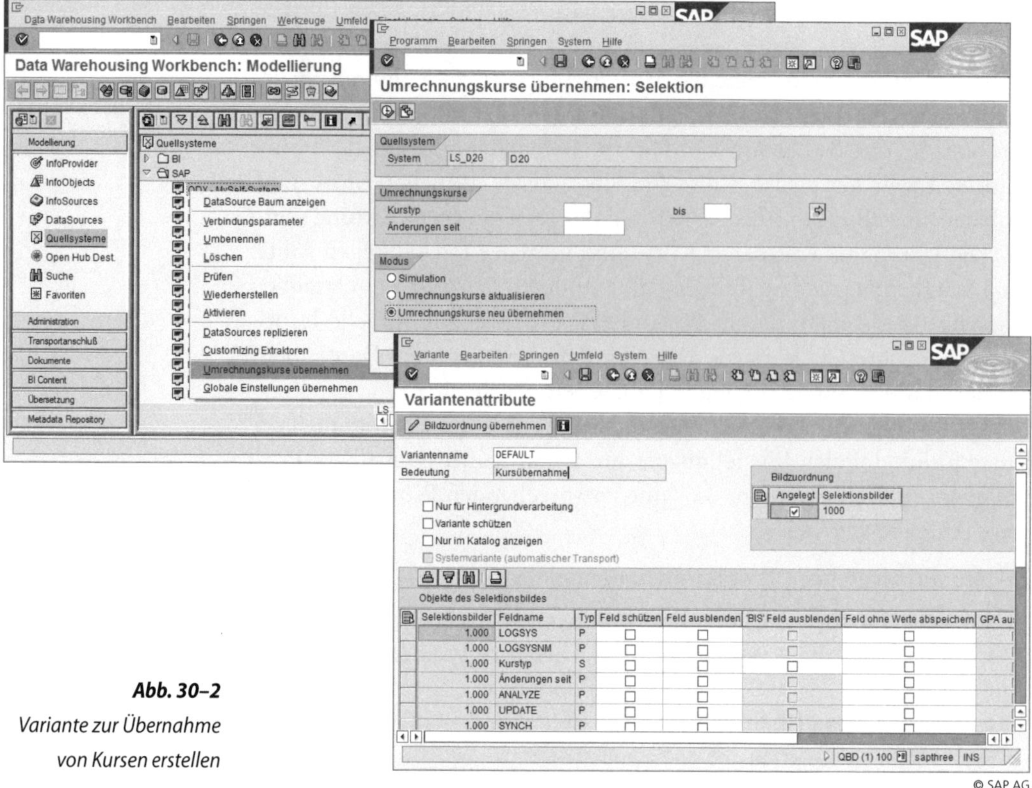

Abb. 30–2
Variante zur Übernahme von Kursen erstellen

30.2 Master Data laden

Die Reihenfolge der Ladevorgänge kann bei Master Data nicht beliebig festgelegt werden, sondern ist an eine Reihe von Einschränkungen gebunden.

Zum einen sind die Abhängigkeiten der InfoObjekte untereinander zu beachten. So kann jedes InfoObjekt Attribut anderer InfoObjekte sein, oder als Merkmalsknoten in externen Hierarchien genutzt werden. Abbildung 30–3 verdeutlicht diese Abhängigkeiten am Beispiel kunden- und vertriebsrelevanter Master Data.

Referenzielle Integrität

Die Beachtung der Abhängigkeiten ist dann zwingend erforderlich, wenn zur Sicherung der Datenqualität die Integrität der Stammdatenattribute beim Laden überprüft wird (vgl. Kapitel 23.3).

Die referenzielle Integrität setzt voraus, dass Navigationsattribute zu einem InfoObjekt nur dann geladen werden, wenn für die gelieferten Attributwerte bereits alle Stammdaten geladen wurden. Die Vertriebsregion »Nord« würde demnach nur dann als Attributwert im Kundenstamm akzeptiert werden, wenn im InfoObjekt Vertriebsregion bereits ein Stammdatensatz zur Vertriebsregion »Nord« vorhanden ist.

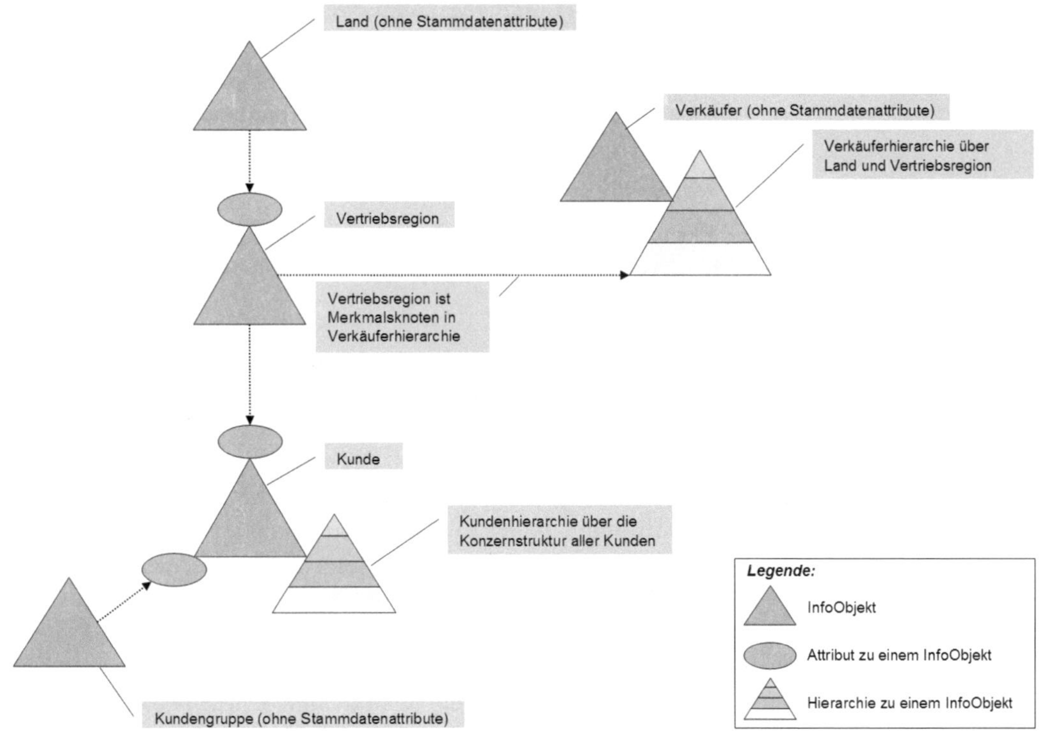

Abb. 30–3
Abhängigkeiten von InfoObjekten

Wird die Integrität nicht überprüft, so ist die Beachtung der Abhängigkeiten zwischen den InfoObjekten immer noch aus ***Performancegründen*** zu empfehlen, da bei nicht vorhandenen Attributwerten Default-Einträge in den Attribut-InfoObjekten angelegt werden müssen[1], was sich sehr zeitraubend gestalten kann.

Somit sollte sich die Reihenfolge der Ladeprozesse bei Master Data ggf. aus Integritätsgründen, auf alle Fälle aber aus Performancegründen an folgenden Rahmenbedingungen orientieren:

- Stammdatenattribute zu einem InfoObjekt (vgl. Kapitel 6.2.2) dürfen erst dann geladen werden, wenn die Stammdatenattribute aller Navigationsattribute bereits geladen wurden. Besitzen die Navigations-InfoObjekte keine Stammdaten, so müssen diese auch nicht vorab geladen werden.
- Externe Hierarchien (vgl. Kapitel 6.2.5) dürfen erst dann geladen werden, wenn die Stammdaten des entsprechenden InfoObjekts und auch die Stammdaten eventuell vorhandener Merkmalsknoten geladen wurden. Verfügen das InfoObjekt oder die Merkmalskno-

1. Dies gilt nur für Navigationsattribute. Reine Anzeigeattribute bleiben von diesem Nachteil unberührt.

ten nicht über Stammdaten, so müssen diese auch nicht vorab geladen werden.

- Texte (vgl. Kapitel 6.2.1) werden immer erst zum Schluss (gemeinsam) geladen, da dies ohne weitere Abhängigkeiten und auch parallel zu anderen Prozessen (zum Beispiel parallel zum folgenden Change Run) erfolgen kann.

Unter Berücksichtigung dieser Rahmenbedingungen kann die Reihenfolge für das Beispiel aus Abbildung 30–3 folgendermaßen gestaltet werden:

- Zunächst können nur die Stammdatenattribute (Land) zum InfoObjekt ***Vertriebsregion*** geladen werden. Alle anderen InfoObjekte verfügen nicht über Stammdaten bzw. führen die Vertriebsregion als Navigationsattribut (Kunde). Die externen Hierarchien können ebenfalls nicht geladen werden, da sie die Vertriebsregion als Merkmalsknoten haben (Verkäuferhierarchie), bzw. die Stammdaten zum entsprechenden InfoObjekt noch nicht geladen sind (Kundenhierarchie).
- Im nächsten Schritt werden die ***Verkäuferhierarchie*** sowie die ***Kundenstamm-Attribute*** (Kundengruppe) parallel geladen. Das Laden der Kundenhierarchie ist in diesem Schritt noch nicht möglich, da erst die Kundenstammdaten geladen werden müssen.
- Den letzten Schritt bildet das Laden der ***Kundenhierarchie***.
- Alle ***Stammdatentexte*** können im Anschluss parallel (auch parallel zum nachfolgenden Change Run) geladen werden.

Das hier gegebene Beispiel verdeutlicht, dass bereits bei einer sehr einfachen Konstellation umfangreiche Abhängigkeiten zu berücksichtigen sind. Die Strukturierung der Abhängigkeiten ist bei der Gestaltung des Regelbetriebs selbst dann sinnvoll, wenn sie im Hinblick auf Performance und Integritätsprüfung entfallen könnte.

Im Rahmen der Prozesskettensteuerung steht für das Laden von Master Data der Prozesstyp *InfoPackage ausführen* zur Verfügung, der auch die Verbuchung in die Stammdatentabellen der InfoObjekte übernimmt (direktes Staging vorausgesetzt). Bei der Ausführung des InfoPackages finden alle Parameter Anwendung, die bei der Definition des InfoPackages getroffen wurden (vgl. Kapitel 15.2.3).

Hierarchie sichern und aktivieren

Speziell beim Laden von Hierarchien ist zu beachten, dass das Sichern, Umbenennen und Aktivieren der Hierarchiedaten ggf. in eigenständigen Prozessen erfolgen muss. Dies ist insbesondere dann der Fall, wenn eine Hierarchie aus mehreren Teilbäumen zusammengesetzt wird, so dass das Sichern und Aktivieren erst nach dem Laden aller Teilbäume erfolgen darf (vgl. Kapitel 21.3.2).

Beim Laden externer Hierarchien muss sich daher an das Laden der Hierarchiedaten explizit das Sichern der Hierarchie anschließen. Hierfür steht der Prozesstyp *Hierarchie sichern* zur Verfügung, der immer nur in Kombination mit dem vorher ausgeführten InfoPackage zum Laden der Hierarchiedaten verwendet werden kann (siehe Abb. 30–4).

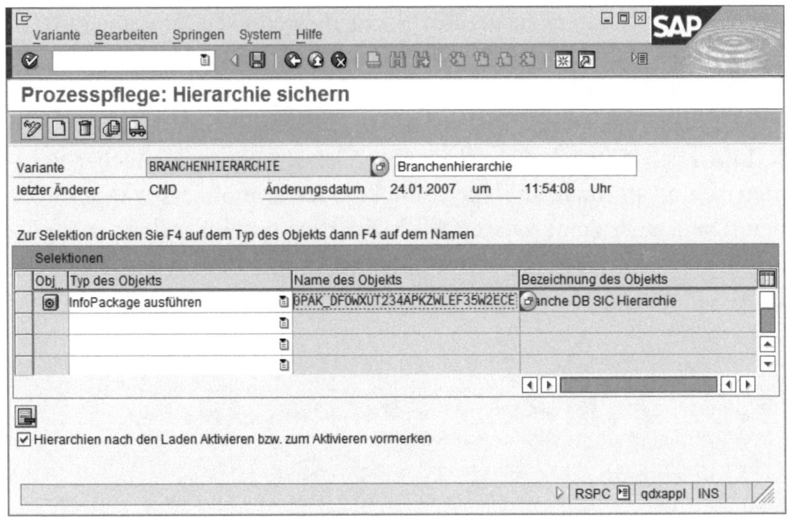

Abb. 30–4
Prozesstyp: Hierarchie sichern

Dieses InfoPackage zum Laden der Hierarchiedaten dient gleichzeitig zur Parametrisierung des Prozesstypen »Hierarchie sichern«. Als Parameter werden dabei die geladene Hierarchie sowie ggf. der technische Name verwendet, in den die Hierarchie vor dem Sichern umzubenennen ist.

Wird eine Hierarchie nicht im Rahmen einer Prozesskette aktiviert bzw. zur Aktivierung vorgemerkt, so kann die Aktivierung/Vormerkung manuell in der Hierarchiepflege oder durch das Programm `RRHI_HIERARCHY_ACTIVATE` erfolgen.

30.3 Change Run

Stammdatenattribute und externe Hierarchien stehen nach ihrem Laden nur dann sofort aktiv zur Verfügung, wenn sie weder in Aggregaten noch in Indizes des BI Accelerator verwendet werden – bei großen tuningbedürftigen BW-Systemen also fast nie.

Master Data müssen in diesem Fall erst noch durch den Change Run aktiviert werden, bevor sie für die Datenanalyse zur Verfügung stehen (vgl. Kapitel 7.1.2). Dieser Prozess muss nach dem Laden von Stammdatenattributen bzw. nach dem Aktivieren externer Hierarchien ausgeführt werden.

Aufgrund möglicher Sperrsituationen darf der Change Run nicht parallel zum Laden von Stammdatenattributen oder externen Hierarchien ausgeführt werden. Er darf aber sehr wohl bereits dann durchgeführt werden, wenn noch Stammdatentexte geladen werden, da diese nicht aktiviert werden müssen.

Ebenso wenig darf parallel zum Change Run bereits das Staging der Bewegungsdaten ausgeführt werden, wenn das Staging auf die Inhalte von Stammdaten angewiesen ist (zum Beispiel bei der Historisierung von Stammdatenattributen).

Der entsprechende Prozesstyp *Attributsänderungslauf* umfasst im Rahmen der Prozesskettenpflege eine Vielzahl unterschiedlicher Parametrisierungsformen, die auch miteinander kombiniert werden können. Die jeweils zu aktivierenden Master Data können dabei aus vorangehenden InfoPackages entnommen oder fix in Form der jeweiligen InfoObjekte und Hierarchien vorgegeben werden (siehe Abb. 30–5).

Abb. 30–5
Prozesstyp: Attributsänderungslauf (Change Run)

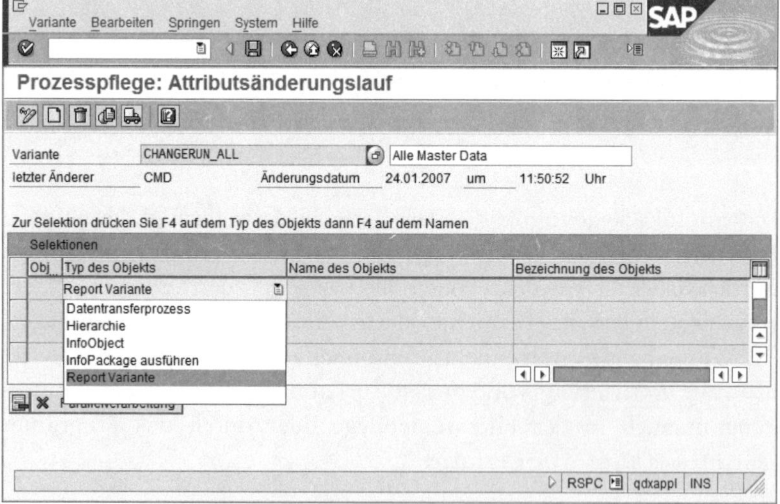

© SAP AG

Die Parametrisierung in Form von InfoPackages, InfoObjekten und Hierarchien ist in besonderen Fällen berechtigt, insbesondere wenn der Change Run nicht als zentraler Bestandteil des Regelbetriebs, sondern isoliert für eine Teilmenge der Master Data ausgeführt werden soll.

In den meisten Fällen stellt der Change Run einen zentralen Bestandteil des Regelbetriebs dar, der alle neuen Master Data aktivieren soll. Zu diesem Zweck ist die explizite Berücksichtigung jedes InfoObjektes und jeder Hierarchie in der Prozesstyp-Variante des Change Run sehr aufwändig und entsprechend fehleranfällig.

Die Vorgabe von InfoPackages, InfoObjekten und Hierarchien im Change Run isoliert unterschiedliche Varianten des Change Run nur scheinbar voneinander. Zwar beschränkt sich die Ausführung des Change Run auf die ihm vorgegebenen Parameter, doch kann systemweit immer nur eine Instanz des Change Run ausgeführt werden. Sie werden daher nie von der Aufgabe entbunden, die Ausführungszeiten des Change Run systemweit für alle Anwendungen auf einem BW-System zu koordinieren.

Parametrisierung durch Report-Varianten

Eine einfache Möglichkeit, um mit dem Change Run eine Massenaktivierung neuer Stammdaten durchzuführen, stellt die Nutzung einer Report-Variante dar. Dabei wird in der Transaktion `SE38` eine ABAP-Variante zu dem Report `RSDDS_AGGREGATES_MAINTAIN` (dies ist der Change Run) hinterlegt, die fortan als Report-Variante für den Change Run zur Verfügung steht (siehe Abb. 30–6).

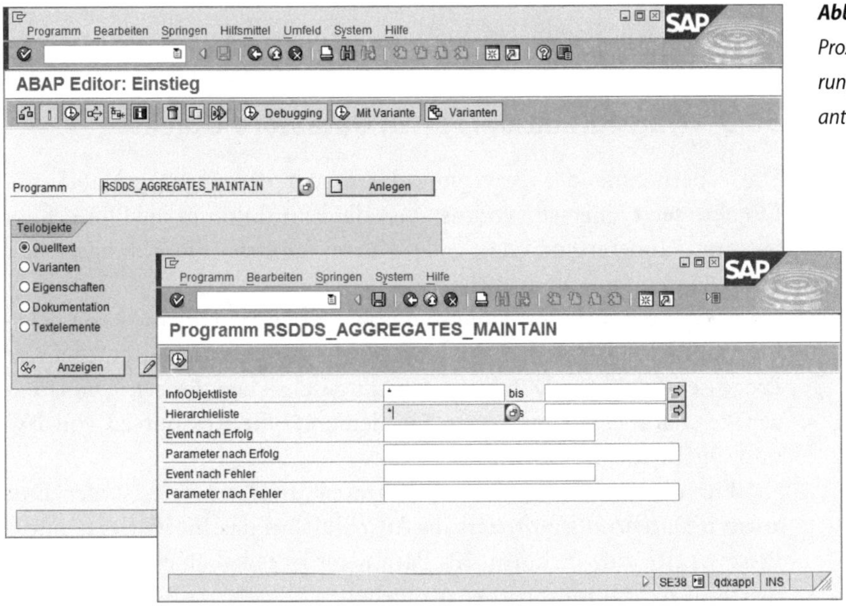

Abb. 30–6
Prozesstyp: Attributsänderungslauf (Report-Variante pflegen)

Der Vorteil der Report-Variante besteht vor allem darin, dass InfoObjekte und Hierarchien auch mit dem Joker-Zeichen * angegeben werden können, um alle InfoObjekte/Hierarchien im Change Run zu berücksichtigen.

30.4 Extraktion in PSA

Die Extraktion von Bewegungsdaten in die PSA kann zu beliebigen Zeitpunkten, auch parallel zum Laden der Stammdaten erfolgen. Wichtig dabei ist, dass das neue Staging mit Transformation und Datentransferprozessen genutzt wird, die InfoPackages zur Extraktion also ausschließlich in die PSA schreiben und keine weitere Verbuchung in die Datenziele starten.

Im Rahmen der Prozesskettensteuerung erfolgt die Extraktion mit Hilfe des Prozesstypen *InfoPackage ausführen*, dem das auszuführende InfoPackage als Parameter übergeben wird. Damit sind sämtliche erforderlichen Parameter der Extraktion festgelegt.

Speziell bei File-DataSources können die in der DataSource eingestellten Parameter zur Selektion von Daten und die Fremddatenparameter übersteuert werden (vgl. Kapitel 15.2). Keinerlei Auswirkungen hingegen haben die Einstellungen bzgl. der Datenziele, die lediglich ein Relikt aus dem Staging bis zur Version 3.x des BW sind.

30.5 Transformation: PSA in DataStore-Objekte

Die Übernahme der Bewegungsdaten aus der PSA in DataStore-Objekte setzt einerseits voraus, dass die Extraktion in die PSA erfolgt ist, und andererseits, dass alle Kurse, globale Einstellungen und Stammdaten im System vorliegen.

Das Laden von Bewegungsdaten in DataStore-Objekte kann beliebig parallelisiert werden. Es kann sogar gleichzeitig durch mehrere Prozesse in dasselbe DataStore-Objekt geschrieben werden. Die Grenzen der Parallelisierung setzen hier lediglich die Ressourcen von BW und Quellsystem.

Für die Verbuchung der PSA-Daten in Datenziele ist der Prozesstyp *Datentransferprozess* im Anschluss an das InfoPackage in die Prozesskette aufzunehmen. Als Parameter ist lediglich ein bereits definierter Datentransferprozess anzugeben.

30.6 Aktivieren von DataStore-Objekten

Standard-DataStore-Objekte

Um die in ein Standard-DataStore-Objekt verbuchten Daten von der Activation Queue in die aktiven Daten zu übernehmen und in Form des Change Log zur Weiterverarbeitung bereitzustellen, müssen die neuen Daten aktiviert werden (vgl. Kapitel 17.1.2).

Da die Aktivierung neuer Daten in DataStore-Objekten nur diejenigen Requests berücksichtigt, die vollständig verbucht sind, sollte die

Aktivierung erst durchgeführt werden, nachdem alle Ladevorgänge für ein DataStore-Objekt abgeschlossen sind.

Schreiboptimierte DataStore-Objekte

Im Falle von schreiboptimierten DataStore-Objekten entfällt die Aktivierung neuer Daten, da bei diesen Objekten Daten direkt in den Change Log geschrieben und keine Delta-Informationen ermittelt werden.

Im Rahmen der Prozesskettensteuerung steht der Prozesstyp *DataStore Objekt Daten aktivieren* zur Verfügung, dem entweder die zu aktivierenden DataStore-Objekte oder Datentransferprozesse als Parameter zu übergeben sind.

Pro DataStore-Objekt kann zu einem Zeitpunkt jeweils nur ein einziger Aktivierungsprozess ausgeführt werden. Zur Verbesserung der Performance des Gesamtsystems können jedoch mehrere unterschiedliche DataStore-Objekte gleichzeitig aktiviert werden. Zu diesem Zweck müssen allerdings mehrere entsprechende Prozessschritte in einer Prozesskette aufgenommen werden. Die Aufnahme mehrere DataStore-Objekte innerhalb einer Prozesstyp-Variante bewirkt lediglich die serialisierte Aktivierung aller angegebenen DataStore-Objekte.

> Bitte beachten Sie, dass sich die relative Adressierung durch einen Datentransferprozess nicht auf das durch den Datentransferprozess verbuchte Datenziel, sondern auf den zuletzt durch den Datentransferprozess geladenen Request bezieht.

Zusammenfassen von Requests im Change Log

Per Default werden bei der Aktivierung neuer Daten in DataStore-Objekten alle zu aktivierenden Requests zu einem gemeinsamen Request im Change Log des DataStore-Objektes zusammengefasst. Das Zusammenfassen (Kondensieren) aller zu aktivierenden Requests in einen gemeinsamen Request im Change Log schafft Performancevorteile in Bezug auf die Dauer der Aktivierung wie auch in Bezug auf die Weiterverarbeitung in nachfolgenden Datenzielen.

In dem speziellen Fall, dass Requests aus einem DataStore-Objekt gelöscht werden sollen, nachdem sie bereits aktiviert wurden, muss das BW eine Art Rückberechnung des Zustands vor der Aktivierung durchführen, wobei die Daten des Change Log als Grundlage dieser Rückrechnung verwendet werden. Wurden bei der Aktivierung mehrere Requests zu einem gemeinsamen Request im Change Log kondensiert, so können diese Requests nur alle zusammen gelöscht werden, was aus Sicht der Administration oftmals unerwünscht ist.

Die Aktivierung neuer Daten in DataStore-Objekten kann jedoch derart umgestaltet werden, dass für jeden Request ein eigener Request im Change Log erzeugt wird, was später auch das Löschen dieses einen Requests ermöglicht[2]. Auch aus Gründen der Nachvollziehbarkeit und

Fehlersuche kann es sinnvoll sein, Requests bei der Aktivierung nicht zu kondensieren.

Das Verhalten der Aktivierung kann durch Parameter *Requests beim Aktivieren nicht in einen Request kondensieren* der Prozesstyp-Variante entsprechend beeinflusst werden (siehe Abb. 30–7).

Abb. 30–7
Prozesstyp: DataStore Objekt Daten aktivieren

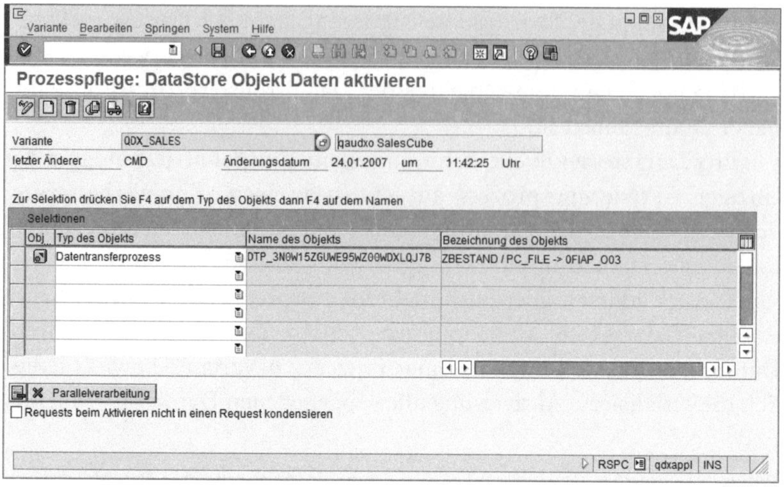

© SAP AG

30.7 Cube-Indizes löschen

Beim Verbuchen von Daten in einen BasisCube muss das Datenbanksystem mit jedem neuen und veränderten Datensatz auch die Index-Strukturen der veränderten Tabellen anpassen. Dieser (nennenswerte) Aufwand entfällt, wenn die Indizes der Faktentabelle (die Indizes aller anderen Tabellen werden weiterhin benötigt) vor dem Verbuchen gelöscht werden.

Trade-off zwischen Index-Anpassung und Index-Aufbau

Der anschließend erforderliche komplette Neuaufbau der Indizes kann dabei wesentlich schneller sein als die Summe aller sonst erforderlichen Einzel-Updates. Ob sich ein tatsächlicher Performancevorteil ergibt, hängt von dem Verhältnis der neuen/geänderten Sätze zu den bestehenden Datensätzen der Faktentabelle ab.

Wird nur ein Datensatz in eine Faktentabelle mit mehreren Millionen Datensätzen eingefügt, so lohnt sich der Abbau der Indizes nicht, da der Neuaufbau wesentlich mehr Zeit beanspruchen wird als die Anpassung der Index-Strukturen für einen Datensatz. Werden eine

2. Nur wenn der entsprechende Request der zuletzt aktivierte ist. Wurden danach weitere Requests aktiviert, so müssen zuerst auch diese gelöscht werden, so dass Requests grundsätzlich nicht beliebig aus ODS-Objekten zu löschen sind.

Million Datensätze in eine annähernd leere Faktentabelle geschrieben, so ist der Komplettaufbau der Index-Strukturen wesentlich effizienter als die Anpassung mit jedem einzelnen Datensatz. Die Entscheidung, ob Indizes vor dem Laden gelöscht werden, ergibt sich damit immer aus dem Trade-off zwischen neuem und bestehendem Datenvolumen.

Index-Löschen und Komprimierung

Eine wesentliche Rolle spielt dabei der Einsatz der Cube-Komprimierung; denn das Löschen von Indizes beschränkt sich beim BW auf die Indizes der unkomprimierten Faktentabelle (F-Faktentabelle)[3]. Werden Daten im Rahmen der Cube-Komprimierung regelmäßig von der unkomprimierten in die komprimierte Faktentabelle verschoben, so ist die unkomprimierte Faktentabelle relativ klein, selbst wenn der BasisCube sehr viele Daten enthält. Wird ein Cube regelmäßig komprimiert, so lohnt sich das Löschen von Indizes selbst vor der Verbuchung kleinerer Datenvolumen.

Index-Löschen bei Oracle und DB2/UDB

Lediglich beim Oracle-Datenbanksystem ist das Löschen von Indizes obligatorisch, wenn die Verbuchung von Datenpaketen in die BasisCubes parallelisiert wird (vgl. Kapitel 24.1.5).

Das Löschen von Indizes hat zur Folge, dass Auswertungen aus Performancegründen praktisch unmöglich werden, bis die Indizes wieder aufgebaut sind. Können Analysetätigkeiten durch Anwender zu diesem Zeitpunkt des Regelbetriebs nicht ausgeschlossen werden, so sollte auf die parallele Verbuchung von Datenpaketen verzichtet werden, damit die Indizes nicht gelöscht werden müssen.

In jedem Fall sollten Indizes nicht unnötig früh gelöscht werden, also im optimalen Fall erst unmittelbar vor der Verbuchung neuer Daten[4].

Um Indizes im Rahmen der Prozesskettensteuerung zu löschen, steht der Prozesstyp *Index löschen* zur Verfügung, dem als Parameter der jeweilige BasisCube zu übergeben ist, dessen Indizes zu löschen sind. (Abbildung 30–8).

Das Löschen der Indizes bezieht sich dabei auf die Indizes der unkom-primierten Faktentabelle eines BasisCubes, nicht jedoch auf die Indizes der komprimierten Faktentabelle.

Sofern die Komprimierung des entsprechenden BasisCubes regelmäßig durchgeführt wird, stellt der Neuaufbau der Indizes nach dem Verbuchen neuer Daten (s.u.) keine außergewöhnliche Belastung des Systems dar, da sich der Großteil der Daten in der komprimierten

3. Dies gilt ausschließlich für das Löschen von Indizes im Rahmen von Prozessketten. Beim Löschen von Indizes aus der Cube-Administration werden alle Indizes eines BasisCubes und seiner Aggregate gelöscht (vgl. Kapitel 24.3).
4. In einigen Dokumenten der SAP wird das Löschen von Indizes als erster Prozess des Regelbetriebs angeführt. Dies ist unnötig früh, weil es den Analysebetrieb bereits zu einem Zeitpunkt beeinträchtigt, zu dem die Indizes noch bestehen dürften.

Faktentabelle befindet, deren Indizes bestehen bleiben. Wird hingegen nicht regelmäßig komprimiert, so ist der Performancevorteil beim Verbuchen, der durch das Löschen der Indizes gewonnen wird, gegen die zusätzliche Laufzeit abzuwägen, die durch den Neuaufbau der Indizes entsteht.

Abb. 30–8
Prozesstyp: Index löschen

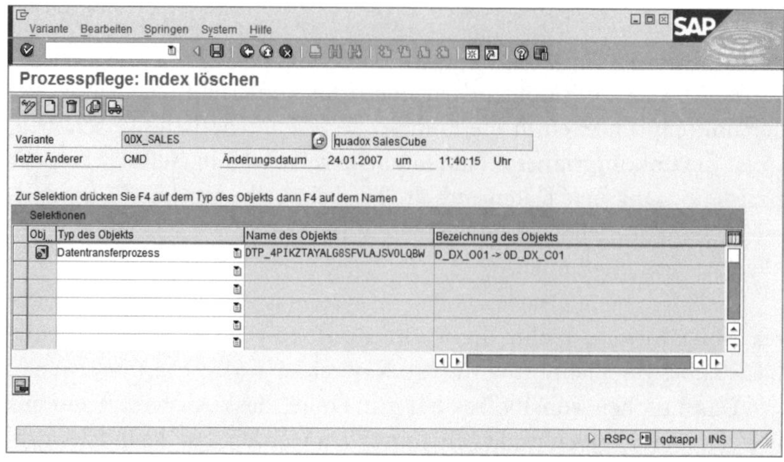

30.8 Transformation: DataStore-Objekte in Data Marts

Nach dem Löschen von Cube-Indizes erfolgt die Verbuchung von Daten in Datenzielen des Data Mart Layers – je nachdem, ob DataStore-Objekte im Staging eingesetzt werden, entweder aus dem Change Log der DataStore-Objekte oder aus der PSA.

Bei den Datenzielen des Data Mart Layer handelt es sich in erster Linie um BasisCubes, die für die Datenanalyse eingesetzt werden, aber auch um Open-Hub-Destinationen zur Belieferung anderer Systeme.

Verbuchung aus dem Change Log

Wird der Data Mart Layer aus dem Change Log von DataStore-Objekten befüllt, so stellt die Delta-Bildung der DataStore-Objekte sicher, dass nur neue Datensätze oder Veränderungen an den Data Mart Layer übergeben werden.

Die Übergabe der Daten erfolgt über Datentransferprozesse, die Daten im Delta-Verfahren extrahieren. Dies ist insofern die einfachste Möglichkeit, den Data Mart Layer zu beliefern, da der Data Mart Layer alle Daten vollständig aufbereitet erhält.

Verbuchung aus der PSA …

Wird der Data Mart Layer hingegen ohne Umwege über DataStore-Objekte direkt aus der PSA befüllt, so gewinnt die Delta-Fähigkeit der jeweiligen DataSources im Extraction Layer besondere Bedeutung; denn während bei der Verbuchung neuer Daten in DataStore-Objekten bestehende Daten durch neue überschrieben werden können, ist dies bei BasisCubes nicht möglich. Hier können nur neue Requests in die Faktentabelle geschrieben werden, ohne bestehende Requests zu ändern.

Dieses Vorgehen ist dann richtig, wenn es sich bei den geladenen Daten um Delta-Informationen handelt. Ist eine DataSource hingegen nicht in der Lage, ein Delta-Verfahren zu nutzen, so würde das Verbuchen von Full-Informationen dazu führen, dass die neuen Daten zu den bestehenden hinzugefügt und Werte und Mengen mehrfach ausgewiesen werden[5].

… bei BasisCubes

Um dies zu verhindern, müssen bestehende Daten aus dem entsprechenden BasisCube gelöscht werden, bevor/nachdem neue Daten geladen werden. Dabei ist zwischen ***vollständigem*** und ***selektivem*** Löschen zu unterscheiden.

Das ***vollständige Löschen*** des gesamten BasisCubes ist dann sinnvoll, wenn nach dem Laden eines neuen Requests nur noch dieser im BasisCube enthalten sein soll. Das Löschen muss dabei ausgeführt werden, bevor Daten des neuen Requests in das Datenziel verbucht werden.

Das Löschen von Datenziel-Inhalten kann im Rahmen der Prozesskettensteuerung durch den Prozesstyp *Vollständiges Löschen des Datenziel-Inhalts* definiert werden, der mit dem jeweiligen Datenziel oder einem Datentransferprozess parametrisiert werden kann (siehe Abb. 30–9).

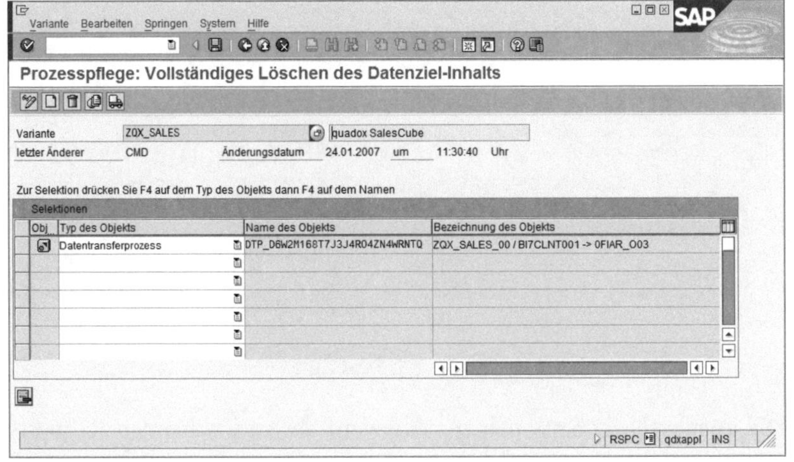

© SAP AG

Abb. 30–9
Prozesstyp: Vollständiges Löschen des Datenziel-Inhalts

5. Dies muss nicht zwingend falsch sein, zum Beispiel wenn der Zeitpunkt des Ladens einen Stichtag darstellt, der Bestandteil der Datenanalyse ist.

In einigen Fällen dürfen beim Laden eines Requests nicht der gesamte Inhalt eines BasisCubes, sondern nur bestimmte Requests im Anschluss an die Verbuchung der neuen Daten *selektiv* gelöscht werden.

Dies ist zum Beispiel dann der Fall, wenn Daten aus mehreren Quellsystemen in einen BasisCube fortgeschrieben werden und aus jedem der Quellsysteme ein Full Upload geliefert wird. In diesem Fall dürfen bei einem neuen Ladevorgang ausschließlich diejenigen alten Requests aus dem BasisCube gelöscht werden, die aus demselben Quellsystem stammen.

Genau diese Funktionsweise steht in Prozessketten mit dem Prozesstyp *Überlappende Requests aus InfoCube löschen* zur Verfügung. Die Selektion der zu löschenden Requests erfolgt unmittelbar nach dem Start des Datentransferprozesses anhand der Einstellungen, die in der Prozessvariante getroffen wurden. Das Löschen selbst findet jedoch erst dann statt, wenn der neue Request bereits vollständig fortgeschrieben ist (siehe Abb. 30–10).

Abb. 30–10
Prozesstyp: Überlappende Requests aus InfoCubes löschen

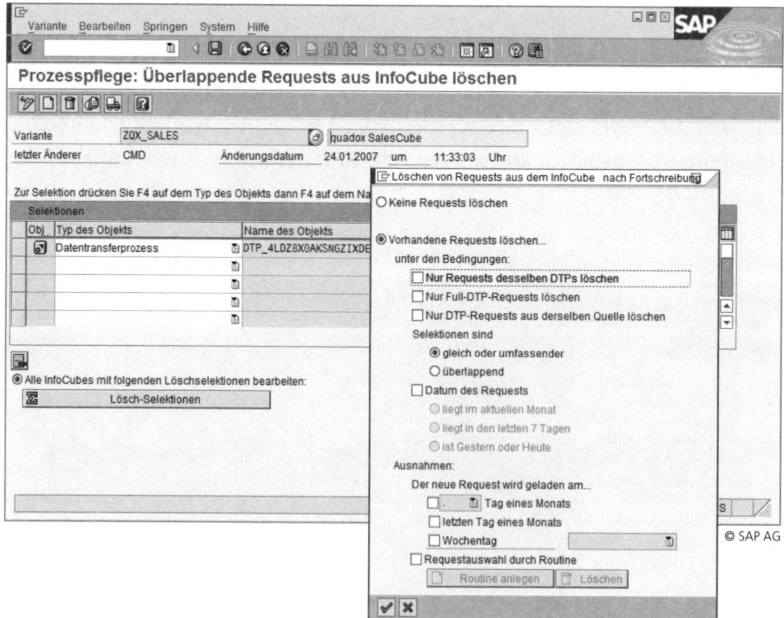

Die angebotenen Optionen zur Auswahl der zu löschenden Requests reichen erfahrungsgemäß, um auch komplexe Lösch-Selektionen zu realisieren. Sollte die Selektion der zu löschenden Requests dennoch umfangreicher ausfallen, so können die entsprechenden Requests mit Hilfe einer eigenen ABAP-Routine ermittelt werden.

Das selektive Löschen von Requests funktioniert nur dann, wenn BasisCube und Aggregate noch nicht komprimiert wurden (vgl. Kapitel 7.1.2). Ist dies der Fall, so ist das selektive Löschen nicht möglich.

... bei Open-Hub-Destinationen

Wird eine Open-Hub-Destination direkt aus der PSA verbucht, so muss die DataSource im Extraction Layer zwingend in der Lage sein, Delta-Informationen zu liefern. Anders als bei BasisCubes können Daten, die einmal an eine Open-Hub-Destination geliefert wurden, nicht mehr daraus gelöscht werden – schließlich könnten die zu beliefernden Systeme längst die Daten abgeholt haben.

Grundsätzlich ist jedoch zu bemerken, dass eine Belieferung einer Open-Hub-Destination aus einer DataSource recht fragwürdig ist, da das BW in diesem Fall nicht mehr als ein Durchlauferhitzer ist und die durchgeleiteten Daten im Nachhinein nicht mehr kontrolliert werden können.

30.9 Cube-Indizes reparieren

Sobald die Verbuchung von Bewegungsdaten in BasisCubes abgeschlossen ist, müssen die ggf. zuvor gelöschten Cube-Indizes wieder aufgebaut werden.

Da das Vorhandensein der Indizes einen performancekritischen Punkt für den Analysebetrieb des BW darstellt, sollte der Aufbau bei jedem BasisCube so frühzeitig wie möglich erfolgen. Dies bedeutet, dass der Aufbau der Indizes für einen BasisCube nicht so lange warten sollte, bis alle Bewegungsdaten verbucht sind, sondern nur so lange, bis die Bewegungsdaten für den speziellen BasisCube verbucht wurden.

Verbuchung und Neuaufbau von Indizes können sich damit für unterschiedliche BasisCubes durchaus überschneiden, d.h., bei einem Cube mit FI-Daten können bereits Indizes aufgebaut werden, während ein Cube mit SD-Daten noch mit Daten befüllt wird.

Das Aufbauen von Cube-Indizes (auch als Reparieren der Indizes bezeichnet) wird in der Prozesskettensteuerung durch den Prozesstyp *Index aufbauen* definiert (siehe Abb. 30–11).

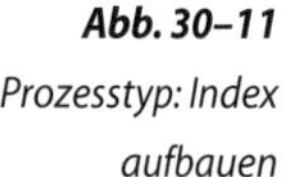

Abb. 30–11
Prozesstyp: Index aufbauen

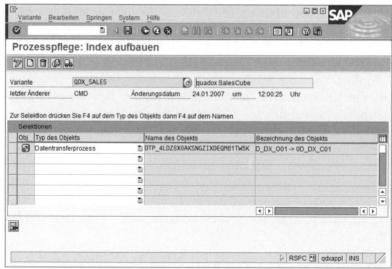

30.10 Datenbankstatistiken aktualisieren

Die eingesetzten kostenbasierten Optimizer aller Datenbanksysteme sind auf aktuelle Datenbankstatistiken angewiesen, um performante Zugriffspfade bei der Datenanalyse zu ermöglichen (vgl. Kapitel 7.2.4).

Die Aktualisierung der Datenbankstatistiken für einen gezielten BasisCube kann unmittelbar nach der Verbuchung neuer Bewegungsdaten erfolgen und muss dementsprechend in den Regelbetrieb integriert werden.

Sind die Veränderungen bei einem BasisCube nach der Verbuchung neuer Daten nicht so gravierend, dass die Aktualisierung der Datenbankstatistiken jedes Mal nach der Verbuchung erfolgen muss, so kann die Aktualisierung an dieser Stelle entfallen und im Rahmen einer davon unabhängigen Aktualisierung der Statistiken durchgeführt werden.

Die Aktualisierung der Statistiken muss ohnehin in regelmäßigen Abständen für alle Tabellen des Datenbanksystems durchgeführt werden. Sollen die Statistiken speziell für alle BasisCubes neu berechnet werden, so kann dafür das Programm `SAP_ANALYZE_ALL_INFOCUBES` verwendet werden[6].

Im Rahmen der Prozesskettensteuerung steht der Prozesstyp *Datenbankstatistik aufbauen* zur Verfügung, um die Statistiken für einen BasisCube gezielt aufzubauen. Bei der Parametrisierung können BasisCubes fix oder relativ durch den vorhergehenden Datentransferprozess adressiert werden (siehe Abb. 30–12).

6. Das Programm aktualisiert die Statistiken der Fakten- und Dimensionstabellen ebenso wie die Statistiken der Stammdatentabellen aller BasisCubes.

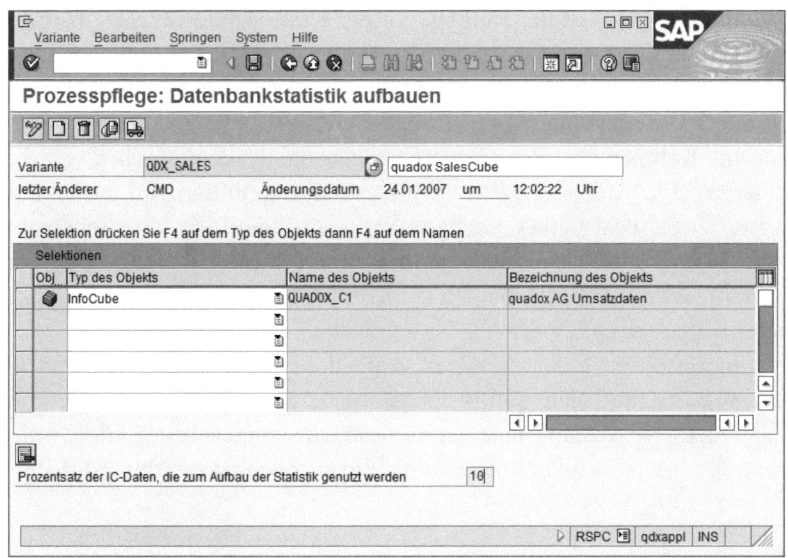

Abb. 30–12
Prozesstyp: Datenbankstatistik aufbauen

Bei der Aktualisierung von Datenbankstatistiken innerhalb von Prozessketten ist zu beachten, dass die Datenbanktabellen des entsprechenden BasisCubes für die Dauer der Aktualisierung gesperrt sind.

Insbesondere in den Fällen, in denen die Datenbankstatistiken durch den geringen Umfang der Änderungen nicht unbedingt direkt im Anschluss an einen Ladeprozess aktualisiert werden müssen, bietet sich eher eine periodische Aktualisierung außerhalb des Regelbetriebs an. Diese würde typischerweise mit Datenbank-Tools (z.B. BRCONNECT bei Oracle) durchgeführt werden.

30.11 Hochrollen gefüllter Aggregate/BIA-Indizes

Wenn Aggregate auf einen BasisCube definiert sind oder der BasisCube im BI Accelerator indiziert ist, so werden die Daten verbuchter Requests durch den OLAP-Prozessor erst dann zur Verfügung gestellt, wenn sie vollständig in Aggregate oder BIA-Indizes übernommen wurden und Aggregate bzw. BIA-Indizes und BasisCube in einem konsistenten Stand zueinander stehen.

Mit dem Zeitpunkt des Roll Up können Requests nur noch dann aus einem BasisCube gelöscht werden, wenn der BasisCube als Request-erhaltend definiert ist (vgl. Kapitel 7.1.1) oder wenn sämtliche Aggregate des Cubes deaktiviert werden.

Aus Sicht der Qualitätssicherung stellt der Roll Up somit eine wichtige Stufe der Automatisierung dar. Sollte ein Request inhaltlich falsch fortgeschrieben sein, so ist die Korrektur nicht mehr durch einfaches Löschen des Requests aus dem BasisCube zu erreichen.

In jedem Fall ist der Roll Up vor der Komprimierung durchzuführen, da mit der Komprimierung eines BasisCubes alle Informationen in einem BasisCube verloren gehen, die eine selektive Übernahme von Request-Daten in Aggregate ermöglichen[7].

Im Rahmen der Prozesskettensteuerung werden durch den Prozesstyp *Hochrollen gefüllter Aggregate* alle gefüllten Aggregate der adressierten BasisCubes hochgerollt. Je nachdem, ob die Aggregate eines Cubes als Request-erhaltend definiert sind oder nicht, wird im Anschluss an den Roll Up auch die Komprimierung der Aggregat-Faktentabellen durchgeführt.

In speziellen Fällen kann es sinnvoll sein, verbuchte Requests in einem BasisCube nicht sofort hochzurollen. Zu diesem Zweck kann in der Prozesstyp-Variante eine Art »Karenzzeit« vorgegeben werden, während der Requests nicht hochgerollt werden sollen (siehe Abb. 30–13).

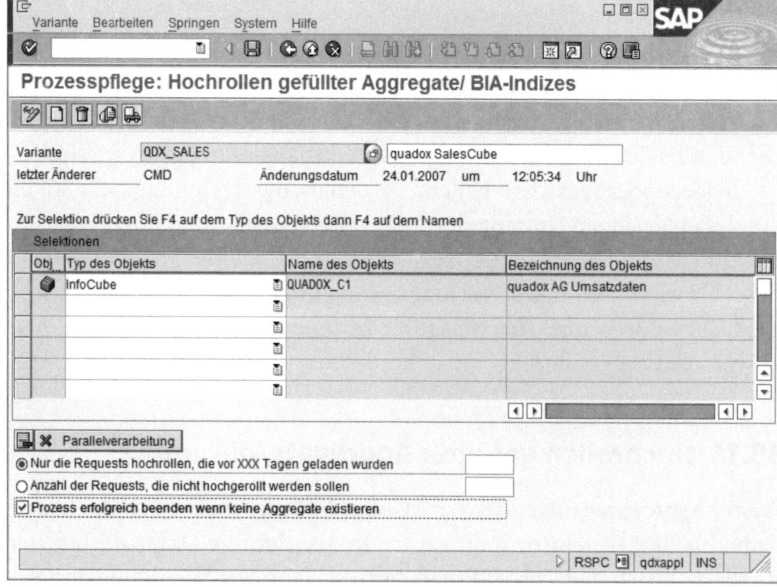

Abb. 30–13 *Prozesstyp: Hochrollen gefüllter Aggregate*

Die zeitliche Verzögerung des Roll Up kann in speziellen Fällen sinnvoll sein, um Daten qualitativ zu überprüfen, bevor sie in die Aggregate übernommen werden. Solange ein Request noch nicht in die Aggregate des Cubes hochgerollt wurde, steht er nicht zur Datenanalyse zur Verfügung und wird nur von speziellen Queries berücksichtigt, die im Request-Modus arbeiten (vgl. Kapitel 10 zu den Themen Read-Pointer und Request-Modus).

7. Genauer gesagt: Die Request-ID, durch die die Daten eines Ladevorgangs identifiziert werden, geht bei der Komprimierung unwiderruflich verloren.

Initiales Füllen neuer Aggregate

Alle nicht aktivierten Aggregate sowie alle aktivierten, aber nicht gefüllten Aggregate werden vom Roll Up nicht berücksichtigt; neue Aggregate werden also nicht initial gefüllt. Sollen aktive, aber nicht gefüllte Aggregate im Rahmen der Prozesskettensteuerung initial gefüllt werden, so kann hierfür der Prozesstyp *Initiales Füllen neuer Aggregate* genutzt werden (siehe Abb. 30–14).

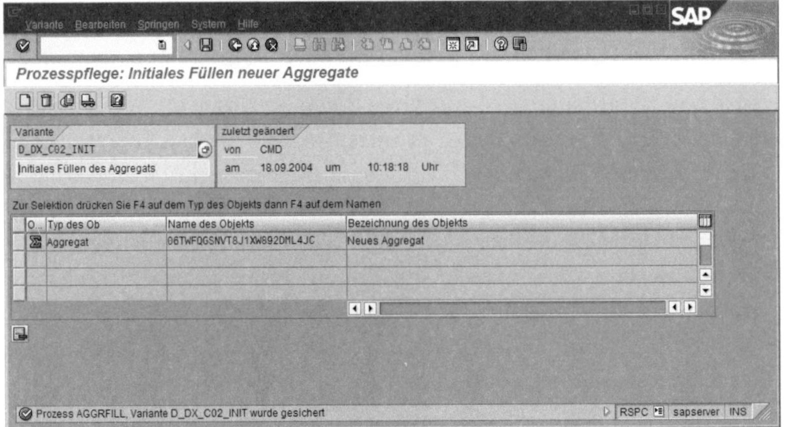

Abb. 30–14
Prozesstyp: Initiales Füllen neuer Aggregate

Für Indizes im BI Accelerator hat das initiale Füllen neuer Aggregate keinerlei Bedeutung.

Die unterschiedlichen Möglichkeiten zur Parametrisierung ermöglichen verschiedenartige Verwendungen dieses Prozesstyps. In der Praxis haben sich folgende Formen der Parametrisierung als hilfreich herausgestellt:

- *Fixe Parametrisierung eines Aggregats*:
  Die Angabe eines spezifizierten Aggregats eignet sich vor allem dann, wenn ein neues Aggregat über den Transportweg in ein BW-System gelangt ist und diesem Aggregat quasi die eigene Prozesskette zum initialen Füllen mitgegeben werden soll. Wird die entsprechende Prozesskette zudem mit der Startbedingung »Sofortstart« ausgestattet, so wird das Aggregat unmittelbar nach Durchführung des Transports gefüllt.
- *Fixe Parametrisierung eines Cubes*:
  Die Angabe eines spezifizierten Cubes bewirkt das initiale Füllen aller neuen Aggregate dieses Cubes (bereits gefüllte Aggregate bleiben unberührt). Ein derartiger Prozess ist vor allem geeignet, um ein Werkzeug zu schaffen, mit dessen Hilfe alle neuen Aggregate eines Cubes initial gefüllt werden können. Prozessketten mit einem solchen Prozess werden i.d.R. nicht in den Regelbetrieb eingebunden, sondern manuell gestartet.

- *Relative Parametrisierung über InfoPackages*:
Wie bei der Angabe eines spezifizierten Cubes werden auch bei der relativen Parametrisierung durch ein InfoPackage alle neuen Aggregate der im InfoPackage referenzierten Cubes initial gefüllt. Durch die Verwendung des InfoPackages eignet sich diese Form der Parametrisierung vor allem für diejenigen Fälle, in denen im Rahmen des Regelbetriebs (z.B. im Anschluss an den Roll Up) generell auch alle neu hinzugekommenen Aggregate der Cubes befüllt werden sollen.

Anpassen zeitabhängiger Aggregate

Existieren zeitabhängige Aggregate, deren Stichtag in Abhängigkeit von einer OLAP-Variablen zu ermitteln ist, so passt der Prozesstyp *Anpassen zeitabhängiger Aggregate* diese Aggregate durch eine erneute Berechnung des Stichtags an.

Der entsprechende Prozess im BW bietet keine Möglichkeiten zur Parametrisierung, sondern passt stattdessen systemweit alle zeitabhängigen Aggregate an den neuen Wert ihrer jeweiligen OLAP-Variablen an.

Für Indizes im BI Accelerator hat das Anpassen zeitabhängiger Aggregate keinerlei Bedeutung.

30.12 Komprimieren

Quasi als Weiterführung des Roll Up stellt die Komprimierung die finale Verdichtung der Cube-Daten dar. Wurde ein Request in einem BasisCube erst einmal verdichtet, so ist er mit administrativen Mitteln nie wieder aus dem BasisCube zu entfernen!

Sollte ein fehlerhafter Request dennoch den Weg in die komprimierte Faktentabelle finden, so können die Daten nur noch durch einen vollständigen Neuaufbau des Cubes oder durch individuell entwickelte Mechanismen im Staging korrigiert werden.

Dennoch sollte eine Komprimierung fehlerfreier Requests besonders beim Einsatz von Oracle- und DB2/UDB-Datenbanken durchgeführt werden, um die besonderen Performancevorteile der Partitionierung, des multidimensionalen Clustering und der bitmapped Indizes zu nutzen (vgl. Kapitel 7.2 und Kapitel 7.3).

Anders als der Roll Up hat die Komprimierung von Requests in einem BasisCube keinen Einfluss auf die Verfügbarkeit der Requests zur Datenanalyse (vgl. Kapitel 7.1.2). Auch nicht komprimierte Requests werden von der Analytical Engine zu Analysen herangezogen, stammen dann aber aus der für die Datenanalyse ungünstig partitionierten und indizierten normalen Faktentabelle.

Die Komprimierung könnte damit grundsätzlich auch außerhalb des Regelbetriebs in regelmäßigen Abständen durchgeführt werden, um den Regelbetrieb eher abschließen zu können.

Nachdem ein Request komprimiert wurde, kann er in keinem Fall mehr im Rahmen der Cube-Administration aus einem BasisCube gelöscht werden. Der Zeitpunkt der Kom-primierung ist damit aus Sicht der Qualitätssicherung von besonderer Bedeutung. Insbesondere in der Einführungsphase Ihres BW-Systems sollten Sie sich gründlich überlegen, wie weit eine Automatisierung der Komprimierung sinnvoll ist.

Im Rahmen der Prozesskettensteuerung ist die Komprimierung eines BasisCubes ähnlich zu definieren wie das Hochrollen gefüllter Aggregate (s.o.). Auch hier kann eine Art Karenzzeit für Requests vorgegeben werden (siehe Abb. 30–15).

Variante Bearbeiten Springen System Hilfe

Prozesspflege: Komprimieren des InfoCubes

Variante QDX_SALES quadox SalesCube
letzter Änderer CMD Änderungsdatum 24.01.2007 um 12:07:34 Uhr

Zur Selektion drücken Sie F4 auf dem Typ des Objekts dann F4 auf dem Namen

Selektionen

Obj	Typ des Objekts	Name des Objekts	Bezeichnung des Objekts
	InfoCube	QUADOX_C1	quadox AG Umsatzdaten

Nur die Requests komprimieren, die vor XXX Tagen geladen wurden
Anzahl der Requests, die nicht komprimiert werden sollen
Null-Elimination einschalten
Keine Stützstellenfortschreibung bei Bestandscubes

RSPC qdxappl INS

Abb. 30–15
Prozesstyp: Komprimieren

Sind die Aggregate eines BasisCubes nicht als Request-erhaltend definiert, so werden im Anschluss an die Komprimierung des Cubes auch die Aggregate komprimiert, da die Request-Information in den Aggregaten ab diesem Zeitpunkt keinen Mehrwert mehr bringt.

Die Arbeitsweise der Nullwert-Elimination ebenso wie die der Unterdrückung der Stützstellenfortschreibung entspricht auch in Prozessketten dem in Kapitel 6.4.1 beschriebenen Vorgehen (siehe Seite 106).

31 Monitoring

Das Monitoring beschreibt die periodisch wiederkehrenden (manuellen) Wartungsaufgaben, die Bestandteil der Systembetreuung sein sollten. Es handelt sich dabei um Aufgaben, mit deren Hilfe im laufenden Betrieb unerwartet aufgetretene Probleme entdeckt und behoben werden sollen.

Rund um das Monitoring sind eine Reihe von Funktionen entstanden, die teilweise aus alten BW-Versionen, teilweise sogar aus der ERP-Basistechnologie übernommen wurden. Aufgrund dieser »gewachsenen« Struktur bieten die Funktionen oftmals doppelte Informationen und sind damit nicht in ihrer ganzen Bandbreite von Bedeutung.

Das BW selbst fasst in der Version 7 eine Vielzahl an Monitoring-Funktionen im Administrationsbereich der Data Warehousing Workbench zusammen, der über die Transaktion `RSMON` aufgerufen weren kann (siehe Abb. 31–1).

Im Rahmen dieses Kapitels wird eine Auswahl derjenigen Aufgaben beschrieben, die sich in den meisten BW-Systemen aus Sicht der Applikationsbetreuung als sinnvoll erwiesen haben. Welche Aufgaben in einem spezifischen BW-System darüber hinaus sinnvoll sind (zum Beispiel inhaltliche Validierung von Daten), ist in jedem Fall individuell festzulegen.

Allgemeines Monitoring

Als wesentlich für das *allgemeine Monitoring* zählen das ***Anwendungs-Log***, die ***Datenziel-Administration*** sowie das ***Monitoring von Prozessketten*** (siehe Kapitel 31.1 bis Kapitel 31.3).

Spezielles Monitoring

Neben dem allgemeinen Monitoring existiert eine Reihe *spezieller Monitoring-Bereiche* im BW, von denen das ***Monitoring von Ladeprozessen*** und das Monitoring der Realtime Data Acquisition eine besondere Bedeutung einnehmen und in Kapitel 31.4 und Kapitel 31.5 explizit erläutert wird. Die Erläuterungen zum Monitoring folgen damit nicht der Struktur, die im Administrationsbereich der Data Warehousing Workbench vorgegeben ist. Wo möglich, wird ein entsprechender Bezug der Data Warehousing Workbench hergestellt.

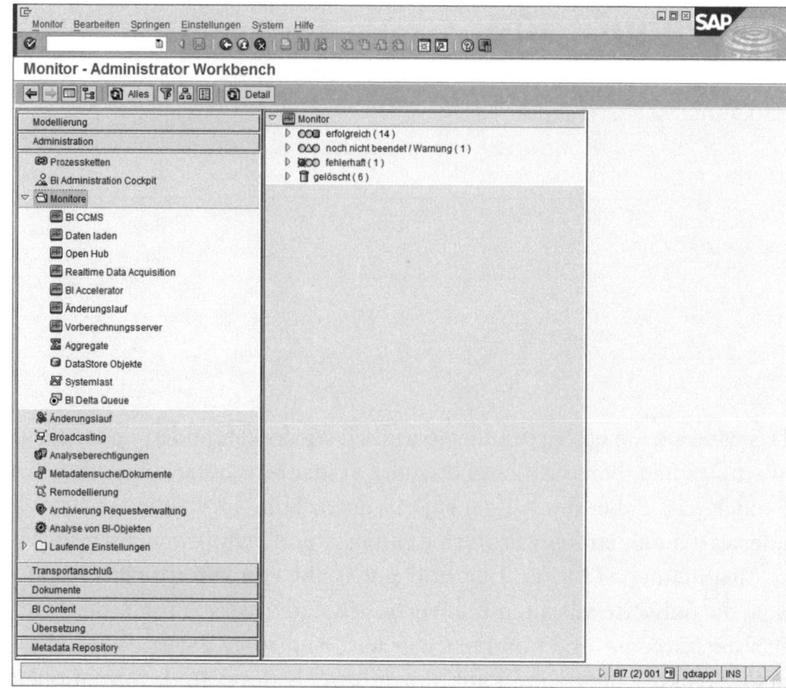

Abb. 31–1 *Monitoring im Administrationsbereich der DWWB*

31.1 Anwendungs-Log

Als Basistechnologie des Monitoring stellt das BW das sogenannte Anwendungs-Log zur Verfügung. In diesem werden eine Vielzahl von Informationen hinterlegt, die von der Definition von Metadaten über die Datenziel-Administration bis zu Staging-Prozessen reichen. Zahlreiche Protokolleinträge werden sogar mehrfach vorgenommen, z.B. Roll-Up-Protokolle aus Sicht des jeweiligen BasisCubes und aus Sicht der betroffenen Requests.

Das Anwendungs-Log ist über die Transaktion `SLG1` zu erreichen und gliedert sich in eine hierarchische Struktur aus ***Objekten*** und ***Unterobjekten*** (siehe Abb. 31–2).

Alle zeitlich und inhaltlich zusammengehörigen Protokolleinträge werden zusätzlich durch eine ***externe Identifikation*** verbunden und lassen eine genauere Kategorisierung zu, z.B. innerhalb des Protokoll-Unterobjekts Monitor alle Roll-Up-Prozesse zu einem BasisCube.

Zur Protokollierung sind über 900 Objekte und noch mehr unterschiedliche externe Identifikationen vorhanden, in denen identische Informationen oft mehrfach abgelegt sind oder die für das Monitoring der Staging-Prozesse nicht von Belang sind. Relevant ist vielmehr eine kleine Auswahl von Protokolleinträgen, vor allem Einträge unter dem Objekt RSSM und dem Unterobjekt MON (Monitor).

Externe Identifikationen zu den Protokoll-Objekten Scheduler und Monitor

Nähere Informationen über die Art des Protokolls gibt bei Scheduler und Monitor erst die externe Identifikation. Die nachfolgende Tabelle fasst die für das Monitoring relevanten Einträge zusammen.

Protokoll-Objekt RSSM (Scheduler, Monitor, Tree-Callback)	
Protokoll-Unterobjekt MON (Monitor)	
-DELET-<DATENZIEL>	Löschen eines Requests auf dem Datenziel <DATENZIEL>
<REQUEST-ID>-DELETE_FROM_PSA	Löschen des Requests <REQUEST-ID> aus der PSA
BI_PROCESS_ATTRIBCHAIN	Change Run durch Prozesskette
BI_STRU _EXT	Change Run im Dialog
BI_STRU<JOBNAME>_EXT	Change Run im Batch
MON:PROTOCOLL_ACTION-AGGR1-<CUBE>	Roll-up von Aggregaten zum BasisCube <CUBE>
MON:PROTOCOLL_ACTION-AGGR2-<CUBE>	Neuaufbau von Aggregaten zum BasisCube <CUBE>
MON:PROTOCOLL_ACTION-COMPR-<CUBE>	Komprimieren des BasisCube <CUBE>
MON:PROTOCOLL_ACTION-DELET-<CUBE>	Selektives Löschen von Daten im BasisCube <CUBE>
MON:PROTOCOLL_ACTION-NULLELIM-	Null-Eliminierung durch das Programm RSCDS_NULLELIM
MON:PROTOCOLL_ACTION-ODSAC-<ODS>	Aktivieren der ODS-Daten in ODS-Objekt <ODS>
REBU_<id>-BUILD-<DATENZIEL>	Neuaufbau des Datenziels <DATENZIEL>
RSMDATASTATE_<DATENZIEL>	Anpassen des ReadPointers im Datenziel <DATENZIEL>

Das allgemeine Monitoring ist vor allem geeignet, um Staging-Prozesse im Fehlerfall genauer zu untersuchen und um bei Bedarf eine historische Betrachtung der Vorgänge im BW zu erhalten. Zur generellen Kontrolle von Ladevorgängen bzw. Prozessketten hingegen bietet das BW bessere Möglichkeiten.

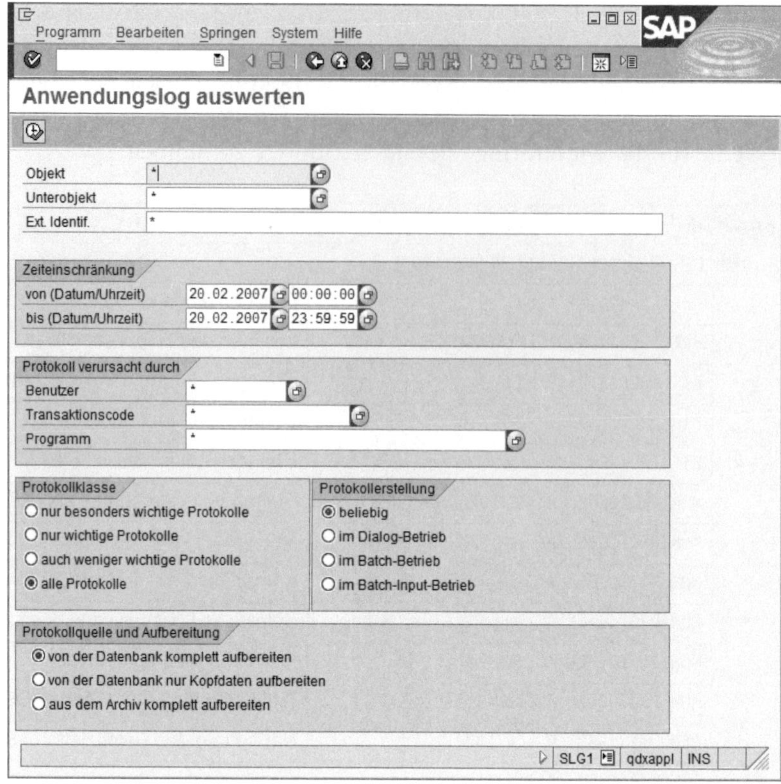

Abb. 31–2 *Anzeige des Anwendungs-Logs*

31.2 Datenziel-Administration

Um einen aktuellen Status zur Verarbeitung von Datentransferprozessen zu erhalten, ist ein Blick in die Datenziel-Administration sehr einfach und oftmals genauso hilfreich wie das Anwendungs-Log (zumindest dann, wenn keine Fehler auftreten). Die Datenziel-Administration ist über die Standard-Funktion beim Aufruf des jeweiligen DataStore-Objekts oder BasisCubes zu erreichen (siehe Abb. 31–3).

Innerhalb der Datenziel-Administration werden in der Registerkarte *Requests* sämtliche in diesem Datenziel verbuchten Requests dargestellt. Je nachdem, ob es sich dabei um ein DataStore-Objekt oder um einen BasisCube handelt, werden darüber hinaus weitere Status dargestellt.

Im Falle der Datenziel-Administration für BasisCubes (siehe Abb. 31–4) sind dies die folgenden Status:

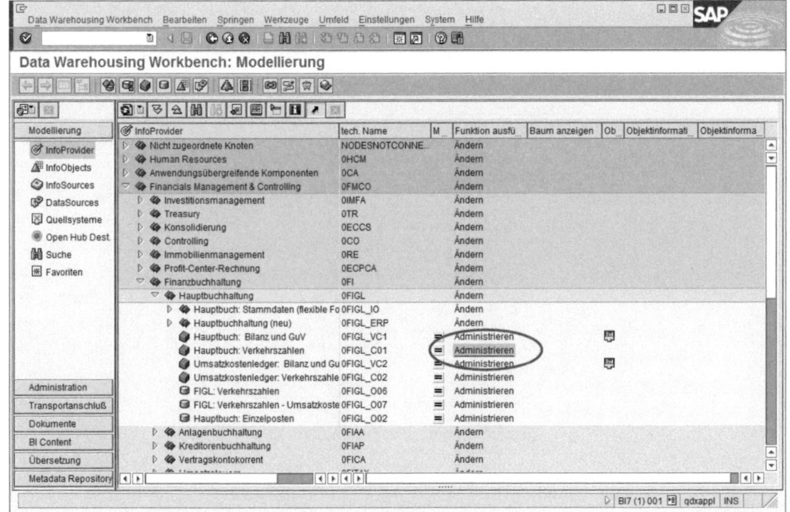

© SAP AG

Abb. 31–3
Datenziel-Administration

- **Request für das Reporting verfügbar:**
  Ein Request ist für das Reporting verfügbar, wenn er die Kriterien des Status *qualok* erfüllt, wenn also er selbst und alle vor ihm liegenden Requests fehlerfrei und in Aggregate hochgerollt sind (vgl. Kapitel 10.1.1).
- **Komprimierungs-Status des InfoCubes:**
  Der Komprimierungs-Status gibt an, ob der Request gerade komprimiert wird (Summenzeichen im Statusfeld) oder fertig komprimiert ist (Haken im Statusfeld).
- **Komprimierungs-Status der Aggregate:**
  Der Komprimierungs-Status für Aggregate gibt an, ob der Request auch in den Faktentabellen der Aggregate komprimiert ist. Die Komprimierung der Aggregate kann entweder im Anschluss an den Roll Up oder im Zuge der Cube-Komprimierung erfolgen (vgl. Kapitel 7.1). Die in Abbildung 31–4 dargestellte Situation, dass zwar Request 85 in den Aggregaten komprimiert ist, Request 91 jedoch nicht, ist in der Praxis übrigens unwahrscheinlich, da Requests nach dem Roll Up grundsätzlich entweder in Aggregate komprimiert werden oder nicht.
- **Data-Mart-Status des Requests:**
  Der Data-Mart-Status gibt an, ob der Request aus dem BasisCube extrahiert und in weitere Datenziele verbucht wurde. Das Symbol im Data-Mart-Status ist in diesem Fall gleichermaßen ein Button, mit dessen Hilfe eine Übersicht derjenigen Datenziele aufgerufen werden kann, an die der Request weitergegeben wurde.

Abb. 31–4
Datenziel-Administration bei BasisCubes

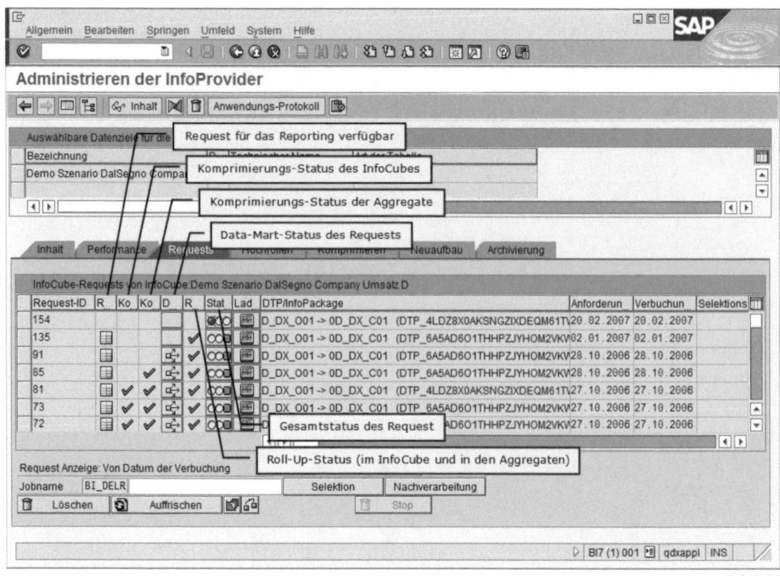

© SAP AG

- **Roll-Up-Status (im InfoCube und in den Aggregaten):**
  Ist der Roll-Up-Status gesetzt, so ist der betreffende Request in alle Aggregate des Cubes hochgerollt, womit der Request in der Regel auch für das Reporting verfügbar ist.
- **Gesamtstatus des Request:**
  Dies ist der Gesamtstatus des DTP-Requests. Das Statusfeld ist dabei gleichzeitig auch ein Button, durch dessen Betätigung der Status gepflegt bzw. übersteuert werden kann.

Im Falle der Datenziel-Administration für DataStore-Objekte (siehe Abb. 31–5) existieren folgende Status:

- **Request für das Reporting verfügbar:**
  Der Haken in diesem Status besagt in erster Linie, dass der Request vollständig verbucht und aktiviert worden ist und damit zur Weiterverarbeitung zur Verfügung steht (oder bereits weiterverbucht wurde). Wird das DataStore-Objekt gleichzeitig als Grundlage der Datenanalyse genutzt, so zeigt dieser Status gleichzeitig die Verfügbarkeit des Requests für die Datenanalyse an.
- **Request-ID im Change Log:**
  Wurde der jeweilige Request vollständig verbucht und aktiviert, so zeigt diese ID den Request an, der bei der Aktivierung neuer Daten im Change Log des DataStore-Objekts erzeugt wurde.

Die Funktionen von Data-Mart-Status und Gesamtstatus gleichen denen in der Cube-Administration.

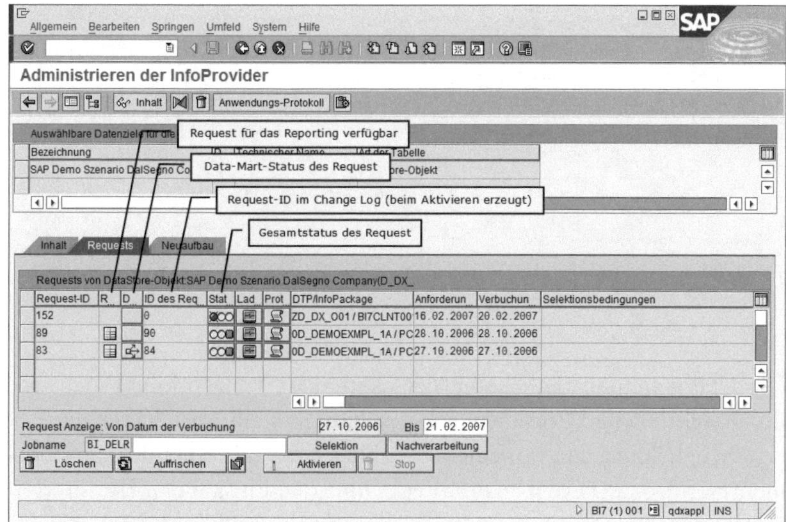

© SAP AG

Abb. 31–5
Datenziel-Administration bei DataStore-Objekten

31.3 Monitoring von Prozessketten

Für das Monitoring von Prozessketten existieren spezielle Tools, mit deren Hilfe die Überwachung des Regelbetriebs auf drei Ebenen stattfinden kann:

- Auf Ebene des Gesamtstatus wird ein Überblick über ausgewählte Prozessketten gegeben.
- Auf Ebene der Prozessschritte wird die Verarbeitung der Prozessschritte einer ausgewählten Prozesskette dargestellt.
- Auf Detail-Ebene werden zu einem ausgewählten Prozessschritt detaillierte Informationen gegeben.

Die Ebenen des Monitoring werden in den nachfolgenden Kapiteln erläutert.

31.3.1 Überblick über ausgewählte Prozessketten

Ein Überblick über den Gesamtstatus mehrerer Prozessketten liefert die Transaktion `RSPCM` bzw. das Programm `RSPC_MONITOR`. Innerhalb der Transaktion sind (systemweit) diejenigen Prozessketten festzulegen, deren jeweils letzter Ausführungsstatus im Überblick dargestellt werden soll (siehe Abb. 31–6).

Durch das Anklicken einer Prozesskette kann aus der Übersicht in das Monitoring der ausgewählten Prozesskette verzweigt werden.

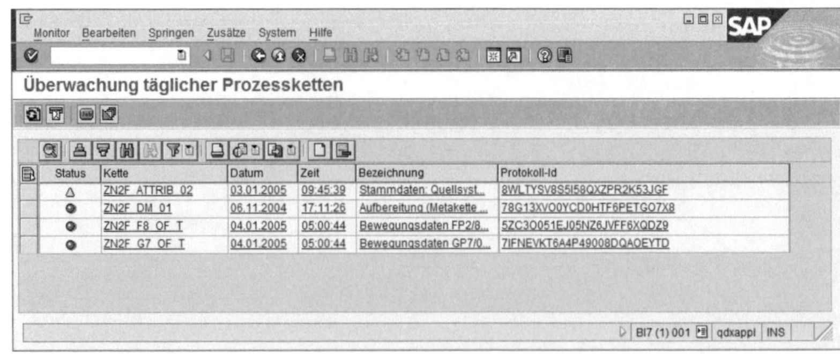

Abb. 31–6
Überwachung täglicher Prozessketten

Die Überwachung täglicher Prozessketten ist konzeptionell nicht für den beschriebenen Einsatzzweck geschaffen, stellt aber leider die einzige Möglichkeit dar, um einen Überblick über den Ausführungsstatus mehrerer Prozessketten zu erhalten. Ohne den Einsatz der Transaktion `RSPCM` kann das Monitoring nur in der Protokollsicht einer ausgewählten Prozesskette erfolgen (siehe Kapitel 31.3.2).

Alert-Monitoring

Die eigentliche Aufgabe der Überwachung täglicher Prozessketten besteht darin, ausgewählte Nachrichtenempfänger nach Art eines Alert-Monitors in periodischen Abständen aktiv über fehlerhaft ausgeführte Prozessketten zu informieren.

Die Nachrichtenempfänger können in der Transaktion `RSPCM` hinterlegt werden. Die periodische Überprüfung des Prozessketten-Status wird erreicht, indem das Programm `RSPC_MONITOR` nicht durch Aufruf der Transaktion `RSPCM`, sondern durch einen Hintergrundjob gestartet wird. Das Programm arbeitet damit auf unterschiedliche Weise entweder als Statusüberblick und Customizing-Tool oder als Alert-Monitor, je nachdem, ob das Programm im Dialog oder im Batch gestartet wird.

Bei der Ausführung des Alert-Monitors werden alle fehlerhaften Prozessketten gemeldet, die zur Überwachung vorgesehen sind. Berücksichtigt wird dabei der Status der letzten Ausführung einer Prozesskette. Wird der Alert-Monitor dabei öfter ausgeführt als eine Prozesskette, so wird derselbe Fehlerstatus dieser Prozesskette mehrmals, d.h. bei jeder Ausführung des Alert-Monitors, gemeldet.

Die beabsichtigte Anwendung des Alert-Monitors besteht daher darin, täglich laufende Prozessketten täglich zu überwachen. Dies begründet die Bezeichnung des Alert-Monitors als »Überwachung täglicher Prozessketten«, obwohl es in keiner Weise technisch erforderlich ist, dass Alert-Monitor oder Prozessketten synchron oder gar täglich ausgeführt werden.

In der Praxis ist die Transaktion `RSPCM` allerdings als Alert-Monitor eher unbrauchbar, da die zu überwachenden Prozessketten systemweit und nicht etwa user- oder rollenspezifisch definiert werden können. Teilen sich mehrere Anwendungen ein BW-System, so sind die Prozessketten dieser Anwendungen nur gemeinsam zu überwachen.

31.3.2 Monitoring einer ausgewählten Prozesskette

In das Monitoring einer ausgewählten Prozesskette gelangt man im besten Fall über die Transaktion RSPCM, sofern diese konfiguriert ist (siehe vorangegangenes Kapitel). Wird die Transaktion RSPCM nicht genutzt, so kann das Monitoring ebenso durch Aufruf der Protokollsicht einer Prozesskette erreicht werden. Zu diesem Zweck kann im Administrationsbereich der Data Warehousing Workbench die jeweilige Prozesskette ausgewählt und anschließend die Protokollsicht der Kette aufgerufen werden (siehe Abb. 31–7).

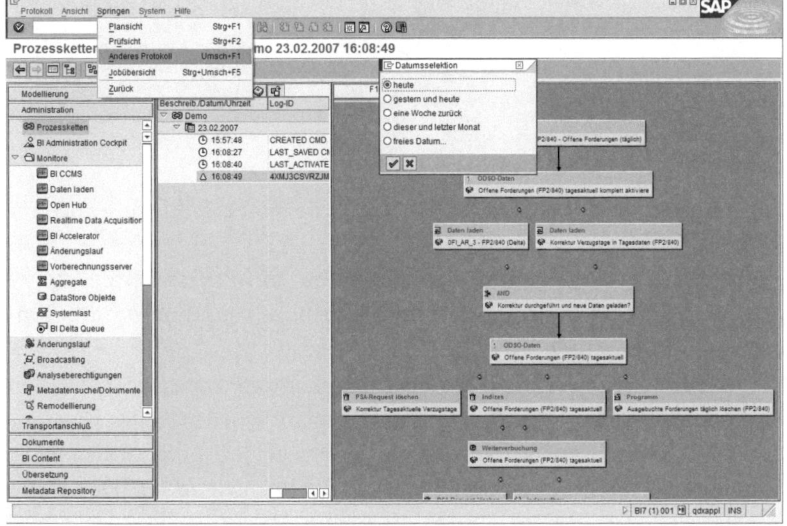

Abb. 31–7
Protokollsicht einer Prozesskette

In der Protokollsicht werden alle Prozessschritte ebenso angezeigt, wie sie in der Prozesskettenpflege definiert wurden. Zusätzlich werden ausgeführte Prozessschritte je nach Fehlerstatus entweder in Grün oder Rot angezeigt. Noch nicht ausgeführte Prozessschritte werden in Grau dargestellt. Die Verknüpfungen zwischen Prozessschritten werden gestrichelt dargestellt, wenn die entsprechenden Events noch nicht ausgelöst wurden.

Wurde ein Prozessschritt fehlerhaft ausgeführt, so kann er im Falle der meisten Prozesstypen im Kontextmenü erneut gestartet werden. Die Protokollsicht der Prozesskette führt in einem solchen Fall sowohl

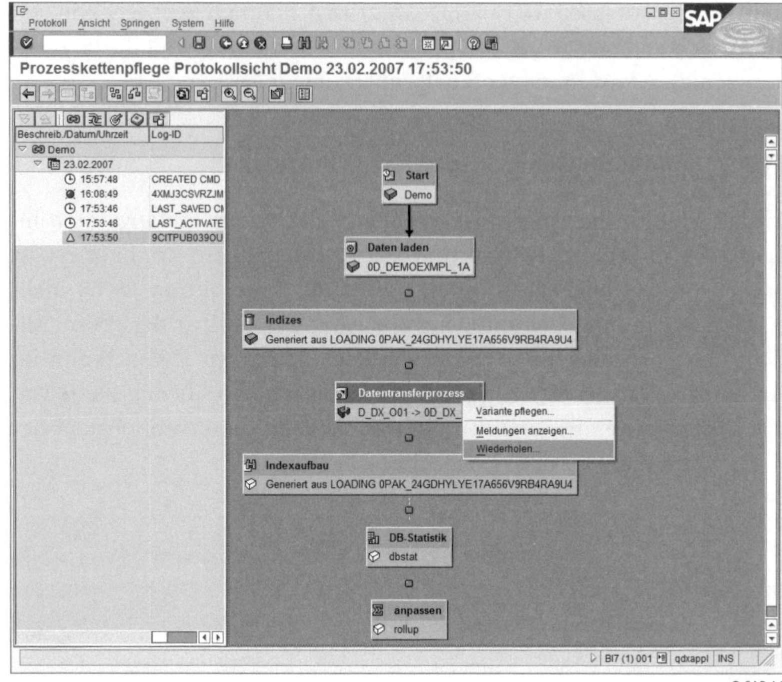

Abb. 31–8 *Protokollsicht bei der Wiederholung von Prozessschritten*

© SAP AG

die ursprüngliche fehlerhafte als auch die erneute Ausführung auf (siehe Abb. 31–8).

Werden Änderungen an der Definition von Prozessketten vorgenommen, die bereits im Einsatz sind, so gibt es eine Reihe von Besonderheiten zu beachten.

Unbekannte Jobs

Werden Prozessschritte aus einer Prozesskette entfernt, so werden die entsprechenden Jobs, die bereits eingeplant wurden, unter Umständen nicht korrekt ausgeplant. Nach derartigen Jobs, die zwar auf die Events der Prozesskette reagieren, aber nicht mehr in der Definition der Prozesskette enthalten sind, wird beim Aufruf der Prozesskettenpflege und Protokollsicht gesucht.

Wird ein solcher »Zombi-Job« gefunden, so wird er als Prozessschritt der Kette unter dem Prozesstyp »unbekannter Job« angezeigt. Da derartige Konstellationen nicht immer bei der Entwicklung von Prozessketten auffallen, ist es Aufgabe des Monitorings, derartige Jobs aus der Jobverwaltung zu entfernen. Dazu verzweigt man am besten im Kontextmenü des entsprechenden Prozessschritts in die Job-Übersicht und löscht ihn dort. Beim nächsten Aufruf der Protokollsicht wird der »Zombi-Job« dann nicht mehr in der Prozesskette aufgeführt.

Monitoring älterer Logs

Beim Monitoring einer Prozesskette können nicht nur der aktuelle Prozesskettenlauf, sondern auch ältere Ausführungen ausgewählt und untersucht werden.

Die Struktur des Protokolls leitet sich aus der jeweils aktuellen Definition einer Prozesskette ab. Wird eine Prozesskette verändert, so werden alle alten Protokolle gelöscht. Existieren zum Zeitpunkt der Änderung noch laufende Prozessketten, so werden ihre Protokolle zwar nicht gelöscht, es werden jedoch nur noch diejenigen Prozessschritte aufgeführt, die auch noch in der neuen Definition der Prozesskette enthalten sind. Eine Änderung laufender Prozessketten sollte aus diesem Grund vermieden werden.

31.3.3 Detailinformationen eines ausgewählten Prozessschritts

Das Monitoring der Prozessschritte einer ausgewählten Prozesskette bietet einen guten Überblick über den aktuellen Status einer Prozesskette und kann ggf. genutzt werden, um Fehler der Vergangenheit zu rekonstruieren.

In speziellen Situationen, insbesondere wenn einzelne Prozessschritte fehlerhaft ausgeführt wurden, reichen die zusammengefassten Informationen des Prozessketten-Logs nicht aus, um den Fehler genauer zu untersuchen.

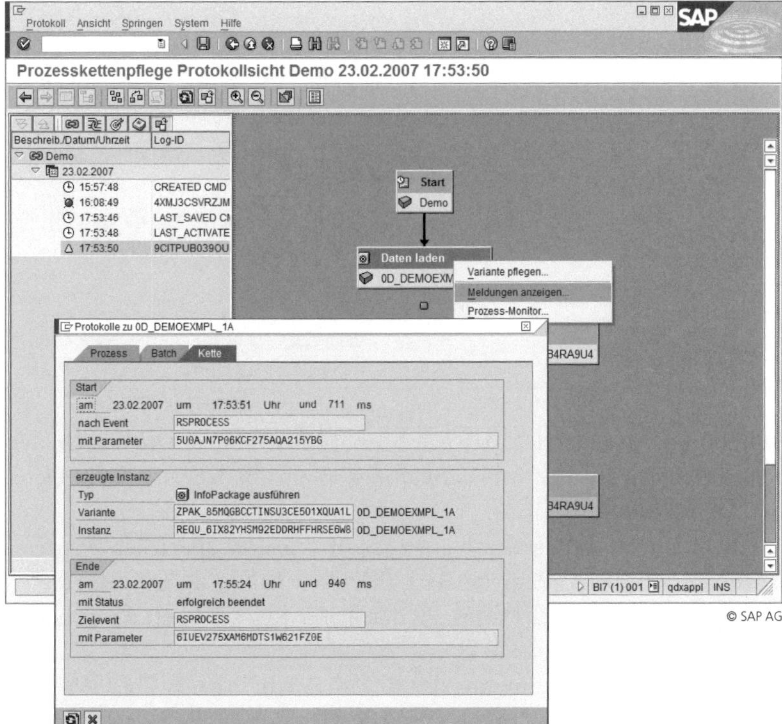

Abb. 31-9

Prozessketten-Log: Registerkarte Kette

Daher können zur genaueren Untersuchung eines Prozessschritts im Kontext-Menü des jeweiligen Prozesses Detailinformationen abgerufen werden Die Detailinformationen eines Prozessschritts sind in die Registerkarten ***Kette***, ***Batch*** und ***Prozess*** geliedert.

Detailinformationen Kette

Die Registerkarte *Kette* enthält Informationen zu Start und Ende des Prozesses sowie zur erzeugten Instanz (siehe Abb. 31–9).

Detailinformationen Batch

Informationen, die aus dem Job-Log des jeweiligen Prozesses zu entnehmen sind, werden in der Registerkarte *Batch* zusammengefasst (siehe Abb. 31–10).

Abb. 31–10
Prozessketten-Log: Registerkarte Batch

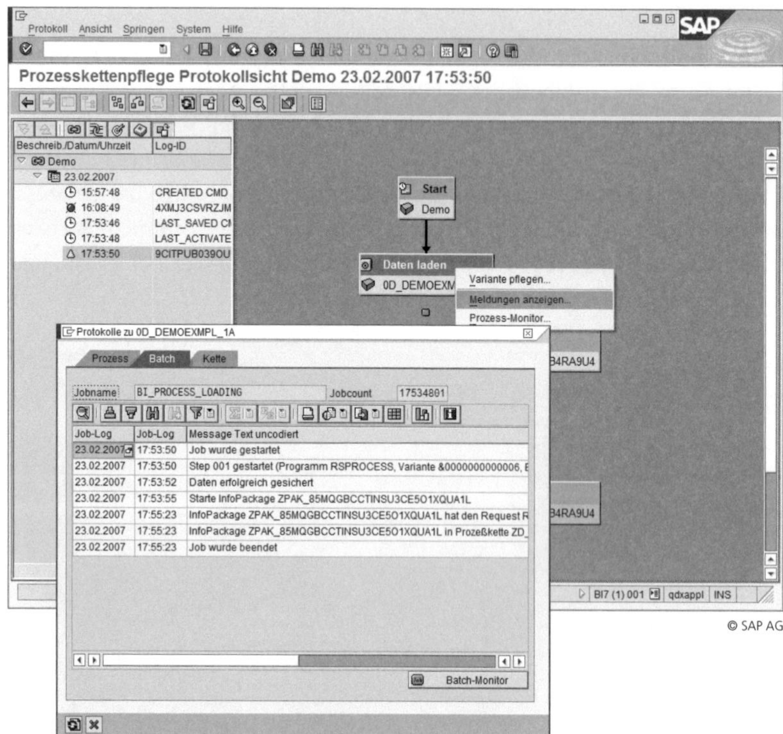

Durch die Anzeige der Batch-Informationen erspart man sich den manuellen Aufruf der Job-Verwaltung, denn die Registerkarte bietet alle Protokolle zum Job an.

Detailinformationen Prozess

Bei einigen Prozessen bietet das BW einen speziellen Prozess-Monitor (z.B. bei Ladeprozessen). In diesen Fällen schreibt der jeweilige Prozess ein eigenes Protokoll, das in der Registerkarte *Prozess* einzusehen ist (siehe Abb. 31–11).

Darüber hinaus kann aus der Registerkarte Prozess über den Button »Prozess-Monitor« in das spezielle Monitoring verzweigt werden.

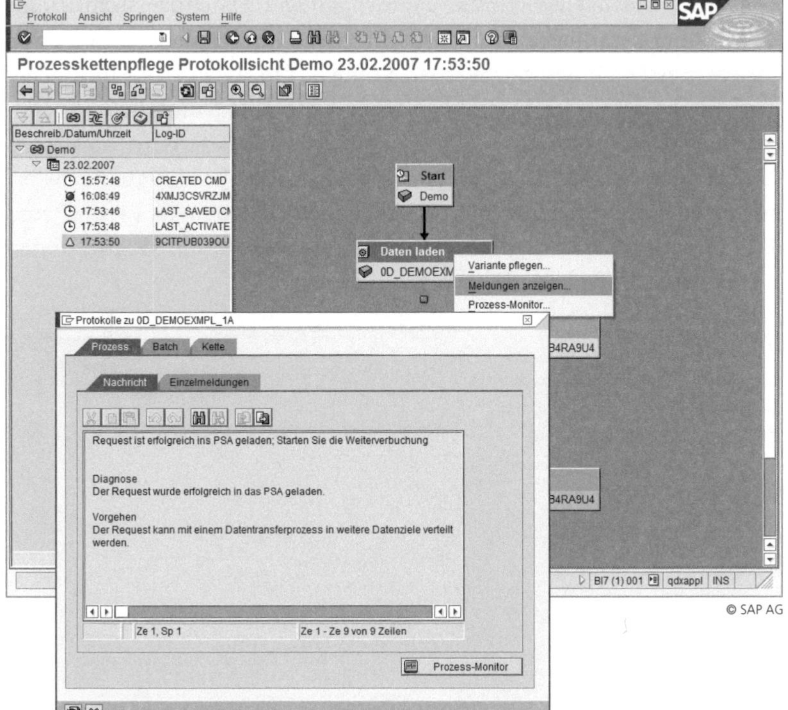

Abb. 31–11
Prozessketten-Log: Registerkarte Prozess

31.4 Monitoring von Ladeprozessen

Insbesondere Extraktions- und Datentransferprozesse können im BW sehr komplex und laufzeitintensiv sein. Um den Fortschritt einzelner Ladeprozesse zu überwachen und die Fehlerfreiheit zu kontrollieren, stellt das BW ein entsprechendes Monitoring-Tool bereit.

Dabei handelt es sich um den Ladeprozess-Monitor im Administrationsbereich der Data Warehousing Workbench (vgl. Abb. 31–1 auf Seite 680), der mit Hilfe der Transaktion RSMO direkt aufzurufen ist. In diesem Monitor sind Extraktions- und Datentransferprozesse zusammen in einer Baumdarstellung (bestehend aus Datum, Status, DataSource etc.) angeordnet, die individuell angepasst werden kann (siehe Abb. 31–12).

Der Ladeprozess-Monitor der Data Warehousing Workbench stellt einen Überblick über ausgeführte Ladeprozesse dar und weist damit in erster Linie den Status der Ladeprozesse aus. Dabei bedeutet

- Rot = Der Request ist fehlerhaft
- Gelb = Der Request ist noch in Arbeit
- Grün = Der Request ist fehlerfrei
- Gelöscht = Der Request wurde aus der PSA gelöscht, Monitor-Protokolle stehen jedoch zur Verfügung

Zusätzlich verfügen Extraktionsprozesse und Datentransferprozesse jeweils über detaillierte Monitor-Funktionen, die durch Auswahl eines Ladeprozesses aufgerufen werden können. Ob dabei das Monitoring für Extraktions- oder Datentransferprozesse aufzurufen ist, entscheidet das BW sebstständig.

Das detaillierte Monitoring von Extraktions- und Datentransferprozessen wird in den nachfolgenden beiden Kapiteln (31.4.1 und 31.4.2) erläutert. Zusätzlich werden in Kapitel 31.4.3 Möglichkeiten zur Fehlersuche in Ladeprozessen aufgezeigt.

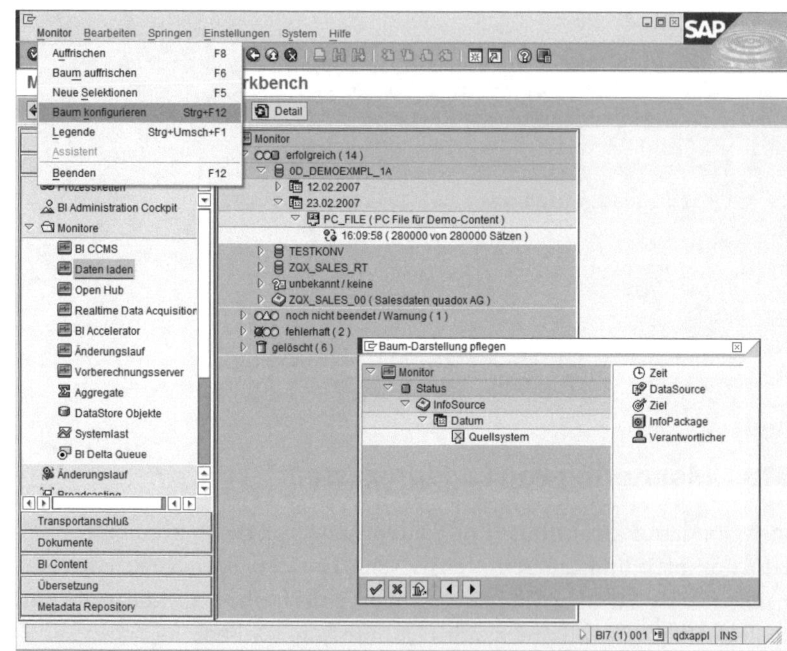

Abb. 31–12 *Monitoring von Ladeprozessen*

31.4.1 Monitoring von Extraktionsprozessen

Das Monitoring von Extraktionsprozessen gliedert die Protokollinformationen zu einer Extraktion in ***Kopfdaten***, ***Statusinformationen*** und ***Detailinformationen***.

Request-Kopfdaten

Die Kopfdaten eines Requests enthalten diejenigen Informationen, durch die der Request definiert ist. Dabei handelt es sich um:

- **Die Request-ID:** Die Request-ID wird beim Start eines Ladevorgangs ermittelt und ist systemübergreifend eindeutig. Der Request ist somit immer genau über diese ID wiederzufinden. Aus der Request-ID wird auch die SID ermittelt[1], die in der Paketdimension von BasisCubes abgelegt wird.

- **Startzeit und Laufzeit:** Der Startzeitpunkt ist immer der Startzeitpunkt des entsprechenden InfoPackages im BW. Die Laufzeit errechnet sich bis zu dem Zeitpunkt, an dem der Request vollständig in der PSA verbucht wurde. Im Falle des direkten Staging gilt der Zeitpunkt, zu dem die Daten in den Stammdaten eines InfoObjekts verbucht wurden.
- **Gliederungsdaten:** Diejenigen Informationen, durch die ein Request definiert ist (DataSource, Quellsystem, InfoPackage etc.) werden ebenfalls in den Kopfdaten abgelegt. Die meisten dieser Informationen können auch der Baumdarstellung im Monitor entnommen werden (siehe oben).
- **Verarbeitungsstatus:** Im Verarbeitungsstatus werden vereinfacht Informationen zum aktuellen Verarbeitungsstand des Requests gegeben. Dies umfasst das aktuelle Verarbeitungsziel[2] und den Extraktionsmodus.

In Abbildung 31–13 sind die Kopfdaten eines Requests beispielhaft dargestellt.

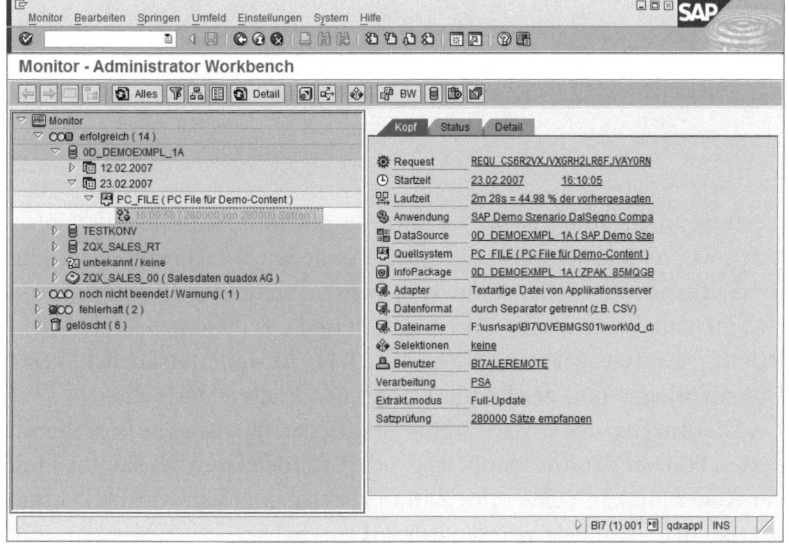

Abb. 31–13
Request-Kopfdaten im Monitor

---

1. Die Zuordnung ist in der SID-Tabelle `/BI0/SREQUID` des InfoObjektes `0REQUID` hinterlegt.
2. Beim neuen Staging des BW 7 immer »PSA«; beim direkten Staging auch »PSA und Datenziele parallel«, »PSA und Datenziele seriell«, »nur Datenziele« und »aus PSA in Datenziele«.

Request-Statusinformationen

Die Statusinformationen liefern einen Überblick über den Fehlerstatus eines Requests, der in Form einer Ampel dargestellt wird (siehe Abb. 31–14). Dabei bedeutet

- Rot = Der Request ist fehlerhaft
- Gelb = Der Request ist noch in Arbeit
- Grün = Der Request ist fehlerfrei

Abb. 31–14
Request-Statusinformationen im Monitor

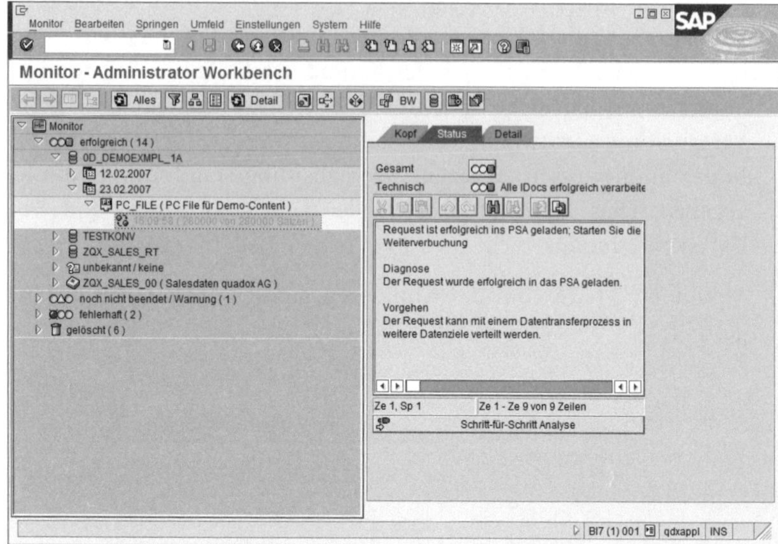

Auch wenn ein Request-Status in den Statusinformationen als fehlerhaft gewertet wird, kann es gewünscht sein, den Status manuell als fehlerfrei einzustufen. Dies kann zum Beispiel dann der Fall sein, wenn eine Datenlieferung keine Daten enthält und aus diesem Grund als fehlerhaft bewertet wird (vgl. Kapitel 23.1), obwohl tatsächlich keine Daten vorlagen und der Request somit inhaltlich fehlerfrei ist.

Die Anzeige des Gesamtstatus ist gleichzeitig auch ein Button, mit dessen Hilfe der Status manuell geändert werden kann. Zusammen mit der Änderung kann eine Information abgelegt werden, warum der Status manuell verändert wurde (siehe Abb. 31–15).

Zum Übersteuern des Gesamtstatus eines Requests müssen die Protokolleinträge des Requests vollständig vorhanden sein. Dies ist nicht mehr der Fall, wenn Request-Verwaltungsinformationen archiviert wurden (siehe Kapitel 31.4). Achten Sie daher darauf, dass alle Tätigkeiten zur Pflege von Statusinformationen ohne Verzug, in jedem Falle aber innerhalb der Archivierungszeiträume, durchgeführt werden.

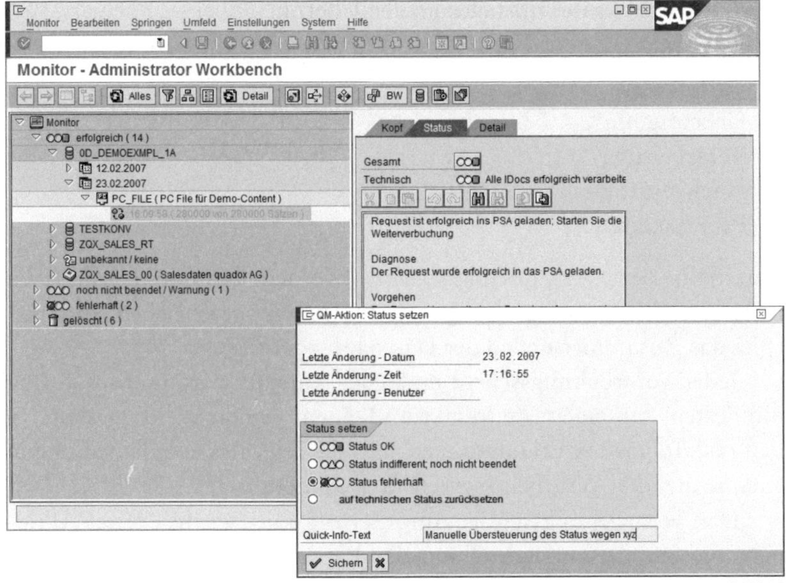

Abb. 31–15
Manuelle Übersteuerung des Request-Status im Monitor

© SAP AG

Der ursprüngliche Status eines Requests wird durch die manuelle Übersteuerung nicht vollständig überschrieben. Stattdessen bleibt dieser Status als sogenannter *technischer Status* immer zusätzlich gespeichert und kann nicht verändert werden.

Request-Detailinformationen

Die Detailinformation eines Requests liefert genaue Informationen über dessen Verarbeitungsschritte (siehe Abb. 31–16).

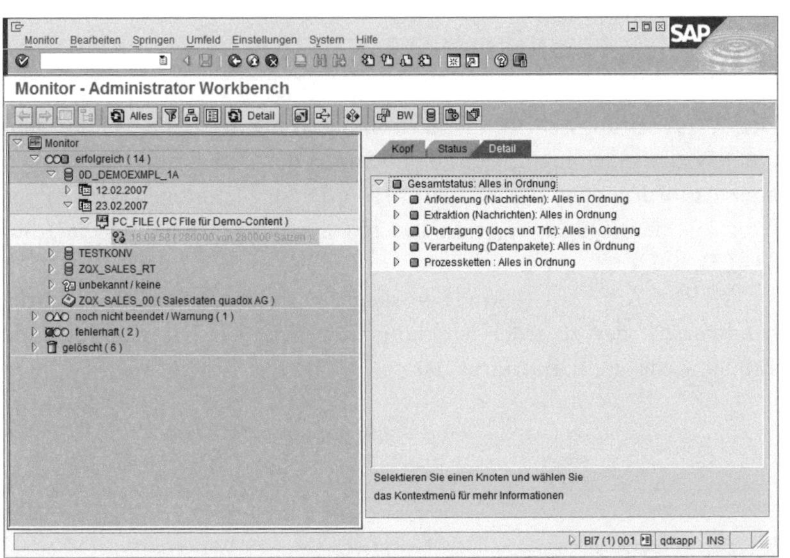

Abb. 31–16
Request-Detailinformationen im Monitor

© SAP AG

Die Verarbeitungsschritte sind untergliedert in:

- Anforderung
- Extraktion
- Übertragung
- Verarbeitung
- Nachverarbeitung
- Prozessketten

Innerhalb der Verarbeitungsschritte werden bestimmte Aktionen näher detailliert und durch sogenannte *Aufrufer* beschrieben (zum Beispiel das Zusammenstellen der Datenanforderung).

Jeder Verarbeitungsschritt und jeder Aufrufer wird im Monitoring mindestens mit einem Zeitpunkt und einem Fehlercode dargestellt. In den nachfolgenden Erläuterungen sind die relevanten Aufrufer zu den entsprechenden Verarbeitungsschritten aufgeführt[3].

Anforderung

Der Verarbeitungsschritt ***Anforderung*** gliedert diejenigen Aktionen, die zur Zusammenstellung der Extraktionsanforderung an das Quellsystem und die Quittierung der Anforderung vom Quellsystem ausgeführt werden.

Die Aufrufer innerhalb der Anforderung sind in der nachstehenden Tabelle zusammengefasst.

Aufrufer	Bedeutung
01	Beginn der Datenanforderung
02	Ende der Datenanforderung/Quittieren der Anforderung von Quellsystem
09	Info-IDoc (RQSTATE)

Extraktion

Der Verarbeitungsschritt ***Extraktion*** fasst die Meldungen aus dem Quellsystem zusammen, welche den Status der Extraktion beschreiben oder Anforderungen des BW quittieren. Diese Meldungen werden per IDoc aus dem Quellsystem an das BW-System gesendet[4] (siehe Abb. 31–17).

Welche Art von Meldung vorliegt, wird durch den IDoc-Status beschrieben, der zu jeder Meldung hinterlegt ist. Die nachfolgende Tabelle stellt alle IDoc-Status dar.

3. Eine vollständige Übersicht über alle Aufrufer kann der Wertetabelle der Domäne RSCALLER entnommen werden.
4. Auch dann, wenn die Extraktion der Daten per TRFC erfolgt.

IDoc-Status	Bedeutung
0	Datenanforderung erhalten
1	Datenselektion gestartet
2	Datenselektion läuft
5	Fehler bei Datenselektion
6	Veraltete Transferstruktur, Übertragungsregeln müssen neu generiert werden
8	Keine Daten vorhanden, Datenselektion beendet
9	Datenselektion beendet

Von besonderem Interesse sind die Meldungen, die mit dem IDoc-Status 2 gesendet werden. Diese Meldungen beschreiben die Anzahl der Datensätze, die das Quellsystem extrahiert und an das BW sendet. Diese Information wird zum Vergleich mit den tatsächlich empfangenen Datensätzen vom BW herangezogen und gibt einen Anhaltspunkt für die voraussichtliche Laufzeit des Request.

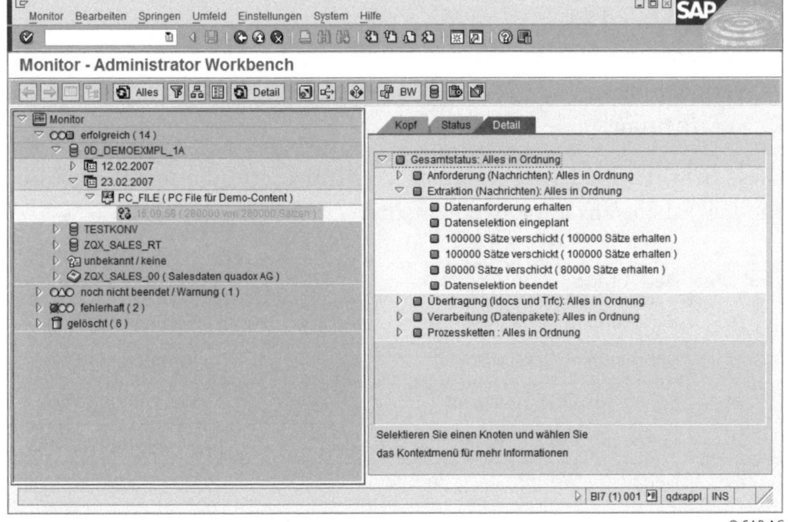

Abb. 31–17
Verarbeitungsschritt: Extraktion

Je nach gewählter Paketgröße (vgl. Kapitel 24.1.1) werden die Daten auf Pakete verteilt und entsprechend mehrere IDocs mit Status 2 an das BW gesendet.

Übertragung

Der Verarbeitungsschritt ***Übertragung*** stellt das Gegenstück zum Verarbeitungsschritt Extraktion dar. Hier werden – analog zu den Informationen aus dem Quellsystem – alle Informations-IDocs aufgelistet, die das BW an das jeweilige Quellsystem sendet.

Neben den IDocs, die zur Anforderung von Daten an das Quellsystem gesendet werden, sind hier auch alle IDocs aufgelistet, mit denen das BW einem Quellsystem den Erhalt von Datenpaketen bestätigt.

Verarbeitung

Sind Datenpakete fehlerfrei im BW angekommen, so beginnt die ***Verarbeitung*** der Datenpakete durch die Staging Engine. Im Falle der neuen DataSources des BW 7 umfasst die Verarbeitung lediglich das Ablegen der Datenpakete in der PSA.

Im Falle des direkten Staging für Master Data ist die Extraktion mit der Verbuchung von Daten in den Stammdatentabellen des jeweiligen InfoObjekts verbunden. Wie genau die Verbuchung in PSA und in den Stammdatentabellen zeitlich verzahnt ist, wird durch die Verarbeitungsoptionen im jeweiligen InfoPackage festgelegt. Je nachdem kann die Verarbeitung schon beginnen, wenn die Extraktion noch läuft, aber bereits erste Datenpakete korrekt im BW angekommen sind (vgl. Kapitel 15.4.3).

Die Verarbeitung ist im Falle des direkten Stagings der umfangreichste (und in der Regel auch laufzeitintensivste) Teil eines Extraktionsprozesses. Daher ist die Verarbeitung weiter unterteilt in:

- Verbuchung PSA
- Übertragungsregeln
- Verbuchung
- Verarbeitungsende

Diese Schritte gliedern eine Reihe von Aufrufern, die in der nachstehenden Tabelle zusammengefasst sind:

Aufrufer	Bedeutung	Verwendung in
30	Schreiben in ODS[4] gestartet	Verbuchung PSA
32	Schreiben in ODS beendet	Verbuchung PSA
36	Lesen aus ODS gestartet	Verbuchung PSA
39	Lesen aus ODS beendet	Verbuchung PSA
20	Beginn der Verarbeitung im BW	Übertragungsregeln
29	Daten wurden in die Kommunikationsstruktur geschrieben	Übertragungsregeln
60	Insert/Update in Datenbank für Bewegungsdaten	Verbuchung
61	Insert/Update in Datenbank für Texte	Verbuchung
62	Insert/Update in Datenbank für Stammdaten	Verbuchung
63	Insert/Update in Datenbank für Hierarchien	Verbuchung
66	Fehler beim Insert/Update der Datenbank für Bewegungsdaten	Verbuchung
70	Ende der Verarbeitung	Verarbeitungsende

Jeder Verarbeitungsschritt ist auf ein einzelnes Datenpaket innerhalb des protokollierten Requests bezogen, das heißt, jeder Verarbeitungsschritt wird pro Datenpaket ausgeführt (siehe Abb. 31–18).

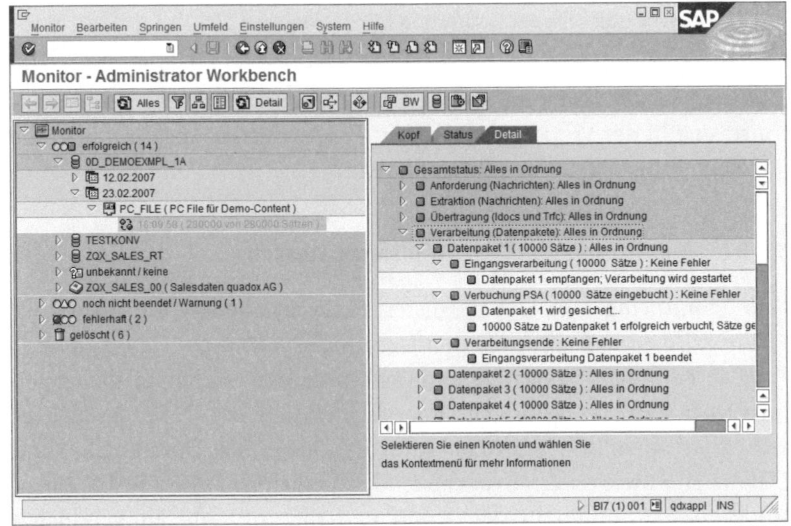

Abb. 31–18
Verarbeitungsschritt Verarbeitung

Nachverarbeitung

Beim direkten Staging von Stammdaten, Texten und externen Hierarchien ist der Staging-Vorgang mit dem Schritt *Verarbeitung* noch nicht vollständig beendet:

- Externe Hierarchien werden zunächst als inaktive Version gespeichert, die erst noch durch den Change Run aktiviert werden müssen. Werden externe Hierarchien mit der Option der automatischen Aktivierung geladen, so erfolgt diese Aktivierung im Verarbeitungsschritt *Nachverarbeitung*.
- Beim Laden von Stammdaten und Texten wird eine Verbuchungssperre gesetzt, die im Verarbeitungsschritt *Nachverarbeitung* wieder entfernt wird.

Die entsprechenden Aktionen werden im Verarbeitungsschritt ***Nachverarbeitung*** durch unterschiedliche Aufrufer protokolliert, die in der nachfolgenden Tabelle zusammengefasst sind.

Aufrufer	Bedeutung
80	Beginn zweiter Schritt für Stammdaten, Texte, Hierarchien
84	Ende Zwischenschritt für Hierarchien
89	Ende zweiter Schritt für Stammdaten, Texte, Hierarchien

Treten beim Laden von Stammdaten Fehler auf, bevor die Verbuchungssperre durch die Nachverarbeitung wieder entfernt wird, so können keine weiteren Ladeprozesse durchgeführt werden. Auch der Change Run kann dann nicht durchgeführt werden. In einer solchen Situation müssen Sie die Verbuchungssperre manuell mit Hilfe der Transaktion RS12 aufheben.

Prozessketten

Wird ein InfoPackage im Rahmen der Prozesskettensteuerung ausgeführt, so gibt der Verarbeitungsschritt ***Prozessketten*** Auskunft über die jeweilige Prozesskette und ihren Status.

31.4.2 Monitoring von Datentransferprozessen

Das Monitoring von Datentransferprozessen gliedert die Protokollinformationen in ***Kopfdaten*** und ***Detailinformationen***.

DTP-Kopfdaten

Die Kopfdaten eines Datentransferprozesses enthalten diejenigen Informationen, durch die der Request definiert ist. Dabei handelt es sich zum einen um statische Informationen, die Datenquelle und Datenziel sowie die abzuarbeitende Transformation beschreiben. Andererseits werden in den Kopfdaten die zur Laufzeit gebildeten Informationen gegeben, wobei im Falle von Delta-Extraktionen vor allem die Selektion von Bedeutung ist, durch die die selektierten Requests ausgewiesen werden.

In Abbildung 31–19 sind die Kopfdaten eines Datentransferprozesses beispielhaft dargestellt.

Abb. 31–19
DTP-Kopfinformationen im Monitor

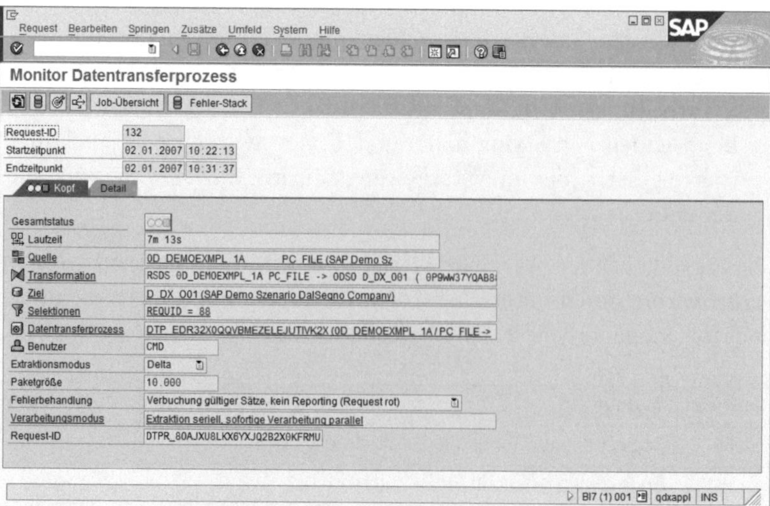

In die Kopfdaten integriert ist der Status des Requests. Ebenso wie bei der Statusverwaltung von Extraktionsprozessen ist die Statusanzeige gleichzeitig ein Button, mit dessen Hilfe der Status des Requests übersteuert werden kann. Dies ist jedoch nur möglich, wenn noch keine Folgeaktionen erfolgt sind, die auf einen bestimmten Status angewiesen waren, z.B. Aktivierung neuer Daten in einem DataStore-Objekt, Roll Up in Aggregate, Komprimierung o.Ä.

Darüber hinaus kann aus dem Monitor des DTP-Requests in den Fehler-Stack des Datentransferprozesses abgesprungen werden (vgl. Kapitel 23.5.3).

DTP-Detailinformationen

Die Detailinformationen eines Monitorprotokolls zeigen die Verarbeitungsschritte innerhalb eines Datentransferprozesses im Einzelnen auf (siehe Abb. 31–20).

Abb. 31–20 *DTP-Detailinformationen im Monitor*

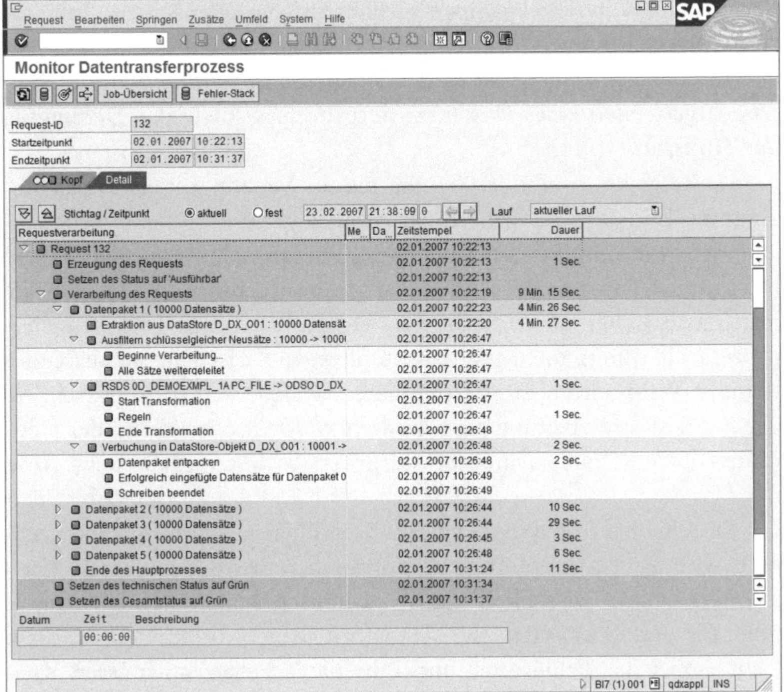

Den Kern der Detailinformationen bildet dabei die Protokollierung der Request-Verarbeitung, die sich aus der Extraktion, dem Ausfiltern schlüsselgleicher Neusätze, der Ausführung der Transformation und der Verbuchung der Ergebnisdaten in der Zielstruktur zusammensetzt.

Sofern eine InfoSource an der Transformation beteiligt ist, umfasst der Datentransferprozess beide Transformationen, die die InfoSource umschließen. Das Protokoll zur Request-Verarbeitung kann damit unter Umständen auch mehrere Transformationen einschließen.

Um besonders bei paralleler Verarbeitung einzelner Datenpakete (vgl. Kapitel 24.1.2) erkennen zu können, welche Datenpakete zu welchem Zeitpunkt beendet waren oder zusammen ausgeführt wurden, kann das Protokoll zu einem vorzugebenden Zeipunkt dargestellt werden. Zu diesem Zweck kann im einfachsten Fall ein beliebiger Verarbeitungsschritt ausgewählt werden, der zu dem fraglichen Zeitpunkt ausgeführt wurde, und im Kontextmenü der Punkt *Stichtag / Zeitstempel setzen* gewählt werden.

31.4.3 Fehlersuche in Datentransferprozessen

Insbesondere bei der Verwendung von ABAP-Routinen oder bei der Verwendung von Regelgruppen kann es zu »hausgemachten« inhaltlichen Fehlern kommen, die untersucht werden müssen.

Teil der Fehlersuche ist in der Regel die ***Untersuchung von Zwischenergebnissen*** eines Datentransferprozesses sowie das ***Debugging der Transformation***.

Untersuchung von Zwischenergebnissen

Im Vergleich zum alten Staging bis zur Version 3.x bietet das Staging mit Transformation und Datentransferprozessen keine Möglichkeit mehr zur Simulation eines Staging-Vorgangs. Stattdessen muss ein Datentransferprozess im BW 7 zwingend ausgeführt werden, um die Ergebnisse näher zu untersuchen. Dabei bietet der Datentransferprozess allerdings die Möglichkeit, diverse Zwischenergebnisse der Request-Verarbeitung zu protokollieren. Welche Verarbeitungsschritte der Request-Verarbeitung protokolliert werden sollen, ist in der Definition des jeweiligen Datentransferprozesses festzulegen (siehe Abb. 31–21).

Entscheidend ist dabei, welcher Detaillierungsgrad für die Erzeugung von Zwischenergebnissen vorgegeben wird. So können Zwischenergebnisse ausschließlich für technisch fehlerhafte Datensätze oder für alle Datensätze der Transformation protokolliert werden. Geht es bei der Fehlersuche um inhaltliche Fehler, so müssen Zwischenergebnisse zwingend für alle Sätze abgelegt werden.

Die Zwischenergebnisse der Transformation sind in den DTP-Detailinformationen abzufragen (siehe Abb. 31–22).

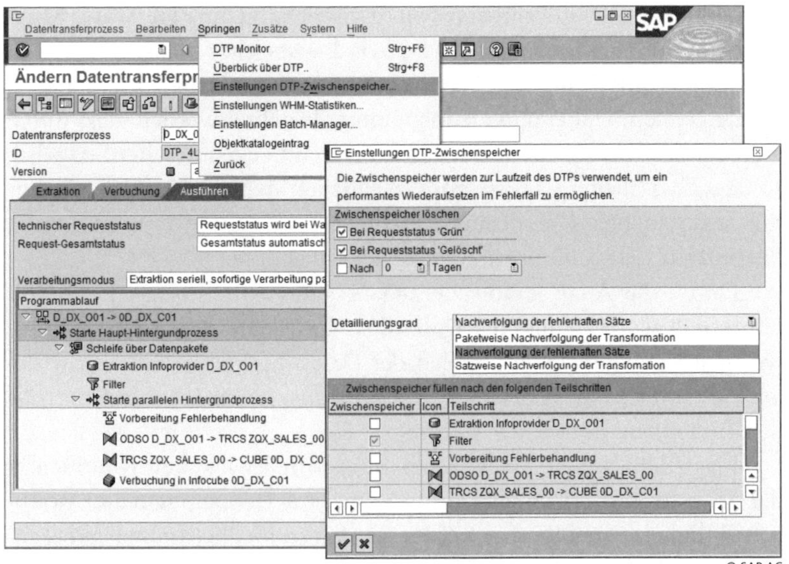

Abb. 31–21
Protokollierung von Zwischenergebnissen in Datentransferprozessen

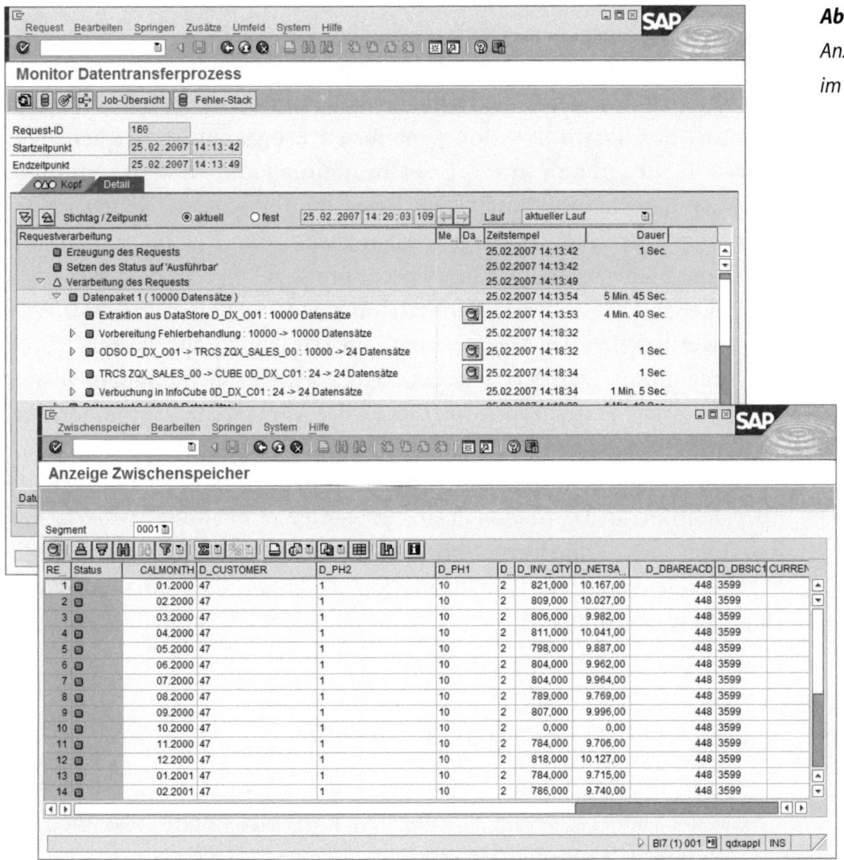

Abb. 31–22
Anzeige von Ergebnissen im DTP-Zwischenspeicher

Vorteilhaft am Protokollieren von Zwischenergebnissen ist die Möglichkeit, Informationen im DTP-Zwischenspeicher quasi auf Vorrat abzulegen, falls Fehler auftreten können und nachträglich untersucht werden sollen. Dabei muss jedoch immer beachtet werden, dass durch die Protokollierung ein Vielfaches an Datenmengen geschrieben wird, so dass Zwischenergebnisse aus Gesichtspunkten der Performance nur für ausgesuchte Datentransferprozesse und auch nur für einen begrenzten Zeitraum protokolliert werden sollten.

Debugging der Transformation

Durch die Analyse von Zwischenergebissen kann gegebenenfalls festgestellt werden, dass der Datenfluss fehlerhaft definiert ist und bei welchen Kennzahlen/Merkmalen der Datenfluss fehlerhaft ist. In vielen Fällen reicht diese Erkenntnis bereits aus, um nach einer Kontrolle der Transformation Fehler zu finden.

Liegt die Ursache eines Fehlers in selbstentwickelten Routinen in der Transformation, so hilft mitunter nur das Debugging dieser Routinen. Möglichkeiten hierfür werden an unterschiedlichen Stellen bereitgestellt, jedoch handelt es sich dabei vorrangig um Möglichkeiten, die sich die Entwickler der SAP selbst zur Verfügung gestellt haben, um mögliche Bugs ggf. besser untersuchen zu können.

Die aus Sicht des Autors wirksamste Möglichkeit zum Debugging besteht darin, zunächst die fragliche Stelle mit dem eigenen Coding in dem aus der Transformation generierten Programm zu suchen. Das generierte Programm einer Transformation kann in der Definition einer Transformation unter dem Menüpunkt *Zusätze→Generiertes Programm anzeigen* angezeigt werden (siehe Abb. 31–23).

Diese Stelle muss mit einem Breakpoint gekennzeichnet werden[5]. Anschließend muss die Transformation in einem Dialog-Prozess ausgeführt werden (bei der Verwendung von Hintergrundprozessen würde der Breakpoint ignoriert werden). Dies wird erreicht, indem in der Definition des Datentransferprozesses der Verarbeitungsmodus *seriell im Dialogprozess* gewählt wird (siehe Abb. 31–24).

Das Ausführen des Datentransferprozesses kann anschließend über den Button *Simulieren* gestartet werden. Dabei werden zwar alle Routinen der Transformation durchlaufen, allerdings werden die Ergebnismengen der Transformation nicht in die entsprechenden Datenziele geschrieben.

---

5. Die Routine kann alternativ auch durch den Befehl `BREAK-POINT` angewiesen werden, in den Debugger zu verzweigen.

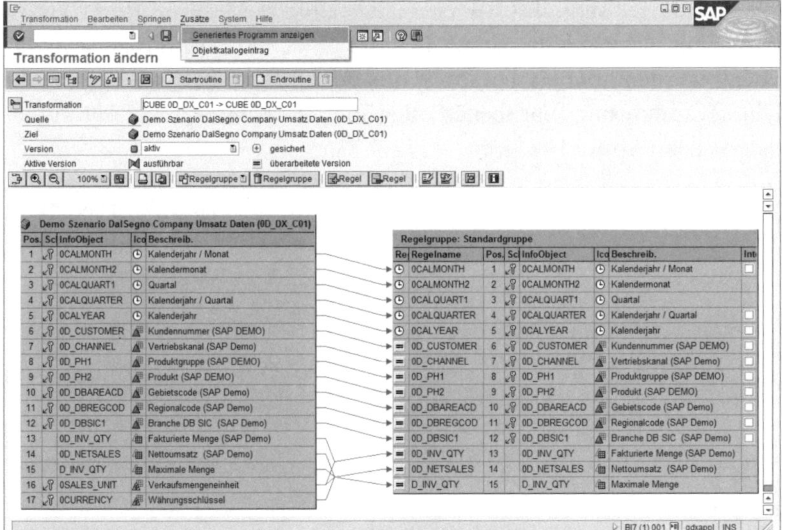

Abb. 31–23 Generiertes Programm einer Transformation anzeigen

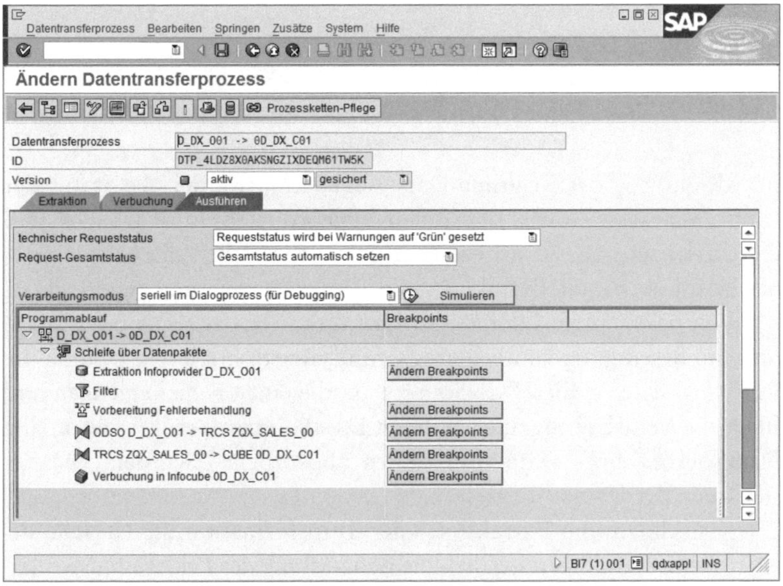

Ändern Datentransferprozess
Datentransferprozess D_DX_001 -> 0D_DX_C01
ID DTP_4LDZ8X0AKSNGZIXDEQM61TW5K
Version aktiv gesichert
Extraktion Verbuchung Ausführen
technischer Requeststatus: Requeststatus wird bei Warnungen auf 'Grün' gesetzt
Request-Gesamtstatus: Gesamtstatus automatisch setzen
Verarbeitungsmodus: seriell im Dialogprozess (für Debugging) Simulieren
Programmablauf | Breakpoints
D_DX_001 -> 0D_DX_C01
Schleife über Datenpakete
Extraktion Infoprovider D_DX_001 | Ändern Breakpoints
Filter
Vorbereitung Fehlerbehandlung | Ändern Breakpoints
ODSO D_DX_001 -> TRCS ZQX_SALES_00 | Ändern Breakpoints
TRCS ZQX_SALES_00 -> CUBE 0D_DX_C01 | Ändern Breakpoints
Verbuchung in Infocube 0D_DX_C01 | Ändern Breakpoints

Abb. 31–24 Simulation von Datentransferprozessen

31.5 Monitoring der Realtime Data Acquisition

Das Monitoring der Realtime Data Acquisition erfolgt außerhalb der Mechanismen, die für normales Staging vorgesehen sind. Es können somit weder das übergreifende Monitoring von Prozessketten noch das Monitoring der Ladeprozesse zur Überwachung der Realtime Data Acquisition genutzt werden.

Stattdessen stellt das BW ein eigenständiges Monitoring zur Verfügung, mit dessen Hilfe die Arbeitsweise der Dämon-Prozesse überwacht werden können. Dieses ist aus dem Administrationsbereich der Data Warehousing Workbench oder über die Transaktion RSRDA aufzurufen (siehe Abb. 31–25).

Abb. 31–25
Monitoring der Realtime Data Acquisition

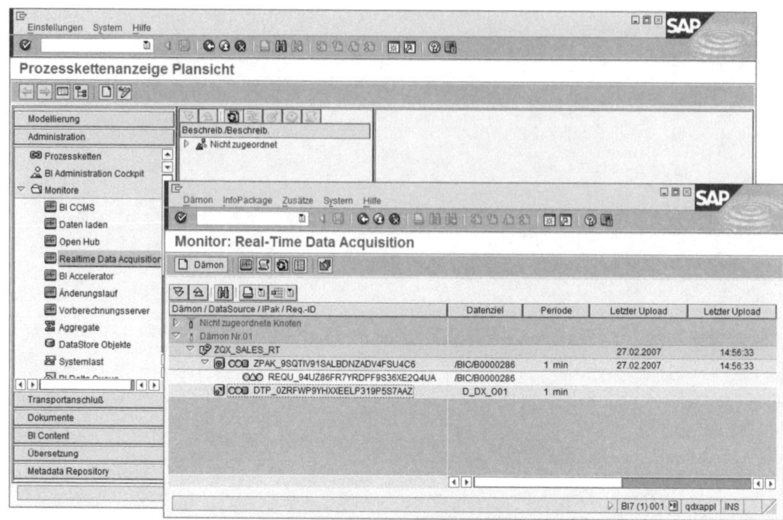

© SAP AG

Im Monitoring der Realtime Data Acquisition werden die Status der Dämon-Prozesse sowie der ihnen zugeordneten InfoPackages und Datentransferprozesse angezeigt. Zusätzlich werden die jeweils offenen Requests für die Extraktion und Weiterverarbeitung angezeigt.

Von besonderem Interesse ist das Verhalten der RDA bei Fehlern und die Beseitigung von Fehlern. Grundsätzlich bricht ein Dämon die RDA-Prozesse zu allen DataSources ab, die einen Fehler erzeugen und führt die Verarbeitung aller anderen DataSources fort. Erst wenn alle DataSources eines Dämon-Prozesses abgebrochen wurden, beendet sich auch der Dämon-Prozess.

Je nachdem, ob Extraktion oder Transformation die Ursache für einen Fehler sind, gestaltet sich die Behandlung des Fehler unterschiedlich.

Fehler bei der Extraktion

War ein Fehler in der Extraktion verantwortlich für den Abbruch der Realtime Data Acquisition, so muss der fragliche Request außerhalb der Steuerung durch den Dämon wiederholt und in das DataStore-Objekt verbucht werden. Erst danach kann der Dämon wieder die Steuerung von Extraktion und Staging übernehmen.

Um den fraglichen Request manuell zu laden, ist zunächst der fehlerhafte Request aus der PSA zu löschen und ein Standard-InfoPackage zu starten, das einen Repeat der Delta-Extraktion startet. Anschließend ist das Verhalten des verwendeten Datentransferprozesses als Standard-DTP zu definieren (vgl. Abb. 22–6 auf Seite 533), der Datentransferprozess zu starten und die neuen Daten im DataStore-Objekt zu aktivieren.

Im Anschluss daran kann der Datentransferprozess wieder als Realtime-DTP definiert und die Steuerung an den Dämon übergeben werden.

Fehler bei der Transformation

Sofern ein Fehler in der Transformation aufgetreten ist, gestaltet sich die Behandlung des Fehlers deutlich einfacher als bei der Extraktion. Im einfachsten Fall wurde zwar aus der Transformation ein Fehler gemeldet, jedoch sind die Daten im DataStore-Objekt korrekt (z.B. durch eine Warnung). In diesem Fall ist lediglich der Status des Requests zu übersteuern und als fehlerfrei zu werten. Anschließend kann der Dämon wieder gestartet werden.

Sollten sich Daten im DataStore-Objekt als fehlerhaft erweisen, so ist zunächst der entsprechende Fehler in der Transformation zu suchen und zu beseitigen. Anschließend müssen der fehlerhafte DTP-Request und der Change Log Request gelöscht und als Standard-DTP neu in das DataStore-Objekt verbucht werden. Dieses Vorgehen wird jedoch im Kontextmenü des Datentransferprozesses durch den Menüpunkt *Repair starten* unterstützt (siehe Abb. 31–26).

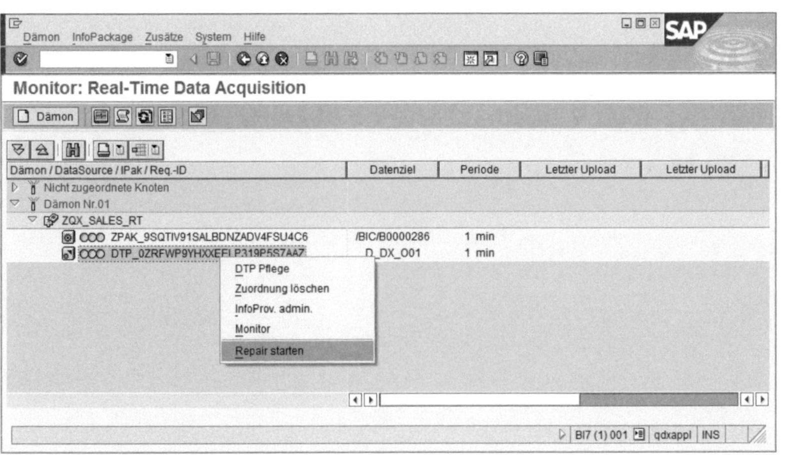

Abb. 31–26
Reparatur eines Datentransferprozesses für RDA

Lediglich das anschließende Aktivieren des Requests im DataStore-Objekt und der Neustart des Dämon-Prozesses müssen noch manuell ausgeführt werden.

32 Modell-Trimming

Die Gestaltung der Datenmodelle von BasisCubes und DataStore-Objekten stellt sich als sehr komplexe Aufgabe dar und wird in der Praxis selten zum theoretisch optimalen Modell führen.

Die Ursachen für die Unzulänglichkeit eines Modells liegen einerseits in der Komplexität der zu beachtenden Rahmenbedingungen, andererseits in der Dynamik des Modelle, die die Konstellation der Daten längere Zeit ungünstig verändern (degenerieren) können.

Derartige Fehler sind oftmals erst im produktiven Betrieb des Systems zu erkennen. Auch die daraus resultierenden Probleme machen sich zumeist nur schleichend bemerkbar, so dass die Beseitigung der Fehler in der Regel zu einem Zeitpunkt erfolgt, zu dem bereits Daten geladen wurden, die unter Umständen nicht mehr gelöscht werden können[1].

Doch selbst wenn ein Modell für ein gegebenes Datenvolumen und eine gegebene Konstellation der Inhalte als optimal angesehen werden könnte, ist die Qualität eines Datenmodells keine Konstante. Denn im Betrieb des Systems »lebt« das Datenmodell und entfernt sich von der statischen Struktur, die der Modellierung ursprünglich zugrunde gelegt wurde.

Um ein BW-System langfristig performant zu halten, müssen die Datenstrukturen des BW daher regelmäßig überprüft und ggf. angepasst werden, wobei bestehende Daten nicht gelöscht werden sollen. Derlei Anpassungen werden nachfolgend unter dem Begriff ***Modell-Trimming*** zusammengefasst. Modell-Trimming ist für folgende Bereiche durchzuführen:

- Range-Partitionierung
- Dimensionstabellen
- Delta-Indizes des BI Accelerator

1. Dies kann beispielsweise der Fall sein, weil Daten nicht mehr im Quellsystem oder in vorgelagerten Staging-Layern zur Verfügung stehen oder die Laufzeit für einen Neuaufbau der Daten zu groß sein würde.

- Faktentabellen im BI Accelerator
- Index-Verteilung im BI Accelerator

Die genannten Bereiche des Modell-Trimming werden in den nachsfolgenden Kapiteln erläutert.

Artverwandt mit den hier behandelten Themen sind Re-Modellierung, Re-Clustering und nachträgliche Nullwert-Eliminierung. Diese sind jedoch nicht im Blickpunkt regelmäßiger Wartungsarbeiten, sondern gehen mit der Änderung von Datenmodellen einher und werden somit im Rahmen der Datenmodellierung beschrieben (vgl. Kapitel 9.2).

32.1 Trimming der Range-Partitionierung

Wird die Faktentabelle eines BasisCubes mit einer Range-Partitionierung versehen (vgl. Kapitel 7.3.1), so wird das Partitionierungsschema immer auf eine bestimmte Zeitspanne ausgelegt, die in der Faktentabelle abgebildet werden soll. Es sollte ausreichend Partitionen vorsehen, um die in einem BasisCube gespeicherten Daten abzubilden. Sind die untere oder obere Grenze der Partitionierung zu eng bemessen, so sammeln sich in der untersten und obersten Partition die nicht abgebildeten Daten und führen zu imperformanten Datenbankzugriffen.

Eine allzu großzügige Gestaltung der Partitionierung führt ebenfalls zu Performanceeinbußen, da der Verwaltungsaufwand des Datenbanksystems bei Zugriffen auf die partitionierte Faktentabelle steigt.

Eine unangemessene Wahl der Partitionierung ist in der Übersicht der Partitionsgrößen in Transaktion `DB02` zu erkennen. Dort sollten alle Partitionen einer Faktentabelle in etwa gleich groß sein – abgesehen von ein paar leeren Partitionen für zukünftige Perioden. Zeigt die Faktentabelle hingegen sehr große Partitionen für die obere oder untere Grenze des Partitionierungsschemas, so fehlen entsprechende Partitionen. Eine Vielzahl leerer Partitionen hingegen deutet darauf hin, dass Partitionen an der unteren oder oberen Grenze des Partitionierungsschemas überflüssig sind (siehe Abb. 32–1).

Da sich durch das Löschen/Archivieren alter Daten und die Aufnahme neuer Daten in einen BasisCube auch die gespeicherten Zeitreihen verändern, ist zwangsläufig jedes Partitionierungsschema eines BasisCubes – selbst wenn es zu einem gegebenen Zeitpunkt als optimal gelten kann – irgendwann ungeeignet und muss angepasst werden.

Zu diesem Zweck wird die Re-Partitionierung bereitgestellt, mit deren Hilfe das Partitionierungsschema eines BasisCubes verändert werden kann, ohne dass Daten aus dem Cube gelöscht werden müssen. Die Re-Partitionierung ist in der Data Warehousing Workbench integriert und über den Bereich der Administration oder durch das Kontextmenü des jeweiligen BasisCubes aufzurufen (siehe Abb. 32–2).

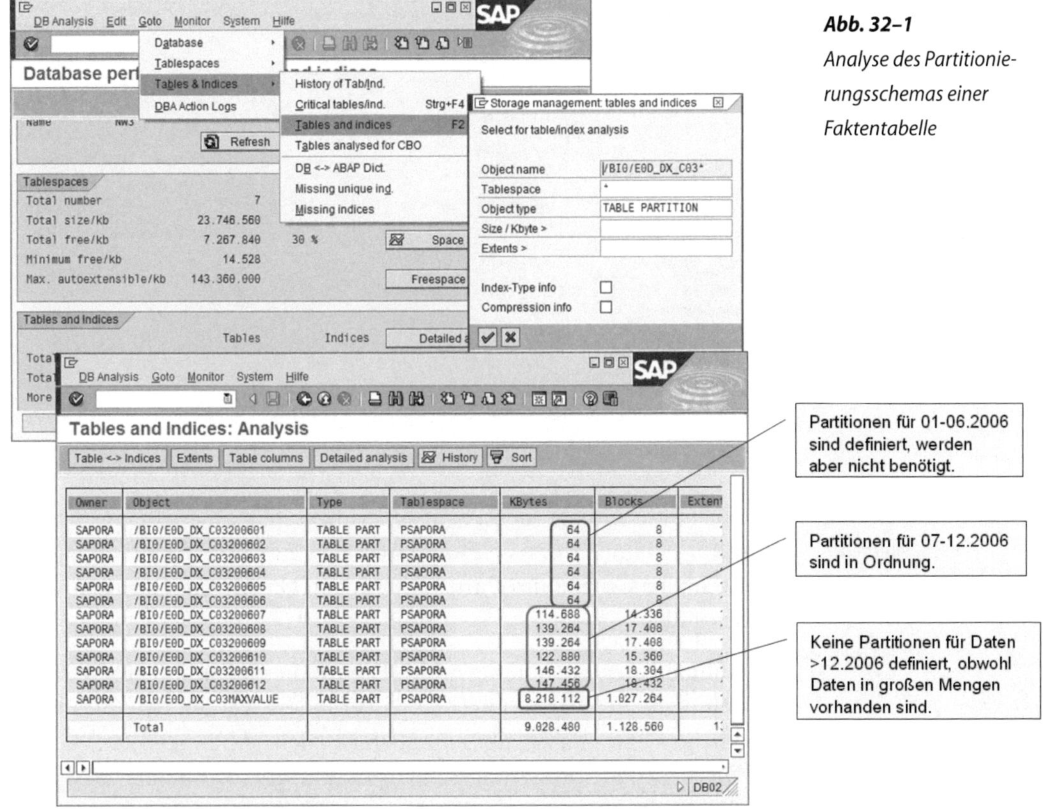

Abb. 32–1
Analyse des Partitionierungsschemas einer Faktentabelle

Die Re-Partitionierung unterscheidet zwischen der ***vollständigen Re-Partitionung*** und den beiden Sonderfällen des ***Anhängens*** und ***Zusammenfassens von Partitionen***.

Vollständige Re-Partitionierung

Mit Hilfe der vollständigen Re-Partitionierung kann das Partitionierungsschema einer gefüllten Faktentabelle komplett verändert werden. Die vollständige Re-Partitionierung kommt zum Einsatz, wenn

- die Partitionierung bei einem gefüllten Cube ein- oder ausgeschaltet werden soll.
- das Partitionierungsmerkmal ausgetauscht werden soll (`0CALMONTH` statt `0FISCPER` oder umgekehrt).
- die Anzahl an Monaten/Buchungsperioden pro Partition verändert werden soll (abgeleitet aus der maximalen Anzahl an Partitionen, vgl. Kapitel 7.3.1).

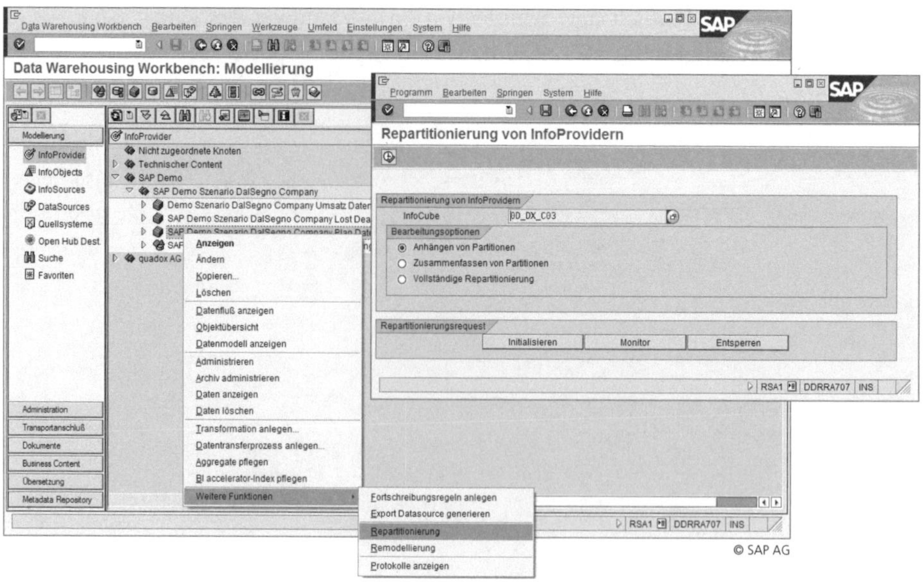

© SAP AG

Abb. 32–2
Aufruf der Re-Partitionierung

- die untere Grenze des Partitionierungsschemas erweitert werden soll.
- die obere Grenze des Partitionierungsschemas zurückgesetzt werden soll.

Im Rahmen der vollständigen Re-Partitionierung können sämtliche Einstellungen der Partitionierung so verändert werden, wie dies beim Neuanlegen eines BasisCubes möglich ist (siehe Abb. 32–3).

Das neue Partitionierungsschema eines Cubes kann nach dem Aufruf der Re-Partitionierung durch das Initialisieren eines Partitionierungsrequests vorgegeben werden (Button *Initialisieren*). An dieser Stelle kann auch der Re-Partitionierungsrequest als Hintergrundjob eingeplant werden.

Die Re-Partitionierung verändert die Metadaten eines BasisCubes, ohne dabei die Einhaltung der definierten Transportwege zu erzwingen (siehe Anhang D). Dadurch können Inkonsistenzen in der Definition eines BasisCubes zwischen den unterschiedlichen Systemen in einer Transportlandschaft entstehen, die dazu führen, dass BasisCubes nicht mehr transportiert werden können. Achten Sie beim Einsatz der Re-Partitionierung daher unbedingt darauf, diese auf allen Systemen innerhalb einer Transportlandschaft durchzuführen.

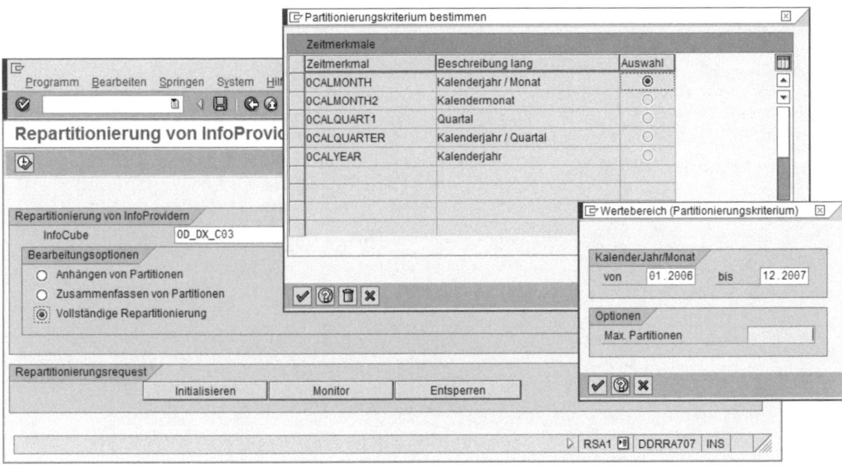

Abb. 32–3 *Vollständige Re-Partitionierung*

Bei der Durchführung der Re-Partitionierung werden die F- und E-Faktentabellen des jeweiligen Cubes in Form sogenannter Schattentabellen neu angelegt, wobei die (zunächst leere) Schattentabelle analog zu der bestehenden F- und E-Faktentabelle angelegt und indiziert, aber bereits mit dem neuen Partitionierungsschema[2] versehen wird.

Die Daten der bestehenden Faktentabellen werden anschließend in die Schattentabellen kopiert, die damit eine vollwertige Kopie[3] der bestehenden Faktentabellen darstellen – mit dem einzigen Unterschied, dass sie mit dem gewünschten Partitionierungsschema versehen sind.

Auf dieser Ausgangsbasis werden die bestehenden Faktentabellen des Cubes mit den Schattentabellen vertauscht, d.h., Fakten- und Schattentabellen im ABAP Dictionary bleiben identisch, jedoch wird der Verweis auf die entsprechende Tabelle im Datenbanksystem verändert. Durch diesen schnellen Austausch entfällt ein Zurückkopieren der Daten.

Dass ein derartiger Austausch der Datenbanktabellen stattgefunden hat, ist sehr einfach anhand der Partitionen zu erkennen, die mit Hilfe der Transaktion `SE14` →*Tabellen Bearbeiten* →*Speicherparameter* angezeigt werden können. Abbildung 32–4 stellt beispielhaft die Partitionen der Faktentabelle `/BI0/E0D_DX_C03` des Cubes `0D_DX_C03` dar, deren Namensgebung nach der Re-Partitionierung nicht mehr dem Präfix `/BI0/E0D_DX_C03*` der Faktentabelle, sondern dem Präfix `/BI0/4E0D_DX_C0*` der Schattentabelle folgt.

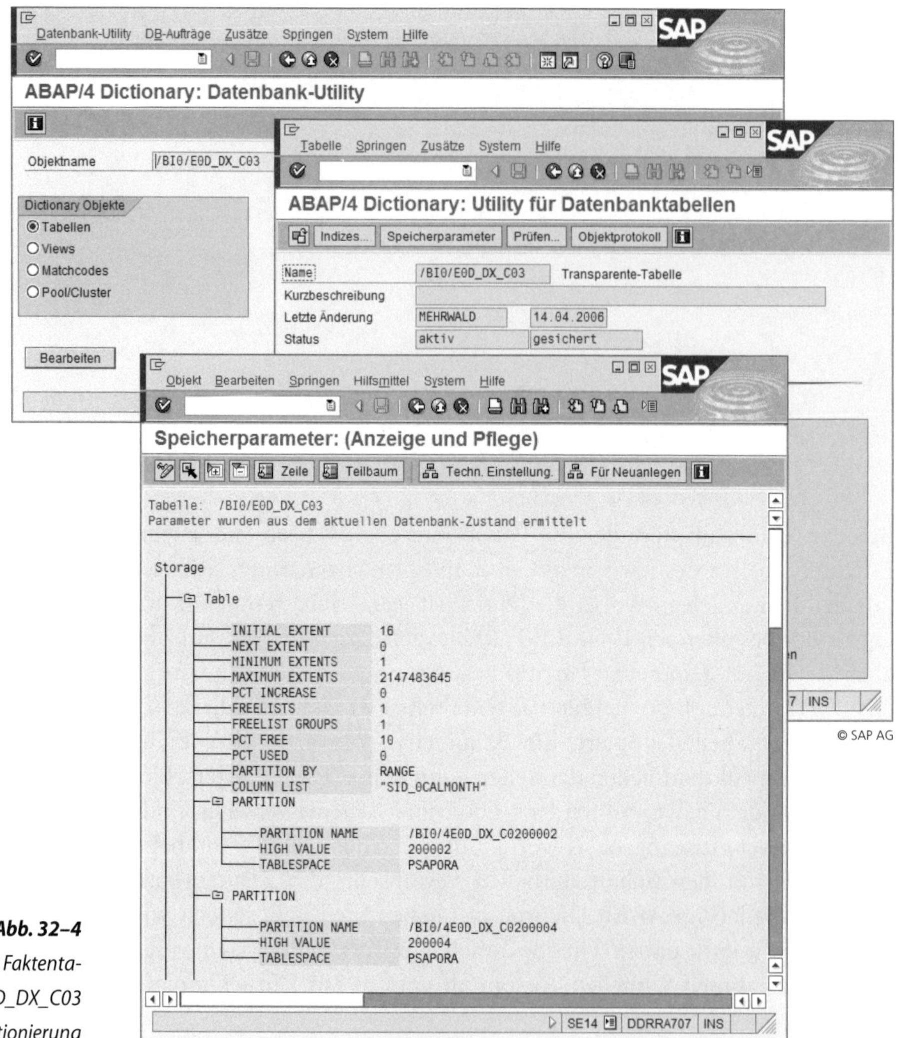

Abb. 32–4
Partitionen der Faktentabelle /BI0/E0D_DX_C03 nach Re-Partitionierung

Die Schattentabellen, die im Rahmen der Re-Partitionierung angelegt und befüllt werden, werden nach Abschluss der Re-Partitionierung nicht automatisch gelöscht. Erst bei einer erneuten Re-Partitionierung werden die Schattentabellen gelöscht, um sie für die anstehende Re-Partitionierung zu nutzen.

---

2. Nur die E-Faktentabelle ist mit einem benutzerdefinierten Partitionierungsschema versehen, das im Rahmen der Re-Partitionierung behandelt werden muss. Die F-Faktentabelle ist in jedem Fall nach der Request-ID partitioniert. Dennoch behandelt die Re-Partitionierung zum Zeitpunkt der Drucklegung dieses Buchs immer beide Faktentabellen eines Cubes.
3. Für die Durchführung der vollständigen Re-Partitionierung ist es daher erforderlich, dass der freie Speicherplatz ausreicht, um eine vollständige Kopie der alten Faktentabelle zu speichern.

Um den Speicherplatz vorher freizugeben, muss die Schattentabelle manuell im ABAP Dictionary in der Transaktion SE11 gelöscht werden. Um welche Tabelle es sich handelt, ist den Monitor-Protokollen zu entnehmen (siehe Abb. 32–7).

Je nach Art und Umfang der Re-Partitionierung können die Schattentabellen, die im Rahmen der Re-Partitionierung angelegt werden, ein nennenswertes Datenvolumen beinhalten. Die Schattentabellen werden durch das BW nicht automatisch gelöscht, verlieren jedoch an Wert, wenn nach erfolgreicher Re-Partitionierung wieder Daten im entsprechenden BasisCube verbucht werden. Löschen Sie daher im Anschluss an jede Re-Partitionierung manuell die Schattentabellen im ABAP Dictionary.

Anhängen und Zusamenfassen von Partitionen

Nicht in jedem Fall ist eine vollständige Re-Partitionierung erforderlich, um das Partitionierungsschema eines BasisCubes an geänderte Rahmenbedingungen anzupassen. Insbesondere wenn

- Partitionen am unteren Ende des Partitionierungsschemas zusammengefasst werden sollen, z.B. weil sie nach einer Archivierung alter Daten keine Daten mehr enthalten,
- das obere Ende des Partitionierungsschemas um neue Partitionen erweitert werden soll, z.B. weil damit gerechnet wird, dass entsprechende Daten entstehen werden,

müssen nur die entsprechenden Partitionen in die Schattentabelle kopiert werden.

Wenn neue Partitionen angehängt werden sollen, so muss lediglich die oberste Partition in die Schattentabelle kopiert werden, da diese alle Daten enthält, die die obere Grenze des bestehenden Partitionierungsschemas überschreiten. Sollen Partitionen am unteren Ende des Partitionierungsschemas zusammengefasst werden, so werden alle Partitionen, die zusammengefasst werden sollen, in die Schattentabelle kopiert.

Bei InfoCubes für Bestände werden je nach BW-Release die oberste oder unterste Partition auch genutzt, um Stützstellen zu speichern. Das Anhängen (neue BW-Versionen) bzw. Zusammenfassen (alte BW-Versionen) von Partitionen wird daher bei BestandsCubes nicht unterstützt. In diesen Fällen muss stattdessen auf die vollständige Re-Partitionierung zurückgegriffen werden.

Im Anschluss an den Kopiervorgang werden die alten Partitionen gedropped und das Partitionierungsschema des alten Cubes verändert. Danach werden die Partitionen von Schattentabelle und bestehendem Cube auf Datenbankebene ausgetauscht, so dass auch hier ein Zurückkopieren der Daten in den bestehenden Cube entfällt.

Im optimalen Fall müssen beim Zusammenfassen und Anhängen von Partitionen keine Daten kopiert werden, da die Daten in den zusammenzufassenden Partitionen zuvor im Rahmen der Archivierung gelöscht wurden oder noch keine Daten für anzuhängende Partitionen entstanden sind. Um dies zu ermöglichen, sollte bereits im Rahmen der Cube-Entwicklung festgelegt werden, zu welchen Zeitpunkten und unter welchen Voraussetzungen eine Veränderung des Partitionierungsschemas ansteht, und die dafür erforderlichen Termine – zur Not Jahre im Voraus – festgelegt werden.

Ist eine maximale Anzahl an Partitionen für den Cube vorgegeben (vgl. Kapitel 7.3.1), so wird diese Vorgabe durch die Re-Partitionierung verändert, und zwar in dem Sinne, dass nach dem Zusammenfassen/Anhängen von Partitionen ebenso viele Monate/Buchungsperioden in einer Partition zusammengefasst sind wie zuvor. Wenn also bei einer maximalen Anzahl von 5 Partitionen für den Zeitraum 01.2006–12.2006 jeweils 3 Monate in einer Partition zusammengefasst sind (1. Partition für alle Werte bis 03.2006, letzte Partition für alle Werte > 12.2006), so wird die maximale Anzahl an Partitionen nach dem Anhängen von Partitionen bis 12.2007 auf 9 erhöht.

Das Zusammenfassen und Anhängen von Partitionen erfolgt durch den Button *Initialisieren* in der Re-Partitionierung. Als Vorgabe muss lediglich die neue Zeitreihe vorgegeben werden, die das Partitionierungsschema abbilden soll (siehe Abb. 32–5).

Abb. 32–5 *Zusammenfassen und Anhängen von Partitionen*

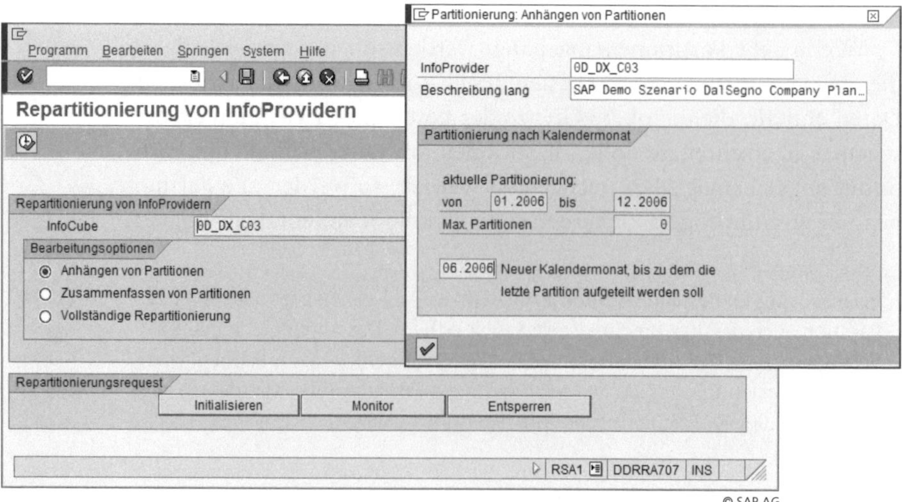

Re-Partitionierung und Aggregate

Die Re-Partitionierung einer Faktentabelle ist eine datenbankspezifische Einstellung, um die das BW sich nach dem Definieren des Partitionierungsschemas nicht weiter kümmern muss. Dementsprechend ist es nicht von Bedeutung, ob die Faktentabellen der Aggregate eines Cubes ebenso wie der Cube partitioniert sind.

Vielmehr können die Aggregate über ein gänzlich anderes Partitionierungsschema verfügen als der BasisCube, ohne dass dies Auswirkungen auf die Funktionalität des BW hätte (sieht man von den Auswirkungen auf die Performance ab).

Aus diesem Grund werden Aggregate im Anschluss an die Partitionierung grundsätzlich nicht verändert, sondern behalten ihr bestehendes Partitionierungsschema bei. Sollen auch Aggregate mit einem veränderten Partitionierungsschema versehen werden, so ist dies nur durch ein erneutes Aktivieren der Aggregate möglich. Alternativ kann auch beim Anlegen des Initialisierungsrequests für die Re-Partitionierung festgelegt werden, dass Aggregate im Anschluss an die Re-Partitionierung automatisch wieder aufgebaut werden sollen.

32.1.1 Monitoring und Fehlerbehandlung

Zu jeder Re-Partitionierung werden Protokollinformationen abgelegt, die den Ablauf der Re-Partitionierung beschreiben und im Monitoring dargestellt werden können. Über die Funktion als Informationslieferant hinaus dient das Monitoring auch zur Behandlung von Fehlern, die im Rahmen der Re-Partitionierung aufgetreten sind.

Ursache von Fehlern sind vor allem unerwartete Abbrüche von einem oder mehreren der maximal sechs Dialogprozessen, die durch den Hauptprozess der Partitionierung standardmäßig gestartet werden. Für die Behandlung von Fehlern bieten sich die Möglichkeiten zum ***Zurücksetzen des Re-Partitionierungsrequests*** oder einzelner Verarbeitungsschritte, zum ***Neustarten des Re-Partitionierungsrequests*** oder zum ***Löschen des Re-Partitionierungsrequests*** (siehe Abb. 32–6).

Zurücksetzen von Re-Partitionierungsrequests

Das Zurücksetzen eines Re-Partitionierungsrequests versetzt den BasisCube in seinen ursprünglichen Zustand, löscht die angelegten Schattentabellen und entfernt alle Sperren, die im Rahmen der Re-Partitionierung gesetzt wurden.

Ein Re-Partitionierungsrequest kann grundsätzlich zu jedem Zeitpuntk zurückgesetzt werden, jedoch sollte dies nur bei fehlerhafter Re-Partitionierung erfolgen und unbedingt bevor erneut Daten in den entsprechenden Cube geladen werden.

Zurücksetzen von Verarbeitungsschritten

Ebenso wie der gesamte Re-Partitionierungsrequest können auch einzelne Verarbeitungsschritte zurückgesetzt werden, sofern sie abgebrochen sind.

Neustarten von Re-Partitionierungsrequests

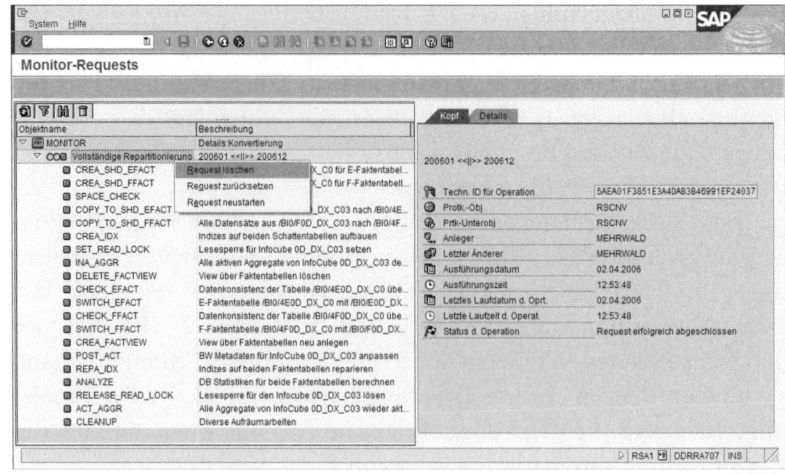

Abb. 32-6 *Fehlerbehandlung bei der Re-Partitionierung*

Das gezielte Zurücksetzen einzelner Verarbeitungsschritte ist dem Zurücksetzen des gesamten Re-Partitionierungsrequests vor allem dann vorzuziehen, wenn die Re-Partitionierung bereits die laufzeitintensiven Schritte des Kopierens von Daten in die Schattentabellen abgeschlossen hat und dieser Verarbeitungsfortschritt beibehalten werden soll.

Im Anschluss an das Zurücksetzen eines Requestschritts schließt sich folgerichtig das Neustarten des Re-Partitionierungsrequests an.

Die einzelnen Verarbeitungsschritte eines fehlerhaften Re-Partitionierungsrequests können grundsätzlich wiederholt werden[4], da jeder Schritt in allen Dialogprozessen über eine entsprechende Commit-Steuerung verfügt und ein Verarbeitungsschritt damit immer ganz oder gar nicht ausgeführt wird.

Das Zurücksetzen des fehlerhaften Verarbeitungsschritts ist nicht zwingend erforderlich. Da es sich bei der Re-Partitionierung jedoch um ein gleichermaßen neues wie tiefgreifendes Tool handelt, sollte von dieser Möglichkeit Gebrauch gemacht werden, wenn keine Möglichkeit besteht, den aktuellen Status der Re-Partitionierung genau zu überprüfen.

Ist die Re-Partitionierung abgebrochen, weil parallelisierte Dialogprozesse die Timeout-Zeit überschritten haben, so sollte die Timeout-Zeit vorher unbedingt angepasst werden, um ein nochmaliges Abbrechen zu vermeiden.

4. Der Re-Partitionierungsrequest muss zwingend als fehlerhaft gekennzeichnet sein (Status Rot). Sollte der entsprechende Hintergrundjob noch laufen oder in der Jobverwaltung noch nicht als abgebrochen gekennzeichnet sein, so kann der Re-Partitionierungsrequest nicht neu gestartet werden.

Löschen von Re-Partitionierungsrequests

Um die Übersichtlichkeit bei einer großen Anzahl von Re-Partitionierungsvorgängen auf einem Cube zu wahren, besteht die Möglichkeit, Re-Partitionierungsrequests zu löschen. Durch das Löschen eines Re-Partitionierungsrequests werden dessen Protokolleinträge gelöscht, und der Request erscheint nicht mehr im Monitoring.

Eine weitere Fehlerbehandlung ist nach dem Löschen eines Re-Partitionierungsrequests nicht mehr möglich. Ungeachtet einer erfolgreichen oder fehlerhaften Re-Partitionierung verbleiben alle Daten im aktuellen Zustand. Um die Konsistenz der Daten zu gewährleisten, sollten Re-Partitionierungsrequests daher nur gelöscht werden, nachdem sie fehlerfrei durchgeführt oder vollständig zurückgesetzt wurden.

Eine funktionale Bedeutung kommt dem Löschen von Re-Partitionierungsrequests nicht zu, so dass das Löschen ein optionaler Bestandteil der Re-Partitionierung ist.

Ausweis der Schattentabellen

Neben den Möglichkeiten zur Fehlerbehandlung kommt auch den Informationen der Re-Partitionierung eine Bedeutung zu. Von unmittelbarem Interesse ist dabei der Ausweis der Schattentabellen, die im Rahmen der Re-Partitionierung angelegt, aber nicht automatisch gelöscht werden (siehe Abb. 32–7).

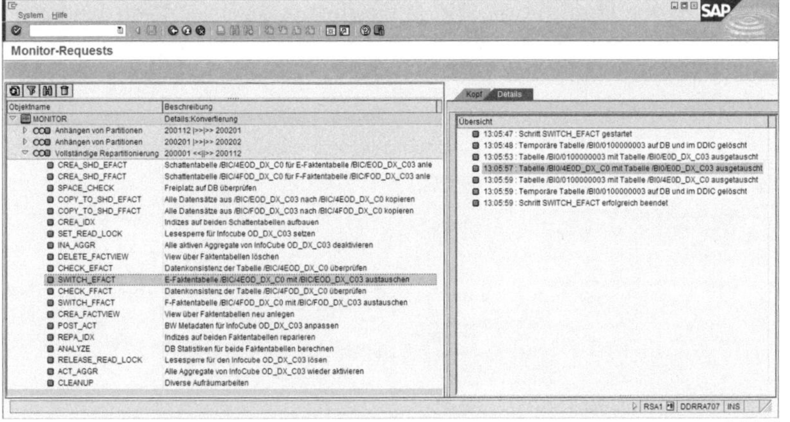

Abb. 32–7 *Ausweis der Schattentabellen bei der Re-Partitionierung*

Die im Monitoring ausgewiesenen Schattentabellen (im Fall der Abbildung 32–7 die Tabelle /BI0/4E0D_DX_C0) sollten manuell in der Transaktion SE11 gelöscht werden, um unnötigen Verbrauch des Plattenspeichers zu vermeiden.

Das Löschen der Schattentabellen kann dann vernachlässigt werden, wenn die Re-Partitionierung im Wesentlichen genutzt wird, um Partitionen zusammenzufassen oder anzuhängen, für die noch keine Daten in der Faktentabelle existieren oder für die keine Daten mehr existieren.

32.2 Trimming von Dimensionen

Beim Verbuchen neuer Daten in BasisCubes werden neben den Einträgen in die Faktentabelle auch entsprechend neue Einträge in den Dimensionstabellen vorgenommen. Werden Datensätze in der Faktentabelle nachträglich wieder gelöscht, so werden die Dimensionstabellen im Gegenzug nicht gelöscht.

Das Löschen von Datensätzen in der Faktentabelle erfolgt

- durch das Löschen von Requests in der Cube-Administration (vgl. Kapitel 31.2).
- durch das Löschen von Datensätzen im Rahmen der Archivierung oder durch selektives Löschen von Daten (siehe Kapitel 33.1).
- durch das Eliminieren von Nullwerten bei der Komprimierung (vgl. Kapitel 6.4.1).

Damit kann es vorkommen, dass verwaiste Einträge in Dimensionstabellen existieren, auf die in der Faktentabelle kein Satz mehr verweist. Durch das unnötig hohe Datenvolumen in den Dimensionstabellen können somit spürbare Performanceeinbußen entstehen.

Derartige Datensätze in den Dimensionstabellen eines BasisCubes können in der Transaktion RSRV aufgespürt und gelöscht werden (siehe Abb. 32–8).

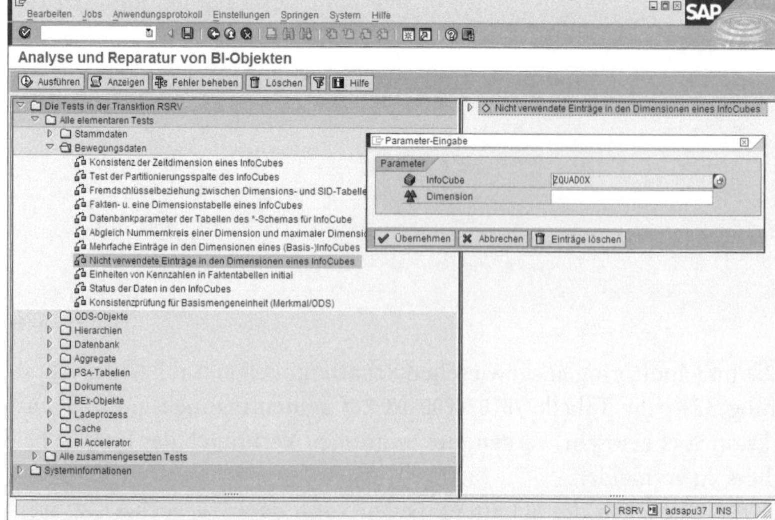

Abb. 32–8
Nicht verwendete Einträge in Dimensionstabellen entfernen

Die manuell durchgeführte Suche und Beseitigung nicht verwendeter Einträge in Dimensionstabellen ist im Einzelfall für einen BasisCube hilfreich und kann auf diese Weise durchgeführt werden, wenn verwaiste Einträge in Dimensionstabellen eine Ausnahme darstellen und selten auftreten.

Insbesondere wenn das Löschen von Requests in der Cube-Administration oft verwendet wird, wenn selektiv Daten aus BasisCubes gelöscht werden und in speziellen Fällen der Nullwerteliminierung kann es jedoch erforderlich sein, dieses »Trimmen« der Dimensionstabellen als Teil des Regelbetriebs durchzuführen.

Für diesen Fall ist das Dimensionstrimming mit Hilfe der Transaktion RSRV zu aufwändig. Besser ist eine Ausführung durch ein Programm, das sowohl als Job eingeplant, als auch im Rahmen einer Prozesskette aufgerufen werden kann. Ein geeignetes Programm ist nachfolgend angegeben.

```
REPORT ZQX_RUNDIMID.

TYPE-POOLS: rsd.
DATA:  l_cube TYPE rsd_infocube.
SELECT-OPTIONS s_cube FOR l_cube NO INTERVALS.
PARAMETERS: p_check Default RS_C_FALSE Type BOOLEAN.

LOOP AT s_cube.
  l_cube = s_cube-low.
  CALL FUNCTION 'RSDRD_DIM_REMOVE_UNUSED'
  EXPORTING
      I_INFOCUBE              = l_cube
*     I_T_DIME                =
      I_CHECK_ONLY            = p_check
*     I_COMMIT_AFTER_N        = 50000
*     I_REPORT_ONLY_N         = 5
*     IMPORTING
*     E_REPAIR_POSSIBLE       =
*     CHANGING
*     C_T_MSG                 =
*     EXCEPTIONS
*     X_MESSAGE               = 1
*     OTHERS                  = 2
          .

  IF SY-SUBRC <> 0.
*     MESSAGE ID SY-MSGID TYPE SY-MSGTY NUMBER SY-MSGNO
*     WITH SY-MSGV1 SY-MSGV2 SY-MSGV3 SY-MSGV4.
  ENDIF.
ENDLOOP.
```

32.3 Trimming von Delta-Indizes im BIA

In Kapitel 24.7 wurde die Möglichkeit aufgezeigt, durch den Einsatz eines Delta-Index die Übernahme neuer Requests aus BasisCubes in den BI Accelerator zu beschleunigen. Die Grundidee bei dieser Tuning-Maßnahme lag darin, dass dieser Vorgang des Roll Up schneller abläuft, wenn der Delta-Index wesentlich kleiner als der Hauptindex einer Faktentabelle im BI Accelerator ist.

Die Beschleunigung des Roll Up findet jedoch spätestens dann ein Ende, wenn der Delta-Index in eine Größenordnung hineinwächst, die der Größe des Hauptindex entspricht (oder sogar größer wird). In diesem Fall ist nicht nur der Geschwindigkeitsvorteil des Delta-Index hinfällig; vielmehr werden Auswertungen auf dem BIA sogar langsamer ablaufen, da stets zwei große Indizes zusammenzubringen sind.

Der Delta-Index muss daher in regelmäßigen Abständen mit dem Hauptindex zusammengeführt werden, um stets klein zu bleiben. Der Merge des Delta-Index eines oder mehrerer BasisCubes kann über das Programm `RSDDTREX_DELTAINDEX_MERGE` in der Transaktion `SE38` ausgeführt oder eingeplant werden (siehe Abb. 32–9).

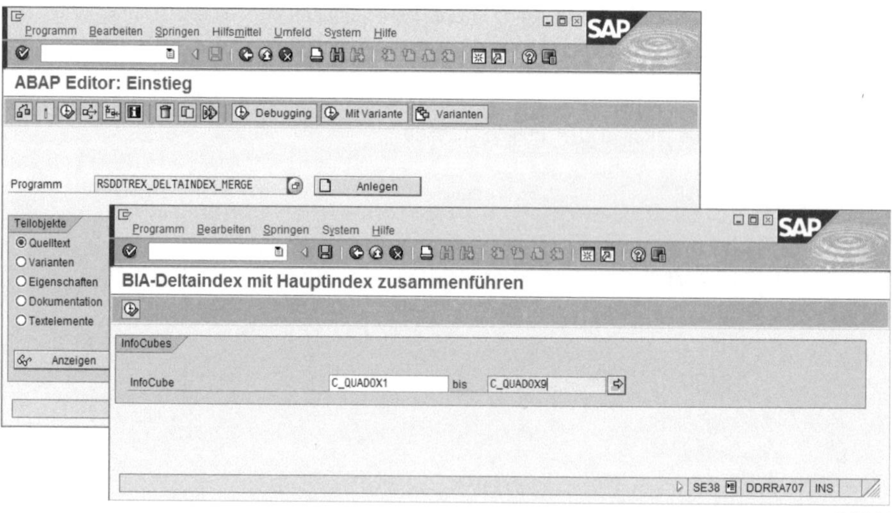

Abb. 32–9 *Durchführung eines Index-Merge im BIA*

Um ein Gespür dafür zu entwickeln, welche Delta-Indizes mit dem jeweiligen Hauptindex zusammengeführt werden sollten, kann in der Transaktion `RSRV` die Prüfung *BI Accelerator →Performance-Prüfungen des BI Accelerator →Größe des Delta-Index* durchgeführt werden (siehe Abb. 32–10). Dadurch werden diejenigen Indizes aufgelistet, bei denen die Größe des Delta-Index midestens 10 % des Hauptindex beträgt. Dies gilt gleichsam als Empfehlung für eine Zusammenführung, die in der Transaktion RSRV über den Button *Fehler beheben* durchgeführt werden kann.

In Hinblick auf eine möglichst automatisierte Zusammenführung der Delta-Indizes sollte die RSRV jedoch nicht zum Zusammenführen, sondern vielmehr dafür genutzt werden, um ein Gespür dafür zu entwickeln, in welchen zeitlichen Abständen eine Zusammenführung durchgeführt werden sollte. Dabei ist unbedingt zu bedenken, dass die Zusammenführung in der aktuell vorliegenden Version von BW und BIA eine beträchtliche Systembelastung erzeugen kann und daher nur in auswertungsschwachen Zeiten erfolgen sollte.

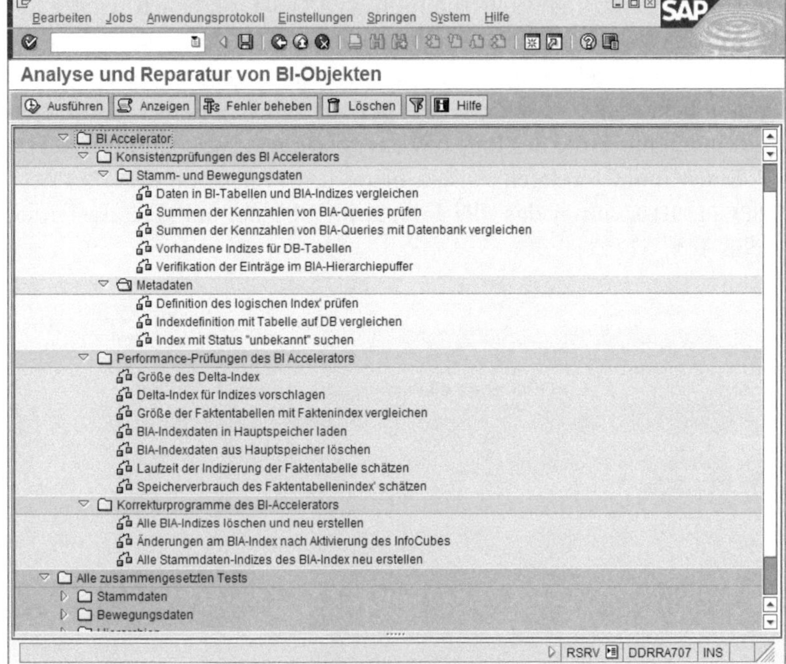

Abb. 32–10
Prüfen von Delta-Indizes

32.4 Trimming von Faktentabellen im BIA

Die Übernahme von Daten in die Indizes des BIA zielen ausschließlich darauf ab, neue Daten in die Indizes zu übernehmen. Ein Überschreiben bestehender Datensätze oder ein Verdichten, wie dies innerhalb des BW im Rahmen der Komprimierung durchgeführt wird, kennt der BI Accelerator nicht.

Dies kann (und wird) bereits nach kurzer Zeit dazu führen, dass die Indizes des BIA mehr Datensätze enthalten als die dadurch abgebildeten Tabellen innerhalb des SAP BW. Verschärft wird dies noch weiter, wenn im Rahmen der Cube-Administration Requests aus der Faktentabelle im BW gelöscht werden, die bereits in den BI Accelerator hochgerollt wurden. In diesem Fall löscht der BI Accelerator nämlich nur den referenzierenden Eintrag im Index für die Paketdimension[5], nicht jedoch die entsprechenden Datensätze der Faktentabelle.

Wie sehr die Größen von Faktentabelle im BW und dem entsprechenden Index im BI Accelerator divergieren, kann in der Transaktion `RSRV` über die Prüfung *BI Accelerator →Performance-Prüfungen des BI Accelerator →Größe der Faktentabellen mit Faktenindex vergleichen* ermittelt werden (vgl. Abb. 32–10).

Um allzu stark gewachsene Indizes für Faktentabellen wieder auf das erforderliche Maß zu beschränken, müssen die Indizes für die Faktentabelle in regelmäßigen Abständen neu aufgebaut werden. Dies kann in bekannter Weise durch das gezielte Löschen und Neuaufbauen eines Index mit Hilfe des Index Wizards erfolgen (vgl. Kapitel 7.4.5).

Einen umfassenderen Ansatz bietet das Programm `RSDDTREX_ALL_INDEX_REBUILD`, durch das alle Indizes im BIA neu aufgebaut werden (siehe Abb. 32–11).

Abb. 32–11
Neuaufbau alles BIA-Indizes

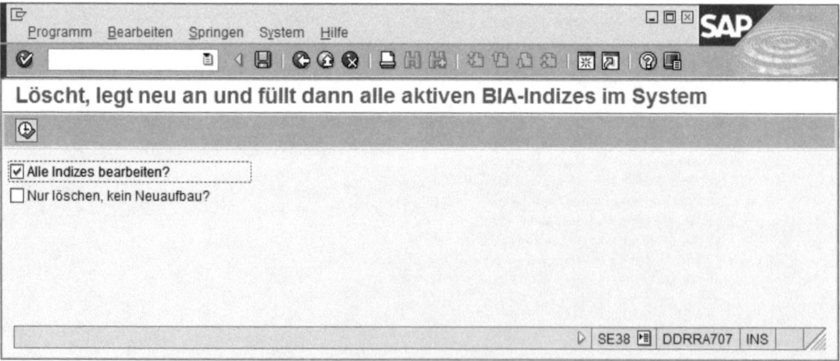

Der Einsatz dieses Programmes stellt aus administrativer Sicht zunächst die vollständigste und zugleich einfachste Variante dar, um die Indizes im BI Accelerator zu reorganisieren. Gleichzeitig ist diese Methode aus Sicht der Ressourcenbelastung die aufwändigste Variante, sollte also nur dann ausgeführt werden, wenn zum Zeitpunkt des Indexaufbaus keine Datenanalysen durchgeführt werden und wenn die Dauer für diesen Vorgang im Vorfeld bekannt ist.

---

5. Technisch wird der Eintrag nicht aus dem Index gelöscht. Vielmehr wird dieser Index für die Paketdimension komplett neu aufgebaut.

32.5 Trimming der Index-Verteilung im BIA

Das Aufsplitten eines Index auf mehrere Teile und die Verteilung dieser Partitionen auf unterschiedliche Blades ist eines der wesentlichen Tuning-Mittel des BI Accelerator.

Die Bildung der Index-Teile wird durch die Ressourcen des Bladeservers bestimmt (vgl. Kapitel 7.4.3). Die Verteilung dieser Partitionen auf die Blades richtet sich nach dem jeweils gewählten Algorithmus, der von einer einfachen Verteilung bis hin zur optimalen Gestaltung der Join-Pfade oder Speicherausnutzung der Blades eine Vielzahl von Rahmenbedingungen berücksichtigen kann.

Splitting und Verteilung werden statisch gewählt und sind damit zwangsläufig nur so lange optimal, wie die Rahmenbedingungen unverändert bleiben. Spätestens dann, wenn Indizes aus dem Hauptspeicher des BIA entfernt werden (z.B. durch Verdrängung) oder angepasst werden (z.B. durch den Roll Up), ist die Verteilung der Partitionen unter Umständen nicht mehr optimal.

Einen kompletten Neuaufbau für die Indizes durchzuführen, würde über das Ziel hinausschießen und zu viel Ressourcen und Zeit verbrauchen. Geeigneter ist das Programm RSDDTREX_REORGANIZE_LANDSCAPE, das in der Transaktion SE38 ausgeführt oder eingeplant werden kann.

Das Programm verteilt die Index-Partitionen auf die einzelnen Index-Server des BIA neu, sofern die vorliegende Verteilung nicht optimal ist. Da es sich dabei lediglich um Operationen im Hauptspeicher der Blades handelt, dauert diese Reorganisation nicht länger als ein paar Sekunden.

Anders verhält es sich, wenn der BIA-Server um Index-Server erweitert oder verkleinert wurde. In diesem Fall ist eine Anpassung der physischen Indexdateien erforderlich. Diese kann ebenfalls durch das Programm durchgeführt werden, sofern der BI Accelerator entsprechend konfiguriert wurde. Ansonsten stellt nur ein Neuaufbau der Indizes ein geeignetes Splitting wieder her.

33 Information Lifecycle Management

Beim Betrieb des SAP BW entsteht mitunter ein sehr großes Datenvolumen, das sich auf die Datenziele sowie auf die Staging- und sogar auf die Verwaltungsbereiche verteilt. Große Datenvolumen können in vielerlei Hinsicht zu Problemen führen, z.B. durch

- erhöhte Kosten für die Speicherung des Datenvolumens
- schlechtere Performance bei der Datenanalyse
- schlechtere Performance beim Staging (Datentransferprozesse, Roll Up, Komprimierung, Change Run etc.)
- schlechtere Performance bei der Administration des Systems
- höhere Anforderungen an die Backup-Infrastruktur oder längere Laufzeiten für das Backup

Das Begrenzen des Datenvolumens ist daher sinnvoll und wird vom BW durch Funktionen zum Löschen und Archivieren von Daten sowie durch die Möglichkeit zur Verlagerung von Daten auf andere Speichermedien unterstützt und unter dem Begriff Information Lifecycle Management (ILM) subsummiert.

Information Lifecycle Management

Der Ansatz des Information Lifecycle Managements beurteilt Daten sowohl nach zeitlichen als auch nach inhaltlichen Kriterien. Die Beurteilung von Informationen nach zeitlichen Kriterien basiert auf der These, dass der Wert von Daten mit zunehmendem Alter so lange sinkt, bis die Daten gänzlich wertlos sind und nicht mehr benötigt werden.

Die inhaltlichen Kriterien gehen über diesen Prozess hinaus und bewerten Aspekte, nach denen Daten auch kurzfristig ihren Wert verlieren, z.B. nach dem Verkauf von Unternehmensteilen oder der Ausphasung von Produkten.

Eine der wesentlichen Herausforderungen bei der Nutzung von ILM ist daher die Klassifizierung der Daten bzw. das vorangehende Aufstellen von Kriterien zur Klassifizierung. Dabei sind diese Kriterien nie unverrückbar, sondern müssen stets an die Entwicklung organisatorischer und infrastruktureller Rahmenbedingungen angepasst werden.

Speicherebenen des ILM

Je nachdem, welcher »Klasse« Daten in Anbetracht ihres Alters und ihres Inhalts zugehören, werden sie auf unterschiedlichen Speicherebenen im ILM abgelegt. Jede diese Speicherebenen repräsentiert eine bestimmte physische Form der Speicherung und somit individuelle Zugriffszeiten und Kosten für den Speicher.

Üblicherweise werden Daten mit zunehmendem Alter (= abnehmender Wert, = seltene Zugriffe) auf preiswertere Speicherebenen verschoben, die dafür langsamer sind oder gar nicht für Online-Zugriffe zur Verfügung stehen. Folgende Speicherebenen sind dabei zu unterscheiden:

- **Online:** Daten liegen im Datenbanksystem vor und können verwendet werden.
- **Nearline:** Daten liegen auf einem langsamen Speicher vor, der außerhalb des Datenbanksystems organisiert ist. Der Zugriff auf den Nearline-Speicher muss explizit ausgeführt werden und ist langsamer als der Online-Speicher.
- **Offline:** Daten wurden archiviert. Ein Zugriff ist nur möglich, wenn die Daten im Rahmen eines Restores wieder in den Online-Speicher kopiert werden.

Zusätzlich zu diesen Speicherebenen bietet selbstverständlich auch das Löschen von Daten eine Option zur Verringerung des Datenvolumens dar. Von der Archivierung unterscheidet sich das Löschen darin, dass keine Verwaltungsinformationen abgelegt werden, die eine Wiederherstellung gelöschter Daten ermöglichen würden.

Speicherebenen des SAP BW

Die SAP greift den Begriff ILM auf, bietet sowohl herkömmliche Archivierungsfunktionen als auch eine Möglichkeit zur Anbindung von Nearline-Speichern. Letztere werden jedoch nur insofern unterstützt, als Klassenschnittstellen bereitgestellt werden, über die das SAP BW mit Systemen zur Nearline-Speicherung von Daten kommunizieren kann. Die Implementierung der Klassen (und die Bereitstellung des Nearline-Speichers) überlässt die SAP zertifizierten Drittherstellern.

Je nach Art der Daten ist das Konzept des ILM unterschiedlich durchgängig im SAP BW implementiert, wie die nachfolgende Tabelle verdeutlicht.

BW-Objekt	Archivierung	Nearline-Archivierung	Löschen ohne Archivierung
BasisCubes	✓	✓	✓
DataStore-Objekte	✓	✓	✓
Master Data	×	×	✓[1]
PSA und Change Log	×	×	✓
Request-Verwaltungsdaten[2]	✓	×	×
Anwendungsprotokolle	×	×	✓
BW-Statistics	×	×	✓
Aggregate	×	×	✓

Archivierung

Kernstück der Archivierung ist das sogenannte ***Archiving Development Kit*** (ADK), das die Grundlage zur Archivierung von BasisCubes, DataStore-Objekten und Request-Verwaltungsdaten bildet.

Beim ADK handelt es sich um eine Laufzeitumgebung, die Bestandteil des BW-Basissystems ist. Aufgabe dieser Laufzeitumgebung ist die Bereitstellung von Mechanismen, mit deren Hilfe Daten plattform- und releaseunabhängig in ein Dateisystem geschrieben und ausgelesen werden können, ohne dass der Umgang mit unterschiedlichen Codepages oder alphanumerischen Formaten, strukturellen Änderungen der Datenstrukturen, Kompression bei der Datenablage, Achivverwaltung etc. explizit berücksichtigt werden müssen.

Grundlage jeder ADK-basierten Archivierung sind sogenannte ***Archivierungsobjekte***. In diesen wird u.a. festgelegt,

- welche Datenbanktabellen Grundlage der Archivierung sind, welche Objekte also gebündelt werden müssen, um ein inhaltlich abgeschlossenes Objekt zu erhalten.
- nach welchen inhaltlichen Kriterien der zu archivierende Datenbestand ausgewählt werden soll (sofern nicht alle Daten archiviert werden sollen). Es geht dabei nicht um die konkrete Definition einer Selektion, sondern um eine Vorgabe möglicher Selektionskriterien, die beispielsweise das Alter der Daten charakterisieren.
- mit welcher Dateistruktur Archivdateien aufgebaut sein sollen.
- wo die Archive abgelegt werden sollen. Hier wird die Ablage von Dateien auf Fileservern ebenso berücksichtigt wie die Nutzung von

1. Nur Stammdaten, die nicht mehr in BasisCubes referenziert werden.
2. Nur Request-Verwaltungsdaten für die Ausführung von InfoPackages aus SAP BW 7 und früher. Die Archivierung von Request-Verwaltungsdaten zu Datentransferprozessen ist zum vorliegenden SAP BW 7, Servicepack 9 nicht möglich.

Ablagesystemen (z.B. StorHouse von FileTek, CBW von PBS Software oder DiskXtender for BW von Legato).
- welche Programme zum Schreiben der Archivdaten und zum Löschen der Datenbanktabellen dienen.
- wann das Löschen der Daten aus den Datenbanktabellen erfolgen soll (z.B. direkt im Anschluss an das Erstellen der Archivdateien oder nach manueller Einplanung).

Archivierungsobjekte können mit Hilfe der Transaktion AOBJ definiert werden.

Archivierungsobjekte werden sowohl zum Schreiben als auch zum Auslesen von Archivdateien benötigt. Da ein Archivierungsobjekt immer mit einem BasisCube/DataStore-Objekt verbunden ist, darf dieses Objekt nicht gelöscht werden, da sonst auch das zugehörige Archivierungsobjekt gelöscht werden würde. Ein Restore von archivierten Daten ist mit Hilfe der Archivverwaltung dann nicht mehr möglich.

Um diese Arbeit für Standardfälle zu erleichtern, existieren für zahlreiche Anwendungen bereits Archivierungsobjekte oder Möglichkeiten, diese einfacher zu definieren; bei BasisCubes, DataStore-Objekten und Request-Verwaltungsdaten ist dies beispielsweise der Fall.

Nearline-Archivierung

Die Verwaltung von Nearline-Speicher hingegen fällt in den Zuständigkeitsbereich der Drittanbieter derartiger Lösungen. Die Vorgaben aus dem Datenarchivierungsprozess beschreiben lediglich rudimentäre Eckdaten für diese Form der Speicherung, wie zum Beispiel Sortierreihenfolgen und Selektionskriterien, mit denen auf die Daten zugegriffen werden soll.

Das Kernstück der Nearline-Archivierung ist die Definition einer Verbindung zum eingesetzten Nearline-Speichersystem. Die Verbindung zum Nearline-Speichersystem wird mit Hilfe der Transaktion SM30 in der Tabelle RSDANLCON hinterlegt. Dabei ist eine dreistellige ID für die Verbindung, der Name der vom Dritthersteller implementierten Klasse sowie die RFC Destination des Speichersystems zu hinterlegen (siehe Abb. 33–1).

Sind Daten in ein Nearline-Speichersystem verschoben, so wird mit Rücksicht auf die Performance zunächst *nicht* auf sie zugegriffen. Erst dann, wenn in den Eigenschaften einer Query die Option *Nearline-Storage soll mitgelesen werden* aktiviert wird, erfolgt der Zugriff auf den Nearline-Speicher.

Wie Daten archiviert oder in einen Nearline-Speicher verschoben werden können und wie ggf. ein Restore durchgeführt werden kann

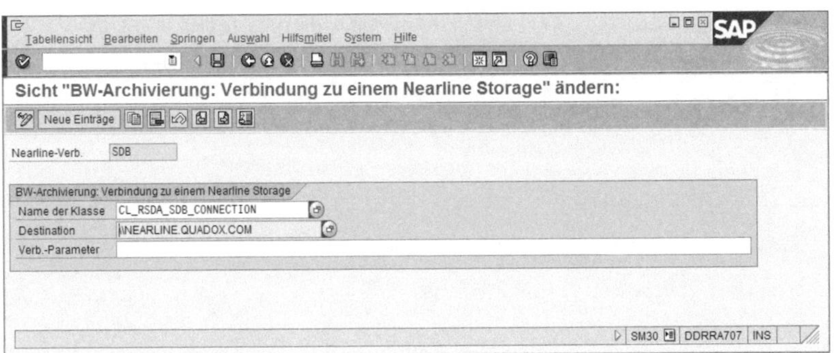

© SAP AG

Abb. 33–1 *Nearline-Verbindung pflegen*

oder wie Daten schlicht gelöscht werden können, ist spezifisch für die jeweiligen BW-Objekte und wird in den nachfolgenden Kapiteln

- ILM bei BasisCubes und DataStore-Objekten (Kapitel 33.1)
- ILM bei Master Data (Kapitel 33.2)
- ILM bei PSA und Change Log (Kapitel 33.3)
- ILM bei Monitor-Informationen (Kapitel 33.4)
- ILM bei Anwendungsprotokollen (Kapitel 33.5)
- ILM bei BW-Statistikdaten (Kapitel 33.6)

erläutert.

33.1 ILM bei BasisCubes und DataStore-Objekten

Als wichtigste Objekte für die Datenhaltung und Datenanalyse bieten BasisCubes und DataStore-Objekte eine durchgängige Unterstützung aller Optionen des Information Lifecycle Managements, d.h., Daten können archiviert, in ein Nearline-Archiv verschoben und gelöscht werden. Das Löschen ist dabei sowohl im Rahmen der Archivierung als auch unabhängig von der Archivierung möglich.

Datenarchivierungsprozess

Grundlage der Archivierung von BasisCubes und DataStore-Objekten ist ein sogenannter Datenarchivierungsprozess, der mit Hilfe der Transaktion RSDAP angelegt werden kann. Dieser Datenarchivierungsprozess berücksichtigt sowohl die normale Archivierung als auch die Nearline-Archivierung.

Zum Konfigurieren eines Datenarchivierungsprozesses ist zunächst der entsprechende BasisCube oder das DataStore-Objekt anzugeben und der Menüpunkt *Bearbeiten* zu wählen. Der Datenarchivierungsprozess erhält dabei den technischen Namen des jeweiligen Objektes. In den allgemeinen Einstellungen zum Datenarchivierungsprozess ist zu wählen, ob nur eine ADK-basierte Archivierung erfolgen soll oder ob auch die Archivierung in einem Nearline-Speicher berücksichtigt werden soll (siehe Abb. 33–2).

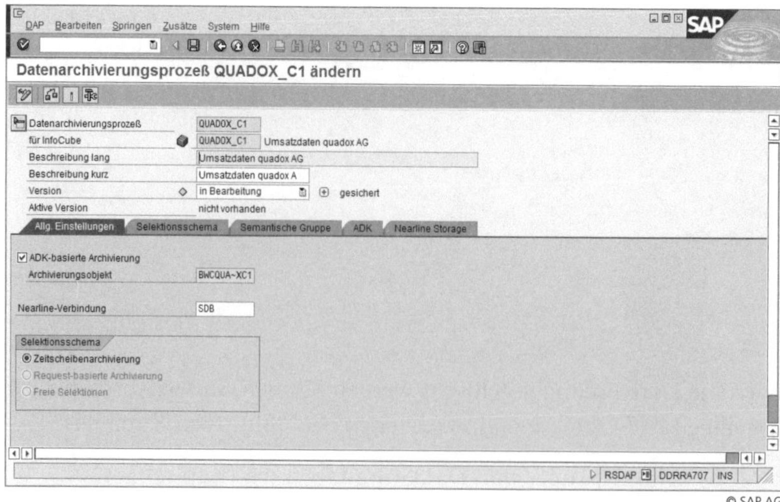

Abb. 33–2 *Allgemeine Einstellungen zum Datenarchivierungsprozess*

ADK-basierte Archivierung

Für die ADK-basierte Archivierung wird aus der Definition des Datenarchivierungsprozesses ein Archivierungsobjekt generiert[3]. Die Definition des Datenarchivierungsprozesses ersetzt damit die Definition von Archivierungsobjekten für BasisCubes und DataStore-Objekten, wie sie noch in den Versionen 3.x erforderlich war.

Die Definition von Archivierungsobjekten im Rahmen der Modellierung wird vollständig durch die Definition von Datenarchivierungsprozessen ersetzt. Aus Kompatibilitätsgründen existieren die alten Funktionalitäten aus den BW-Versionen 3.x jedoch weiterhin. Nutzen Sie diese nicht, da die generierten Archivierungsobjekte der Datenarchivierungsprozesse anders definiert sind.

Selektionsschema für ADK-basierte Archivierung

Das *Selektionsschema* eines Datenarchivierungsprozesses legt fest, nach welchen Merkmalen bei der Durchführung der ADK-basierten Archivierung die Daten eingeschränkt werden sollen (sofern nicht alle Daten des InfoProviders archiviert werden sollen).

In den meisten Fällen wird dies eines der Zeitmerkmale des BasisCubes sein, die das Alter der Daten charakterisiert. Für den Fall, dass die Archivierung nicht nach zeitlichen, sondern nach anderen organisatorischen Kriterien gesteuert werden soll, können auch andere Merkmale als Selektionskriterien verwendet werden, wenn sie dem Selektionsschema hinzugefügt werden (siehe Abb. 33–3). Eine derartige Selektion kann in Sonderfällen von Bedeutung sein, wenn beispielsweise Produkte ausgephast oder Unternehmensteile verkauft

3. Der Name des generierten Archivierungsobjekts setzt sich aus dem Präfix `BWC` für BasisCubes bzw. `BWO` für DataStore-Objekte und dem auf sieben Stellen verkürzten technischen Namen des BasisCubes bzw. DataStore-Objekts zusammen.

werden, deren Daten außerhalb der normalen Archivierungszyklen vorzeitig ins Archiv ausgelagert werden sollen.

Speziell bei der Archivierung von DataStore-Objekten ist dabei zu beachten, dass ausschließlich Schlüsselfelder als Selektionskriterien angegeben werden können.

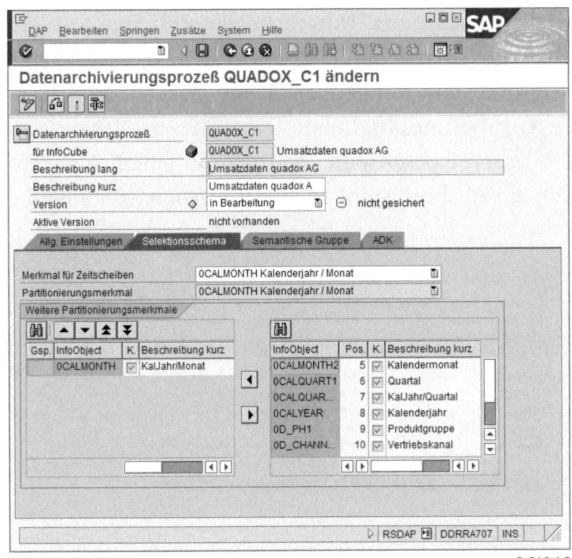

© SAP AG

Abb. 33–3
Selektionsschema für ADK-basierte Archivierung

Semantische Gruppe für ADK-basierte Archivierung

Soll die Ablage der Daten sortiert erfolgen, so können die Gruppierungsmerkmale, nach denen sortiert werden soll, als semantische Gruppe definiert werden (siehe Abb. 33–4).

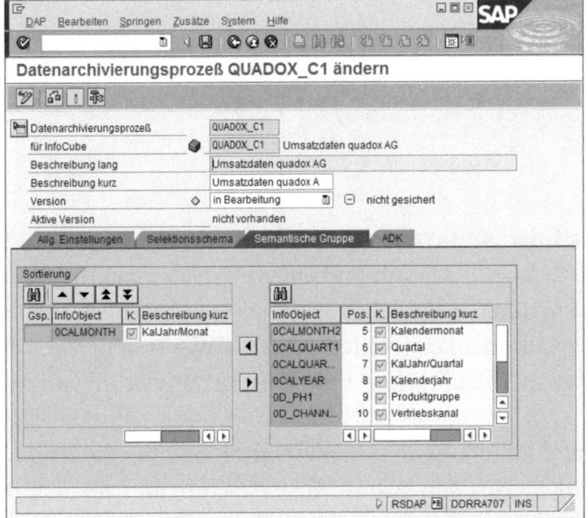

© SAP AG

Abb. 33–4
Semantische Gruppe für ADK-basierte Archivierung

Wird eine semantische Gruppe definiert, so erfolgt der Lesevorgang bereits sortiert. Werden keine Merkmale in die Definition der semantischen Gruppe aufgenommen, so erfolgt das Auslesen und Ablegen der Daten unsortiert bzw. nach technischen Kriterien.

Vorteilhaft ist das sortierte Ablegen von Archivdateien, wenn der Restore der Daten aus den Archivdateien nicht unbedingt vollständig, sondern selektiv nach den Gruppierungsmerkmalen erfolgen soll.

Dateiablage für ADK-basierte Archivierung

Abschließend ist bei der Definition der ADK-basierten Archivierung das Archivsystem festzulegen. Dabei handelt es sich im Allgemeinen um die Angabe eines logischen Dateinamens, der die Archivdateien auf einem Fileserver beschreibt, von dem in einem separaten Vorgang Daten durch ein Archivsystem abgeholt werden (siehe Abb. 33–5).

Abb. 33–5
Dateiablage für ADK-basierte Archivierung

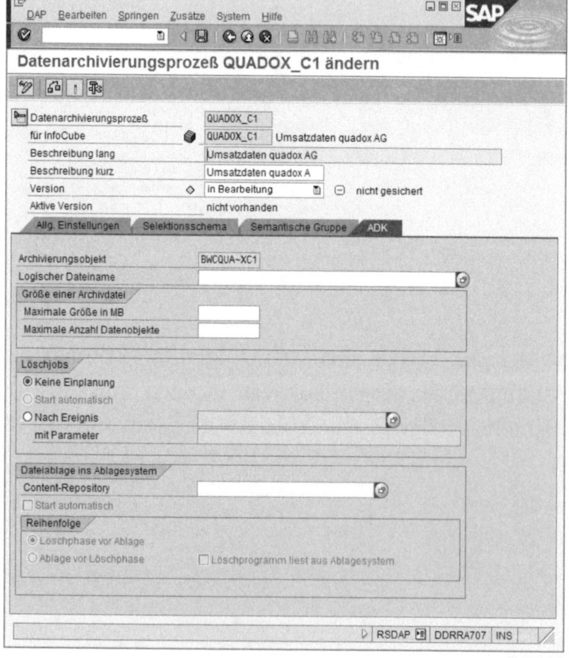

Der Aufbau der Archivdateien wird durch die Felder des zu archivierenden BasisCubes bestimmt und entspricht der Struktur `/BIC/V<Cube>I` im ABAP Dictionary. Eine Auswahl der Felder, wie dies bei der Definition von Archivierungsobjekten in den BW-Versionen 3.x üblich war, existiert bei der Definition von Datenarchivierungsprozessen nicht mehr.

Optional kann eine maximale Dateigröße für die Archivdatei festgelegt werden. Um den Administrationsaufwand für das BW bei der Archivierung möglichst gering zu halten, sollte die Dateigröße ausreichend groß gehalten werden, jedoch klein genug, um mindestens zweimal in den Hauptspeicher des Applikationsservers zu passen.

33.1.1 Archivierung

Ist ein Datenarchivierungsprozess für einen BasisCube definiert, so kann die Archivierung über den Reiter Archivierung in der Cube-Administration gesteuert werden, der nur im Falle solcher BasisCubes sichtbar wird (siehe Abb. 33–6).

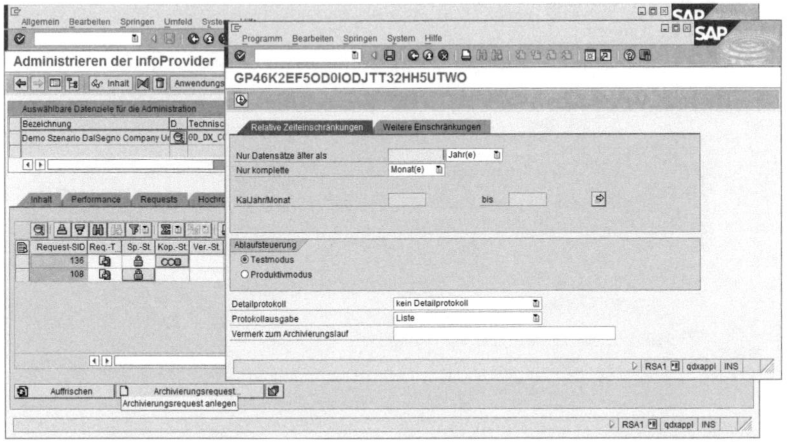

© SAP AG

Abb. 33–6

Definition und Ausführung der Archivierung

In der Archivadministration eines BasisCubes können neue Archivläufe definiert und gestartet werden. Bei der Definition der Einschränkungen kann das Alter der Datensätze als Kriterium vorgegeben werden. Das Alter leitet sich dabei aus dem Merkmal her, das im Selektionsschema des Archivierungsprozesses als Zeitscheibenmerkmal definiert wurde (vgl. Abb. 33–3).

Alternativ können die im Archivierungsprozess definiterten Selektionskriterien im Reiter *Weitere Einschränkungen* als Einschränkung für den Archivierungslauf verwendet werden.

33.1.2 Löschen

Das Löschen archivierter Daten aus BasisCubes und DataStore-Objekten erfolgt nicht automatisch im Anschluss an die Archivierung. Vielmehr muss das Löschen manuell in der Transaktion SARA gestartet werden. Dabei ist das Archivierungsobjekt für den jeweilien BasisCube bzw. das DataStore-Objekt anzugeben, das durch den Datenarchivierungsprozess generiert wurde.

Beim Löschen von Daten aus einem BasisCube werden lediglich Daten aus der Faktentabelle, nicht jedoch aus den Dimensionstabellen gelöscht. Löschen Sie nicht mehr verwendete Datensätze in Dimensionstabellen zusätzlich durch das Trimming der Dimensionen, um letztlich die Performance zu erhalten, die Sie sich von der Archivierung versprechen.

Sollen Daten ohne vorangehende Archivierung gelöscht werden, so kann dies im Reiter Inhalt der Cube-Administration durch den Button *Selektives Löschen* durchgeführt werden. Die Selektion ist in dem darauf folgenden Dialog über den Button *Lösch-Selektionen* zu erreichen (siehe Abb. 33–7).

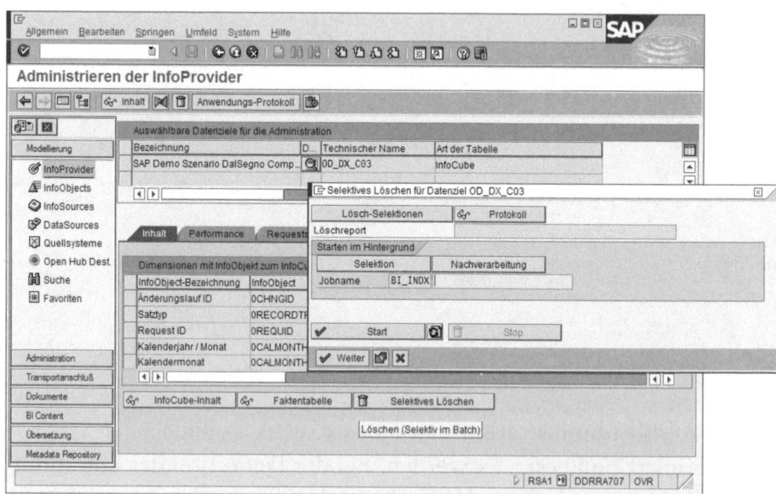

Abb. 33–7
Selektives Löschen von Cube-Inhalten

Im Rahmen der Administration von Cube-Inhalten und Ladevorgängen können Daten aus einem BasisCube requestweise gelöscht werden. Das Löschen von Requests aus einem BasisCube ist nur dann möglich, wenn diese Requests weder im BasisCube noch in dessen Aggregaten komprimiert wurden. Soll ein Request in Aggregaten nicht bereits nach dem Roll Up komprimiert werden, so kann dies durch Deaktivieren der Option *Nach Hochrollen komprimieren* in der Cube-Administration verhindert werden (vgl. Abb. 7–6 auf Seite 127).

Aggregate und BIA-Indizes

Außer dem Löschen von Daten aus einem BasisCube ist auch die Behandlung derjenigen Speicherbereiche von Bedeutung, die die Daten des BasisCubes redundant vorhalten, also Aggregate und Indizes des BI Accelerator.

Im Falle des Löschens nach einer Archivierung und des selektiven Löschens werden die Daten aller Aggregate automatisch angepasst.

Enthält ein Aggregat alle Merkmale, die beim Löschen des BasisCubes als Löschkriterien vorgegeben wurden, so werden auch die Aggregate selektiv gelöscht. Andernfalls werden die entsprechenden Aggregate vollständig neu aufgebaut. Anders verhält es sich mit Indizes im BI Accelerator: Sie werden nicht automatisch angepasst, sondern müssen manuell neu aufgebaut werden.

Ein Sonderfall stellt das Löschen von Requests dar. Im Falle von Aggregaten werden die Requests analog zum BasisCube gelöscht. Wurden Daten in einem Aggregat bereits komprimiert, so können die entsprechenden Requests auch nicht mehr aus dem BasisCube gelöscht werden (selbst, wenn dieser noch nicht komprimiert sein sollte).

Im Falle von BIA-Indizes wird nach dem Löschen eines Requests aus einem BasisCube automatisch der Index für die Paketdimension des BasisCubes neu aufgebaut. Die Daten im Index für die Faktentabelle bleiben unverändert bestehen, jedoch fehlen für den gelöschten Request die Referenzen in der Paketdimension, so dass diese Daten nicht mehr gelesen werden.

33.1.3 Restore

Beim Restore archivierter Daten von BasisCubes und DataStore-Objekten handelt es sich nicht um ein Restore-Verfahren im üblichen Sinn, weil die archivierten Daten eben nicht so wiederhergestellt werden, wie sie vor der Archivierung vorgelegen haben.

Vielmehr handelt es sich beim Restore-Vorgang um eine Extraktion aus dem Archiv, der Daten mit Hilfe der Staging Engine in die ursprünglichen, aber auch in neue Datenziele verbuchen kann. Grundlage ist in jedem Fall der BasisCube oder das DataStore-Objekt, aus dem die wiederherzustellenden Daten gelöscht wurden. Der Restore erfolgt auf Basis einer Transformation, die den archivierten Cube oder das archivierte DataStore-Objekt als Quellstruktur der Transformation nutzt.

> Die Definition der Datenarchivierungsprozesse und Archivierungsobjekte sind untrennbar mit den jeweiligen BasisCubes und DataStore-Objekte verbunden. Ein Restore der Daten eines BasisCubes oder DataStore-Objekts kann damit nur dann durchgeführt werden, wenn der BasisCube oder das DataStore-Objekt im System existiert. Löschen Sie daher niemals archivierte BasisCubes oder DataStore-Objekte, wenn Sie noch auf die Archive zurückgreifen wollen.

Die Transformation ist im Gegensatz zu den Funktionen, die sonst zum Einsatz kommen, sehr einfach zu halten und stellt im Wesentlichen ein Mapping identischer Felder von Datenquelle ins Datenziel dar – schließlich wurde die Transformation bereits einmal durchgeführt.

Der Restore wird mit Hilfe eines Datentransferprozesses durchgeführt. Wird dieser mit dem Extraktionsmodus *Full* definiert, so steht zusätzlich die Möglichkeit zur Verfügung, aus dem Archiv zu extrahieren. Abbildung 33–8 stellt die Definition eines Datentransferprozesses dar, der einen archivierten BasisCube als Quellstruktur nutzt.

Abb. 33–8
Restore von Archivdateien

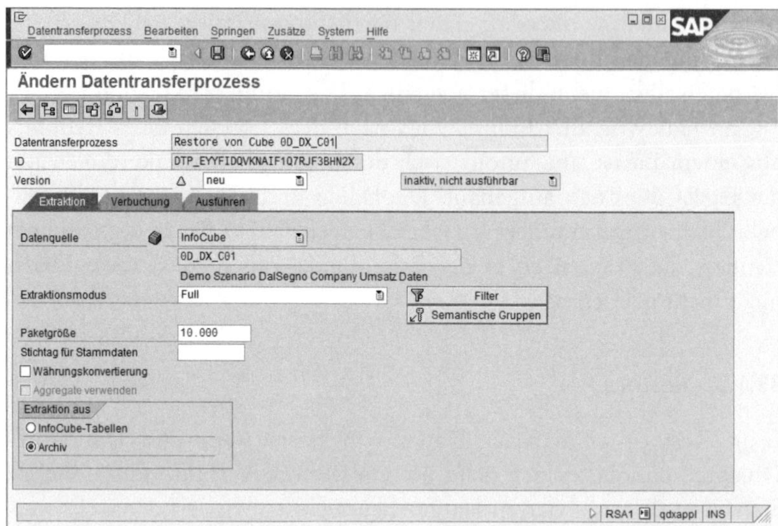

Die zurückzuladenden Daten werden in der Regel aufgrund besonderer Anforderungen nur kurzzeitig benötigt und können nach Abschluss der Analyse wieder gelöscht werden (ohne erneute Archivierung). Der Restore von Daten sollte daher in ein separates Datenziel erfolgen, das ausschließlich zu diesem Zweck angelegt und zusammen mit den Daten wieder gelöscht werden kann, wenn die Daten nicht mehr benötigt werden. Das Zusammenführen der wiederhergestellten Daten mit bestehenden Daten kann bei Bedarf mit Hilfe eines MultiProviders erfolgen.

33.2 ILM bei Master Data

Master Data stehen im BW immer in einer Referenz zu Bewegungsdaten oder anderen Master Data (bspw. als Navigationsattribut eines InfoObjekts). Da Master Data also niemals isoliert von anderen Daten betrachtet werden können, stellt sich das Archivieren und Löschen deutlich schwieriger dar. Ein Archivierungskonzept fehlt aus diesem

Grund gänzlich. Das Löschen von Master Data hingegen ist möglich, wenngleich sich dies teilweise sehr restriktiv darstellt.

Externe Hierarchien können nach Belieben gelöscht werden, da keine anderen Objekte des Datenmodells auf sie referenzieren[4]. Die Datensätze in den Attribut- und SID-Tabellen hingegen können durch Bewegungsdaten und andere Master Data referenziert werden. Das BW lässt das Löschen solcher Datensätze nur zu, wenn keine Referenzen (mehr) bestehen.

Ob jemals Referenzen zu einem Stammdatensatz bestanden haben, ist an der SID-Tabelle des entsprechenden InfoObjekts zu erkennen. Das Flag `DATAFL` gibt Auskunft darüber, ob der Satz aus Bewegungsdaten, anderen Stammdaten oder Hierarchien heraus referenziert wird oder wurde. Das Flag wird beim Anlegen einer entsprechenden Referenz gesetzt, jedoch nicht gelöscht, wenn keine Referenz mehr existiert.

Das Löschen einzelner Stammdatensätze erfolgt manuell in der Pflege der Stammdaten. Alternativ dazu können im Kontextmenü des InfoObjekts in der Data Warehousing Workbench alle Stammdatensätze gelöscht werden, auf die keine Referenzen mehr verweisen (siehe Abb. 33–9).

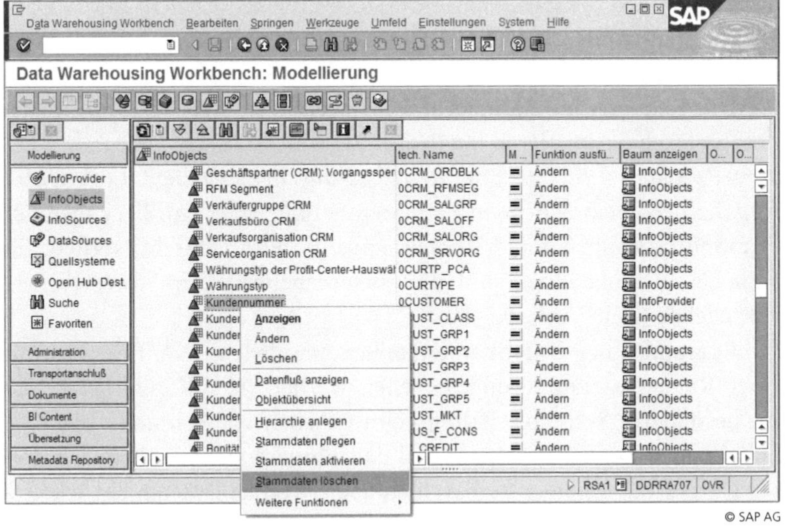

© SAP AG

Abb. 33–9
Löschen von Master Data ohne Referenzen

Je nachdem, ob die SID-Tabelle auf Referenzen hinweist, wird vor dem Löschen noch eine Prüfung auf Referenzen durchgeführt, die sehr zeitaufwändig sein kann.

4. Referenzen durch Query-Objekte werden nicht berücksichtigt.

33.3 ILM bei PSA und Change Log

Die Inhalte von PSA und Change Log werden nach der Weiterverarbeitung nicht automatisch gelöscht. Da diese Daten in der Regel auf einer sehr granularen Ebene gespeichert werden, kann die Kapazität von PSA und Change Log sehr schnell einen großen Teil der Gesamtkapazität des Systems beanspruchen. Es empfiehlt sich daher unbedingt, Daten nur kurzzeitig in PSA und Change Log zu belassen und zu löschen, sobald sich die empfangenen Daten und ihre Weiterverarbeitung als fehlerfrei erwiesen haben. Damit stellt die Verwendung der PSA nach den Gesichtspunkten des ILM einen begrenzten »Kostenfaktor« dar.

PSA und Change Log sind damit als temporäre Datenbereiche anzusehen, die zwar eine Funktion für das Staging haben, deren Daten jedoch darüber hinaus keinen inhaltlichen Wert haben. Eine Möglichkeit zur Archivierung von PSA und Change Log wird somit durch das BW nicht geboten.

Das manuelle Löschen bestimmter Requests kann in der Administration der PSA zu einer DataSource vorgenommen werden (vgl. Abb. 15–26 auf Seite 401). Beim Change Log handelt es sich ebenfalls um PSA-Tabellen. Die zugehörigen DataSources leiten sich aus dem technischen Namen des jeweiligen DataStore-Objekts mit dem Präfix `8` ab, also beispielsweise `8QUADOX` als DataSource für das DataStore-Objekt `QUADOX`[5].

Um Requests im Rahmen der Prozessketten-Steuerung automatisiert zu löschen, existieren die Prozesstypen *Löschen von Requests aus dem PSA* und *Löschen von Requests aus dem Change Log*. Unter Angabe der entsprechenden DataSource oder eines InfoPackages der DataSource können somit Requests aus der PSA gelöscht werden. Im Falle des Change Logs sind die entsprechenden DataStore-Objekte vorzugeben (siehe Abb. 33–10).

Löschen bei partitionierten PSA-Tabellen

Besonders bei Datenbanksystemen, in denen PSA-Tabellen mit einer Range-Partitionierung versehen werden (vgl. Kapitel 24.2), ist ein besonderes Systemverhalten beim Löschen von Requests aus PSA und Change Log zu beachten. Um den Vorgang des Löschens bei diesen Datenbanksystemen zu beschleunigen, werden Daten nicht selektiv gelöscht; vielmehr werden ganze Partitionen gelöscht. Da die Daten von Requests und Partitionen nicht übereinstimmen, sondern eine Par-

5. Bei diesen DataSources handelt es sich um sogenannte Export-DataSources, die zur Weiterverbuchung von Daten in den BW-Versionen bis 3.x zum Einsatz kamen. Diese Funktion der DataSources kommt im neuen Staging des BW 7 nicht mehr zum Einsatz. Dennoch bilden die Export-DataSources auch im BW 7 den Ausgangspunkt des ILM.

tition die Daten mehererer Requests enhalten kann oder ein Request sich über mehrere Partitionen erstrecken kann, wird in der separaten Verwaltungstabelle RSTSODSPART abgelegt, welcher Request in welchen Partitionen enthalten ist und welche Requests bereits aus der PSA gelöscht wurden.

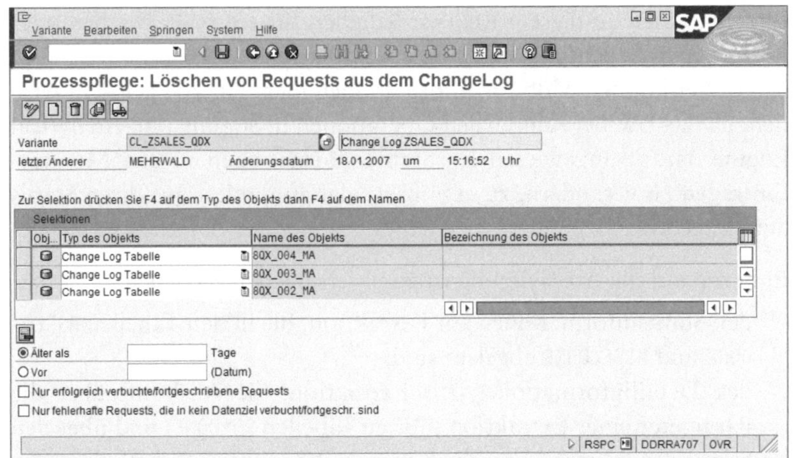

Abb. 33-10
Prozesstyp: Löschen von Requests aus dem Change Log

Das Löschen eines Requests aus PSA und Change Log führt somit zunächst nur dazu, dass ein entsprechendes Flag in der Tabelle RSTSODSPART gesetzt wird, das diesen Request als gelöscht kennzeichnet. Erst wenn alle Requests einer Partition gelöscht wurden, wird diese Partition physisch gelöscht[6]. Auf diese Weise kann es vorkommen, dass das Löschen eines Requests nicht zu mehr freiem Speicher auf dem Datenbanksystem führt oder umgekehrt das Löschen eines Requests deutlich mehr Speicherplatz freigeben kann, als der gelöschte Request per se beansprucht.

33.4 ILM bei Monitor-Informationen

Sowohl bei der Extraktion als auch bei der Weiterverarbeitung extrahierter Daten werden Monitor-Informationen im BW abgelegt, die in unmittelbarem Bezug zu einzelnen Requests stehen. Im Rahmen der Extraktion werden diese Informationen beim Ausführen von InfoPackages erzeugt und in Form sogenannter Request-Verwaltungsdaten abgelegt. Im Rahmen der Weiterverarbeitung werden Monitor-Informationen durch Datentransferprozesse erzeugt.

---

6. Das Löschen der Partition erfolgt über ein DROP PARTITION, so dass keine Reorganisation erforderlich ist, um den Speicherplatz freizugeben.

Eine Besonderheit bei der Behandlung der Monitor-Informationen im Rahmen des Information Lifecycle Managements besteht darin, dass die Monitor-Informationen zu einem Request unbhängig von den korrespondierenden Daten des Requests archiviert oder gelöscht werden müssen – schließlich können die Daten eines Requests für mehrere Jahre in den Datenzielen im BW verbleiben, während die Monitor-Informationen zu diesem Request lediglich für ein paar Wochen oder Monate von Bedeutung sind.

Daher können Monitor-Informationen nicht einfach gelöscht werden, da das BW bei zahlreichen Operationen in Staging und Analytical Engine darauf angewiesen ist, Statusinformationen in den Monitor-Einträgen zu verändern, zu ergänzen oder zumindest auf ihren Status abzufragen.

In Bezug auf die Archivierung ist zu unterscheiden zwischen:

- den Statusinformationen zur Extraktion, die in den Tabellen RSREQDONE und RSSELDONE abgelegt sind,
- den Detailinformationen zur Extraktion, die Auskunft über die Parameter einer Extraktion (übrige Tabellen RS*DONE) und über den Status der weiteren Verarbeitungsschritte[7] (übrige Tabellen RSMON*) geben,
- den Monitor-Informationen aus Datentransferprozessen, die derzeit keine Berücksichtigung im ILM finden.

Archivierung von Request-Verwaltungsdaten

Beim Archivieren von Monitor-Informationen geht es folglich vor allem um die Archivierung von Datailinformationen aus Extraktionsprozessen (nachfolgend als Request-Verwaltungsdaten bezeichnet), wovon insbesondere BW-Systeme profitieren, in denen eine große Menge an Protokollen aus alten Staging-Verfahren existieren.

Die Archivierung behandelt die Einträge in den Tabellen RS*DONE und RSMON*, jedoch sind nicht alle Datensätze in diesen Tabellen Gegenstand des Löschens im Anschluss an die Archivierung. Vielmehr bleibt in den Tabellen RSREQDONE und RSSELDONE jeweils ein Datensatz bestehen, der den Status des Requests beschreibt. In der Tabelle RSREQDONE wird zusätzlich der Status der Archivierung hinterlegt.

Requests, deren Monitor-Informationen archiviert wurden, können damit nur dann durch Operationen verarbeitet werden, die die

7. Beim Staging mittels Transformation und Datentransferprozesse wird die Extraktion eines Requests durch einen Datentransferprozess aus der PSA als weiterer Verarbeitungsschritt protokolliert. Im Falle des Staging vor der BW-Version 7 wurde die Weiterverarbeitung zusätzlich auch beim Hochrollen, Komprimieren, Aktivieren in DataStore-Objekten, Weiterverbuchung aus DataStore-Objekten im Delta-Verfahren, Neuaufbau eines Datenziels aus DataStore-Objekten im Delta-Verfahren und beim Verändern des QM-Status im Extraktionsmonitor protokolliert.

Detailinformationen der Monitoring-Informationen ändern oder ergänzen, wenn die entsprechenden Daten zuvor aus dem Archiv zurückgeladen werden. Die Informationen zu einer Extraktion sollten daher erst dann archiviert werden, wenn der jeweilige Request abschließend verarbeitet wurde. Die SAP empfielt, einen Zeitraum von mindestens drei Monaten abzuwarten, bevor die Verwaltungsdaten eines Requests archiviert werden. Diese Empfehlung erscheint überaus pauschal gehalten und sollte stets den jeweiligen Anforderungen angepasst werden.

Archivierungsobjekte für Request-Verwaltungsdaten

Für die Archivierung von Request-Verwaltungsdaten ist das Archivierungsobjekt `BWREQARCH` vordefiniert. Dieses enthält neben diversen Voreinstellungen vor allem Verweise auf ebenfalls vordefinierte Programme zum Schreiben/Löschen/Restoren der Monitor-Informationen.

Von unmittelbarer Bedeutung für die Durchführung der Archivierung ist der im Archivierungsobjekt hinterlegte logische Dateipfad, der den Speicherort der Archivdateien vorgibt. Dabei handelt es sich um den Dateipfad `ARCHIVE_DATA_FILE`, der standardmäßig zum Archivieren verwendet wird (siehe Abb. 33–11).

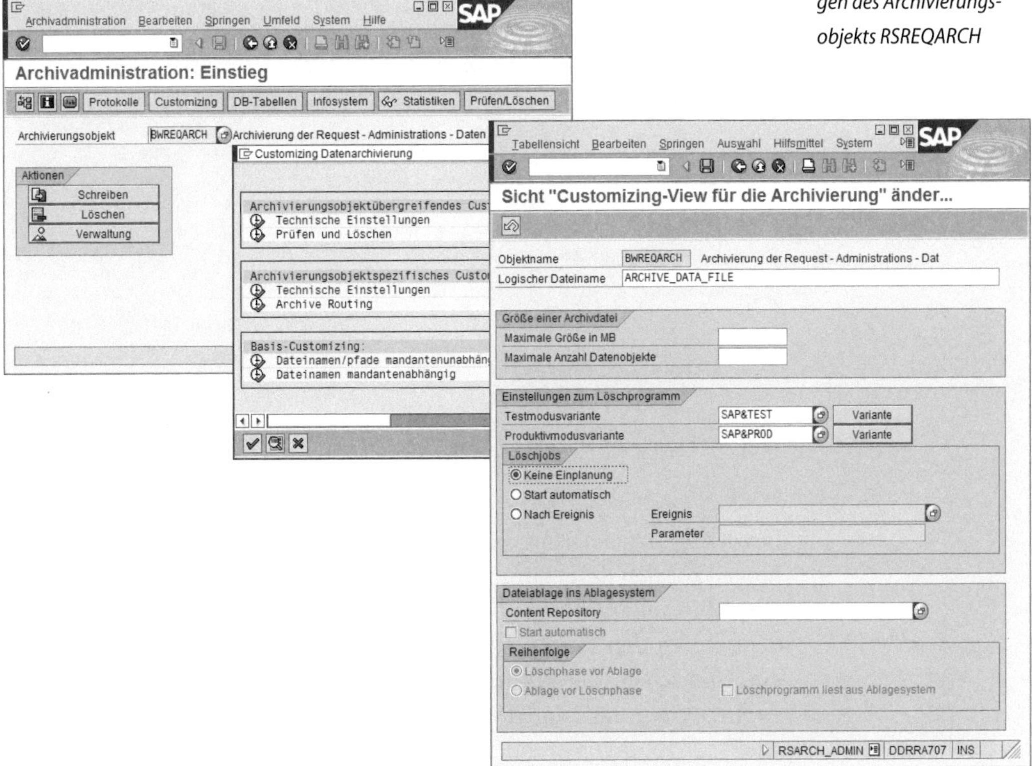

Abb. 33–11
Customizing-Einstellungen des Archivierungsobjekts RSREQARCH

Die Definition des Archivierungsobjekts kann bei Bedarf angepasst werden, beispielsweise um einen anderen logischen Dateipfad zu hinterlegen. Informationen zum Umgang mit logischen Dateien und Dateipfaden sind in Anhang C gegeben.

33.4.1 Archivierung

Zentraler Einstiegspunkt für die Archivierung von Request-Verwaltungsdaten ist die Archivadministration, die über die Transaktion SARA aufzurufen ist. Sie ermöglicht nach Angabe des Archivierungsobjekts BWREQARCH, Archivdateien zu schreiben, Datenbanktabellen zu löschen, Archive zu verwalten und den Restore zu steuern.

Speziell bei der Archivierung von Request-Verwaltungsdaten kann die Archivadministration aus dem Administrationsbereich der Data Warehousing Workbench bzw. aus der Transaktion RSREQARCH aufgerufen werden (siehe Abb. 33–12).

Abb. 33–12 *Aufruf der Archivadministration*

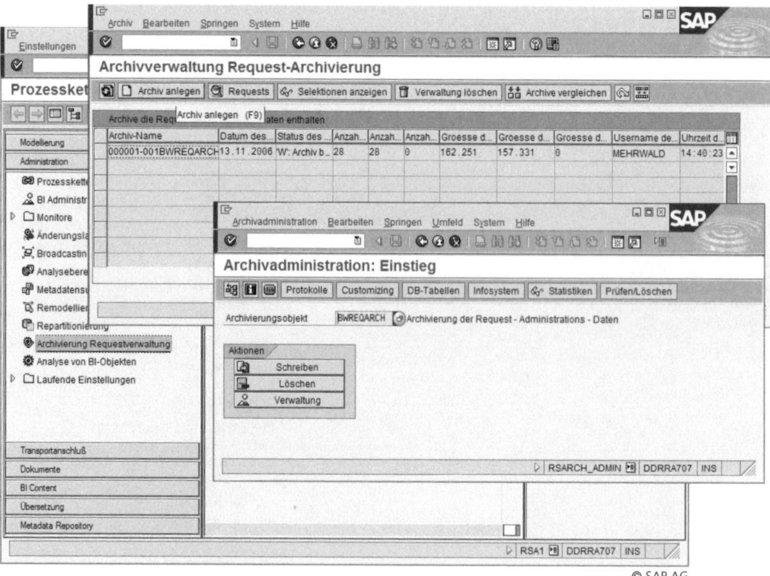

© SAP AG

Bevor die Archivierung beginnen kann, müssen zunächst die Einstellungen für den durchzuführenden Archivierungslauf getroffen werden. Diese Einstellungen müssen dabei in Form einer Variante abgelegt werden. Durch den Button *Schreiben* verzweigt die Archivadministration automatisch in die Pflege dieser Variante. Als Einstellungen für den Archivierungslauf sind Requests oder Zeitraum vorzugeben, die das Alter der zu archivierenden Requests beschreiben (siehe Abb. 33–13).

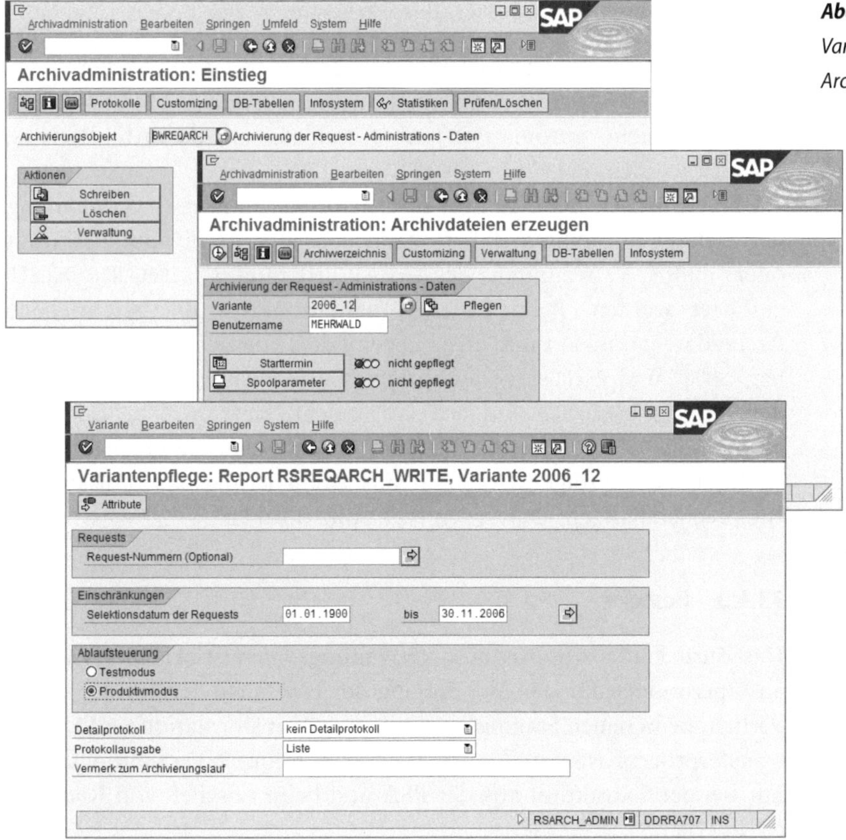

Abb. 33-13
Variantenpflege in der Archivadministration

Im Anschluss an die Pflege der Variante können Starttermin und Spoolparameter für die Archivierung gepflegt und die Archivierung eingeplant werden.

Für jeden Request, der innerhalb eines Archivierungslaufs archiviert wird, setzt das SAP BW einen Sperreintrag. Eine große Anzahl solcher Sperreinträge kann die Performance bei der Administration des Systems und bei Extraktionsprozessen erheblich beeinträchtigen. Wählen Sie die Selektion für einen Archivierungslauf daher stets so, dass nicht mehr als ca. 1.000 bis 10.000 Requests pro Archivierungslauf behandelt werden. Mit Hilfe des Feldes SELDAT in der Tabelle RSSELDONE kann ermittelt werden, wie viele Requests in einem vorgegebenen Zeitraum entstanden sind.

33.4.2 Löschen

Das Archivierungsobjekt BWREQARCH zur Archivierung von Request-Verwaltungsdaten ist derart definiert, dass die archivierten Monitor-Informationen nicht automatisch im Anschluss an die Archivierung gelöscht werden (vgl. Abb. 33–11).

Das Löschen der Monitor-Informationen muss bei Verwendung der Default-Einstellung daher manuell in der Archivadministration oder durch Verwendung des ABAP-Programms RSREQARCH_DELETE gestartet werden. Beim Löschen wird zunächst die geschriebene Archivdatei verifiziert und anschließend die Datensätze aus den Tabellen RSMON* und RS*DONE gelöscht bzw. die verdichteten Datensätze in den Tabellen RSREQDONE und RSSELDONE geschrieben.

Soll das Löschen automatisch im Anschluss an die Erzeugung der Archivdateien erfolgen, so kann das Archivierungsobjekt BWREQARCH entsprechend angepasst werden (vgl. Abb. 33–11).

33.4.3 Restore

Das Zurückladen von Request-Verwaltungsdaten ist bei einer Vielzahl an Operationen für das alte Staging der BW-Versionen bis 3.x erforderlich. Beim neuen Staging mit Hilfe von Transformation und Datentransferprozess ist ein Zurückladen von Request-Verwaltungsdaten nur bei der Extraktion aus der PSA und beim Löschen von Requests erforderlich.

Zur Durchführung des Restore stehen im Wesentlichen zwei Möglichkeiten zur Verfügung: der Restore kompletter Archivierungsläufe und der gezielte Restore einzelner Requests.

Restore eines kompletten Archivierungslaufs

Beim manuellen Restore kann in der Archivadministration (Transaktion SARA) ein kompletter Archivierungslauf zurückgeladen werden, d.h., die Monitor-Informationen aller in dem Archivierungslauf enthaltenen Requests werden in das System zurückgeladen.

Restore ausgewählter Requests

Der der Aufwand für das Zurückladen eines kompletten Archivierungslaufs unter Umständen viel zu groß ist, um tatsächlich nur eine Handvoll Requests zu bearbeiten, existiert alternativ die Möglichkeit, die Monitor-Informationen einzelner Requests gezielt aus dem Archiv zurückzuladen. Dies kann in der Archivverwaltung für Request-Verwaltungsdaten erfolgen (siehe Abb. 33–14), ist jedoch nicht zwingend erforderlich, da das BW bei Operationen, die auf die Request-Verwaltungsdaten angewiesen sind, automatisch die entsprechenden Informationen aus dem Archiv zurücklädt.

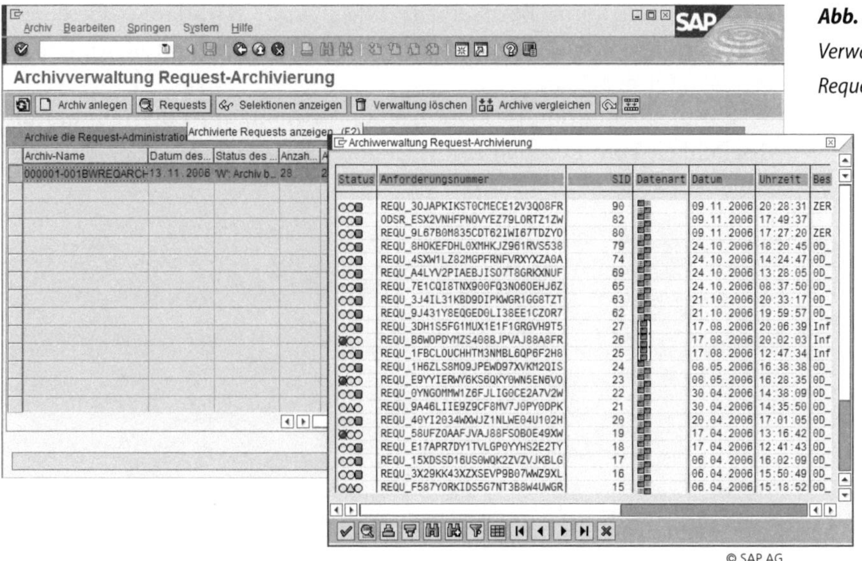

Abb. 33–14
Verwaltung einzelner Requests im Archiv

© SAP AG

Das gezielte Zurückladen einzelner Requests erscheint damit auf den ersten Blick deutlich komfortabler als der Restore eines kompletten Archivierungslaufs. Das automatische Zurückladen hat jedoch insofern Auswirkungen auf die Archivierungsläufe, als diese zwar unverändert bestehen bleiben, die Requests jedoch in der Archivverwaltung aus diesen Läufen gelöscht werden (um ggf. in einer anderen Archivdatei erneut abgelegt zu werden).

Archivläufe löschen

Auf diese Weise kann es vorkommen, dass ein Archivierungslauf nur noch wenige oder gar keine Requests mehr enthält. Derartige Archivierungsläufe können aus der Archivverwaltung über den Menüpunkt *Archiv →Löschen* gelöscht werden, wenn sie keinerlei Requests mehr enthalten, die nicht wieder zurückgeladen wurden.

Archivläufe reorganisieren

Existiert eine große Menge an Archivierungsläufen, die nur noch teilweise die ursprünglich archivierten Requests enthalten, so können (und sollten) die Archivierungsläufe reorganisiert werden. Die entsprechenden Archivierungsläufe sind in diesem Fall in der Archivverwaltung zu markieren und mit dem Menüpunkt *Archiv →Archive Reorganisieren* zusammenzufassen.

33.5 ILM bei Anwendungsprotokollen

Zusätzlich zu den Monitor-Informationen (vgl. Kapitel 31.1) werden Protokollinformationen im Anwendungs-Log abgelegt. Die dort enthaltenen Informationen sind in Bezug auf Request-bezogene Daten nicht so detailliert wie der BW-Monitor, umfassen jedoch auch weitere

Informationen, zum Beispiel zur Pflege von Metadaten. Genauere Informationen zur Arbeit mit dem Anwendungsprotokoll werden in Kapitel 31.1 gegeben.

Für die Protokollinformationen im Anwendungs-Log steht nur die Möglichkeit zum Löschen zur Verfügung. Dies erfolgt in der Transaktion SLG2 (siehe Abb. 33–15).

Abb. 33–15
Löschen von Anwendungsprotokollen

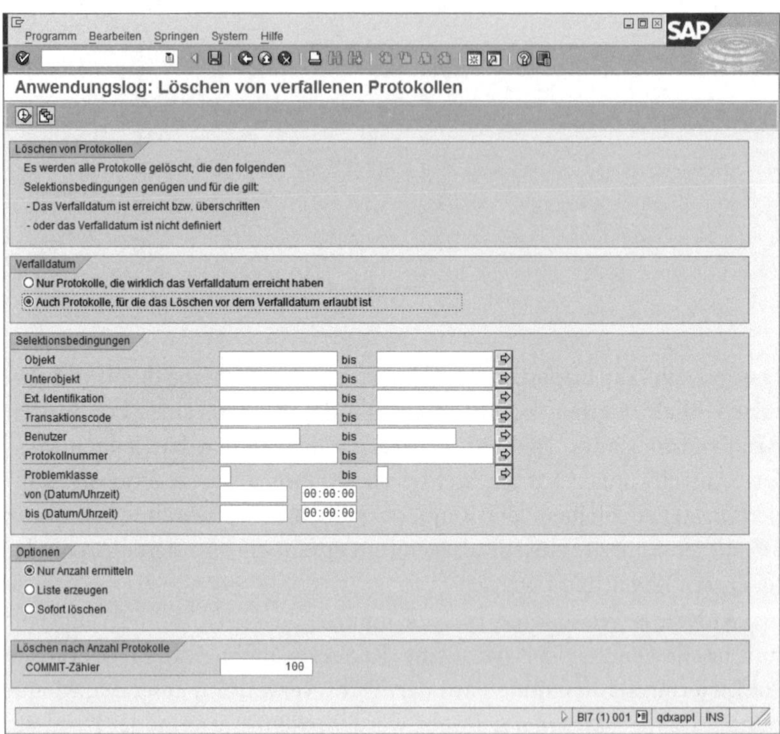

Das Löschen entfernt Einträge aus den Tabellen BALHDR, BAL_INDX und BATDAT. Um das Löschen von Anwendungsprotokollen im Rahmen der Prozessketten-Steuerung zu automatisieren, kann alternativ zur Transaktion SLG2 das ABAP-Programm SBAL_DELETE in eine Prozesskette eingebunden werden, das der Transaktion SLG2 entspricht.

33.6 ILM bei BW-Statistikdaten

Zur Untersuchung der Systembenutzung und als Grundlage des Performance-Tunings werden durch Staging und Analytical Engine Statistikdaten erzeugt und im BW abgelegt (vgl. Kapitel 13.2).

Die Tabellen, in denen die Statistikdaten abgelegt werden, können sehr groß werden und sollten daher in regelmäßigen Abständen gelöscht werden. Eine Archivierung der Statistikdaten ist im BW nicht vorgesehen und auch nicht erforderlich, wenn der technische Content eingesetzt wird (siehe Abschnitt E.2.2), der die Statistikdaten in vordefinierte BasisCubes übernimmt (die ihrerseits archiviert werden können).

Für das Löschen existieren folgerichtig zwei alternative Möglichkeiten, nämlich das automatische Löschen im Rahmen der Datenübernahme durch den technischen Content oder das manuelle Löschen der Statistikdaten.

Löschen von Statistikdaten durch den technischen Content

Wird der technische Content eingesetzt, so werden bei jeder Datenübernahme aus den Statistikdaten durch die DataSources `0TCT_DS01`, `0TCT_DS02` und `0TCT_DS03` alle Daten aus den zugrunde liegenden Tabellen gelöscht, die älter als 14 Tage sind.

Die per Default verwendete Aufbewahrungszeit von 14 Tagen kann bei Bedarf übersteuert werden, indem in der Tabelle `RSADMIN` die gewünschte Aufbewahrungsdauer im Parameter `TCT_KEEP_OLAP_DM_DATA_N_DAYS` hinterlegt wird. Zur Pflege der Tabelle `RSADMIN` steht das Programm `SAP_RSADMIN_MAINTAIN` zur Verfügung.

Manuelles Löschen von Statistikdaten

Außerhalb des Automatismus im technischen Content können die Statistikdaten in der Transaktion `RSDDSTAT` gelöscht werden (siehe Abb. 33–16).

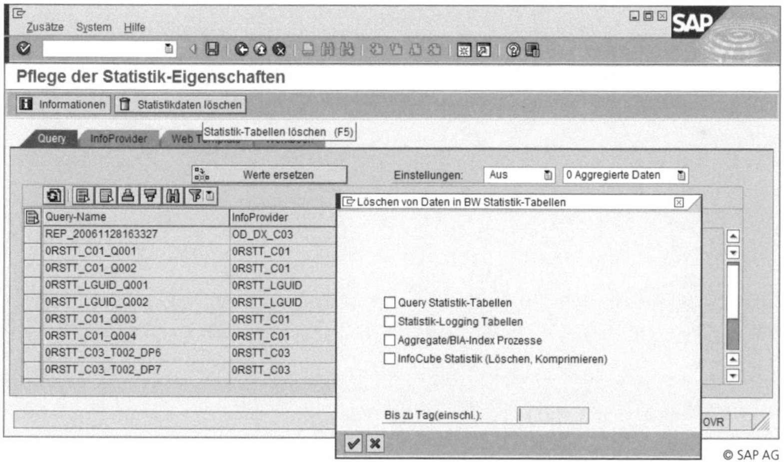

Abb. 33–16 *Löschen der Statistikdaten von Analytical und Staging Engine*

Soll das Löschen im Rahmen der Prozesskettensteuerung automatisiert erfolgen, so kann zu diesem Zweck das ABAP-Programm `RSDDSTAT_DATA_DELETE` in eine Prozesskette eingebunden werden.

VI Anhang

A Währungsumrechnung

Im operativen Betrieb eines ERP-Systems werden Werte in der Regel mit unterschiedlichen Währungen verbunden. Die in einem Geschäftsvorfall originär verwendete Währung kann in bestimmten Fällen eine sinnvolle Information bei der Datenanalyse darstellen, in den meisten Fällen sind unterschiedliche Währungen jedoch schlicht hinderlich, wenn auf aggregierter Ebene mit Summen gearbeitet wird.

Die Analyse von Werten ist daher darauf angewiesen, dass unterschiedliche Währungen auf eine definierte einheitliche Währung umgerechnet werden. Diese Umrechnung kann bereits im Zuge der Datenbewirtschaftung erfolgen (vgl. Kapitel 18.1.7). Da die Art der Umrechnung, die verwendeten Kurse und Zeitbezüge jedoch mitunter spezifisch für einzelne Analysen sein kann, empfiehlt es sich in der Regel, die Umrechnung zur Laufzeit der Datenanalyse durchzuführen und die Währungsumrechnung in der Definition von Queries festzulegen[1].

Das BW bietet die Verwendung der Währungsumrechnung in Transformationen nur an, wenn ein InfoCube das Zielobjekt einer Transformation ist. Wird der Cube jedoch aus dem Change Log eines DataStore-Objekts mit Daten versorgt, so besteht die Gefahr, dass die Stornierung bestehender Datensätze nicht mehr fehlerfrei funktioniert, wenn Änderungen an den eingesetzten Währungsumrechungsarten vorgenommen werden. Vermeiden Sie daher in diesen Fällen die Umrechnung von Währungen und rechnen Sie Währungen stattdessen bereits auf dem Weg in das DataStore-Objekt um.

1. Bei der Auswertung von InfoSets ist keine Währungsumrechnung möglich.

Die Voraussetzungen für die Umrechnung von Währungen sind in beiden Fällen identisch und erfordern[2]:

- die Definition von Umrechnungskursen beziehungsweise Umrechnungsfaktoren,
- die Definition von Währungsumrechnungsarten.

A.1 Umrechnungskurse/Umrechnungsfaktoren

Zur Umrechnung von Währungen ist die Hinterlegung von Umrechnungskursen beziehungsweise Umrechnungsfaktoren erforderlich (zum Beispiel der Umrechnungsfaktor 1,95583 für die Umrechnung von DM in EUR).

Umrechnungskurse bzw. Umrechnungsfaktoren beziehen sich auf Kurstypen, das heißt, jede Umrechnung wird zu einem oder mehreren Kurstypen abgelegt, um auf diese Weise zum Beispiel die Umrechnung mit Geld-, Brief- oder Mittelkurs zu ermöglichen (siehe Abb. A–1).

Abb. A–1
Pflege von Kurstypen

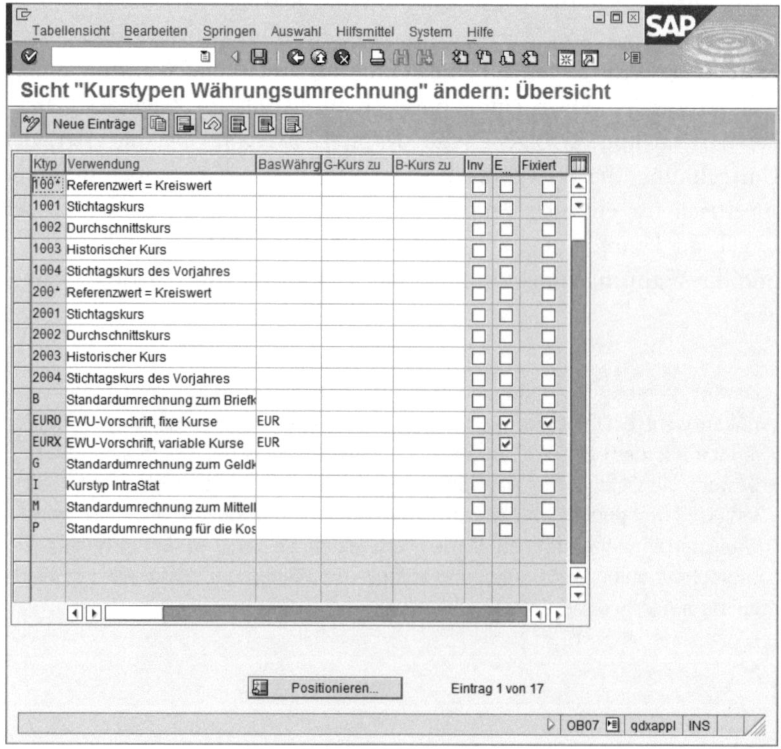

2. Die Währungsumrechnung im BW wurde aus dem SAP R/3 übernommen, ist jedoch aufgrund BW-spezifischer Anpassungen nicht identisch mit der Währungsumrechnung im R/3.

Kurstypen werden in der Tabelle TCURV hinterlegt und können durch die Transaktion OB07 gepflegt werden.

Basierend auf den Kurstypen können Währungen umgerechnet werden. Die dafür genutzten Umrechnungskurse können als *Mengennotation* (indirekte Notation) oder *Kursnotation* (direkte Notation) hinterlegt werden.

Mengennotation

Bei der Mengennotation wird die Anzahl der Fremdwährungseinheiten pro Einheit der Hauswährung ausgedrückt. Ist die Hauswährung EUR und die Fremdwährung USD, so würde das Kursverhältnis in der Mengennotation zum Beispiel als 1,0808 dargestellt, das heißt, für 1,0000 EUR erhält man 1,0808 USD.

Kursnotation

Die Kursnotation ist das Gegenstück zur Mengennotation. Hier wird die Anzahl der Hauswährungseinheiten pro Einheit der Fremdwährung ausgedrückt. Für das oben angegebene Beispiel würde die Mengennotation damit als 0,92524 dargestellt, das heißt, für 1,0000 USD erhält man 0,92524 EUR.

Die Pflege von Umrechnungskursen – sei es als Mengen- oder als Kursnotation – findet mit Hilfe der Transaktion OB08 statt (siehe Abb. A–2).

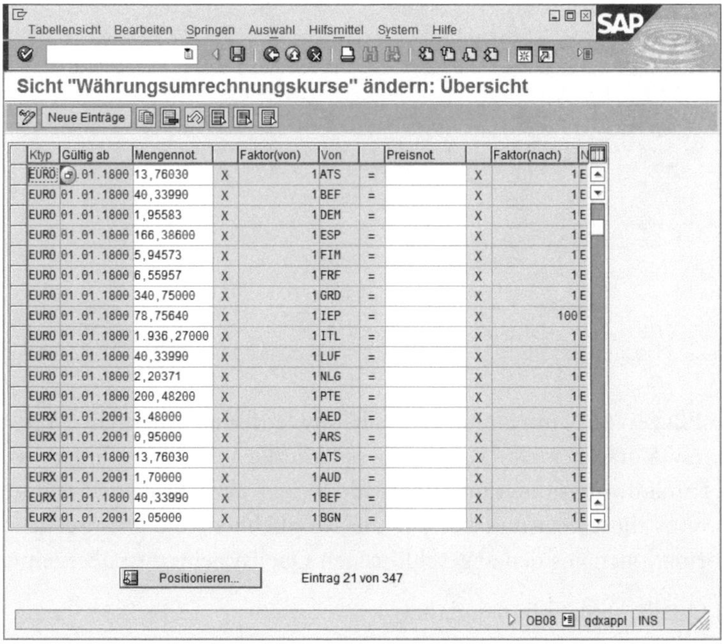

Tabellensicht Bearbeiten Springen Auswahl Hilfsmittel System Hilfe

Sicht "Währungsumrechnungskurse" ändern: Übersicht

Neue Einträge

Ktyp	Gültig ab	Mengennot.		Faktor(von)	Von		Preisnot.		Faktor(nach)	N
EURO	.01.1800	13,76030	X	1	ATS	=		X	1	E
EURO	01.01.1800	40,33990	X	1	BEF	=		X	1	E
EURO	01.01.1800	1,95583	X	1	DEM	=		X	1	E
EURO	01.01.1800	166,38600	X	1	ESP	=		X	1	E
EURO	01.01.1800	5,94573	X	1	FIM	=		X	1	E
EURO	01.01.1800	6,55957	X	1	FRF	=		X	1	E
EURO	01.01.1800	340,75000	X	1	GRD	=		X	1	E
EURO	01.01.1800	78,75640	X	1	IEP	=		X	100	E
EURO	01.01.1800	1.936,27000	X	1	ITL	=		X	1	E
EURO	01.01.1800	40,33990	X	1	LUF	=		X	1	E
EURO	01.01.1800	2,20371	X	1	NLG	=		X	1	E
EURO	01.01.1800	200,48200	X	1	PTE	=		X	1	E
EURX	01.01.2001	3,48000	X	1	AED	=		X	1	E
EURX	01.01.2001	0,95000	X	1	ARS	=		X	1	E
EURX	01.01.1800	13,76030	X	1	ATS	=		X	1	E
EURX	01.01.2001	1,70000	X	1	AUD	=		X	1	E
EURX	01.01.1800	40,33990	X	1	BEF	=		X	1	E
EURX	01.01.2001	2,05000	X	1	BGN	=		X	1	E

Positionieren... Eintrag 21 von 347

OB08 qdxappl INS

Abb. A–2
Pflege von Umrechnungskursen

Umrechnungsfaktoren

Sind für eine bestimmte Währungskombination keine Umrechnungskurse vorhanden, so können *Umrechnungsfaktoren* aus anderen Währungskombinationen hergeleitet werden (zum Beispiel Umrechnung von DEM nach USD wird hergeleitet aus DEM → EUR → USD).

Die Verwendung von Umrechnungsfaktoren setzt das Vorhandensein einer gemeinsamen alternativen Währung (im Beispiel EUR) voraus, über die (als Zwischenstufe) alle anderen Währungsumrechnungen durchgeführt werden.

Umrechnungsfaktoren können somit eingesetzt werden, um die Anzahl der gepflegten Währungskombinationen zu verringern.

Die Pflege der Umrechnungsfaktoren erfolgt durch die Transaktion OBBS (siehe Abb. A–3).

Abb. A–3 *Pflege von Umrechnungsfaktoren*

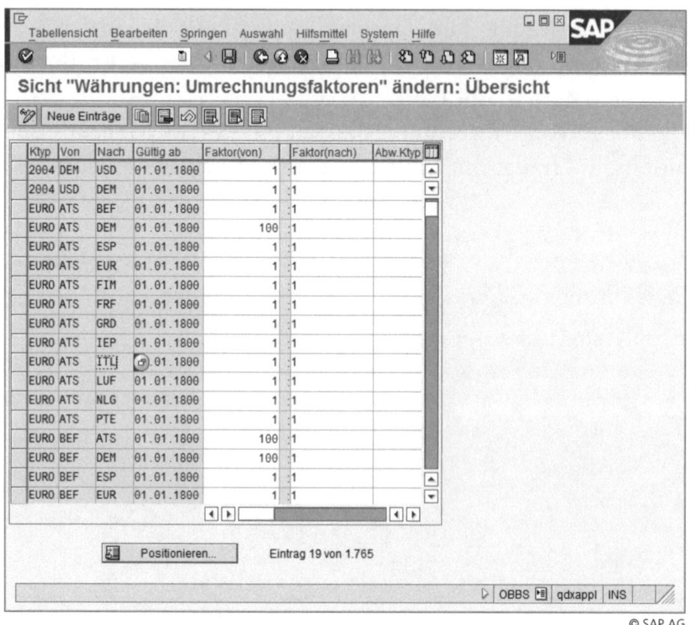

Ktyp	Von	Nach	Gültig ab	Faktor(von)	Faktor(nach)	Abw.Ktyp
2004	DEM	USD	01.01.1800	1	1	
2004	USD	DEM	01.01.1800	1	1	
EURO	ATS	BEF	01.01.1800	1	1	
EURO	ATS	DEM	01.01.1800	100	1	
EURO	ATS	ESP	01.01.1800	1	1	
EURO	ATS	EUR	01.01.1800	1	1	
EURO	ATS	FIM	01.01.1800	1	1	
EURO	ATS	FRF	01.01.1800	1	1	
EURO	ATS	GRD	01.01.1800	1	1	
EURO	ATS	IEP	01.01.1800	1	1	
EURO	ATS	ITL	01.01.1800	1	1	
EURO	ATS	LUF	01.01.1800	1	1	
EURO	ATS	NLG	01.01.1800	1	1	
EURO	ATS	PTE	01.01.1800	1	1	
EURO	BEF	ATS	01.01.1800	100	1	
EURO	BEF	DEM	01.01.1800	100	1	
EURO	BEF	ESP	01.01.1800	1	1	
EURO	BEF	EUR	01.01.1800	1	1	

Übernahme von Umrechnungskursen/ Umrechnungsfaktoren

Die Pflege von Umrechnungskursen sowie der erforderlichen Einstellungen (Kurstypen etc.) kann sehr aufwändig sein, insbesondere wenn die Kursinformationen mehrmals im Monat aktualisiert werden müssen. Aus diesem Grund besteht die Möglichkeit, die entsprechenden Informationen aus den angeschlossenen Quellsystemen zu übernehmen.

Als Quellsysteme können dabei

- SAP-ERP-Systeme oder
- Flatfiles

verwendet werden.

Die Übernahme von Umrechnungskursen aus SAP-ERP-Systemen erfolgt in der Data Warehousing Workbench durch den Menüpunkt Umrechnungskurse übernehmen im Kontextmenü des ausgewählten Quellsystems. Übernommen werden Umrechnungskurse und Umrechnungsarten, die vor der Übernahme selektiert werden können (vgl. Abb. 30–2).

A.2 Währungsumrechnungsarten

Je nach Situation ist es erforderlich, einen bestimmten Umrechnungskurs bei der Währungsumrechnung zu verwenden. Welcher Kurs für die Umrechnung verwendet wird, ist abhängig von der *Quellwährung*, der *Zielwährung*, dem *Kurstyp* und dem *Zeitbezug*.

In welcher Form diese Parameter ermittelt werden, ist in der Definition von *Umrechnungsarten* festgelegt, die mit Hilfe der Transaktion `RSCUR` angelegt werden können.

Jede definierte Umrechnungsart legt für die Umrechnung von Währungen eine Kombination aus

- Kurstyp
- Quellwährung
- Zielwährung
- Zeitbezug

fest.

A.2.1 Kurstyp

Die Einstellung eines Kurstyps legt fest, zu welchem Kurstyp die Umrechnung erfolgen soll. Die Angabe des Kurstyps kann entweder fest erfolgen (zum Beispiel Verwendung des Briefkurses) oder dem Inhalt eines InfoObjektes entnommen werden (siehe Abb. A–4).

Die Ermittlung des Kurstyps aus einem InfoObjekt setzt voraus, dass dieses InfoObjekt über das Attribut `ORATE_TYPE` verfügt. Der Inhalt dieses Attributs wird als Kurstyp der Umrechnung verwendet. Bei der Umrechnung in Transformationen muss das InfoObjekt in der Struktur der Datenquelle zur Verfügung stehen.

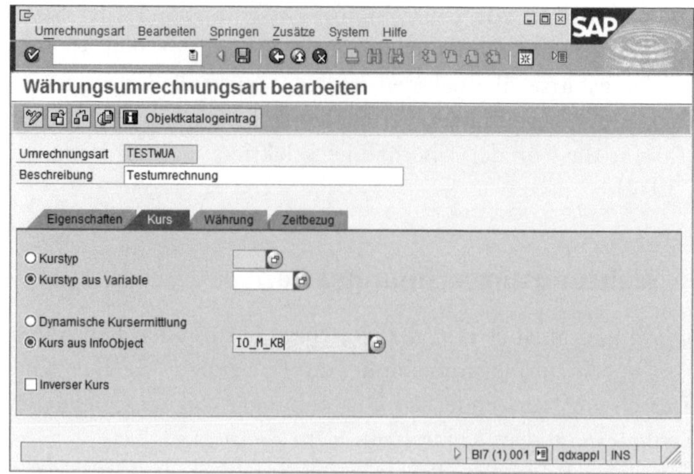

Abb. A-4 *Anlegen von Umrechnungsarten: Kursermittlung aus InfoObjekt*

In Abbildung A–5 ist die Definition eines InfoObjektes dargestellt, das sich als InfoObjekt für die Kurstyp-Ermittlung eignet.

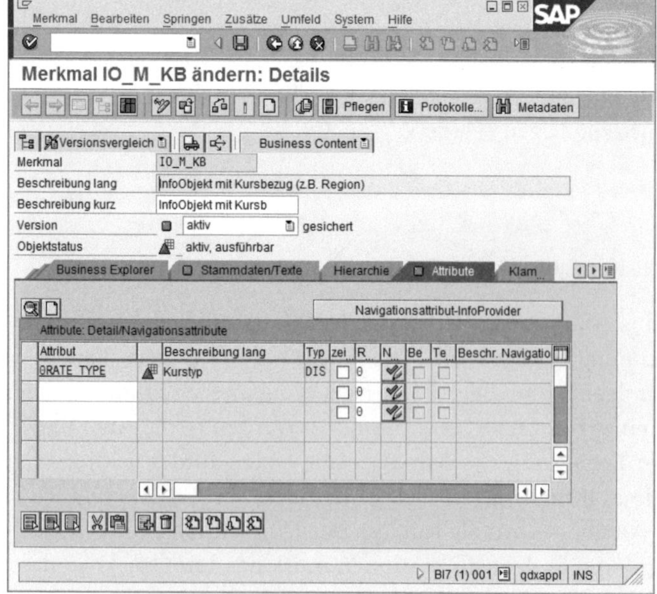

Abb. A-5 *InfoObjekte mit Kurstyp*

Alle InfoObjekte, die bei der Definition der Umrechnungsarten referenziert werden, müssen zum Zeitpunkt der Umrechnung zur Verfügung stehen. Bei der Umrechnung zum Zeitpunkt der Analyse muss also neben den Kennzahlen auch das InfoObjekt zur Verfügung stehen, welches den Kurstyp enthält.

A.2.2 Quellwährung

In der Quellwährung einer Umrechnungsart wird festgelegt, welche Währung der Umrechnung zugrunde gelegt werden soll. Die Quellwährung kann dabei entweder dem Datensatz der Betragskennzahl oder einem spezifizierten InfoObjekt entnommen werden.

Quellwährung des Datensatzes

Bei der Extraktion mit Hilfe des BI Content werden alle Kennzahlen zusammen mit dem richtig gefüllten Einheitenfeld an das BW übergeben. Auch beim Einsatz generischer DataSources im SAP ERP oder anderen Quellsystemen sollte dies der Fall sein.

In diesen Fällen ist die Währung zu jeder Kennzahl in einem entsprechenden Währungsfeld abgelegt und steht im Datensatz zur Umrechnung zur Verfügung. Die Option *Quellwährung aus Datensatz* besagt, dass genau dieses Verfahren verwendet werden kann.

Quellwährung eines InfoObjektes

In einigen Fällen werden Kennzahlen ohne Angabe einer Währung an das BW geliefert. Eine Umrechnung von Beträgen ist auf dieser Basis nicht möglich, so dass andere Wege zur Ermittlung der jeweiligen Einheiten herangezogen werden müssen.

Eine dieser Möglichkeiten besteht in dem Versuch, die Quellwährung anhand eines Merkmalswertes herzuleiten. Ist es möglich, anhand einer bestimmten Ausprägung eines Merkmalswertes auf die Quellwährung zu schließen, so kann diese Quellwährung zur Umrechnung herangezogen werden. Eine solche Ableitung könnte zum Beispiel darauf basieren, dass Daten zu Land »DE« immer in der Währung »EUR« geliefert werden.

Abbildung A–6 zeigt die Ermittlung der Quellwährung in Abhängigkeit vom InfoObjekt `IO_M_WB`.

Als Voraussetzung für eine solche Herleitung muss das verwendete InfoObjekt Informationen über die zu ermittelnde Quellwährung in den Stammdaten besitzen. Zu diesem Zweck muss in den Attributen des InfoObjektes ein entsprechendes Einheiten-InfoObjekt des Typs `Currency` aufgenommen werden (zum Beispiel `0CURRENCY`).

Darüber hinaus muss dieses Attribut als Währungsattribut des InfoObjektes definiert werden (siehe Abb. A–7). Jedes InfoObjekt kann maximal ein solches Währungsattribut aufweisen.

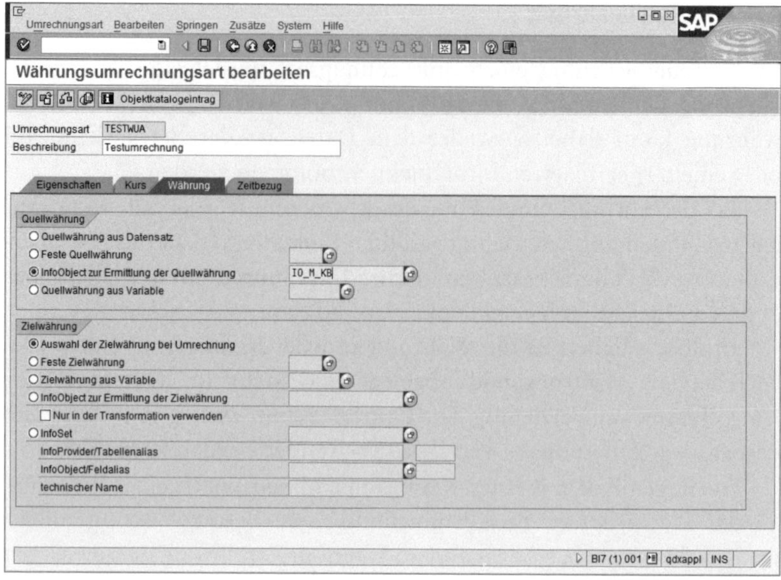

Abb. A–6 *Anlegen von Umrechnungsarten: Währungsermittlung aus InfoObjekt*

Merkmal Bearbeiten Springen Zusätze Umfeld System Hilfe
Merkmal IO_M_KB ändern: Details
Pflegen Protokolle... Metadaten
Versionsvergleich Business Content
Merkmal IO_M_KB
Beschreibung lang InfoObjekt mit Kursbezug (z.B. Region)
Beschreibung kurz InfoObjekt mit Kursb
Version aktiv gesichert
Objektstatus aktiv, ausführbar
Allgemein Business Explorer Stammdaten/Texte Hierarchie Attribute
Allgemeine Einstellungen
Darstellung Text
Textart Default
Beschreib. BEX Beschreibung kurz
Selektion Keine Einschränkung der Selektion
Filterwertauswahl Querydefinition Werte in Stammdatentabelle
Filterwertauswahl Queryausführung Nur gebuchte Werte für Navigation
Filterdarstellung Selektor Box ohne Werte
Basismengeneinheit
Mengeneinheiten zum Merkmal
Währungsattribut 0CURRENCY
Berechtigungsrelevant
BEx Map
Geographischer Typ Kein Geomerkmal
Geographisches Attribut
Shapefiles hochladen
Shape Files bearbeiten
Download von Geo-Daten (alles)
Download von Geo-Daten (Delta)
BI7 (3) 001 qdxappl INS

Abb. A–7 *Anlegen von Umrechnungsarten: InfoObjekt mit Währungsattribut*

A.2.3 Zielwährung

Bei der Festlegung der Zielwährung stehen drei Optionen zur Verfügung (vgl. Abb. A–6):

- Auswahl der Zielwährung bei der Umrechnung
- feste Zielwährung
- InfoObjekt zur Ermittlung der Zielwährung

Auswahl der Zielwährung bei der Umrechnung

Die Auswahl der Zielwährung zum Zeitpunkt der Umrechnung ist insbesondere für die Währungsumrechnung bei der Datenanalyse sinnvoll. Hierbei kann zum Zeitpunkt der Umrechnung eine entsprechende Zielwährung gewählt werden.

Feste Zielwährung

Eine feste Zielwährung gibt für die jeweilige Umrechnungsart eine Zielwährung vor, die bei der Verwendung der Umrechnungsart nicht veränderbar ist. Diese Umrechnungsart ist insbesondere bei Umrechnungen im Staging sinnvoll, wenn keine Interaktion mit einem Anwender möglich ist.

InfoObjekt zur Ermittlung der Zielwährung

Ebenso wie bei der Ermittlung einer Quellwährung aus einem InfoObjekt kann auch die Zielwährung aus einem InfoObjekt ermittelt werden. Dabei gelten dieselben Rahmenbedingungen wie bei der Ermittlung der Quellwährung (vgl. Anhang A.2.2), das heißt, das entsprechende InfoObjekt muss über ein Währungsattribut und dementsprechend gepflegte Stammdaten verfügen.

A.2.4 Zeitbezug

Umrechnungskurse sind nicht konstant, sondern ändern sich im Zeitverlauf. Jeder Kurs wird dabei in Bezug auf einen Gültigkeitszeitraum abgelegt (vgl. Abb. A–2 auf Seite 755). Bei der Währungsumrechnung muss daher ermittelt werden, welcher Zeitpunkt für die Kursumrechnung gelten soll.

Zur Ermittlung des Zeitpunktes steht die Definition entweder eines festen oder variablen Zeitpunktes zur Verfügung (siehe Abb. A–8).

Fester Zeitbezug

Bei der Definition eines festen Zeitpunktes ist der Zeitpunkt der Kursfindung unabhängig von den Daten, die umgerechnet werden. Als Zeitpunkt wird entweder das aktuelle Systemdatum zum Zeitpunkt der Umrechnung verwendet oder ein in der Umrechnungsart fest vorgegebenes Datum.

Variabler Zeitbezug

Beim variablen Zeitbezug ist der Zeitpunkt der Umrechnung abhängig von den Datumsangaben, die in den umzurechnenden Daten hinterlegt sind. Diese Datumsangaben können aus einem Standard-InfoObjekt oder einem speziellen InfoObjekt entnommen werden.

Abb. A-8
Anlegen von Umrechnungsarten: Zeitbezug

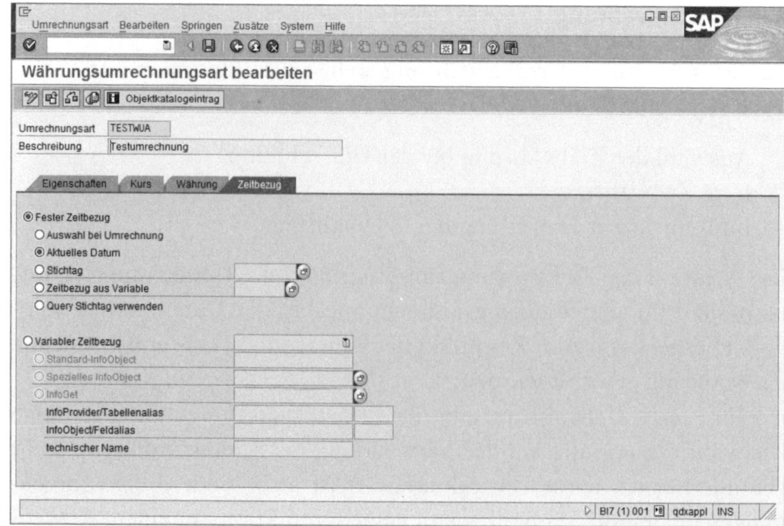

© SAP AG

Basierend auf dem Inhalt des angegebenen InfoObjektes stehen als Basis der Währungsumrechnung die Zeitpunkte

- Ende Geschäftsjahr
- Anfang Geschäftsjahr
- Ende Periode
- Anfang Periode
- Ende Kalenderjahr
- Anfang Kalenderjahr
- Ende Monat
- Anfang Monat
- Ende Woche
- tagesgenau

zur Verfügung, die aus dem angegebenen InfoObjekt abgeleitet werden.

B Mengenumrechnung

Im operativen Betrieb eines ERP-Systems erfolgt die Angabe von Produkten und Leistungen in der Regel mit einer Vielzahl von Einheiten. In vielen Fällen sind die Einheiten direkt mit dem jeweiligen Produkt oder der Leistung verbunden, jedoch nicht immer. So wird bspw. bei der Produktion von Einrichtungsgegenständen jedes Produkt fest mit der Einheit ST (Stück) verbunden sein. Auf der anderen Seite könnte bei einem Getränkehersteller jedes Produkt in unterschiedlichen Gebindegrößen vertrieben werden.

Ebenso wie bei der Analyse von Werten kann die im jeweiligen Geschäftsvorfall originär verwendete Einheit zwar auch bei Mengen eine wertvolle Information darstellen, jedoch sind unterschiedliche Einheiten bei der Datenanalyse oft eher hinderlich, wenn nämlich Äpfel und Birnen in einer Summe ausgewiesen werden sollen.

Die Analyse von Mengen ist daher darauf angewiesen, dass unterschiedliche Einheiten auf eine definierte einheitliche Einheit umgerechnet werden. Da diese Umrechnung einerseits auf detaillierte Informationen zugreifen muss (bspw. auf Produktnummern) und andererseits statischen Charakter hat[1], ist eine Umrechnung von Mengeneinheiten in den meisten Fällen im Zuge der Datenbewirtschaftung (vgl. Kapitel 18.1.7) sinnvoller, als erst bei der Datenanalyse.

Das BW bietet die Verwendung der Mengenumrechnung in Transformationen nur an, wenn ein InfoCube das Zielobjekt einer Transformation ist. Wird der Cube jedoch aus dem Change Log eines DataStore-Objekts mit Daten versorgt, so besteht die Gefahr, dass die Stornierung bestehender Datensätze nicht mehr fehlerfrei funktioniert, wenn Änderungen an den eingesetzten Mengenumrechungsarten vorgenommen werden. Vermeiden Sie daher in diesen Fällen die Umrechnung von Mengen und rechnen Sie Mengen stattdessen bereits auf dem Weg in das DataStore-Objekt um.

1. Beispielsweise ist die Anzahl an Millilitern pro Liter nicht abhängig von der Volatilität der internationalen Finanzmärkte.

Die Umrechnung von Mengen stellt sich ähnlich wie die Währungsumrechnung dar und erfordert ebenfalls

- die Festlegung von Umrechnungsfaktoren
- die Definition von Mengenumrechnungsarten

B.1 Umrechnungsfaktoren

Umrechnung konvertibler Einheiten

Sind Quell- und Zieleinheit einer Umrechnung konvertibel[2], so kann die Umrechnung auf einfache Weise durch Angabe von Umrechnungsfaktoren definiert werden. Derartige Faktoren können in der Tabelle T006 abgelegt und mit Hilfe der Transaktion CUNI gepflegt werden. Da hier nur die Umrechnungsfaktoren konvertibler Einheiten hinterlegt werden können, ist zunächst die Dimension anzugeben, der eine Einheit angehört (siehe Abb. B–1).

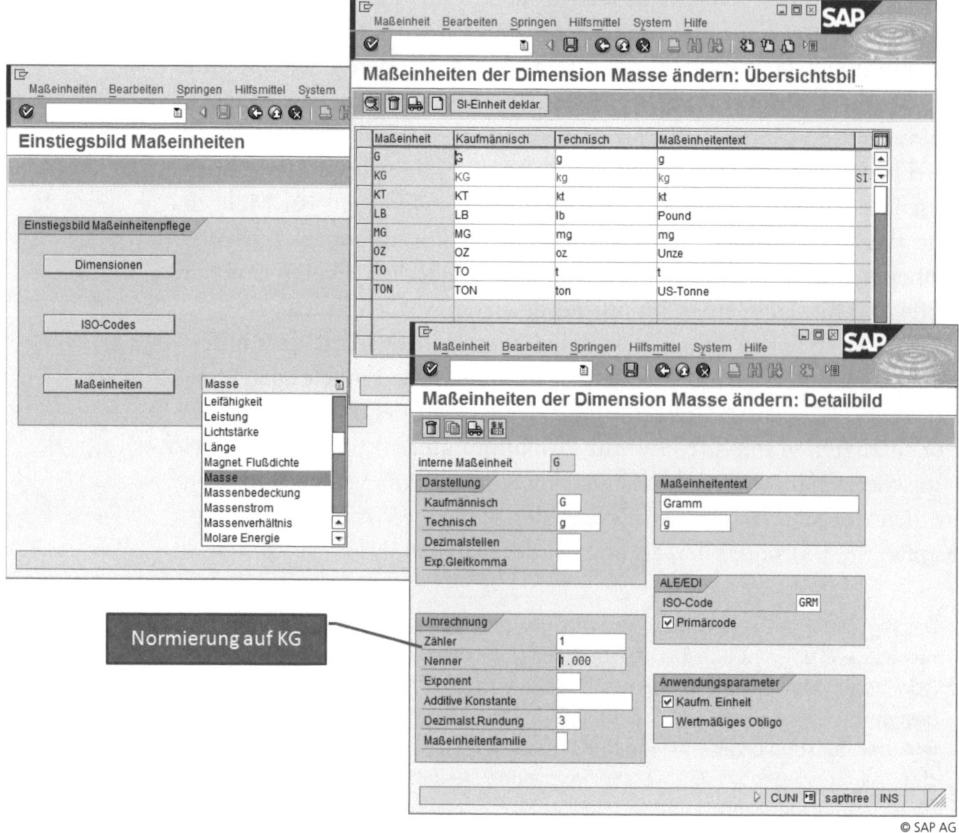

Abb. B–1 *Pflege von Umrechnungsfaktoren*

2. Beispielsweise können zwar Gramm in Kilogramm oder Liter in Kubikmeter umgerechnet werden, nicht jedoch Meter in Kilowatt.

Der absolute Wert der Umrechnungsfaktoren aller Einheiten einer Dimension ist grundsätzlich nicht von Bedeutung: Stattdessen sind die Verhältnisse der Einheiten zueinander relevant. So ergeben die Umrechnungsfaktoren 1:100 für die Umrechnung von Meter in Zentimeter dasselbe Ergebnis wie die Faktoren 10:1000. In der Regel liefert die kleinste Einheit einer Dimension die Ausgangsbasis für alle Umrechnungsfaktoren. Um Umrechnungsfaktoren auch mit periodischen Nachkommastellen angeben zu können, werden alle Umrechnungsfaktoren in Form von Zähler und Nenner angegeben.

Erfolgt die Umrechnung von Einheiten im Rahmen von Transformationen oder Queries auf Basis der Umrechnungsfaktoren in der Tabelle `T006`, so verwendet das BW hierfür den Funktionsbaustein `UNIT_CONVERSION_SIMPLE`, der auch im Rahmen eigener Entwicklungen genutzt werden kann.

Umrechnung nicht konvertibler Einheiten

Unter bestimmten Umständen können auch Einheiten umgerechnet werden, die nicht konvertibel sind. So können beispielsweise Liter genau dann in Kilogramm umgerechnet werden, wenn der Liter über eine bekannte Massendichte verfügt.

Umrechnungsfaktoren für nicht konvertible Einheiten sind in der Regel abhängig von Materialien/Produkten, weshalb eine derartige Form der Umrechnung auch als ***materialabhängige Umrechnung*** bezeichnet wird. Technisch gesehen eignet sich jedes beliebige Merkmal als Ausgangsbasis zur Umrechnung nicht konvertibler Einheiten. Zur Vereinfachung der Beschreibung wird im Folgenden jedoch der Terminus materialabhängige Umrechnung übernommen.

Bei der materialabhängigen Umrechnung können zu jeder Materialnummer beliebig viele Umrechnungsfaktoren gepflegt werden, die die Umrechnung aus einer Basismengeneinheit in eine Zieleinheit beschreiben. Eine Liste derartiger Umrechnungsfaktoren kann wie in Abbildung B–2 aufgebaut sein. Dabei beschreiben `0UOMZ1D` und `0UOMN1D` Zähler und Nenner des Faktors für die Umrechnung der Einheit von `0BASE_UOM` in die Einheit in `0UNIT`. Demnach entspricht beispielsweise 1 Stück von Material QDX-001 550/1 Gramm oder 1/25 Kartons (bzw. 1 Karton entspricht 25/1 Stück).

Zum Ablegen der Umrechnungsfaktoren für die materialabhängige Umrechnung ist stets ein DataStore-Objekt zu verwenden, das nachfolgend als ***Mengen-DataStore-Objekt*** bezeichnet wird. Den Schlüssel des Mengen-DataStore-Objekts müssen stets die Materialnummer und die Zieleinheit der Umrechnung bilden. Die Quelleinheit und die Umrechnungsfaktoren sind in den Datenfeldern des DataStore-Objekts abgelegt.

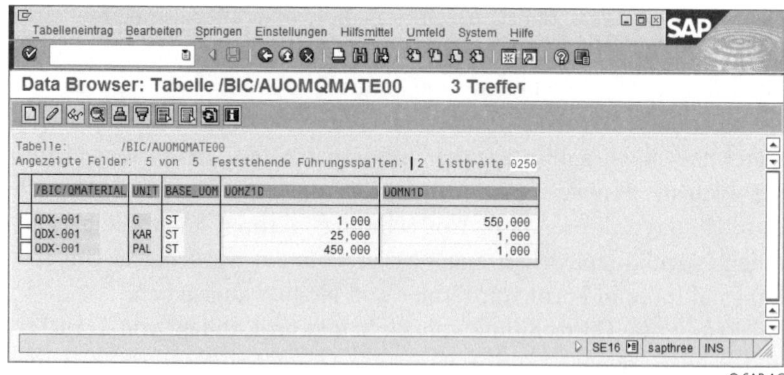

© SAP AG

Abb. B–2 *Umrechnungsfaktoren in Mengen-DataStore-Objekten*

Das Anlegen eines Mengen-DataStore-Objekts erfolgt nicht wie gewöhnlich im InfoProvider-Baum der Data Warehousing Workbench. Stattdessen wird ein DataStore-Objekt aus der Definition des InfoObjekts (i.d.R. das Material) generiert, das den Schlüssel des DataStore-Objekts bildet (siehe Abb. B–3).

Dabei ist im Reiter *Business Explorer* das Einheiten-InfoObjekt anzugeben, das als Ziel-Einheit in den Datenfeldern des Mengen-DataStore-Objekts aufgenommen werden soll. Die Vorgabe von `0UNIT` ist dabei nicht erlaubt, da dieses InfoObjekt stets Bestandteil des DSO-Schlüssels ist.

Übernahme von Umrechnungsfaktoren

Die Pflege von Umrechnungsfaktoren kann sehr aufwändig sein. Da derartige Faktoren zudem bereits in der einen oder anderen Form in operativen Systemen vorhanden sind besteht die Möglichkeit, die entsprechenden Informationen aus den angeschlossenen Quellsystemen zu übernehmen.

Als Quellsysteme können dabei

- SAP-ERP-Systeme oder
- Flatfiles

verwendet werden.

Die Übernahme von Umrechnungsfaktoren aus SAP-ERP-Systemen erfolgt in der Data Warehousing Workbench durch den Menüpunkt *Globale Einstellungen übernehmen* im Kontextmenü des ausgewählten Quellsystems (vgl. Abb. 30–2).

Zum Befüllen von Mengen-DataStore-Objekte ist eine individuelle Transformation anzulegen und auszuführen.

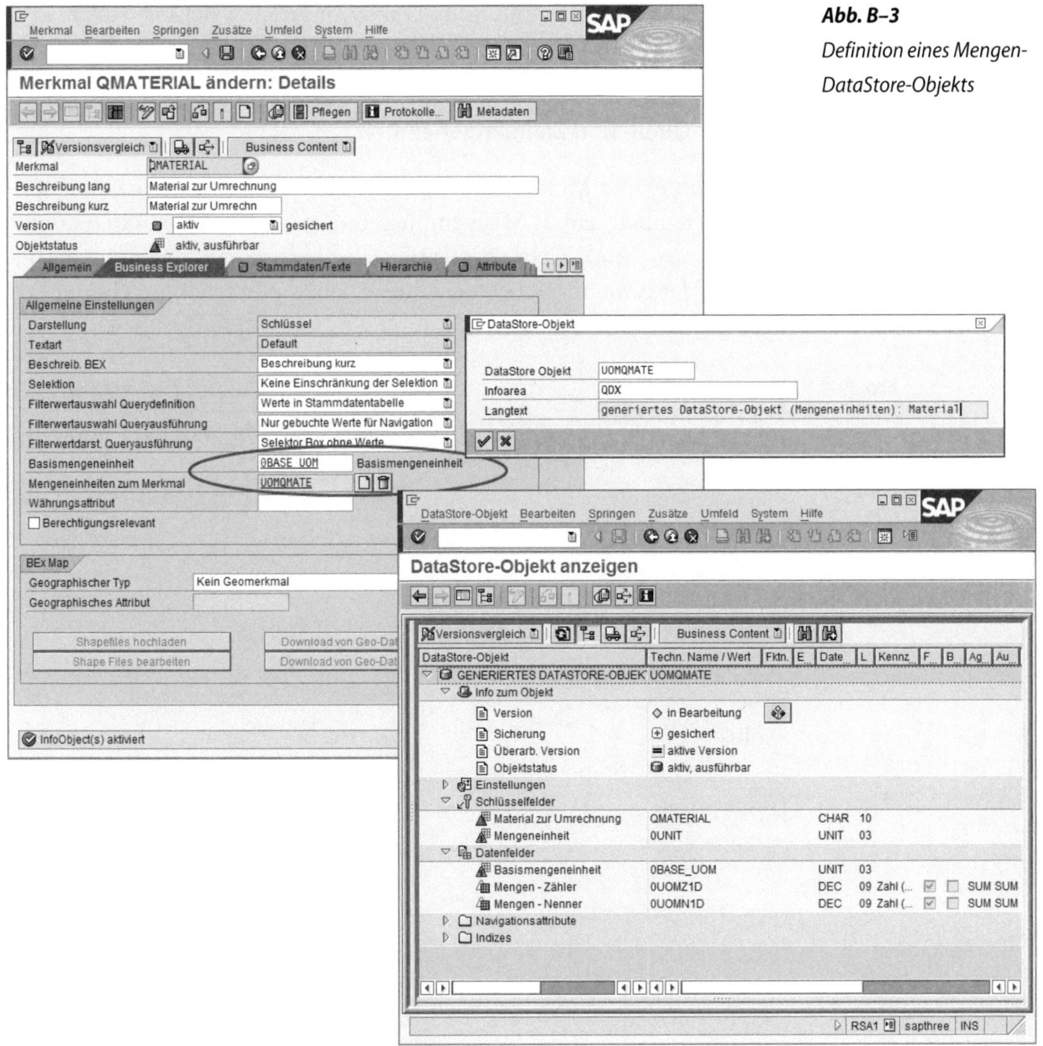

Abb. B–3
Definition eines Mengen-DataStore-Objekts

B.2 Mengenumrechnungsarten

Stehen die Umrechnungsfaktoren fest, die einer Mengenumrechnung zugrunde gelegt werden können, so ist in Form von Mengenumrechnungsarten zu definieren, wie materialunabhängige und -abhängige Umrechnungsfaktoren zusammenspielen sollen und wie die Quell- und Zieleinheiten einer Umrechnung zu bestimmen sind.

Zur Definition von Mengenumrechnungsarten steht die Transaktion RSUOM zur Verfügung. Die hierin definierten Mengenumrechnungsarten können sowohl bei der Mengenumrechnung in Queries als auch bei der Mengenumrechnung in Transformationen herangezogen werden.

B.2.1 Quell- und Zielmengeneinheit

Den Rahmen der Mengenumrechnung bildet die Festlegung von Quell- und Zieleinheit einer Mengenumrechnung. Die Modalitäten, unter denen Quell- und Zielmengeneinheit zu bestimmen sind, können im Reiter *Mengeneinheit* bei der Pflege einer Mengenumrechnungsart über die Transaktion RSUOM bestimmt werden (siehe Abb. B–4).

Abb. B–4 *Quell- und Zielmengeneinheit in Mengenumrechnungsarten*

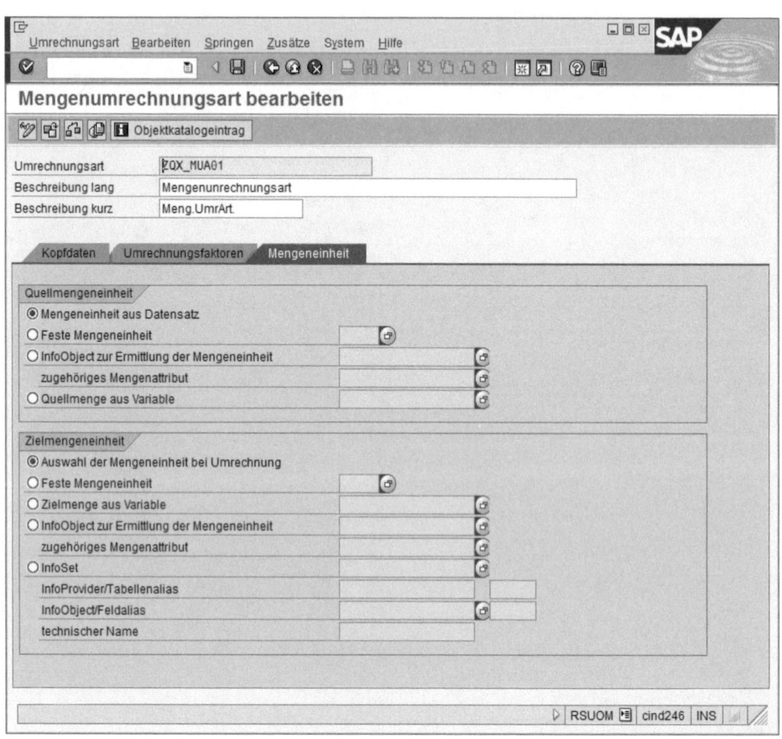

Quellmengeneinheit

Die Quellmengeneinheit wird im Normalfall unmittelbar aus dem Datensatz entnommen, der auch die umzurechnende Menge enthält[3]. Ist keine Einheit mit der Menge verbunden, so kann die Einheit auch aus dem Attributwert eines InfoObjekts entnommen werden[4]. Dies ist jedoch nur dann möglich, wenn die Mengenumrechnung in Rahmen einer Transformation erfolgt.

---

3. Option *Mengeneinheit aus Datensatz*
4. Option *InfoObject zur Ermittlung der Mengeneinheit*

Soll die Mengenumrechnung auf eine bestimmte Quelleinheit beschränkt bleiben, so kann eine feste Mengeneinheit vorgegeben werden[5]. In diesem Fall werden nicht etwa alle Mengen so behandelt, als hätten sie die vorgegebene Mengeneinheit. Vielmehr werden nur diejenigen Mengen umgerechnet, die die angegebene Mengeneinheit besitzen. Alle anderen Mengen bleiben unverändert. Mit ihrer spezifischen Arbeitsweise ist diese Form der Mengenumrechnung auf die Planungsfunktionen der Integrierten Planung ausgerichtet, lässt sich jedoch grundsätzlich auch in Transformationen einsetzen.

Eine spezielle Abwandlung zur Vorgabe einer festen Mengeneinheit bietet die Vorgabe einer Mengeneinheit durch eine OLAP-Variable[6]. Diese Mengenumrechnungsart beschränkt sich auf den Einsatz in Queries und rechnet ebenso wie bei der Vorgabe einer festen Mengeneinheit alle Mengen mit der vorgegebenen Mengeneinheit um. Alle anderen Mengen bleiben von dieser Mengenumrechnung unberührt.

Zielmengeneinheit

Bei der Ermittlung der Zielmengeneinheit kann im einfachsten Fall ein fester Wert vorgegeben werden[7]. Die Mengenumrechnungsart führt dann stets eine Umrechnung aller Quellmengen in die fest vorgegebene Zielmengeneinheit aus (sofern Umrechnungsfaktoren ermittelt werden können).

Eine besondere Abwandlung dieses fest vorgegebenen Werts bietet die Ermittlung der Zielmengeneinheit mit Hilfe eines InfoSets[8]. Die Zielmengeneinheit wird in diesem Fall in einem Einheitenobjekt des InfoSets geliefert. Die Ausführung des InfoSets erfolgt unparametrisiert zu Beginn der Umrechnung. Die Umrechnung via InfoSet ist aus Sicht der jeweils durchgeführten Umrechnung daher vergleichbar mit der Vorgabe eines festen Werts, allerdings ist es möglich, dass das InfoSet bei geänderten Rahmenbedingungen (= Inhalte der darin abgefragten InfoProvider) andere Zielmengeneinheiten vorgibt.

Speziell für den Einsatz in Queries besteht die Möglichkeit, die Zielmengeneinheit bei der Definition der Mengenumrechnung in der Query selbst zu hinterlegen[9] oder dynamisch zur Laufzeit als OLAP-Variable abzufragen[10]. In Transformationen stehen diese beiden Optionen nicht zur Verfügung.

---

5. Option *Feste Mengeneinheit*
6. Option *Quellmenge aus Variable*. Die OLAP-Variable muss zum InfoObjekt `0UNIT` angelegt werden.
7. Option *Feste Mengeneinheit*
8. Option *InfoSet*
9. Option *Auswahl der Mengeneinheit bei Umrechnung*
10. Option *Zielmenge aus Variable*. Die OLAP-Variable muss zum InfoObjekt `0UNIT` angelegt werden.

Soll die Zielmengeneinheit auf Basis der umzurechnenden Daten bestimmt werden, so kann der Attributwert eines InfoObjekts herangezogen werden[11]. Diese Form der Mengenumrechnung kann nur in Transformationen genutzt werden. Das angegebene InfoObjekt muss dabei zu den Quellfelder der Mengenumrechung in der Transformation gehören.

B.2.2 Ermittlung des Umrechnungsfaktors

Stehen die Quell- und Zieleinheit(en) einer Mengenumrechnung fest, dann sind die dazu passenden Umrechnungsfaktoren zu bestimmen. Woher diese Faktoren zu beziehen sind, wird im Reiter *Umrechnungsfaktoren* der Transaktion RSUOM definiert. Zur Auswahl stehen dabei die zentralen Umrechnungsfaktoren der Tabelle T006 oder die Faktoren, die in einem Mengen-DataStore-Objekt[12] abgelegt sind (siehe Abb. B–5).

Abb. B–5 *Ermittlung des Umrechnungsfaktors in Mengenumrechnungsarten*

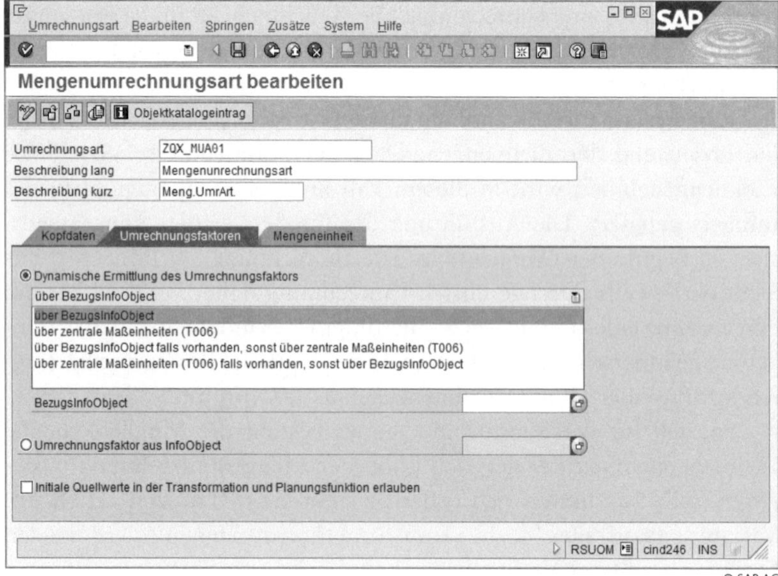

Dabei kann ist die Mengenumrechnung ausschließlich materialunabhängig ***oder*** materialabhängig gestaltet werden, indem bei der Ermittlung des Umrechnungsfaktors die Option *über Bezugs-InfoObject* oder *über zentrale Maßeinheiten (T006)* gewählt wird.

11. Option *InfoObject zur Ermittlung der Mengeneinheit*
12. Soll ein Mengen-DataStore-Objekt verwendet werden, so ist das entsprechende Bezugs-InfoObjekt anzugeben, in dessen Pflege das Mengen-DSO generiert wurde.

Da eine materialunabhängige Umrechnung über die Faktoren in der Tabelle T006 oft nicht durchgängig möglich ist, eine materialabhängige Umrechnung aber auch nicht durchgängig zum Erfolg führt, können beide Methoden, den Umrechnungsfaktor zur bestimmen, miteinander kombiniert werden. Dabei kann über die Optionen

- *Über Bezugs-InfoObject, falls vorhanden, sonst über zentrale Maßeinheiten (T006)*
- *Über zentrale Maßeinheiten (T006) falls vorhanden, sonst über Bezugs-InfoObject*

festgelegt werden, ob zuerst materialunabhängige oder zuerst materialabhängige Umrechnungsfaktoren gesucht werden sollen. Bleibt die zuerst durchgeführte Ermittlung der Umrechnungsfaktoren erfolglos, so wird automatisch die darauf folgende Ermittlung durchgeführt.

Die Reihenfolge, in der Umrechnungsfaktoren ermittelt werden, ist vor allem abhängig von der Performance, die mit der jeweiligen Einstellung zu erwarten ist. So sollte grundsätzlich zunächst diejenige Ermittlung ausgeführt werden, die performanter ist.

Soll die Umrechnung von Mengeneinheiten gar zur Query-Laufzeit ausgeführt werden, so ist die Nutzung der materialabhängigen Umrechnung unter Umständen mit beträchtlichen Einbußen bei der ***Performance*** verbunden, da die Daten grundsätzlich auf Detaillierungsebene des Materials von der Datenbank gelesen und in der Analytical Engine verarbeitet werden müssen.

Neben den beschriebenen Möglichkeiten, Umrechnungsfaktoren materialabhängig oder -unabhängig zu ermitteln, besteht mit der Option *Umrechnungsfaktor aus InfoObject* noch eine weitere sehr einfache (und sehr performante) Möglichkeit zur Mengenumrechnung. Hier kann ein Kennzahlen-InfoObjekt angegeben werden, aus dem der Umrechnungsfaktor bezogen wird. Diese Kennzahl muss stets zusätzlich zu den umzurechnenden Mengen vorliegen[13], so dass diese Möglichkeit zur Mengenumrechnung zwar einfach ist, in der Praxis aber vermutlich selten den Anforderungen gerecht wird.

13. in den Quellfeldern einer Transformation bzw. in den Kennzahlen eines InfoProviders

C Logische Dateien und Pfade

Um Dateinamen und Pfadangaben weitgehend unabhängig von Infrastruktur und verwendeten Filesystemen gestalten zu können, existiert im BW-Basissystem das Konzept der logischen Dateien und logischen Dateipfade, das ursprünglich aus dem SAP-ERP-Basissystem stammt und für vielfältige Aufgaben vorgesehen war (und ist).

Im Zusammenhang mit dem Data Warehousing im SAP BW tritt das Konzept der logischen Dateien und Dateipfade vor allem bei der Definition von InfoPackages und im Rahmen des Information Lifecycle Managements bei der Archivierung von Daten in Erscheinung.

Nachfolgend wird das Konzept der logischen Dateien und Pfadangaben umrissen, wobei das Augenmerk insbesondere darauf gelegt wird, eine Vorgehensweise zur Definition logischer Dateinamen zu liefern, die für die Definition von Ladevorgängen im BW geeignet ist.

Die Definition logischer Dateien erfolgt durch die Transaktion FILE[1], in der folgende Einstellungen (in der angegebenen Reihenfolge) vorgenommen werden müssen:

1. Definition von Variablen
2. Anlegen logischer Dateipfade
3. Anlegen logischer Dateinamen

Abbildung C–1 zeigt den Zusammenhang der Einstellungen im Überblick.

Definition von Variablen

Durch die Definition von Variablen können systembezogene Einstellungen hinterlegt werden. Dazu gehören zum Beispiel IP-Adressen oder Pfadangaben, die für das jeweilige System spezifisch sind. Abbildung C–2 stellt die Definition einer Variablen mit dem Namen Q_FILESERV dar, durch die eine systemspezifische Pfadangabe beschrieben werden soll.

1. Die Definition erfolgt mandantenübergreifend. Die Verwendung der Transaktion SF01 zur Definition mandantenabhängiger logischer Dateien ist nicht sinnvoll, da das BW nicht mandantenfähig ist.

Abb. C–1
Einstellungen logischer Dateinamen

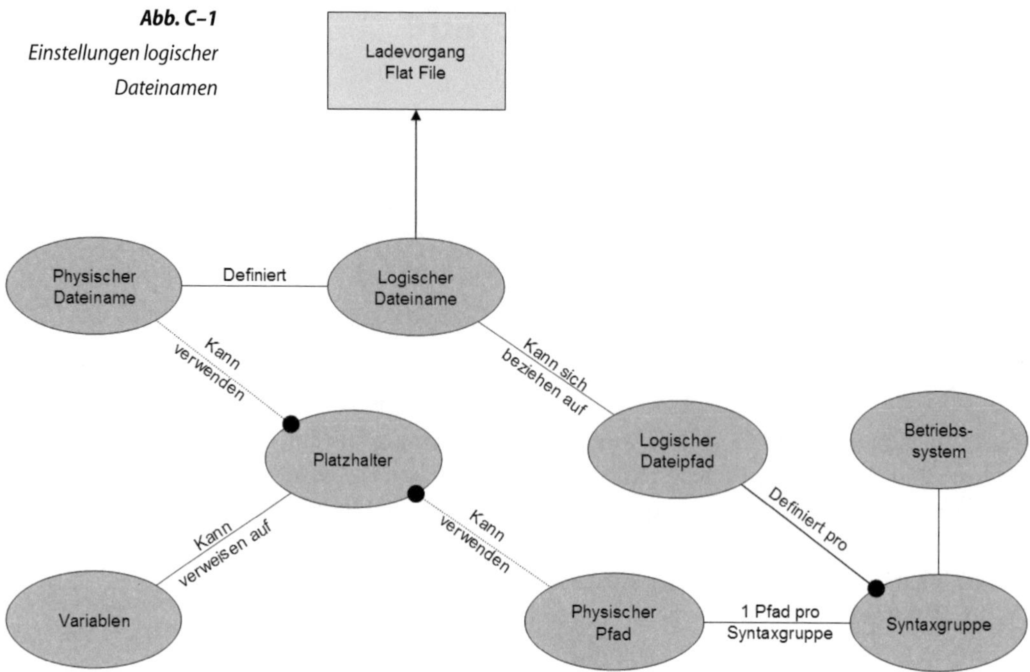

Anlegen logischer Dateipfade

Der logische Dateipfad definiert den Teil des logischen Dateinamens, der den Pfad einer Datei beschreibt und aus dem sich der physische Pfad ermitteln lässt. Der logische Dateipfad wird zunächst eindeutig und systemweit als Schlüssel festgelegt und mit einer Bezeichnung versehen (siehe Abb. C–2).

Abb. C–2
Definition von Variablen für Pfadangaben

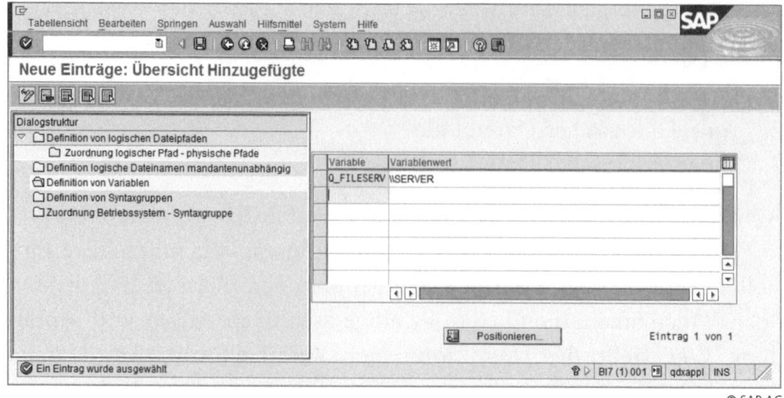

Im Anschluss an die Festlegung des logischen Dateipfades muss der dazugehörige physische Dateipfad zugeordnet werden. Bei der Angabe des physischen Dateipfades

- können Teile des Pfades oder der gesamte Pfad durch feste Strings definiert werden.
- können Teile des Pfades oder der gesamte Pfad durch Platzhalter[2] und/oder Variablen definiert werden.
- muss diejenige Stelle innerhalb des Pfades, an der der Dateiname eingesetzt werden soll, durch `<FILENAME>` gekennzeichnet sein.

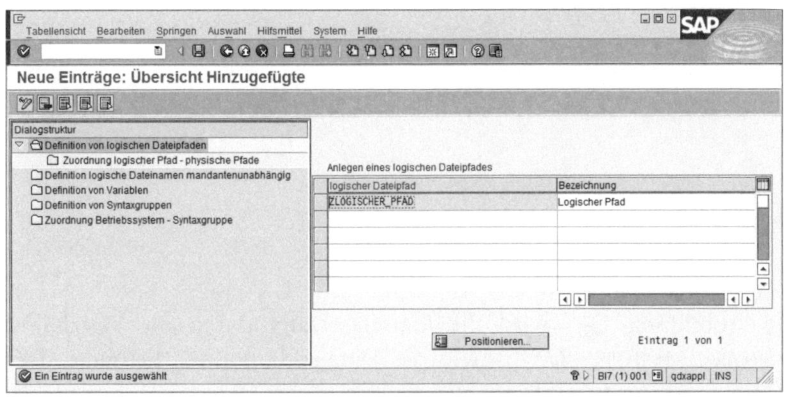

© SAP AG

Abb. C–3 *Definition logischer Dateipfade*

Abbildung C–4 stellt beispielhaft die Beschreibung des physischen Dateipfades `\\SERVER\BW\DATA\INPUT\` dar.

In dem in der Abbildung angegebenen physischen Pfad würde der Pfadname demnach aus dem Inhalt der Variablen `Z_FS`, dem String `\BW\DATA\INPUT\` sowie dem Namen der physischen Datei zusammengesetzt werden.

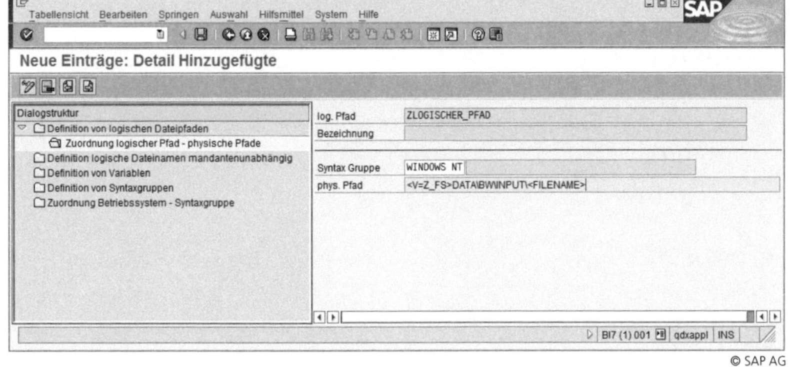

© SAP AG

Abb. C–4 *Zuweisung physischer Dateipfade*

Anlegen logischer Dateinamen

Für die Angabe eines physischen Dateipfades mit der entsprechenden physischen Datei können in Ladevorgängen logische Dateinamen

2. Eine vollständige Auflistung möglicher Platzhalter ist im Anhang (Abschnitt F.2) zu finden.

genutzt werden. Ein logischer Dateiname ist eine systemweit eindeutig definierte ID, die auf die dazugehörige physische Datei sowie den logischen Dateipfad verweist.

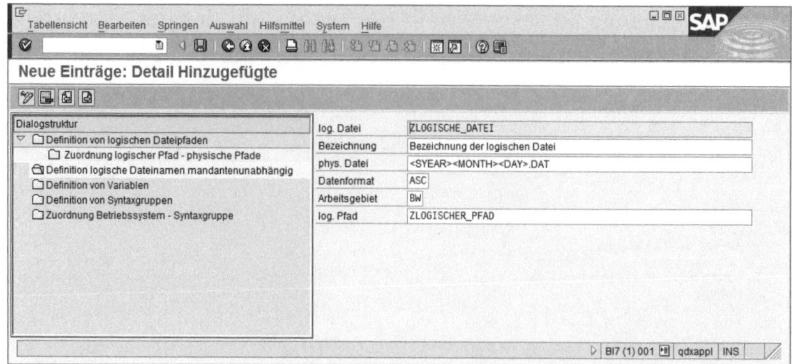

Abb. C–5 *Anlegen logischer Dateinamen*

In Abbildung C–5 wird die logische Datei durch die Platzhalter `<SYEAR>`, `<MONTH>`, `<DAY>` sowie die Dateiendung `.DAT` definiert. Der Dateiname wird somit in Abhängigkeit zum Systemdatum dynamisch ermittelt und würde zum Beispiel am 18.01.2007 den Dateinamen `20070118.DAT` ergeben.

Über die Angabe des logischen Dateipfades ist es bei der Durchführung eines Ladevorganges möglich, den vollständigen physischen Dateipfad und Dateinamen zu ermitteln.

Die Angabe des Dateinamens `ZLOGISCHE_DATEI` würde als Dateinamen somit am 18.01.2007 den Namen `\\SERVER\BW\DATA\INPUT\20070218.DAT` ermitteln.

Die Ermittlung des physischen Dateinamens und Dateipfades auf Basis des logischen Dateinamens erfolgt im BW durch den Funktionsbaustein `FILE_GET_NAME`. Dieser kann auch zum Testen der richtigen Ermittlung verwendet werden (Transaktion SE37).

D Transportwesen

Ein typisches BW-System besteht nicht nur aus einem Produktivsystem, sondern im Idealfall aus jeweils einem

- Entwicklungssystem, in dem Modellierung und Programmentwicklung vorgenommen und getestet werden. Das Entwicklungssystem verfügt im Normalfall über keine oder nur wenige Testdaten.
- Testsystem, dessen Umgebung dem Produktivsystem ähnelt (Quellsysteme, Data Marts, Dateninhalte etc.) und das somit für die Qualitätssicherung neuer Entwicklungen genutzt werden kann, bevor Entwicklungen in den Produktivbetrieb übergeben werden.
- Produktivsystem, in das ausschließlich Entwicklungen transportiert werden, die auf dem Testsystem auf Fehlerfreiheit getestet wurden.

Alle Systeme zusammen werden im Sprachgebrauch der SAP als *Transportlandschaft* bezeichnet. Der Aufbau einer vollständigen Transportlandschaft mit den drei genannten Systemen wird empfohlen[1], um Entwicklungen durchführen und testen zu können, ohne den produktiven Betrieb zu beeinträchtigen.

Content-Entwicklung

Dieses, auch aus dem SAP ERP bekannte Transportwesen wird speziell beim SAP BW durch Content-Systeme ergänzt. Content-Systeme liefern vordefinierte Metadaten für BW-Objekte in das Entwicklungssystem, die dort nach Bedarf aus dem Metadaten-Content übernommen und angepasst werden können und nicht mehr vollständig neu entwickelt werden müssen (zur Übernahme von BW-Objekten aus dem Metadaten-Content siehe Anhang E).

Der Einsatz von Content-Systemen ist optional und bietet sich vor allem für Entwicklungshäuser, die ihren Kunden Entwicklungen als Content zur Verfügung stellen wollen, und Unternehmen mit dezentra-

1. Technisch ist der Aufbau einer vollständigen Transportlandschaft nicht zwingend.

len BW-Systemen, die mit einheitlichen Entwicklungstemplates versorgt werden müssen, an. Bei »normalen« BW-Transportlandschaften ist der Einsatz von Content-Systemen in der Regel nicht zu empfehlen.

Auch der von der SAP ausgelieferte BI Content kommt im weitesten Sinne aus einem Content-System bei der SAP, auch wenn dies technisch nicht ganz zutrifft.

Abbildung D–1 stellt die Transportlandschaft im SAP-BW-Umfeld dar und berücksichtigt neben dem Business-Content-System der SAP auch weitere optionale Content-Entwicklungssysteme.

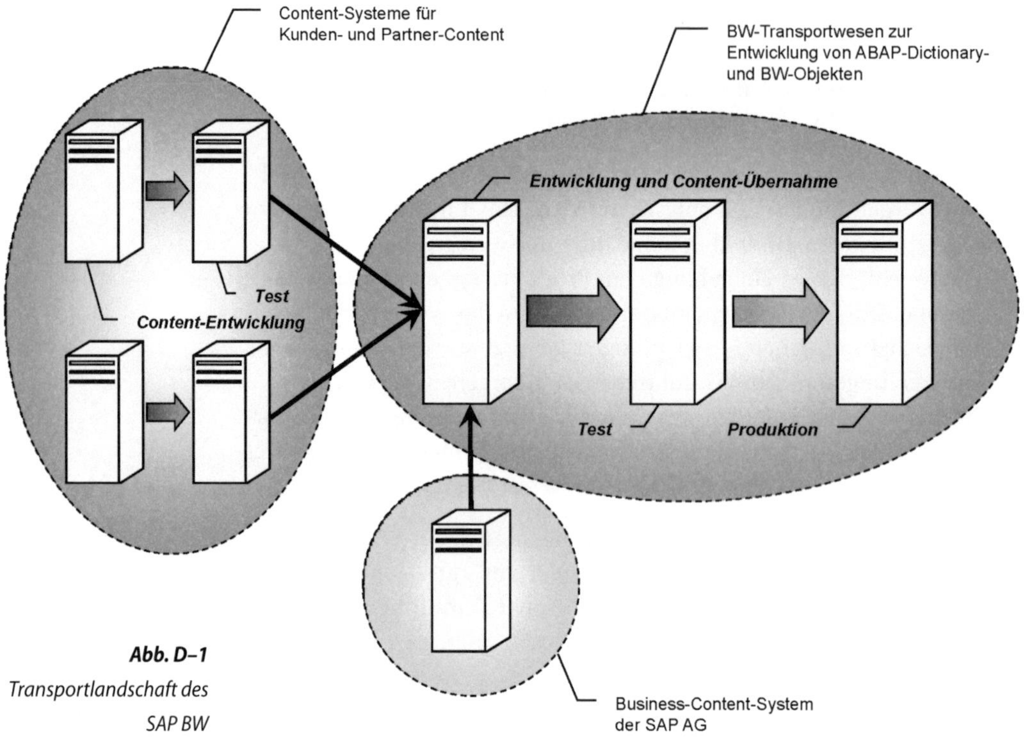

Abb. D–1
Transportlandschaft des SAP BW

Nachfolgend werden

- das BW-Transportwesen zur Entwicklung und Bereitstellung von ABAP Dictionary- und BW-Objekten,
- das Content-Transportwesen zur Entwicklung und Bereitstellung eines eigenen Metadaten-Contents,
- der Austausch von Metadaten zu BW-Objekten über das XML-Format

erläutert.

D.1 BW-Transportwesen

Grundlage des Transportwesens ist der *Change and Transport Organizer* (CTO), der für die Protokollierung von Entwicklungen und ihren Transport sorgt.

Grundlage der Arbeit des CTO sind aus Sicht der Applikationsentwicklung ***Transportobjekte***, ***Transportpakete*** und ***Transportaufträge***.

Transportobjekte

Alle Entwicklungen setzen sich aus einem oder mehreren Objekten zusammen. Bei einem Objekt im Sinne des CTO kann es sich um ein ABAP Dictionary-Element (zum Beispiel Datenelemente, Tabellendefinitionen), Programme, Tabelleninhalte, Dokumente des Business Document Store oder auch um ein BW-Objekt handeln[2].

Während in Kapitel 4 noch zwischen ABAP Dictionary-Elementen und BW-Objekten unterschieden wurde, vollzieht das Transportwesen diese Trennung nicht mehr, sondern sieht alle Entwicklungen als ***Transportobjekt*** an. Die Definition einer Tabellenstruktur gilt dabei genauso als Objekt wie ein komplexer BasisCube[3].

Speziell bei Metadaten zu BW-Objekten handelt es sich um komplexe Definitionen, aus denen gegebenenfalls Programme und ABAP Dictionary-Elemente generiert werden. Im Falle von BW-Objekten werden nur die entsprechenden Metadaten als Transportobjekt abgelegt und transportiert. Alle daraus abgeleiteten Elemente werden im Rahmen des Transportvorganges auf dem Zielsystem aus den Metadaten generiert.

Dabei kann es sich beispielsweise um die Generierung von Programmen aus der Definition der Transformation oder die Generierung von SID- und Stammdatentabellen aus der Definition eines InfoObjektes handeln. Bei allen BW-Objekten wird im Anschluss an den Transport in das Zielsystem ein entsprechendes Generierungsverfahren durchgeführt, das vergleichbar mit der Aktivierung der entsprechenden BW-Objekte ist.

Transportpakete

Um insbesondere komplexe Entwicklungen besser zu koordinieren, können bestimmte Entwicklungsteile (d.h. Transportobjekte) zu ***Transportpaketen*** zugeordnet werden, um sie dadurch zu kategorisieren.

Durch den Einsatz von Transportpaketen ist es damit sehr einfach möglich, alle Objekte eines bestimmten Transportpakets zu überblicken und gemeinsam zu transportieren.

---

2. Objekte haben in diesem Sinne also überhaupt nichts mit Objektorientierung in der Programmierung o. Ä. zu tun.
3. Im Falle des Content-Transportwesens (siehe Abschnitt D.1.6) und dem Metadaten-Austausch per XML (siehe Abschnitt D.3) sieht dies übrigens anders aus. Diese beschränken sich auf Metadaten zu BW-Objekten und eignen sich nicht zum Transport von Objekten des ABAP Dictionarys.

Transportpakete sind zur Trennung von Entwicklungen unterschiedlicher Projekte oder von unabhängigen Teilbereichen komplexer Projekte sehr hilfreich. Für BW-Projekte, die diese Komplexität nicht bieten, ist es sinnvoll, nur ein einziges Transportpaket zu verwenden.

Jedes Objekt besitzt einen sogenannten ***Objektkatalogeintrag***, in den genau eins der Transportpakete eingetragen werden kann. Aus dieser Kategorisierung von Objekten leitet sich die Funktion der Transportpakete für das Transportwesen ab. So gibt das Transportpaket vor, welche Objekte überhaupt transportiert werden sollen (es gibt transportrelevante und lokale Transportpakete) und welche Zielsysteme für ein Transportpaket vorgesehen sind (sofern ein Entwicklungssystem mehrere andere Systeme mit Transporten versorgt).

Transportaufträge

Alle neu entwickelten oder geänderten Objekte, denen ein transportierbares Transportpaket zugeordnet ist, werden in ***Transportaufträgen*** zusammengestellt, wobei zu einem Transportauftrag mehrere Aufgaben angelegt sein können, welche die Transportobjekte eines bestimmten Entwicklers aufnehmen (siehe Abb. D–2).

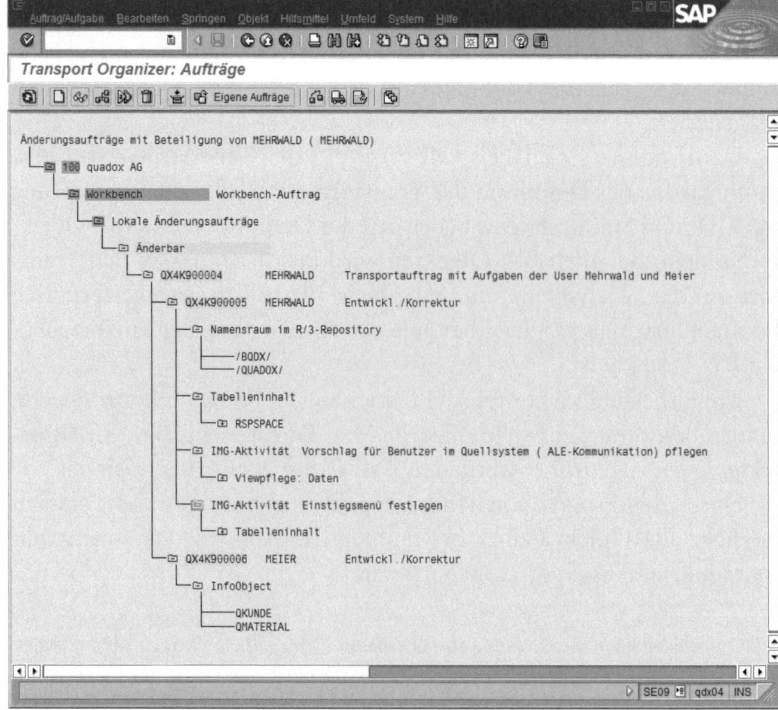

Abb. D–2
Objektliste eines Transportauftrags

Durch die Freigabe[4] eines Transportauftrags werden die Inhalte des Auftrages in eine Datei exportiert und können vom Zielsystem wieder importiert werden[5]. Beim Import eines Auftrages beachtet der CTO die Abhängigkeiten zwischen den darin enthaltenen Objekten, das heißt, er legt zum Beispiel erst Domänen und Datenelemente an und danach die Tabellen, die auf den Datenelementen basieren. Die Reihenfolge, mit der die Objekte in den Transportauftrag gestellt wurden, spielt somit keine Rolle.

Wie Transportobjekte in einen Transportauftrag gelangen bzw. wie die Objekte zunächst den zwingend erforderlichen Eintrag eines transportierbaren Transportpakets in den Objektkatalogeintrag erhalten, wird im nachfolgenden Abschnitt D.1.1 ausführlich erläutert.

Darüber hinaus sind im Transportwesen des BW eine Reihe von Besonderheiten zu beachten. Dabei handelt es sich um:

- die Umsetzung von Quellsystembezügen im Staging
- den Transport von Prozessketten
- Transporte in Large-Scale-Architekturen
- Entwicklungen im Produktivsystem
- das Einrichten von Quellsystemen

Die Besonderheiten werden nach der allgemeinen Beschreibung des Transportanschlusses in den Abschnitten D.1.2 bis D.1.6 erläutert.

D.1.1 Transportanschluss

Wie bereits erläutert, setzt die Aufnahme von Transportobjekten in Transportaufträgen zwingend die Zuordnung eines Transportpakets zu den jeweiligen Objekten voraus.

Zuordnung von Transportpaketen zu ABAP Dictionary-Elementen

Beim Anlegen von ***ABAP Dictionary-Elementen*** (z.B. Tabellen, Strukturen, Programme) verlangt das System für jedes Element die Angabe eines Transportpakets für den Objektkatalogeintrag und einen anschließenden Transportauftrag.

Sobald einem Objekt ein Transportpaket zugewiesen wurde, wird bei Änderungen an dem Objekt kein Transportpaket mehr abgefragt. Stattdessen wird bei jeder Änderung sofort nach einem Transportauftrag gefragt, in den das Objekt aufgenommen werden soll. Alle Objekte mit einem Transportpaket unterliegen der sogenannten ***automatischen Änderungsaufzeichnung***, auch als ***Änderungsdienst*** bezeichnet.

4. Die Freigabe erfolgt mit Hilfe der Transaktionen SE01, SE09 und SE10.
5. Die Durchführung eines Imports erfolgt mit Hilfe der Transaktion STMS.

Solange ein Objekt in einem Transportauftrag enthalten ist, der noch nicht zum Transport freigegeben ist, fließen alle Entwicklungen an dem betreffenden Objekt automatisch in den entsprechenden Transportauftrag ein. Dadurch wird sichergestellt, dass ältere Entwicklungen eines Objektes nicht später zum Transport freigegeben werden können als aktuellere Entwicklungen[6].

Soll eine Entwicklung nicht transportiert werden, so kann das Transportpaket `$TMP` zugeordnet werden, das ein Standard-Transportpaket für nicht transportierbare (lokale) Objekte darstellt. Dies kann zum Beispiel sinnvoll sein, wenn Entwicklungen im ABAP Dictionary nur zum Test angelegt werden, um sie später entweder zu löschen oder zusammen mit anderen Objekten eines transportierbaren Transportpakets zuzuordnen.

Zuordnung von Transportpaketen zu BW-Objekten

Beim Anlegen von ***BW-Objekten*** stellt sich die Zuordnung des Objektkatalogeintrags zu einem Transportpaket differenzierter dar. Hier ist zwischen zwei sehr unterschiedlichen Verfahren zu wählen:

- dem Standard-Transportwesen
- dem BW-Transportanschluss

Standard-Transportwesen

Im Standard-Transportwesen verhält sich das BW beim Anlegen von BW-Objekten ebenso wie beim Anlegen von ABAP Dictionary-Objekten, d.h., für jedes BW-Objekt wird direkt beim Anlegen nach einem Transportpaket für den Objektkatalogeintrag gefragt, und das Objekt wird sofort in einem Transportauftrag abgelegt.

Dieses Verfahren ist zwar für Objekte des ABAP Dictionary geeignet, da entsprechende Entwicklungen in der Regel aus wenigen Objekten bestehen, die im Transportwesen zu einem großen Teil isoliert voneinander behandelt werden können.

BW-Objekte hingegen weisen in wesentlich stärkerem Maße Abhängigkeiten untereinander auf – InfoObjekte sind Attribute anderer InfoObjekte, von denen alle in einem oder mehreren InfoObjekt-Katalogen enthalten sind, die wiederum in einer InfoArea kategorisiert sind. Die Definition von Cubes basiert u.a. auf diesen InfoObjekten nebst InfoObjekt-Katalogen und InfoAreas und weist daneben noch Transformationen, Queries u.v.m. auf.

Diese Abhängigkeiten ließen sich noch beliebig weit fortführen und in ihrer Komplexität ausdehnen. Tatsache ist, dass bei der Zusammenstellung von Objekten zu Transportaufträgen in besonderem

6. Dann würden aktuelle Entwicklungen auf Test- und Produktivsystem durch ältere überschrieben werden.

Maße die Abhängigkeiten zwischen den aufgenommenen Objekten beachtet werden muss. Ansonsten könnte ein Transport fehlerhaft ausgeführt werden, weil neben dutzenden darin enthaltenen Objekten nur ein Attribut fehlt.

Den Nachteilen des Standard-Transportanschlusses trägt das SAP BW Rechnung, indem dieser Transportanschluss per Default *nicht* verwendet wird. Stattdessen wird der BW-Transportanschluss (siehe unten) verwendet.

Ob der Standard-Transportanschluss genutzt werden soll, ist in Form einer systemweiten Einstellung im Transportanschluss der Data Warehousing Workbench festzulegen (siehe Abb. D–3).

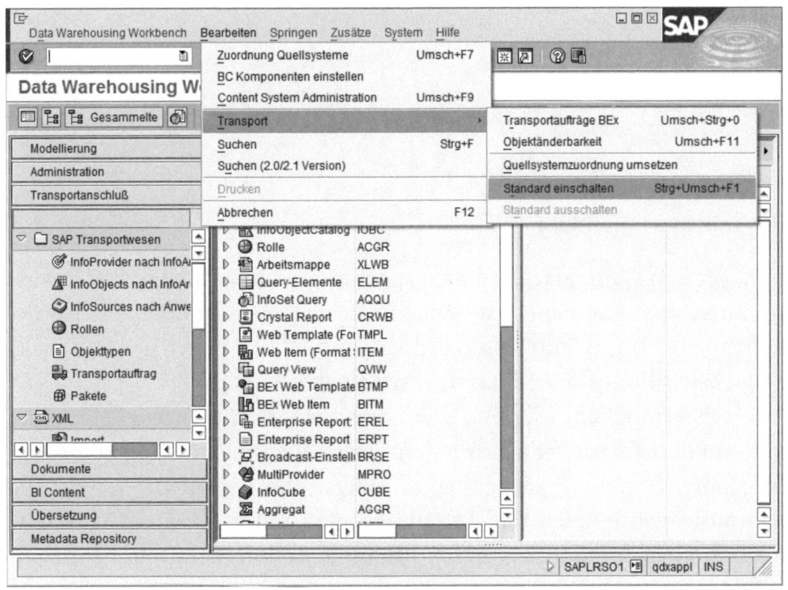

Abb. D–3
Wechsel zwischen Standard-Transportwesen und BW-Transportanschluss

Die systemweite Einstellung des verwendeten Transportanschlusses kann durch die Benutzerparameter jedes einzelnen Users übersteuert werden. Zu diesem Zweck kann in der Benutzerpflege in der Transaktion `SU01` der Parameter `RSOSTANDARDCTOACTIVE` gesetzt werden. Bei einem `X` als Parameter ist der Standard-Transportanschluss aktiviert, bei einem Leerzeichen ist der BW-Transportanschluss aktiviert. Abbildung D–4 stellt das Aktivieren des Standard-Transportanschlusses für den Benutzer `MEHRWALD` dar.

Aufgrund der Nachteile des Standard-Transportanschlusses sollte dieser nur dann Verwendung finden, wenn besondere Gründe dafür sprechen, z.B. weil bei jedem einzelnen Objekt der Objektkatalogeintrag explizit gewählt werden soll, was bei einer automatisierten Sammlung von Objekten schlecht möglich ist.

Abb. D–4
Benutzerspezifische Wahl des Transportanschlusses

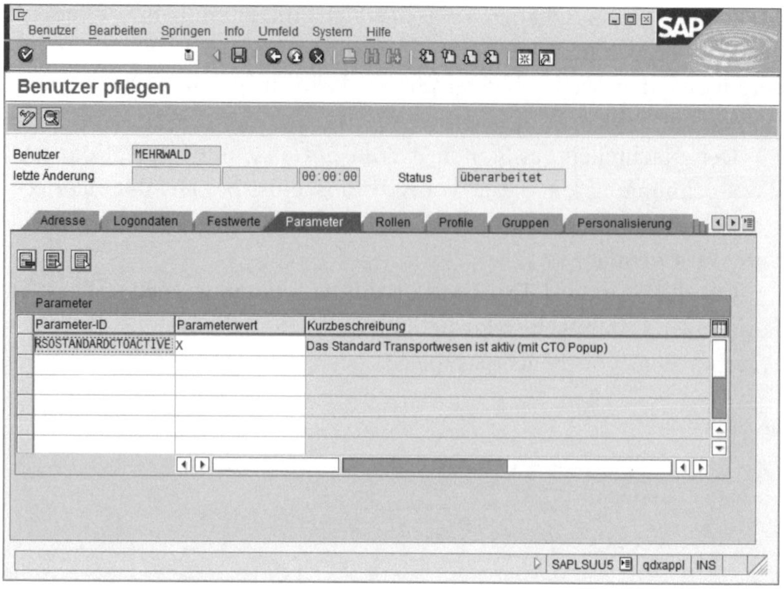

BW-Transportanschluss

Im Gegensatz zum Standard-Transportanschluss wird beim BW-Transportanschluss für neue BW-Objekte kein Transportpaket/Transportauftrag abgefragt. Stattdessen ordnet das SAP BW jedem neuen Objekt zunächst stillschweigend das Transportpaket `$TMP` zu.

Dies ermöglicht es, neue Szenarien zunächst zu entwickeln, ohne sich um den Transport zu kümmern. Den Objekten muss erst dann ein transportierbares Transportpaket zugeordnet werden, wenn alle zusammengehörenden Objekte (BasisCubes mit InfoObjekten, Transformationen, InfoSources etc.) vollständig definiert sind und zum ersten Mal transportiert werden sollen.

Transportanschluss

Speziell für das Zusammenstellen zusammengehöriger BW-Objekte und das Zuordnen transportierbarer Transportpakete unterstützt das SAP BW durch den sogenannten *Transportanschluss*, der Bestandteil der Data Warehousing Workbench ist (siehe Abb. D–5).

Die Auswahl von BW-Objekten kann im Transportanschluss unter unterschiedlichen Gesichtspunkten erfolgen und per Drag&Drop zusammengestellt werden (zum Beispiel ausgehend von InfoSources, InfoObjekten, InfoAreas oder Transportpaketen).

Werden im Transportanschluss BW-Objekte zusammengestellt, denen noch das Transportpaket `$TMP` zugeordnet ist, so wird beim Erstellen des Transportauftrags nach einem Transportpaket für diese Objekte gefragt. Diese Abfrage wird nur einmal pro Transportauftrag durchgeführt, so dass alle BW-Objekte eines Transportauftrages dasselbe Transportpaket erhalten (es sei denn, ihnen war bereits vorher ein anderes Transportpaket zugewiesen).

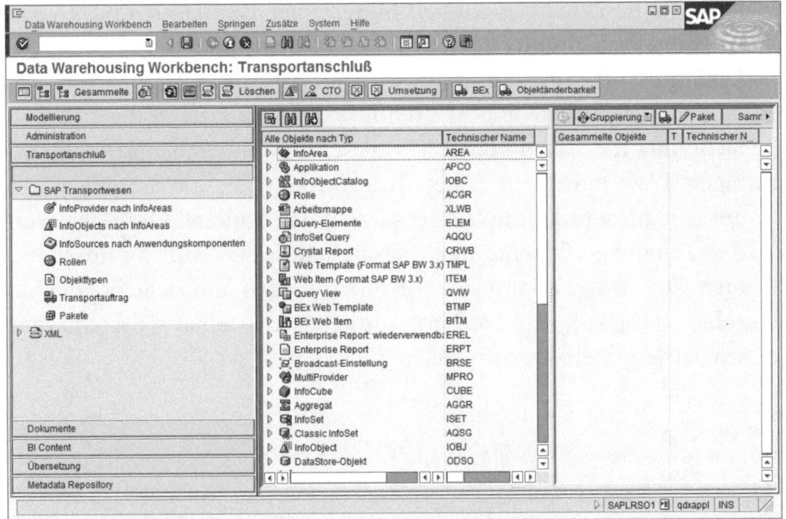

© SAP AG

Abb. D-5 *Objekttypen des Transportanschlusses*

Sobald ein BW-Objekt einem Transportpaket zugeordnet ist, ist der Änderungsdienst für das Objekt aktiv, d.h., bei jeder weiteren Änderung des BW-Objekts wird automatisch nach einem Transportauftrag für das Objekt gefragt.

Beachtung von Abhängigkeiten

Bei der Zusammenstellung von BW-Objekten im Transportanschluss kommt der Beachtung von Abhängigkeiten eine besondere Bedeutung zu. Wird beispielsweise ein BasisCube transportiert, so ist dessen Definition zumindest von der Existenz der darin verwendeten InfoObjekte abhängig. Der Transportauftrag muss daher sowohl den BasisCube als auch dessen InfoObjekte beinhalten.

Die Berücksichtigung dieser Abhängigkeiten wird durch den Transportanschluss unterstützt, das heißt, wenn per Drag&Drop ein BW-Objekt zum Transport übernommen wird, so werden alle abhängigen BW-Objekte ebenfalls übernommen. Mit Hilfe der sogenannten Gruppierung wird definiert, bis zu welchem Grad Abhängigkeiten berücksichtigt werden sollen. Dabei stehen folgende Optionen zur Auswahl (siehe Abb. D–6):

- **Nur notwendige Objekte:** Es werden diejenigen BW-Objekte als abhängig betrachtet, die für die Definition des zu übernehmenden BW-Objektes unbedingt erforderlich sind.
- **Datenfluss davor:** Es werden zusätzlich auch diejenigen BW-Objekte übernommen, die in der Definition des Datenflusses vor dem zu übernehmenden BW-Objekt liegen (zum Beispiel bei einem BasisCube auch die Transformationen und DataSources).
- **Datenfluss danach:** Diese Option stellt das Gegenstück zum »Datenfluss davor« dar und betrachtet alle BW-Objekte als abhängig, die im Datenfluss hinter dem zu übernehmenden BW-Objekt

liegen (z.B. Transformationen hinter einer DataSource oder Queries hinter einem InfoProvider).

- **Datenfluss davor und danach:** Dies ist die Kombination aus »Datenfluss davor« und »Datenfluss danach«.
- **Sicherung für Systemkopie:** Mit dieser Option werden genau diejenigen BW-Objekte in einen Transportauftrag übernommen, die ausgewählt wurden. Im Gegensatz zu den anderen Optionen werden abhängige Objekte nicht zusätzlich in den Auftrag übernommen. Der Auftrag kann somit genutzt werden, um zielgerichtet einzelne Objekte zu sichern, die nach einer Systemkopie wiederhergestellt werden sollen.

Abb. D-6
Gruppierung von BW-Objekten für den Transport

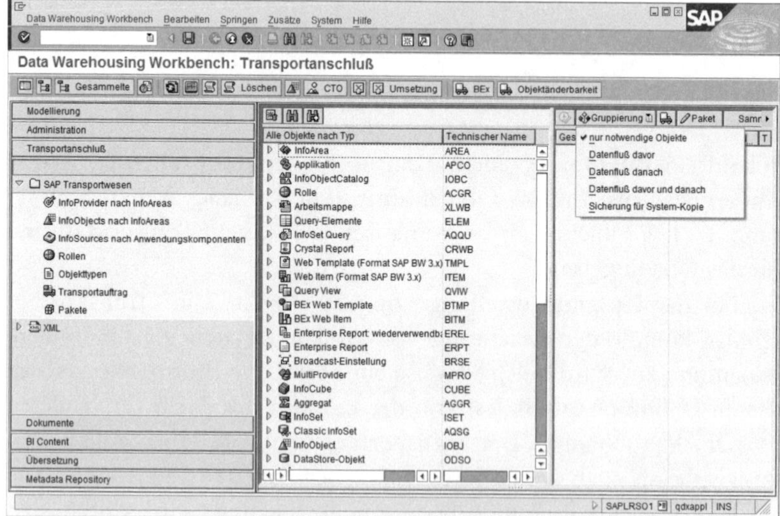

Einzelne Objekte können nach dem Zusammenstellen noch manuell für den Transport markiert oder demarkiert werden, bevor der Transportauftrag durch den entsprechenden Button (sieht aus wie ein LKW) erstellt wird.

Sobald einem Objekt ein Transportpaket zugeordnet ist, greift der Änderungsdienst für das Objekt, so dass jede Änderung des BW-Objekts aufgezeichnet und in einem Transportauftrag abgelegt wird.

> Der Transportanschluss berücksichtigt die Abhängigkeiten aller BW-Objekte. Von dieser Behandlung ausgeschlossen sind ABAP Dictionary-Elemente, Programme bzw. Includes und andere Entwicklungen, selbst wenn sie in Zusammenhang mit den transportierten BW-Objekten stehen. Derartigen Objekten muss über den Transportanschluss für ABAP Dictionary-Objekte ein Transportpaket zugewiesen und ein entsprechender Transportauftrag erstellt werden.

Besonders zu berücksichtigen sind bei der Zusammenstellung von Transportaufträgen:

- Objekte mit Bezug auf Quellsysteme
- BEx-Objekte

Objekte mit Bezug auf Quellsysteme

Werden im Transportanschluss BW-Objekte zusammengestellt, die (oder deren abhängige BW-Objekte) Bezug zu Quellsystemen haben (zum Beispiel durch die Definition von Übertragungsregeln aus einer Quellsystem-DataSource), so ist es in vielen Fällen wünschenswert, dass nur bestimmte Quellsysteme berücksichtigt werden (zum Beispiel, weil die Zusammenstellung der BW-Objekte sonst sehr laufzeitintensiv sein kann oder weil einige Quellsysteme noch nicht auf dem Zielsystem eingerichtet sind).

Aus diesem Grund muss bei jedem Quellsystem explizit definiert werden, ob es bei Quellsystembezügen berücksichtigt werden soll. Zu diesem Zweck existiert im Transportanschluss ein spezieller Dialog, in dem die Berücksichtigung von Quellsystembezügen aktiviert werden kann (siehe Abb. D–7).

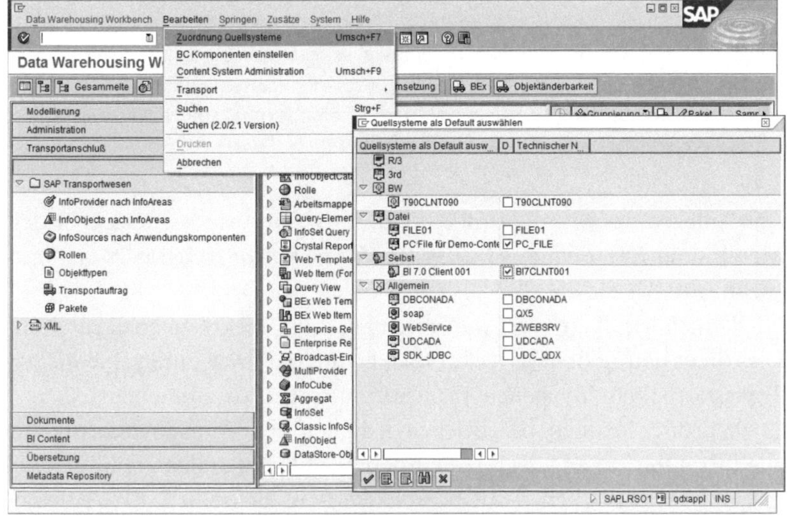

Abb. D–7
Zuordnung von Quellsystemen

Für jedes neu angelegte Quellsystem ist der Quellsystembezug zunächst deaktiviert und muss bei der Durchführung von Transporten manuell aktiviert werden.

> Die Aktivierung oder Deaktivierung von Quellsystemzuordnungen erfolgt als Benutzereinstellung. Sie können daher Ihre individuellen Einstellungen vornehmen, ohne diese mit anderen Entwicklern abstimmen zu müssen.

Transport von BEx-Objekten

Werden BW-Objekte mit einem transportierbaren Transportpaket verändert, so kommt der Änderungsdienst zum Einsatz und fragt den Transportauftrag ab, in den das veränderte Objekt aufgenommen werden soll.

Dieser Mechanismus ist bei denjenigen BW-Objekten sinnvoll, die innerhalb der Data Warehousing Workbench von Entwicklern verändert werden. Problematisch ist dieser Dienst jedoch bei der Veränderung von BEx-Objekten, die in vielen Fällen auch von Anwendern auf dem Entwicklungssystem verändert werden. Diese Anwender haben in den meisten Fällen keine entsprechenden Kenntnisse über das Transportwesen.

Aufgrund dieser Problematik existiert für BEx-Objekte eine besondere Erweiterung des Änderungsdienstes. So kann innerhalb des Transportanschlusses ein zentraler Transportauftrag für BEx-Objekte (BEx-Auftrag) angelegt werden. Alle BEx-Objekte, bei deren Änderung normalerweise ein Transportauftrag abgefragt werden würde, werden automatisch in diesen BEx-Auftrag geschrieben. Der Anwender bekommt von diesem Verfahren nichts mit.

Können mehrere Anwender BEx-Objekte ändern, fällt die Abstimmung über die Durchführung von Transporten in der Regel sehr schwer. Sie sollten daher feste Transportintervalle (zum Beispiel täglich) festlegen, zu denen Sie den BEx-Auftrag freigeben und transportieren. Nach der Freigabe muss sofort ein neuer BEx-Auftrag angelegt werden.

Das Anlegen des BEx-Auftrages kann im Transportanschluss über den Menüpunkt *Bearbeiten →Transport →Transportaufträge BEx* erfolgen (siehe Abb. D–8).

BEx-Aufträge für unterschiedliche Transportpakete

Transportpakete werden verwendet, um Objekte zu strukturieren. Dies dient häufig dem Zweck, Objekte anhand ihrer unterschiedlichen Transportpakete in eigenen Transportaufträgen zusammenzustellen.

Würde wie oben beschrieben lediglich ein Transportauftrag für alle BEx-Objekte angelegt, so würden alle Objekte (also auch Objekte mit unterschiedlichen Transportpaketen) in denselben BEx-Auftrag gestellt werden. Soll dies nicht geschehen, so kann für bestimmte Transportpakete ein eigener BEx-Auftrag angelegt werden.

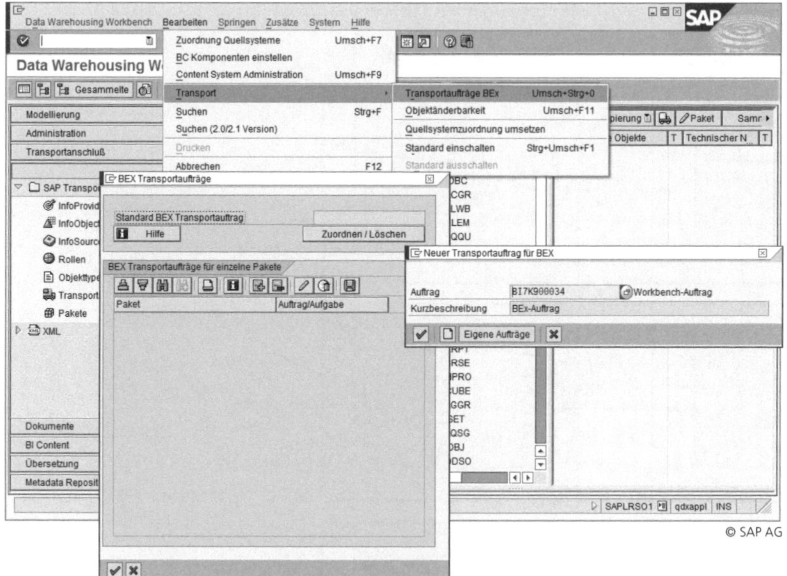

Abb. D-8
Anlegen eines Transportauftrages für BEx-Objekte

D.1.2 Umsetzung von Quellsystembezügen im Staging

Die Mehrzahl aller Einstellungen, die in einem BW-System das Staging beschreiben, bezieht sich auf die Metadaten eines bestimmten Quellsystems (Metadaten zur Transferstruktur und DataSources).

Dabei ist davon auszugehen, dass auch die Quellsysteme über eine Transportlandschaft verfügen, die der Transportlandschaft des BW ähnlich ist[7]. Dies bedeutet, dass dem BW-Entwicklungssystem andere logische Quellsysteme angeschlossen sind als dem BW-Produktivsystem.

Es ist daher nötig, beim Transport aller Entwicklungen, die einen Bezug zu einem Quellsystem besitzen, einen Austausch des Quellsystems vorzunehmen, damit immer jeweils die entsprechenden Entwicklungs-, Test- und Produktivsysteme beim Transport verwendet werden. Abbildung D–9 veranschaulicht die Notwendigkeit dieser Umsetzung.

Die Umsetzung der logischen Systemnamen wird immer nach dem Transport auf dem Zielsystem[8] vorgenommen. Auf diesem System ist jeweils zu hinterlegen, wie die Quellsysteme nach dem Transport heißen sollen. Die dafür notwendige Einstellung muss auf dem jeweiligen BW-System manuell mit Hilfe der Transaktion RSLGMP bzw. im Transportanschluss unter dem Menüpunkt *Bearbeiten→Transport→Quellsystemzuordnung umsetzen* vorgenommen werden (siehe Abb. D–10).

---

7. Quellsysteme vom Typ Flatfile stellen eine Ausnahme dar, da deren Datenquelle (der Dateiname) erst bei der Definition der Ladevorgänge vorgegeben wird.
8. Als Zielsystem wird das System bezeichnet, in das eine Entwicklung transportiert werden soll.

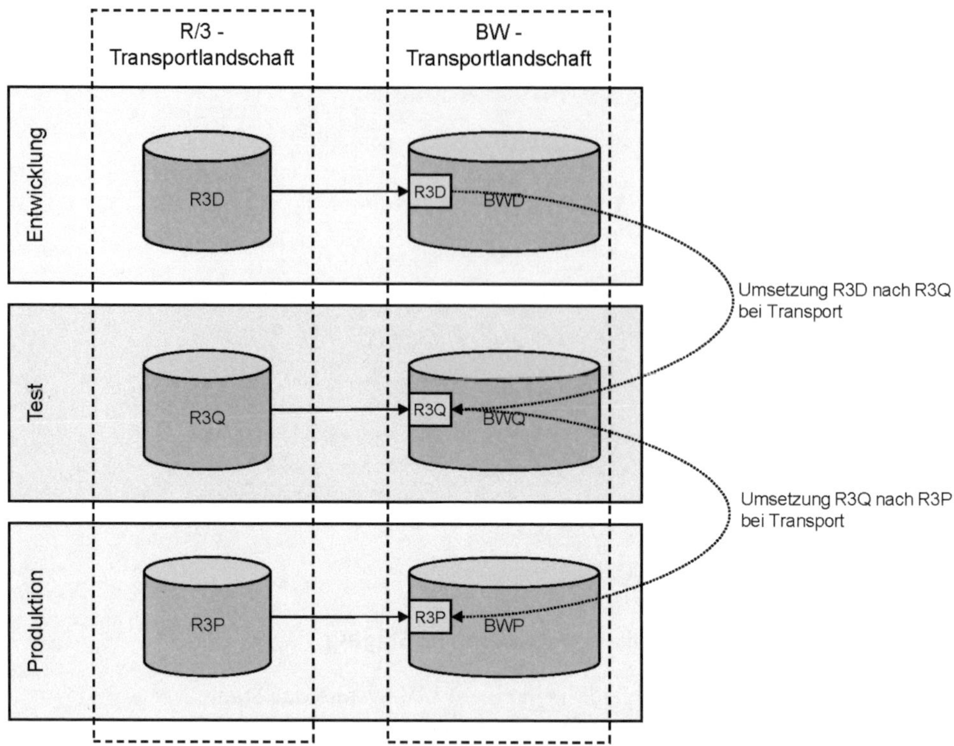

Abb. D-9
Umsetzung logischer Systemnamen beim Transport

In der Abbildung ist beispielhaft ein Testsystem dargestellt, welches über die Quellsysteme `R3Q` und `BWQ` verfügt. Diese Quellsysteme heißen im Entwicklungssystem `R3D` beziehungsweise `BWD` und werden beim Transport in das Testsystem entsprechend umgesetzt.

Abb. D-10
Umsetzung logischer Systemnamen festlegen

Tabellensicht Bearbeiten Springen Auswahl Hilfsmittel System Hilfe

Neue Einträge: Übersicht Hinzugefügte

Umsetzung von Quellsystemnamen nach dem Transport

Ursprungsquellsystem	Zielquellsystem
R3D	R3Q
BWD	BWQ

Positionieren... Eintrag 2 von 1

SAPLRSADVIEW qdxappl INS

© SAP AG

Die Umsetzung der Quellsystembezüge erfolgt nur für diejenigen Bezüge, die aus dem Staging ersichtlich sind. Systeme, die in Prozessketten benannt werden (z.B. zum Aufruf einer Remote-Prozesskette oder zum asynchronen Aufruf von ABAP-Programmen), werden von der Umsetzung nicht berücksichtigt. Derartige Bezüge zu anderen Systemen müssen manuell in Test- und Produktivsystem angepasst werden.

D.1.3 Transport von Prozessketten

Prozessketten stellen als BW-Objekte selbst keine Besonderheit im BW-Transportwesen dar. Zu bemerken ist allerdings, dass beim Transport einer Prozesskette nicht nur die Kette als solche transportiert und im Zielsystem aktiviert wird. Vielmehr wird die Prozesskette gemäß den Startoptionen im Prozessketten-Starter auch gleich eingeplant und freigegeben. Prozessketten, die mit Sofortstart definiert werden, werden unmittelbar nach dem Transport gestartet.

Voraussetzung für das Einplanen und Freigeben der entsprechenden Jobs ist eine Einstellung, die *auf dem Zielsystem* in der Transaktion RSTPRFC vorgenommen werden muss (siehe Abb. D–11).

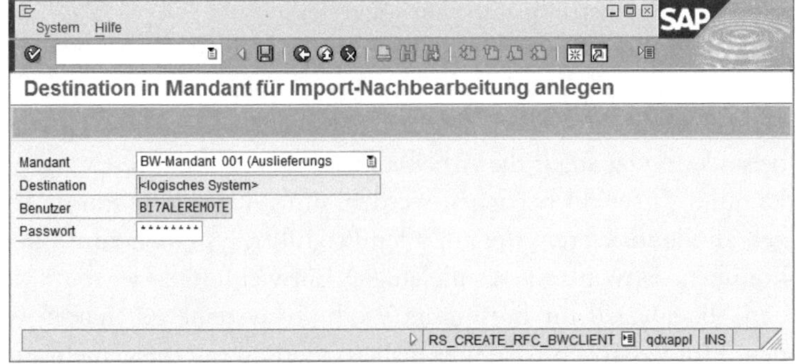

© SAP AG

Abb. D–11
Import-Einstellungen für den Transport von Prozessketten

Sobald diese Einstellung vorgenommen ist, werden Prozessketten beim Transport unter der User-Kennung des BW-Hintergrundbenutzers (vgl. Kapitel 15.1.1) eingeplant und freigegeben. Welche Einplanungsoptionen sinnvoll verwendet werden können, wurde in Kapitel 28.3.1 erläutert.

Ist diese Einstellung nicht vorgenommen, so wird die Startoption nicht vollständig transportiert, und eine Prozesskette kann im Zielsystem nur durch Neudefinition der Startbedingung und erneutes Aktivieren der Prozesskette eingeplant werden. Dies ist zwar nicht sinnvoll, kann jedoch gemacht werden, wenn die Systemänderbarkeit von Prozessketten erlaubt ist (siehe Abschnitt D.1.5).

D.1.4 Transporte in Large-Scale-Architekturen

Eine nähere Betrachtung der Transportlandschaft ist bei Large-Scale-Architekturen von Bedeutung. Dies betrifft in diesem speziellen Zusammenhang bereits jede Architektur mit mehr als einem BW-Produktivsystem.

Beim Einsatz mehrerer BW-Produktivsysteme besteht häufig der Wunsch, die entsprechenden Entwicklungssysteme und gegebenenfalls auch die Testsysteme zu »teilen«, um die Kosten für weitere Entwicklungssysteme einzusparen. Dabei wird ein zentrales Entwicklungssystem genutzt, auf dem für mehrere Produktivsysteme entwickelt wird. Entwicklungen werden entweder auf alle Produktivsysteme transportiert oder auf die jeweiligen Systeme, für die eine Entwicklung bestimmt ist.

Neben dem Vorteil geringerer Hardwarekosten sind dabei jedoch auch eine Reihe von Nachteilen zu beachten:

- Der Betrieb eines gemeinsamen Entwicklungssystems muss in die organisatorische Struktur des Unternehmens passen. Werden die Produktivsysteme von unterschiedlichen Unternehmenssparten betrieben, so entwickelt sich das gemeinsame Entwicklungssystem schnell zum Anstoß politischer Querelen.
- Das Teilen eines Entwicklungssystems hat auch zur Folge, dass mehr Projektteams als üblich gleichzeitig auf einem System entwickeln. Dabei besteht die Gefahr, dass sich einzelne Projektteams gegenseitig behindern oder sogar die Arbeit anderer Teams zerstören.
- Es muss Aufwand betrieben werden, um gemeinsame Entwicklungen zu identifizieren, die auf allen Produktivsystemen zum Einsatz kommen. Davon müssen diejenigen Entwicklungen getrennt werden, die speziell für bestimmte Produktivsysteme geschaffen werden. Problematisch wird dies insbesondere, wenn die gemeinsamen Entwicklungen zum Thema spezieller Anpassungen werden.

Die aufgeführten Punkte stellen beim Einsatz eines gemeinsamen Entwicklungssystems bedeutende organisatorische Nachteile dar und sollten der reinen Kostenbetrachtung entgegengesetzt werden. Eine pauschale Empfehlung ist nicht möglich.

Neben diesen organisatorischen Nachteilen kommt speziell in der BW-Transportlandschaft eine weitere Schwierigkeit hinzu.

Kommunikation zwischen den Produktivsystemen

In den meisten Fällen, in denen mehrere BW-Systeme zum Einsatz kommen, sollen Daten zwischen den Systemen ausgetauscht werden (zum Beispiel im Rahmen einer Hub-and-Spoke-Architektur). Dies betrifft Stammdaten ebenso wie Bewegungsdaten.

Der Datenaustausch setzt voraus, dass das jeweils andere BW-System in einem Produktivsystem als Quellsystem definiert ist. Damit Systembezüge umzusetzen sind, muss eine entsprechende Definition auch in den jeweiligen Quellsystemen vorhanden sein. Abbildung D–12 verdeutlicht diesen Zusammenhang.

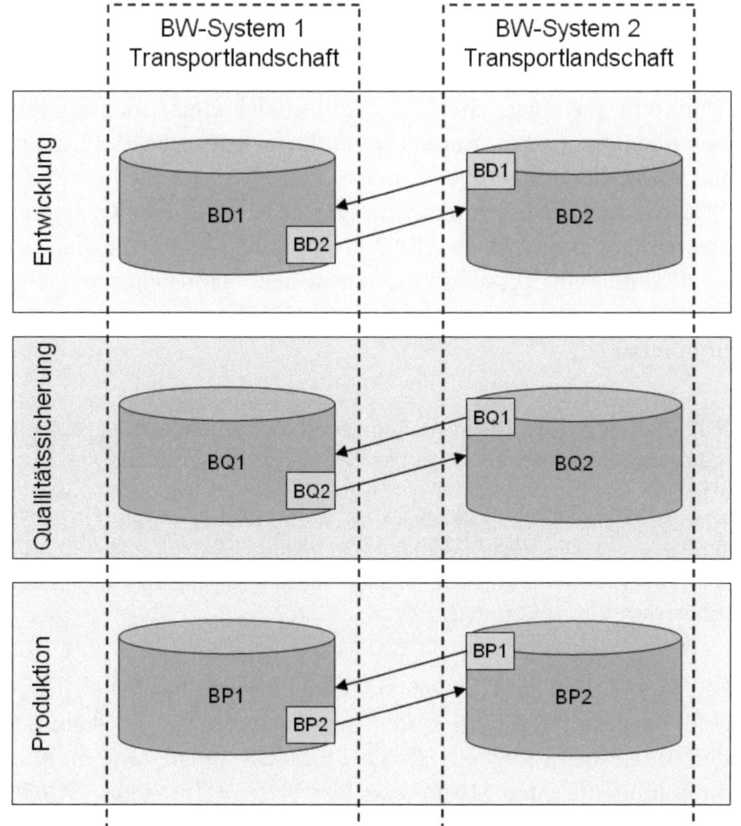

Abb. D–12
Transportlandschaft in Large-Scale-Architekturen

Um also einen Datenaustausch zwischen den Produktivsystemen zu ermöglichen, ist es notwendig, dass auch ein Datenaustausch zwischen den zugehörigen Entwicklungssystemen definiert werden kann. Es genügt dabei jedoch nicht, den Datenaustausch nur zu definieren, das jeweilige Quellsystem muss physisch vorhanden sein!

Das Teilen eines gemeinsamen Entwicklungssystems hat für eine BW-Systemarchitektur zur Folge, dass keine Daten zwischen den Produktivsystemen ausgetauscht werden können. Dies kann lediglich umgangen werden, indem die Kommunikation zwischen den Produktivsystemen mit Hilfe von Flatfiles realisiert wird, was jedoch erhöhten Entwicklungsaufwand zur Folge hat.

D.1.5 Entwicklungen im Produktivsystem

Ist ein System als Produktivsystem definiert, so ist es nicht mehr änderbar, das heißt, es können keine neuen Objekte mehr angelegt beziehungsweise verändert werden. Dies gilt sowohl für Objekte des ABAP Dictionary als auch für BW-Objekte.

Speziell im BW kann es jedoch für einige Objekttypen sinnvoll sein, die entsprechenden Objekte direkt im Produktivsystem anzulegen und zu pflegen. Ein typisches Beispiel dafür sind Aggregate; so kann die Funktion von Aggregaten auf dem Entwicklungs- und Testsystem nur sehr bedingt getestet werden, wenn kein entsprechendes Datenvolumen vorhanden ist.

Zielsysteme, die in Prozessketten für den Aufruf von Remote-Prozessketten und asynchronen ABAP-Programmen hinterlegt sind, müssen leider immer in Test- und Produktivsystem manuell angepasst werden, da das Transportwesen eine derartige Umsetzung immer noch nicht unterstützt.

An dieser Stelle werden Argumente gegeben, die für eine Entwicklung auf dem Produktivsystem sprechen können. Dies bedeutet jedoch nicht, dass der Autor die Entwicklung von Objekten auf einem Produktivsystem befürwortet. Ganz im Gegenteil! Machen Sie sich immer bewusst, dass die Entwicklung und Pflege von Objekten auf einem Produktivsystem aufgrund kürzerer Entwicklungszyklen zunächst verlockend erscheint, erfahrungsgemäß aber immer zu chaotischen Zuständen und instabilem Systemverhalten führt.

Neben Aggregaten gibt es weitere Objekttypen, bei denen für die direkte Pflege im Produktivsystem argumentiert werden kann. Die Änderbarkeit dieser Objekttypen im Produktivsystem kann im Transportanschluss über den Menüpunkt *Bearbeiten →Transport →Objektänderbarkeit* eingestellt werden (siehe Abb. D–13).

Dabei stehen drei Optionen zur Auswahl:

- **alles änderbar:** Alle Objekte des entsprechenden Typs sind änderbar.
- **nicht änderbar:** Kein Objekt ist änderbar.
- **Originale änderbar:** Neue Objekte können angelegt und geändert werden. Objekte, die aus dem Entwicklungssystem stammen, können nicht geändert werden.

Abb. D–13
Änderbarkeit von Objekttypen im Produktivsystem

D.1.6 Einrichten von Quellsystemen

Das Einrichten von Quellsystemen entspricht im BW einer Repository-Änderung, die nicht transportiert werden kann und direkt im jeweiligen BW-System durchgeführt werden muss. Dies betrifft auch das Produktivsystem, in dem bei jedem Anlegen von Quellsystemen einige Einstellungen in der Systemänderbarkeit zugelassen werden müssen. Ausgangspunkt für die Einstellung der Systemänderbarkeit ist das Programm *Administration→Systemänderbarkeit setzen* der Transport-Organizer-Tools, die mit der Transaktion SE03 aufgerufen werden können. Abbildung D–14 verdeutlicht den Start dieses Programms.

Zum Anlegen von Quellsystemen müssen

- Änderungen an Softwarekomponenten und Namensbereichen
- mandantenunabhängiges Customizing
- Repository-Änderungen

zugelassen werden.

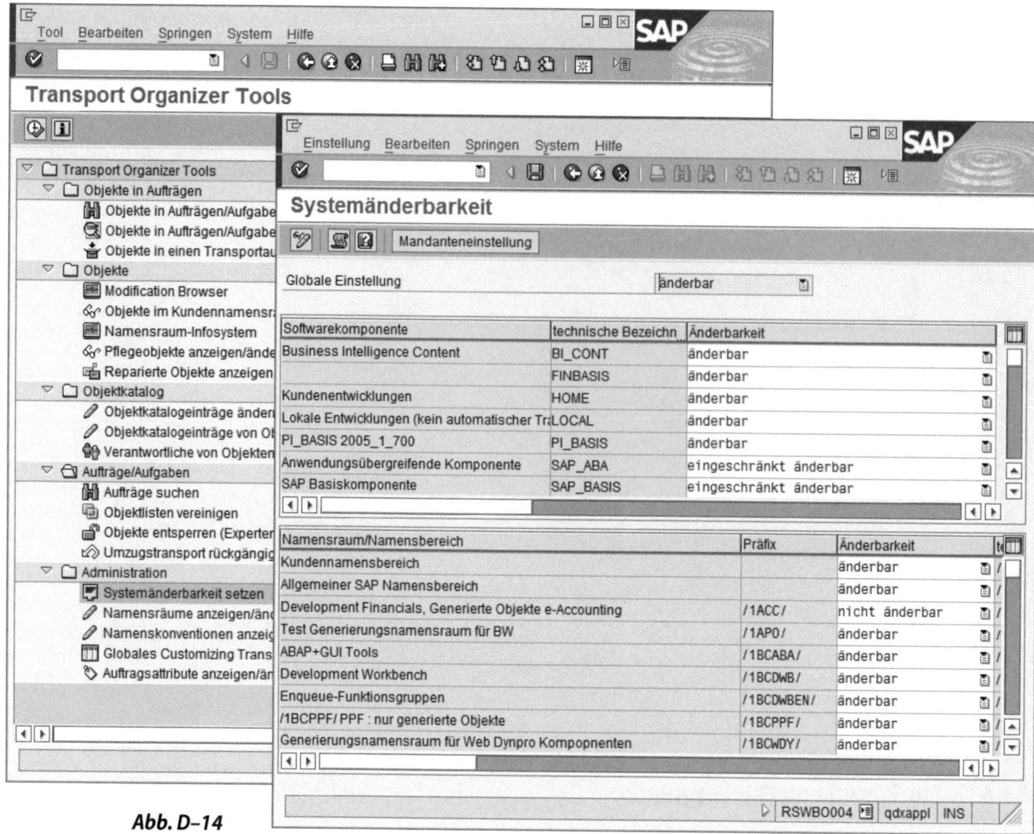

Abb. D–14
Systemänderbarkeit setzen

Änderungen an Softwarekomponenten und Namensbereichen

Folgende Änderungen sind in der Systemänderbarkeit für Softwarekomponenten und Namensbereiche zuzulassen:

- lokale Entwicklungen
- Business Information Warehouse
- Änderungen im Kundennamensbereich
- Änderungen in den BW-Namensräumen `/BI0/`
- Änderungen in den BW-Namensräumen `/BIC/`

Mandantenunabhängiges Customizing und Repository-Änderungen

Zusätzlich sind Änderungen an mandantenübergreifenden Objekten zuzulassen, indem über den Button *Mandanteneinstellungen* der eigene Mandant ausgewählt und die entsprechenden Einstellungen vorgenommen werden. Abbildung D–15 verdeutlicht diese Vorgehensweise.

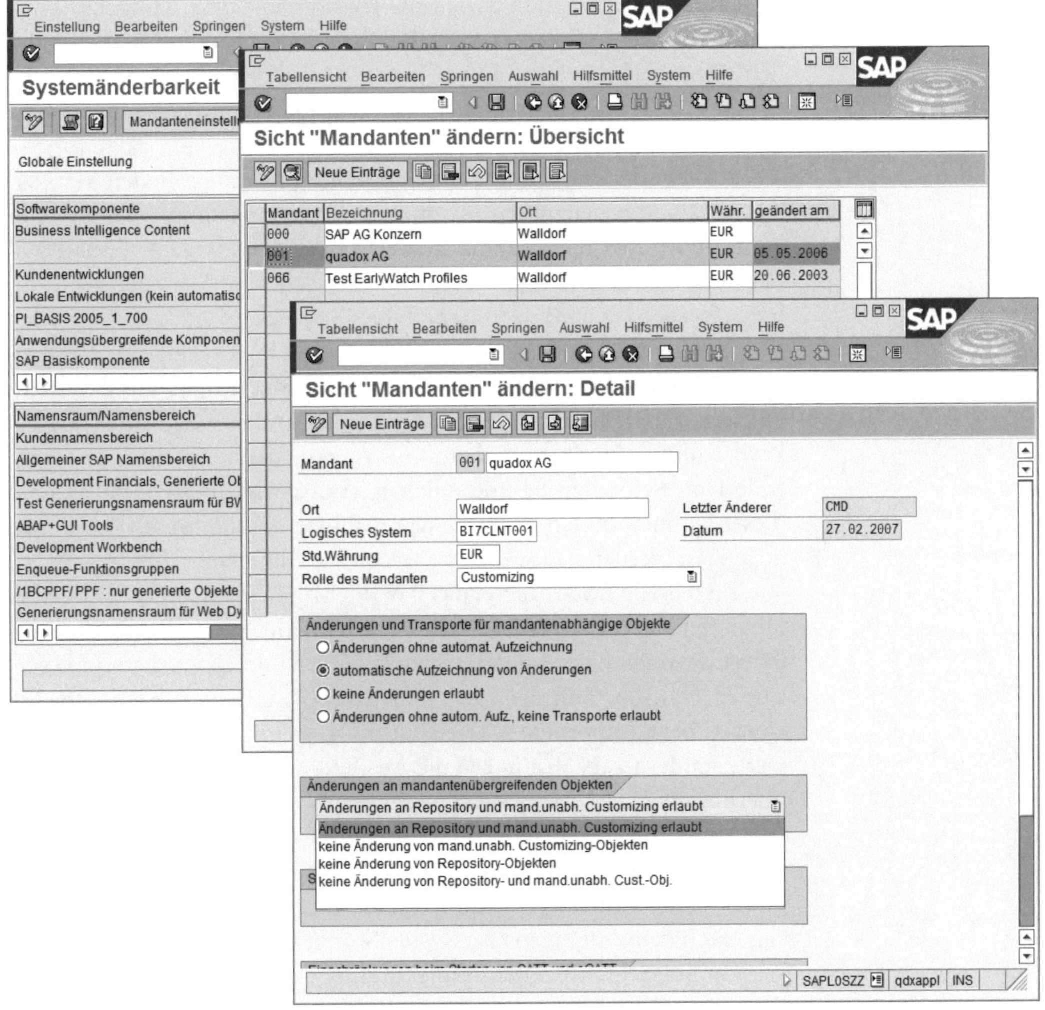

Abb. D–15
Änderung an mandantenübergreifenden Objekten zulassen

D.2 Content-Transportwesen

Bereits bei der Erläuterung der Namensräume für Objekte des ABAP Dictionary sowie für BW-Objekte wurde am Rande bemerkt, dass die Bereitstellung zentraler Entwicklungen für dezentrale BW-Systeme sinnvoll sein kann (vgl. Kapitel 4.2.4 bzw. Kapitel 4.3.1). Beispiele dafür sind Unternehmen mit mehreren dezentral organisierten BW-Entwicklungssystemen, die mit den Entwicklungen eines zentralen BW-Systems versorgt werden sollen. Ebenso ist es für SAP-Systemhäuser von Interesse, eigene Entwicklungen für ihre Kunden bereitzustellen.

In Bezug auf das »normale« BW-Transportwesen würde dies bedeuten, dass Transportaufträge von zentralen Entwicklungssystemen bereitgestellt und in dezentrale BW-Systeme bzw. Kundensysteme importiert werden. Dieses Vorgehen ist technisch grundsätzlich möglich, doch geht bereits die SAP selbst mit dem BI Content (siehe Anhang E) einen anderen Weg, der den dezentralen Systemen mehr Freiheiten einräumt.

So steht der von der SAP bereitgestellte BI Content in den Metadaten in einer sogenannten Auslieferungsversion zur Verfügung und kann (muss aber nicht) in die aktive Version der Metadaten übernommen und bei Bedarf sogar angepasst werden. Der Vorgang der Content-Übernahme wird in Anhang E beschrieben.

Ebenso wie die SAP ihren Content in einer speziellen Auslieferungsversion bereitstellen kann, ist es auch SAP-Kunden und Systemhäusern möglich, Content für ihre dezentralen Geschäftseinheiten bzw. Kunden in einer Auslieferungsversion bereitzustellen. Der zentrale Unterschied zu herkömmlichen Transporten besteht darin, dass dieser Content in den Zielsystemen wahlweise übernommen und auch angepasst werden kann.

Zu diesem Zweck bietet das BW die Möglichkeit, entwickelte BW-Objekte beim Sichern/Aktivieren der Metadaten zusätzlich in die Auslieferungsversion der Metadaten zu kopieren und als Auslieferungsversion in Transportaufträgen zusammenzustellen. Derartige BW-Objekte werden beim Import eines Transportauftrags im Zielsystem nicht aktiviert, sondern zunächst nur in die Auslieferungsversion der Metadaten übernommen[9].

Abbildung D–16 stellt das Systemverhalten bei der Entwicklung von BW-Objekten unter Nutzung des BW-Transportwesens mit der Nutzung des Content-Transportwesens gegenüber.

Nach dem Import ins Zielsystem können die in der Auslieferungsversion angelegten Content-Objekte durch die Übernahme des Metadaten-Content aktiviert und bei Bedarf sogar angepasst werden.

In den nachfolgenden Kapiteln werden

- die Content-Entwicklung
- die Content-Auslieferung

erläutert. Die Verwendung des Metadaten-Content im jeweiligen Zielsystem wird in Anhang E ausdrücklich beschrieben.

9. Die Installation des BI Content stellt technisch den Import eines entsprechenden Transportauftrags in die Auslieferungsversion der Metadaten dar. Die entsprechende Funktionalität, Auslieferungsversionen zu importieren und noch nicht zu aktivieren, musste die SAP also bereits in den ersten BW-Versionen schaffen, um den eigenen BI Content ausliefern zu können.

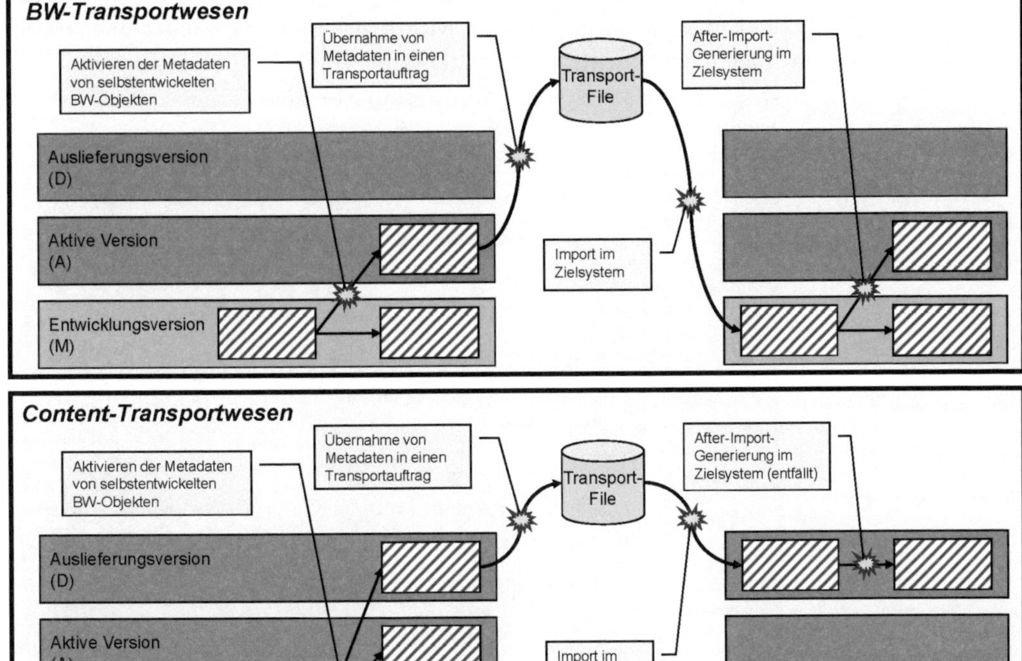

Abb. D–16
BW-Transportwesen vs. Content-Transportwesen

D.2.1 Content-Entwicklung

Um BW-Objekte in der Auslieferungsversion zu entwickeln und in Transportaufträgen bereitzustellen, muss das entsprechende BW-Entwicklungssystem als ***Content-Entwicklungssystem*** definiert werden. Die Verwendung des Content-Transportwesens ist also nicht an die Verwendung bestimmter Funktionen gebunden, sondern bedingt einen bestimmten Status des Gesamtsystems.

Der entsprechende Systemstatus kann in der Data Warehousing Workbench im Bereich des BI Content über den Menüpunkt *Bearbeiten →Content System Administration* bzw. mit Hilfe der Transaktion `RSOCONTENT` bestimmt werden (siehe Abb. D–17).

Sobald ein System den Status eines Content-Entwicklungssystems erhält, verhält es sich bzgl. der Metadaten-Pflege und bei der Erstellung von Transportaufträgen anders als ein »normales« BW-System (vgl. Abb. D–16).

Dementsprechend sollte der Status eines BW-Systems, sobald er einmal den Content-Status erhalten hat, nicht wieder revidiert werden. Ansonsten würden eigenentwickelte BW-Objekte teils in der Auslieferungsversion stehen und damit auch im BI Content angeboten werden und teils nur in der aktiven Metadaten-Version. Auch Transportaufträge des Systems würden teils die Auslieferungsversion von BW-Objekten enthalten und teils die aktive Version.

Abb. D–17
Wahl des Systemstatus

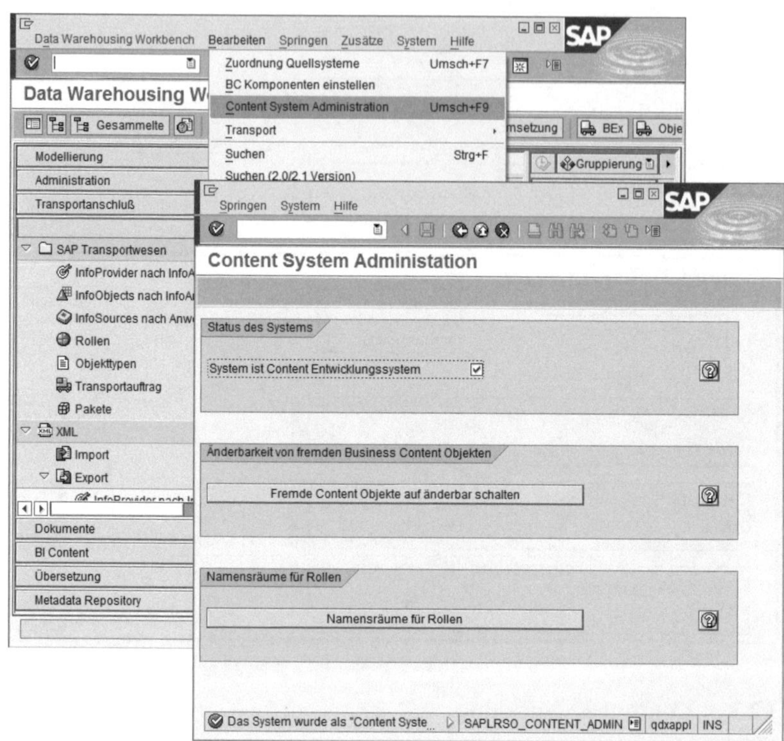

Legen Sie bereits beim Aufbau eines BW-Systems verbindlich und unveränderlich fest, ob es sich ausschließlich ein um normales Entwicklungssystem oder um ein Content-Entwicklungssystem handeln soll. Wechseln Sie den Status nicht mehr von Content- auf Nicht-Content-System und spielen Sie nicht mit dem Status herum. Die Folge ist sonst ein Chaos in den Metadaten, das nur mit großem Aufwand wieder zu beseitigen ist.

Der Systemstatus kann bei Bedarf durch benutzerspezifische Parameter übersteuert werden. Zu diesem Zweck ist der Parameter `RSOISCONTENTSYSTEM` in der Benutzerpflege mit dem Wert `X` zu versehen, wenn sich das System für diesen Entwickler wie ein Content-Entwicklungssystem verhalten soll (siehe Abb. D–18).

Aus denselben Gründen, warum der Systemstatus nicht von Content- auf Nicht-Content-System wechseln sollte, sollte es auch vermieden werden, ein Nicht-Content-Entwicklungssystem für einzelne Entwickler wie ein Content-Entwicklungssystem reagieren zu lassen. Auch hier wäre ein Chaos in den Metadaten vorprogrammiert.

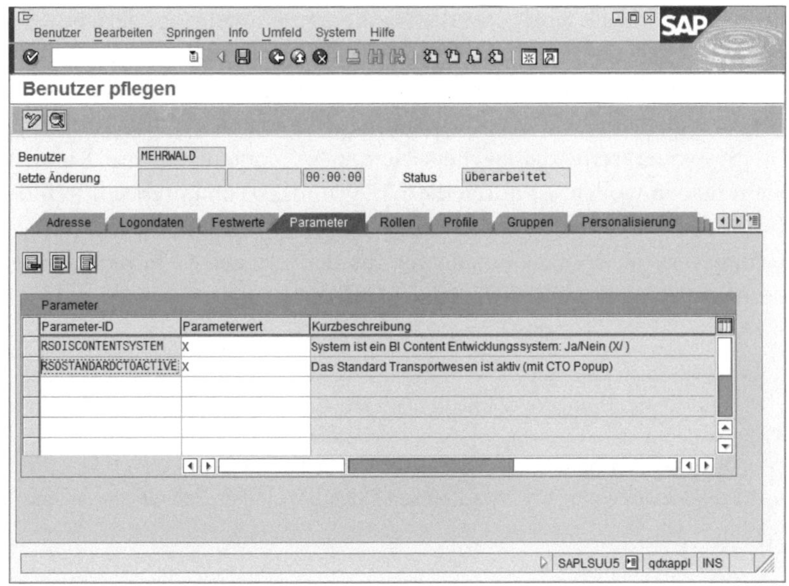

Abb. D-18
Benutzerspezifische Wahl des Systemstatus

Verwendung fremder Content-Objekte

Bei der Entwicklung von eigenem Metadaten-Content stellt sich die Frage, wie mit fremdem Content (also BW-Objekten in einem fremden Namensraum) verfahren werden kann. In der Vielzahl der Fälle wird sich diese Frage auf den BI Content der SAP beschränken, sie gilt jedoch in gleichem Maße auch für Metadaten-Content, der von Systemhäusern bezogen wurde.

Grundsätzlich kann fremder Content in der eigenen Content-Entwicklung verwendet werden, ohne ihn zu verändern. So kann zum Beispiel das InfoObjekt `0POSTAL_CD` (Postleitzahl) als Attribut in eigenen Content-InfoObjekten verwendet werden oder das InfoObjekt `0CUSTOMER` (Kundennummer) als Referenzmerkmal einer selbstdefinierten Partnerrolle verwendet werden.

Diese Beispiele erklären übrigens auch, warum jeder Metadaten-Content – gleichgültig ob selbstentwickelt oder von der SAP als BI Content ausgeliefert – in derselben Auslieferungsversion abgelegt wird; denn schließlich existiert keine echte Trennung unterschiedlicher Content-Objekte, da sich Objekte aus unterschiedlichen Content-Auslieferungen gegenseitig referenzieren können.

Veränderung fremder Content-Objekte

Anders stellt sich die Situation dar, wenn fremder Content nicht nur verwendet, sondern vielmehr angepasst werden soll. Beispielsweise wenn dem InfoObjekt `0CUSTOMER` (Kundennummer) aus dem BI Content der SAP ein paar Attribute entnommen und ein paar andere hinzugefügt werden sollen.

Während eine Anpassung von BW-Objekten aus dem Metadaten-Content auf »normalen« BW-Entwicklungssystemen selbstverständlich ist (schließlich wird nicht der Metadaten-Content, sondern nur die daraus abgeleitete Entwicklungsversion bzw. aktive Version der BW-Objekte verändert), hätte dies in einem Content-Entwicklungssystem eine unwiderrufliche[10] Modifizierung des Metadaten-Content zur Folge.

Systemhäusern, die eigenen Metadaten-Content an ihre Kunden weitergeben wollen, ist durch die SAP grundsätzlich untersagt, fremde Content-Objekte zu verändern. SAP-Kunden hingegen, die die Auslieferungsversion des BI Content nur für den eigenen Gebrauch verändern wollen, steht diese Möglichkeit offen.

Änderungen an fremden Content-Objekten können beim Einspielen eines Patches oder eines Upgrades wieder überschrieben werden. Nach Einspielen eines Patches oder eines Upgrades müssen Sie diese Objekte manuell reparieren und erneut an die dezentralen Systeme ausliefern. Selbst wenn das Ändern fremder Content-Objekte möglich ist, so entsteht damit in jedem Fall ein gewaltiger administrativer Mehraufwand.

Um fremde Content-Objekte ändern zu können, müssen diese innerhalb der Transaktion RSOCONTENT über den Button *Fremde Content-Objekte auf änderbar schalten* (vgl. Abb. D–17 auf Seite 800) bestimmt werden.

Zu diesem Zweck sind einzelne Objekttypen zu benennen, die änderbar sein sollen. Dabei ist zu unterscheiden, ob

- fremde Content-Objekte zwar verändert werden dürfen, die Auslieferungsversion der Objekte jedoch nicht transportiert werden soll (Option »änderbar, kein CTO Anschluss«).
- Änderungen an fremden Content-Objekten beim Transportieren der Metadaten auch in Transportaufträge übernommen werden sollen (Option »Objekt änderbar, mit CTO Anschluß«).

Alle nicht benannten Objekttypen sind per Default nicht änderbar. Die Objekttypen können generisch (d.h. mit den Joker-Zeichen * und ?) angegeben werden (siehe Abb. D–19).

10. Ganz unwiderruflich ist die Veränderung natürlich nicht, denn die Auslieferungstransporte des jeweiligen Content (z.B. BI Content der SAP) können erneut ins System importiert werden. Damit sind jedoch auch alle anderen Veränderungen am jeweiligen Metadaten-Content widerrufen.

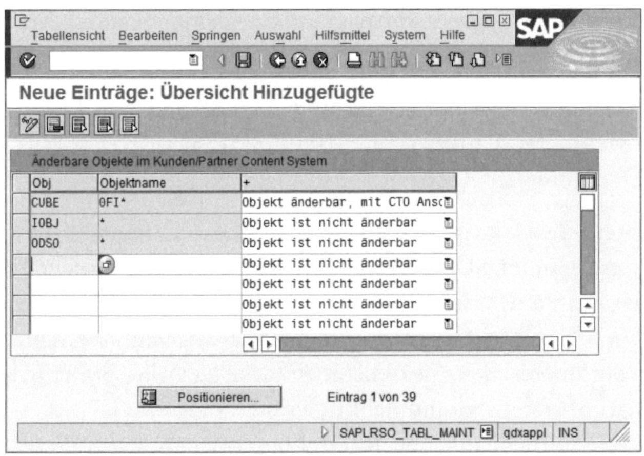

Abb. D–19
Änderbarkeit fremder Objekte in Content-Systemen

In Content-Entwicklungssystemen steht nicht die Möglichkeit zur Verfügung, Objekte aus dem Metadaten-Content zu übernehmen (siehe Anhang E) – denn dann würde man dieselben Objekte, die man gerade aus dem Content übernimmt, gleich wieder in den Content schreiben. Aus diesem Grund sollte die Übernahme aller erforderlichen Objekte aus dem Metadaten-Content durchgeführt werden, bevor das BW-System den Status eines Content-Entwicklungssystems erhält.

Ist auf einem Content-Entwicklungssystem doch einmal die nachträgliche Übernahme einzelner Content-Objekte erforderlich, so kann anstelle des Systemstatus gezielt ein einzelner Benutzer, der die Übernahme aus dem Metadaten-Content durchführen soll, mit Benutzerparametern versehen werden, die den Systemstatus (und ggf. den Standard-Transportanschluss) übersteuern und deaktivieren. Analog zu den Benutzerparametern in Abbildung D–18 müssten zu diesem Zweck die Parameter `RSOISCONTENTSYSTEM` und `RSOSTANDARDCTOACTIVE` mit einem Leerzeichen als Parameter versehen werden.

D.2.2 Content-Auslieferung

Für die Erstellung von Transportaufträgen mit der Auslieferungsversion selbstentwickelter BW-Objekte reicht grundsätzlich das im vorangegangenen Kapitel beschriebene Content-Entwicklungssystem aus.

Die Beschränkung auf das Content-Entwicklungssystem erweist sich jedoch als problematisch, da Transporte unvollständig oder mit inkonsistenten Entwicklungsständen zusammengestellt werden können. Die Übernahme des Metadaten-Content würde in diesem Fall im Zielsystem zu Fehlern bei der Aktivierung führen.

Um dies zu vermeiden, kann (und sollte) für die Content-Entwicklung ein eigenes Content-Testsystem eingesetzt werden, das mit den

Transporten des Content-Entwicklungssystems beliefert wird. Das Content-Testsystem dient

- zum Test, ob die Übernahme und Aktivierung von Objekten aus dem Metadaten-Content fehlerfrei funktioniert.
- zur Erstellung der Auslieferungstransporte.

Test der Übernahme

Das Content-Testsystem hat den Status eines Content-Entwicklungssystems; die Content-Übernahme ist damit eigentlich nicht möglich. Damit das Testen der Content-Übernahme dennoch funktioniert, muss zu diesem Zweck ein spezieller Benutzer angelegt werden, dessen Benutzerparameter den Systemstatus (und ggf. das Standard-Transportwesen) übersteuern und deaktivieren.

Wie im vorangegangenen Kapitel beschrieben, kann dieser Benutzer analog zur Abbildung D–18 mit den Benutzerparametern `RSOISCONTENTSYSTEM` und `RSOSTANDARDCTOACTIVE` und jeweils einem Leerzeichen als Parameter versehen werden.

Erstellung der Auslieferungstransporte

Konnte die Übernahme des selbstentwickelten Metadaten-Content erfolgreich durchgeführt werden, so können auf dem Content-Testsystem (diesmal mit einem normalen Benutzer, dessen Parameter nicht den Systemstatus übersteuert) ein oder mehrere Auslieferungstransporte zusammengestellt werden, die den entwickelten Metadaten-Content enthalten.

Somit kann der Metadaten-Content in einem konsolidierten Stand in Auslieferungstransporte übernommen werden. Mehrfach erstellte Auslieferungstransporte aus dem Content-Entwicklungssystem können damit in einem Auslieferungstransport zusammengefasst werden. BW-Objekte, die durch Testtransporte fehlerhaft übernommen wurden, werden nicht in die Auslieferungstransporte übernommen.

D.3 Metadaten im XMI-Format

Zusätzlich zu den Austauschmechanismen des Transportwesens bietet das BW seit der Version 3.0 die Möglichkeit, Metadaten mit Hilfe von XML auszutauschen. Die XML-Schnittstelle stellt eher eine Alternative als eine Ergänzung des Transportwesens dar und folgt konzeptionell völlig anderen Ideen. Aufgrund ihrer derzeit geringen Bedeutung für die Praxis muss die XML-Schnittstelle jedoch noch als interessantes, aber unwichtiges »Appendix« des Transportwesens betrachtet werden.

Dabei bedient sich das BW eines XML-Modells, das vom CWM-Standard[11] abgeleitet ist, nämlich dem XMI (XML Metadata Interchange).

Aufgrund der zahlreichen Besonderheiten des BW entspricht das Modell jedoch nicht genau dem CWM-Standard, sondern wurde um zahlreiche BW-spezifische Elemente erweitert. Nachfolgend wird der Auszug eines XMI-Modells dargestellt, der die Metadaten eines Basis-Cubes beschreibt.

```
<?xml version="1.0" encoding="utf-8"?>
<BWMetadataRepository BWXMLVersion="1.0">
<com.sap.bw.cwm.olap.InfoCube

ID="ZFIGL_C01">                 "Metadaten für InfoCube ZFIGL_C01
<BWStatistics>
false                           "Keine Protokollierung der BW Statistics (OLAP)
</BWStatistics>
<BWStatisticsWHM>
false                           "Keine Protokollierung der BW Statistics (WHM)
</BWStatisticsWHM>
<DBStatisticsOnDeltaLoad>
false                           "Datenbankstatistiken nicht erneuern nach Delta
</DBStatisticsOnDeltaLoad>
<DBStatisticsPercentage>
010                             "Datenbankstatistiken aus 10% des Datenvolumens
</DBStatisticsPercentage>
<DBStatisticsRebuild>
false                           "Datenbankstatistiken nicht erneuern
</DBStatisticsRebuild>
<aggrDimDataType/>              "Standard-Datentyp für Dim.tabellen von Aggregaten
<aggrDimSizeCategory/>          "Standard-Größenkat. für Dim.tab. v. Aggregaten
<aggrFactDataType/>             "Standard-Datentyp für Faktentabellen von Aggregaten
<aggrFactTableSizeCategory/>    "Standard-Größenkat. für Faktentab. v. Aggr.
<componentBCT/>                 "Keine Komponente des BI Content
<compressionNullRemove>
true                            "Nullwerte bei Komprimierung eliminieren
</compressionNullRemove>
<contentRelease/>               "Keine Version im BI Content
<contentTimeStamp>
0                               "Zeitstempel der BI Content-Version
</contentTimeStamp>
<dimensionDataType/>            "Standard-Datentyp für Dimensionstabellen
<dimensionSizeCategory/>        "Standard-Größenkat. für Dimensionstabellen
<factTable>
/BIC/FZFIGL_C01                 "Name der Faktentabelle: /BIC/FZFIGL_C01
</factTable>
<factTableCompressed>
/BIC/EZFIGL_C01                 "Name der kompr. Faktentab.: /BIC/EZFIGL_C01
</factTableCompressed>
(...)
```

---

11. Das CWM (Common Warehouse Metamodel) beschreibt ein allgemein gültiges Modell für Metadaten in einem Data Warehouse. Genaue Informationen über das CWM sind auf der Homepage der Object Management Group (OMG) zu finden (www.omg.org).

Die Verwendung des XMI-Modells anstelle des herkömmlichen Transportwesens ist dann sinnvoll, wenn keine Transportwege zwischen BW-Systemen definiert sind, aber dennoch Metadaten ausgetauscht werden sollen. Dies kann vor allem in Large-Scale-Architekturen der Fall sein, in denen unterschiedliche Testsysteme partiell mit identischen Metadaten versorgt werden sollen, ohne eine Transportabhängigkeit zwischen den Entwicklungen aufzubauen.

Durch die Standardisierung des XMI-Modells für die Metadaten von Data-Warehouse-Systemen ist es theoretisch möglich, Metadaten auch mit anderen Data-Warehouse-Systemen auszutauschen. Da das XMI-Modell im BW jedoch nicht genau dem Modell der OMG entspricht, ist ein derartiger Austausch in der Praxis zur Zeit noch unrealistisch.

Export von Metadaten

Der Import beziehungsweise Export von Metadaten im XMI-Format kann über den Transportanschluss erfolgen (siehe Abb. D–20).

Abb. D–20 *Metadatenaustausch als XMI-Modell*

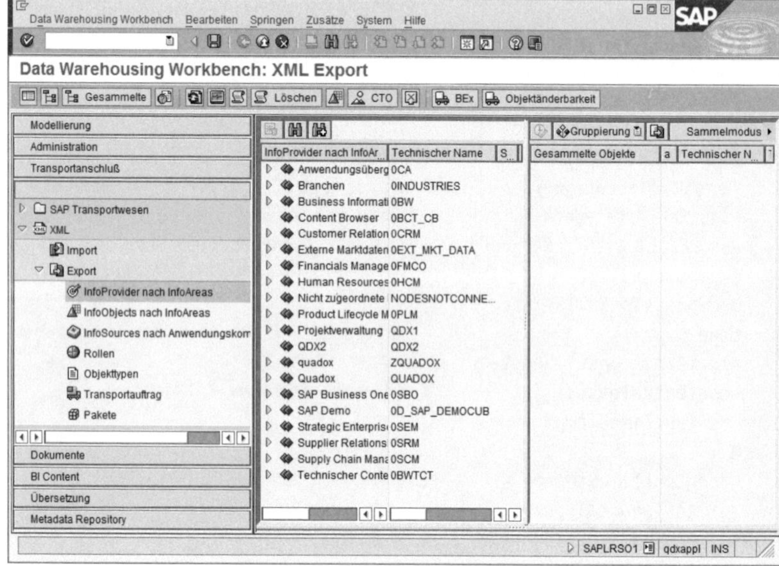

Für den Export können die Metadaten als Datei gespeichert werden, um anschließend durch das Zielsystem wieder importiert zu werden.

Zum Export des ganzen Modells des BW ohne den Transportanschluss kann auch das ABAP-Programm `RSO_REPOSITORY_EXCHANGE_XML` verwendet werden.

Import von Metadaten

Der Import von Metadaten kann – ebenso wie der Export – durch eine Datei erfolgen. Zusätzlich stellt jedes BW-System einen HTTP-Service zur Verfügung, der Metadaten als XML bereitstellt. Von diesem HTTP-Service können ebenso wie über die Datei Metadaten importiert werden (siehe Abb. D–21).

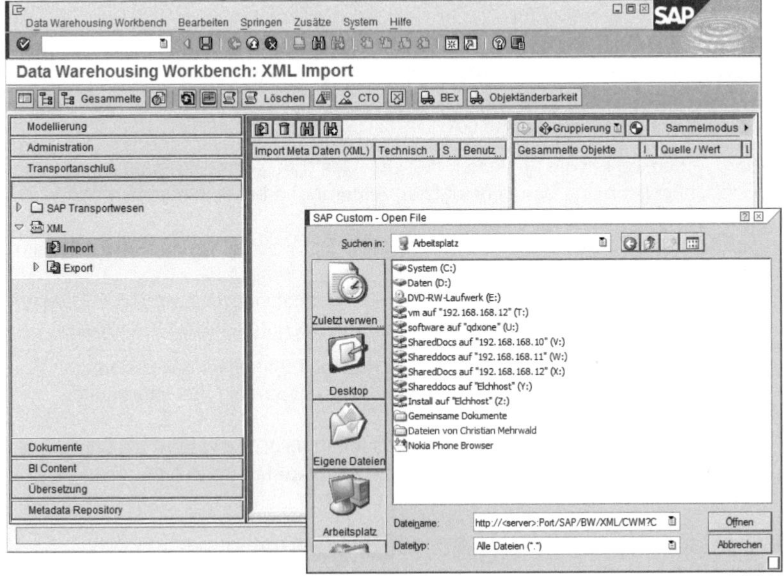

© SAP AG

Abb. D–21
Import von Metadaten über HTTP-Service

Die URL zum Anfordern von Metadaten über den http-Service hat folgende Syntax:

```
http://<Server:Port>/SAP/BW/XML/CWM?
CLASSID=<Klasse>&ID=<Name>&DETAIL=<Detailinfo>&OBJECTVERSION=<Version>
```

Die nachfolgende Tabelle beschreibt die Ausdrücke der URL.

Ausdruck	Beschreibung
<Server:Port>	Name des Servers (oder IP-Adresse) und Port des http-Services, zum Beispiel `http://qx4.quadox.com:1080`. Sofern der Standardport 80 verwendet wird, kann die Angabe des Ports entfallen: `http://qx4.quadox.com`.
<Klasse>	Klasse des BW-Objektes, die das Objekt innerhalb des CWM-Modells kennzeichnet, zum Beispiel `COM.SAP.BW.CWM.OLAP.INFOCUBE` für InfoCubes oder `COM.SAP.BW.CWM.CORE.INFOOBJECT` für InfoObjekte. Bei der Angabe der Klasse existieren Ausnahmen: ■ `CLASSID=LIST`: Anfordern aller BW-Objekte (klassenübergreifend). ■ `CLASSID=METAMODEL`: Anfordern des XML-Modells, das den Metadaten zugrunde liegt.
<Name>	Technischer Name des gewünschten BW-Objektes innerhalb der Klasse, die den Objekttyps spezifiziert, zum Beispiel `0FIGL_C01` für den InfoCube `0FIGL_C01` innerhalb der Klasse `COM.SAP.BW.CWM.OLAP.INFOCUBE` oder `0CUSTOMER` für das InfoObjekt `0CUSTOMER` innerhalb der Klasse `COM.SAP.BW.CWM.CORE.INFOOBJECT`.
<Detailinfo>	Kennzeichen, ob nur die Kopfdaten des Objektes (Klasse des BW-Objektes, technischer Name und Datum der letzten Änderung) oder die Metadaten des InfoObjektes angefordert werden. Die Anforderung der Metadaten (`DETAIL='X'`) ist Voraussetzung zum Austausch mit anderen Systemen. Die Anforderung der Kopfdaten (`DETAIL=' '`) ist nur sinnvoll, wenn (zum Beispiel zu Testzwecken) mehrere BW-Objekte im Überblick dargestellt werden sollen.
<Version>	Version der Metadaten im Repository (vgl. Kapitel 4.3). Im Normalfall sind die aktiven Versionen der BW-Objekte im Metadaten-Repository von Interesse (`OBJECTVERSION='A'`). Ebenso können Objekte des Business Content (`OBJECTVERSION='D'`) oder überarbeitete Versionen (`OBJECTVERSION='M'`) angefordert werden.

Um zum Beispiel die Metadaten des InfoObjektes `0CUSTOMER` gezielt vom Server qx4.quadox.com anzufordern, kann die URL

```
http://qx4.quadox.com/sap/bw/xml/
cwm?classid=COM.SAP.BW.CWM.CORE.INFOOBJECT
&id=0CUSTOMER&detail=X&objectversion=A
```

verwendet werden (siehe Abb. D–22).

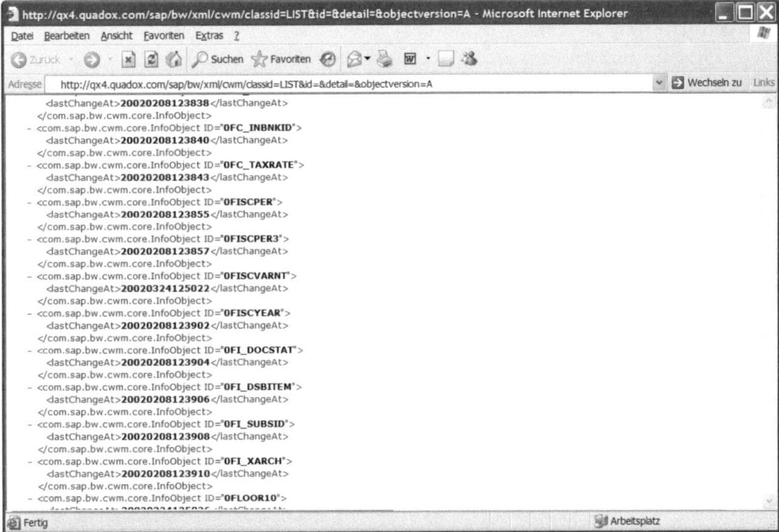

Abb. D–22
XMI-Modell zu InfoObjekten

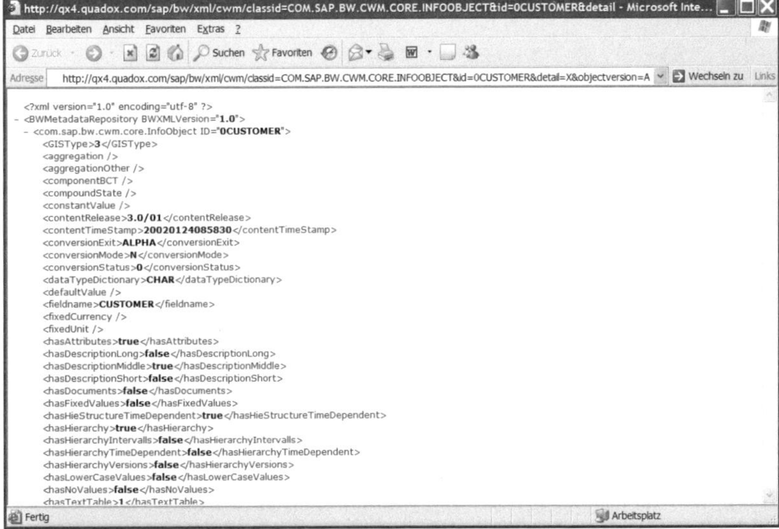

Abb. D–23
XMI-Modell aller BW-Objekte

Um die aktiven Metadaten aller BW-Objekte im Überblick zu erhalten, kann die URL

```
http://qx4.quadox.com/sap/bw/xml/
cwm?classid=LIST&id=&detail=&objectversion=A
```

verwendet werden (siehe Abb. D–23).

E Verwendung von Metadaten-Content

Im Metadaten-Repository des SAP BW können BW-Objekte in einer sogenannten Auslieferungsversion (vgl. Kapitel 4.3) hinterlegt werden. Die entsprechenden BW-Objekte sind damit zwar im Metadaten-Repository des BW vorhanden, weisen jedoch zunächst keine aktive Version auf und bilden damit keine Objekte im ABAP Dictionary oder dem Datenbanksystem.

Derartige BW-Objekte können von Systemhäusern im Metadaten-Repository bereitgestellt werden und vorgefertigte Szenarios für Geschäftsprozesse abbilden. Solche Objekte werden üblicherweise als ***Metadaten-Content*** bezeichnet. Wie die Content-Entwicklung erfolgt, ist in Abschnitt D.2 erläutert.

Die SAP selbst liefert einen sehr umfangreichen Metadaten-Content für die unterschiedlichsten Geschäftsprozesse und Anwendungen aus und bezeichnet diesen als ***BI Content***. Darin enthalten ist die Definition aller für einen Geschäftsprozess relevanten BW-Objekte, von der Extraktion über InfoObjekte und Staging-Definitionen bis zu vorfertigten Analyseanwendungen.

Damit teilt sich der BI Content in zwei Bereiche:

- BI Content der SAP-ERP-Quellsysteme
- BI Content des BW

Die beiden nachfolgenden Kapitel legen ihren Schwerpunkt auf den BI Content der SAP und beschreiben, wie die Auslieferungsversionen der Metadaten in SAP-ERP-Systemen bzw. im BW-System in die aktiven Daten übernommen werden können.

Ergänzend sind in den Abschnitten E.2.1 und E.2.2 zwei Bereiche des BW Content beschrieben, die von besonderem Interesse sein können: der ***Demo-Content*** sowie der ***technische Content***.

E.1 BI Content der SAP-ERP-Quellsysteme

Der BI Content für SAP-ERP-Quellsysteme ist Bestandteil der Plug-ins, mit denen die technischen Voraussetzungen zur Extraktion geschaffen werden. Bei BW-Systemen (denn auch diese können als Quellsystem an ein anderes BW-System angeschlossen werden) ist der BI Content fester Bestandteil des Systems und muss nicht nachträglich über Plug-ins installiert werden. Für andere Quellsysteme (zum Beispiel SAP R/3 vor Version 3.0D, andere OLTP-Systeme) existiert kein BI Content zur Unterstützung der Extraktion.

Vor der Verwendung des BI Content müssen die einzelnen Bestandteile des BI Content aktiviert werden. Im Falle von neuen DataSources des BW 7 erfolgt die Aktivierung durch die Content-Übernahme im BW (siehe Abschnitt E.2), d.h., bei der Übernahme von Staging-Prozessen aus dem BI Content werden die entsprechenden DataSources in den Quellsystemen implizit aktiviert[1], sofern das Staging auf neuen DataSources basiert.

Bei der Verwendung von 3.x-DataSources muss die Aktivierung explizit im Quellsystem durchgeführt werden. Dies erfolgt im Einführungsleitfaden (IMG) des Extraktors, der sowohl im BW als auch im SAP ERP über die Transaktion `SBIW` zu erreichen ist (siehe Abb. E–1).

Abb. E–1
BI Content übernehmen (Quellsysteme)

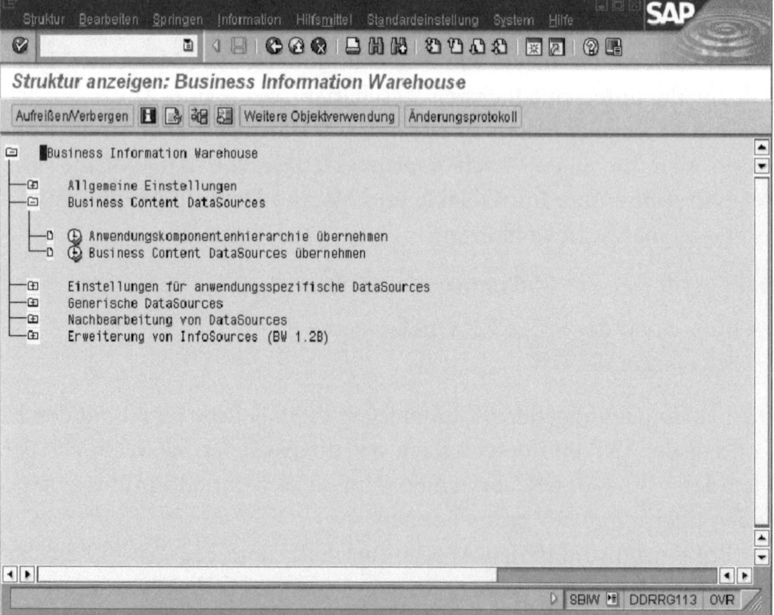

1. Dieser Vorgang wird auch als Remote-Aktvierung bezeichnet.

Bei der Übernahme werden aus den Metadaten, durch die der BI Content definiert ist, entsprechende Strukturen, Tabellen und Programme generiert, die für die Extraktion der jeweiligen Prozessdaten verwendet werden.

Die Übernahme des BI Content unterteilt sich in die Übernahme der Anwendungskomponentenhierarchie und die Übernahme von DataSources.

Übernahme der Anwendungskomponentenhierarchie

Die Anwendungskomponentenhierarchie gliedert alle vom BI Content angebotenen DataSources in einem hierarchischen Baum, ähnlich der Anwendungskomponentenhierarchie im BW. Diese Hierarchie muss aus dem BI Content übernommen werden, damit die DataSources bei ihrer späteren Übernahme in die Hierarchie eingeordnet werden können.

Die Anwendungskomponentenhierarchie kann nur vollständig aus dem Content übernommen werden. Eine Übernahme von Teilen ist nicht möglich, allerdings kann die Hierarchie nachträglich angepasst werden (vgl. Kapitel 14.2.2).

Übernahme der DataSources

Die Übernahme von DataSources kann selektiv vorgenommen werden (siehe Abb. E–2).

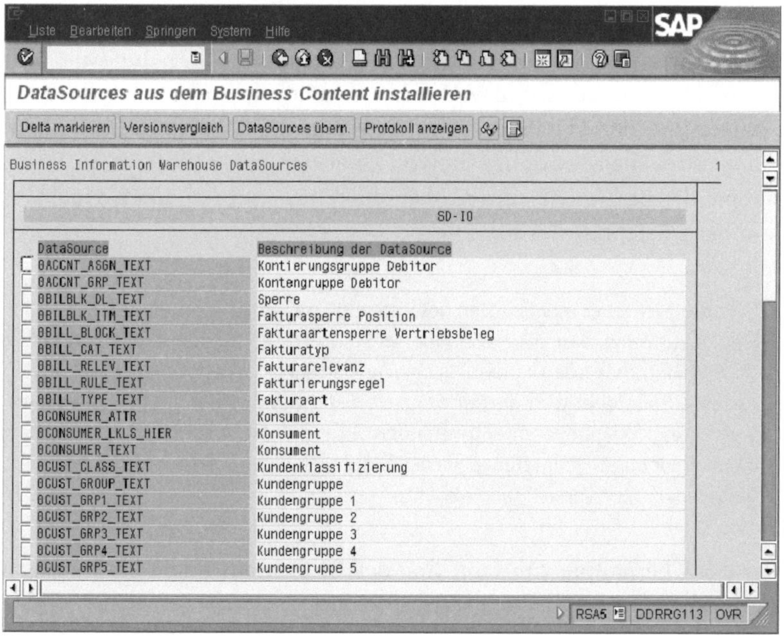

Abb. E–2 *Übernahme von DataSources des BI Content (Quellsysteme)*

Aus fachlicher Sicht entstehen durch die Übernahme des *gesamten* BI Content keine Nachteile. Je weniger jedoch vom BI Content übernommen wird, desto schneller werden die Metadaten ins BW übertragen und desto übersichtlicher ist die Verwaltung der angebotenen DataSources.

Nach dem Replizieren der Metadaten des Quellsystems stehen die übernommenen DataSources im DataSource-Baum der Data Warehousing Workbench zur Verfügung und können angepasst und aktiviert werden (vgl. Kapitel 15.2).

E.2 BI Content des BW

Die Übernahme des BI Content im BW verläuft genauso wie die Zusammenstellung von Transportaufträgen. Der einzige Unterschied liegt darin, dass nicht bereits aktive BW-Objekte in einem Transport zusammengestellt werden, sondern BW-Objekte zunächst aus den Metadaten des BI Content übernommen werden und erst anschließend ein entsprechender Transportauftrag zusammengestellt wird, um den Content auch auf die Zielsysteme zu transportieren.

Sofern Objekte aus dem Content übernommen werden, die auf der Definition von DataSources aufbauen[2], so werden diese Objekte für die DataSources aller Quellsysteme angelegt, die entsprechend berücksichtigt werden sollen (vgl. Abb. D–7 auf Seite 787). Im Falle von neuen DataSources der BW-Version 7 kann dies sogar eine Remote-Aktivierung der DataSources im jeweiligen Quellsystem beinhalten. An dieser Stelle ist es daher sinnvoll zu prüfen, ob speziell für die Übernahme des BI Content unter Umständen nur ein bestimmtes Quellsystem berücksichtigt werden soll.

Grundsätzlich ist es möglich, den gesamten BI Content zu übernehmen. Dies hat jedoch zur Folge, dass die Navigation im System (auch für den Anwender) sehr unübersichtlich werden kann, da auch eine Vielzahl nicht benötigter BW-Objekte existiert. Außerdem wird die Performance bei der Navigation im BW und allen Verwaltungsfunktionen unter Umständen aufgrund der umfangreicheren Metadaten beeinflusst. Übernehmen Sie daher nur diejenigen Teile des BI Content, für die Sie im Projekt Verwendung haben.

Bei der Übernahme von Objekten des BI Content findet ein Abgleich mit vorhandenen Objekten statt.

2. z.B. Transformationen oder Übertragungsregeln

Abgleichen vorhandener BW-Objekte

Die Änderung von BW-Objekten, die aus dem BI Content übernommen sind, ist problemlos möglich und vorgesehen. Schließlich wird nicht die Content-Version der Metadaten, sondern nur die daraus abgeleitete aktive Version verändert.

Dieses Verfahren kann bei einer erneuten Übernahme des BI Content zu Konflikten führen, wenn die aktive Version eines Content-Objektes nicht identisch mit der Content-Version ist (zum Beispiel weil sie verändert wurde oder eine neuere Version des Content vorliegt).

Zur Behandlung solcher Konflikte kann bei der Übernahme des BI Content in einigen Fällen[3] ein Abgleich der zu übernehmenden Objekte verlangt werden (siehe Abb. E–3).

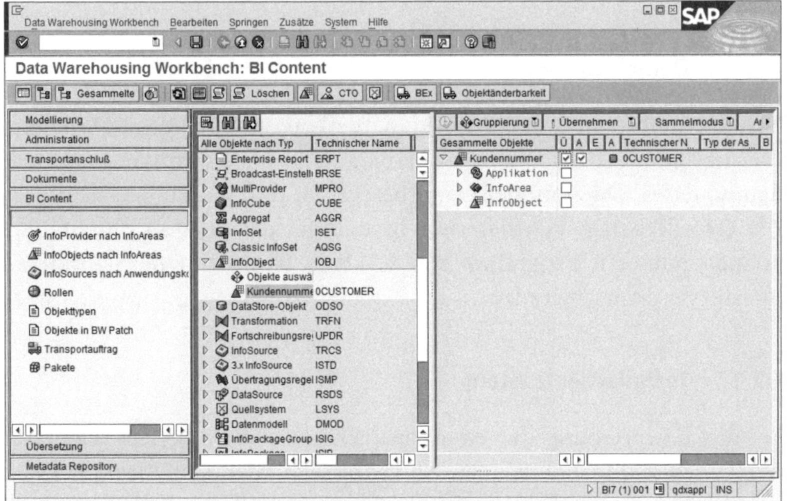

© SAP AG

Abb. E–3
Abgleichen von Objekten bei der Übernahme (1)

Ist ein Abgleich erforderlich, so ist zu entscheiden, welche Eigenschaften des Content-Objektes übernommen werden sollen und welche Eigenschaften des aktiven Objektes bestehen bleiben sollen (siehe Abb. E–4).

Sowohl die Übernahme des BI Content als auch die Aktualisierung des Content hat damit nicht zwangsläufig eine Veränderung bestehender Entwicklungen zur Folge.

InfoObjekt 0MATERIAL

Eine Besonderheit stellt das InfoObjekt `0MATERIAL` (Materialnummer) im BI Content dar. Vor der Übernahme der Materialnummer müssen mit Hilfe der Transaktion `OMSL` die Einstellungen zur Materialnummernkonvertierung vorgenommen werden.

---

3. Ein Abgleich ist lediglich bei DataStore-Objekten, InfoCubes, InfoObjekten, InfoObjekt-Katalogen, MultiProvidern, DataSources (7.0), Prozessketten, Übertragungsregeln, Sprungziel-Definitionen (Cube/Query), Data-Mining-Modellen und Data-Mining-Datenquellen möglich.

Abb. E–4
Abgleichen von Objekten bei der Übernahme (2)

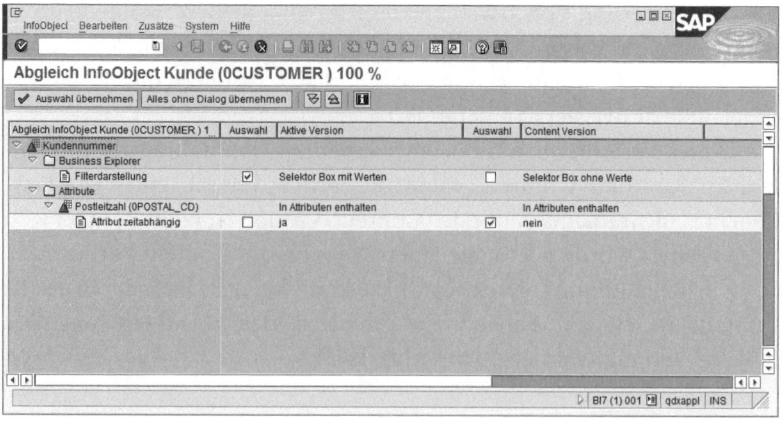

© SAP AG

E.2.1 Demo-Content

Für Test- und Ausbildungszwecke wird als Bestandteil des BI Content der sogenannte *Demo-Content* bereitgestellt. Dieser enthält vorgefertigte Queries, Datenmodelle und beschreibt das Staging aus Flatfiles. Die erforderlichen Flatfiles sind Bestandteil des Demo-Content und können mit dem Programm `RSO_BC_FILES_IN_BDS` auf dem Applikationsserver erzeugt werden.

E.2.2 Technischer Content

Bei der Beschreibung der Analytical Engine wurde bereits erläutert, wie Zeiten und Datenmengen von Prozessen in der Analytical und Staging Engine in den Runtime-Statistiken protokolliert werden können. Auf Basis dieser Protokolle ist es ggf. möglich, auf Engpässe oder mögliche Probleme zu schließen (vgl. Kapitel 13.2).

Um eine übersichtliche Analyse der protokollierten Daten zu ermöglichen, existiert im BW der sogenannte *technische Content*, der die Rohdaten aus den Runtime-Statistiken eines oder mehrerer BW-Systeme extrahiert, in InfoProvider überführt und in Form von Web Templates vorgefertigte Analysen bereitstellt

Die durch die Queries bzw. Web Templates bereitgestellten Analysen können verwendet und durch eigene Analysen ergänzt werden. Zusätzlich bietet das BW eine vorgefertigte Lösung, die Web Templates des technischen Content in einer Portal-Anwendung zusammenfasst. Bei dieser Portal-Anwendung handelt es sich um das Administration Cockpit, das mit dem Workset BI Administration 1.0 ausgeliefert wird (siehe Abb. E–5). Der Einsatz des Administration Cockpit ist jedoch optional und nicht erforderlich, um Daten des technischen Content zu analysieren.

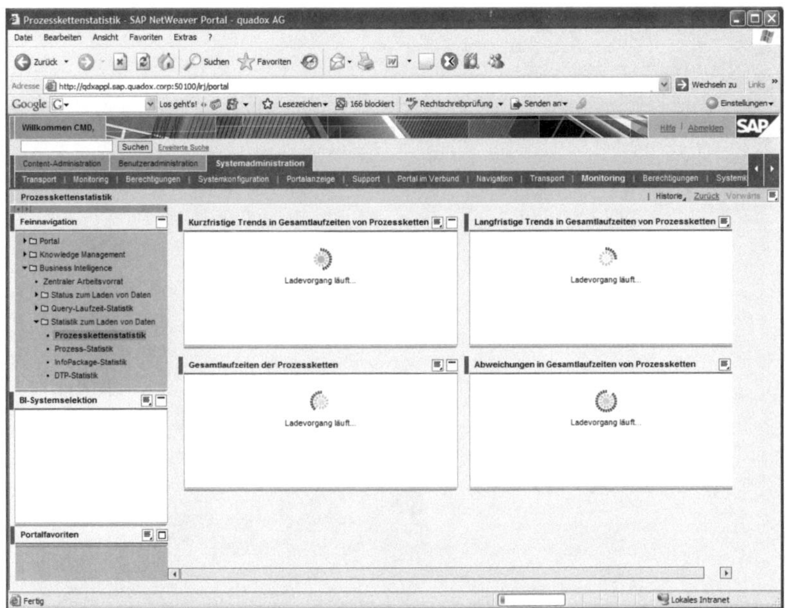

© SAP AG

Abb. E-5
Administration Cockpit

Die Analyse der Runtime-Statistiken dient vor allem einer langfristigen Betrachtung des Systemverhaltens über mehrere Tage/Wochen. Zusätzlich beinhaltet der technische Content Analysen aktueller Systemstatus.

Bestandteil des technischen Content sind DataSources zur Extraktion, Objekte innerhalb des BW sowie Elemente im Portal.

Extraktion der Runtime-Statistiken

Die DataSources im technischen Content extrahieren die Protokolltabellen der Analytical Engine und der Staging Engine und stellen sie zur Extraktion bereit. Des Weiteren umfasst der technische Content Stammdaten-DataSources für die Metadaten des Systems (vorwiegend Texte, zum Beispiel Bezeichnungen von InfoProvidern, InfoSources, Anwendern etc.).

Zunächst wird es befremdlich anmuten, dass das BW Daten aus sich selbst extrahieren muss – schließlich sind die benötigten Daten bereits vorhanden. Zu begründen ist dies einerseits, dass somit die Daten einheitlich auf dieselbe Weise behandelt werden wie auch alle anderen Daten im BW. Der besondere Charme liegt jedoch darin, dass Runtime-Statistiken und Metadaten nicht innerhalb desselben BW verarbeitet werden müssen, sondern an ein anderes BW-System übergeben werden können, das den technischen Content für alle vorhandenen BW-Systeme zentral aufbereitet.

Die DataSources des technischen Content sind am Präfix `0TCT` zu erkennen (siehe Abb. E–6). Die DataSources mit dem Präfix `0BWTC` sind

Abb. E–6
DataSources des technischen Content

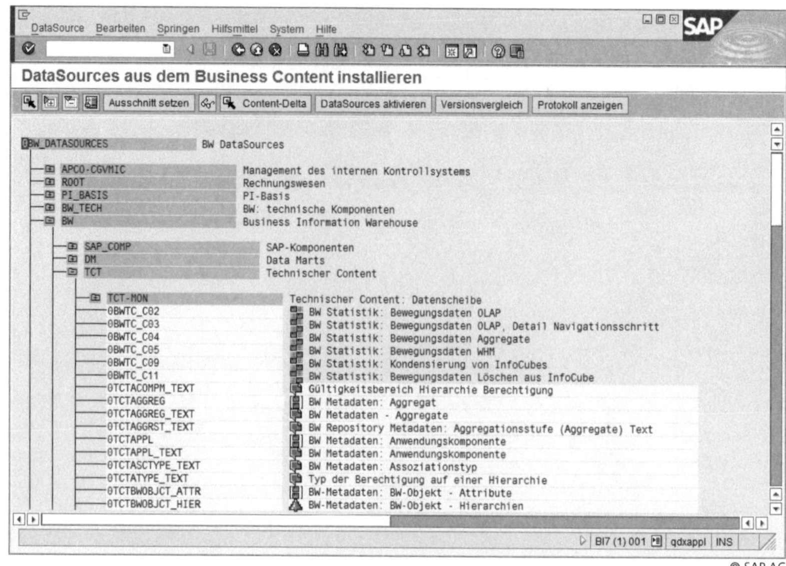

Bestandteil des technischen Content bis zur Version 3.x und finden im BW 7 keinen Einsatz mehr.

BW-Objekte des technischen Content

Innerhalb des BW wird der technische Content durch BW-Objekte gebildet, die die Arbeit mit den extrahierten Runtime-Statistiken von Extraktion bis zur Speicherung und Analyse abbilden. Diese Objekte des (neuen) technischen Content sind inkonsequenterweise vollständig auf Basis des alten Stagings der Version 3.x entwickelt. Anstelle von Transformation und Datentransferprozessen werden Übertragungsregeln, 3.x-InfoSources und Fortschreibungsregeln verwendet. InfoPackages für Bewegungsdaten extrahieren Daten nicht nur in die PSA, sondern verbuchen sie über Fortschreibungsregeln direkt in die Datenziele. Auch die Web Templates liegen in alten Objektstrukturen vor.

Aus der Sichtweise der Datenanalyse bilden eine Reihe von MultiProvidern den Kern des technischen Content (siehe Abb. E–7).

Jeder der MultiProvider des technischen Content greift je nach Definition einer Abfrage auf einen von jeweils zwei InfoCubes zu. Bei einem der InfoCubes handelt es sich um einen BasisCube, in den die Runtime-Statistiken übernommen wurden. Beim anderen InfoCube handelt es sich um einen virtuellen InfoCube, der die Daten der DataSources per Direktzugriff liest. Die Queries und Web Templates des technischen Content empfangen ihre Daten grundsätzlich aus den BasisCubes. Die nachfolgende Tabelle gibt Aufschluss darüber, um welche Web Templates (im Format des BW 3.x) es sich dabei handelt.

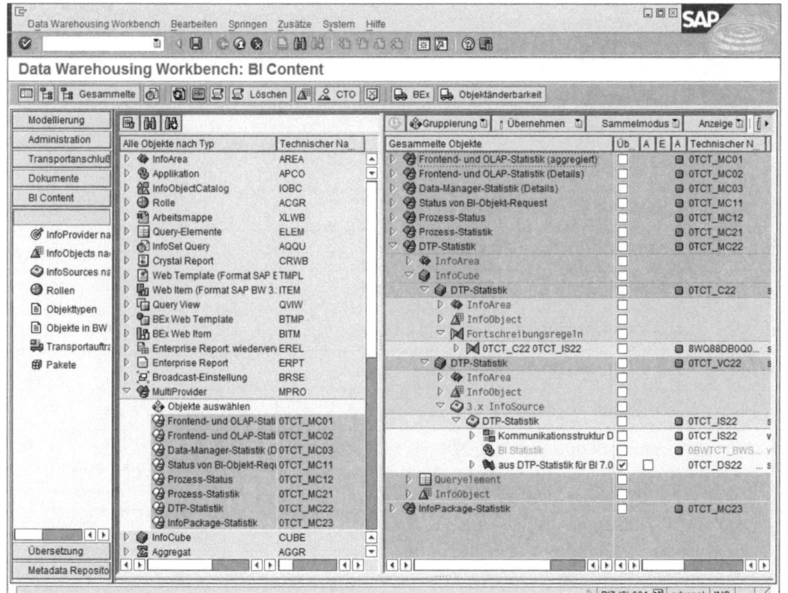

Abb. E-7
BW-Objekte des technischen Content

© SAP AG

Web Template (BW 3.x)	Bezeichnung
Höher aggregierte Query-Laufzeitstatistiken	
0TPLI_0TCT_MC01_Q0111	Laufzeiten von BI-Anwendungen
0TPLI_0TCT_MC01_Q0112	Abweichungen in Laufzeiten von BI-Anwendungen
0TPLI_0TCT_MC01_Q0113	Kurzfristige Trends in Gesamtlaufzeiten von BI-Anwendungen
0TPLI_0TCT_MC01_Q0114	Langfristige Trends in Gesamtlaufzeiten von BI-Anwendungen
0TPLI_0TCT_MC01_Q0121	Laufzeiten von BI-Anwendungsobjekten
0TPLI_0TCT_MC01_Q0122	Abweichungen in Laufzeiten von BI-Anwendungsobjekten
0TPLI_0TCT_MC01_Q0123	Kurzfristige Trends in Gesamtlaufzeiten von BI-Anwendungsobjekten
0TPLI_0TCT_MC01_Q0124	Langfristige Trends in Gesamlaufzeiten von BI-Anwendungsobjekten
0TPLI_0TCT_MC01_Q0131	Laufzeiten von InfoProvidern
0TPLI_0TCT_MC01_Q0132	Abweichungen in Laufzeiten von InfoProvidern
0TPLI_0TCT_MC01_Q0133	Kurzfristige Trends in Gesamtlaufzeiten von InfoProvidern
0TPLI_0TCT_MC01_Q0134	Langfristige Trends in Gesamtlaufzeiten von InfoProvidern →

Web Template (BW 3.x)	Bezeichnung
Status von geladenen Requests in InfoProvidern, flexibel fortgeschriebenen InfoObjekten und PSA-Tabellen	
0TPLI_0TCT_MC11_Q0110	Status von PSA-Tabellen
0TPLI_0TCT_MC11_Q0120	Status von Stammdaten
0TPLI_0TCT_MC11_Q0130	Status des DataStore-Objekts
0TPLI_0TCT_MC11_Q0131	Korrektheit von DataStore-Objekt
0TPLI_0TCT_MC11_Q0132	Aktivierung von DataStore-Objekt
0TPLI_0TCT_MC11_Q0140	InfoCube-Status
0TPLI_0TCT_MC11_Q0141	InfoCube-Korrektheit
0TPLI_0TCT_MC11_Q0142	Aggregat-Rollup
Aktuelle Datenladestatus von Prozessketten und Prozessen	
0TPLI_0TCT_MC12_Q0100	Status von Prozessketten
0TPLI_0TCT_MC12_Q0110	Prozess-Status
Datenladestatistiken von Prozessketten und Prozessen	
0TPLI_0TCT_MC21_Q0101	Gesamtlaufzeiten von Prozessketten
0TPLI_0TCT_MC21_Q0102	Abweichungen in Gesamtlaufzeiten von Prozessketten
0TPLI_0TCT_MC21_Q0103	Kurfristige Trends in Gesamtlaufzeiten von Prozessketten
0TPLI_0TCT_MC21_Q0104	Langfristige Trends in Gesamtlaufzeiten von Prozessketten
0TPLI_0TCT_MC21_Q0111	Gesamtlaufzeiten von Prozessen
0TPLI_0TCT_MC21_Q0112	Abweichungen in Gesamtlaufzeiten von Prozessen
0TPLI_0TCT_MC21_Q0113	Kurzfristige Trends in Gesamtlaufzeiten von Prozessen
0TPLI_0TCT_MC21_Q0114	Langfristige Trends in Gesamlaufzeiten von Prozessen
Datenladestatistiken von Datentransferprozessen	
0TPLI_0TCT_MC22_Q0101	Gesamtlaufzeiten von DTPs
0TPLI_0TCT_MC22_Q0102	Abweichungen in Gesamtlaufzeiten von DTPs
0TPLI_0TCT_MC22_Q0103	Kurzfristige Trends in Gesamtlaufzeiten von DTPs
0TPLI_0TCT_MC22_Q0104	Langfristige Trends in Gesamtlaufzeiten von DTPs
Datenladestatistiken von InfoPackages	
0TPLI_0TCT_MC23_Q0101	Gesamtlaufzeiten von InfoPackages
0TPLI_0TCT_MC23_Q0102	Abweichungen in Gesamtlaufzeiten von InfoPackages
0TPLI_0TCT_MC23_Q0103	Kurzfristige Trends in Gesamtlaufzeiten von InfoPackages
0TPLI_0TCT_MC23_Q0104	Langfristige Trends in Gesamtlaufzeiten von InfoPackages

Die InfoCubes für den Direktzugriff auf die DataSources finden vor allem im Expertenmodus der Transaktion ST03 Anwendung, über die aktuelle Analysen der Runtime-Statistiken der Analytical Engine durchgeführt werden können[4].

Content-Übernahme

Teil des technischen Content sind einige hundert BW-Objekte, deren Übernahme sich auch bei der Anwendung der Sammelmechanismen bei der Content-Übernahme als schwierig und fehleranfällig darstellt. Zur Vereinfachung der Übernahme existiert die Transaktion RSTCC_INST_BIAC, die auch aus dem Einführungsleitfaden des BW in der Transaktion SPRO aufgerufen werden kann (siehe Abb. E–8).

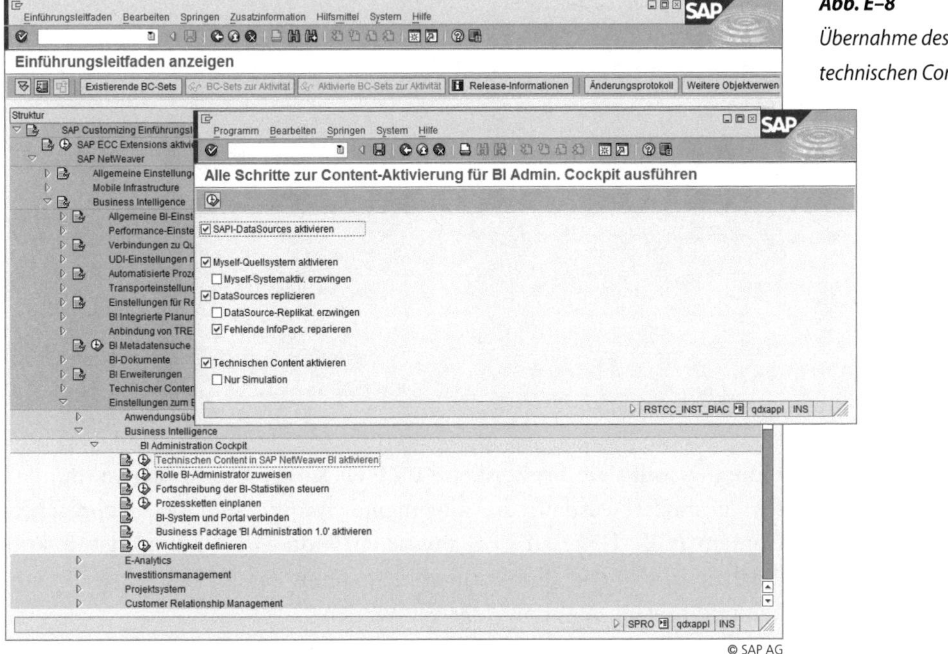

© SAP AG

Abb. E–8 *Übernahme des technischen Content*

Durch die Aktivierung des technischen Content werden die DataSources einerseits und die BW-Objekte andererseits aktiviert. Dabei werden der Quellsystembezug zum mySelf-System automatisch aktiviert, DataSources repliziert etc.

Direkter Zugriff

Zusätzlich zu den automatisiert ausgeführten Vorgängen bei der Übernahme muss der direkte Zugriff für die virtuellen InfoProvider des technischen Content aktiviert werden, womit festgelegt werden kann,

4. Die Runtime-Statistiken werden beim Einsatz des technischen Content regelmäßig aus den Protokolltabellen gelöscht. Per Default stehen im Direktzurgriff lediglich die Protokolle der letzten 14 Tage zur Verfügung (vgl. Kapitel 33.6).

ob lediglich das mySelf-System oder auch die Daten eines anderen BW-Systems im Direktzugriff gelesen werden sollen (vgl. Abb. 22–12 auf Seite 539 zur Aktivierung des Direktzugriffs).

Rollen

Ferner ist die Rolle SAP_BW_BI_ADMINISTRATOR (SAP NetWeaver BI Administrator) all denjenigen Benutzern zuzuweisen, die direkt mit den übernommenen Web Templates arbeiten sollen.

Steuerung

Zur Steuerung der Datenübernahme aus den DataSources in die Cubes des technischen Content werden Prozessketten mit dem technischen Content ausgeliefert. Diese sind in der Transaktion RSPC unter dem Knoten RSTCC (Admin Cockpit) zu finden (siehe Abb. E–9).

Abb. E–9
Prozessketten des technischen Content

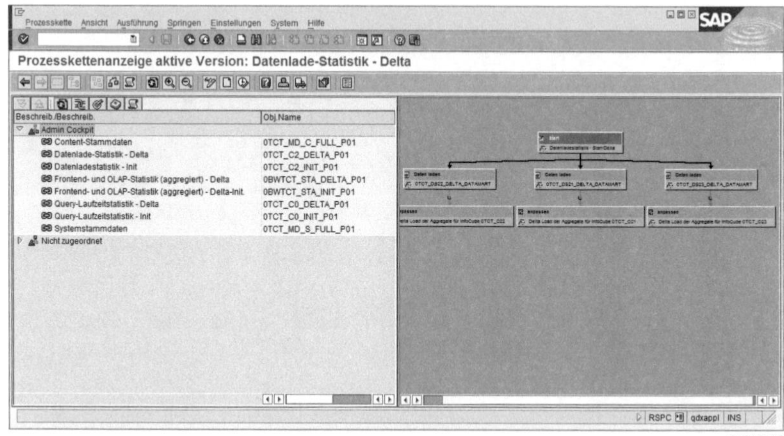

© SAP AG

Einmalig sollte die Prozesskette 0TCT_MD_S_FULL_P01 (Systemstammdaten) gestartet werden, die allgemeine Stammdaten des technischen Content (z.B. Texte zu Vorgangsarten) lädt. Diese Stammdaten sind (vorbehaltlich neuer Funktionen in späteren Patchleveln) unveränderlich und müssen nicht aktualisiert werden.

Ebenso einmalig sind die Prozessketten 0TCT_C2_INIT_P01, 0BWTCT_STA_INIT_P01 und 0TCT_C0_INIT_P01 zu starten, die das Delta-Verfahren zur Extraktion von ***Datenladestatistiken***, ***Frontend-/OLAP-Statistiken*** und ***Query-Laufzeiten*** initialisieren.

Zur regelmäßigen Übernahme der Delta-Informationen müssen analog hierzu die Prozessketten 0TCT_C2_DELTA_P01, 0BWTCT_DELTA_INIT_P01 und 0TCT_C0_DELTA_P01 periodisch eingeplant werden.

Ferner ist die Prozesskette TCT_MD_C_FULL_P01 in regelmäßigen Abständen auszuführen, die die Stammdaten des technischen Content über eine Full-Extraktion übernimmt. Im Rahmen dieser Prozesskette werden aktuell[5] lediglich Stammdatenattribute und -texte für BW-

5. Content-Release 703 (Support Pack SAPKIBIIP4)

Objekte, Prozesskettenvarianten und Prozessketten berücksichtigt. Zum Laden weiterer Stammdaten des technischen Content (z.B. Stammdaten zu den Anwendern) müssen eigene Steuerungsmechanismen entwickelt werden.

Migration

Analog zu der neuen Struktur der Runtime-Statistiken ist auch der technische Content im Vergleich zu dem technischen Content der BW-Versionen bis 3.x neu modelliert. Eine Migration der Daten aus dem alten Modell des technischen Content ist nicht möglich und nicht vorgesehen.

Grundsätzlich ist zu beachten, dass

- der BasisCube `0BWTC_C02` (BW Statistics – OLAP) keine neuen Daten mehr erhält. Alle Daten fließen stattdessen in die neuen Cubes `0TCT_C01`, `0TCT_C02` und `0TCT_C03`.
- die BasisCubes `0BWTC_C03` (BW Statistics – Detail Navigation) und `0BWTC_C05` (BW Statistics – WHM) noch Daten erhalten, dabei jedoch nicht die vollen Möglichkeiten der Informationen ausschöpfen, die mit dem neuen technischen Content geboten werden. Besser ist der Zugriff auf die neuen BasisCubes `0TCT_C02` und `0TCT_C23`.
- die BasisCubes `0BWTC_C04` (BW Statistik – Aggregate), `0BWTC_C09` (BW Statistik – Löschen von Daten aus InfoCube) und `0BWTC_C11` (BW Statistik – Kondensieren von InfoCubes) auch im neuen technischen Content noch in vollem Umfang im Einsatz sind.

F Übersichten

F.1 Sperrlogik von Prozessen

	Archivieren	Selektives Löschen	Komprimieren	Aggregate hochrollen	Aggregate aufbauen	Aufbau von Statistiken	Indizes löschen/aufbauen	Verbuchung in Cubes	Change Run	Extrahieren von BasicCubes
Datenanalyse	✓	×	×	✓	✓	×	×	✓	✓	✓
Extrahieren von BasicCubes	✓	×	×	✓	✓	×	×	✓	✓	
Change Run	✓	✓	×	×	×	×	×	✓		
Verbuchung in Cubes	×	×	×	✓	✓	×	×			
Indizes aufbauen/löschen	×	×	×	×	×	×				
Aufbau von Statistiken	×	×	×	×	×					
Aggregate aufbauen	✓	×[1]	×	×						
Aggregate hochrollen	✓	×[2]	×							
Komprimieren	×	×[3]								
Selektives Löschen	✓									

1. Es dürfen Requests gelöscht werden, die noch nicht für das Reporting freigegeben sind (z.B. aufgrund des Request-Status und weil der Request noch nicht in bestehende Aggregate hochgerollt wurde).
2. Es dürfen Requests gelöscht werden, die nicht in den Roll-up einbezogen sind, weil nicht alle Requests hochgerollt werden.
3. Es dürfen Requests gelöscht werden, die nicht in die Komprimierung einbezogen sind, weil nicht alle Requests komprimiert werden.

F.2 Platzhalter

Die nachfolgende Tabelle gibt eine Übersicht über Platzhalter, die bei der Definition von logischen Dateien verwendet werden können (vgl. Kapitel 15.1.3).

Reserviertes Wort	Ersetzungswert
<OPSYS>	Betriebssystem laut Anforderung
<INSTANCE>	Instanz der ERP-Anwendung
<SYSID>	Name des ERP-Systems laut SY-SYSID
<DBSYS>	Datenbanksystem laut SY-DBSYS
<SAPRL>	ERP-Release laut SY-SAPRL
<HOST>	Rechnername laut SY-HOST
<CLIENT>	Mandant laut SY-MANDT
<LANGUAGE>	Anmeldesprache laut SY-LANGU
<DATE>	Datum laut SY-DATUM
<YEAR>	Jahr laut SY-DATUM, vierstellig
<SYEAR>	Jahr laut SY-DATUM, zweistellig
<MONTH>	Monat laut SY-DATUM
<DAY>	Tag laut SY-DATUM
<WEEKDAY>	Wochentag laut SY-FDAYW
<TIME>	Uhrzeit laut SY-UZEIT
<STIME>	Stunde und Minute laut SY-UZEIT
<HOUR>	Stunde laut SY-UZEIT
<MINUTE>	Minute laut SY-UZEIT
<SECOND>	Sekunde laut SY-UZEIT
<PARAM_1>	externer Parameter 1
<PARAM_2>	externer Parameter 2
<PARAM_3>	externer Parameter 3
<P=name>	Name eines Profilparameters. Zur Abfrage aller Profilparameter kann der Report RSPARAM genutzt werden.
<V=name>	Name einer Variablen
<F=name>	Rückgabewert eines Funktionsbausteins. Der Funktionsbaustein muss über einen Exportparameter mit dem Namen OUTPUT verfügen, über den der Rückgabewert an die Variable übergeben wird. Namenskonvention für diesen Funktionsbaustein: FILENAME_EXIT_*name*

F.3 Eigenschaften von Adaptern

Quellsystemtyp	Adapter	Parser erforderlich[4]	Keine Paketierung[5]	Multisegmentfähig[6]	Extraktor splittet[7]	Nur Transfer-Felder[8]	Nur Direktzugriff[9]	Nur Realtime[10]	Nur für Push[11]
ERP und BW	SAPI	✓		✓	✓	✓			
	SAPICRT	✓				✓		✓	
	SAPIDIRECT		✓	✓	✓	✓	✓		
Datei	BIN_GUI_EX								
	BIN_OPE_EX								
	GUI_UPLOAD	✓		✓					
	OPEN_DS	✓		✓					
DB Connect	DBEXTRACT								
UD Connect	UDCGEN								
Web Service	WEBS_PUSH			✓		✓			✓

4. Typisierung der Daten bei der Definition der DataSources erforderlich für die Arbeit des Datenformat-Parsers.
5. Methode erlaubt keine Paketierung beim Laden.
6. Zugriffsmethode ist multisegmentfähig.
7. Extraktor splittet die Segmente selbst.
8. Extraktor liefert nur Felder der Transferstruktur.
9. Adapter nur für Direktzugriff zulässig.
10. Adapter nur für Realtime-Extraktion via Pull vorgesehen.
11. Adapter ist nur für Push vorgesehen.

G Abkürzungsverzeichnis

ABAP/4	Advanced Business Application Programming 4GL
ABAP-OO	Advanced Business Application Programming Object Oriented
ABR	After/Before/Reverse
ADD	Additive
ADK	Archiving Development Kit
AIM	After-Image
AIM/AIMD	After-Image/After-Image Delete
ALE	Application Link Enabling
API	Application Programming Interface
APO	Advanced Planner and Optimizer
ASCII	American Standard Code for Information Interchange
DWWB	Data Warehousing Workbench
BAPI	Business Application Programming Interface
BBS	Bericht-zu-Bericht-Schnittstelle (=RRI)
BEx	Business Explorer
BIA	Business Intelligence Accelerator
BLOB	Binary Large Object
BPS	Business Planning and Simulation
BSC	Balanced Scorecard
BSP	Business Server Page
BW	Business Information Warehouse
CATT	Computer Aided Test Tool
CR	Carriage Return
CRM	Customer Relationship Management
CSV	Colon Separated Variables
CTO	Change and Transport Organizer

CWM	Common Warehouse Metamodel
DDIC	Data Dictionary
DIM ID	Dimensions-Identifikation
DSS	Decision-Support-Systeme
ERP	Enterprise Resource Planning
ETL	Extraction Transformation Loading
GUI	Graphical User Interface
HTTP	HyperText Transfer Protocol
I/O	Input/Output
ICF	Internet Communication Framework
ICM	Internet Communication Manager
IDOC	Intermediate Document
ILM	Information Lifecycle Management
IP	Internet Protocol
ISO	International Standards Organisation
JCo	Java Connector
JRA	Java Resource Adapter
LIS	Logistik-Informationssystem
MDC	Mehrdimensionales Clustering
MDX	Multidimensional Expression
MOLAP	Multidimensional OLAP
ODBC	Open Database Connection
ODBO	OLE DB (Object Linking and Embedding Database) for OLAP
ODS	Operational Data Store (Vorgänger der DataStore-Objekte)
OLAP	Online Analytical Processing
OLTP	Online Transaction Processing
OMG	Object Management Group
PSA	Persistent Staging Area
PTS	Pivot Table Service
RDA	Realtime Data Acquisition
RFC	Remote Function Call
ROLAP	Relational OLAP
RRI	Report-Report-Interface (=BBS)
SCM	Supply Chain Management
SEM	Strategic Enterprise Management
SID	Stammdaten-Identifikation

SNC	Secure Network Communication
SOAP	Simple Object Access Protocol
SQL	Structured Query Language
TCP	Transport Control Protocol
TRFC	Transactional Remote Function Call
UDC	Universal Data Connect
UDI	Universal Data Interchange
URL	Uniform Resource Locator
VBA	Visual Basic
WAN	Wide Area Network
XI	Exchange Infrastructure
XMI	XML Metadata Interchange
XML	eXtensible Markup Language
XML/A	XML for Analysis

Stichwortverzeichnis

A

R

S

T